社 会 学 译 丛

社 会 学 导 论

INTRODUCTION TO SOCIOLOGY
Fifth Edition

第 5 版

George Ritzer & Wendy Wiedenhoft Murphy

[美] 乔治·瑞泽尔　温蒂·韦登霍夫特·墨菲 ◎ 著

高永平 ◎ 译

中国人民大学出版社
·北京·

关于作者

乔治·瑞泽尔是马里兰大学的著名教授。他获得的荣誉有：澳大利亚拉筹伯大学的荣誉博士学位；都柏林大学圣三一学院的大学哲学协会（University Philosophical Society）的名誉赞助人；美国社会学会的杰出教学贡献奖；东方社会学会的罗宾·威廉姆斯讲席教授。他曾经是美国社会学会的4个分会——理论社会学、组织与职业、全球和跨国社会学、社会学史的主席。在把社会学理论应用于社会世界方面，他的著作包括《社会的麦当劳化》（2019年第9版，第10版出版中）、《重新魅惑世界：消费教堂的持续与变迁》（2010年第3版）和《虚无的全球化》（2007年第2版）。他是《全球化：一本入门书》的作者（2010年第2版，2015年版的共同作者是保罗·迪恩）。他主编了《威利-布莱克威尔社会学手册》（*Wiley-Blackwell Companion to Sociology*）（2012）和《布莱克威尔全球化手册》（*The Blackwell Companion to Globalization*）（2008）。他和杰夫·斯特普尼斯基（Jeff Stepnisky）共同主编了《威利-布莱克威尔经典和当代主要社会学理论家手册》（*Wiley-Blackwell Companions to Classical and Contemporary Major Social Theorists*）（2012）和《社会理论手册》（*Handbook of Social Theory*）（2001）。他是《消费文化杂志》的创刊主编。他还主编了11卷本的《社会学百科全书》（*Encyclopedia of Sociology*）〔2007；第2版出版中，与克里斯·罗杰克（Chris Rojek）共同主编〕、5卷本的《全球化百科全书》（*Encyclopedia of Globalization*）（2012）以及2卷本的《社会理论百科全书》（*Encyclopedia of Social Theory*）（2005）。他的著作被翻译为20种语言，仅《社会的麦当劳化》就有超过15种译本。他最近的一篇文章《数字时代里消费性质的变迁和麦当劳化的强化》（The Changing Nature of Consumption and the Intensification of McDonaldization in the Digital Age）〔与史蒂夫·迈尔斯（Steve Miles）合作〕，发表在2019年的《消费文化杂志》上。正像其题目所提示的那样，这篇文章讨论了第5版的《社会学导论》里的3个与众不同的关切（消费、数字世界和麦当劳化）。

温蒂·韦登霍夫特·墨菲是约翰·卡罗尔大学的社会学教授。她在2003年获得马里兰大学的博士学位后加入约翰·卡罗尔大学。她的专业领域是社会学理论、消费文化和社会、环境正义。她在《消费文化杂志》和《社会运动研究》（*Social Movement Studies*）杂志上发表过关于消费者行动主义的文章，在《和平与冲突研究》（*Peace and Conflict Studies*）杂志上发表过关于旅游的文章，在一部论文集里发表过阿尔斯特-苏格兰人（Ulster-Scots）的海外社区的文章。她曾经是约翰·卡罗尔大学的环境研究中心（Environmental Studies Concentration）的主任，并参与了该中心关于北爱尔兰冲突化解夏季项目的工作。目前，她正在研究美国社会里贫困消费者所扮演的有限但重要和主动的角色。她还一直与乔治·瑞泽尔合作，参与编辑《威利-布莱克威尔社会学手册》的第2版。

作者前言

对我们来说，社会世界，以及研究社会世界的社会学领域，永远是有趣的、令人兴奋的和变动不居的。新修订的第5版《社会学导论》，不仅仅要向你介绍社会学，也要讨论激励——并且一直在激励——我们投身于这一学科的东西。我们的期望是，你会从社会学的视角学到很多关于社会世界的知识；也会了解，我们的兴趣怎样形塑了我们个人的社会学之旅。

乔治： 我在社会学领域的最初兴趣是工作社会学和组织社会学，不过我很快被社会学理论和下述问题吸引：为什么最经典的社会学理论，仍然适用于我的日常生活？我的兴趣结出了果实，那就是1993年出版的《社会的麦当劳化》（*The McDonaldization of Society*）（它的第9版出版于2019年，第10版正在出版之中）。在那本书中，我应用并扩展了马克斯·韦伯关于理性的经典理论观念。我发现，这些观念正在我们当地的快餐店里发挥作用，也在当代其他很多环境中发挥作用。《社会的麦当劳化》出版之后，我对消费问题，包括信用卡债务和消费场所越来越感兴趣。针对这一课题，我撰写了两部著作：《表达美国：对全球信用卡社会的批判》（*Expressing America: A Critique of the Global Credit Card Society*）和《重新魅惑世界：消费教堂的持续与变迁》（*Enchanting a Disenchanted World: Continuity and Change in the Cathedrals of Consumption*）。在认识到麦当劳化和消费文化已经快速地传播到世界上大多数地方以后，我对全球化产生了好奇。这启发我撰写了《虚无的全球化》（*The Globalization of Nothing*）和《全球化：一本入门书》（*Globalization: A Basic Text*）。最近，我的社会学之旅进入了互联网领域，特别是社交网站——它们是高度理性化的，常常是消费场所，而且是全球化的。我最近的一篇文章发表在《消费文化杂志》（*Journal of Consumer Culture*）上，它讨论的是数字化消费网站和实体的消费场所之间的关系——前者如亚马逊网站，后者如麦当劳，还有结合了两者的场所［亚马逊网站的Amazon Go便利店，以及它的全食超市（Whole Foods）连锁店］。

温蒂： 我对消费文化和社会理论的兴趣，始于我在做本科生时的阅读任务：托斯丹·凡勃伦（Thorstein Veblen）的《有闲阶级论》（*The Theory of the Leisure Class*）。凡勃伦的著作激发我撰写了关于时尚和符号学的硕士论文。在马里兰大学，作为乔治的一个学生，我在我的博士项目中延续了对消费的研究。我的大部分工作探索了消费的政治维度，特别是消费者怎样利用自己的购买力来影响社会变迁。最近，我出版了一本关于消费的入门书，叫作《消费文化与社会》（*Consumer Culture and Society*）。我的社会学之旅把我带到了贫困与消费的交叉地带，以及从社会正义的视角对债务进行的研究。

你会发现，我们的兴趣怎样以各种方式形塑了本书。消费主题显著地出现在大多数章节里；这反映了我们的一个信念：消费议题是，而且应该是，社会学家的核心关切。本书还特别强调了全球化，以便鼓励你更好地理解并欣赏全球化过程怎样形塑了你的日常生活。每一章都包含一节关于全球化的内容，它将解释为什么全球化影响了各种社会问题和社会学本身。纵贯全书，我们在专栏"数字化生存"里探索互联网和技术的可能结果。出现在专栏里的练习，要求你积极地参与到数字世界之中，并思考它的长处和短处。为了展示社会学在学术圈及大众生活中的重要性，我们增加了一个额外的教学内容——"趋势"专栏。这些专栏特别突出了近期出版的一些著作。撰写这些著作的，有社会学家，也有获得了主流社会关注的相关领域的学者。这些著作大多数建立在对当代社会问题深入的民族志调查基础之上。这些著作可读性强，发人深省，读来引人入胜——对我们来说如此，希望对你们也是如此。

我们在这里描述了一些我们的社会学之旅。我们希望，本书能为你提供一个起点，以便你开始自己的旅程，批判性地检视你的社会世界，并发展出你自己的社会学观念和观点。我们撰写本书的目的，是为你看待社会世界提供不同的透镜，更重要的是，利用本书所讨论的观念，去帮助建设一个更好的世界。

乔治·瑞泽尔，马里兰大学

温蒂·韦登霍夫特·墨菲，约翰·卡罗尔大学

致　谢

我首先要感谢我数十年的两个朋友，他们也是我以前一本入门教材的共同作者，肯尼斯·C. W. 卡迈尔（Kenneth C. W. Kammeyer）和诺曼·R. 耶特曼（Norman R. Yetman）。那本书经过了6次再版，最后一版出版于1997年。对我来说，在写作本书过程中定义各种变化不大的社会学概念时，那本书是最有用的。在那本书中，我还对很多问题进行了讨论。不过，由于社会学和社会世界（两者都长盛不衰）数十年的时间流逝，也由于它们所经历的无数变故，本书和上述那本书已经没有多少共同的东西。尽管如此，在很大程度上，我对社会学的看法是由那本书塑造而成的，也是由我的朋友和共同作者在写作那本书之前、之中和之后提供的很多洞见和观念塑造而成的。

丽贝卡·普兰特（Rebecca Plante）教授在本书第2版的撰写过程中发挥了关键的作用。她自始至终都提供了宝贵的意见和建议。在关于社会性别与性存在的第11章的修订过程中，她扮演了核心角色。这是她的专业领域，因为她的贡献，那一章的质量显著地提升了。我还要感谢保罗·迪恩（Paul Dean）教授——《全球化：一本入门书》一书第2版的共同作者，他为关于社会分层的第8章提供了无数的重要贡献。

我还要感谢P. J. 雷（P. J. Rey）、威廉·雅佳提什（William Yagatich）、吉勒特·山姆（Jillet Sam）、泽伊内普·图菲克西（Zeynep Tufekci）和玛格丽特·奥斯汀·史密斯（Margaret Austin Smith）的贡献。下列学者撰写了本书以前版本的某些章节的初稿，他们是威廉·卡博纳罗（William Carbonaro）教授（关于教育的第13章）、德里克·香农（Deric Shannon）（关于政治的第14章）和莱斯特·库尔茨（Lester Kurtz）（关于宗教的第15章），我也向他们表示感谢。彼得·科维斯托（Peter Kivisto）教授对本书的第2版做出了特别多和特别重要的贡献。我特别感谢他对"宗教"和"教育"两章所做的工作。

我要特别感谢世哲出版社（SAGE Publications）的资深副社长米歇尔·索尔迪（Michele Sordi），她对本出版项目充满信心并提供了支持。她从一开始就同意，要不遗余力地让这本书成为一流的社会学导论教材。正像你从本项目的完成情况中所看到的那样，她信守了自己的诺言。米歇尔还运用她的编辑能力与我密切合作，使本项目度过了它最艰难的时刻。在本书的撰写过程中，米歇尔一直是一股积极的力量和一个乐观的存在，我对她的人品和所作所为万分感激。后来，布伦达·卡特（Brenda Carter）接替了米歇尔的角色，以同样的专业水准、幽默感和判断力完成了任务［她还为我搞到了我喜爱的扬基队（Yankees）在纽约的比赛的好座位］。在本书第1版的出版过程中，作为一位社会学出版人，杰夫·拉瑟尔（Jeff Lasser）加入了世哲出版社。在本书第1版的出版中，杰夫发挥了关键的作用，并在以后各版的出版中发挥了更大的作用。事实证明，杰夫不仅易于相处，还是一位睿智的（双关语①）顾问——在本书的很多方面及出版事务上。不幸的是，他是波士顿红袜队（Boston Red Sox）的球迷，不过谁又能十全十美呢？在这次的第5版上，作为开发编辑（developmental editor），杰西卡·卡莱尔（Jessica Carlisle）发挥了极大的建设性的作用。精明强干的马克·巴斯特（Mark Bast）完成了本书的最后编辑工作。

出版商致谢

世哲出版社答谢下列审稿人的宝贵贡献：

米格尔·森特拉斯（Miguel Centellas），密西西比大学（University of Mississippi）

詹姆斯·A. 柯里尔（James A. Curiel），诺福克州立大学（Norfolk State University）

裴曼·海克马特普尔（Peyman Hekmatpour），俄克拉何马大学（University of Oklahoma）

巴里·D. 卡斯（Barry D. Kass），纽约州立大学奥兰治分校（SUNY Orange）

布鲁克·L. 朗－叶立森（Brooke L. Long-Yarrison），宾夕法尼亚州立大学阿尔图纳分校（Penn State Altoona）

盖里·梅纳德（Gary Maynard），密歇根大学弗林特分校（University of Michigan at Flint）

托德·门森克（Todd Mensink），北艾奥瓦大学（University of Northern Iowa）

洛里·帕克－史密斯（Lori Park-Smith），里奇沃特学院（Ridgewater College）

---

① 世哲出版社的社名"SAGE"和"睿智"的英文单词"sage"是一个词。——译者注

目　录

第4章

文 化 83

第5章

社会化与互动 108

第6章

组织、社会和全球关系 136

第7章

越轨与犯罪 165

第 16 章

身体、医疗、健康与卫生保健　427

第 17 章

人口、城市化与环境　456

第 18 章

社会变迁、社会运动和集体行动　488

第1章
全球化时代的社会学

学习目标

1. 找出自 1880 年代以来社会学家研究的主要社会变迁

2. 解释为什么当今的社会学家把注意力集中在全球化、消费和数字世界等议题上

3. 阐述社会学家怎样理解延续性和变迁，特别是在社会学的想象力和对现实的社会建构的背景下

4. 区分社会学的两个可能的目的：科学和社会改革

5. 思考下述问题：社会学如何与其他社会科学相互关联，以及社会学知识与常识的区别

2 革命的社会学和反革命的社会学

2010年12月，街头游行、罢工以及其他形式的公民抗议活动，席卷了北非小国突尼斯。抗议者们遭遇了突尼斯政府强有力的反制。不过，他们的抗议最终导致突尼斯总统本·阿里下台——在其掌权23年之后。

突尼斯抗议活动的导火索，是穆罕默德·布瓦吉吉（Mohamed Bouazizi）的自焚。布瓦吉吉是一个26岁的街头小贩，他声称自己受到了当局的骚扰和羞辱。在点燃自己之后的第18天，布瓦吉吉在一所烧伤和创伤中心去世。

突尼斯事件是所谓"阿拉伯之春"的起点。"阿拉伯之春"所涉事件的重要性不仅仅在于它们自身，其他人以及其他较大的社会组织针对它们实施的反制行为，也很重要。从那时开始，这些反制行为削弱了发生在"阿拉伯之春"中的行动。在有些情况下，比如在埃及，军队的反制行为导致了某种形式的独裁政府的回归，而独裁政府恰恰是抗议的最初原因。在一些波斯湾国家（沙特阿拉伯、阿拉伯联合酋长国、科威特和巴林），当权者镇压了异议人士。在2011年推翻奥马尔·卡扎菲之后，利比亚（以及也门）陷入了内战、恶性权力斗争，以及——至少是在当下——大规模的无政府状态。不仅仅在利比亚，更重要的是在叙利亚和伊拉克，"伊斯兰国"席卷了这些国家的大片区域，并且割裂了这些国家。这个组织试图建立一个横跨中东的"独立国家"。"伊斯兰国"的活动又催生了其他的反制行为，这些反制行为既有区域性的（特别是来自库尔德人和伊朗人的反制行为），也有全球性的（如伊拉克政府和叙利亚政府）。这些反制行为旨在限制"伊斯兰国"的扩张，如果不能打败它的话。目前，"伊斯兰国"已经在大多数战线上被击败，并且丧失了他们曾经占领的大多数地区，但仍然作为一个恐怖组织，构成巨大威胁。

通过借鉴社会学200年的历史，并与此同时展望未来，今天的社会学家可以找到理解下述问题的工具和资源：我们以前的状况如何？我们现在怎样？最重要的是，我们将走向哪里？传统上，社会学曾经试图理解个体在社会中的位置——即使是一个街头商贩——以及社会对该个体的影响。可是，在今天的全球化时代，我们的目光需要超越给定的个体和社会，看到全球化的现实与过程。例如，"伊斯兰国"的力量之所以成长，是因为支持者大量涌入。他们来自世界各地，包括美国和英国。举一个更一般性的全球化的例子——一个与大多数读者息息相关的例子——在线网络，如脸书和推特，已经超越了国家边界，并且已经永远改变了我们互动的方式，以及我们塑造社会和社会塑造我们的方式。随着世界变得越来越全球化，社会学也发展出了越来越全球化的视角。

在对社会学的学习中，你将学习的最重要一课是，你作为个体的所思所行，会受到发生在群体、组织、文化、社会和世界中的事情的影响。对于社会变迁来说，这一点尤其如此，即使是那些全球范围内发生的事情，或者是那些乍看起来离你非常遥远的事情——比如穆罕默德·布瓦吉吉的公开自杀，以及这一自杀所点燃的中东大多数地区的抗议活动。激烈的抗议行为的根源，深植于影响了布瓦吉吉个人的贫困、高失业率、威权政府和政治腐败之中。在他的行动之前，大多数突尼斯人可能永远不会冒着生命的危险，去抗议他们国家的压迫性政权。可是，布瓦吉吉和那一地区许多国家里成千上万的其他人，正是那样做的。虽然你可能会也可能不会受到激励去参与抗议的活动，但你会持续地受到发生在你周围的社会变迁的影响。

社会学里第二重要的一课是，你不仅仅受到社会中的大事件的影响，也能够在某种程度上影响大规模的结构和过程。这是**蝴蝶效应**（butterfly effect）（Lorenz，1995）的一个例子。这一概念虽然通常被应用于物理现象，但也被应用于社会现象（Daipha，2012）。

这里的意思是，在一个特定地点发生的相对较小的一个改变，可以产生广泛的甚至是全球性的效果——在时间和空间两个方面。例如，布瓦吉吉的行动引发了突尼斯事件，以及更广泛的街头抗议和内战，还有阿拉伯世界其他地方的反制行为——这些反制行为至今仍然在该地区和世界上其他很多地方不断地震荡。也许，你的生活轨迹和职业生涯，也会受到始于"阿拉伯之春"的这些活动的影响。更重要的是，你在你的一生中所采取的行动，很可能会产生广泛的甚至是全球性的效果。

作为蝴蝶效应的一个非常独特的例子，让我们考虑一下无人驾驶汽车很可能的广泛流行（Boudette and Isaac, 2016）。这种汽车的广泛应用将会导致现有公路上的车辆大量增加，以及其他效应。因为复杂与敏感的传感器，车辆碰撞几乎将被消除。这一改变的所有长远效果包括，医生、人身伤害律师以及医院急诊室里的患者的数量都会下降——因为源自汽车事故的死亡（2017 年超过 40 000 人）和受伤事件会大幅减少（National Safety Council, 2017）。在个人层面上，由于无人驾驶汽车中植入的复杂的事故预防系统，人们会活得更长（Manjoo, 2014; Mui, 2013）。很多城市的停车场也会被取消，因为最终无人驾驶汽车可能会一直处于运行状态。从负面的情况看，公路上容纳更多汽车的能力将会导致更严重的空气污染，以及全球气候变化的加速。相应地，这会使人们更容易得病，更多地前往医院的急诊室，以及寿命缩短。

人们与宏观社会现实和社会变迁之间的关系的例子，为对**社会学**（sociology）的下述定义设定了舞台：社会学是系统性地研究人们与社会结构和社会过程之间的相互影响的学问，这些社会结构和社会过程与群体、组织、文化、社会和世界息息相关，并存在于它们之中。

第一节　社会世界和社会学变动不居的性质

正像你所看到的那样，社会学应对的是当代的现象，但它深厚的历史根源也带来了许多长时段的兴趣。在 14 世纪，伊斯兰学者阿卜杜勒·拉赫曼·伊本·赫勒敦（Abdel Rahman Ibn Khaldun）研究了各种各样的社会关系，包括政治与经济之间的关系。对社会学的创立来说，特别重要的是发生于 18 世纪和 19 世纪的工业革命。在这个工业时代，早期的很多社会学家把注意力集中在工厂、工厂里的生产以及工作在那里的工人——特别是蓝领的体力劳动工人身上。社会学家还聚焦于工业与其他社会领域之间的关系，比如与国家和家庭的关系。

到 20 世纪中叶的时候，美国的制造业已经处于长期衰落的早期阶段——这种衰落一直持续到今天。（不过，世界上其他地方的制造业，正在蓬勃发展。）美国已经从工业时代进入了"后工业时代"（Bell, 1973; Leicht and Fitzgerald, 2006）。在美国，以及一般意义上的西方世界，经济中心和很多社会学家的注意力，已经从工厂转移到了办公室。也就是说，关注重点从蓝领的体力劳动，转向了白领的办公室工作（Mills, 1951），也转向了很多人工作于其中的官僚机构（Clegg and Lounsbury, 2009; Weber, 1921 / 1968）。后工业时代的另一个变化，是经济中服务部门的发展，涉及所有人，从高社会地位到低社会地位的各种服务提供者——前者如医生和律师，后者如快餐店的柜台服务员以及最近的优步（Uber）司机。

最近崛起的"信息时代"（Castells, 2010; Kline, 2015），可以被看作工业时代的一个组成部分，或者是它的延伸。知识和信息在当前这个时代，是非常关键的。重要的还有技术——计算机、智能手机以及全球网络——这些技术提高了个体的生产力，并改变了他们工作的性质。与以前设计师手工绘图设计不同，现在，人们使用计算机辅助技术来设计所有的东西，从电网到印花布。智能手机的广泛应用，使优步和来福车（Lyft）这类公司的崛起——当然还有其他事物——成为可能。上述公司的成功威胁到了汽车租赁行业，特别是出租车行业以及出租车司机的生计（他们还受到无人驾驶汽车的威胁）。使用一款应用程序，一个乘客表示他需要一次搭乘，而一个独立的汽车拥有者将会提供这次搭乘——以一个事先确定的价格，而车费会从乘客的信用卡中自动扣除。有些司机每天以这种服务方式工作数小时，赚一点外快，其他司机则全职提供这种服务。他们的这种工作意愿，减少了对出租车和全职出租车司机的需求。

更普遍的是，在办公室里进行的工作越来越少，因为计算机和互联网使人们可以在任何地点工作。很多人成为所谓的"零工经济"（gig economy）的一部分。零工经济的意思是，人们变成了临时工，从事一系列短期工作（"零工工作"），而不是为一个组织全职工作。

- 不过，受到新技术影响的不仅仅是工作。优步是日益增长的"共享经济"（sharing economy）（Sundararajan, 2016）的一部分，在其中，人们共享（收取费用）很多东西。最显著的如，有些人通过 Airbnb.com 之类的网站共享他们的居所（Pogue, 2014）。这一新技术的一个关键成员——谷歌，变得如此强大，以至于 2011 年的一本书被命名为《万物的谷歌化》（*The Googlization of Everything*）（Vaidhyanathan, 2011）。因此，社会学家的大量注意力被转移到计算机和互联网，以及使用它们的人身上（Lynch, 2016; Scholz, 2013）。

从工业时代向后工业时代的转型，以及目前进行的向信息时代的转型，具有重要的个人影响。如果你是生活在工业时代的一个人，你可能要为金钱（工资）而工作（如果你能找到一份工作的话）。你必须那样做，以便有能力购买你需要和渴望的东西。在私人领域工作的妇女，不会获得任何补偿，或者只能获得很低的补偿——目前大体上依然如此。可是，在后工业时代，越来越可能的是，男人和女人愿意或被迫参与临时工作或者没有酬劳的工作（Anderson, 2009; Dusi, 2017; Ritzer and Jurgenson, 2010），例如实习生、博主，以及 YouTube 和维基百科的制作者们。

你之所以愿意免费劳动，是因为你享受这一过程，或是因为无论如何，对你的生活来说非常重要的东西，都可以在互联网上免费获得。当博客是免费的时候，你不再需要购买报纸；当音乐和电影可以通过声破天（Spotify）免费或者以低廉的价格播放或下载的时候，你不再需要购买 CD 和 DVD。种类繁多的软件，也可以免费下载。不过，虽然上述所有东西以及其他东西可以免费获得，但问题是，生活必需品——食物、住所和衣物——仍然需要花费金钱，很多的金钱。

很多人希望，他们目前免费付出的劳动，最终会得到经济上的回报。有一个人（人们叫他 PewDieDie）在 YouTube 上打视频游戏。到 2019 年初的时候，他已经赢得了 100 万订阅者和 210 亿次观看。据说，他每年可以赚数百万美元（Jacobs, 2014）。打视频游戏已经成为一桩大生意——一次联赛可以把 1.1 万名粉丝吸引到体育场，提供高达 1 100 万美元的奖金。很多人希望，他们在博客和 YouTube 上的工作，会导向全职工作。

以上仅仅是本书要讨论的诸多社会变迁中的少数几个例子。核心要点是，社会世界（人们、群体、组织等等）——你们① 的社会世界——一直在不断地变化。社会学是这样的一个领域：它会，也必须持续地紧跟这些变化的节奏，并研究这些变化。

---

① 原书为斜体字，用以表示强调。以下不再——指出。——译者注

数字化生存 撰写关于社会学的博客和推特

撰写博客和发布推文是传递和获得信息的两种流行方式。人们往往实时地把当前发生的事情发布出来，有时，发布人就在现场观看。"阿拉伯之春"被称为"推特革命"，因为全世界的人能够通过推特上的推文，随时关注这场政治运动。体育迷可以追踪自己喜欢的球队，并在比赛日收到即时提醒——他的球队触地得分或者跑垒得分。试图寻找有别于主流媒体的、针对社会事务的不同视角的人，可以关注多种多样的在线站点［比如，极右翼的布赖特巴特新闻网（Breitbart News）］和博客［比如偏左的琼斯母亲（Mother Jones）］。撰写博客和发布推文鼓励了个体能动性。它们为我们所有的人提供了进行社会现实建构的机会，并可以作为促进社会改革的平台，比如讨论"黑命亦命"（#BlackLivesMatter）。不过，这些沟通方式也附带着一些结构性限制。推特把推文限制在280个字符以内。很多热门的博客和推特账户，是由名人、专家和正式组织（有些组织是高度政治化的）的代表来撰写和维护的，他们在塑造社会现实方面的权力，要大于普通人。在这方面，特别引人注目的就是唐纳德·特朗普对推特的使用——作为总统候选人和总统期间——以便直接和他的支持者交流，进而绕过传统媒体。特朗普的推特账号（@RealDonaldTrump）拥有6 000万追随者。

投身于社会学理论和研究的社会学家和组织，运用博客和推特把社会学的想象力展示给他人，帮助人们在微观层次上意识到，他们的私人麻烦与宏观的公共问题是联系在一起的。使用博客的热门社会学家包括本书的作者之一乔治·瑞泽尔（https://georgeritzer.wordpress.com），他讨论本书所涉及的主题，比如麦当劳化、全球化和消费；还有菲利普·科恩（Philip Cohen），他撰写关于家庭不平等的文章（https://familyinequality.wordpress.com）。"社会专栏"（Society Page）博客（https://thesocietypages.org）包括一系列社会学博客，比如种族界限（The Color Line）（https://thesocietypages.org/colorline）和社会学透镜（Sociology Lens）（www.sociologylens.net）——后者让读者及时了解与不平等、种族、性别、犯罪和健康相关的课题。美国社会学会（American Sociology Association）的博客，为它的追随者提供了一个辩论社会学议题的论坛。各种推特账号常规性地针对相关社会学话题发表评论和提供链接，包括@Soc_Imagination，@SociologyLens，@DiscoverSoc，@SocWomen和@SocImages。此外，职业社会学家如迈克尔·布洛维（Michael Burawoy）（@burawoy）、马修·德斯蒙德（Matthew Desmond）（@just_shelter）、泽伊内普·图菲克西（@zeynep），以及素德·文卡特斯（Sudhir Venkatesh）（@avsudhir），他们发推文来促进对社会问题的社会意识，以及宣传自己的研究和社会行动主义。

参与数字世界

选择一个社会学博客或者推特账号（不必限于上文所列出的）。在本学期定期查看该信息源，并记录你感兴趣的内容和你有疑问的内容。你可以创建自己的博客来做这件事，或者，如果你有推特账号，也可以针对上述内容发布推文。在本学期末，写一篇文章来总结你学习到的东西——你可以把这篇文章放入你的博客，或者链接到你的推特账号。

知识点 1-1 | 社会学家研究的主要社会变迁

时间段	主要社会变迁	社会学家关心的相关问题
18 和 19 世纪	工业革命	工厂和蓝领工人的兴起
20 世纪中叶	进入后工业时代	服务部门和白领工作的兴起
21 世纪	进入信息时代	共享经济、兼职和无薪劳动的发展

第二节　21世纪社会学的核心关切

在过去的大约两个世纪里，社会世界经历了戏剧性的变化，社会学也适应了这些变化，但社会学仍然继续聚焦于那些传统的关切。我们已经提到了社会学的长时段兴趣，如工业、生产和工作，其他还包括越轨与犯罪（参见第 7 章）、家庭（参见第 12 章）和城市（参见第 17 章）。无论以前还是现在，很多社会学家特别关注不平等问题，因为它影响了穷人、种族和民族群体、妇女和同性恋者（参见第 8 章）。这些社会学课题和关切，将占用本书的大部分篇幅。不过，本书的讨论也将涵盖非传统的当代问题，如消费、数字世界，特别是全球化。

一、全球化

今天，没有任何社会变迁比全球化更重要，因为它正在持续地影响着全球各地的社会生活的各个方面。人们无法给出全球化的确切开始时间，而且实际上它本身存在巨大的争议（Ritzer, 2012b; Ritzer and Dean, 2019; Steger, 2017）。不过，全球化的概念始于 1990 年前后，出现于当时的大众文学和学术著作中。今天，全球化是社会世界的核心议题，也是社会学的核心议题。全球化和关于全球化的讨论，充斥于我们周围。实际上，我们可以说是生活在一个"全球化时代"（Albrow, 1996）。不过，这一事实以及全球化带给美国的优势，受到了唐纳德·特朗普的质疑——在 2016 年的总统选举中，以及其执政早期。这种质疑导致了"去全球化"（deglobalization）的说法 [参阅我的博客文章《去全球化？门也没有》（Deglobalization？ Not a Chance）（Ritzer, 2016）]。去全球化也是英国脱欧公投背后的因素，还是欧洲联盟开始边境限制行动背后的因素。不过，这些行动都没有撼动作为一个整体的全球化，也没有在互联网、媒体和文化等特殊领域撼动全球化。

在任何过去或者目前的社会学定义中，"社会"都是其主要元素。目前世界上有大约 200 个社会，包括构成了美国、中国和南非等国家的社会。社会是一个复杂的社会关系模式，它在空间上结合在一起，并且延续一定的时间。传统上，社会是社会学分析的最大单位。不过，在这个全球化时代，具体社会的重要性在降低（Holton, 2011; Meyer, Boli, and Ramirez, 1997）。这部分是因为，出现了更大的跨国机构和全球化社会机构，这些机构变得越来越重要。它们包括联合国（UN）、欧盟（EU）、石油输出国组织（OPEC），还有跨国公司（MNGs）——如谷歌和埃克森美孚，以及跨国非政府组织（NGOs）——如"大赦国际"（Amnesty International）。至少在某些情况下，这些跨国机构变得比具体社会更加重要。对于全世界的福祉来说，石油输出国组织比它的关键"社会"如阿布扎比甚至是沙特阿拉伯更为重要。不过，对于转型和全球化的强调，也带来了它的反对力量，这一力量把焦点转回到自己所在的社会（比如，"美国优先"）。

与社会结构一样，社会过程也不仅仅存在于具体社会层面，它同样存在于全球层面，而且这些全球化过程正变得越来越重要。请思考移民的问题（参见第 17 章）。人们在一个社会之中和社会之间到处流动或迁移。例如，很多人从美国东北部流动到美国西部和南部。不过，在这个全球化的时代，越来越多的人在社会之间进行流动，有些人跨越半个地球。与维持了几乎一个世纪的情况相比，目前的美国拥有最高的移民比例（见图 1-1）。很多移民来自墨西哥，或者是通过墨西哥移民到美国（Massey, 2003; Ortmeyer and Quinn, 2012）。更普遍地说，大量移民从中东和非洲伊斯兰教主导的社会，移居到西方（Voas and Fleischmann, 2012）。在很多情况下，他们逃离战乱中的社会，如叙利亚、伊拉克和利比亚（Yeginsu and Hartocollis, 2015）。还有数以千计的人离开西方国家，参加恐怖组织（比如"伊斯兰国"），特别是叙利亚和伊拉克的恐怖组织，成为西方国家的重大关切。有人担心，至少有一部分参加了恐怖组织的人员，将会回到西方，并从事恐怖活动。

大规模的人口流动由来已久。可是，在全球

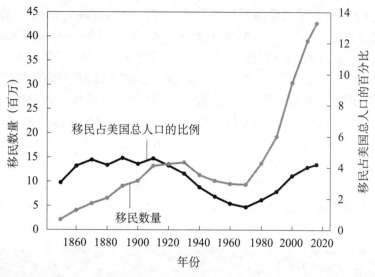

图 1-1　移民数量与其占美国总人口的比例（1850—2020）

资料来源：Migration Policy Institute (MPI) tabulation of data from U.S. Census Bureau, 2010–2016 American Community Surveys (ACS), and 1970, 1990, and 2000 Decennial Census. All other data are from Campbell J. Gibson and Emily Lennon, "Historical Census Statistics on the Foreign-Born Population of the United States: 1850 to 1990" (Working Paper no. 29, U.S. Census Bureau, Washington, DC, 1999).

化时代，人们在世界上的流动往往更为自由，移动的距离远大于过去。换句话说，人们的——还有其他东西的——"流动性"提高了。也就是说，他们比以往任何时候都移动得更远、更容易、更迅速。年轻一代，特别是"千禧一代"（或者叫Y世代，即那些出生于 1980 年代和 1990 年代的人）以及紧随其后的 Z 世代可能特别具有流动性，包括全球流动。他们巨大的流动性反映在下述事实中——当然还有其他事实：他们更可能在网上预订机票和在网上值机，并把登机卡直接发送到自己的智能手机上（Lee，2013）。

7　　所有类型的产品的移动也更加便捷，这主要是因为下述事物的存在：巨大的集装箱货船、货运飞机、联邦快递公司（FedEx）和联合包裹服务公司（UPS）等的包裹邮递服务。流动性更强的是那些数字化的东西——当你从互联网上下载音乐、电影的时候。在家庭领域，以往限制于家庭之内的事务如家人照料和家务劳动，也变得越来越具有流动性，那些有能力购买这些服务的人经常外包这些劳动（van der Lippe，Frey and Tsvetkova，2012；Yeats，2009）。更为普遍的情况是，较高的流动性体现在流动的信息上，这

些信息在瞬间传遍全世界，这要归功于互联网、电子邮件，以及社交网站如脸书、Instagram、Snapchat 和推特。

　　各种类型的结构可以促进这些流动。

● 航空货运会日益得到"航空城"发展的支持（Kasarda and Lindsay，2011）——事先规划好的城市，它们的发展是因为临近大型的现代化机场，并可以利用这些机场（Kasarda，2016）。例如，韩国建设了一个智慧城市松岛新域（超过 50% 已经完成），因为机场（仁川机场）就在附近，很容易通过一座 12 英里① 长的大桥而到达。这与通常的情况形成了对照，即机场建在市中心或者临近市中心［例如，华盛顿的里根国立机场、洛杉矶的洛杉

思考题

　　你是否想过，你在脸书、Instagram、Snapchat 和推特上发的帖子，也是全球信息流动的一部分？从什么角度说，它们确实符合这种描述？在这个全球性的信息流动中，你的位置暴露了你的什么信息？

---

① 1 英里约为 1.6 千米。——译者注

矶国际机场（LAX）、伦敦的希思罗机场〕。传统的机场通常太小，太难抵达，给城市居民带来过多噪声，而且无法突破目前的边界进一步扩展。

- 成立于1993年的欧盟，是此种类型的社会结构的例子，它简化了成员国之间的公民流动（不过并不适用于生活在欧盟之外的人们）。在欧盟的成员国之间，边境限制被放宽，甚至完全取消，虽然近年来重新实施了边境限制——因为担心未登记移民的涌入。与此类似，1999年诞生的欧元，极大地简化了其中18个成员国——这些国家接受欧元为其法定货币——之间的经济交易。

- 互联网上信息的持续自由流动之所以可能，是因为一个简称为ICANN（Internet Corporation for Assigned Names and Numbers）的组织的存在。它在处理互联网的基础架构（underlying infrastructure）。

也有一些结构，会妨碍各种类型的全球流动。国家边界、护照和护照控制（Robertson,

全球化 涉性人口贩运

与全球化息息相关的人口流动越来越多，人口贩运是它的一个面向（Rao and Presenti, 2012; Weitzer, 2014）。人口贩运在全世界都是非法的，但广泛存在。人口贩运的特征是，使用胁迫或者欺骗手段使人们提供下述服务：强迫劳动、商业性的性交易以及器官捐献。

涉性人口贩运涉及以商业性的性服务——包括卖淫、跳脱衣舞等——为目的而被贩运的受害者（Hodge, 2008）。并不是所有的商业性的性服务都涉及被贩运的人口，因此，商业性的性服务和性表演的消费者，不一定总是与被贩运的性工作者有关。

一位研究者估计，每年大约有140万妇女和女孩因为性目的而被贩运（S. Lee, 2012）。可以预见，有组织的犯罪网络，主导了涉性人口的跨国贩运。在过去的数十年里，全球南方的很多国家（特别是东南亚）和东欧国家，成为性工作者特别是妓女的主要来源。

全球性产业中的人口流动，既涉及提供性服务的人，也涉及消费这些服务的人。性服务的提供者通常在欠发达国家比如东南亚国家内部流动，或者是流向发达国家。对购买性服务感兴趣的人，倾向于从世界上较发达的地区流向较不发达的地区——以便在其目的地为自己找到更便宜和更有异国情调的性服务（Flynn, 2011）。在过去，绝大多数的性购买者是男人。不过，今天的妇女们也在进行全球旅行（例如，从美国到哥斯达黎加）以寻求性服务（Frohlick, 2013）。

与其他类型的人口贩运，比如以家政工作为目的的人口贩运相比，涉性人口贩运的后果要严重得多。不仅仅是因为性工作更加有损尊严，还因为它把受害者暴露于下述危险之中：性传播疾病如艾滋病、毒品依赖，以及种类繁多的健康风险。被贩运的人经常遭受人贩子的殴打、强奸、刀刺和勒颈——有时会导致死亡。这些人贩子本来就是她们的皮条客。这些皮条客可能会威胁受害者的家人，或者把受害者的孩子扣为人质，以防止她们逃跑。

利用互联网，嫖客们能够在一瞬间发现全世界各地的性工作者，阅读对她们的性服务的评论，并针对地点、价格等事项交换信息。各种网站为发达世界的男人们提供全套旅行并报价，还为性工作者及其服务做广告。在柬埔寨，一位美国居民开设了一个"强奸营"（rape camp），那里提供"亚洲性奴"，她们被塞口和捆绑，并被强迫进行各种各样的性行为（Hughes, 2000）。互联网观众可以要求付费在线观看特定的强奸表演，而人贩子可以通过加密技术逃避起诉。这个强奸营最终被关闭，但剥削妇女和女孩的其他"创造性"手法，持续地存在于互联网上。

思考题

你是否认为，全球南方成为受剥削的妇女和女孩的来源，是不可避免的？互联网在这种剥削中扮演如此重要的角色，是不可避免的吗？为什么？全球化和技术进步对涉性人口贩运的影响是什么？全球化和技术进步可以被用来限制涉性人口贩运吗？

2010；Torpey，2000）、安全检查以及海关管理，限制了人们在国家间的流动。2001年发生在纽约和华盛顿特区的"9·11"事件之后，世界上很多地方都加强了上述限制。这使得环球旅行和跨越国境变得更加困难，也更加费时。人们甚至设计出各种各样的设施，来限制人们的越境行动。可以举出的例子有，以色列和约旦河西岸之间的篱笆，以及于2013年建成的以色列和埃及之间的篱笆。更近的例子是，几个欧洲国家（比如，匈牙利、斯洛文尼亚）正在修建和已经建成边境篱笆，用于限制、引导或者阻止来自叙利亚和其他地方的移民流入（Surk，2015）。在总统竞选期间，唐纳德·特朗普承诺，把美国和墨西哥之间已经存在的篱笆换成墙，至少把规定长度的一部分换成墙。在他总统任期的早期，因为建墙的高成本和对环境的担忧，特朗普遭遇了反对建墙的力量。从2018年后期到2019年初，美国政府承受了一次政府部分停工，因为特朗普坚持建墙而国会反对为此付钱。最终能够建起多少墙，还有待观察。

现有的跨越墨西哥边界的篱笆，以及强化了的边防警察巡逻，已经使非法移民必须经由更长的路线、承担更大的风险，才能到达美国。在美国，一共有200个移民收容中心。人权观察组织（Human Rights Watch）发现，从2012年到2015年，因为疏忽大意的医疗服务，共有18位移民在收容中心死亡（Jula and Preston，2016）。2014年年中，美墨边界发生了一次危机，数千名来自中美洲的儿童涌入了这一区域，收容中心人满为患（Archibold，2014）。另一场危机发生在2018年后期，当时，特朗普夸大了来自中美洲的移民"大篷车"的风险，并试图通过派军队守卫边境来对抗这种风险。

当然，世界上还存在着其他种类的结构性障碍，最显著的就是贸易壁垒和关税。这些壁垒和关税限制了很多类型的商品和服务的自由流动。

总之，**全球化**（globalization）被定义为，日益增长的全球流动，以及促进或者阻碍这些流动的结构。全球化毫无疑问还在增长，随之而来的，是各种各样积极或消极的进展（Ritzer and Dean，2019）。一方面，与工业化时代相比，目前全世界的大多数人，拥有了太多使用来自全球的产品、服务和信息的可能性。另一方面，各种非常不受欢迎的东西也更容易在全世界流动，包括像寨卡病毒、艾滋病和埃博拉病毒等，以及主要来自发达国家的污染排放——后者加剧了气候变化（包括全球变暖）。消极的方面还包括，"越轨的全球化"的各种形式，如恐怖主义、涉性人口贩运，以及人体器官和毒品黑市（Gilman，Goldhammer，and Weber，2011；Marmo and Chazel，2016）。

二、消费

虽然消费成为社会的核心特征已经有数个世纪了，但直至最近这些年，我们才能够使用"消费者世界"这样的术语来进行思考（Trentmann，2016）。从1950年代开始，很多资本主义经济体的中心，从生产和工作转向了**消费**（consumption），后者指的是人们获得和使用商品与服务的过程。在那个时期，美国经济的中心由工厂和办公室转向了购物中心（Baudirillard，1970/1998；Wiedenhoft Murphy，2017a）。对很多人来说，相对于消费来说，工作和生产变得不重要了。

消费的戏剧性增长之所以可能，是因为人们财富的增加，当然还有其他原因。一个更为具体的因素，是信用卡的引入（在1950年代和1960年代），以及它日益增长的可用性。信用卡被广泛使用于购物中心、互联网上，以及许多其他场合。美国消费增加的一个指标，是信用卡债务的增加。正如你在图1-2中所看到的，在信用卡使用的早期，信用卡债务令人震惊地增加了（数字始于1969年的户均37美元）。信用卡债务于2008年达到了户均8 729美元的峰值，但在2008年的金融风暴之后稳定下降，之后的户均信用卡

思考题

在过去的6个月里，你的消费习惯和信用卡使用有所改变吗？在过去的3年里呢？你期待自己的消费习惯会在以后的3年里发生改变吗？如果回答是肯定的，怎样改变？为何改变？你会消费得更多还是更少？

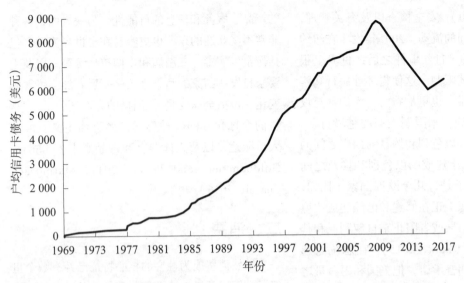

图1-2　美国的户均信用卡债务（1969—2017）

资料来源：Data from the U.S. Federal Reserve and U.S. Census Bureau and Dickler, Jessica, 2018, "Credit Card Debt Hits a Record High." CNBC, January 23.

债务是5 946美元。不过，从2016年到2017年，信用卡债务上升了将近3%，达到了户均6 375美元。

目前，消费在经济上非常重要，而它在其他方面也很重要。例如，文化在很大程度上受到了消费的形塑，而且消费的许多方面，已经成为文化现象。一个很好的例子是苹果手机，它从无数方面，给文化带来了革命性的改变。数十亿人购买了苹果手机和类似的智能手机，以及与此相关的、数量日益增长的应用程序。这些手机改变了人们会面的方式和地点，以及人们社交的方式。此外，媒体和公众花了大量的时间来讨论苹果手机和类似产品的社会后果——这些产品变成了我们生活于其中的文化的中心。关于下一款苹果手机的特点和发售时间的谣言，让人们兴奋不已。

消费还与全球化深刻地交织在一起。发达世界里的我们所消费的大多数东西，都来自其他国家。2017年，美国从中国进口了5 050亿美元的产品。但1985年的同一数据只有400万美元（U.S. Census Bureau, 2018a）。此外，对于消费者来说，快捷和方便的网络贸易，使全球化的现实和距离都变得无关紧要。最后，到世界上其他地方旅行——这本身就是一种形式的消费——越来越普遍和消费得起。旅游者的一个主要目的是品尝外国的食物，以及购买外

国的纪念品（Chambers, 2010; Gmelch, 2010; Mak, Lumbers, and Eves, 2012）。医疗旅行还不那么常见，但是据估计，它已经是一个每年价值1 000亿美元的全球产业（Fetscherin and Stephano, 2016）。大量的美国人——也有其他国家的人——长途跋涉去接受诸如整容手术这样的服务，甚至是心脏手术。他们之所以这样做，主要是因为其他地方的费用要低得多。很多不孕不育的美国妇女旅行到发展中国家如印度，以便雇用代孕者，"租用"她们的子宫和卵巢，并攫取她们的卵子（Pfeffer, 2011）。

不难理解，社会学家对这些进展非常感兴趣。早期的社会学家进行了很多关于工作、生产、工厂和工人的研究。今天的社会学家仍然继续进行与工作问题有关的研究，但他们把越来越多的注意力转移到了对消费的一般性研究上（Warde, 2017）。更具体地说，是转移到了下述现象上：越来越多地通过智能手机来进行的在线购物（Kim et al., 2017），在更实物化的场所如百货商店里的购物者的行为（Miller, 1998），以及消费场所，比如快餐店（Ritzer, 2019）和购物中心（Ritzer, 2010b）更为晚近的发展。所有这些都越来越变成全球性的现象。现在，对于巴塞罗那的访问者来说，最热门的目的地不再是安东尼·高迪（Antoni Gaudi）令人惊叹的建

筑作品，而是这个城市郊区的新奥特莱斯购物中心（Mount, 2014）。在很多地方，包括印度，特别是中国，在线购物变得越来越盛行（Bearak, 2014; Wang and Pfanner, 2013）。发达国家甚至发展中国家在线购物的增长之所以可能，是因为智能手机数量的大幅增加和日益盛行。

麦当劳化

瑞泽尔对快餐店的研究导致了**麦当劳化**（McDonaldization）这一概念的形成。麦当劳化是一个过程，在这个过程中，快餐店的理性原则开始主导越来越多的社会部门，以及世界上越来越多的社会（Ritzer, 2013a; Ritzer and Miles, 2019；关于这一观点的评论文章，参见 Ritzer, 2010c）。这一过程导致了理性体系的诞生——像快餐店和在线购物网站一样——具有 4 项定义性的特征：

- 有效性。强调使用最快速和成本最低的手段，来实现任何目的。显然，快餐店员工的工作是高效的：汉堡就像在流水线上一样被做出来，不会浪费任何时间和食材。与此类似，店家期望顾客在快餐店里花费的时间越少越好。最好的例子可能是免下车窗口（drive-through window），这是一种高度控制化的销售手段，员工在几秒之内发放食物。

- 可计算性。你已经听说很多有关麦当劳量化控制的情况：食物的分量是多少——如大汉堡；价格有多低——如一美元早餐。不过，你却没有听说过这家快餐店的食材和商品的质量情况。类似的情况是，你可能听说过每小时能卖出多少汉堡，或者它们多快上桌，你却没有听说过员工技能的事情。对于数量化的关注还意味着，工作是在很大的压力下完成的。这意味着，很多工作是以粗糙的方式完成的。

- 可预测性。麦当劳化保证了光顾所有的快餐连锁店的经历完全相同——即使是跨越全球以及在不同的时间。当顾客进入麦当劳餐厅，员工询问他们想点什么，使用的语言都是公司规定的。对顾客来说，他们可以找到大多数的日常食品。对员工来说，则要求使用另一套规定用语，作为对顾客点餐的感谢。就

这样，一套高度可预测的仪式，在快餐店里被演示出来。

- 控制。在麦当劳化的系统中，技术对人员、过程和产品发挥了巨大的控制作用。炸薯条机限制了员工可以做什么，并控制余下的任务。当薯条炸好的时候，机器就会鸣叫，甚至自动地从热油中把薯条提出来——当薯条达到合适的脆度时。当薯条筐清空的时候，员工必须装满薯条；当薯条筐从油中浮出时，员工必须清空它。自动炸薯条机也许能够节省时间和防止事故的发生，但它限制和规定了员工的行动，没有留给他们多少有意义的工作。类似地，免下车窗口也可被视作一种技术，这种技术让顾客自己处理垃圾，即使是在汽车后座上或者在路旁。

自相矛盾的是，理性化似乎往往导致其对立面——非理性化。例如工作无意义的问题、快餐店免下车服务所导致的路旁抛垃圾问题，或者与儿童肥胖相关的社会问题——人们部分地把它归咎于快餐食品的无所不在。理性化导致的另一个非理性化，是非人道化。快餐店员工被迫从事非人道的工作，这可能导致工作不满意、疏离感以及高跳槽率。快餐顾客被迫在非人道的环境中用餐，如非人性化和寒冷的快餐厅中，或者在他们的车里，或者在他们于街上行走的时候。随着全世界逐渐屈服于麦当劳化，非人道化越来越无所不在。

批判消费

对消费网站的社会学研究涉及批判性地观察它们的结构化方式以及其他很多事物。（上文对麦当劳化场所的非理性化的讨论，就是批判视角的一个例子。）这些网站的设立，可能是为了引导人们消费特定的东西而不是其他东西，引导人们超越本来的意愿进行消费，并陷入债务（Brubaker, Lawless and Tabb, 2012; Manning, 2001; Marron, 2009; Ritzer, 1995）。例如，Shoedazzle（www.shoedazzle.com）是一个利用广告和"风格测验"（style quizzes）来招揽会员的网站。Shoedazzle 在它的网站上高调宣扬"独一无二"的 VIP 会员资格，而这个资格任何人都可以拥有。通过个性化的风格测验

和 VIP 会员资格，让它的会员感到自己很特别，Shoedazzle 诱惑消费者购买比他们的实际需要更多的鞋子（以及其他产品）。

社会学家同样感兴趣的还有，消费者怎样以设计者想不到的方式，使用购物中心和电子零售商的服务。例如，消费者在购物中心和其中的众多商店里闲逛，但什么也不买——虽然这些地方设计的目的就是引诱消费。有些废弃的购物中心被用来作为临时的旱冰场。学生们把亚马逊网站作为学期论文参考文献的来源，而不是真的买书。旅行者用 Expedia 网站和 KAYAKA 网站进行价格对比，然后从航空公司的网站购票。

社会变迁还在继续。金融风暴和它持续不断的后续效应改变了很多事情，包括消费主导社会的程度。即使在金融风暴已经过去很长时间的今天，美国消费者仍然不愿意花钱，或者至少不愿意像以前那样花钱（Kurtz，2014）。结果是，消费网站经历了巨大的困难。很多户外零售店和室内购物中心变得空空如也，它们变成了"死去的商业区"（http://deadmalls.com 记录了这种情况）。在很多仍在营业的商业区，有大量被搬空的商店，包括被废弃的大型百货商店。拉斯维加斯，曾经的娱乐和高端商品、服务的消费之都，也受到打击（Nagourney，2013）。新泽西州的大西洋城（Atlantic City）的赌场关门大吉，而有些人希望看到这座城市变得更像曾经的海滩社区（Hurdle，2014）。迪拜，曾经梦想成为东方的消费之都，于 2009 年遭遇了一场财政危机，至今仍在恢复之中。看起来似乎可能是——即使概率很低——虽然我们仅仅在半个世纪之前才进入消费时代，但目前我们已经处在所谓"后消费时代"的边缘。虽然过度消费和与之相关的高负债水平，是导致金融风暴的关键因素，但后消费时代也会带来它自身的问题，如工作数量的减少和很多人生活水平的下降。

思考题

在后消费时代，你的生活会是什么样子？它在什么情况下会变好，什么情况下会变坏？为什么？

三、数字世界

社会学总是把自己与**技术**（technology）的社会面向和社会意义联系在一起。所谓技术，就是以完成某种任务为目的，在机器、工具、技能、程序之间进行的相互作用。一个例子就是流水线，即 20 世纪早期工厂的典型标志。后来，社会学家开始对进入工厂的自动化技术产生兴趣。当然，从那时开始，技术发生了巨大的进展。目前，社会学家把越来越多的注意力集中于数字世界，这一世界因为本章已经提到的技术而出现，包括计算机、智能手机、互联网，以及社交网站，比如脸书和推特（Mukherjee，2018）。

虽然我们在本书中自始至终讨论数字世界的生活，但数字生活并不与社会世界的生活相互分离。实际上，两种类型的生活日益交融在一起，与此同时还创造了一个扩张的世界（Jurgenson，2012）。智能手机的广泛使用，让人们能够给很多人发短信，让他们知道自己要去一家俱乐部。这会导致在这家当地俱乐部的自发集会，如果不是上述新技术，这样的情况是不可能发生的。不过，智能手机对社会世界的影响最戏剧化的例子，是它在动员——特别是通过推特——大量人员参与并持续参与社会运动中的应用，比如在埃及（2011）和乌克兰（2014）。

互联网上的社交网站涉及社会互动，这些互动显然具有社会学相关性（Aleman and Wartman，2008；Patchin and Hinduja，2010）。例如，霍金森（Hodkinson，2015）曾经指出，站在隐私的视角，青少年的卧室和社交网站之间，存在着相似之处。这两种场所都是私密的个人空间，在那里，青少年们以一种身份表达的方式，相互交往并展示个性。社交网站在北美特别重要（欧洲也不遑多让），那里的互联网接入率是全世界最高的（见图 1-3）。当然，它们在中东和北非的重要性也在提高，它们在最近的社会革命中所发挥的作用，就是这种重要性的反映。抗议者使用蜂窝电话和互联网来相互通知，并向世界通报事态的进展。在 2011 年中期伦敦和英国

趋势

《社会的麦当劳化（第9版）》（世哲出版社，2019）

乔治·瑞泽尔

正像其书名所暗示的那样，至少在一开始的时候，这本书聚焦于麦当劳、其他快餐店，以及其他实体消费场所，比如宜家（IKEA）、沃尔玛、其他连锁店、购物中心和游乐园。不过，最新版本的焦点指向了互联网上的消费场所，以及混合性的实体消费场所（Belk, 2013）。这两种类型的消费场所的主要例子，就是当代消费世界里的巨人——亚马逊。亚马逊不仅仅是互联网上的一个主导力量，特别是在消费领域〔占全部电子商务量的43%（Wingfield, 2017）〕，还越来越多地成为实体经济中的一股力量——近年来其实体书店和便利店不断开张，2017年对全食超市予以收购。这些实体消费场所从很多方面弥补了亚马逊的"点击"（clicks）经济的不足。在未来，随着亚马逊创造出一个更加"无缝"（seamless）的体系，这些实体消费场所会越来越多地发挥这种作用。

可以从麦当劳化的视角，对麦当和亚马逊进行比较。这种比较显示，亚马逊的麦当劳化程度，远远超过麦当劳。

- 通过省去漫长甚至可能是一无所得的出行——去往百货商店、仓储超市（比如沃尔玛）——亚马逊使得对五花八门的产品的获得变得极为高效。还有什么比下述做法更为高效：坐在家里，在线预订产品，然后在一到两天之内，货物被送到门口？通过免下车窗口，麦当劳让餐馆的点餐变得更为高效，但它还是有其不高效之处：需要消费者驾车前往（或者步行）取餐。

- 在亚马逊网站购物，涉及一系列高度可预测的在线步骤，这些步骤会导向一次订货的完成。麦当劳为在餐馆里的进食带来了高度的可预测性（predictability）。为得到一份餐食，这里有确定的步骤：排队、浏览屏幕（marquee）以便知道在柜台前点什么、点餐、付钱、端着餐盘去餐桌、进食，然后在用餐以后把残余物丢弃。不过，在麦当劳，还是有一些亚马逊网站所没有的不可预测性，比如那些与不受欢迎的、粗鲁的和不合格的店员有关的不可预测性。

- 在亚马逊网站的购物中，存在着高度的可计算性（calculability）。价格被清晰地标注，消费者确切地知道一次订货的全部花费。在最终完成购买之前，消费者能够取消一些商品，进而减少最终的花费。麦当劳的屏幕提供的是事先确定的价格以及类似的可计算性，除非消费者能够进行口算，否则，在购物完成之前，最终的价格是未知的。

- 在亚马逊网站购物，受到这一购物场所的性质的严格限制，也受到下述因素的严格限制：对于非人工技术的依赖。消费者只能预订网站上已有的东西，但不能要求（也没人要求）对产品进行某种调整（modified）。还有，亚马逊网站没有拥挤的人群，更不用说不可靠和惹人讨厌的店员。麦当劳对消费者实施了高度的控制，但至少在他们所点的餐食上，他们能够要求一些调整。这就是在柜台前和免下车窗口大排长队的原因之一。柜台后的店员，以及免下车窗口的店员，可以以各种方式对取餐过程产生消极影响（比如，餐食并没有按照顾客的要求进行调整；并非不常见的情况是，在驾车或者走路离开餐馆后很久才发现，食品袋里的食物和自己所点的食物不符）。

- 与亚马逊网站联系在一起的理性的非理性化（irrationality of rationality），是它导致过度消费的倾向。但在麦当劳，因为其有限的菜单和低廉的价格，这种倾向是不可能的。当然，在麦当劳，可能甚至非常可能的是，摄入了过多的卡路里、脂肪和糖（Spurlock, 2005）。

edge.sagepub.com / ritzerintro5e

- 观看就《社会的麦当劳化》一书对瑞泽尔的一次访谈。
- 观察《史密斯学会》杂志上的照片，并更多地了解该杂志所称的"世界上最独特的麦当劳餐厅"。
- 观察不同的麦当劳餐厅的菜单。

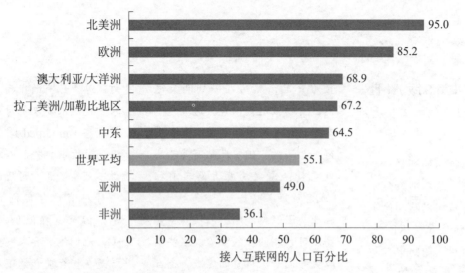

北美洲 95.0
欧洲 85.2
澳大利亚/大洋洲 68.9
拉丁美洲/加勒比地区 67.2
中东 64.5
世界平均 55.1
亚洲 49.0
非洲 36.1

0 10 20 30 40 50 60 70 80 90 100

接入互联网的人口百分比

图 1-3　不同地区的互联网接入率（2018）

资料来源：Data from Internet World States, Miniwatts Marketing Group.

其他地方所发生的骚乱中，蜂窝电话也发挥了吸引人加入的作用。再看另一个例子，在以色列人与巴勒斯坦人和其他阿拉伯人之间的交流中——他们交流彼此的日常生活关切，讨论中东的重大问题，如和平的前景——脸书和 yalaYL 成为一个关键节点。这种社会网络发生在网上，而在这两部分人之间，或他们的领导人之间，真实交往经常是困难的，或者根本不存在——特别是在以色列国内外暴力活动持续进行的背景之下（Bronner，2011）。

社交网站可以带来大量的社会互动，它们也可能隔在彼此之间，并影响互动的性质。例如，推特对你的限制是，一条信息不能超过 280 个字符，而面对面的交流没有这种限制。但面对面的交流受限于共享的空间，而通过推特的交流可以发生在任何地点，只要拥有连接到网络的设施。社会学家感兴趣的是，在有媒介和无媒介（即面对面）互动之间，更好地理解这种相同和不同之处。在由技术支持的**有媒介互动**（mediated interaction）中，技术因素如互联网和蜂窝电话介入了你和他人之间，而在无媒介互动中，这样的干扰是不存在的。例如，那些腼腆的人和缺乏安全感的人，当他们约会或谈到性时，通过中介网站，比如 Hinge、Match.com、OkCupid 或者 Tinder，也许会感到更为舒适。

另一个与互联网有关的社会学课题是：我们花费那么多时间在社交网站上进行互动，这对我们的生活有何影响？例如，在撰写大学课程的学期论文的时候，你是否倾向于使用更短的句子和更多缩略语——因为你在推特上交往或发短信的经历？再考虑下述例子：年龄在 13 岁到 18 岁之间的年轻人，在屏幕媒体上花费的娱乐时间，是每天 9 小时（Common Sense Media，2015）。在有些情况下，留给其他活动（比如，家庭作业、面对面互动）的时间几乎没有。使儿童在屏幕媒体上花费大量时间成为可能的，是移动设备的普及，比如智能手机和平板电脑。2017 年，美国 8 岁以下的儿童中，有 98% 生活在拥有移动设备的家庭里，而两年前的数据只有 52%。与 2013 年相比，2017 年儿童使用这些移动设备的可能性，提高了 30%（Common Sense Media，2017a）。在快餐店里对父母和孩子的研究发现，大多数父母更多地沉溺于移动设备，而不是与自己的孩子交流（Radesky et al.，2014）。

我们也可以同时做多件事情，在线的和不在线的，例如在教室里或者做家庭作业时的情形。你可能认为你做到了一心多用，但这实际上会降低你理解和记忆的能力，从而使你在考试和其他任务上的表现更差（PBS，2010）。

互联网技术同样影响消费的性质。这种影响

大多发生在一些网站上，如亿贝（eBay）和亚马逊，而且这种趋势可能还会继续增长。2015年，皮尤（Pew）的一项研究发现，79%的美国人进行过网络购物，而2000年的数据只有22%。15%的购物者一周至少买一件物品，51%的人使用他们的移动设备来购买商品。2017年，消费者花费了创纪录的4 530亿美元用于在线购物（Digital Commerce 360，2019）。与在实体世界相比，人们更容易在网站的消费上花钱。值得注意的是，这些网站，以及网络整体，其范围是全球性的。网络互动和交易的便捷，是全球化过程的有力指标，也推动了全球化进程。

智能手机也对消费产生了各种各样的效果。例如，一方面，使用智能手机，人们更容易发现特别类型的餐馆，并迅速高效地赶到那里。另一方面，智能手机的使用会使服务过程慢下来，因为食客们要花时间给菜品照相，给自己照相，或者请求服务员为他们照相（Griswold，2014）。很多购物者用他们的智能手机来找寻产品信息、比较价格和下载优惠券（Skrovan，2017）。塔吉特公司（Target）正在使用蓝牙信标技术（Bluetooth beacon technology），通过一个塔吉特应用程序，在自己的商店里对购物者进行定位，并引导他们找到自己购物单上所列的产品（Perez，2017）。

四、全球化、消费、数字世界和你

上文单独讨论或者合并讨论了3个主要议题。不仅公众非常关注这些议题，作为大学生的你肯定也非常关注。你生活的很大一部分发生在这3个相互联系的领域里。

作为一个学院或者大学里的学生，你的生活是真正全球化的。你的很多同学来自世界上其他地方。你的课程，越来越多地由来自世界上其他地方的教授或者助教来讲授。你所学习的观念是真正全球化的，自由流动于世界上每个地方，最终成为讲座或者教材的一部分。

作为一个消费者，你和你的同学很可能对学院里的书店非常熟悉，也对附近的购物中心非常熟悉。还有，在互联网上，你会发现几乎无限的产品和服务类型，它们中的大多数，很可能来自世界上遥远的地方。

最后，你获得的教育越来越多地来源于固有的全球化网络，例如，通过对基于网络的课程的在线学习，或者在线学位项目。在大型在线课程（慕课）上注册的学生数量，从2016年的5 800万上升到了2017年的7 800万（Lederman，2018）。随着慕课的出现，你以及全球学生，将越来越可能参与互联网上的全球课程（包括社会学课程；Behbehanian and Burawoy，2014）和项目（关于慕课的更多内容，请参阅第13章；以及Lewin，2012）。

全球化、消费和互联网本身就很重要。不过，可能更加重要的是它们之间的互动方式，以及它们对作为大学生的你和所有其他人生活的渗透。

知识点 1-2 | 全球化、消费和数字世界的特征

全球化的特征	消费的特征	数字世界的特征
人员、商品、信息和观念的跨国流动性越来越高。	越来越富裕，唾手可得的信贷，以及麦当劳化。	越来越多地使用数字技术，来为社会互动、在线购物、查看产品和服务提供中介。

第三节　社会学：延续性和变迁

本章已经强调了最近的社会变迁和它们对社会以及社会学的影响。不过，社会还具有很高的延续性，社会学亦是如此。本节将处理社会学的一些传统的视角（approach）和关切，这些视角和关切，即使是与最近的社会学课题也具有持续的关联性（relevance）。

一、社会学的想象力

对社会世界的系统研究一直要求社会学家的想象力。可以有很多种方式来观察社会世界。例如，除了可以从一个内部人的角度来观察社会世界，你还可以——至少是从心理上——置身于世界之外。对美国人来说，特别是那些经历了"9·11"的人，美国的"反恐战争"看起来是防御性的。不过，如果你设想自己是一个身陷战争之中的无辜的穆斯林，你的看法就会大不相同（Philips, 2016）。能够从一个不同的、富有想象力的视角来观察社会世界，这一现象引起了著名社会学家赖特·米尔斯（Wright Mills）的注意。他于1959年撰写了一本非常重要的著作：《社会学的想象力》。他认为，社会学家具有一个独特的视角——**社会学的想象力**（sociological imagination）——这给了他们独特的方式，来观察数据和反省自己周围的世界（Selwyn, 2015）。

在他1956年的著作《权力精英》中，米尔斯展示了社会学的想象力在他那个时代的政治世界里的应用。那个时代为美国和苏联之间的"冷战"所主导，也为两国之间核战争的可能性所主导。米尔斯认为，一个"军事－工业联合体"在美国诞生了，这一联合体由军方和许多国防工业实体构成。这些实体都喜欢战争，或者至少为战争做好了准备。因此，它们也喜欢把巨额的纳税人的钱，变成各种各样的军事装备。《权力精英》出版数年后，美国总统、前五星上将德怀特·艾森豪威尔（Dwight Eisenhower）警告美国，军事－工业联合体对自由和国家构成了威胁，并且在增加战争的危险方面发挥了作用：

> 我们必须警惕军事－工业联合体没有任何理由地获得的那些影响力，无论是否是主动索取的。灾难性的权力错位的潜在威胁是存在的，以后还会存在。

> 我们绝不允许这一联合体的重压威胁到我们的自由和民主进程……只有有见识的公民整体和警钟长鸣，才能够促进大工业和防御性的军事机器与我们的和平目的和手段相契合，进而使安全和自由共同繁荣。（Eisenhower, 1961）

思考题

你从什么视角来看待针对美国的"9·11"袭击？你曾经从不同的角度思考过它吗？为什么？你对这个问题的回答，如何反映了你对军事－工业联合体的看法？

今天，社会学家对想象力的要求至少与米尔斯的时代一样多，也许还更多，以便应对新涌现出来的现实。例如，随着冷战的结束和苏联的解体，全球战争特别是核战争的危险降低了。不过，军事－工业联合体在美国不仅依然存在，而且可能比以前更有权势。想想那些不受限制的、没有尽头的反恐战争。有些社会学家也许会指出，军事和国防工业想要或者需要每年把数十亿美元花在各种军备上。新的威胁——真实的或者想象的——不断涌现，导致越来越高的花费，以及军事－工业联合体的进一步扩张。图1-4显示，在2001年9月11日的恐怖袭击之后，美国的国防预算急剧上升——这是因为伊拉克和阿富汗战争的影响。我们可以确定，在未来，军事－工业联合体将会存在下去，并且可能变得更加庞大。

最近的担忧，也和我们对互联网的兴趣有关，是"信息战争"的可能性（Tumber and Webster, 2006）。信息战争不再依赖于武器，它涉及对战争对手的攻击性宣传——越来越多地通过网络——例如，在俄罗斯和乌克兰之间（Higgins, 2016）、在以色列和巴勒斯坦之间，或

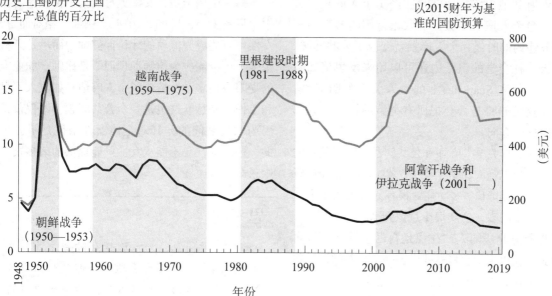

历史上国防开支占国内生产总值的百分比

以2015财年为基准的国防预算（美元）

越南战争
（1959—1975）

里根建设时期
（1981—1988）

朝鲜战争
（1950—1953）

阿富汗战争和
伊拉克战争（2001— ）

年份

图 1-4　美国国防预算（1948—2019）

资料来源：Data from Thaleigha Rampersad, "The History of Defense Spending in One Chart." Used by permission of The Heritage Foundation.

者在美国和"伊斯兰国"之间。对美国战俘的砍头视频就可以被看作信息战的例子——"伊斯兰国"发起这种信息战，是为了恐吓美国民众，以及这个组织在当地的对手。信息战也可能涉及数字战争，在数字战争中，黑客对敌对国的计算机系统进行隐秘的数字攻击（Kaplan, 2016）。2010年，蠕虫病毒（Stuxnet worm）攻击了世界上的许多计算机，但它特别针对的目标却是伊朗的核设施，后者显然被这次攻击严重损坏，至少是在短期之内［参看关于蠕虫病毒的出色纪录片《零日》（*Zero Days*）］。大多数观察者推测，这次攻击是美国和以色列的联手行动。未来的情况可能是，美国的军事-工业联合体将会主张——并不缺乏合理理由——大笔资金应该花在一些昂贵技术上，这些技术能够使美国抵挡数字攻击，或者进行数字攻击，以及向"伊斯兰国"和其他敌人开战。

运用社会学的想象力一个非常不同的例子，始于乔治·齐美尔的一些观念。他是社会学历史上的经典思想家，在 20 世纪初从事写作。齐美尔（Simmel, 1907/1978）的理论主张之一是，金钱对现代经济非常重要。使用现金，可以容易地

支付人们的劳动，也可以容易地购买产品和服务。不过，与没有金钱的情况相比，金钱不仅仅使消费加快，也使得人们消费更多。虽然货币经济导致了其特有的问题，但在金融危机中，却是债务经济（credit economy）几乎使美国经济和全球大部分经济濒临瘫痪。随着个人债务的扩张——以抵押贷款、汽车贷款和信用卡的形式——"金钱"的可获得性（availability）戏剧性地提高了。人们不仅仅倾向于花掉手头所有的现金（包括储蓄），还越来越多地借债，因为贷款是如此容易。齐美尔对金钱富有想象力的思考，让我们更好地理解了，借款的易得带来了什么问题。

个人麻烦与公共问题

社会学的想象力最有用途的地方也许是帮助社会学家看到个人麻烦和公共问题之间的联系。例如，在金融危机之前，社会学的想象力也许可能对改变社会有用。因为事实是，当时被视为个人麻烦的、日益增加的个人消费和债务，很快就变成了公共问题——全球经济濒临崩溃。信用卡既可以产生个人麻烦，也可以产生公共问题。如果一个人陷入债务太深，以至于除了宣布破产

18

外没有其他出路，他就是在经历个人麻烦。可是，当个人债务和破产导致银行倒闭甚至国家债务违约的时候，个人麻烦就变成了公共问题。今天，社会学的想象力还可以用来反思诸如脸书、推特和 Snapchat 上的个人关系的瞬时性，以及这种趋势是否会把所有类型的社会关系都引向这个方向。

许多有关个人麻烦和公共问题之间的关系的例子，与年轻人和学生有关。ADHD，亦即注意缺陷与多动障碍/多动症，很容易被视为个人麻烦。多年以来，公众很少意识到 ADHD 的存在，那些罹患此病的人，往往是自己忍受。不过自1980 年代以来，它显然变成了一个公共问题，不仅在美国，在全球也变得越来越重要（Ellison, 2015）。被诊断为 ADHD 的 3～17 岁儿童的数量，从 2003 年的 440 万人，上升至 2016 年的 610 万人（Center for Disease Control and Prevention, 2016a）。显然，很多人罹患 ADHD，这对学校、雇主和社会整体造成了很多更严重的问题。它已经变成公共问题的事实，对某些人来说，可能使 ADHD 不再像原来那样是个人麻烦，因为公众对这一问题的理解改善了，也出现了很多的支持群体。

另一个例子是，女性更可能集中在低薪工作中（见图 1-5；Field, 2018）。例如，相对而言，女性更可能成为低薪的牙科保健师，而不是牙科医生；更可能成为律师助理而不是律师。职业上的受限对很多女性造成了个人麻烦，如收入不足和工作不满意。这也是一个公共问题，不仅仅是因为两性之间的差异对全体女性来说是不公平的，还因为社会不能从女性可能提供的诸多贡献中获益。

思考题

你是否同意，个人选择有时会导致公共问题，或者就是公共问题的一部分？你能从自己的生活经历或者家人的生活经历中想到一个例子吗？

如果学生做出了糟糕的选择或被迫选择某种大学专业或职业，这可能是一个个人麻烦。社会学家表示，这样的决定也与更大的公共问题相关。如果很多人都做出了这样的选择，或者被迫这样做——女性和其他弱势人群常常如此——它便会导致公共问题，如广泛的工作不满意和糟

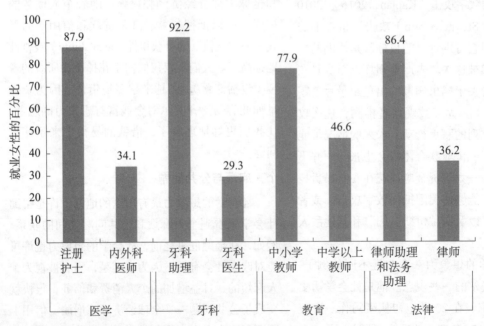

图 1-5　部分职业的女性百分比（2016）

资料来源：U.S. Census Bureau, 2016.

糕的工作表现。建立在文化之上的观念，经常会形塑人们在选择大学专业时的倾向性，而性别化的、关于职业能力的信念引导着女性和男性，选择某种类型的工作，放弃其他类型的工作（Speer，2017）。对一位女性来说，拥有一份低薪的和不满意的工作是一种个人麻烦，但是，当大量女性发现自己处于这一境地时，它就变成了公共问题。

微观 – 宏观关系

对于个人麻烦和公共问题的兴趣，是更大的和更基本的社会学关切的一个特殊例子。这个关切就是**微观**（micro，或小规模的）社会现象和**宏观**（macro，或大规模的）社会现象之间的关系。前者如个体及其思想和行动，后者如群体、组织、文化、社会和世界，以及它们之间的相互关系（Turner，2005）。马克思被认为是最早和最重要的社会学家，他的兴趣是工人的所思所为（微观事项）与资本主义经济体系（宏观事项）之间的关系——工人就存在于这个体系之中。举一个更晚近的例子，兰德尔·柯林斯（Collins，2009）曾经试图发展一种暴力理论。该理论涉及富有暴力互动技巧的个体，如攻击弱势人群的人；暴力组织所需要的物质资源，它们用这些资源去瓦解其他暴力组织。前一种暴力组织的例子是装备精良的美国海军海豹突击队，他们于2011年杀死了本·拉登——他们的行动，加速了"基地组织"的瓦解。可是，"基地组织"的瓦解却导致了一个更为暴力的组织——"伊斯兰国"的崛起。

实际上，从最微观到最宏观的社会现实，存在着一个连续统。这个连续统的大致中间地带，被认为是中观（meso，中间的或居中的）现实。本章开始时提出的社会学的定义，非常适合于这样一个连续统。个体的行动和思想存在于连续统的微观一端；群体、组织、文化和社会，趋向于连续统的宏观一端；而世界范围内的结构和过程则落在了连续统的宏观方面的终点。虽然大多数社会学家在其工作中只能关注这个连续统的小片段，但学科整体所关注的，却是连续统的整体，以及它的不同部分之间的相互关系。

能动性 – 结构关系

美国社会学家倾向于从微观–宏观关系的角度进行思考。在世界的其他地区，特别是欧洲，社会学家倾向于从能动性–结构的关系上进行思考。能动性–结构的连续统是复杂的，不过就我们的目的来说，我们可以把能动性类比于微观水平，把结构类比于宏观水平。

能动性–结构的术语体系的功能是，凸显了社会学领域的一些重要的社会现实和社会学领域的方方面面。最重要的是这样一个事实，即**能动性**（agency）这一术语赋予了个体——"行动者"（agent）高度的重要性，因为他们拥有力量及创新能力（Giddens，1984）。社会学家在关于能动性的著作中，非常强调个体的心理能力以及运用这些能力的方式：创造重要的——如果不是决定性的——行动。

不过，这些行动者被认为是身陷于宏观水平的社会和文化结构之中，而这些结构既是他们创制的，又对他们进行限制（King，2004）。例如，作为一个学生，你帮助造就了你所上的大学，可是你又受限于它和它笼罩于你身上的权力。你的大学可以要求你做一些特定的事情（如为了获得学位而上某些课程），也可以禁止你做特定的事情（如只上那些你极为感兴趣的课，或者完全不上课）。另外，作为学生，你可以行动起来，改变甚至推翻这些结构。针对感兴趣的课题，如宗教权利或日本动漫，你可以组织由学生运作的群体，吸引很多人加入这一群体，最终迫使学校增加相应课程。或者你也可以组织学生不去选择某个与他们的生活无关的选修课，导致这一选修课从课表里删除。

行动者（在这里，是作为学生的你）拥有巨大的权力。用另一个重要的社会学家埃尔文·戈夫曼（Goffman，1961b）的话来说，个体是个**危险的巨人**（dangerous giant）。也就是说，他们拥有瓦解和破坏结构的潜力——他们就身处上述结构之中。可是通常的情况是，行动者并没有意识到自己所拥有的权力。作为结果，社会结构，如你上的大学和课程会长时间地运行，行动者们并没有或很少破坏它。

当然，有些时候，如1960年代后期和1970

年代早期的反越战抗议中，学生们开始意识到，他们是危险的巨人。他们行动起来，不仅仅要改变大学，也要改变大社会（Gitlin，1993）。例如，针对未登记移民被遣返的可能性，有些大学的学生表达抗议——他们向学校当局施压，要求后者创立"避难校园"（sanctuary campus），以便保护那些受联邦移民当局威胁的员工、学生。

还有更多微小的日常行为，可以反映人们可以是危险的巨人这一事实。这样的例子包括，质疑一个教授的观点，或者是到系主任那里去抗议一个教师的过度缺课。不过，大多数人在大多数时间里意识不到他们是危险的巨人——他们有能力使自己深陷其中的社会结构发生巨变。

二、对现实的社会建构

关于能动性与结构的讨论引发了社会学中另一个基本概念：**对现实的社会建构**（social construction of reality）（Berger and Luckmann，1967；Knoblauch and Wilke，2016）。在连续统的能动性一端的人们，通过他们的所思所为，创造社会现实，而社会现实基本上是一个宏观社会现象。这一社会现实从此就拥有了自己的生命。也就是说，它变成了一种结构，部分或者全部与创造它、内在于它的人们分离开来。一旦宏观现象拥有了自己的生命，它就开始限制甚至控制人们的所作所为。当然，人们可以拒绝接受这些限制和控制，并创造新的社会现实。个体创造结构性的现实，现实限制和胁迫人们，这样的过程不断重复，构成轮回。这个不断的轮回才是能动性 - 结构关系和微观 - 宏观关系的核心，也是社会世界和社会学学科的核心。

例如，在消费领域，是人们——设计师、生产商、消费者——创造了时尚世界（Entwhistle，2015；Mair，2018），可是，时尚世界一旦诞生，就对社会结构产生巨大的影响，特别是对那些购买时尚用品的个体的品位产生影响。著名的时装品牌如迪奥（Dior）和纪梵希（Givenchy）等主导着这一产业，并且通过不断的时尚变幻，来使自己长盛不衰。更重要的是那些"快时尚"（fast fashion）公司，如 H&M、Forever 21 和 Zara，它们大规模生产公司的产品。这些公司控制了人们的品位，进而控制人们的衣着的特点。对时装品牌来说，不断变化的时尚是高度有利可图的。消费者受到引导，热衷于购买领先的时装品牌创造的新式设计，虽然大多数人购买的都是仿制的、相对便宜的冒牌货。

时尚产业影响消费者的社会建构和产品购买的能力，被许多社会学家分析过（Lipovetsky，1987 / 2002；Simmel，1904 / 1971）。最著名的是该领域早期的另一个大师——托斯丹·凡勃伦。凡勃伦批评了人们对高跟鞋和裙子的迷恋。他认为，女性受到引导，把裙子建构为可欲的东西，即使"它是昂贵的，并且妨碍穿衣人的每一个动作，使她不适合采取任何有用的行动"（Veblen，1899 / 1994：171）。女性主义理论家延续了这个批评，她们认为，时尚产业对美容装置如高跟鞋的强调，从生理上限制了女性，从而有助于维持性别的不平等（Wolf，1991 / 2002）。更微妙的是，这些装置鼓励女性去从事一个没有尽头的身体规训事务，特别是对维持苗条的执着。社交媒体也影响了年轻女孩们对理想的女性身体形象的认知（Tiggemann and Slater，2017）。这种做法受到的批评是，它会创建一种绝大多数女性不可企及的美的标准（Bishop，Gruys，and Evans，2018）。不幸的是，正像最近的纪录片《魔术师》（*The Illusionists*）所表现的那样，不现实的西方美的标准——苗条的身材和白皙的皮肤——正在被传播到全世界。

当然，很多人不接受这样的社会建构，也不接受时尚产业所施加的约束。他们不穿时尚产业希望他们穿的衣服，他们也不因为时尚产业引入的时尚变化而改变自己的穿着。很多人拥有自己的时尚感，创造自己的穿着风格。还有一些人完全忽视时尚。从这个角度来说，很重要的一点是这样一个事实，即时尚的源头往往不是时尚产业，而是人们自行搭配而成的穿着风格。从真实的意义上说，这些人建构了自己的社会现实。实际上，存在着一个"搜酷"（cool hunting）（Gloor and Cooper，2007）的过程，即为时尚产业寻找新的和有趣的穿着方式。它通常的关注对象，是郊区和市中心年轻人的穿着。他们把这些创新观念带回到时尚产业中，很多会成为下一年的时尚。

不过，一旦这样的事情发生，我们便又回到了这样的情形：时尚产业控制，至少是试图控制人们应该穿什么这样的社会建构。很多人会接受新的时尚，但其他人，特别是那些"酷"孩子——搜酷者想找的就是他们——不会这样做。他们也许又走向了他们想穿什么的全新建构。他们将会再次吸引搜酷者的注意，于是这一过程重新开始。时尚博主的壮大为对抗时尚产业的权力提供了希望，虽然有些博主公开或隐蔽地为时尚产业工作，而该产业也试图影响他们或者控制他们。

三、社会结构和社会过程

19世纪的另一个社会学家——奥古斯特·孔德（Auguste Comte），也很重要。这不仅是因为他于1839年发明了"社会学"这个术语，还因为他是社会学这一领域的开创者。对我们的目的至关重要的是，他早期对他所称的"社会静力学"和"社会动力学"的区分。在他的社会静力学里，他关注社会的各种组成"部分"（结构），如时装的生产者和销售者，他们之间的相互关系，以及他们和社会整体的关系。在审查这些关系的时候，孔德研究了这些社会组成部分之间的社会过程，以及作为整体的社会过程。当然，在社会动力学的标题之下，他的关注焦点是特定的社会过程——社会变迁——以及社会的各个组成部分如何变迁。

这里需要强调的是，**社会结构**（social structure）是持久而惯常的社会安排，如家庭和国家。虽然社会结构确实变迁，但它们并不是特别活跃（dynamic），它们变迁得很慢。**社会过程**（social process）则是社会世界中活跃并且变动不居的面向。

我们可以把全球化的构成要素分为结构（如联合国）和各种具体的过程（如人口的跨境移动）两部分。涉及消费时，我们可以把购物中心（或者 Amazon.com）设想为结构，而把购物中心之中发生的购物（或叫消费）行为设想为过程。最后，作为整体的互联网，特别是社交网络，是结构，而其中发生的交流和互动则被视为过程。

毫无疑问，无论是购物中心还是互联网，在孔德时代都不存在。我们又一次看到，社会世界在持续不断地变化，而社会学家以及社会学学生，必须对这些变化时刻保持敏感。然而，早期的一些社会学观念，仍然适用并可成功应用于目前的社会世界。

知识点 1-3	理解社会延续性和社会变迁

个人麻烦与公共问题	理解个人麻烦怎样变成公共问题。
微观－宏观关系	理解小规模的社会现象和大规模的社会现象是如何相互影响的。
能动性－结构关系	理解个人行动怎样既被社会结构赋能（enabled），又为其所限制。
社会建构	理解个体怎样通过他们的思想和行动来建构社会现实。

第四节 社会学的目的：科学，还是社会改革？

孔德之所以著名，不仅在于他检视了结构和过程之间的关系，还在于他认为这种研究应该是科学的。他相信，社会世界受到规律的主导，而社会学的任务就是发现这些规律。随着这些规律的发现，社会学这门科学会得到发展。不过孔德也关注他那个时代的问题，并对通过社会改革解决这些问题感兴趣。实际上，对孔德来说，科学和改革不应该被分开。一些经典社会学家——卡尔·马克思、埃米尔·涂尔干、简·亚当斯，还有其他人——也有这样的想法。马克思和恩格斯的《共产党宣言》（1848）不仅是对资本主义经济的社会弊病的评论，也是工人们组织起来和废除资本主义的战斗号召。

今天的很多社会学家研究各种类型的社会问题，如贫穷和犯罪。他们使用各种各样的科学手段，来搜集关于这些问题的大量数据（参阅第3章）。利用通过研究这些问题所获得的知识，他们还试图提出改革社会的建议。他们认为，科学研究和社会改革这两种活动并不必然分立，它们可以并且应该相互滋养。虽然很多当代的社会学家接受这一立场，但随着时间的推移，一个鸿沟逐渐出现：有些社会学家专注于进行科学研究，而另一些则更多地从事旨在改革社会和解决社会问题的活动。

从事"纯科学"研究的社会学家秉持着这样的信念：在改变社会之前，我们必须更好地理解社会世界的运作方式——如果我们真想那样做的话。通过社会研究而获得的知识，也许最终会被那些想改变社会或者维持原状的人所用，但这并不是这些研究者当下的关切。那些被称为"民俗方法论者"的社会学家（参阅第2章）认为，社会学家的任务就是更好地理解社会行为的惯常模式（Rawls，2011）。他们研究日常生活的细节，例如，我们如何知道在谈话中间，人们何时期待一次大笑；或者在一次演讲中，何时鼓掌，何时起哄？他们的目标是纯粹的知识和理解。这些社会学家认为，运用这些知识来改革社会，可能会带来负面的效果，或者扭曲社会行为。

其他社会学家采取了相反的立场。例如，赖特·米尔斯对从事科学研究没有多大兴趣。他最感兴趣的是下述社会改革：限制或者消除存在于美国的军事与工业之间的不健康的、令人担忧的联系。他还对同时代的很多著名社会学家提出批评，因为他们倾向于做纯粹的科学家，因为他们对当时的严峻社会问题缺乏关切，还因为他们不愿意对社会问题有所作为。女性主义社会学家们延伸了上述论点。她们指出，客观的、科学的社会学的课题和方法，本身就反映了并最终强化了社会的不平等——存在于种族、性别以及阶级方面的不平等——因为这些课题和方法建立在社会精英的假设之上。

思考题

你认为社会学的最佳目的是什么：纯科学还是社会改革？为什么？记下来，提醒自己在本课程结束时，再次回答这个问题。你的回答有什么不同吗？

例如，女性主义学者辛西娅·福克斯·爱泼斯坦（Cynthia Fuchs Epstein）认为，所谓的科学的男性和女性之间的差异，常常建立在社会偏见的基础之上。这些社会偏见可以被解释为"针对女性的歧视性说法和对于两性差异的文化强调"（Epstein，1988：17）。直到最近，科学研究者几乎都是男性。哪些问题值得研究？这一提问反映了男性的兴趣，而不是女性的兴趣。与女性相关的课题，比如家务劳动、收入不平等、性骚扰和强奸，被认为是微不足道的，在诸如成功和权力等课题面前，黯然失色（Riger，1992）。研究者针对他们所研究的人的假设和解释，展示的是男性的视角。大多数研究对象是男性，而男性的行为被视为普遍性的。研究者们没有考虑到，社会怎样有区别地对待男性和女性，并以不同的方式对他们进行社会化，让他们以不同的方式感受和行动。结果是，这些看似"科学"的、关于女性的观点，强化了关于男女差异的错误假设，让男性和女性都遵守据说具有普遍性的男性规范，并对性别不平等进行再生产（Rutherford，Vaughn-Blount，and Ball，2010）。

知识点 1-4 | 科学与社会改革

作为纯科学的社会学	作为社会改革手段的社会学
使用科学方法来搜集关于社会世界的大量数据。	社会改革应该使自己适应不同的公众，并代表他们来开展工作，特别是社会边缘群体。
使用知识来影响社会变迁，可能会使社会行为产生扭曲。	一些所谓的"科学"著作，已经被社会偏见扭曲了。

第五节 社会学、其他社会科学，以及常识

社会学是社会科学之一，也就是说，它是研究社会世界的各个层面的科学领域之一。其他社会科学还包括人类学、传播学、经济学、地理学、政治学和心理学。一般说来，社会学是这些领域中最宽泛的一个。其他领域的社会科学家，更像是极为深入地探讨社会世界的特定领域的社会学家。社会学研究涉及人类学家关心的文化、政治学家关心的民族国家和心理学家关注的心理过程。当然，无论如何，这并不意味着社会学比其他的社会科学更"好"，或者不如其他社会科学好。

本节不准备在一般的意义上比较这些领域，而是聚焦于一个问题：这些领域处理本书的标志性主题——全球化——的不同方式。

- **人类学**：聚焦于全世界不同社会的文化面向，如人们吃的食物、他们怎样吃这些食物，以及全球不同文化之间的差异。
- **传播学**：研究全球性的信息交流，并对当今世界的互联网给予特别的关注。
- **经济学**：研究通过市场和其他结构而进行的资源的生产、分配和消费——这些过程遍及全球——特别是基于金钱或者涉及金钱的活动。

- **地理学**：研究全球范围内的空间关系，并画出这些空间构成的地图（Herod，2009）。
- **政治学**：研究世界上的民族国家，特别是它们之间相互关联的方式，以及它们怎样在控制移民、病毒、毒品、网络欺诈等类似行为的全球蔓延上越来越无能为力。
- **心理学**：检视个体身份被塑造——因为越来越意识到世界上其他地方的存在以及伴随着全球化进程而来的张力（例如失去工作）——的方式，上述情况可能会导致个体心理问题如抑郁症（Lemert and Elliott，2006）。

社会学把上述所有的关切——以及其他关切——纳入其对全球化的应对之中。它研究横跨全球的各种文化（如消费文化、快餐文化）、不同政治体系之间的关系（例如，欧盟及其成员国）、传媒网络（如美国有线电视新闻网、半岛电视台、推特和脸书），以及覆盖全球的市场（例如劳动力市场、股票市场和债券市场）。社会学描绘上述所有事物的社会学地图，甚至它们对个体的影响（既有好的影响，也有坏的影响）。你也许可能想研究其他领域，以便获得对全球化的特定面向的深入认识。但是，如果你想寻找一个可以给你这些事物的全景认识的领域，以及展示它们之间的相互关系的领域，这个领域就是社会学。

虽然社会学和其他社会科学之间存在重要的区别，但它们都和对社会世界的常识性理解

非常不同。每一个人都以这样或者那样的方式参与全球化进程。可是，很少有人以与社会科学家同样的方式和水平来研究这一现象。这种研究会产生对全球化本质的更为深刻的理解以及其他结果。例如，你可能感觉到，全球化改变了社会，也许甚至在改变你的生活。可是你不太可能知道的是全球化的原因、影响，以及它与其他社会现象的关系，或者它对社会和世界很大程度上隐而不彰的影响。对这一课题的研究也可能产生洞见——在个体、社会和全球层面支持还是反对全球化的洞见。这些更加详细的知识和洞见会帮助你和他人，更加成功地应对与全球化相伴随的社会过程和社会结构的改变。

常识与社会科学知识之间的差异的一个例子，与对气候变化的原因的认知有关。在科学界，存在着一个强烈的共识，即全球正在变暖，而全球变暖的原因是人类活动，特别是化石燃料的燃烧。可是，最近的研究表明，只有70%的美国人相信全球正在变暖，只有53%的美国人相信全球变暖的原因是人类活动。甚至28%的人认为，科学家们对全球变暖的原因的认识存在大量分歧（Howe et al.，2015）。

虽然常识是重要的，对社会学家也是一样，但对社会世界的系统研究是不可替代的——在最微妙的细节和最宏大的表现两个方面。

知识点 1-5 | 社会学和常识

社会学	常识
发展理论来解释社会现象。	依赖一个人的观点来解释社会现象。
通过研究来证实或者证伪一个理论。	把"事实"建立在非正式观察的基础之上。

小结

社会学是系统地研究人们与社会结构和社会过程之间的相互影响的学问，这些社会结构和社会过程与群体、组织、文化、社会和世界息息相关，并存在于它们之中。过去几个世纪的社会变迁，包括工业革命、服务部门的发展、信息时代的到来，深刻地影响了社会学学科。本书探讨不可胜数的社会课题，但特别聚焦于三种强有力的结构性力量：全球化、消费和数字世界。这些力量吸引了当代社会学家的注意。

随着世界变得越来越全球化，它的流动性越来越高，因为人员、产品和信息实现了更为快速和更为便捷的跨国境流动。在过去的数十年里，消费在我们日常生活中的作用，导致了信用卡越来越多的使用，以及在线购物越来越流行。数字技术正在改变我们与他人互动的方式和时间，包括对智能手机和社交媒体几乎是无所不在的应用。麦当劳化的过程，或者是对有效性、可计算性、可预测性和控制的强调，构成了全球化、消费和数字世界很多方面的特征。

我们可以使用赖特·米尔斯的"社会学的想象力"，来理解全球化、消费和数字世界。"社会学的想象力"号召我们，不仅要从个人的视角来看待社会现象，还要从外在的、独特的社会视角来看待社会现象。还有，承认大多数的现实是社会建构而成的，会帮助我们理解个人能动性如何带来社会的改变，与此同时，这些改变如何形成社会结构，后者既襄助社会行动，也限制社会行动。这些社会结构将长久存在，且改变非常缓慢，而社会过程则代表了社会富有活力的一面。

社会学研究很多问题。有时候，是通过科学研究来理解它们；有时候，是促进改变与革新。作为纯科学的社会学，其目的是搜集关于社会世界的大量数据，并创造知识；而作为社会改革工具的社会学，其目的是使用上述知识，以实现社会改革。

与其他社会科学一样，社会学通过发展出严谨的理论，对社会现象进行系统性的研究，把自己与关于社会世界的常识区别开来。社会学是专门化程度最低的社会科学，它会结合人类学、政治学、心理学、经济学和传播学等很多面向。

关键术语（页码为原书页码，即本书边码）

能动性	19	宏观	19	社会过程	21
蝴蝶效应	2	麦当劳化	11	社会结构	21
消费	10	有媒介互动	13	社会学的想象力	16
危险的巨人	20	微观	19	社会学	3
全球化	9	对现实的社会建构	20	技术	12

总结性问题

1. 对于无人驾驶汽车的影响的预测，为何会成为蝴蝶效应的例子？运用你的社会学的想象力，思考你的个人选择和个人行动会以怎样的方式受到这一进展的影响。

2. 你的社会世界永远处于变动之中。在你的有生之年，有哪些新技术被开发出来的例子？它们如何改变了你和他人互动和关联的方式？

3. 购物中心的出现如何反映了日益增长的全球化？你是否认为，这些购物中心导致了世界范围内的文化雷同？或者，它允许各地保持自己的差异性？

4. 你最可能通过互联网购买的东西是什么？社交网站（如脸书、推特、Instagram）如何影响你的消费内容？

5. 维基解密公布了数千份来自政府、军队和公司的机密档案。这些是信息战争的例子吗？为什么？在以前，什么社会结构阻碍了这些信息的流动？互联网和社交网站如何使绕过这些障碍变得容易？

6. 赖特·米尔斯认为，个人麻烦如何有别于公共问题？我们怎样运用微观 - 宏观分类来显示个人麻烦和公共问题之间的关系？

7. 结构和能动性之间的差别是什么？在你的教室里，你可以成为一个"危险的巨人"吗？通过什么方式，你的学校阻止你成为一个"危险的巨人"？

8. 社会学家所说的"对现实的社会建构"是什么意思？你怎样应用这一视角来更好地理解时尚产业里的发展趋势？

9. 你是否能够想出什么方法，以便运用"纯科学"来更好地理解麦当劳化的过程？在你看来，研究的目的应该是什么？

10. 社会学处理全球化的方式与其他社会科学有何不同？运用社会学方式理解全球化的好处。

第2章
以社会学的方式思考

学习目标

1 认识最重要的经典社会学家以及他们对该领域的主要贡献

2 认识经典社会学中其他有影响力的早期人物

3 对比结构 / 功能、冲突 / 批判以及互动 / 行动等对立的理论

理论怎样帮助我们理解政治和其他社会制度

从 2006 年唐纳德·特朗普当选总统开始，美国的政治就比平常增加了更多的政治操纵、激烈措辞和强烈的党派性。据报道，特朗普曾经陶醉于这种混乱，而这种混乱是他的竞选活动和任职活动的特征。更重要的是，在特朗普总统斗志昂扬地试图施行他的保守主义计划时，自由主义者也在从修辞和政治两方面加强他们对该计划的反对。

一个社会学家怎样解释这样一种高度党派化的政治行动和相互敌意？对问题的回答很大程度上取决于你向哪一个社会学家提问。与其他科学家一样，社会学家使用理论来理解他们所研究的现象。因此，一个社会学家对任何给定问题的视角，都形塑于他／她所服膺的特定解释性理论。

有些社会学家认为，党派性的政治操纵和辩论，即使是激烈的，也是稳定政府的一个正常面向，对于解决问题和推动社会前进都是必要的。其他人认为，为增进自身利益而进行的党派之争，仅仅是在进行一场大规模的权力斗争。还有一些人，把党派性解释为深层意识形态分裂的外在反映——这种分裂存在于美国人民中间。依据这种观点，政治家们的行动，不过是代表了其选民们占主导地位的观点、信念和感受。

在这一章里，我们将了解特定的社会学理论——这些理论塑造了上述视角——以及其他理论。每一个理论都是数十年（有些是数百年）的发展结果，每一个理论都经历了检验、修改，以及一些伟大的社会学头脑的批判。在你学习这些著名的社会学思想家——既有经典思想家，也有当代思想家——和他们的理论的时候，请思考一下那些在他们一生中塑造了他们的社会政治事件。也请思考一下那些塑造了你和你看待世界的视角的事件。

本章致力于阐述社会学家的思考和理论化方式。所有的社会学家都进行理论化的工作。有些社会学家紧紧跟随他们的数据，而另一些社会学家则偏离他们的数据，提出关于社会世界的宽泛的和一般性的理论——"宏大理论"（Hoffman, 2013; Skinner, 1985; Vidal, Adler, and Delbridge, 2015）。本章的大部分篇幅将致力于阐述宏大理论，以及创立了这些理论的那些人。

理论（theory）是一系列相互关联的观点，这些观点可以进行广泛的应用，并且经过了时间的检验（Ritzer and Stepnisky, 2018）。理论经过了时间的检验，是说它们可以持续地适用于变化中的社会世界，并且经受住了接受其他理论的人们的挑战。社会学理论必须能够解释无数的社会现象，也能够解释社会学研究的细节性发现。没有这些理论，我们所拥有的仅仅是对社会世界的零碎的知识。不过，这些理论一旦产生，便可以被广泛应用于各个领域，诸如经济、组织、宗教，以及作为整体的社会，甚至全球。本章要讨论的理论将处理非常重要的社会问题，这些问题影响了社会世界数百年，并且将继续影响下去。这些问题包括暴力、自杀、异化、工作世界里的剥削，以及革命。

例如，考虑一下第一章里曾经简要提及的兰德尔·柯林斯所创立的暴力理论（Collins, 2009; Ferret and Collins, 2018）。依据这一理论，暴力毫无疑问是一项重要的社会问题，而柯林斯的理论承诺，它将经受时间的检验。柯林斯试图发展一个关于暴力的宽泛理论，这一理论将涵盖一切暴力，从一个耳光到一场战争，从一次争吵到毒气室里的大规模屠杀，从醉酒狂欢到连环杀人，从强奸到作为战争罪的系统性强奸，从谋杀不同种族的人到种族清洗等。除了作为广泛存在的社会现象，暴力通常会在实施它的人、它的受害者以及见证它和读到它的人中间产生强烈的反应。正像柯林斯（Collins, 2008: 1）所说的那样，暴力是"恐怖而英勇的、令人厌恶而又令人兴奋的、最受谴责而又最受赞美的人类行为"。当然，柯林斯的理论细节不是这里的重点。这里的重点是这样一个事实，即他试图创立一个框架，这个框架符合我们对理论的定义。对于柯林斯的特定理论是否能够经得住时间的检验，我们将拭目以待。但很显然，暴力是一个重要的社会现象，它值得加以理论化（以及研究）。在创立这样一个理论的路上，柯林斯已经迈出了重要的一步。

暴力自身不仅仅作为一种社会现象很重要，它还会提出有关社会世界的其他面向的问题。例如，大众媒体始终面对一个选择：它们应该把多少暴力以及随之而来的杀戮展示给公众。2014年，当"伊斯兰国"对伊拉克士兵实施集体屠杀，并将其他人——包括两位美国记者——砍头杀害的时候，这一两难困境被摆上台面。2016年，英国广播公司播出了一段视频，展示了俄罗斯驻土耳其大使被谋杀的过程，杀手反对俄罗斯对叙利亚战争的介入。大众传媒在面对这种展示（永远存在于互联网的站点上，比如 YouTube 和推特上，且触手可及）时的艰难选择一直存在——更不要说受害者的家庭和朋友所面临的选择了。

思考题

什么社会原因会促使行动者进行公开的暴力行为？对这些原因的理解，会让暴力行为变得更能"令人接受"吗？媒体应该解除对展示这种类型的暴力行为的禁令吗？或者，对暴力行为展示的限制应该更为严格吗？

29　对社会世界进行理论化并不限于兰德尔·柯林斯这样的社会学家，每个人都在进行理论化。那么，怎样区别社会学家的理论化和你自己的理论化呢？一个区别是，你可能很随意地进行理论化，而社会学家所进行的理论化却是非常系统性的——通过把社会世界变成自己的实验室的方式以及其他方式。例如，你可能注意到两个人在一起。依据你对这两个人如何互动所进行的观察（他们的穿着和他们的非语言交流），以及你关于浪漫关系和行为的看法，你得出结论：他们在约会（Weigel, 2016）。你有一个关于约会的理论（也许是无意识的），你运用这个理论来解释他们的行为，并预测他们下一步会怎样互动。与此不同的是，研究这一现象的社会学家，对自己关于约会的理论是有意识的。把此理论作为背景，社会学家可能会研究很多对约会者，仔细地分析他们之间的相似与不同之处，把他们的行为与其他社会中人的行为进行比较，然后得出结论：一种特定的互动类型，是约会之人的特征。更具体地说，有一项关于 144 个大学生的新近研究，这项研究运用了越轨理论。该研究显示，学术压力和人际压力增加了约会暴力（Mason and Smithey, 2012）。运用另一种理论（社会学习理论），焦尔达诺（Giordano, 2015）和他的同事们访谈了 32 个学校的将近 1 000 名学生。他们发现，学校里的暴力水平，是一个学生是否会实施一项暴力行为的重要指标。在某种程度上，暴力行为的实施者"学会"了实施暴力行为——在充满暴力的学校情境中。从某种意义上说，我们都是理论家，但是职业社会学家有意识地运用理论，来系统地分析科学数据，以便理解这些研究结果，并理解社会世界。

你和经过训练的社会学家之间的另一个区别是，你大体上是一个人在进行理论化，虽然书上的材料会帮助你。与此不同的是，社会学家不仅仅与其他当代社会学家直接合作，阅读对方的著作，他们还把自己的理论建立在该领域的前代重要思想家的成就之上。正像伟大的物理学家艾萨克·牛顿爵士（Newton, 1687 / 2005）所说的那样，"如果说我看得更远一些，那是因为我站在巨人的肩膀之上"。今天的很多社会学家能够进行理论化的工作，是因为他们能够以经典的"宏大理论"中的思想为基础。本章就将讨论这一理论。换言之，很多社会学家拥有，或者很容易获得本学科的"智力资本"——以往的理论知识。作为学生的你，靠自己来获得这些知识将会很难。当然，今天所有的社会学家都曾经是像你一样的学生。本书将开始给予你这些像社会学家一样进行思考的智力资本。

第一节　经典社会学理论的大师们

社会学主要滥觞于 19 世纪早期的欧洲。当然，还有一些更早期的思想家，他们的思想也和社会学相关。公元前 3 世纪和公元前 4 世纪的例子，是柏拉图和亚里士多德。数个世纪之后，伊本·卡尔敦（Ibn Khaldun，1332—1406）发展了一些社会学理论，这些理论应对下列问题：对社会的科学研究、政治和经济的相互关系以及当时的原始社会和中世纪社会之间的关系（Alatas，2011，2013）。19世纪的理论家也对这些课题感兴趣，这种兴趣一直延续到现在。例如，阿拉塔斯（Alatas，2014）就曾运用卡尔敦的思想，来思考现代阿拉伯国家如叙利亚和它的前途——鉴于其燃烧至2019年的战火，这战火也许还要继续燃烧下去。

社会学理论的出现，与19世纪遍及欧洲的智识和社会发展密切相关。必须意识到，社会学理论不是孤立地发展起来的，也不是诞生于社会真空之中。在第一章里，我们简要地提到了工业革命的影响。其他深刻影响了社会学理论化的变化有：破坏欧洲社会的政治革命（特别是1789—1799年的法国革命）、社会主义的兴起、女权运动、遍布欧洲的城市化、宗教领域的骚动以及科学的发展。

一、早期社会学理论家

最重要的早期社会学理论家有奥古斯特·孔德、哈里特·马蒂诺与赫伯特·斯宾塞。

- 奥古斯特·孔德（Auguste Comte，1798—1857），如第一章所指出的，因为下列事项而著称于世：发明"社会学"这一术语、创立关于社会世界的一般性理论以及对创立社会学科学感兴趣（Pickering，2011）。
- 哈里特·马蒂诺（Harriet Martineau，1802—1876），与孔德一样，发展了科学的和一般性的理论，虽然今天她最著名的是其女权主义的、以女性为中心的社会学（Hoecker-Drysdale，2011）。
- 赫伯特·斯宾塞（Herbert Spencer，1820—1903）也发展了一般性的、科学的社会学理论，但他最重要的理论兴趣是社会变迁，特别是社会进化，不仅仅是生理性的变迁，还有智识性的和社会性的变迁（Francis，2011）。

虽然孔德、马蒂诺和斯宾塞都是重要的先驱，本节要讨论的3个理论家——卡尔·马克

思、马克斯·韦伯和埃米尔·涂尔干——才是早期最重要的3个理论家，也是与当代社会学（还有其他领域）持续相关的最伟大的理论家。他们与你的相关性在于下述事实：他们分析了对人民过多的社会控制（马克思与韦伯）与过少的社会控制（涂尔干）所带来的负面效应，当然还有其他方面。他们的分析与他们对现代世界的主要担心有关。他们担心的是，资本主义体系会异化和剥削我们（马克思）；理性体系束缚和限制我们（韦伯）；以及一种微弱的共享文化所发挥的外在控制太弱，并让我们在无尽的追求中自由放纵——而我们所追求的东西最终被证明是令人失望的，如果不是灾难性的话。

思考题

在哪些方面，你感到你被施加了过多的社会控制？在哪些方面，你感到你被施加了太少的社会控制？你愿意被控制得多一点还是少一点？更多的控制对你的影响是什么？更少的控制呢？

二、卡尔·马克思

卡尔·马克思（Karl Marx，1818—1883）有时会被贬低为一个空想家。实际上，社会主义通常被认为是他的发明，而在苏联和其他国家实行的社会主义，与马克思的社会主义抽象观念也存在一些不同。他可能会像对待资本主义一样，批判这种实践的某些方面。当然，在马克思的理论成就中，还包括一个重要的社会学理论（Antonio，2011；Holt，2015）。它的重要性反映在这样一个事实之上：很多理论建立在它的基础之上，而另外的很多理论，是作为马克思的理论的对立面而建立起来的（Sitton，2010）。

- 马克思主要是一个宏观理论家，他的注意力大多聚焦于资本主义社会的结构，这种社会在他的时代还是一个新现象。马克思把**资本主义**（capitalism）定义为一种经济制度，这一制度建立在这样一个事实的基础之上：一群人——**资本家**（capitalist）——拥有生产

所需要的东西，包括工厂、机器和工具；另一群人——**无产阶级**（proletariat），或者叫作工人——除了他们的工作能力或劳动力之外，一无所有。为了工作和生存，工人们必须向资本家出卖他们的劳动时间，主要是工时，以换取工资。在马克思看来，资本主义制度被打上了**剥削**（exploitation）的烙印（Carver，2018）。无产阶级生产几乎所有的东西，却只获得了因出售产品而获得的收入中的很小一部分。只从事很少生产劳动的资本家们，却获得了绝大部分的回报。每五等分人口和前5%人口的平均收入见图2-1。换言之，资本家剥削了工人。还有，受市场竞争的驱动，资本家被迫把成本——包括工资——控制在尽可能低的水平上。随着与其他资本家的竞争日趋激烈，又会产生进一步降低工资的压力。作为结果，无产阶级仅能维持生存，生活苦不堪言，犹如动物一般。

另外，工人们还要经历工作中和工作场所的**异化**（alienation）（Carver，2018；Meszaros，2006）。他们被异化是因为以下因素：

- 他们所做的工作。例如，重复性地和机械性地把蜡烛芯放入蜡烛，或者把轮毂装到车轮上，这不是人类技能、能力和创造力的自然释放。
- 他们与最终产品之间很少或者完全没有联系。
- 他们不是和谐地与自己的工友一起工作，而是很少或完全不与他们联系。实际上，他们更可能相互竞争或者公开冲突——为了诸如谁保住工作、谁失业的问题。

因此，在资本主义制度下，把人定义为人的那些东西——思维能力、建立在思维基础上的行动、创造力、与人类其他个体的互动——被从工人身上剥夺掉了。随着资本家引进新的技术，以便使他们的公司更有竞争力，工人的异化水平进一步提高。例如，更快、更自动化的生产线，使得工友之间的相互交流变得更加困难。

马克思认为，随着时间的推移，资本家提高剥削水平，对工作进行重构，对工人的异化将更加严重，工人的状况会继续恶化。在两者的经济地位和工作性质方面，两个社会阶级之间的鸿沟会继续扩大，也会日益外显。一旦工人们理解了资本主义的"实际"运作方式，特别是它残害工人的方式，他们将会揭竿而起，推翻这一制度。马克思称之为无产阶级革命。

在马克思看来，无产阶级革命的成果，就是社会主义社会的建立，并最终走向共产主义社会。有趣的是，马克思很少明确地说过，共产主义社会将会是什么样子。实际上，对于那些空想家——他们浪费大量时间描绘那个想象中的未来国家的美丽图景——马克思持高度批评的态度。马克思太像是一个社会学家了，他把更多的注意力集中于更好地理解资本主义社会的结构。他对资本主义社会结构的运作方式特别感兴趣，特别是它使资本家受惠而使无产阶级受损的方式。

马克思相信，社会需要他的理论，因为资本家竭尽全力，以确保无产阶级不能真正理解资本主义的本质。资本家这样做的一种方式，就是制造一系列的观念，即一种意识形态，这一意识形态歪曲资本主义的现实，并掩盖它的实际运作方式。结果是，无产阶级深受**虚假意识**（false consciousness）之害——工人们并不真正理解资本主义，而且可能错误地相信，这一制度是有益于自己的。马克思的工作致力于为无产阶级提供他们所需要的知识，以便他们看透这些虚假意识，并更加真实地理解资本主义的运作机制。

马克思假设，工人们可以发展出自己的**阶级意识**（class consciousness），运用这一意识，他们可以理解资本主义、他们在其中的集体角色、他们之间的相互关系，以及他们和资本家的关系。阶级意识是无产阶级进行革命行动的前提。与无产阶级相反，资本家永远产生不了阶级意识，因为他们过度地参与到资本主义之中，因而无法看清它是怎样运作的。

思考题

你同意马克思对虚假意识和阶级意识的归纳吗？为什么？根据你自己的经历举例说明，以支持你的回答。

不过，历史的发展还没有实现马克思关于资 *32*

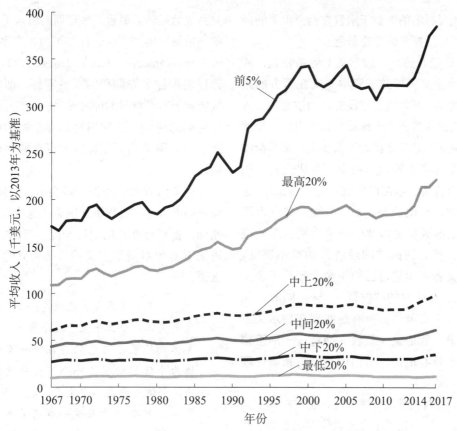

图 2-1 每五等分人口和前 5% 人口的平均收入，包括所有种族（1967—2017）

资料来源：Data from U.S. Census Bureau, Current Population Survey, Annual Social and Economic Supplements, 2018.

本主义灭亡的思想预言。马克思最感兴趣的产业工人，数量正在减少并且地位变得不那么重要，至少是在像美国这样的发达国家（Rifkin，1995），即使存在无产阶级的威胁，资本主义仍然继续存在着。但是，马克思对它进行思考的方式，以及他所创立的对它进行分析的概念，仍然是有用的。最近的一部电影《青年马克思》（2017），展现了上述有些概念的发展过程。

三、马克斯·韦伯

虽然卡尔·马克思是一个非常重要的社会理论家，但他是在学术圈之外创立其理论的。那些先进的观念获得学者们的承认，是需要时间的。与马克思不同，马克斯·韦伯（Max Weber）却是当时领先的学者（Kalberg，2011）。与马克思一样，韦伯对经济极为重视。马克思的很多观念启发了韦伯，这在很大程度上是因为，在韦伯学术上活跃的时代，马克思的观念

已经找到了广泛的受众。此外，至少是部分受到马克思的观念的启发，韦伯理解了当时发生在欧洲和其他地方的戏剧性改变。无论如何，韦伯活到了 1917 年的俄国革命以及社会主义在那里的兴起，并对它们进行了分析。不过，韦伯很少公开讨论马克思的理论。因此，观察家们把韦伯的大多数著作定性为与马克思的"幽灵"的辩论。

韦伯最著名的著作是《新教伦理与资本主义精神》（Weber，1904—1905 / 1958）。这本书是他对宗教历史的比较研究的一部分，这些宗教存在于遍及世界各地的各种社会里（参阅第 3 章）。在这本著作里，一个主要的目标是分析经济和宗教之间的关系。这是韦伯与马克思之间的辩论的一个很好的例子。马克思曾经指出，宗教是一种相对微弱的力量，它的作用是，转移群众对资本主义所导致的问题的注意力。马克思（Marx，1843 / 1970）的名言是，宗教"是人民的鸦片"。

与马克思相反，韦伯聚焦于宗教在西方世界的经济发展过程中所扮演的重要角色。

从 17 世纪开始，一般意义上的基督教，特别是加尔文主义，导致了资本主义在西方的兴起，但在世界上其他地方却没有。加尔文主义者相信，人们进天堂还是下地狱，是前定的。也就是说，无论他们做什么或者不做什么，都不会改变其进天堂或者下地狱的结果。虽然他们不能影响自己的宿命，但可以发现一些"迹象"，这些迹象会提示，他们是否被"救赎"并进入天堂。经济上的成功是得救的一个特别重要的迹象。不过，孤立的成功的经济行动是不够的。加尔文主义者必须把自己的生命奉献给经济上的成功，以及其他的"善行"。与此同时，加尔文主义者非常节俭。所有这些都在加尔文主义者——更一般地说，新教信仰者——的道德体系中居于核心地位，韦伯把它称为**新教伦理**（Protestant ethic）。

韦伯不仅对新教伦理感兴趣，也对资本主义精神感兴趣，这一精神是在新教伦理的襄助下产生的。新教伦理是与宗教密切相关的系统观念，而资本主义精神，却涉及把这些观念转化为与经济直接相关的形态。当经济与资本主义精神融合在一起的时候，资本主义精神就转化为资本主义的经济体系。当然，资本主义精神以及后来的资本主义本身，最终都将从其加尔文主义和新教伦理之根中分离出来。资本主义的思维方式最终将无法容纳像伦理和宗教这样的非理性思维形式。

韦伯虽然分析了资本主义，但他对资本主义本身并不感兴趣。他更感兴趣的是更宽泛的**理性化**（rationalization）现象，也就是社会结构日益获得下述特点的过程：用最直接和最有效的手段实现目的。在韦伯看来，这一过程在很多社会部门变得越来越普遍，特别是在官僚机构和最理性的经济系统——资本主义——之中。之所以说资本主义是理性的，是因为，比如说，它不断地努力发现以更少的投入和更简单的流程，更高效地生产更多可盈利产品的方式。一个特别而且醒目的资本主义理性化的例子，就是流水线——在那里，进去的是原材料，出来时就是完成的产品。更少的工人从事着更简单的工作，以便让流水线

更高效地运转。最近，生产商们引入了更加理性的"精简"生产方法，比如即时库存系统（just-in-time inventory system）（Janoski，2015）。不再像以前那样事先储存需要的零件，即时库存系统依赖于对原材料的即时投送——当生产过程需要它们的时候。这使得对储存空间的利用更加高效，对用于购买原材料的资金的使用也更加高效。

在韦伯看来，理性化将会引向"铁笼"，进而使得逃避这一进程更加困难。这让人清楚地感受到，他对理性化的消极态度。考虑上述情况，再来看看他对资本主义的"铁笼似的"性质怎么说：

> 资本主义在今天已经是一个无所不在的巨大实体。个体出生于这个实体之中，这一实体向他展示自己的存在——至少是在他作为个体的时候：一个不可更改的万物秩序，个体必须在其中生存。这一实体强迫个体——只要他涉入这一市场关系体系——顺从资本主义的行动规范（Weber，1904—1905／1958：54）。

韦伯对理性化，以及它的约束性和有害社会效果所持有的消极看法，一直持续到现在。这一看法经常不断地出现在通俗文艺之中，如《1984》（乔治·奥威尔的一本书以及同名电影）、电影《巴西》（Brazil，1985）、《V 字仇杀队》（V for Vendetta，2005）、《饥饿游戏》系列（Hunger Games，2012—2015），以及电视节目《使女的故事》（The Handmaid's Tale，2017 年至今）和《黑镜》（Black Mirror，2011 年至今）。

总之，对马克思来说，现代世界的核心问题是剥削和异化，它们是资本主义经济的一部分；对韦伯来说，核心问题是那些理性化的结构，如资本主义，它控制了我们生活的几乎所有方面。还有，马克思对社会主义和共产主义非常乐观，并充满希望；而几乎对所有的事情，韦伯都是一个悲观主义者。他感到，社会主义和共产主义不会消除或者避免铁笼对我们的吞噬："前方并不是夏日的繁花，而是充满冰冷、黑暗和坚硬的极地之夜，无论今天的哪一拨人最终获胜。"

33

（Weber，1919 / 1958：128）

思考题

剥削、异化和控制我们的努力一直持续到今天。资本主义是唯一可责备的对象吗？在现代世界的更大的体系中，是否也能够发现一些原因？或者，更微观的源头，比如人类本性，是否也对这些努力负有责任？

四、埃米尔·涂尔干

埃米尔·涂尔干（Émile Durkheim，1858—1917）发展了一种与其同时代人不同的理论取向（Fournier，2013；Milibrandt and Pearce，2011）。与马克思和韦伯一样，涂尔干也聚焦于社会连续统的宏观一端。不过，马克思和韦伯对他们主要关注的宏观结构——资本主义（马克思）和理性化结构（韦伯）持批评态度，而涂尔干对宏观结构的态度，大体上是正面的。

对涂尔干来说，社会学科学的主要关切是**社会事实**（social fact）。这些事实是宏观层面的现象，如社会结构、文化规范和价值。这些东西外在于人们，但更重要的是，强加于人们的身上。强加于你的社会事实的例子包括，你的大学的结构、美国政府等等。它们是涂尔干式的社会事实，因为它们是独立的存在，但能够强迫人们做一些事情。涂尔干感到，这些结构及其限制，不仅是必需的，而且是高度可欲的。

马克思、韦伯和涂尔干之间的差异，可以追溯至每个理论家对人类本质的认识。马克思和韦伯对人的认识大体上是积极的：深思熟虑的、有创造力、自然地合群的。他们批判社会结构，认为它们窒息和扭曲了人的内在本质。与马克思和韦伯相反，涂尔干对人的看法大体上是消极的，认为人是自己激情的奴隶，这些激情包括情欲、贪食和其他致命的罪过。他认为，如果让人类自行其是，人们就会试图满足这些激情。可是，一种激情的满足，只能导致满足其他激情的需求的出现。这种无穷无尽的激情，永远不可能得到满足。在涂尔干看来，激情应该受到限制，但人类

无力实现对自己的控制。他们需要社会事实，这些社会事实有能力限制和控制人的激情。

在这些社会事实中，最重要的是**集体意识**（collective conscience），或全社会的人共享的一系列信念（Bowring，2016）。在涂尔干看来，集体意识不仅是社会也是个人所需要的。例如，对个人和对社会都有好处的是，我们共享"人类不可自相残杀"的信念。如果没有集体意识的话，谋杀激情将会泛滥成灾。人类将会被杀死，当然，社会最终也会被毁灭。

这会让我们想起《自杀论》（Durkheim，1897 / 1951），即社会学历史上最著名的调查研究之一。因为涂尔干是一个社会学家，所以他并没有聚焦于下述问题：为什么一个特定的个体会实施自杀？相反，他处理的是更加宏观的事实，即自杀率，以及为什么一个群体的自杀率要高于另一个的。从很多方面来说，这一研究是社会学研究能力的典范。运用公开可得的数据，涂尔干发现，自杀率与酗酒、种族和遗传等心理学和生物学因素无关。自杀率的差异的原因，不可能在个体身上发现。相反，自杀率与社会因素有关，这些因素向个体施加了负面的压力。这些因素包括，漂泊无根和不知所措等集体感受。自杀确实会毁灭个体。模仿名人自杀——比如设计师凯特·丝蓓（Kate Spade）和美食名人安东尼·伯尔顿（Anthony Bourdain）于 2018 年的自杀——的倾向，激发了社会学家对下述情况的极大兴趣：在日渐增多的自杀事件中，行为传染也是一个社会因素（Keller，2018）。自杀也对社会构成威胁，因为那些实施自杀的人拒绝了集体意识中的核心内容——一个人不应该杀死自己。

《自杀论》至少具有两个特点。首先，像当代的大多数社会研究一样，它的明确目的，就是为公众理解一个重要的社会问题做出贡献。其次，也是更重要的，为了介绍社会学，它展示了社会学的力量，即能够对最私密和最个人化的行为进行解释。以前，自杀被视为心理学的畛域，而行为责任往往落在个体身上。涂尔干相信，如果社会学可以解释自杀，它就可以解释所有的社会现象。

思考题

你认为是什么原因让涂尔干相信，如果社会学可以解释自杀，它就可以解释所有的社会现象？你同意他的观点吗？为什么？

涂尔干区分了4种类型的自杀。对我们的目的来说，最重要的一种是失范性自杀。**失范**（anomie）被定义为，人们感到自己不知道社会对他们行为的期待——漂泊无依的感觉，没有清晰和安全的立足感（mooring）。涂尔干指出，当人们不知道（社会）对他们的期待时，当笼罩在他们身上的规范水平低下时，当他们的激情自由发泄时，失范性自杀就会增加。

更普遍地说，涂尔干相信，失范是现代世界的典型问题。马克思和韦伯所担心的，是对人们过多的外在控制。与马克思和韦伯不同，涂尔干——至少在他思考失范问题的时候——担心的是控制过少，特别是对激情的控制过少。这一更宽泛的观点反映在涂尔干的另一部名著中，即《社会分工论》（The Division of Labor in Society）

（Durkheim，1893 / 1964）。在这本书的一开始，涂尔干描述了一个没有劳动分工的早期社会。那里的人们被一种团结——**机械团结**（mechanical solidarity）——联系在一起，这种团结源自这样一个事实：他们都从事大致相同的工作，包括狩猎、采集和烹饪。更重要的是，在这种类型的社会里，人们拥有强烈的集体意识。

不过，涂尔干描述了劳动分工的日益增加。人们不再继续从事大致相同的事情，而是开始专业化。一些人成了猎人，另一些人成了农夫，还有一些人成了厨师。把他们联系在一起的不再是他们的相似性，而是他们的差异。也就是说，他们变得越来越相互依赖，为了生存，他们需要其他人的劳动和产品。涂尔干把这种社会组织方式称为**有机团结**（organic solidarity）。这是一种强有力的社会团结，但伴随着集体意识的力量的衰落。因为人们做不同的事情，他们不一定需要强烈地相信同一套观念。涂尔干认为，弱化了的集体意识是一个问题，因为它逐渐丧失了控制人们的激情的力量。还有，因为集体意识的弱化，人们更容易产生失范的感觉，例子之一，就是更容易实施失范性自杀。

知识点 2-1 | 早期的杰出社会学家

理论家	主要社会学贡献
卡尔·马克思	检视了资本主义社会的结构及其对无产阶级的剥削。
马克斯·韦伯	集中研究了宗教在西方的经济发展和理性化过程中所发挥的作用。
埃米尔·涂尔干	研究了社会事实，比如集体意识，对个体能动性的约束。

第二节　其他重要的社会学家

虽然马克思、韦伯和涂尔干的理论形塑了当代社会学，但其他理论家也做出了他们的重要贡献。乔治·齐美尔、杜波依斯和托斯丹·凡勃伦都创立了自己的社会学理论体系。本书从头到尾，你都能看到对他们观点的引述。

一、乔治·齐美尔

乔治·齐美尔（Georg Simmel，1858—1918）——我们曾经在第1章中提到过他——创立了一个宏大理论，这一理论可以与上文讨论过的理论家的理论相媲美（Helle，2015），但他在当代社会学中的重要性，主要源于他对微

35

观理论的贡献。齐美尔相信，社会学应该聚焦于有意识的个体互动和相互联系的方式（Scaff，2011）。

齐美尔对社会互动所采取的方式感兴趣。其中一个方式就是上级和下级的互动。一个例子是，全食超市的经理与超市里的摆货员之间的互动。齐美尔还对参与互动的人的类型感兴趣。例如，一类是穷人，一类是富人。对齐美尔来说，这两种类型的人之间的互动的性质，而不是两类人本身的性质，更为重要。因此，贫穷并不是关于穷人的性质，而是关于穷人和富人之间的互动的性质。也因此，穷人并不是指缺钱的人，而是指从富人那里获得资助的人。

齐美尔对互动形式和互动类型的分析非常详细，正像在他的宏观理论中一样。但对我们当前的目的而言，重点是，对微观的互动理论来说，齐美尔是极为重要的——我们将在本章和本书的其他地方讨论这一理论。

思考题

马克思、涂尔干和齐美尔都生而为犹太人（虽然在后来的生涯中，他们都远离了犹太教）。你是否认为，作为 19 世纪和 20 世纪之交的犹太人这一事实，把这些思想家导向了他们所创立的社会学理论？

二、W. E. B. 杜波依斯

正像哈里特·马蒂诺作为先行者把性别话题摆上社会学的前台一样，在社会学后来对种族问题的关注上，W. E. B. 杜波依斯（W. E. B. Du Bois，1868—1963）至关重要。虽然杜波依斯很长寿，活到了现代，但他最重要的理论贡献却是完成于 20 世纪早期（Taylor，2011）。

在社会学领域，杜波依斯因为他的理论观点而著名，但他与涂尔干和韦伯一样，也是一个调查研究的先驱。在其著作《费城黑人》（The Philadelphia Negro，1899 / 1996）里，杜波依斯报告了他对费城第七区居民的研究。他运用了各种研究方法，包括田野调查、观察以及访谈。他

探讨了各种基本的社会学问题，如婚姻和家庭、教育、工作、教会、住房和政治，以及社会问题如文盲和犯罪。杜波依斯把费城黑人所体验到的大多数社会问题，都归咎于白人、种族主义和歧视。不过，他也没有忽视非裔美国人在其问题中所扮演的角色。一个例子是，他们倾向于访问白人医生，进而对黑人医生的生计造成负面的影响。

至于他的理论贡献，杜波依斯认为，他称之为"种族观念"的东西是极为重要的。他在美国的白人和黑人之间发现了一条"种族界限"。（他最终承认，这样一个分界存在于全世界。）这一藩篱是生理上的，因为非裔美国人可以从外表上与白人区别开来——通过他们的深色皮肤。这一藩篱也是政治上的，因为大多数白人并不把非裔美国人视为"真正的"美国人。结果是，他们拒绝了非裔美国人很多政治权利，如投票的权利。这一藩篱还是心理上的，因为最重要的是，非裔美国人发现，不用白人社会看待他们的方式来看待自己，是困难的。

杜波依斯的目标之一，特别是在其《黑人的灵魂》（The Souls of Black Folk，1903 / 1966）一书中，是揭开种族的面纱，让白人看到美国的"黑人"。他还想向黑人显示，他们可以以不同的方式来看待自己，特别是一种不同于白人社会强加给他们的方式。在政治上，他还希望有一天，种族之幕可以被完全揭去，进而使黑人获得自由。当然，他也知道，摧毁这个种族之幕，需要漫长的时间和艰苦的努力。

杜波依斯的另一个重要观念是**双重意识**（double consciousness）。这个术语的意思是，美国黑人感到一种"双重身份"（two-ness），既是美国人，又是非裔。美国黑人想打破他们所面对的藩篱，但又不想失去他们的身份、传统、知识以及经历。也就是说，美国黑人——包括前总统贝拉克·奥巴马（Terrill，2015）——既在主流的美国白人社会之中，又在它之外。双重意识的结果是，美国黑人感到，他们被烙上了"两个灵魂、两种思想、两种互不妥协的追求、两种相互矛盾的理想"的印记（Du Bois，1903 / 1966：5）。

《被否认的学者：杜波依斯和现代社会学的诞生》（加利福尼亚大学出版社，2015）

阿尔顿·莫里斯（Aldon D. Morris）

莫里斯认为，在建立科学的美国社会学这件事情上，杜波依斯并没有获得他应得的认可。莫里斯认为，实际上，杜波依斯的很多著作被美国社会学的白人奠基者们有意识地忽略了，比如阿尔比恩·斯莫尔（Albion Small），后者曾经为社会达尔文主义，即社会遵循自然规律的观念进行辩护。这些早期的社会学家并没有试图在经验层面来证实这些规律的存在，而是发展出各种推测性的宏观理论。他们对"自然规律存在"的信念，还导致他们对人类在社会中的角色的轻视，并且阻止他们发展出"对比性的视角"。杜波依斯试图挑战社会达尔文主义——通过经验性的手段来证明，种族弱势不是生物学的结果，也不是自然规律的结果，而是社会的产

物。在芝加哥学派开始使用科学的方法对城市少数族裔和移民社区进行研究之前20年，杜波依斯就针对费城的黑人社区进行了一次经验性的研究。他的研究发现发表在他的著作《费城黑人》一书中。莫里斯称赞这本书是"经验社会学的第一项重大研究"（Morris，2015：45）。可是，芝加哥学派的早期社会学家们，没有在其著作中承认杜波依斯的贡献。

虽然杜波依斯从哈佛大学获得了博士学位，但是由于他的种族身份，一所著名的美国大学还是拒绝给予他一个学术岗位。他在亚特兰大大学度过了自己的学术生涯。这是一所传统的黑人大学，他在那里建立起了一个拥有强大经验研究项目的社会学系。虽然大多数美国社会学家忽视了杜波依斯，但他在德国获得了一个著名的支持者——马克斯·韦伯。韦伯邀请杜波依斯为自己的杂志（*Archiv für Sozialwissen-schaft und Sozialpolitik*①）撰写一

篇关于种姓关系的文章，并试图在德国出版杜波依斯的著作《黑人的灵魂》的译本。韦伯同意杜波依斯的观点，即种族是一种社会建构，它是由社会经济状况塑造而成的，而不是由生物学塑造而成的。与杜波依斯一样，韦伯对阶级和种族的交叉关系感兴趣，并且同意，种族界限是他那个时代的一个关键的问题。莫里斯提示说，韦伯的种族理论和身份团体理论，以及他在后期学术生涯中对多元主义的服膺，都受到了杜波依斯的著作的影响。

edge.sagepub.com/ritzerintro5e

- 听莫里斯有关科学中的杜波依斯、民权运动、"黑命亦命"运动的讲座。
- 阅读发表在《芝加哥论坛报》（*Chicago Tribune*）上的一篇关于《被否认的学者》一书的文章。

38　　　显然，双重意识对美国黑人造成了巨大的压力，这一压力远远超过白人在虑及自己的种族时所感受到的压力。可是，它也给予了黑人思考自身时不寻常的洞见，以及对美国白人和美国社会的整体洞见。杜波依斯呼吁，作为一个社会群体的美国黑人，应该尽快成熟起来——通过使自己相互对立的两个方面相互和解、相互融合。

双重意识的概念具有更广阔的应用，而不是仅仅适用于美国黑人。其他种族和民族的少数族

思考题

你有几种"意识"？它们都是什么"意识"？它们怎样成为你的满足的来源？它们又怎样给你带来压力？

裔也可以被视为拥有双重意识——例如，既是西班牙裔，又是美国人。同样，妇女可能自视为既是女性，又是美国人。这促使我们思考：谁没有双重意识？这导向了一种观点，即杜波依斯

---

① 即《社会科学和社会政策档案》。——译者注

并没有最大限度地发展这一概念。也许存在着比双重意识更多的意识，也许是非常多的意识。例如，可以设想一种四重意识：一位来自危地马拉的女性移民，她是西班牙裔，但成了美国公民。

三、托斯丹·凡勃伦

与本章讨论过的其他人物一样，托斯丹·凡勃伦（Thorstein Veblen，1857—1929）也创立了较宏观的理论（McCormick，2011）。不过，考虑到本书对消费的关注，我们将仅仅讨论与他的名著《有闲阶级论》相关的观点（Veblen，1899 / 1994）。

凡勃伦的一个主要关注点，涉及社会上层阶级展示他们的财富的方式。显摆财富的一种方式是炫耀性休闲，或者公开表明，一个人不需要干那些大多数人视为工作的事情。凡勃伦相信，富人想对所有的人展示，他们能够浪费时间，通常是大把的时间。坐在门廊上或者在 Margaritaville 喝玛格丽特鸡尾酒，雇用工人打理自家的草坪，经常在昂贵的高尔夫俱乐部打高尔夫球，这些都是炫耀性休闲的例子。不过，炫耀性休闲的问题是，很多人很难亲眼见到它们的展示。

因此，随着时间的推移，富人们的关注点从公开展示浪费时间，转向公开展示浪费金钱。（把这些价值与韦伯所研究的加尔文主义的勤俭相对照。）对金钱的浪费是凡勃伦最著名的观点——炫耀性消费——的核心。对旁观者来说，与看到炫耀性休闲相比，看到炫耀性消费要容易得多。这样的例子包括，大卫·席格和杰基·席格计划中的（不过中途遇到了麻烦）、位于佛罗里达州奥兰多市的 9 万平方英尺[①]的庄园"凡尔赛宫"（Versailles）；驾驶保时捷在自己所在的街区兜风；以及穿着昂贵的杜嘉班纳（Dolce & Gabbana）品牌的衣服，并且把 D&G 商标显露在外。富人们，也就是凡勃伦所说的"有闲阶级"，站在一个社会的阶级体系的顶端。位于富人之下的社会阶级中的很多人，即中产和下层阶级的人，对有闲阶级进行模仿。例如，下层阶级的人可能会修建廉价的麦克豪宅（McMansion），或者购买假冒的杜嘉班纳服装。

凡勃伦的重要性在于，当其他社会理论家都忽视这一问题的时候，他却聚焦于消费现象。还有，他的特定观点，特别是炫耀性消费，仍然适用于当今的社会世界。

思考题

想象一下诸多炫耀性消费的例子。想想你的衣服、手机或手提电脑的品牌。它们是昂贵的品牌，拥有显耀性的商标和很高的地位，还是廉价的、不知名的、很少有或没有地位的品牌？你是不是更不可能购买那些有醒目商标的衣服（以及其他产品），因为你对创造自己的风格更感兴趣？

知识点 2-2	其他重要的早期社会学家

理论家	主要社会学贡献
乔治·齐美尔	发展了一种微观层面的社会互动理论。
W. E. B. 杜波依斯	发展了一种关于种族和双重意识观念的社会学。
哈里特·马蒂诺	对一种女性主义的、以女性为中心的社会学进行了概念化。
托斯丹·凡勃伦	研究了消费，特别是富人的炫耀性消费。

---

① 1 平方英尺约为 0.093 平方米。——译者注

第三节　当代社会学理论

随着社会学作为一个学科的发展和成长，早期社会学家的宏大理论演变成至少一打新理论。经典理论家的著作影响了这些理论中的每一个。例如，马克思对资本家和无产阶级之间的关系的思考，强烈地影响了冲突／批判理论；而齐美尔的微观社会学观念——互动的形式和类型——形塑了互动／行动理论。像表2-1所展示的那样，这些当代理论以及本章下文将要回顾的理论，可以归类于3个宽泛的标题之下：结构／功能理论、冲突／批判理论以及互动／行动理论。

一、结构／功能理论

结构／功能理论来自对大规模的社会现象的观察与分析。这些现象包括，国家和文化，后者所包含的观念和目标，为人们集体生活的进行设定了范围（参阅第4章关于文化的叙述）。在结构／功能理论这一宽泛的题目之下，有两个主要的理论流派，即结构-功能主义和结构主义。前者既关注结构，也关注它的功能；而后者只关注社会结构，不考虑其功能。需要注意的是，结构-功能主义是结构／功能这一宽泛理论的下位概念。

结构-功能主义

结构-功能主义（structural-functionalism）既关注社会结构，也关注这一结构的功能。结构-功能主义受到了很多理论的影响，其中包括涂尔干的理论，例如，他曾讨论过越轨的功能，以及加于越轨之上的结构性限制。结构-功能主义的出发点，是对社会结构的正面看法。例如，在越轨社会学中（参阅第7章），这些结构可能包括军队、警察，以及国土安全部。结构-功能主义者还坚称，这些结构是可欲的、必需的，甚至是不可缺少的。可是，你将在后文看到，并不是所有的社会学家都把社会结构看成是完全正面的。

结构-功能主义倾向于成为一种"保守"的理论。其主导的观点是，如果特定的结构存在，并且发挥着功能——经常的假设是，如果它们存在，那么它们就是有功能的——它们就应该被保留并守护。

结构-功能主义者发展出了一系列广为人知的有用概念，特别是罗伯特·默顿（Merton，1949／1968；C. Crothers，2018）。在全球化的背景下，这些概念很容易获得解释。特别是，它们可以被应用于一些事务，如：边境控制和用于跨越边境的护照；海关费用，如关税；甚至边境上的物理障碍，如特朗普总统试图建成的美国和墨西哥之间的隔离墙。

默顿版本的结构-功能主义的一个核心概念是正功能。所谓正功能（function），就是结构的外显的、积极的作用，这种作用有助于结构的存在、适应和调整。国家边境通过很多方式发挥功能。例如，在边境对护照进行控制，可以使一个国家监控什么人进入了这个国家，也可以拒绝那些它不欢迎的人或被认为是危险的人入境。在面临全球恐怖主义的时代，这一功能变得越来越重要。对美国实施了"9·11"袭击的那些人进入美国的时候，没有引起护照控制系统的注意。显然，这些控制是无效的。不过，为了把潜在的外国恐怖分子挡在门外，目前采取了很多紧急的护照控制和边境控制手段。然而，对于国内的恐怖分子，这些措施没有作用。例如，2016年中期，恐怖分子在奥兰多的一家酒吧里杀死了49人；2018年，在匹兹堡的"生命之树"犹太会堂里，恐怖分子杀死了11个人。

如果我们引入**负功能**（dysfunction）的概念，将极大地丰富结构-功能主义。所谓负功能，是一些外显的结果，这些结果消极地影响一个特定系统的存在、适应和调整能力。虽然边境控制和护照控制显然有其正功能，但它们也有负 *40*

表2-1　主要社会学理论

结构／功能理论		冲突／批判理论	互动／行动理论
结构-功能主义		冲突理论 批判理论	符号互动论
结构主义		女性主义理论 酷儿理论 关于种族和种族主义的批判理论 后现代理论	民俗方法论 交换理论 理性选择理论

功能。例如，"9·11"之后，国会通过了很多项与移民相关的法案。结果是，任何人进入美国都变得更加困难了（Kurzban，2006）。对潜在的恐怖分子是这样，对合法的工人和商人也是这样。作为结果，其他国家的才能之士选择到世界上其他国家，去施展他们的技能、做他们的生意，因为这些地方的来去限制较少。不过，大量学生继续涌入美国。表2-2列出了在美国上学的留学生中学生最多的几个来源国。请注意来自中国的学生的主导地位。

与结构相联系的，既有正功能，又有负功能，这一事实提出了正功能和负功能何者相对更强的问题。我们怎样决定，一个给定的结构是正功能在主导，还是负功能在主导？在边境控制收紧这件事情上，我们可能需要对得失进行权衡：是把潜在的恐怖分子拒之门外的益处多，还是减少生意往来和国际学生注册的损失多？这种权衡从来都不容易。

表2-2 美国的留学生：学生最多的几个来源国（2016—2017）

排名	来源国	学生数量	占全部留学生的百分比
1	中国	373 000	34.5
2	印度	186 000	17.3
3	韩国	59 000	5.4
4	沙特阿拉伯	53 000	4.9
5	加拿大	27 000	2.5
6	越南	22 000	2.1
7	日本	19 000	1.7
8	墨西哥	17 000	1.6
9	巴西	13 000	1.2

通过区分另外两种类型的功能，默顿进一步深化了他的基本理论。第一种功能是**显功能**（manifest function），或者人们有意识地、有目的地达成的积极效果。例如，税收（关税）是对来自世界各地的、进入美国的进口商品征收的税款，目的是使其价格高于美国制造的商品，进而保护美国本地的生产商。这是关税的显功能。可是，这种行为常常还有**潜功能**（latent function），

或者并非有意期望的积极结果。例如，当外国产品变得昂贵进而不太吸引人时，美国的生产商会生产更多的产品，也许还是更好的产品。而且，也可能为美国人创造更多的就业岗位。请注意，这些例子中，显功能和潜功能——像结构-功能主义框架中的所有功能一样——都是正功能。

值得注意的另一个概念是**意料之外的结果**（unanticipated consequence），即人们没有想到的结果，它可以是正面的，也可以是——也许更重要的是——负面的。关税的一个负面的、意料之外的结果可能是贸易战。例如，对于美国加征关税的做法，中国可能通过对美国产品加征关税来进行回应。若美国以更多和更高的关税再次进行回应，我们就可能陷入一场意料之外的、不情愿的贸易战争，这一战争将涉及美国和中国，也许还有其他国家。这样的贸易战可能在2019年初发生，虽然阻止它发生的谈判正在进行之中。

结构主义

第二个结构/功能理论是**结构主义**（structuralism），它聚焦于结构，但并不关心结构的功能。此外，结构-功能主义聚焦于相对显在的结构，如边境隔离墙，而但结构主义更关注隐藏的或潜在的结构——如全球经济秩序或性别关系——的社会影响。这一理论接受这样的观点，即这些隐藏的结构，会决定那些最终体现为社会世界之表象的东西。例如，资本家在背地里的行动，将决定政治领袖的立场。这一理论取向，源自语言学领域，这一领域在很大程度上接受了这样的观点：我们说话和表达自己的表面方式，取决于一个潜在的语法体系（Saussure，1916 / 1966）。一个社会学的例子是，资本家的幕后行为以及资本主义制度，决定了政治领袖的公共职位。

马克思可以被看作一个结构主义者，因为他感兴趣的是那些决定资本主义怎样运作的潜在结构。例如，表面上看来，资本主义的运作似乎对所有的人都有益。可是，隐藏在表面之下的，是主要为资本家利益而运作的结构，这一结构剥削工人，付给他们的工资仅够维持生存。与此相应，资本家争辩说，产品的价值取决于市场供需关系。与此相对立，马克思指出，隐藏于表面之

下的是这样一个事实：价值来源于注入产品的劳动，而这些劳动完全来自工人。

马克思的长期合作者弗里德里希·恩格斯（Engels，1884 / 1970）考察了男人和女人之间的关系，并提出了自己的理论。这一理论认为，资本主义的结构和父权主义迫使女人屈从于男人。与他同时代的作家一样，恩格斯假设，家庭结构也沿着一条进化道路前进，这条道路从原始走向现代。在原始共产主义社会，社会成员都拥有多个性伴侣，谁是某个孩子的父亲这一问题的不确定性，使女人在家庭和社会里拥有了更多的权力。财产从母亲传递给孩子，女人受到高度的尊重。不过，随着财富开始积累，男人获得了对农产品的控制，男人赢得了更高的社会地位。为了保证妻子的忠诚，进而保证孩子是男人亲生的，社会系统发生了演化，以至于妻子开始屈服于男人的权力，男人把女人宣布为他们的财产。单偶制最终导致了更严格的婚姻约束。恩格斯相信，伴随着婚姻的出现，"开始了对女人的绑架和买卖"（Engels，1884 / 1970：735）。

恩格斯相信，对女性的压迫根植于隐藏的和潜在的资本主义私人产权结构。作为结果，他认为，结束这一压迫的关键，是废除私人财产权。他在性别不平等和潜在的社会结构之间建立起来的联系，被证明是持久性的。而且，在这一理论贡献的基础上，很多当代的女性主义理论家，建立起了她们更为精密的分析（Chae，2014）。

结构主义方法是有用的，因为它引导社会学家们超越表象，看到潜藏的结构和现实，正是这些结构和现实，决定了浮在表面的东西。

在这样的理论背景下，一个有用的社会学概念是揭露（Berger，1963）。**揭露**（debunking）概念显示：显在的社会结构，如国家，仅仅是"表象"（facade）。社会学家的工作就是揭露，或者是超越、透过这一表象进行观察。这与许多结构主义者所采取的方法类似，虽然存在着重要的差异。很多结构主义者的目标，仅仅是理解潜在的结构，比如国家、语言和家庭体系的潜在结构。与此不同的是，揭露不仅仅是寻求这样的理解，还要批判性地分析潜藏的现实及其对显在社会结构的作用。社会学家通过质疑来实现揭露：质疑社会普遍接受的目标，也质疑拥有权威地位的人士为此提供的理由。例如，我们看到，虽然美国看起来强调和平——像我们在第 1 章所看到的那样——社会学家们却指出，它拥有一个隐藏的、强大的军事 - 工业联合体，这一联合体的利益根植于战争，或者至少是战争准备（Ledbetter，2011）。很多社会学家认为，揭露已经构成社会学学科的核心内容（Baehr and Gordon，2012）。

二、冲突 / 批判理论

揭露的概念显然是批判性的，因而，它是讨论冲突 / 批判理论的理想导引。在冲突 / 批判理论这一题目之下，我们将讨论数种不同的理论：冲突理论、批判理论、女性主义理论、酷儿理论、关于种族和种族主义的批判理论以及后现代理论。它们都倾向于强调社会中的压力、张力和冲突。它们以不同的方式来批判社会，特别是批判权力——这些权力被用来压迫社会中缺少权力的成员。

冲突理论

这些理论中最著名的——至少在美国社会学中最著名——是**冲突理论**（conflict theory）（R. Collins，2012）。它根植于马克思的理论，而且其主要内容可以看作是对结构 - 功能主义的反动——冲突理论的初衷，就是抗衡结构 - 功能主义，并与之竞争。结构 - 功能主义强调社会的积极面向，而冲突理论则聚焦于它的消极方面。对结构 - 功能主义者来说，社会是由共识凝聚在一起的；基本上每个人都认可社会结构、它的合法性以及它的益处。对冲突理论家来说，把社会凝聚在一起，是强迫。那些受到了社会负面影响的人，特别是在经济上受到负面影响的人，会起来反抗——如果没有强制力量，如警察、法庭和军队存在的话。

冲突理论的一个范例，可以在拉尔夫·达伦多夫的著作中找到（Dahrendorf，1959）。虽然受到了马克思的重大影响，但他更强大的动力，是创立结构 - 功能主义的一个可行的替代品。例如，结构－功能主义倾向于把社会看作是稳定的，但达伦多夫这样的冲突理论家更加强调永远存在的变迁的可能性。当结构－功能主义者看到社会的秩序性的时候，冲突理论家却看到，异议和冲突在社会中无所不在。最后，结构－功能主义者聚焦于内在于社会的凝聚力之源；而冲突理论家们却强调，是凝聚力和权力把一个原本碎裂的社会聚合在一起。

总之，像达伦多夫这样的冲突理论家看到了社会的两个基本面向——共识和冲突——并且相信，两者都是必需的。因此，社会学需要——至少在这一视角下——两种不同的理论：冲突理论和共识理论（或结构－功能主义理论）。

针对权威，达伦多夫提供了一个非常社会学的视角。他指出，权威并不存在于个体（比如，唐纳德·特朗普），而存在于职位（比如，美国总统职位）以及各种组织。在他看来，这些组织受控于一个等级制的系列权威职位，以及占有这些职位的人。可是，任何一个社会里，这样的组织都有很多。于是，在一种类型的组织中，一个人可能富有权威，但在其他更多的组织中，他却可能处于从属地位。

达伦多夫更感兴趣的是，处于权威地位的人和处于从属地位的人之间潜在冲突的可能性。他们的利益通常大相径庭。与权威一样，那些利益并非个体特征，而是与他们占有的职位联系 43 在一起。因此，一个快餐或零售公司——如沃尔玛——的最高管理层的利益在于，通过保持低薪来使公司盈利更多。与此相反，那些拥有低层工作的人——如收银员和股票交易员——的利益在于，提高自己的薪水，以便满足基本需求。由于这种内在的张力和冲突，组织中的权威永远是脆弱的。

一般说来，组织中的相关人士的利益停留在潜意识层面，但是有时候，它们会被意识到，并可能导致公开的冲突。冲突团体可能会形成，比如当沃尔玛的迎宾员罢工的时候。在反抗行动中形成的联盟往往会增加群体成员的凝聚力，从而进一步团结他们，并增强行动的力量（Coser, 1956）。冲突团体的行动很可能会改变社会，也会改变社会的要素，如沃尔玛公司。这种改变有

时是非常激进的。

批判理论

马克思的理论批判的是资本主义经济，而**批判理论**（critical theory）把焦点转向了文化。马克思相信，文化是被经济体系形塑出来的。与此相反，批判学派认为，从20世纪初期开始，并且在今天加速进行的是，文化成功地使自己变得重要了。而且，在很多方面，它变得比经济体系更为重要。我们不再为资本主义经济所控制，而是越来越多、越来越经常地为文化特别是文化产业所控制。

从韦伯的视角来看，**文化产业**（culture industry），就是控制现代文化的理性化和科层化的社会结构。在其早期岁月，亦即1920年代和1930年代，批判理论家们聚焦于广播、杂志和电影。今天，电影仍然很重要，但焦点已经转移至电视和互联网的各个面向，特别是脸书。它们受到的批评是，它们生产**大众文化**（mass culture），并成为大众文化的批发商。而大众文化，就是受各种组织操纵的文化要素，它们缺乏自主性，或者是赝品。大众文化的两种特征及其通过文化产业而实现的传播，是批判理论家们的关注点。

- 虚假性。真正的文化应该出自人民，但大众文化涉及的是预先包装好的观念，而且这些观念歪曲现实。那些所谓的真人秀节目（比如《幸存者》），就是大众文化的当代案例。这些节目还是高度程式化的。它们所展示的似乎是真实的，但事实是，它们是有脚本的、高度受控的以及剪接过的——虽然与虚构的戏剧、喜剧和肥皂剧的处理方式有所不同。它们是虚假的，因为它们给大众文化的消费者造成一种感觉，即有一种迅速和容易出名、发财的途径。

- 压迫性。与马克思一样，批判理论家们感觉到，大众应该被告知虚假文化的真相，这样，他们就能够对社会的失败获得清晰的感受，并产生反抗它的需求。

不过，大众文化的效果是安抚、麻醉和压迫大众，这样他们就不太可能要求社会变革。那些急急忙忙跑回家里去追他们最喜欢的电视真人秀

节目的人，不太可能有参加革命性活动的兴趣和时间，就是参加市民活动和改革的兴趣和时间也没有。还有，据有些理论家的说法，文化产业已经成功地创造了一些公司品牌（比如脸书），这些品牌已经作为文化符号获得了全球性的认可和追捧（Lash and Lury，2007）。很多人不是去参加革命性的活动，而是奋力追捧和获得最新、最热门的品牌。

批判理论可以被应用于一些最新的媒体形式，如 YouTube、推特、Snapchat、Instagram，特别是脸书（Denegri-Knott and Zwick，2012）。虽然在这些网站中，充斥着歪曲和迷惑人的内容——当然也有启发人的内容——但至少目前这些网站还没有受到大型的理性化科层机构的完全控制。出现在 YouTube、脸书和推特上的几乎所有内容，都是在网站上消费这些内容的人提供的。这些网站对原始内容没有控制，这些内容据说是由这些网站的用户自主地创作出来的。人们很容易得出这样的结论：针对文化产业中的这些新面向，传统的批判理论很难提出批评。虽然像脸书这样的网站还不是庞大的官僚机构，但它还是会对那里的内容进行结构化处理，特别是运用算法（algorithm）来实现这一点。还有，那里至少有一部分内容是假的。一个似乎与此相关的概念是"假新闻"（fake news），这个概念因为唐纳德·特朗普而变得著名，并被许多国家的政治家使用。当然，"假新闻"的标签主要被特朗普用在主流媒体（比如《纽约时报》、美国有线电视新闻网等）身上。有争议的是，人们创造出"假新闻"，并通过诋毁那些信息来源相对平衡的新闻的重要性，来进一步麻醉人们。

思考题

对于批判理论所说的大众文化的虚假性和压迫性，在你所接触到的大众文化元素中，你发现证据了吗？如果有，它们的具体形式是什么？

但是，内容虽然不是由文化产业生产的，却是通过文化产业来传播的。所以，虽然很多网站

仍未盈利，但它们已经个个价值数十亿美元，因为投资者相信其在未来的盈利能力。更重要的是，通过花费无数时间在亿贝上进行买卖，通过观看 YouTube 视频，通过上传其脸书网页，通过跟踪其他人每天甚至每分钟的生活，群众被安抚了、压迫了、迷惑了。同样的情况也发生在推特的推文上，它会即刻告诉我们，一个朋友理了发或者修了指甲，诸如此类。虽然人们在推特上确实找到了新的朋友、学到了新的知识，甚至酝酿了革命（例如 2011 年的"阿拉伯之春"，以及 2016 年年中在土耳其短暂发生并流产的政变），但他们也在上面花费甚至浪费了大量时间。并不少见的情况是，他们可能发现，有些公司运用复杂的在线技术来瞄准他们，并使他们消费这些公司的产品。

女性主义理论

有史以来，男性的社会理论家获得了最多的关注（一个例外，就是上文提到的哈里特·马蒂诺）。在很大程度上，今天依然如此。因此，毫不奇怪，主流社会理论忽视了女性，以及她们所面对的独特问题（一个例外是上文讨论的恩格斯的著作）。更普遍地说，社会理论倾向于忽视性别。具体地说，社会理论忽视了对下述问题的批判性审视：女性特质（femininity）[以及男性特质（masculinity）]是如何成为从社会结构和社会制度到日常互动等所有存在的构成部分的？女性主义理论家彰显了深植于大多数社会理论之中的男性主义偏见，并试图修正这种偏见。与你已经读到的种类广泛的社会学理论类似，数量众多且还在增多的女性主义理论，也在处理各种各样的社会议题[Adichie，2015；Bromley，2012；*Lengermann and Niebrugge-Brantley*，2014；另参阅《女性主义理论》（*Feminist Theory*）杂志]。一般说来，**女性主义理论**（feminist theory）的核心主题，是对父权制（男性主导）及其所导致的问题的批判——这些问题不仅仅是女性的，也是男性的。女性主义理论还提供了一些想法，即怎样改善女性（以及男性）的境遇——如果不是革命性地改变的话。

在女性主义理论内部，一个根本性的争论是，性别不平等是性别差异的原因还是结果。

一些女性主义理论家（比如，Rossi，1983）相信，在男人和女人的行为之间，存在着本质性的（essential，或者生物学决定的）差异，而且性别不平等源自对女性特质（比如抚育）的价值的贬低。不过，大多数女性主义理论家认为，性别差异是社会性地建构而成的。换言之，我们所看到的男人和女人之间的行为差异，并不是生物学决定的，而是在社会中建构起来的。

即使是那些同意性别差异是社会性地建构而成的女性主义理论家，对它背后的原因也不能达成一致意见。一个观点是，作为社会的主导群体的男人对性别的定义，导致了对女人有意识的约束和压迫。另一个观点认为，资本主义的社会组织和父权制家庭等社会结构的进化，有利于男人和传统男性角色。两种结构都获益于未经补偿的女性劳动。因此，作为主导群体的男人，没有改变现状的动力。很明显，这些视角都是批判取向的。

虽然在社会学诞生的几乎两个世纪里，很多全球性的和个人性的改变在女性的生活中发生了，但女性主义理论家还是达成了一个共识，即女性仍然面临着异乎寻常的问题，而这些问题与性别不平等息息相关。你将在第11章学习到，这些问题包括——在无数其他问题之中——在美国存在着一个顽固的男女工资鸿沟，以及战争中入侵者（对受害者）系统性和广泛性的强奸。解决这些问题，需要不同寻常的办法。不过，在多大程度上愿意支持剧烈地甚至是革命性地改变女性境遇的问题上，女性主义理论家们立场不同。一些女性主义理论家建议，解决性别不平等问题，要改变社会结构和社会制度，使它们变得更能够接纳女性，并允许更多的性别多样性。其他女性主义理论家争辩说，因为这些结构和制度制造了性别差异和不平等，我们必须首先解构它们，然后以完全不同的方式重建它们。

有时候，有色人种女性对女性主义理论感到不满，因为它们不能很好地代表她们的利益。一些学者认为，女性主义理论通常反映了白人女性的视角，忽视了有色人种女性的独特经历和观点（Collins，2000；Hooks，2000；Moraga and Anzaldua，2015；Zinn，2012）。类似地，

与种族相关的研究主要（或者全部）聚焦于男人的地位。因此，很多当代的女性主义者开始主张这样的学术研究：不仅仅要考虑性别，也要考虑它与种族、民族、社会阶级以及性存在之间的相互交叉作用。后文对关于种族和种族主义的批判理论的讨论，将会提供更多关于这一立场的细节。

酷儿理论

术语酷儿（queer）最初是一个贬义词，用来指称男同性恋者。目前，男同性恋者、女同性恋者、双性恋者以及变性者，都为自己主张酷儿这个标签。不过，酷儿理论却不是关于酷儿的理论。实际上，它是和男同性恋、女同性恋的研究相反的研究领域，后者聚焦于同性恋。**酷儿理论**（queer theory）建立在这样的观念之上：没有任何固定和持久的身份，可以决定我们是谁（McCann，2016；Plummer，出版中）。这一理论还动摇了那些被认为是固定的、持久的、自然的身份。它们动摇了"酷儿"作为名词的地位，以及一般意义上的性别身份（Butler，1990）。有些酷儿理论家使用**性别酷儿**（genderqueer）来指代那些非排他性的是男性或者女性的性别身份。另一些理论家相信，成为**全性别**（pangender）或者认同所有性别，是可能的。人们创造出了新的代词，如"xe"和"ze"，用以替代他和她（Scelfo，2015）。虽然酷儿理论并不仅仅聚焦于同性恋，但它确实会检视异性恋者与男女同性恋者之间的关系的动态。它特别关注异性恋者针对男女同性恋者所实施的历史性的、系统性的权力实践。在这个意义上说，酷儿理论显然是一种冲突/批判理论。更普遍地说，酷儿理论主要感兴趣的是：性别问题，性别两分法，性行为的再定义、规范和实践。

酷儿理论仍处于其早期发展阶段。它有潜力在下述事业中扮演核心的角色：为那些处于社会边缘的人发展一种一般性的理论，以便深化我们对所有性别的理解，并消除错误的观点。它还可以打破权力的等级制。至少，它有潜力加深人们对性别的和其他类型的弱势群体的接受程度，并推动对所有人的接纳。

以卡尔·马克思的无产者为基础，人们创造了一个新的术语——无薪者（voluntariat）。无产者的工作工资低微，无薪者的工作没有工资。与无产者一样，无薪者要求的技能也很低，比如在亚马逊网站上发一个产品评价的帖子，或者是在推特上发一条评论。不过，无薪者的一些成员，从事一些本该由高薪雇佣的熟练工人提供的劳动。例如，拥有大学学位的人，为大规模的网络公开课——或者慕课——提供免费劳动（Shullenberger，2014；参阅第1章、第13章，特别是第13章）。其他技能高超的无薪者，把用英语教授的课程免费翻译为其他语言——仅仅为内在的回报而工作。他们被视为"无薪者恶棍"（voluntariat scab），因为他们威胁到了以翻译为生的职业译者的生计。不考虑工作技能，无薪者的免费劳动，为公司的盈利做出了贡献，正像低薪的无产者所做的那样。

社交媒体上存在着免费的价值创造活动。在这一宽泛背景之下，我们都是无薪者，因为我们越来越多地做出——通常是无意识地——促进营利性组织之利益的行为。当我们在脸书上发帖，或者在亚马逊网站购物的时候，我们自愿地提供了有关我们自己的珍贵但免费的大量信息，或者叫"大数据"（big data）——除此之外，这些组织无法获得这些信息——而这些信息正是这些组织的利润之源和市场价值之源。亚马逊首席执行官杰夫·贝索斯相信，与销售产品相比，亚马逊从无薪者自愿提供的数据上攫取的利益，要多得多。可以这样说，很多热门网站，比如脸书、YouTube和Flickr，如果没有全世界人的免费劳动，根本无法存在。

当我们作为"工作的顾客"（Dujarier，2014）使用自动柜员机，在超市里为自己的商品进行扫码和装袋，自己组装宜家家具的时候，我们正越来越广泛地成为无薪者。不久以前，这些工作都需要付薪的工人。消费者并没有抗议这样做，甚至高兴地这样做了。这一事实为公司节省了数十亿美元的费用，因为这使它们可以减少雇员的数量。这里的要点是，"无薪主义"（voluntarianism）是一个广泛传播的现象，它越来越多地渗入了我们的线下特别是线上生活。

参与数字世界

记录你在一周之内进行了多少免费的劳动。你应该记录你从事的活动的类型，以及为此花费的时间。如果以最低工资为你的这些劳动付酬，你应该挣多少钱？你是否感到，通过利用你的免费劳动，你受到了这些公司的剥削？为什么？

思考题

想一下你在线上或线下看到的关于给"无薪者"下定义的方法。像杰夫·贝索斯（亚马逊）和马克·扎克伯格（脸书）这样的人，是因为你和其他数百万无薪者的无偿劳动，变成了亿万富翁吗？你怎么看这个问题？

46　关于种族和种族主义的批判理论

在前文中我们看到，杜波依斯是种族和种族主义研究的先驱。近年来，在**关于种族和种族主义的批判理论**（critical theories of race and racism）这一主题之下，这一视角在社会学里开始发扬光大（Delgado and Stefancic，2017；Slatton and Feagin，2019）。接受这一视角的理论家认为，种族在全球的重要性持续存在，而种族主义持续地对有色人种产生负面的作用。考虑到它的奴隶史和种族主义历史，美国经常被拿出来，并应用这一理论进行分析。

一些评论家争辩说，今天的种族主义，除了历史意义之外，已经没有多大意义，因为美国白人已经变成"肤色盲"（color-blind）了。接受这一立场的人争辩说，当我们讨论社会群体的时候，我们已经开始忽略肤色，在雇佣政策和入学政策中，肤色标准已经被废弃。不过，种族和种族主义的批判理论家不同意这种说法。他们争辩说，虽然肤色与一个人的生理和智力能力没有关系，但肤色盲的说法忽略了种族弱势群体在过去和当代所面对的现实，包括多年的种族歧视的社会后果。批判肤色盲说法的人们争辩说，它不过是一种"新种族主义"，是让白人实践种族歧视和把种族歧视永久化的烟幕弹（Bonilla-Silva，2009；2015）。例如，可以参照图2-2所展示的关于就业机会的不同感受。绝大多数美国白人相信，就业机会是平等的；但只有少数美国黑人接受这个观点。白人对就业平等的烟幕弹式的信念，承担了把针对黑人的歧视合理化的作用。

2016年（一直到今天），当唐纳德·特朗普在总统竞选中胜出，并取代了黑人总统贝拉克·奥巴马的时候，种族主义持续存在的观念大量出现在新闻中。在竞选期间，人们指责特朗普使用"狗哨"（dog whistle）来吸引白人种族主义者，以及那些反对奥巴马及希拉里·克林顿的人。狗哨是一种老式的带有偏见的说法，人们把这种说法重新包装了一下，使它变得更容易令人接受，同时又向所有人——除了那些拥有

这种偏见的人——隐藏真实的信息。例如，至少是在最初，特朗普拒绝否定"3K党"，以及该党中最著名的人物大卫·杜克（David Duke）。这种拒绝，对于白人种族主义者和支持他当候选人的白人拥护者来说，就是一个狗哨。从他当选总统以来（以及很早以前），唐纳德·特朗普（以及其他政客）抛出过很多的狗哨。

最近，这一领域里特别重要的一项成就，是交叉性（intersectionality）的观念（Collins and Bilge，2016）。这一观念指出了这样的事实，即人们会受到各种各样的——通常是负面的——影响，这些影响不仅仅来自种族，还来自性别、性取向、阶级、年龄以及住在世界上什么地方。各种不同的身份和不平等的共同作用，或者交叉作用，以及与这些共同作用相联系的压迫，才是最重要的东西。我们不但不能分别单独处理种族、性别和阶级因素，也不能简单地把压迫加在一起来理解它们。例如，一个贫穷黑人女同性恋者所面对的复杂问题，不同于一个穷人、一个黑人、一个妇女或者一个女同性恋者所面对的问题。

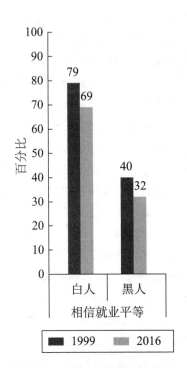

图2-2 相信就业平等的白人和黑人百分比

资料来源：Jeffrey M. Jones. (15 July 2016), "Americans' Optimism About Blacks' Opportunities Wanes." Gallup. Retrieved from https://news.gallup.com/poll/193697/americans-optimism-blacks-opportunities-wanes.aspx.

思考题

你的生活受到过交叉性的影响吗？你拥有多少种不同的身份？你属于哪一个社会和文化群体？

曾经几乎只与美国的多数族裔-少数族裔关系相关的现象，越来越多地出现在了世界其他地方。例如，欧洲的种族主义历史悠久，包括数个世纪的殖民主义、非洲奴隶贸易、反犹主义以及大屠杀。二战之后，种族骚乱有所减少，但目前又在增加——至少因为20世纪大规模的移民涌入而增加。近年来，种族主义宣传、激起仇恨的演讲以及暴力煽动变得越来越常见，特别是在法国、奥地利、德国、瑞典以及英国。主要的受害者是穆斯林、犹太人、来自北非和阿拉伯地区的移民，以及来自中欧和东欧的罗姆人——数百年来，他们是这些国家里最大的移民群体。2014年后期，一个罗姆人家庭的两个月大的婴儿夭折。

他们被拒绝使用当地的一个墓地，虽然随后的舆论哗然的结果是，这个孩子的葬礼在2015年初在那里举行（Breeden，2015）。2019年早期，毫无根据的谣言——罗姆人绑架了儿童，在法国一些地方导致了针对他们的暴力事件（Breeden，2019）。罗姆人（以及其他人）大体上是脆弱无力的，因为欧洲没有经历过如美国民权运动那样的社会运动——这一运动动员和组织了美国黑人。

后现代理论

后现代理论所拥有的很多因素，非常适合置于批判理论的标题之下，虽然它们有比批判理论更多的东西。在社会理论中，术语后现代的用法很多。比如说，**后现代性**（postmodernity），就是一个社会超越了"现代阶段"的状态，而现代阶段是经典理论家分析的对象。现代社会的特征之一是理性化，正像韦伯的著作里所讨论的那样。后现代世界是缺乏理性的，是非理性的，甚或是不理性的。例如，在现代世界里，像无产者这样的群体，能够以理性的方式来计划推翻资本主义，而在后现代世界里，这样的变化只会偶然发生，或者命中注定不会发生（Baudrillard，1983 / 1990；Kellner，2011）。现代性的特征是高度一致的生活方式，而后现代性的特征是折中主义（eclecticism）——关于我们吃什么、穿什么以及听什么音乐（Lyotard，1979 / 1984）。这种折中主义是由互联网和其他事物培育起来的——互联网使人们更容易得到很多不同的东西（比如新闻、观点、时尚和音乐流派等），而在前互联网时代，这些东西是不易获得的。

后现代主义（postmodernism）说的是，新型的和变异的文化形式的出现——在音乐、电影、艺术、建筑以及诸如此类的艺术形式之中。这些新文化形式的特征之一，是混搭（pastiche）。例如，"现代"电影的叙事是线性的，而"现代"艺术由内在一致的因素构成。但是后现代文化形式却是混搭的，它结合了完全不同的因素。依据现代视角，这些因素相互之间不能兼容。因此，后现代建筑混搭了经典和现代的风格。后现代电影反映历史事实，但包含了很

现代的因素，例如当代歌曲。电影《她》（Her，2013）的故事发生在未来主义的洛杉矶，其中一个男人与一个"女性的"计算机操作系统发展出了浪漫关系。连续剧《辛普森一家》（The Simpsons）经常在现代场景里展示来自不同历史阶段的人物，比如前总统们，且其特征是混搭了高雅文化和低俗文化。还有，霍默、玛姬、巴特、丽萨和麦琪生活在一个没有时间的后现代空间里，他们在那里从不变老。

后现代理论（postmodern theory）是一种理论取向，它是对现代理论的反动。后现代理论倾向于以非理性的形式进行表达。例如，它可能采取精简的、通常互不关联的系列命题的形式，而不是逻辑的、经过良好论证的多卷本形式（像马克思和韦伯等现代思想家那样）。后现代主义者反对现代理论家所贡献的宏大叙事——对历史和社会的宏阔描述。此类叙事的一个例子是韦伯的理论，他认为世界日益变得理性化，限制我们的思想和行动的"铁笼"已经出现。与此相反，后现代主义者倾向于提供有限的、互不相关的社会世界的快照。实际上，后现代主义者经常解构或者分解现代性的宏大叙事。后现代主义者还反对大多数现代社会理论的虚假的科学性。与此不同的是，他们接受了非科学甚至是反科学的研究社会世界的方式。女性主义的后现代主义者，拒绝使用现代女性主义理论家的语言，因为像"女同性恋"这样的术语，是在现代的、男性中心的思想中建构起来的。对一些观察家来说，对于越轨的社会学研究将几乎全部消失，因为后现代主义的结论是，越轨是纯粹相对的现象，完全依赖于那些握有权力的人对"什么是越轨"这一问题的定义（Sumner，1994）。

即使有——或者是因为——这些差异，后现代理论还是提供了一种新的和重要的理论化方式。后现代的社会理论家采用不同的方式来看待熟悉的社会现象，或者对他们的工作进行完全不同的聚焦。例如，在其关于监狱史的研究中，米歇尔·福柯（Foucault，1975 / 1979）对下述现代主张提出了批判：刑事法律体系变得日趋开明（liberal）。他认为，实际上，禁欲变得越来越有压迫性——通过持续的、日益加强的对犯人的

监视等技术的使用。类似地，他反驳了传统的观点，即维多利亚时代的人们承受了性的压抑。相反，他发现，维多利亚时代发生了性活动的膨胀（explosion of sexuality）（Foucault，1978）。

最重要的后现代主义者让·鲍德里亚（Jean Baudrillard）指出，我们目前生活在一个消费者社会里。在这个社会里，我们的生活不是被我们的生产性工作定义，而是被我们消费什么和怎样消费它们定义。实际上，后现代世界的特征是**过度消费**（hyper-consumption），它是指我们进行超越需求、超越真实愿望、超越支付能力的消费。在过去的十年里，美国信用卡债务整体水平的上升，就是鲍德里亚所指出的过度消费的标志

48（参阅第 1 章）。一个最近的迹象是出现在网上的"拖拉视频"（haul video）。上传这些视频的往往是年轻的女性，展示她们在购物出行后"拖拉"来的东西，伴以对所购产品的评价。

鲍德里亚的另一个批判性概念是模仿，这一概念展示了后现代社会理论的本质。**仿造物**（simulation）就是事物的不真实的版本或者赝品。鲍德里亚看到，世界正日益为模仿所主导。例如，当我们在麦当劳就餐的时候，我们消费麦乐鸡块（Chicken McNugget），或者仿造的鸡块。说它们是赝品，是因为它们通常并不是来自一只鸡的鸡肉，而是来自很多不同的鸡的鸡肉碎块。当我们去迪士尼乐园的时候，我们通过主街（Main Street）进入，它是对早期美国的仿造，但其实是一个购物中心。我们还乘坐仿造的潜水艇去观看仿造的海洋生物，而不是去附近的水族馆观看"真正"的海洋生物。当我们去拉斯维加斯的时候，我们住在赌场酒店里，这些酒店是对 20 世纪早期到中期的纽约（纽约酒店）、威尼斯（威尼斯人酒店）和古代埃及（卢克索酒店）的仿造。我们消费日益增多的仿造品和越来越多仿造的生活，上述观念不仅仅是对消费社会的一个有力批判，也是对当代社会的一般性批判。也就是说，我们不仅消费得更多，而且我们消费的大多数东西都是赝品。

思考题

致力于过度消费——特别是在线消费——的生活，是否导致了你与其他人的疏离？对致力于过度消费的生活的共同投入，创造出新型的人类联结（human connections）了吗？

三、互动／行动理论

本部分题目中的互动与行动中间的斜杠，是为了表达这样一个事实，即我们将处理两种密切相关的理论流派。第一种，是那些主要处理两个人之间或者多个人之间的互动的理论（符号互动论、民俗方法论以及交换理论）。第二种，是那些聚焦于个体的行动的理论（理性选择理论）。上述理论之间的一个共同要素是，它们都聚焦于微观层面的个体和群体。它们和前文提到的那些聚焦于宏观社会结构的理论，形成了鲜明的对照。

符号互动论

正像它的名字所提示的那样，**符号互动论**（symbolic interactionism）关注的是，两个或者更多的人通过对符号的使用而进行的互动（Quist-Adade，2018）。互动的意思很清楚。我们所有的人，都在日常生活中与其他很多人进行指向对方的行动，不论这种互动是面对面的，还是以更间接的方式，如通过移动电话、电子邮件或者社交媒体。但是，如果没有符号——那些代表了事物的词语、姿势、网络迷因（Internet meme）（Benaim，2018），甚至是物品——互动就不能进行。符号使得意义在人群内部的沟通成为可能。

虽然我们可以在不使用词语的情况下进行互动，比如通过身体姿势如耸肩，但在大多数情况下，我们需要使用词语进行互动。而且，词语使得其他很多符号成为可能。例如，哈雷－戴维森（Harley-Davidson）品牌之所以有意义，是因为它代表了一种特殊类型的摩托车。这一品牌名称和这种摩托车，又进一步为一些绰号所代表，如"哈雷"（Harley）或者 HOG。

符号互动论有一些基本的原则：

- 人类具有强大的思考能力，这将他们与低等动物区别开来。这种内在的思维能力是由社会互动塑造而成的。正是在社会互动中，人们获得了符号的意义，这使得他们可以发挥自己独特的思考能力。这些符号的意义又进一步允许人们开展低等动物无法开展的行动和互动。

- 符号的意义并不是永恒不变的。在给定的情境和对情境的解读的基础上，人们可以修改这些意义。例如，基督教的十字架是一个意义可变的标志。全世界的基督徒以正面的宗教方式来定义它，而伊斯兰世界里的很多人却把它看成是一个负面的象征。

- 因为具有独特的思考能力，人们可以修改符号的意义。符号互动论者把思考描述为人们与自己进行互动的能力。在和自己进行的互动中，人们能够修改符号的意义。在给定的情境中，人们还能够检视向他们开放的行动过程，能够判断每个过程的相对优劣，进而选择其中的一个过程。

- 正是这些个体行动和彼此互动的选择模式，构成了群体和更大社会结构的基础，比如各种官僚组织以及作为整体的社会。更概括地说，在这一理论视角下，符号互动是社会世界里其他所有事情的基础。

符号互动论对下述情况感兴趣：身份的各种面向是怎样创造出来，又是怎样在社会互动中维持下去的？例如，符号互动论者认为，性别（与民族和职业身份一样）是我们"做"或者"从事"的东西（West and Zimmerman，1987）。性别是定义我们的一种手段，它把我们定义为特定的性别类型。因此，男人会竭尽全力表现出阳刚之气，这样，他就会被自己和他人看成是男人。从某种意义上说，他的行为（该行为是社会决定的）可以被看作是男性（这一点基本上是生理决定的）的象征。看到他这一行为的人，简单地把他归为男人——依据这一象征行为的意义，而该意义是通过无数次的互动发展出来的。因此，性别（亦即男性特质和女性特质）既是社会互动的结果，也是其原因。

民俗方法论

虽然符号互动论主要处理人们之间的互动，但它也关注心理过程，比如心灵和自我——后者深深地涉入互动之中。**民俗方法论**（ethnomethodology）是另一种互动 / 行动理论，它聚焦于人们做什么，而不是他们想什么（Liu，2012）。术语民俗方法论的希腊语词根涉及人民（ethno）和日常生活方法——通过这些方法，人们过着他们的日常生活。换言之，民俗方法论研究人们组织日常生活的方式。

民俗方法论者把人们的生活和社会世界看作是实践的结果，而这些结果实际上极不寻常。例如，一项关于喝咖啡的人的民俗方法论研究，试图理解他们在咖啡鉴赏亚文化中的参与情况（Manzo，2010）。学习享用咖啡本身就是一项成就；把这种享受提升一个层次并成为一个鉴赏家，需要更多的努力。

针对大型的社会结构，民俗方法论者与结构 – 功能主义者持有不同的观点——后者倾向于认为，人们及其行动受到了结构的高度限制。民俗方法论者认为，针对在这些结构如法庭、医院以及警察局里边都发生了什么的问题，上述观点并没有告诉我们什么。人们并不受制于这些结构，他们在这些结构中行动，并且运用他们的常识而不是官方程序，来做他们的事情。他们甚至修改这些结构和规则，以便实现自己的目标。比如，诺德斯特龙（Nordstrom）的一个员工，可能会违反找回零钱的规则——这些规则是为了取悦顾客——以便使这一过程变得容易和轻松。对于把死亡区分为"谋杀"和"过失杀人"这件事情，警察局有它的规则。可是，警察们在解释证据的时候，经常运用自己的常识，而不是组织化的规范。

很多民俗方法论者研究对话并关注 3 个问题（Zimmerman，1988）：

- 作为对话要素的语气线索。对话不仅仅涉及词语，也涉及语气线索如停顿、清嗓子和沉默。在对话过程中，这些非语言的语气行为是重要的手段。例如，一个人可能默默地坐在那里，迫使另一个人说话。或者，清嗓子可能意味着不同意另一个人所说的东西。

- 对话稳定和有秩序的特性。对话中的人们通常轮流发言，他们知道自己应该在什么时候发言。民俗方法论者也许会考察，当两个陌生人而不是两个朋友交谈的时候，上述特性会发生什么变化。他们的一个发现是，地位高的人更可能会打断地位低的人的话。

- 维持对话所必需的行动。对话的特性并非一成不变。进入对话的人会观察这些特性，强化它们，或者推翻它们。例如，轮流发言是对话的一个稳定和有秩序的特性；不过，在一场实际的对话中，为了获得自己讲话的机会，你必须付诸行动。轮流发言并不是自动出现的。

在民俗方法论的研究策略中，最著名的例子与性别有关（O'Brien，2016；Stokoe，2006）。民俗方法论者指出，人们经常错误地认为，性别是以生物学因素为基础的。人们通常假设，被认为是男人或者女人，我们并不需要说什么或者做什么，我们生来就是这样。但是实际上，我们都必须做点什么（比如我们走路的方式）或者说点什么（比如我们说话的音调），来实现我们的男性特质或女性特质。换言之，作为男人或者作为女人，建立在人们日常行为的基础之上。这一情况，在以下人的身上再清楚不过：他们在出生时被定义为男性或者女性（以生物学特征为基础），可是后来，他们的言行让其他人明白，他们属于另一个性别（以社会特征为基础）。例如，荷兰画家艾纳·韦格纳（Einar Wegener）喜欢穿着女性服装。他同为画家的妻子发现了这一点——在他有一次顶替了她的模特之后。在他的妻子的支持下，他成了第一个接受变性手术的男人，变成了名叫莉莉·埃尔伯（Lili Elbe）的女人。虽然这个例子有些极端，但我们确实通过说什么或者做什么，来实现我们的性别（而且，以特定的方式，实现相反的性别）。如果对性别是如此，我们日常生活的其他事实，也可以被分析为一种实现（accomplishment）。

50 交换理论

与民俗方法论者相似，交换理论家并不关心人们心中想的是什么，或者这些想法对行为的影响。相反，他们感兴趣的是行为本身，以及

与之相关的回报和代价（Molm，Whithama，and Melameda，2012）。**交换理论**（exchange theory）的关键人物乔治·霍曼斯（George Homans，1910—1989）认为，社会学家不应该研究大型的结构，而是应该研究"社会生活的基本形式"（Homans，1961：13）。

交换理论特别感兴趣的是社会行为，这些行为涉及两个或者多个人，并且涉及各种有形的和无形的交换。例如，对那些帮助过你的人，你可以送给他一个具体的礼物作为回报，也可以报以抽象的言语夸奖。交换并不总是奖励性的，也可以是惩罚性的。比如，你可以掌掴那个错怪了你的人，也可以向你们共同的熟人进行抱怨。

在人们的行动和互动中，人们被视为理性的利益寻求者。从根本上说，在行动过程或者互动过程中，人们会继续进行那些回报高于成本的行动。与此相反，他们会终止那些成本高于回报的行动。例如，寻找伴侣的人，特别是寻找结婚对象的人，通常会选择住在城里，因为那里的潜在对象更多。可是一旦结婚，他们就很有可能搬出城市，到生活成本更低的地方（Gautier，Svarer，and Teulings，2010）。虽然交换理论保持了对社会行为的基本形式的兴趣，但近年来，它对下述问题越来越感兴趣：这些基本形式怎样导致了更复杂的社会情境？也就是说，随着时间的推移，个体性的交换会变得稳定，并发展为持续性的**交换关系**（exchange relationship）。一种特殊的交换关系是"搭伙"（hooking up），另一种是有时又被叫作"互惠朋友"（friends with benefits）的性关系。例如，如果你和另一个人发现，你们一开始的性互动是令人满意的，你们就有可能建立一种重复互动的模式（也叫作"搭伙"）。

某种交换关系，很少在其他交换关系之外独立发展。社会学家试图研究，为什么"搭伙"不是一种孤立的现象——例如，它发生在校园里，它在那里已经被常规化了（Kuperberg and Padgett，2015）。你也可以构建这样的关系。所有这些交换关系也许会变得高度相关，进而变成一个单独的网络结构（Cook et al.，1983）。

在这些网络结构中，或者更一般的交换关系中，有一点很关键，那就是有些成员对其他

成员拥有权力，而其他成员独立性丧失（Molm，2007；Molm and Cook，1995）。交换理论感兴趣的是，在这些交换关系和网络中，这些身份差异的原因和影响是什么。例如，个人及其家庭的财富、地位和权力，会影响他们在社会网络中所占据的职位，也会影响他们在教育、财政和职业上成功的能力（Lin，1999）。

理性选择理论

在**理性选择理论**（rational choice theory）中，正像在交换理论中一样，人们被认为是理性的，但焦点并不是交换、回报和成本。与交换理论不同，理性选择理论的基本原则是，人们为了达成目标而行动。人们被看作是怀有目的的，并意图从事特定的事情。为了达成目标，人们拥有各种可选择的手段，并且在理性思考的基础上，对这些手段进行选择。他们会选择那些最好地满足其需求和愿望的手段，换句话说，他们在"实用"（utility）的基础上进行选择（Kroneberg and Kalter，2012）。在"搭伙"的例子中，我们很容易想象一系列的"搭伙"在一起的潜在目的，比如进行性探索、找乐子，以及在避免过度的情感涉入或者受到伤害的情况下进行性行为。

针对理性地行动的能力，存在着两个重要的限制（Friedman and Hechter，1988）。

- 稀有资源的可及性。对那些可以获得各种资源的人来说，理性地行动和达成目标是相对容易的。那些无法获得这些资源的人，就不太容易理性地行动和达成他们的目标。一个简单的例子是，如果你有钱，你可以理性地追求你的目标：为晚餐购买食品。可是，如果你没有钱，在理性地行动以便获得食品这件事情上，你可能会面临更多的困难。那些拥有大量资源的人，可以同时追求两个或者更多的目标（获得购买食品所需要的金钱，并在餐后光临俱乐部）。可是，对那些只有少量资源的人来说，他们必须放弃一个目标（与朋友社交），以便获得另一个目标（获得足够的饭钱）。

- 社会结构的要求。人们置身于其中的结构——企业、学校、医院——通常被设定了规则，这些规则会限制这些结构之中的人可以选择的行动。例如，加班工作或者周末工作的需求，会限制一个人参与社交的能力。类似地，做一个全日制的学生，可能会限制一个人赚取足够金钱的能力——这些钱使他有能力获得自己喜爱的食物。

理性选择理论家知道，人们并不总是理性地行动。不过，他们认为，他们的预测通常会兑现，即使有这些偶然性的变数（Coleman，1990；Zafirovski，2013）。人们理性地行动的程度，是社会学家曾经研究和将会研究的诸多议题之一。下一章，我们将转向社会学研究的一般课题。

知识点 2-3 | 当代社会学的主要理论

理论	要点
结构/功能理论（宏观层面）	这些理论检视社会结构及其功能，强调它们积极的结果。该理论认为社会是由共识凝聚在一起的。
冲突/批判理论（宏观层面）	批评当权者如何控制社会和文化的理论。该理论认为社会是通过强迫维系在一起的。
互动/行动理论（微观层面）	专注于个人行为、身份形成、两个或者更多的人之间的社会互动及其影响的理论。该理论认为社会是通过社会互动维系在一起的。

卡尔·马克思、马克斯·韦伯和埃米尔·涂尔干是最重要的三位经典社会学理论家。

马克思把他的大多数注意力集中于宏观问题，特别是资本主义社会的结构。与马克思不同，韦伯并不仅仅关注经济，他还考虑了其他社会结构的重要性，特别是宗教。涂尔干相信，社会结构与文化规范和价值对个体实施控制，这种控制不仅仅是必需的，还是可欲的。

在早期社会学家中间，乔治·齐美尔关注微观问题，特别是个体之间的互动。20世纪之初，W. E. B. 杜波依斯成为美国的种族研究的先驱。托斯丹·凡勃伦对消费进行了研究，他特别研究了富人通过炫耀性消费展示其财富的方式。

3个主要的理论流派引领了当代社会学理论：结构/功能理论、冲突/批判理论和互动/行动理论。结构/功能主义者如罗伯特·默顿，既关注社会结构，也关注这些结构所发挥的正功能和负功能。他们相信，社会是由共识凝聚在一起的。与此相反，结构/功能理论的另一个理论流派——结构主义，研究隐藏的或潜在结构的社会影响。

冲突/批判理论倾向于强调社会斗争和不平等。冲突理论相信，社会是由权力和强迫凝聚在一起的。批判理论批判性地分析文化，以及怎样使用文化来平息反对。女性主义理论批判压迫女性的社会环境，并提供改善她们的境遇的想法——如果不能革命性地改变的话。酷儿理论应对异性恋和同性恋之间的关系，但是强调一种更为宽泛的观念——这种观念认为，没有一种固定和持久的身份。关于种族和种族主义的批判理论至今有效，它提出了在性别、种族、性取向和其他社会身份的交叉点上的压迫的问题。后现代理论是类似的社会批判理论，它主要批判社会被仿造物主导的问题，以及其他问题。

互动/行动理论处理人们微观层面的互动。例如，符号互动论研究符号——包括言语——对两个或者更多人之间的互动的影响。民俗方法论聚焦于人们干什么，而不是他们想什么，它还经常对对话进行分析。与民俗方法论类似，交换理论并不关心人们心中想的是什么，而是关心他们的行为。理性选择理论认为，行为建立在对目标的理性评估的基础之上，也建立在达成这些目标的手段的基础之上。

52 关键术语（页码为原书页码，即本书边码）

异化	31	资本主义	31	阶级意识	31
失范	34	资本家	31	集体意识	34
冲突理论	42	女性主义理论	44	无产阶级	31
关于种族和种族主义的批判理论	46	正功能	39	新教伦理	33
批判理论	43	过度消费	47	酷儿理论	44
文化产业	43	潜功能	40	理性选择理论	50
揭露	42	显功能	40	理性化	33
双重意识	37	大众文化	43	仿造物	48
负功能	40	机械团结	35	社会事实	33
民俗方法论	49	有机团结	35	结构-功能主义	39
交换关系	50	全性别	44	结构主义	40
交换理论	50	后现代主义	47	符号互动论	48
剥削	31	后现代性	47	理论	28
虚假意识	31	后现代理论	47	意料之外的结果	40

总结性问题

1. 什么是理论？社会学家怎样运用理论来理解社会世界？为什么说社会学家创立的理论优于你自己的理论化活动？

2. 依据马克思的理论，资本家和无产阶级的区别是什么？工人是怎样在工作中和工作场所被异化的？你认为今天美国的工人仍然受到异化吗？为什么？

3. 马克斯·韦伯认为，世界越来越理性化。理性化的优点和缺点各是什么？麦当劳化与理性化的异同之处是什么？

4. 依据埃米尔·涂尔干的理论，集体意识是怎样随着时间的推移而弱化的？你认为，全球化会继续弱化我们的集体意识吗？为什么？

5. 你生活在一个日益为消费所主导的世界。你所消费的物品，怎样反映了托斯丹·凡勃伦所说的"炫耀性消费"？

6. 利用互联网来消费产品和服务，它的正功能和负功能各是什么？相应地，你认为这种通过互联网的消费，是正面的还是负面的？

7. 什么是大众文化？为什么批判理论对大众文化的传播感兴趣？你认为互联网和社交网络是大众文化的要素吗？它们是"文化产业"的一部分吗？

8. 为什么女性主义理论被看作一种批判理论？

9. 本章介绍了关于种族和种族主义的批判理论。这一理论的支持者们，会怎样评价2016年美国总统竞选？会怎样评价在后来的总统任职中，唐纳德·特朗普所采用的种族"狗哨"做法？相对于以前更加露骨的种族主义，你认为这是一种进步吗？

10. 依据符号互动论，为什么符号在我们的互动中如此重要？语言如何因为互联网的发展而改变？

第**3**章
研究社会世界

学习目标

1 描述科学方法

2 解释科学知识如何随着时间的推移而发展

3 明确社会学研究的各种方法

4 解释社会学怎样进行二手资料分析

5 讨论社会研究的 4 个关键问题

人类在地球上存在的时间不长，但已经获得了巨大的进步。从农业的发明，到工业革命，再到全球化的出现，每一代人都把我们推向了未知的未来。很多人，特别是生活在发达世界里的人，正在享受较长的寿命、改善了的生活、过剩的廉价制成品、买得起而又易得的食物、快捷而不费力气的通信以及环游世界的能力。不过，作为一个物种，我们的进步伴随着巨大的环境代价。

地球错综复杂和相互交织的气象模式出现了长期的上下波动，以此为标志，气候变化从地球形成就出现了。一些波动仅仅影响特定的区域，其他波动则影响整个世界。有些持续数十年，有些则持续数百万年。虽然渐进的气候变化是一个自然过程，但日益积累的审慎研究提示，近来的显著变化，包括化石能源燃烧和森林退化，可以直接归因于人类的活动，特别是发达世界里的人类活动。

虽然有这样的科学共识，但我们对环境变化的影响仍然是一个激烈讨论的话题。如果现有的地质、大气和海洋地理证据坚实得足以说服科学界，为什么还有那么多的人激烈地反对（这一说法）？什么人反对"主要的环境变化的原因是人类活动"的说法？体制性的力量怎样影响了这些人的个人信念？

物理科学可以帮助我们理解和解释气候变化，但要理解动机、信念和行动——它们影响了我们对气候变化的反应，我们需要社会学家和他们的研究方法。社会学研究的类型有很多，每一种都能够揭示未知的真相，甚至是从未被想到过的真相——关于人与气候变化的关系，以及其他很多社会问题。因此，社会学是一门科学，与任何其他学科既像，又不像。

与所有科学家一样，热情的社会学家可能会无意识地让自己的个人感受和动机干扰他们的研究。虽然社会学家——实际上是所有的科学家——都会偶尔犯错，但他们所使用的研究方法却必须是合道德的、可靠的和有效的，以便使自己的结果被广泛接受。这一点特别重要，因为当代的社会学研究经常会应对充满争议的热点问题，如人们和社会在气候变化中的作用。

在你学习社会学研究的主要类型和目的的过程中，考虑那些你可能会研究的问题和现象。也许有一天，你也有机会这样做。

社会学是关于社会世界的科学。对于这样一门科学，研究绝对是其核心。所有的社会学家都学习他人的研究，大多数人也自己做研究。社会学家会进行理论化和猜测，甚至完全依赖他们的想象，来回答关于社会的问题。当然，他们几乎总是在数据或者信息的基础上这样做，而这些数据或信息是由研究得出的。换言之，社会学家实践的是**经验主义**（empiricism），它的意思是，社会学家运用自己的感官，特别是眼睛和耳朵，来搜集信息和证据。为了感受这个世界，我们都这样做，社会学有何不同呢？除了运用他们的感官，社会学家还引入科学的方法，或者类似的系统手段，追寻对社会世界的透彻理解。在研究和分析社会的时候，他们有各种各样的方法。他们也将体会到，其实施研究的能力受到一些严重的限制。

第一节　科学方法

科学方法（scientific method）是一种结构化的手段，以便寻找关于世界的问题的答案（Carey，2011）。社会学家所使用的科学方法，与其他的科学方法大体上是相同的。虽然在实践中，创造性的社会学研究往往不会盲目地拘泥于下述步骤，但它们构成了科学方法的基础：

1. 某个社会学家发现了需要回答的问题。这些问题可以来自宏观社会的关键问题、个人经验，或者是社会学领域里最受关注的问题。最佳和最持久的研究，往往源自与研究者个人联系起来的问题。例如，马克思憎恨作为资本主义特征的对工人的剥削。马克斯·韦伯担心官僚机构的非人性化（depersonalizing）影响（参见第2章）。因此，强有力的动机激励着马克思和韦伯的研究，并把洞见照射进这些具有纪念意义的社会生活面向之中。

2. 社会学家对自己感兴趣的问题的相关文献进行回顾。这是因为，其他人在过去可能做过类似的或相关的研究。经过超过一百年的研究，社会学家对很多事情都学到了很多。一切从头开始是没有任何道理的。例如，瑞泽尔（Ritzer, 2019）对麦当劳化的研究，建基于对下述人物的工作的审视：马克斯·韦伯的理性化（Weber, 1921 / 1968）、他的继承者（比如 Kalberg, 1980）以及许多当代研究者的工作。瑞泽尔总结说，快餐店是理性化恰当的当代范例。另外一些人也对瑞泽尔和其他人的麦当劳化研究进行了回顾（参阅 Ritzer, 2010c）。他们应用了这一概念，并把它运用于宗教（Drane, 2008）、高等教育（Hayes, 2017; Hayes and Wynyard, 2002）、社会工作（Dustin, 2007）、心理治疗（Goodman, 2016）以及迪士尼乐园（Bryman, 2004; Huddleston, Garlen and Sandlin, 2016）等领域。与麦当劳化有关的观念，也被用来对本科生进行关于马克斯·韦伯的复杂思想的教育（Aldrich and Lippmann, 2018）。

3. 研究者会创立假说，也就是一个据理猜测（educated guess）——关于社会现象之间如何相互联系的猜测。乌里·兰姆（Ram, 2007）假设，以色列社会将会变得越来越麦当劳化，而且他发现了支持他的想法的证据。假说就是假说而已。它们也许不会被研究证实，或者不会被社会发展证明，但这种猜测对科学方法很重要。

4. 研究者必须选择一种研究方法，这一研究方法会帮助他们回答要研究的问题。社会学提供了各种各样的方法论（methodological）工具——在回答某种特定类型的问题时，有些方法比另一些好。例如，有些社会学家感兴趣的是，一个人的社会阶级，如何形塑他对各种社会问题的看法。调研和其他定量研究方法，也许是评价阶级地位和态度之间关系的最好方法。其他社会学家感兴趣的是，人们怎样解释社会现象，以及这种意义制造（meaning-making）怎样塑造社会行动。定量方法，比如观察和访谈，可能对研究这类问

题有帮助。研究者可以观察在一个晚会上相互调情的两个人。研究者也可以对他们进行访谈，以便了解每一个人怎样理解那些可能暗示着浪漫关系和性兴趣的姿态、身体语言、穿着以及其他非语言线索。社会学家在上述方法和其他方法中进行选择，以便最好地回答他们要研究的问题。

5. 研究者运用自己选择的方法来搜集数据，这些数据可能能够证实假说，也可能不能证实假说。很多经典社会学家在图书馆里进行研究——当代一些社会学家仍然在这样做，分析二手资料，比如以他人搜集的数据为基础写成的报告。不过很多当代社会学家进入田野去搜集数据——通过观察、访谈、问卷和其他手段。

6. 研究者对搜集来的数据进行数据分析，评价数据的意义——在指导研究的假说的框架之内。例如，正像你在第 2 章里学到的，埃米尔·涂尔干假设，那些与他人关联在一起的人，比起那些独立生活的人，更不可能自杀——后者的经历就是他所说的失范。[近期的一项研究显示，孤立以及其他的社会断绝（breakdown），与在一次极端的热浪中死亡的风险之间关系密切，参见 Klinenberg, 2015。] 也就是说，在某种程度上，与他人整合在一起，会"保护"一个人免于自杀。通过分析 19 世纪来自数个欧洲国家的数据，涂尔干（Durkheim, 1897 / 1951）发现，实际上，与已婚人士——他们的社会整合程度应该更高——相比，丧偶和离异的人自杀率更高。

在分析数据的时候，如果研究者发现了新的问题，上述研究过程就会重新开始。例如，罗伯特·普特曼（Putman）在他著名的《独自打保龄球》（*Bowling Alone*, 2001）一书中，处理了涂尔干的失范概念在当代世界的适用性。正像该书的书名所提示的那样，他发现，人们现在不再以团体的方式打保龄球，而是更愿意独自打球。总体上说，人们越来越多地独立行事（在线购物、通过脸书和推特进行社交），而这些事他们原来是和别人一起干的。对涂尔干的著作进一步分析可能会得出下述假设：那些"独自打保龄

球"的人更容易实施自杀行为。

还有一个更晚近的例子。设想你试图弄清楚，对社交网络如脸书的依赖，会怎样影响一个人自杀的易发性。你阅读本书到现在这个章节，已经知道涂尔干对自杀的研究的一些知识。可是，作为一个真正的社会学家，你当然会对相关理论进行彻底的回顾，并研究这一课题。你可能会发现一些著作，这些著作争辩说，社会网络能阻止自杀（Luxton, June, and Kinn, 2011）。根据上述文献，以及你所知道的涂尔干的思想，你可能做出下述假设：与那些在脸书上朋友、"点赞"（likes）很少或者根本不上脸书的人相比，那些在脸书上拥有很多朋友的人的社会整合程度更高，因而不太会自杀。一个替代性的假设是，无论一个人在脸书上有多少朋友（或者获得多少"点赞"），如果他在"现实世界"中的朋友很少，他都更可能自杀。

你怎样搜集数据来验证你的假设呢？你可能需要获得下述数据：一个群体的脸书朋友、他们在现实世界中的朋友，以及他们的自杀率。然后你会分析这些数据中的模式。最后，如果一切顺利，你将决定上述哪一个假设获得了证据的支持。这就是回答你提出的问题的科学方法。

思考题

与一个名人——比如2014年喜剧演员罗宾·威廉姆斯（Robin Williams）或者2018年著名厨师安东尼·伯尔顿（Anthony Bourdain）——的自杀相关的媒体宣传，会导致其他人的自杀吗？你的假设是什么？你将怎样搜集数据，以验证你的假设？

知识点 3-1 | 科学方法

	研究过程中的步骤
1	发现一个需要回答的问题。
2	对相关文献进行回顾。
3	创立一个关于现象间相互联系的假说。
4	为回答将要研究的问题，确定一种方法。
5	搜集数据。
6	分析数据。

第二节 科学知识的发展

当一系列经验性发现成为后续的经验性发现的基础时，科学知识就会逐渐地、积累性地发展。有些研究不能证实以往的发现，并被视为研究的死胡同。另一些研究则证实了以往的发现。如果这些发现被进一步的研究证实，对于它们的信心就会增加。最终，有些发现开始被视为科学事实。所有的科学都建立在这种事实之上。当然，随着时间的推移和后续研究的出现，一些被广泛接受的事实也可能被发现有问题。例如，早期研究大脑的科学家相信，与男人的脑容量相比，妇女相对较小的脑容量是她们智力较低的证据。后来的研究显示，大脑容量并不决定智力，所以，以前的观念就不再被接受（Gould, 1981; Van Valen, 1974）。不过，有些事实经受住了经验性的检验，而这些事实已经成为我们所认为的科学的基础。例如，正如你从本章的卷首语中所学到的，来自气候变迁研究的数据积累，促使大多数科学家把气候变化的观点作为事实加以对待。美国国家航空航天局（National Aeronautics and Space Agency）报告说，97%或者更多正在该领域工作的气候科学家相信下述证据：我们在 20 世纪所经历的全球变暖（见图 3-1）可以追溯到人类活动。政府间气候变化专门委员会（IPCC，2007）是世界上最权威的研究气候变化的科学家团体。IPCC 对以往研究进行了回顾并且确定，全球变暖是一个科学事实，而人类活动是它的主要原因（IPCC，2007）。科学发展的这种渐进和有序的模式，就是我们对科学方法的科学应用的期待，也是我们对科学进步的期待。

托马斯·库恩（Kuhn，1962 / 1970）是一个科学哲学家，他提出了一种不同的科学发展模

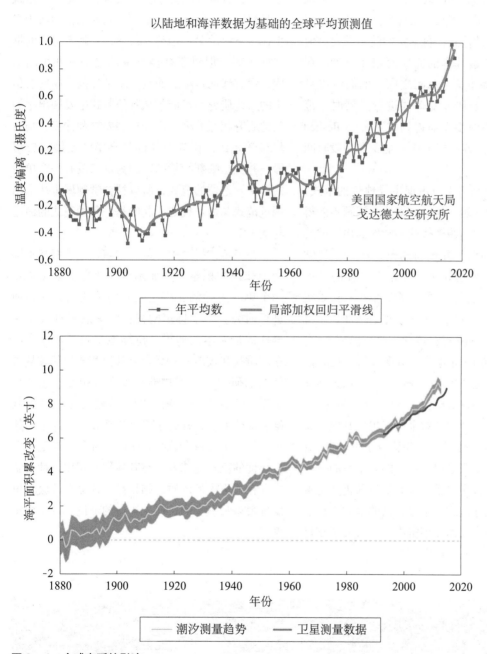

图 3-1 全球变暖的影响

资料来源：NASA/GISS/GISTEMP/v3.Derived from the MERRA2 reanalysis over 1980–2015；CSIRO，2015；NOAA，2016；NASA Goddard Space Flight Center.

式，这一模式聚焦于意外的和戏剧性的科学突破的作用。库恩认为，对科学进行定义的，是一种**范式**（paradigm）的存在。所谓范式，就是关于世界的一种普遍模式，这一模式为该领域内大多数的从业者所认可。目前关于范式的一个例子就是，人类是气候变化的主要原因。其他一些历史悠久的例子包括，天文学中认为地球和其他行星围绕太阳旋转的观念，以及生物学中认为"细菌"导致了大多数感染性疾病的观念。拥有一个普遍接受的范式，科学家们就不需要因他们的一般导向和最基本的前提而相互争吵。在这一范式的畛域和安全范围之内，他们可以自由地开展研究。当研究对范式进行扩展时，范式通过一些微小的步骤而得到"充实"（fleshed out）。它的基本内容保持不变，至少在一段时间之内不变。

不过有些研究不支持占据主导地位的范式，而且严重的问题开始出现。如果这些问题不能得到解答，而且新的问题被持续不断地提出，旧的范式最终将会崩溃，并被新的范式取代，科学革命将会发生。库恩认为，正是在这样的革命中——旧的范式死亡，新的范式诞生——科学实现了跨越。数世纪以来，科学家相信地球是宇宙的中心，而太阳围绕着它转动（地心模型）。直到 16 世纪，当新的研究手段出现以后，地心说范式开始被另一范式取代——后一范式认为地球围绕着太阳转动（日心模型）。在天文学思想上，这是一场革命。在随后的数个世纪里，其他天文学家为这一学说添砖加瓦，并达成了下述共识：实际上，地球和太阳是银河系中的太阳系的一部分，而宇宙中有很多星系。日心说目前仍然是解释日地关系的主导范式。不过，新的范式正在形成，以便解释两个天体在宇宙中——天文学家目前所理解的宇宙——的作用。

库恩的单一范式思路非常适合于自然科学——如天文学和物理学——的历史，但社会学和其他社会科学（例如地理学，参阅 Malik，2014），也许最好被看成是"多范式科学"（multiple-paradigm sciences）（Bills，2013；Friedrichs，1970；Ritzer，1975）。社会世界、社会现象以及诸多个体——更不要说他们之间的关系——具有高度的复杂性。没有一个单一的范式有足够的能力整合整个学科。研究工作倾向于发生在该学科的某一个范式内部，并随着时间的推移而扩展，但对于社会学整体之中的共识的形成，没有任何贡献。而且，从某种范式中发展出来的一些研究，可能与从其他范式中发展出来的其他研究相互冲突。因为这些差异和冲突，与自然科学相比，作为整体的社会学的发展比较缓慢，并且是断断续续的。因为从来没有一个单一的占主导地位的范式，所以社会学领域也从未出现过范式革命。代之而起的是，各种范式的命运起伏不定。

在多范式科学中，某一领域每个人都基本接受的知识的积累，更加困难。社会学家无法在一个单一主导的、广泛同意的范式内，安心地进行研究。一个特定的社会学家或者社会学家群体的最基本的假设，持续地受到其他社会学家的质疑和攻击——后者以其他范式为基础从事他们的研究。与生物学和天文学相比，在社会学里，不存在一个确定的、普遍同意的知识基础。即使如此，社会学里确实存在一个庞杂的知识体系，本书将会总结其中的一部分。缺乏一个主导性的范式意味着，与其他领域相比，社会学中存在着更多的矛盾。结果是，你会在社会学里发现很多吸引人的、使人兴奋的辩论，以及很多事实。

知识点 3 - 2 | 科学知识的发展

经验性发现→后续研究证实上述发现→大多数从业者同意一个普遍的范式→关于该范式的问题逐渐增多→新范式出现

第三节　社会学研究

社会学知识来源于研究，而研究采用很多不同的方法。在大多数情况下，方法的选择受到所研究问题的性质的推动。试想你是一个社会学家，意欲研究拉斯维加斯的赌徒的信念和行为。开始的时候，你可能观察或观看人们赌博。你可能会寻找各种变量：在老虎机面前，男人和女人的数量相同吗？男人和女人都喜欢玩掷骰子游戏和二十一点（blackjack）吗？人们在选择某种游戏的时候，有年龄差异吗？在观察那些观看赌场里的表演和音乐节目的人时，你也可以进行相同的研究活动。与其他地方——比如，太阳马戏团（Cirque du Soleil）的《神秘秀》（Mystère）或者《人类动物园》（Zumanity），以及巴瑞·曼尼洛（Barry Manilow）的音乐或者佩恩和特勒（Penn & Teller）的魔术表演——的观众相比，拉斯维加斯的观众在性别上有什么区别吗？观看胡萝卜头（Carrot Top）表演的观众和玛利亚·凯莉（Mariah Carey）的音乐会的观众之间，存在着年龄差异吗？更好地理解这些差异的想法，也许会激励你去参与赌博——从而变成一个参与观察者（participant observer），或者与你所观察的人共同娱乐。

你可能会意识到，使用访谈方法也许能更好地回答你的特定问题。你可能会对那些来拉斯维加斯的人进行访谈，询问他们是想找乐子还是想赢很多钱。这将是一种高效利用时间的方式，因为它并不需要你待在赌桌旁，等着人们做出某些与研究问题有关的事情，或者说出某些与研究问题有关的话。不过，在访谈中，人们也许不愿意与你谈论他们的赌博经历，特别是他们输了钱的时候。还有，即使他们愿意与你交谈，他们也不一定做出诚实的回答。

在这种情况下，发放一份匿名问卷也许会更好。你可以向那些离开赌场的人发放问卷，答卷人可能会因为这一过程的匿名性而感到安全。不幸的是，以正确的方式编写调查的问题，却不是一件容易的事。而且，很多人也许不愿意接受你的调查，特别是当他们赌博到深夜，或者输了钱的时候。即使他们拿走了你的问卷，他们也不一定回答你的问题，或者不把问卷寄还给你。你还可以开发一种匿名的在线调查方法，并给人们提供链接。这也许是最高效的调查方式，但应答率也许会很低。

除了向离开赌场的人随机地发放问卷之外，你还可以采取更加系统和科学的方式：获得一份特定的酒店-赌场的客人名单。不过，你获得这种私人信息的可能性极低。

你可以使用随机数字表和你家乡的电话簿，来构建一份随机样本，然后向样本中的每一个人寄送问卷或者发送调查链接，但极有可能的情况是，他们最近并没有去过拉斯维加斯。即使在那些少数去过的人中间，可能也只有少数人会把填写完毕的问卷寄给你。而且，你手中的电话簿也许会漏掉那些放弃了有线电话，只有移动电话的人。在移动电话时代，电话簿的重要性正在下降——在很多地方，它们已经完全消失了。

你也可以设计一个实验。使用你大学里的社会科学实验室，你可以摆放一张拉斯维加斯式的扑克桌，并招募学生参与这个实验。你可以告诉他们，典型的玩家在90%的时间里是输钱的；并且，以前的研究显示，大多数玩家在大多数时间里都输钱。然后，你问他们，知道了这些，他们是否仍然愿意上扑克桌赌博。那些做出肯定回答的人，最使人感兴趣。你可以在他们开始"赌博"前采访他们，在他们赌博的时候观察他们，并在他们结束之后再次采访他们。他们是否开始相信他们会赢钱——即使有相反的证据？即使所有的相反证据都摆在面前，他们是否仍然坚持这一信念？在你的扑克桌上赌博之后，他们的感受是什么？这些感受与他们的输赢有关吗？他们再次进行赌博活动的可能性有多大？女性和男性，对上述问题的回答有什么重大区别？

对社会学家来说，观察、访谈、调查、实验，以及其他的研究方法都是有用的。每一种方法都有长处和短处。在仔细审视这些方法及其优缺点之前，我们还应该搞清楚研究方法之间的一个重要的差异。

一、定性研究和定量研究

社会学家可以采用的各种研究方法，不是被归类为定性研究，就是被归类为定量研究。

定性研究（qualitative research）在自然环境中进行，它提供关于社会世界的深度描述的信息（比如，用受访者的原话）（Denzin, 2018; Silverman, 2016）。在这种研究中，搜集和报告数据的统计学方法，并不是必需的（Marshall and Rossman, 2010）。观察——观看、倾听和详细记录——以及开放式访谈，是社会学家使用的两种定性方法。这两种方法被用来获取描述性的信息，这些信息所涉及的社会现象的范围格外广泛：从社会运动到文化实践，从人们的生活经历和感受，到社会组织的运行方式，再到国家之间的互动。通过从少数个人和群体搜集信息，这种方法通常会获得有关社会世界的丰富数据，以及对特定的社会过程的深刻理解。有时候，这种方法会为研究者提供关于新领域的洞见——这一领域还没有被研究过。不过，因为定性研究通常依赖较少的样本数，所以它的发现不能被推广至更大的人群。为了解决这一问题，我们会使用定量研究。

定量研究（quantitative research）涉及对数值数据的分析，这些数据通常来源于调查和实验（Schutt, 2019）。对关于人类群体的定量数据的分析，可以帮助我们描述和更好地理解重要的、可观察的（经验主义的）社会现实。例如，在分析美国的社会流动时，吉尔伯特（Gilbert, 2018）分析了以往搜集的综合社会调查（General Social Survey, GSS）中的数据，这些数据涉及父亲的职业地位和儿子的职业成就之间的关系。（GSS 数据的来源是，从美国成年人口中随机抽出的代表性样本。）吉尔伯特的发现是这样的事实：拥有高级白领职业的父亲的儿子中，42% 的人最终获得了类似的高级工作，只有 15% 的人从事了低级的体力工作。在职业等级的另一端，那些拥有低级体力职业的父亲的儿子中，36% 的人会拥有与父亲类似的低级体力工作，20% 的人会向上流动，从事高级的白领工作。显然，如果你的父亲在职业结构中拥有较高的地位，在你的一生中，你更有可能达到类似的水平。针对美国的社会流动过程，这样的调查数据提供了深刻的洞见，以及其他发现。

用以分析数值数据的数学方法叫作**统计学**（statistics）。它是一个强有力的工具，大多数的社会学研究者都会学习统计学方法。统计学可以从两个方面帮助研究者：

- 当研究者试图观察历时性的趋势或者比较不同群体的差异的时候，他们使用**描述性统计学**（descriptive statistics）。这种统计方法的目的是，描述特定的数据，而这些数据建立在真实世界的现象的基础之上。例如，研究者可以使用数据来追踪历时性的教育流动（educational mobility），并使用统计分析来描述教育流动怎样随种族、性别和年龄而发生变化。

- 为了检验假说，研究者会使用**推论性统计学**（inferential statistics）。这种统计方法让研究者使用从较小的群体获得的数据，在具有一定把握的情况下，推测一个较大的群体。例如，研究者可以进行一项针对高等教育中的种族歧视的研究——通过在一个包含许多学院的样本中，考察黑人学生和拉丁裔学生的录取率。以样本研究发现为基础，他们可以从整体上就入学申请人得出一些概括性的结论。在如何帮助研究者回答某个特定的问题上，每一种方法都有其长处和短处。

社会学家经常针对定性研究和定量研究的优劣进行辩论，但他们都承认，两者均有其价值。另外，一个广泛的共识是，定性研究方法和定量研究方法是相辅相成的（Creswell and Creswell, 2018）。在实践中，社会学家可能在某个单独的研究中结合使用定性和定量研究方法。例如，在最近对沃尔玛员工的不公正工作环境的研究中，赖克和比尔曼（Reich and Bearman, 2018）结合了口述史、参与观察和大数据等多种研究方法。

二、观察研究

前面提到，一种主要的定性研究方法就是**观察**（observation）。观察包括系统性地观看、倾听和记录在某段时间——通常是较长的时间——里，某个真实的社会环境中所发生的事情。虽然社会学家的观察技术与调查记者的相仿，但社会学技术更具系统性和深度。两种主要的观察方法是，参与观察和非参与观察。

在社会学中，每一种观察法都有一些关键维度：

- 被观察者意识到自己被观察的程度。这一维度的变化很大，从所涉及的每一个人都被告知研究的有关情况，到参与者被远远地观察，或者被通过隐藏的摄像头、单向玻璃观察，诸如此类。性行为是社会学家使用隐蔽观察技术进行研究的诸多领域之一（Frank，2015），但是更普遍地说，对这种隐蔽观察技术的使用并不限于社会学家和学者。2014年，国家地理频道制作了一部纪录片，题为《揭秘朝鲜》。从表面上看，影片的摄制组是要记录一个帮助盲人的医疗团队。不过，真正的目的是观察和记录在朝鲜这个国家里，生活是什么样的。电视真人秀节目《卧底老板》（Undercover Boss）[《名人卧底老板》（Celebrity Undercover Boss）于2018年播出]，就涉及这类隐蔽的观察性研究。高级管理人员在自己公司里的低级职位上工作，以便了解工作情况和员工的情况。当然，老板可能还有其他的动机，如发现并开除不称职的员工。不过，进行这种研究的社会学家并没有这种动机。理解某种环境的复杂面向，是他们的主要动机。
- 观察者的存在影响被观察者的行为的程度。当人们意识到自己正在被观察的时候，他们往往以观察者期待或认可的方式表现自己。比如，当朝鲜人注意到他们正在被观察时，他们的行为就可能改变。类似的情况还有，在观察者在场的情况下，帮派成员可能不会进行非法活动。
- 观察过程的结构化水平。高度结构化的观察式研究，可能会使用事先设计好的类型、代码或者检查表，来指导观察过程，但有些观察式研究倾向于寻求最广泛的数据。因此，在田野环境中，研究者们会试图记录下最多的信息；他们的方法完全是开放的和无结构的。

社会学历史上一些最著名的研究，是使用观察方法来完成的。这样的例子包括《费城黑人》（Du Bois，1899 / 1996）、《街角社会》（Street Corner Society）（Whyte，1943）、《塔利的街角：对街头黑人男子的研究》（Tally's Corner: A Study of Negro Streetcorner Men）（Liebow，1967）、《流动之城：一位社会学家的地下纽约观察记》[1]（Floating City: A Rogue Sociologist Lost and Found in New York's Underground Economy）（Venkatesh，2014）、《在逃：一个美国城市中的逃亡生活》[2]（On the Run: Fugitive Life in an American City）（Goffman，2014），以及《我们所有的亲戚：黑人社区里的生存策略》（All Our Kin: Strategies for Survival in a Black Community）（Stack，1974）中对非裔美国人家庭的观察，另有研究犯罪的《街头规则：正派、暴力以及内城里的道德生活》（Code of the Street: Decency，Violence，and the Moral Life of the Inner City）（Anderson，1999）。

参与观察和非参与观察

有两种主要的观察方法。一种是**参与观察**（participant observation）。依据这种方法，在一个被观察的情境或群体中，观察者确实扮演一个角色，即使是一个无关紧要的角色。参与观察者可以成为女招待或者酒吧顾客，以研究越南胡志明市的性产业（Hoang，2015）；可以在人行道上卖书，以便观察繁忙的城市街道上会发生什么（Duneier，1999）；或者生活在拖车停车场里，以见证人们怎样应对贫困（Desmond，2016）。在一个经典的参与观察案例中，一位患有结核病的社会学家，有条不紊地研究了他所住的医院，以及医生、护士和其他患者的行为（Roth，1963）。在另一个例子中，芭芭拉·艾伦瑞克（Ehrenreich，2001）在许多低薪职位（包括侍者、旅馆女服务员、家庭清洁工、护工以及沃尔玛员工等）上工作，以便研究低薪工作的经

61

---

① 该书的中文版已由中国人民大学出版社于 2021 年出版。——译者注
② 该书的中文版已由中国人民大学出版社于 2019 年出版。——译者注

历。她发现，她研究的很多妇女，即使是加班工作，也无法赚得基本的生活费用，如住房、交通和食品开销。阿莎·阿布蒂尔（Abdill, 2018）花费了4年的时间，在布鲁克林的一个低收入区域对黑人父亲进行研究。该研究发现，即使失业率和监禁率很高，这些父亲仍然出现在他们的孩子的日常生活中。

与其前身《肮脏的工作》（*Dirty Jobs*）一样，《总要有人干这个》（*Somebody's Gotta Do It*）本质上是参与观察工作的一个非正式实践。主持人麦克·罗维（Mike Rowe）并不是一个受过训练的社会学家。而且他并不想——至少在意识层面不想——发现他所研究的工作的社会学面向，但他仍然是一个参与观察者。在每一期，他确实在从事那个正在被审视的工作——他是一个参与者——而且他观察了那些工人和他们肮脏的工作。罗维所做和所观察的工作，有"烧粪工"、猫头鹰呕吐物收集工、雏鸡性别鉴定工、劁羊工、灭鼠工、尿布清洗工以及高层建筑窗户清洁工等。

思考题

你认为，参与观察者有和被研究对象关系太紧密，并丧失客观性的风险吗？为什么？非参与观察者呢？一个进行参与观察的社会学家，怎样避免对研究对象涉入过深？

另一种观察方法是**非参与观察**（nonparticipant observation）。在这样的观察中，社会学家在被观察的活动中很少或者不扮演任何角色。社会学家克莱尔·斯泰西和林赛·埃尔斯（Satacey and Ayers, 2012）花费6个月的时间观察（和访谈）了为老年人和残疾人提供家庭照顾服务的16个人，以及对这些老人和残疾人进行家访的护士和社会工作者。这些家庭照顾工作者的工作是有报酬的（虽然工资很低，每小时9～11美元）。不过，他们从事的家庭照顾工作，在正常情况下，是由受照顾者的家人和朋友免费提供的。这些照顾者怎样使自己的报酬合理化？首先，他们强调，从事这种工作是需要技术和情感技能的。其次，他们把自己提供的服务看作是对社会的帮助——比如，帮助纳税人节省金钱。因为服务的接受者都很穷，把他们安置在各种机构里，会让国家花很多的钱——与付给家庭照顾工作者的报酬相比。社会学最多产的观察研究者之一——盖里·费恩（Gary Fine），对下述对象进行了诸多非参与观察研究：少年棒球联盟（Little League Baseball）（Fine, 1987）、餐馆的厨房（Fine, 2008）、气象学家（Fine, 2010）以及参加国际象棋锦标赛的国际象棋手（Fine, 2015）。

《老大哥》（*Big Brother*）是1999年开始在荷兰电视台播放的一档真人秀节目，目前已经通过特许经营传播到全世界的电视市场。这一节目是非参与观察的另一个例子。当然，社会学家并没有参与到这一节目中，而且与社会学研究相比，其中的观察也不是那么系统化。该节目的前提非常简单：挑选一组相互间从来没有见过面的年轻人，让他们生活在一个与外界隔绝的"房子"（舞台设置）里，看看会发生什么。虽然摄像机会记录这些人的活动（包括浴室内的活动），但再没有其他人在房子里参与这些活动，而"观察者"就是电视观众，他们可以被看作是业余的观察者，因为他们"研究"其中的互动模式，以及其他的社会学面向——关于那些房间里发生的故事。

实际上，在参与观察和非参与观察之间，并没有固定的界限。有时，它们之间还会发生令人难以察觉的混合。参与者往往会成为一个单纯的观察者。一个例子是，某社会学家开始对一个帮派进行参与观察，在随意的场合和其成员摽在一起。但是，当非法活动如贩毒发生的时候，他就成了一个非参与者。有时，非参与观察者也会变成参与者。一个例子是，当少年棒球联盟的球员中间发生争执的时候，或者更可能的是，当他们的父母之间发生争执的时候，社会学家无法避免被要求选边站，或者选择某种看法。

民族志

有时候，社会学家提出的问题，需要传统上与人类学联系在一起的一种观察方法。**民族志**（ethnography）是对一群人的行为和生活方式所进行的详细记录。与传统的社会学观察的要求相

数字化生存　网络民族志

社会学的基本关切——沟通、关系以及群体——是互联网的核心要素，特别是对像脸书、推特和 Instagram 这样的社交媒体而言。在线讨论、数字网络化，以及上传照片和视频，就是我们彼此之间进行虚拟连接的方式。毫不奇怪的是，**网络民族志**（netnograghy），或者对网上发生的事情的记录，已经成为社会学研究的重要方法（Kozinets, 2015; Quinton, 2018）。网络民族志研究者是数字化的网络民族志工作者，他们能够观察网络上成千上万的现象。例如，他们可以追踪名人或者体育明星的推特账号，以便了解他们的粉丝；或者打一款像《魔兽世界》（*World of Warcraft*）那样的在线视频游戏，以便理解人们怎样进行虚拟的角色扮演和开展合作。最近的一项网络民族志研究，检视了一些在中国澳门的女游客的博客。该研究发现了，跨越边界怎样改变了她们对自我认同的感知，以及怎样改善了她们的个人关系（Zhang and Hitchcock, 2014）。在学术界之外，网络民族志也为网站设计者、市场人员以及广告商所使用，以观察、记录和分析我们的数字化行为。我们在美捷步（Zappos）购物或者在声破天上传输音乐的时候所创造的虚拟数据，会为专业人员提供有价值的信息，他们会利用这些信息引诱我们购买更多的产品，或者访问新的网站。

与其他社会研究手段一样，网络民族志也会带来伦理问题。加入互联网社区，并观察正在进行的交流的研究者们，不一定告知其他的社区成员，研究者参加社区是为了研究这一群体。在进行在线研究时，知情同意的问题就会更为模糊不清，因为虚拟现实中发生的很多事情，都是公开的。虽然我们可以采取措施保护我们的隐私，但很多人并没有这么做。对很多互联网用户来说，在 YouTube 上上传一段视频或者写一篇博客的意义，就是吸引尽可能多的观看者和追随者。透露关于我们自己的家庭和朋友的个人信息，在热门社交媒体网站上非常普遍。这使得任何人——包括社会研究者——都很容易调查我们的关系和身份。

参与数字世界

在你的班里找一个学生，或者是课程讲师，然后进行一次网络民族志研究，以便更多地了解他。根据你的发现，撰写一份包含下述内容的报告：比如工作经历、爱好、社会关系、在学生组织或专业组织里的成员资格等等。你是否发现了什么令人尴尬或者是你认为应该隐瞒或删除的东西？说明你使用了什么搜索引擎，访问了哪些社交网站。在报告的结尾，应该是对你此次练习的一个反思性的分析。在你进行这次网络民族志研究时，你是否有"潜伏"（creeping）的感觉？你是否感到你在损害这个人的隐私？与被你研究的人分享你的报告，并询问他，你的发现是否准确，以及他是否感觉这些发现令人厌恶。

比，这种方法需要更集中和更长时间的观察（有时是参与式的）。研究者可能要在这个被研究的群体、部落或者亚文化（比如赌徒）中生活很多年。

对很多课题感兴趣的社会学家都提倡对民族志方法的使用。对于研究女性（参阅第 11 章）的社会学家来说，这一点尤其正确。这是因为，这种方法可以揭示以前很少被研究、处于边缘状态的女性群体——例如，拉丁女孩（Garcia, 2012）、艳舞舞者（Colosi, 2010）、黑帮成员（Ward, 2012）的很多经历。有些人提出，在民族志研究中，研究者与研究对象之间形成的个人关系，使得下述情况不太可能发生：研究者对研究对象的权力，造成对结果的扭曲（Bourdieu, 1992）。采用女性主义研究方法的研究者特别致力于保证，在研究过程中，研究对象不受胁迫和剥削。

正常情况下，民族志研究是小规模的、微观的和地方性的。在很长的时间里，研究者观察人们，与他们交谈，和他们在一起，有时还住在一起，并和他们进行正式的和非正式的访谈。不过，民族志方法目前已经扩展至全球层次。迈克尔·布洛维（Burawoy，2000；另参阅 Kenway and McCarthy，2016；Tsuda，Tapias，and Escandell，2014）争辩说，**全球民族志**（global ethnography）是理解全球化的最佳途径。全球民族志是民族志的一个种类，它把世界上各种各样的地方作为"基地"，并试图理解全球化——因为全球化存在于人们的社会生活中。布洛维和他的同事们"从真实的经历出发……社会福利受益人的经历、无家可归的拾荒者的经历、被动员的女性主义者的经历、移民护士的经历、工会组织者的经历、软件工程师的经历、受毒害的村民的经历、失业的锅炉制造工的经历、乳腺癌活动家的经历，以便探索他们的全球背景"（Burawoy，2000：341）。

对布洛维等人所进行的全球民族志工作来说，有 3 个相互联系的现象至关重要：

- 人们认为全球化是一种外在的力量吗？如果是，应该抵抗这种力量，还是应该接受它？
- 如果有的话，人们怎样参与创造和增进全球性联系？
- 对于全球化的历史过程，人们是迎接它，还是对抗它？

布洛维和他的同事们试图回答这些问题——在他们研究过的世界上的任何地方。

全球民族志的一个例子，是研究美国的越南移民，以及他们与仍在越南的家人的金钱关系（Thai，2014）。很多无家可归者没有工作，通常是因为，全球经济变化导致很多工作被外包给其他国家。他们与全球化还有其他的联系。例如，被这些无家可归者循环利用的至少一部分物品，是在美国之外生产的；一旦被循环利用，这些物品又会变成新的产品，并且进入全球分配过程。

布洛维的一个同事考察了芝加哥的一些护士——这些护士最初来自印度——并且检视了她们在护士的多民族社区中的地位（George，2000）。这里的关切是，因为世界各地的执业护士来到美国，在美国出生的护士失去了她们的工作；或者是，因为职位被印度护士占据，在美国出生的护士找不到工作。一个问题是，美国的印度护士和印度的印度护士之间的沟通关系，以及在多大程度上，这些关系被用于把更多的印度护士带到美国。

三、访谈

虽然观察者经常对他们的研究对象进行访谈，但他们通常是非常不正式地进行，而且是临时起意。另外一些社会学家则主要或者完全依赖**访谈**（interview）。在这样的访谈中，从参与者（受访者）那里获取信息，是通过询问一系列问题，这些问题通常是——至少在某种程度上是——在研究进行之前就拟定了的（Gubrium et al.，2012）。访谈通常是面对面地进行，虽然很多访谈是通过电话进行的，并且越来越多地通过互联网进行（James，2016）。另外，大规模的全国调查越来越多地把访谈法纳入进来。例如，美国疾病控制与预防中心的全国性调查很著名，在其全国卫生访谈调查（National Health Interview Survey）——这一调查自 1957 年以来从未中断——中，也使用访谈法（Sirkin et al.，2011）。

社会学对访谈法的使用有很长的历史。一个很早的例子是，杜波依斯（Du Bois，1899/1996）的"费城黑人"的研究。第二次世界大战是社会学中访谈法的历史分水岭，针对美国军人的大规模访谈研究就是在那时进行的。来自这些研究的数据，被写入了一个里程碑式的报告——《美国士兵》（*The American Soldier*）（Stouffer et al.，1949）。最近，罗伯特·伍斯诺（Robert Wuthnow，2018）和他的研究助理对生活在乡村社区的人进行了超过 1 000 次深度访谈，以便搞清楚，他们的规范、价值观和地方经验是怎样变迁的。

访谈中提出的问题可能是事先选择好的和结构化的，因此受访者必须从事先准备好的一组答案中进行选择，比如同意和不同意。或者，访谈也可以是更加即兴的、无结构的、完全开放的。后一种类型往往被那些进行观察研究的人采用。一个无结构的访谈不提供事先设定好的答案，受访者可以自由地讲他们想说的任何话。

当研究者意图避免从被研究者那里得到出乎意料的反应和回答的时候，**结构性访谈**（prestructured interview）是有吸引力的。在一个结构性访谈中，访谈者试图——

- 在每一次访谈中以同样的方式进行工作；
- 询问同样的问题时，使用完全相同的话语，采取同样的顺序；
- 询问封闭式问题，受访者必须在设定好的答案中进行选择性回答；
- 在受访者要求解释时，提供相同的解释；
- 无论受访者怎样回答，都不对他们的回答做出任何反馈。

与从问卷中获得的数据相似，从这种访谈中获得的信息，通常能够进行数字化的编码，然后进行统计学分析。

结构性访谈也有其问题。首先，访谈者经常发现，遵守指导原则是困难的。

- 他们经常无法避免对回答做出反应（特别是令人惊讶的回答）；
- 在不同的访谈之间，他们可能会使用不同的语气；
- 他们也许会改变所问问题的用词，甚至问题的顺序（这会影响受访者的回答）。

其次，受访者也许不能准确和诚实地回答。例如，他们会给出他们认为访谈者希望听到的回答。最后，也是最重要的，封闭式问题会限制回答（的内容和形式），也许会丧失重要的、出人意料的信息——更加即兴的访谈才能够提供后者。

使用开放式的或非结构性访谈（unstructured interview），可以解决最后一个问题。访谈者仅仅从一个概括性的关于话题的想法出发，并且有一个访谈要遵循的方向。非结构性访谈的回答提供了对受访者的良好理解，以及研究的问题对他们意味着什么。在结构性访谈中，通常不能获得这种理解和意义。当然，非结构性访谈也有它自身的问题。例如，它可能产出过度多样性的信息，以致很难提供一致性的总结，也很难对结果进行解读。

访谈过程

实施访谈，特别是结构性访谈，通常涉及几个步骤。研究者并不是简单地设计出一组问题，然后开始提问。他们是这样的：

1. 访谈者必须进入（gain access）要进行研究的场所。有些情况下这很容易，比如在学生会或者当地的酒吧里对一个朋友进行访谈。不过，如果某人想在女生联谊会或者在工作时间访谈自己的朋友，进入就可能变得非常困难。在这样的场合，人们也许不愿意和研究者——或者任何外人——进行交谈。有些群体，如大公司的高层管理人员，或者是富豪们，有把自己隔离甚至是隔绝起来的资源。对于这些人，研究者的进入是非常困难的。因而，他们在社会学研究中可能是未被充分代表的。

2. 访谈者必须试图找到一个关键信息员（Brown, Bankston, and Forsyth, 2013; Rieger, 2007）。这是一个对要研究的群体所知甚多的人，而且他愿意与研究者开诚布公地谈论这个群体的情况。关键信息员可以帮助研究者进入受访者的大群体，并且确认他们所提供的信息。确认工作是非常有用的，因为受访者很可能会提供有错误——也许是有意出错——的信息。例如，在威廉·怀特（Whyte, 1943）对街角社会的著名研究中，这个群体的头儿"多克"，就担任了怀特的关键信息员。在素德·文卡特斯（Venkatesh, 2008）对芝加哥住房计划及其中的帮派的研究中，他的关键信息员是这个帮派的头目"J. T."。对于这一关系，文卡特斯（Venkatesh, 1994：322）说："在我的田野工作的进程中，我持续地依赖于 J. T. 的支持。"J. T. 不仅仅对文卡特斯获得的错误信息和错误解读进行更正，而且保留删除那些可能会暴露他和他的帮派的身份信息的权利。

3. 访谈者必须试图理解受访人群的语言和文化。有时候，这很容易。例如，对一个作为学者的访谈者来说，理解大学生的语言和文化，不算什么问题。不过，如果一个学者要访谈与自己有着完全不同的语言和文化的人群，就会非常困难。这样的例子包括，访谈摩托帮的成员，或者妓女。在这些情况下，研究者非常容易误解受访者的话语，或者把不正确的意义强加于其上。

4. 研究者必须获得受访者的信任和好感。获得信任和好感可能很容易，也可能很困难，这取决于研究者的人格特征。受过良好教育和强有力的男性研究者，也许会胁迫弱势的（less privileged）女性受访者。年纪大的研究者在访谈正常年龄段（traditional-age）的学生时，也许会遇到麻烦。根据不同的田野地点，研究者的观点与受访者之间的（自认为的）相似性，也许会增加好感。

思考题

你是否曾经进行或参加过任何访谈（面谈），也许是为了找工作，或者作为研究的一部分？你的访谈在多大程度上遵循了上文所提到的指导原则？

65 少数情况下，只需要一次性地获得信任和好感，但在大多数情况下，你必须不断地获得信任和好感。而且，信任很容易失去。文卡特斯必须持续地赢得 J. T. 的好感、帮派成员的好感以及生活在他所研究的区域之内的人的好感。实际上，J. T. 最初认为，文卡特斯可能是一个警察。他后来坦白说，他从来没有 100% 地确认过，文卡特斯不是一个警察。文卡特斯也时刻都有失去这种脆弱的信任的危险——这种信任既针对他，也针对他所做的事情。对于他所研究的人来说，下述危险永远存在：他和敌对帮派进行勾结，或者把有关他们的线索提供给警察。

四、调查研究

调查研究（survey research）涉及从一个整体或者一个整体的代表性样本中搜集数据——通过访谈，或更重要的问卷。有些社会学家自己进行调查，而大多数社会学家依赖于其他人的调查获得数据。例如，美国政府（如美国人口普查局）和全国民意调查中心（National Opinion Research Center），会进行各种各样的民意调查。

我们知道，访谈涉及研究者面对面、通过电话或互联网进行提问。每过两年，美国综合社会调查都会针对大样本的美国人进行面对面的访谈。与访谈相反，问卷（questionnaire）包含自我填答的一系列书面问题。虽然问卷也可以以面对面的方式展示给受访者，但送达它们的最常见方式是邮寄、电话提问，或者以网络途径进行展示。目前，问卷越来越多地在个人电脑上和通过电话进行填答（Snyder，2007）。

调查的种类

有两种宽泛的调查类型。第一种是**描述性调查**（descriptive survey），它的目的是搜集准确的信息——例如关于特定群体的成员、某一特定地理区域的人或特定组织内的人的信息。一项描述性调查也许会搜集大学生性行为水平、美国人就业地位，或曾经的制造业员工怎样面对失业的数据。最著名的描述性调查，是各种社会组织进行的调查，如盖洛普调查——它搜集关于特定人口样本的各种倾向、信念和态度的信息。

有一个例子是关于运用互联网进行描述性调查的。这一调查被置于一个网站之上，意在让已婚者寻找婚外性伴侣。基于超过 5 000 个受访者的样本的数据显示，与男性相比，女性更可能参与"色情短信"互动（参阅第 11 章）。而且，那些涉入严肃的真实关系的男性和女性，有同样高的可能性——在网络上和在真实的生活中——欺骗自己的伴侣（Wysocki and Childers，2011）。

很多年来，密歇根大学的社会研究院（Institute of Social Research），针对美国的高中高年级学生开展了描述性调查。其中一个课题是 66 大麻的使用。从图 3-2 中你可以看到，高中高年级学生中的大麻吸食率像波浪一样起伏。这一人群中的大麻吸食率在 1979 年达到高峰（超过一半的学生承认吸食过这种毒品），到 1992 年达到了 21.9% 的低谷，从那时起大体上一直在上升，但再也没有达到 1979 年的水平。2017 年，37.1% 的 12 年级学生报告曾经在过去的 12 个月里使用过大麻。

图 3-2 的数据来自描述性调查，但是，如果我们想解释，而不是仅仅在统计学上描述高年级学生的大麻吸食率的变迁，我们该怎么办？欲达此目的，我们可能需要进行**解释性调查**

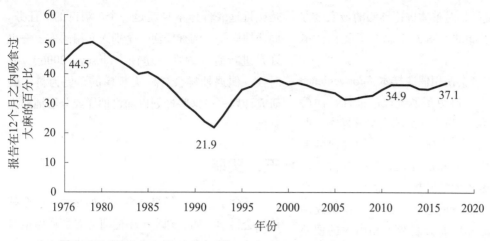

图3－2　美国高中高年级学生的大麻吸食情况（1976—2017）

资料来源：Data from Lloyd D. Johnston, Patrick O'Malley, Richard A. Miech, Jerald G. Bachman, and John E. Schulenberg. Monitoring the Future: National Survey Results on Drug Use, 1975–2017: Overview, Key Findings on Adolescent Drug Use, Table 6 (Ann Arbor: Institute for Social Research, University of Michigan, 2017).

思考题

美国各地越来越多地使大麻合法化，改变了美国高中高年级学生大麻使用的数据吗？为什么？改变可能会怎样影响其他毒品使用的数据？

（explanatory survey）。这种调查寻求发现潜在的原因——在目前的例子中，是大麻吸食情况的变化的潜在原因［例如，有些州如科罗拉多州、加利福尼亚州和缅因州对大麻的合法化（Monte, Zane, and Heard, 2015）］。例如，在已经发现了高中高年级学生历年来大麻使用的变动情况的前提下，我们可能会假设，这种变动与学生对大麻吸食风险的印象（也许是公众的印象）的变化有关。具体来说，我们可能会假设，随着学生（以及公众）越来越倾向于认为大麻是低风险的，他们对它的使用会上升。在这种情况下，我们也许会使用调查来更多地了解研究对象关于大麻使用风险的态度和信念，而不是简单地测量他们的大麻使用情况。

抽样

调查一个整体，如所有的美国人、一个学院或大学的所有学生，或者甚至某个大学的女生联谊会的所有成员，几乎是不可能的。因此，调查研究者通常需要构建一个**样本**（sample），或者叫作整体的代表性部分。研究者在选择样本时越是小心地避免偏差（bias），最后的发现就越可能代表整个群体。

避免偏差的最常见的办法是构建一个**随机样本**（random sample）。在这个样本中，群体的每一个成员都有被纳入的同等机会。获得随机样本的一种方法，是使用一份名单，比如说，你的大学里所有教授的名单。我们可以为名单上的每一个名字掷一次硬币，那些掷币结果为正面的教授，会被纳入样本。更为常规和有效的方法，是使用随机数字表——大多数统计学教科书中都可以找到——来选择样本（Kirk, 2007）。还用我们刚才的例子，给每一个教授分配一个数字，那些碰巧进入随机数字表的数字所代表的教授，进入样本。最近，人们开始使用计算机产生的随机数字。在调查研究中，人们还使用其他抽样方法。例如，研究者可能会构建一个**分层样本**（stratified sample）。其中，大群体被划分为几个亚群体（比如，助理教授、副教授以及正教授），然后在每一个亚群体中进行随机抽样。这保证了在最后的样本中，每一个亚群体都获得相应的代表性——如果仅仅在大群体中进行随机抽样，这种代表性可能无法得到。因此，为了获得对整体的准确预测，随机抽样和分层抽样是最安全的办法。当然，对于抽样，特别是随机抽样，总有这样的可能性，即对不同样本进行研究，结果是不

67

一样的。即使抽样是对整体进行预测的最安全方式，错误也是可能的。图 3-3 总结了随机样本和分层样本。

有时，研究者会使用**偶遇样本**（convenience sample），这种方法避免了系统性的抽样，而简单地把那些方便参与研究计划的人纳入样本。偶遇抽样的一个例子是，研究者在他们的课堂上向学生发放问卷（Lunneborg，2007）。这种非随机抽样很难代表较大的整体——而研究者感兴趣的，正是整个群体的意见。因此，在研究结果中，非随机抽样可能会制造出相当大的偏差（Popham and Sirotnik，1973）。出现在互联网上的很多弹窗（pop up）调查是令人怀疑的，因为受访者是凑巧访问某个网站（这很可能反映了他们的兴趣），以及对调查的问题有足够的兴趣并愿意回答的人。

使用偶遇抽样的研究往往仅仅是探索性的。从这种研究中得到某种确定的结论，几乎是不可能的。当然，有些情况下，偶遇抽样不仅是合理的，也是有用的。对于试图研究精英（比如政治领袖或者富人）的社会网络的研究者来说，仅仅

是接近这一群体本身就是一个（艰巨的）任务。偶遇抽样——调查任何一个别人介绍的人——也许是进行研究的唯一途径（Tansey，2006）。有时候，偶遇抽样会导向大规模的、更为科学的研究计划——这些计划以随机抽样或分层抽样为基础。

五、实验

社会学家并不像自然科学（如化学）甚至其他社会科学（如心理学）中的研究者那样做很多的实验。不过，有些社会学家确实进行实验，而且，实验也是本学科的基本手段之一（Jackson and Cox，2013）。所谓**实验**（experiment），涉及对一个或多个要素（characteristic）的操纵，并检查这种操纵的效果（Kirk，2007）。

社会学家迪瓦·裴吉尔（Pager，2009）的一项研究提供了一个社会学实验的好例子。裴吉尔感兴趣的是，求职者的背景是怎样影响他被通知面试的可能性的。裴吉尔随机地把虚假的犯罪记录加于两组类似的年轻人身上，每一组一个黑人

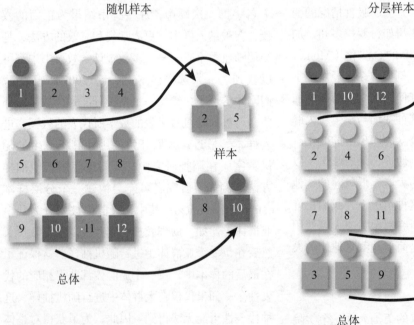

图 3-3 随机样本和分层样本

资料来源：Random Samples and Stratified Samples is reprinted with permission of Dan Kernler, Associate Professor of Mathematics, Elgin Community College, Elgin, IL.

一个白人。这样，在每一组里，一半人有犯罪记录，另一半人没有；一半人是白人，另一半人不是白人。然后他把这些年轻人的简历送到密尔沃基市（Milwaukee）的一些公司里，谋取初级职位。这一实验的一个主要发现是，被认为有犯罪记录的年轻人被通知面试的人数，是被认为没有犯罪记录的被通知面试的年轻人人数的一半。第二个主要发现是，没有犯罪记录的黑人被通知面试的比例，和有犯罪记录的白人被通知面试的比例大致相同。

在这一实验中，我们可以清晰地看到两个重要因素之间的关系：自变量和因变量。在裴吉尔的实验中，**自变量**（independent variable），亦即被研究者操纵的变量，是求职者的种族和刑事背景的结合。而**因变量**（dependent variable），亦即上述操纵所导致的要素（characteristic）或者测量值（measurement），是求职者是否被通知面试。

实验的类型有数种（Walker and Willer, 2007）：

● 实验室实验。**实验室实验**（laboratory experiment）发生于受控的环境中。"实验室"也许是一个教室，或者是一个模仿的环境。这一环境为研究者提供了极大的控制能力——在参与者的选择上和对自变量的控制上——参与者将置身于这些变量之下（Lucas, Graif, and Lovaglia, 2008）。所罗门·阿希（参阅第5章）对遵从的著名研究就是实验室实验。这一类型的实验组织起来很困难，而且有时会得出不真实的（artificial）结果。不过，它可以对研究假设进行准确性的测试。

● 自然实验。在**自然实验**（natural experiment）中，研究者利用一个自然发生的事件，来研究它对一个或数个因变量的影响。这样的实验为实验者提供的对自变量的控制是很少的，或者完全没有（De Silva et al., 2010）。例如，在最近的一次自然实验里，哈佛大学把不同种族的一年级学生安排为室友。该实验的其中一个发现是，当一个东亚学生和两个白人学生生活在一起时，更容易闹翻（Chakravarti, Menon, and Winship, 2014）。

● 田野实验。在一些自然情况下，针对谁会参加实验和实验中会发生什么，研究者至少可以施加一定的控制（Bertrand and Mullainathan, 2004；Pager and Western, 2012）。这被称作**田野实验**（field experiment）。社会学史上最著名的田野实验，是罗伯斯山洞（Robbers Cave）田野实验（Sherif et al., 1954 / 1961）。之所以那样叫，是因为它是在俄克拉何马州的罗伯斯山洞州立公园（Robbers Cave State Park）里进行的。研究者控制了现场所发生的事情的重要面向。例如，他们把研究中的22个男孩分入两个组，分别叫作"响尾蛇"和"飞鹰"。研究者还创造出各种情境，从而在两个小组之间制造对立、口角和敌意。在实验的最后，他们让两个组互相评价对方：在对飞鹰队的评价中，53%的评价是负面的，而在对响尾蛇队的评价中，接近77%的评价是负面的。后来，研究者引入了新的情境，希望减少两个小组之间的恶意和摩擦。实际上，通过在一些任务中并肩工作——如保证供水，为大家都想看的电影集体付费、平等付费——两组之间建立了高度和谐的关系。在后一部分实验的最后，只有5%的对飞鹰队的评价是负面的，对响尾蛇队的负面评价则降至23%。更近一次发生在瑞典的研究，处理的部分问题是，针对少数族裔群体的雇佣歧视（Bursell, 2014）。具有同样资格的成对的求职者，去面试公开招聘的工作。那些拥有阿拉伯或者北非名字的求职者，接到进一步考察的回复电话的概率更低。

一些观察家看到了在社会学中进行实验研究的光明前途。这部分是因为，实验研究在邻近学科如心理学中的增长，还特别因为，在以前没有进行过多少实验研究的一些领域里，如经济学和政治学中，实验研究也增长了。另一个原因是利用互联网进行社会学实验的潜力（Hanson and Hawley, 2010；Parigi, Santana, and Cook, 2017）。在一个基于互联网的研究中，男性受访者被要求评价经过数字化处理的女性照片的吸引力。评价的标准是他们对女性身体质量指数（body mass index，BMI）的观感——换言之，那些女人看起来有多胖。一个发现是，那些超重的受访者，更不可能报告建立在女性的身体质量指数基础上的吸引力差异（Conley and McCabe，2011）。在荷兰进行的另一项互联网研究，研究方法很像前文讨论过的研究方法——使用听起来像是白人或者是黑人的名字的简历——拥有阿拉伯和荷兰名字的虚构的简历，被贴到了在线简历的数据库里。与拥有荷兰名字的简历相比，拥有阿拉伯名字的简历被提取的概率更低（Blommaert and Coenders，2014）。

知识点 3－3 | 社会学研究方法

方法	描述
观察	系统地观看、倾听和记录某段时间之内、真实环境中发生的事情。
民族志	对一群人的行为和生活方式进行详细记录。
访谈	通过对系列问题的问询搜集数据。
调查	针对整体的一个样本，通过访谈和问卷搜集数据。
实验	通过操纵一个或多个变量，观察操纵后的效果。

第四节　二手资料分析

迄今为止，前文讨论过的所有方法，都涉及对新数据和原始数据的搜集，但是很多社会学家都会从事**二手资料分析**（secondary data analysis）——他们分析其他人搜集来的数据。二手资料分析涉及广泛的、不同类型的数据，从人口普查资料、调查资料到历史记录、陈旧的访谈记录和焦点小组（focus group）讨论记录。直到不久以前，获得和使用这些二手资料还是耗时费力的。不过，现在网上出现了数以千计的数据库，而且获得它们仅仅需要敲几下键盘。一些网站同时提供数据和统计软件，以便从不同的角度审视它们（Quinton，2018）。

二手资料分析经常涉及对政府调查和人口普查数据的统计学分析。这一技术在社会学中有很长的历史，可以追溯到卡尔·马克思在大英博物馆里对政府统计数据所进行的分析。美国的人口普查数据每 10 年搜集一次，无论对于美国的还是国外的社会学家，它都是一座金矿。例如，研究多种族身份的学者使用了 2000 年到 2010 年的普查数据。他们发现，认同两个或者两个以上种族身份的人，从 2000 年的 680 万人，上升到 2010 年的 900 万人（Jones and Bullock，2013）。某个数据库引发了数百次二手资料分析，这样的事并不少见。例如，世界价值观调查（World Values Survey，WVS）（参见下文的"全球化"专栏）曾经在接近 100 个国家里进行，涵盖了几乎 90% 的世界人口。利用它的 7 波数据，已经发表了超过 1 000 份研究出版物，这些出版物使用的语言超过了 20 种。一些研究曾经利用 WVS 来探索下述问题：哪些社会、文化和经济因素有助于增进个体的幸福？有一项研究检视了 1981 年到 2007 年的数据并且发现，对自由选择的感知，最容易产生高水平的幸福感（Inglehart et al.，2008）。不过，后续的研究也可能从不同的视角来审视数据，并展示这一难题的其他部分。利用WVS的类似数据，另一项研究审视了不同国家内部的诸多个体案例。这一研究显示，除了其他因素，健康状况的不平等，也会影响幸福感的形成（Ovaska and Takashima，2010）。一项聚焦于移民的研究发现，在拥有高幸福感和低幸福感的国家里，移出率都很高，但幸福感中等的国家，这一比率较低（Polgreen and Simpson，2011）。可是，另一项研究审视了不同的福利制度的影响。该研究的结论是，与生活在社会民主福利国家的人们相比，生活在自由和保守国家里的人，不幸福的倾向性至少高一倍（Deeming and Hayes，2012）。

虽然与自己搜集数据特别是大规模数据相比，从事二手资料分析要容易得多和廉价得多，但它也有其独特的问题。首先，二手资料研究者无法在先导研究的基础上完善自己的研究方法。其次，由于是其他人选择数据搜集方法，相对于二手资料研究者的研究需要，该数据不一定很理想。可能的情况是，除非发现了合适的数据，或者产生了新的数据，否则相应研究不得不放弃。有些情况下，研究者发现，一组数据并不能满足研究者的最初兴趣的需要，但该数据更适合其他相关问题的研究。使用政府数据的另一类问题是

政治性的：特定类型的敏感数据可能并没有被搜集。或者，社会或政治变迁会结束对特定类型的数据的搜集，或改变数据的报告和分类方式。例如，历年来，美国人口普查中有关种族的数据总在改变，以便适应地理分布的改变和政治敏感度的改变。数据库的历时性改变所导致的不一致性，会给二手资料研究者带来巨大的困难。

一、历史比较方法

历史比较研究（historical-comparative research）的目的，是对比各种社会里不同的历史事件和历史条件，并研究它们怎样导致不同的社会结果。"历史比较"这一合成词清楚地表明，两种不同的方法被结合在一起。它的历史成分涉及对社会的历史研究，以及对社会的主要构成部分如国家、宗教体系和经济的研究。新增的对比因素（comparative element），比较两个或多个社会的历史，或者社会的不同要素，使它更具社会学特征。

区分历史和历史比较社会学的尺度之一，是历史细节的水平。与社会学家相比，历史学家深入细节之中，搜集更多的第一手历史资料。与历史学家不同，社会学家更感兴趣的是，对

70

全球化　世界价值观调查

世界价值观调查（WVS）是一个跨文化数据源，它关注全球化对人们的世界观、价值观和基本动机的影响。WVS搜集人口学数据，在每一个调查的国家里询问大约250个关于个人价值和信仰的问题。例如，受访者被要求对他们生活的各个面向，如家庭、政治、工作、宗教以及服务他人进行优先性排序。受访者还被问到，如果下列人生活在他们的身边，他们是否感到舒服：罪犯、不同种族的人、外

国移民、艾滋病患者、同性恋者以及吸毒者。

WVS起源于欧洲价值观研究，最早开始于1981年，仅限于20个高度发达的欧洲国家。从那时起，这一调查扩展至了97个国家，覆盖全世界将近90%的人口。由于价值观和倾向性与经济水平和技术发展的关系，涵盖不同发展水平的社会——从欠发达社会到高度发达社会——是非常重要的。这一扩展也使WVS能够从

很多国家雇用本土的社会科学工作者。这样做的结果是，研究设计、数据分析和结果的解读，有了更强的文化意识。这一扩展还使社会分析的先进方法传播到了发展中国家，在那里，该研究方兴未艾。

社会学家已经利用由WVS搜集的数据进行了各种与全球化相关的研究。一项以超过20年的WVS数据为基础的研究发现，几乎所有的工业化国家的人民，都从更注重宗

教和传统，转向了更加世俗和理性（至少就发达的西方国家定义理性的方式而言，情况如此；Inglehart and Baker，2000）。认同宗教的受访者强调家庭价值，并倾向于在性别角色、生育孩子、离婚、堕胎、性规范、安乐死以及自杀上更为保守。他们还拥有高水平的民族自豪感，他们倾向于民族主义。在上述每一个议题上，认同世俗价值的受访者都展现了相反的倾向。他们通常更加宽容，更容易接受非传统的社会角色。

全球化变量的另一个主要维度，是生存价值与自我表达价值

的分别。来自工业化国家和发达国家的受访者，倾向于更少地担心生存，更少地担心食物和住所等基本需求的满足。作为结果，他们的优先事项，由强调经济和生理安全（生存），转向了对健康（well-being）和个人幸福的兴趣。伴随着更多的自我表达，出现了对少数群体——包括外国人、男同性恋者、各种民族群体——更多的宽容，这些人（如果没有上述改变的话）原本被看作是威胁。信任度和宽容度的这种提高，创造了某种社会环境，这种环境会促进民主的发展。

WVS 数据被用于在价值范围内定义文化带（cultural zone）。英语世界拥抱那些位于传统和世俗-理性之间的价值。不过，它在自我表达价值上得分很高，这反映了其公众的相对安康。

思考题

　　如果可以的话，你是否愿意向 WVS 建议，在 WVS 的社会科学工作者中，增加其他的多样性？你是否相信真有"世界价值观"这样的东西？

社会进行概括。也许，体现历史比较社会学家和历史学家之差异的最佳例子，是理想型的概念（Weber，1921 / 1968）。依据马克斯·韦伯（Weber，1903—1917 / 1949：90）的定义，**理想型**（ideal type）是社会现实的"单向强调"（one-sided accentuation）。与历史学家的目标不同，理想型的意义并不是准确地描述现实，而是意图帮助我们更好地理解社会现实。它是一种测量尺。例如，韦伯创造了一个科层组织的理想型，它强调了理性的因素。然后，他运用这一理想型来比较不同社会和不同的历史阶段里的社会组织——以理性化水平为尺度。毫不奇怪的是，他总结说，现代西方的社会组织是最理性化的，因而最接近科层组织这一理想型。

韦伯是一个杰出的历史比较社会学家（Mahoney and Rueschmeyer，2003；Mahoney and Thelen，2015）。想想他对世界主要宗教及其对经济的影响的比较研究。韦伯对西方的新教、中国的儒学、印度的印度教的历史进行了比较分析。他试图确定，哪一种宗教孕育了资本主义，哪一种又阻碍了它的发展。当然，韦伯知道资本主义发展于西方，而不是在中国和印度。于是，问题是，与这些宗教（以及其他社会因素）有关

的哪些东西促进了资本主义的诞生，哪些没有。一个关键的因素是，与新教相反，儒学和印度教没有哺育出理性、效率和对物质成功的极度追求。有时候，它们甚至限制了理性和效率，进而阻止了资本主义的发展。

历史比较研究的最近的例子，涵盖了范围广泛的课题。不过，最热门的课题是，检视国家和战争之间的关系。西达·斯考切波（Skocpol，1979）对法国革命（1789）、俄国革命（1917）和中国革命（1911）的重要研究发现，这些革命并不仅仅是改变了国家结构的政治革命，而是改变了社会结构特别是阶级关系的社会革命。罗德里格斯-弗兰科（Rodriguez-Franco，2016）运用历史比较方法考察一个问题：内战是否会导致国家的形成。把征税能力作为一个关键要素，作者发现，如果精英内部比较团结，内战会强化国家。

有些学者把历史比较研究和其他的方法结合起来，以便对当代的问题产生更重要的理论洞见。例如，皮凯蒂（Piketty，2014）检视了各种各样的统计学数据，试图发现欧洲和美国的收入和财富不平等的历史变迁。他发现，随着时间的推移，由于财富在上层阶级的集中，不平等被不断地制造和重新制造出来。在 18 和 19 世纪的欧

71

洲以及大萧条之前的数十年里的美国，财富集中度是非常高的。不过，在二战之中和二战之后，由于通货膨胀、高税收和现代福利国家政策，这种财富集中变得平缓了。可是，在20世纪临近终点的时候，财富（和收入）的集中度又开始迅猛提高——当继承的财富的增长速度快于财富产出和收入的增长速度时（Piketty, 2014）。皮凯蒂建议，如果我们梦想建立一个更加平等的社会，各个国家应该征收财富的全球税（global tax on wealth）。

二、内容分析

另一种二手资料分析，叫作**内容分析**（content analysis），它依赖于对文化产品的系统和客观的分析——这些文化产品来自印刷、视觉、听觉和数字媒体，如照片、电影、广告、演讲和报纸文章（Wolff, 2007）。它的目标是，运用定性的特别是定量的方法，来理解信息的内容。在一个著名的研究中，赫伯特·甘斯（Gans, 1979）对电视上和新闻杂志上的新闻进行了定性和定量的内容分析，以便确定新闻报道的模式。例如，他发现，与不出名的人物相比，著名人物被提及的频率要高得多。在与战争无关的故事中，政府的冲突和争议要比政府的决策更

可能被提及。甘斯还进一步用参与观察研究深化了他从内容分析中获得的洞见。他的参与观察研究是在下列媒体的记者中间进行的：全国广播公司（NBC）、哥伦比亚广播公司（CBS）、《时代》（Time）杂志和《新闻周刊》（Newsweek）。这些进一步的工作使他能够对各种政治、经济和其他力量——这些力量创造了指导新闻界的价值和非正式规则——进行格外丰富和仔细的描述。

甘斯把新闻的外显内容作为他进行内容分析的焦点，但运用内容分析来处理隐藏的内容，比如性别不平等，也是可能的。例如，研究者对黄金时间的89个电视节目中的1 245个人物进行了内容分析。该研究发现，虽然关于性别的有些刻板印象已经减弱了，但另一些刻板印象，比如占主导地位的男人和具有性挑逗特征的女人，仍然持续存在（Sink and Mastro, 2016）。内容分析已经越出了对传统媒体的研究，目前被用于对社交媒体进行研究。例如，皮尔金顿和罗米诺夫（Pilkington and Rominov, 2017）研究了准爸爸在他们的配偶怀孕时的担忧——通过分析他们在红迪网（Reddit）的发帖内容。他们发现，大多数准爸爸担心婴儿的健康和潜在的产前死亡。

知识点 3-4 | 二手资料分析的方法

方法	描述
历史比较	审视不同的历史事件和历史条件是怎样导致不同的社会后果的。
内容分析	分析文化作品的内容，以确定其意义和模式。

第五节　社会研究的问题

社会学家所进行的研究引发了一些重要的问题。有一些是，我们应该怎样解释社会学家搜集的数据。还有一些是，社会学家对研究对象和社会整体所承担的责任。其他问题是社会学家自己提出来的。前文提到，社会学是一个多元范式的科学——关于它的争论是全方位的：不仅关乎各种各样的社会学视角，还关乎社会学是否能够像人们所设想的那样客观。

一、信度和效度

关于社会学数据的一个关键问题是对其发现的信任程度。作为社会学家，你可能会使用数据去进行进一步的研究，去构成假设，去告诉你的同事和公众，你的研究代表了社会世界（的真实情况）。对于这些数据，你希望它们越准确越好。作为研究成果的使用者，你可能会尽力对研究中使用的方法进行评估，以评价研究的可信度。在政治和社会调查报告中，这些问题被频繁地提出，但它影响的是所有形式的社会学研究。

科学家会探讨可信度的两个维度：信度和效度。**信度**（reliability）是指一个给定的问题或测量方法每次获得同样结果的程度。换言之，某一天向受访者提出的问题，或者某一天得到的某个测量结果，在一天后、一个星期后或一个月后的研究中，能否获得同样的回答或结果？例如，你关于拉斯维加斯的赌徒的假设性研究中涉及的人，在回答"在赌博时经常输钱吗？"这一问题时，在不同的时间点是否给出了同样的回答？

可信度的另一个维度是**效度**（validity），即一个特定问题或者使用另一种测量方法得到准确回答的程度。换言之，提出的问题真的反映了它应该反映的现实吗？例如，假设你询问赌徒："在你离开拉斯维加斯的时候，你认为自己是'赢家'吗？"你询问这一问题，也许是为了发现，他们离开拉斯维加斯的时候，拥有的钱比来的时候多还是少。可是，他们也许会更宽泛地理解你的问题，即他们在拉斯维加斯的整体感受。因此，即使输了钱，他们也会回答"是"，因为他们过得非常愉快，并把输钱看作是获得这种感受的代价。一个更为有效的问题可能是："从总体上说，在拉斯维加斯赌博的时候，你赢的钱比输的钱多吗？"

二、研究伦理

伦理（ethics）是涉及对与错，以及人们怎样做出选择并使这些选择正当化的问题（Hedgecoe，2016）。第二次世界大战和纳粹的行为使伦理成为研究的核心问题。在集中营的囚徒身上，纳粹进行了恐怖的医学实验。他们对待囚徒就像对待豚鼠一样，在他们身上进行低体温、高海拔、低海拔、出血以及饮用盐水的影响的研究。在一些研究中，囚徒被感染了各种疾病如伤寒、疟疾和肝炎，以便检验各种疫苗和药物的效果。为了执行纳粹的种族主义意识形态的伪科学，还有一些医生试图开发有效的集体绝育措施，以便对该政权认为的劣等种族进行绝育（Korda，2006；Spitz，2005）。这是研究过程中违反伦理规范的最骇人听闻的例子。另一个众所周知的例子，是1932年到1972年，亚拉巴马州的塔斯基吉研究所（Tuskegee Institute）对399名罹患梅毒的美国黑人进行的研究。研究者的兴趣是，研究这一疾病在长时间内的自然进展，但是他们从来没有告诉研究对象，其罹患梅毒。虽然他们常规性地访问这些研究对象，并搜集关于研究对象的数据，但他们并没有针对梅毒进行过治疗，而是让研究对象长时间地忍受折磨，然后痛苦地死去（Reverby，2009）。

最近的一个有关研究伦理的事件是海瑞塔·拉克斯（Henrietta Lacks）的例子［Skloot，2011；参看HBO 2017年的电影《永生的海拉》（*The Immortal Life of Henrietta Lacks*）］。拉克斯是一个贫穷的黑人妇女，她于1951年死于宫颈癌。在她不知情的情况下，她的一些肿瘤组织被切走。来自这些组织的细胞一直活到了今天，衍生出了大量的研究，甚至成为一个非常成功的产业。虽然这些细胞带来了各种医学进展，发生在拉克斯及其家人身上的故事却引发了一些伦理问题。例如，在拉克斯及其家人对手术目的不知情且未许可的情况下，应该切走她的肿瘤组织并繁殖其肿瘤细胞吗？如果拉克斯是一个富裕的白人妇女，上述程序还会是一样的吗？最后，拉克斯的后人应该获得这个产业——建立在她的肿瘤细胞的基础之上——的一部分收益吗？

社会学家所进行的研究，从来没有导致纳粹德国的研究或者塔斯基吉研究中人们所遭受的苦难和死亡，甚至也没有造成围绕着拉克斯案例的伦理风暴。可是，这些研究构成了伦理关切——关于对社会学研究的参与者的伤害和负面影响——的情境和背景（美国社会学会伦理规范的网址：www.asanet.org/about/ethics.cfm）。这里的关切分为3个领域：研究者的非法行动、欺骗和对研究对象的信任的滥用。本节讨论的最后一个问题是，保护研究对象不受上述负面行为危害的结构。

生理和心理伤害

第一个问题——在纳粹实验和塔斯基吉研究之后——涉及研究是否真的可以导致对研究对象的生理伤害。大多数社会学研究不可能导致这种伤害。可是，生理伤害也许是无意造成的。在罗伯斯山洞研究中——前文曾经作为田野实验的例子讨论过——研究者曾经挑起两组12岁少年之间的竞争和冲突。相互的敌意曾经达到高峰，以致少年们开始扔苹果战斗，以及袭击对方的营地。

在社会学研究中，更严重的问题，是对研究对象造成心理伤害的可能性。即使是问卷和访谈，也可能导致心理伤害——仅仅是因为对人们的敏感问题，如性取向、毒品使用以及堕胎的经历的询问。因为受访者对痛苦的或创伤性的个人经历高度敏感，而研究者对此却不知情。在这种情况下，心理伤害的风险就会急剧增加。

一些更为极端的心理伤害的危险曾经在实验中出现过。最著名的例子是斯坦利·米尔格拉姆（Milgram，1974）的实验室研究。该研究的目的，是研究当人们接受有权威的人的命令的时候，他们能走多远。这一研究受到了二战以后下述发现的激发：在上级命令他们这么做的时候，纳粹的下级人员竟然可以拷打和杀害无辜的公民。在米尔格拉姆的实验中有两个群体，一个是"学生"，一个是"教师"（见图3-4）。"学生"秘密地接受了报酬，在"教师"施行电击的时候，假装痛苦；而研究者让"教师"相信，他们给被试施行的电击是真实的。研究者穿着正式的白大褂，以制造一种庄重的科学气氛。他命令"教师"施行看起来具有潜在致命性的电击。这些"教师"这样做了，即使另一个房间里的看不见的"学生"发出了越来越凄厉的尖叫。该研究清晰地表明，如果人们接受一个权威人士的命令的话，他们会违反社会规范——这些规范反对做出给他人施加痛苦甚至威胁他人生命的行为。

2015年的电影《实验者》（*Experimenter*）采用虚构的手段来处理米尔格拉姆和他的研究

故事。2018年，网飞公司（Netflix）的系列片《疯子》（*Maniac*）的主要角色欧文·米尔格拉姆（Owen Milgrim），是一系列实验和药物试验的对象。2012年的一部电影《服从》（*Compliance*），显然就是依据米尔格拉姆的研究拍摄的。它反映了一个真实的案例。在这个案例中，一个访客与一家麦当劳餐厅的女经理进行了交谈，他自称警官，说自己正在调查一桩盗窃案。他让餐厅经理相信，在这里工作的一个女孩是盗窃案的嫌疑人。访客最终说服餐厅经理，把那个女孩关进了一个房间。在那里，女孩被脱衣检查，脱得只剩一件围裙。经理需要回到她的工作岗位——忙碌的前台，但访客坚持叫其他人来看管那个女孩。最后，女经理的男朋友被带了进来。在访客的压力下，经理的男朋友强迫女孩做裸体的开合跳（jumping jack），因为女孩不配合指令而掌掴她……当经理的男朋友走后，代替他的男看管识破了访客的骗局。警察被叫来，发现类似的事件在其他地方也有发生（电影里说，全美国共发生了类似事件70多起）。电影《服从》所依据的真实案件，2004年发生在肯塔基州的一个小镇。那个访客——一个有家室的电话推销员——被拘捕。不过，2006年，他被宣告，在所有的指控上都是无罪的［"无罪释放的骗局"（Acquittal in Hoax），2006］。像米尔格拉姆的实验一样，电影《服从》展示了当人们接受据信拥有权威地位的人的命令时，他们可以走多远——甚至可以达到犯罪的程度。

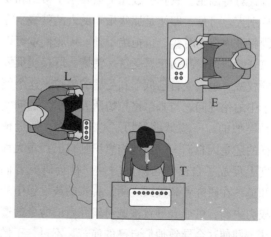

图3-4 米尔格拉姆实验中的教师（T）、学生（L）和研究者（E）

米尔格拉姆的研究结果（以及那部电影所描写的事件），在很多方面有重要意义。我们这里关心的是，对于涉入研究的人们，研究对他们的心理造成了什么影响。比如，"教师"知道，他们非常服从那个权威人士的独裁命令，即使是让他们做一些不道德的行为。有些人显然意识到，他们的行为意味着，在那样的情况下，他们完全能够伤害——如果不是杀死的话——其他人。上述意识可能会对被试对自己的看法和感受造成消极的影响。不过，对于被试和那些阅读过米尔格拉姆研究的人来说，这一研究也有一些好处。例如，那些手握大权的人可以更好地理解，进而限制他们的命令对下级的潜在影响；而下级也会更加成功地限制自己执行上级命令的程度。

另一个引发了类似的伦理问题的著名研究，是菲利普·津巴多（Zimbardo，1973）完成的。[2010 年的电影《死亡实验》（*The Experiment*）就是对这一实验的艺术性描述。] 津巴多营造了一个类似监狱结构的环境，叫作"斯坦福监狱"，他在其中进行了自己的实验。他征召来了被试，或是扮演囚犯，或是扮演狱警。这个监狱非常"真实"，有无窗的囚室、最简单的厕所设施，囚犯被施以最严格的规则。狱警们穿着制服，戴着胸章，手持钥匙和警棍。他们还接受了犯人管理方法的训练。

这个实验原本计划进行 6 个星期，但 6 天之后就被叫停了。研究者开始担心囚犯们的健康和心智。一些狱警侮辱、贬低囚犯，并以非人道的方式对待囚犯。只有少数几个狱警乐于帮助和支持别人。可是，即使是那些乐于助人的狱警，在囚犯被虐待的时候，也拒绝干预。囚犯们本可以离开，但他们倾向于忍受这一情境，既接受狱警的权威，也接受自己低下和受虐的地位。这个例子中的伦理问题与米尔格拉姆研究所引发的问题是类似的。一些狱警经历了心理困扰，但最糟糕的还是囚犯们——当他们意识到自己在多大程度上促成了自己的苦难的时候。社会研究者们知道，在研究者和被试之间，真实的或设想中的权力失衡，可能会导致被试对研究者的命令的遵从，即使这会导致他们自己的痛苦。不过，正像米尔格拉姆研究那样，津巴多研究也产生了正面的副产品。这些副产品是对如下问题的更加深刻的理解：被置于狱警地位的人，会多么丧失人性，以及囚犯会变得多么顺从。

思考题

对于米尔格拉姆和津巴多探索过的问题，还有其他的研究方法来回答吗？作为一个社会科学家，你会怎样应对这些问题？

非法行为

在民族志研究的田野工作中，研究者可能会目睹甚至涉入非法的活动。兰多尔·孔特拉斯（Randol Contreras）在研究一个多米尼加人帮派的时候就面临这样的问题——这个帮派在南布朗克斯（South Bronx）抢劫高层级毒贩。这些"抢劫少年"（stickup kids）从事残忍的暴力活动，并持有非法的毒品和现金。孔特拉斯自己曾经当过毒贩，虽然很不成功。他必须小心地避免参加这些抢劫少年向他描述的非法活动——特别是考虑到他们之中的有些人是自己儿时的朋友。

在其他情况下，研究者必须就法律和道德后果为他的研究对象进行艰难的权衡。在一项针对托儿所儿童的研究中，研究者们目睹了一个非法行为（Anspach and Mizrachi，2006）。他们必须决定，是报告还是不报告这一行为。研究者们必须艰难地在下述两者之间进行权衡：一是这一行为是否是犯罪行为；二是保护自己的研究对象及其对自己的信任。其他的关切，逡巡在背景之中。发表对这一引人注目的行为的记录，也许会有助于提升研究者的职业成就，但会把这一非法行为的实施者送入监狱。还有一种可能是，不告知警察，或者拒绝交出田野记录，会导致研究者自己被监禁（Emerson，2001；Van Maanen，1983）。

破坏信任

在研究工作中，研究者破坏被试的信任的方式有许多种。例如，研究者可能泄露被试的身份，即使向他们做出了保持匿名的承诺。还有一种可能性，那就是一种剥削关系，特别是对于关键信息员的剥削。在下述情况下，剥削关系尤其值得关注：在研究者和被试之间，存在着现实的或设想中的权力不平衡，而这种不平衡通常与种族、阶级和性别有关。例如，在塔斯基吉研究事件中，非裔美国人承受了研究的负面后果——即使梅毒广布于人群之中。虽然这一研究在任何情况下都不应该进行，但一个更加公平的研究设计应该是，大多数被试都是白人。

如果研究者与被试发展出了不适当的关系，那么也是一种背叛。一个值得提及的例子，是埃里克·古德（Goode，2002）进行的一项研究。这一研究的目的，是更好地理解对肥胖的污名化。古德公开承认，他与一些女性研究对象有性关系。古德辩解说，正是因为这种关系，他才能够获得那些通过其他手段不能得到的信息。可是他必须回答，为了获得这样的信息，他的被试付出了什么代价。你可以想象，当他的研究对象发现，古德在与她们建立亲密关系的时候，心怀其他的动机，她们的感受如何？他的一些研究对象本来就对自己的身体形象非常敏感，也对她们与男人的关系非常敏感。因为古德的研究对象对他的动机不完全知情，她们在与他建立性关系的时候，无法做出知情的选择。在这种情况下，研究者和研究对象之间权力的不平衡，就导致了剥削。

在社会学研究中，最著名的涉及欺骗和闯入（intrusion）人们生活的例子，是劳德·汉弗莱斯（Humphreys，1970）对公共休息室（茶室）里的男人的同性恋行为的研究。汉弗莱斯在茶室外面放哨，当普通人和警察接近的时候，为那些男人发信号。他对一些涉案者的访谈后来被充分披露。可是，他也记录了他观察过的一些人的车牌号码，并追查到了他们的地址。在大约一年以后，汉弗莱斯出现在他们的家里，以虚假的名义对他们进行访谈。在这里，他得出了他研究中最重要的发现之一：超过一半的男人已婚，拥有妻子和家庭。他们之所以涉入茶室交易，不仅仅是因为他们是同性恋者，还因为他们的婚姻关系出了问题。

汉弗莱斯欺骗了这些男人，因为从一开始，他就没有告诉他们自己在从事研究。而对那些被进行了虚假访谈的人，他没有告诉他们研究的真实性质。他的研究至少有下述潜在可能：泄露了大多数研究对象试图掩藏的东西。他后来承认，如果他有机会重新进行这一研究，他会告诉研究对象他的真实身份和目的。不过，研究本身收获颇丰。它有助于区分同性恋行为和同性恋身份。而且，在 1970 年代早期，同性恋者生活得非常痛苦。汉弗莱斯接近半数的研究对象是隐蔽的双性恋或同性恋，如果他们选择"出柜"，他们会面临各种各样的问题——如果不是危险的话。因此，他们有充分的理由保持自己的同性恋活动处于隐蔽状态。试图作为一个已婚男人生活，并同时与陌生人进行匿名的同性恋行为，很多这种男人承受了巨大的压力。虽然汉弗莱斯的研究有道德缺陷，并且伤害了不知情的被试，但它确实有所裨益：它为理解性存在的社会构成提供了急需的洞见，也为理解人们怎样发展性自我（sexual self）的难题提供了洞见。

三、知情同意和制度性的审查委员会

为了保护人们免受过度热情的和带有恶意的研究者的骚扰，各种伦理规范被设计出来。医生们的希波拉底誓言，为我们对待人类研究对象提供了有益的指南。1947 年，当纳粹对集中营囚徒进行的实验被揭露后，为了保护生物医学实验的研究对象，《纽伦堡守则》建立了起来（见表 3-1）。后来，与此类似的规则，被扩展至所有涉及人类研究对象的研究。这种伦理规则有助于保护研究对象，不过意识到它们仅仅是行为规则，而不是可以强制执行的法律或规范也很重要。

塔斯基吉实验被披露以后，美国国会通过了《1974 年国家研究法案》（1974 National Research Act）。它要求对联邦政府资助的研究进行伦理监督。从那以后，美国卫生与公共服务部（U.S. Department of Health and Human Services）要求，美国所有的接受联邦资助的研究，都必须经过一个机构审查委员会（IRB）的批准（IRB；Cameron，2015）。[在英国和澳大利亚，研究伦

《在逃：一个美国城市中的逃亡生活》(芝加哥大学出版社，2014)

爱丽丝·戈夫曼（Alice Goffman）

对研究对象保持一定水平的客观性和距离，是一个挑战，特别是当你在较长的一段时间里参与到他们的生活之中的时候。当研究者对自己研究的人抱有过度的同情的时候，两难的道德困境就会出现。当爱丽丝·戈夫曼在针对黑人男性及其家庭进行田野调查的时候，她恰恰遇到了这样的两难困境。这些男性生活在一个被戈夫曼称为"第六街"的费城社区里，并且正在与刑事司法体系进行周旋。这些男性大多在假释或缓刑之中，或者是有未被执行的逮捕令在身。他们花了大量的时间试图逃避警察和监禁。执法行动使得他们很难这样做。戈夫曼观察到，警察以各种方式骚扰这些人，从在大街上盘问他们，到搜查他们的家——常常缺乏适当的理由。法庭提供的资源也很有限。没有及时出庭，或者没有支付诉讼费，让这些男人——以及他们的家庭和朋友——很难逃避司法体系。

在戈夫曼进行田野调查的6年里，她和两个男人——麦克（Mike）和查克（Chuck）——建立起了密切的关系。有一段时间，她甚至成为他们的室友。虽然为了建立信任、进入研究地点和走近研究对象，发展出紧密的关系是非常重要的；但戈夫曼发现，她正在花费越来越多的时间——以及感到越来越舒适——和她的朋友在一起，而不是待在她就读的大学里。她还发现，自己正在参与法律上可疑的行动。有一天夜里，她同查克和他的弟弟雷吉（Reggie）一起藏在邻居的家里，逃避警察的追捕。在查克被枪杀后，戈夫曼驾车载着麦克到处跑，试图找到杀死查克的人。在一次这样的出行中，戈夫曼等在车上，而麦克——他手持一把上了膛的枪——下车尾随一个他认为是枪杀了查克的人。幸运的是，麦克判断那个人不是杀人者，并回到了车上。如果麦克开枪并杀了那个人，戈夫曼可能会成为谋杀案的从犯。《在逃》披露，在进行民族志研究的时候，做出何时进行观察、何时主动参与的决定，是非常复杂的——无论是在伦理上，还是在法律上。

edge.sagepub.com/ritzerintro5e

- 观看戈夫曼在TED讲座上谈论自己在《在逃》中的社会学发现的视频：《我们怎样促使一些孩子上大学——而促使另一些孩子进监狱》。
- 阅读吉迪恩·路易斯-克劳斯（Gideon Lewis-Kraus，2016）的一篇审视戈夫曼的民族志方法的信度的文章：《评判爱丽丝·戈夫曼》。

理委员会（research ethics committee，REC）承担类似的功能。] 建立IRB的目的，是处理社会研究中的欺骗问题，以及社会研究可能给研究对象造成的伤害。大学有自己的IRB，其成员通常是来自不同学科的学院成员，以及来自社区的成员。一般来说，IRB守护3项宽泛的伦理原则：

- 对人的尊重。研究对象——特别是那些功能受损的人，如生理或心理残疾的人——必须受到尊重和有尊严的对待。
- 善意。对研究对象的伤害要降至最低，并竭尽全力维护他们的权益。当然，在一些例外的情况下，研究的益处是压倒性的，而伤害无法避免。
- 公正。研究必须依据公正的原则来进行，因此，负担和回报要公平分配。

特别重要的是，大多数IRB要求，必须出具研究对象书面**知情同意**（informed consent）的证据。通常，研究者提供一份声明供研究对象签署，以保证知情同意。它包括下述细节：

- 研究的理由和为什么要进行该项研究。
- 怎样以及为什么征集研究对象来参与研究。
- 参与的内容是什么。
- 与参与研究相关的风险和益处是什么。
- 研究对象的隐私和保密性被保护的程度。
- 研究项目怎样保护弱势人群（如孩子、囚犯以及残疾人）。

表 3-1 《纽伦堡守则》

序号	人类实验指南
1	人类实验对象的自愿同意,是绝对必不可少的。
2	实验应该是这样的:为了社会的善而产生卓有成效的结果。
3	实验的设计应该基于动物实验的结果,基于对疾病的自然史的知识。
4	实验的实施应该避免所有不必要的生理痛苦和心理痛苦、生理伤害和心理伤害。
5	事先就有理由相信会发生死亡或残疾状况的实验,一律不得进行。
6	实验的危险性,永远不可超过实验要解决的问题的人道主义重要性。
7	即使是为了应对最不可能的伤害、残疾和死亡,也应该进行适当的准备,并提供充足的设施,以便保护实验对象。
8	实验应该仅由具有科学资质的人员来进行。
9	在实验过程中,人类实验对象应该有权终止实验。
10	在实验过程中,如果在运用其善良的意愿、高超的技能和谨慎的判断之后,主持实验的科学家有理由相信,继续实验可能会导致实验对象受伤、残疾或死亡,那么他必须随时准备终止处于任何阶段的实验。

资料来源:U.S. Department of Health and Human Services.http://ori.hhs.gov/chapter-3-The-Protection-of-Human-Subjects-nuremberg-code-directives-human-experimentation.

- 如果研究对象还有进一步的疑问,可以和大学里的什么人进行联系。

研究对象不仅有权知道自己正在被研究,而且有权知道他们在研究过程中将要经历的事情对他们的潜在危害和益处。那些没有知情同意的研究,更重要的是,那些可能给研究对象带来危险的研究,会被 IRB 否决,除非有合理的特别理由。

思考题

你认为,是否还有其他事实,应该成为知情同意文件的一部分?你是否作为研究对象参与过任何实验?如果参与过,在同意参与之前,你被告知了你想知道的所有事情了吗?

除了研究对象的声明,研究者还要提交一份研究计划,它将提供关于研究进行方式的总体情况。例如,如果研究主要是通过访谈进行,研究计划将会明确下述事项:为研究对象提供一份研究介绍,以及他在研究中的角色的概述;向他出示一份知情同意书,并请他签署;提供一份在访谈中将要询问的问题的基本文本。然后,IRB 将审查这些材料,并决定这个研究计划是被通过、修改还是被否决。

四、客观性,或"价值无涉"的社会学

与社会学研究相关的另一个问题,是研究者是否或者能否保持客观。也就是说,是否允许他们因为自己的个人性格和判断而给研究带来倾向性。很多人认为,承载了价值观的研究,会威胁整个社会学领域。这种研究成果的发表——这种倾向性的公开披露——会削弱甚至毁灭这一学科的整体可信度。在社会学史上,这样的讨论可以追溯到马克斯·韦伯的著作。作为其极端形式,价值无涉(value-free)的社会学意味着,防止所有的个人价值影响研究的任何阶段。不过,这不是韦伯在其关于价值观的著作中要表达的意思。简要地回顾一下他的实际意思,是有启发意义的。

韦伯最关心的问题,是教师们特别是教授们,需要在他们的讲课中保持价值无涉。这一问题之所以在韦伯时代的德国浮现出来,至少是因

为，马克思主义导向的教师越来越多。他们很多人希望利用教室来传达他们的马克思主义意识形态，并且提高学生对资本主义的罪恶的意识。他们甚至打算酝酿针对资本主义的革命。韦伯反对马克思主义，但他原则上更为反对的是利用教室来传达价值观。他持有这一立场是因为，他感到年轻的学生非常不成熟，也不够老练，因而无法看透这些争辩。他相信，学生们还可能迫于教授的地位——特别是在他那个时代的威权德国——而无法批判性地评价教授们的观念。价值无涉的观念，以及教室里对价值无涉的需要，似乎是清楚的、不容置疑的。不过，我们必须意识到，所有的教授，与所有人一样，都有自己的价值观。因此，我们最好的期望就是，他们在教室里竭尽所能地保持客观。

在事关研究时，韦伯并没有采取同样的立场。实际上，他至少看到了价值观在研究中的两个功能。其一，选择要研究的问题。在这种情况下，研究者受他的个人价值观的指引，或者受当时社会的主导价值观的指引，是完全适当的。其二，分析研究的结果。在对结果的分析中，社会学既可以而且也应该运用个人的和社会的价值观，来理解他们的发现的意义。这些价值观是进行解释和理解的工具。当然，它们不能被用来对发现进行有意识的曲解，或者在研究报告中误导读者。

在韦伯看来，研究中唯一可以价值无涉的地方，是研究数据的搜集。这几乎是一个没有例外的主张，它的意思是，研究者应该竭尽全力在数据搜集过程中防止偏颇。没有——如果有的话也极少——科学家会接受相反的立场，即认为进行（数据的）曲解是完全可以接受的。这样的立场会破坏所有的研究，以及社会学的科学地位和抱负。

一些社会学家，特别是女性主义者和批判理论家（Reid，2004）提出，即使是受限制的寻求价值无涉的研究，是否也是不可能的。在一篇著名的文章中，阿尔文·古尔德纳（Gouldner，1962）指出，价值无涉的社会学是一个错误的观点。即使在研究者竭尽全力保持客观的时候，他们也仍然随身带着自己的经历、关于世界的假设以及个人的偏见。这些东西会不可避免地塑造研究者的研究方式和搜集数据的方式。一个事实是，直到近期以前，女性和有色人种大体上一直是被社会研究者忽略了的。这里有一个未被质疑的假设：男人和女人、白人和有色人种的经历是一样的。上述事实，就是这一假设可能会存在问题的例证。因为这个原因，很多学者（如Bourdieu，1992）争辩说，研究者应该特别灵活，并且明确承认自己的社会立场以及这些立场可能对研究进程的影响。

用当代术语来说，韦伯所提倡的，就是研究过程中的客观态度。但是，还有另外一种客观性，即程序客观性，它要求对研究的报告以下述方式来进行：任何读者都能够理解研究是如何进行的。研究者应该报告尽可能多的细节，以便外界对研究进行评价。抽样的细节、问卷或者访谈中询问的问题、使用的统计学程序、该研究已知的缺点等等，都应该出现在研究报告中。这样，其他研究者——如果他们愿意的话——就可以重复或者复制该研究，以便观察能否获得同样的结果。复制研究的能力是任何科学的特征。

知识点 3 - 5 | 社会研究的问题

研究问题	定义
信度	一个给定的问题或测量方法每次获得同样结果的程度。
效度	测量和问题得到准确回答的程度。
伦理	判断对与错的标准。

社会学家使用科学方法。首先，社会学家发现一个需要回答的问题，然后对文献进行回顾，看看已经发现的东西。其次，社会学家创立一个假说，选择一种研究方法，搜集数据——这些数据可能能够证实该假设，也可能证实不了。最后，研究者对与最初的假说有关的数据进行分析。社会学是一种多范式的科学，这意味着，没有一个单一的模式能够统一社会学。

根据要研究的问题，社会学家会使用不同的研究方法。定量研究创造数字形式的数据，这些数据通常来自调查和实验。定性研究在自然环境中进行，产生描述性的信息。观察的内容包括系统性地观看、倾听和记录在某段时间里，某个真实的社会环境中所发生的事情。研究者也许会选择参与观察，并在其中扮演一个角色，或者是进行非参与观察。民族志研究更可能是基于长期的参与观察。在访谈中，受访者会被面对面地询问一系列问题。调查研究通过访谈和问卷来搜集数据。在实验研究中，研究者控制一个或多个自变量，以检视它们对因变量的影响。

社会学家也从事二手资料分析——他们分析其他人搜集来的数据。二手资料包括统计数据、历史记录及其分析、文化产品的内容等。

信度是指一个给定的问题或测量方法每次获得同样结果的程度，而效度是指测量的准确程度。过去令人质疑的研究中的伦理问题，导致了机构审查委员会的建立。一个关键的要求是，研究者要从他们的研究对象那里获得知情同意——通过向他们解释研究的性质和目的，以及研究的敏感之处和危险之处。

完全避免偏颇是困难的。不过，对研究程序的清晰和客观的描述，会帮助其他研究者对某项研究进行评价，以及进行重复研究。

关键术语（页码为原书页码，即本书边码）

内容分析	71	理想型	69	定量研究	59
偶遇样本	67	因变量	67	问卷	65
自变量	67	推论性统计	60	随机样本	66
描述性统计学	60	知情同意	77	信度	72
描述性调查	65	访谈	63	样本	66
经验主义	54	实验室实验	67	科学方法	54
伦理	72	自然实验	67	二手资料分析	68
民族志	62	网络民族志	62	统计学	60
实验	67	非参与观察	61	分层样本	66
解释性调查	66	观察	60	调查研究	65
田野实验	67	范式	56	效度	72
全球民族志	63	参与观察	61		
历史比较研究	69	定性研究	59		

总结性问题

1. 在使用科学方法之时，研究者采取哪些步骤？当你有一个关于社会世界的问题，并想寻求其答案时，你将怎样应用科学方法？

2. 当你说社会学是一种多范式的科学时，你的意思是什么？对于一种多范式科学来说，其长处和短处各是什么？

3. 参与观察和非参与观察之间的区别是什么？在应用这两种方法时，社会学家怎样保证其观察的系统性？

4. 从事民族志研究的核心价值是什么？一份全球民族志，怎样帮助你理解你自己在世界上的位置？

5. 通过向人们询问一系列的问题，研究者利用访谈来搜集数据。研究者怎样在结构性访谈和非结构性访谈之间进行选择？每一种访谈各自的长处和短处是什么？

6. 为什么进行调查研究的社会学家要依赖于抽样？在抽样中，研究者运用哪些技术来避免偏颇？

7. 研究者使用世界价值观调查来检视人们的宗教信仰和他们的幸福感之间的关系。在这一研究中，什么是自变量？什么是因变量？在国家之间进行这一研究时，会出现什么样的信度和效度问题？

8. 在某些实验中，研究者可以利用真实发生的事件的机会，来研究该事件对一些因变量的影响。你能否想出最近发生的哪些事件可以用来进行自然实验？在你的样本中，哪些将成为因变量？

9. 社会学研究会引发哪些伦理关切？使用本章中一个给定的研究实例，来阐述这些伦理关切。IRB 怎样有助于保持研究的合伦理性？

10. 在研究过程中，价值观扮演了什么角色？在韦伯看来，什么时候客观性最重要？

第4章
文化

学习目标

1 定义文化

2 确定文化的基本要素

3 讨论文化差异

4 阐述全球文化、消费文化和网络文化著名的爵士音乐家迈尔斯·戴维斯（Miles Davis）在1957年的唱片《酷的诞生》（*Birth of the Cool*）中，为一个世代的人定义了"酷"的意义。对戴维斯来说，耍酷意味着像凉水一样沉静和稳重。当然，在戴维斯定义它之前，对不同的人来说，耍酷意味着不同的东西。我们可以肯定，在未来它还会表达很多不同的东西。不论它特别意味着什么，即使到了遥远的未来，耍酷仍会对人们保持其重要性，特别是对年轻人来说。

数十年以来，吸烟被看作是一件很酷的事情。在电影里，在广告里，以及在其他地方，吸烟都被展示成这个样子。不过，随着与吸烟相关的负面健康信息的大量涌现，很多人毫无疑问地把吸烟看成了不酷的事情——如果不是愚蠢的事情的话。可是，《纽约时报》（*New York Times*）最近的一篇文章《Juul 太酷了》（The Juul Is Too Cool）清楚地表明，一种较新的高科技吸烟方式——Juul（一种电子烟）在社交媒体的推动下大为流行。吸电子烟始于2004年，目前差不多有1 100万美国成年人吸电子烟。在大学、高中和中学的学生中间，吸电子烟被认为是酷的事情。一位高中班长明确地说："吸电子烟很酷。"具有讽刺意味的是，Juul 最初是作为帮助人们戒烟的手段而出现的——虽然一半吸电子烟的人，同时也吸烟。Juul 释放尼古丁（它并不是致癌物），但并不释放与吸烟相关的致癌物。不过，人们担心，Juul 可能会导致吸烟的增加，进而产生与之相关的健康风险。

虽然看起来像香烟，但 Juul 里边装有一个可以更换的烟草棒。人们很容易就能在当地的商店里或者网上购买到 Juul。它们的形状各种各样，但最吸引人的是小的、容易隐藏的，看起来可能像优盘，并且可以充电。它产生的气溶胶有各种风味和香味（例如芒果味）。它不会冒烟。所有这些性质，使青少年很容易在父母的家里和教室里吸 Juul。即使向任何21岁以下的人出售电子烟设备是非法的，情况依然如此。有些电子烟产品的设计很吸引青少年，它们看起来像是果汁盒或者是糖果盒，并且拥有诸如"疯狂隐藏果汁盒"（One Mad Hid Juice Box）和"电子烟头酸蓝精灵酱"（Vape Heads Sour Smurf Sauce）之类的名字。

人们正在努力更好地控制 Juul 的使用和电子烟产业，特别是向21岁以下的人提供电子烟的情况。这些控制电子烟的努力的主要障碍是与 Juul 相关的正面感受："我尝试性地深吸了一口，差点跳了起来。我感觉好像一个小精灵从吸食器里冲了出来，在我的咽喉后部拍了一掌。"（Tolentino，2018：36）不过，2018年末，在政府和公众舆论的巨大压力下，Juul 公司宣布，将暂停风味电子烟的销售，并停止在社交媒体上的促销活动。

即使控制 Juul 的努力是成功的——这不太可能发生，让青少年和其他人认为是"酷"的其他东西和行为也会出现。

吸 Juul 仅仅是吸烟的最新形式，以及在一般的意义上耍酷的形式——在一个世纪甚至更长的时间里，耍酷在美国文化中扮演了一个核心角色。

第一节　文化的定义

文化（culture）的组成部分有观念、价值、实践和器物，它使一群人，甚至整个社会能够进行集体生活——在大体良好的秩序与和谐之中。与大多数文化相联系的，是无数的观念、价值、实践和器物。因此，没有一个人能够知道所有的内容，或者它们所有的意义。不过人们至少要知道他们的文化中那些最基本和最重要的因素。对共享的文化的知晓，促使人们以类似的方式行动，并且以类似的方式看待世界。不过，记住下述事实也很重要：在文化内部以及文化之间，存在着差异。

我们来看看美国本土的两个街头帮派——"血帮"（Bloods）和"瘸帮"（Crips）。他们于1970年代早期兴起于洛杉矶，目前已经是全国性的存在（Bichler et al.，2017；Covey，2015；Deutsch，2014）。两个帮派通过各种方法把自己和对方区别开来，不过最明显的方法是通过他们所定义的颜色——"血帮"是红色，而"瘸帮"是蓝色。对于帮派成员来说，这两种颜色以及其他标志意义重大——帮助他们标定边界、很容易地区别朋友和敌人以及代表他们的价值观。这些标志及其意义是由帮派自己创制的，并从一个帮派成员传递给另一个帮派成员。这样的标志还可能从一个地方的帮派传递至其他地方的帮派。一些墨西哥裔的美国帮派——例如 La Gran Raza 和 La Gran Familia——确立了观念和信物，以及名称，如 La Eme 和 Nuestra Familia，这些名字来自墨西哥的前辈，或者美国监狱里形成的帮派。

相反，对于那些不是帮派成员的人来说，一个观念、价值、实践或器物只有很小的、不同的意义，或者完全没有意义。例如，对大众成员来说，墙上喷涂的帮派标志可能仅仅是污损社区财产的涂鸦。一个人穿一件红色 T 恤衫，就是穿了一件红色 T 恤衫而已。

83　　文化的存在，以及关于它的共享的知识是如此重要，以至于群体的新成员，特别是孩子，很早就接受教育，以便学习这些基本要素。随着他们成年并成为整合度更高的成员，他们关于文化的知识会扩展。

与此同时，文化也持续不断地受到群体内外变化的影响。内部变化之一，是群体内部的人口平均年龄的变化。取决于平均年龄是提高还是降低，一个文化需要反映其成员的需求和利益，无论他们是更年轻，还是更年长。例如，和其大部分人口都是年轻人的社会相比，在美国和其他老龄化社会里，电视节目和与其相关的广告，更多地指向老年人（Carter and Vega，2011）。一个很好的例子是，特别是在老年观众中间，CBS 的《海军罪案调查处》（NCIS）的极度流行。另外，电视当然不能也没有忽视它的年轻观众。福克斯（FOX）的《帝国》（Empire）的大流行和文化影响，就是体现。

类似的是，文化还需要适应其他的变化，比如群体的性别构成。例如，一般来说，目前的女性帮派成员增多了。"血帮"和"瘸帮"也是如此（Goldman，Giles，and Hogg，2014）。作为这一变化的结果，一个帮派的文化需要做出改变，以应对诸如向女性成员分派任务等事项（比如，携带隐蔽的武器）。还有更特殊的情况，比如怀孕和带着幼儿的女帮众。

技术创新，是可能极大地改变一个群体的文化的外部变化。例如，伴随着智能手机的发展，作为一种沟通手段，发信息变得极其流行（包括在街头帮派成员中间），而电话通话则变得不那么常见了。因此，不仅仅是群体的新成员，那些加入群体很多年的人，也必须持续地学习文化的新内容（例如，帮派成员使用预付费的 "burner" 移动电话，这种电话很难或不可能被跟踪），也许还要忘掉被认为不再需要的内容（使用传统移动电话）。

智能手机的无所不在，创造了许多全新的社会现实，对于这些社会现实来说，还不存在清晰和明确的文化规则。关于发信息的规则很少，即使是现有的少数规则，也特别难以监控和监督，特别是在教室这样的地方（Pettijohn et al.，2015）。还有，冗长、大声且频繁的电话在一个人自己家里并不是一个问题，但在公共场合就可能是一个问题——那里存在对安静的期待，比如在一家高档餐厅。在从纽约到华盛顿特区的火车旅行中，我（本书第一作者）发现了一次移动电话通话在他人看来可以多么无礼，以及这一看法的后果。美国铁路公司（Amtrak）为那些不愿意被陌生人的移动电话打搅的旅客设置了"安静车厢"（quiet car）。我进入了其中一节安静车厢，但我并不知道乘坐这样的车厢意味着什么。旅行开始后，我的太太打来了电话，我们就开始交谈。几乎与此同时，一个在我前面几排就座的男人跳了起来，并愤怒地瞪着我。另一个乘客轻轻地拉了一下我的袖子，并指了指那个"安静车厢"的标志。我这时明白了它的意思并和我的太太说了再见。这展示了文化的力量，以及我们怎样学习新的文化要素和文化进展——有时是以很激烈的方式。从这以后，我就不再需要被提醒，在"安静车厢"里我应该怎样做。

我因为违反了"安静车厢"的文化而受到了轻微的惩罚，但这种惩罚有时会很极端。暴力并不是常规选择，但也并不是闻所未闻。例如柯蒂斯·里弗斯（Curtis Reeves）案件，他在电影院的电影预告片放映时，开枪打死了一个发短信（给他的保姆）的男人（电影甚至还没开始；Buie，2014）。

一些正式规范，有些地方（例如，佐治亚州）甚至是法律，被确立起来，以限制或禁止司机使用手持电话通话或者发短信。无论是依据保险公司的数据还是依据实验研究，一个很明显的事实是，驾驶时使用手持电话会增加事故的风险（Horrey and Wickens，2006）。最近的一项研究发现，在美国，几乎四分之一的汽车相撞事故，与开车时接打电话有关（Kunkle，2017）。一个非常积极的媒体运动已经开始——由奥普拉·温弗瑞（Oprah Winfrey）和其他人发起，目的是劝阻人们在开车时使用手持电话。一些州已经立法禁止这种行为，而且一些安全倡导者正在施压，以便通过类似的联邦法律。

如果两种努力都成功，开车时使用手持电话就不再被认为是文化上可接受的行为，实际上在全国都会成为非法行为。

虽然我们通常都会接受和学习文化的各种 *84* 内容，但有时我们也会拒绝合作，甚至拒绝接受它们。例如，很多人继续在驾驶时打电话和发短信，虽然他们知道这种行为是非法的，并且社会文化已经越来越多地对这种行为持负面的看法。另一个例子是，婚前和婚外性关系持续地被传统的美国文化否定，但很多人拒绝传统的美国文化观念，并越来越多地做出上述行为（关于婚前性行为，请参阅 Elias，Fullerton，and Simpson，2015）。很大程度上，我们可以争辩说，两种类型的性行为已经受到广泛的容忍；特别是婚前性行为，已经被接受为文化的一部分。

知识点 4-1 | 影响文化群体的变化的类型

内部的	外部的
群体成员的人口学特征，如年龄和性别构成。	技术，如智能手机。

第二节　文化的基本要素

正像前文所指出的那样，所有的群体都有文化。文化围绕着各种各样的社会现象展开，如体育、烹饪、葬礼、求婚、医疗、婚姻、性的约束和禁忌、身体装饰、历法、舞蹈、游戏、寒暄、发型、个人姓名、宗教和神话。不过，上述范畴以及其他很多范畴中的特定内容，在不同的文化中千差万别。文化之所以各不相同，主要是因为每一种文化都是代表了价值、规范、器物和语言的独特混合体，它们或者是从以往继承来的，或者是从其他的群体借鉴来的，或者是每个群体新创造的。

一、价值

最广泛存在的文化要素体现在**价值**（values）

之中。价值是一种概括的和抽象的标准，它定义一个群体或整个社会认为是善的、可欲的、正确的或重要的东西。价值表达了社会的理想，以及任何规模的群体的理想。

在经典著作《论美国的民主》（*Democracy in America*，1835—1840/1969）中，法国作家阿历克西·德·托克维尔详细地描述了他心目中的美国价值。在 19 世纪早期，美国人所珍视的东西，包 *85* 括民主、平等、个人主义、"享受身体舒适"（taste of physical comfort）、精神性（spirituality）和经济繁荣。虽然托克维尔是在大约 200 年前写下他的印象的，但今天绝大多数的美国人仍会接受他所描述的多数价值——如果不是全部的话（L. Crothers，2018）。

实际上，美国人感到，这些价值是如此自然，以至于他们不切实际地期望全世界的其他文化也接受它们。不过，这样的幻想对美国造成了一些令人失望的甚至是灾难性的后果。例如，当美国入侵伊拉克和阿富汗的时候，一个重要的目标，就是在这些社会里建立所谓民主的政府。其预设是，伊拉克人和阿富汗人希望得到与存在于美国的民主同样的民主。可是，在这些国家建立美国式的民主是极端困难的。其原因是多样的，其中一个是这样的事实，即他们缺乏美国式民主政府的传统。把一种价值，比如民主的价值，强加给一个原本不存在或者是以非常不同的方式存在民主的社会，是困难的，如果不是不可能的话。恐怖主义的持续存在——特别是在阿富汗（Packer，2016），使得下述情况不太可能出现：阿富汗在近期变成一个运作良好的美国式民主国家。

研究者运用世界价值观调查所搜集的资料提供了对下述想法的支持：在世界的很多地方，民主是一种艰难的尝试——如果不是不可能的话（Welzel and Inglehart，2009）。回忆一下第3章的内容，世界价值观调查搜集了来自全世界不同国家的数据。这些数据涉及个体对性别平等、堕胎容忍、同性恋、离婚、自主权高于权威（比如，服从和信仰）以及"民主参与高于安全"等话题的观点。在那些个人自由不被高度重视的国家（如巴基斯坦、约旦、尼日利亚），受访者倾向于把威权政府看作是民主的政府。这一调查还显示，这些国家里的公民并不知道自由民主制的意义。美国式的民主在这些国家成功的机会是很小的。

当然，民主在有些国家难以成功的原因有很多。除了其他的因素，在确立民主之前，人民需要有足够的食物，感到安全，能够受教育，并且信任他们的政府。不幸的是，在世界上的很多地方，上述很多需求并没有获得满足——如果不是全部需求的话。

二、规范

以价值为基础，**规范**（norms）是非正式的规则，被用于指导人们的行动和生活。规范告诉我们，在一个特定的场合下，我们应该做什么，不应该做什么。很多规范是非正式的。换言之，在任何地方，它们都没有被正式地提炼出来、书写下来。**法律**（laws）是被提炼出来的规范。它们被书写下来，并且通过一些机构，如国家，获得执行。关于驾驶时通过手持电话通话和发短信的规则，就是把非正式的规范提炼为法律的例子。

你应该遵循规范、遵守法律，但是，违反规范和违反法律的后果，是非常不同的。如果你违反了反对杀人的法律，你会被逮捕、监禁，甚至被处决。但是如果你没有遵循使用餐具进食的规范，而是用你的手指进食，你可能仅仅会从你的食伴那里看到皱起的眉头和听到几声"啧啧"。当然，反应不一定总是那么温和。例如，如果你违反"在与其他帮派械斗时不得逃离"的规范，可能会导致暴力、死亡，或者其他并不轻微的后果。

规范通过**制裁**（sanctions）来获得遵循，制裁的形式可以是惩罚（消极制裁），也可以是奖励（积极制裁）。一般来说，如果规范被违反，就会实施惩罚。而规范被遵循的时候，奖励也会被执行。例如，当你用手吃饭的时候，食伴就会皱眉头，而当你使用了正确的餐具，食伴就会露出赞同的微笑。帮派成员会否定（disapprove）那些逃跑的人，肯定那些留下来战斗的人。如果孩子带回家来的成绩卡上满是A和B，他可能会受到表扬。如果成绩卡显示的成绩低下，孩子可能会受到父母严厉的教训。换言之，无论规范是得到遵循还是被违反，制裁都会被实施。有时候，单一的积极制裁或消极制裁就足以使规范得到遵循。当然，一般来说，当积极制裁和消极制裁同时使用的时候——既使用胡萝卜（奖励），也使用大棒（惩罚）——规范的执行会更加有效。大多数人之所以遵循规范，就是因为它们和制裁是联系在一起的。

思考题

在你的教室、宿舍或者公寓里，正在发挥作用的规范有哪些？当这些规范被违反的时候，你观察到了什么样的消极制裁？

作为法律和各种规范之间的差异的一个好例子，设想一下你乘飞机旅行时可能遇到的情形。首先，如果你想在通过机场安全检查时少遇麻烦，你需要遵守与下述情况相关的法律：飞机上能够携带什么，以及你必须做和不能做的事、必须说和不能说的话。在安全检查处的附近，有相关法律的警示牌。

关于航空旅行的规范包括以下内容：

- 进入和离开飞机时，不要阻塞通道。
- 限制所携带行李的大小和形状，以适合通道和头顶的行李舱。
- 不要独占扶手。
- 不要侵占你两旁的座椅。
- 当你旁边的旅客使用便携式电脑工作或者试图睡觉时，不要与他们交谈。
- 不要在盥洗室停留过长的时间——其他人也许在等候，不要把盥洗室搞得乱七八糟。
- 不要惹恼空乘人员。无论有什么问题，一般来说，都不是他们的错。再说了，他们有能力在剩下的旅程里让你苦不堪言。
- 如果你带着婴儿旅行，要使用盥洗室给他们换尿布，而不是利用你旁边的座位换尿布。
- 下飞机的时候静心等待，让坐在你前排的旅客先下飞机。

登上飞机后，你仍然在很多法律的管辖之下，比如禁烟的法律和禁止携带枪支的法律。你还需要遵守一系列的规范，虽然并没有警示牌写明或解释它们，也没有关于它们的训练班。可是，你大概知道大多数规范或全部规范，比如不要过多地侵犯你的邻座的空间。还有一些更加严肃的非正式规范，比如反对酗酒，反对满飞机闲逛，反对侵扰其他旅客等。这些未写明的规范以及其他规范，是航空旅行文化的一部分。虽然你和其他旅客知道大多数规范，但规范仍然频繁地被违反。不过，当你违反这些规范时，或者其他人违反规范时，你所知道的文化就会显示出它的力量。

并不是所有的规范都是一样的，或同样重要的，也不是对所有规范的违反都会带来同样的惩罚。首先是**民俗**（folkways），即那些相对不重要的规范。如果它们被违反，只伴有很少的制裁——如果有的话（Sumner, 1906 / 1940）。飞机上不侵入你邻座旅客的空间，就是民俗的一个很好的例子。另一个不同情境下的例子是，很多大学的课堂规范禁止在上课时发短信，但这些规范经常被违反。当学生的违规行为被警觉的教师发现时，消极的制裁，例如被要求停止发短信或者被逐出教室而无法再听余下的课，通常都是温和的。

与此相反，**民德**（mores）是更重要的规范，对它的违反会面临严厉的消极制裁。飞机旅客攻击其他旅客或空乘人员，就是违反了民德，很可能会被强制驱逐出飞机。学生利用他们的智能手机在大学的考试中作弊，也是在违反民德（以及校园规范）。如果他们的行动被看到或者发现，他们可能面临严厉的消极制裁，比如课程不及格甚至被开除学籍。虽然人们清晰地区分了民俗和民德，但实际上它们存在于一个连续统（continuum）之中，因此很难确定民俗和民德之间的边界。

为了为法律和其他各种类型的规范之间的差异找到一个好例子，请设想你在沃尔玛超市可能遇到的情况。反对商店偷窃的是法律，反对破坏商品展示柜台的是民德，关于排队和按顺序结账的是民俗。

三、器物文化

价值和规范存在于观念的领域里。不过，文化也会采取物质的，即看得见摸得着的形式（参阅下文有关象征文化或非物质文化的相关定义和讨论）。**器物文化**（material culture）包括了所有的人工制品，亦即"物件"，在这些物件上，文化得到反映和体现。器物文化涵盖了类型广泛的东西，包括我们穿的衣服、我们住的房子、我们的电脑和智能手机、儿童们玩的玩具，甚至是我们的军队使用的武器。

文化形塑这些物品。例如，美国人对经济繁荣的价值追求反映在了如《大富翁》（Monopoly）之类游戏的器物之上。这一游戏最早于1930年代获得专利，而它的偶像是衣着得体、经济成功的佩戴着单片眼镜的大亨，他的名字叫富大叔彭尼班戈斯（Rich Uncle Pennybags）。这一游戏的目标，是积累最多的财产和金钱。目前，有在线版本的《大富翁》、CD 光盘版本的《大富翁》，还有无数修订版本的游戏——为不同的城市、运动队、电视节目和业余爱好者（包括时尚女孩版）设计的特殊版本。目前还出现了非器物的游戏［比如《堡垒之夜》（Fortnite）和《口袋妖怪 Go》（Pokeman Go）］。不仅有数百万人在线上玩这种游戏，还有成千上万的人在真实的体育场馆里玩这种游戏，伴随着数百万美元的奖金（Wingfield，2014b，2014c）。

从很多方面来说，器物文化塑造更大的文化。例如，在玩《大富翁》的时候，孩子们学习、支持并进一步推进了珍视财富和物质成功的文化。另一个不同的例子是，存在了数个世纪的美国价值如个人自由和个人主义，在汽车、独户住宅和智能手机等器物的广泛流行之后，获得了极大的发展。例如，智能手机为我们提供了与广大世界——这一世界存在于电话和互联网上——高度个人化的、移动的联系。

器物文化不仅存在于单个物品上，也存在于不同物品的关系之中（Baudrillard，1968 / 1996）。例如，每一个品牌的啤酒都有其意义，这部分是因为它在啤酒品牌体系中的位置。百威（Budweiser）在这样的体系中有其位置，它既包括低品位、低价的啤酒［如蓝带（Pabst Blue Ribbon）］，也包括高品位、高价的啤酒［如微酿的精英啤酒，例如智美（Chimay）］。百威和所有啤酒品牌所具有的意义，至少部分来自它们在更广大的啤酒体系中的位置。

四、象征文化和语言

象征文化（symbolic culture）包括文化的非物质方面。实际上，我们已经讨论过象征文化的两种关键形式——价值和规范。当然，在器物文化和非器物文化之间，并没有清晰的界限。大多数——如果不是全部的话——器物文化都有其符号的一面，而象征文化的各种不同面向则体现在器物文化之中。在下述情况下，我们的象征文化会彰显出来：购买美国汽车而不是购买日本汽车或者韩国汽车，以表现我们的爱国主义；购买最新的苹果手机，以表现我们的技术先进；使用布尿布而不是使用尿不湿，以表现自己成为"绿色"父母的承诺。

象征文化的一个重要方面是**语言**（language），即能让人们进行交流的有意义的系列符号。语言，特别是其书写形式，使文化的储存和发展成为可能。大体上是口述传统的文化固然能够积累文化，并把它从一代人传递到下一代；但在保存和扩展文化方面，书面语言要有效得多。

也许更重要的是，语言襄助了文化之间的交流。词语反映了我们思考和看待世界的方式。它们也会塑造和影响文化。设想一个来自 1950 年代的时间穿越者，来到一家现代超市购买早餐。家乐氏（Kellogg's）的掺入蔗糖的冷冻麦片（Frosted Flakes）是 1950 年代值得注意的一项创新。不过，我们的时间穿越者会对早餐麦片的品牌名称，如 Froot Loops、Fruity Pebbles、Count Chocula、Franken Berry、Lucky Charms，感到困惑。我们现在所拥有的异域情调的和多样的麦片种类，会被来自 1950 年代的人看作是奇迹。不过，这里的要点是，大量麦片品牌的存在，可以使消费者针对早餐和其他事项，进行精细的区分和判断，并使消费者在交流自己想吃什么的时候，表述更加准确。

当代世界给了我们大量的新词。例如，在数字时代，电子邮件和广告商给了我们一个词——"垃圾邮件"（spam），用以指代潮水般的不受欢迎的信息（现在已经大大减少了）。在社交网络的世界里，推特给了我们"hashtag"这个词，用以描述帮助我们搜索推文的标签。新词"trolls"指的是那些在社交论坛上挑起辩论的人。我们的社会消费取向同样促成了很多新词的创造，其中包括大量的品牌名称。例如，现在几乎已经消失的 iPod 曾经是便捷式音乐设备的主导品牌，它引发了 iTunes 的开发。苹果手机是引领性的智能手机（smartphone，另一个新词），它在取代了 iPod 的同时又带来了应用程序行业的快速发展。类似地，全球化也导致了新词的产生，其中包括"全球化"这个词本身——1990 年以前，实际上没有人用这个词（Ritzer and Dean，2019）。把工作移至其他国家来完成，给了我们"外包"（outsourcing）这一术语（Ritzer and Lair，2007）。

这些词被全世界的人共享，使他们能够相互

交流。如果不同文化的人共享一种母语，他们之间的交流就会容易很多。在法语是官方语言的国家，如布基纳法索和尼日尔，人们之间进行商业交易，比他们与以阿拉伯语和葡萄牙语为主要语言的国家——如毛里塔尼亚和佛得角——的人们进行交易，更为容易。

文化之间的交流从来不像一个特定文化内部的交流那么容易，那么清晰。例如，在 2017 年的电影《大病》(*The Big Sick*) 里，在巴基斯坦出生的喜剧演员库梅尔·南贾尼和他的美国女朋友，因为文化差异，经历了各种各样的冲突。在女朋友生重病之后，库梅尔不仅仅在与她父母的关系中，还在与自己父母的关系中，面临文化的纠结。库梅尔的父母希望，他能找到一个遵循他们的文化期待的配偶。

在消费主导的世界里，文化之间的交流也会通过对共用商标的审视 (viewing) 来进行。可是，在一些文化中著名的商标，可能无法翻译到其他文化中去。结果，品牌往往被重命名，以便更好地反映其销售地的文化。表 4-1 展示了美国和其他地方的一些著名商标，以及这些商标对应的中文名称。

表 4-1 部分著名商标及其中文名称

商标	中文名称
BMW	宝马
Heineken	喜力
Coca-Cola	可口可乐
Marriott	万豪

虽然这些名称的改变很平常，但一些中文品牌仅仅是国际品牌的音译。例如，"Cadillac"被译成"凯迪拉克"。虽然这个名称对中国人来说没有任何意义，但它是外国名称这一事实，给了它一种品位和尊贵的光环。不过，如果微软使用它的搜索引擎品牌"Bing"的音译，就会面临大麻烦。在中文里，"Bing"的翻译将是"病"或者"病毒"。为了避免被视为"疾病缠身"或者"病毒携带者"，微软将其中文名称改为"必应"。这一名称有一个更为吸引人的意思，即"保证回应"(Wines, 2001)。

思考题

你是否曾置身于这样的场合，比如在国外旅行中，因为你对语言和周围的标志不熟悉，而面临理解和沟通的困难？你是否帮助过处在类似困境中的人？你是怎么做的？

即使人们共享一种语言，如果他们的背景和价值差异太大，交流仍然可能是困难的。《绝命毒师》(*Breaking Bad*) 是一部非常受欢迎、非常有影响力的获奖电视剧 [当前的《风骚律师》(*Better Call Saul*) 是对它的模仿]。在《绝命毒师》里，一个被诊断为癌症晚期的中学化学教师，决定利用自己的专长成为一名冰毒制造者 (crystal meth cook) 来挣钱，以便在其死后供养他的家人。至少在最初阶段，吸毒者、贩毒者和杀手世界中的规范、价值和语言使他晕头转向。高中化学课堂的语言和毒品世界的语言之间大相径庭。

知识点 4-2 | 文化的基本要素

要素	描述
价值	概括的和抽象的标准，它定义一个社会认为是善的、可欲的、正确的或重要的东西。
规范	非正式的规则，它指导人们做什么和怎样生活。
器物文化	作为文化之体现的人工制品。
象征文化	文化的非物质方面。

第三节 文化差异

正像你迄今所看到的，我们可以把一个社会的文化作为一个整体来思考（如美国文化）。在后文中，我们甚至会想象一种全球性文化。但是你也看到，文化存在着巨大的多样性，从帮派文化到互联网文化，我们可以列举太多的文化的其他变种。不过，在下述关键概念——理想文化和实际文化、意识形态、亚文化、反文化、文化战争以及多元文化主义的帮助下，研究和理解文化将会变得容易。

一、理想文化和实际文化

在理想文化和实际文化之间，常常存在着一道鸿沟——如果不是大峡谷的话。**理想文化**（ideal culture）是我们在一个社会的规范和价值的引导下，认为人们应该相信和应该做的事情。而**实际文化**（real culture）是人们在日常生活中实际的所思所为。例如，我们已经看到，一个主要的美国价值是民主。可是，只有勉强超过一半的美国人愿意费心在总统选举中投票——在2016年的选举中，只有60%的合格选民参加了投票，仅比4年前的数字提高了1个百分点（United Sates Elections Project，2016；参阅第15章）。在州选举和地方选举中，合格选民的投票率还要低很多。更糟的是，在其他的参政方式中，如为某一个政党拉票，或者吸引人们出来投票，活跃的美国人更少。

另一个例子是，"母亲应该为孩子投入完全的身心"的理想（Hays，1998），经常与下述生活现实发生冲突：很多妇女在家庭之外工作，并且必须在工作和家庭之间平衡她们的时间。这一冲突在母乳喂养的事情上非常明显，而母乳喂养，至少对一些妇女来说，越来越可能重新成为母亲身份（motherhood）的规范（Avishai，2007；Stearns，2009）。对很多妇女来说，母乳喂养是困难的，或者是不可能的。这是因为，母乳喂养费时费力，而且，考虑到妇女们所面临的工作和其他限制，她们很难拥有母乳喂养的时间和精力。虽然对婴儿和母亲都有健康上的好处，但对

妇女来说，母乳喂养会产生社会和经济上的负面效应。最近的一项研究显示，那些母乳喂养超过6个月的妇女，与没有那么长时间母乳喂养或者完全没有母乳喂养的妇女相比，遭受了更大的经济损失（Rippeyoug and Noonan，2012）。虽然有些没有进行母乳喂养的妇女会感到，她们不符合作为一个"好母亲"的文化标准，但是其他妇女却发展出了一种抵抗机制，来保持一种积极的母性认同，比如，承认使用配方奶粉并不全是一个个体化的选择（Holcomb，2017）。

二、意识形态

意识形态（ideology）是一系列共享的信念，它解释社会世界，并指导人们的行动。在任何一个社会里，都有很多意识形态，而有些会成为主导性的意识形态。例如，在美国，贤能制（meritocracy）是主导性的意识形态，它涉及广泛共享的信念，即所有人都有平等的机会，获得建立在勤奋工作和技能基础之上的经济成功。很多人在这一信念的基础上行动，并且追求成功所需要的教育和训练，以及诸如此类的东西。

可是，即使敬业奉献并拥有足够的教育和训练，也不是每个人都能成功。在很多情况下，有些人比其他人更幸运（Frank，2016）。有些人的成功仅仅是因为一次好运，而原来他们并不应该成功；其他应该成功的人没有成功，仅仅因为他们不幸运。这反映了一个关键的事实，即并不是所有的意识形态都是真实的。一方面，某一意识形态可能来自某些群体的成员（如上层阶级的成员），并且对他们来说，该意识形态是真实的，但对其他人（如下层阶级的成员）却不真实（Mannheim，1931/1936）。另一方面，它可能是某个群体（对真相）赤裸裸的歪曲，以便对其他的群体隐瞒真相（*Marx*，1857—1858/1964）。从这个意义上说，贤能制或许是上层阶级创造的意识形态，其目的是隐瞒这样的事实，即下层阶级只有很少或者完全没有成功的机会。对他们隐瞒这一事实，是为了避免他们变得不满和叛逆。如果下层阶级接受了贤能制的意识形态，他们更可能会把失败归咎于自己而

我们习惯于自动地排成笔直、有序的队列，比如在我们登记、点餐、进入体育赛场或者出席流行音乐会的时候（Fuller, 2014; Helweg-Larsen and LoMonaco, 2008）。在现代美国社会，排队是常规。

可是，在其他社会，特别是欠发达的和前现代的社会，笔直的队列却并不总是常规。例如，在印度，人们在开始排队的时候，也许会排成一队（queue）。可是，当队列过长的时候，新来者就会站在队列中人的旁边，最终形成的队形，就像是由人构成的树状图上，又长出了新的手臂。"他们在队伍的中间徘徊，手持报纸，熟练地表现出不知所措的样子，然后悄悄溜到一个比较靠前的地方。在受到质疑的时候，他们的回答是可以预见的：'噢，我没有看见有队。'"（Giridharadas, 2010）。为了避免别人插队，人们（大多数是男人）最终和前面的人靠得很近。结果之一是，队列中的人的身体会相互接触。

在中国香港，当 1975 年第一家麦当劳开张的时候，排队仍然不是常规。实情是，拥挤的人群高声喊叫着点餐，并向店员挥舞着钞票。麦当劳引入了排队监督员，他们负责让顾客排成有序的队列。这一实践后来变成了香港中产阶级文化的一般特质。实际上，年长的香港居民把香港的排队习惯的引入，归功于麦当劳。

最近，在印度和其他地方，排队受到了"市场心理"的挑战。因为很多人——特别是富人——越来越相信，他们可以花钱购买队列里的优先位置，或者完全避免排队。在印度教寺庙里会有人排队，那些付钱的人会排在短得多的 VIP 队列里，或者完全不用排队。在印度的俱乐部里，对大多数的顾客来说，有利用隔离绳围起来的队列，但买得起会员资格的人会很快获得服务。在迪士尼的魔法化妆厅（Bibbidi Bobbidi Boutique）里，有钱的父母可以花钱让自己的孩子接受公主或者王子的装扮，然后插队进入隔壁的城堡区，会见扮成公主的角色。

对于那些出得起钱的人来说，这种市场驱动的安排更加高效，但那些付不起钱的人的生活变得复杂了。这种安排，还促进了一个越来越分层的世界的形成。

思考题

你是否认为排成有序的队列是一种良好的规范？你如何理解，对支付额外费用排在队列前头的行为并没有明显的社会制裁？

不是上层阶级，也不会归咎于美国的整个经济体系。

91 三、亚文化

在任何文化中都存在**亚文化**（subcultures）。亚文化涉及一群人，他们接受大部分的主流文化，但又有别于主流文化——因为一个或者多个显著不同的文化特征。在美国，主要的亚文化包括 LGBTQ（女同性恋、男同性恋、双性恋、跨性别和酷儿人群）、西班牙裔、哈西德犹太人、嘻哈迷以及年轻人。在美国，伊斯兰文化日益成为重要的亚文化（特别是在像底特律这样的城市里）。在很多欧洲国家，伊斯兰文化已经构成了一个主要的亚文化，特别是在英国。

亚文化也在消费领域崛起。例如，围绕着某一个特定品牌的产品，形成了"品牌社区"（Todd and Soule, 2018）。哈雷-戴维森（Harley-Davidson）摩托车的骑手就是这样的一个亚文化群体（被称为 HOGS，即 Harley Owners Group 的缩写），他们拥有独特的服装、节日和规范。围绕着一些苹果产品，比如麦金塔（Macintosh）电脑（Mac）和苹果平板电脑（iPad），形成了一些品牌社区。这些社区的成员共享一些文化要素，包括规范。在 Mac 的例子中，一些社区成员积极地鼓励"越狱"（jailbreaking）——一种侵入苹果的软件以逃避各种限制和约束的手段。

任何社会都包括很多亚文化，如黑客和致力于钓鱼的人，他们围绕着特定的生活方式而形成，并共享特殊的词汇。人们对"越轨"亚文化非常关注，如那些涉及粗野（goth）等行为的亚文化（Barmaki，2016）。在英国，"足球流氓"——这些人在足球比赛时参与暴力活动或者从事与足球有关的暴力活动——构成了这个社会所特有的越轨亚文化（Ayres and Treadwell，2012；Dunning，Murphy，and Williams，1988）。当然，也有很多"直男"亚文化，比如玩在线游戏（例如《堡垒之夜》）的人，或者喜欢"清洁饮食"（clean eating）[例如，Whole30 饮食计划（https://whole30.com）] 或者原始饮食（Wood，2006）的直男。

亚文化的另一个例子，是滑板玩家的世界。大多数的滑板玩家接受社会的多数文化、规范、价值和语言，不过仍然在一些方面有所不同。与其他人相比，他们中间的很多人更愿意承担风险。例如，他们参与一种被叫作"跑酷"（parkour）的运动，这种运动涉及身体对各种障碍物——如墙和各种突出物——的跨越（Kidder，2012；Thorpe and Ahmad，2015）。所有的滑板玩家，以及那些"跑酷"玩家，都认为这些障碍物会提高该活动的刺激程度。

滑板玩家们还有自己的词汇。凑巧，我（本书第一作者）家里就有一个滑板玩家，因此我
92（粗略地）了解这些术语。不过，我花了很长时间来理解它们。当我理解了它们之后，我就能够更好地体会滑板和它的精妙之处。当然，与那些沉浸在滑板亚文化及其独特语言中的人相比，我的理解还是苍白的。

四、反文化

反文化（countercultures）涉及这样一群人，不仅仅他们的文化和主流文化不同，他们还持有一些与主流文化不兼容的规范和价值。实际上，他们可能有意识地、公开地对抗主流文化。

术语反文化是由西奥多·罗斯扎克（Roszak，1968 / 1995）在 1960 年代发明的，与嬉皮士、反战活动者和激进学生有关。

电脑黑客是反文化的当前例子。通过无害的免费电脑程序写作，很多黑客仅仅是想炫耀自己对电脑技术的精通。但有少数人致力于颠覆权威，扰乱互联网的秩序，还有一些人涉嫌盗取他人的身份信息（身份盗窃）和金钱（Alleyne，2018）。他们写作有害的程序，试图干扰甚至中断电脑的正常运行。一个著名的例子是，罗伯特·塔潘·莫里斯（Robert Tappan Morris）被认为释放了史上第一个蠕虫病毒，它使数千台电脑运行缓慢，还使很多台电脑无法使用。从那时开始，很多未遂的和成功的黑客侵入，威胁着政府和公司的电脑系统（比如 2017 年对 Equifax 公司的入侵）。黑客们的目标是，盗取秘密信息或者个人信息（比如 Equifax 案例中的消费者信用卡信息）。对公司电脑的大量侵入，意在盗取信用卡号码和账户信息。例如，在 2014 年后期，家得宝公司（Home Depot）5 600 万消费者的账户信息受到了威胁；在此前一年，塔吉特公司 4 000 万账户的信息被黑客攻击（Perlroth，2014）。2015 年中期，黑客们泄露了在阿什利·麦迪逊公司（Ashley Madison）开户的 3 000 万人的姓名。对这些账户持有人来说，这一事件尤其麻烦，因为在阿什利·麦迪逊网站上活动的，都是对外遇感兴趣的人。这个网站的口号是，"生命很短暂，开始婚外恋"（Life is short；have an affair）（McPhate，2016）。个人账户被黑客攻击，并被锁死，直到账户持有者支付了黑客要求的赎金，攻击才结束（Simone，2015）。在 2016 年晚期，黑客行为成了一个巨大的公共事件——在美国总统竞选期间，据说俄罗斯黑客攻击了希拉里·克林顿和她的支持者的账户。很多人相信，俄罗斯的目标是帮助唐纳德·特朗普赢得大选（Lipton，Sanger，and Shane，2016）。虽然有清楚的证据表明，俄罗斯黑客确实侵入了希拉里的电子邮件账户，以及与她的竞选相关的其他人的账户，但米勒报告（Mueller report）似乎排除了特朗普在这件事情上与俄罗斯共谋的嫌疑。不过，可

以预见，在未来，还会有更多的信息泄露事件出现。

在消费领域，当代一个重要的反文化是由那些与"自愿简单"运动相关或者赞同它的人形成的（Elgin，2010；Pelikán，Galacanova，and Kala，尚未出版）。社会学家朱丽叶·肖尔（Schor，1993，1998）曾经批评美国主流文化对她所称的"工作和花钱"的强调。也就是说，我们愿意长时间地工作，以便在消费上大笔花钱，并生活在一种永远精致的生活方式之中。肖尔（Schor，2005）还指出，我们的消费文化导致了童年的商业化：广告在儿童的生活中无处不在。作为一个反文化的选项，她建议我们既减少工作，也减少消费，转而把自己投身于更有意义的活动中。过一种简单的生活意味着避免过度消费，减少对环境的伤害。

全球化，特别是经济全球化，也促生了一些非常活跃的反文化群体。他们不一定反对全球化，而是热衷于其他替代方式的全球化（Kakn and Kellner，2007；Obara-Minnitt，2014；Pleyers，2010）。实际上，很多反文化群体就是全球化过程的一部分。世界社会论坛（World Social Forum，WSF）创立于2001年，以回应一系列反全球化的抗议，特别是1999年在西雅图的抗议。它的成员来自全世界。WSF的口号是"另一个世界是可能的"（Another world is possible）。那个另外的世界会有更少的资本主义。它还会使更民主的决策成为可能——在影响世界上大量人口的事务方面。那些接受这一愿景的人，显然是一个反文化的组成部分。他们反对主流资本主义文化的全球传播——在利润最大化和民主决策之间，资本主义文化将前者置于优先地位。

五、文化战争

在1960年代，嬉皮士、激进学生以及反越战活动者，以人们听得见、看得见的方式，有时甚至是暴力的方式，拒绝传统的美国规范和价值。他们拒绝不假思索的爱国主义，拒绝针对毒品和性自由的禁忌。文化战争一词，就是用来描述随之而起的社会反叛的。更宽泛地说，**文化战争**（cultural war）是亚文化和反文化与主流文化之间的冲突（例如，反进化论者对阵进化论者；Silva，2014），或者是一个社会之中不同主导群体之间的冲突。有时，文化战争会导致社会、经济和政治现状的破坏（Hunter，1992；Luker，1984）。

在今天的美国，主要的文化战争是下述两类人之间的斗争：那些视自己为社会政治光谱中保守主义一端的人和那些视自己为自由主义一端的人。在很大程度上，这场战争被看作是一场针对政府支出、税收、社会服务、国防和环境保护措施的政治斗争。一般说来，保守主义者喜爱更少的政府支出、少对富人征税、更少的穷人福利、积极的国防以及最低的环境标准。通常，自由主义者支持政府增加教育、健康保障、对穷人的服务方面的支出，但是要减少国防支出；他们还支持更严格的环境法规。目前，这一战争可以概括为唐纳德·特朗普及其在共和党内的保守主义盟友，与国会里面的自由主义民主党人之间的战争。

在这些群体之间，也存在着基本价值观的重要差异。例如，试想一下针对堕胎的无休止的斗争。政治斗争所针对的是堕胎和避孕的法律限度。不过，背后的价值观是，一个人对生命的定义和对女性在社会中的角色的态度。与之类似，针对"家庭价值"爆发了激烈的争论：保守主义者担心的是，传统的核心家庭的衰落、越来越多的同居和单身父母、同性恋婚姻以及同性恋夫妇对儿童的收养。他们特别强调严格的道德规范和自我约束，而自由主义者更加看重共情、开放和公平。自由主义者倾向于把家庭领域的这些进展看作是一种迹象：越来越多地接受人们的差异性和境遇（Lakoff，2016；Wuthnow，2018）。实际上，在社会学领域，家庭学者之间发生了激烈的争论。一派学者争辩说，家庭正在衰落之中；而另一派学者认为，家庭的概念需要扩展，以便涵盖人们实践其亲属关系的各种方式（Popenoe，1993；参阅第12章）。

在大众传媒中，针对保守主义和自由主义之

间的文化战争，人们进行着无休止的辩论。在保守主义［福克斯新闻（Fox News）］和自由主义［微软全国广播公司（MSNBC）］这一分界线上，媒体本身的立场越来越分裂。这些电视台的新闻报道经常大相径庭——在报道同一个事件时，采取对立的或冲突的立场，甚至是呈现完全不同的故事和看法。主要的媒体权威人士［例如，福克斯新闻的保守主义者肖恩·汉尼提（Sean Hannity）和微软全国广播公司的自由主义者雷切尔·麦道（Rachel Maddow）］经常在这个问题上隔空对战。

我们还可以在数字世界里发现文化战争的例子。例如，开源的主张者们相信，互联网或者至少是其大部分，应当免于政府或者公司的控制。他们支持开源的软件［如 Linux、Firefox、OpenOffice、GNU①图像操作程序（GNU Image Manipulation Program）］，以及信息的自由获取。他们的榜样之一就是维基百科，在那里，每一个人都可以创建词条并修改它们。他们反对互联网中占支配地位的营利性玩家，包括微软、谷歌、苹果，以及互联网服务的供应商。这些大型公司被认为是在瓜分数字世界，并控制其可及性，以便获取巨大的利益。在这两种文化之间，以及支持它们的群体之间，持续的、低水平的冲突一直存在。最近，一场文化战争在两类人之间爆发。一类人希望给一些公司［比如康卡斯特（Comcast）和威瑞森（Verizon）］对互联网的控制权；另一类人倾向于"网络中立"（net neutrality），即主张免费的和向所有人开放的互联网。在 2016 年中期，当联邦法院做出有利于网络中立的裁决时，这一问题似乎已经获得解决。但是，这一问题没有被消除。在 2017 年底，联邦通信委员会（Federal Communications Commission，FCC）通过投票，废除了至少一部分使网络中立成为可能的规则。作为其结果，可能的情况是，大公司将会在互联网上获得更多的存在感以及更多的控制力。

思考题

你是否认为，政治保守主义者和自由主义者之间的战争是不可避免的？为什么？

六、多元文化主义和同化

近年来，人们特别关注文化多样性的另一面——**多元文化主义**（multiculturalism）。多元文化主义是一种社会环境，在其中，文化差异被国家和多数群体接受和欣赏（Pakulski，2014）。这些文化群体的基础可以是种族、民族、国家或者语言。它们也可能建立在年龄或其他差异的基础之上。例如，美国人通常接受，年轻人和老年人各自拥有自己的文化倾向性。美国人通常会宽容——有时甚至赞美——宏观文化中不同文化群体的共存。

不过，在涉及（居民的）民族来源和国家来源的时候，这个国家（美国）从来没有赞美过多元文化主义。主流文化主要对**同化**（assimilation）感兴趣，或者对把少数群体融入主流社会感兴趣。作为一个所谓的移民国家，美国一直需要解决文化多样性的问题。直到 20 世纪晚期，大多数的移民都来自欧洲，特别是东欧和南欧。在很大程度上，很多群体确实被同化了，虽然他们的同化经历了数代人。举例来说，今天我们会毫不犹豫地认为，波兰裔美国人或者意大利裔美国人是"普通"美国人。

不过，下一波移民，即 1990 年代和 2000 年代的移民，并没有被很好地同化。最大的移民浪潮来自美洲，另一个大群体来自亚洲，而且其数量还在增长。这些移民，特别是来自墨西哥和中国的移民，经常生活在大体上封闭的聚集地（enclave）里，说着他们的母语。他们还保留着自己的基本文化，比如他们的饮食口味。他们是否会融入美国主流文化，或者在多大程度上融入主流文化，仍然是一个问题；他们的文化是否会被接受为美国文化的珍贵要素，或者在多大程度上被接受，也仍然是一个问题。

以前，穆斯林一般来说在美国融入得不错（Freedman, 2016）。可是，他们在未来的融入，却存在疑问（Bulut, 2016）。这是目前广泛存在的针对穆斯林的敌意造成的结果——因为人们以为他们与"9·11"事件有关，与美国和世界其他地方的恐怖主义活动有关。在2016年的总统大选中以及特朗普任职的早期——特朗普建议并实施了一项针对穆斯林移民美国的短期禁令——这种敌意极大地增加了。在2018年中期，美国最高法院中止了针对移民的禁令，但中止令仅仅适用于5个以穆斯林人口为主的国家。人们不知道这一禁令还能施行多长时间，但穆斯林、少数族裔成员以及少数族裔权利的支持者们，完全有理由警觉起来。

在未来，那些已经融入的穆斯林可能会面临更多的敌意，而新来者可能在融入的过程中面临重重困难。美国（以及其他地方）的穆斯林所承受的敌意还会存在下去，虽然很多袭击发生在穆斯林主导的国家，而且穆斯林在受害者中的人数高得不成比例（Barnard, 2016）。

对很多欧洲社会来说，特别是斯堪的纳维亚国家和荷兰，多元文化主义是一个相对晚近的事物。传统上，它们几乎是单一文化的，即使在今天，在这个广泛的全球移民的时代，它们人口中在外国出生的居民的比例，也比美国低。不过，从1950年代开始，很多欧洲国家开始出现劳动力短缺（Fassmann and Munz, 1992; Fielding, 1989）。大量来自南欧较贫穷国家如西班牙和意大利的人口，移民到了北欧国家。后

趋势

《留守者：美国乡村的衰落与愤怒》（普林斯顿大学出版社，2018）

罗伯特·伍斯诺（Robert Wuthnow）

生活在美国乡村的人，其日常体验是怎样的？对他们来说，哪些价值是最重要的？这些价值怎样影响他们的政治立场？美国乡村是同质的吗？为了回答这些问题，罗伯特·伍斯诺和他的助手们对超过1 000名乡村居民进行了深度访谈。他们的主要发现是，乡村美国人归属于道德性社区（moral community），并怀有彼此负责任的感觉。大多数乡村居民生活在小镇的附近，他们在小镇里工作、购物、上学、做礼拜，并且进行社会交往。这些小镇是强化道德性社区的地方规范和习俗（比如参与社区事务和与邻居频繁互动）的物理空间。不过，从下述意义上说，道德性社区也是想象性的：虽然这些社区的成员并不是都彼此认识，但他们感觉彼此认识，并共享同样的价值。伍斯诺（Wuthnow, 2018: 5）认为，"美国乡村不是一个同质的人口普查群体"，因此，我们最好不要对其居民进行简单化的概括。不过，这里大多数人是白人（85%～90%），在政治和社会层面是保守的。因此，他们的道德性社区往往是由排外言行或"排除异己"塑造而成的。

美国乡村的很多道德性社区感到，它们受到了不受其控制的外部力量的威胁。在大多数这些区域，人口都在减少，这导致了本地商业和学校的关闭。除了缺乏工作机会之外，低教育水平、高少女怀孕率以及毒品依赖都是这些社区所面临的问题——以前所未有的程度。伍斯诺所研究的道德性社区把美国的道德堕落归咎于华盛顿和好莱坞，并奋力保卫自己的文化，维护自己的社会规范。违反自己的经济利益的一张选票，往往是支持自己的文化信念——特别是宗教信念——的一张选票。

edge.sagepub.com/ritzerintro5e

● 阅读罗伯特·伍斯诺在Vox上的一篇访谈。
● 观看伍斯诺在C-SPAN对这本书的讨论。

来，欧洲之外的欠发达国家的移民涌来，这些国家包括主要的伊斯兰国家以及很多非洲国家等。苏联在1991年的解体又带来了东欧人，比如来自阿尔巴尼亚等地的人。很多北欧国家的政府原本希望这些移民仅作短期停留。可是，很多移民（在这里）开始了自己的生活，带来了他们的家人，并选择留下来。结果是，与数十年前相比，今天的欧洲国家的文化变得更加多元。

更晚近来到基督教欧洲的移民带来了非常不同的文化，以及非常不同的宗教（如伊斯兰教）。他们也更可能是穷人。作为一个较小的、单一文化的国家，荷兰在消化其大约85万名穆斯林移民方面遇到了麻烦。而且，穆斯林和非穆斯林的关系出现了两极分化（Maliepaard and Alba，2016）。比利时的情况也是如此，它正在努力包容快速增长的穆斯林人口——通过把自己的节日非基督教化〔例如，万圣节被改名为秋天节（Autumn Holiday）；Kern，2014〕。

思考题

如果你生于美国，设想你移民到了另一个国家，而你和这个国家没有任何文化和谱系关系，而且你在那里不认识任何人。为了生存，你在到达后会怎样做？你会寻找其他的美国人吗？为什么？你会试图融入其中吗？怎样融入？

南欧人，特别是意大利人，在应对来自北非的移民潮方面，正在面对越来越大的困难。实际上，很多即将成为移民的人，在他们试图乘坐超员和简陋的小船渡过地中海到达意大利之前，就死掉了。很多年来，意大利和其他国家一直试图阻止移民离开北非，特别是利比亚。不过，欧洲人权法院在2012年的一项裁决阻止了他们这样做。意大利、西班牙和其他南欧国家对这些移民的抗拒，和北欧国家的抗拒一样，其背后的部分动机是经济的，以及对移民会抢走当地人工作机会的担忧。可是，这一动机也是文化的，因为这些移

民的不同文化，被视为对意大利、西班牙和其他欧洲文化的威胁。简言之，目前欧洲国家比以前任何时候都更具文化多样性。不过，这种情况充满了紧张、冲突和危险——当来自特别不同的文化、宗教和语言的人们努力共处的时候。鉴于欧洲、美国和世界其他地方的最新进展，有些人正在宣告多元文化主义的失败。政府，特别是多数群体，变得越来越不欣赏那些代表了异质文化的群体，也越来越不愿意接受他们（Gozdecka，Ercan，and Kmak，2014）。

身份政治

虽然一些多数群体反对多元文化主义，但各种少数群体对主流文化的下述两个方面越来越失去耐心：其一是它多元文化主义的狭窄视角，其二是它不愿意接受少数群体本来的样子。这些少数群体坚持他们保持自己独特文化的权利，甚至是他们不被同化——至少是不被完全同化的权利。作为回应，多数群体，特别是世界各地（包括美国）的白人，把自己认定为一个身份群体（identity group）（Mishra，2018）。很多的少数群体参与了**身份政治**（identity politics），即利用自己的力量来提高他们所认同的文化群体的地位（Appiah，2018）。身份政治拥有悠久的历史。在最近的几十年里，在世界上很多地方，身份政治包括了黑人力量、女权主义和同性恋骄傲等社会运动。这些社会运动的目标，是构建一个真正的多元文化的社会，一个接受少数群体的本来样子的社会。

身份政治不仅仅出现在街头的公共抗议和示威之中，也出现在学校里，特别是大学里。在大学里，其中心议题是，是否所有的学生都应该学习那些"经典"——一套常见的文本，有时被称为"典籍"——那些长期以来被看作是极端重要的知识。例如，马克思、韦伯和涂尔干的著作经常被看作是社会学的经典著作。少数群体文化声称，这些经典反映了白人、中产阶级和上层阶级男性的利益。他们争辩说，其他可供选择的知识，比如由女性、有色人种和LGBTQ群体所创造的知识，至少是同样重要的。（这种表达的）结果是，出现了大量致力于研究黑人、奇

卡诺人①（Chicano）和女性主义的项目。这些项目的关注焦点，就是这些替代性的文本和知识。不过，这些项目成为很多争端和政治审查的主题。

文化相对主义和文化中心主义

多元文化主义和身份政治与**文化相对主义**（cultural relativism）有着密切的联系。文化相对主义的意思是，文化的各个方面如规范和价值需要从该文化的背景来加以理解。而且，不存在普适性的文化，或普遍接受的规范和价值。依据这种观点，不同的文化拥有不同的规范和价值。我们不能说，一组规范和价值比另一组规范和价值更好。因此，比如说，西方国家不应该评判伊斯兰妇女佩戴头巾的行为。相应地，伊斯兰世界的人们也不应该评判西方妇女裸露她们的腰部。

文化相对主义与很多文化中的**文化中心主义**（ethnocentrism）相对立——后者的主张是，自己文化中的规范、价值、传统，包括该文化的器物要素和符号要素，都比其他文化中的这些东西要好。美国社会的亚文化中的文化中心主义倾向，和世界其他地区的文化中心主义倾向，都对文化间更深的相互理解构成了巨大的障碍。不过，平心而论，对自己的文化的信念，对于该文化益处良多。它给这个文化中的人带来自豪和认同感。当文化中心主义成为理解其他文化的障碍，成为文化之间的冲突源泉，成为一种文化拒绝另一种文化享有权利和特权的借口的时候，问题就出现了。

知识点 4-3 | 定义文化差异的比较因素

文化概念	对立的文化概念
理想文化：在规范和价值的引导下，我们应该相信和应该做的事情。	**实际文化**：我们实际的所思所为。
亚文化：一个接受主流文化但在某些重要特质上又有别于主流文化的群体。	**反文化**：不仅仅和主流文化不同，还持有一些与主流文化不兼容的规范和价值的群体。
多元文化主义：一种社会环境，在其中，文化差异被国家和多数群体接受和欣赏。	**同化**：文化上的少数群体对主流文化的融入。
文化相对主义：一种信念，即不同的文化拥有不同的规范和价值，没有任何文化是普适性的，也不比其他的文化更优越。	**文化中心主义**：一种信念，即自己文化中的规范、价值、传统和符号，优于其他文化的这些东西。

第四节　文化的主要类型

在这一节，我们聚焦于文化的 3 种主要类型：全球文化、消费文化和网络文化。

一、全球文化

美国文化中当然存在着重大的文化差异，比如存在于亚文化之间的文化差异。不过，没有人会反对下述观点：我们可以从总体上谈论美国文化。可是，讨论诸如全球文化这样的东西，或者对全世界都适用的文化，却并不那么容易。器物文化的一些因素，包括汉堡、寿司、汽车以及通信技术，已经传播到了全世界。不过，在全球范围内非物质文化——价值、规范和象征文化——的传播，却是问题多多。

---

① 指墨西哥裔美国人。——译者注

价值观的全球化

我们已经讨论了不同社会之间的价值观的差异，这种差异有时非常大。那么，我们怎么能够讨论全球价值——全球共享的价值？有些学者认为，全球价值是存在的，因为所有的人共享一种生理结构，同样的生理结构会带来普适的倾向性，包括共享的价值。其他学者则坚称，虽然国家之间的特定价值大不相同，但其背后的价值体系却是大体相同的。不过，关于存在全球价值的最有说服力的论据，是对全球化过程的回溯。各种事物——信息、观念、产品以及人口的全球性流动，在世界上的大多数地方创造了各种各样的现实，这些现实是有史以来最类似的。如果这些现实变得越来越类似的话，在全世界的范围内，人们所珍视的东西就会变得越来越类似。

实际上，价值观的全球化是本章以及第3章讨论过的"世界价值观调查"部分的主题。这一研究的主要发现之一，是一个内容广泛的全球性改变：从对经济繁荣和物质性成功的珍视，转向对那些能带来更高生活质量的东西的珍视，如放松的生活方式（有休闲时间享受各种活动、与喜欢的人在一起）和自我表达（有机会表现一个人的艺术才华）。另一个方兴未艾的全球性价值是平等，特别是它与两性关系联系在一起的时候，或者是针对性解放的时候。

可是，这些变化真的标志着真正的全球性价值观的诞生吗？虽然在北美、欧洲和亚洲的发达社会里，这些价值观是适用的，但它们适用于大多数欠发达的社会吗？也许不适用例如，没有证据表明，在所有的社会，对两性平等的接受度都提高了，或者是对更自由的性道德的接受度都提高了。在很多社会里，甚至在发达社会里，还存在着代际差异：与老一代相比，年轻一代更愿意接受这些提升"生活质量"的价值（Welzel and Inglehart，2009）。

简而言之，我们可以同意的是，在世界上的大多数地方，全球化使得某些价值获得了更多的接纳。不过，说我们已经拥有了一个全球性的价值体系，就有些远离真相了。

文化帝国主义

很多人持有一个激烈的观点，即对全球文化影响最大的因素是**文化帝国主义**（cultural imperialism），亦即一种主流文化强迫性地要求其他文化接受自己（Inglis，2017；Tomlinson，1999）。文化帝国主义倾向于削弱甚至摧毁当地文化。让我们简单地回顾文化帝国主义在当代印度的两个例子：

- 纱丽是印度器物文化的核心要素。传统上，印度纱丽用丝绸制作，并采用手工纺织。制作一件纱丽需要花费多至两个月的时间。它设计复杂，丝绸上点缀着金线。可是，印度的大约100万纱丽制作者受到了来自机器生产的纱丽的威胁（Wax，2007）。一种强调廉价的、机制产品的文化，强行进入了另一种文化的领地——后者强调的是当地产品、实践以及本土的熟练工人。在这一过程中，本地的纱丽制作文化被摧毁了，而纱丽本身——印度的特产——正在丧失其特性。

- 印度还有一个职业写信者的传统，他们找一个显眼的地方（比如火车站附近），为那些贫穷的、文盲的移民提供服务。很多这种写信者能够依赖代写信件的微薄收入生存。可是，西方文化要素——手机、短信等等——的引入，正在淘汰这些职业写信者以及与之相联系的文化。

在当代世界里，毫无疑问存在着大量的文化帝国主义，它们大多数与美国有关（Crothers，2017；Kuisel，1993）。**美国化**（Americanization）的过程涉及很多国家对各种文化要素——产品、图像、技术、实践、规范、价值以及行为的输入，而这些东西与美国密切相关。一个例子是美国的电影产业。美国电影在全世界的流行，已经摧毁了很多国家的电影产业，包括英国和法国的电影产业。[印度是一个例外，它的宝莱坞拥有繁荣的电影产业，如2009年的奥斯卡金像奖最佳影片《贫民窟的百万富翁》（Rizvi，2012）。]美国另一个成功的文化输出是美国的食品，特别是快餐和快餐的进食方式（快捷、方便、站立进食或者在汽车里进食）。麦当劳是主要的例子，另一个引人注目的例子是星巴克（Simon，

2009）。在推广它的"大杯咖啡，慢慢享用"的模式方面，星巴克格外成功。在法国和意大利以及其他国家，历史上的偏好，是小杯的浓咖啡和快速消费（虽然意大利的第一家星巴克已经于2018年开张）。目前，世界各地有超过2.8万家星巴克，遍布70多个国家。

文化帝国主义确实存在，但夸大它的威力是错误的。当地文化也可能非常顽强。并不是所有的文化都会遭受像法国的电影生产商、印度的纱丽制作者和职业写信者的命运。思考下述例子：

- 强大的美国化过程经常遭遇**反美主义**（anti-Americanism）的抵抗。所谓反美主义不仅仅指对美国整体上的厌恶，还指对其文化在国外的影响的厌恶（Huntington，1996；O'Connor and Griffiths，2005）。

- 很多文化（比如中国文化和伊斯兰文化）拥有悠久的甚至是古老的历史。在数百年的时间里，这些文化一直在抵抗其他文化的强迫。有些变化可能会威胁上述文化的基本价值和信念，这些文化会持续地抵抗这些变化。

- 当地文化抵抗其他文化的进入和压迫的手段是，把这些文化与当地现实结合在一起，与此同时创造文化交融（cultural hybrid）——这些交融文化结合了两种文化的要素（Nederveen Pieterse，2015）。例如，英国人在伦敦的夜总会里观看由南美人表演的亚洲说唱，而这个夜总会属于一个沙特阿拉伯人。再比如，一个荷兰人观看摩洛哥女子泰拳比赛。这种情况出现时，文化交融就产生了。在快餐领域，麦当劳销售混合风味的食品，如麦香鸡咖喱饼（McChicken Korma Naan），其目标顾客是那些喜欢印度风味食品的英国人（包括生活在英国的很多印度人）。在挪威，有夹了烤三文鱼的三明治（Mclaks）。在乌拉圭，有夹了水煮蛋的汉堡（McHuevos）。

因此，文化帝国主义需要在下列情境中加以检视：对它的抵抗、其他地方的文化逆流以及全球影响和地方影响的结合——这种结合产生了独特的文化要素。

二、消费文化

回顾一下我们在第2章讨论过的托斯丹·凡勃伦（Veblen，1899/1994）的**炫耀性消费**（conspicuous consumption）的概念（Schor，2015）。当这一概念在20世纪初被提出来的时候，它关注的是富人和他们通过豪宅、游艇、名牌服装，特别是他们的休闲时间显示自己的财富的欲望。根据伊丽莎白·科瑞德-霍凯特（Elizabeth Currid-Halkett，2017）的说法，凡勃伦的有闲阶级已经转变成了"雄心阶级"——通过获得知识来展示自己的阶级地位的新文化精英。这一转变之所以出现，是因为炫耀性消费的展示，使得精英通过物质产品来显示其地位变得非常困难。雄心阶级更倾心于"微妙的地位标记"（subtle status marker），并经常进行**非炫耀性消费**（inconspicuous consumption），即购买廉价的或平价的商品——这些商品不是炫耀性的，且不代表物质价值。雄心阶级更看重在当地精品店购物，而不是在布鲁明戴尔（Bloomingdale's）的商店里购物，更可能驾驶一辆普锐斯（Prius）汽车而不是一辆路虎揽胜（Range Rover）（Currid-Halkett，2017）。在对纽约富人的研究中，雷切尔·谢尔曼（Sherman，2017）也发现了类似的非炫耀性消费的例子。很多人把自己的消费描述为"平常的"和"正常的"，而不是"过度的或物质主义的"（Sherman，2017：93）。出于对其特权性经济地位的焦虑，有些人试图通过非炫耀性消费来隐藏自己的财富。例如，在谢尔曼的研究中，一位妇女拆掉了她的衣服（以及价值6美元的一块面包）的价签，以免她的保姆看到其价钱。

无论是炫耀性的还是非炫耀性的，消费在美国显然都受到高度的重视（参阅本书的其他部分；参阅Nwachukwu and Dant，2014）。这使得美国文化变成一种**消费文化**（consumer culture），在其中，核心概念和物品均与消费有关，消费也是生活意义的主要源泉（Berger，2015；Slater，2015；Murphy，2017）。在消费文化里，意义可以存在于你购买的产品和服务，可以存在于你购买它们的过程（购物中心、网络购物中心等），

99

可以存在于消费的社会面向（与家人一起消费还是与朋友一起消费），甚至可以存在于消费发生的场所（在"威尼斯人"或拉斯维加斯的其他赌场酒店中、在亿贝上等等）（Ritzer, Goodman, and Wiedenhoft, 2001）。消费过程也有其规范。例如，消费者在收银台前应该排队，拉斯维加斯的赌客不应该向其他赌客炫耀他赢的钱，但应该给发牌员小费，等等。

消费文化是独特的（Trentman, 2016）。在过去，文化一般聚焦于社会生活的其他方面，如宗教、战争、公民身份或工作。实际上，在美国和其他发展中国家，在不太遥远的过去，文化的核心观念和物品，是与工作和生产联系在一起的。人们认为，他们最重要的生活意义来自工作。从工业革命一直到1970年左右，都是如此。1970年以来，观察家们意识到，发达社会，特别是美国，开始从消费中获得更多的生活意义（Baudrillard, 1970 / 1998）。当然，工作依然很重要，宗教、战争和公民资格也依然重要，不过目前世界上的很多人已经生活在一种由消费主导的文化之中。

今天的消费文化的根源，可以追溯到历史之中：当大众消费场所，如大型展销会、万国博览会、百货商店开始兴起的时候（Williams, 1982 / 1991）。19世纪中叶的法国对于这一发展进程特别重要，它是Le Bon Marche百货商店和数次万国博览会的所在地，其中包括第一次真正的国际性展览。在这些场合，消费被民主化了。它不再限于贵族，也不再限于男人。随着消费能力的提高，消费开始在中产阶级中流行，在工人阶级中也是一样。

可以这样说，消费文化的兴起与现代世界在西方的兴起，是联系在一起的（Campbell, 1987）。当然，不无争议的是，今天的消费文化已经成为现代西方的文化，实际上是一般意义上的"现代性"文化。但是，在很大程度上，消费文化也被全球化了。它已经稳稳地立足于一些非西方的地方，如新加坡[参看2018年的电影《摘金奇缘》（Crazy Rich Asians），电影展现了奢侈的消费]和迪拜等。日本已经被称为主要的消费文化承载者。今天，即使在因生产导向的文化

而著称的中国，也已经有超过一亿的国民越来越具有消费取向了。上海已经遍布现代化的购物中心，迪士尼主题公园已经于2016年在那里开业。

消费文化中的儿童

有关消费文化最具争议的一面，莫过于儿童涉入其中了（Sparman, 2015）。在消费文化中，对儿童进行社会化，并使其积极参与消费，也很重要（Cook, 2004; Pilcher, 2013）。不过，儿童的消费并不总是被看重。实际上，还曾经出现过反对它的严厉规范。人们认为，儿童对消费不能做出知情选择（informed choice），因而，与成人相比，儿童更容易受到广告商和销售商的盘剥。

19世纪中叶，伴随着百货商店的诞生，一个重要的改变发生了。一些商店开始提供有人值守的儿童游乐区，这样父母们就可以更方便地购物。20世纪中叶的一个关键性发展是，百货商店里出现了儿童专区，这种专区最终被划分为婴儿店、儿童店和少年店。还是在这一时期，针对儿童播放的电视节目越来越多。迪士尼是这一潮流的领头羊。1950年代的电视节目大卫·克罗（Davy Crockett）系列[《西部边陲之王》（King of the Wild Frontier）]带来了数百万美元的销售额，销售的物品包括仿造浣熊皮帽和其他儿童用品。最近，儿童成为广告商的直接目标，这些广告商在星期六的电视节目上做广告，也在有线电视如"尼克国际儿童频道"（Nickelodeon）上做广告，儿童节目是后者的专长。

实际上，指向儿童的市场营销现在是无孔不入。这一情况，详细地展现在了纪录片《消费儿童》（Consuming Kids, 2008）之中。例如，迪士尼公司已经开始直接针对产科病房里的新妈妈们，进行婴儿产品从而是迪士尼品牌的市场营销。在学校里，品牌产品在书市上销售，而赞助公司的广告则打在所有的东西上，从体育场到教室设备都有。商标和公司标志融入了课本的习题和案例之中。市场研究人员观察孩子们使用产品的方式，也观察他们对产品和广告信息的反应——不仅仅在焦点小组（focus group）和实验室里，也在自然环境如学校和家里。市场营销人员还发现了儿童的"纠缠能力"（pester power）

的重要性。所谓"纠缠能力"即儿童通过絮叨让父母买东西的能力。这一能力不仅仅对儿童产品的销售有效，对通过儿童影响其父母购买其他东西也有效。

总之，目前儿童比任何时候都更多地沉浸在消费文化之中。他们在很小的时候就学会了对消费文化的重视，并在参与消费文化的过程中，学会了消费文化的规范。成年以后，他们会很好地融入这种以消费为核心的文化。

非传统消费场所

消费文化的一个有趣的方面，是它跨越经济的界限，传入社会的其他面向的方式。例如，高等教育越来越多地获得了消费文化的特征。学生们和他们的家长像购物一样，寻找最好的大学和最令人艳羡的学位，或者是大学教育的最高价值。大学排名，比如《基普林格》（*Kiplinger*）杂志或者《美国新闻与世界报道》杂志所进行的大学排名，是一桩大生意。虽然面对大量的批评（以及最近的败绩），但利益驱动的大学已经变成一个蓬勃发展的产业。像凤凰城大学（University of Phoenix）和卡普兰大学（Kaplan University）这样的企业，注册招收的学生达数十万人，这些学生通过花钱获得了参加灵活的课程来获得学历的机会（Cottom，2017；参阅第13章的"趋势"专栏）。

不久以前，学生们基本上还是教育的被动接受者，现在他们却是教育的积极消费者。例如，学生们购买最好的课程或者最好的课程时段，还常规性地给他们的教授打分，并依据教授的得分数选择课程。他们也更加可能向他们的教授提出与最新款"产品"类似的教学要求或贴心服务，正像他们对销售员和购物中心所提出的要求一样。

目前的一个关键消费场所是互联网（Miller and Slater，2000；Zuev，2015）。人们花在网络上的一大部分时间是和消费有关的，可能是直接消费（如在Etsy或亚马逊等网站购买货品），也可能是间接消费［在游戏网站如王国传奇（CastleVille Legends）上用真正的美元买东西］。互联网所带来的变化之一，是亿贝网站上消费者之间的销售大幅度地增加了。2000年，只有22%的美国人使用互联网买东西，包括书籍、音乐、玩具和衣服。到2015年的时候，这一数字已经提高到了79%（Smith and Anderson，2016）。网上消费的重要性的提高，反映在"网络星期一"（Cyber Monday）（感恩节后的星期一）的消费额的增加上。2018年的"网络星期一"创造了一个在线购物纪录：销售额接近80亿美元。更值得注意的是，消费者使用他们的移动设备，创造了20亿美元的销售额。还有，在一种被称为"情景广告"（contextual advertising）的程序中，广告被无缝植入网站内容之中，甚至是专门为儿童设计的游戏之中。另外，很多网站还针对网站浏览者的兴趣，制作弹出式广告。更具体地说，如果你使用谷歌购买鞋子或者使用亚马逊购买书籍，之后在你访问的很多网站中，都会出现鞋子和书籍的广告，持续数天，甚至数月。

YouTube提供了一些创新的消费方式，包括"购物分享"（shopping haul）视频和"开箱"（unboxing）视频。在"购物分享"视频中，消费者——通常是女性——向观众展示其最近的购物之旅的成果。分享者描述和展示从全世界的购物中心和商业街的热门连锁商店［比如Superdry、Bebe和维多利亚的秘密（Victoria's Secret）］里购买的服装、饰品和化妆品等。她们会频繁提及价格和讨价还价的情况。"开箱"视频是非官方市场推广和产品展示的奇妙组合。科技开箱者可能会展示新苹果手机或电脑游戏的性能，而玩具开箱者会为正在玩各种玩具的儿童拍视频。开箱者可能会组装乐高积木（Lego kits），打碎迪士尼以《冰雪奇缘》为主题的巧克力蛋，或者在打开麦当劳的"开心乐园餐"（Happy Meal）后让孩子们玩玩具。

思考题

你花在网络购物上的时间有多少？尝试为你的互联网使用行为写几天日志。注意记录你上网多少次，有多少次购买了物品或者多少次为了消费而浏览网站。你是一个典型的互联网消费者吗？为什么？

可以主张说，随着人们特别是儿童和少年越来越深地沉溺于互联网的世界里，人们也越来越多地沉浸在消费文化之中。因为智能手机不离手，我们越来越多地把互联网带在自己身上——并有能力在其中购物，上述情况就更为真实。作为结果，消费文化更加成为日常生活不可逃避的一部分。此外，互联网上的消费越来越深植于物质世界之中。你现在可以使用智能手机上的应用程序为停车和租车付费。一个应用程序可以让一个驾驶人打开他从租车公司 Zipcar 租用的汽车的车门，并通过汽车鸣笛来找到汽车。一款名叫 Hunt 的应用程序让一个由时尚人士形成的社区运作起来，帮助我们搜寻想要的时尚物品。

后消费文化？

仅仅在数年之前，人们目前做的事情——存钱——还是不可想象的。在过去的几年里，美国的个人储蓄率发生了改变。在 2007 年晚期，个人储蓄率降到了可支配收入的不到 3% 的水平。在金融风暴的顶点，它达到了高于 8% 的峰值。到 2018 年晚期，虽然经济已经显著改善，个人储蓄率仍然相对较高，达到 6%（U.S. Bureau of Economic Analysis，2018）。显然，那些存钱的人用于消费的钱减少了。

消费者行为和态度的这些变化，证明了宏观价值体系的一个变化。减少消费至少是消费文化的临时性式微的一个明确标志。它甚至可能是一种后消费文化的开端。除了减少消费和增加储蓄之外，这种文化的特性还包括，在"共享经济"（sharing economy）中共享更多的东西（Belk，2014；Sundararajan，2016）；租用消费品（比如，在 Rent the Runway 等网站上租用衣服）；为购买廉价物品甚至再循环的物品而自豪；购买不那么招摇的品牌（起亚汽车而不是宝马汽车）；在家而不是在餐馆吃饭；对环境有更多的关切——这取决于一个人买了什么，或者更重要的是，没买什么。我们是否已经进入后消费文化时代，目前还不清楚，如果是的话，我们也不确定它会持续多长时间。不过，正像我们在 20 世纪后半叶进入了所谓的消费文化时代一样，至少是有一种可能，亦即在 21 世纪上半叶，我们正在进入后消费文化时代。

文化叛逆

一些有组织的群体——这些群体致力于颠覆消费文化和整体文化的某些方面——打开了消费文化的另一个缺口。"火人节"（Burning Man）的成功，就是这种颠覆的一个标志。开始于 1986 年，这个在内华达州黑岩沙漠举办的为期一周的活动，目前能吸引 5 万名参加者。他们使自己投身于自我表达和非商品化（decommodification）的行动之中（例如，参加者之间的现金交易被禁止进行），并进行共同体的构建（community building）（Chen，2009；Jones，2011）。这就是**文化叛逆**（culture jamming）的一个例子，它涉及对大众传媒信息进行激进的转化——如果不是对它们进行完全的颠倒的话（Kuehn，2015；Lasn，2000）。它是社会抗议的一种形式，目的是揭露消费者意识不到的、被掩盖的现实。他们希望，一旦人们通过文化叛逆意识到这些现实，人们就会改变其行为，也许还会团结起来改变这些隐藏的现实。

文化叛逆的最好例子可以在《广告破坏者》（*Adbusters*）杂志中找到，也可以从它所引发的媒体运动中找到。这一杂志的主要目标是消费领域，特别是网络广告和杂志广告，以及室外广告牌。它的想法是，把公司的广告变成一种反公司、反消费的广告（Handelman and Kozinets，2007）。

下面是其他形式的一些文化叛逆的事例，其中，广告信息的老底被揭穿：

- "汤米羊"（Tommy Sheep）是对汤米·希尔费格（Tommy Hilfiger）的广告的嘲弄：羊群（应该是代表那些购买这一品牌服装的顺民）在一面美国国旗前拍照。
- "绝对冰凉"（Absolute on Ice）嘲弄了绝对伏特加的广告：展示了一具死尸（应该是死于过度酗酒的人）的脚，脚趾上挂着标签。
- 善待动物组织（People for the Ethical Treatment of Animal，PETA）使用汉堡王（Burger King）的标识，但上面的字却是"杀人王"（Murder King），用以增强人们对牛肉产业中残忍对待动物的意识。
- FORCE 是一个女性主义组织，她们针对维多利亚的秘密的"粉红喜欢同意"（Pink Loves Consent）广告运动进行了文化叛逆行动——通过在该公司的在线品牌社区里大量发帖，针对性同意（sexual consent）开始有意义的对话（Madden et al.，2018）。

- Brandalism 是一个激进艺术家运动组织。在 2015 年于巴黎举行的联合国气候会议期间，该组织利用艺术在公共汽车站对广告进行了颠覆，以便推广"环境可持续性"（environmental sustainability）的理念（Lekakis，2017）。

这些例子都展示了企业隐藏的现实（疾病、死亡以及其他痛苦）以及目的（顺从的消费者、肮脏的利润）。一个更宏观的目的是，向观看者展示消费文化的愚蠢：它鼓励人们消费各种有害的（香烟、酒类）和挥霍性的（昂贵的

服装）的产品与服务。除了广告，文化叛逆者们还创造出一些"表情包"（meme），来传播挑战现状的观念和信息（Lasn，2012）。例如，文化叛逆者们设计了一个表情包，这个表情包展示了沃尔玛的一张照片，照片上写着："美国最富裕的家族之一，拥有世界上最大的公司之一……这个公司为其饥饿的员工举办食品慈善会（food drive），而不是付给他们足以谋生的工资。"（CursedByTheDiceGods，2017）

三、网络文化

前文提到，互联网是消费文化传播的一个场所，也可能是后消费文化传播的一个场所。它还是一种全新的文化——**网络文化**（cyberculture）——的所在之处（F. Turner，2008）。也就是说，作为一

数字化生存　　网络礼仪

社交媒体网站的发展，快于那些有助于指导和调节网站用户行为的规范的发展（McLaughlin and Vitak，2011）。在线礼仪或网络礼仪（netiquette），倾向于含蓄（implicit）——对于怎样使用 Snapchat 和 Instagram，并没有多少正式的规范。只有当用户对彼此的行为和内容——他们感到这些行为和内容是不适当的——实施直接制裁的时候，这些网站的规范才会出现。他们可能标记一张露骨的性图片，也可能在脸书上隐藏一个更新太多的人。我们对在线规范的理解和实践，常常反映了我们的亲密朋友的习惯——与仅仅认识的人相比，我们更可能与前者在破坏规范这件事情上发生对抗。例如，如果我们的朋友在上传我们的照片时很谨慎，我们就可能重复这种善解人意的规范——当我们在上传他们照片的时候。互惠或分享，是目前指导在线行为最重要的规范之一。遵守这些规范会让我们建立起信任，并获得获取信息的途径。

考虑到在线受众的多样性，网络礼仪可能是非常复杂的——我们的亲密朋友适合阅读和观看的东西，对我们的老师和老板来说就不一定是可以接受

的。还有，有些网站鼓励人们在线进行的行为，在现实世界里不一定是可接受的。Snapchat 能够自动地删除照片，这可能鼓励用户上传他们自己或者朋友的不适当的或者贬损性的照片。青少年中这种做法的合法性，曾经引发争议——他们互相发送自己的性感图片（sexual image）。在有些州，这种行为被认定为传播儿童色情。还有，网络霸凌出现在社交媒体网站，如 Tumblr、推特、Instagram 和脸书上，这引发了很多人的质疑：这些数字化的交流手段是不是正在把残忍变成常规？

参与数字世界

选择一个社交媒体网站，并列出 5 条你认为正在调节或者应该用于调节该网站用户行为的规范。如果用户违反了这些规范，你认为应该有什么后果？是否存在这样的行为：该行为过于极端，以至于行为者应该被拒绝访问该网站？你是否曾经试图在社交媒体网站上直接制裁某人的行为？如果是的话，这个人违反了什么规范？他对你的制裁做出了什么反应？

个整体的互联网（以及构成它的所有网站）拥有文化的所有特征，包括特定的价值和规范。

网络文化的独特价值包括开放性、知识共享和可及性。这些价值根植于开放来源的软件之中，这些软件在计算机成为一个吸引人的商业机会之前，就已经出现。它们同样根植于知识分享和持续的改进之中。这些做法是早期的计算机专业人员的做法，他们通过互惠生存了下来（Bergquist，2003）。通过开源运动、反对审查活动，以及像自由软件基金会（Free Software Foundation）这样的组织和公共版权（Copyleft）运动，这样的价值源头被保留了下来。与后消费文化的价值相一致，这些"网络自由主义者"的偏好是，用户对信息、应用程序的控制，以及免费的产品（Dahlberg，2010；Himanen，2001）。它们与占主导地位的价值观发生了冲突，这些价值观包括利润最大化，以及大公司对互联网的控制。这些价值冲突，亦即本章前文所定义的文化战争，经历了漫长的历程，最终定义了今天的互联网。

各种规范也成为网络文化的组成部分。互联网用户不应该成为入侵各种网站的黑客，不应该制造和传播垃圾邮件，不应该释放破坏性的蠕虫和病毒，不应该带有恶意地和错误地编辑那些由用户生成的网站，如维基百科，等等。很多规范与互联网上受人欢迎的行为相联系。例如，创建和编辑维基百科的条目时，应该态度严肃，竭尽全力。一个条目一旦产生，进行增添或者删除的人，就应该秉持同样的精神。那些有意在维基百科上添加错误信息的人，将会遭遇其他贡献者以及网站使用者的严厉否定。这些人甚至会被参与管理的人从维基百科中驱逐出去。

当然，互联网文化的内容还有很多。例如，除了一般的网络文化，还有很多网络文化因为国别不同而有所不同。但关键是，网络文化与其他文化一样，其出现和进化都是由其他的变化推动的，这些变化发生在网络文化之内，也发生在网络文化的周围。网络文化与其他文化的最大不同是，因为互联网是如此年轻，变化又如此迅速，网络文化要比一般意义上的文化更加变动不居。

人们需要接受社会化，以便学习怎样使用互联网，而且他们越来越多地通过网络进行互动，而不是面对面地互动。在第5章，我们将从社会学的视角，对社会化和互动进行更为广泛的讨论。

知识点 4-4　文化的新问题

主要类型	核心特征
消费文化	炫耀性消费、对儿童开展市场营销、非传统消费场所、后消费文化、文化叛逆。
全球文化	一种全世界共同的文化。
网络文化	开放性、共享、可及性。

小结

文化包含了观念、价值、实践和器物，这些东西让一个群体甚至整个社会的人，以最少的摩擦，过集体生活。价值是一种概括的和抽象的标准，它定义一个群体或整个社会认为是善的、可欲的、正确的或重要的东西。规范是指导人们怎样行动和怎样生活的规则。文化还有其器物要素和符号要素。器物文化包括所有的物品和技术，它们是文化的反映和体现。象征文化，即文化的非物质方面，其最好的代表就是语言。

我们被各种各样的文化包围着。亚文化涉及一群人，他们接受大部分的主流文化，但因其一个或多个重要的文化特征而与主流文化拉开一定的距离。反文化涉及这样一群人，他们以特定的方式有别于主流文化，而他们的规范和价值观与主流文化可能互不相容。文化战争将一种亚文化或者反文化置于反对另一种亚文化、反文化或主流文化的境地。

很多文化是文化中心主义的——生活于其中的人们相信，他们自身文化的规范、价值、传统等东西，优于其他文化中的这类东西。在很多情况下，人们希望新来者能够被同化，或者把他们自己文化的要素替换为主流文化的要素。那些不愿意被完全同化的群体，可能会投身于身份政治，或者运用他们的能力来提高他们所认同的文化群体的地位。一个重视多元文化主义的社会，接受甚至欢迎很多不同群体的文化，并鼓励文化多样性。多元文化主义社会往往拥抱文化相对主义，亦即"文化普适性并不存在"的观念。

文化的主要类型包括全球文化、消费文化和网络文化。

关键术语（页码为原书页码，即本书边码）

美国化	98	文化战争	92	器物文化	86
反美主义	98	网络文化	101	民德	86
同化	94	文化中心主义	97	多元文化主义	94
消费文化	99	民俗	86	规范	85
炫耀性消费	98	理想文化	89	实际文化	89
反文化	92	身份政治	96	制裁	85
文化帝国主义	98	意识形态	89	亚文化	91
文化相对主义	96	非炫耀性消费	98	象征文化	87
文化	82	语言	87	价值	84
文化叛逆	101	法律	85		

总结性问题

1. 你和你的同伴怎样看待吸 Juul 电子烟？如果你吸 Juul 电子烟的话，你认为那样做很酷吗？如果你不吸 Juul 电子烟，你又怎样认为呢？

2. 美国的民主价值是怎样在伊拉克和阿富汗制造紧张的？为什么？

3. 作为我们的器物文化的一部分，智能手机反映了什么价值？品牌社区或其他围绕智能手机及其使用而存在的亚文化，是怎样形成的？

4. 请思考围绕着互联网而发展起来的新用语。*104* 这些用语怎样反映了我们周围的世界？这些用语又是怎样形塑我们周围的世界的？

5. 滑板爱好者构成了一个亚文化，因为他们所拥有的文化差异（在语言、穿着、价值等方面）把他们与社会上的其他群体区别开来。美国还有什么其他亚文化的例子？哪些文化要素（既包括器物的，也包括符号的）让它们变得独一无二？

6. 反文化和亚文化的区别是什么？说计算机黑

客是反文化的一部分有道理吗？你还能举出反文化的其他例子来吗？

7. 同化和多元文化主义之间的区别是什么？你会说美国是一个同化主义（assimilationist）的社会，还是一个多元文化主义的社会？你认为，多元文化主义是美国理想文化的一部分，还是美国实际文化的一部分？为什么？

8. 现在有哪些重要的文化战争？你以什么方式，在多大程度上，参与了文化战争？即使你在文化战争中并不活跃，也谈一谈你的生活怎样受到了文化战争的影响。

9. 当说到全球文化的时候，你指的是什么？你认为，大众社交网站——如脸书和推特——的发展，更多地与全球文化的发展有关，还是更多地与美国化有关？这些网站通过什么方式反映了文化交融？

10. 在多大程度上，你和你的朋友们沉浸于消费文化之中？技术的进步（互联网、智能手机等等）怎样有助于这种消费文化的产生？

第**5**章
社会化与互动

学习目标

1 描述自我的发展

2 讨论作为表演者的个人的概念

3 解释社会化在儿童和成人生活中的重要性

4 描述与他人互动的重要面向

5 明确微观层面的社会结构

在 2017 年 2 月得克萨斯州的摔跤锦标赛中，麦克·贝格斯（Mack Beggs）赢得了他的体重级别的比赛——在女子组中。在接下来的一年里，他又赢得了比赛。贝格斯是一个 18 岁的变性男孩，但该州的规则禁止他参加男子组的比赛。这个规则规定，男子不能与女子竞争，而学生被要求按照其出生证上的性别来参与比赛。在这个未曾失败的赛季的最后一场比赛结束后，观众席沸腾了，既有欢呼，也有喝倒彩。

在 2017 年的锦标赛开始前一年半，贝格斯开始了他的变性过程。这一过程的一个环节，就是服用睾丸素。有些人认为，他不应该与女孩们比赛，因为睾丸素给了他优势，这是不公平的。有几位父母甚至企图获得禁止令，以阻止贝格斯参赛。贝格斯无视这些争议，他把自己的胜利归功于自己的队友，说是所有人共同努力的结果。虽然公众、学校和政治家们都在辩论性别的可变度，但像贝格斯这样的变性学生面临下述压力：适应同伴、家庭以及广大世界对他们的期待，并在他们没有满足上述期待时，面对相应的反弹（repercussion）。

在其从幼儿园到十二年级的历程中，大多数已经出柜的或者被看作是变性者的学生，会在学校里经历各种形式的不良对待。2015 年，54% 的学生承认，他们受到了言语性的骚扰；24% 的学生说，他们遭受过身体上的攻击；13% 的学生因为是变性者而受到过性侵。有一部分人（17%）因为经历了这种残酷对待而离开了学校。这种因为性别身份或性别表达而受到的不良对待，并不限于同伴群体和学校，而是渗透到了家庭和工作之中。变性者企图自杀率是美国一般人口的 9 倍。

但是，即使偶尔遇到来自主流社会的激烈否定，很多变性者仍继续表达他们的性别身份（参阅第 11 章的"趋势"专栏）。研究显示，变性身份是有生物学基础的。与此同时，行为与经历具有与生物学同样大的影响。你之所以是你，取决于那些从你出生就围绕着你的人、机构和社会结构（也许在你出生前就在发挥作用）。通过社会化，你习得了你现在观看、思考、行动和互动的方式，这些方式让你与你周围的人——至少是在大多数情况下——和谐共存。当然，有时候你会遇到这样的人：他对你进行社会化的方式，有别于主流文化。在极端的情况下，这种社会化会导向类似虐待变性者的人所采取的行动。发现社会化和互动怎样把我们塑造成我们现在的样子，以及怎样塑造我们的行为——这是本章的主题——是最基本的社会学分析。但是，实际上，社会学家所关注的，是分布在**微观 - 宏观连续统**（micro-macro continuum）——第 1 章曾经介绍过这个概念——上的全部内容。这包括了个体的心灵和自我、个体之间的互动、群体之内和之间的互动、正式结构化组织、整体社会、作为一个整体的世界，以及在这个全球化时代所有的新型全球关系。

社会学的微观 - 宏观连续统意味着，社会现象并不能清晰地相互区分，而是倾向于混合在一起，而我们常常意识不到这一点。例如，在一个群体内部所进行的互动，很难与该群体本身区别开来。两个国家之间的互动，很难与地域性的甚至是全球性的联系区分开来。社会世界里的所有事情，微观 - 宏观连续统的所有事情，都是相互渗透的。

本章和下一章将会向你介绍——至少是简要地介绍——社会学对微观 - 宏观连续统上的全部领域的关切。随着这两章的逐渐展开，我们将从最微观的社会现象开始，然后向越来越宏观的社会现象推进。

第一节　个体与自我

社会学家研究一般意义上的个体，却很少关注任何特定的个体。一个主要的社会学问题是：到底是什么东西使得作为个体的人类与动物区别开来？一些人会认为，这种区别始于一些特征，诸如较大的大脑和对生的拇指。不过，大多数社会学家相信，人类和其他动物之间的本质区别，是人与人之间相互交流的独特能力。

这一观点的一个重要证据，是关于下述个体

的数据：他们生长在社会隔离的环境中，在其成长过程中没有经历过正常的人类互动。例如，我们拥有这样的案例资料：在儿童期的大多数或者全部时间里，儿童被关在密室或者单独的房间里（Curtiss，1977；Davis，1940，1947）。在宾夕法尼亚州的约克市（York），当局发现了年龄从2岁到13岁的5个孩子。他们与他们的父母生活在一座私人住宅的一个单独的房间里，没有任何还能够使用的设施。他们的水源就是屋顶流下来的雨水。这些孩子没有出生证明，没有接受过任何正规教育，也没有证据表明他们接受过任何医疗服务，包括疫苗接种。他们遭受各种生理和心理健康问题，在教育程度方面，他们低于平均水平（"Police Discover Five Children"，2010）。

与此相关的事情是兽孩（feral children）或者野孩子的存在，这些孩子在野外被动物养大（Benzaquen，2006；Dombrowski，Gischlar，and Mrazik，2011；Friedmann and Rusou，2015；Newton，2002）。一般说来，兽孩不会说话，也不能以人类的方式表达情感。一个例子是奥克萨娜·马拉亚（Oxana Malaya），她来自乌克兰的一个小村庄（Grice，2006）。1986年，她在3岁的时候被父母遗弃，爬进了一个养狗的小屋。这个"狗姑娘"在那里生活了5年，直到一个邻居报告了她的情况。刚刚出来的时候，她几乎不会说话。与和她生活在一起的狗一样，她汪汪地叫，并用四肢跑动。几年以后，当她生活在一个精神病人之家的时候，奥克萨娜的智力相当于一个6岁的孩子。她不能拼出自己的名字，也不会阅读。她之所以能够与其他人交流和交谈，是因为在和狗一起生活之前，她会说一些话。她最后学会了用手吃饭和直立行走（Lane，1975；Shattuck，1980）。她后来也处过几个男朋友，虽然人们怀疑她是否有发展长期关系的情感能力。

奥克萨娜比其他的兽孩做得要好一些（Lane，1975；Shattuck，1980）。在另一个女兽孩被发现很长时间以后，对她进行社会化的努力也只是取得了微小的成功。例如，她顽固地到处吐痰，在别人旁边或者身上擤鼻涕（Curtiss，1977）。

总结关于兽孩和在隔离中长大的孩子的文献后，一般的结论是，人并不能成为人，或者至少是完整意义上的人，除非他能与其他人互动，特别是在早年时。

兽孩的概念，与基础性的问题，即"本性"和"养育"的关系问题有关。倾向于"自然"的主张是，我们生来就是最终要成为的那类人，"人类本性"是构筑在我们之中的（Settle et al.，2010）。倾向于"养育"的主张是，我们之所以是人，是因为我们被养育的方式，也就是说，我们被其他人养育的方式告诉我们做人意味着什么。当然，本性和养育同样重要（Eagly and Wood，2017）。不过，兽孩的例子显示，从很多角度上说，在决定我们成为什么样的人方面，养育更为重要。

符号互动与自我发展

正像兽孩和在隔离中长大的孩子的例子所提示的那样，其他人的存在，以及与他们的互动和在他们中间的互动，是成长为一个人的前提条件。这把我们带进了符号互动论的领域，这一理论发展了很多观念，这些观念与对人的上述看法密切相关。从总体上说，父母和儿童之间的互动充满了符号和符号意义。

查尔斯·霍顿·库利（Charles Horton Cooley）是一位早期的符号互动论者。运用其著名的**镜中我**（looking-glass self）概念，他解释了父母是怎样帮助孩子发展他们与他人的互动能力的。这一概念的意思是，作为人类，我们形成的自我形象，反映了他人如何看待和回应我们。我们想象自己在别人眼里是什么样子，以及他们怎样评价我们。以此为基础，我们发展出某种自我感觉，比如自尊心或者尴尬的感觉。因为儿童最早的互动通常是在他们与父母之间进行的，因此，在他们自我形象的形成过程中，上述互动是最重要的。这解释了为什么兽孩以及其他在其人格形成阶段长期生活于社会隔离之中的孩子，不太可能形成一种发育完全的个人形象：没有人回应他们。正是我们与他人的互动——特别是在我们年幼的时候——使我们发展出了自我的感觉。

与符号互动论（参阅第2章）相联系的另一个主要思想家，是库利的同代人乔治·赫伯特·米德（George Herbert Mead，1863—1931）。米德（Mead，1934/1962）非常关注微观层面（个体、心灵、自我）。他把社会关系，包括互动以及符号在互动中的重要性置于优先地位。实际上，正是对社会层面的这种优先，把从事个体研究、互动研究的社会学家与心理学家区别开来。在转向他关于人格发展特别是自我发展的思想之前，我们先来考察他的一些一般性的概念。

108 人类与非人类

米德首先区分了人类和非人类。不过，人类和非人类都有做出姿态的能力（如举起肢体）。米德所说的**姿态**（gesture），指的是个体的一个行动，这个行动可以引发或者回应另一个个体的自发的和合适的反应。

动物和人类都不仅能够做出姿态，也能够进行**姿态交谈**（conversations of gestures），即运用一系列的姿态来相互联络。因此，一只狗的咆哮，会引发第二只狗以咆哮相回应。而第二只狗的咆哮也许会导致第一只狗做好身体攻击的准备，或者被攻击的准备。在人类身上，米德给出了拳击比赛的例子：一个拳击手举起手臂，会导致另一个拳击手抬起胳膊，以阻挡他所预期的拳头。那只抬起的胳膊也许会导致第一个拳击手打出不同的一拳，或者甚至不再出拳。我们可以在调情的情景中找到攻击性较低的例子（Delaney，2012；Henningsen，2004）。在调情时，一个人延长目光对视（一个微妙的姿态），可能会促使另一个人以对视作答。这个对视也许会促使发起调情的人把目光转向别处，也许是快速地瞟一眼对方。像在动物中的例子一样，拳击手和调情者（还有其他很多例子）的姿态是自动的，很少——如果有的话——涉及有意识的思考过程。

除了身体姿态，动物和人都能够发出语音姿态。狗的吠叫和拳击手的低吼都是语音姿态。在这两种情况下，语音姿态的对话是可能的，因为一只狗的吠叫（或者拳击手的低吼）引发了另一方的吠叫（或低吼）。不过，当人类（以及动物）做出面部姿态的时候（比如在企图调情的时候发起目光的对视），他们并不能看见自己的表情。可是，动物和人类都能够听见自己的语音姿态。结果是，当人们依赖表情而不是语音姿态的时候，误会更可能发生。例如，与女性相比，男性更可能对目光接触做出性意味的解释。

思考题

你和你的宠物的互动方式，在多大程度上与你和人类的互动方式相同？两种互动之间的不同之处是什么？哪种互动更让你满足？

真正开始把人类与动物分开的，是语音姿态。在人类而非其他动物中，语音姿态对发言者的影响，与对听者的影响一样大，而且作用方式也相同。因此，人类对他们自己的语音姿态——更重要的是他们的言语——做出反应，并解释它们。还有，人类对自己的语音姿态的控制能力非常强。我们可以停止发出某种声音，也可以停止述说各种东西，而且，当我们说话的时候，我们可以改变所说的内容。动物没有这种能力。简言之，只有人类能够从语音姿态中发展出语言来，动物被限制在仅能发出孤立的语音姿态的水平上。

很多社会学家拒绝承认，在动物的能力和人类的能力之间存在清晰的界限（Greenebaum and Sanders，2015）。有些社会学研究还检视了人类和动物之间的符号互动（Alger and Alger，1997；Irvine，2004）。

符号互动

把人类与动物区别开来的最重要的东西，是只有人类才能够做出的一种姿态。米德把这种姿态称为**有意义的象征符号**（significant symbol），这种符号在发出它的人身上引发的反应，与在它所指向的人身上引发的反应，是一样的。只有凭借有意义的象征符号，特别是那些语音符号，我们才能够进行名副其实的"交流"。在米德看来——虽然越来越多的针对动物的研究倾向于反对这种看法（Gerhardt and Huber，2002；Gillespie-Lynch et al.，2013）——蚂蚁、蜜蜂、狗以及猿类，确实不能通过这种符号来进行交流。

随着时间的推移，人类发展出了一个语音性

的有意义的象征符号体系或语言。米德认为，语言涉及各种有意义的象征符号，这些符号所代表的意思，对接收信号的一方和发出信号的一方，是一样的。这些信号对参与其中的所有人都是有意义的。在使用姿态的对话中，沟通的只有姿态。但在使用语言的时候，（语音）姿态和意义都是沟通的内容。语言的一个关键功能是，它使得心灵过程和心理过程成为可能。对米德来说，思考（以及心灵，见后）不过是内化了的、个体与自己的交谈。它和与别人交谈没有什么两样。

符号还使得**符号互动**（symbolic interaction），亦即以有意义的象征符号为基础的互动成为可能。它也使得更为复杂的互动模式成为可能，而不仅仅是以姿态为基础的互动。因为人们能够思考和理解有意义的象征符号，他们可与数量庞大的人进行互动，并且针对未来的活动制订复杂的计划。他们能够解释其他人的言语和行为的符号意义，并理解比如说有些人的行为与自己的计划是一致的。动物没有制订和理解复杂计划的能力。

思考题

乔治·赫伯特·米德说，思考就是与自己交谈，它和与其他人交谈没有多大区别。这样说时，他的意思是什么？你同意他的观点吗？为什么？想出一些例子，以及一些相反的例子。

109 不过，自米德以来，大量研究显示，很多动物特别是灵长类动物，有思考的能力（Rowlands and Monso，2017；Young and Thompson，2013）。也就是说，它们能够做计划并且算计，至少是在最基本的水平上（Ristau，1983；Schmitt and Fischer，2009）。例如，灌丛鸦有计划性的行为，即把各种各样的食物储藏起来，放至第二天早晨才吃（Raby et al.，2007）。狐獴经常捕猎一些有毒的动物，它们让那些动物失去活动能力，以便训练自己的幼崽处理这些具有潜在危险的食物（Thornton and McAuliffe，2006）。黑猩猩展示了一些欺骗行为，这些欺骗行为可以帮助它

们接近自己喜爱的食物（Woodruff and Premack，1979）。大多数的研究提示，动物确实能够思考，但人类的思考则要复杂得多（Premack，2007）。

心灵和自我

米德关于人格发展的核心观念，以及人类与非人类之间的差异之处，是心灵与自我的概念。

心灵（mind）是一种使用词语的内在交谈（也使用形象，特别是——但显然不仅仅是——对孤独症患者和聋人而言；Fernyhough，2014；Grandin，2000）。这种内在交谈起源于互动，与互动相联系，并且是互动的继续——特别是当一个人在社会世界中与他人交谈时。因此，社会世界以及在其中发生的关系和互动在先，心灵在后，不能颠倒。这一视角与认为大脑（brain）在先的传统视角相矛盾。这种传统视角认为，我们首先进行思考，然后才参与到社会关系之中。它跟心灵与大脑是同一个东西的观点不同。大脑是我们体内的一个生理器官，但心灵是一个社会现象。心灵是社会世界的一部分，没有社会世界，它就不会存在。大脑是一个颅内的器官，而心灵不是。

自我（self）是一种把自己看作是客体的能力。自我意识随着时间的推移而发展。自我意识发展的关键，是站在他人的立场上想象自己的能力，以及从别人的立场上看待自己的能力。换言之，要想获得关于自我的意识，人们必须扮演他人的角色。在米德的历时的自我发展理论中，存在着两个阶段，即**嬉戏阶段**（play stage）和**博弈阶段**（game stage）。

1. **嬉戏阶段**。婴儿并不是生来就有能力感到有一个自我。不过，在他们成长的过程中，他们学会了接受特定他人对他们的态度。因此，幼儿扮演妈妈和爸爸的角色，接受妈妈和爸爸对他们的态度，并且像妈妈和爸爸一样评价他们自己。当然，这样做的结果，只是碎片化的自我意识。它依赖于特定的他人（即妈妈和爸爸）被考虑在内。幼儿缺乏一个更加一般的和更加有序的对自我的意识。

2. **博弈阶段**。当儿童能够同时扮演一个群体里的多重角色，而不是扮演孤立的个体角色的时候，他们就开始发展出完全意义上的自我意识。每一个不同的角色都被看作与他人具

有特定关系。儿童发展出组织化的人格，因为他们有能力扮演多重角色——实际上，是一个特定群体里的多个角色构成的整体。这个发展了的人格并不随着孩子碰巧扮演的某一个角色（如妈妈或爸爸）而发生改变。这使得儿童有能力在组织化的群体中发挥作用。最重要的是，它极大地影响了他们未来在特定的群体中的所作所为。

米德用棒球赛［或者用他自己的叫法，"九人球"（ball nine）］的例子，来说明他关于人格发展的博弈阶段的观点。在一场棒球赛中，仅仅知道你在球场中应该占据的位置是不够的。为了打好比赛，你必须知道球队中所有其他 8 个位置上的人将要怎么做。换言之，一个球员必须扮演所有其他球员的角色。一个球员并不需要在所有的时间里，考虑所有其他球员的角色。在任何一个时刻，考虑 3～4 个球员的角色就足够了。例如，一个游击手必须知道，中外场手将要接住一个特定的飞球；他会受到左外场手的支持；因为二垒的跑垒者将在腾空接球后返回触垒（tag up），中外场手会把球投向三垒；他的工作是，作为游击手为三垒手做后援。扮演多重角色的能力显然适用于棒球比赛，它也适用于游乐群体、工作情境，以及每一个社会情境。

再举一个不同的例子，在大学教室里，学生们经常会被要求合作进行课堂演示（class presentation）。每一个学生不仅要准备自己的计划和演示，还必须知道其他演示者的内容，并与他们合作，也要知道，作为整体的小组要做什么。他需要知道每一个演示的内容、演示的顺序以及每个演示所分配的时间。这样的小组工作与米德所说的棒球队是类似的：作为一个群体，要获得成功，所有成员都必须了解和熟悉全部参与者的角色。本质上，这就是儿童在博弈阶段所学到的东西，贯穿其一生，他们都会继续完善和践行这种能力。

概化他人

米德还阐释了概化他人的概念，或者说是整个群体或社区的态度。**概化他人**（generalized other）包括一个人为了发展自己的行为、态度等而援引的角色、惯例、禁令等内容。个体会扮演概化他

人的角色。也就是说，他们从群体或者社区的视角来看待自己。"如果我……人们会怎么想"这一问题，就是对概化他人角色的一个展示。

在博弈阶段的自我发展中，概化他人具有核心意义。在课堂的例子中，它是在合作项目中相互协作的小组成员的态度。如果再举出家庭的例子，概化他人就是所有家庭成员的态度。

在接受概化他人的视角的时候，儿童开始发展出更加丰富的和更加完整的自我。他们从群体或者社区的视角来看待和评价自己，而不是仅仅从孤立的他人的视角来看待自己。为了在"自我"的完全意义上拥有一个自洽的自我意识，作为成年人，一个人必须成为群体或者社区的一员。成年人还必须对社区共有的态度保持敏感。

拥有能够扮演概化他人角色的成员，对于群体的发展也至关重要，特别是在其有组织的活动之中。这样的群体可以更有效和更高效地运行，因为每个成员都理解他人对自己的期待，并满足这些期待。反过来，在这样的群体中，每个成员也会更高效地运作，因为他对他人行为的预测更为准确。

这样的讨论可能会让你想到，概化他人的要求会制造顺民。不过，米德争辩说，虽然群体内的自我会分享某种共性，但每一个自我都是不同的，因为每个人都有自己独特的生命史和经验。还有，社会中存在着很多群体和社区，因此也存在着很多的概化他人。你的棒球队中的概化他人，与教室里的概化他人或者家庭里的概化他人，是不同的。

"主我"与"客我"

理解顺从与创造性思维和行动之间的差异的关键，是米德对自我的两个侧面或者面向的区分："主我"和"客我"。"主我"和"客我"并不实在，它们并不是物理意义上的存在。如果我们对大脑进行解剖，我们不会发现"主我"和"客我"。正确的理解是，"主我"和"客我"是参与了整体思维过程的两个"亚过程"。一个人有时候更多地表现出自我的"主我"一面，有时候更多地表现出自我的"客我"一面。在任何情况下，"主我"和"客我"的相对混合体，都将决定个体下述两种行为的比例：创造性地

行动（更多的"主我"）或做一个顺民（更多的"客我"）。

"主我"（I）是个体对他人的直觉的反应。它是无意识的、缺乏算计的、非预见性的、创造性的那一部分自我。无论是个人，还是群体的成员，事先都不知道"主我"将会干什么。假日晚餐中的女儿，事先并不总是知道她会怎样说、怎样做，餐桌上的其他家人也是一样。在这样的家庭场合，这正是频繁导致口角——如果不是公开的争吵的话——的原因。作为"主我"的一个结果，人们往往让自己吓一跳，也让别人吓一跳——因为自己出乎预料的言谈举止。

米德之所以重视"主我"，有很多原因，其中包括这样的事实：它是新的和原创性反应的源泉。另外，"主我"使得一个人能够实现完全的自我，并发展出一个特定的和独特的人格。"主我"还给了我们影响群体和社区——我们就生活于其中——的能力。此外，在米德看来，一些个人，包括历史上的那些伟大人物，拥有一个更大和更有力的"主我"。因此，他们有能力对他们的群体或组织产生更大的影响，也对社会乃至全世界产生更大的影响。

"客我"（me）是一个人所接受的他人的态度和行为——这些态度和行为构成一个系统的丛集（organized set）。换言之，"客我"涉及个体对概化他人的接受和内化。虽然你的"主我"可能驱使你去找到一种新颖的方式把自己介绍给班上一个有魅力的同学，而你的"客我"会对抗这一冲动，它提醒你，这样的一种自我介绍在你的社会群体（在这里，亦即概化他人）中可能是不合适的。于是，"客我"可能会引导你等待其他人把你介绍给那个同学，或者寻找一种方法，在课堂之外遇到那个同学。对米德来说，"客我"涉及一种有意识的思考，即一个人对群体的责任。与"客我"联系在一起的行为，还有习惯性和常规性的倾向。我们都有一个"客我"，不过，顺民（conformist）有一个过于强大的"客我"。

正是通过"客我"，社会才能够主导个体。实际上，米德把"社会控制"定义为"客我"对"主我"的主导。通过"客我"，个体在没有或者不需要外来影响的情况下，对自己进行控制。不过，在"客我"的面向中，个体对自己的思想和行动进行自我分析和自我批评——从社会群体的立场，从"来自社会的批评可能是什么"的角度。因此，在大多数情况下，群体并不需要批评个体，个体自己会批评自己。换言之，在现实生活中，自我批评经常就是社会的批评。

当然，作为整体的人民和社会，既需要"主我"，也需要"客我"。对个体来说，"客我"让他在各种社会群体中获得舒适的存在，而"主我"则为无聊的存在提供一些刺激。对社会来说，"客我"提供了社会稳定和有序互动所需要的顺从，而主我是社会变迁的源头——"主我"发展自己，并适应不断变化的环境。

消费社会里的"主我"和"客我"

如果说"客我"通常会为个体提供一些舒适和安全的话，在消费社会里，这一点就会打折扣（Trentmann，2016）。原因是，消费社会里充满变化，作为结果，"客我"也在不停变化。例如，在某一段时间，一个人期望接受一种特定的时尚，但很快，他又会期望接受一种完全不同的时尚。与维持稳定相反，"消费者不会获得一刻的安宁"（Bauman，1999：38）。当然，"主我"总是驱动个体走向不可预测的方向，比如做出不寻常的时尚决定。不过，在消费社会里，"主我"和"客我"至少同样不可预测。这使很多人感到不自在，因为他们缺乏一个有力的和稳定的"客我"所提供的舒适——至少是在时尚这件事情上。

虽然消费社会通常无助于一个稳定的"客我"，但不可预测的程度，是与一个人在社会分层中的地位联系在一起的。处于中间阶层的人们最有可能体验到最大的不稳定性。在快速的变化过程中，他们被引导着渴望更多的变化，但无力制造如此多的变化。这一点对女性尤其如此。这是因为与男性相比，保持时尚，特别是服装时尚，要昂贵得多。上层阶级也面对着一个快速变化的消费世界。不过，当它看起来必不可少的时候，上层阶级的人有财力负担那些变化。下层阶级的财务负担能力差，结果是，他们无力改变——在任何较大的程度上——他们所消费的东西。下层阶级感受到的不自在与下述情况联系在一起：不能满足"客我"的不断变化的要求。

知识点 5-1 | 个体与自我的概念

概念	解释
镜中我	个体发展出来的关于自我形象的概念，这一概念反映了其他人如何回应他。
心灵	一种内在交谈，它起源于互动，与互动相联系，并且是互动的继续。
自我	一种把自己看作是客体的能力。
概化他人	个体对整个群体或者社区的态度的内化。
主我	个体对他人的直觉的反应。
客我	一个人设想的他人态度的系统的丛集。

第二节 作为表演者的个人

在符号互动论对自我及其发展的理解方面，埃尔文·戈夫曼是另一个重要的贡献者（Jacobsen and Kristiansen, 2015）。戈夫曼对"自我"的研究工作，受到了米德思想，特别是"主我"与"客我"之间的张力的思想的深刻影响。在戈夫曼的著作中，这种区分以我们自发地想做的事情与人们希望我们做的事情之间的张力的形式存在（Goffman, 1959）。

戈夫曼创造了**拟剧论**（dramaturgy）的概念，它把个体的社会生活看作是一系列的戏剧表演，与舞台上的戏剧表演类似。对戈夫曼来说，"自我"并不是个体所拥有的东西，而是人们与其对象之间的互动的结果（Manning, 2007）。虽然大多数表演都是成功的，但其被观众的行为打断的可能性永远存在。戈夫曼聚焦于这种可能性，聚焦于人们怎样做来避免被打断，以及在干扰出现时，怎样应对。

一、印象管理

当人们与他人互动的时候，他们使用各种技术，来控制自己在社会表演中希望留给别人的印象。即使是在表演中遇到麻烦的时候，他们仍然试图维持这种印象（Manning, 2005）。戈夫曼（Goffman, 1959）把这种维持特定印象的努力称为**印象管理**（impression management）。

例如，在你的社会学课堂上，你通常会摆出严肃的、有备而来的样子。前一天晚上，你熬夜参加派对，没有及时完成老师要求的阅读。当老师在课堂上提问的时候，你可能试图维持你的形象——通过假装记笔记，而不是举手回答。可是你还是被叫到了，你徒劳地挣扎着，想给出一个深思熟虑的、严肃的回答。那些知道你昨晚熬夜参加派对的同学，开始微笑和窃笑，后者可能会毁掉你努力进行的表演。为了把老师的注意力从自己身上转移到他们身上，你可能会暗示，他们想回答提问。

112

印象管理与很多电影的情节有关。在 2014 年的电影《分歧者》（Divergent）所描述的世界里［还可以参看 2015—2017 年的系列片《叛乱、效忠与晋爵》（Insurgent, Allegiant and Ascendant）］，大多数人都生活在 5 种"集团"（faction）的一个之中，只有少数人被贬低到了第 6 种团体——"无集团者"（the Factionless）之中。后者生活在社会分层体系的下层。分配到哪个集团取决于——至少部分取决于——在一种测验上的得分。但是，有些测验结果不被纳入，因为这些参加测验的人无法归类，他们是"分歧者"。为了隐藏他们的不同——这种不同在这个社会里通常是不被接受的——他们进行了印象管理。虽然有些时候我们所有人都会在印象管理中失败，但与在我们的社会世界中失败的代价相比，电影里的分歧者失败的代价——死亡——则要高昂得多。

当然，在有些情况下（比如，在纳粹德国，犹太人试图以非犹太人的身份过关），印象管理的失败会面临同样严重的后果。虽然印象管理通常适用于面对面的社会互动，但也适用于社交网站上的互动。例如，很多人不断改换自己在脸书上的头像，以便更改自己向他人传递的形象（Cunningham，2013）。其他人利用社交媒体的平台来创建自己的个人品牌，推销他们的自我展示，以便让自己火起来或者是更有新闻价值（newsworthy）（Brems et al.，2017）。

思考题

你采取过什么样的印象管理行动？这些印象管理行动是否成功？随着时间的推移，你采取的这种行动是变多了还是变少了？为什么？

二、前台与后台

延续戏剧表演的类比，戈夫曼（Goffman，1959）认为，在每一次表演中，都有一个**前台**（front stage），在那里，社会表演倾向于被理想化并进行有意的设计，以为观察它的人定义场景。当你在教室里时，像上文的例子一样，你通常是在前台进行表演。你的观众是教师，也许还有其他同学。这里的规则是，当处在前台的时候，人们感到他们必须展示一个理想化的自我感受（比如，通过做出那个看起来深思熟虑的回答）。因为它是理想化的，所以与形象不一致的事情必须掩盖起来（比如你昨晚参加了派对，并且对如何聪明地回答那些问题，并没有做好准备）。

戈夫曼也关注后台。在**后台**（back stage），人们以自己感到自在的方式来表达自己，这些方式在前台则会受到压制（Cahill et al.，1985）。因此，下课以后你可能在餐厅里对你的朋友坦白说，你昨晚参加了派对，并且在课堂上生造了对问题的回答。如果因为某种原因，你的前台观众——在这个例子中是教师——看到了你的后台表演，你以后就很难或者根本无法维持自己试图在课堂上亦即前台构建的印象。

在我们的生活中，后台发挥了显著的功能。对应于我们每一次的前台表演，都会有一个或多个后台，那里发生的各种事情，我们不想让前台的人看到。例如，当夏令营结束的时候，辅导老师通常会在脸书上被营员们"加为朋友"（friended）。为了让营员们通过脸书与他们保持联系，辅导老师会在特殊的脸书网页上发布有限的、精心编辑的介绍。实际上，这是辅导老师针对前营员而设置的前台。当然，辅导老师也许会保留脸书的一个后台版本，其中有前营员们无法看到的介绍。

前台和后台的存在，为我们带来了各种各样的紧张和麻烦。我们经常害怕位于前台的人会发现我们后台的情况，或者后台的某些因素闯入前台。

上述观念是莱斯利·皮卡（Leslie Picca）和乔·费金（Joe Feagin）的《两面的种族主义：前台和后台的白人》（*Two-Faced Racism: Whites in the Backstage and Frontstage*）一书的中心议题。针对白人大学生所进行的这项研究的中心论点是，他们的言行会随着是处于前台还是后台而有所不同。当他们在后台与自己的家人和朋友在一起，以及和其他白人在一起时，他们会毫无顾忌地以露骨的种族主义方式说话和做事。例如，讲述种族主义的笑话，以及嘲笑少数群体的成员。可是，当他们置身于公共场合的前台时，特别是有非裔美国人在场时，他们的言行就会大不相同。他们可能表现得不在乎一个人的肤色，甚至无缘无故地对非裔美国人表示礼貌。因此，虽然在公共场合的前台外在的种族主义已经式微，但它仍然顽固地存在于后台（Cabrera，2014；Sallaz，2010）。

虽然前台与后台之间的区分很重要，但需要注意的是，它们并不是"真正的"地方，它们相互之间的界限也不是死板的。也就是说，某一个时刻的前台，会在另一个时刻成为后台。当然，一般来说，人们最有可能以理想的方式在前台进行表演——当他们汲汲于营造正面的形象时。他们也倾向于在后台更自在地表演——当他们与更能接受他们不完美行为和态度的人在一起的时候。

知识点 5-2   作为表演者的个人的概念

概念	解释
拟剧论	个体的社会生活就是一系列的戏剧表演的观念。
印象管理	个体所使用的各种技术，以便控制他在社会表演中希望留给他人的印象。
前台	一个场所，在这里，个体为观察者定义场景。
后台	一个场所，在这里，人们以自己感到自在的方式来表达自己。

113 第三节   社会化

社会化（socialization）是一个人作为某群体或某社会的一员，学习该群体或者社会的生活方式，并从整体上接受这种生活方式的过程。在社会化过程中，儿童发展出了自我——当他们意识 *114* 到，自己需要扮演概化他人的角色的时候。社会化永远会涉及互动的过程：那些拥有知识和经验的人，教育那些需要掌握这些知识和学习他人经验的人（Grusee and Hastings，2015）。

社会化贯穿于人的一生，我们大体上可以把它分为两个部分。儿童阶段的社会化开启了一个人一生的社会化过程，也是研究者聚焦的核心。不过，研究者越来越多地强调，成年人也通过各种形式，继续学习怎样在社会中发挥作用。对推广"终生社会化"概念贡献最大的学者，也许是埃里克森（Erikson，1994）。他提出了社会化的 8 个阶段，从出生到死亡。这 8 个阶段都基于他所谓的根本性的"存在问题"（existential question）。例如，最后一个阶段所涉及的是，面对日渐增强的"自己要死"的意识，沉思下述问题：自己的一生有意义吗？主要的目标实现了吗？

一、儿童社会化

社会化研究的核心关切，是那些实施社会化的人，即**社会化主体**（agents of socialization）。最早和影响最大的社会化主体是儿童的父母，以及其他的家庭成员和朋友。他们被定义为社会化的初级主体（primary agent）。一些更宽泛的、非人格化的影响，如教育系统、媒体（Prot et al.，2015）和消费文化的影响，对社会化也很重要。这些因素被定义为社会化的次级主体（secondary agent）。所有这些在个体的培育方面都发挥作用，使个体能够有效地在文化中运作，同时也塑造文化。除了教育——第 13 章将讨论教育——我们接下来会检视这样的社会化主体中的每一个。

家庭

在所谓的**初级社会化**（primary socialization）过程中，通过与父母和其他家庭成员的互动，新生儿、婴儿和幼儿掌握了语言、身份、文化常规、规范和价值（Laible，Thompson，and Froimson，2015）。这种社会化为后来的人格发展奠定了基础。早期社会化也对社会发挥了各种功能，比如让年轻人为适应社会做好准备，以及使文化代代相传，生生不息。

父母不仅在初级社会化方面贡献良多，他们还进行**预期社会化**（anticipatory socialization），也就是说，教育儿童未来对他们的期待。预期社会化，也是父母让孩子为他们即将经历的、重要的发展性改变（如青春期）做准备的途径。在家庭社会化中，必须被预期的事情包括：小学、中学和大学的入学，职场的进入，以及作为独立成年人的生活。在经历巨大变迁的社会和时代中，预期社会化显得尤其重要。儿童不仅需要为社会里的变化做好准备，也要为家庭里的变化做好准备，更要为直接影响他们的变化做好准备。

《群体性孤独：为什么我们对科技期待更多，对彼此却不能更亲密》（Basic Books，2017）

雪莉·特克尔（Sherry Turkle）

目前一个有争议的问题是，科技是不是导致了有意义的社会关系的式微？有些专家争辩说，科技帮助我们建立和维持了社会网络。但在《群体性孤独》一书中，雪莉·特克尔提供了一个批判性的视角：一些最新的科技正在使我们彼此疏离，并害怕面对面的社会互动。特克尔发现，有些人更愿意与社交机器人互动，而不是与真人互动，因为他们不需要应对那些让他们感到脆弱的、无法预见的情感，而机器人的爱是无条件的，而且它们永远不会死。这些社交机器人在科技上是如此精巧，以至于它们能够回应我们的注视，甚至和我们交谈，似乎它们能够与我们共情，并理解我们的感情。特克尔警告说，与机器建立亲密关系并不是对人际亲密关系的替代，人机关系会导致我们对其他人类成员的期待降低。

即使当我们与其他人类成员进行社会互动时，我们很多人也还是常常使用科技手段，比如智能手机和电脑。这些以机器为中介的互动，让我们的交流既迅速又方便，但并不充分。虽然通过短信、社交媒体和电子邮件进行的交流非常实用，但与面对面的互动相比，这种交流更加非人格化（impersonal），更少率真性。例如，在脸书上宣布怀孕可能是方便的，但如果一个人没有事先亲口告诉自己的家人和亲密朋友，就显得缺少人情味。与面对面的互动相比，新技术让我们更有能力编辑和管理自己的形象——即使我们并不总是能够确认，他人怎样理解我们所发出的信息。我们的在线观众一般不会质疑我们的表现，而且很可能通过"点赞"来认可我们的形象——如果他们还有所回应的话。社交媒体可能为我们提供数千个虚拟连接，不过，大多数这些连接是弱关系（weak ties），并不向我们提出任何实质性的要求。这就是为什么虽然处于网络连接之中，我们仍然感到孤独。

edge.sagepub.com/ritzerintro5e

- 观看特克尔在 TED 谈话中对其著作《群体性孤独》之主题的解释：《连接但孤独？》。
- 阅读《前线》（Frontline）杂志上对特克尔的一篇访谈，她在访谈中详述了数字化革命的社会后果。

在家庭的性质经历重大转型以及理解家庭的文化也经历重大转型的时候，关于初级社会化和预期社会化的很多假设，都在发生戏剧性的改变。在核心家庭——包括父亲、母亲、一个或更多的孩子生活在一起的家庭——占主导地位的时代，人们曾经认为，社会化的过程大体上是线性的。这种情况在 20 世纪的大部分时间里都是如此。要求儿童学习的内容——至少就家庭本身而言——是当他们成年的时候，也会建立同样的核心家庭，与他们成长于其中的家庭一样。可是，关于核心家庭的好处和必然性的假设，以及关于社会化过程的易得性的假设，现在似乎都无法接受了（McLanahan，1999）。这是因为，公众越来越多地意识到了与核心家庭有关的很多问题，如离婚、虐待和不幸福（参阅第 12 章）。

于是，很多替代性的家庭形式（比如，单亲家庭、祖父母作为主要照顾者的家庭）日益扩张，日托中心及其工作人员越来越在社会化过程中发挥核心作用（Patterson，Farr，and Hastings，2015）。目前，与以核心家庭为主导的时代相比，实施社会化的主体变得非常多样化，非常复杂。结果是，社会化并不像我们原来想象的那样简单明了。社会化主体和社会化过程之间的无缝衔接，已经无法想象。例如，家庭可能以某种方式对他们的孩子进行社会化，而日托中心可能会采取非常不同的方式。

人们曾经把社会化看作是单向的，例如，从父母指向孩子。不过，目前的想法是，把这种亲密家人之间的社会化看作是双向的，例如，父母对孩子进行社会化，孩子也对成年人、父母和家庭进行社会化（Gentina and Muratore，2012）。更可能的是，与长辈相比，孩子们对最新的数字技术要熟悉得多，他们教自己的父母学习技术，也教他们学习数字文化。另一个例子是美国和其他地方的大量移民家庭。这些家庭里的儿童更容易学到他们的新国家的语言和文化（通常是在学校里）。结果是，他们更常是那个向父母教授知识的人，或者至少是试图施教的人（Mather，2009）。这就是**逆向社会化**（reverse socialization），即那些通常被社会化的人，反而（向别人）进行社会化。

思考题

你经历过任何逆向社会化的例子吗？例如，你教过你的父母怎样使用智能手机、建立脸书网页吗？或者，曾经有比你年轻的亲戚或者朋友，向你介绍过一款新的智能手机应用程序吗？你的感受是怎样的？

同伴

115

学校中进行的大量的社会化是非正式的，发生在同学之间的互动之中（参阅第 13 章对学校和教师在社会化过程中的角色的讨论）。在这里，社会化的初级主体（同伴）与次级主体（教师和

全球化 全球化时代的自我

自我不是固定的。它会随着我们人生历程的改变而改变，甚至每天都在变——这取决于我们想给他人留下什么样的印象（Goffman，1959）。自我还会随着社会世界的大尺度的转型而改变，而从来没有一种改变，比全球化更为剧烈。

全球化带来的，是所有类型的物品、观念和知识，以及人员越来越容易的流动。流动性本身就是极端重要的（Urry，2007），其之所以重要还因为"移动性（mobility）的全球化，延伸到了自我的核心之中"（Elliott and Urry，2010：3）。更普遍地说，人们对全球化的心理学越来越感兴趣（McKenzie，2018）。

从积极的一面来说，作为与全球化时代联系在一起的新经历的结果，自我变得更加开放和灵活。在线进行的或者在旅行中发生的简短互动，会导向一个不同类型的自我，也许更多地指向短暂的和临时的自我，而不是长期的甚至是终身的自我。

不过，更值得关注的是全球化对自我的负面影响。最极端的是莱默特和伊利奥特（Lemert and Illiott，2006），他们认为全球化是个人——包括其自我——的"毒素"。因为人们的流动性越来越高，他们很可能会感觉到，他们的自我被分散到了世界各地，并在世界各地漂泊，甚至是松散地存在于全球网络空间之中。在过去，自我更可能由紧密的个人关系塑造，但在今天，它更可能反映这种关系的缺失和距离感，甚至是与他人关系的中断。至少，这可能会促生一个不同于全球化时代以前的自我的自我。最严重的情况是，它会促生一个虚弱不堪的自我，因为没有任何强大和长久的东西为其提供锚点。

与全球化时代联系在一起的另一种更为人熟知的病态，是对数字移动技术的迷恋。有一位女性指出，如此深地沉溺于这些技术之中的经历，"已经把自我掏空，如行尸走肉一般"（Elliott and Urry，2010：41）。大多数人受到的影响，不会像上述例子中那样严重和恶劣。不过，全球化以及与之相关的流动性，对自我产生了重大影响，在未来，这种影响还会加速增长。

思考题

今天的自我，更多地被紧密的个人关系的缺失和距离感，而不是被紧密的个人关系塑造，是这样吗？如果这是真的，这一变化的消极影响是什么？社会怎样对抗这些消极影响？

学校体系的其他职员）之间相互竞争。随着学生学龄的增长，这种非正式的社会化变得越来越重要，特别是在高中时期。同伴也是校外环境中的社会化的重要源头，比如在童子军和各种各样的体育团队中进行的社会化（Bennett and Fraser，2000；Corsaro，2018；Fine，1987）。例如，研究者发现，参与对抗性体育运动如足球和摔跤的孩子，在社会化之后，变得在日常生活中更具身体攻击性（Kreager，2007）。与非运动员男性或参与非对抗性运动如棒球和网球的男性相比，参加对抗性运动如美式橄榄球的男学生（以及他们的朋友），更可能卷入严重的斗殴事件。

随着儿童的成熟，并花费越来越多的时间与朋友在一起，同伴社会化会越来越多地与家庭和学校的教育发生冲突。同伴群体对冒险行为和越轨行为的参与所产生的影响，经常与父母和教师所设定的目标相抵牾（Gardner and Steinberg，2005；Haynie，2001）。在《同伴压力，同伴预防》（*Peer Pressure*，*Peer Prevention*）一书中，芭芭拉·克斯特罗和特里娜·霍普（Costello and Hope，2016）检视了朋友在鼓励越轨或犯罪和阻止越轨或犯罪两方面的作用。基于关于同伴影响的 81 篇学生论文，以及关于同伴压力的 2 个开放性问题的 831 个回答，作者们研究了同伴影响力的各种机制，既包括积极效果，也包括消极效果。例如，对角色榜样的赶超，可以产生积极的同伴影响，如果前者是一个好榜样；如果这个角色榜样鼓励越轨行为，那么他就会造成消极的影响。胁迫策略，比如诉诸同伴忠诚的策略，发挥作用的机制也很类似——如果他们的同伴都在喝酒（或者都不喝酒），被研究的被试宣称，他们会遵从，以确认他们之间的友谊的牢固性。有趣的是，有些同伴影响机制在影响越轨行为方面更为常见，比如对丧失地位的恐惧，以及旁观者的在场。克斯特罗和霍普强调，在检视儿童的社会化时，无论是积极效果还是消极效果，同伴群体所施加的非正式社会控制都是重要的。

同伴社会化在人的一生中都很重要。例如，同伴群体帮助我们学习在大学（Brimeyer，Miller，and Perrucci，2006）、工作场合（Montoya，2005）、社交场合（Friedkin，2001）、城市竞技场（civic arena）（Dey，1997）中应该做的事情，也帮助我们学习怎样做一个体育迷（Melnick and Wann，2011）。

性别

社会学家特别关注性别社会化，亦即有关男孩和女孩可以做什么和应该做什么的规范和价值的转变过程（Leaper and Farkas，2015；McHale，Crouter，and Whiteman，2003）。

甚至在婴儿出生之前，父母就开始"性别化"他们了（Kane，2018）。在美国，父母们这样做的办法是，为男孩买蓝色的衣服，为女孩买粉色的衣服。父母往往给女婴穿上带褶边的衣服，在她们头发稀疏的头上戴上蝴蝶结，以便提示他人，这是一个女孩。这种性别差异被父母送给孩子的不同玩具强化——男孩得到卡车和士兵，女孩得到娃娃和玩具屋。男孩得到的玩具和玩的游戏，围绕着那些被认为是适合男孩的行动、活动和角色扮演；女孩得到的玩具和玩的游戏，则聚焦于互动、关系，以及活动量较小的玩耍。社会学家艾米丽·凯恩（Kane，2012）对家有学前儿童的 40 多个父母进行了深度访谈，询问他们关于儿童玩具、服装和社会化的问题，以及其他事项。她发现，虽然父母们经常想要挑战关于"什么是适合儿童的玩具和衣服"的性别假设，但他们还是受到传统性别结构和社会制度的制约。随着孩子慢慢长大，他们从父母和重要他人（以及概化他人）那里得知，哪些行为对他们的性别是合适的，哪些不合适。例如，当女孩哭泣的时候，父母会给她很多的同情；而男孩受伤以后，会被教训"要像个男子汉"并停止哭泣。人们还期待男孩对运动感兴趣、相互打闹、不要安静地坐着。相反，人们期待女孩表现出"淑女"行为，如安静地坐着，并乐于分享。很多孩子会把这些传统的性别期待，看作是男性和女性的自然表现。努力养育男孩的父母对他们所进行的社会化，更可能把他们导入一个狭窄的性别角色。他们引用生物学或本性作为这样做的理由。父母们这样做还因为他们担心，如果他们以不同的方式对男孩们进行社会化，就会受到社会制裁。

1970 年代的女权运动，挑战了对男孩和女孩进行社会化的传统观念（Lorber，2000）。目前，有些父母对他们"性别中立"的育儿方式感到骄傲（Auster，2016）。他们在对他们的孩子进行社会化时，放弃了僵化的传统二元性别角色，拒绝男孩和女孩完全不同的观念（Martin，2005）。不过，许多父母继续坚决地反对男孩表现出对被成见（stereotyped）认定为"适合女孩"的活动的兴趣（Kane，2006）。体现这种差异的是，喜欢体育活动并和男孩一起玩耍的女孩，被冠以"假小子"（tomboy）之类的积极称呼。相反，对安静的玩耍类型感兴趣的男孩，或者与女孩一起玩耍的男孩，则被冠以"娘炮"（sissy）之类的贬义称呼（Thorne，1993）。对男孩来说，传统的性别社会化方式仍然很强大（Kane，2006）。对男孩和女孩进行不同的社会化的建议，仍然主导着育儿书籍和"怎样做家长"的书籍，以及其他媒体（Martin，2005）。最近的一项研究发现，当婴儿的年龄达到 1 岁零半个月的时候，他们就已经表现出对具有性别刻板印象的玩具的偏爱（Boe and Woods，2017）。

以前，传统的性别角色的社会化，受到学校、体育活动和大众媒体的强化。在学校里，教师和课程安排曾经倾向于支持传统的性别规范，而同伴群体更可能是性别隔离的（Thorne，1993）。在体育活动中，女孩和男孩被带入不同的体育项目。例如，女孩倾向于打垒球，而男孩打棒球（Coakley，2007）。当女孩参与"男性的"体育项目的时候，她们的努力往往被贴上不同的标签。例如，女孩的足球队会被称为"粉扑"（powderpuff）足球队。美国《1972 年教育法修正案》第 9 条禁止在联邦资助的、教育性质的体育活动中的性别歧视，戏剧性地改变了上述看法。从上述法律通过以来，大学里甚至高中里的女子体育活动变得越来越引人注目，而且，在有些情况下，更多地被认可为"真正的"体育运动。一个最好的例子是在大学层次的女子篮球。更普遍的是，男人和女人更可能试图训练出强壮的运动员身体。

117

思考题

你为什么认为，在当前的美国文化中，关于儿童时期性别角色社会化的传统观念仍然强大？你是否认为，这种观念会被更加平等的观念完全取代？为什么？

媒体，特别是电影、电视和视频游戏，也倾向于对传统的性别角色社会化进行强化。不过，这也在发生改变。电视节目越来越多地展示强大的女性角色［《权力的游戏》（Game of Thrones）、《大小谎言》（Big Little Lies）、《副总统》（Veep）］，众多的电视节目展示了女性警察和警官［《犯罪现场调查》（CSI）、《福尔摩斯：基本演绎法》（Elementary）、《堕落》（The Fall）］。其他一些展示女性领导人的电视节目包括《稳操胜券》（She's Gotta Have It）和《使女的故事》。动作女明星西格妮·韦弗（Sigourney Weaver）在《异形》（Alien）系列电影、安吉丽娜·朱莉（Angelina jolie）在其大多数电影、米歇尔·罗德里格兹（Michelle Rodriguez）在《速度与激情》（The Fast and the Furious）系列电影中越来越可能扮演强大和攻击性角色。年轻人小说也拥有强大的女主角，比如《哈利·波特》中极端聪明的赫敏·格兰杰（Hermione Granger）、《饥饿游戏》（Hunger Games）系列中的凯特尼斯·伊夫狄恩（Katniss Everdeen），以及《分歧者》（Divergent）系列中的碧翠丝（Beatrice）。

在其他场合，变化不太明显。购物中心倾向于强化传统的性别角色——通过为男孩和女孩、男人和女人提供分开的店铺。迪士尼乐园提供高度分化的项目，分别吸引男孩（加勒比海盗船）和女孩（小小世界）。现代广告，包括平面广告和电视广告，继续展示男人和女人的"传统"角色——男人在修理家居用品和干体力活，而女人在烹饪、清洁和照顾孩子。大多数视频游戏的目标是男孩，而为女孩提供的电脑游戏，则聚焦于面部美容和购物。媒体对女孩和妇女的外表的强调不是新事物。数十年来，因为其对妇女身体的不真实的描绘，电影、电视节目以及广告受到了广泛的批评（Cole and Daniel，2005；Milkie，1999；Neuendorf et al.，2009）。杂志如《滚石》（*Rolling Stone*），在它的封面上使用更性别化（sexualized）的男人形象，但性别化的女人的形象更多。更惊人的事实是，随着时间的推移，女人的形象变得越来越性别化（Hatton and Trautner，2011）。对杂志《十七岁》（*Seventeen*，1971—2011）和《少女生活》（*Girl's Life*，1994—2011）上的女孩形象的研究显示，随着时间的推移，她们的性别化倾向增强了。具体来说，在《少女生活》中，低胸装和紧身服的女孩形象增加了，而女童的形象减少了（Graff，Murnen，and Krause，2013）。很多动作女主角（如电影《007》和《X战警》中的女主角）继续展现传统男人对女性身体的偏好：年轻、吸引人以及苗条。年轻的女人把自己与成年版的芭比娃娃相比，会对自己的身体感到焦虑。媒体上的女性形象还会强化种族刻板印象：有色人种的年轻女性被刻画为贫穷和不负责任的形象（Collins，2004）。

大众媒体和新媒体

直到最近以前，针对大众媒体在社会化中的作用的关注，大多是关于电视的影响，以及儿童每周在电视机前花费的大量时间（Comstock and Scharrer，2007）。电视一直是一个重要的社会化主体，特别是对幼儿来说。不过，显然，随着儿童的成熟，特别是在中高年级，他们的社会化更多地通过电脑、智能手机、视频游戏以及其他新出现的技术手段来进行（Rideout，Foehr，and Roberts，2010）。随着媒体设备的种类的增加，花费在它们身上的时间比例也提高了。2011年，婴儿和8岁以前的儿童平均花费在这些设备上的时间是5分钟，而到了2017年，平均时间是48分钟（Common Sense Media，2017）。拥有自己的媒体设备的年轻人的百分比非常高，而且大体上还在升高。

当然，一个奇妙信息构成的世界，通过谷歌与其他新型媒体，展示在儿童面前。不过，网络上也有很多令人担忧的东西，孩子们可以很容易地找到它们或者无意撞上。而且，对电脑的接触已经极大地改变了观看经验。观看电视或者电影

是一种被动的活动。即使"成人主题"出现了，儿童也只是一个观察者，而不是一个参与者。可是，在电脑和其他数字媒体上，孩子们可以玩诸如《我的世界》（*Minecraft*）、《史莱姆牧场》（*Slime Rancher*）、《荒野大镖客：救赎2》（*Red Dead: Redemption 2*）和《使命召唤：无限战争》（*Call of Duty: Infinite Warfare*）等游戏。这些游戏使儿童参与到对反社会行为的模仿之中，如偷车和逃避警察的追赶。显然，这些游戏所暗示的社会化的性质，与父母和老师所希望传递的教诲相抵牾。

智能手机和社交网站也在社会化过程中发挥作用，主要是通过同伴的影响（Ibáñez-Cubillas，Díaz-Martín，and Díaz-Martín，2017）。大量的同伴社会化也通过脸书、推特和Snapchat这样的网站来进行（boyd，2014；Skoog，Sobring and Bohlin，2015）。每天平均有15亿人登录脸书，而且在18～24岁年龄段，94%的人观看在YouTube上分享的视频，78%的人使用Snapchat，经常是每天多于1次（Smith and Anderson，2018）。所有这些都是这么新，这些新型媒体的出现又是这么迅速，以至于我们不能确切地知道，新媒体在未来的社会化中会发挥什么作用。但是，它们的作用会越来越强大，且影响会越来越深远。

消费文化

与本书对消费的重视相一致，在当代世界，重要的是认识到，儿童需要接受以消费为目的的社会化，特别是，花费生命中大量的时间来进行消费（Atkinson，Nelson，and Rademacher，2015）。与其他类型的社会化一样，这种社会化发生的时间早，大部分发生在家庭（Meuleman and Lubbers，2016）、学校和同伴群体之中。当然，在学习消费这件事情上，我们也不能忽视市场营销的作用，特别是针对儿童的市场营销（Schor，2005）。

可是，很多社会化发生在消费场所，而不是发生在家庭、学校里，也不是通过广告。例如，几岁和十几岁的孩子们在购物中心里花费大量的时间，或者是与他们的家人一起前往，或者是——随着他们逐渐长大——独自前往，又或者

是与同伴一起前往。虽然年轻人可能走进购物中心的影城，或者只是在那里闲逛而不是购物，但有一个事实是不变的，即这些活动发生在以消费和购物为初衷的环境里（Cook，2004；Rose，2010）。孩子们很容易地学习到了这些消费细节（nuts and bolts）。他们还会学会有关消费的各种规范和价值，特别是重视消费过程和购物过程的价值观，并特别重视消费和购物的过程，以及在这个过程中所获得的产品和服务。甚至还有一款游戏叫作《购物疯狂》（Mall Madness），它对儿童，特别是女孩进行关于购物中心里的真实情境的社会化。在这个游戏中，购物中心拥有 18 个店铺，游戏者可以在那里使用信用卡购物。孩子们进而也接受了信用卡使用的社会化。这一游戏的目标是，首先完成购物单上全部 6 件物品的购买，成为第一个回到游戏开端的人。换言之，这个游戏的胜者，以及消费文化中的胜者，就是最好的消费者。

还有一款 Moose Toys 公司生产的系列玩具，其最初的目标是向孩子们销售名叫"购物小能手"（Shopkins）的玩偶（参看 www.shopkinsworld.com）。更重要的是，这些产品还有一个目的，即推广不受约束的消费——"一旦开始消费……你就停不下来！"——既在当前，也暗示早年玩过这个玩具的孩子，会终其一生这样做。最直接的目标是，引诱孩子们尽量多地搜集"购物小能手"玩偶，以及与之相关的附属装备。一个更宽泛的目标在下述事实中得到了暗示：那些玩偶所代表的人物，与多种多样的物品联系在一起，而这些物品可以在商店里买到。这些物品有 Kooky Cookie（一种巧克力饼干）、Polly Polish（指甲油）以及 Lippy Lips（口红）。最宽泛的目标是，鼓励终身的过度消费（hyper-consumption）（Ritzer，2012a）。

在线消费和购物网站（比如亚马逊和亿贝）也是社会化主体。人们在数字化零售商那里学会了浏览策略和购买策略，而这些策略对实体（brick-and-mortar）世界的消费产生了影响。例如，很多与在线购物一起成长的年轻人，是熟练的货比三家者。他们会在网络上对产品进行比较，以便在成交之前找到最好的那桩买

卖。由于在线商业的竞争，很多店面零售商已经没有了生意，从而进一步强化了对在线销售商的倚重。其他店面零售商（如沃尔玛）发展出了把在线销售和店面销售混合起来的经营方式。它们为消费者提供在线购买的机会，并在当地的零售店取货（亚马逊最近也进入了这个市场）。它们的希望是，对当地商店的访问，会带来计划外的购物。这些新的零售形式提供了新的社会化手段——通过这种社会化，把年轻人带入消费文化之中。

把人变成消费者的社会化，也会强化有关种族、阶级和性别的规训（Otnes and Zayre，2012）。在《进入玩具世界》（Inside Toyland，2006）一书中，克里斯汀·威廉姆斯（Christine Williams）展示了消费者的选择——在哪里购物、购买什么品牌、什么产品适合什么人——会维持社会的不平等。女孩们面临购买美容产品的压力，这鼓励她们去追求那个理想化但通常无法企及的女性美（Wiklund et al.，2010）。例如，芭比娃娃经常被展示为理想化的女性身材——从生理上说，这样的体形在现实生活中是不可实现的。通过这样的玩具，社会化不仅仅把儿童带入了消费文化，还把他们带入了对有害的性别期待进行再生产并加以强化的文化。

119

二、成人社会化

大量的成人社会化过程发生在人们的生命后期，这时，人们进入工作世界（Ellis, Bauer, and Erdogan，2015），并独立于他们的（原生）家庭。

工作场所

以前，进入职场的社会化是相当简单的，也是一个直截了当的过程。很多工人受雇于大公司（比如通用汽车公司、美国钢铁公司等），持续工作，一直到退休。特别是那些公司等级中较低职位的持有者，大部分的社会化发生于职业生涯的早期。不过，今天很少有工人期待，把整个职业生涯花在一家公司的一个职位上。越来越多的工人频繁地更换雇主、工作，甚至职业（Bernhardt et al., 2001; Legerski, 2012）。每一次更换工作，工人们都需要**再社会化**（resocialization），以便摒弃旧的行为、规范和价值，并学习新的。他们不再能依赖（假设原来是可以的）孩提时代在学校所学到的东西，也不再能依赖工作早期所学到的东西。

我们来考察一项研究发现：美国工人在劳动力市场里的经历。研究者发现，在1980年代进入劳动力市场的一代人，比在1960年代进入劳动力市场的一代人，变更工作的可能性高43%（Bernhardt et al., 2001）。今天，工人们在其一生中平均拥有12个工作岗位，每个工作的平均时间仅有4.2年（Doyle, 2018）。特别是千禧一代（millennials），倾向于"跳槽"（job hop），或者在一个工作岗位上工作不足2年（Chatzky, 2018）。显然，在其一生中，工人们更加频繁地更换工作，并且从事更加不同的工作。

思考题

在你的一个或更多个工作中，你是否参加过入职培训或其他培训？在这些目前你可以归类为职场社会化的过程中，发生了什么？回忆过去，那些职场社会化是成功的吗？你认为，在哪些方面，它们还可以做得更好？

艾莉森·皮尤（Pugh, 2015）争辩说，工作状况这一改变有助于创造一种不安全的文化——一个"风滚草"（tumbleweed）社会——这种文化不仅仅影响经济和我们的工作，也影响我们的个人关系和自我认同。通过对80对父母的访谈，她发现，这一不安全的文化深刻地塑造了他们对承诺、忠诚和责任的期待。工作岗位的灵活性弱化了雇主的承诺，却没有弱化劳动力大军的工作伦理。一些工人重视灵活性，是因为灵活性给了他们更多的自由和流动性。对于受过良好教育的专业人员来说，这一点尤其如此——他们的工作岗位有很好的财务回报，更有能力重新找工作。但是其他人，特别是无技能的男工，感到

愤怒，因为他们的勤奋工作不能保证一个稳定的职位。有趣的是，他们的愤怒并没有指向雇主，而是指向了他们自己，因为他们太依赖自己的工作。皮尤把这个描述为"单向奖赏系统"（one-way honor system），它把工作成功和失败的责任置于个体工人的身上，而不是他们的雇主身上。

全能机构

在生活中的某些节点，很多成人发现自己置身于某种类型的全能机构之中（Gambino, 2013; Goffman, 1961a）。一个**全能机构**（total institution）是一个封闭的、无所不包的（all-encompassing）居住和工作地点，它与社会的其他部分分离，并满足纳入其中的人的所有需要。

全能机构的一个主要实例是监狱。2018年，230万美国人生活在各类监狱（包括军事监狱和移民拘留中心）之中（Wagner and Sawyer, 2018）。刚进监狱的时候，犯人要经历正式的再社会化。其形式是，告知他们必须遵守的规则和程序。不过，更重要的是非正式的社会化，它发生在犯人和狱警的互动过程中，特别发生在犯人之间的互动过程中。实际上，其他犯人经常通过社会化，把相对无经验的罪犯变成犯罪专家。监狱经常是"犯罪的学校"（Sykes, 1958 / 2007; Lopez-Aguado, 2016）。

全能机构的另一个例子是军队。军人通常生活在军营里。他们通常共同就餐、分享共同的生活空间，并在军事基地里享受所有必需的服务。他们必须服从有关着装、举止、仪表和时间安排的严格规范。军队作为全能机构的形象，特别清晰地反映在电影《全金属外壳》（*Full Metal Jacket*, 1987）和《美国狙击手》（*American Sniper*, 2014）之中。例如，《全金属外壳》描写了新兵被剃光头的场景——他们对自己形象的控制权被剥夺。他们还受到臭名昭著的训练士官的咆哮命令的欺凌，被非个性化（deindividualized），而这个士官对他们所有的行动都拥有绝对的权威。

成人社会化的其他面向

成人的社会化和再社会化以其他多种方式

发生，也在其他很多场合发生。医学院、法学院和各种研究生院对他们的学生进行社会化，使他们学习怎样做医生、律师或者其他职业的从业者（Becker and Geer，1958；Granfield，1992；Hafferty，2009）。学生们必须学习有关仪表、举止和与他人互动的规范，他人包括他们的同行、患者或顾客，以及公众。比如，住院医师必须带着机敏和信心宣布他的诊断。他们还要学会怎样保持和强化医生和护士之间的地位差异。

很多消费场合也会提供以成人为目标的正式社会化，至少是在初次来访的时候。美国购物中心（Mall of America）会向新顾客提供对购物中心的一次付费的定向游览（orientation tour）。针对各种赌博形式，拉斯维加斯赌场热心地为新顾客提供各种课程，暗中教他们怎样输钱。游轮公司会让首游顾客参观轮船，有时是巨轮，包括船上的赌场和商店。

与所有的衰退和萧条一样，大萧条（Great Recession）也使得再社会化成为必需。很多人失去了他们的工作和房屋。有些人被迫过着完全不同的生活，与家人和朋友挤在一起；真正不幸的人，则住在汽车里或者露宿街头。学会依靠一份工资而不是两份工资生活，需要相应的成人再社

数字化生存　网络霸凌

霸凌在所有的年龄段和所有的地点都会发生。它在学校里的青少年中间最为常见，而现在越来越多地出现在了互联网上（Simmons，2011）。疾病控制中心（Centers for Disease Control，2018）最近的一份报告发现，2017年，有19%的高中生在校园里遭受过霸凌，而15%的高中生遭受过来自短信和社交媒体的霸凌。放学不再意味着霸凌的结束，也不意味着霸凌受害者之痛苦的结束。霸凌可以在线上持续至深夜。

网络霸凌（cyberbullying）是"通过电脑、移动电话和其他电子设备有意识、重复进行的伤害"（引自Simmons，2011：104）。虽然网络霸凌涉及两个性别，但少女更可能成为霸凌的目标，少女成为霸凌施害者的可能性稍低一些。这部分是因为，女孩更可能在线上，特别是使用Instagram和推特之类的社交媒体。网络世界，特别是社交网络，其实就是与人际关系有关的存在，而女孩们特别愿意在互联网上参与这种关系。她们更可能因为受到霸凌而使在线关系破裂，或者是因为其他网络霸凌者发出的评论和图片而使在线关系破裂。例如，在Instagram上，她们可以很容易地发现，谁拥有最多的追随者或者"点赞"，并使用这一信息来羞辱受害者。大多数网络霸凌的例子涉及认识受害人的施害者（比如，朋友或者前男

友），很少涉及完全不认识的人。

与面对面的霸凌相比，网络霸凌有很多诱人之处。与身体伤害相比，网络霸凌简单迅速，并不涉及很多后遗症。网络霸凌者一次点击就可以完成任务，并且避免了目光的接触、声调的提高和立即发生的物质性结果。还有，它留下了一个几乎永远存在的痕迹——其他人事后仍然可以找到。互联网还提供了种类多样的霸凌武器，比如攻击受害人的相貌、破坏浪漫关系或社会关系、留下恶毒的评论，甚至是暗示受害者想要自杀。对网络霸凌的禁止手段被削弱或者被消除了，目前也没有对网络霸凌的防范措施。与面对面的情境相比，针对受害者而形成的帮派，人数更多。网络霸凌的受害者"更可能经历焦虑、抑郁、学校暴力、学业问题、自杀念头和自杀企图"（Simmons，2011：109）。虽然霸凌发生在网络上，但它通常根源于社会世界和当事人的生活，并对社会世界和当事人的生活造成冲击。

参与数字世界

检视至少两种社交媒体，记录你认为属于网络霸凌的例子。解释你选择那些例子的理由。它们之间的共同之处是什么？你认为，可以采取什么样的行动，来预防网络霸凌？

会化。如果失业或者无家可归，则显然需要更多的成人再社会化。

还有很多情况，也会产生对成人社会化和再社会化的需求（Brim，1968；Lutfey and Mortimer，2006；Wilson，1984）：

- 社会价值和规范的改变。美国文化的很多方面正在经历快速的变迁。其中之一，正像前文所提及的，是性别刻板印象。有一个研究项目，研究了参加大学啦啦队的男生。该研究发现，男生的阳刚之气，对那个女性化的氛围非常适应（Anderson，2005）。
- 家庭变故。不仅仅是对儿童，对当事的成人来说，分居、离婚、丧偶和再婚也涉及特别重要的改变。它们要求相应的成人再社会化，以便进入新的关系、新的家庭，适应新的公众形象。家庭领域一个显著的改变是，在越来越多的有孩子的家庭里，妈妈是那个"养家的人"（breadwinner）。在1960年，只有11%的妈妈是家庭的唯一收入来源；但是到了2015年，42%的妈妈承担这个角色（Glynn，2016）。
- 地理性流动。更换工作、退休和移民变得越来越常见。经历上述变化的人必须再社会化，以便进入新的物质环境，也进入新的亚文化。
- 与年老相关的变化。随着人们的老去，他们与工作逐渐疏离，这也会影响各种人际关系

121

和财政状况。一个退休的人必须再社会化，以适应新的社会地位。人们活的时间更长了，因此，他们可能会经历更长时间的健康恶化过程。依据2013年《全球疾病负担研究》（Global Burden of Disease study，2015）的数据，美国男人的预期寿命是76.33岁，女人是81.42岁。但他们的预期健康寿命，亦即没有慢性疾病和残疾的年龄，分别只有65.84岁和68.61岁。对于那些把自己看作是有行为能力的成人来说，下述经历是艰难的：感受身体残疾——这一残疾妨碍了他们与世界的互动——的重大冲击。

由于我们生活在一个全球化的时代，成人显然需要再社会化——在他们变老的过程中，也许会有很多次，且每次都不同——以便适应新的、变动不居的世界。一些全球性社会化发生在工作岗位上：随着雇主越来越多地寻求全球化的市场，并建立全球化的贸易基地，雇员们体会其他文化的机会也增加了。全球性社会化也受到了网络的支持，当然，网络本身就是日益全球化的。通过电子邮件或社交网络，人们与全球性网站、新信息源和全世界其他人的互动，在全球性社会化过程中发挥了重要的作用。我们都经历了下述社会化：参与全球性消费文化（Poff，2010）。而学生们通过国外学习项目，也经历了全球性社会化。

知识点 5-3 | 社会化的概念

社会化的类型	对其过程的描述
初级社会化	通过与父母和其他家庭成员的互动，新生儿、婴儿和幼儿掌握语言、身份、文化常规、规范和价值的过程。
预期社会化	父母教育儿童在未来对他们的期待的过程。
再社会化	摒弃旧的行为、规范和价值，并学习新的行为、规范和价值的过程。

第四节 互动

在本章的前一部分，我们关注的是个体的社会化。可是，社会化通常会涉及**互动**（interaction），或者说是社会交往。这种社会交往涉及两个或者更多人，他们相互感知对方的行动，并把行动指向彼此。人们通常认为，互动涉及人与人之间面对面的关系。但是在21世纪，互动越来越多地通过智能手机和社交媒体来完成。因为其独特性及其对个体的影响，互动本身是一个重要的研究课题。它也是构建更加宏观的社会现象，比如社会网络和群体，以及更大的社会组织、民族社会和全球社会的砖石——下一章将更深入地探讨这一点。

个人之间的互动贯穿我们的一生。这样的例子包括父母与孩子之间的互动、儿童和兄弟姐妹之间的互动、师生之间的互动、同事之间的互动以及医患之间的互动。人生早期阶段的互动，特别是家庭和学校里的互动，倾向于长期延续，并且是高强度的互动。在以后的人生阶段，互动变得更加短暂（街头的一个问好，或者是鸡尾酒会上的一次短暂交谈），虽然与家人之间的互动仍然是高强度的。

思考题

当我们说互动越来越多地通过中介进行时，是什么意思？用一些例子来说明你的回答。

各种社会学理论被用来解释互动。例如，正如你在本章前一部分所学到的，乔治·赫伯特·米德和后来的符号互动论者区分了两种互动：使用姿态进行的互动和依赖符号如语言进行的互动。乔治·齐美尔相信，人类互动不仅仅促成了社会的出现，也满足了人类合群的基本需求。在下面的讨论中，你会看到解释互动的各种理论。

一、上下级互动

齐美尔认为，社会是由互动定义的。而且，他区分了互动发生的形式和参与互动的人的类型。比如，一种形式的互动，是上级和下级之间的关系（Simmel, 1908 / 1971a）。这种类型的关系出现于很多场合，例如，教室里的教师和学生、法庭里的法官和被告，或者监狱里的狱警和犯人。我们倾向于认为，这种关系会消灭下级的独立性。不过，除非下级至少拥有一些自由，以便成为互动的主动参与者，否则双方之间的关系无法持续。雇主和雇员之间的关系是一个很好的例子。如果雇员不能对雇主的命令做出反应，就不会存在互动，而是只有从雇主到雇员的单向交流。另外，实验研究显示，经理与雇员之间的关系越平等，双向交流的数量就越多。在这种情况下，当与经理发生冲突时，下级感受到的怨恨、愤怒和担忧较少（Johnson, Ford, and Kaufman, 2000）。

二、互惠与交换

对那些构建理论来解释交换的社会学家来说，互动是一个理性的过程，在其中，参与者试图使自己的回报最大化，代价最小化。只要参与者感到有回报，互动就会进行下去。但是，当一方或者多方的参与者发现不再能够获得回报时，互动就会式微或者终止。在这种情况下，一个重要的概念就是**互惠**（reciprocity）的社会规范。互惠的意思是，参与互动的人期待，给予和回报的价值大体上一致（Gouldner, 1960；Mazelis, 2015；Molm, 2010）。当一方感到另一方不再遵循上述规范——也就是说，付出的不再像收获的那样多——关系就可能终止。

对于交换关系的研究，与其他社会学研究一样，面临着挑战：发现新的方式，来解释新的虚拟互动形式，如电子邮件、社交网站，以及通过Skype和WhatsApp进行的互动。有一个研究者探索了虚拟的现实对"真实"世界中的互动的影响，以及"真实"世界对虚拟现实的影响。他的结论是，"持续改变的化身（avatar）（或一个人的数字再现）会影响一个人的'真实'自我，这个自我也会指向其他的虚拟他人，但这些人也有真身"（Gottschalk，2010：522）。换言之，数字世界里的互动和物理世界里的互动都会影响自我。进一步的研究问题随之进入视野。比如，在物理世界里（比如在面对面的交流中），人们会像在数字世界里（比如运用电子邮件进行交流的时候）一样，被迫接受同等程度的合作吗？（Naquin，Kurtzberg，and Belkin，2008）不过，重要的是要记住，数字世界和物理世界并不相互隔离，反而是相互渗透的。于是，一个重要的课题是，比如说，在线合作关系和线下合作关系之间的联系（Ritzer，2013）。

三、"进行中"的互动

另一个与本论题密切相关的互动理论是民俗方法论，它关注人们的日常实践，特别是那些涉及互动的日常实践。它的基本思路是，互动是人们主动"进行"的行为，这种行为每天都在完成之中。例如，一个简单的行为——一起散步，就可以被视为某种互动。对某一特定实践的参与清楚地表明，你是在与一个特定的人一起散步，而不是与其他什么人一起散步（Pantzer and Shove，2010；Ryave and Schenkein，1974）。你很可能会与一个密友紧挨着散步，或者依偎着散步。如果你发现自己与一个陌生人以一致的步伐走路，你的行为大概就会不同。你可能会让自己远离陌生人、身体向远离的一侧倾斜，或者说声"对不起"，以便明确地表示，你并不是在和那个陌生人一起散步，也没有与他进行互动。形式更加复杂的互动，会要求更加繁缛的实践。在互动的过程中，人们创造了悠久的互动形式，如与性别和家庭有关的互动形式（West and Zimmerman，1987）。

民俗方法论还创造了**对话分析**（conversation analysis），它关注人们怎样进行或者完成对话（Heritage and Stivers，2012）。例如，你必须知道和使用特定的方法，以便进行成功的对话：你必须知道什么时候轮到你说话，什么时候对某人的评论发笑是合适的（Jefferson，1979）。对话分析在研究对话的领域里一直领先，也在研究互动

的领域里领先，而且非常深入。他们通常使用录音或录像设备把一段对话录下来，进而开展详细的研究。然后，他们可以把对话誊写下来，以便形成一个文字的记录。

四、互动秩序

虽然互动的每一个例子看起来都是孤立的、相互独立的，但每一个都是埃尔文·戈夫曼（Goffman，1983）所说的**互动秩序**（interaction order）的一部分（Rawls，2015）。这个社会领域是有组织的和有秩序的。这种秩序是参与互动的人非正式地创造出来和主导的，而不是由正式的社会结构——如官僚机构和它们的禁令——制造出来的（Fine，2012）。互动秩序的一个例子是，一群学生组成他们的小圈子，并发展出他们自己的规范来管理他们的互动。戈夫曼在这样想的时候，是在追随齐美尔的观点，即在某种意义上说，社会建立在互动的基础之上。从很多方面说，社会就是互动。

互动秩序可见于很多场合与情境之中。一个例子是，2016年，一个孤独的狙击手枪杀了5名*123*警察。在枪击发生之前，一次针对警察暴力的有秩序的抗议活动正在进行。可是，枪击破坏了这种互动秩序，代之以恐惧和混乱。一些社会学家提出，人类与动物之间的互动是观察互动秩序的另一个领域（Jerolmack，2009，2013）。实际上，有一个相对较新的社会学理论——行动者网络理论，这一理论不仅试图涵盖动物，还试图涵盖互动秩序中的无生命物品（Law and Hassard，1999）。

五、地位与角色

地位和角色是互动秩序的关键要素，也是互动发生于其中的宏观结构的关键要素。**地位**（status）是一个人在社会体系中所占据的一个位置。例如，在大学里，关键的社会地位是教授和学生。**角色**（role）是大家对占据某一地位的人的行为期待。因此，人们期待教授出现在教室、认真备课、投入地授课等等。对学生来说，人们期待他们上课、听讲，有时还要参与，在课堂上

不得发短信、不得查看脸书网页，完成作业、参加和通过考试。

地位的概念还可以被进一步分解为先赋地位与自致地位。**先赋地位**（ascribed status）并不是一个可以选择的地位，它超出了个人的控制范围。它涉及这样的地位：一个人是被放在这个地位上的，或者，他的流动与其所作所为无关，也与其能力和成就无关。在有些情况下，个人只是因为出生而进入某个先赋地位——例如，与种族、民族、社会阶级、性别和社会性别相关的地位。与此相反，一个**自致地位**（achieved status）是这样一种身份：一个人必须以成就为基础或者以能力的性质为基础，才能获得这个身份。这种地位可能是以贤能（merit）为基础，或者是挣来的，或者是一个人选择的——例如，寻找并找到一个人作为自己的终身伴侣。配偶、父母以及作为一个"成功的"企业家的职业，都是自致地位。还有，成年人可以在社会阶级和社会经济地位（socioeconomic status）上获得改善（儿童的社会地位几乎总是先赋的）。

无论是先赋地位还是自致地位，一个地位都可能是一个**主导地位**（master status），亦即比其他地位都重要的地位（或者是正在成为这样的地位）——既是对占据该地位的人而言，也是对所有的其他参与者而言。一个主导地位，会在一个人的身份认同、角色行为和互动方面，发挥核心作用。主导地位主要包括与种族、残疾、社会性别相关的一些地位，甚至是与性存在相关的一些地位。

与任何地位相联系的多个社会角色，可以是相互和谐的。也就是说，附着在一个地位上的多种期待，是彼此一致的。学生身份（自致身份）的角色期待可能是按时上课和课后写作业。但是，多个角色也可能相互冲突——例如，按时上课与保持社交生活。**角色冲突**（role conflict）可以被定义为，与特定地位相联系的诸多社会期待之间的冲突，或者是与诸多社会地位相联系的不同期待之间的冲突（Merton, 1957; Schmidt et al., 2014）。人们期待一个教授在教学和科研上都出色，就可以被看作是角色冲突。一个教授在研究中投入大量时间，可能意味着她在讲课时准备不足。或者，一个教授也可能在做一个好教师（备课）和做一个好父母（陪孩子玩耍）之间，感到无所适从。一个学生则需要处理下述角色冲突：作为一个学生努力学习，还是作为一个好朋友，花费一个晚上帮助一个密友处理他的个人问题。

很多研究是针对劳动者面对家务责任时的角色冲突。每一个角色，都会干扰一个人实现其他期待的能力——与其他角色联系在一起的期待。研究结果支持了这种看法。例如，女性工人仍然倾向于承担照顾孩子和家庭生活的责任。与男性工人相比，她们体会到更高水平的紧张，具有更糟糕的健康状况（Gove and Hughes, 1979; Pearlin, 1989; Roehling, Hernandez, Jarvis, and Swope, 2005）。女性照顾者角色的重担，限制了女性承担自我照顾者角色的能力。

与角色相关的另一个问题是**角色超载**（role overload），即人们面对的角色期待，超过了他们的应对能力（Mathews, Winkel, and Wayne, 2014）。在期末考试周，学生们会面临角色超载：满足许多教授和课程对功课的期待。一项针对"时间短缺"（time crunch）和心理健康的研究显示，感受到时间的压力可能是角色超载的能动要素，而角色超载会影响人们的心理健康（Roxburgh, 2004）。

有一种倾向是，把角色看成是固定的、不变的和约束性的。不过，人们确实有能力进行**角色创造**（role making）。也就是说，他们有能力修改其角色，至少是在某种程度上（Turner, 1978）。因此，上述例子中的教授，也许会把自己的孩子带到自己的办公室，这样她就可以同时扮演母亲和教师的角色。研究者注意到，父母们会采取各种各样的策略，以减少工作-家庭冲突（Kelly et al., 2014; Minnotte and Minnotte, 2018）。这种策略的例子包括，减少工作时间、放弃晋升，或者与自己的伴侣协商。

概念	解释
互动	两个或者更多人之间的社会交往。
上下级互动	在这种关系中，下级至少要拥有一些主动参与的自由。
互惠	一种社会规范，即参与互动的人期待，给予和回报的价值大体上一致。
互动秩序	一个社会领域，其秩序是参与互动的人非正式地创造出来和主导的。

124 ## 第五节　微观层面的社会结构

通过对互动和社会关系的稳定模式的积累，人们为社会结构的产生做出了贡献。而社会结构，就是持久而常规的社会安排。社会结构包括很多东西，从面对面的互动——它是互动秩序的本质，到网络、群体、组织、社会以及世界。本章聚焦于微观层面的社会结构——人际关系、社会网络和群体。第 6 章将会讨论更大规模的社会结构。

一、人际关系

讨论社会结构的一个很好的起点，是一组著名的概念，它们是乔治·齐美尔（Simmel，1950）创立的，用以描述人际关系里的常见结构。**二人关系**（dyad）是一个二人组合，而**三人关系**（triad）是一个三人组合。

二人关系是最基本的人际关系，但它经常会发展到三人关系——比如当一对夫妇迎接一个新生儿的时候。从表面上看，在二人关系中加入一个人，创造一个三人关系，在社会学的意义上应该是很不重要的。毕竟，一个人的加入能有多重要呢？然而齐美尔展示了对群体成员的任何一次增加，无论增加多少，都不如把一个人加入一个二人关系重要。一个很好的例子是，夫妻关系因为第一个孩子的到来而产生的戏剧性改变。另一个例子是，一个新的情人对亲密的二人关系所造成的强大冲击。在这样的情况下，在三人关系中

存在的社会可能性，在二人关系中却不存在。例如，在三人关系中，两个人可以形成同盟，以反对第三个人：妻子和孩子可以形成同盟，反对丈夫。或者三人关系中的一个人，比如说孩子，可以在另外两个人发生争端时，扮演调停者或者仲裁者的角色。

关于齐美尔的三人关系概念，最重要的一点是，最要紧的是群体结构，而不是参与三人关系的人或他们的人格特征。不同人格特征的人所构成的三人关系，会区别于其他的三人关系，但并不是人们的本性或者他们的性格使三人关系本身成为可能。

二、社会网络

齐美尔的著作，特别是关于社会形式的著作，也预示着对社会网络的研究（Erikson and Occhiuto，2017）。最基本的社会网络涉及两个或者更多的人，但社会网络还包括群体、组织以及社会，甚至还有全球性的社会网络。

社会网络分析者感兴趣的是：社会网络是怎样组织起来的？这一组织对社会生活的意义是什么？他们检视人们（以及其他主体）在社会网络上占据的节点或者位置，检视节点之间的联系，以及中心节点对网络中其他节点的重要性。图 5-1 展示了一个低度中心化的网络和一个高度中心化的网络。在低度中心化的网络中，一个节点位于中心，但它仅仅和两个节点相连接。在高度中心化的网络中，那个中心节点的影响就要

大得多。因为所有的节点都和它相连接，而且，只有一个连接是独立于那个中心的节点的。在任何网络中，那些占据了中心位置的人，都可以获得大量的资源，进而有相当高的能力来获得权力，并在网络中行使权力。

相互对立的两种社会网络中心化程度

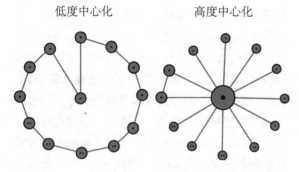

图 5-1　社会网络的中心化程度

资料来源：Social Network Centrality is reprinted by permission of S. Joshua Mendelsohn.

网络理论的关键概念是"弱关系的力量"。我们都意识到了强关系的力量，比如家人之间的关系，或者是关系紧密的社会群体如帮派内部的关系。不过，正如马克·格兰诺维特（Granovetter，1974）所展示的那样，那些彼此只有弱关系的人（也就是说，他们只是熟人而已），也可以有很大的力量。那些拥有强关系的人倾向于留在特定的群体内部，而那些拥有弱关系的人则可以在群体之间自由移动，进而在它们之间建立起重要的纽带（见图 5-2）。那些拥有弱关系的人正是把分离的群体团结在一起的人——这些群体本身，是以强关系从内部联系在一起的。

研究者发现，从总体上说，至少有一半的美国工人是通过非正式的途径，也就是通过介绍人找到工作的，而不是通过正式的招聘广告找到工作的（Marsden and Gorman，2001；Pfeffer and Parra，2009）。理解了弱关系的力量，这就容易解释了。如果你想找一份工作，你可能想求助那些与很多群体有弱关系的朋友和熟人。这是因为，他们很可能与多样化的和潜在有用的人有接触，而你和你的强关系却不认识这些人，但这些人认识不同的雇主。

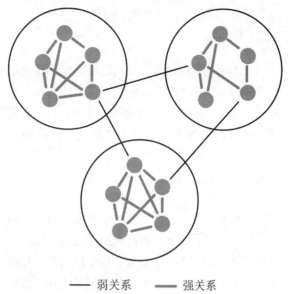

——　弱关系　　——　强关系

图 5-2　弱关系的力量

资料来源：The Strength of Weak Ties is adapted from Weak Ties in Social Networks, Bokardo, a blog about interface and product design, Joshua Porter.

那些负责招聘的人应该意识到，能否接触到网络资源，主要依赖于一个人的社会地位。社会网络研究显示，社会经济地位居于劣势的人，在强关系和弱关系上都承受了额外的赤字（Granovetter，1974；Lin，1999；Lin，Ensel，and Vaughn，1981；Wegener，1991）。因此，他们在找工作方面有更多的劣势。为了打破这一藩篱并找到有才能的工人，雇主也许会希望接触那些涵盖了社会经济弱势人群的社会网络。

在所有关于社会网络的讨论中，值得强调的是互联网社交网络的重要性，如脸书、Instagram和推特。这是另一个弱关系非常重要的领域。例如，在脸书上，你可能拥有数百甚至数千个"朋友"。不过，这些"朋友"涉及弱关系——实际上，这种关系比格兰诺维特等分析家心目中的关系还要弱得多。需要注意的是，这些人也留下了客观的线索，如电子邮件信息或者脸书留言板上的留言。结果是，和那些存在于面对面互动——这些互动通常不会留下什么客观线索——中的网络相比，上述网络研究起来要容易得多。这就是为什么应用程序 Snapchat 会被开发出来。该应用程序迫使你处理这些痕迹——例如照片——让它们在 1～10 秒内消失。

125

三、群体

在本章的一些地方，我们已经遇到了社会学关于群体的关键概念，特别是齐美尔的二人关系和三人关系的概念。一个**群体**（group）是人数相对较少的一群人，这些人在经过一段时间之后，发展出一种模式性的关系，这种关系建立在面对面互动的基础之上。不过，仅仅看到一些人在一起——比如，候机队列里的人——并不意味着他们构成了一个群体。队列里的大多数人之间不会发生互动，也不会有时间或者意向来发展一种模式性的相互关系。或者，即使他们真的互动了，这种互动往往也不会超越他们登机和寻找座位那一段时间。

群体的类型

社会学的一些关键概念与群体有关。比如初级群体和次级群体之间的经典分类（Cooley，1909）。**初级群体**（primary group）是小型的、紧密联系的群体，亲密的、面对面的互动在其中进行。初级群体中的关系是个人化的，人们对他们的群体有强烈的认同。家庭是典型的初级群体，尽管我们在第 12 章将会看到，家庭之内也充满了冲突，而且至少有一些家庭成员会离开家庭或者被家庭逐出。初级群体也可能采取少见的形式。2009 年的一项研究的对象，是纽约市饲养鸽子的人，他们从屋顶放飞鸽子。该研究显示了在参与这种少见的动物饲养活动的人中间初级群体纽带的形成过程（Jerolmack，2009）。对这些人来说，这种群体纽带会比阶级纽带和民族纽带更坚固。

相反，一般来说，**次级群体**（secondary group）的规模更大，更加非个人化，相互间的纽带较弱，成员相互之间并不是很熟悉，成员相互之间的影响也不那么大。一个地方的教师－家长协会的成员，可以作为次级群体的好例子。

初级群体关系和次级群体关系可以在同一个社会情境中出现。例如，对军人来说，初级群体通常是班或者排。而典型的次级群体是连、营、团和旅（密切程度按降序排列）（Siebold，2007）。

另一个值得提及的概念是**参照群体**（reference group），即人们在对自己进行评价的时候所参考的群体。你的参照群体可以是你所属的群体，也可以是另一个群体，你不属于它却经常把自己和它联系起来（Merton and Kitt，1950）。人们常常拥有很多参照群体，而且，随着时间的推移，一个人的参照群体可能会并确实会变动。知道人们的参照群体，以及它们是怎样变动的，可以告诉我们很多事情，比如他们的行为、态度和价值观。我们经常从正面的视角来思考参照群体。一个例子是，你想模仿其成功的一群人。参照群体也可以是负面的，如果它们所代表的价值和生活方式是你所拒斥的（比如说，纳粹）。一个人所属的群体，不一定是对他影响最大的群体。

可以用移民的例子来说明参照群体。新来的移民很可能把自己归属于移民文化，甚或把其来源国的人作为其参照群体。与此相反，他们的孩子，即第二代移民，更可能把与定居国的新文化相关的人作为其参照群体（Kosic et al.，2004）。

帮助我们理解群体的重要性的最后一组概念，是对内群体和外群体的区分（Sumner，1906 / 1940）。**内群体**（in-group）是这样的群体：人们属于它，并且认同它，也许是强烈地认同。**外群体**（out-group）是对不属于这个群体的人而言的，至少从内群体成员的视角来看不属于。因此，在大学的餐厅或者露天快餐店里，在你经常坐的座位上和你坐在一起的一群人可能是内群体，而坐在其他餐桌旁的可能是外群体。有时，两个群体之间的差异可能并不重要（例如，是从麦当劳得到食物，还是从必胜客得到食物）。但是，这些差异也可能非常重要（如 jocks 与 geeks①），以至于每个群体不仅要接受自己的做事方式，还要拒斥对方的做事方式。在极端的例子中，这可以导致内群体和外群体之间的冲突。研究显示，当内群体认为外群体对他们自身的利益构成威胁时，敌意就会产生（Rosenstein，2008）。在对移民的研究中，支持这一结论的

126

---

① 指美国大学里的两类学生，jocks 指的是大学生运动员，geeks 指的是不善交往的书呆子。——译者注

证据尤其确凿（Schlueter and Scheepers, 2010; Schneider, 2008）。在这种情况下，针对日益增加的在外国出生的人口（代表外群体），在本土出生的人（代表内群体）会持续保持歧视性的态度。在一个更有针对性的研究中，人们发现，西欧的宗教激进主义者对外群体抱有高度的敌意。

更通俗地说，内群体和外群体在不同运动队的粉丝之中，发挥了显著的作用。在全国橄榄球联盟的球队之间——比如芝加哥熊队（Chicago Bears）、绿湾包装工队（Green Bay Packers）、克利夫兰布朗队（Cleveland Browns）和匹兹堡钢人队（Pittsburgh Steelers）——的敌意，特别能在内群体的球迷之间创造团结，也特别能在外群体的球迷之间制造敌意。

对群体的遵从

我们已经看到，对他们所认同的群体的某些方面，群体成员往往会遵从。显然，有些遵从对于一个群体的存在是必需的。如果每个人都各行其是，就不会有任何群体存在。不过，过多的遵从会导致灾难性的后果。群体社会学研究的一个中心课题是，在疑虑重重的情况下，群体成员遵从群体的期待和要求的程度。第3章讨论过的斯坦利·米尔格拉姆（Milgram, 1974）的实验显示，人们倾向于服从一个权威型人物，而他命令实施令人痛苦的电击。群体经常会发展出非正式的权威结构，这种结构可以导致米尔格拉姆所发现的遵从行为。第3章还讨论了津巴多（Zimbardo, 1973）的研究，它也显示了类似的令人困扰的遵从倾向。

还有一组实验是所罗门·阿希（Asch, 1952）进行的。这些实验显示，缺少明确权威人物的群体，也会促进遵从。他展示了这种群体的力量是如此巨大，以至于可以推翻一个人的判断和直觉。在一次实验中，每组包含7~9个学生的一些小组被召集起来。除1人（即被试）之外的所有人都是研究者的同谋。除了被试，所有人都知道研究的细节。只有被试相信，该研究是在测试视力。研究者向每一组出示两张卡片，一张卡片显示一条垂直的线段，另一张卡片显示三

条垂直的线段（见图5-3）。第二张卡片上的一条线段，与第一张卡片上的线段长度相同。其他两条线段的长度（与第一张卡片上的线段）显然不同。所有的学生都被要求，在对比卡片的3条线段中，选择1条与参照卡片上的线段长度相同的线段。按照对他们的指示，所有的同谋选择了——大声地说出——错误的线段。被试永远被安排在最后进行选择。在轮到他们的时候，大约1/3的被试遵从了群体的错误选择：选择了错误的线段。他们做出了错误的选择，即使他们清楚地知道，那个选择是错误的。

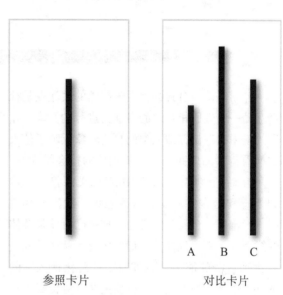

参照卡片　　　对比卡片

图5-3　所罗门·阿希的遵从实验卡片

资料来源: Solomon Asch's Conformity Experiment Cards is adapted from Solomon E. Asch, Options and Social Pressure. Scientific American, 193(1955), pp. 31-35.

毫无疑问，至少在有些时候，有些人会服从群体的命令。当命令来自群体中的一个权威人物时，特别容易出现服从行为。不过，需要记住的是，在阿希的遵从实验中，大约有2/3的选择显示了独立于群体的决定。还需要注意的是，这些研究都是数十年前的研究，很多研究进行于美国历史上这样的时期：与今天相比，那个时期更加符合"遵从"的定义。

本章主要聚焦于微观层面的现象，比如个体、互动和群体。在第6章，我们会逐渐转向更为宏观的现象，比如组织、社会，以及作为一个整体的世界。

类型	描述
初级群体	一个小型的、紧密联系的群体，亲密的、面对面的互动在其中进行。
次级群体	一个大型的、非个人化的群体，其成员并不相互熟知。
参照群体	你在对自己进行评价的时候所参考的群体，不论你是否属于它。
内群体	人们所属并且对其认同的那个群体，往往是强烈地认同。
外群体	外来者所属的那个群体——从内群体成员的视角来看。

小结

针对个体和自我的社会学视角的关注点是社会互动——人们相互之间有能力进行的互动。库利的镜中我理论，即人类的自我形象反映了他人如何看待和回应我们，是基础性的社会学观点。符号互动论假设，人类使用有意义的符号，比如姿态和语言，来发展自我意识。乔治·赫伯特·米德把"自我"定义为，把自己看作是客体的能力。人们一旦拥有了把群体或者社区的视点内化到自身的能力，就拥有了"概化他人"的感觉。依据米德的说法，自我由两部分构成——"主我"和"客我"：前者是冲动性的，后者是服从性的。

埃尔文·戈夫曼相信，在每一次互动或表演中，人们都试图管理他们的自我投射（projection）。在前台，他们以一种理想的方式互相合作；而在后台，他们更自由地表达自己。

社会化是这样一个过程：在其中，一个人学习和从整体上接受群体或者社会的生活方式。初级社会化始于新生儿和婴儿时期，并在其儿童期继续进行"预期社会化"。社会化并不会随着童年的结束而结束——成人终其一生都会接受再社会化。我们的家庭、同伴、工作场所和媒体，是重要的社会化主体。

社会化涉及两个或者更多人之间的社会互动或社会交往。有些社会互动涉及互惠，亦即参与其中的人对平等付出与平等收获的期待。其他一些社会互动发生在有权力的人和他们的下属之间。社会互动深刻地影响到人们的地位以及与之相关的角色。

随着时间的推移，持久而常规的互动模式和社会关系模式，会变成社会结构。群体就是一种社会结构，当人们长时间地互动，并发展出一种模式性的关系时，群体就产生了。小型的、紧密联系的，并拥有亲密的、面对面的互动的群体，叫作初级群体。而次级群体是大规模的和非人格化的群体，它的成员相互并不熟知。

128 ## 关键术语（页码为原书页码，即本书边码）

自致地位	123	印象管理	111	再社会化	119
社会化主体	114	内群体	126	逆向社会化	114
预期社会化	114	互动	121	角色	123
先赋地位	123	互动秩序	122	角色冲突	123

总结性问题

1. 我们怎样利用兽孩的文献来解释互动对人类发展的重要性？这与"本性还是养育"的辩论有什么关系？

2. 根据米德的看法，人类和非人类之间的区别是什么？

3. 社会化过程对个体的自我意识的发展有什么帮助？为什么游戏对社会化过程如此重要？

4. "主我"和"客我"之间的差异是什么？为什么人们和作为整体的社会，既需要"主我"，也需要"客我"？

5. 根据戈夫曼的看法，我们怎样把"印象管理"运用到前台表演之中？为什么一个社会学家说，种族主义越来越多地与后台联系在一起？这种进展会导致什么问题？

6. 为什么说家庭是重要的社会化主体？较高社会阶级的家庭对他们的孩子的社会化方式，与较低社会阶级的家庭对他们的孩子的社会化方式，有何不同？社会化方式的这种差异，会对他们的孩子产生什么影响？

7. 我们是怎样被社会化为消费者的？对于作为消费者的我们，互联网是怎样进行社会化的？

8. 从哪些方面说，美国一个五年级的学生，其学生身份既是先赋地位，又是自致地位？与先赋地位相联系的角色，和与自致地位相联系的角色之间的差异是什么？

9. 在社会网络之中，为什么"弱关系"对找工作更有帮助？互联网怎样影响强关系和弱关系的建立？

10. 我们怎样把大众媒体上的人物偶像作为参照群体？大众媒体怎样帮助人们定义内群体和外群体？

第6章
组织、社会和全球关系

学习目标

1 描述科层组织和非正式组织的特征

2 讨论来自当代组织的挑战

3 对比礼俗社会和法理社会

4 描述全球社会组织和全球流动

著名电影导演奥利弗·斯通（Oliver Stone）的传记电影《斯诺登》（*Snowden*），让围绕着美国中央情报局雇员爱德华·斯诺登（Edward Snowden）泄露数以千计的政府秘密档案的争议重焕生机。斯诺登告诉全世界，美国政府为了避免恐怖行动，通过其国家安全局，试图监视普通美国公民，因此美国内部的喧嚣变得异常响亮，而且直到今天也没有消失。其监视是通过下述方式实现的：对日常电话通话的大量数据或元数据进行系统性的搜集。公众的反应是快速的，也是存在分歧的。有些人认为，斯诺登是一个披露真相的英雄，而政府对公民隐私的侵犯是不必要的，并且太过分。这一观点获得了联邦上诉法庭的裁决的支持——裁决说，这种数据搜集是非法的。而其他一些人至今还在主张，为发现恐怖阴谋而采取的任何措施，包括针对公民进行监视，都值得辩护。斯诺登逃到了俄罗斯，到目前一直在接受政治庇护。斯诺登的披露一直在发挥影响。有些恐怖组织改变了他们的沟通方式，因为斯诺登泄露了一些有关美国监控技术的信息。这一泄露事件也导致政府在保护其秘密档案的方式上做出了巨大的转变。

围绕着斯诺登泄密所发生的事件，显示了作为个体的我们，与组织和机构，比如为我们的生活限定了框架的地方政府和联邦政府之间的关系。如果没有心甘情愿的成员，这些组织是无法存在的，至少无法存在很长时间。当由个体所构成的群体开始质疑官僚机构的权威与合理性的时候，他们可能会说出对这些官僚机构的疑虑，试图改变这些机构，甚至是反叛这些机构。如果公民们拒绝遵守社会上共享的法律和规范，社会秩序就无法维持。作为机构的政府，将如何反应？有些人认为，政府和机构常常反应过度：因为违犯了《反间谍法》，斯诺登一直被美国政府通缉。

我们已经看到，技术和全球化怎样促进了信息的全球流动，并从根本上改变了我们的沟通方式。不过，这种几乎是瞬时的想法的传播，变成了每个人的幸事，包括告密者、革命者、骚乱分子、潜在的恐怖分子，甚至是民选政府。例如，在斯诺登泄密事件之后迅速出现的信息披露显示，美国政府也曾经针对欧盟盟友（包括德国总理）的通信，秘密地进行了广泛的监视。在出现公众骚乱的时候，有些政府（比如英国）曾经考虑过关闭数字通信。其他国家，如叙利亚和伊朗，常规性地审查其公民的互联网使用。信息流动的这些障碍，以及像斯诺登那样的克服上述障碍的努力，是社会学家、公众人物和社会活动家们的浓厚兴趣之所在。

从上一章关乎群体的遗留问题开始，本章将进入更为宏观的社会学课题：组织、社会以及全球关系。在讨论这些社会结构的时候，读者会感觉它们之间似乎是有清晰界限的。但实际上，它们倾向于相互交叉在一起，有时以清晰的方式，有时以几乎完全不可见的方式。

第5章所重点描述的个体、互动和群体，都存在于本章所关注的各种宏观现象之中，它们影响这些宏观现象，也受这些宏观现象的影响。实际上，如果没有对方的存在，微观社会现象和宏观社会现象都是没有意义的。个体、互动和群体并不是孤立地存在于宏观现象之外，而如果没有个体、互动和群体，组织、社会和全球社会关系也无法存在。这里出现的新生事物——主要是因为数字通信的爆炸性发展——是一个日益网络化的社会世界。其中，微观层面和宏观层面的社会现象，越来越紧密地交织在一起。这导致了作为一个过程的全球化的戏剧性扩张，也导致了全球关系的戏剧性扩张。上述扩张出现在从最微观的社会现象到最宏观的社会现象这一连续统的每一个节点上。毫无疑问，你会被深深地卷入这些过程之中。实际上，如果你是一个年轻人，你最可能参与这些最新的发展，并受这些发展的影响，特别是那些卷入数字互动关系中的人。例如，通过我们的智能手机（微观层面），我们能够评估、参与甚至影响所有的事情——从最微观的层面（我们的朋友），到最宏观层面的（全球事务）社会世界。

第一节　组织

社会世界为**组织**（organizations）所充斥，它们是为了实现特定的目的，而有意识地构建出来的集体。例如你的学院或大学，其目的是教育你和你的同学；各类公司，比如苹果、谷歌、亚马逊和沃尔玛，它们的目的是获得利润；国际货币基金组织（International Monetary Fund），它试图稳定全世界的货币交易；绿色和平组织（Greenpeace），它致力于保护全球环境。

131　　在社会学里，存在着对组织进行研究的历史悠久并深入的工作（Adler et al., 2016; Godwyn and Gittell, 2011）。其中的大部分可以追溯到马克斯·韦伯对一种特殊类型的组织，即科层组织的思考。请回忆一下，**科层组织**（bureaucracy）是一个高度理性化的组织，特别是一个高效的组织。不过，韦伯自己的思考和后来的社会学研究（参阅下一节）都清楚地显示，科层组织并不总是那么理性，甚至是非理性的——正像你有时候确定无疑地看到的那样。不过无论如何，科层组织仍然是韦伯的西方世界理性化理论的关键要素。实际上，与资本主义这一概念一样，科层组织最好地体现了韦伯所说的理性化。数十年来，科层组织的概念主导了关于组织的社会学思维，并引发了关于社会世界的很多重要洞见。

科层组织

贯穿其学术工作，韦伯创造和使用了很多"理想型"，把它们作为研究现实世界的工具，用它们来进行比较历史分析（参阅第3章）。一种理想型（ideal type）极大地夸大一种社会现象——比如科层组织——的特征。它是一种模型，这一模型体现了一种社会现象应该怎样理想地运行，虽然很少真的如此运行。这一模型一旦被创造出来，我们就可以把它和社会现象的任何特定例子的特征进行比较——在世界上的任何地方。这一模型可以帮助我们认定理想型与社会现象的实际运行方式之间的区别。

韦伯最著名的理想型之一，就是科层组织。科层组织这一理想型主要是一种方法论工具，用以研究现实生活中的各种科层组织。不过，它仍然让我们感受到，科层组织相对于其他类型的组织的优势。科层组织这一理想型是一个模型，20世纪的大多数大型组织看起来都像它，或者至少是想模仿它。图6-1是典型的科层组织的结构图。一个科层组织具有下列特征：

- 在这种组织中，存在着一系列连续的职务或

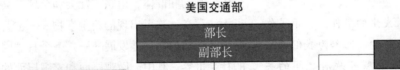

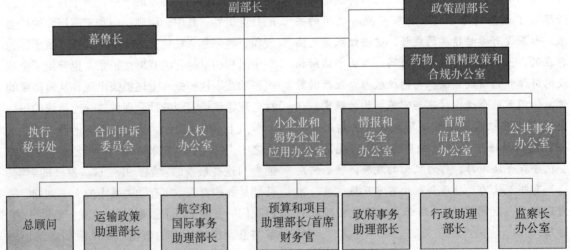

图6-1　典型的科层组织的结构图

资料来源：Organization Chart for a Typical Bureaucracy. U.S.Department of Transportation.

职位。每一个职位都有规定的功能，并受到一系列规则的约束。

- 每个职位都有特定的职责范围（sphere of competence）。那些占据这一职位的人，负责特定的事务，并拥有处理该事务的权威。那些占据相关职位的人，有义务襄助上述事务。
- 不同的职位以垂直等级制的形式存在。
- 职位有特定的技术资质要求，占据某一职位的人，必须经过必要的训练。

132

- 占据某一职位的人，并不拥有他做这项工作所需要的物品（如电脑、办公桌等）。组织为任职者提供他完成工作所需要的东西。
- 占据某一特定职位的人——如首席执行官——不能把该职位当作是自己的，它仍然是组织的一部分。
- 所有重要的文本——行政行为、决策和规则——都以书面形式得以保存。

科层组织的出现，是西方社会的典型特征之一。在韦伯看来，在作为整体的社会的运行中，科层组织是西方社会超越其他社会的优越性的源头，也是其主要构成部分的优越性的源头，比如军事部门。韦伯认为，为了满足大型社会处理大量管理事务的需要，没有比科层组织更好的组织形式，也没有替代的形式。

思考题

你曾经是某个科层组织的一员吗？它有多少韦伯所说的科层组织的特征？针对它旨在满足的社会需求的功能，它做得是好还是差？为什么？

权威结构与科层组织

韦伯关于科层组织的著作，与他对 3 种类型的权威结构的思考有关。在讨论这 3 种权威结构之前，我们需要两个前导性的概念。**支配**（domination）是指命令被下属服从的可能性（Weber, 1921 / 1968）。支配有不同的层次。与强有力的支配相关的，是服从命令的高度可能性。而当服从命令的可能性较低时，支配是虚弱的。**权威**（authority）是一种特殊类型的支配，即合法的支配。因此，关键的问题是，从下属的角度来看是什么东西使权威变得合法化了。

韦伯区分了 3 种类型的权威：

- **法理型权威**（rational-legal authority）是在合法规则的基础上被合法化地支配，而拥有权威的人在这些规则的约束之下发布命令。例如，美国总统拥有法理型权威，因为他是以合法程序被选举出来的，其选举符合这个国家的选举法。总统还可以作为三军统帅发布各种命令，比如在美国受到攻击的时候，调用军队。不过，在某些时候，这种权威的范围并没有清晰的界定。例如，在整个任期，前总统奥巴马越来越频繁地启用自己的权威，发出了调用无人机的大量命令，以攻击在各地，如也门、阿富汗、巴基斯坦、叙利亚和伊拉克的敌人。虽然一些敌军首领在这些攻击中被杀，但很多无辜的旁观者也失去了生命。这里的要点是，奥巴马总统相信，为了这些目的，他有命令调用无人机的合法权威。当然，有些人会说，以这种方式调用无人机是战争行为。（在试探其权威边界这件事上，特朗普总统可能更具积极性。）同样，无人机的调用本来应该获得国会的批准——国会具有宣战的法理型权威。与之类似但不那么引人注目的是，你的教授也具有法理型权威——出于大学的规则和他们在大学中的职位。例如，他们可以要求你阅读本章、进行一次针对本书的考试，并完成其他的课堂任务。

- **传统型权威**（traditional authority）建立在具有悠久历史的信念的基础之上。例如，教皇虽然是选举出来的，但他在天主教中的权威，主要是基于他的职位的悠久传统。在大学里，拥有多年教龄的老教授，特别是在校园里或者国际上广为人知的教授，在他们的部门以及整个大学里获得权威，这是一个传统。

133

- **魅力型权威**（charismatic authority）建立在追随者的热爱的基础之上，这种热爱指向——在追随者看来——领袖之出类拔萃的人格特征。很多人相信，马丁·路德·金和莫罕达斯·甘地就拥有这种出类拔萃的人格特征。因此，有些人就成为他们的忠实追随者。一个教授，如果被学生看作是魅力型教授，就会吸引大量崇拜他的学生。这样的教授就可能对这些学生拥有权威，也会对那些试图提高其教学技能的教授拥有权威。

每一种类型的权威都会产生自己的组织形式。不过，与科层组织关系最密切的，是法理型权威。与科层组织相比，建立在传统型权威和魅力型权威基础上的组织，理性化程度较低。与高效的科层组织相比，它们的效率是低下的。

理性化与非理性化

在 20 世纪，针对社会组织的很多社会学研究，都把韦伯对科层组织的高度理性化模型作为起点，以便研究科层组织的实际运行方式。不过，很多这种研究发现，韦伯的模型是不现实的。首先，不存在单一的社会组织模型。组织的性质及其理性化程度，可能因为很多因素而有所不同，比如它的规模和它所采用的技术（Orlikowski, 2010; Pugh et al., 1968）。其次，研究者发现，韦伯的理想型科层组织太过理性化。这不奇怪，因为对韦伯来说，它"并不是对现实的描述"（Weber, 1903—1917 / 1949：47）。韦伯有意识地夸大了它的理性化程度。理想型科层组织是一个虚构，其作用是成为研究现实世界中的科层组织的参照物。可是，研究者经常忽视下述事实：理想型是一种方法论工具。他们经常

趋势

《为尊重而工作：沃尔玛的社区与冲突》（哥伦比亚大学出版社，2018）

亚当·莱克（Adam Reich）
彼得·比尔曼（Peter Bearman）

亚当·莱克和彼得·比尔曼访问了美国各地的沃尔玛商店，以便调查在这个大型的、"超级理性的"（hyperrational）组织中工作的低薪员工的经历。沃尔玛是一个"庞大的科层组织"，它在美国雇佣了超过140万人。与其他科层组织一样，沃尔玛建立在法理型权威的基础之上，并且清晰地界定了劳动的分工，以保证最高的效率。基于对其销售数据——这些数据由其在阿肯色州本顿维尔（Bentonville）的总部采集——的计算，沃尔玛对其目录进行微管理（micromanage），为其地区经理进行工作时间的分配，甚至

控制它在全国各地的商店的温度。它对技术的高效使用，例如使用条形码追踪库存，帮助沃尔玛计算其商店里需要哪些产品，并预测特定货品的补货需求。沃尔玛从垂直方向上整合了它的运作。这意味着，它操纵了它所销售的很多产品的生产和分配。这使它能够对供应链施加准确的控制，并且让自己的价格比其大多数竞争者都低。

不过，科层组织并不总是高效的，而且正如莱克和比尔曼对沃尔玛的研究所显示的那样，科层组织甚至可能是非理性的。由于消费者的非理性和商店经理的专横权威，沃尔玛员工的日常经历是不可预测的。为了使利润最大化，工作日程（work schedule）取决于满足顾客要求所需要的最低员工人数。商店经理使用小时销售数据的计算结果来设定工作日程。可是，消费者的行为并不总是符

合计算结果。这导致下述结果：在数分钟时间里，沃尔玛员工被从一个任务（比如补充货架）拉向另一个任务（比如为顾客结账）。很多员工痛恨这样的经理：他们似乎对打过考勤卡的员工何时工作、进行何种工作，有着任意的权威。这种工作的不稳定性让很多员工很愤怒，他们感到自己失去了自主性和尊重。莱克和比尔曼（Reich and Bearman, 2018：146）认为，零售部门的沃尔玛员工和其他员工——给他们的低薪臭名昭著——"更多地考虑尊严，而不是工资"。

edge.sagepub.com/ritzerintro5e

- 更多地学习莱克和比尔曼的研究发现，包括他们怎样让自己的学生参与他们对沃尔玛员工的研究。

把它看作是一种准确描述科层组织的企图。他们的结论是，现实世界里的科层组织，至多是理性的有限展示，或者叫作**受限的理性**（bounded rationality）（Simon，1945 / 1976；Williamson，1975，1985）。也就是说，理性受到了不稳定性和冲突的限制，而这些不稳定性和冲突存在于大多数组织和领域之中——如果不是所有的组织和领域之中的话。它同样受到人类固有的缺陷的限制，比如，不能完全以理性化的方式思考和行动。社会组织的一些成员，与另一些成员相比，能够更理性化地行动。不过，没有什么人能够以完全理性化的方式——这种方式与韦伯的理想型科层组织有关——行动（Cyert and March，1963）。

军队是有限理性化的一个例子。军队不稳定性的一个来源，是人员的轮替，特别是在前线。来到前线的新人根本不知道干什么。比如，在一个排中，他们与有经验的战士的混搭，会降低整个团队发挥作用的能力。不稳定的另一个来源，是部队的不同分支之间的冲突，以及中央指挥部和战场之间的冲突。此外，军事行动通常是如此复杂和影响深远，以至于军事人员经常不能完全理解它们，也不能理性地决定要采取的行动。有时，这种情况被称为"战争迷雾"（fog of war）（Blight and Lang，2005）。

针对科层组织的很多社会学研究，面对的是"理性的（换言之，高效的）行动怎样变成不理性的（或者无效的）行动"的问题。人们经常把这种情况叫作"理性的非理性化"。也就是说，与科层组织联系在一起的行动看起来是理性的，但与它伴随的却常常是非理性（Ritzer，2019）。例如，罗伯特·默顿（Merton，1949 / 1968）和其他研究者（Gupta，2012）发现，不仅仅是无法高效运行，科层组织还导致了严重的低效率——因为官僚程序和其他原因。官僚程序（red tape）是一个通俗的说法，指的是那些科层组织的雇员必须服从的、不必要的规则。它还包括科层组织的顾客必须回答的不必要的问题——既有在线的问题，也有线下的问题——以及必须填写的表格。科层组织通常要求远多于其需要的信息，常常是为了保护自己免受投

诉、曝光和诉讼。官僚程序还包括，让顾客在电话线上长时间等待，强迫他们通过一个事先录音的、"客户服务的"程序进入选择迷宫。最后，顾客经常发现，他们等待的结果，是找到了一个错误的部门；或者他们只能登录该公司的网站来解决他们的问题——目前这种情况越来越普遍。

第 22 条军规（Catch-22）这一词语来自约瑟夫·海勒（Joseph Heller，1961）的一部小说的名字，这部小说于 1970 年被改编成了一部电影。它所涉及的事实是，官僚规则的行文所造成的结果是：一条规则的执行可能导致另一条规则无法执行。海勒的故事发生在二战中，它聚焦于一个被烧伤的飞行员，他想被免除参加以后的战斗飞行任务。其中一条军规是，如果他能够找到一个军医宣布他是疯子，他就会被免除任务。可是，还有一条对立的规则——第 22 条军规。这条军规规定，任何人，如果他理智到足以要求逃避致命性的任务，他就不可能是疯子。换言之，人只有在完全清醒的情况下，才会希望避免危及生命的活动。如果那个飞行员遵守前一条规则，即试图逃避战斗飞行，那么第 22 条军规会让他免除战斗飞行任务的行动变得不可能。

劳伦斯·彼得和雷蒙德·赫尔（Peter and Hull，1969）试图把他们所说的彼得原则（Peter principle）变成一种幽默说法，用来表达科层组织中所谓的"依据贤能升迁"的做法。这个原则可以用一句话来总结："员工倾向于升迁至自己不能胜任的水平。"这一原则背后的道理是，如果一个员工在其职位上工作出色，他就会被升职。升职会一直这样进行，直到一个人升到一个拥有权威和责任的职位，而他并不具备该职位所需的技能。考虑到这种可能性出现的概率，结果就是，在一个组织中，关键的领导岗位上的人并不称职，进而妨碍该组织对其目标的实现。

帕金森定律（Parkinson's law）也被看作是一种幽默性的尝试，用以指出科层组织的另一个非理性源泉。它的提出者是西里尔·诺斯古德·帕金森（Parkinson，1955），他在英国的文

官系统工作，因此对大型科层组织的运作方式非常熟悉。帕金森定律宣称，完成某项工作，一定会花掉被许可的所有时间。因此，如果给一个职员分配了3个要求1个月之内完成的报告，完成这3个报告就需要一个月的时间。如果给一个职员分配了2个要求同样期限的报告，完成这2个报告就需要1个月的时间。即使只是分配了一个报告，完成它仍然需要1个月的时间。

135 　　非理性化的另一个源头，是罗伯特·默顿所描述的**官僚人格**（bureaucratic personality）：这种人对组织规则的遵守到了极致的程度，以致其实现组织目标的能力都受到了破坏（Merton，1949／1968）。例如，医院接待员，可能会要求就诊的患者填写繁多的表格，以至于他们不能及时得到急需的治疗。与之类似，一位教师花太多的时间和注意力来讨论和加强课堂规则，以至于没有进行多少真正的教学。一个政府官员可能会拒绝向一个合格的求助者提供福利救助，只是因为他的表格交得晚了，或者是填写得不正确。

　　在上述情况以及其他很多情况下，科层组织的实际运行，与韦伯的理想型的特征不一致。不过，需要注意的是，对于发生这种状况的至少一些可能性，韦伯是清醒地意识到了的。他创造的理想型是一种方法论工具，并不是对现实的精确描述。

非正式组织

　　在20世纪，大量研究都聚焦于**非正式组织**（informal organization）。也就是说，组织的实际运作方式是怎样与其预期的方式相抵牾的——韦伯的理想型正式科层组织描述了这种方式（Blau，1963）。例如，那些占据了官僚等级中较低职位的人，与职位在他们之上的人相比，掌握了多得多的知识，以及处理特定事务的能力。因此，雇员们往往从更低级的雇员那里寻求建议，而不是从权威结构中比自己地位高的人那里寻求建议。与之类似，最近的一项研究发现，在韩国的正式商业组织中，非正式社会网络在发展社会凝聚力和社会信任方面处于核心地位（Horak and Klein，2016）。非正式组织有助于弥补正式

组织的不足之处（Gulati and Puranam，2009）。它可能促使员工们采取一些被正式组织忽视的有益的行动。例如，学生们会组建一个非正式的网络，它会为同学们提供建议：在哪个教授那里去选听一门容易的课程，并保证高分。一般说来，不要孤立地分别检视非正式组织和正式组织，这一点是非常重要的。相反，关注的焦点应该放在两者之间的很多联系上（McEvily，Soda，and Tortoriello，2014）。为了应对正式组织内部的问题和失败，非正式组织会出现；而正式组织往往会考虑非正式组织中的行动，并做出相应的改变。

　　有时候，雇员所做的工作，会超越组织对他们的期待。但是，更多的情况是，他们所做的工作少于甚至远少于对他们的期待。例如，与正式组织的指令相反，组织中发生的大多数重要的事情，并没有被记录在案。雇员们感到，根据要求填写每一张表格或者记录每一份档案，过于浪费时间。与组织的规则相反，他们可能会口头处理这些事务。此外，因为口头处理这些事务，所以一旦什么事情出了错，便没有任何证据可以危及他们的职业，而这甚至可以保护作为整体的组织。

思考题

　　当你阅读韦伯关于科层组织的定义的时候，你首先想到的是哪一个特定的科层组织？那里有非正式组织在发挥作用吗？它和正式组织有什么区别？与正式组织相比，它是更高效还是更低效？差异在哪里？

　　在数字时代，组织（以及个人）所面临的问题，又有所不同。现在的危险不是文字信息太少，而是太多，比如电子邮件信息、互联网上的帖子、推特和博客，诸如此类。特别令人担忧的是，互联网上的帖子会永远存在，并被广泛地和无休止地传播。2016年，当维基解密泄露了民主党的电子邮件时，这一危险突显出来（参阅第4章）。这些被泄露的材料显示，在2016年的总统选举中，本来应该保持中立的民主党，倾向于支持希拉里·克 136

林顿，而不是伯尼·桑德斯（Bernie Sanders）。有人认为，这次电子邮件的泄露，促进了克林顿的落选（Sanger and Perlroth，2016）。

Snapchat试图解决信息在互联网上永远存在的问题。它在几秒之内自动删除帖子和照片（除了那些加在"故事"上的照片，它们会被保留24小时）。这看起来似乎令人欣慰，但收到信息和照片的人可以利用屏幕截图（screen shot）来保存这些东西。发照片的人会被提醒对方截图的可能，但截图的人有办法隐藏他们的身份。因而，在互联网上，没有任何东西会彻底消失。

在有些科层组织里，权力应该由全部职位分享。但是，组织经常会发展出**寡头制**（oligarchy）。所谓寡头制，就是顶层的少数人所掌握和行使的权力，远大于他们应该拥有的权力。这种情况可以发生在所有的组织里。罗伯特·米歇尔斯（Michels，1915 / 1962）第一次描述了这种反民主过程。有趣的是，这种情况发生在那些最不可能发生的组织里——它们本该珍视民主。米歇尔斯把这个现象叫作"寡头制的铁律"（Martin，2015）。掌权的那些人，通过重构选举过程使自己占据上风，来操纵这个组织（正如我们在2016年维基解密泄露民主党电子邮件的事件中所看到的那样），以使自己和自己的支持者永远掌权。与此同时，他们又让别人很难获得权力或维持权力。虽然在这些组织中确实出现了寡头制，但在现实中，寡头制的出现不是"铁定的"，而且没有规律。也就是说，大多数组织并没有寡头化。不过，发展为寡头制的倾向是没有为韦伯的理想型科层组织所预见的重要的组织过程。

韦伯的模型也没有为组织里的内斗留出理论空间。可是，内部争吵甚至是公开的斗争，是组织内部的日常现象。在政府和其他大型组织中，这种情况特别明显：在部门之间或办公室之间，经常发生高调的势力范围之争（turf battle）。例如，在《奥巴马的战争》（*Obama's Wars*，2010）一书中，调查记者鲍勃·伍德沃德（Bob Woodward）披露了奥巴马行政团队里的大量冲突——针对阿富汗战争的发展方向。最近，特朗普行政团队里的一个匿名官员在《纽约时报》上发表了一篇专栏文章，讲述了特朗普和他的政策所遇到的系统性抵制（Anonymous，2018）。在《恐惧》（*Fear*）一书中，伍德沃德详细地描述了在特朗普行政团队里导致运转不良的势力范围之争。不仅国防部长和国务卿之间相互争斗，他们与特朗普的一干顾问之间也是争斗不已。更惊人的是这些顾问之间"肮脏和血腥"的争斗，其中包括特朗普的女儿，她虽然不是行政团队的正式成员，但自称是"第一女儿"（Woodward，2018：145，237）。

在争斗之外，科层组织的原则被特朗普的行政团队常规性地忽视了。有几次，特朗普提出的考虑不周的（ill-thought-out）行动，把官员们吓坏了。他们从特朗普的书桌上拿走令人担忧的备忘录，或者"拖延"（slow walk）他提出的行动，期望他会忘掉它们，或者它们最终不被执行。特朗普自己也在破坏正式的组织程序。比如，他告诉他的助手跨过他的幕僚长（chief of staff），直接和他自己联系。

知识点 6 - 1 ｜ 组织的类型

类型	描述
科层组织	高度理性化的组织，其特征是高效。
非正式组织	这种组织的实际运作方式与人们期望它运作的方式不同。

第二节　当代组织的现实情况

社会世界发生了变迁，关于很多事情的社会学思考也随之改变，包括针对社会组织的社会学思考。新的概念充实了科层组织的概念，以丰富我们对这些新社会现实的思考。这些概念包括性别化组织、网络组织和其他概念。它们会为我们应对下述组织化的挑战提供镜鉴：性骚扰、工作外包、麦当劳化和全球化。

一、性别不平等

韦伯的理论没有解释组织内部的歧视。在理想型科层组织中，经过必要训练的任何员工，都可以承担任何工作。可是，正像琼·安克尔（Acker，1990）这样的"性别化组织理论"的理论家所展示的那样，科层组织并不是平等地对待所有员工的。工作岗位往往是为理想的员工——除了对组织之外，不承担其他任何责任——设计的。女性，有时候也有男性——他们承担着儿童抚育的任务——很难适合这一模式。女性可能面临母职与工作之间的"值守竞争"（competing devotions）（Wharton and Blair-Loy，2006）。 因为性别化组织实践和家庭责任，有些女性在面对不能灵活安排时间的工作时，会选择自我雇用（Thébaud，2016）。在雇用和升职方面，组织也会实施歧视（有意识或者无意识地）。白人男性（他们在科层组织的上层人多势众）比女性和少数族裔的人升职快。在男性主导的组织中工作的女性，发现自己会碰到一个"玻璃天花板"——公司里一个特定的权威层次，她们永远也无法超越（Gorman and Kmec，2009；Wasserman and Frenkel，2015）。在其他领域里，比如医学和高等教育中，也是如此（Hart，2016；Zhuge et al.，2011）。女性可以看到那个天花板——以及那层"玻璃"——但永远到不了那里。在其他类型的组织里，特别是女性主导的组织里，男性发现自己坐上了"玻璃电梯"（glass escalator）（Williams，1995）。这是一种无形的力量，它推动男性超越同等能力的女性竞争者，甚至是更有能力的女性竞争者，从而进入领导职位和权威职位（Dill，Price-Glynn，and Rakovski，2016）。

在全球化背景下，美国的女性管理人员面临着一个"双层的"玻璃天花板。一层玻璃与美国聘用她们的公司有关；另一层玻璃，在她们寻求同一公司的外国地点的工作经验时，就会出现。这个问题变得日益严峻，因为在跨国公司里，顶级管理职位的工作资质，越来越多地要求海外经历。可是，公司通常会把这些海外职位"男性化"，从而把女性置于不利地位。对那些成功地获得这些职位的女性来说，她们经历的问题包括：性骚扰，男性有常规可及的项目而女性缺乏此类项目（如职业咨询），男性经理更愿意提拔男性而不是女性海外员工。这个问题主要应该归咎于跨国公司的结构，以及男性对高级管理职位的把持。不过，研究也显示，女性管理人员在谋求这种海外升职时的被动和自我意愿的低下，也加重了她们的这种困境（Insch，McIntyre，and Napier，2008）。

虽然大多数上述看法都是在对美国组织的研究的基础上发展起来的，但它们很可能也适用于或者更适用于全世界的组织（见图6-2）。例如，最近的一项研究发现，玻璃天花板同样存在于越南的胡志明市（Khuong and Chi，2017）。工业化国家的女性最有机会打破玻璃天花板，也就是最有可能在工作环境中被平等对待。对工作的女性来说，瑞典表现最好，而韩国表现最差。美国的得分低于其他工业化国家的平均值。

玻璃天花板与女性能否在组织中垂直流动有关。另一个相关概念是"玻璃笼子"，这个概念处理的是对女性（以及其他少数人群）的水平隔离（Gabriel，Korczynski，and Rieder，2015；Kalev，2009）。这里的意思是，在一个组织里，从事同样工作或者类似工作的男性和女性，被分隔或者隔离在不同的地方干活。与玻璃天花板一样，女性可以看到其他笼子里的人在干什么。可是，与男性相比，她们在不同的笼子之间的移动更为困难。虽然笼子是由玻璃制成的，但女性的技能和能力更不容易被看到。结果是，关于她们的刻板印象滋生

137

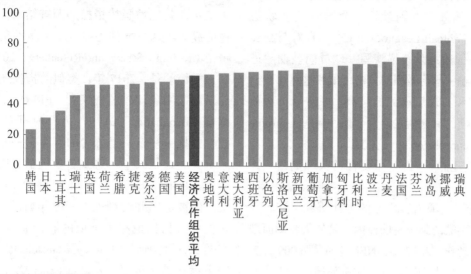

工作女性的处境（2017年或最近），100=最好

图6-2　玻璃天花板指数

资料来源："The glass-ceiling index," 15 February, 2018, The Economist. https://www.economist.com/graphic-detail/2018/02/15/the-glass-ceiling-index.

蔓延。还有，女性与笼子之外的人的交流较少，获知其他笼子里有工作机会的可能性较小，获得引人注目的工作分配的机会较少，得到需要的培训的机会也较少。如果跨越玻璃笼子边界的合作增加，女性的处境就会改善。当然，最终的解决方案，是彻底消除玻璃笼子和玻璃天花板。不过，男性不愿意消除玻璃天花板和玻璃笼子，因为他们可能从它们的存在中获益。很多女性也会接受这两种限制，因为她们相信，自己的个人能力会让自己克服这些障碍。

第三个有趣的概念是"玻璃悬崖"（Peterson，2016；Ryan and Haslam，2005）。玻璃天花板和玻璃笼子，涉及的是女性在组织中的流动障碍。而玻璃悬崖描述的是，在组织遭遇艰难的时候，在那些经历了向上流动的女性的身上会发生什么。这里的意思是，在这种时刻，升至高层的女性，会处于高度危险的境地。当然，男性也会身处险境，但瑞恩和哈斯拉姆发现，当组织表现糟糕时，女性比男性更可能进入管理委员会。这意味着，与男性相比，女性发现自己处于组织悬崖边缘的可能性更大。这些女性（以及其他弱势群体）中很大比例的人会被降职，或者跌落悬崖（亦即失去工作），并被男性取代（Cook

and Glass，2014）。彼得森（Peterson，2016）发现，在高等教育的高级管理职位上的女性，会面临类似的危险境地。此外，这些职位变得越来越耗费时间，并且对她们的学术工作产生负面影响。

二、其他问题

除了与性别歧视相关的问题之外，理想型科层组织也没有为组织里的其他诸多问题留下解释空间，更没有为有问题的组织留下解释空间。可是，在现实世界里，这两者都大量存在。问题组织（用这个温和的名字）最穷凶极恶的例子是纳粹组织，它要为在大屠杀中杀害600万犹太人和其他人负责（Bauman，1989）。"伊斯兰国"、"基地组织"、"黑手党"、墨西哥的毒品卡特尔以及其他犯罪组织，也会被大多数人认为是问题组织。此外，世界上的很多欠发达国家会认为，一些全球性组织如国际货币基金组织和世界银行是问题组织，因为它们要求援助接受国采取有害的财政紧缩方案（austerity program），并进行其他形式的"结构性调整"（structural adjustment），以换取资金援助和其他帮助。

138

在那些自认为没有问题的组织中，问题照样存在。例如，直到最近，全国橄榄球联盟（National Football League，NFL）一直对与脑震荡有关的健康风险轻描淡写。球员们被期望进行身体接触并承受激烈的撞击，虽然这意味着长期的生理和心理后遗症的风险。联盟球员所罹患的最麻烦的后遗症是慢性创伤性脑病（chronic traumatic encephalopathy，CTE），这是一种退行性的神经病症——源自重复性的头部撞击。针对在2015—2016年确诊的459例脑震荡患者，NFL进行了一项内容广泛的委托研究。该研究发现，大多数脑震荡的原因，是从头盔侧面进行的抢断动作。2017年，NFL花费了6 000万美元，努力帮助人们理解和预防头部损伤。不幸的是，人们对重复性头部创伤的广泛知晓，并没有帮助到新英格兰爱国者队（New England Patriot）的亚伦·赫尔南德斯。他的尸检报告显示，他罹患了严重的慢性创伤性脑病。2017年，在因杀人罪而服刑期间，他自杀身亡，年仅27岁（Boren，2017）。

性骚扰也是一个普遍存在于组织之中的问题。**性骚扰**（sexual harassment）包括：在工作场所或其他场所发生的不受欢迎的性关注，比如有性意味的评论和笑话、挑逗（advance）和要求（参阅第11章）。2017年，美国的联邦公平就业机会委员会（Equal Employment Opportunity Commission，2017）接到了6 696宗工作场所的性骚扰投诉。可是，很多女性（绝大多数受害者是女性）害怕向管理部门报告她们遭受了性骚扰。即使她们向管理部门报告了，很多性骚扰报案也从来没有进入司法程序或者刑事司法体系。

性骚扰的案例很少为大众所知，但情况正在发生改变。例如，在2016年中期，福克斯新闻董事长罗杰·艾尔斯（Roger Ailes），被前新闻主播格雷琴·卡尔森（Gretchen Carlson）起诉性骚扰（她获得了2 000万美元的赔偿）。在此鼓舞下，福克斯新闻的其他女性播报员也声称遭

受了性骚扰。作为法律诉讼和福克斯新闻内部关于艾尔斯其他性骚扰指控的调查结果，艾尔斯被迫辞职。这一案件还导致了大量的负面公众曝光（Koblin，Steel，and Rutenberg，2016）。更令人震惊的是，2017年，类似的指控还促使福克斯新闻明星比尔·奥莱利（Bill O'Reilly）被解雇（Leonhardt，2017）。从那时开始，被指控性骚扰——以及更恶劣的行为——的男性的名单大大地延长了。这一名单包括：比尔·科斯比（Bill Cosby）（因为麻醉并性侵一位妇女，他被定罪并被判处3～10年监禁①；其他多位妇女指控他犯了类似的罪行）、好莱坞大亨哈维·温斯坦（Harvey Weinstein）、电视新闻主播马特·劳厄尔（Matt Lauer）、电影明星凯文·斯佩西（Kevin Spacey）、喜剧演员路易斯·C.K.（Louis C.K.）以及唐纳德·特朗普总统。

虽然有一种对性骚扰视而不见的倾向，但它不仅在美国广泛存在，它更是全球性的现象，并且大量女性深受其害。根据2014年欧洲联盟基本权利署（European Union Agency for Fundamental Rights）所进行的一项研究，75%的职业女性，包括那些身处最高管理层的女性，61%受雇于服务部门的女性，报告自己曾经在工作中遭受过性骚扰。这一研究基于对来自欧盟28个成员国的4.2万名女性的访谈（European Union Agency for Fundamental Rights，2014）。

在美国被认为非法的性骚扰，必须是重复出现或者是非常严重的，进而造成一个充满敌意的工作环境，甚至是被骚扰员工的离职。高层男性（例如，罗杰·艾尔斯和比尔·奥莱利）从下属（通常是女性）那里谋求性欢娱的刻板印象一般来说是正确的——虽然男性和女性都可能是罪错人，也都可能遭受各种各样的性骚扰。2018年，在向公平就业机会委员会报告的性骚扰案件中，接近16%的投诉由男性提出（U.S. Equal Employment Opportunity Commission，2018）。

---

① 美国的一种刑罚制度。以此判决为例，罪犯至少服刑3年，3年后可以申请假释，但如果假释不被批准，则需要服刑10年。——译者注

在美国军队里，性骚扰确实也符合男性骚扰女性的刻板印象。这里出现了女军人被性骚扰（以及被性侵）的很多指控，而且，对于军队应对性骚扰不力的批评也日渐增多。美国国防部报告说，与2016财政年度相比，2017财政年度的性侵案例数上升了约10%——从2016年的6 172例，上升到2017年的6 769例（Ferdinan-do，2018；见图6-3）。在报告性侵案例时，与女性军人和低阶军人相比，男性军人和高阶军人所感受到的阻力较小（Department of Defense，2018）。

灾难（以及其他非计划性的后果）对于组织也是一个棘手的问题。这些事故往往是组织的理性化过程的结果。例如，在1980年代，美国国家航空航天局（NASA）的运作，建立在自认为高度可靠、高度理性的计划的基础之上。结果是，它重点关注各种可量化的因素——还有其他方面，以使航天飞机"挑战者"号按时发射。在这样做的时候，它走了很多捷径，并进行了各种节约计划。对于NASA这样一个理性化的组织来说，这些行为是可以理解的。不过，这些行为导致了1986年1月28日的灾难。在那场灾难中，"挑战者"号的燃料箱脱落了，导致这架航天飞机在飞行中被毁，7位机组成员丧生。

三、当代变迁

在过去的几十年里，科层组织经历了一些重要的改变，而这些改变与韦伯对组织的看法不一致。实际上，韦伯所说的科层组织的概念——如果不是实际的科层组织的话——不仅正在急剧地变化，而且在有些情况下，正在全面消失。首先，与韦伯的思考相反，科层组织不仅没有增加和扩张，很多大型组织，特别是工业组织和工会，反而还被迫迅速地缩小了规模（Hyman，2018）。在大多数组织里，"越大越好"已经不再是规则。组织不再持续地增加新的功能和雇员，而是更多聚焦于它们的"核心竞争力"。例如，福特汽车公司不再生产其汽车框架所使用的钢铁（和其他东西），以及其轮胎所使用的橡胶。还有，福特于2018年宣布，它正在逐步淘汰甚至完全放弃传统轿车的生产，转而在未来专注于更能盈利的SUV和卡车的生产。通用汽车（GM）也宣布了类似的缩减计划。从本质上说，组织开始集中精力，以便实现"精简节约"（lean and mean）（Harrison，1994）。它们还试图精简它们的生产体系（即发展精益生产法）——通过使用自动化和机器人系统，以及更少的人工（Janoski，2015）。很多新的组织，如脸书甚至谷歌，都从巨型组织如福特所经历的问题中获得

140

图6-3 美国国防部收到的性侵案例报告总数（2007—2017）

资料来源：Data from U.S. Department of Defense, "Sexual Assault Prevention and Response," Department of Defense Annual Report on Sexual Assault in the Military: Fiscal Year 2017 (Washington, DC: Author, 2014); data for 2014 onward from U.S. Department of Defense, "Appendix B: Statistics on Sexual Assault," Fiscal Year 2017 (Washington DC: Author, 2015).

了教训。它们规模较小，等级化程度很低；它们的结构越来越扁平化，并拥有第5章所说的社交网络的特征。它们试图避免失去自己的事业焦点，或者变得过大和过于多元化。作为结果，它们可能永远需要收缩和简化自己的组织——以福特（以及通用汽车）曾经的力度——以便实现自己的目标。

为了适应快速变化的环境，与理想型科层组织相比，当代组织被迫变得更加灵活和警觉。一旦今天的组织缺少这种灵活性，它衰落或者消亡的可能性就会大大增加。例如，连锁音像店百视达（Blockbuster）于2010年破产（到2019年的时候，它只剩下一家店，位于俄勒冈州的本德市），因为它没有成功地适应来自网飞的竞争，至少在开始的时候，在影片邮寄业务上，百视达没有适应竞争要求。更重要的是，它没有成功地预见到，要把电影串流（streaming）到顾客的电视和电脑上（目前，通过诸如机顶盒等设备与智能电视和普通电视相连接）。当顾客可以通过有线电视服务商如网飞、葫芦网（Hulu）和亚马逊，在自己舒适的家里串流看电影的时候，他们就不再愿意去音像店了。

社交网站"我的空间"（MySpace）也因为没有成功地适应新的顾客要求，而成为失败者。2006年，"我的空间"是最受欢迎的网站，但它败于脸书，因为"我的空间"保持了用户的匿名身份，而不是允许他们使用真实身份。到2016年的时候，"我的空间"的月访问人数是1 500万，而脸书的访问人数是22.7亿（Moreau, 2018）。

组织的另一个重要进展是日益增强的**外包**（outsourcing）趋势，即把原来由某个组织承担的活动转移至另一个组织，并以金钱作为交换物（Furneaux, 2013; Ritzer and Lair, 2007）。从2000年代早期开始，外包急剧增多。例如，在1950年代，美国的商业服务公司仅仅外包了2%的保洁和垃圾清理工作，3%的安保工作，以及4%的后勤工作。到2015年的时候，它们外包了20%的后勤工作，25%的保洁和垃圾清理工作，以及35%的安保工作（Dorn, Schmiede, and Speltzer, 2018）。医院越来越多地把食物准备工作外包给

外部的承包商。医院还把急诊室里的手术外包给其他公司——这些公司雇用从事这种工作的人，包括医生［"住院医师"（hospitalist）］。所有这些可能会对医院的运作产生负面影响，包括院内感染的增多（Zuberi, 2013）。地方政府、州政府和联邦政府也把工作外包给其他组织，特别是私人公司。

一个非同寻常的外包的例子，是美国政府将其很多军事和准军事行动分包给一家名叫"黑水"的公司。在美伊战争之后，这一事实获得了大量的、负面的公众关注。新闻媒体增强了对该公司下列行为的警报：它涉及没有正当理由的杀戮行为，并使用了不必要的武力。于是，这个公司把它的名字改成了Xe服务（Xe Services）公司，后来又改成了听起来更为温和的阿卡德米（Academi）公司。

有关组织的另一个最新的趋势，韦伯的理想型科层组织也没有预测到。这一趋势是，把原来由工作人员承担的工作，转移到顾客的身上。例如，我们越来越多地自己填写人口普查表格，相当于是干了原来由调查员所做的工作。我们自己把账单扫描进我们的手机，而不是把它交给出纳员；我们自己在网上浏览餐馆和电影，而不是阅读职业评论家的评论；我们在社交网站上讨论对产品和品牌的体验，而不是被动地接受来自生产商的广告信息。我们越来越多地自己扫描购物。美国的第一台自助结算机安装于1992年。据估计，到2014年时，共有43万台这样的机器在工作。在承担这些工作的时候，顾客和消费者变成了生产者，至少是在某些时候。换言之，消费者变成了产消者（prosumer），他们结合了消费和生产两种活动（Ritzer, 2015b；参阅第15章）。这是另一个范围广泛和影响深远的改变，它会使组织和组织生活产生戏剧性的转变。最近的改变甚至是，解除由顾客承担的工作，把它交给"智能机器"（smart machine）。例如，顾客不再被要求在结账处卸载购物车并扫描每一件商品。在西雅图的AmazonGo商店里，在顾客离店的时候，智能机器扫描顾客购物袋里的商品，并从顾客的信用卡里扣除全款。

四、全球化

大多数组织，不论其规模大小，都变得越来越全球化。它们受到众多全球化的现实和变迁的影响，在很多情况下，自己也变成了全球化的力量和参与者。麦当劳的全球性布局是众所周知的。它目前在全世界的 119 个国家里有超过 3.7 万家餐厅。不过，在快餐产业中，百胜集团（Yum! Brands）（必胜客、肯德基等的母公司）进入的国家要稍多一点——140 个，而且比麦当劳多出 8 000 家餐厅。沃尔玛是另一个全球化的推手，它在 27 个国家里拥有超过 11 000 家店铺。另有一些组织，它们出现在美国，但其根基却在世界上其他地方。这类组织包括宜家，总部在瑞典，在 28 个国家拥有 328 家店铺；H&M，一个服装零售商，来自瑞典；德国电信（T-Mobile），一家通信公司，起源于德国；汇丰银行（HSBC），来自中国香港和上海的金融服务商；Zara 国际，一个时装零售商，它的总部在西班牙（Ritzer，2019）。

横跨大半个地球（进行经营），对任何组织来说都是一个挑战，它们不得不以各种方式适应全球化的现实。例如，福特汽车公司很多年前就承认，为每个国家和地区生产不同的车型是非常低效的，因此，它专注于生产全球化的车型：福特福克斯（Ford Focus）。不过，福克斯车型的未来令人担忧，至少在美国很令人担忧，因为福特决定退出常规汽车的生产业务。

全球化也加速了工作向其他国家的组织的转移，即所谓的**离岸外包**（offshore outsourcing）。参阅表 6-1 所列出的世界居前 20 位的外包目的地。居前 10 位的目的地城市，有 5 个在印度，那里有大量的英语流利的人口。这是因为，美国是世界上离岸外包的领头羊。离岸外包可以采取很多形式，不过我们最熟悉的，就是电话呼叫中心的外包。呼叫中心是一个中央化的机构，它处理大量的来电，打电话的人要求组织提供信息和帮助。开始的时候，美国的很多组织把这种工作外包给美国国内的呼叫中心。最近，很多这种工作被外包给离岸公司，因为在美国以外做这种工作，要廉价得多。

表 6-1 世界居前 20 位的外包目的地（2007）

排名	国家	城市
1	印度	班加罗尔
2	印度	孟买
3	印度	德里
4	菲律宾	马尼拉
5	印度	海得拉巴
6	巴西	圣保罗
7	爱尔兰	都柏林
8	波兰	克拉科夫
9	印度	金奈
10	阿根廷	布宜诺斯艾利斯
11	印度	浦那
12	菲律宾	宿务
13	智利	圣地亚哥
14	哥斯达黎加	圣何塞
15	南非	约翰内斯堡
16	新加坡	新加坡
17	捷克	布拉格
18	加拿大	多伦多
19	阿联酋	迪拜
20	马来西亚	科伦坡

资料来源：http://www.tholons.com/Tholonstop100/Tholons Top100-2017v.7.pdf.

对于原来在美国国内完成的呼叫中心的这些工作来说，印度是一个特别有吸引力的外包目的地（Aneesh，2012）。呼叫中心的工作人员的工资远远低于美国的，而且很多印度人会说出色的英语。实际上，作为工作的一部分，呼叫中心的很多工作人员被要求"假扮成美国人"（pose as Americans）。在被称为"国家身份管理"的策略中，他们使用了美国式的名字和家乡（Poster，2007）。对印度女性来说，在呼叫中心工作为她们提供了财务上的自立。不过，在这些职位上工作——特别是夜班工作——的女性的数量，引发了"改变印度的性别规范"的文化焦虑（Patel，2010）。例如，一个担忧是，在呼叫中心工作的未婚女性，会更有能力在财务上养活自己。结果是，家务责任对她们的约束就会削弱。

在印度，妇女在夜间工作而不是待在家里，是很不寻常的。印度的呼叫中心公司竭尽全力消弭雇员及其家庭关于她们的职业生活的担心。例如，"不同的大楼有特殊的入门卡，在每一个楼层都安排保安，每天24小时……从最近的地铁站到工作的大楼之间，每天早7点到晚7点有通勤车运行。私人出租车，依据与公司之间的合同，可以为从晚8点到早6点之间工作的任何人服务。如果内有女乘客，将会有保安陪伴……"（Swanson，2012）。一些呼叫中心甚至还设有"家属日"，其时，家属可以在工作场所参观、进餐和娱乐。一位人力资源官员说："有些安排，就是为了让父母和家人对他们的儿女或家人天天上班的地方感到放心。"（Swanson，2012）

近年来，菲律宾赶上并超过了印度，成为美国呼叫中心外包的主要目的地（Padio，2018）。2015年，该行业的专家估计，菲律宾的商业流程外包（business process outsoursing）产值，在2016年将达到250亿美元，大约是该国经济总量的10%。超过100万的菲律宾人在呼叫中心工作，大约是印度该工种人口的2倍（Lee，2015）。菲律宾呼叫中心的员工工资高一些，一般说来对工作更为满意。他们也会获得额外的福利，如免费就餐，以及与印度一样的通勤服务。这种工作从印度向菲律宾转移的主要原因是，这个美国前殖民地的居民对美国文化非常熟悉。与印度人的英式英语相比，他们的美式英语的地方口音较轻。菲律宾人更喜欢看美国的电视节目、支持美国的运动队以及吃汉堡包。虽然菲律宾员工的工资（每月300美元）比印度员工的工资（每月250美元）要高一些，但美国公司仍然做出了这样的选择。不管怎么说，不论是印度还是菲律宾的呼叫中心员工，其吸引力都在于，与美国呼叫中心员工所挣的1 700美元相比，他们挣得太少了。

最近，针对离岸外包，出现了反对的声音。反对声也出现在了一些欧洲国家，但在美国尤其激烈。特朗普总统谴责过下述事实：离岸外包使我们失去了一些企业，以及它所提供的就业。另外，目前已经出现了逆向包工（backsourcing）的运动，或者说把不久之前热切地希望外包出去的产业和工作带回原来的国家（Gylling et al.，2015）。不过，考虑到上述国家里的工厂和设备的磨损和破坏，以及愿意从事低工资、低技能工作的工人的缺乏，有多少逆向包工会发生在欧洲和美国，仍然有待观察。

麦当劳化与科层组织

在21世纪早期，快餐店可以被看作是正在进行的理性化过程——韦伯首先对此进行了描述——的最佳事例（Ritzer，2019）。虽然快餐店是社会组织的相对较新和较重要的发展，但它仍然延续了科层组织的基本原则：有效性、可预测性、可计算性、可控性，以及看起来不可避免的理性的非理性化。那么，麦当劳的快餐店和科层组织的区别是什么呢？

很多快餐店以及各种各样的公司，是特许经营的（franchised）（Dicke，1992；Grace and Palmer，2015）。在特许经营体系里，一家大型公司（比如麦当劳）向一些独立的特许经营者出售各种特许权，由这些特许经营者控制小型的、法律上独立的公司。特许经营者自己投资，并且承担大部分失败的风险，而做出经营许可的大公司却不承担失败的风险。作为对它们的投资的回报，特许经营者保留使用下列事物的权利：公司名称、标识（例如"金拱门"）、特定的产品和经营方式。虽然每个特许店都是独立的，但它"必须遵循详细的运行标准，这些标准由母公司设计并执行"（Dicke，1992：2-3）。因此，特许经营体系把一家小企业与一个大型的科层体系结合起来，小企业在大体系中存在和运行。最重要的是，特许店的运行必须建立在同样的理性原则的基础上——与那些界定了大型科层组织的性质的原则相同。

因此，麦当劳化既适用于大型组织，也适用于较小的组织，后者大多数独立运营，而不是特许经营。科层组织的原则一般在国家政府和大型公司——如福特和沃尔玛——身上得以应用。这些科层组织目前仍然存在，虽然在很多情况下比原来小多了。麦当劳化的原则不仅适用于大型公司如星巴克，也适用于小餐馆和所有类型的小企业。简言之，麦当劳化的快餐店模型，比科层组织模型的实用性要强得多。在美国乃至世界各地，小企业的数量比国家政府和大型公司的数量要多得多。

麦当劳化既适用于消费导向的组织，也适用于生产导向的组织。除了政府，科层组织模型最适合于大型的生产导向的公司。不过，美国已经从一个被工作和生产主导的社会，变成一个被消费主导的社会。结果是，涉及产品生产的大型公司的重要性降低了，至少在美国和其他发达国家，其重要性降低了。代之而起的，是规模类似的公司，如赛百味（Subway）、沃尔玛和宜家等，它们主要致力于消费。虽然这些组织的公司结构仍然是高度科层化的，但它们真正的重心是其数量众多的小分店，这些分店构成了该组织收入和利润的来源。因此，目前最重要的是这些商店的麦当劳化，而不是大型组织——这些商店存在于其中——的科层化。

思考题

与传统的科层组织相比，对麦当劳化的体系来说，对顾客友好更为重要，你怎样看待这一点？这种对顾客友好的策略的目的是什么？科层组织为何不对顾客更友好一点？

143　　这里的要点是，科层化涉及某种类型的、高度中心化的（centralized）理性化。对于这些组织所生产的产品和服务的消费者来说，这种理性化是隐而不彰的。没有多少人与美国国家税务局（Internal Revenue Service，IRS）或管理本田公司的科层组织，有面对面的联系。可是，对于那些在快餐店里消费的顾客来说，麦当劳化既是地方性的，又是高度可见的。人们与那些在麦当劳化的环境中工作的人，有大量直接的、面对面的联系。这意味着，除了其他事情之外，与传统的科层组织相比，快餐店——实际上是消费领域里所有麦当劳化的体系——需要对消费者更加友好。柜台职员被训练学会微笑，并祝消费者有"美好

的一天"（Leidner，1993）。在沃尔玛，甚至有这样的雇员——迎宾员——他的全部工作就是，在顾客进入商店的时候，对他们表现出热情和友好。于是，消费者看到，"微笑符号"遍布整个商店。通过在美学上令人心旷神怡的苹果商店，包括"天才吧"（genius bars）——这里有友好且无所不知的雇员，他们可以当面回答你的问题，并为你修理手提电脑——苹果电脑维持了它的物理性存在。与此相对照的是，在 IRS，并没有全职的迎宾员，也没有笑脸。实际上，即使是想在电话里与一位 IRS 雇员通话，也是非常困难的。

虽然麦当劳化得到广泛的传播，但有些人开始怀疑，与科层化一样，麦当劳化已经度过了它的高峰期。有人认为，在线拍卖网站亿贝是当代世界组织发展的新典范（Ahuvia and Izberk-Bilgin，2011）。与麦当劳化一样，亿贝化（eBayization）的基本维度包括多样性、不可预测性和有限度的控制。在亿贝上（以及在 Amazon.com 上），有数百万种产品，而麦当劳只有数十种产品。麦当劳里可预测的产品，并不像亿贝上高度不可预测的产品。亿贝卖家和亿贝买家的直接互动，亿贝组织很少参与。麦当劳化的系统实施更广泛的控制。麦当劳很快，而亿贝很大。不过，我们仍然可以主张说，亿贝是一个高度麦当劳化的公司。例如，它需要一个高度理性化的公司和体系，来提供数百万的产品，以供销售。

五、网络组织

在 21 世纪的早期，科层组织和快餐店仍然是重要的。不过，组织继续改变和进化。而且，各种全新的组织形式正在诞生。新组织形式的一个例子，是网络组织。正如接下来将详细讨论的，**网络组织**（network organization）由网络特别是那些基于信息并通过信息联系在一起的网络进行界定（Blaschke，Schoeneborn，and Seidl，2012）。

网络组织诞生于 1970 年代，那时美国的信息技术刚刚兴起。当时的新进展包括，电视对美国人的生活深刻介入，以及家庭电脑、智能

手机和互联网的引入（Allan，2007；Van Dijk，2012）。网络模型也和全球化紧密地交织在一起。在信息时代，大多数最重要的功能和过程，越来越多地被这些网络主导，而这些网络很多是全球范围的。进而，从1980年代开始，这一革命又促进了全球资本主义体系的重构。例如，跨国公司变得更加重要，这部分是因为，进行全球通信的能力获得了巨大的提升。那些局限于一国之内的公司，或者经历了严重的衰落，或者自己变为跨国公司。

网络组织的特征

这种新的组织形式有一些显著的特征。最重要的是这样一种概念，即一个组织由数个**网络**（network）或"相互连接的节点"（interconnected nodes）（参阅第5章对社交网络的讨论）组成。网络组织有下列特征：

- 水平结构。与经典组织的垂直和等级结构形成对照的是，网络组织更为扁平，也就是说，在组织的顶层和底层之间，职位层次较少。
- 模糊的界限。人们不把网络组织看作是具有清晰和确定的边界的特定主体，而科层组织却是如此。相反，不同的网络组织在很多方面相互交织在一起。最显著的是，它们与其他组织——双方拥有类似的或者互补的目标——组建战略联盟。
- 分散的决策。网络组织和科层组织之间的差异，很多来自一些高度成功的日本创新。创新之一就是，更集体化的决策，或者在组织的决策过程中使更多人参与。
- 灵活的生产。网络模式的生产性组织逐渐远离规模化生产，转向灵活的生产方法，如更加多样化的、有限的生产流程。

与科层组织相比，拥有上述特征的组织是开放的，更有能力进行扩张，更有活力，而且更能够在不干扰原有体系的情况下进行创新。

在全球信息经济中，至少是在发达国家，工作的性质发生了变化。工人，包括制造业的雇员，更多的是在处理信息，而不是处理过程（Caprile and Pascual，2011）。这减少了所需雇员的总数，虽然产量仍在增加。此外，网络组织允许新型的工作安排，因为信息到处流动，特别是在有计算机的地方。例如，越来越多的人可以在舒适的家里工作，在航班上工作，在世界各地的酒店里工作（Alexander，Ettema，and Dijst，2010；Kaufman-Scarbrough，2006）。这种变化反映在2009年的电影《在云端》（*Up in the Air*）之中，它描写了这样一种努力：从飞到各地去解雇人，到通过电脑视频电话来干这种事。我个人目前的情况是，在冬天，我从自己在佛罗里达的家里，为马里兰大学进行研究生层次的远程授课。

信息主义

对知识的处理，亦即曼纽尔·卡斯特尔（Castells，1996，1997，1998）所说的**信息主义**（informationalism），是网络组织的关键特征。生产和消费的力量，比如工厂和购物中心，是通过知识和信息而联系起来的。比如说，沃尔玛的货架补充，几乎是自动完成的。当地的沃尔玛使用计算机技术追踪库存，并把数据传至中央仓库。随着库存的逐渐消耗，新品会自动运来，所以当地的沃尔玛会保持良好的库存。

信息主义有5个基本的特征：

- 技术对信息进行处理，如"沃尔玛库存正在耗尽"这样的信息。
- 随着信息传递至个人计算机、平板电脑、智能手机这样的行为日益成为人类活动的一部分，这些技术产生了普遍的影响。
- 所有使用信息技术的体系，都为"网络逻辑"所定义，而网络逻辑使得这些组织能够影响各种各样与它们相联系的过程和组织。例如，沃尔玛与全世界的供货商都有联系。
- 这种新技术是高度灵活的，这使它们能够持续地适应和改变。
- 与信息处理相关的特定技术，已经融入了一个高度整合的体系，这一体系横跨了许多不同的组织，也横跨了世界上很多地区。例如，互联网、电子邮件以及短信，连接了无数的全球组织。

作为信息主义的结果，一种新的、越来越有利可图的全球信息经济已经出现。公司和国家的生产能力依赖于它们的信息创造能力、信息处理能力以及有效地应用其知识信息的能力。全球通信体系使得那些加入这一经济的组织，作为一个世界性的单位而运行。虽然这是一个全球体系，但仍存在地区性的差异，差异甚至存在于北美、欧洲和亚太地区的内部，而这些地区是新的全球经济的心脏。其他地区，如撒哈拉以南非洲，被边缘化了，甚至被排除在外。发达世界里被剥夺的地区也是这样，比如美国城市的内城区。

网络组织以及对其进行定义的信息化，是吸引社会学家关注的最新的组织形式，但绝不会是最后一个。随着社会和世界的不断变化，新的组织形式还会出现。

知识点 6-2 | 当代组织的类型

类型	描述
性别化组织	性别在决定一个人的地位和职业进展方面发挥主要作用的组织。
网络组织	由网络特别是那些基于信息并通过信息联系在一起的网络界定的组织。

第三节　社会

社会学家对**社会**（society）的传统定义是，因为地域而联系在一起并且在一定时间内持续存在的社会关系的复杂模式。这一定义有两个关键特征。首先，它是非常抽象的。其次，它的抽象性让它可以涵盖社会关系的全部谱系。因此，在此定义下，一个三人关系（三人构成的群体）和任何大型群体都可以是某种社会，包括美国和其他国家，以及全球性组织如联合国和国际货币基金组织。

思考和研究这些高度差异化的社会形式，是社会学的悠久传统。这种类型的经典理论分析之一，是斐迪南·滕尼斯（Toennies，1887 / 1957）创立的。他区分了两种宽泛的社会类型——礼俗社会和法理社会。他把传统社会称为**礼俗社会**（gemeinschaft），对它的定义是，以面对面的关系为特征的社会。滕尼斯认为，家庭、乡村和小镇是礼俗社会。这些社会一般很小，因为它们建立在亲密互动的基础上。人们之间的关系，因为其内在特质而被珍视，比如熟悉程度和密切关系，而不是——至少不仅仅是——有用性。礼俗社会持续存在于世界上很多地方，包括美国。

更为现代的社会是**法理社会**（gesellschaft），其特征是非人格化的、疏远的和有限的社会关系。在这样的社会里，人们倾向于为了获得什么而进入一个关系，而不是因为这一关系的内在特质。换言之，关系仅仅是实现目的的一种手段。法理社会的规模也可以很小，而社会群体和社区也可以拥有法理社会的特征，如非人格化。例如，在一个星期里，一个办公室里的员工可能会一起工作 40 个小时或者更长时间，但仅仅以高度职业化的方式进行互动。而且，他们回到家里的"真实生活"和亲密关系之中以后，会很少——如果有的话——在工作场所之外与同事互动。不过，法理社会更可能是大型社会，或者是存在于大型社会之中。

当然，礼俗社会和法理社会仅仅是理想型。在真实世界里，包括当今的世界，两种特征存在于所有的社会之中。上文论及的、对社会的抽象和宽泛的定义，既涵盖了礼俗社会也涵盖了法理社会，以及它们之间的所有过渡形态。此外，两个概念都可以适用于每一种社会关系，从最小的群体，如二人关系和三人关系，到最大的社会，如中国。

虽然对社会的早期的、一般的定义自有其用途，但还是可以更加狭义地、准确地和实用性地来定义社会：相对较大的一个人口群体，它有给定的疆界、社会结构以及共享的文化。美国、中国和西班牙就是这种宏观意义上的社会。而一个三人关系、群体或者组织，就不是一个社会。这一定义也符合本章主旨——本章将结束于对最宏观的社会组织层面即全球社会的讨论。

思考题

需要注意的是，礼俗社会和法理社会都是对现实的抽象，两种特征在真实的社会里都存在。为你所属的群体和社区列一个名单，判断哪些更像是礼俗社会，哪些更像是法理社会。你为什么把一些群体和社区列入礼俗社会，而把另一些列入法理社会？你愿意在哪些群体和社区里生活？为什么？

从这个意义上说，关于社会的最著名的理论之一，是塔尔科特·帕森斯（Talcott Parsons）创立的。实际上，帕森斯撰写的一部书的名字就叫《社会》（*Societies*，1966）。作为一个结构-功能主义者，帕森斯对宏观社会持有非常正面的看法。他关心的是社会的主要结构，包括经济体系，政治体系，以传播文化、规范和价值为责任的体系（如学校），以及法律体系——它的责任是社会的整合。显然，从宏观的意义上说，这些都是社会的关键构成要素。

研究社会的社会学家，经常对社会及其变迁的性质提出宏大的问题。在把社会作为一个整体来思考它所面临的问题时，最近最值得注意的学术努力之一，是德国社会学家乌尔里希·贝克（Ulrich Beck）的著作。直到最近以前，人们通常认为，社会是被工业主导的。在"工业社会"里，关键的问题是财富，以及如何更为平均地分配财富。这一问题仍然是很多社会学家的关切（参阅第 8 章）。可是，贝克（Beck，1986 / 1992）认为，我们已经从工业社会进入了**风险社会**（risk society）。在风险社会里，核心问题是风险，特别是怎样避免、减少和疏导风险。还

有，在工业社会里，核心的关切是平等，而在风险社会里，关注焦点已经移向怎样在面对日益增加的风险时保证安全。最重要的是，在两种类型的社会之间，存在着巨大的差别，即实现社会团结的方式不同。在工业社会里，社会团结的实现是通过人们互相联结在一起——为了一个积极的目标，即创建一个更加平等的社会。在风险社会里，社会团结大体上是通过消极的和防御性目标即逃避危险而实现的。这意味着，风险社会更加脆弱，更加个体化，与工业社会及其促进平等的人道主义目标相比，更不值得赞赏。

风险社会出现的原因是什么？这里的关键是，风险比以前任何时候都大得多，而且没有一个社会能够逃避。很多社会制造各种各样的风险（例如，气候变化；核电站与核武器所带来的危险；全球性经济崩溃，如 2007 年开始于美国的经济崩溃；2014 年暴发于西非并延续良久的埃博拉疫情）。这些风险不仅威胁自己，也威胁其他社会。而且，即使风险被有意或者无意地转移给了其他社会，它仍然会反噬作为风险源头的那个社会。例如，恐怖主义对美国和其他社会来说是一个风险。美国曾经试图在自己的国界之外（比如，在阿富汗和中东）对抗它。可是，这些努力诱发了针对美国的攻击，以及在世界上其他地方对美国利益的攻击。

为什么社会面临的风险比以前任何时候都要多得多？全球化是一个主要的原因。一个社会的风险，很容易传播至其他社会。例如，由于相对便捷和廉价的空中旅行，在一个社会里暴发的流感，很容易蔓延至其他社会。类似的情况是，来自很多国家的塑料废弃物聚集在北太平洋，形成了一个垃圾旋涡，名叫大太平洋垃圾带（Great Pacific garbage patch），威胁海洋生物的健康，也对人类健康构成潜在的威胁。因此，现代风险不容易被限制在一个地点或者一个社会里。一次核事故，比如 1986 年在乌克兰（当时是苏联的一部分）的切尔诺贝利（Chernobyl）发生的核泄漏事故，其辐射影响了周围的社会，并最终影响全世界大多数的地方。现代风险也不受时间的限制。切尔诺贝利核泄漏事故导致乌克兰人和邻近社会的居民出现了基因缺陷，这种状况持续了数十年。

全球化致使有些社会学家对把社会和民族国家等同起来的说法提出疑问。他们争辩说，在当代世界，对全球社会展开思考，是必需的。关于全球公民的讨论就是一个例子。关于全球公民身份的可能性的讨论，是全球化的观念怎样重新塑造了我们对所谓的社会边界的思考的一个例子（Tully，2014）。其他社会学家提出，全球化要求一种关于社会的新视角，这个新视角所看到的社会流动性更高、更不稳定，迥异于早期社会学家所意指的那个社会。因此，齐格蒙特·鲍曼（Bauman，2007：1）主张，我们生活在"流体的时间"（liquid times）里，在那里，结构和制度不再"长时间地维持其形态"（keep their shape for long）。约翰·厄里（Urry，2000）走得更远，在他的著作中，社会学的关注焦点超越了社会本身。他争辩说，因为各种类型的流动性的提高，我们已经生活在一个后社会时代。人口、物品和信息，还有其他东西，流动太频繁、太迅速，以至于很难被包含在社会乃至其他任何东西之中。厄里的工作促生了一个方兴未艾的研究领域——社会学中的流动研究（mobilities study）（Sheller，2014），以及一本叫作《应用流动》（*Applied Mobilities*）的杂志（Sheller and Urry，2016）。

依据前文的讨论，毫无疑问，分析社会的社会学家并没有在社会的边界上停止，他们还检视在社会内部和社会之间的各种流动。结果是，近年来，这种学术研究的焦点，已经超越了社会甚至其内部关系，转向了更为宏观的全球层面，以及定义了这个层面的社会流动（例如移民）。

知识点 6-3 ｜ 社会类型之比较

社会类型之一	社会类型之二
礼俗社会：一个以面对面的关系为特征的社会，比如家庭、乡村和小镇。	**法理社会**：一个以非人格化的、疏远的和有限的社会关系为特征的社会，这些关系被获取利益的愿望主导，如工作场所。
工业社会：一个以财富及其分配为核心问题的社会。	**风险社会**：一个以风险和怎样避免、减少和疏导风险为核心问题的社会。

第四节 全球关系

大多数全球层面的社会学工作所使用的概念组合，与本章所讨论的概念相去甚远。所有这些概念都与宏观意义上的社会概念相一致。

- 一个**民族**（nation）是一大群人，他们通过共同的血统、文化、语言和领土联系在一起。民族可以存在于一个连续的地理区域之内，并不受国界限制。例如，库尔德人生活的地区，跨越伊拉克、伊朗、叙利亚和土耳其。民族也可以扩散至世界上很多地方，比如罗姆人（Roma）[也叫作吉卜赛人（Gypsy）]，他们遍布欧洲，生活在美国的也越来越多。

- 一个**国家**（state）是一个有组织的政治结构，它拥有相对独立的职位（比如，在美国，总统基本上独立于国会和最高法院而运作），这些职位制定自己的规则并基本上从税收中获取资源。美国政府就是国家的一个例子。

- 一个**民族国家**（nation-state）是一个主体，这一主体包含了自我定义为一个民族的人口和一个有组织的国家结构。以色列是一个民族国家，因为它有一个国家政府，并包含一个犹太民族（虽然在以色列以及它所占据的土地上也有大量穆斯林）。

在全球化时代，一个最重要的想法是，由于全球化和广泛的全球过程——包括各种各样的移动和流动，这些主体，特别是民族国家，正在丧失其影响力。

一、控制全球流动

民族国家正处于困境之中，这主要是因为，它失去了或者正在失去对各种全球流动的控制（Ritzer and Dean，2019）。在很多方面，威胁着民族国家的，是信息化。电子邮件、脸书帖子、推文和 WhatsApp 信息——仅举几例——便捷而迅速地在全世界传递。民族国家没有任何办法来阻止或者限制这些流动，虽然有些国家在尝试这样做。很多经济的、金融的和技术的流动，都涉及各种信息。全球信息流动具有颠覆民族国家的潜力，因为它们所覆盖的区域，远比民族国家要大。对于那些给民族国家带来负面形象的信息，这一点尤其正确。

民族国家无力把自己隔离于全球化进程之外的另一个更特别的例子，是金融风暴，它从 2007 年末期的美国开始，迅速传播至全世界。例如，美国股票市场的急剧下跌［参看 2011 年的电影《商海通牒》（Margin Call）和 2015 年的电影《大空头》（The Big Short），它们虚构了对这场经济危机的最初应对措施］之后，世界上其他股票市场也随之下跌。与此类似，美国的银行倒闭迅速导致了其他国家毁灭性的银行倒闭，最明显的是冰岛和爱尔兰。这一系列的事件体现了全球流动的力量和重要性，也展示了民族国家在下述事情上的无力：把对其经济和人民生活的影响限制在其国境之内——如果它还能做点什么的话。"在一个全球化的金融体系里，国境是千疮百孔的。"（Landler，2008：C1）全球的经济流动比以往任何时候都快——如果不是瞬间流动的话。它的流动性是如此之大，以至于利用现有的民族国家的藩篱来阻止它是非常困难的——如果不是不可能的话。

在其巅峰时刻，"伊斯兰国"熟练地运用各种类型的媒体来努力地招募成员，这种努力可以触及世界上很多地方。他们的沟通活动的目的是（现在依然是）跨越国家边界来吸引新的追随者。该组织希望，这些新的追随者能够帮助促进一个新的"民族国家"的诞生。"伊斯兰国"发布了一些威胁砍头和实际砍头的视频；它在社交媒体（包括推特）上很活跃；并且制作了一些流行性视频游戏［如《决胜时刻》（Call of Duty）］和电影［如《天生杀人狂》（Natural Born Killers）和《电锯惊魂》（Saw）］的仿制品。

信息和经济的流动，仅仅是民族国家无法控制的全球流动的两个例子。其他流动还有非法移民、新社会运动、各种领域的专业技能、恐怖主义、犯罪、毒品、金钱（包括洗钱和其他金融手段）以及人口贩卖。另外，还有各种全球性问题如流感、肺结核以及全球变暖的影响，这些事情在全世界通行无阻，一个民族国家无法很好地独立应对。

大量证据显示，民族国家变得越来越千疮百孔。但真相是，从来没有哪一个民族国家对其国境实施过完全的控制（Bauman，1992）。例如，人们在欧洲各个国家之间的无障碍旅行，直到第一次世界大战时期才受到限制。直到那时，护照才第一次被大规模地引入。新事物并不是民族国家边境的漏洞百出，而是全球性流动的急剧增加利用了这些漏洞（虽然已经有人再次呼吁，国家边境应该得到加强）。

因此，社会学中最大的分析单位已经是全世界，特别是全球流动——它最好地定义了今天的全球化。迄今为止，本书关于全球化的概念一直是非正式的。不过现在，一个正式的全球化（globalization）定义正逢其时："一个横跨全球的过程或一系列过程，它涉及日益增加的流动性，以及各种方向的人口、物品和信息流动的增长，还有这些流动所遭遇和催生的各种结构——这些结构会阻止或促进上述流动。"（Ritzer and Dean，2019：2；参阅第 17 章）显然，这是一种超越了民族国家的视角。从这一视角来看，民族国家陷入了全球流动和全球结构之中，并从属于这种流动和结构。

二、其他全球流动

全球化越来越多地体现为信息、观念和图像的大规模流动，更体现为物品和人口的流动。例如，目前食品在全世界范围内更加快速地流动，也流向更多的人（Inglis，2006）。来自其他地方但在本地销售的食品的例子有，来自智利的新鲜水果、来自日本的新鲜寿司以及来自美国缅因州的活龙虾。另一种类型的流动，即国内和国际移民，也变得越来越普遍了，至少目前是如此。

其他类型的物品的流动性也日益增加，进而能够便捷地流动。不久以前，当我们能够从亚马逊订购一本书，并通过快递在仅仅 1 天之内（甚至更短的时间）收到时，我们还会感到惊奇。目前这种方法与下述情况相比已经显得迟缓了：利用亚马逊的电子阅读器（Kindle）或者苹果平板电脑（iPad），下载一本书的速度可能只是数秒钟。这种水平的流动性和传播，是全球化的一个主要面向，也为全球化做出了主要的贡献。

流动性空间

我们甚至可以说，有些地方也在全球流动。例如，移民们常常在新地点再造一个老家。《鬼怪抓住你，你就跌倒》（*The Spirit Catches You and You Fall Down*，2012）一书描述说，移民到默塞德（Merced）的苗族人，带来了他们的传统家庭和社会风俗，包括疗病的仪式和庆祝仪式，以及共享式家庭生活的其他方面。其他的例子还有伦敦的印度人和巴基斯坦人聚集区。一个不同类型的例子是，几乎完全相同的快餐店的全球扩张。此外，像机场和购物中心这样的地方，不再依据其物理设置而加以界定，而是越来越多地依据其人员和物品（如食物、飞机）的流动而加以界定。类似地，你进入一个购物中心，与其说是去逛店，不如说是去看和被看，去体验购物中心宜人的环境和看那里发生的事情。

针对地方流动，曼纽尔·卡斯特尔（Castells，1996）曾经做出过一个重要的区分。他争辩说，随着时间的推移，我们经历了一个从"地方性空间"到"流动性空间"的转变。**地方性空间**（space of places）是一种具有清晰边界的场所，它的边界能够限制所有类型的流动——至少是在一段时间之内——甚至完全禁止它们跨越边界。地方性空间更可能拥有某种程度的稳定性（solidity），而且可以延续很长时间；人们倾向于对它产生强烈的认同。一个有城墙的中世纪城市就是这样的地方。今天的耶路撒冷就是一个地方性空间，它由相互隔离的犹太区、穆斯林区、亚美尼亚区和基督教区等构成。传统的民族聚集区，如欧洲的穆斯林社区和美国的印第安人村庄（pueblo），也具有地方性空间的性质。

与此相反，我们今天正在目睹越来越多的**流动性空间**（space of flows）的诞生，它们不太可能拥有清晰的和可保卫的边界。与在地方性空间里发生的事情相比，在流动性空间里发生的事情，常常变动不居和不能持久。人们不太会对流动性的东西产生强烈的认同。机场是流动性空间的极佳例子，实际上也是全球化时代的空间的鲜明例子。汤姆·汉克斯（Tom Hanks）出演的电影《幸福终点站》（*The Terminal*，2004）反映了机场的这一特质。汉克斯扮演的角色被迫在机场逗留数月，因为他没有足够的证明文件以进入美国。下列两个事实让人感到不适：一是他不能离开机场；二是对他来说机场已经变成了一种地方性空间。但是，上述不适恰恰使下述事实变得更加明确：本质上，机场是一个流动性空间。快餐店的免下车窗口是流动性空间的另一个范例。本质上，在这个空间里，存在的只有流动。另一个范例是购物中心。电影《百货战警》（*Paul Blart: Mall Cop*，2009）和《百货战警 2》（2015）展示了购物中心里人际关系的流动性和临时性。正因为如此，没有人严肃地对待发生在购物中心里的事情，包括警察的工作。

思考题

你是否同意曼纽尔·卡斯特尔的看法，即我们正在从地方性空间转向流动性空间？或者，你是否相信地方性空间还存在，比如在设有大门的社区和封闭性的旅游胜地？你是否相信我们一直处于流动性空间之中，如中世纪的博览会和市场？为你的回答给出理由。

图景

全球性流动和全球化增强了世界范围内的社会经验的同质化（homogenization），但同时也增加了更高水平的全球文化多样性和异质性（heterogeneity）。在对全球流动的后一种面向的思考中，最重要的贡献是阿尔君·阿帕杜莱（Appadurai，1996）的研究成果，他称之为**图景**（landscape）。所谓图景，就是变动不居的、非常规的以及各式各样的全球流动，这些流动在全世界带来了不同的结果。我们在下文会看到，这些图景会涉及不同的事物，包括人口和观念的流动。阿帕杜莱思考的核心内容，是5种类型的图景，它们在某种程度上相互独立，甚至可能相互冲突。

数字化生存　数字货币

最近，全球金融领域里的一个新事物是比特币（Bitcoin）。它是一种数字货币，被广泛地称为"数字黄金"。它是一种全球货币，几乎可以在所有国家使用，并且在跨越国界时不需要兑换为当地货币（Popper，2015）。比特币诞生于2008年，从那时开始，全世界开设了超过2 200万个比特币账户（"钱包"）。与中央银行发行的、受国家政府控制的国家货币不同，比特币是去中心化的，并受志愿者的监督——这些志愿者在交易时验证加密的电子签名的真伪（Kharif，2014；Popper，2015）。人们可以通过大规模的数据挖掘（data mining）来增加比特币，或者通过比特币交易来购买比特币。这种在线交易要求消费者开办一个账户，并创建一个数字钱包。然后，他们可以把钱打入这个数字钱包，购买和出售比特币，并向那些接受比特币的个人和公司购买产品和服务。比特币柜员机允许用户向其数字钱包中存钱——在他们社区里一个具体的地点。不过，对比特币的实际价值的担忧，以及对比特币是否会最终崩溃的担忧，依然存在。

自由意志主义者（libertarian）和无政府主义者是比特币最初的支持者，因为其去中心化的组织结构，也因为对它的使用缺乏政府监管（Kharif，2014）。鉴于比特币的数字化性质，它很容易转移，但很难追踪，特别是它的源头和目的地——这些都是匿名的。因此，它受到了参与犯罪活动的人以及活跃在黑暗网络（dark web）上的人的支持。在那里，数字朋克（cyberpunk）正在挑战全球化的大型金融机构的主导权（Popper，2015）。犯罪分子欢迎比特币的匿名性，因为他们可以使用比特币购买和出售非法的商品和服务——在诸如"丝绸之路"（Silk Road）[①]这样的网站上。对犯罪分子来说，比特币的实用性最明显地（迄今为止）体现在2017年5月的全球网络攻击上（Reuters，2017）。被这种"勒索软件"（ransomware）攻击的计算机的主人们收到提示，支付至少300美元的比特币，否则就会失去至少一部分电脑数据。

人们采取了一些措施，来处理比特币与犯罪之间的关系。例如，2018年高盛投资公司（Goldman Sachs）——一家资深金融机构，在华尔街设立了第一个比特币交易柜台（Popper，2018）。有些人还建议，美国政府应该创立自己的比特币，也许可以叫作"联邦币"（Fedcoin），以抗衡比特币（Irwin，2018）。

即使存在着波动性，比特币还是进入了主流之中。父母们使用数字货币来为保姆支付工资，或者给他们的孩子发放零花钱（Kharif，2014）。比特币是向异国朋友电子转账的最快和最方便的方式，不必等待银行开门或者支票兑现。很多大型零售商和仓储市场，比如家得宝公司，已经开始接受比特币。

参与数字世界

你可以在 http://coinatmradar.com 上找到离你最近的比特币柜员机，也可以在 https://coinmap.org 上学习怎样使用比特币。

你最可能在哪里使用比特币？你会用比特币购买什么东西？为什么？与使用 PayPal 或者 Venmo 相比，使用比特币有何异同？

---

① "丝绸之路"是黑暗网络上的一个网站，销售毒品和其他违禁品。——译者注

- **民族图景**（ethnoscape）涉及各种个体和群体——比如旅游者和难民——的流动，或者是对流动的想象。近来，关于未登记移民的民族图景特别受关注。他们通常是穷人，因为贫穷和在其祖国糟糕的工作前景，被迫移居。他们之所以移民，还可能是因为下述信念或想象：在世界上其他地方，经济状况会更好，特别是在更发达的国家和地区，如美国和西欧。

- **技术图景**（technoscape）涉及机械技术（如用来运输货物的集装箱轮船）、信息技术（如互联网）以及通过这些技术而在全世界快速和自由流动的事物（例如冰箱和电子邮件）。

- **金融图景**（financescape）涉及各种金融工具的使用，以使大量的金钱和其他具有经济价值的产品（比如股票、债券、贵金属，特别是金子）在国家之间、在全球流动——其流动几乎瞬间可及。开始于 2007 年后期的全球经济灾难，清晰地展示了金融图景在当代世界的重要性和威力。

- **传媒图景**（mediascape）既涉及在全世界创造信息和传播信息的电子技术能力，也涉及这些媒体所创造和传播的关于世界的形象。那些撰写博客的人、下载照片（如在 Tumblr 上）和视频（如在 YouTube 上）的人、全世界的电影制片人和发行人、全球性电视网络（如美国有线电视新闻网和半岛电视台），甚至是老式的报纸和杂志，都创造了各种各样的传媒图景。

- **观念图景**（ideoscape）与传媒图景一样，也涉及形象，虽然主要是政治形象——这些形象通常与民族国家的意识形态相一致。这里还包括由社会运动创造的形象和反意识形态（counterideology），这些形象和反意识形态，旨在取代现有权力，或者至少是获得一部分权力。例如，美国拥有一种观念图景，它传播有关"基地组织"的负面形象与信息。相应地，"基地组织"也拥有一种观念图景，这一图景对美国回敬以类似的负面形象与信息。美国总统的新闻发布会宣布"基地组织"是恐怖主义。作为回应，"基地组织"的头目批

评美国是帝国主义。观念图景可能会散布于传媒图景和技术图景之中（例如，集装箱轮船把充满宣传内容的书籍运送至世界各地）。

进一步提高全球异质性——这种异质性是上述图景之间互动的结果——的是这样一个事实，即不同图景的影响可能会不同，甚至相互冲突。另外，在世界上不同的地方，人们和各种群体对这些图景进行不同的解释。对图景的解释，既取决于人们生存于其中的文化，也取决于他们自己对这些图景的主观视角。强权至少制造了此类图景中的一部分。不过，那些生活于图景中的人，或者从其中经过的人，不仅有能力对其进行独特的重新定义，还有能力以很多方式最终颠覆它们。例如，有些由导游带领的旅游，其目的是以正面的方式展示某一个地方。参加这种旅游的人也可能离开旅游团，看到和听到完全不同的东西，进而产生对该地完全不同的印象。当旅游者回到家里的时候，他们对该地的描述，可能会与旅游计划设计者和导游试图展示的当地形象相互对立。

三、全球性壁垒

全球社会和日益渗透于其中的各种流动，是社会学的核心关注。不过，全球化的另一个面向——针对这些流动的各种全球性壁垒也日益引起社会学的关注（Bremmer，2018）。世界不是仅仅由一系列的流动构成的，构成它的还有各种结构，如贸易协定、监管机构、边界、关税壁垒、标准。欲对全球化进行彻底的解释，就需要对这些结构的下述情况进行审视：它既可改变甚至阻止各种流动，也会创造和促进各种流动。换言之，结构和流动之间存在着相互作用，特别是流动与为了限制或者阻止流动而产生的结构之间的相互作用（Shamir，2005）。

前文已经提到，对全球性流动最重要和最明显的壁垒，是由民族国家建立起来的。这些壁垒包括边界、国门、卫兵、护照控制、海关人员、健康检察官、贸易规则，等等——全世界大多数国家都有这些。虽然非法移民、走私品和数字化的信息并不经过这些壁垒，但民族国家认为与其

全球化 "伊斯兰国"失败的科层组织

对韦伯来说，现代科层组织伴随着工业革命的到来而兴起。虽然它已经传播到了世界上其他地方，但它仍然主要是一个西方现象——出现在高度建制性的系统之中，如政府、工业、医院、消费场所（比如沃尔玛和亚马逊）以及传媒（比如脸书）。这就是为什么最近发现，"伊斯兰国"一旦赢得胜利，马上就会建起新的科层体系（Callimachi, 2018）。它至少从它取代的曾经的——有时是恢复的——那些科层组织和科层体系中学到了一些东西。虽然"伊斯兰国"已经基本上被打败了，但它对占领地区（大约相当于英国的面积，拥有1 200万人口）的科层化努力，仍然值得关注。

虽然其残酷性（比如公开砍头）发挥了关键的作用，但"伊斯兰国"主要还是通过高度科层化的体系，来控制如此广大的区域。它为下列事务创立了一个高效并纪律严明的体系：收税、收集垃圾、清洁街道、修理街道、为汽车司机发放执照、为准父母提供医学检查以及发放出生证明。它优化了很多程序，比如出租土地的程序，以便增加财政收入。它建立了一个战利品部（Ministry of Spoils），来分配从被驱逐的宗教族群那里没收的财物（比如土地、房屋，甚至床和刀叉）。大量的"造钱机器"（money machine）被制造出来，以便收集土地租金、庄稼收获税、运送农产品的卡车的公路过路费、超级市场在买卖这些农产品的当下所缴纳的税金（还有其他很多项目）。居民要为垃圾清理、电力、自来水缴税，也要为固定电话的建设和维护缴税。在所有这些之外，最昂贵的是强制性的宗教税。

道德也被科层化了。道德警察（hisba）叫停那些看起来违反了道德规范的人，并记录他们的身份证。违规者被要求面对宗教专家的裁判，后者决定是否发生了犯罪行为（比如，男人剃须、女人外出没有遮盖眼睛、弹奏音乐、玩多米诺骨牌和纸牌）。如果官员认为他们犯了罪，就会给予惩罚。像在科层体系中所预期的那样，这些宗教官员会填写大量的必不可少的表格。

令人惊奇的是，不道德行为甚至是强奸，也被科层化了（Callimachi, 2015）。潜在的女性受害者被关在一个仓库网络之中，那里有查看受害者并讨价还价的观察室，有运输受害者的专用公交系统，也有怎样应对性奴的指导手册，还有受害者被售出后经过公证的买卖合同。

国家利益相抵触的其他事物，成功被阻止或者限制了。例如，2016年，出于"安全原因"，美国政府阻止了飞利浦把其照明行业的公司——美国流明（Lumileds）——的多数股份卖给一个亚洲买家（Sterling, 2016）。国会同样引用美国的国家安全作为理由，来解释为什么联邦政府应该阻止一家中国公司对芝加哥股票交易所（Chicago Stock Exchange）的收购（Rogin, 2016）。有些人注意到，随着国家更多地关注民族主义和军事主义（militarism），它们对国际贸易和其他正常跨境流动的开放性降低了（Acemoglu and Yared, 2010）。在这一点上，没有比唐纳德·特朗普总统的所作所为更清楚的了。他站在民族主义和军事主义的立场上，为下列行动进行辩护：更高的国际贸易壁垒、禁止穆斯林进入美国、对非法移民的大规模驱逐，更不用说在美国和墨西哥之间建墙的想法了（近年来来自墨西哥的移民数量已经下降）。作为总统，特朗普被迫调整了上述的一些行动，推迟了另一些行动，但他的基本立场似乎并没有改变。

全球性壁垒有效吗？

不过，民族国家建立的很多壁垒是无效的。例如，人们高度怀疑，在墨西哥和美国边界上建起的昂贵篱笆（更不要说唐纳德·特朗普所建议的隔离墙了），伴以摄像头、探照灯、卫星以及无人机，是否真的能够限制涌入美国的非法移民。它使得非法进入美国变得更困难、花费更多、更危险，但并不能阻止这种进入。此外，它还产生了意想不到的后果：它使得那些已经进入美国的非法移民，更难回到墨西哥。在西班牙的非洲飞地——梅利利亚（Melilla）——和摩洛哥之间的篱笆并没有阻止移民的进入，这些人爬过篱笆，进入西班牙，然后进入欧盟（Associated Press，2014）。与此类似，人们并不清楚以色列和约旦河西岸之间的隔离墙（或者最近建起的以色列和埃及之间的隔离墙）是否能够阻止恐怖分子进入以色列——当中东的敌对情绪再一次高涨的时候。从正面来看，隔离墙并没有阻止巴勒斯坦人和以色列人之间通过数字媒体而进行的交流。虽然加沙地带周围并没有隔离墙，但那里有一道严密警戒、有人值守的铁丝网。可是，从 2014 年开始，一直持续到今天（Hadid and Waheidi，2016），以色列人发现，"哈马斯"挖掘了大量的地下隧道，用以在以色列进行恐怖活动。结果是，以色列人开始在以色列与加沙地带的边界修建地下隔离墙，以便阻止地道的挖掘。

在欧盟内部，直到最近，成员国家之间相互流动的障碍，大大地减少了——如果不是完全取消了的话。为了创造一个允许人员（不幸的是，也包括恐怖分子）和产品（不幸的是，也包括非法毒品和武器）更加自由快速地流动的结构，欧盟试图把欧洲更多地打造成一个流动性空间，而不是一个地方性空间。不过，这一点已经发生了改变。这是因为，下述应对措施逐渐占了上风：反对大家所认为的过度开放（难民蜂拥而至——有些人实际上是恐怖分子——各国不堪重负）。例如，有些欧盟国家（比如，匈牙利、保加利亚和斯洛文尼亚）开始修建篱笆，试图把难民挡在外边（Lyman，2015a，2015b）。2016年中期，英国投票决定脱离欧盟，很大程度上是因为难民的大量涌入（Taub，2016）。如果这种情况发生，英国将会花费数年时间来实现"脱欧"（Brexit）。而英国要做的第一件事，就是建立更高（在数量和规模上）的壁垒，以阻止难民进入英国。

全球化涉及流动与阻止流动的壁垒之间的对话。目前，这些壁垒似乎正在加高，但可能的情况是，流动会继续，并找到打破新壁垒的途径。

组织壁垒

有很多类型的组织，它们可能会促进某些事物的流动，却对其他事物建立了各种各样的壁垒。一个例子是，国际机场里护照管理的双层体系，在那里，本国公民通常快速通关，而外国人则排起长长的队列。另一个例子是，民族国家创立了关税体系，这种关税体系帮助它们自己的农场出口农业产品（比如小麦），帮助自己的生产商出口商品（比如汽车）——穿越其他民族国家的边界——但限制其外国竞争者的产品进口（Bradsher and Russell，2017）。2017 年 1 月，特朗普总统取消了即将开始的在亚洲的贸易协定——《跨太平洋伙伴关系协定》（Trans-Pacific Partnership，TPP），该协定涉及环太平洋区域的 11 个国家。他相信，取消相应国家的关税（亦即创建一个自由贸易区）将会给美国的公司带来负面的影响。在他看来，随着工业和工作机会流入 TPP 所涉及的低工资国家，美国的工作机会将会继续流失（Granville，2016）。2018 年，特朗普总统对来自中国的商品征收了大笔新关税，还计划在 2019 年施加更多的关税，虽然和中国的谈判还在进行中。

跨国公司利用市场竞争而不是贸易政策来达到类似的结果。例如，丰田致力于让自己的汽车销售至世界上任何可能的市场，并使其销量最大化。它还试图与汽车工业里的其他跨国公司进行竞争，并做得更加出色。如果它成功的话，与之竞争的公司的汽车销量将会大幅度降低，从而使丰田获得更大的优势。

工会也致力于促进一些事物的流动，而阻止另一些事物的流动（Geoghegan，2016）。例如，工会往往反对非法移民的流动，这是因为，与当地的工会成员相比，非法移民会为了更低的工资和更差的福利（比如医疗保险）而工作。同时，工会反对那些非工会的工厂生产的产品的流动，不论是其他国家的还是他们自己国家的工厂。他们这样做是因为，非工会工厂的成功，会施加降低工资和福利的压力。这将对非工会工厂造成负面的影响，最终也会伤害工会及其成员。但很多雇主愿意雇用非法移民，即使这样做是违反法律的。因为这些劳动力没有身份档案，他们更容易被剥削。如果他们要求更高的工资和更好的工作环境，或者威胁说要组织起来，雇主就威胁要驱逐他们。工会还倾向于反对自由贸易协定，比如现在已经暂停的 TPP 和《北美自由贸易协定》（North American Free Trade Agreement，NAFTA）。

后者在 2018 年被《美国 - 墨西哥 - 加拿大协定》（United States-Mexico-Canada Agreement）取代，因为据信，工作机会将会因为墨西哥的低工资而丧失（Kaufman，2016）。工会与全球性流动和全球性壁垒的关系，是错综复杂的。

思考题

什么样的全球性流动是你的大学允许或者促进的？什么样的全球性流动是你的大学阻止的？它是怎么做的？

更开放的组织？

很多类型的组织试图控制全球性流动，因为它们都面临着越来越激烈的竞争，而这些竞争来自那些流动性更高和更开放的组织。最著名的电脑操作系统是微软的产品（例如 Windows 10）。它们价格不菲，而且是封闭的。只有那些为该公司工作的人可以——至少从法律上说可以——修改它们。与此相反，传统上封闭的公司——国际商用机器公司（IBM）却选择了 Linux。Linux 是一个免费的电脑操作系统，它欢迎世界上任何地方的有所需技术的人，对它进行改进。IBM 已经把越来越多的操作过程开放给外部的输入。另一个例子是苹果公司，它的麦金塔（Macintosh）操作系统传统上是封闭的，不过现在，它已经允许外部人员为其 iPhone 和 iPad 开发应用程序。其他很多智能手机制造商也开始这样做。免费在线百科全书维基百科，以及整个维基网站，鼓励世界上任何地方的任何人贡献内容。与此相反，传统上昂贵的词典如《韦氏大学英语词典》（*Merriam-Webster's Collegiate Dictionary*），以及百科全书如《不列颠百科全书》《布莱克威尔社会学百科全书》（Ritzer，2007a；Ritzer and Rojek，尚未出版），其词条编辑对任何人来说都是封闭的，除非你是他们选择和邀请的专家。

即使是在新的开放体系中，结构性的现实仍然帮助一些人，同时阻碍另一些人。例如，要为 Linux 或者维基百科做出贡献，你必须有电脑、电脑技术，以及能够连接互联网——最好是高速连接。显然，那些不具备经济条件的人——发达国家的下层阶级或者生活在全球南方的欠发达国家里的人，位于"数字鸿沟"的另一侧，并不拥有所需的手段。结果，他们对开放体系做出的贡献和从中获得的益处，无法与居于优势地位的人相提并论。一个事实是，女性对维基百科的贡献较少。这一事实提示，还需要考虑额外的社会因素（Cohen，2011）。有人主张，在为维基百科做贡献时，女性同样会碰到一个玻璃天花板（参阅本章前文的讨论），并需要打破这个玻璃天花板（Jemielniak，2016）。这进一步提示，在涉及上述开放体系的时候，全球南方的女性居于双重弱势地位——类似的情况还有很多。

因此，即使有新的开放性出现，对各种类型的流动来说，大多数组织和体系仍保持封闭。这些壁垒通常给一些人（精英、男人）带来利益，而给其他人（穷人、女性）带来伤害。

知识点 6-4 | 全球流动的类型

流动	描述
地方性空间	具有清晰边界的场所，它的边界能够限制所有类型的流动。如有城墙的城市。
流动性空间	变动不居的空间，这个空间鼓励各种类型的流动。如机场和购物中心。
图景	变动不居的、非常规的以及各种各样的全球流动，这些流动在全世界带来了不同的结果。

研究组织的很多社会学家,是以韦伯的科层组织模型为基础的。不过,对韦伯模型的一个批评是,科层组织并不像韦伯所认为的那样,是高度理性化的。非正式组织(的定义)涉及组织实际上怎样运作的问题,而不是人们希望它们如何运作的问题。虽然人们期待组织的权力均衡分布,但实际上并不总是如此。例如,如果组织上层的一小撮人,非法地攫取了过多的权力并行使这种权力,寡头制就会形成。

当代组织面临诸多挑战。作为性别歧视的结果,女性往往遭遇阻止她们实现垂直流动的玻璃天花板。她们还可能遭遇性骚扰。当公司把工作机会转移到其他国家的时候,工人们必须接受生产外包这一现实。作为一种新型组织,网络组织正在兴起,它以信息为存在基础,并且比科层组织更为开放和灵活。

有两种类型的理想型社会存在——礼俗社会和法理社会。礼俗社会的特点是面对面的社会关系,而法理社会更加非人格化,关系更加疏远。今天,全球北方的人们大多生活在风险社会里。在风险社会里,我们的关注焦点是,努力保证安全;而在工业社会里,人们更关注财富的分配。

在全球分析中,一个关键的结构是民族国家。民族国家由下列要素构成:自我定义为一个民族的人口和一个有组织的国家结构。作为社会组织的一种形式的民族国家正在陷入困境,因为它已经无法控制经过它的全球性流动。结果是,社会学家开始更多地关注全球关系和全球性流动。例如,曼纽尔·卡斯特尔认为,全球化导致了从地方性空间向流动性空间的转变。阿帕杜莱关注了5种全球图景。全球性流动面临很多壁垒,其中包括民族国家和工会。

关键术语(页码为原书页码,即本书边码)

权威	132	非正式组织	135	外包	140
受限的理性	134	信息主义	144	法理型权威	132
科层组织	131	图景	149	风险社会	145
官僚人格	135	传媒图景	149	性骚扰	138
魅力型权威	133	民族	147	社会	144
支配	132	民族国家	147	流动性空间	149
民族图景	149	网络组织	143	地方性空间	149
金融图景	149	网络	143	国家	147
礼俗社会	144	离岸外包	141	技术图景	149
法理社会	144	寡头制	136	传统型权威	132
观念图景	150	组织	130		

总结性问题

1. 理想型科层组织的特征有哪些?从哪些方面说,理想型科层组织是不现实的?

2. 那些在科层组织等级中占据较低职位的人,常常比他们的上级拥有更多的知识和更高

的能力。这一情况对理想型科层组织意味着什么?依据你的个人经验,你能想出一个这样的例子吗?

3. 依据韦伯的理论,3种类型的合法权威是什

155

么？法理型权威是怎样与科层组织的概念联系在一起的？

4. 在过去的数十年里，科层组织经历了哪些改变？这些改变与日益加深的全球化有什么关系？

5. 什么是信息主义？信息主义怎样影响了全球经济？信息主义的出现，与新的通信技术——比如互联网、社交网络和智能手机——的关系是什么？

6. 全球化过程怎样威胁民族国家？民族国家建立了哪些壁垒来限制全球性流动？民族国家无法限制哪些类型的流动？

7. 通过什么方式，全球化导致了从地方性空间到流动性空间的转变？这一转变的好处和坏处各是什么？

8. 请讨论阿帕杜莱的每一种图景，并特别关注它们之间的分离（举出例子）。对于全球化过程来说，这些分离意味着什么？

9. 网络组织与传统的科层组织的区别是什么？网络的主要特征是什么？

10. 开源技术怎样反映了一个更具流动性和更加开放的世界？跨国公司制造了哪些壁垒来限制这些开源的技术？你认为，什么是未来的方向？为什么？

第7章
越轨与犯罪

在竞选总统的时候，唐纳德·特朗普把来自和经过墨西哥的移民称为罪犯。他说："他们带来毒品。他们带来犯罪。他们是强奸犯。"结果是，他宣布需要在墨西哥和美国之间修建一道隔离墙。这种观点和计划对特朗普所获得的支持大有助益，并最终让他赢得了大选，虽然希拉里·克林顿获得的民众票数更多。

在特朗普执政的早期，他启动了实施其计划的步骤，以便阻止移民特别是非法移民从墨西哥进入美国。可是，在 2019 年早期，因为对隔离墙的广泛的反对，隔离墙修建工作没有任何进展。这一反对还导致了政府停摆以及一些动摇了特朗普政权的丑闻。特朗普甚至不再坚持墨西哥必须为建墙付钱。（毋庸讳言，墨西哥从来没有同意为建墙付钱。墨西哥前总统文森特·福克斯在推特上数次回应特朗普："墨西哥已经说过了，我们永远不为那堵该死的墙付钱。"）

数据真的显示了建墙和如此巨大花费的需要吗？移民更可能犯重罪吗？不是，与此相反，数据显示，移民更不可能犯下那些导致他们入狱的罪行。具体地说，从 1980 年到 2010 年的普查数据显示，与美国出生的同类人群相比，18 岁到 49 岁的男性移民入狱的概率只是前者的三分之一到一半。另外，在联邦和州监狱服刑的犯人中间，非公民的比例低于他们在整体人口中的比例。虽然未登记移民比合法进入美国的移民的犯罪率高，但其犯罪率仍然低于美国公民的犯罪率。实际上，未登记移民数量多的社区，比大多数其他社区更加安全。

这显示了犯罪社会学的一个关键点：定罪并不总是以事实为基础，犯罪也不是自然发生的。一些利益群体或权威人物，在建议美墨边境建墙的例子中必须试图把某种行为或某一个人群罪行化（criminalized）。这是一个政治决定，它与一个权势群体或它的领袖对另一个群体实施社会控制的愿望有关。

本章处理两个相互关联的现象：越轨和犯罪（Atkinson, 2014; Downes, Rock, and McLaughlin, 2016; Forsyth and Copes, 2014; Goode and Thio, 2007）。大多数形式的越轨——如满脸刺青——并不是犯罪。可是，所有的犯罪——盗窃、谋杀、强奸等等——都是某种形式的越轨。构成犯罪，某种形式的越轨必须足以受到法律体系的负面制裁，这一过程被称为**定罪**（criminalization）（Hillyard, 2007; Jenness, 2004; Muniz, 2014）。

第一节　越轨

究竟什么是越轨？越轨与非越轨的界限在哪里？如果不假思索，很多人会表达一种绝对主义的看法，即有些行为在任何地方、任何时间，对任何群体而言都是越轨。不过，从社会学的视角来看，没有任何行动、信念和人类特征是内在地越轨的。因此，即便是种族灭绝行为，虽然在道德上是可谴责和不可辩护的，但在有些社会和有些时间，也没有被定义为越轨（比如二战时在纳粹德国）。所以，对社会学家来说，越轨是社会性地被定义的。**越轨**（deviance）是被一个社会或者社会群体的成员认为违反了群体规范，而且违反者会因此受到谴责或者惩罚的任何行动、信念或人类特征（Ben-Yehuda, 2019）。

如果一个强有力的群体意欲把某种类型的行为定义为越轨，它就可能被那样定义。与此同时，这个强有力的群体可能会利用其权力，来阻止其他人把强权群体的行为定义为越轨（McCaghy et al., 2016）。例如，2008 年，当住房贷款市场崩溃的时候，银行家们反对把他们欺骗性的、掠夺性的贷款政策定义为越轨——他们总体上成功了（Braithwaite, 2010）。可是，那些对他们的财政状况说了谎的贷款者，在不被视为越轨者方面就不那么成功，并遭受了严重得多的后果（Nguyen and Pontell, 2011）。他们可能会失去他们的房屋、工作，有时甚至是他们的健康。在定义谁是（或者不是）越轨者并承受这种定义的消极后果方面，那些拥有社会、政治、法律和 / 或金融权力的利益群体，拥有极大的影响力。

一、越轨定义的嬗变

除了受到权力关系的影响外，关于什么是越轨行为，会随着时间和地点的变化而变化，也会因社会群体的变化而变化。例如，文身曾经被视为一种可以污名化的越轨，但在今天，在很多人看来它已经是正常的，甚至是普通的行为，或者至少不再被那么严重污名化（Larsen, Patterson, and Markham, 2014）。直到几十年前，美国的大多数人还会认为文身以及一般意义上的身体修饰，如各种身体穿孔（Koch et al., 2010）和"钩肉上提"（flesh hook pulling）（Horton, 2013），是"不名誉的身体状态"。文身被视为一种内在的和自在的（in and of itself）越轨，或者被认为代表了某种越轨［或反文化的（countercultural）］群体——比如摩托车帮（biker gang）——的成员身份。今天，非常高比例的美国人认为文身是正常的，大约有4 500万人自己身上就有文身。在公共领域，我们接受运动员——特别是职业篮球运动员——身上有文身。文身原来与工人阶级和军队里的男性联系在一起，现在却越来越倾向于遍布全社会，包括在大学生中间。文身原来仅限于男性，现在却在女性中间越来越倾向于流行。有些女性，如凯特·方迪（Kat Von D），作为文身艺术家获得了声誉，而这是一个传统上由男人主导的职业。这一职业被社会高度接受，以至于这一领域的很多人渴望成为职业人员，或者认为自己是职业人员。文身工作室原来被限于城市的边缘地区，现在出现在主要的街道上，也出现在购物中心里，与母婴商店或者玩具商店并肩而立。文身已经成为我们这个消费社会的另一个产品（Barron, 2017）。

作为从越轨变成正常的另一个例子，请思考美国人对婚前性行为的态度（Regnerus and Uecker, 2011）。仅仅是在数十年之前，以越轨为主题的一本出色的教材，还用整整一章来讨论"婚前性行为"（Bell, 1971）。今天，婚前性行为是如此普遍并被广泛接受（至少被容许），以至于大多数群体都认为它是正常的（Barber,

2017）。实际上，目前在美国更常见的情况是，没有过婚前性行为，或者在性的问题上成为一个"晚熟者"（late boomer），才是被污名化的对象（Gesselamn, Webster, and Garcia, 2016）。

"搭伙"（hooking up），或者在承诺的浪漫关系之外发生性关系——这在十几岁和二十几岁的年轻人中间很常见——在老一代人那里曾经被认为是越轨行为（Neslihan et al., 2018；Reay, 2014；Wade, 2017）。婚前同居的情况也类似（参见第12章）：它曾经被定义为"罪中的生活"（living in sin）。今天，钟摆摆向了完全对立的方向，以至于那些婚前没有同居过的配偶，会被看成是越轨者。换言之，同居被正常化了，而且就很多人来说，同居代替了婚姻（Kitchener, 2018；Kuo and Relay, 2016）。同性恋是另外一种改变了公众认知的性行为，很多人已经不再把它看作是越轨（参阅第11章）。同性恋的正常化反映在一系列社会改变上。比如，同性配偶被列入了由雇主提供的家庭福利之中；在军队里，"不问不讲"[1]的政策被废止；美国越来越多的州开始颁发同性婚姻结婚证；2011年，联邦政府对《婚姻保护法案》（Defense of Marriage Act）的立场发生逆转（Savage and Stolberg, 2011）；2015年，美国最高法院裁定同性婚姻合法（见图7-1中美国成年人对同性婚姻态度的变化）。明星演员如伊恩·麦克莱恩（Ian McKellen）（《指环王》里的甘道夫）、拉弗恩·考克斯（Laverne Cox）［《女子监狱》（*Orange is the New Black*）］和尼尔·帕特里克·哈里斯（Neil Patrick Harris）［电视剧《老爸老妈的浪漫史》（*How I Met Your Mother*）和电影《消失的爱人》（*Gone Girl*）］，音乐家如亚当·兰伯特（Adam Lambert）和兰斯·巴斯（Lance Bass），职业运动员如贾森·柯林斯（Jason Collins）（篮球）、米歇尔·山姆（Michael Sam）（橄榄球）、比利·简·金（Billy Jean King）和玛蒂娜·纳芙拉蒂洛娃（Martina Navratilova）（网球），新闻主播如雷切尔·麦道和安德森·库珀（Anderson Cooper），公开了

---

[1] "不问不讲"是美国政府关于同性恋参军的政策。这一政策的核心是，同性恋如果未公开性取向，就可以参军。但是，现役军人如果公开同性恋性取向，就会被开除军籍。——译者注

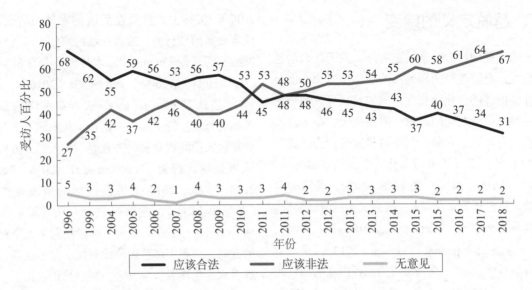

图 7-1　美国对同性婚姻的支持率和反对率（1996—2018）①

资料来源：Data from Gallup.

同性恋的身份，但仍保持其事业上的成功。男女同性恋者也在电视剧如《摩登家庭》(*Modern Family*)和《威尔和格蕾丝》(*Will & Grace*)中成为主要角色。

当然，美国社会的很多成员在面对下列观念时畏葸不前：婚前性行为、婚前同居和同性恋正常化。例如，宗教激进主义者会相信那些把上述行为定义为越轨的标准，无论有多少人认为它们是正常的。宗教激进主义者相信，只有已婚的异性恋伴侣可以生活在一起（Barton，2012）。

在定义一些行为的性质时，地区之间存在着巨大的差异。在多年以前的美国，吸烟是被接受的，甚至是被羡慕的行为。例如，电视剧《广告狂人》(*Mad Man*)——描述了半个世纪之前的美国广告业——中的角色，经常吸烟喝酒。他们大量地吸烟饮酒，乐在其中，并且就在自己的办公室里进行。当然，在今天的美国，吸烟被很多群体认为是越轨行为。可是，在大多数欧洲地区，吸烟显然不被视为越轨。

同样的行为在不同的地理位置会有不同的定义。吸食大麻是这种情况的另一个例子。虽然目前在美国一些州吸食大麻正在逐渐合法化，但美国人还是认为吸食大麻是越轨行为。在荷兰，虽然在法律上仍然非法，但吸食大麻已经变得很正常了。不过，正像"全球化"专栏所显示的那样，荷兰人对大麻的态度正在经历变迁。

即使是在同一个社会里，不同的群体对越轨行为的认定也会有所不同。例如，一个典型的退休社区的成员，会认为吸食大麻是越轨行为（虽然这很可能取决于他是否生活在大麻销售和使用合法的州——特别是为了医疗的目的而使用大麻是合法的）。与此相反，大学校园里的学生可能把吸食大麻视为正常行为。再举一个例子，在美国的顶尖高中里，高智商的学生被视为正常，但在平常的或者糟糕的公立高中里，这样的学生也许会被视为越轨者，他们自己也会这样认为（Margolin，1994）。

虽然在认定什么是越轨的问题上存在巨大差异，但需要记住的是，越轨存在于所有的群体、世界上所有地方、任何时候。实际上，所有的群体都是通过为自己的成员确定可接受行为的极限来定义自身的。这些极限，以及对这些极限的违反，使得该群体的规范和价值变得清晰。如果没有极限并且至少偶尔发生对极限的违反，那么随着时间的推移，规范和价值可能会变得越来越不清晰，越来越软弱无力。

---

①　原图横轴时间标注如此。——译者注

思考题

你能够想出其他原来被视为越轨，而现在被接受甚至成为常规的行为吗？什么东西导致了对它的定性的改变？你能够指出哪些行为原来是常规的，但现在被认为是越轨行为，就像在你的宠物狗排泄之后不加清理这一行为一样？在未来，哪些目前可接受的行为会被视为越轨行为？

二、全球流动与越轨

越轨也可以被看作是一种全球流动。显然，与其他人一样，被定义为越轨者的人，以及他们的越轨行为（比如，黑客行为），也可以快速而便捷地在全世界移动。另外，越轨的定义更容易从一个社会流传至另一个社会。例如，通过"对毒品的战争"，美国竭尽全力在全世界把使用毒品定义为一种越轨，只要可能，就让使用毒品成为非法行为。虽然有很多成功的例子，但很多社会和文化对这一努力进行了抵抗，并固执地坚持至少把使用某些毒品视为正常。例如，使用兴奋剂"阿拉伯茶"（khat）在也门是正常的。这一现象的另一面是，在美国习以为常的饮酒行为，在也门却被视为越轨。

把以前或者在其他地方被定义为越轨的行为合法化的全球趋势，日渐清晰并且显著。在

全球化 重新思考荷兰处理大麻使用的方式

很久以来，荷兰都是开放和宽容社会的典范。它是世界上第一个允许同性婚姻和安乐死的国家。它也是世界上最世俗化的国家之一。不过，与全球化相关的最新变化，似乎正在威胁其至少一部分开放性。在荷兰社会生活的很多领域，都可以看到这种威胁，特别是对大规模的移民日益增长的敌意，以及它被认为是对荷兰民族认同的威胁（Lechner，2008；Witte，2017）。全球化还威胁到了荷兰最著名的东西：一般意义上对毒品使用的开放性，特别是对大麻和印度大麻（hashish）的销售和使用。虽然从技术上说，大麻在荷兰是非法的，但在公开场合吸食大麻并不罕见。这里还有遍布全国的"咖啡店"（coffee shop）——大麻在那里公开销售。很多咖啡店像快餐店那样设有遮阳棚——那里为顾客提供很多种类的毒品：Amnesia、Big Bud、Gold Palm，不一而足。

数十年来，旅游者不断被吸引到这些咖啡店里来。不过，荷兰公民开始把"毒品旅游"（Uriely and Belhassen，2005）看成是一个社会问题。在马斯特里赫特这样的边境城市，情况尤其如此——该城市邻近德国、法国和比利时。在这些邻国，销售大麻都是非法的，但欧盟内部的开放边境，使人们很容易开车到荷兰，以获得大麻。结果是，马斯特里赫特和其他荷兰城市受到交通堵塞、噪声，以及更严重的问题——犯罪的困扰。寻求大麻的大量访客吸引来了销售其他硬性毒品（harder drug）的犯罪分子——这些毒品绝对是非法的（Schuetze，2018）。更糟糕的是，这些犯罪分子还涉嫌枪击和凶杀。荷兰人被这些进展震惊了，因为一直以来他们认为，对大麻的开放是保护其年轻人安全的一种方法，而不是新的、不曾预料的、威胁他们安全的手段。

结果是，荷兰通过了一项法律，禁止向非居民销售大麻。不过，阿姆斯特丹的市长宣布，销售大麻的220个商店将继续开放。他担心，关闭这些商店将会导致该市对该毒品的非法销售的大量增加。实际上，马斯特里赫特的非法大麻销售已经增加了，这导致了下述禁令的强化：禁止把大麻销售给外国人（阿姆斯特丹没有这种禁令；Corder，2014）。对大麻的禁令全国有效，但地方官员获得了搁置该禁令的权力。

思考题

考虑到荷兰人的法律和行为方式，你认为，他们把吸食大麻看成是正常行为还是越轨行为？你认为，他们在其边界之内管理大麻的努力，会成功吗？为什么？

这一点上，对于各种形式的性行为的接受，尤其如此。从来没有像现在这样，在这么多的地方，人们接受了婚前性行为、婚前同居，以及至少在某种程度上，接受了同性恋。根据国际同性恋者、双性恋者、变性者和双性者协会（International Lesbian, Gay, Bisexual, Trans and Intersex Association, ILGA）的说法，到 2017 年 5 月，"越轨"性行为已经在 85 个国家受到反歧视法的保护，47 个国家承认了同性婚姻。不过，把这些类型的性行为正常化的障碍仍然存在，在世界上很多地方反对势力还很强大。"越轨"性行为在 71 个国家会受到监禁的惩罚，在 8 个国家会受到死刑的惩罚。这些社会倾向于在与性越轨相关的问题上采取绝对主义的态度。在那里，虔诚的宗教信仰变成了阻碍正常化的障碍。虽然有这些障碍，但在这些社会里，这种行为依然存在，通常是隐蔽地存在。在全球性的接纳原来的越轨性行为的浪潮之中，这些行为会增多。

163 三、越轨与消费

越轨与消费之间最显著的关系，就是使用那些非法的或被认为是越轨的产品和服务。这种类型的消费往往涉及越轨的、非法的行为，以便获得消费的财力。例如，很多毒品依赖者被迫从事非法行为，如卖淫、商店盗窃、抢劫或者入室盗窃，以便得到购买昂贵非法毒品的钱。

贫困迫使一些人从事非法和／或越轨的活动，以便能够买得起生活必需品（Edin and Lein, 1997；Livermore et al., 2011）。从事卖淫活动的原因有很多，包括购买毒品的需要、受虐待或者被强奸的历史、被迫的人口买卖或者其他类型的强迫，以及作为生存的最后手段（Kennedy et al., 2007；Weitzer, 2009）。不过，很多女性——也包括男性——从事卖淫活动，是为了能够购买各种日常的商品和服务。

并不是消费领域里所有的越轨行为都是穷人做出的。更有钱的消费者也可能在商店里偷窃，因为他们感觉自己的偷窃行为不会被发现，或者是将其作为对自己进行无偿劳动（常常伴有挫折感）的补偿。在自助结账通道，这

种情况尤其常见。在那里，消费者发明了各种各样的盗窃方法。有一种所谓的"香蕉骗术"，亦即在输入贵重的货品如龙虾仁时，使用廉价的香蕉的代码。其他自助扫码的"偷窃骗术"，涉及替换价签，以及对某些货品完全不扫描（Chun, 2018）。最近的一项研究发现，在使用自助结账通道时，三分之一的美国消费者经常性地偷窃货品（Taylor, 2016）。2015 年，研究者分析了 100 万次自助结账的交易并发现，价值 85 万美元的货品遭到偷窃。这种越轨如此普遍的一个原因是，消费者很容易把没有扫描的货品，怪罪到自助结账的扫描仪的头上（Chun, 2018）。

越轨与消费之间关系的一个惊人案例，是波兰华沙的"购物女郎"（mall girls）——一部同名影片的主题。这些少女（15 岁或者更年轻）是如此沉溺于购物中心及其所提供的商品和服务，以至于愿意在一些场所（卫生间或者停车场）进行性行为，不是为了换取现金，而是为了换取商品和服务。因此，她们在购物中心里以性换取一顿昂贵的寿司晚餐、香奈儿围巾、"名牌牛仔裤、诺基亚手机，甚至是一双袜子"，特别是那些名牌的和有著名设计者标签的商品（Bilefsky, 2010：A8）。因为没有金钱的交换，所以这些女孩不认为自己是妓女。她们把自己的顾客称为"男朋友""资助人""赞助人"。有些观察者把这一现象与波兰天主教权力的式微联系起来。这一影片的制片人认为，"购物中心已经成为波兰的新教堂"（Bilefsky, 2010：A8）。

与所有类型的越轨一样，定义什么是越轨的消费行为，经常导致争论。例如，越轨消费者经常看不到越轨与他们的消费模式之间的关系。对使用妓女服务和吸食大麻（在仍然非法的地方）的大多数美国消费者来说，它们是正当的，因此这样做并不属于越轨。他们这样做，部分是因为这样一个事实：禁止卖淫和吸食大麻的法律很少被执行。"约翰"和"珍妮"很少被逮捕，而且即使被逮捕，他们通常也就获得一顿温和的申斥（slap on the wrist）。在购买和使用大麻仍然非法的州里，对这种行为的处理也是这样，特别是当越轨者是白人和中产阶级时。

不过，与那些消费"正当的"毒品的人不同，那些消费"不正当的"毒品的人会被认为是越轨者。而那些消费酒类的人，即使过量消费，也不会像消费大麻的人那样，被认为是越轨者。与对大麻——在吸食大麻仍然非法的地方——的购买和消费相比，与穷人相关的"硬性毒品"的购买和使用，比如冰毒、可卡因和海洛因，会被更严厉地处理（特别是在法律上）（Chriqui et al.，2002；Jackson-Jacobs，2005）。这主要是因为，"硬性毒品"的使用往往与弱势地位的人联系在一起。类似地，在与毒品犯罪有关的逮捕中，存在着重大的种族和民族差异（Mitchell and Caudy，2015；Ousey and Lee，2008）。例如，白人和黑人的被逮捕率之间的最大差异，发生在与毒品有关的案件中。2014 年，只有 14% 的黑人被报告使用毒品，但因为持有毒品而发生的拘捕中，大约有 30% 是黑人。更普遍地说，黑人因为持有毒品而被捕的概率，比白人多 2.5 倍；黑人因为持有大麻而被捕的概率，比白人多 4 倍（Human Rights Watch and ACLU，2016）。

知识点 7-1 | 定义越轨

行为类型	描述或者实例
越轨	被一个社会或者社会群体的成员认为违反了群体规范，而且违反者会因此受到谴责或者惩罚的任何行动、信念或人类特征。
不再被认为是越轨的行为	文身、婚前性行为、同性恋行为。
不再被认为是可接受的行为	吸烟（美国）。

第二节 越轨理论

如果你想更好地理解主要的社会学理论流派——结构 / 功能理论、冲突 / 批判理论、互动 / 行动理论——的应用以及相互之间的差异，越轨是一个很好的课题。不过，在处理这些理论之前，在越轨理论之间做出关键性的区分，是重要的。

- **解释性理论**（explanatory theories）试图解释越轨为什么会出现，或者为什么不出现。这些理论被认为是科学的，或者是"实证的"（positivistic），因为它们把越轨行为视作客观真实的。它们还暗示，这些形式的真实行为，是可以进行实验研究的。解释性理论假设，越轨行为取决于各种各样的因素，比如越轨者的生物学本性和宏观社会的结构。例如，社会阶级体系决定了大量人口会生活于贫困之中，他们生活在社会等级的底部。为了生存，其中一些人会实施越轨行为和犯罪行为。一些早期的越轨理论是解释性的。例如，意大利医生西萨尔·龙勃罗梭（Cesare Lombroso）最初聚焦于生物因素的作用——原始的、"类猿的"（apelike）人类特征。具有这些特征的人实施越轨行为，特别是盗窃、强奸和谋杀这样的行为。龙勃罗梭的生物学路数已经被放弃。但是最近，一些社会学家又回到了越轨的生物学根源的问题。一个研究小组发现，青少年越轨可以在某种程度上用基因特征来加以解释。不过，社会环境可以抑制遗传因素的作用效果（Guo, Roettger, and Cai, 2008; Li, Liu, and Guo, 2015）。换言之，遗传因素不是决定性的，它与社会环境进行互动。一位著名的神经科学家和教授对此解释得很清楚：他自己具有精神病患者的某些遗传学特征，但没有精神病患者的任何行为（Fallon, 2013）。

- **建构主义理论**（constructionist theories）关注的是，对下述过程进行更深刻的理解：人们把一些行为定义和归类为正常，而把另一些行为定义和归类为越轨。换言之，这些理论关注的是，人们怎样建构越轨。解释性理论主要关注越轨者，以及他们做什么、怎样做（贫穷、类猿的、有青少年犯罪倾向）。相反，建构主义理论聚焦于那些有权的人以及他们的行动——他们最初怎样创造和定义了越轨。这意味着，研究和理论建设指向那些创造和执行道德规范的人，以及他们对越轨的定义，而不是那些做出了越轨行为的人。这一视角不是把越轨看成是"真实的"，而是把它看成是一种社会建构。例如，美国童子军（Boy Scouts of America）通过禁止变性男孩、同性恋男孩和同性恋成年领袖的加入，把这些人构建成了越轨者。2013 年，它废除了禁止同性恋青少年加入的禁令；2015 年，它废除了禁止同性恋成年领袖加入的禁令。在 2017 年早期，这个组织又开始允许变性男孩加入（Chokshi，2017）。以前被排除在外的群体被接纳，这种情况表明，通过有影响力的组织的行动，随着时间的推移，越轨的定义可以发生改变。通过接纳同性恋男性和变性的男性，美国童子军传达的信号是，这些人现在"正常了"，不再是"越轨者"。在下文将讨论的 3 种理论中，结构 / 功能理论和冲突 / 批判理论归入解释性类别，而互动 / 行动理论则归入建构主义类别。不过，不论其理论取向如何，很多社会学家都既使用解释性理论的要素，也使用建构主义理论的要素。

一、结构 / 功能理论

一个很好的开始，是埃米尔·涂尔干的思想。他是经典社会学理论家之一，开创了后来被称为结构–功能主义的理论。虽然涂尔干聚焦于犯罪，但仍然可以把他的思考延伸至所有的越轨。他的基本论点是，因为越轨和犯罪存在于所有的社会和所有的时间（在这个意义上说，它们是"正常的"），所以它们必然对宏观社会及其结构具有正面的功能。换言之，如果越轨不曾发挥

功能，它以前就不会存在，现在也不可能存在，以后更不会继续存在。越轨承担了各种各样的功能，并将继续承担这些功能。

在涂尔干看来，越轨最重要的功能是使社会和群体能够定义和明确他们的集体信念——规范和价值。如果没有越轨，规范和价值就不会存在。更重要的是，如果没有应对这些越轨行为的经常性需要，限制或者禁止越轨的规范和价值就会变得软弱无力。作为整体的公众、官员，甚至潜在的越轨者，会逐渐地更少意识到或留意这些禁令的存在。因此，从某种意义上说，社会需要越轨。如果对行为标准的连续不断的违反不再出现，那么那些标准对所有相关方都会变得不再那么清晰，不再那么好地被坚守，也不再那么强有力（Dentler and Erikson，1959；Jensen，1988）。

思考题

你同意涂尔干的看法，即从某种意义上说，越轨是正常的并因此是功能性的吗？为了支持这一观点，你能够举出一个例子，说明越轨行为是如何帮助社会定义了它的行为标准的吗？

紧张

一种更晚近的研究越轨的结构 / 功能方法，被称为**紧张理论**（strain theory）（Thaxton and Agnew，2017）。依据紧张理论，在社会的宏观结构和文化，特别是它所珍视的东西，与实现这些被珍视的东西的结构性手段之间，存在着不一致。有时，文化珍视一种东西，比如物质上的成功，而社会结构却是下述情形：并不是每个人都能以社会认可的方式，实现那个被珍视的价值。这时，紧张就会出现。紧张理论以两种方式来对结构 / 功能方法进行举例分析。首先，它关注结构，特别是像教育体系这样的结构，这些结构为文化目标提供制度性的手段。其次，它研究这些目标与制度性手段之间的结构性关系（比如，成功与努力工作之间的关系）。

在美国和全世界很多发达社会里，一个重要

165

和明显的例子，是一个事实所制造的紧张。这个事实是，虽然人们高度珍视物质上的成功，但社会结构并没有为每一个人提供获得那种成功的平等机会。因此，与机会平等和"公平竞技场"（level playing field）的理想相反，在现实生活中，美国的大多数穷人没有多少机会或者没有任何机会，去获得作为经济成功前提的经验、训练、教育以及稳定的职业。可是，他们仍然会珍视经济成功，而且，至少有一些人会找到实现经济成功的其他途径（Bourgeois，2003；Duneier，1999）。

例如，在美国的穷人和少数族裔所在的地区，特别是在大城市里，贩毒可能是挣钱的一种手段——对有些人来说，则是挣大钱。很多年轻人愿意冒坐牢甚至丧命的危险去贩毒，因为他们相信，这提供了一条通向经济成功的道路（Dunlap et al.，2010；Levitt and Venkatesh，2000）。社会学家素德·文卡特斯（Venkatesh，2002）研究了芝加哥的罗伯特·泰勒住房项目（Robert Taylor Homes housing project）。他花了大量时间观察 J. T.，并与他交谈。J. T. 作为一个黑帮头目和毒贩子，可以赚很多钱。J. T. 并不是一个没受过教育的人，相反他很有能力。不过，他认为，与完成大学教育并投身于一个更被人接受和更常规的职业相比，通过越轨的、与黑帮相关的活动，他更可能获得经济成功。不过，即使是在这种越轨生意中，仍然存在着机会与红利的等级结构。J. T. 能挣大量的钱，但在他手下工作的毒贩子只能挣到与最低工资相埒的收入。这一收入鸿沟解释了，"为什么毒贩子仍然和他们的母亲住在一起"（Levitt and Dubner，2005）。

对紧张的适应

最重要的紧张理论，是由杰出的结构－功能主义者罗伯特·默顿创立的。默顿理论的核心论题是，人们怎样利用必需的制度性手段（例如，获得大学学位与努力工作），来实现文化目标，如经济成功。在这种情境中，最有趣的是手段和目的之间的关系给人们带来的紧张。默顿认定了手段与目标之间可能的 5 种关系，并把它们与 5 种适应方式联系起来。

- **顺从者**（conformists）是既接受文化目标，如挣大钱，又接受实现这些目标的传统手段——包括努力工作——的人。在默顿的类型中，顺从者是唯一不被视为越轨者的人。

- **创新者**（innovators）接受顺从者接受的文化目标，但他们拒绝实现这些目标的常规手段。之所以说创新者是越轨者，是因为他们选择了通向成功的非常规路径。乔奎因·古兹曼（Joaquín Guzmán），绰号"矮子"（El Chapo），是墨西哥的一个毒枭，他在毒贩子等级中快速上升，实现了金钱上的成功。到 2010 年代的时候，因为古兹曼为墨西哥的锡那罗亚（Sinaloa）山区提供了急需的服务，他获得了像罗宾汉一样的地位。不过，在 2017 年早期，他非法的运作手段使他被引渡到了美国。其他的创新者选择合法的途径来获得成功。一个例子是迈克尔·菲尔普斯（Michael Phelps），他是奥运会历史上赢得奖牌最多的运动员之一——28 块奖牌，其中金牌 23 块。作为一个屡破纪录的游泳运动员，菲尔普斯实现了自己的职业成功。通过高强度训练和专心致志，他在挫折中坚持前行。

- **形式主义者**（ritualists）意识到，他们没有能力实现文化目标，但他们仍然参与到与成功相关的常规行动之中。因此，一个低级雇员可能会继续努力工作，即使他意识到，这一工作不能带来多少经济上的成功。在默顿看来，这种没有可实现目标的努力工作，也是一种越轨。

- **退隐者**（retreatists）既拒绝文化目标，也拒绝实现这些目标的传统途径。退隐者完全放弃了在体系之中获得成功的可能性。一个例子是布朗一家，发现频道（Discovery Channel）的真人秀节目《蛮野一家》（Alaskan Bush People）记录了他们的故事。阿拉斯加的森林里的这个家庭，在超过 20 年的时间里，几乎一直生活在公用事业网之外（off the grid）。在一个遥远的岛上，他们自己狩猎、捕鱼和修建房屋。需要的时候，他们就以物易物，比如用鱼来交换牙科服务。

- **反叛者**（rebels）和退隐者类似，因为他们既拒绝传统目标，也拒绝传统手段。不过，与退隐者不同，他们用非传统目标代替传统目标，并用非传统手段来实现这个目标。从某种意义上来说，他们把这两者都变成了越轨性的东西。革命家如埃内斯托·切·格瓦拉（Ernesto "Che" Guevara）可以归入这一反叛类型。格瓦拉拒绝了 1950 年代的古巴所定义的成功。相反，他选择帮助菲德尔·卡斯特罗，而卡斯特罗致力于推翻这个国家的独裁制度。此外，他选择了非常规的手段——在古巴以及最后在玻利维亚开展游击战争——来实现他的目标。

从手段到目的的调整是结构 – 功能主义方法的例证，因为有些适应方式是高度功能性的。毫无疑问，服从有积极的后果，因为它使得社会体系在没有干扰的情况下持续存在。创新是功能性的，因为社会需要创新来适应新的外部现实。没有创新，没有社会可以存续。甚至反叛也可以被视为功能性的，因为有时候社会不仅仅需要渐进的维新，它更需要激烈的变革。

结构 – 功能主义不仅关注功能，也关注负功能（dysfunction）。例如，对社会来说，形式主义者和退隐者基本上可以被看作是负功能的，或者它的负功能大于其功能。对一个不断变化的社会来说，形式主义者一成不变的行为没有任何贡献。退隐者的贡献就更少，因为他们不参与宏观社会生活，或者与社会完全脱节。

紧张理论的新进展

默顿关注的，是与经济事务相关的一些特定的紧张。而罗伯特·阿格纽（Agnew，1992）试图创建一种理论，该理论关注的是，在那些经历了紧张的人身上发生了什么。他认为，他们可能会对紧张感到受挫和愤怒，以及拥有其他感受。这些感受会使他们倾向于采取更多的越轨行动，甚至是犯罪行动。默顿关注的是，与不能实现正面的目标——如经济成功——联系在一起的紧张，而阿格纽又增加了紧张的另外两种类型。一种紧张来源于某种东西的丢失——不情愿地结束一段浪漫的关系，就是一个例子。第二种紧张涉及经历艰难境况，比如遭受警察的虐待（Santoro

and Broidy，2014）。虽然很多人都经历过这种紧张，但只有那些感到愤怒或者受挫的人，才会有越轨行动。例如，那些被警察虐待的人，特别是黑人，也许更可能参与骚乱。比如，2014 年在密苏里州的弗格森（Ferguson）发生的骚乱，起因是一个年轻的黑人被警察射杀。2015 年，马里兰州的巴尔的摩也发生了骚乱，起因是一个年轻黑人在警车里遭受重伤后死去。这些越轨行动通常指向紧张的源头。在这一情境中，对紧张最严重的越轨反应，是对警察的谋杀，特别是在 2016 年对几个警察的系统性谋杀——分别发生在得克萨斯州的达拉斯（Dallas）和路易斯安那州的巴吞鲁日（Baton Rouge）。

对紧张理论的另一个贡献，是史蒂芬·麦斯纳（Stephen Messner）和理查德·罗森菲尔德（Richard Rosenfeld）创立的更为宏观的紧张理论。阿格纽更多关注的是个体的感受，以及人们做什么来处理紧张之源。而麦斯纳和罗森菲尔德关注的——也是结构 – 功能主义者通常关注的——是大规模结构之间的关系。一方面，文化结构和社会结构施加压力让人谋取成功，特别是经济上的成功。另一方面，其他社会制度如家庭、政治体系和宗教，却旨在减少这种压力。不过，如果后一种制度是脆弱的，或者它们只能对取得成功的压力施加微弱的控制，那么人们就可能做出越轨行为，以便提高其成功概率——特别是经济上的。简言之，穷人更可能做出越轨或犯罪行为，如果没有强有力的社会制度来减少他们实施这些行为的压力的话。

社会控制

特拉维斯·赫希（Hirschi，1969）的**社会控制理论**（social control theory）也被纳入结构 / 功能理论。赫希的理论所关注的是，人们不做出越轨行为的原因。简言之，如果人们拥有各种各样的社会纽带，人们就不会做出越轨行为。相反，如果这些纽带孱弱的话，人们就更可能做出越轨行为。赫希的理论广泛适用于一般的越轨行为，但他最感兴趣的，是年轻人和他们的犯罪行为。

社会控制涉及社会结构，以及正式地维护这些结构的人。从某种意义上说，赫希把社会结构和维护这些结构的人，看作是功能性的。加入这些结构的人，以及对维护这些结构负责的人，更可能是服从者，更不可能变成越轨者。可是，那些容易成为越轨者的人，并没有深入地参与这些结构，他们并不对这些结构的要求负责，也不对维护这些结构的人负责。在后一种情况下，赫希主张："如果一个人不关心其他人的愿望和期待……那么在这一程度上，他不受规范的约束。他能够自由地成为越轨者。"（Hirschi，1969：18）对赫希来说，一个特别重要的结构就是学校。一个年轻人如果不上学，也不与教师建立关系，他可能就更倾向于做出越轨行为。非正式的因素也很重要。例如，那些不拥有紧密人际关系和不参加课外活动如体育运动的人，更倾向于做出越轨行为。失业以及与职场的疏离，也有同样的效果。没有这些牵挂和纽带，年轻人更不可能接受常规性的目标，也不太可能内化社会规范。缺乏家庭纽带、常规规范和目标，没有什么东西可以阻止一个人变成越轨者和失足少年，乃至职业罪犯。缺乏其他的既得利益，比如没有拥有一套住房，也可能促进越轨行为。这种境况中的人，在违反规范和法律的时候，没有什么东西可以失去。

在后来的著作中，赫希（Hirschi，2004：545）描述了"抑制因素"（inhibitor）或"人们在决定是否采取犯罪行动时所考虑的因素"。如果年轻人缺乏这种抑制因素，如与学校和教师的联系，他们就更可能成为青少年越轨者（Intravia，Jones，and Piquero，2012）。

这一观点与结构–功能主义是一致的，因为它聚焦于宏观结构（学校、工作单位、住房市场等），聚焦于存在于这些结构中并维护这些结构的人（教师、管理者），聚焦于人们在这些结构中所占据（或不占据）的职位。加入这些结构可能会抑制不顺从的行为，而不加入这些结构更可能使这种行为发生。

桑普森和劳布（Sampson and Laub，1993，2005）承认这些结构和维护这些结构的人的重要性。与此同时，他们扩展了赫希的理论，后者倾向于更多地关注社会控制中正式的面向。桑普森和劳布既研究社会控制的正式的一面，也研究其非正式

的一面。在非正式控制方面，他们最感兴趣的是帮助控制人们的行为，并阻止人们做出越轨和犯罪行为的人际关系。而且，赫希聚焦于年轻人及其越轨行为，而桑普森和劳布处理的是社会控制与越轨行为在人们一生中的相互关系。在家庭、学校和同伴群体中的非正式社会控制，在决定年轻人是否做出越轨行为方面，是决定性的。这种控制的缺失，是青少年违法行为的关键原因。可是，非正式控制对成年人也很重要，它会影响成年人是否做出越轨和犯罪行为。对成年人来说，最重要的非正式社会控制，与他们的家庭和工作有关。在这些情境中拥有强大人际纽带的成年人，不太可能做出越轨行为。

有趣的是，依据桑普森和劳布的研究，一个年轻人是否有违法行为，并不影响他在成年后做出犯罪行为的概率。对于有过和没有过违法行为的青少年来说，成年后行为的关键，是后来的人际关系的存在与否，以及关系的性质。虽然孩子的经历是重要的，但青少年和成年人的社会纽带同样影响后来的犯罪行为。也就是说，无论儿童时期是否涉入违法行为，非正式的人际纽带都具有如下功能：使青少年和成年人更多或更少地犯罪。那些在成年后以及在一生中缺乏抚育关系、供养关系和控制型关系的人，更可能成为顽固的违法分子。那些在以后的生活中涉入上述关系的人不太可能成为罪犯。换言之，曾经是一个问题少年，并不意味着他后来会成为罪犯。这取决于人际纽带的性质、人生历程中各个阶段所经历的社会控制以及其他因素。总之，非正式社会控制与人一生的犯罪情况，呈现负相关关系。

破窗理论

与越轨特别是犯罪相关的社会控制，有一个非常特殊的面向。这一面向反映在具有高度争议性的破窗理论上（Ren，Zhao，and He，2017；Wilson and Kelling，1982）。这一理论承认，人们担心那些有可能抢劫或者盗窃他们的罪犯。不过，在公共场所，特别是在大城市里，人们往往被各种各样不太危险的城市紊乱困扰。人们对这些紊乱的看法是，它们来自他们所碰到的各种类型的人，而碰到这些人的概率比碰到那些有意伤

害他们的罪犯的概率，要高得多。前者包括乞丐、游手好闲者、妓女、精神失常者、醉汉和吸毒成瘾者，以及喧闹的青少年。这类人聚集的地方的一个例子，也是"窗户"被"打破"的一个例子，是旧金山的海德街（Hyde Street）。在据说是这个城市里最脏的这条街上，有一个24小时的毒品市场，遍地都是用过的海洛因针头和人类的粪便，以及其他东西（Fuller，2018）。在费城类似的地方，可以找到所谓的"海洛因沃尔玛"（Walmart of heroin）（Percy，2018）。这里给人的印象是，没有人，包括当局，对这些社区有足够的关心——以便阻止人们如此混乱地行事。同样的看法也适用于那些布满涂鸦和破窗的建筑，以及社区凋敝的其他信号，如被废弃的和被肆意破坏的汽车。另外，不加修理的破窗和被破坏的车辆倾向于相互诱发，制造一个越来越混乱的社区。那些缺乏急需的正式控制手段来避免这一不良进展并维持秩序的社区，正是犯罪因素立足进而蔓延的社区。换言之，犯罪容易在混乱的社区里蔓延成灾。一个明确的解决办法是，让社区秩序井然。要做到这一点，邻居的非正式控制和警察的正式控制都需要做得更好。社区需要警察进行的正式控制，以弥补邻居们进行的非正式控制。这种控制的目的，是在早期对诸如粗暴行为、打破的窗户和废弃的汽车之类的事情进行干预。这样的话，它们就不会进一步

蔓延，也不会为更广泛的犯罪行为的立足创造条件。

不过，针对破窗理论，也存在着各种各样的担忧。一方面，一个担忧是，这给了警察过于宽泛的自由裁量权来处理居民，甚至逮捕他们，虽然他们并没有造成实际的伤害。另一个担忧是，这种警察行为会导致对少数群体的歧视。例如，2014年在纽约市，一个犯了销售非法香烟的轻罪的黑人男性，在逮捕他的警察对他实施了锁喉动作之后死去（Goldstein and Schweber，2014）。有些人开始怀疑"破窗理论"。上述事件，就是促成这种怀疑的诸多因素之一（Bellafante，2015）。尽管如此，近年来，破窗理论仍大受欢迎——纽约把该市犯罪的减少，至少部分地归功于对该理论的应用（Zimring，2011）。实际上，与1990年代早期相比，2015年的暴力犯罪减少了74%，犯罪率降低到了2016年的每10万人中有354.9人（FBI，2016；见图7-2）。令人震惊的是，这种情况发生在——至少是在那一段时间——监狱人口减少的时候（Tierney，2013）。当然，很多因素与犯罪的减少有关，比如年老的人口不那么可能实施犯罪，还有可卡因不再那么流行——可卡因曾经引发大量的犯罪。近来，可能有助于犯罪减少的另一个受欢迎的办法，是"危险地区警戒"（hot-spot policing）。由于犯罪可能在某些地点重复发生，警察倾向于把自己的注意力集中在

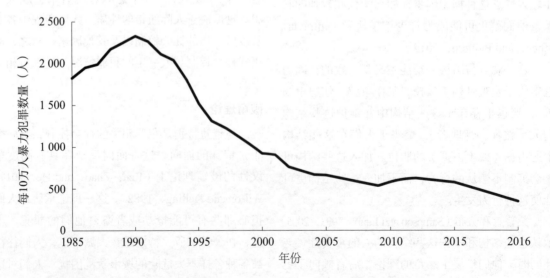

图7-2　纽约的暴力犯罪率（1985—2016）

资料来源：US Federal Bureau of Investigation, Uniform Crime Reporting, 2016.

这些"危险地区"上。不过，除了这些新办法的贡献之外，至少有一些犯罪减少可以归功于破窗和涂鸦的减少，以及对轻微违法者的逮捕次数的增多。

自我控制

上述讨论聚焦于对那些可能会发生越轨行为的人施加的广泛控制。但另一个方法关注的是，自我控制在越轨和犯罪中所发挥的作用（Gottfredson and Hirschi，1990）。其核心观点是，那些自我控制水平较低的人，更容易做出越轨和犯罪行为。在自我控制——这种自我控制能抵御越轨行为的发生——的充分发展方面，家庭抚育是一个关键因素。如果父母能够监控自己的孩子、指导他们、发现和处理他们的反社会行为，高水平的自我控制就会发展出来。父母在这一领域和其他领域的失职，会导致自我控制水平低。低水平的自我控制倾向，可能会伴随一个人的一生。那些自我控制水平低的人，不能抵御各种诱惑。这些人也无力预见屈服于这些诱惑的消极后果。当然，这些行为取决于做这些事的机会的存在。一个孩子可能受一辆崭新的宝马汽车的诱惑，但是如果他不知道怎样驾驶，他也不会去偷它。

总之，可能的情况是，正式控制和非正式控制的结合，以及二者与自我控制之间的互动，解释了人们是否会做出越轨和犯罪行为。

思考题

混乱的社区确实会使犯罪更加猖獗吗？为什么？使社区更有秩序和对它进行更好的控制，确实能减少犯罪吗？如果不是，更有效的办法是什么？

二、冲突 / 批判理论

结构 / 功能理论的支持者把越轨的源头追溯到社会的宏观结构以及它所制造的紧张，或者社会结构没有对人们施加足够的控制这一事实。冲突 / 批判理论家们，特别是冲突理论家们，也对这些结构及其对人们的影响感兴趣。不过，他们采取了一种不同的视角来研究它们。一个主要的焦点是不平等——它存在于这些结构中——以及不平等对个体的影响。从冲突理论的立场来看，不平等使得至少一部分没有权力的个体越轨和犯罪，因为他们获得成功的机会非常少——如果还有的话。在这里，他们与默顿的紧张适应分类中的创新者很类似。相反的情况是，那些拥有权力的人之所以犯罪，特别是法人犯罪和白领犯罪（Gottschalk，2016；Simpson，2002，2013），是因为他们在各种社会结构（商业、政府）中的高级职位的性质。这些高级职位让他们的犯罪不仅变得可能，还变得相对容易。他们的职位使他们能够更好地掩盖他们的罪行。白领罪犯更可能使用欺骗的手段来实施犯罪，并且通过行贿来掩盖。他们的犯罪行为更可能是秘密的，并保持隐秘状态（Van Slyke，Benson，and Cullen，2016）。白领犯罪也可能更少地需要和涉及暴力。因为上述原因以及其他原因，这些犯罪行为很难被揭露。此外，冲突理论认为，那些有权力的人制定了法律和规则，这些法律和规则把特定的事情定义为越轨或者非法，而把另一些事情定义为正常。他们这样做的方式是自我服务式的，把优势留给自己，把劣势留给社会上那些没有权力的人。

关于越轨的冲突论观点被扩展到了其他行为上——这些行为建立在种族、性、性别、年龄以及其他类型的社会不平等上（Collins，1975）。例如，少数族裔的人所实施的可疑行为，与主流群体的人所实施的同样的行为相比，更容易被贴上越轨或者犯罪的标签。在 2003 年最高法院撤销各州的反鸡奸法之前，一些州的警察可以逮捕同性恋者，只是因为他们在自己的家里进行私密的性活动。但在他们自己家里进行鸡奸行为的异性恋者，从来不会因为这一行为而被逮捕，即使这种行为在当地是非法的。还有一些地方会对青少年实施宵禁，这意味着在特定时间之后仍然留在外面的青少年，可以被贴上越轨者的标签。相反，除非在紧急状态下，如自然灾害或者戒严的情况下，否则针对成年人的宵禁闻所未闻。这样的名单还可以列得更长，但这里的要点是，冲突理论家们倾向于这样思考问题：那些在社会结构中等级低下的人，不论在哪一个维度上，都更容易被贴上越轨者的标签。

越轨与穷人

冲突理论适用于所有时代的社会不平等。例如，它构成了威廉·钱布利斯（Chambliss，1964）关于中世纪英格兰的流浪法研究的基础。这些法律是在封建主义瓦解的过程中出现的。大约在1348年，黑死病之后，英格兰颁布了第一部流浪法。在封建体系中，农奴为地主提供劳动力。但是，封建主义终结之后，社会需要一种新的劳动力之源。出现下述情况并非偶然：前农奴们失去了固定的住址和收入来源，在乡间流浪。那些有权的人把他们看作是有可能提供所需劳动的人——以很低的工钱，并制定了流浪法。然后，没有工作和住所的人在公共场所流浪，就变成了非法的行为。依据新的法律，有些流浪者被逮捕。结果是，以前那些不为地主工作的人被迫参加工作，以避免被逮捕和监禁。

当代的冲突理论受到了马克思主义理论的重大影响。在这一理论看来，越轨是资本主义经济体系制造出来的（Edelman，2017）。当前的越轨的定义服务于资本家的利益，特别是，它可以使资本家变得更富。相反，这些定义对无产阶级造成了负面的影响，特别是对穷人影响更坏——他们变得更穷了。在杰弗里·雷曼（Jeffrey Reiman）和保罗·莱顿（Paul Leighton）的著作《富者愈富，贫者系狱》（*The Rich Get Richer and the Poor Get Prison*，2016）中，上述观点得到了很好的总结。正像该书的题目所提示的那样，这一过程的最好例子存在于犯罪领域，而不是越轨领域，虽然被视为犯罪的行为必须首先被视为越轨。例如，正像我们在前文所看到的那样，在中世纪就要结束的时候，把流浪定义为越轨和犯罪，符合社会精英成员的利益。这一定义看起来是合理的，甚至是公平的，直到我们意识到，社会的精英成员很少丧失工作和住所——如果有的话。因此，他们不可能被定义为流浪者。只有穷人会陷于这些困境之中，结果是，他们是唯一受流浪法影响的人群。正像伟大小说家阿纳托尔·法朗士（France，1894/2011）曾经调侃的那样，

"法律，在它崇高的平等原则之下，同样禁止富人和穷人在雨夜睡在桥下、街头乞讨和偷盗面包"。

冲突理论家们并不认为，穷人从来不犯罪，或者不做出越轨行为。他们的主张是，正是社会精英所制定的法律（比如，禁止在桥下睡觉的法律），把穷人的行为凸显出来，并加以制裁。另外，精英的越轨行为给社会造成的代价，比社会上穷人的犯罪和越轨行为所造成的代价，要高得多。比如，与现已入狱的、可耻的伯尼·麦道夫（Bernie Madoff）通过非法行为给他的客户带来的650亿美元的损失相比，冒牌艺术家和抢劫者从其受害者那里弄到的只有区区几美元。

越轨与精英

人们竭尽全力使精英犯罪和精英的越轨行为合法化，如果做不到，就忽视这些犯罪和越轨。在商业、政府和军队的地位阶梯上占据高位的人，更有能力实施越轨行为（比如，对下属进行性骚扰），并让这些行为看起来是合法的，以及不因这些行为而受罚（Eisinger，2018；Michels，Heide，and Cochran，2016）。

可是，正像伯尼·麦道夫和比尔·科斯比这样的人被监禁所清晰表明的那样，精英的越轨和犯罪行为免受处罚的可能性是有限度的。有时候，这些行为是如此极端，以至于无法再被掩盖。它们被曝光，并成为公众事件。这种情况一旦发生，即使是社会上地位最高的精英（甚至是特朗普总统），也很难逃避负面的评价，甚至不能逃避惩罚和监禁。

实际上，各种类型的公众精英人物被发现实施过越轨行为，这样的丑闻数不胜数。基本情况是，他们的行为是如此出格，对这些行为的披露又如此广为人知，以至于忽视它们是不可能的。不过，对那些涉入者来说，造成麻烦的却是他们笨拙的谎言、掩盖以及最初被曝光时的辩解。在很多情况下，特别是在互联网时代，证据被披露，证人现身作证，进而清楚地证明，公众人物欺骗了公众和当局。下面是发生在美国（世界其他地方的例子数不胜数）的几个例子：

- 所有例子中最著名的，也许是理查德·尼克

松于 1974 年的辞职。当时，因为在臭名昭著的水门窃听事件中的角色，也因为试图对公众掩盖他和他的关系人在事件中的角色，他正面临即将到来的弹劾。

- 优雅生活（gracious-living）专家和媒体大亨玛莎·斯图沃特（Martha Stewart）于 2004 年到 2005 年入狱服刑 5 个月，因为她对 2001 年的一笔股票出售撒了谎。在英克隆公司（ImClone）股票大跌之前，斯图沃特售出了她持有的英克隆股票，这提示她可能从内线交易（insider trading）中获益。

- 2011 年中期，国会议员安东尼·维纳（Anthony Weiner）被迫从国会辞职，因为有人披露，他曾经通过推特向一名年轻妇女发送自己的具有性暗示的照片。2013 年，因为类似的短信，他被迫退出了纽约市市长的竞选。时至今日，他似乎仍然在发色情短信（sexting）。

- 2015 年，新英格兰爱国者队的球星亚伦·赫尔南德斯被定罪为一级谋杀。2017 年 4 月，当他在第二件谋杀案中被宣告无罪之后，他自杀身亡。当时，他正在监狱服刑——无期徒刑，并不得假释。他死后不久，马萨诸塞州的一位法官撤销了对赫尔南德斯的谋杀判决，虽然当地的一位地方检察官正计划对此裁定提出上诉。

- 2018 年，《纽约时报》披露的消息显示，在唐纳德·特朗普当选总统之前，他通过可疑的——如果不是非法的话——避税行为，赚了数百万美元的钱（Barstow, Craig, and Buettner, 2018）。

冲突理论家们的看法是，即使精英越轨者和犯罪者的表单是如此之长，它也仅仅是冰山的一角。因为精英们拥有各种各样的手段来掩盖自己的行为，精英们大量的越轨和犯罪行为逃避了侦查和惩罚。精英们的这种行为可能会持续数年、数十年，甚至一生。

三、互动 / 行动理论

本书采纳的第 3 种主要的理论——互动 / 行动理论，也可以用来对越轨进行分析（Rubington and Weinberg, 2016）。例如，对于理性选择理论家来说，一个人选择越轨，是因为越轨是实现渴望的目标的理性手段。帮派成员加入帮派，是因为帮派可以提供友情和可能的保护，还能使成员进入一个能够获得金钱、承认和社会地位的世界（Howell and Griffith, 2019；Sánchez-Jankowski, 2018）。民俗方法论者关注的是，人们越轨的方式，亦即他们的日常行为——越轨在这些日常行为中产生。人们需要采用某些说话的技巧和行为的方式，以便让自己的越轨行为对其他人来说隐而不见。在一项经典的民俗方法论研究中，哈罗德·加芬克尔（Garfinkel, 1967）描述了艾格尼丝（Agnes）——一个从男到女的变性人——所经历的"变成"女性的痛苦过程。她不仅改变了自己的穿衣样式、体态、仪表，也经历了身体上的改变。当然，也有一些时候，那些越轨者愿意以下述方式说话和行动：明确地表明自己是越轨者。例如，帮派成员会使用特定的短语、穿着特定样式的服装、展示特定的文身，以便清楚地表明自己的归属（allegiance）——既对同一个帮派的成员，也对对立帮派的成员（参阅第 5 章）。不过，当他们与公众或者警察互动的时候，帮派成员也许会以下列方式说话和行动：掩盖，或者至少是试图掩盖他们的帮派成员身份。

标签

171

在分析和进一步理解越轨方面，符号互动论是非常有用的。符号互动论的一个流派——标签理论——在思考越轨方面尤其有用。从这一理论视角出发，越轨的发生至少需要两种东西：

- 一个**符号**（symbol），或者在此情况下的"标签"（label）。在越轨领域，一些标签是特别有力的负面符号：酒鬼、吸毒者、恋童者、通奸者，等等。高尔夫球手泰格·伍兹（Tiger Woods）是这些有力的标签的一个很好的例子。他曾经是一个著名的公众符号，甚至是一个品牌。他的名字不仅使人们联想起一个伟大的高尔夫球手，也会使人联

思考题

在互动/行动理论所使用的意义上，有什么越轨在你看起来是"理性的"吗？如果有，其他人能够看见这种越轨吗？它会（或者曾经）帮助你实现过某种目标吗？

想到一个"干干净净"（squeaky clean）的人。2009年他遭遇的一场车祸，导致他欺骗妻子、与多个女人有染的事被披露出来。通奸者和性瘾者的标签与他的名字联系了起来，他的声誉和公众形象受到了损害。虽然这些指责与高尔夫没有任何关系，但他的一些赞助商还是离开了他，因为他们不想与一个有如此负面标签的人联系在一起。他们担心，他的声誉会影响自己，并对自己的生意和利润造成负面影响。在重挫之后，伍兹至少重新赢回了以前作为高尔夫球手的一些伟大声誉。2019年，在赢得大师赛之后，伍兹似乎终于把那些标签抛在了后面。

- 贴标签的人或者群体（标签者）与被贴上标签的人或者群体（被标签者）之间的互动。在这一互动过程中，一个或者多个标签被贴在越轨者的身上。所谓越轨者，就是其他人说他是越轨者的那个人。越轨是一个社会定义问题。那些实施定义行为，即贴标签的人就是所谓的**社会控制主体**（social control agent）。一些控制者（警察、精神科医生）会发挥自己的特定功能，但更常见的是朋友和家人在贴标签。比如，这些人把他人标定为醉鬼或者玩弄女性的人（womanizer）。公众人物被贴上越轨者的标签，往往是媒体及其代表实施贴标签的行为。

从**标签理论**（labeling theory）的视角来说，越轨者是被成功地贴上了越轨标签的人（Becker，1963；Goode，2014；Restivo and Lanier，2015）。这与公众和很多社会学家的观点是对立的，这些人关注的是，一个人做了什么，从而被标定为越轨者。标签理论感兴趣的另一个问题是，被标定为越轨者的人，怎样受到标签本身的影响（Dotter and Roebuck，1988；Gove，1980；Walsh，1990）。

被标定者对标签的接受程度是不同的，或者，他会努力抗拒、拒绝或者摆脱这一标签。被标定为越轨者时，人们对此的反应和感受也会大不相同。例如，在被贴上性瘾者的标签时，有些人会感到屈辱，而另一些人却会感到骄傲。

标签理论也关注社会控制者的行动和反应，以及他们与被标签者之间的互动。从标签理论的视角看，"越轨并不是一个人所实施的行为的后果，而是其他人制定规则与惩罚，并把这些规则与惩罚施加于'违规者'身上的结果"（Becker，1963：9）。聚焦于社会控制者而不是越轨者，导致了下述看法：越轨标签并不一定被一致地使用。一些人和一些形式的越轨，更可能被他人标定为越轨。因此，杀人犯和杀人行为几乎被一致地标定为越轨（以及犯罪），但是，在其他很多情况下，则可能具有更多选择性、更少清晰性："有些酗酒的人被称为酒鬼，而另一些人却没有；一些行为怪异的人被送进了医院，而另一些人没有；一些没有明显的生存手段的人被推上了法庭，而另一些人没有。"（Erikson，1964：11-12）总之，穷人、职业地位低下的人或者出现在类似的被贬低的情境中的人，更可能被社会定义为越轨者（Goffman，1959）。在更优越的社会情境中的人，经常能够逃避被定义或标定为越轨者，即使是实施了同样类型的行为。类似的情况是，穷人更容易因为其越轨行为而被标定为罪犯，但中上阶层的人却不是这样。例如，金融机构的头头们［比如摩根大通公司（JPMorgan Chase）的杰米·戴蒙（Jamie Dimon）］——这些人涉嫌在金融危机中扮演了重要的角色——几乎没有一个被定罪，甚至都没有人想到他们犯罪了，虽然他们的投资公司（investment house）被政府罚款数十亿美元（Brinded，2014）。

初级越轨和次级越轨

源自标签理论的一个重要区分，是初级越轨和次级越轨之间的区别。

- **初级越轨**（primary deviance）是早期的、偶然的偏离行为，如偶尔的过量饮酒，或者被认为是奇怪、出格的孤立行为。实际上我们所有人都会有这样的行为；我们都曾经做出过各种各样的初级越轨行为（Lemert，

1951 / 2012；Wallerstein and Wyle，1947）。孤立的初级越轨行为很少导致——如果有的话——越轨标签的成功标定。初级越轨包括行动和行为，但没有身份认定或者标签。

- 标签理论家更感兴趣的是**次级越轨**（secondary deviance），或者顽固的、频繁的越轨，这些越轨最终导致人们围绕着这一越轨地位来组织自己的生活和个人身份（Liberman, Kirk, and Kim，2014）。通常情况下，在一个人因为越轨行为而被污名化，而且很可能已经被标定为越轨者之后，次级越轨才会发生。作为对这一事实的反应，一个人开始视自己为越轨者，并把自己定义为越轨者。如果一个人从孤立的艳遇转向对这种艳遇上瘾，并随时随地追求这种艳遇，他就可能被标定为性瘾者。当这种情况发生时，性瘾变成了一种次级越轨。最近的一项研究显示，作为初级越轨，身体修饰如文身和穿孔被与各种形式的次级越轨联系在一起，如毒品滥用和青少年犯罪。

172　虽然标签理论倾向于关注其他人把某个人标定为越轨者的过程，但同样可能的是，或者甚至更可能的是，个体以这种方式标定自己（Thoits，1985：2011）。在任何人标定他之前（Norris，2011a），个体把自己定义为越轨者，并且依据自己的自我标定来行动（Lorber，1967）。这一看法也与杰出的符号互动论者乔治·赫伯特·米德的看法一致，他把心灵看作是自己与自己的内在对话。这一内化了的对话确实会导致对自己的越轨标定。

标定过程中的关键概念

社会控制（social control）是群体和社会强迫人们服从其命令和期待的过程。实现这一过程的一个途径，就是制造规则和标签，并使用它们。这导致了规则制定者和规则执行者之间的区分。**规则制定者**（rule creator）往往是社会的精英成员，他们设计该社会的规则、规范和法律（Ryan，1994）。没有规则制定者和他们的规则，就不会有越轨。规则制定者通常（但不总是）不同于**规则执行者**（rule enforcer），后者威胁执行或者实际执行规则（Bryant and Higgins，

2010）。另一个重要的概念是**道德企划者**（moral entrepreneur）。道德企划者定义哪些行为是道德上的恶行；他们领导社会运动，以便把这些行为定义为越轨，把它们变成非法的行为，进而将其置于法律执行的控制之下（Becker，1963；Vuolo, Kadowski, and Kelly，2017）。毒品是一个很好的例子，特别是从全球视角来看的话。这是因为，道德企划者（特别是美国的道德企划者）负责把毒品定义为非法，把对毒品的使用定义为越轨。虽然在世界上很多社会和美国的大量人口中，很多毒品（如大麻）的使用是非常普遍、广为认可的，但这些人仍然这样做了。道德企划者的一个著名的例子，是美国参议员乔·麦卡锡（Joe McCarthy）。他在 1950 年代针对美国政府和其他地方（如好莱坞）的共产党人的存在，制造了一场公众狂热。结果是，很多人被贴上了（往往是错误的）共产党人的标签，进而被消极看待，也许是终其一生。

道德恐慌

道德企划者能够挑起导致一场**道德恐慌**（moral panic）的紧张不安。所谓道德恐慌，就是对某种类型的越轨的广泛的但夸大的反应（Goode and Ben-Yehuda，1994；Hier，2017；Krinsky，2013）。可以说，在欧洲以及在程度稍逊的美国，我们正在见证针对穆斯林移民的疑虑，这一疑虑已经变成了一种道德恐慌（Morgan and Poynting，2012）。这一道德恐慌——至少部分上是——与恐怖威胁有关。虽然伊斯兰极端群体实施了几次恐怖袭击，并被媒体高度渲染，但记住下述事实还是至关重要的：只有极少数穆斯林是极端主义者，更不用说是恐怖分子了。

173　历史上道德恐慌的一个好例子是猎巫狂潮，它主要发生于 14 和 15 世纪的欧洲。在此之前，巫师的观念就已经存在，不过那时的巫师被视为一个复杂的现象，既有好的巫师，也有坏的巫师。无论怎样，下述假设当时都不存在：女性和撒旦共谋，以败坏这个世界。可是，在这一时期，多明我会修士（Dominican friar）在下述事务上一马当先：把巫术定义为一种阴谋和犯罪，而且这种阴谋和犯罪应受体罚——这里指的是火刑。修士就是这一事例中的道德企划者。在制造

道德恐慌的过程中，他们承担了关键的角色——这一恐慌后来波及了大量人口，导致了数千人的痛苦死亡，其中绝大多数是女性。

根据定义，道德恐慌是被夸大了的恐慌。15世纪的巫师以及今天的移民和恐怖分子所带来的威胁，被很多人特别是道德企划者夸大了，大于它们的实际威胁。这样做的一个手段，就是制造一个"民间恶魔"（folk devil），它代表了人们所恐惧的东西。例如，恐怖主义把奥萨马·本·拉登（Osama bin Laden）塑造成了"民间恶魔"。

污名

埃尔文·戈夫曼（Goffman，1963）的著作《污名》（*Stigma*），是符号互动论对理解越轨所做出的重要贡献。污名（stigma）是一种个人特征，人们发现和定义这种特征，并把它定义为不寻常的、令人不快的或者是越轨的。在《污名》的开始部分，戈夫曼分析了被生理性地污名化的人，比如没有鼻子的人。然后，他介绍了类型广泛的其他污名，比如依赖社会福利过活的人。最后，读者意识到，他们不仅仅是在阅读那些与自己不同的人——如有重大身体缺陷的人——的故事，他们也在阅读自己的故事："正常人中最幸运的人，也会有他半隐藏的瑕疵；而且，对于每一个瑕疵来说，都存在某种社会情境，把这一瑕疵放大，进而制造一个可耻的缺陷。"（Goffman，1963：127）戈夫曼的污名概念吸引了很多学者，并且被应用于很多类型的越轨，比如卖淫（Benoit et al.，2017）、精神疾病（Yeh, Jewell, and Thomas，2017）、孤独症（Someki et al.，2018），以及文身（Dickson et al.，2014）。

被污名化的人有两种。有些人拥有**丢脸的污名**（discredited stigma），他们"假设自己的与众不同已经众所周知，或者留有现场的证据"。与此相反，那些拥有**可能丢脸的污名**（discreditable stigma）的人则假设，他们的污名"既不为在场的人所知，也不会被他们立即看到"（Goffman，1963：4）。丢脸的污名的例子包括，出现了晚期艾滋病的体征、失去了四肢的一部分，或者是属于一个被负面看待的少数群体；而可能丢脸的污

名则包括，在学校里的成绩差，或者进过监狱。正像符号互动论视角所期待的那样，最重要的是污名的符号性；还有个人与其他人互动的性质，特别是在与那些被认为是正常人的互动中。因为对他人来说，可能丢脸的污名没有可见的生理特征，它的符号性质也是不可见的。而那些拥有这种污名的人希望保持这一污名的秘密状态。所以，他们会在大多数互动中，试图掩盖有关这一污名的信息。可是，在丢脸的污名（比如病态肥胖）的例子中，拥有污名的人必须应对与他人互动时出现的紧张状态——因为这一污名，后者消极地看待有污名的人。

丢脸的污名的概念在当代世界具有广泛的应用价值。例如，青少年罪犯的法庭记录常常不对公众开放，或者是被删除，以免给那些前途远大的年轻人造成终生的污名。那些患有精神疾患的人和药物滥用的人，往往竭尽全力掩盖他们缺勤的真正原因。心理残障儿童的父母，特别是轻微残障儿童的父母，让自己的孩子在常规教室里接受教育，"使他们置身于主流之中"——这部分是为了让他们的残障变成"可能丢脸的"，而不是"丢脸的"。对污名状况进行掩盖的场景，在公众娱乐节目中也屡见不鲜。在电影《费城故事》（*Philadelphia*，1993）中，演员汤姆·汉克斯扮演了一家著名律师事务所的一个有权势的律师，他在艾滋病流行的早期被诊断为艾滋病病毒携带者。随着病情的进展，他试图掩盖他所患疾病的症状，如与卡波西肉瘤[①]相关的皮肤斑块，但最终失败了。当事务所的领导们清楚地知道他患了艾滋病的时候，他被解雇了。与其他影片不同，这部影片真实地描绘了掩盖"丢脸的污名"的过程，这一过程的影响是痛苦和毁灭性的。

积极越轨

人们通常从消极的一面来定义越轨。实际上，迄今为止，本章对越轨的讨论一直聚焦于消极越轨事例。不过，在社会学和其他领域里，人们开始越来越多地关注积极类型的越轨（Hechart and Hechart，2015）。**积极越轨**（positive deviance）

[①] 艾滋病并发的恶性肿瘤。——译者注

可以被定义为违反了社会规范但被社会认定为产生了有益效果的行为。与大多数越轨不同，积极越轨通常被视为可以接受的行为。类型众多的积极越轨包括，利他行为（比如跨越街道、冲到行驶的汽车之前解救一个孩子），具有超凡魅力的人做出的英雄壮举（比如为了引起对重要社会问题的注意，像甘地那样的人进行的长期绝食；参阅第 6 章给出的对魅力型权威的定义），创新行为（比如乔布斯对苹果产品——包括苹果电脑和苹果手机——做出的标志性贡献），以及"超级顺从主义者"（supra-conformist）超越通常的期待和要求的行为（比如做一个"天才学生"或者在大学里成绩全是 A）。最极端的积极越轨者，是最可能为社会带来急需的急剧变化的那些人。

虽然积极越轨通常会带来积极的结果，但积极越轨也可能会导致消极的后果。例如，在急速驶来的汽车之前的奋力一跃，可能让见义勇为者和处于危险中的孩子双双丧命；追求成绩全部是 A，可能会导致在考试中作弊，或者使学生学会与考试系统进行博弈，从而没有接受多少实实在在的教育；在体育比赛中获胜的努力可能会导致——正像人们已经看到的那样——作弊［例如，在业余和职业体育比赛中大量出现的兴奋剂事件，最著名的是自行车比赛中的兰斯·阿姆斯特朗（Lance Armstrong），以及 2016 年对俄罗斯运动员的披露：他们的成功，特别是在奥运会上的成功，背后的动力是国家运作的兴奋剂使用体系］。

174

知识点 7 – 2 ｜ 越轨理论比较

解释性理论	建构主义理论
解释性理论试图解释越轨为什么会出现，或者为什么不出现。	建构主义理论试图更深刻地理解人们对行为进行定义和归类的过程——哪些是正常的，哪些是越轨的。
结构 / 功能理论：紧张理论、社会控制理论、破窗理论、自我控制理论。	互动 / 行动理论：标签理论。
冲突 / 批判理论：不平等。	

第三节　犯罪

虽然有很多方式定义犯罪，但简单说来，犯罪（crime）就是对刑法的违反。正像上文所指出的那样，是违反法律这一事实，把犯罪与其他形式的越轨区别开来。犯罪学（criminology）就是研究犯罪的学问。很多犯罪学家——当然不是全部——是社会学家。虽然各个院系都有犯罪学家致力于犯罪学研究，但大多数犯罪学家在社会学系工作。虽然犯罪的社会学是存在的，但这一领域还包括来自其他各领域的学者，如心理学、经济学、生物学、人类学，以及在刑事司法体系中工作过的官员。实际上，目前这一领域已经变得更加多学科化，甚至跨学科化（Wellford, 2019）。

虽然犯罪研究的跨学科化日益增强，社会学还是在其中扮演了重要的角色。显然，各种各样的社会学因素（包括社会阶级和种族）涉及谁犯罪和犯什么罪的问题。同样的社会学因素还涉及谁被逮捕、起诉和判罪的问题，以及他们实际服刑多少的问题。而且，这些因素还涉及下列问题：罪犯刑满之后会发生什么？他们还会回到监狱吗？

"犯罪学之父"是西萨尔·龙勃罗梭，他于 1876 年出版了《罪犯》（The Criminal Man）一书。书的题目反映了这样一个事实，即早期犯罪学家关注的焦点是罪犯，或者是他们的生理和心理特征。罪犯被认为在很多方面是有缺陷的，而当时的目标就是科学地研究这些缺陷以及拥有这些缺陷的人，以避免犯罪。人们认为犯罪的主要原因是内在于个体的，但这些原因超出了个体的控制能力。实际上，龙勃罗梭的主要关注焦点是"天生的罪犯"。因此，早期的犯罪学家接受了这样的观点，即这些人需要刑事司法体系的外在控制。龙勃罗梭还喜欢进行粗略和不堪推敲的概括，比如"吉卜赛人为了抢劫而冷血地杀人，曾经涉嫌有食人行为。妇女们非常善于偷窃"（转引自 Williams and McShane，2007：2663）。

近年来，犯罪学已经从对罪犯及其缺陷的关注，转移至对犯罪行为的社会环境的关注，以及这些行为对宏观社会的影响。把社会学视角引入犯罪学的一个关键人物是埃德温·萨瑟兰（Edwin Sutherland，1883—1950）。萨瑟兰研究了犯罪学中各种各样的课题，比如白领犯罪、死刑、监狱，不过他最大的影响还是来自其教科书《犯罪学》（Criminology，1924）。这本书历经 10 个版本，被学生们使用了将近 70 年。萨瑟兰是一个符号互动论者。他的观点有助于犯罪学关注焦点的转移，即从对罪犯及其错误行为的关注，转移至对社会的关注，特别是对社会对犯罪行为的反应——包括加之于罪犯身上的标签——的关注。

萨瑟兰对犯罪社会学的最重要贡献，是**差异交往**（differential association）理论。这一理论的要点是，人们的犯罪行为是习得的。因此，一个人与何人交往是至关重要的。一个人的家庭和朋友——初级群体——是下述事情的源头：对犯罪的态度、实施犯罪的知识以及合理化（rationalization），后者帮助一个人以罪犯的身份生活。今天，我们还要增加这样的事实，即犯罪行为还可以通过电视、歌曲特别是互联网而学习到。人们对差异交往理论提出了很多批评，甚至萨瑟兰本人也出于很多理由批评了它。例如，它不能解释为什么有些人变成了罪犯，而置身于同样情境的其他人却没有。萨瑟兰本人的一个批评是：该理论没有对犯罪机会的作用给予足够的关注。

思考题

为什么有些人变成了罪犯，而置身于同样情境的其他人却没有？你能想出什么原因吗？在你准备答案的时候，考虑前文讨论过的关于越轨的理论。

上文的讨论聚焦于犯罪的原因，特别是那些具有社会学特征的原因。长期以来，犯罪学的第二个关注对象是刑事司法体系（Siegel and Worrall，2014）。这一兴趣可以追溯到另一个早期的意大利学者——切雷萨·贝卡利亚（Cesare Beccaria，1738—1794）。贝卡利亚接受了作为律师的训练，并且获得了法学博士学位。对他来说，最著名的是 1764 年的著作《论犯罪与刑罚》（*On Crimes and Punishment*，1764 / 1986）。这本书关注的是法律和刑事司法体系等课题。他的著作不仅催生了对刑事司法体系的兴趣，也引发了下述问题：刑事司法体系的主要组成部分——执法体系、法庭和矫正体系——是公平、有效和正义的吗？（Unger，Crete，and Pavlich，2018）针对这一问题，人们就下述问题的公平性做了很多工作——特别是在种族问题的视野中：警察的逮捕决定、刑期的长短以及遭受死刑的可能性。

一、刑事司法体系

美国的刑事司法体系由一些联系松散的政府部门和为这些政府部门工作的个人构成。它涉及对违法人员的逮捕、起诉和惩罚。它也试图在这些违法行为发生之前阻止它们。最后，刑事司法体系还有更多的一般责任，比如保证公共安全和维持社会秩序。刑事司法体系的主要组成部分是执法体系、法庭和矫正体系。

作为一般规则，刑事司法体系并不是自动运行的。也就是说，在决策时，为这些机构工作的人应该做出自己的职业判断。结果是，警察并不是给所有的超速者开罚单，公诉人并不是把所有的案子都带上法庭，法官也不是给所有违法持有大麻的人同样的刑期。出现在所有层面的自由裁量权（discretion）是必需的，以便该体系能以有效的方式运作。例如，如果所有被认定轻微犯罪如持有大麻的人都被施以漫长的刑期，那么监狱（jail / prison）将会比现在还要拥挤。（顺便说一句，jail 和 prison 的区别在于，前者是地方政府控制的，而后者是由州政府和联邦政府控制的。）

虽然在美国的刑事司法体系中存在着大量的自由裁量权，但还是有大量人口在监狱体系里服刑。2018 年，2 121 600 个成年人被监禁在地方、州和联邦层面的监狱里。美国拥有世界上最高的监禁率（2016 年，0.86% 的成年人处于被监禁状态）（Kaeble and Cowhig, 2018）。美国的犯人数量比中国多 471 796 人，比俄罗斯多 150 多万人（见图 7-3）。虽然美国只拥有 4% 的世界人口，但它却拥有全世界 25% 的犯人（Cullen, Jonson, and Nagin, 2011）。这是一个耗费巨大的系统（Bratton, 2011）。据估计，2015 年，地方、州和联邦政府花费了 770 亿美元用于犯罪矫正，其中大多数花在了对犯人的监禁上（Urban Institute, 2017）。更复杂的事情是下述事实：美国，尤其是州和地方司法体系所面临的经济问题是，建造的监狱越来越少，而被判处监禁的美国人越来越多。数量日益增多的犯人还带来了其他的问题，包括监狱的拥挤，以及犯人之间的更多

暴力。考虑到涉及的大量人口，监狱变得不过是一座犯人的仓库。监狱改造犯人的能力下降了，而对惩罚的关注却得到了强化（Howard, 2017; Western, 2018）。

前文的讨论关注的是公共财政支持的监狱，但是在美国，私营监狱正在增多（Bauer, 2016, 2018）。这些监狱的员工中，看守的数量少到不能再少，缺乏训练，且其报酬只能和沃尔玛员工相埒。因为看守数量稀少且报酬低微，这些监狱其实是犯人们在进行管理。私人监狱可能是大型营利性公司的一部分，后者关注的重点是，以尽可能低的成本（低至每天 24 美元）来管理犯人。可以想见，和公立监狱一样缺钱的私营监狱，情况会更糟糕，也许异常糟糕。

公立监狱里数百万的犯人，以及花在他们身上的数十亿美元，已经成为引人注目的公共问题。一个关切是非暴力罪犯的最低法定服刑期——它导致了监狱里非暴力罪犯（常常与毒品有关）数量的急剧增加（Williams, 2016）。很多这种罪犯（大约 16 万人）正在服终身监禁的刑罚。目前服终身监禁之刑的犯人的数量，是1984 年的 4 倍。显然，把人监禁终身是非常费钱的。无论如何，为了与毒品相关的轻罪而施以如此惩罚，是高度令人怀疑的。

近年来监狱人口的增加，很大程度上可以追

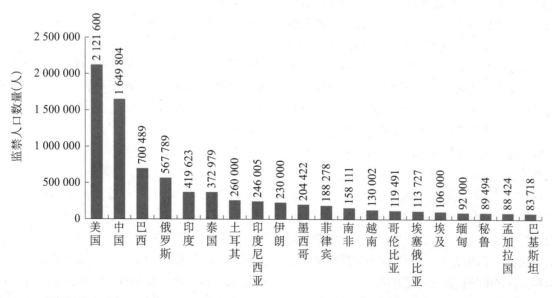

图 7-3 世界上监禁人口最多的 20 个国家（2018）

资料来源：International Centre for Prison Studies.

溯到联邦政府在 1980 年代的禁毒之战（war on drugs），以及 1994 年的克林顿刑事法案（Clinton Crime bill）（Yassky，2016）。禁毒之战对涉毒的轻罪规定了法定的服刑时间。结果是，监狱人口大幅膨胀。更多的吸毒者变成了罪犯，并被判刑，而不是在矫正机构里接受治疗。因为持有毒品而被监禁的人中，有色人种的比例高于他们的人口比例（目前依然如此），虽然他们吸食或者出售毒品的次数，并不比其他种族群体的人多。

在亚历山大（Alexander，2012）看来，源自禁毒之战的大规模监禁，已经变成了新吉姆·克劳——合法的种族歧视，其目的是对男性黑人进行社会控制，并把他们排除在主流社会之外。

在州和地方的监狱里，妇女的数量急剧增加，很多是黑人。很多人入狱，是因为她们犯了非暴力轻罪（low-level），比如持有毒品和商店偷窃。结果是，大约有 25 万名儿童的母亲在监狱里。对妇女的监禁产生了严重的消极后果——不仅对她们的孩子，还对她们的家庭网络和整个社区产生消极后果（Stillman，2018）。

1994 年克林顿刑事法案的通过，正逢犯罪率急剧升高，以及公众对犯罪问题的关切急剧升温。这一法案的核心是这样的规定，即在美国各地增加大量的警察，并让他们依据老式的"巡逻"（walking the beat）方式来工作。这使暴力犯罪率下降了一半。可是，这种做法也付出了两个代价：一是"大规模监禁"的出现；二是巡逻中的警察所采用的不妥当并违宪的"拦截搜身"（stop and frisk）的做法——这种做法对黑人男青年和拉丁裔男性的影响尤其严重。至少有一部分这样的男性最终入狱，导致监狱里人满为患。此外，"拦截搜身"做法所引发的愤怒，以及与之联系在一起的警察滥用职权（很多人认为，这导致了一些黑人男性和妇女的不必要死亡）所引发的愤怒，在"黑命亦命"运动的兴起中，发挥了主要的作用。黑人嫌疑人受伤或者死亡案件中的很多涉事警察，没有被起诉，或者没有被定罪。当然，警察殉职的数量也相应增多了，虽然警察殉职的数量无法与黑人社区的死亡数量相提并论。

2016 年，除了监狱里超过 200 万的犯人之外，还有 450 万人处于刑事司法体系的控制之下，因为他们或者是处于假释之中（874 800 人），或者是处于缓刑之中（3 673 100 人；Kaeble and Cowhig，2018）。**假释**（parole）是对犯人的监视性的提前释放，因为犯人在监狱里有良好表现。假释官与被假释的人员合作，以便帮助他们适应监狱之外的生活，并保证他们不违反假释的条件。如果他们真的违反了这些条件，他们的假释就可能被取消，并可能被送回监狱。那些被认定轻微犯罪的人员，可以被判**缓刑**（probation），因而在监视之下被释放而进入社区。他们的释放也是有条件的，比如他们必须参加并完成戒毒程序。如果违法者不能遵守这些条件，导致被捕或者被定罪，缓刑就会被取消。在这种情况下，更严格的缓刑条件可能被执行，违法者也可能被送回监狱。假释和缓刑都需要政府机构的参与，特别是假释官和缓刑官的参与。这一体系与监狱体系一样花费不菲。

可以这样说，监狱体系——以及假释体系和缓刑体系——是合理的，如果它能够教育人们记住"犯罪没有好处"的道理。换言之，如果大规模的监禁改造好了犯人，他们在被释放之后犯罪的倾向降低，大规模监禁也算是有其道理。不过，服刑会减少犯人被释放后的犯罪活动吗？显然，在被监禁期间，犯人进一步的犯罪活动减少了，虽然有些人即使是在监狱里，也能实施犯罪行为。犯人被释放之后，参与刑事司法体系的人所感兴趣的，是**特殊预防**（specific deterrence）。也就是说，被惩罚特别是被监禁的经历，是否能使前犯人减少未来的犯罪活动？或者说，一个人是否会因为惩罚——特别是被监禁——而"被吓得守法"（scared straight）？（Sullivan and Lugo，2018）

这一领域里的很多研究都显示，在改造犯人方面，监狱的效果不佳。结果是，监禁并没有减少**累犯**（recidivism）——曾经被定罪的人再次犯罪（Zara and Farrington，2016）。进监狱的人在其中学会了更新和更好的犯罪技术。换言之，监狱具有"诱发犯罪"（criminogenic）的效果，导致犯罪增多，而不是减少（Cullen, Jonson, and Nagin，2011）。不过，针对大多数犯罪，没有专家会主张废除惩罚，包括监禁。但是，我们需

177

要更多地关注特殊预防的各种形式。此外，重要的个体差异和环境差异，也会对这种犯罪预防的效果产生重要的影响。这里需要关注的是：哪种形式的特殊预防，对哪种类型的罪犯有效？在什么样的情况下有效？（Piquero, et al., 2011）

一般预防（general deterrence）针对的是全部人口。它所应对的问题是，人们会不会因为害怕自己的行为受到惩罚或者监禁而降低犯罪的可能性？多少人会因为害怕惩罚而不犯罪，我们并不清楚。清楚的是，对有些人来说，在某种程度上这种害怕阻止了犯罪——否则这些人就会变成罪犯。

两种类型的预防的终极例子，都是极刑或死刑。被执行死刑的人显然不可能再次犯罪。不过，有证据显示，即使是死刑，也不是一种强有力的、针对犯罪的一般预防手段（Hood and Hoyle, 2015; Melusky and Pesto, 2017）。

虽然一些国家已经废除了死刑，但美国仍然是继续执行死刑的少数几个国家之一。美国在 2017 年执行了 23 次死刑（Death Penalty Information Center, 2018a）。这一数字已经远远少于 1930 年代的数字，那时，每两年的死刑执行人数都是 200 人左右。从 1976 年开始到 2018 年晚期，美国一共执行死刑 1 481 次。在美国的历史上，总计执行过超过 15 931 次死刑（Death Penalty Information Center, 2018b）。

更加"人道地"执行死刑，成为一种趋势（如果这种做法可行的话）。1930 年之前，大多数的死刑执行方式是绞刑。很多的死刑执行操作不当，导致死刑犯缓慢地窒息而死。从 1930 年到 1967 年，大多数的死刑执行方式是电刑。这似乎并不是什么改进，因为至少有一些案例中，第一次电击并没有使犯人死去，甚至都没有导致意识丧失。在一些案例中，还导致死刑犯身上着火。从 1977 年开始，逐渐转向了药物注射，目前，大约有 90% 的死刑以这种方式执行。不过，还是有一些笨拙的注射死刑，导致了漫长和痛苦的死亡过程。

死刑的执行一直是一个具有高度争议性的话题。实际上，很多死刑判决伴随着激烈的反对运动，而且在死刑执行之前和执行之中，都

有抗议性的守夜活动进行。有很多人认为，杀死任何人，在道德上都是错误的。其他人反对死刑是因为，在此过程中，至少有一些无辜的人被杀（Acker, 2017）。最后，有强有力的证据表明，在极刑方面，有偏颇（bias）的存在，特别是种族性的偏颇。很多研究显示，被定罪的杀害白人的黑人——更一般地说是有色人种——与杀害白人的白人相比，更可能被判处死刑（Lee, Paternoster, and Rowan, 2016）。

二、犯罪的类型

美国全国的犯罪数据可以在联邦调查局（Federal Bureau of Investigation, FBI）的《统一犯罪报告》（Uniform Crime Reports, UCR）中找到，其中包括向警察局报告的犯罪数据，以及警察逮捕的数据。被报告的犯罪属于两种宽泛的类型。**暴力犯罪**（violent crime）包括，威胁伤害他人、威胁使用暴力或者实际使用暴力。被 FBI 追踪的犯罪有谋杀和非过失杀人、强奸、抢劫以及重伤害等。图 7-4 展示了美国从 1994 年到 2016 年报告的暴力犯罪。近年来，虽然不出现在《统一犯罪报告》中，但与恐怖主义活动相关的暴力犯罪，还是受到了越来越多的关注。战争犯罪则受到了全球性的关注（Pakes, 2015）。**财产犯罪**（property crime）不涉及伤害或者暴力，而是涉及非法获取财产或者毁坏财产的违法行为。虽然还有其他犯罪（如商店偷窃罪和伪造罪），但主要的财产犯罪是扒窃、入室盗窃和机动车盗窃。美国犯罪总量的大约 3/4 是财产犯罪。图 7-5 展示了美国 1994—2016 年的财产犯罪率。另一种对犯罪的分类方法，是区分**重罪**（felony）和**轻罪**（misdemeanor）。所谓重罪，是严重的犯罪，可以被判处 1 年以上的监禁。而轻罪是指轻微的犯罪，只能判处 1 年以下的监禁。

- **白领犯罪**（white-collar crime）是在其职业生涯中有职权和拥有较高社会地位的人所实施的犯罪（Geis, 2007b: 850; Simpson, 2013）。

- **法人犯罪**（corporate crime）涉及合法的组织对法律的违反。它包括下述违法行为：违反反垄断法的行为、股票市场违法行为（比如，

《归途：出狱之后一年的生活》（罗素世哲基金会，2018）

布鲁斯·韦斯顿（Bruce Western）

美国拥有世界上最高的监禁率。大多数被投入监狱的人是男性、非裔或拉丁裔美国人，以及穷人。可是，我们对这个"难以接近的人群"所知甚少。这是因为，研究者必须依赖大型的数据库，而这些数据库没有把握住这些人复杂的社会生活——无论是入狱前还是出狱后。布鲁斯·韦斯顿和他的团队试图通过下述途径解决这一问题：在一年的时间里，分5次对从马萨诸塞州监狱获释的122个男女进行访谈。他们发现，出狱后的社会整合过程受到了种族、贫困、暴力、毒品依赖和精神疾病等因素的影响。对于从监狱到社区的成功转型，家庭支持和就业机会是非常关键的。支持性的家庭成员，大多数是祖母、母亲和姐妹，她们提供了居家安全感。但很多人是经济弱势群体，居住在种族隔离的、充满暴力的街区里。除了一些年龄较大的白人男性——他们以技术工人的身份在建筑行业找到了工作，本研究中的大多数人遭受了严重的物质困难（material hardship）。大多数人依赖政府救助、家庭扶持和非正规就业来获得收入。那些获得临时工作的人平均月收入是1 440美元，而那些长期失业的人的平均月收入是570美元。从监狱被释放以后，本研究中三分之二的受访者报告了精神疾病和药物滥用的历史，并且经历了最严重的社交孤立。

韦斯顿质疑了关于惩罚的传统主张——惩罚、威慑和褫能（incapacitation），因为他不认为上述任何做法有效地促进了正义，特别是对那些曾经被监禁的人。使用"缓解社会逆境"（social adversity mitigation）的概念，韦斯顿主张，刑事司法体系需要考虑被告人的生活史，特别是"被告人成长于其中的严酷社会环境"（p.180）。此外，韦斯顿断定，并不是刑事司法体系创造了公共安全，而是家庭、学校、雇主和教堂创造了公共安全。这些社会机构创造了日常生活中的秩序和惯例，对于从监狱到社区的转型者来说，这些秩序和惯例是至关重要的。韦斯顿认为，大规模的监禁不仅没有减少暴力，反而威胁到了那些具有修复能力的社会机构的稳定性。

edge.sagepub.com/ritzerintro5e

- 在《大西洋月刊》上阅读更多关于《归途》的文章。
- 观看韦斯顿关于其《归途》研究的一次讲座视频。

内线交易）、虚假广告等（Navarro，2014）。

- **有组织的犯罪**（organized crime）涉及各种各样的组织，但最常见的有组织的犯罪与辛迪加化的（syndicated）组织犯罪有关，特别是黑手党组织。后者利用暴力、暴力威胁和对公务员的腐蚀，在非法活动中获利（Arsovska，2014）。其他有组织的犯罪的例子有墨西哥的毒品卡特尔（cartel）、俄罗斯黑手党以及"伊斯兰国"。
- **政治犯罪**（political crime）可以是对政府的攻击，以使其改变政策，比如暗杀政府官员，特别是领导人（比如对约翰·肯尼迪的暗杀）；或者是政府实施的攻击，既可以是国内的（比如窃听本国公民），也可以是国际的（比如国家资助的恐怖主义、对外国官员行贿等）（Bein，2014）。
- **仇恨犯罪**（hate crime）是这样的犯罪，它全部或者部分地源自下述事实：受害者在很多方面不同于施害者。其差异包括种族、宗教、性取向、性别、民族来源以及残疾身份。受害者往往受到施害者的鄙视（Dixon，2014）。
- **网络犯罪**（cybercrime）的犯罪对象是计算机（比如黑客攻击）（Hill and Marion，2016）。网络犯罪分子利用计算机实施传统形式的犯罪，如从银行账户里偷钱，或者盗窃信用卡号码。他们还利用计算机来传递非法信息和

180

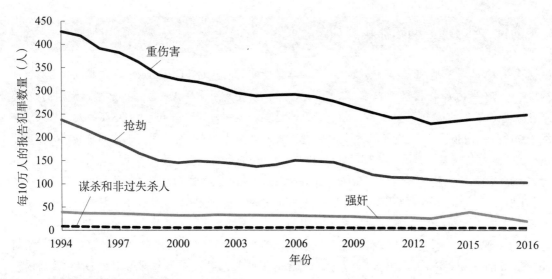

图 7-4　美国报告的暴力犯罪率（1994—2016）

资料来源：Data from Federal Bureau of Investigation, Uniform Crime Reports, Table 1: "Crime in the United States by Volume and Rate per 100 000 Inhabitants, 1994-2016," 2016.

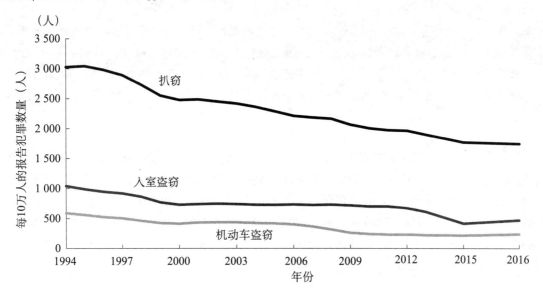

图 7-5　美国报告的财产犯罪率（1994—2016）

资料来源：Crime in the United States, 2016. U.S. Department of Justice, Federal Bureau of Investigation.

图像，以便进行内线交易、身份窃取、儿童色情、恐怖活动计划或者"网络恐怖主义"等活动——有些专家甚至在担忧"网络珍珠港"的可能性（Perlroth，2015）。

- **消费者犯罪**（consumer crime）或与消费相关的犯罪，包括商店偷窃、用偷来的信用卡或信用卡号码进行消费等。

虽然上述情况都被划为犯罪，但并不是所有的行为都被认为同样可恶。与由精英来定义越轨的观点相一致，犯罪和刑事惩罚也是由精英们定义的。因此，白领犯罪和法人犯罪往往被低估，而通常与较低社会地位的人联系在一起的犯罪（例如，暴力犯罪特别是重罪，以及财产犯罪）却获得了警察、媒体和公众的强烈关注。

思考题

为什么并不是所有的犯罪都被认为是同样严重的？例如，白领犯罪可能有深远的影响，有无数的受害者。根据你的回答，思考犯罪的定义。

　　2018 年，约瑟夫·詹姆斯·迪安杰罗（Joseph James DeAngelo），一个 73 岁的加利福尼亚前警官，被逮捕。他被指控为臭名昭著的金州① 杀手，人们认为这个杀手在 1974 年到 1986 年，实施了大量的谋杀和强奸活动。这一案件的突破，缘于一份 37 年前谋杀现场的冰冻 DNA 样本的基因档案（genetic profile），匹配上了存放在一个家谱网站（GEDmatch）的 DNA。这次被匹配上的人，被证明是嫌疑凶手的一个远房亲戚。以这次匹配为证据，迪安杰罗被认定和逮捕（Arango, Goldman, and Fuller, 2018）。为了获得 DNA 信息，调查人员创造了一个假身份，并假装成研究家谱的用户。他们把 DNA 样本的数据上传到了那个网站，匹配上了嫌疑人的一个亲戚。以这些新的信息为证据，迪安杰罗被控施行了 8 起谋杀，尽管不包括那些强奸罪——因为那些罪行的追诉期已过。

　　不过，这引发了关于道德和隐私权的各种担忧，因

为本案所使用的网站（GEDmatch），像其他基因测试网站一样，主要是用于寻找失联亲人和遗传疾病的线索。从事这些研究的人和送来自己的 DNA 的人，从来没有想到他们的信息会被这样利用。他们同意其数据被用于和家谱有关的目的，而不是被用于刑事调查。很多人怀疑，对杀人强奸犯的成功匹配这样的结果，是不是能够使所采用的手段合理化。此外，不清楚的是，本案中采用的证据，最终能否被认定为合法证据。

　　虽然对嫌疑人的逮捕结束了数十年的搜寻，但研究者的不诚实，以及对公共网站上的 DNA 数据的接入和使用，引发了针对隐私权和合法性的无数担忧。

参与数字世界

　　你怎样看待下述情况的合法性：使用以家谱为目的的 DNA 样本来追寻和控告罪犯？对隐私权的担忧，是否会改变你把一份 DNA 样本递交给一个家谱网站的决定？为什么？

　　无论如何，暴力犯罪在美国都是一个重大问题，特别是使用枪支——这些枪支随处可见，且非常容易获得［也许是通过 3D 打印机制造（增材制造）］——进行的谋杀。2016 年，有 11 004 个美国人被枪杀——每天 30 人（FBI, 2016）。这相当于每 100 万人有超过 31 个人被杀。做一

个比较，在德国、荷兰和奥地利，每 100 万人大约有 2 个人被枪杀；在波兰和英国，死于枪击的人是每 100 万人里有 1 人；而在日本，被枪杀的概率是每 1 000 万人里有 1 人（大约是美国人被雷击死亡的概率）。

知识点 7-3 　　社会学家的犯罪概念

概念	定义
犯罪	违反刑法的行为。
差异交往理论	该理论认为，人们从与他们交往的人那里习得了犯罪行为。
特殊预防	由于经历惩罚特别是监禁，从而降低以后犯罪的可能性。
一般预防	因为害怕惩罚或者监禁，作为整体的民众降低了犯罪的可能性。

---

① 金州（Golden State）是加利福尼亚州的别称。——译者注

第四节　全球化与犯罪

伴随着全球化，全球性或跨国犯罪的数量增加了（Roth，2018；Rothe and Friedrichs，2016）。全球化使得跨国犯罪的可能性越来越高。国际犯罪已经存在了数个世纪，例如海洋上的海盗和非洲的奴隶贸易。不过，今天的国际犯罪似乎要多得多。这可能是因为下述事实：因为全球性犯罪的日益传播，更多的公众注意力和政府注意力被指向了这些犯罪。幸运的是，对抗犯罪的行动的实施，与犯罪本身的实施，同样易行。

全球性犯罪的增长，大体上可以追溯到1960年代晚期至1970年代早期，那时，美国对非法毒品使用的关注日益增强。大约与此同时，西欧对恐怖主义的关注也日益增强。对毒品和恐怖主义的关切，在人们对"全球非法经济"的关注中名列前茅。其他犯罪内容还包括先进武器、濒危物种、色情文艺、赃物（比如艺术品和古董）、伪造商品、象牙、有毒废物的非法交易，以及人口贩卖（Farr，2005；Weitzer，2015）。所有这些犯罪都涉及各种各样的流动——毒品、金钱和受害者（比如娼妓和最近出现的恐怖分子，以及逃离战争和迫害并试图非法进入欧洲的人；Glenny，2015）。这些犯罪还包括在互联网上流动着的各种非法内容（比如，儿童色情、洗白了的资金、计算机病毒和开展恐怖活动的号召）。

这些非法流动受惠于民族国家的式微，还因为民族国家越来越无力减少和制止这些非法流动。另外，全球性犯罪卡特尔出现了，它们促进了这些非法流动，并且提高了从中获取的利润。在《黑道无边》（*McMafia*，2008）一书中，米沙·格伦尼（Misha Glenny）把卡特尔的成功归因于日益复杂的组织手段（包括规模经济、全球伙伴关系以及新市场的开放），而这些都是从像麦当劳那样的合法公司那里学来的。新技术的应用，使得至少一部分犯罪性流动（criminal flows）更加成功了。例如，某个卡特尔使用原始的潜水艇来贩运毒品。互联网使得一些非法流动（比如儿童色情和网络诈骗）变得极为容易，也使得单个民族国家的控制努力徒劳无功。

全球活动的定罪

正像前文所指出的那样，犯罪（以及越轨）永远是一个社会定义和社会建构的问题。所以，虽然在全球化时代民族国家的权力整体上已经式微，但在定义什么是全球形式的越轨和犯罪方面，它仍然在发挥巨大的作用。在全球化时代，在把特定的行为定义为犯罪方面，西欧和美国的民族国家扮演着核心的角色。是它们的道德感和它们的行为规范，统治了世界上大多数地方。毒品使用在世界范围内的定罪就是一个很好的例子。

虽然有很多人努力把毒品使用定义为越轨和非法，但这种努力并不总是成功的。即使美国和其他国家做出了巨大的努力，全球的毒品贸易规模实际上还是扩大了。

关于毒品以及它卷入全球化过程的方式的大多数宣传，是关于可卡因和海洛因的。例如，生长在阿富汗的罂粟和危地马拉的毒品生产，以及这些地区和其他地区的毒品被运送至全世界的方式，受到了最多的关注。一种较新的全球性毒品是甲基苯丙胺（冰毒）——利用家里的"烹饪设施"，就可以简单和廉价地制造。制作的材料是伪麻黄碱，它是很多治疗咳嗽、感冒和过敏的药物的主要成分。原来，冰毒的生产和使用主要是美国的现象，现在它已经开始向全球传播。例如，在印度尼西亚，人们选择了这种毒品（Reuters，2016）。而且，在数十年前，人们就在担忧，它会在欧盟内部到处传播，也会在世界上其他很多地方传播（Kulish，2007）。

关于跨国犯罪的一些方面，特别是与毒品相关的犯罪，有助于解释为什么全世界和很多国家遏制它的努力，基本上是不成功的。第一，实施这些犯罪的人并不需要特别多的资源。第二，他们不需要很多的技能来实施这些犯罪。第三，这些犯罪很容易被掩盖。第四，在很多情况下，人们并不倾向于把这些犯罪报告给警察和其他权威机构。第五，这些犯罪存在着对其产品（如毒品）和活动（如卖淫）的巨大消费需求，而且它们没有现成的替代品。

不过，如果把控制毒品、其他非法物质和活动的全球性努力判定为完全的失败，也是错误的。事实是，虽然因为上文所述的理由，毒品仍然在全世界到处横行，但在对涉及毒品的观点、法律、程序和法律执行的国际化方面，美国获得了相当的成功。前文提到，强大的国家往往能够使弱小的国家采取其行为方式。一些外国政府已经做了以下改变：

- 修改了它们的法律和法律执行手段，以便与美国的毒品法律相衔接；
- 同意了美国政府与其签订法律执行条约的要求；
- 采用了美国的调查技术；
- 建立了专业性的控毒执行机构；
- 在其他国家派驻了法律执行代表；
- 针对与毒品相关的间谍活动、财产没收和洗钱行为，颁布了各种法律；
- 为美国提供了更多的协助，改变了它们关于金融保密的法律。

换言之，我们在世界上大多数地方看到了法律执行的美国化。不过，在美国乃至全世界，各种各样的失败——最著名的就是所谓的禁毒之战的失败——导致了人们对法律执行上的很多改变的质疑（New York Times，2016）。

全球犯罪控制

当然，全球性犯罪的增长已经有了应对的举措，即国际警务的扩张，以及警察在国家关系中的作用的增强（Casey, Jenkins, and Dammer, 2018; Reichel and Randa, 2017）。除了其在对抗毒品运输事务中的角色，美国还带头对抗毒品之外的各种形式的全球性犯罪，并影响其他国家，使它们也努力对抗这类犯罪。在20世纪早期，关注的焦点是"白人奴隶制"（卖淫）；在冷战时期，焦点是对武器和先进技术的控制；在1980年代中期，焦点转移至对证券市场特别是对内线交易的管理。大萧条开始之后，焦点再度指向全球金融体系中的舞弊行为以及各种非法经济活动。这些非法活动包括，存在于其他国家，特别是瑞士的银行的秘密账户；以及在巴拿马——还有其他地方——开设的空壳公司

（shell company）。（空壳公司没有多少资产，其存在的主要目的是避税。）2016年，一桩丑闻出现了。当时，一家巴拿马法律顾问公司泄露了超过1 150万份文件。这些文件，显示该公司参与了空壳公司的设立，还泄露了这些公司的名字（Semple，2016）。

"9·11"事件之后，在刑事司法领域，为了预判未来的恐怖袭击，也为了抓获或者杀死被定义为恐怖分子的人，有些界限戏剧性地模糊起来。例如，随着法律执行当局试图获得关于恐怖袭击的情报，法律执行和情报活动之间的区别变模糊了，法律执行和国家安全之间的区别也变模糊了。《美国爱国者法案》（USA PATRIOT Act，通过提供拦截和阻挠恐怖主义活动所需的适当工具来团结和强化美国）在2001年10月26日被签署为法律，它在上述的界限模糊方面发挥了关键的作用——比如说，通过扩展法律执行机构对国内恐怖主义的关注范围。还有，对美墨边境的监控，以及对美国的移民社区的监控，都加强了。在这一过程中，很多移民被定义为犯罪分子，遭到拘禁，然后被遣返回墨西哥。需要注意的是，很少有人关注对更加漫长的美加边界的监控。那些非法穿越美加边界的人，很少被定义为犯罪分子，也很少被拘禁。

我们在前文看到（参阅第1章），有些欧洲国家建立了一个类似的、日益强化的边境控制和监控制度。可是，在欧盟内部，随着刑事司法规范和程序变得越来越相似，也随着法律执行方面的接触和信息交换越来越常规化，边境法律的执行变得越来越同质化。非常重要的是欧洲刑警组织（Europol）——欧盟的执法机构——的建立，有了它，各国警察机构之间的沟通与合作改善并且增多了。

这些努力改善了全球性犯罪的控制，但与其相伴随，也有一些倒退。首先，民主和人权可能会受到这些努力的威胁。控制犯罪的努力并不总是像期望的那样透明，参与其中的官员也需要更加为此负责（accountable）。其次，严厉的边境和移民控制导致了更为大胆和危险的边境跨越行动，使得这一过程中的死亡增加了。那些被拒绝入境的人，经常要忍受胡乱搭建并过度拥挤的边

境营地。再次，全球性的反毒品运动造成了更高水平的犯罪、暴力、腐败、疾病，等等。美国打击贩卖妇女和儿童的努力，更多地聚焦于人口贩卖的罪行化，而不是保护被贩卖的妇女和儿童的人权。最后，花在国际犯罪及其控制上的精力和财力往往分散了人们的注意力，并抢走了处理民族国家内部更为广泛和基础性的事务，包括社会中大量人口的社会福利的资金。

控制全球性犯罪的公共努力，距离完全成功还很遥远。例如，2014 年，43 位墨西哥大学生被一个毒品帮派杀害。这场屠杀是在伊瓜拉镇（Iguala）镇长的指使下进行的。这个镇长以及该帮派的一些成员，后来被逮捕（Archibold，2015）。在墨西哥，自 2006 年以来，和有组织的犯罪有关的杀人案，大约有 15 万起。而这种有组织的犯罪已经越过边境向美国蔓延（Beittel，2018）。警察没能够阻止屠杀，甚至军队的使用也没有多少成效。媒体往往受到黑帮的恐吓，没有提供关于犯罪活动的急需的、准确的信息。

很多墨西哥国民放弃了从政府和媒体那里获得帮助的希望。他们开始尝试自助，最显著的就是以众包的方式——通过社交媒体如推特和脸书——来进行信息处理（Sullivan，2010）。例如，人们曾经使用社交媒体来提醒他人注意涉及毒品帮派的枪击事件和由毒品卡特尔建起的路障。2011 年末，在交通高峰期，35 具尸体被抛在了韦拉克鲁斯（Veracruz）的公路上。在警察和媒体到达现场之前，推特上充斥着下述信息，如："躲开拉斯维加斯美洲广场。"（Avoid Plaza Las Americas.）"那里有枪手……他们不是士兵或者陆战队员，他们蒙着面。"（Cave，2011：5）不幸的是，在这起事件中，墨西哥毒品帮派实施了报复。在美墨边界的一个城市里，两具残破的尸体被挂在了一座大桥上，旁边的牌子上写着："这就是互联网告密者的下场。"（Cave，2011：5）不过，虽然毒枭能够成功地威胁集中化的（centralized）媒体、警察和军队，但控制分散的群众可能会困难得多——他们通过众包的方式，匿名地处理与暴力有关的信息。

虽然社交媒体曾经被用于世界上其他地方（突尼斯、埃及、乌克兰），以推动社会革命，但在墨西哥，它们被用来帮助人们应对犯罪。它们不仅为人们提供了急需的信息，也提供了社会支持的感觉，还在一个高度不确定的世界上，提供了一丝确定性。

知识点 7-4 | 全球化和犯罪

跨境犯罪的特征
罪犯并不需要很多资源就可以实施犯罪。
罪犯并不需要很多专业技能就可以实施犯罪。
犯罪事实很容易被隐藏。
很多犯罪没有被报告。
消费者的需求驱动了犯罪。

越轨是违反某个社会群体或者某个社会的规范的任何行动、信念或人类特征。越轨随时间而发生改变，在以前被认为是对规范的违反的特定行为，比如同居，现在不再被认定为越轨。对规范的违反，是群体和社会定义"可接受的行为"和形成凝聚力的重要途径。

解释性理论和建构主义理论，是理解越轨的两种不同的方式。解释性理论试图解释越轨为什么会出现或者为什么不出现。建构主义理论则更多地关注，有些行为是怎样被定义和归类为越轨的。结构/功能理论是解释性理论。比如，紧张理论断定，越轨是由社会的宏观结构和文化之间的不一致导致的。社会控制理论认为，越轨是由社会纽带的羸弱导致的；而破窗理论则认为，越轨是社会失序的结果。冲突/批判理论也是解释性理论，它关注的是：与穷人相比，精英怎样更不容易被定义为越轨者。互动/行动理论是建构

主义理论，它重点强调的问题是，社会控制主体怎样给特定的行为贴上越轨的标签。被社会控制主体污名化的人，围绕着他们的越轨状况组织自己的生活和身份。并不是所有的越轨行为都是有害的，甚至并不是所有的越轨行为都是令人讨厌的。积极的越轨对社会可能会发挥有益的功能，并为社会所接受。

犯罪是违反刑法的越轨形式。刑事司法体系的要件，包括执法体系、法庭和矫正体系。犯罪的类型很多，不过最宽泛的分类，是暴力犯罪和财产犯罪。暴力犯罪涉及对暴力的使用或者威胁使用暴力。财产犯罪涉及财产的非法获得和对财产的毁坏。全球化与跨国犯罪——特别是国际毒品贸易——的增加密切相关。民族国家阻止非法流动的能力的式微，有助于非法流动的进行。国际警务的扩张，将对抗全球性犯罪的增长。

关键术语（页码为原书页码，即本书边码）

顺从者	165	仇恨犯罪	179	退隐者	165
建构主义理论	164	创新者	165	形式主义者	165
消费者犯罪	180	标签理论	171	规则制定者	172
法人犯罪	179	轻罪	179	规则执行者	172
犯罪	174	道德企划者	172	次级越轨	171
定罪	158	道德恐慌	172	社会控制	172
犯罪学	174	有组织的犯罪	179	社会控制主体	171
网络犯罪	180	假释	176	社会控制理论	166
越轨	158	政治犯罪	179	特殊预防	176
差异交往	174	积极越轨	173	污名	173
可能丢脸的污名	173	初级越轨	171	紧张理论	164
丢脸的污名	173	缓刑	176	符号	171
解释性理论	164	财产犯罪	179	暴力犯罪	179
重罪	179	反叛者	165	白领犯罪	179
一般预防	177	累犯	177		

总结性问题

1. 当社会学家说，越轨是由社会定义的，他们的意思是什么？依据社会学视角，从哪些方面来说，文身是一种越轨？从哪些方面来说，文身又不是越轨？

2. 我们怎样把越轨当作一种全球性流动来加以理解？在解释什么是越轨方面，国家之间有什么差异？在一个日益全球化的世界，这些不同解释的结果是什么？

3. 消费"不正当"的产品和服务，会怎样把一个人变成越轨者？针对权力与越轨之间的关系，上述情况意味着什么？

4. 青少年珍视离开父母的、一定程度的独立性，并常常希望更多地把握自己的生活。他们希望能够做自己想做的事情，而不必经过父母的允许。请运用默顿的紧张理论，在考虑到青少年要求更多独立性的愿望的情况下，来理解青少年的行为。

5. 在商业、政府和军队的地位阶梯上占据高位的人，更有能力实施越轨行为，并让这些行为看起来是合法的，以及不因这些行为而受罚，为什么？考虑到越轨的"平等性"，这种情况意味着什么？

6. "丢脸的污名"与"可能丢脸的污名"之间的区别是什么？为它们各举一个例子。

7. 犯罪和越轨的区别是什么？为什么有些形式的越轨被罪行化了，而另一些没有？

8. 这么多人在美国的监狱里服刑，你怎样解释这一事实？美国的监禁率在全世界是最高的，为什么？

9. 作为一种一般预防措施，死刑有用吗？你同意保留死刑吗？如果同意的话，哪些犯罪应该保留死刑？

10. 各国试图建立哪些类型的藩篱，以便实现对毒品流动的限制？为什么说这些做法不太成功？

第8章
美国的社会分层

学习目标

1 描述社会分层的 3 个维度

2 明确导致经济不平等的各种因素

3 明确社会流动的不同类型

4 讨论社会分层的各种理论

5 解释消费和社会分层之间的关系

高等教育中的"富"学生和"穷"学生

高等教育世界里的分层方式是多种多样的。例如，毕业学生的地位等级由排名靠前的常春藤联盟大学、中等水平的州立大学和低水平的社区学院组成。不管你毕业于高等教育体系的哪一个层级，社会分层的另一个方面——毫无疑问你会对这个方面感兴趣，甚至受其困扰——是你高昂的教育花费。对于那些非常富裕的人和那些因为非常出色（或者是有体育天赋）而获得全额奖学金的人来说，花费并不是多大问题。可是，对于大多数学生来说，它是一个主要问题。对于很多学生（以及他们的家长）来说，要上学并从大学毕业，花费是一个巨大的困难——如果不是不可逾越的障碍的话。负担获得大学文凭之花费的能力，与社会地位密切相关。

来自中下层阶级的学生们，以各种各样的方式来应对教育的花费，比如兼职、在低花费的州立大学特别是社区学院里上学以及借贷——以自己的名义或者以父母的名义。不论通过哪种途径，与那些想上什么学都有负担能力的人相比，这些人都处于弱势地位。

对很多学生来说，学生贷款是一个特别大的问题。私人贷款的利率很可能是浮动的，并且不为贷款违约提供多少保护。联邦的学生贷款与此形成鲜明对照，它的利率是固定的，而且提供各种保护，包括针对贷款违约。目前，美国的学生贷款总额大约是 1.5 万亿美元，是 2000 年的 4 倍还多。离开大学的时候，很多学生负债 2.5 万美元或者更多，但他们后来很可能陷入失业的境地，或者收入低下。结果是，很多人不能及时偿付贷款，大半生身陷债务之中，甚至直至老年。

特别值得关注的一个特殊情况，是那些上了营利性大学（比如凤凰城大学），以及那些没有资格被称为大学的大学（比如臭名昭著的、目前已经停办的"特朗普大学"）的学生的贷款——在那里，每个学生都损失了数万美元。那些对上大学准备不足的学生、经济上弱势的学生和在分层体系中位置低下的学生，最可能上这样的大学。这些学生可能接受低劣的教育，毕业率低于平均水平，背负高于平均水平的学生贷款，即使他们没有完成其学业，而这种情况比较常见。在营利性大学注册的学生，只占美国全部大学生的 11%，但是全部贷款违约金额的几乎 35% 来自这些学校。对这些学生来说，更复杂的情况是，他们成了债务免除公司的猎物——这些公司收费高昂，并／或常常不兑现它们减少或者免除贷款利息的承诺。这些学生之所以债台高筑，是因为他们没有多少经济资源来返还贷款，还因为这些营利性大学比其他大学更为昂贵。

美国社会里的很多领域具有高度分层的特征：穷人花钱更多，但挣钱更少。教育领域的经历，只是这一特征的又一个例子。

我们经常听到，美国社会乃至整个世界是不公平的。这通常是说，相对少的一部分人拥有得太多，而我们其他大多数人，拥有得太少。在美国，当我们看到或者读到新闻中那些超级富豪的穷奢极欲，比如数百万美元的奖金、私人飞机、在纽约或者伦敦价值数千万或者数亿美元的别墅或公寓等等，这种不公平显而易见。在另一个极端，鸿沟也是清晰可见的：在街角和川流不息的转弯车道上，我们会碰到正在乞讨的无家可归者。

是什么东西，有些人拥有或者认为自己拥有，而另一些人没有呢？回答显然是金钱，以及金钱可以购买的东西。可是，**社会分层**（social stratification）不仅仅涉及经济地位的等级差异，也涉及其他重要领域，如社会地位、社会声望和权力。在美国乃至全世界，对于金钱资源和非金钱资源的分配，社会分层会发挥巨大作用（第9章将会详细讨论全球分层）。

第一节　社会分层的维度

对社会分层的任何社会学讨论都必须运用一组重要维度，这些维度来自伟大的德国社会理论家马克斯·韦伯（Weber，1921/1968；Bendix and Lipset，1966）。这3个维度是社会阶级、声望和权力。

一、社会阶级

一个人在分层体系中的经济地位，特别是他的职业，定义了他的**社会阶级**（social class）。一个人的社会阶级地位，强有力地决定和反映了他的收入和财富。那些在财富和收入方面排序接近的人，可以说是同一个社会阶级的成员。例如，身家达到数十亿美元的企业家，如马克·扎克伯格、杰夫·贝索斯、比尔·盖茨和沃伦·巴菲特属于一个社会阶级；而你大学大楼里的清洁工和街角的加油站里为你修车的机械师，属于另一个社会阶级。经常用于描述一个人的社会阶级的术语有：上层阶级（upper class）（例如，大企业家和投资家，特别是经营对冲基金的投资家）；中产阶级（middle class）（护士、教师、兽医、空中交通管理员、旅行中介以及消防员）；工人阶级（working class）（体力工人、职员以及快餐等行业的全职服务人员）；下层阶级（lower class）（临时工和失业者）。图 8-1 展示了美国的职业、收入和社会阶级之间的关系。图中的水滴形状代表了每个阶级的百分比。工人阶级和下层阶级的人数，比上层阶级的人数要多得多。我们在后文将会看到，美国的分层程度比图 8-1 所显示的还要严重。

第 2 章曾经讨论过，卡尔·马克思的社会阶级概念与韦伯的有所不同。对马克思来说，社会阶级是由生产资料（means of production）来定义的，比如工厂、机器、工具和原材料。拥有生产资料的人是资本家（capitalist），他们位于分层体系的顶端。而无产阶级（proletariat）则缺乏生产资料。因此，他们必须向资本家出售自己的劳动时间，以便进行工作和生产。这创造了一个等级性的分层体系，资本家位于顶端，而无产阶级位于等级的底部。这构成了一个阶级体系，因为资本家保留了大部分的利润在自己手中，拥有高收入，并积累巨额财富。相反，资本家付给无产阶级的工资仅够糊口。因此，无产阶级发现，自己积累财富是不可能的。

虽然马克思的社会阶级概念仍然有用，但是目前，经济体系的改变已使它不完全适用。例如，下述说法已经很难成立：对生产资料的拥有，定义资本家的身份；通过对生产资料的拥

有，他们才获得了在分层体系中的地位。在经济体系的核心地带，这些资本家（马克·扎克伯格、杰夫·贝索斯）已经被公司（像马克·扎克伯格的脸书和杰夫·贝索斯的亚马逊）代替了。数千、数十万甚至数百万人拥有这些公司的股票和债券。位于分层体系顶端的那些人（像马克·扎克伯格和杰夫·贝索斯）所拥有的股票和债券，出奇地多。很多人变得极端富有，净资产以数十亿美元计。2018 年中期，马克·扎克伯格的净资产达到了 800 多亿美元（虽然很快就经历了断崖式的下降，但只是暂时的）。不过，与 2018 年晚期贝索斯的 1 680 亿美元相比的话，扎克伯格的净资产就是小巫见大巫了。他们不拥有，至少是不直接拥有像工厂那样的生产资料。在公司的顶层或者上层，他们也许拥有职位；但是，这些职位并不直接给予这些人生产资料的所有权。

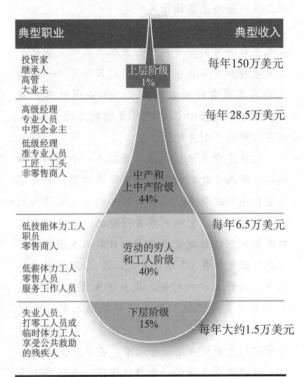

典型职业	典型收入
投资家 继承人 高管 大业主 — 上层阶级 1%	每年 150 万美元
高级经理 专业人员 中型企业主 低级经理 准专业人员 工匠、工头 非零售商人 — 中产和上中产阶级 44%	每年 28.5 万美元
低技能体力工人 职员 零售商人 低薪体力工人 零售人员 服务工作人员 — 劳动的穷人和工人阶级 40%	每年 6.5 万美元
失业人员、打零工人员或临时体力工人、享受公共救助的残疾人 — 下层阶级 15%	每年大约 1.5 万美元

图 8-1 美国的社会阶级与职业、收入

资料来源：Adapted from Gilbert, D. L. (2018). The American class structure in an age of growing inequality. Thousand Oaks, CA: SAGE.

目前，无产阶级的成员仍然在公司里占据低级的职位，他们仍然必须出售自己的劳动时间，以便使用生产资料，他们的薪水仍然相对微

薄。可是，他们也可能是所在公司的小股东——通过诸如401（k）计划[1]或者利润分享养老计划（profit-sharing retirement plan）等途径获得。不过，在拥有高级职位和/或拥有大量股票的人与拥有少量股票的（如果真有一些的话）低级职位的人之间，仍然存在着巨大的经济鸿沟。2018年，杰夫·贝索斯是美国最富有的人，代替了占据此位置超过20年的比尔·盖茨（微软）（Dolan and Kroll, 2014；参阅www.forbes.com/forbes-400）。可将贝索斯的净资产与亚马逊的低级雇员——常常是临时性的——聊胜于无的财富进行比较。（在本章下文讨论美国日益扩大的收入和财富鸿沟的时候，将进一步阐述这一差距。）

二、声望

分层体系的第二个维度——声望（status）[2]，与一个人的名声有关，而这种名声附加于他的社会地位。这一维度的存在及其重要性表明，与金钱无关的因素也会在社会中受到珍视。例如，在拥有2 223个成年人样本的2015年哈里斯调查（Harris poll）中，收入丰厚的医生的声望最高，收入稍逊的科学家声望次之，收入一般的消防队员的声望位居第三。不过，获得极高收入和奖励的公司高管，甚至都没有进入职业声望排行榜的前10名（Harris Interactive, 2016）。

三、权力

社会分层的第三个维度是**权力**（power），亦即让他人按照你的意愿行动的能力，即使这违背他们的意志。那些拥有大量权力的人在分层体系中居于高层，而拥有很少权力或者没有权力的人，被置于分层体系的底部。在政治生活的例子中，这是最明显的。例如，美国总统的权力等级非常高，而数百万普通选民的政治权力却少得很。在政治权力的阶梯上更低的，是那些没有选举权的居民，如被定罪的重犯、非公民（包括未登记移民）。

当然，权力并不仅限于政治体系之中，它也存在于很多其他的制度中：大型公司的高层人员比工人的权力大，宗教领袖比教区居民权力大，户主比他们的配偶及子女权力大（Collins, 1975）。

一般来说，较高的收入与较大的权力联系在一起，但这一规律有例外的情况。2000年代的后期，越来越多的媒体故事聚焦于"养家的妻子"或"养家的妈妈"的现象——这些妻子和妈妈成为她们家庭唯一的或者是主要的供养者。1960年，在有未满18岁孩子的家庭中，只有11%的家庭有"养家的妈妈"；到2015年的时候，这一数字上升到了42%（Glynn, 2016）。后来又出现了"阿尔法妻子和阿尔法妈妈"（alpha wives and moms）——比她们的丈夫挣得多的女人（Chae, 2015；Chesley, 2017）。正像图8-2所展示的那样，1981年，只有16%的妻子比她们的丈夫挣得多；而到了2017年，29%的已婚妇女成为"阿尔法妻子"。

即使有较高的收入，这些妇女在其婚姻关系中也未必拥有更大的权力。在很多情况下，她们被迫同意与其丈夫分享权力（Cherlin, 2010）。实际上，很多高收入的妇女很难找到配偶。因为打破了性别规范，她们面临各种非难。与性别相关的社会期待，以及其他类型的弱势地位，显然会使权力关系复杂化。

四、分层维度中的一致/不一致

有些人在社会分层的3个维度上的地位是类似的。例如，某个公司里的一个中级管理人员，很可能获得中产阶级的收入，享受中等的声望，并拥有一些权力。这就是所谓的**地位一致**（status consistency）或晶体化地位（crystallization status）（Lenski, 1954）。可是，很多人也可能具有**地位不一致**（status inconsistency）的特征。也

---

① 依据美国1978年《国内税收法》新增的第401条k项条款的规定，员工以养老金向所在企业进行投资，并在退休后受益的制度。——译者注
② status的原义是"社会地位"，但中文的"社会地位"包含了"财富"和"权力"的内涵。如果翻译为"地位"，则与其他两个维度发生混淆。另外，status的主要外在表现是声望（prestige），故翻译为"声望"，这也是通用的翻译方式。——译者注

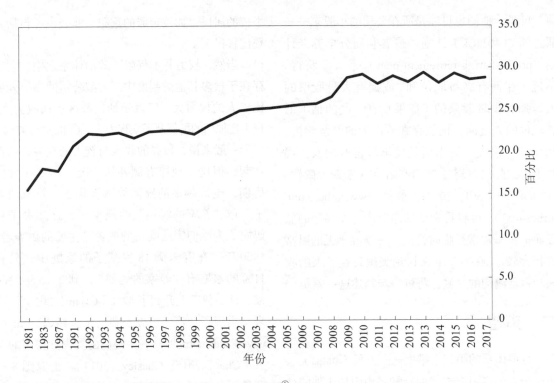

图8-2　比丈夫收入高的妇女的百分比（1981—2017）①

资料来源：Adapted from US Census Bureau and Wendy Wang, Kim Parker, and Paul Taylor, "Breadwinner Moms," Pew Research Center, Washington, DC (29 May 2019). http://www.pewsocialtrends.org/2013/05/29/chapter-3-married-mothers-who-out-earn-their-husbands/.

就是说，他们在分层体系中的某个维度上的地位，与他们在其他维度上的地位不一致，也许非常不一致（Stryker and Macke，1978；Wang，Elder，and Spence，2012）。例如，著名影星、音乐家以及运动员很可能挣大笔的钱——他们属于高等社会阶级——但没有多少权力。这些名人［如克里斯·布朗（Chris Brown）和比尔·科斯比］获得了大量的财富，有着广为人知的法律和道德问题（如毒品滥用和性骚扰），不太可能拥有多少声望。

思考题

在社会分层体系中，你的社会地位是否具有不一致的特征？也就是说，你是否在一个维度中的地位高于另一个维度的？你是否知道其他人，他们的社会地位也是这样不一致？

知识点8-1 | 社会分层的维度

维度	描述
社会阶级	一个人在社会分层体系中的经济地位，反映了他的收入和财富，也取决于他的收入和财富。
声望	与一个人在社会中的地位联系在一起的名声。
权力	让他人按照你的意愿行动的能力，即使这违背他们的意志。

---

① 时间轴原图如此。——译者注

第二节　经济不平等

在分层的社会学研究中，一个主要的关切是**不平等**（inequality）。不平等是一种状态，即一些社会地位带来大量的金钱、声望和权力，而另一些社会地位带来的金钱、声望和权力却很少——如果有的话（Grusky，2018；Sowell，2018）。虽然分层的其他基础也存在，但美国以及当代世界上大多数地方的分层体系（参见第9章），大体上是建立在金钱的基础上的。金钱并不是内在地有价值的，也不是内在地可欲的。只有当它在货币经济——比如美国以及当今世界的大多数地方——中被定义为如此时，它才具有这些特征（Simmel，1907/1978）。在这样的经济中，职业结构的特征是由支付体系决定的。在这样的支付体系中，对占据高级职位的人和在这些职位上表现优秀的人的奖赏，就是大额的工资。把金钱作为奖赏，使得金钱看起来对人很有价值。于是他们想获得它，既因为金钱本身，也因为它能够购买的东西。

目前，我们仍在继续使用——虽然越来越少——纸币和金属钱币，但它们正在快速地被数字化的、电子化的支付手段和货币取代。像PayPal那样的在线转账系统已经很完善。苹果支付（Apple Pay）允许使用移动设备转账。人们特别关注一种革命性的、开源式的货币——比特币（参阅第6章），它仅仅存在于网络之上，而且并不需要银行或者其他机构的参与。很多人相信，它代表了未来的电子货币（e-money）。

在货币经济出现之前，还有其他类型的经济存在。它们目前仍然存在，至少在某种程度上，或者在世界的某个地方。一个例子是以物易物的经济，人们在其中以产品相互交换，并没有货币作为交易中介。在这样的经济中，对货币的需求很低或者根本没有货币。除了工资之外，还有认可人们的相对贡献的其他方式。例如，在墨西哥的恰帕斯（Chiapas），妇女们发展出了一种无货币的交换形式，叫作 El Cambalache（交换）。参与者修理和重新使用扔掉的器物，并免费地相互分享她们的服务和知识（Araujo，2018）。值得注意的是，即使是在发达的货币经济中，我们也能发现很多以物易物的现象。因此，人们相互交换服务，或者用服务来交换某些产品，这并不罕见。这种行为常常是非法的，目的是避税：如果真有金钱交易，就需要缴税。当然，还有一些交易——比如非法的毒品交易或者地下劳动的工资——有金钱的易手，但没有任何记录，故而不会引起国家税务局（Internal Revenue Service）的注意。

法国社会理论家让·鲍德里亚（Baudrillard，1976/1993）曾经批判过货币经济，以及建立在货币经济基础之上的经济交换。鲍德里亚（1929—2007）主张，应该建立一个以符号交易为特征的经济和社会。在**符号交易**（symbolic exchange）中，人们对所有类型的东西进行交换。但最重要的是，交易过程本身受到珍视，其中的人类关系也会受到珍视。它受到珍视，并不是因为可能从其中得到的经济收益——金钱。对群体幸福做出更大贡献，其奖赏是群体中更高的地位，而不是更多的金钱。在这样的体系中，如果你对别人的帮助超过别人对你的帮助，如果你的乐于助人获得了认可，你就可能得到一个高等级的地位。

当然，即使其他的基础是可能的，金钱仍然是美国分层体系的根基。金钱的形式，可以是收入，也可以是财富。**收入**（income）是一个人从一份工作或一桩生意中得到的金钱的数量，也可以是从各种不动产（比如房地产的租金）和投资中得到的回报（比如股票和债券的红利）。人们通常以年为单位来计算收入。例如，你的年收入可能是 2.5 万美元。另外，**财富**（wealth）是一个人的金融财产和其他财产，减去各种债务之后的收入总和。财产包括储蓄、投资、房屋、汽车等内容，而债务包括房屋的按揭、学生贷款、汽车贷款以及欠信用卡公司的钱。如果你的总资产是 10 万美元，你欠债 2.5 万美元，那么你的财富（或者叫净资产）是 7.5 万美元。

财富可以从他人那里继承而来，因此，一个人可以收入平平但非常富有。很多年老的寡妇和鳏夫就是这种情况。相反，很多人可能收入颇丰但并不富有，因为——比如说——他们在昂贵的休假、爱好、美酒和毒品上挥霍无度。

一、收入不平等

社会学家（以及经济学家）对声望和权力的不平等感兴趣，但他们最感兴趣的还是经济不平等。在世界上很多地方，从1920年代到1970年代，收入变得更加平等了。可是，从1970年代以来，收入不平等在很多国家都显著地加剧了，少数人挣得巨额收入而很多人的收入没有多少增加——如果有的话。即使是在美国——它传统上被错误地认为是一个平等主义的社会——收入不平等从1970年代以来一直在加剧，到目前，不平等的水平已经与1920年代晚期的不平等相埒（Morduch and Schneider, 2017; Stewart, 2018b）。那是经济泡沫破裂之前喧闹的1920年代的最高峰，而泡沫的破裂预示了大萧条的到来。在1928年，1920年代的繁荣的主要受益者——前1%的家庭，得到了全部税前收入的几乎24%，而后90%的家庭，只得到了全部税前收入的51%。大萧条和第二次世界大战改变了收入格局，并促生了更高水平的平等。到1944年的时候，前1%的家庭只得到了全部收入的11%，而后90%的家庭得到了超过67%的全部收入。可是，这种情况在1970年代开始改变。

到2016年的时候，前1%的美国家庭挣得全部收入的将近24%，而1989年这一数字是18%（Federal Reserve Bulletin, 2017; 见图8-3）。与此同时，2016年，后90%的家庭所得到的份额，低于50%，比1928年的数字还要低。

如果我们不是关注前1%的家庭，而是关注精英中的精英——前0.01%的家庭，今天的收入不平等就更为严重。2016年，前0.01%的美国家庭得到了美国全部收入的5%。考虑到在1973年，前0.01%的家庭的收入只占美国全部收入的0.5%，这是一个非常显著的提高。这里有一个参照系：前0.01%的家庭的平均收入是1 890万美元，而前0.1%的家庭的平均收入是48.5万美元（Gold, 2017）。因此，现在是发财的好时机，更是成为超级富豪的好时机。

可是，在非常富有的队列里，还是有更进一步的分层。与一般的百万富翁相比，在前1%的富人中间的前1%的富人——那些拥有数亿到数十亿美元的人——营构了自己的经济世界（Reeves, 2017）。结果是，虽然对于较便宜的轻型私人喷气式飞机的需求一直在下降，但对最令人垂涎的、最昂贵的喷气式飞机——湾流（Gulfstream）G650飞机，售价6 500万美元—— *193*

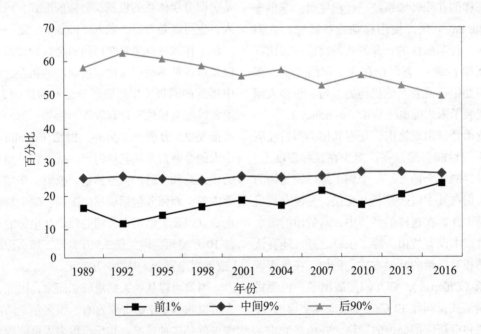

图8-3　美国不同家庭的收入占比

资料来源：Federal Reserve Bulletin, September 2017, Vol 103, No. 3; Changes in U.S. Family Finances from 2013 to 2016: Evidence from the Survey of Consumer Finances.

的需求，却一直在上升。类似的是，超大游艇（艇长超过 300 英尺①）的销售异常火爆（一艘 330 英尺长的游艇售价 2.5 亿美元），而小型游艇的销售量却在减少，同时伴随着价格的走低。更大的游艇的建造计划正在进行之中，也许会与阿拉伯联合酋长国的总统所拥有的 590 英尺长的游艇一比高下。

各种各样的企业都在以新的、更精细的方式来迎合这些超级富豪的需求（Schwartz，2016）。例如，现在出现了专为精英准备的"船中之船"（ships-within-cruise-ships）。所谓"船中之船"，就是游轮上的独立区域，其他游客不能进入，也看不到它的存在。那里有守门人、24 小时的管家服务、私人游泳池、阳光甲板和餐厅。皇家加勒比国际游轮公司（Royal Caribbean）的游轮"海洋颂歌"号（Anthem of the Seas）上的"皇家套房"（Royal Suite）的七天之旅，费用是 3 万美元。形成对照的是，该游轮其他区域的一间普通的头等舱，费用是 4 000 美元。游轮上的"皇家"区域的超级富豪，从来不会和那些一般的富人混在一起，就更不用说其他地方的中产阶级旅客了。我们越来越生活在这样一个时代：精英们与大众隔绝开来，前者的生活方式，大多数人只能幻想一下。不过，这种隔离可能无法使每个人都高兴。一个公司顾问这样写道："如果我坐在飞机的后部，我想嘘那些头等舱的人……如果我在前部，我厌恶那些走过去的人。"（Schwartz，2016：22）

虽然收入不平等是一个全国性的问题（甚至是一个国际性问题），但这一问题在某些地方比在其他地方更为严重。纽约州、康涅狄格州、内华达州、怀俄明州和佛罗里达州的收入不平等程度最高。在这些州里，前 1% 的家庭的平均收入，是后 99% 的家庭的平均收入的 33 倍。最不平等的都市区，是怀俄明州的杰克逊镇（Jackson），以及艾奥瓦州。在那里，前 1% 的家庭的平均收入，是后 99% 的家庭的平均收入的 135 倍（Sommellier，Price，and Wazater，2018）。

人们提出了几个宽泛的原因，用以解释近年

---

① 1 英尺约为 0.304 8 米。——译者注

来收入不平等的加剧：

- 去工业化（deindustrialization）。美国工业的衰落以及其他发达国家的工业衰落，导致了很多高收入工业岗位的丧失（Kollmeyer and Pichler，2013）。很多已经通过上述岗位获得中产阶级地位和较高收入的人，被迫从事低收入的服务型工作，比如在快餐店和旅游产业里工作，或者已经失业。失业者发现自己失去了收入，很多情况下被完全抛出工作世界。

- 工会的衰落。去工业化也和工会权力的衰落有关，而工会曾经帮助很多工业工人获得了高薪和优厚的福利。很多非工业工人仍然加入工会，并受益于工会，但这些工会也已经衰落。

- 技术进步。近年来出现的最高薪酬的工作，是由高技术、高技能的领域创造出来的，比如信息技术（IT）。很多美国人并没有受到过必需的培训，因此无法从工业岗位转移至高技术岗位。实际上，受过足够的教育、能够胜任高技术工作的人，一直供不应求。结果是，技术进步导致的收入不平等可能是一个短期的问题，随着为这些工作而接受培训的人员的增多，这一问题会得到纠正。可是，很多人，包括以前的产业工人，可能因为缺乏教育，而无法获得在高技术工作中获得成功所必需的技能。当下，他们也可能为生活中的其他责任所束缚，因而无法迁移至新的工作地点。而且，他们也可能沉溺于自己的长期失业，甚至都不考虑获得一份新工作。此外，也许没有足够多的高技术工作来弥补工业岗位的损失。

- 政治气候。加剧经济不平等的很多政治因素之一，是工人阶级和下层阶级在政治体系中已经没有了良好的代表（Edsall，2018b）。在美国，民主党曾经代表他们的利益，而共和党是中产阶级和上层阶级的代表。今天，两个党都被中产阶级和上层阶级的接受过良好教育的精英主导，他们的利益与教育程度低下的工人阶级和下层阶级大相径庭。两个党或者是对这两个阶级的经济福利不感兴趣，

或者是在代表他们时效果不佳。一个结果是，他们不愿意提高目前的联邦最低工资水平——每小时 7.25 美元。在实际工资上，那些处于最低工资岗位的人，与处于高薪工作岗位的人相比，处于非常不利的地位。

- 位于顶端的人权力越来越大。在很多等级制度——如商业（Lowrey, 2014）、金融、政治、体育、娱乐和专业（医生和律师）——的顶端的人，运用自己的权力来攫取更高的收入和其他很多好处（Shipman, Turner, and Edmunds, 2018）。这就是被称为"赢者通吃"（winner-take-all）的社会的表征（Frank and Cook, 1995）。在这样一种达尔文主义的经济中，富人利用他们的优势获得了广泛的成功，而穷人所拥有的优势寥寥无几——如果还有的话——且每况愈下（Frank, 2011）。

- 最近，一系列影响不那么深远的改变，对于巨大且日益扩大的收入鸿沟也有所贡献。布什总统在他的任期（2001—2009）曾经减税，特别是针对富人。2018 年，特朗普总统成功地进行了税制改革，在这次改革中，富人获得了更大的优势，特别是与中产阶级和下层阶级相比。最大的受益者（税后收入提高了8.5%），是年收入 75 万美元的人群。年收入为 6.6 万美元的人群，平均税后收入只提高了 1.2%。最大的受益者还有公司（及其持股人），他们的税收减少了 26 亿美元。它们的税率从 35% 降到了 21%（Rappeport, 2017）。

- 联邦福利在应对不平等方面无所作为，甚至加剧了不平等。例如，社会保障的支付款越来越多地流向了美国老年人，无论他们的收入和经济地位如何。富裕的老年人每个月都会收到他们的社会保障支票，像钟表一样准时。此外，与贫穷的公民相比，富裕的美国人一般更长寿。这意味着，富人从社会保障中获得的收益，多于那些最需要社会保障的人（Irwin, 2016）。可是，随着 2014 年《平价医疗法案》（Affordable Care Act）的实施——该法案把数百万人纳入拥有健康保险的人的行列之中，联邦福利和不平等之间的关系发生了变化。该法案为解决不平等问题

做出的贡献，比 1960 年代以来的任何联邦计划都要多。可是，上任伊始，特朗普总统就开始了对《平价医疗法案》所建立的结构的废除过程。这可能意味着，未来的不平等会加剧。税收政策发生了转变，转向偏袒源自财富的收入（参阅下文的讨论），特别是长时段的资本性所得。这些所得涉及源自资本投资的收入，比如不动产、股票以及持有时间超过 1 年的债券。虽然近年来针对资本性收入的税收有所增加，但在最高税率上，对长期资本性收入的税率，仍然仅仅比一般收入最高税率的一半稍高一点。那些拥有最高收入的人，为他们的资本性收入缴纳 20% 的税，但针对普通收入的最高税率，却是33%～40%。对于那些主要针对富人的税后收入，这是一个巨大的有利条件，虽然农民也从其中有所收获。那些超级富豪——他们在资本中拥有不成比例的过大份额——从较低的资本性所得税中，收获了绝大多数的好处。

思考题

针对持续加剧的收入不平等，上文提出的哪些原因，对你所认识的人影响最大？对于社会上大多数人的影响又是怎样的？为什么？

二、财富不平等

虽然收入不平等看起来很不公平，但最大的社会不公平——富人和穷人之间最大的差别——却是财富（也就是说经济财产）的巨大不平等。财富不平等比收入不平等要严重得多。当然，二者是联系在一起的，因为财富倾向于创造各种各样的收入，比如红利和利息。与主要依靠工资和薪水的那些人相比，拥有上述来源的巨额收入的人，更可能居于分层体系的上层。因此，财富本身是重要的，而这些财富所制造的、看起来源源不断的收入，也是重要的。

日益扩大的财富差距

近年来，与收入不平等一样，美国和其他西

方国家的财富的不平等有扩大的趋势，而美国的税收系统缩小不平等的效用，正在逐渐降低。美国超过80%的财富增加流向了前5%的富裕人口。在过去的30年里，前0.1%的富裕家庭所拥有的财富占全部财富的比重，从7%上升到了22%。形成对照的是，最穷的60%的人口所拥有的财富，下降了7.5%。他们的财富缩水的原因是：很多房屋的价值降低了，而工资的增长停滞不前（Saez and Zucman，2014）；此外，很多人放弃并离开了劳动力大军，因而没有任何收入，也不会积累任何财富。

与收入不平等一样，超级富豪（财富位居前0.01%的人）正在变得越来越富有。正像我们在游轮的例子中所看到的那样，拥有巨额财产的人的生活方式，超出了位于经济阶梯底部的人的最疯狂的想象。财富带来了各种优势：

- 可以用财富进行投资，以便创造更多的收入，最终创造更多的财富。
- 可以用它来购买各种各样的物质享受：豪宅、度假别墅、豪华轿车、订制服装，以及管家、园丁、机械师、私人教练的服务。
- 可以用它获得高水平的财务安全，如果他们愿意的话，富人们可以早退休，并有办法幸福地度过余生。
- 与不那么富裕的人相比，可以用它获得多得多的自由和自主。一个例子是，一个人可以自由地离开一个不满意的工作或者完全不工作，却不必担心怎样支付家里的各种账单。
- 财富让富人们可以在刑事司法体系中获得无罪推定的好处（benefit of the doubt）。甚至在那些不太可能发生的情况下——他们被逮捕并被控有罪——他们也可以雇用昂贵的律师，而这些律师很可能给他们炮制出一个有利的结果。而且，任何种类的白领犯罪都可能只得到很轻的制裁（例如，犯了贪污罪和诈骗罪，本该判假释，却被判缓刑[①]）。
- 大多数的财富可以传给后代，甚至传至数代

之后，保证他们享受类似的特权生活方式。

随着经济学家托马斯·皮凯蒂（Thomas Piketty）的《21世纪资本论》（Capital in the Twenty-First Century，2014）的出版，财富和日益扩大的财富差距受到了学术界和媒体大量的关注（另外参阅Antonio，2014）。在皮凯蒂看来，财富比收入要重要得多。与其他人依赖通过自己的劳动而获得的工资或薪水（即使可能很高）不同，拥有财富的人更多地依赖于财富所创造的收入，比如利息、不动产的租金、股票和债券的红利以及版税。在历史上，这些来源的收入大大超越了来自薪水和工资的收入。据估计，在未来的数年里，工资的增长会维持很慢的速度。这样的话，那些依靠源自财富的收入生活的人，将会进一步超越那些依靠工资生活的人。

拥有财富的人还可以施展各种手段为自己赢得好处，比如，影响政府通过法律，以便有利于自己发财（比如规定出售股票的所得税率低于收入所得税率；Scheve and Sasavage，2017）。另外，财富可以以遗产的形式从一代人传递给下一代人。这意味着，随着时间的推移，有钱人的优势会以指数速率增加。美国前10%的人已经拥有全部财富的76%，而这一比例可能还会增加；低层50%的人只拥有全部财富的2%，而这一比例不太可能会增加（Sahadi，2016）。皮凯蒂（Piketty，2014）认为，唯一的希望是对全球财富征收较高的累进税（必须是全球征税，因为财富本身是全球流动的），而富人缴税的税率，要显著高于其他人。这是限制富人与其他社会成员之间的财富鸿沟的唯一途径。当然，建立全球征税制度的障碍，几乎是不可逾越的。富人和他们的支持者会反对这种做法——利用他们手中大量的资源。再有，很难想象世界各地各具特色的众多社会，怎样就这一转型工作达成共识。

声望、权力和财富

最重要的也许是下述事实：财富不仅仅在分

---

① 假释是由假释委员会在罪犯服刑一段时间或很长时间后批准的。缓刑是由法官在审判中宣布的，可以代替部分监禁时间。——译者注

層的一个维度——社会阶级上与高社会地位相一致，在分层的其他维度——声望和权力上也是获得类似地位的重要因素。那些拥有巨额财富的人，倾向于在社会阶级的维度上居于高位，因为从某种程度上说，阶级是从经济角度定义的，而财富是阶级的一个关键指标。一般说来，那些拥有巨额财富的人有能力购买，或者用其他方式得到那些给予他们声望和权力的东西。当然，对于巨额财富和高社会阶级之间的联系，例外是存在的。一个例子是，有些人虽然已经失去了大部分或者全部财富，但仍然保持较高的社会等级。另一个例外是暴发户（nouveau riche）（很多人认为唐纳德·特朗普属于这一类型），他们粗野的品位和行为可能会导致上层阶级拒绝接受他们的成员身份。不过，一般来说，拥有巨额财富的人是上层阶级的成员。

在声望问题上，富人可以承担得起更高水平和更高质量的教育。比如，在美国，富人能够把孩子送到昂贵的、排他性的预科学校和常春藤联盟大学。在一些精英大学里，如果你是一个"余荫"（legacy）申请人——上过该大学的精英的子女——你的入学机会将会增加，也许会增加高达45%的概率（Mandery, 2014）。有时候，这种靠"余荫"入学的做法被叫作"针对富人的平权行动"（affirmative action for the rich）（Kahlenberg, 2010）。例如，在普林斯顿大学2015届毕业生中，余荫申请人的33%被接受入学，而在非余荫申请人中间，只有8.5%的人被接受入学（Nisen, 2013）。类似的情况是，在哈佛大学，2021届毕业生中，29%的学生是余荫申请人（Blumberg, 2017）。富人还可以买到更多的高雅文化标志（trappings），比如购买歌剧院的长期门票，或者是著名艺术家价值数百万美元的画作。富人可以作为慈善家而获得承认，比如，参加一个门票1 000美元的慈善舞会，或者捐出需要的款项，为医院建造一座新楼。

对于那些拥有企业或者管理着其他组织的人来说，对雇员的权力就是一个生活中的事实。富人对财务、家居和个人服务的需要，是其权力的另一个来源。他们有能力指导很多慈善群体和民间群体的行动。如果这些还不够，他们还可以贿赂官员或者慷慨地捐助自己喜爱的政治家的竞选活动，从而买来权力。这种捐助通常会给捐助者带来巨大的幕后权力。有时候，富人选择利用他们的金钱自己竞选公共职位；如果成功的话，他们的家庭所占据的职位会给予他们巨大的权力。这些家庭甚至会变成政治王朝，在两代或者更多代的时间里保持政治职位。约瑟夫·肯尼迪（Joseph P. Kennedy）在大萧条时期赚了大钱，并运用这些钱变成了一个强有力的政治人物。他的金钱和政治影响力帮助他的儿子们竞选成功：约翰·肯尼迪成了总统；泰德·肯尼迪成了参议员；鲍比·肯尼迪也成了参议员，后来他在竞选总统时被暗杀。普雷斯科特·布什（Prescott Bush）在华尔街挣了钱并成了一名美国参议员。他的儿子，乔治·H. W.布什成了美国总统，他的孙子乔治·W.布什也成了美国总统。他的另一个孙子——佛罗里达州前州长杰布·布什，在2016年总统选举中，成为共和党的提名候选人（失败）。

对很多人来说，能够用大笔金钱购买的生活方式，是兴趣和着迷的源头。在1980年代，罗宾·利奇（Robin Leach）主持了一个很受欢迎的电视节目，叫作《富人和名人的生活方式》（Lifestyles of the Rich and the Famous）。这一节目把观众带到幕后，去探索精英的豪宅。在这一节目的现代版本——MTV的《名人豪宅秀》（Cribs）中，明星音乐家和运动员炫耀自己的家、游泳池、汽车以及其他的财富标志。真人秀节目，比如精彩电视台（Bravo）的《真正的主妇》（Real Housewives）系列，以及E！频道的《与卡戴珊一家同行》（Keeping Up with the Kardashians），展示了超级富豪群体的日常生活。这些节目彰显了富人和普通人之间的鸿沟。例如，真实生活中的很多精英，不会做那些对于我们来说只是家常便饭的事情，包括自己加油或者在机动车管理机构前排队申请驾照。这些娱乐节目的流行，显示了人们对下述问题极大的好奇心：这些拥有声望、金钱和/或权力的人，到底怎样生活。

财富的永久化

富人的一个巨大的优势，是他们能够维持其

代际社会阶级。保持自己的财富——如果没有扩大的话——的能力，让上层阶级的成员能够把自己的财富，以及与财富相伴的上层阶级地位，传递给自己的孩子。人们设计出了各种金融机制［比如隔代遗产信托（generation-skipping trust）］，以便让富人把自己的财富传给自己的下一代，甚至传给很多代。因此，在长时段上，财富具有自我永久化的倾向。

富人之所以能够把他们的财富永久化，很大程度上是因为，他们能够利用自己的金钱和影响力来抵抗税收体系。而设计这一体系，就是为了至少对一部分财富进行社会再分配。例如，针对

遗产税，富人艰苦地抗争了很长时间，这一税种对一个人死后留下的超过特定价值的遗产征税。很多富人更愿意把遗产税贬称为"死亡税"。

从上述视角看，2010 年是激动人心的一年，因为遗产税法被废止。结果是，那一年去世的百万富翁和亿万富翁没有交任何遗产税。一个特别的受益者就是乔治·史坦布瑞纳（George Steinbrenner）家族，也就是纽约扬基棒球队（New York Yankees）的拥有者。据估计，那一年死去的乔治·史坦布瑞纳的遗产超过 10 亿美元。更极端的例子是不太知名的丹·邓肯（Dan Duncan），他的遗产据估计有 90 亿美元。史坦布

数字化生存　　新型共享经济中的分层

在共享经济中，我们不再使用通常购买或租赁的方式，而是以非常低的成本或者免费地与他人共享商品和服务（Gansky，2010；Stein，2015）。我们不再租住酒店房间，我们可以在一个私人家庭里得到一个房间，甚至是整个家——通过在线网站爱彼迎（Airbnb）。我们不再招呼出租车，我们可以使用优步的智能手机应用程序，在一辆私人汽车上得到一段预付费的搭载。我们不再在一家"红火"的餐馆里等在餐桌旁点菜，我们可以通过跑腿兔（TaskRabbit）雇用别人在线点餐。

共享经济显然是未来的潮流。虽然有些共享活动是非营利和非货币交换性的（Atsushi，2014），但大公司已经深深地介入了，而且共享经济正在变得高度分层化（Schor and Attwood-Charles，2017）。

最顶层的是那些最成功公司的创始人、管理层和金融家。优步的估值在 760 亿到 1 200 亿美元之间，它的创始人都可能是亿万富翁。但对于大多数司机来说，这份工作是临时性的，而且报酬低微。司机们使用自己的汽车，支付自己的成本，并且没有福利和工作保障。结果是，他们很可能落入下层阶级，或者接近下层阶级。更糟糕的是，他们的成功是以传统出租车司机的工作机会为代价的。目前，纽约市的优步汽车已经超过黄色的出租车，两者的比例超过 3∶1（Hu，2017；Pramuk，2015）。

2019 年早期，爱彼迎的估值是 310 亿美元。它创造了一个类似的分层体系，包括顶层的创始人和高层，以及底层的房屋出租者。不过，没有参加者真正地与他人（免费）共享空间。虽然纽约市正在试图打击这种行为，但那里的商业性运营者们提供了超过三分之一的出租单元，并获取了超过三分之一的利润。6% 的房主得到了 37% 的利润，其中一位房主拥有 272 个出租单元，获利 680 万美元。有些批评家指出，至少在这个事例中，"'共享经济'的说法就是一个笑话"（Streitfeld，2014：A1）。

贝尔克（Belk，2014）认为，在上述事例和其他很多事例中，共享被营利性组织和其他组织变成了"伪共享"（pseudo-sharing）——这些组织发现，这是一条致富之路。令人悲伤的是，共享经济里没有共享。共享经济正在创造一个新的分层体系，或者至少是现有体系中的一些新位置。很多人会落在底层或者是底层附近。

参与数字世界

你认为，共享经济中发生的分层是不可避免的吗？为什么？消费者是否应该拒绝参加，即使它提供的服务是可欲的和可负担的？为什么？如果你参与了共享经济，解释你最常使用（或提供）的服务，以及每种服务是否存在替代选项。

瑞纳家族和邓肯家族在税收上节省了数亿甚至数十亿美元，因为这两位亿万富翁正好在 2010 年去世。

遗产税在 2011 年被重新确立。2019 年，遗产税免税额度被设在了慷慨的 1 140 万美元每人，而不是 2009 年的 350 万美元每人。换言之，2019 年以后，一个人对于他低于 1 140 万美元的财产不用缴纳遗产税（对于夫妻二人的免税金额是 2 280 万美元）。只有很少的美国人拥有接近这一数额的资产。结果是，减少或者废除遗产税的建议，与大多数美国人没有太大关系，或者完全没有关系。减少或者废除遗产税只能导致富人更富。

与拥有大笔财富一样，没有多少财富也倾向于自我永久化。可以相当确定地说，那些拥有很少的个人财富或者根本没有个人财富的人，他们的孩子以及孩子的后代也会缺乏财富。当然，对于这一模式来说，曾经有过很多例外，以后也还会有很多例外。但是大体上说，代际的一致性还是很强的。这与霍雷肖·阿尔杰神话（Horatio Alger myth）是对立的。（阿尔杰是 19 世纪晚期的一位作家，他创作廉价但畅销的"乞丐变富翁"的小说。）这一神话告诉我们，通过努力工作和奋斗，任何人都可以在分层体系中前进或者上升。霍雷肖·阿尔杰神话是有效的，因为很多人相信它，并且努力获得成功（有些人甚至做到了），但常常面临不可逾越的障碍和风险。但是，这一神话也有负功能，因为它倾向于把获得成功的重担，都压在个体的肩上。绝大多数人会失败，并把失败归咎于自己，而不是那个不公平的、高度分层的体系。

最近的研究显示，整个分层系统的人，都会极度地夸大美国社会向上流动的规模，虽然处在这一体系较低层次的人做出这种夸大的程度最高（Kraus，Davidai，and Nussbaum，2015）。处在这一体系顶层的人对向上流动的夸大，起到了把他们自己的地位合法化的作用，因为这让这些顶层地位看起来似乎是对非常多的人开放的。更重要的是，这与霍雷肖·阿尔杰神话是一致的：对向上流动的夸大，为处于体系底层或者接近体系底层的人们，提供了上升到更高层次的希望。

三、美国中产阶级的衰落

近年来，关于美国中产阶级的衰落或者中空的文章有很多（Frank，2013）。中产阶级衰落的主要原因是中等收入工作机会的减少——通常归咎于技术的变迁——比如报酬优厚的、常常是工会成员的制造业工作机会的减少。在一些情况下，这些工作机会被世界其他地方的成功企业夺走了。有些失业工人有能力获得报酬更好的工作，因而在分层等级中向上移动了。可是，更多的人只能接受报酬更低的服务业工作，比如在快餐行业里的工作。他们可能已经坠入了下层阶级，比如那些没能找到工作的人，或者是那些不愿意接受低薪工作的人。有一个人已经失业 4 年了，他曾经是一位高薪的电工。他说："我愿意为他们（福来鸡，Chick-fil-A）工作，但他们只给每小时 10 美元的报酬……我已经 49 岁了，还有两个孩子——每小时 10 美元真的不够应付生活"（Appelbaum，2014：A1）。很多中产阶级人士被计入失业人口，但其他人——像这个电工一样——没有被计入其中，因为他们没有寻找工作。他们已经放弃了找到自己想要的工作的希望，或者任何工作也不想找。

中产阶级衰落的另一个重要因素，是某些岗位上工资增长的停滞——而中产阶级成员往往长期持有这种岗位（Greenhouse，2015；Wisman，2013）。他们可能仍然持有 10 年前或者 20 年前所持有的工作，但这些工作岗位上的工资却没有什么增加，实际上随着时间的推移，其购买力很可能已经降低了。结果是，他们的境遇变差了，因为随着时间的推移，他们尽力支付的各种商品和服务的价格上升了——有时候是急剧上升——但他们的工资没有赶上价格的上涨。进一步的结果是，很多人仍然被认为是中产阶级的一部分，但他们自己的感觉却并非如此。这是因为，他们支出的增加快于收入的增加——他们可能已经买不起那些与中产阶级生活方式联系在一起的东西了。

金融风暴深深地伤害了中产阶级。例如，很多人失去了他们的房屋，因为他们已经付不起按揭的月供。面对金融风暴，政府的努力（比如对银行和投资公司的脱困行为）极大地帮助了上层阶级，但对中产阶级没有多少帮助，或者完全没有帮助（在房屋所有者面临失去房屋的危险时，政府没有帮助他们；Hacker and Pierson，2010）。

中产阶级的衰落广受关注，特别是那些不再位列其中的人，或者是那些再也无法憧憬加入其中的人。从更宏观的视角看，中产阶级的衰落造成了这样一个上层和下层分裂的分层体系，而中间的中产阶级空洞越来越大。这导致了日益扩大的不平等，也使得下层阶级找到一个中等收入的职位，然后在分层体系中有所上升的希望越来越渺茫。

四、贫困

虽然有些中产阶级的人变穷了，坠入了下层阶级，但贫困显然主要是下层阶级成员的问题——他们人数众多，并且通常是长期成员。贫困以及与之相关的其他问题是社会学家的重大关切，也是整个社会的重大关切（Desmond，2016；Edin and Schaefer，2015；Iceland，2013）。穷人可能是未充分就业或失业的，或者被迫放弃找到一份工作的希望，并完全退出劳动力大军（参阅第15章）。那些正在寻找全职工作的人，以及找到了短期工作——比如在麦当劳或者沃尔玛的工作——的人，不太可能有足够的收入养活自己，而必须依赖其他人或者各种各样的福利支出。

贫困之所以令人困扰，是有很多原因的。最重要的原因是，它对穷人自身产生了负面的影响。没有工作或拥有的工作不能提供一份足够生活的工资，会和很多令人困扰的境况联系在一起。遭受贫困的人也可能没有食物的保障，也就是说，在获得足够的食物方面有困难。他们的生理状况和心理状况可能很糟糕，结果是，他们的寿命也比较短。实际上，在过去的岁月里，随着富人和穷人之间的寿命鸿沟快速扩大，穷人越来越远地落在了富人的后面。对于出生于 1920 年的男人来说，与收入在后 10% 的人相比，收入在前 10% 的人有望多活 6 年。对于出生于 1950 年的男人来说，这一差距翻了一番还多，达到了 14 年。对于生于同一年代的女人来说，这一差距从 4.7 年增加到了 13 年（Tavernise，2016）。寿命差距日益扩大的主要原因，是在下述方面的显著不同：吸烟、肥胖、陷入对处方药（例如阿片类药物）的依赖——特别是在贫困的白人中间。

在对穷人自身的影响之外，贫困也以各种方式对经济造成伤害。有些人只是打短工的劳动力，有些人更糟，完全处于劳动力大军之外。经济不可能从这些人的贡献中受益。经济活力降低了，因为贫困至少对还拥有一份工作的人的工作能力造成了负面的影响。比如，他们可能因为疾病降低了生产力，或者因为疾病减少了劳动的时间。此外，整个社会的消费水平降低了，因为穷人没有大量消费的能力。在贫困广泛存在的地方，犯罪、社会混乱和革命更容易发生。

思考题

你相信穷人是牺牲品吗？如果是的话，他们是谁的牺牲品？或者，你认为是穷人自己选择了不脱离贫困吗？如果是这样的话，哪些社会学因素可以解释这种选择？

很多人认为，对社会整体来说，贫富之间的巨大差距是一个道德问题——如果不是一个道德危机的话。人们经常认为，穷人并没有做他们应该做的或能够做的事情，以便使自己脱离贫困。他们被看作是声名狼藉的人，这使他们变成了道德责难的对象，而责难他们的是那些在社会上取得了成功的人（Damer，1974；Matza，1966；Shildrick and MacDonald，2013）。人们把社会的堕落归咎于他们，他们甚至也为社会的堕落和自己的贫困而责备自己。不过，一些人把贫困看作是完全不同类型的道德问题。他们主张，穷人应该被看成是牺牲品，一个对他们进行剥夺的体系的牺牲品（Ryan，1976）。在一个富裕的社会里存在大量穷人，是这个社会的污点（Harvey，2007）。在一个大量贫困长期存在的社会里，其经济体系和政治体系一定是出了问题。不仅仅人们把贫困归咎于穷人自己，穷人还要承受与贫困相关的各种负担（Eubanks，2018）。不过，贫困会通过各种各样的途径对我们所有人和整个社会产生负面影响。我们为贫困付出惨重的经济代价和社会代价。我们都将从减少贫困中获得收益，

并从消灭贫困中获得更大的收益。

五、分析贫困

把贫困的存在归咎于穷人是一个有诱惑力的想法，但从社会学的视角看，你会注意到那些造成贫困并把贫困永久化的力量。对社会学家来说，3 个基本的原因导致了贫困的永久化：

- 贫困已经嵌入了资本主义体系，而且目前几乎所有的社会都拥有资本主义经济。资本主义商业谋求利润的最大化。它们通过最大限度地压低工资和雇用最少的工人来实现这一点。当企业不景气的时候，它们倾向于解雇工人或者让他们停职，使他们大多数人陷入贫困。存在大量的失业人口，亦即贫困人口，是与资本主义体系的利益相一致的。这些人口充当了马克思所说的"失业后备军"。他们是现成的人员库，在经济景气和需要更多工人的时候，他们可以迅速地加入劳动力之中。这一后备军的存在，也会让现有的工人受到约束，不敢向管理层要求更多——如果还敢要求点什么的话。
- 社会阶级之间的竞争，鼓励一些精英群体努力提高自己的经济地位——通过限制其他群体的能力，甚至仅仅是他们保持他们的经济地位的能力。精英们这样做，是通过限制穷人能够获得的机会和资源的方式进行的，比如各种福利体系所提供的机会和资源。
- 政府减轻贫困的行动，或者缓解其对人们和社会的负面效应的行动，通常受到一些人的牵制，他们相信，穷人应该自立，政府不应该为他们提供帮助。他们还相信，政府的帮助会降低激励效应，人们需要这种效应来努力工作，以便跨越贫困线。在政治保守分子中间，这些信念是相当常见的。

贫困有两种类型：

- **绝对贫困**（absolute poverty）是一个标准，它测量的是人们为了生存所需要的东西。无论测量贫困的标准是什么，绝对贫困的标准总保持不变，即使也会依据通货膨胀率来加以调整。例如，在美国，人们利用建立在收入基础上的贫困线（见下文）来测量绝对贫困。相反，在发展中世界，消费水平被用来决定是否贫困，在那里，绝对贫困者的收入可能基本上是零。因此，在一个发展中国家，绝对贫困可以被定义为每天消费的产品的价值少于 2 美元。虽然依据某种标准和在某种绝对的意义上，美国的穷人被认定为穷人，但是与世界上大多数地方的穷人相比，他们通常要宽裕得多。不过，有研究发现，遭受"极端贫困"的美国家庭的数量令人震惊，他们每天依赖少至 1 美元过活（Edin and Schaefer，2015）。研究者估计，150 万家庭，包括 300 万儿童，属于这一类别。比如，他们依靠捐献血浆得到的收入维持生存。美国的极端贫困问题尚且如此严重，它作为全球问题就更加严重了（Roser and Ortiz-Espina，2017）。

- 为**相对贫困**（relative poverty）下定义的并不是某些客观标准，而是下述事实：有些人，无论其收入如何，与和他们相关的人相比较为贫困，或者感觉自己较为贫困。汤森德（Townsend，2010：99）提供了这样一种相对性的看法。他认为，在下述情况出现时，贫困就出现了："在一个人或者一个家庭所居住的社区里，这个人或者家庭所拥有的资源，少于平均拥有的资源。"因此，与自己周围的人相比，甚至是中产阶级（特别是当他们经历了工资的停滞，或者是失去了自己的工作时）和一些上层阶级的人，也会认为自己很穷。他们的比较对象拥有更高的收入，以及与上述收入匹配的更多的财富标志（比如更大的房子和更豪华的汽车）。虽然相对贫困也是一个事实，但是在把他们与绝对贫困的人——更不用说极端贫困的人了——比较的时候，那些相对贫困的人较难获得同情。

美国的贫困

虽然很多社会学家都采用贫困的相对视角，但各国政府，包括美国政府，倾向于使用绝对标准。一条以收入为标准的**贫困线**（poverty line）或一个贫困阈值被设定，家庭收入进而与这个阈值相比。收入低于这一阈值的家庭被认为是贫困的。各国的贫困线各不相同。在美国，由社会保障总署（Social Security Administration）设立贫困线。它是这样决定的：把营养足够的膳食计划的成本乘以3。这是因为，人们假设一个家庭会把三分之一的预算用于食品。值得注意的是，很多人批评这种计算方法，因为它没有考虑到其他的必要花销，如育儿、住房和交通。2018年，一个四口之家的贫困线，是税前收入25 100美元，一个单身成年人的贫困线是12 140美元（U.S. Department of Health, and Human Services, 2018）。2016年，几乎有13%的美国人口，或者是4 060万人口，生活在贫困线以下，因而被官方划入穷人的范畴（Semega, Fontenot, and Kollar, 2017）。

当然，生活在贫困线附近的数百万人，也会被社会上很多人认定为穷人。作为金融危机的后续效应，很多人呼吁更多地关注那些"接近贫困的人"（near poor）（Bruder, 2017；Hokayem and Heggeness, 2014）。那些收入不超过贫困线25%的人，会被划入这一类别。根据这一标准，在2016年，大约430万美国人被认为是"接近

贫困的人"（U.S. Census Bureau，2017b）。如果把这一数字与穷人的数字加在一起，我们会发现4 500万美国人是穷人或者是非常接近贫困的人。毫无疑问，在美国贫困是一个巨大的问题，但几乎可以确定地说，这个问题远超我们的想象。

观察图8-4所显示的长期趋势，我们可以看到，自1959年以来，生活在贫困中的人口的数量每年都有显著的波动。例如，随着2008年金融风暴的开始，贫困率急剧上升。但在最近几年里，随着经济的好转，贫困率稍微有所下降。

美国贫困水平的一个指标，是接受"营养补充援助计划"（Supplemental Nutrition Assistance Program，SNAP）援助的人数。2008年以前，SNAP被称为食品券（Bartfeld et al., 2016）。2010年初，4 410万人接受了SNAP的援助。到2018年4月的时候，只有4 100万人接受了这种援助。这是一个轻微的下降，但事实仍然是，超过4 000万美国人依赖SNAP的援助，而该计划在2017年花费了美国政府410亿美元。

正如你所预料的，考虑到在收入和财富上的弱势，少数群体格外地承受了贫困之苦。2016年，非西班牙裔白人的贫困率大约是9%，亚裔

202

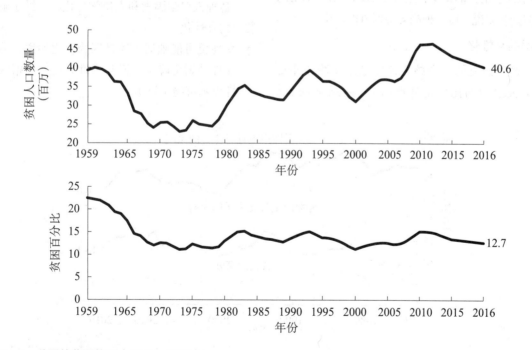

图8-4　美国的贫困状况（1959—2016）

资料来源：U.S. Census Bureau, Current Population Survey, 1960 to 2016 Annual Social and Economic Supplements; Bernadette D. Proctor, Jessica L. Semega, and Melissa A. Kollar, Figure 4: "Number in Poverty and Poverty Rate: 1959 to 2016," in Income and Poverty in the United States: 2016, Current Population Reports P60–256(RV), U.S. Census Bureau, September 2017.

人口的贫困率是 10%，虽然与 1980 年代的 16% 相比显著地下降了，但仍然高于非西班牙裔白人的贫困率。更引人注目的是，黑人的贫困率超过 20%，而西班牙裔人口的贫困率仅仅比 20% 低一点点（U.S. Census Bureau, 2017a）。

图 8-5 展示了不同类型家庭的贫困情况。这里有 3 种家庭：已婚夫妇家庭、女性户主且无丈夫的家庭、男性户主且无妻子的家庭。长久以来，与其他家庭类型相比，女性户主且无丈夫的家庭的贫困率非常高。例如，2016 年，以女性为户主的家庭的贫困率，是以男性为户主的家庭的贫困率的 2 倍还多。与此同时，与单亲家庭相比，已婚夫妇家庭的贫困率要低得多。与前一年相比，已婚夫妇家庭的贫困率在 2016 年有所降低。

贫困及其对家庭的影响的一个指标，是更多的家庭经历了"寄居"（doubling up）。所谓的寄居家庭，就是那些增加了一个超过 18 岁的成年人的家庭——这个人已经不再上学，与户主和户主的配偶一起生活（或者是仅仅和户主一起生活）。从 2007 年到 2011 年，寄居家庭的比率上升了 11%。另外，在此期间，与父母生活在一起的 25 岁到 34 岁的人的比率，上升了 26%。对于本书的很多读者来说，后一种趋势特别值得担忧。

贫困的女性化

贫困研究的一个核心议题是，女性和儿童在穷人之中的比例格外地高（Abercrombie and Hastings, 2016；West et al., 2017）。2016 年，14% 的美国女性生活在贫困线以下，而只有 11% 的男性生活在贫困之中（U.S. Census Bureau, 2017b）。贫困水平随年龄而发生改变：与 18 岁及以下和 65 岁及以上的女性相比，年龄在 45 岁和 64 岁之间的女性不容易陷入贫困。女性的贫困率也随种族和民族而改变：黑人女性和拉丁裔女性陷入贫困的可能性，是白人女性的 2 倍。还有，你已经看到，与已婚夫妇家庭相比，女性户主且无丈夫的家庭的贫困率要高得多。

贫困的女性化（feminization of poverty）的概念诞生于 1978 年。它的意思是，生活在贫困中的人，越来越可能是女性，而不是男性（Goldberg, 2010；Pearce, 1978）。近年来，女性在工作世界中的地位提高，女性的收入也提高了。这似乎意味着，贫困鸿沟在缩小，但性别的鸿沟持续存在。性别鸿沟持续存在的一个原因，是两性工资平等的趋势，被另一个日益增强的趋势抵消，甚至逆转。后一个趋势是，越来越高比例的男性通过"加班"（overwork），亦即每周工作超过 50 个小时来提高他们的收入（Cha and Weeden, 2014）。

各种人口学因素和人口学变化，有助于解释贫困的女性化：

• 女性更可能独居（这是因为，比如说，单身女性结婚更晚了，而与男性相比，离婚的女性更不可能再婚）。

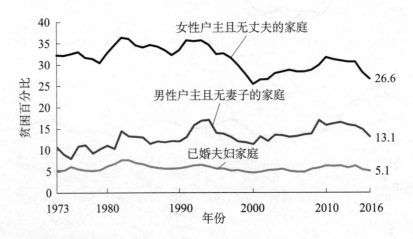

图 8-5　美国不同类型家庭的贫困率（1973—2016）

资料来源：U.S. Census Bureau, Current Population Survey, 1960 to 2016 Annual Social and Economic Supplements; Bernadette D. Proctor, Jessica L. Semega, and Melissa A. Kollar, Figure 4: "Number in Poverty and Poverty Rate: 1959 to 2016," in Income and Poverty in the United States: 2016, Current Population Reports P60–256(RV), U.S. Census Bureau, September 2017.

- 女性的平均收入低于男性。即使她们从事与男性同样的工作，也是这样。

- 未婚女性生孩子的增多了，她们可能比已婚女性挣得更少，更可能对被抚养者承担全部责任。

- 女性的寿命比男性长，这增加了老年女性独居的可能性。

从经济上说，因为各种各样的劣势，女性承受了更多的痛苦。历史上，男性被认为是主要的养家者，而工作的女性被认为是次要的养家者。她们在一个性别隔离的劳动力大军中工作，在那里，最好和薪水最高的工作，大多数被男性占据。女性附属性的经济地位，又为针对她们的系统性工资歧视所加强。她们的工资常规性地低于男性，即使是做同样的工作。在工资这件事情上，女性也受到了下述事实的负面影响：与男性相比，她们更可能从事非全日制、临时性工作，或者在家工作（Presser，2005）。女性职工已经在某种程度上站稳了脚跟：1960年，她们的收入是男性收入的61%，而在2016年，她们的收入超过男性收入的80%（U.S. Census Bureau，2017b）——部分是因为男性收入停滞不前。虽然有这样的进步，但收入的性别鸿沟一直持续到了今天（见图8-6）。

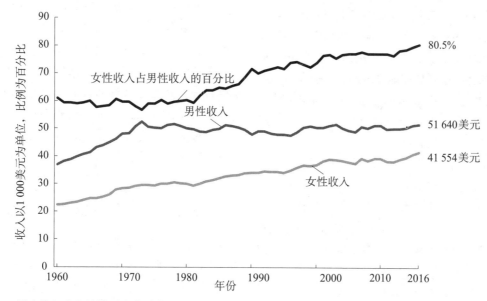

图8-6 男女收入比和按性别分类的全职工作收入中位数

资料来源：Data from U.S. Census Bureau, Current Population Survey, 1961 to 2016 Annual Social Economic Supplement, Figure 2; Carmen Denavas-Walt and Bernadette D. Proctor, Table A-4: "Number and Real Median Earnings of Total Workers and Full-Time, Year-Round Workers by Sex and Female-to-Male Earnings Ratio: 1960 to 2016," In Income and Poverty in the United States, 2016, Current Population Reports P60–252, U.S. Census Bureau, September 2017.

知识点8-2 | 导致经济不平等的因素

因素	描述
收入不平等	从1970年代以来，这一不平等变得非常严重，原因是去工业化、技术进步和政治气候等。
财富不平等	财富不平等比收入不平等要严重得多，因为财富可以传递给下一代。
中产阶级的衰落	因为失去工作和工资增长的停滞对中产阶级的冲击最为严重，社会分裂为上层阶级和下层阶级的程度越来越高。
贫困	贫困可以是绝对的，也可以是相对的。贫困对妇女和儿童的影响格外大。

第三节 社会流动

可以理解，那些生活在贫困中的人热切地希望改变自己的命运。一个分层体系中的几乎每一个人都关心**社会流动**（social mobility），或一个人改变在等级中的地位的能力（Hout，2015；Van Leeuwen and Maas，2010）。**向上流动**（upward mobility），即向高处流动的能力，对于很多美国人来说，显然是最受关注的问题。此外，大多数人都有流动的可能性，这为美国的分层体系——实际上是整个美国经济体系——赋予了合法性（Leventoglu，2014）。对于穷人来说，尤其如此。向上流动是摆脱贫困的途径。可是，对于大多数穷人来说，向上流动更多的是一个神话，而不是一个现实。穷人更可能终止于他们在分层体系中开始的地方，他们几乎没有向上流动的机会（Alexander，Entwisle，and Olson，2014）。毫无疑问，这导致了很多穷人对我们经济体系的合法性的质疑。

与穷人相比，中产阶级的成员更可能向上流动，也拥有更多向上流动——并且持续地向上流动——的意愿。这是因为，他们很可能已经获得过至少是一些向上流动的可能性。他们拥有一些阶级地位、声望和权力，但希望得到更多。他们常常希望离上层阶级近一些——如果不是进入上层阶级的话。即使是上层阶级的人，对于继续向上流动也很感兴趣，并且非常关注。他们常常希望移动到更高的位置——比他们在上层阶级中的对手所占据的位置更高。他们还有意关注比自己的位置低的人，这些人可能会沿着阶梯向上爬。那些在分层体系中上升的人可能会替代他们，也许还会到达比他们自己的位置还要高的地方。

所有社会阶级的成员也都会关注向下流动（downward mobility）（Katz and Kruger，2017）。也就是说，人们担心自己落入自己所在的社会阶级的下层或下一阶级（例如，从上层阶级落入中产阶级或者下层阶级）。向下流动会给人们带来真正的苦难，甚至仅仅是这种可能性，就是忧虑的源头。进入一个新国家的移民和难民，几乎总是经历各种严重困难，比如歧视和语言差异。结果是，他们在新居地的第一代人，很可能会经历向下的社会流动（Guo，2013）。对于那些在其来源国占据高级职位的人来说，尤其如此（Gans，2009）。更一般地说，考虑到美国和欧洲当前的经济问题，更可能的情况是，与其父母的社会地位相比，很多人都要经历向下的流动。正像一个报纸专栏作家所说的那样，"年轻人正在注视的一个未来是，他们将会比自己的长辈穷一些。这种命运的反转应该给每一个人敲响警钟"（Herbert，2011）。

思考题

为什么公众应该为今天的年轻人——他们在未来会不如他们的长辈富裕——"敲响警钟"？这一未来的现实，会对各种社会制度如学校、工作场所，以及像银行和房地产这样的行业产生什么样的负面效应？它是否会有什么正面效应，比如对消费和自然环境？它会对美国社会在世界上的地位造成什么影响？请对你的回答进行解释。

一、社会流动的类型

到目前为止，我们已经讨论了向上流动和向下流动，但是还存在其他一些类型的社会流动。向上流动和向下流动是一般性的**垂直流动**（vertical mobility）的关键内容。人们感兴趣的还有**水平流动**（horizontal mobility），即一个人在社会阶级内部的流动。例如，某公司的首席执行官变成了另一个公司的首席执行官，他就经历了一次水平流动。在这个范围的另一端，一个出租车司机变成优步司机，也是水平流动的一个体现。

社会学家还关注另外两种类型的流动。一个是**代际流动**（intergenerational mobility），即父母在分层体系中的地位与他们的子女所获得的地位的差异（Bruze，2018；Corak，2013；Park and Myers，2010）。与父母相比在分层体系中上升的子女，经历了向上的代际流动。那些在社会阶梯上下降了的人，经历了向下的代际流动。切蒂等人（Chetty et al.，2014）发现，目前出生的孩子，与1970年代出生的孩子相比，具有相同的向上流

205

动的机会。

代内流动（intragenerational mobility）涉及的是，一个人一生之中在分层体系中的向上流动或向下流动。有些人从下层阶级开始其成年后的生涯，但在数年后升入一个更高的社会阶级，这是有可能的。不过，从上层阶级出发，在一生之中，在分层阶梯上滑入一个较低的阶级，也是有可能的（Corak, Lindquist, and Mazumder, 2014; Kalleberg and Mouw, 2018）。

对社会流动的关注，主要与人们的工作或职业有关。**职业流动**（occupational mobility）涉及人们职业的改变，无论是代际的还是代内的（Blau and Duncan, 1967; Jarvis and Song, 2017）。对职业流动的研究主要是针对男性的，虽然这样的流动同样适用于女性（Mandel, 2012）。例如，在研究代际流动的时候，关注的焦点往往是男性的职业与其父亲的职业的差异。

上述所有流动的类型都涉及个体流动。**结构性流动**（structural mobility）描述的是宏观社会的变迁对个人在分层体系中的地位，特别是职业结构的影响（Gilbert and Kahl, 1993; Miller, 2001）。目前，中国经历了结构性流动的大量涌现，因为很多高级职位（特别是职业）被创造出来了（Lui, 2014; Vogel, 2011）。数百万人已经脱离农民身份，进入了一个正在扩张的非农业职业等级之中，进而获得了更高的社会地位。

二、美国的结构性流动

巨大的代际向上流动和代内向上流动，是贯穿美国20世纪的特征。这是因为国家繁荣发展了，一些高级职位实现了巨大的扩张。在20世纪，毫无疑问，也有人经历了向下流动，但他们的人数远远少于那些经历了向上流动的人的数量。不过，随着美国经济在21世纪之初的衰落，以及其他全球经济体的引人注目的增长（特别是印度和中国），很多美国人经历了向上流动的减少。虽然生于1940年代的美国人比他们的父母挣得多，但生于1980年代的人，只有大约50%有这种可能性（Williams, 2018）。年轻人，特别是那些来自较低社会经济阶层且没有大学文凭的年轻人，将会很难在分层体系中保持他们的父

母曾经拥有的地位（Stewart, 2018b; Reeves and Guyot, 2018）。还有一种可能是，在21世纪余下的时间里，因为职业结构的改变，很多人，特别是年轻人，将会经历向下的代内流动——随着更多高社会地位、高薪的工作的丧失。

近年来，美国女性的社会流动与男性的社会流动有所不同。在以后的数十年里，这种不同可能还会继续。虽然她们的代际流动与男性类似，但作为劳动力大军的结构变化的结果，女性的代内流动要大得多（Park and Myers, 2010）。与过去相比，今天的女性获得高级职位，特别是专业职位和管理职位的机会大大地增加了。近年来，女性向上的代际流动更有可能发生。但是，她们也会受到21世纪美国经济的衰退的影响。不过，这一影响会得到缓冲，因为劳动力市场会继续按照有利于她们的方向运作——至少是相对于男性的运气而言。

对美国职工来说，好消息是，对人类资本资源（human capital resources）的获得，会影响他们的代内流动。比如，大学教育对于获得第一份工作，是非常重要的。职业生涯中努力接受教育，也很有用。继续教育可能是一项有利于保持工作的资源，而且可能增加向上流动的机会（Posselt and Grodsky, 2017）。图8-7展示了教育对男性和女性的回报。伴随着每一次教育水平的提高，收入都有显著的提高。不过，在每一个教育层次上，男性都比女性挣得多。虽然女性获得的大学学位超过了她们所占的份额，但男性的优势依然故我。这反映了工作场所里持续存在的性别主义（sexism）和制度化歧视。

三、自致性与先赋性

迄今，我们一直在描述一个由声望、权力和阶级所定义的社会分层体系。不过，这只是分层体系的一个类型。这一体系的主要特征是，社会地位建立在**自致性**（achievement）的基础之上，即建立在个人的成绩——贤能——的基础之上。例如，一个人只有在接受很多年的教育、努力工作和积累了实际经验之后，才能够成为一个医生，进而在分层体系中获得一个较高的地位。与此相反，一些人相信，一个人之所以位于分层体

206

系的底层或者接近底层，是因为他缺少必要的成就来达到一个较高的层次。这些人也许会认为，一个无家可归的人之所以无家可归，是因为这个人工作不够努力，所以没有挣得一份赖以为生的工资。在某种程度上，成就决定社会阶级的说法也许是准确的，但事实是，一个人最终落脚于分层体系的什么位置，也许与成就没有多大关系。相反，一些外部因素却可以解释这一现象，而这些外部因素是个人无法控制的。

一个人的地位通常与**先赋性**（ascription），亦即与生俱来或者继承而来的特征，如种族、性别、财富和高声望（或者相反，贫穷和低声望）有很大的关系（Bond，2012）。因此，一个人在社会阶梯上居于什么位置，无非是因为，偶然地降生为男人或女人、白人或黑人。极端的情况是，先赋地位与一个人的成就、技能和能力没有一丝关系。而且，一个人一旦占据了分层体系中的某个地位，很可能会在那里待一辈子。

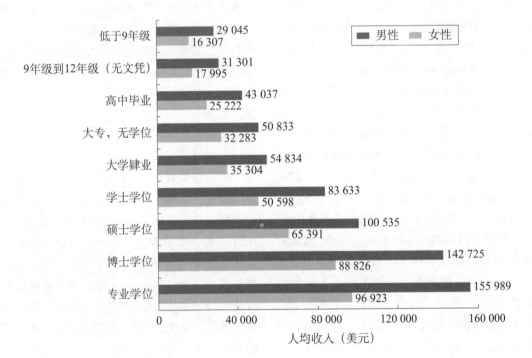

图8-7　美国按性别分类的受教育水平和收入

资料来源：U.S. Bureau of the Census, 2017b.

知识点8-3 | 社会流动的类型

类型	描述
垂直流动	在社会阶梯上的上下流动。
水平流动	在社会阶级内部的流动。
代际流动	子女进入与父母不同的社会阶级。
代内流动	一个人一生之中在分层体系中的向上流动或向下流动。
职业流动	人们的代际或者代内职业改变。
结构性流动	宏观社会对个人在分层体系中的地位特别是职业结构的影响。

第四节　社会分层的理论

在社会分层的社会学之中，占主导地位的理论取向，是结构／功能理论和冲突／批判理论。这些视角也涉及了社会学研究领域里的主要理论争议（de Graaf，2007）。本节还将讨论分层的互动／行动理论。

与社会世界的所有领域一样，不同的理论聚焦于社会分层的不同方面。运用所有这些理论，而不是只选择其中的一种而抛弃另一种，似乎更为合理。结构／功能理论和冲突／批判理论告诉我们社会分层的宏观结构，而互动／行动理论提供极为详尽的细节——在宏观结构之内，微观层面正在发生什么。

一、结构／功能理论

在结构／功能理论内部，结构－功能主义提供了最重要也最具争议的社会分层理论。这一理论主张，所有的社会都是——而且曾经是——分层的。这一理论还认为，社会需要一个分层体系，这样才能存在下去并良好地运行（Davis and Moore，1945）。之所以需要分层，首先是要保证人们有动力去占据社会上那些不愉快的、困难的和重要的岗位。其次，之所以需要分层，是要保证拥有适当能力和才华的人，能找到合适的职位。换言之，需要在人与他们占据的职位的要求之间，达成良好的匹配。

结构－功能主义假设，高级职位如医生和律师，比低级职位如劳工和清洁工，对于社会来说更为重要。人们认为，高级职位也更难胜任，因为它的工作更加困难，也更加令人不愉快。例如，医生和律师都需要很多年严格并且昂贵的教育。医生需要面对血液、人类器官和死亡，而律师需要为罪大恶极的人辩护。有人主张，为了激励足够多的人占据这些职位，必须为这些职位提供足够多的回报，比如声望、充足的休闲，特别是大笔的金钱。这意味着，如果没有这些高回报，高级职位就会人员不足或者空缺。结果是，在结构－功能主义者看来，分层体系对宏观社会是有作用的。在上述的例子中，它提供了社会所需要的医生和律师。

二、冲突／批判理论

针对分层的社会结构，冲突／批判理论倾向于采取一种偏颇的看法，即认为这种社会结构涉及不平等，并加剧了不平等。冲突／批判理论特别对结构／功能视角以及"分层对社会发挥作用"的观点，采取批评的态度。冲突／批判理论严肃地看待下述问题：谁从现存的分层体系中获益？这些好处是怎样被永久化的？

批判论者关注的是，那些位于分层体系上层的人对文化的控制（Kellner and Lewis，2007；Lash and Lury，2007）。与马克思对经济的强调相反，他们把文化看作是当今世界最重要的东西。人们认为，精英是控制文化比如电视和电影的这些重要面向的人，他们还试图对互联网和社交网络站点如脸书和推特加强控制。精英们利用媒体所发出的信息，能够进一步加强其控制。此外，位于分层体系下层的人们被引导而花费在电视、视频游戏、电影以及互联网上的时间是如此之多，以至于他们没有时间去动员和反对那些掌权的人，更不要说推翻他们了。

思考题

从结构／功能视角来看，分层对社会发挥重要作用，你同意这种看法吗？或者你是否相信，如冲突／批判理论所认为的那样，分层的存在是为了使精英受益，并强化他们的控制？为你的选择提供证明。

社会回报与社会地位

批判理论更多地聚焦于文化，而冲突理论主要关心社会结构（Huaco，1966；Tumin，1953）。冲突论者嘲笑下述观点：如果不提供丰厚的回报，社会结构中的高级职位就会无人充任。他们问道，比如说，分层体系中的高级职位，难道真的不如连续统末端（end of the continuum）的职位令人愉快？做一个外科医生真的不如做一个垃圾清运工愉快？在冲突论者和其他很多流派的学者看来，结构-功能主义者的论辩是荒谬的。

冲突论者接受这样的观点，即获得高级职位如律师职位，可能比获得低级职位如垃圾清运工职位，更困难。不过，他们怀疑，这些职位是否总是更重要。一个从事幕后交易的律师，或者一个为污染环境的人辩护的律师，真的比垃圾清运工更重要吗？实际上，垃圾清运工对社会是极端重要的。没有垃圾清运工，严重威胁社会的疾病就可能会出现并蔓延开来。

冲突论者还批评这样的观点，即位于分层体系高层的人们，要求为他们提供丰厚的回报。即使没有这些格外丰厚的回报，很多人也愿意充任这样的职位，比如跨国公司的首席执行官和对冲基金的经理。减少对顶层人士的经济回报，增加对底层人士的经济回报，会缩小财富鸿沟，并创造出一个更加平等的社会。冲突论者还争辩说，为人们提供大笔的金钱，并不是激励他们接受高等教育或谋求其他资质——获得高级职位时必需的资质——的唯一途径。比如，与这些职位相联系的声望与特权就是强大的激励要素，与职位相伴随的权力也是如此。甚至也有可能，经济回报激励了错误的人去充任这些职位。比如说，那些对收入的最大化感兴趣的人，而不是善待患者和顾客的人，受到激励成为外科医生。与对社会的积极贡献联系在一起的有些回报，是非金钱性的。关注这样的回报，更有可能改善医学、法律、商业、金融以及其他高声望的职业的运作方式。

性别、种族与阶级

运用冲突/批判理论的另一个变体，女性主义理论家倾向于关注工作世界中的分层问题。因为在资本主义的发展过程中，男性拥有生产资料，他们获得了有权和有声望的职位，而这些职位会带来巨大的经济回报（Hartmann，1979）。与此相反，女性被贬低到了屈从性的职位上。多年以来，随着更多的女性加入劳动力大军，以及更为严厉的法律保护措施的施行——旨在反对工作场所的性别歧视，女性在美国分层体系中的位置得到了提升。目前，更多的女性占据了一些高级职位，如高管、医生和律师。不过，与男性相比，女性在分层体系中占据的位置，整体上仍然是从属性的。她们还发现，在这个体系中升到很高的位置，是困难的。

女性主义理论家研究归于职业性别隔离（occupational gender segregation）的问题，即男性和女性之间不平等的职业分配（Reskin，1993；Valet，2018）。通过各种各样的职业性别隔离，女性被置于弱势的地位。她们更可能接受低级的职业训练，因此，与男性相比，她们更多受雇于低级的和低薪的职位。女性还倾向于受雇于女性主导的（female-dominated）职业，并一直待在那里。这些因素导致女性进入了这样的职业生涯：她们在雇用她们的组织中升不到男性所占据的高位，挣的钱也不如男性多。在雇用她们的组织中，她们也更可能面临日常管理和程序上的各种问题。例如，与对男性雇员相比，组织制定的儿童日托政策更可能对女性雇员产生负面影响。此外，男性雇员可以通过他们加班和挣外快的能力获得优势。而女性，特别是那些在男性主导的职业中就业的女性，更可能居于劣势地位，甚至被迫离开劳动者队伍——因为不能满足与工作相关的过度要求（Cha，2013）。这些因素更可能妨碍女性的职业发展。

虽然近年来女性的职业状况有所改善，但工作世界在职业上仍然是性别隔离的（Gauchat, Kelly, and Wallace，2012）。例如，女性在工作场所面临着"母职惩罚"（motherhood penalty）（Bear and Glick，2017；Budig, Misra, and Boeckman，2016），它会限制有孩子的女性的晋升。妈妈们在找工作时不容易被雇用，工资较低，并被认为对工作投入较低。下列事实体现了这一惩罚的深远程度：没有孩子的女性和有孩子的女性之间的工资差距，大于男性和女性之间的工资差距（Adda, Dustmann, and Stevens，2017）。甚至是处于公司世界顶层的女性，也持续地面临着独有的性别化障碍。最近的研究发现，与男性相比，女性较少夸耀自己的成就，并倾向于降低自我评价。关于工作表现的内在自卑，导致了较低的向上流动，这种作用超过了外在因素如玻璃天花板的作用（Smith and Huntoon，2014）。那些行为上过度进取的女性，以及那些打破了常规模式的女性，也会在工作场所遭受反弹（repercussion），比如负面的绩效评价（Ciancetta，2018）。

三、互动/行动理论

从互动/行动理论的视角来看，社会分层不是宏观层面的社会结构的功能，而是微观层面的个体行动和互动的功能。在结构/功能和冲突/批判理论都把社会分层看作是等级结构的时候，互动/行动理论则更多地把它看作是一个过程或一系列过程。作为一个过程，社会分层涉及不同地位的人们之间的互动。占据高级职位的那些人，会试图在互动中向职位低于他们的人行使权力。但是，后者可以对抗这种权力的行使，而且他们通常就是这样做的。

对符号互动论者来说，不平等最终依赖于面对面的互动。正是面对面的互动导致了不平等。一种符号互动论视角认定，有4种过程可以生产和再生产不平等（Schwalbe et al.，2000）。首先，主导性群体定义了从属性群体的存在。其次，从属性群体一旦存在，就会找到适应这种状况的方法。再次，有人会努力维护两个群体之间的界限。最后，两个群体都必须管理他们的情感——与其在分层体系中的地位相适应的情感。例如，处于顶层的人，不能向地位低于自己的人表示过多的同情；而处于底层的人，也不能向地位高于自己的人展示过多的愤怒。

与结构/功能论者和冲突/批判论者相比，符号互动论者更多地把社会分层看作是流动的。上文讨论过的理论所关注的主要是经济因素，符号互动论者更关注的则是针对某些事物的争夺——对处于分层体系的各种不同地位的人来说，这些事物具有重要的象征意义。那些处于高位的人，把自己所拥有的东西定义为极其重要的东西。地位低于他们的那些人会接受这一定义，并努力赢得这些象征物。不过，后者也可以拒绝这些定义，并找到或者创造其他的象征物——这些象征物对他们很重要，有助于提升他们的地位，也有助于提升他们的职位的价值。例如，低级职位上的人会贬低长时间的工作和高压力——这与高级职位息息相关。相反，他们也许会更加看重涉及较少责任、工时适当的职位，进而可以有更多的时间享受休闲活动。

民俗方法论者注意到，人们也许是生活在一个分层的结构里，但真正重要的是，他们在这样的结构中怎样行动。与在社会世界的其他领域里一样，人们依据日常程序来行事，并在这种结构中取得成就。这些程序被精英和受压迫者同样使用，并表现出自己在系统中的地位。例如，社会的精英成员可能会装出权威和自负（self-importance）的样子。相反，那些位于分层体系底部的人，更可能表现出负担过重的样子，整天无精打采。换言之，人们表现分层的手段，就是他们的身体语言。

人们能够利用也确实利用分层体系，来实现自己的目的。一方面，精英仅仅通过做出社会精英成员应有的样子，与此同时炫耀自己的社会地位标志——比如驾驶一辆豪车，就可以让其他人听命于他。另一方面，底层的人可以利用自己的地位获得施舍——在街角或者在慈善机构里。另一个选择是，他们可以利用自己的地位获得贷款和奖学金，从而让自己在分层体系中向上流动。

显然，关于分层的社会学理论所引发的激烈讨论仍在进行，这种讨论提供了丰富多彩的洞见和视角。

知识点 8-4 ｜ 关于社会趋势的理论——社会分层

理论类型	主要假设
结构/功能理论	所有的社会都需要社会分层，否则就无法存在和适当地运行。
冲突/批判理论	分层的社会结构加剧不平等，并为处于高位的人所控制。
互动/行动理论	社会分层是微观层面的个体行动和不同地位的人之间互动的功能。

第五节 消费与社会分层

本章的大部分内容都与生产和工作有关，但社会分层也与消费有着各种各样的联系。首先，分层体系中的不同地位涉及消费的不同样态（Currid-Halkett, 2017; Sherman, 2017）。最显著的是，那些上层阶级能够消费得起的东西〔比如游艇、玛莎拉蒂汽车、唐培里侬（Dom Pérignon）香槟等〕和服务（比如女仆、厨师和司机所提供的服务），是中产阶级特别是下层阶级连想都不敢想的。其次，消费的性质本身，就构成了一个分层体系。特定类型的消费与高级地位相匹配，而对其他东西的消费却不行。

一、分层的消费

除了前文讨论过的在游轮上的阶级差异之外，分层的消费形式的另一个例子，是时尚。乔治·齐美尔（Simmel, 1904/1971）认为，处于分层体系较高层次上的人，不断地试图把自己的消费与比自己层次低的人区别开来。这一点在时尚领域是显而易见的：精英们接受新的时尚，以表示自己可以买得起最新的款式。不过，精英们很快就发现，地位低于自己的人用比较便宜的赝品——不是真正的廉价货——复制了自己的时尚。因此，与精英们的其他选择一样，时尚具有沿着分层阶梯"涓滴"（trickle down）到中产阶级，最终到达下层阶级的趋势。为了把自己与大众区别开来，精英们必须不断地转向新的、不同的时尚。这一现象最明显地体现在服装时尚上，不过在其他很多事情上也有时尚，比如汽车、房屋、度假，甚至是观念（Lipovetsky, 1987/2002）。

与齐美尔同时代的托斯丹·凡勃伦也对分层和消费进行了理论研究（Veblen, 1899/1994）。在凡勃伦看来，社会的精英成员希望自己"引人注目"（conspicuous）。在过去，他们在工作世界中的成就是引人注目的，但随着时间的推移，这些伟业越来越不可见了，因为他们被工厂的围墙和办公楼隐藏起来了。结果是，精英们更多地转向炫耀性消费（conspicuous consumption），希望他人能够看到自己的消费能力，特别是消费一些把他们与较低的社会阶级区别开来的东西的能力（参见第2章）。于是，他们把金钱投资在别墅、豪华家具、骏马、昂贵的汽车、名牌服装和精美的珠宝等东西上，因为这些东西非常容易被他人看见，并收获赞美。

思考题

你认为，是齐美尔的"涓滴时尚"概念，还是凡勃伦的"炫耀性消费"概念，更加准确地描绘了消费与社会分层之间的关系？为什么？你能举例来支持自己的回答吗？

齐美尔和凡勃伦的理论有一个关键的差异。齐美尔的"涓滴时尚"概念认为，在某种程度上，中产阶级和下层阶级愿意复制精英们的消费模式。与齐美尔相反，凡勃伦相信，因为精英消费非常昂贵，他们的消费模式不可能那么容易地被分层体系下层的人们复制。因此，精英地位通过炫耀性消费被表达出来，并且固化起来。那些看起来似乎不必要的花费获得了补偿：这种消费维持并提高了精英的地位。实际上，在凡勃伦看来，把精英与其他人区别开来的因素，正是他们进行挥霍性消费的能力。

二、社会阶级与品位

一个人在消费中的品位也有助于提示这个人所属的社会阶级。比如，如果你阅读《纽约时报》（不论是在线阅读还是纸质阅读），你很可能被划分到中产阶级或者上层阶级中。

可是，如果你阅读《今日美国》（USA Today），或者完全不关注新闻，你将被大多数人划分到分层体系的下层。虽然购买和展示昂贵的消费品可以体现你的品位，但品位也可以微妙地体现在你的谈吐、你听的音乐以及你阅读的书籍中。这些领域中的高品位可以展示和提高精英成员在社会中的地位。这也许显示了，他们有

趋势

《被驱逐的人：美国城市里的贫困和利益》（皇冠出版社，2016）

马修·德斯蒙德（Mattew Desmond）

没有安全的和租得起的住房，是美国社会的严重问题，特别是对于那些被迫进入私人房屋租赁市场的贫困家庭来说。虽然我们很多人可能认为，这些家庭住在公共房屋或者政府补贴的房屋里，但他们大多数（67%）没有获得任何联邦援助。为了更好地理解那些处于贫困线或在贫困线以下的租户和他们的房主之间的关系，马修·德斯蒙德曾经居住在密尔沃基市（Milwaukee）南部的一个活动房屋（trailer park）里，也曾经居住在该市北部的一间公寓里。他发现，房主可以从一贫如洗的租户那里获得可观的利润。房主对贫穷的租户拥有巨大的权力，让他们为厕所已坏或者充斥着蟑螂的房屋支付高昂的租金。租户往往不愿投诉，因为他们害怕，如果投诉会被房主驱逐。即使他们不投诉，全国每年还是有数百万家庭遭到驱逐，因为他们没有足够的收入来按时支付房租。

一个人一旦被驱逐，就可能很难找到新的住处。很多房主拒绝向有被驱逐史的人出租房屋，因为他们认为那样做风险太大。

在德斯蒙德的研究中，贫困的女性化证据确凿：有色人种女性和她们的孩子最可能被驱逐。但出现这种情况的并非只有她们。白人、老人、鳏夫、生理和精神残疾者，以及鸦片类药物依赖者也加入了这一行列。很多这些贫困的租户把他们收入的70%～80%花费在住房上面，因此没剩多少钱用于食物、服装和日用品。在被驱逐的时候，他们常常会失去仅有的一些私人物品——除非他们有能力把物品储存起来，以便在找到住房后取回。从分层消费的视角，德斯蒙德描述了房主们怎样依据租户的个人物品来评判他们的租户。如果一个拖欠房租的租户给自己买了一双新皮鞋，房主就会感觉受到了轻慢，并要求马上支付房租，或者威胁要驱逐租户。当然，租户也以同样的方式来评判房主。一个开着昂贵

的车到处兜风的房主，或者是一个在他们看来戴了过多珠宝的房主，会被认为是贪婪的人，并不急需房租这笔钱。但房主也可能很慷慨，为他们的租户购买日用品，或者允许他们拖欠数月的房租。当然，这种慷慨是由租户的下述情况促成的：忍受恶劣的住房条件，生活在危险的街区，以及最重要的，最终会支付拖欠的房租。总之，贫困的租户会遭受各种类型的不公正，因为他们在美国缺乏负担得起的优质住房。

edge.sagepub.com/ritzerintro5e

- 观看德斯蒙德在 C-SPAN 的图书节目（BookTV）中对《被驱逐的人》的讨论。
- 访问德斯蒙德的网站 Eviction Lab。
- 阅读社会学家芭芭拉·埃伦赖希（Barbara Ehrenreich）在《纽约时报》上发表的书评，该文解释了《被驱逐的人》一书的社会学价值。

良好的教养，来自良好的家庭，受到过良好的教育，特别是他们依据事物的内在价值来评价它们，而不是仅仅根据它们的价格。那些没有这种品位的人，即只对必需品有感觉而没有精英的高品位（Holt，2007），比如音乐品位的人（Prior，2011），很可能被贬低到分层体系的下层。

思考品位的时候，不仅要看其他人怎样对你进行归类，也要看你怎样归类自己——通过展示

自己的品位、缺乏品位，或者最极端的情况，无品位（tastelessness）。例如，在一次正式的商业午餐上，一套保守的西装会显示良好的品位，而无尾礼服（tuxedo）和运动装会显示一个人缺乏品位。在着装得体这件事情上，穿得过度正式和过度休闲，都是缺乏品位的体现。一件 T 恤衫和一条牛仔裤（或者短裤）可能体现了完全的无品位，进而可能导致一次商业机会的丧失。有品位和无品位的展现并不仅仅是个性的体现，它还

212

提示了与宏观社会世界的联系，特别是与社会分层体系的联系（Strain-Bobrow，2013）。

对区隔的追求

齐美尔和凡勃伦所关注的，都是消费的经济面向。但是当代法国社会学家皮埃尔·布迪厄（1930—2002）（Bourdieu，1984；Bennett et al.，2009），为针对消费和分层的分析增加了一个文化的维度。推动布迪厄的工作的概念是**区隔**（distinction），即把自己与他人区别开来的需要。齐美尔和凡勃伦所研究的，是精英们凸显自己优越的经济地位——通过该地位所赋予的购买奢侈品的能力——的愿望。一个例子是前文所讨论过的在一艘游轮上花费3万美元订一间套房，而该游轮提供的4 000美元的客舱已经非常完美，并把所有的旅客都带到同样的港口。虽然布迪厄也承认参与其中的经济因素，但他在对消费和分层的分析中，加入了更具文化色彩的维度，即品位（Goulding，2017）。也就是说，精英们试图通过自己的良好品位来把自己与他人区别开来。随着下层阶级对上层阶级的品位的不断模仿，后者被迫不断地寻找新的方式来实现区隔。换言之，在布迪厄看来，为了实现区隔，精英们被迫在品位上变得更加优雅、更加复杂、更加独特（exclusive）。

也许，以区隔和品位为目标的这种努力，其最重要的面向是，它与为分层体系中的权力和地位而进行的斗争息息相关。一方面，精英们利用文化来获得和维持他们的地位。他们也许通过关注高雅文化，比如歌剧和美术，来实现这一点（参阅第4章）。这种品位帮助精英们在分层体系中获得高地位，还让那些地位低于他们的人接受自己在体系中的低地位。精英们对高雅文化的关注，有助于把下层阶级排除在分层体系的高地位之外，它甚至排除了下层阶级试图获得这些地位的想法。即使那些获得了可观财富的来自下层阶级的人，也不可能拥有或者发展出欣赏芭蕾舞所需要的文化修养。与马克思主义理论家一样，布迪厄及其追随者把分层体系看成是一个持续斗争的战场。不过，马克思主义者倾向于把它看作是一种经济斗争，而布迪厄虽然毫无疑问地承认分层体系的经济面向，但更多将其视为一种文化斗争。

作为文化杂食者的精英

针对社会阶级、消费和品位之间的关系，文化杂食者（cultural omnivore）的概念（Chan and Turner，2017；Katz-Gerro and Jaeger，2013；Peterson and Kern，1996）提供了一个完全不同的视角。依据这一视角，精英们的品位不再被看成是优雅的和独特的，精英们也不再被看成是"挑剔的人"（snob）。相反，他们被看作是拥有广泛品位的人，这些品位从极为高雅的到不太高雅的，甚至是粗俗的都有。他们的品位并不是独特的，而是范围广泛的和包容性的。换言之，精英们是杂食者，他们欣赏各种各样的东西。因此，精英们可能既观看歌剧，也观看跆拳道（kickboxing）比赛；既在电子阅读器（Kindle）上下载曲高和寡的书籍，也在他们的硬盘上保存色情作品；既从声破天那里下载歌剧咏叹调，也下载乡村音乐。与此相反，下层阶级人士却只有有限的品位，他们更可能热衷于跆拳道、色情作品或者是乡村音乐。换言之，这些下层阶级人士不太可能成为文化杂食者。不过，这种情况正在发生剧烈的改变，因为下层阶级——更一般地说，非精英人士——正在通过互联网获得许多高雅（highbrow）文化（以及低俗文化）。与之类似，与以前相比，精英人士也获得了更多的低俗文化（以及高雅文化）。

高雅和低俗文化混杂的另一个例子，可以在所谓的"快时尚"（fast fashion）中找到。这是一种零售策略，由欧洲的公司如H&M和Zara引领。虽然它们已经变成了全球性的公司，但它们的品牌仍然根植于欧洲，因为世界的时尚之都在这里，昂贵的高级时尚女装（haute couture）的中心也在这里——特别是巴黎和米兰（Lipovetsky，1987/2002）。这很重要，因为世界上最知名的时装商店的创新，会对快时尚公司的风格产生重大影响（Shen，Choi，and Chow。2017）。这些创新一旦被展示出来，就会被快速地复制、生产，并被快时尚公司运送到全世界（Cline，2013）。快时尚公司创造的这些样式，有助于消弭层级性品位之间的差异。

213

我们已经看到，针对消费分层，即为什么社会的不同层面的人，会消费他们所消费的东西，存在着一些相互对立的看法。一个共识性的观点是，世界上很多人，特别是美国人，陷入了一种

消费文化之中。不论我们购买芭蕾舞还是跆拳道的入场券，我们参与的这个消费文化都是高度分层的。

知识点 8 - 5 | 分层的消费

分层消费的形式	描述
涓滴理论	精英们的时尚，被低于他们的阶级复制，促使精英们开始制造新的时尚，从而使他们把自己区别开来。
炫耀性消费	精英们通过对产品的消费，来展示自己的财富和阶级地位。
区隔	精英们通过他们的品位把自己与他人区别开来。
文化杂食者	精英们拥有广泛的品位，并不仅仅是高雅的品位。

小结

社会分层导致等级差异和不平等。社会分层的 3 个重要维度，是社会阶级、声望和权力。在美国以金钱为基础的分层体系中，财富和收入是社会阶级的主要决定因素。从 1970 年代以来，美国经历了越来越严重的收入不平等。不过，美国社会中最大的经济差异来自财富的差异。拥有巨额财富的人往往也拥有高阶级、高声望和更大的权力，而且通常可以把这些优势传递给自己的后代。那些一无所有的人在积累自己的财富时，困难重重。近几十年来，美国的中产阶级衰落了，在分层体系的下层阶级和上层阶级之间，留下了一个巨大的缺口。在美国，测量绝对贫困的标准是贫困线，这条线被认为是在我们的社会里维持生存的最低收入水平。在穷人群体中，弱势群体的成员、女性和儿童的比例超过他们在人口中的比例。

虽然从整体上说，美国很多人都经历了向上的代际流动，但是，21 世纪的年轻人似乎要经历更多的向下流动。社会学家也关注结构性流动或职业结构的变迁。

社会分层的结构 - 功能主义理论主张，社会需要一个分层体系，以便其能够适当地运行。冲突理论挑战这一假设，特别是下述观念：位于分层体系顶端的职位总是最重要的职位。最后，符号互动论者把分层看成是发生在不同地位的人之间的一个互动过程，或者是一系列互动行为。

社会分层通过几种方式，与消费联系起来。上层阶级的成员能够消费得起的东西，下层阶级的人是消费不起的。精英们运用自己的消费模式把自己与地位低下的人区别开来——有时采取炫耀的方式。

214

绝对贫困	201	先赋性	206	贫困的女性化	203
自致性	205	区隔	212	水平流动	205
收入	192	权力	190	地位不一致	191
不平等	191	相对贫困	201	结构性流动	205
代内流动	205	社会阶级	188	符号交易	191
代际流动	205	社会流动	204	向上流动	204
职业流动	205	社会分层	188	垂直流动	205
贫困线	201	地位一致	191	财富	192

总结性问题

1. 在马克斯·韦伯看来，社会分层的维度有哪些？举出在每一个维度上居于高层的人的例子。除了本章讨论过的例子，你还能举出地位不一致的人的例子吗？

2. 美国的社会分层体系，与让·鲍德里亚所讨论的符号互动体系的区别是什么？这两种社会分层体系与社会价值的关系是什么？

3. 收入和财富的区别是什么？在解释富人和穷人的区别方面，哪一个更重要？为什么？

4. 1970年代以来，美国的不平等状况发生了什么变化？对这一趋势的解释，与全球化有何关系？

5. 在最近的几十年里，美国的中产阶级遭遇了什么？这些变化的原因是什么？

6. 绝对贫困与相对贫困的区别是什么？我们怎样运用互动/行动理论来理解相对贫困？

7. 当我们说"贫困的女性化"的时候，它的意思是什么？哪些因素有助于解释女性在社会分层体系中的地位？

8. 从1900年代以来，美国人社会流动的性质发生了哪些变化？这些变化与结构性流动的关系是什么？

9. 依据结构－功能主义理论，不平等对社会有哪些好处？人们怎样以名人和体育明星的收入和财富为例，来批评这一理论模型？

10. 人们使用互联网和新技术的机会，与分层体系的关系是什么？人们怎样利用互联网来改变这个分层体系？

第**9**章
全球分层

215

学习目标

1 明确在全球分层中的位置

2 描述全球不平等的各种形式

3 讨论全球分层中位置的变化

4 总结全球分层的各种理论

5 解释消费怎样与全球分层相联系

汉普斯·埃洛夫松（Hampus Elofsson）在哥本哈根的汉堡王拥有一份低技能的服务性工作。在他的工作周结束的时候，他确信自己的账单都已付清，和朋友在一起享受了一次外出，甚至留出了一部分钱用于储蓄。他有力负担这些是因为，他每小时挣 20 美元，这是丹麦快餐工人的最低工资。正像埃洛夫松所说的："在快餐行业工作，你可以过体面的生活。你不需要挣扎着生活。"不过，他的小时工资有些误导人，因为丹麦的生活成本比美国要高得多。这意味着，丹麦 21 美元的小时工资，相当于美国 12 美元的小时工资。12 美元的小时工资，仍然高于美国快餐行业的平均小时工资，但丹麦工人的工资优势显然并不像乍一看那样大。由于丹麦的高所得税，这点优势几乎丧失殆尽。

不过，与美国的同业人员相比，丹麦的快餐工人的真正优势是他们所获得的福利。他们享受每年 5 个星期的带薪假期、全面的医疗保险（丹麦实行全民医疗）、带薪产假和陪产假、养老金计划，以及下午 6 点之后和星期日工作的加班费。这些福利与美国快餐工人的待遇形成了鲜明的对照。安东尼·摩尔（Anthony Moore）是佛罗里达州坦帕市（Tampa）附近的一家汉堡王餐厅的值班经理，他的时薪是 9 美元。他每周工作 35 个小时，每周拿回家的工资大约是 300 美元。他的两个女儿，一个 2 岁，一个 5 岁，可以享受医疗救助，而他自己没有健康保险。他有时问自己：我给她们买食物还是买衣服？他的收入往往不够支付水电费。摩尔的境况体现了美国工人在低收入工作岗位上的经历——他们挣到的钱不能满足基本的生活支出，更不要说储蓄了。有一个家人在快餐业工作的家庭，有五分之一生活在贫困线以下。美国快餐业的工资是如此低下，以至于该行业一半的工人依赖某种类型的公共援助。

国家之间差距如此巨大的原因是复杂的。一个最重要的原因是，与美国的快餐工人形成对照的是，丹麦的快餐工人都加入了工会，后者代表他们进行工资和福利的谈判。以较高的工资和福利为交换，工会同意不参与罢工、示威和抵制活动。像汉堡王和麦当劳这样的公司，以及其他快餐连锁店，仍然可以获利，不过不像在美国那样获利丰厚。丹麦的其他法律和规章，比如普遍的健康保险，也对工人有所帮助。

题记（vignette）中所描述的全球快餐行业里的不平等，与更广泛的全球不平等相比，小巫见大巫。本章将检视很多这类不平等，包括它们的起源和变迁。第 8 章聚焦于美国的社会分层。以第 8 章为基础，我们将在本章转向全球层面，来解释财富、收入、声望和权力是怎样在全世界不平等地分配的。正像伊曼努尔·沃勒斯坦（Wallerstein, 1974）的理论所清晰展示的那样，世界上各个国家构成了一个分层体系。处于顶端的那些国家，往往经济上更富裕，在世界上很多地方耀武扬威，并且受到全世界的尊敬。相反，处于全球分层底端的国家，往往非常贫困，在其国界之外没有任何权力（也许国境之内亦然），并且在全世界到处受到鄙视。全球分层是一个宏观层面的现象，它对处于微观层面的个人及其人际关系和发展机会，影响甚巨。你在阅读本章的时候，应该考虑这样一个问题：你是怎样嵌入这个全球分层结构的？你出生时的境遇——不仅仅指在你自己国家内部的境遇，还包括世界范围内的境遇——如何形塑了你的生活？

第一节　在全球分层中的位置

全球层面的分层常常被视为两类国家之间的分界。一类是位于北半球（更确切地说，是位于北温带）的国家，或者叫作全球北方（Global North）；另一类是位于热带和南半球的国家，或者叫作全球南方（Global South）（Elizaga, 2018; Milanovic, 2018）。

一、全球南方和全球北方

数百年来，北方主导、控制、剥削和压迫着南方。今天，北方包括了最富裕和最强大的国家，以及世界上地位最高的国家，如美国、德国、法国、英国以及日本。与此相反，南方国家的数量非常多，但它们在全球财富、权力和声望方面，位于或者接近于底部。大多数的非洲国家归在这一类，不过还有其他国家，特别是亚洲国家，如阿富汗和也门。

一个社会在全球分层体系中的位置，会极大地影响该社会内部的分层状况。一个位于全球分层体系顶端的国家，比如美国，拥有更大比例的中产阶级和上层阶级。相反，一个位于体系底部的国家，如索马里，其大部分人口是下层阶级，以及与之相伴的贫困。一些机构，如国际货币基金组织（International Monetary Fund），认定了这种分层状况——该机构把来自全球北方的资金向全球南方进行再分配。

虽然全球北方和全球南方的概念被广泛使用，来描述国家在全球等级制中的位置，但它们并不是总能清晰地表明国家在世界地图上的位置。例如，澳大利亚位于南半球，但显然在经济上属于全球北方。与之类似，北半球也有一些非常贫困的国家（如阿富汗），而它们在经济上属于全球南方。这就是有些分析家倾向于使用人均收入来区分国家之间的差异的原因之一。

二、高收入、中等收入和低收入国家

当我们简单地把国家分别归入全球北方和全球南方的时候，国家的多样性就被掩盖了。例如，同一类别的国家之间，也存在或大或小的不平等。美国和法国通常被归入同一类别（全球北方，高收入），但美国位于社会分层体系底层的人口比重，远远高于法国的。类似地，越南和尼日利亚处于同一类别（全球南方，中等收入），但尼日利亚富裕的精英人口，远远多于越南的。与出现于非洲国家——比如苏丹——的惊人贫困相比，阿根廷的生活水平很高。可是，两个国家都被认为是全球南方的一部分。区别全球北方和全球南方的两分法，忽略了这两类国家内部的重要经济（以及政治）差异。另外，不论一个国家属于哪一类别，该国家内部不同阶层之间都存在着巨大的经济不平等，这使得不同层次居民的不同日常生活之间差异巨大。

一个具有细微差别的分类体系，关注的是低收入、中等收入和高收入的各种经济体（Ferrarini and Nelson，2016）。一般的规律是，低收入国家集中于全球南方，而高收入国家位于全球北方。中等收入国家在世界的这两个部分都有，但位于全球南方的尤其多。

高收入经济体（high-income economies）存在于世界上最高收入的国家里。人均国民总收入（GNI）为 12 056 美元及以上的国家属于这一类别（World Bank，2017a）。目前，有 81 个国家的 GNI 达到或者高于这个标准。作为结果，这些国家在全球等级中占据高位。它们包括那些长期以来被视为是全球北方的成员的国家（例如，美国、加拿大、日本，以及西欧国家）。可是，它们也包括那些传统上被认为是全球南方的成员的国家，包括智利和乌拉圭（南美洲）、赤道几内亚（中部非洲）以及阿曼（中东）。有些国家，从工业革命以来就一直被认为是高收入经济体，而其他国家（如日本）是较晚近才工业化并富裕起来的。还有一些高收入国家并没有实现高度工业化，其收入来自自然资源，比如石油（比如赤道几内亚和阿曼）。后一类国家的财富水平所提供的生活水平，是世界上其他地方的人无法想象的。

中等收入经济体（middle-income economies）存在于那些拥有全球平均收入水平的国家里。如果一个国家的人均 GNI 介于 996 美元到 12 055 美元之间，这个国家就属于这一类别。这一类别涵盖了一个相当大的范围，既包括接近人均收入底线的国家，如中亚的吉尔吉斯斯坦（人均 GNI 为 1 100 美元），也包括佛得角和苏丹（非洲）、尼加拉瓜（中美洲）和越南（亚洲）。接近这一类别顶端的，是中上收入（upper-middle-income）国家，包括阿根廷和巴西（南美洲）、古巴（中美洲）、南非（非洲）和泰国（亚洲）。世界银行认为，有 103 个国家是中等收入国家。很多属于这一类别的国家，比如中国（以及大多数亚洲国家），很晚才开始工业化过程（1970 年代或更晚）。有些中等收入国家是前社会主义国家。它们是高度——虽然是粗糙的——工业化的国家，但是在苏联解体之后，它们的工业和经济都衰退了。

低收入经济体（low-income economies）是这样的国家，它们是世界上最穷的人的家园，它们只拥有世界财富的很小一部分，并且大体上是农业社会，工业化水平很低。世界银行统计了34个低收入国家，其人均GNI低于996美元。它们包括撒哈拉以南非洲的很多国家，也包括亚洲的柬埔寨、朝鲜、阿富汗和尼泊尔，以及海地（加勒比地区）。我们在后文将会看到，学者们持续不断地争论这些国家持续贫穷的原因。与高收入国家的类似人群相比，这些国家的人民遭遇疾病、饥荒、营养不良的可能性要高得多，预期寿命也更短。他们越来越多地迁入城市来寻找经济机会，却发现自己陷入了拥挤和不安全的生存环境。"底层的10亿人"的大部分是由他们构成的，这是下文将进一步检视的对象。

三、世界上最富的人：全球财富集中

毫无疑问，在全球北方和全球南方之间，或者在高收入国家和低收入国家之间，存在着巨大的不平等。不过，聚焦于这种关系可能会模糊全球不平等的整体幅度（full extent）。最近，全球慈善机构乐施会（Oxfam, 2017）提供了一份令人震惊的全球财富集中的图景：截至2017年，全世界人口中最富裕的1%，拥有全世界50%的财富。这把剩下的仅仅50%的财富，留给了99%的世界人口。乐施会还预测，最富裕的1%的人口，也许很快就会拥有超过全世界剩下的人所共同拥有的财富。更极端的是，在2017年，42个个人所拥有的财富，相当于37亿人所拥有的财富——这些人构成了全世界较穷的那一半人口。仅仅8位亿万富翁（包括杰夫·贝索斯，世界上最富的人）所拥有的财富，就相当于全世界一半人口所拥有的财富（Elliot, 2017）。

结果是，全球不平等的水平令人震惊，而且还会提高。这引发了这样的问题：我们（至少是不在那1%之内的人）真的能够接受这样一个世界吗？

四、世界上最穷的人：底层的10亿人

另一个值得注意的宽泛类别——包括了世界上最穷的人口——是"底层的10亿人"（Collier, 尚未出版；Murphy and Walsh, 2014）。底层的10亿人中的大多数（70%）生活在非洲，但像海地、玻利维亚和老挝这样的国家也有相当数量的人属于底层的10亿人。

无论他们生活在哪里，底层的10亿人的收入都只是全球南方其他国家居民的五分之一左右。他们还面临着很多其他严重的问题，比如：

- 人均预期寿命很短，大约是50岁（全球南方的平均值是67岁）。
- 婴儿死亡率很高（在底层的10亿人中，14%的人会在5岁生日前死去，而全球南方其他国家的数据是4%）。
- 营养不良的可能性很高（在底层的10亿人中，36%的人口表现出营养不良的症状，而全球南方其他国家的数字是20%）（Collier, 2007）。

底层的10亿人中的大多数人生活的国家，位于或接近于全球分层体系的底层。这些国家极端贫困，在全球舞台上不能行使任何权力，也没有什么声望。此外，这些国家里最训练有素的人和最具生产力的人，正在移居全球南方的高收入国家（Collier, 2013）。不过，这些国家仍然希望在全球阶梯上向上流动。

生活在中等收入国家——比如中国，特别是印度——的一部分底层的10亿人，在最近的数十年里，非常成功地在全球分层体系中提高了自己的地位。通过经济上的进步，印度和中国的很多人从底层的10亿人中逃脱了出来，尽管在印度，向上流动的步伐已经慢了下来。不过，位于底层的大多数国家，在提高其地位方面，都面临着巨大的——如果不是不可克服的——障碍。这些障碍包括与邻国的频繁冲突、内战和革命。它们还可能遭遇糟糕的政府，一个接着一个。有些国家，如索马里、也门和利比亚这样的"失败国家"（failed state），实际上没有一个全国政府。结果是，它们对自己的大部分甚至全部领土，失去了控制。最重要的也许是这样的事实：近年来，这些国家的情况恶化了。而且，目前经历绝对贫困的人口，可能远超10亿人（Murphy and Walsh, 2014）。很多人不仅落在了全球北方国家的后面，也落在了全球南方国家的后面。

全球分层的层次	描述
全球北方和全球南方	全球北方包括了最富裕和最强大的那些国家。它们主导着没有权力或者权力很少的全球南方。
高收入、中等收入和低收入经济体	高收入经济体拥有 12 056 美元及以上的人均国民总收入，中等收入经济体的人均国民总收入在 996 美元和 12 055 美元之间，低收入经济体的人均国民总收入低于 996 美元。
世界上最富的人	全世界最富裕的 1% 的人口，拥有全世界 50% 的财富。
底层的 10 亿人	底层的 10 亿人的收入，是全球南方其他居民收入的 20%。

第二节　其他全球不平等

　　除了与经济不平等联系在一起，其他各种类型的不平等——包括获取信息和通信技术（比如互联网）不平等——也构成了全球化过程的特征。对于良好的健康和高质量的保健的分配，同样是不平等的。与此相关的是，那些生活在全球南方的人，遭受各种健康问题，而这些问题的原因是，暴露于危险废物的影响之下。性别分层也是一个全球层面的严重问题，因为全球南方的妇女，经常在非正规经济中从事低报酬的工作。有些移民变成了全球北方的家政工人，这些人处于所谓的全球照顾链条之中。

一、全球数字鸿沟

　　2018 年底，全世界的互联网用户大约是 39 亿人，而这个数字毫无疑问还会增加（Statista，2019）。至少从理论上说，互联网允许任何人在任何地点对全球数字经济的参与。但现实是，存在着一个令人沮丧且顽固的全球数字鸿沟（Pick and Sarkar，2015）。依据最近的世界银行报告，2017 年，在全球南方的很多低收入国家，比如马达加斯加（10%）、尼日尔（10%）、多哥（13%）和喀麦隆（23%），使用互联网的人口比例非常低。我们可以把这些数字与全球北方——全世界最发达的那些国家——的数字进行对比，

那里的互联网使用率通常超过 80%。图 9-1 显示了发达国家（全球北方）和发展中国家（全球南方）的家庭在互联网接入率上的差异。

　　迄今为止，互联网接入和使用，更一般地说，信息和通信技术的接入和使用上的主要障碍，是全球南方的发展中国家的基础设施的缺乏。不过，随着近年来基础设施鸿沟的逐渐缩小，至少在部分地方，电脑技能的缺乏和使用方法上的差异，越来越成为全球南方的人们使用互联网的障碍。另一个重要因素是这些地区的低收入，这使得复杂的数字技术和互联网接入，昂贵得无法承受（Wakefield，2013）。语言代表了互联网不平等的另一个源头。大多数网站使用英语，越来越多的网站使用汉语以及其他 8 种语言（见图 9-2），只有很少数网站使用剩下的语言（Bowen，2001；EnglishEnglish.com，日期不明）。显然，那些不能说上述 10 种语言的人——他们绝大多数生活在全球南方——在互联网使用方面处于巨大的劣势。因为语言藩篱，他们甚至会发现，自己完全被互联网排斥在外。在一个互联网日益主导的世界上，文盲的境遇会更糟。

　　不过，有迹象表明，全球数字鸿沟正在缩小。这一点很明显地体现在，比如说，2010—2011 年在突尼斯、利比亚，尤其是埃及的"阿拉伯之春"革命中对社交媒体的广泛使用上（参阅第 1 章和第 18 章）。"伊斯兰国"同样使用社交媒体，在全世界招募支持者。美国则使用社交

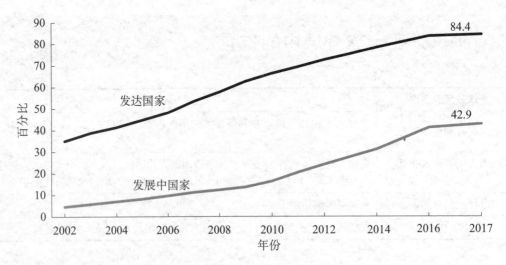

图 9-1　不同发展水平国家的家庭互联网接入率（2002—2017）

资料来源：ITU，2016，"ICT Facts and Figures 2017."

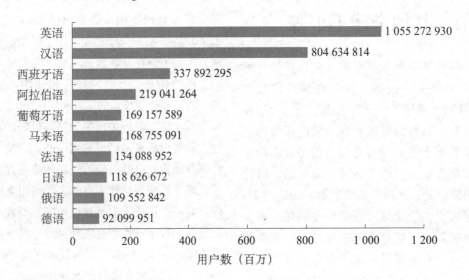

图 9-2　互联网网站最常使用的语言（2017）

资料来源：Data from Internet World Stats，2017.

媒体（毫无疑问地）予以反击——对与"伊斯兰国"有关的脸书账户和推特账户实施监控。为了提防美国的监控，"伊斯兰国"开始使用加密的应用程序和黑暗网络来进行他们的宣传，并扩展他们的招募行动（McKay，2017）。

随着相对简单和廉价的智能手机、笔记本电脑和平板电脑——这些东西本质上是小型计算机——的可及性的提高，数字鸿沟开始被跨越。行业分析师指出，与桌面互联网接入相比，移动互联网接入的上升速度要快得多。

移动接入快速扩张的一个重要原因是，移动设备不仅相对廉价，而且不要求昂贵的硬件基础设施——传统的电脑和电脑系统却需要这些。蜂窝信号为互联网提供越来越快的接入速度。有些国家避免了对固定电话线路系统的建设，直接使用移动电话技术。图 9-3 显示了全世界不同发展水平国家的宽带接入水平。从对计算机和传统计算机系统的使用，蛙跳式地（leapfrogging）过渡到智能手机的使用，这种情况越来越多。上述做法具有下述潜力：在短时间内极大地缩小全球数字鸿沟。未来，全球南方的多数国家将有能力跨越其他一些技术发展阶段——这些阶段曾经是全球北方所必须经历的。例如，全球南方的一些国家（南非、加纳、肯尼亚）直接跨越到了太阳能阶段，而不是建立烧煤和烧油的巨大电站，或者是核电站（Amankwah-Amoah，2015）。通过太阳能的使用，这些国家避免了巨大的基础建设投资，如柴油发电机、输电线路、电网和变压器。它们提供太阳能的成本，只是柴油发电机发电成本的几分之一。

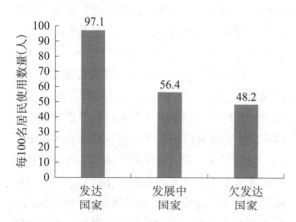

图9-3 移动宽带使用情况（2017）

资料来源：ICT Facts and Figures.The World in 2017.ITU World Tele-communication/ICT Indicators database.Reprinted with permission.

二、全球健康不平等

虽然全球化带来了全世界范围内群体预期寿命的延长，但它也倾向于扩大寿命和健康的全球差距（Lenard and Straehle，2014；Winchester et al.，2016；参阅第16章）。例如，约翰斯、考林和贾基杜（Johns，Cowling，and Gakidou，2013）发现，全世界富人和穷人之间日益扩大的鸿沟，正在持续地扩大预期寿命的差距。依据世界卫生组织（World Health Organization，2016）的数据，高收入国家的新生儿的平均预期寿命，至少是80岁。与此形成对照的是，撒哈拉以南非洲国家的新生儿，平均预期寿命低于60岁。经济上的不平等可以解释很多这样的健康差异。

贫困国家的人们健康状况可能更差，这是健康服务、教育、公共卫生、营养和住房受限的结果。于是，居民们糟糕的健康状况又可能限制这些国家的经济发展，主要是通过对生产率的消极影响。全球南方的死亡率和患病率格外地高，这些死亡和患病本来可以得到廉价的预防和有效的治疗——如果资金到位的话。全球疾病

总负荷（total disease burden）的大部分，发生在全球南方。2016年，全世界总共丧失了23亿岁的伤残调整寿命年（disability-adjusted life years，DALYS）。超过25%的伤残调整寿命年丧失发生在南亚（5.91亿岁），超过20%的伤残调整寿命年丧失发生在撒哈拉以南非洲（5亿岁）。西欧丧失了1.12亿岁，北美丧失了1.01亿岁（Roser and Ritchie，2018）。在全球南方所看到的改善，倾向于发生在那些与全球经济深度融合的国家——这些国家变成或者正在变成中等收入国家（例如巴西、埃及和马来西亚）。可是，对于大多数剩下的国家，特别是低收入国家，全球化带来的是经济增长的放缓、贫困的增多，结果是健康状况的下降。

全球南方的国家遭受的饥荒和营养不良也格外地多（Godecke，Stein，and Qaim，2018）。那里大约有8亿人受到这类问题的影响，8个国家受饥饿影响的程度，是"令人不安"或者"极度令人不安"（Global Hunger Index，2017）。最近的政治灾难导致了叙利亚、乌克兰、乍得、马里、中非共和国、南苏丹和也门等国家的饥荒危机。环境危机，比如干旱和飓风，也是人们饿肚子的主要原因。饥荒涉及食物来源不足或者几乎完全中断，持续性食物获得的不确定性，以及糟糕的和不均衡的食物种类。这些问题对于儿童尤其严重，他们更可能死于营养不良。营养不良所导致的死亡，接近全部儿童死亡人数的一半（UNICEF，2018）。此外，那些在营养不良之后幸存的儿童，他们的生长也因为食物的缺乏而受到了阻碍。成年以后，这些儿童在身体和智力上的生产力可能较低，并可能罹患更多的慢性疾病和残疾。这一模式会跨世代传递，因为这些成年人为自己的孩子提供足够营养的能力，也大打折扣。

令人费解的一件事，是在全球南方的其他穷人群体中，肥胖症也在急剧增多（Global Nutrition Report，2016；McNeil Jr.，2016）。据估计，今天的世界上有4 100万5岁以下的儿童超重，比1990年增加了1 000万。因此，全球南方的人们目前正在越来越多地遭受"双重营养负担"（double nutrition burden）。也就是说，有

些人没有足够的食物吃，而另一些人则吃得太多，尤其是吃了错误种类的食物（例如，富含脂肪和胆固醇的食物）。

最后，贫穷的国家不太可能为它的人民提供足够的医疗保健。低收入国家拥有的医院往往更少，研究健康和疾病的能力更低，很少（或者没有）人被医疗保险计划覆盖。当中央政府对医疗保健进行优先支付的时候，可以通过经济增长应对这些问题。例如，十多年前，中国开始在医疗保健上大量投资。目前，它为自己 95% 的人口提供普遍的基本医疗保健（Hsiao，Li，and Zhang，2017）。不同国家之间医疗保健的区别，特别显著地体现在 2013—2015 年暴发的埃博拉（Ebola）疫情上。埃博拉出血热是一种致命的病毒性疾病，感染者的死亡率为 50%～90%。它并不通过日常接触传播，而是通过与感染者的血液、体液和身体组织的直接接触进行传播。它还可以通过接触患病的黑猩猩，或者是死于该病的黑猩猩尸体而传播。这次有史以来最大规模的疫情暴发，于 2014 年开始于几个西非国家（主要是在几内亚、利比里亚和塞拉利昂）。结果是，28 600 人感染了埃博拉病毒，11 300 人死亡（Benko，2016）。埃博拉感染和死亡的病例数字中，包括超过 300 名在西非工作的医疗工作者（Fink，2014）。

埃博拉的传播还在进行之中。从 2018 年中到 2019 年中，刚果民主共和国也暴发过这种传染病。这次暴发虽然被认为情况严重，但世界卫生组织认定，它还不能构成一次国际卫生紧急状况（international health emergency）（Cumming-Bruce and McNeil Jr.，2018）。

人们曾经努力研发疫苗（Gladstone，2016a），但直到 2019 年早期，只有一种实验性疫苗正在（有限度地）被使用。该疫苗是否有效和安全，进而不再被认定为实验性疫苗，目前还是问题。采取基本的卫生措施——比如常规洗手和避免接触血液和体液——仍然是应对该疾病传播的最有希望的手段，至少是在短期之内。

近年来，南美洲蚊子传播的寨卡（Zika）疫情暴发经常出现在新闻里。这种疾病导致子宫里的胎儿罹患小头畸形症，因而胎儿在出生时拥有一个畸形的小头颅。在儿童成长的过程中，小头

畸形症会导致很多精神问题以及很多其他健康问题。很多患者会早死。虽然寨卡病毒在有些区域已经减少，但它继续在世界上其他地方出现（例如安哥拉和印度）。

新的疾病不断出现。例如，自然存在于果蝠身上的尼帕病毒于 1998 年被认定。2018 年在人类中间的一次暴发发生于印度，最初的感染者几乎全部死亡。与所有病毒一样，它具有变成流行病的潜力（Baumgaertner，2018）。

不同国家的寨卡病毒和埃博拉病毒感染者的不同经历，揭示了全球分层是怎样形塑健康不平等的。几内亚、利比里亚和塞拉利昂都是低收入国家，医疗保健体系非常薄弱。与高收入国家相比，它们训练有素的医生较少（很多接受过良好训练的医生被高收入国家的工作所吸引，他们在那里可以赢得高薪），对抗疫情暴发的资源较少，被医疗保险覆盖的人口极少。结果是，这些国家更容易暴发疫情；在疫情暴发的时候，这些国家的人更可能死于疫情。更糟糕的是，对"底层的10 亿人"的成员来说，这种类型的疫情暴发，涉及一种"自我延续"（self-perpetuating）的循环。世界卫生组织前总干事陈冯富珍（Margaret Chan）警告说，埃博拉疫情的暴发可能给疫情波及的国家带来"潜在性的灾难性打击"（Gettleman，2014；O'Grady，2014）。人们预测，所有被埃博拉疫情波及的国家都会遭到破坏，但三个国家（几内亚、利比里亚和塞拉利昂）受到了特别严重的影响。最初的证据表明，这些国家的经济实际上受到了严重的损害（Nossiter，2014）。这是因为，本来可用于其他方面（比如新兴产业）的资金被用于对抗疫情。此外，因为死亡、疾病和害怕被传染，劳动力大军受到了消极的影响。边境经常被不必要地关闭，损害跨境贸易。

值得注意的是，一个社会的财富不一定和医疗保险相吻合，也不一定和良好的健康结果相吻合。例如，美国的医疗保健支出是全世界最高的，但在很多卫生指标上，它在高收入国家中排名非常靠后。与其他高收入国家的同类人群相比，美国人寿命更短，更可能遭受暴力性死亡，更可能肥胖，很多疾病的患病率更高。与全球北方的所有国家的居民相比，太多美国人（特别是

那些低收入者）并没有被医疗保险覆盖。

随着《平价医疗法案》（也叫奥巴马医改）的实施，又有2 000多万美国人获得了医疗保险。未被覆盖的人口的比例从2010年的超过15%降到了2017年的9%（Sanger-Katz，2018）。特朗普政府承诺用另一套方案（而且"更好"）代替这一计划，但这一计划还是需要进一步落实。如果特朗普政府废除《平价医疗法案》的主张被实施，未被医疗保险覆盖的人数就会上升。尽管有人试图限制《平价医疗法案》，但它仍然是有效的，至少到2019年中期是有效的。

在高收入国家中，美国还是经济上最不平等的国家之一。研究显示，一个国家在经济上越不平等，它的人口的整体健康状况就越差（Pickett and Wilkinson，2011）。因为有一个效率极低的私营医疗保险体系，美国为它的低质量医疗服务支付了更多的金钱。

三、全球废物和拾荒者

废物或垃圾的流动和使用，也是全球分层的一个指标。例如，世界上所有的地方都产生有害垃圾，至少是潜在地有害的垃圾。引人担忧的例子包括，电子废物或e废物，比如扔掉的电视机、电脑、打印机和手机。因为全球北方的高消费率，那里产生的这类垃圾尤其多。一旦这些产品不再有用（或者远早于这一状态），高收入国家的人们就不愿意再使用它们了。他们试图把大多数这些垃圾运到低收入国家。这些国家很乐意接收这些垃圾，因为这些垃圾可以创造工作机会和利润。常见的情况是，卸在这些国家的垃圾里含有宝贵的部件和元素（金、银和铜），但提取它们既困难又耗时。从全球公司和政府的角度来看，低收入国家的低薪工人，是从事这些非技术工作的理想人选。没有高收入国家愿意从事这种工作，特别是以低收入国家愿意接受的报酬来做这件事。

全球南方的一些人和一些家庭的生存环境十分恶劣——他们其实是在垃圾堆里生活和工作。在尼加拉瓜的首都马那瓜有一座合法的垃圾场，它每天接收1 200吨垃圾（另外300吨最

---

① 1英亩约为4 047平方米。——译者注

终进了下水沟，或者是该市周围数以百计的非法垃圾场）（Hartmann，2013）。充斥着那个合法垃圾场的，并不是来自富裕国家的垃圾，它是一个市政垃圾场，支持它存在的力量是城市化以及"全球性的一次性文化"（global throwaway culture）。这个垃圾场在当地叫作"La Chureca"，它的面积是116英亩①。250个家庭生活在这里，他们住在附近，或者事实上就住在垃圾堆的顶上。还有1 500个男人、女人和儿童，每天来到La Chureca，在垃圾堆里捡拾。这些拾荒者（churequeros）翻弄垃圾，找寻那些可以卖掉的可回收物，扔掉的食物、衣物，以及他们个人能用的其他东西。这种类型的赤贫，显然把这些拾荒者置于各种各样的健康风险之中。更糟糕的是，在大约40年的时间里，这个垃圾场没有任何管理措施。结果是，垃圾场污染了空气、水和土壤，给马那瓜的其他人带来了各种各样的健康问题（Hartmann，2018）。把这些置入一个大的背景，马那瓜的拾荒者只是全球南方通过翻拣固体废物来讨生活的1 500万人的一部分（International Labor Organization，2014）。

四、全球性别分层

在全球层面上，人们会面临以性别为基础的就业、职业和财富藩篱。

就业、职业和财富的不平等

在世界范围内，在过去的几十年里，男性的劳动参与率（labor force participation rate）有所下降，但女性的劳动参与率却大幅上升，特别是在美洲和西欧。虽然在地区之内和地区之间，都存在着显著的多样性，但在同一时期，女性的劳动参与率在撒哈拉以南非洲、北非、东欧、东南亚、东亚大幅上升了（Elborgh-Woytek et al.，2016；Ndinda and Ndhlovu，2018）。虽然女性的就业地位的提升，至少部分地与性别平等运动有关，但这一改变的关键因素是，通过贸易和生产，越来越多的地区更好地融入了世界经济。当然，世界上没有一个地方，那里的女性劳动参与

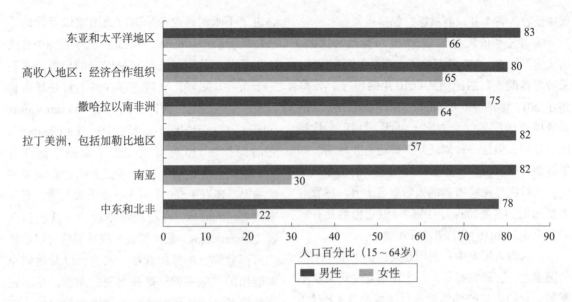

图9－4　世界不同区域的男女劳动参与率（2017）

资料来源：Data from The World Bank, "Labor Force Participation Rate," International Labour Organization, ILOSTAT Database.

率与男性劳动参与率一样高（见图9-4）。在有些地方——南亚、中东和北非——女性的劳动参与率显著地低于男性的劳动参与率。

在全球北方的大多数地方，受过教育的中产阶级女性，已经步入了专业领域（法律、金融、会计、计算机和建筑）和管理职位。在全球劳动力市场上，女性在服务工作和文秘工作中占据主导地位，在初级职位（elementary occupation）中也占主导地位，比如在农业和制造业之中。她们还可能工作在教师和大学教授、公立医院的护士和医生、政府职员和管理者的职位上。女性也已经进入了专业服务领域（Cohn, 2017）。

不过，依据世界银行的统计，女性挣的比男性少，劳动参与率也比男性低。在全球范围内，盖洛普调查发现，男性拥有全职工作的可能性是女性的两倍。在美国所发现的性别工资差异，也是一个全球现象，这一差异在中东和北非最大。在很多国家，母亲的工资低于父亲的工资（Misra and Strader, 2013）。传统信念仍然顽固地存在着：父亲供养整个家庭（因此需要更高的工资），而母亲不必这么做。虽然女性有所收获，但高薪和高声望的职位仍然被男性主导，不论是在全球北方，还是在全球南方。即使是在美国和西欧国家，男性仍然更容易进入专业和管理

职位，因此也更容易维持在这些职位中特别高的就职比重。

女性和非正规就业

当有些女性在有薪劳动力大军中取得成功时，其他女性却受到了劳动关系的性质的限制。女性更可能参与非正规就业（Limoncelli, 2016）。非正规就业在很多国家都有所增加，包括没有固定雇主的临时工作、有偿的在家工作、家政工作，以及来自分包商的制造业工作。非正规部门的特征包括工资低，缺乏可靠的合同、员工福利和社会保护（social protection）。非正规经济中的工人没有工资约定、雇佣合同、固定工作时长，也没有健康保险和失业保障（Rogan et al., 2017）。他们的收入经常低于最低工资，也可能无法及时发放。很多正规工作被非正规工作代替，因为在全球生产中，较低的工资和较低的保障成本，越来越成为生产组织者需要考虑的主要因素。

在全球范围内，虽然非正规就业在整个劳动力大军中的规模变大了，但女性和男性却集中在不同的非正规就业类型中（Vanek et al., 2014）。男性主要集中在非正规的有薪工作和农业工作中，而女性通常集中在非农业工作、家务劳动以

及家庭企业的无薪水工作中。与男性的非正规就业相比，女性的就业更有可能是低时薪的工作，而且更不稳定。为了降低劳动力成本，大多数跨国企业建立起了分包网络，其中的当地生产商雇用低薪的工人——大多数是女性，可以迅速并容易地被解雇。在这样的生产网络中，女性更可能在小作坊中工作，或者是在家工作。很多女性接受低薪的工作和不正规的就近工作安排，是为了继续承担她们的家务责任。

男性和女性之间的财富差异，比他们在劳动参与率、职业或者收入上的差异更大。依据联合国开发计划署（United Nations Development Programme，2014）的数据，男性拥有全世界财富的99%，而女性只拥有1%。这为男性的经济权力提供了巨大的优势。因为女性所拥有的财产和其他财富相对较少，也因为她们更可能在非正规职位上工作，她们在获得贷款方面也面临更多的困难。全世界接近75%的女性无法获得银行贷款。

全球照顾链条中的女性

全球性别不平等的另一种形式，是发生在家庭里的照顾工作。来自低收入国家的男性和女性，通过移民以便寻找报酬更高的工作。女性尤其可能在家政工作中获得就业机会。阿莉·霍赫希尔德（Hochschild，2000）认为，移民家政工人创造了一个**全球照顾链条**（global care chain）。这一链条涉及一系列的个人关系，这些关系建立在横跨全球的不同人群之间，以付

数字化生存　e 废物

很多使用智能手机和电脑的人没有意识到，这些电子设备中含有有毒重金属，如汞、铅和镉。大多数人不知道，在他们丢弃了这些电子设备之后会发生什么。新的科技产品以越来越快的频率出现，而老设备也以更快的速度变得无用（Ahmed，2016）。与丢弃这些科技产品相关的问题，正在以越来越快的速度出现。随着价格的降低，人们更可能更换新的机型，而不是修理旧的。推动消费者选择新机型的另一个原因，是生产商不太可能支持旧的机型。

在数字时代，电子废物或 e 废物，是一个日益严重的全球问题，其环境后果是长期的。《巴塞尔公约》（Basel Convention）禁止富裕的发达国家以弃置废物为目的，向贫穷的发展中国家出口危险废物，包括 e 废物。不过，这并没有阻止以再循环或者修理为目的的危险废物出口。大多数 e 废物就是这样来到了发展中国家（Pickren，2015）。有些地方变成了 e 废物的天堂。那里的很多居民都参与 e 废物的再循环，而这些废物对他们的健康和环境是有害的。燃烧电路板造成的空气污染会影响工人的肺和眼睛，拆解平板电视后释放入大气的汞，也有同样的效果。铅和镉污染土壤和水，然后污染当地的水源和食物（Watson，2013）。随着全球南方以蛙跳的方式进入数字时代，它不仅要应对从全球北方进口的危险的 e 废物，还要应对自己的居民制造的 e 废物。

我们可以尝试用很多方法来解决 e 废物的问题。生产商可以较少使用或者不使用有毒化学品来制造电子设备。另外，他们可以参加生产者责任延伸计划（extended producer responsibility program），这一计划要求他们适当地处理他们的电子产品，或者是循环利用它们。消费者可以避免过于频繁地升级新款。发展中国家的政府，可以在追踪和监控 e 废物方面做得更好；这样，这些废物就不会在发展中国家形成新的 e 废物天堂。美国特别需要对 e 废物进行更好的管理。美国不仅没有遵守《巴塞尔公约》，甚至连有关 e 废物循环利用的法律都没有。

参与数字世界

去发现你的大学或学院里产生的 e 废物最后怎么样了。如果你的学校有一个 e 废物计划，它和谁签订了收集 e 废物的合同？这些 e 废物去了哪里？是否有一个指定的地点来弃置你的旧笔记本电脑、平板电脑和智能手机？如果存在这样一个地点，你使用过它，或者你会使用它吗？为什么？

226

酬或者不付酬的照顾工作为基础（Razavi，2017；Yeates，2012）。照顾的种类包括社会、健康和生殖照顾，通常涉及诸如烹饪、清洁和熨烫等体力劳动。在全球照顾链条上，女性为自己的雇主提供照顾性劳动，同时又消费其他女性的照顾性劳动，包括付酬和不付酬的劳动。因此，用"照顾循环"（care circulation）代替"照顾链条"，也

许是更好的想法（Lutz and Palenga-Mollenbeck，2016）。移民家政工人往往依赖女性亲属、邻居、女儿以及其他有偿家政工人，来照顾自己留在移出国老家的孩子。例如，当一个妈妈在高收入国家做保姆时，她年幼的孩子可能是由一个年长的女儿或来自中等收入国家或者低收入国家的保姆照顾。链条的一端是一个寻求专业职位的女

227

趋势

《管理欲望：亚洲崛起、西方衰落和全球性工作中隐藏的货币》（加州大学出版社，2015）

金柏莉·凯·黄（Kimberly Kay Hoang）

虽然并不总是被承认，但女性性工作者的劳动是全球经济的重要组成部分。金柏莉·凯·黄花了5年的时间，在越南胡志明市各种类型的女招待酒吧（hostessbar）里工作，以便更好地理解女性性工作者、她们的男顾客以及全球资本之间的关系。她把自己的研究定位于下述情境之中：2008年金融风暴之后，亚洲的经济崛起和西方国家的经济衰落，这种情况造成了男人们之间新的全球等级。来自全球北方的男人们的财富、身份和权力开始下降或减少；与此同时，亚洲男人在这些方面却获得了提升。虽然金柏莉·凯·黄所研究的大多数女性都是来自贫困的乡村家庭或者城市家庭，男人们却拥有不同的阶级地位和身份地位——这种地位决定他们光顾什么样的女招待酒吧，也决定他们与性工作者之间的关系。金柏莉·凯·黄发现，越南男人和其他亚洲男人经常光顾专属女招待酒

吧（exclusive hostess bar）来进行交易，并且向其他的男人展示权力。生活在海外的访问故土的越南男人可能会利用女招待酒吧来进行炫耀性消费，并把他们自己与西方男人区别开来。与此相反，西方的外国商人所光顾的，却是那些能够迎合其不安全感的酒吧——这种不安全感，来自自己的地位相对于亚洲男人的降低。金柏莉·凯·黄发现，囊中羞涩的西方旅游者最可能访问女招待酒吧，并且直接买春——在国外确认自己在本土已经丧失的权力和男性霸权。

在不同类型的女招待酒吧里，性工作者在她们的顾客身上承担了不同的功能。有偿性服务并不是工作要求。大多数女性挣钱的来源是小费，她们通过倒酒、玩饮酒游戏、唱卡拉OK、跳舞，或者仅仅是陪客人聊天来挣小费。有些女招待，特别是那些服务外国客人的女招待，试图与她们的顾客建立长期关系，作为获得稳定收入来源的手段。这常常通过下述方式来实现：让一个男人相信，特定的女招待是他的排他性的"女朋友"，而他是通过与其他男人的竞争而"赢得"她的——这确证了他的男性霸权。

以俭朴游客（budget tourist）为目标的女招待，经常扮演缺钱的"第三世界"受害者的角色——这让一些男人感到自己是经济支持者。虽然金柏莉·凯·黄的研究中的性工作者必须在身体和行为上遵守性别化的刻板印象，但与工厂里的女工相比，她们挣到的钱更多，拥有更高的自主性，工作环境也更好。正像金柏莉·凯·黄所展示的那样，当代性产业的全球分层是非常复杂的，拥有"多元化的利基市场"（multiple niche markets），这些市场"在商业和休闲中……服务于来自全球和本地的男人们"（Hoang，2015：39）。

edge.sagepub.com/ritzerintro5e

● 观看金柏莉·凯·黄在一次会议中参加一个关于性工作者的小组讨论的视频。这次会议的名字叫作"从诉讼到赋权：打击人口贩运和促进移民权利"。

● 观看托尼·麦克（Toni Mac）——一位性工作者和活动家——TED演讲视频。她讨论了在全世界为使性工作合法化而采用的不同法律模式。演讲的题目是《性工作者真正想要的法律》。

社会学导论（第 5 版）

性，她发现自己无法承担家庭责任；而在链条的另一端，一个家政工人的大女儿，承担了她妈妈的家庭责任。随着互联网越来越多的应用，妈妈们（又叫"Skype 妈妈"）可以在远方的家里发挥更多的作用。不过，这种类型的母职显然是有缺陷的。

全球保姆链条（global nanny chain）——又被叫作照顾服务的国际转移（international transfer of caretaking），以及生殖劳动的种族区分（racial division of reproductive labor）——生殖劳动的责任从高收入国家的女性向低收入国家的女性的转移（包括代孕母亲的雇用），指出了一个吊诡的状况——此状况是在通过参与劳动力大军而向女性赋权的行动中发生的。全球北方的女性有能力追求事业，她们倾向于把自己的家务责任和生殖劳动转嫁给低薪的移民劳动者。作为雇主的女性不是尝试在家庭成员之间对家务责任进行再分配，而是把最受贬低的工作转嫁给更弱势的女性，从而保持劳动的性别分工。结果是，生殖劳动的（以及女性的）价值受到了进一步的贬低（Parreñas，2001）。从这个意义上说，女性的劳动参与并不一定带来传统性别角色的改变，而是可能导致中产阶级女性和上层阶级女性对移民女性更沉重的剥削。

移民家政工人提供生殖劳动并不是新事物。有特权的女性获得这种服务，已经有数世纪之久。不过，由于全球化和全球经济的增长，生殖劳动的流动数量增多了。在全球北方，对于移民家政工人的需求非常可观，而且还在增长，而全球南方提供了绝大多数的供应。

知识点 9 – 2 | 全球经济不平等

概念	定义
全球数字鸿沟	一种不平等，这一不平等的源头是全球南方缺乏对互联网的接入。
全球健康不平等	全球北方和全球南方在预期寿命、疾病、营养和医疗保健上的不平等。
全球性别分层	与女性相比，全世界的男性在财富、职业、就业和收入方面所获得的系统性优势。
全球照顾链条	以付酬或者不付酬的照顾工作为基础的、横跨全球的不同人群之间的个人关系。

第三节　全球分层中位置的变化

前文讨论过的全球不平等的各种形式虽然存在，但有些国家仍然有可能发展经济，并且改变自己在全球分层体系中的位置。本节将讨论以下内容：一种有风险的、提供廉价劳动力的"底线竞争"策略，产业升级的重要性，以及充满争议的、把外国援助作为一种发展手段的做法。

一、底线竞争

那些在全球分层体系中位置较低的国家，不得不进行所谓的"底线竞争"，以便有机会最终在全球等级中向上移动。这一行动的基本手段是提供比竞争者更低的报价——通常比排名落后的其他国家更低。这些国家可能会通过削减成本来降低价格。它们这样做的办法，是为其公民提供更低的工资、更差的劳动环境、更长的劳动时间，甚至是持续增加的压力和要求，等等。与其他国家相比，一个不顾一切的国家会进一步降低工资和劳动条件，以便削减成本，吸引跨国公司的兴趣和投资。在一段时间里，"领跑"的欠发达国家会是跨国公司的最爱；直到有一天，另一个急切地想赢得工作机会的低排名国家，提出更低的报价。换言之，赢得工作机会的国家，将会是那些在冲向底线的竞跑中"获胜"的国家。毫无疑问，这些胜利都是值得怀疑的，因为工作报酬微薄，而工人被置于恶劣的工作环境之中。

在对T恤衫的全球市场的研究中，彼得拉·里沃利（Pietra Rivoli, 2015）得出了类似的结论，虽然是更一般层面上的结论。如果采取一种长期的历史视角，在数百年以前赢得了底线竞争的国家，目前都是世界上最成功的经济体。在纺织业上，首先是英国在底线竞争中获胜，然后是美国、日本。这一竞争的最晚近的优胜者，是中国，它目前在工业上和经济上正在崛起。如果有什么区别的话，近年来的底线竞争速度加快了，原因是诸如时尚的快速更新换代这种现象出现了——这种现象又叫"快时尚"，就像在全球连锁店 Zara 和 H&M 身上所看到的那样（Rivoli, 2015）。

228

思考题

全球北方能够做些什么，来降低其他国家投入底线竞争的需要？迄今为止，这样的努力非常少，而且基本上是无效的，为什么？减少甚至停止底线竞争，会怎样影响全球北方国家的消费趋势？

里沃利的概括性结论，是从全球纺织业的例子中得出的。这一结论是，国家必须在底线竞争中获胜，才能获得成功。在她看来，在这一竞争中的胜利，就是启动经济并使它运转起来的"点火开关"（ignition switch）。因此，她总结说，在试图终止这种竞争的努力中，批评全球化的人们误入了歧途。

全球化 科威特的家政工人

因为石油在全球市场上的高价格，科威特——波斯湾的一个拥有巨大石油储量的小民族国家，异常富裕。科威特的财富为它的公民带来了诸多好处：他们享受国家出资的教育、医疗保健和退休金，以及有保证的就业，通常是在石油工业部门或者投资银行里。财富让科威特人有能力雇用家政工人，大多数是女性。她们来自很多相对贫穷的国家，包括菲律宾、斯里兰卡、尼泊尔和印度尼西亚（Fahim, 2010）。其他地方无法挣到的高工资，吸引这些工人来到了科威特。她们可以向家里寄回大笔金钱，但她们与其雇主之间的权力关系，严重地不平等（Fernandez, 2010）。

虽然有些人被很好地对待，但很多人有下述抱怨：性虐待和 / 或身体虐待、拖欠工资以及扣留护照。一位女佣说，她每晚只被允许睡 2 个小时。当雇主要求她在凌晨 3 点擦玻璃的时候，她离开了。一位斯里兰卡女佣宣称，她被她的科威特雇主非法监禁了 13 年，且没有工资。她最后逃了出来。据报道，一位菲律宾女佣遭受了其雇主的酷刑，并被杀害。这位雇主试图让她的死看起来像一场事故。一位菲律宾家政工人由于受到了雇主家庭的虐待而寻求帮助。当她这样做时，她的雇主把她从三楼窗户扔了下来，摔断了她的腰。很多家政工人逃到了她们国家的使馆里寻求保护，在拥挤的房间里，睡在自己的行李上或地板上。

全球化吸引大量的穷人远离家乡，为了找到工作，有些人被非法贩运。在很多地方，包括美国，这些移民几乎享受不到什么权利，并遭受多种多样的虐待。经常生活在高度分层的社会的底层，缺乏权利、代表（representation）和资源，这些人常常是既无能又无力。

思考题

在富裕的雇主和从事家政服务的移民之间，存在着巨大的权力不平等。这种不平等产生的原因是什么？为什么试图帮助这些雇员的机构，倾向于聚焦于个案，而不是更广泛的权力不平等问题？从长期来看，解决权力不平等的问题，是不是更为有效？为什么？

对所有对发展感兴趣的国家来说，里沃利的观点似乎是在为底线竞争背书。不过，我们必须注意这样的事实，即底线竞争会把它们带向更严重的贫困，至少在一段时间之内是这样。它也让富裕的全球北方占尽先机：这保证了这些国家持续地获得低价的产品和服务——在一个又一个国家依次位于底线的时候。在底线竞争中获胜并不能保证在全球分层体系中的地位上升，但能够保证全球南方的发展中国家的低工资和贫困，以及全球北方的中产阶级和上层阶级享受廉价的商品。

实际上，在底线竞争中获胜可能意味着，一个国家永远停留在底线上，或者底线附近。例如，有些国家通过聚焦于农业出口，以及雇用廉价的当地劳动力进行播种和收割，以在世界上展开竞争。这些国家在少付工人工资这件事情上相互斗争、变本加厉，结果是，它们让农业产品在国际市场上更加廉价。如果这些出口部门不能最终转向其他类型的商品和服务以及更高的工资，这些国家永远也不可能逃离底线。

二、产业升级

在我们关注底线竞争中的失败者的时候，不应该忽视中等收入国家及其产业进步的证据（Bair and Gereffi, 2013; Gereffi, 2012）。至少有一些国家，它们从底线或者接近底线的地方进入全球经济，在一段时间之后，通过在经济上变得更有竞争力，开始向上移动。一般来说，当国家、公司甚至工人开始从事复杂的和高附加值的生产活动时，**产业升级**（industrial upgrading）就会发生（Gereffi, 2005）。产业升级常常经历 4 个阶段：

1. 组装。例如，依据客户设计的程序，把来自高收入国家的电子组件组装成智能手机，然后使用客户的商标在其他的地方把手机卖出去。
2. 原创设备生产。例如，依据客户的特定要求生产电视机，然后使用客户的商标对电视机进行分销。
3. 原创商标生产。例如，使用自己的商标，设计和销售汽车。
4. 原创设计生产。例如，设计和生产高端汽车设备，而客户仅仅是购买并转售。

在这个过程中，会出现一些差异性，这取决于国家的不同和产业的不同：服装、电子和新鲜蔬菜（等产业）都会经历不同的过程。不过，在等级阶梯上的提升，倾向于发生在那些经历了产业升级的国家。例如，中国产业的早期成功是基于这个国家在底线竞争中的胜利，但是现在的中国人正在远离低端产品（比如 T 恤衫的生产），并转向高附加值产品的生产［如自主商标的汽车和 LED 灯具（Butollo and Ten Brink, 2017）］——伴随着很多中国工人工资的提高和工作条件的改善。

产业升级的另一个例子出现在墨西哥，特别是在它的美墨联营工厂（maquiladora）里进行的生产活动（Bair and Gereffi, 2013; Gereffi, 2005）。美墨联营工厂坐落于墨西哥，但为外国公司所拥有。第一代的美墨联营工厂是劳动力密集型的，采用有限的技术，为出口组装终端产品（比如服装）——使用来自美国的组件。第二代的美墨联营工厂变得更加"生产过程导向"，使用自动机器或者半自动机器，并且以机器人代替人工。与第一代相比，第二代美墨联营工厂更多地以汽车、电视机和电子设备产业为中心。目前，第三代美墨联营工厂正在取代第二代的操作方式，更多地从事研究、设计和开发，更多地依赖训练有素的劳动力，比如工程师和熟练技师。一个重要的例子是主要位于墨西哥蒂华纳（Tijuana）的一家高科技生产商，它生产除颤仪和矫形设备（Varney, 2017）。美墨联营工厂从依赖廉价劳动力，发展出以生产率和高质量为基础的竞争力，即使美墨联营工厂的工人的工资还是远远低于美国的同类工人的工资。蒂华纳的医疗设备生产工人每小时挣 14 美元，比美国的同类工人少挣 10 美元。

虽然美墨联营工厂获得了发展，但很多工人没有跟得上这种发展。很多美墨联营工厂会雇用女性，她们被认为比男性更加温顺和敏捷。这些工厂工作为女性提供了新的经济机会，但也开启了新的遭受剥削和暴力的可能性。从 1990 年代到 2000 年代，研究者和记者们开始关注所谓的"美墨联营工厂谋杀"（Arriola, 2006—2007; Pantaleo, 2010），发生地点是墨西哥华雷斯（Ciudad Juárez），它与美国得克萨斯州的厄尔巴索（El Paso）隔边境线相望。虽然在数量上存在争议，但保守的估计是，300～400名工作在美墨联营工厂里的女性失踪了，很多人的尸体出现在了沙漠里（Arriola，2006—2007）。美墨联营工厂的条件本身，也显示出了各种健康威胁。电影制作人维希·弗纳里（Vichy Funari）和塞尔吉奥·德·拉·托雷（Sergio de la Torre）在他们的纪录片《美墨联营工厂》（*Maquilapolis*，2005）里，特别突出了这些状况。这部影片追踪拍摄了一群在蒂华纳的美墨联营工厂里工作的妇女。这群妇女组织起来抗议不安全的工作环境，比如暴露于有毒化学品之下，以及向她们贫困的社区倾倒有毒垃圾的做法。当她们为改善自己的生活而努力的时候，劳动力的全球化开始把产品制造从墨西哥转移出去。最后，这些工人不能确定是她们会继续拥有工作，还是美墨联营工厂会跨过海洋，去中国寻找更廉价的劳动力。在某种程度上，一个国家的产业升级过程，一定会受到底线竞争的威胁。但是，如果某个产业能够在等级阶梯上巧妙地向上爬，进入更复杂和附加值更高的生产阶段，阵痛也许会缓和一些。

三、外国援助与发展

应对全球性经济不平等的另一个途径，是通过利用外国援助，来提升贫穷国家在世界经济中的地位。[①] **外国援助**（foreign aid）被定义为来自其他国家或者全球机构的经济援助，旨在推进发展或者改善社会福利。我们目前熟知的外国援助形式，开始于美国的马歇尔计划——在第二次世界大战对经济的毁灭性破坏之后，帮助摇摇欲坠的欧洲经济的计划。从那时开始，外国援助范围一直在逐渐扩大。根据经合组织的数据（OECD，2017），2016年，援助总额达到了1 426亿美元。

经合组织为官方发展援助（official development assistance，ODA）制定了标准。经合组织宣称，援助可以采取拨款的方式，也可以采取贴息

贷款的方式，且必须促进发展和福利。这可以包括用于教育、卫生、债务减免、社会和经济基础设施、人道主义救助或者其他发展计划的资金和其他资源。要符合"援助"的标准，贷款的利率至少要比市场利率低25%。大多数援助都是双边的，即一个国家直接援助另一个国家。援助也可以是多边的，这时，援助者的很多资源被集中到第三方的手中，比如世界银行，由后者对援助进行分配。理想的情况下，这能够减少管理成本，并削弱援助的政治动机。经合组织的34个成员，包括美国、西欧国家、加拿大、日本、澳大利亚、韩国和新西兰，提供了大多数的外国援助。其他的重要援助提供者包括巴西、中国、印度、科威特、卡塔尔、沙特阿拉伯、土耳其以及阿拉伯联合酋长国（Williams，2014）。迄今为止，美国是最大的援助者。仅在2017年一年，美国的对外援助就达350亿美元。不过，如果按照占国民总收入（gross national income，GNI）的比例的标准来衡量，美国的数据仅仅是0.2%，远低于联合国规定的0.7%的目标（见图9-5）。依据占GNI的比例，对外援助最多的国家包括几个北欧国家（瑞典、挪威、丹麦、芬兰）、卢森堡、英国和荷兰。它们倾向于达到或者超过0.7%的目标。不过，阿拉伯联合酋长国的对外援助（图9-5没有显示）达到了GNI的1.31%，是所有国家中比例最高的。对外援助占GNI的平均比例是0.3%（OECD，2017）。

所有这些援助的目的，都是要在受援国创造经济增长和国内储蓄，但这些努力所获得的成功，却参差不齐。有些接受援助较多的国家（无论是以美元数额为标准还是以受援额占GNI的比例为标准，都较多），比如阿富汗，曾经长时间地接受援助，但仍在持续不断地经历经济和政治的动荡。

有人对探讨下述问题的研究进行了检视：哪些国家接受了援助？它们接受了多少援助？上述检视揭示了一些重要的倾向。依据人均受援额进行分析，过多的援助流向了人口较少的国家。其主要原因是，与人口特别多的国家如

---

① 米兰达·艾姆斯（Miranda Ames）对本节的撰写做出了重要贡献。——原注

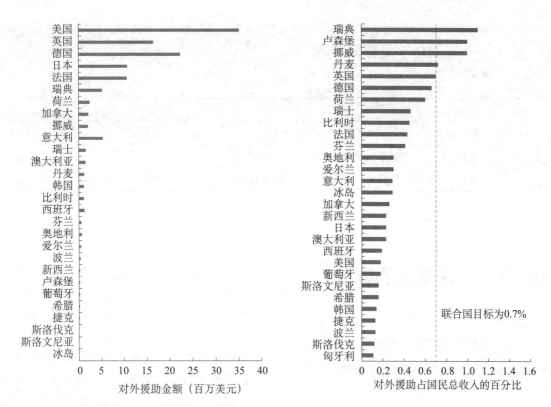

图9-5 对外援助额及其占国民总收入的百分比（2017）

资料来源：Data from Organisation for Economic Co-operation and Development, "Development Aid Rises Again in 2016, but flows to poorest countries dip," April 11, 2017.

印度相比，小国家会显示出更多引人注目的改变。此外，那些曾经被殖民统治的国家，以及那些和援助国在政治上结盟的国家，与没有上述两种情况的国家相比，接受的援助较多。与贫困、民主化和经济开放的水平相比，上述特征才是一个国家接受多少援助的更好指标（Alesina and Dollar，2000）。

针对外国援助出现了很多批评。这些批评聚焦于可疑的效果、援助国和受援国的政治议题，以及援助可能对寻求援助的国家产生的消极影响。援助国促进受援国的经济增长，常常是为了增加自己的经济利益，保证自己能够获得自然资源，并增强自己的政治地位。一个例子是，在联合国安全理事会成员国身份和更多地接受国际货币基金组织的资金之间，有相关关系（Dreher，Sturm，and Vreeland，2009）。外国援助还经常和一些特殊的条款——受援国怎样花这些钱——绑在一起。援助国经常为一些特定的目的提供援助，最常见的目的是教育、交通和通信的基础设施，以及政府的建设和市民社会组织的建设。当援助国的意愿和受援国的意愿不一致时，这些条款就可能引起纠纷。纠纷的原因可以从误解一直延伸到赤裸裸的腐败，最终的结果可能是数十亿美元资金的滥用和挪用。虽然援助国设定的援助目的看起来是有益的，但是对于援助资金支持的发展计划来说，这些要求增加了官僚的层级、时间成本和其他额外成本（Easterly，2015）。最后，对其他国家提供的任何军事援助或者军事后勤援助，都不能被计算为官方发展援助。但是，这并不能阻止受援国把自己的其他资金腾出来，专门用于军事目的。简言之，可以争辩的是，虽然外国资金被用于发展目的，但仍有这样的潜在可能：作为间接结果，军事预算增加了，为更多的冲突提供了火药。

虽然外国援助具有应对惊人的全球不平等的潜力，但它一直以来都充满争议，还将继续充满争议。首先，有些国家援助他国的能力清楚地反映了不平等的存在。其次，外国援助将会加剧现存的不平等，巩固权力的全球结构。

概念	解释
底线竞争	贫穷国家争相降低工资和工作条件，以便降低成本，从而吸引跨国公司的投资。
产业升级	国家、公司和工人越来越多地从事更为复杂和附加值更高的生产活动。
外国援助与发展	国家或者全球机构向其他国家提供经济援助，以便促进其发展和提高其社会福利。

第四节　全球分层的理论

第 8 章谈到，针对社会分层，占主导地位的理论视角是结构/功能理论和冲突/批判理论。它们不仅是最常见的理论，也是学者和实践家们激烈争论的理论。

一、结构/功能理论

关于全球分层的一种占主导地位的结构/功能理论，是**现代化理论**（modernization theory）。它对不平等的经济分配的解释，建基于不同国家的结构（特别是技术）差异和文化差异。对结构和文化的重点关注清楚地表明，现代化理论是结构/功能理论的一个变种。依据这一理论，特定的结构现实（特别是技术）和文化现实，对于社会现代化是必不可少的（Jacobsen，2015）。

阐述和推广现代化理论的最著名的思想家，是沃尔特·罗斯托（Rostow，1960，1978）。罗斯托是一个经济学理论家，他曾经是约翰·肯尼迪总统的顾问。在他的现代化理论中——这一理论对冷战期间的美国外交政策发挥了重要的作用——罗斯托认为，低收入国家只有抛弃它们的传统价值和生活方式，才能提高它们的生活水平。在他看来，在通向经济发展的线性道路上，一个国家要经历 4 个阶段。

1. 传统阶段（traditional stage）。传统社会的人们以同样的方式生活了很多世代，他们只知道祖先的生活方式。这些社会的特征是艰难困苦和缺乏舒适的物质生活，人们把现状看

作是固有的和不可避免的。秉承着传统的价值观，人们被鼓励追随家庭里和社区里其他人的脚步。一个人对于自己在生活中的地位的接受，以及对家庭和社区的文化关注，不能给他勤奋工作、储蓄金钱和获得物质商品提供激励。在工业化时代之前，这一阶段是世界上大多数地方的特征。今天，它仍然出现在贫穷国家以及中等收入国家（比如中国和印度）的一些地方。依据现代化理论的视角，这些地方的贫困，是那里的人们的文化缺陷的后果。

2. 起飞阶段（takeoff stage）。当贫穷国家的人们开始放弃他们的传统价值的时候，他们就会更加雄心勃勃地思考未来。他们开始储蓄和投资，与他人交易以获取利润，而新的市场会为了这些交易而发展起来。这一阶段的特征是，个人主义倾向增强了，对物质商品的渴望日益增强，而对家庭和社区的关注减少了。在英国，这种类型的经济增长发生在18 世纪末期，1820 年左右美国迅速地追赶上来。目前正处于起飞阶段的国家可能包括马来西亚、秘鲁和伯利兹。这一理论的拥护者也许会鼓励这些国家进一步现代化——通过批准外国援助来发展基础设施、推广先进技术以便发展新的产业，以及推进通信系统建设以便刺激消费文化。

3. 推动技术成熟阶段（drive to technological maturity）。伴随着更先进产业的发展、高水平的投资、逐渐提高的城市化水平和更高的社会水平，处于这一阶段的国家会经历持续

的经济增长。制度和社会价值更多地指向生产和消费，而个人主义开始战胜传统的价值和规范。随着对舒适物质生活的要求越来越多，以及接受了更多的教育，人们持续不断地主张经济的发展。美国大概在19世纪中期达到了技术上的成熟，而墨西哥、巴西和捷克共和国等国家，目前正在接近这一阶段。

4. 高度大众消费阶段（high mass consumption）。在罗斯托看来，当大量人口能够享受到与大众消费联系在一起的、由经济增长带来的高水平生活时，一个国家就完全现代化了。在高度大众消费阶段，人们期望享受消费社会所带来的方便的日常生活，甚至是奢侈品。因为人们拥有更多的物质享受，绝对贫困大幅度减少。不过，社会价值离家庭和社区越来越远。大多数西欧国家、英国和美国在1900年的时候达到了这一阶段。

在现代化理论的批评者中间，有些人与依附理论（冲突／批判理论的一个变种，本章下一节将讨论这一理论）关系密切。在他们看来，现代化对欠发达国家产生了消极的经济后果，使它们对发达国家更加依赖就是后果之一。另外一些人认为，现代化理论（以及依附理论）对经济生产的关注过于狭隘。爱德华·蒂利阿基安（Edward Tiryakian）指出："看起来明显的是，在今天的世界上，'现代化'不仅仅意味着经济生产状况的升级，虽然这也是它的意义之一。它还意味着个人和群体的生活空间状况的升级——这一空间受到了国家的政治安排的限制，而这些政治安排被看作是非法的。"（Tiryakian, 1991: 172）。通过创立一个**新现代化**（neomodernization）理论，蒂利阿基安指出，国家之间的技术差异和文化差异，在解释经济发展和社会发展方面非常重要。他注意到，对于某些形式的政治生活和社会生活来说，现代化意味着巨大的代价。繁荣的公民文化（在这种文化中，人们可以有意义地参与政治进程），对于一个被认为是现代社会的国家来说，也非常重要。因此，对文化价值的强调，要超越观念领域，如个人主义和竞争精神，进而包括民主化的内容。能够削弱政府运作和民主参与的腐败和庇护主义（例如，政客购买选票），与现代化观念格格不入——即使这些腐败和庇护主义与大众消费并行不悖。

也许可以从新现代化理论的视角，来思考当代中国。前文提到，中国内部的经济现代化水平参差不齐：从很多村庄里保存完好的传统价值，到城市中心日益提高的技术发展水平和消费水平，不一而足。可是，从整体上说，非常明显的是，中国正在迈向经济现代化的路上——如果还没有超越包括美国的其他国家的话。对经济现代化的狭隘关注，会使我们忽略上述社会代价和政治代价。

二、冲突／批判理论

在全球层次上，有数个冲突／批判理论对分层的研究有所涉及。这些理论倾向于把注意力集中到依附关系（参阅前一节）上，即富裕国家与其剥削贫穷国家的跨国公司之间的关系。

殖民主义、帝国主义和后殖民主义

233

殖民主义理论（theory of colonialism）研究的是一个国家所采取的各种殖民手段，这个国家使用这些手段来控制——有时是通过领土占领——其他国家或者地理区域。**殖民主义**（colonialism）通常涉及殖民者，也涉及一个国家控制它的殖民地的正式机制（Williams and Chrisman, 1994）。殖民政权往往创建一个管理机构，来管理殖民地的内部事务。一旦那个更强大的国家掌握了权力，它就会试图对那一片地区实施政治的、经济的、文化的和领土的控制。当然，主要的目的是剥削那个较弱的国家，为自己的国家的利益服务。在有些情况下——最有名的例子就是英帝国——世界上很多地方被一个国家殖民统治。

帝国主义（imperialism）所涉及的控制，并不伴有殖民地的建立、与殖民地有关的殖民者，或者是正式的控制手段。帝国主义的定义更多地涉及经济控制和剥削，而殖民主义更多地与政治控制有关。当然，两者经常是结合在一起的。英国既是帝国主义者，也是殖民主义者。

今天，已经很少有——如果还有的话——殖民地的存在。鉴于此，我们可以使用**后殖民**

主义（postcolonialism）这样的术语来进行思考（Bhambra，2007；G. Steinmetz，2014）。显然，这一术语指的是在一个曾经被殖民的区域，殖民政权离开以后的时代。当然，后殖民主义的思想和实践，在殖民政权离开以前就已经存在了。关于后殖民主义最著名的著作，是爱德华·萨义德的《东方主义》（Orientalism）（Said，1979 / 1994）。这本书处理问题的语境，是西方发展出来的关于"什么人生活在东方"这一问题的刻板印象（东方既包括亚洲，也包括中东）。该书提出的问题，是"东方人"（Orientals）在建立自己的积极身份认同时所面临的困难——受制于西方针对他们的所有负面形象。直到最近，这些负面形象还在通过各种方式——包括帝国主义和殖民主义——主导东方世界。从社会分层的视角来看，问题是，在殖民政权离开以后，当"东方人"——更一般地说，是"当地人"——获得高层职位以后，他们缺乏有效地应对这些职位所需要的积极的自我感觉。因此，殖民主义者和帝国主义者可能会继续在幕后实施经济的和政治的控制：他们也许不再在等级体系中担任高层职位，但有能力控制那些担任高层职位的当地人。

世界体系理论

世界体系理论（world-systems theory）关注的是当前的分层体系——通过把世界看成是一个单一的经济主体（Wallerstein，1974）。这一理论设想了一个分裂的世界，它分裂为核心（core）和边缘（periphery）。核心包括最富裕的工业化国家，比如西欧国家、美国、澳大利亚和日本。边缘民族国家依赖于核心民族国家，并受它们的剥削。边缘包括大多数的非洲国家、一部分亚洲国家（印度尼西亚、越南、阿富汗）、中东国家（伊朗、叙利亚）以及南美洲国家（秘鲁、玻利维亚）。还有一部分国家处于中间状态，即处于半边缘（semiperiphery），包括大多数东欧国家、泰国、印度、中国、南非、巴西和阿根廷。

当今的世界体系根植于早期的殖民过程。富裕的欧洲国家在全世界寻找自然资源和奴隶劳动力。他们在非洲、东南亚、南美洲和其他地方建立起殖民地，旨在保证原材料和劳动力流回富裕

的核心国家。例如，作为英国的殖民地，印度将其大多数自然资源和食物输往英国。在19世纪，当干旱侵袭印度的时候，大量印度人饿死，因为印度生产的大多数食物，被从它自己人口中转移到了作为殖民霸主的英国手上（Davis，2002）。在遍及全世界的其他殖民地国家（边缘），为了殖民者（核心）的利益，金子、木材以及其他自然资源被开采或砍伐。

最近以来，核心国家有能力以其他方式从边缘获取利益：核心国家帮助边缘国家聚焦于狭隘的出口导向的经济，而不是帮助它们发展它们的工业能力。前文讨论过的底线竞争使核心国家获益——通过提供廉价的边缘劳动力——并保证利益流回核心国家。核心国家可以为边缘国家提供贷款，但由于权力的失衡，核心国家能够决定贷款的条件。目前，贫穷国家欠美国和其他核心国家数万亿美元的债务，这把贫穷国家置于弱势的经济地位。

思考题

在世界体系理论的语境下，是否有一天，美国也会变成半边缘甚至边缘国家？什么原因可能造成这样的结果？怎样避免它的发生？

世界体系理论认为，因为核心与边缘之间的这种关系，仅仅通过理解一个国家拥有什么样的收入水平，是无法理解一个国家的财富状况的。相反，仅仅通过检视一个国家和其他国家的关系，我们就能够理解一个国家在世界体系中的地位。当然，随着时间的推移，位于核心、边缘和半边缘的国家可以改变它们的位置。曾几何时，英国是世界上占主导地位的核心国家，但到第二次世界大战结束的时候，它的地位被美国取代。今天，美国正在下滑，而中国，曾经的边缘国家，正显示出进入核心的迹象。

世界体系理论是一种冲突 / 批判理论，受到马克思主义观点的深刻影响，但其关于社会分层的观点，却与大多数典型的马克思主义理论极为

不同。前文提到，马克思主义者通常聚焦于社会内部的分层，特别是位于顶端的资本家与位于或者接近于底层的无产阶级之间的分层。世界体系理论聚焦的不是一个国家，而是作为一个整体的世界。世界体系理论关心的不是资本家对无产阶级的剥削，而是核心对边缘的剥削。

知识点 9 - 4 | 全球分层的理论

理论类型	主要假设
结构 / 功能理论	技术和文化因素能够解释各个国家不同的经济水平和社会发展水平。
冲突理论	富裕国家和跨国公司剥削贫穷的国家，并使贫穷的国家依赖于它们。

第五节　消费与全球分层

从全球分层的角度看，消费是一个特别有趣的话题。下文将讨论的是，消费能够自动地反映、加强全球分层，并被用来解决全球分层问题。

235 一、全球消费文化和不平等

本章着重讨论了在财富、职业和收入上的不平等——这导致了消费水平的不同。思考这些不同消费水平的一个方式，是考虑它们怎样导致了不同的生活水平。例如，现代化理论的追随者认为，当一个社会的人民能够通过大众消费享受自己的劳动成果的时候，这个社会就完全现代化了。换言之，拥有宽敞的房子、空调、小汽车、智能手机和平板电脑、平板电视以及其他消费品，可以让生活更舒适、更怡人。与存在全球消费的不平等一样，人们生活的舒适程度也是不平等的。不过，还有一种方式，可以把大众消费和不平等联系在一起。

在第 4 章中，我们讨论了消费文化的崛起。在消费文化中，核心概念和物品与消费联系在了一起，而消费是生活意义的一个主要来源。我们注意到，消费文化变得越来越全球化，而以前的生产导向的文化（以中国为例），越来越聚焦于消费。有些冲突 / 批判论者认为，消费文化的崛起以及消费文化本身，强化了现存的不平等。

像往常一样，麦当劳——更一般地说，快餐产业，为消费文化的全球化提供了绝佳的例子。在世界上很多地方，麦当劳提供各种各样的食物。虽然麦当劳提供的食物是高度麦当劳化的，但这些食物已经适应了当地的口味，正像表 9－1 所展示的那样。

霍克海默和阿多诺（Horkheimer and Adorno, 1944 / 1997）认为，所有人，特别是那些经历了经济状况不佳的人，会通过消费陷入被动状态（passivity）。作为公司品牌宣传和广告宣传的结果，人们被引诱得想要各种各样的消费品。例如，经过苹果品牌（世界上最能盈利的品牌）的市场努力，我们把苹果手机、苹果电脑、苹果平板电脑，以及苹果的其他电子消费品，比如苹果手表，诠释为时尚的、酷的和独特的产品。人们强烈地渴望得到这些消费品，并感到没有它们就不酷也不高兴。当新款苹果手机发布的时候，消费者排长队购买，只想第一个拥有它。或者，我们可以引用热门电影《搏击俱乐部》（*Fight Club*）里的人物泰勒·德登（Tyler Durden）［布拉德·皮特（Brad Pitt）饰演］的话："你所拥有的东西，终将拥有你。"

表9-1 一些国家的麦当劳食谱

国家	食谱
日本	黑汉堡（叫这个名字是因为面包被用墨鱼汁染成了黑色）。
韩国	虾肉汉堡。
加拿大	魁北克薯条（poutine）（配有肉汁和奶酪的炸薯条）。
墨西哥	McMollettes（配有炸豆泥、调味汁和奶酪的英式松饼）。
印度	McAloo Tikki汉堡（夹着青豆马铃薯饼的面包）。
新西兰	乔治派（有一款包括牛排和奶酪）。
菲律宾	鸡腿饭。
意大利	番茄芝士披萨（Pizzarotto）（用面皮包裹奶酪和意式番茄罗勒酱后制成）。
法国	Le M汉堡（用石炉烘烤的夏巴塔面包做的汉堡）。

这一现象与通过消费者文化而传播的全球分层有关。莱斯利·斯克莱尔（Sklair，2002：62）的全球化理论聚焦于"消费主义的文化意识形态"，这一意识形态的目的是"说服人们不仅仅为了满足生理需求和其他的适度需求而消费，还要满足那些人造的欲望，以便为了私人利润进行的资本积累能够永远进行下去"。这种消费文化把消费作为一种价值来进行推广，并且既构建出消费的欲望，也构建出实现消费的途径。作为全球化的结果，这种特定的文化被强加在了全世界人的身上。信息和通信技术为这种文化提供了助力。而信息和通信技术已经通过互联网、计算机和智能手机的传播而广泛扩散。在很年轻的时候，人们就被各种图像和其他信息狂轰滥炸。这创造了新的欲求，并鼓励人们追求这些欲求的满足。

对消费的强调把人们的注意力从本章记录过的惊人不平等——比如财富、收入和健康的不平等——上移开。人们不再惊异于这些不平等的非正义性，而是被引诱，去关注消费品的类型——后者正是上述体系所赖以存在的基础。他们不再以自己的行动来改变这一体系，而是通过越来越多的消费来接受它。可是，每一件消费品所提供的满足都是短暂的。持续地紧跟最新的苹果手机或者其他消费品的需求，让人们工作越来越努力，以便购买越来越多的产品。从这一视角来看，通过保证持续的利润流，持续不断的欲望帮助了公司和它们富裕的母国，却没有让人们变得更幸福，也没有着手解决分层体系中的不平等问题。那些被导向消费文化的低收入国家，可能更深地陷入债务陷阱，并为了得到稳定的现金流和消费品而对大公司和富裕国家更为依赖。

思考题

消费怎样强化全球分层？你认为，当一个国家的经济正在发展的时候，大众消费应该是它追求的目标吗？为什么？

二、公平贸易

公平贸易的观念提供了一个思考消费和全球分层的不同视角（Brown，2013；Moberg，2015；Raynolds and Bennett，2015）。**公平贸易**（fair trade）是一种替代性的、对高度不平等的全球贸易进行组织的方式，旨在减少全球不平等。公平贸易体系把全球北方的消费者与全球南方的生产者连接起来，于是，消费者知道了产品的来源，也知道了这些产品的生产环境。公平贸易中的生产者为其产品赢得了更好的价格，其目的是应对生产国与消费国之间在收入和权力上的不平等。公平贸易的意图是，通过为全球南方的工人赋权并缓解那里的贫困，来减少全球不平等。

公平贸易体系中最常见的产品就是咖啡，它提供了该体系如何运作的一个例子。咖啡是世界上最重要的初级产品之一。世界上大多数的咖啡由全球南方的小规模农场生产。咖啡生产的劳动力密集度非常高，但利润回报很低。在全球市场上，常规销售的（亦即非公平贸易的）咖啡受制于全球市场的价格波动。价格可以降低到 2001 年的每磅 0.43 美元 [①]，也可以升到 1977 年的每磅 3.40 美元（2018 年晚期，农民得到的平均价格是每磅 1.17 美元）。当价格变动无常并可能降得非常低的时候，很多农民不能挣到足够的钱养活自己。换言之，农民的成本可能超过卖出咖啡的价格。在这种情况下，农民很可能遭受极端的贫困、饥饿和营养不良；他们可能无力送自己的孩子去上学，也可能失去自己的农场和生计，从而增加当地的失业率。

公平贸易体系试图通过几个途径来解决这些难题。首先，它保证了农民的咖啡有一个最低价格，而不是让价格受制于反复无常的全球市场。2016 年，公平贸易体系中的农民得到的咖啡价格是每磅 1.40 美元（如果被认证为有机咖啡的话，每磅是 1.70 美元）。与常规市场的咖啡种植者不同，公平贸易体系中的咖啡农可以得到提前支付的咖啡款——他们不需要等到全部咖啡收获完成，就能获得货款的支付。为农民们提供稳定的收入资金流，帮助他们养活了自己的家庭，并支付了他们的基本个人花销和经营成本。公平贸易体系中的咖啡农还被要求参加一个合作社，因为利用这一组织，公平贸易体系中的批发商会向合作社额外支付每磅 0.20～0.30 美元的费用。这笔费用常常被用来建设学校、建立社区卫生中心以及提高种植技术。

为了参与公平贸易体系，农民们必须满足与他们的生产实践相关的一系列条件，其目的是为劳动者赋权以及促进环境的可持续发展。参与者必须是小农场主，他们拥有自己的农场，并组织为自治的合作社——这些合作社具有民主化的决策程序。他们必须满足特定的工作条件，并不能雇用童工。他们被要求遵守一些协议，这些协议与化肥和农药的使用、促进环境可持续发展的其他农业实践相关。除了需要满足质量标准之外，

销售公平贸易咖啡的农民们还要接受日常监督，以保证他们遵守社会和环境标准。

当全球北方（比如美国、加拿大、英国和澳大利亚）的消费者购买公平贸易咖啡的时候，出于道德的原因，他们会比买其他咖啡多付一点钱（Brown，2013）。考虑到他们在全球分层结构中的地位，全球北方的消费者利用他们较高的收入来支付相对公道的价格，以应对至少一部分全球体系中固有的经济不正义。在咖啡的例子中，这些（额外付出的）费用将回到生产公平贸易咖啡的 30 个国家——大多数公平贸易咖啡来自哥伦比亚、巴西、秘鲁、尼加拉瓜和哥斯达黎加。

第一种公平贸易产品（咖啡）出现在市场上，是在 1988 年。虽然咖啡仍然是最重要的公平贸易商品（占全部零售额的 25%），但公平贸易已经实现了巨大的扩张。其他食物产品包括香蕉、可可粉、水果干、新鲜水果和蔬菜、蜂蜜、果汁、坚果、食用油、藜麦、大米、调料、糖、茶和葡萄酒。非食物的公平贸易产品也出现了，比如美容产品、棉花、鲜切花、观赏植物、运动用球、黄金、白金和白银。在美国，对公平贸易的公众意识（public awareness）从 2004 年的 12%，提高到 2011 年的 34%，2016 年达到了 59%（Fairtrade USA，2016）。在公平贸易最普遍的国家（比如英国和德国），90% 的消费者认识公平贸易的标识。在世界范围内，有人推测，2016 年人们花在公平贸易产品上的钱是 78.8 亿欧元（稍多于 90 亿美元）（Fair Trade International，2016）。有几个市场已经被公平贸易产品主导。例如，在瑞士，55% 的香蕉是公平贸易认证产品；在英国，42% 的袋装糖符合公平贸易的标准。

当然，像霍克海默和阿多诺那样的冲突／批判论者也许会批评公平贸易，批评它专注于以消费为手段来应对全球不平等。他们也许会争辩说，利用消费来引发改变，会导致消费文化和消费主义的永久化。只有那些收入较高的消费者，才能够负担得起这种“道德消费主义”（ethical consumerism）。它会强化资本主义内部固有的不平等——通过创造一个新的细分市场（market

_237_

---

① 1 磅约为 0.454 千克。——译者注

segment），而公司可以借助这一市场实施剥削以便盈利。与此相反，批评家们也许认为应该强调的是，要为人们提供一份生活工资（living wage），并建立一个新的经济体系——这一体系将终结对工人的剥削，而且不是建立在消费特别是大众消费的基础上。

知识点 9 - 5 | 消费与全球分层

概念	释义
全球消费文化	消费是生活意义的主要来源的观点，有助于强化资本主义公司的权力，也强化不平等。
公平贸易	一种替代性的全球贸易组织方式，为产品的生产者提供一个较好的价格。

小结

全球分层指的是，全世界人与人之间和国与国之间的等级性差异和不平等。这一分层的证据有：全球北方对全球南方的压迫，高收入、中等收入和低收入国家之间的差异，以及世界上最富的人和最穷的人之间的差异。

全球经济不平等有各种各样的形式。例如，一个巨大而且顽固的全球数字鸿沟，限制了欠发达国家里的人接入和使用互联网的能力。财富的差异还导致了全球健康不平等，包括巨大的预期寿命差异、营养水平差异和患病率的差异。虽然性别不平等存在于世界各地，但在有些国家尤其严重。通常的情况是，男性能够获得高薪和高声望的职位，而女性更容易出现在低薪、低声望的低技能职位上。

虽然全球不平等是顽固的，但国家发展经济并改变自己在全球分层体系中的位置的可能性，也是有的。有些学者认为，贫穷国家可以竞相提供最低的工资水平，以便争取进一步的发展机会，或者聚焦于产业升级。外国也会提供援助以鼓励发展并提升社会福利，虽然这种援助是为了援助国的利益——至少有时候是这样。

占主导地位的有关全球分层的结构/功能理论是现代化理论。这一理论主张，技术和文化的因素可以解释不同国家的经济和社会发展水平。

与上述理论相反，冲突论者认为，富裕国家压迫和剥削贫穷的国家，进而使它们保持贫困状态。消费与全球分层以各种方式联系在一起。例如，不同的财富水平会带来不同的消费水平和生活水平。全球日益增长的对消费品的欲望，有助于强化现存的权力结构。公平贸易是人们进行道德消费，进而应对全球权力不平等的一种方式。

238

关键术语（页码为原书页码，即本书边码）

殖民主义	233	帝国主义	233	新现代化	232
公平贸易	236	产业升级	228	《东方主义》	233
外国援助	229	低收入经济体	218	后殖民主义	233
全球照顾链条	225	中等收入经济体	218	殖民主义理论	233
高收入经济体	218	现代化理论	231	世界体系理论	234

1. 比较那些对国家进行分类的全球分层体系。每一种分类方法所强调的是什么？

2. 对互联网的接入怎样与全球分层体系联系在一起？对互联网的使用怎样改变这一体系？

3. 世界上的健康不平等程度有多深？把埃博拉疫情暴发作为一个例子，解释财富上的差异怎样影响健康结果。

4. 全球经济对男性和女性的影响有何不同？你期望这种差异在未来发生显著的改变吗？为什么？

5. 全球分层怎样影响千千万万的家庭？

6. 底线竞争能否为经济发展提供机会？世界体系理论怎样解释底线竞争策略？

7. 哪种经济发展方式最有助于一个国家在全球分层结构中向上攀升？解释你的回答。

8. 依据结构／功能理论，文化与全球分层的关系是什么？

9. 外国援助是应对全球贫困的有效手段吗？冲突理论怎样解释外国援助在全球社会分层中的作用？

10. 通过促进消费来应对全球分层——即使是通过公平贸易的方式——的益处和局限是什么？全球消费文化对不平等的影响是什么？

第10章
种族和民族

学习目标

1　对美国历史上和当今关于种族和民族类别的看法进行比较

2　描述多数－少数关系

3　讨论种族主义的基础

4　解释在全球情境中的种族和民族

2005 年，埃沃·莫拉莱斯（Evo Morales），一个广受欢迎的工会领袖和政治活动家，基于一种非正统的领导风格和改革主义议程，被选为玻利维亚的总统。在 2009 年和 2014 年，他又以压倒性的胜利再度当选。虽然 2016 年的全民公决似乎禁止了他竞选第四个任期，但玻利维亚的高等法院推翻了宪法，并废除了所有的任期限制。看起来，他可能在 2019 年的晚期再次当选。莫拉莱斯在很多方面都是开创者，他不仅为玻利维亚带来了一种新的社会主义合法性（mandate）和改革后的宪法，并且作为一个艾玛拉人（Aymara），成为这个发展中国家的第一个土著人总统。

艾玛拉人是一个在种族和民族上都很独特的群体，他们在南美洲中部已经生活了超过 2 000 年。最初被印加人征服，后来被西班牙殖民者征服，他们作为一个被契约束缚的（indentured）少数民族生活，直到玻利维亚在 1825 年获得独立。虽然获得了法律上的自由，但艾玛拉人仍然要忍受成见（stereotyped）、遭受歧视，并被西班牙血统的主要民族边缘化。

经过几乎两个世纪的边缘化，艾玛拉人奋起抗争，他们通过各种社会运动，为玻利维亚的土著人争取社会平等和政治权力。像图帕克·卡塔里游击队（Tupac Katari Guerrilla Army）那样的军事组织，以及莫拉莱斯自己的争取社会主义运动党（Movimiento al Socialismo，MAS），挑战种族主义规范，并支持彻底的改革。以 MAS 一系列成功的行动（包括驱逐前总统）和大受欢迎的"农民权利和反军国主义"平台为基础进行竞选，莫拉莱斯打破了旧的成见和期待，登上了他的国家的最高职位。

像他之前的南非总统纳尔逊·曼德拉，也像与他同时任职的美国总统奥巴马，埃沃·莫拉莱斯是一个鲜活的象征——象征着一个特定文化对偏见、种族主义和制度化歧视的持续反抗。他的总统职位代表了玻利维亚的社会运动的一个重要步骤，但绝不意味着艾玛拉人已经赢得了社会平等。种族主义和民族歧视在玻利维亚浸淫了数百年——如果不是数千年的话。在那一段时间里，这个国家的主导群体积累了财富、权力和声望这些他们不愿意和他人分享的资产。

玻利维亚花了 8 代人的时间才选出第一个土著人总统，而美国花了稍长一点的时间才选出第一个双种族（biracial）总统。这些成就让有些人认为，我们已经实现了一个后种族或一个"无视肤色"（color-blind）的世界。对很多人来说，种族主义、排外、民族冲突和文化中心主义都是敏感的话题。否认这些困难问题的顽固存在，只能使它们永久化。

对社会分层的讨论，自然会导出对种族和民族问题的讨论。种族和民族差异本身不是问题。但是，如果对这些差异的定义采取下述方式，那么问题就会出现：人们因为他们的种族或者民族，被置于分层体系的底层。这些群体的成员还要面对有偏见的、常常是种族主义的态度，以及歧视行为。**种族主义**（racism）的要素包括，把一个少数群体定义为一个种族，并把一些负面的特征归于他们，然后创造一种社会环境，这种社会环境把他们置于相对于多数群体更加弱势的地位（Fluehr-Lobban，2019）。

虽然很多学者和公民开始相信，种族主义正式式微，而且种族融合和后种族社会到来的机会大大增加了（Alba，2009；Khanna and Harris，2015）；但也有人坚称，种族主义不仅持续存在，而且仍然是高度破坏性的（Bonilla-Silva，2015；Feagin，2012；Jung，Vargas，and Bonilla-Silva，2011）。为了理解这些相互矛盾的主张，我们需要把种族问题放入更为广阔的背景之中，并定义一些概念——这些概念，对于理解种族、民族和多数–少数关系，是基础性的。

第一节　种族和民族的概念

在全球范围内，很多群体被单列出来，并受到了基于"种族"的区别对待。这些群体包括肤色不同的人——白色、黑色、棕色、红色和黄色，以及共享一种血统的人，比如罗姆人、犹太人、阿拉伯人、纳瓦霍人、芬兰人以及塞尔维亚人。你可能注意到上述两组人的不同。这种不同的原因是，**种族**（race）是一种在社会中建构起来的定义，它建立在一些真实的或假设的身体特征和生物学特征的基础之上，如肤色或者发质（hair texture），或是建立在共享的血统基础之上。不过，给种族下定义，依据的往往是关于下述问题的社会和历史观念：在生物学上，人们认为什么东西是最重要的？

虽然种族是基于身体的或者假设的身体差异，但相对于基本的身体差异，它更和怎样下定义有关。**民族性**（ethnicity）也是社会定义的，但它建立在一些真实的或者假设的文化特征之上，如语言、宗教、传统或文化习俗。民族群体对他们自己的定义，可能以他们的民族性为基础，或者被其他人以同样的方式加以定义。**民族群体**（ethnic group）有一种共同感，即群体拥有共同的起源和大体上清晰的边界，并且倾向于长期存在。这些边界既受到内部人的认可，也受到外部人的认可（Schaefer, 2014）。

241 种族和民族不仅仅被其他人定义，也被每个人自己定义。随着时间的推移，后者能够改变而且确实改变了他们对种族和民族的定义。正像里布勒等人（Liebler et al., 2017）所说的那样，在不同的时间里，这些自我定义中存在着"扰动"（churn）。

虽然种族和民族的定义是分立的，但它们之间的界限并不总是那么清晰（Kivisto and Croll, 2012）。种族经常被看成是民族群体，而民族群体也经常被看成是种族。比如，白人是一个种族类别，它经常被置于民族群体之下，如意大利裔美国人或者俄罗斯白人。类似地，黑人也被"民族化"（ethnicized）了。例如，戴维斯（Davis, 1991）指出，当今美国的黑人已经是一个具有自我意识，并拥有"民族身份"（ethnic identity）的社会群体。宽扎节（Kwanzaa）①的创立、灵魂料理（soul food）②的出现，以及嘻哈文化的发展，都显示了非裔美国人作为一个文化身份——并不仅仅是作为一个种族身份——的重要

性。此外，特别恶劣的是在纳粹德国的大屠杀中，犹太人经常被看成是一个种族——前文曾经论及——而不仅仅是一个民族。可是，犹太人并不都是来自同一个基因库，有些人具有闪米特人的特征，而另一些人却具有欧罗巴人的特征。他们确实共享一些民族特征，最显著的就是宗教以及共同的文化史。因此，在你阅读本章——我们有时会分别讨论种族和民族——的时候，一定要注意到它们之间的高度重合。

一、关于种族的历史性思考

种族的概念具有古老的历史。许多世纪以来，种族以不同的形式出现，但它一直是区分不同群体的一种手段，也是建立等级制的一种手段——这种等级制赋予某些人权力，却剥夺其他人的权力，或者使他们居于劣势。在大多数帝国主义式的占领中，种族都扮演了关键的角色。常常是白人把自己的意志强加到其他种族的头上，然后剥削它们。例如，在大英帝国的高峰时期，英国人控制了印度、西印度群岛和西非，这些地方所有的深肤色人口都屈服于英国人。对这种压迫模式的合理化（rationalization），既包括"科学"解释，也包括文化解释。

"科学"解释

启蒙运动之后，特别是在 19 世纪和 20 世纪早期，关于种族的民间观念，被加上了所谓的"理性的"（今天，这些观念被视为伪科学）内容，进而把对其他种族的区别对待合理化。虽然启蒙运动的思想家相信人类的统一性，但他们也认为，应该在从原始到现代的连续统上，对人民进行分类。结果之一就是以种族为基础的分类方案。这些方案之间差异巨大，从把人类分为 4 个种族的方案，如卡罗勒斯·林奈（Carolus Linnaeus）把人类分为美洲种、欧洲种、亚洲种和非洲种的 1740 年方案，到把人类分为多达 30 个人种的方案（Sussman, 2016），不一而足。

另一个更为不好的结果是，把似乎是固定的生物学特征，不仅仅用于区别不同的群体，更用

---

① 非裔美国人的节日，每年的 12 月 26 日开始，到次年 1 月 1 日结束。——译者注
② 非裔美国人的特色膳食，是美国南方料理的重要组成部分。——译者注

来"科学地"把对财富、权力、声望、资源的可及性以及生活机会向从属种族（subordinate racial group）的不平等分配合理化。1795年，德国的一个博物学家提出了"白人是第一种族和最完美种族"的观念。1880年，一位法国科学家指出，种族与社会等级有关，而白人居于这些等级的顶端。

进化思想激发了人们对种族类别的兴趣。社会达尔文主义的观点与社会学家赫伯特·斯宾塞（Herbert Spencer，1820—1903）的名字联系在一起。人们认为，这一观点的意思是，种族差异是种族之间的进化差异的结果。一个种族优秀，而另一个种族顽劣，都是因为进化。更有甚者，这一观点认为社会不应该试图缓和、缩小或者消灭这些差异，自然进程不应该受到干涉。斯宾塞对"适者生存"的概念进行了界定（Spencer，1851：151）。

同样也是在18世纪，格雷戈尔·孟德尔（Gregor Mendel，1822—1884）对基因和遗传的研究导致了这样的观念：在基因构成的基础上，可以把不同的种族区别开来。这一观念在优生学运动的发展过程中发挥了作用。优生学提出了臭名昭著的主张，即可以通过科学操纵来对人类群体进行基因改良。特别是在20世纪的上半叶和纳粹时期，优生学为种族隔离进行了辩护，反对种族间的婚姻，试图限制移民，并且试图对那些"不适应"（unfit）的人群进行强迫绝育。这在今天仍然是一个敏感话题。2018年晚些时候出现了一场运动，要把一位佛蒙特大学的科学家的名字移出图书馆，因为他在优生学上的研究，导致了那些被贴上"精神缺陷"标签的人被绝育（*New York Times*，2018）。

思考题

你认为，优生学运动背后的观念，在今天会得到人们的广泛接受吗？为什么？

243　其他人批评了这些极端的观念，但仍然坚持，建立在基因基础之上的种族行为差异是存在的。随着早期智商（IQ）测验的出现，智商不仅仅被用于区别不同的种族，并被用于展示种族的

优越性和低劣性。后来的学者认为，以种族为基础对智力（Herrnstein and Murray，2009）、遗传特定疾病的概率（Hatch，2009）以及从事犯罪活动的倾向（Duster，2003）进行预测是可能的。2007年，诺贝尔奖获得者詹姆斯·沃森（James Watson，DNA结构的发现者之一）的说法引起了争议。他坚持说，与肤色较浅的种族相比，肤色较深的种族的性欲更强。2019年，因为他重复地述说这种种族主义观点，沃森被剥夺了几个荣誉头衔（Harmon，2019）。在此之前，沃森还宣称，他"对非洲的前景感到担忧"，因为与白人相比，黑人在智力测验中的得分较低。沃森后来撤回了他的说法，他说自己并不相信非洲人是"基因上低劣的"。

把种族视为显著的社会差异的源头，这是一种伪科学式的关注。最近，这种关注又获得了动力，因为对遗传学的兴趣增加了，而且国际人类基因组计划获得了成功——该计划试图绘制一份人类生物学差异的地图（Hauskeller，Sturdy，and Tutton，2013）。不过，基因组的目标仅仅是"理解疾病中的基因要素，为疾病的诊断、治疗和预防开辟道路"，以及"加快全世界范围内的医学发现"（U. S. Department of Health and Human Services，2011）。智力比较、人格类型和行为并不是研究的重心。

当代社会学家通常拒绝承认对种族的"科学"解释（Hatch，2016；Hughey and Byrd，2015），其中包括下述观点：基因差异为不同种族群体之间显著的社会差异负责。相反，大多数人把历史、社会结构、制度性和压迫性的环境，视为种族群体之间明显差异的解释。社会学研究对基因的关注，倾向于采取这样的立场：基因确实发挥作用，但环境也发挥作用（Guo，Roettger，and Cai，2008）。社会学家对种族（以及民族）的概念化（conceptualization）承认，在不同的种族群体之间，社会建构的种族类别与一些生物/基因差异重合。不过，种族群体内部的生物/基因差异，与群体之间的这种差异，常常同样重要。

文化解释

目前，虽然对种族的"科学"解释持续存

罗姆人，也叫吉卜赛人，很早就被单独区别开来和遭受歧视，并一直持续到现在。对他们的这种对待，是因为他们的深色皮肤、神秘的来源、罗姆语、独特的服装、流浪的生活方式以及拒绝成为他们生活于其中的社会的成员。他们倾向于生活在社区的边缘，组成紧密的群体，在群体内部婚配，并形成强大的家庭纽带［参看2016年的纪录片《不被统计的人群：罗姆人的隐秘故事》（*The People Uncounted: The Untold Story of the Roma*）］。他们是乔治·齐美尔所说的"陌生人"的典型例子（Simmel, 1908 / 1971b）。

罗姆人生活在世界上很多地方，包括美国和巴西，但其人口集中分布于欧洲（Vlase and Voicu, 2014）。据估计，在2011年，欧洲有700万～800万罗姆人（Lydaki, 2012）。最近，本来是要对抗俄罗斯人的乌克兰民族主义群体，却转而攻击罗姆人的营地（Mendel,

2018）。第二次世界大战期间，有20万至60万罗姆人死于纳粹集中营（Lydaki, 2012）。对罗姆人的敌意已经遍布欧洲。虽然他们往往生活在被警察严格控制和密切监控的营地里，但他们生存了下来，并不断地强化他们独特的文化认同。

因为欧盟开放的边境，空前多的罗姆人从东欧来到了西欧，试图脱离贫困，并寻求更好的前景。不过，很多欧洲国家都违反了2009年的欧洲条约向罗姆人所保证的人权（Phillips, Connolly, and Davies, 2010）。因为把他们视为对其民族认同的威胁，有些国家驱逐了罗姆人（Bancroft, 2005）。2010年，当时的法国总统尼古拉·萨科齐（Nicolas Sarkozy），下令把刚刚到来的罗姆人驱逐出境，并拆毁了他们的营地（Saltmarsh, 2010）。2014年晚期，法国一个小镇的镇长拒绝为一个死去的罗姆人儿童提供墓地，但由此引发的怒

火最终还是让这个孩子在2015年下葬（Breeden, 2015）。同一年，300名罗姆人被从巴黎郊区的一个"贫民区"驱逐出去（*New York Times* Editorial Board, 2015）。

讽刺的是，罗姆文化受到了罗姆人自己的行为的威胁。目前，很多人定居在城市里，这威胁到了他们流浪的生活方式。他们的传统工作（贩卖）受到了社会变迁和技术变迁的侵蚀。罗姆人中间的高文盲率仍在持续，营地里的孩子很少上学。在可见的未来，缺乏教育毫无疑问会把他们锁定在社会的边缘位置上。结果是，罗姆人和主流社会之间的关系，还是会问题丛生。

> **思考题**
>
> 罗姆人没有能够融入他们生活于其中的任何主流文化，为什么？你是否认为，即使生活方式发生了变化，他们在未来也不会融入？为什么？

在，但建立在社会和文化因素——如宗教、语言、民族来源——之上的解释更为流行。在20世纪的下半叶，文化优良和文化低劣的概念，越来越多地替代了与生物学优良和生物学低劣相关的概念。例如，非裔美国人被描述为拥有"贫困的文化"，这一说法的意思是，他们拥有习得的无助感和无权感（Lewis, 1959）。虽然这一说法被用于一般的穷人，但它也经常被种族化（racialized），以解释黑人贫困率不成比例的高企（根据美国人口普查局的数据，2016年，22%的非裔美国人是穷人，而在美国全体人口中，只有13%的人是穷人）（Proctor, Semega, and Kollar, 2016）。与"科学"解释一样，文化解释

也是问题重重。例如，文化贫困的概念被用来使阶级地位中的种族差异合理化，而不是用历史上非裔美国人一直遭受经济机会的结构性缺乏来解释这些差异。最近以来，在量的文化解释中，有一种学术旨趣已经复兴，这种旨趣避免过度使用文化贫困的说法，但仍然能够应对黑人文化的各个方面（比如，轻视传统的双亲抚育的倾向）。不过，这种文化解释绝不能忽视黑人社区所面对的结构性问题（Ladson-Billings, 2017; Patterson and Fosse, 2015; Sanneh, 2015）。种族差异与贫困一样，是复杂的，其原因、结果和适用范围都是多因素的。毋庸讳言，生物的、文化的和结构性的解释，不应该用于——无论是单独应用还

是联合应用——使分层体系之中社会地位的种族（以及民族）差异合法化。

二、种族类别的变动性

社会学家指出了这样的事实，即种族类别经常是模糊的，而且正像前文所说，受制于涉入其中的人们的变化。更一般地说，种族是充满活力的概念，也是变动性概念。在美国，种族概念的变动性和多样性的例子非常多。例如，贝拉克·奥巴马总统是白人母亲和黑人父亲的后代。可是，他被称为黑人或者非裔美国人，而不是"半黑人"或"半非裔美国人"。这是**血统低就原则**（hypodescent rule）的遗产，这一规则也被称为"一滴血"原则，或者"一个黑人祖先"原则（Davis，1991）。在弗吉尼亚州，一个人即使只拥有 1/16 的黑人血统，也会被法律认定为黑人。在佛罗里达州，这一比例是 1/8；在路易斯安那州，这一比例是 1/32。在 20 世纪早期，很多州，包括田纳西州和亚拉巴马州，引入了这样的规则，即一个人即使只有一丝黑人血统，也会被认为是黑人。今天，这一想法的影响已经被压抑住了，但"一滴血"原则仍然在影响美国黑人——至少是影响他们思考自己的方式（Guo et al.，2014）。

对社会来说，一个人与生俱来的非洲血统被认为是如此重要，以至于在各个不同的时代，一些变动被纳入美国的法律之中（见表 10-1）：四分之一黑人（quadroon）会被划分为黑人，虽然他的祖父母、外祖父母 4 个人中的 3 个都是白人。八分之一黑人（octoroon）会被认定为黑人，即使他的 8 个曾祖中的 7 个都是白人。而且，这个人通常具备极少的——如果还有的话——定义"黑人"的相关生理特征。穆拉托人（mulatto）最初是指父母一方是"完全的白人"，另一方是"完全的黑人"的孩子。但是后来，这一说法变成了一个白人和一个混血人所生的孩子（Davis，1991）。

一个在血统低就原则之下不是白人但又有较浅的肤色和发色以及白人特征的人，常常试图"跨界"成为白人，以便收获作为特权群体一员所能得到的好处。霍默·普莱西（Homer Plessy）是一个具有八分之一黑人血统的人，他跨界成为"白人"。当人们发现他是"有色人种"的时候，普莱西被迫离开了一节"全白人"的火车车厢。普莱西为此在法庭上进行了抗争，他的案例最终催生了"隔离但平等"的信条——这一信条出现在 1896 年最高法院对普莱西诉佛格森（Plessy v. Ferguson）一案的裁定中。上述案件确立了隔离制度的合法性，这一制度直到 1954 年的布朗诉

245

表 10-1 美国人口普查中的种族（从 1790 年至今）		
种族类别	人口普查所用年份	描述
白人或黑人	1790—1850	仅仅使用了白人和黑人的类别（如果不是完全的黑人，便使用穆拉托人）；黑人被区分为"自由人"和"奴隶"。
穆拉托人	1850—1870，1890，1910，1920	混合种族，父母一方是混合种族，一方是白人。
四分之一黑人	1890	混合种族，拥有四分之一的非洲血统。
八分之一黑人	1890	混合种族，拥有八分之一的非洲血统。
印度人	1910—1940	南亚印度人。
墨西哥人	1930	第一次也是唯一一次被列为种族，如果一个人或其父母是在墨西哥出生，则为墨西哥人。
西班牙裔	1980 年至今	任何说西班牙语的人的后代，无论其种族或者外表如何。
多重种族	2000 年至今	美国历史上第一次承认，一个人认同于超过一个种族类别。

资料来源：Race in the U.S. Census, 1790-Present is Reprinted by Permission of Lisa Speicher Muñoz.

托皮卡①教育局（Brown v. Board of Education of Topeka）一案，才被废除。

如果我们采取全球视角，种族概念的变动性和多样性就更加清晰。在种族隔离时期（1948—1994）的南非，存在着3个种族：白人、黑人和有色人种。白人是欧洲人的后代，而黑人是非洲人的后代。有色人种更为复杂，既包括那些具有混合种族背景的人（这些人也可能被认定为黑人），也包括亚洲人的后代。在很多加勒比国家和拉丁美洲国家，特别是巴西，种族涵盖了从白人到黑人的渐变过程。其中加入了土著后裔的因素，也加入了社会地位的因素。在这种情况下，特别明确的是，一个人的肤色并不能决定他是"黑人"还是"白人"。当巴西足球明星内马尔（Neymar）说他从来没有遭遇过种族主义的时候，这一点是非常明确的。他接着说："你知道，我又不是黑人。"（de Oliveira，2018）内马尔是跨种族婚姻的产儿，但他的肤色显然是黑多于白。

同样真实的是，一个在美国被认定为黑人的人，在其他国家比如说秘鲁，也可能被看成是白人。显然，种族类别涵盖了太多的变异，以至于无法建立一个科学的基础。正如前文所指出的那样，种族类别内部的变异，往往与种族类别之间的变异一样大，甚至更大。

自从1790年第一次人口普查以来，美国就一直在搜集种族数据。不过，种族类别随着时间的推移而发生变化，这些变化反映了不同时代的社会、经济和政治气候。直到1970年，个人才被允许在回答人口调查问卷时，选择自己的种族。在此之前，由普查员来填写种族一栏——有时基于对受访者的询问，有时基于他们自己的判断（Passel，2010）。虽然很多人对自己"混合种族"的认定已历数代，但直到2000年，他们才被许可把自己合法地认定为属于两个或两个以上的种族。

表10-2显示了美国人口的种族构成，数据

表10-2　美国人口2000年和2010年的种族构成

	2000年		2010年		两个年份之间的差额	
	人数	占全部人口的百分比	人数	占全部人口的百分比	人数	百分比
西班牙裔或拉丁裔	35 305 818	12.5	50 477 594	16.3	15 171 776	43.0
非西班牙裔或拉丁裔	246 116 088	87.5	258 267 944	83.7	12 151 856	4.9
仅白人	194 552 774	69.1	196 817 552	63.7	2 264 778	1.2
单种族	274 595 678	97.6	299 736 465	97.1	25 140 787	9.2
白人	211 460 626	75.1	223 553 265	72.4	12 092 639	5.7
黑人或非裔美国人	34 658 190	12.3	38 929 319	12.6	4 271 129	12.3
美国印第安人或阿拉斯加土著	2 475 956	0.9	2 932 248	0.9	456 292	18.4
亚裔	10 242 998	3.6	14 674 252	4.8	4 431 254	43.3
夏威夷土著或其他太平洋岛人	398 835	0.1	540 013	0.2	141 178	35.4
其他种族	15 359 073	5.5	19 107 368	6.2	3 748 295	24.4
双重或多重种族	6 826 228	2.4	9 009 073	2.9	2 182 845	32.0

资料来源：Racial Composition of the U.S. Population 2000 & 2010 from "Overview of Race and Hispanic Origin: 2010," Table 1, P. 4. *Census Briefs*, March 2011. United States Census Bureau, U.S. Department of Commerce.

---

① 美国城市，堪萨斯州首府。——译者注

基于 2000 年和 2010 年的人口普查。在这个表中，最值得注意的是，在 2000—2010 年，西班牙裔或叫拉丁裔以及亚裔人口，出现了强势的增长，而黑人或非裔美国人，却增长缓慢。

246 ## 三、种族认同和民族认同

因为压迫和臣服（subordination）常常以种族和民族为基础，所以很多来自受压迫的少数种族和少数民族的人，在一定程度上认同占主导地位的群体。他们可能会接受主流文化的文化价值和风俗。例如，在美国几乎所有的少数民族群体中，语言同化——接受英语并忘却原来的语言——都是不可避免的。此外，在以前，人们改变自己的名字，以便自己的名字听起来更加"盎格鲁"，这种情况很常见。有些人在移民美国后改了他们的名字（Cannato，2009）。有些被认定为少数种族和少数民族的人，也许在生理上类似于多数种族和多数民族；他们还可能拉直头发、卷曲头发、染发或者漂白皮肤，以便提高自己与多数群体的相似性（Campbell，2010）。他们甚至会接受整容手术（Luo，2013）。

与此同时，很多人对自己的种族或者民族身份怀有强烈和正面的依恋。他们以各种方式展现这一点，包括支持种族和民族组织、参与群体特有的节庆活动、为本群体中的杰出成员的成就感到自豪，以及对抗主流文化的期待，比如那些与美貌有关的期待（Lloréns，2013）。

知识点 10-1	解释种族和民族
"科学"解释	**文化解释**
种族和民族是由生物学决定的，且是固定的。	种族和民族取决于社会和文化因素，且是变动不居的。

第二节　多数-少数关系

种族和民族可以在广泛的关系背景下理解。这些关系，都可以归入多数-少数关系的名下（Farley，2011；Yetman，1991）。这里的工作焦点，往往放在少数群体所经历的困难上，特别是种族和民族的少数群体。这些困难中的很多内容，可以追溯到多数群体的偏见和歧视（Jackson，2007）。那些居于主导地位的群体的成员，倾向于剥削那些居于从属地位的群体的成员，并把他们边缘化。

不过，多数群体和少数群体的划分引发了一系列的问题。在白人的人数远远少于世界上的其他种族的时候，他们为何会被视为多数群体？在美国，白人在人数上仍然是居于主导地位的，但美国人口普查局预测，到 2044 年的时候，这个国家的非西班牙裔白人，与全部非白人相比，将会成为少数，虽然白人的人数仍然比任何单一的种族／民族群体都多（Colby and Ortman，2015；参见 Edsall，2018，其中有关于这一改变的一些更微妙的视角）。2010 年的人口普查把这种人口状况称为**多数-少数人口**（majority-minority population），它的定义是"超过 50% 的人口由少数群体构成"（U.S. Census Bureau，2011；参阅 Lichter，2013）。在加利福尼亚州、得克萨斯州、夏威夷州、新墨西哥州和哥伦比亚特区，多数-少数人口已经存在。

与此类似，凯泽家庭基金会（Kaiser Family Foundation，2016）报告说，在美国总人口中，有 1.63 亿（51%）的女性人口和 1.56 亿（49%）的男性人口。当女性人口超过男性人口的时候，女性怎么会是少数群体？对这一问题的回答，在于对多数群体和少数群体的社会学定义——它并不取决于一个群体的数量的多少。相反，它关注的是该群体所占有的财富、权力和声望。作为一个经典的社会理论家，马克斯·韦伯认为：**少数群体**（minority group）是在财富、权力和声望上居于从属地位的群体，而**多数群体**（majority group）是在这些维度上居于主导地位的群体。虽然这3个因素经常同时变动，但在其中一个或两个维度上的高排名，足以为某一群体带来多数地位。这意味着，要把其他群体定义为少数群体。女性成为少数群体是因为，虽然她们人数更多，但和男性相比，这一群体拥有较少的财富、权力和声望。

同样的原则也适用于其他的时间和地点。印度的英国殖民者显然在人数上是少数。实际上，在英国殖民者和其他殖民者所到之处，情况都是这样。英国人能够利用少得可怜的士兵和官员控制如此辽阔的地域和如此巨大的人口，是一个奇迹。在独立之前的印度，英国人是多数群体，他们拥有巨大的财富、权力和声望。在印度，土著印度人虽然人口众多，但他们是少数群体。

一、差异的社会建构

令人难以置信的是，在更早的人类历史中，白人曾经讨论黑人是否有灵魂的问题，以及他们是否禽兽的成分大于人的成分的问题。白人的描述，与其说是黑人的可观察的特点，还不如说是他们构建一条清晰的界限的需要——黑人与自己之间的界限（Wimmer，2013）。今天，大多数白人已经不再否认，黑人和其他种族及少数群体是完全的人类。不过，仍然有人坚持，多数群体和少数群体之间存在显著的差异。

我们倾向于认为，多数地位和少数地位是客观的——从下述说法的意义上而言：这些地位基于外在可观察的特征，如一个人的肤色、性别和年龄。但事实是，多数地位和少数地位都是社会定义的结果，包括那些似乎是客观特征的社会定义。因为它们涉及社会定义，多数－少数地位同样也会不同——这些定义会随着时间和地点的不同而发生改变。对社会定义的强调基于社会学中一个著名的主张："如果人们把情境定义为真，它就会产生真实的结果。"（Thomas and Thomas，1928：572）

247

思考题

当我们说"如果人们把情境定义为真，它就会产生真实的结果"时，我们的意思是什么？这一社会学主张怎样适用于多数地位和少数地位？它怎样适用于你在前面章节中所学过的社会建构？

二、刻板印象、偏见和歧视

刻板印象（stereotype）被认为是适用于该类别每一个个体成员的、对某一类人的整体概括。刻板印象频繁而清晰地体现于日常的社会互动之中。例如，人们可能会认为，精英大学斯坦福的学生运动员是高度可信的。可是，正是这样的一个人（还有一些像他一样的人）——布洛克·特纳（Brock Turner），2016年被判重罪，因为他性侵了一个喝醉后不省人事的女学生。与此相反，关于少数种族和少数民族的刻板印象，却倾向于和他们作对。在百货商店里，保安可能在没有明确理由的情况下，跟随黑人顾客；销售人员可能会以怀疑的眼光看待黑人顾客；出纳可能会在找零钱的时候避免与黑人顾客的身体接触；而一个白人顾客在电梯里遇到黑人男人的时候，可能会有紧张的表现（Staples，1986）。所有这些现象的出现，都是因为关于黑人犯罪行为的刻板印象。在餐馆里，服务员行为的背后，隐藏着黑人食客"粗鲁"或者"贪得无厌"的刻板印象。社会学家扎卡里·布鲁斯特和莎拉·鲁舍（Brewster and Rusche，2012）研究了北卡罗来纳州18个餐馆里大多数是白人的200个服务员。他们发现，因为上述刻板印象，39%的被试承认，他们给了黑人较差的服务。接近53%的被试报告，他们看到其他人给予黑人较差的待遇。

刻板印象是偏见和歧视的基础。**偏见**（prejudice）涉及针对少数群体的负面态度、信念和感觉，通常来源于没有根据的观点和刻板印象。**歧视**（discrimination）是对少数群体的不良对待，这种不良对待源自与偏见联系在一起的负面的刻板印象。种族歧视是建立在种族基础之上的不平等对待（Fluehr-Loban，2019）。歧视可能以正式的形式出现（如在工作中），也可能以非正式的形式出现（比如在人际交往的场合）。它可以发生在任何社会领域，包括学校、工作场所、医疗保健机构、住房领域以及刑事司法体系。多数群体的成员不公正地拒绝少数群体获得机会和回报的权利，而多数群体却拥有这样的机会和回报。在当代美国，大多数外在歧视被定义为违法。

歧视和偏见并不必然步调一致地发生。人们可能怀有偏见但并不歧视别人，他们并不需要把偏见付诸行动。可是，刻板印象、偏见和歧视之间经常相互影响。例如，黑人妇女经常面临的刻板印象是，她们过于性感和经济上不负责任（Collins，2004；Rosenthal and Lobel，2016）。在实际生活中，这样的刻板印象会导致实实在在的后果。在美国历史上的某个时期，接受福利救助的黑人妇女曾经被迫接受强制性绝育。实际上，在有些州，晚至1970年代，还有年仅12岁的儿童被强迫实施绝育（Flavin，2008）。这些案例背后的假设是，这些黑人妇女会生育太多的孩子，以至于在经济上不能养活他们。

把黑人男性视为危险的犯罪分子的刻板印象（Dow，2016；Klieder-Offutt，Bond，and Hegerty，2017），从奴隶制结束的时期一直持续到今天，这给黑人公民造成了巨大的困难。众多例子中的一个例子是，在2018年早期的得克萨斯州，一个警察射杀了一个没有携带武器的黑人男子，即使他的裤子已经脱落到了他的脚踝上（Haag，2018）。

这些杀戮及其引发的抗议催生了一个强有力的社会运动——历史渊源深厚的"黑命亦命"运动，并为它提供了动力（Lebron，2018）。它聚焦于应对美国和世界其他地方的黑人所面临的偏见和歧视。更为具体地说，它关注黑人生命被"系统性地和有意地杀害"。从更正面的意义上说，它涉及"确认黑人对社会的贡献、人性以及面临深重压迫时的坚韧"（参阅 blacklivesmatter.com）。在关注与美国和世界其他地方的黑人有关的暴力和黑人生活的其他方面的同时，"黑命亦命"主要关注"国家暴力"，特别是警察实施的法外暴力。在帮助发起很多抗议之后，"黑命亦命"变得越来越醒目。这些抗议所针对的是死于警察之手的几位黑人。他们包括，2014年死于密苏里州弗格森的迈克尔·布朗（Michael Brown），2014年死于纽约的埃里克·加纳（Eric Garner），2015年死于马里兰州巴尔的摩的弗雷迪·格雷（Freddie Gray），2016年死于路易斯安那州巴吞鲁日的奥尔顿·斯特林（Alton Sterling），以及死于明尼苏达州圣安东尼的费兰多·卡斯提尔（Philando Castile）（也是在2016年）。在表达自己对这一问题的关注时，2016年总统候选人希拉里·克林顿指出，"生命皆可贵"；而其他人指出，"白命亦命"，或者是白人的命比黑人的命更重要。

在此视野之外的一些人感到，关注警察的受害者虽然是合法的，但没有反映出警察的视角，也没有反映出他们日常工作所面临的危险和风险。这一视角在下述事件上获得了背书：2016年，路易斯安那州巴吞鲁日的3名警察被杀，后来又有得克萨斯州达拉斯的5名警察被杀。达拉斯的一个黑人罪犯有意识地杀害白人，特别是白人警察。虽然他与"黑命亦命"运动没有直接的联系，但受到了它的影响，对警察枪杀事件感到愤怒，并从整体上对白人针对黑人所持有的偏见和实施的歧视感到愤怒（Fernandez, Perez-Pena, and Bromwich, 2016）。

从法律上说，黑人和其他少数族裔，都有权利在工作、住房和教育领域得到公平的对待。虽然与以前相比，他们至少在某些领域获得了更加公平的对待，但偏见变得更难根除。很多少数群体仍然面临负面的刻板印象。他们不断地被提醒，他们的社会群体被定义为与多数群体"不同的"群体。乔治·杨希（Yancy，2008：5）描述说，在日常生活中，挥之不去的偏见一直在通过"白人的想象"得到加强。这种视角承载了白人种族主义的历史重负，也承载着黑人的日常遭遇与种族主义遭遇这样的重负——这种反黑人的种族主义既可能是说出来的，也可能是潜在的。这种"白人的想象"或"差异"的种族主义社会建构，具有积累的效果，它会疏远黑人、褫夺黑人权利、从心理上压迫黑人（Trepagnier，2010）。

在日常生活中，多数群体并不会持续地经历歧视和偏见，因此不能设身处地地体会少数群体的感受（Croll，2013）。多数群体的成员并不需要重复性地考虑他们的日常经历是否反映了歧视和偏见。佩吉·麦金托什（McIntosh，2010）把白人能够摆脱对这些事情的考虑的自由，称为"白人的特权"。她对"白人的特权"的定义是，对少数群体经常要面对的各种挑战的无知无觉（obliviousness）。

三、交叉性

很多群体可能被描述为少数群体。个体可能归属于超过一个群体，例如，同性恋菲律宾人或者残疾土著美国人。他们作为某种类型的少数群体的成员的经历，与其他的经历有重合与交叉——这些经历是另一种类型的少数群体所司空见惯的。**交叉性**（intersectionality）是这样的概念，即任何一个特定的少数群体受到了他们在其他体系中的社会地位的性质的影响，或者受到了其他形式的不平等的影响（P. Collins and Bilge，2016；Krenshaw，2019）。发展这一概念的最初目的，是分析有色人种的妇女所面临的状况——她们在两条线上面临歧视：性别和种族。后来，这一概念被扩充了，加入了其他的变量，比如年龄、残疾和性取向。

看起来，少数群体的成员陷入了一种"压迫的矩阵"（matrix of oppression）。它不仅仅涉及种族，也涉及性别、民族群体、性取向、年龄、社会阶级、宗教、能力水平以及居住在全球的什么地方（全球南方还是全球北方）。作为一个受到多重压迫的少数群体的成员所带来的问题，并不是简单的相加关系。各种劣势之间是相乘关系，它们的影响也是成倍地增加（Kivisto and Croll，2012）。

上述情况的反面也是正确的。也就是说，如果一个人拥有社会珍视的数个社会地位，他就会获得巨大的优势。最受尊敬的一个群体包括具有下述特征的人：男性、白人、盎格鲁－撒克逊人、上层阶级、异性恋和成年人。这可以被看作是"权力和优势的矩阵"。

性别和种族相互交叉的最引人注目的例子，是变性的黑人男人——他们在出生时被归类为"女性"，但后来通过激素和手术，变成了男人。他们发现，与作为黑人妇女相比，他们作为黑人男人的生活发生了剧烈的改变。他们意识到，当他们穿过街道的时候，很多白人妇女害怕他们。在作为黑人妇女时，他们从未有过这样的经历。作为男人，他们会因为"黑人驾驶"（driving while black）而被警察拦下。变性的白人男人发现，作为白人男人，他们在社会特权上有所收获，这些特权是他们在作为白人妇女时不曾享受过的。与之相反，变性的黑人男人所经历的，却是更严重的社会限制和歧视（Schilt，2010）。

向老年人分配社会保险福利，提供了交叉性概念的另一个好例子。与男人相比，在65岁之后，依赖社会保险福利的妇女的数量要多得多，而少数族裔对这些福利的依赖要超过白人（Social Security Administration，2017）。在计算社会保险和养老金的时候，工作和收入都很重要。一生中挣得更多和工作时间更长的人，在退休后会获得更多的社会保险支付。至少部分是因为妇女和少数群体面临就业歧视，因此他们终生工资较低，退休后的收入也较低。黑人妇女在这一点上尤其脆弱，因为她们同时面临性别歧视和种族歧视（National Committee to Preserve Social Security and Medicare，2017）。因为与白人妇女相比，结婚的黑人妇女更少，她们获得的结婚的好处也较少。白人，特别是那些没有因为养育孩子而中断职业生涯的男人，与黑人和西班牙裔相比，更可能从雇主那里获得退休金。因此，随着时间的推移，作为女性的劣势和作为少数种族成员的劣势，会逐渐积累。

工作场所的经历也反映了交叉性概念。在男性主导的工作（从高水平的职业工作如金融行业，一直到蓝领工作如建筑工作）中工作的妇女，经常面临歧视，以及升职的限制。与此相反，在女性主导的工作（如护理和小学教育）中工作的男性却发现，他们迅速地升至领导岗位。克里斯汀·威廉姆斯（Williams，1995）把这个叫作"玻璃电梯"效应。一项研究针对的是在时虽然白人、黑人和西班牙裔使用社交媒体的频率大体相同，但来自皮尤研究中心（Pew Research Center，2018）的数据显示，白人和少数群体倾向于使用不同的平台。对所有种族来说，脸书是最常用的社交媒体，美国 68% 的人口使用这一平台。推特用户的分布也很均衡，24% 的西班牙裔人、26% 的黑人和 24% 的白人使用这一社交媒体网站。不过，与白人相比，有色人种使用 Instagram 更为频繁，而白人最可能使用 Pinterest。对社交媒体上与种族有关的内容的观看，存在显著差异，这取决于观看者的种族。24% 的黑人报告，他们在社交媒体上观看的内容，大多是关于种族和种族关系的，而观看这类内容的白人只有 6%（Anderson and Hitlin，2016）。虽然有人称赞说，社交媒体具有跨越种族差异的潜力，但研究发现，线下的种族隔离往往被复制到线上。例如，博伊德（Boyd，2014：168）发现，无论在线上还是在线下，十几岁的青少年都更可能与同种族的青少年成为朋友——虽然青少年对他们自己的理解，是通过个人偏好，而不是通过种族主义。

社交媒体上最显著的关于种族的事例，是"黑命亦命"运动（参阅前文的讨论），它开始于 2013 年推特上的一个标签。"黑命亦命"话题的中心是，揭露非裔美国人所经历的不公正，包括警察暴行、监禁和贫困。皮尤研究中心发现，社交媒体平台，特别是与"黑命亦命"话题相关的推特和推文，极大地增强了美国对种族不平等的社会意识。虽然大多数与"黑命亦命"话题相关的推文都是支持性的，但 2016 年达拉斯枪击警察案发生以后，批评该运动的评论明显增多；而且，来自"生命皆可贵"话题和"黑命亦命"话题的追随者的评论，都增加了（Anderson and Hitlin，2016）。有些学者认为，针对社会性别和性问题，"黑命亦命"话题需要增加其包容性，还呼吁提高数字交叉性的存在感（Tynes，Schuschke，and Noble，2016）。数字交叉性（digital intersectionality）指的是各种社会类型——个人和群体可能会认同这些类型——之间的相互关联，比如种族、民族、性别、性取向、社会经济地位和宗教隶属。

参与数字世界

你的在线社会网络的种族多样性如何？它和你的线下社会网络的种族多样性类似吗？如果类似的话，如何类似？在你常常使用的社交媒体平台上，与种族和种族平等相关的内容，出现的频率有多高？你认为，这是否影响了你对美国种族的认知限度？或者，是否扩展了你对美国种族的理解？

尚产业中工作并获得了巨大成功的同性恋男性。该研究提供了另一个例子，即在传统上女性主导的职业里，"玻璃电梯"是存在的，并在发挥作用（Stokes，2015）。不过，并不是所有的男性都能够登上"玻璃电梯"。少数群体的男性会发现，在传统的女性职业里，他们既要面对性别歧视，也要面对种族歧视（Harvey，2009）。换言之，因为偏激的刻板印象与性别期待之间相互影响的这种方式，他们并不能像白人男性那样获得好处。威廉姆斯（Williams，2013）承认，因为"阶级不平等"爆炸式增长，她的研究工作需要升级，以便反映新的交叉性职业现实。在最低工资标准上工作的劳动者，面对着经济、种族和社会性别的多重交叉。

会性别的多重交叉。

四、互动模式

当多数群体和少数群体的成员发生互动时，互动的结果可能会遵循下述 4 种模式之一：多元主义、同化、隔离和种族灭绝。

多元主义（pluralism）存在于这样的社会里：很多群体共存，但任何群体都不会丧失其特性。在多元主义的社会里，可能存在多种宗教，人们说着多种语言。

当少数群体获得主流群体的特性，并抛弃其原有的生活方式时，**同化**（assimilation）就发生了。在美国，当移民群体选择放弃他们的母语而说英语时，或者当他们接受了主流的美国文化价值和风俗时，同化就发生了。同化并不总是自愿的，有时候同化是强加在一些群体身上的。在19世纪晚期和20世纪早期，很多美国土著被强迫进入寄宿学校。在那里，人们给了他们新的名字，强迫他们说英语（说当地语言会受到惩罚），并进行基督教教育。

美国有时候从多元主义中获得更多教训，有时候从同化中获得更多教训。即使少数群体接受了同化，并感到他们的不同之处受到了尊重，所有的多数－少数关系至少也会具有冲突的潜质。多数群体的成员采取行动，以便维持或者提高他们的地位，而少数群体的成员则努力提升他们的地位，或者至少避免其地位的降低。这些冲突，无论是真实的冲突还是潜在的冲突，通常都会以有利于多数群体的方式得到解决，因为多数群体所拥有的资源（金钱、权力），远多于少数群体。

思考题

如果你的父母或者祖父母是从其他国家来到美国的，他们到来的时候，占主导地位的是多元主义还是同化？这些占主导地位的规范怎样影响了他们作为移民的经历？你认为，这些规范对你或者你的家庭生活造成了影响吗？

在2016年的总统选举中，这一问题成为一桩新闻——当共和党的候选人唐纳德·特朗普暗示，美国内部的穆斯林（代表了330万人口，大约占全部人口的1%）构成了对国家的潜在危险源。他还攻击了美国的多元主义，并敦促至少是临时性地"全面禁止穆斯林进入美国"。虽然这种事没有发生——至少本书写作之时没有发生，但特朗普总统经常重提这件事。在2018年后期，他试图以下述说法吓唬投票者：从中美洲冲向美国的移民大军中，包含了"中东人"——虽然没有任何确切的证据。

特朗普的观点和行动不仅导致了穆斯林的强烈抗议，也导致了美国主流群体中的许多人以及全世界很多人的强烈抗议。

隔离（segregation）是多数群体和少数群体之间的身体和社会分隔。历史上，美国（以及其他地方）的种族隔离是经过法律授权的。结果是，白人和少数群体不能上同一所学校，不能生活在同一个社区里，不能共享同一个公共设施（如卫生间、剧院的座位、游泳池或者法庭）。布朗诉托皮卡教育局案（1954年）被认为是美国从法律上终结隔离的开始。虽然目前的隔离水平已经下降，但这一历史仍然在实践中延续，并持续地对多数群体和少数群体进行隔离。例如，从整体上说，学校仍然是隔离的，这种隔离是持续的居住隔离的反映（Rooks，2017）。另外，居住隔离也是多数－少数关系的关键，特别是种族等级制的关键。

种族灭绝（genocide）——对某个群体主动的、系统性的整体清除，是多数－少数关系的第4种后果。从美国的欧洲移民的早期一直到19世纪，针对美国土著的种族灭绝行动一直在进行。虽然政府的官方灭绝政策并不存在，但种族灭绝还是被执行了。从这个意义上说，美国土著的悲剧与犹太人、罗姆人和同性恋者在大屠杀中所遭受的悲剧是不同的，与卢旺达的图西人所遭受的种族灭绝也是不同的。在这些例子中，种族灭绝是政府的官方政策。

考虑到前文所提供的概念背景，我们现在转而讨论两个领域（很多领域之中的两个）——教育和经济（特别是消费），在其中，种族和民族非常重要。

五、种族、民族和教育

在很大程度上，个人的经济成功可以根据教育机会和教育成就来加以预测。正像你在图10-1（该图展示了种族、民族与教育成就之间的关系）中所看到的那样，西班牙裔是最不可能完成高中学业的人。这种情况，与他们高于平均值的贫困率是吻合的。西班牙裔（特别是墨西哥人）和黑人最不可能获得大学及以上的文凭。最有可能获得学士学位或更高学位的群体，是亚裔和非西班牙裔白人，他们也是贫困线以下人口比例最低的两个群体。

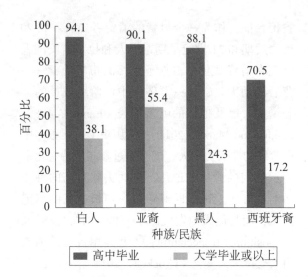

图 10-1 不同种族和民族的受教育水平（2017）

资料来源: U.S. Department of Commerce, Census Bureau, U.S. Census of Population: 1960, Vol. I, Part 1; J.K. Folger and C.B. Nam, Education of the American Population (1960 Census Monograph); Current Population Reports, Series P20, various years; and Current Population Survey (CPS), Annual Social and Economic Supplement, 1970 through 2017. (This table was prepared January 2018.)

251　　表现在学习效果上的种族和民族不平等，是不平等的一个关键维度。黑人和西班牙裔在教育成就上水平较低。对这种差异的一个明显的解释是，与白人学生相比，黑人和西班牙裔学生显然更多地来自贫困的家庭。与白人相比，黑人和西班牙裔家庭的教育水平较低。而且，特别多的黑人孩子在单亲家庭中长大。家庭背景是预测学生在校表现的最强有力的指标。因此，白人和黑人在成就上的差距，在上幼儿园之前就已经很明显了（Valentino, 2018）。不过，在小学生中，家庭背景类似的白人学生和黑人学生，其学习成绩的水平是类似的（Yeung and Pfeifferr, 2009）。

　　当学生进入高中以后，情况开始发生变化。很多黑人青少年与学校的关系若即若离，因为他们受到了"对抗性"（oppositional）同伴文化的影响。黑人学生经常把在学校成绩良好等同于"装成白人"。结果是，黑人学生倾向于在学业上不努力，因而得到较低的分数。

　　与白人相比，黑人学生更可能在隔离的学校就学（Wagner, 2017）。这种情况大多是因为美国的居住隔离状况：黑人家庭绝大多数居住在黑人社区，而学生通常被分配到他们的家庭居住地附近的学校。学校隔离导致了白人和黑

人学生在学习上的差距，因为数据显示，随着一个学校里少数群体学生比例的升高，学生学习到的东西会减少。黑人学生也受到学校的资源状况的影响。与对白人学生学习成绩的预测相比，教师素质和班级规模对黑人学生学习成绩的预测功能更强。因此，以学校为基础的改革，如提高教师素质和缩小班级规模，在缩小或者消除黑人－白人差距上，有可能发挥重要的作用（National Assessment of Educational Progress, 2015; Rooks, 2017）。

　　为什么与白人学生相比，黑人学生更不可能就学或毕业于一个 4 年制的大学？白人与黑人教育成就的差距是一个重要的原因。那些在种族更加多元化的学校上学的黑人学生，更可能去追求大学学位，也更可能毕业。

　　西班牙裔学生与黑人学生在很多劣势上是一样的，包括与白人学生相比，家庭资源较为贫乏，以及就学于隔离的学校。可是，他们也面对一些特殊的挑战。首先，很多西班牙裔学生新近移居美国。有趣的是，通常的情况是，与居住时间较长的移民相比，更晚近的西班牙裔移民学习成绩更好。在很大程度上，这一"移民悖论"可以用下述因素来解释：学生对学校的适应以及他们在边境文化中的经验（Feliciano and Lanuza, 2017）。新移民家庭通常珍视努力工作，并把它视为获得成功的关键。与此相反，已经在美国居住很长时间的移民，更加意识到取得成功的结构性障碍，并不完全相信他们的努力工作会获得回报（Portes and Zhou, 1993）。

　　其次，与黑人学生相比，西班牙裔学生的民族背景更为多样化。例如，在西班牙裔学生中间，墨西哥裔学生的学习成绩通常最差，而古巴裔学生的学习成绩最好（Roche et al., 2017）。正像波茨和周（Portes and Zhou, 1993）所注意到的那样，古巴裔学生的优势特别显著（与其他西班牙裔相比），因为他们拥有小型的、关系紧密的独立社区（enclave），这些社区为移民儿童提供了资源和支持。对中国和日本的移民儿童来说，似乎也是如此（Tsuda, 2014; Zhou, 2014）。

　　最后，在有些情况下，西班牙裔学生可能会在学校里处境艰难，如果英语是他们的第二语言

的话。很多学校为学生提供特殊的双语项目，以便帮助学生们用自己的母语学习课程，直到他们熟练地掌握了英语，进而加入用英语授课的班级。但这些项目也可能只是进一步提高不平等水平——通过限制对其他课程的学习，以及强化其他学生和教师对他们的负面标签（Stromquist，2012）。从幼儿园到 5 年级，西班牙裔学生和白人学生在成绩上的差距会明显缩小，这部分反映了他们英语熟练程度的提高。

六、种族、民族和消费

在美国和其他很多国家，所有种族和民族的人都会参与消费文化。不过，在参与的性质上，他们之间存在巨大的差异。美国白人多数群体的精英成员，能够选择世界上最好和最昂贵的商品和服务。白人多数群体中的其他人，在消费文化处境中，也做得很好。

少数种族和民族中的一些人，也积极地参与消费文化，并如鱼得水。不过，在其消费模式上，少数群体面临特殊的限制和特殊的机会。例如，在 2018 年早期，两位黑人男子被拒绝进入费城一家星巴克的洗手间，因为他们没有购买任何餐饮。在他们拒绝离开之后，警察被召唤而来，他们被戴上手铐并逮捕（Abrams，2018）。很难想象白人顾客也会遭受这样的对待。

少数种族和民族也会在他们自己的参照体系之内，进行商品和服务的消费（Chin，2007；Crockett，2017）。美国的黑人和白人儿童都会拥有传统的芭比娃娃，但这些玩具对黑人儿童具有不同的意义——比如把底特律内城的黑人儿童和纽约高档社区的白人儿童两相对比。为了应对这一问题，美泰公司（Mattel），即芭比娃娃的生产商，目前所提供的娃娃拥有不同的肤色（Abrams，2016）。

对于每一个少数群体的消费来说，种族史的影响都是非常重要的。黑人奴隶本身就是他们的白人奴隶主所消费的物品。短短半个世纪之前，黑人和其他少数种族和民族群体，还不能进入只有白人才能进入的很多消费场所。在 1950 年代和 1960 年代的民权运动中，最重要的非暴力抗议行动之一就是，黑人在以前全是白人顾客的午

餐柜台前，作为一个付费的消费者坐着。到 20 世纪后期和 21 世纪早期，黑人和拉丁裔美国人已经在消费文化中占据了重要的市场份额——背后的动力是，这一群体中中产阶级成员的显著增加，以及他们的财富增长（Landry，1988；Landry and Marsh，2011）。从历史上看，很多中产阶级的非裔美国人，试图通过参与消费文化来展示他们的尊严和地位，进而去除自己的种族污名。有些人试图回避暗示了消极成见的特定商品，而其他人则发展出了一种"对抗性尊严"（oppositional respectability），并运用自己的消费力来支持黑人文化（Crockett，2017）。

少数群体的很多其他成员，依然艰难地生活在美国消费文化的底层。有些人——包括长期失业者和无家可归者——被完全排除在外。生活在消费文化中，对于那些不能参与的人，或者是因为缺少收入而参与受限的人，加倍地艰难（Crockett，2017）。很多少数群体的成员必须学会在匮乏中生活，即使他们被消费文化中他们买不起的花里胡哨的东西所包围。不过，经济状况的差异并不必然决定消费上的种族差异。最近，一项针对黑人和白人的家庭花销的研究发现，消费上的种族差异的存在，与家庭收入无关。与各个同等收入水平的白人家庭相比，黑人家庭在商品和服务上的消费占比，都低于他们的收入占比（Charron-Chénier，Fink，and Keister，2017）。

向少数族裔推销

显然，只要商人们相信，可以从黑人社区和拉丁裔（以及其他少数族裔）社区赚到钱，他们就会在那里开展营销（Jamal，Penaloza，and LaRouche，2015；Korzenny，Chapa，and Korzenny，2017）。这些营销努力提高了各种产品和服务在这些群体中的消费水平，也深化了黑人和拉丁裔对消费文化的参与。

公司致力于使自己的利润最大化，也使对自己的产品和服务的消费最大化。这样的公司往往利用种族和民族因素来向少数群体的成员进行推销。特定的食品、护发产品和化妆品、金融服务等等，被排他性地或者接近排他性地卖给特定的种族和民族群体。此外，向全体公众销售的产品和服务的广告和营销活动，也会针对特定的种族

252

和民族群体。

思考题

是否应该允许公司开展针对特定少数种族和民族的营销活动？为什么？是否有这种可能，即阻止这种类型的营销，恰恰是对少数群体的歧视？请解释你的回答。

这种种族化营销的一个例子，是销售薄荷香烟。几乎 90% 的黑人烟民（McKenzie Jr.，2018）青睐薄荷香烟，而不是未加调味的香烟。黑人烟民的这一比例，是白人烟民的 4 倍。这种对薄荷香烟的青睐，通过广告攻势被无情地强化了。这造成了一位科学研究者所说的"薄荷香烟吸食的非裔美国人化"（McNichol，2011）。早在 1950 年代，库尔（Kool）薄荷香烟的制造商就雇用黑人体育明星和黑人音乐家作为代言人。在 1980 年代和 1990 年代，库尔资助了爵士乐和嘻哈音乐节——通常由黑人消费的两种音乐形式的盛会。在 2000 年代的晚期，联邦政府考虑禁止薄荷香烟。为了动员黑人社区反对这一禁令，纽波特（Newport）——薄荷香烟的另一个流行品牌——的生产商播放了一则广告，在广告中，男女黑人把这一禁令塑造成了对民权的攻击（McNichol，2011）。一些黑人社区领袖也反对这一禁令，说它不公平地针对了特定的种族群体。美国食品和药品监督管理局（FDA）的选择是，不再禁止薄荷香烟，虽然它承认，依据某些研究证据，与未加调味的香烟相比，薄荷香烟更易上瘾（McNichol，2011）。可是，不幸的是，薄荷香烟的继续销售，将会扩大种族之间的健康差距。

白人对黑人文化的消费

很多白人对消费与少数族裔相关的产品感兴趣。考虑一下寿司餐厅、萨尔萨酱（Salsa）的流行程度，还有其他很多东西。白人拥有强烈而持久的消费黑人文化因素的兴趣。例如，白人对爵士乐感兴趣的历史很长，而爵士乐主要来源于黑人社区。最近，黑人音乐（比如说唱音乐、alt-R&B）的各种因素，以及广义的黑人文化（比如服装、谈话和行走的方式），特别引起白人的兴趣，特别是年轻人的兴趣。

不过，白人对黑人文化的消费是高度选择性的。例如，白人青少年经常愿意根据黑人的穿戴和音乐喜好，在星期六的晚上"装黑人"。可是，他们对黑人的强烈兴趣仅限于服装、音乐一类的东西。在其他的时间，他们——实际上是白人整体——避免与黑人文化的接触，甚至批评黑人文化。

白人消费黑人文化时的选择性，在另一个意义上更为重要。可以这样说，白人只是对消费与黑人文化相关的"所有东西，但不包括负担"感兴趣。白人企业家倾向于只在下述情况下选择黑人文化：他们认为该项黑人文化是大家所渴望的，特别是可以市场化，并可以带来利润的。有趣的是，白人，特别是年轻人，似乎倾向于消费来自下层阶级的文化要素。尤其有害的是，白人往往赞美黑人文化中的负面因素。

白人对消费"所有东西，但不包括负担"的兴趣还意味着，白人不愿意为黑人社区里存在的问题承担责任，也不愿意为可能会追溯到种族主义的问题承担责任。人们认为，接受和消费黑人文化的一些方面，有助于减轻——至少是整体上减轻——白人对黑人社区存在的各种困难的责任。

思考题

你认为，"所有东西，但不包括负担"的说法正确吗？为什么？请举例支持你的回答。

民族性的商品化

有时候，少数群体也试图对自己进行商业化——向更大范围的公众出售自己，以及自己不同寻常的或者独一无二的贡献。例如，访问夏威夷的很多游客被"烤猪宴"（luau）吸引，这种宴会作为独特的土著风俗被出售。类似的是，来到美国西南部的游客可能会安排自己的旅行时间，以便碰上美国土著的帕瓦仪式（powwow）。像加利福尼亚好莱坞的永恒公墓（Forever cemetery）这样的地方，每年吸引成千上万的游

《普适性场所：日常生活中的种族与礼貌》（诺顿出版公司，2011）

伊利亚·安德森（Elijah Anderson）

伊利亚·安德森考察费城的公共场所，以便观察来自不同种族和民族背景的人之间的日常互动。他发现，大多数城市居民彬彬有礼，和平地生活在他所谓的"普适性场所"（cosmopolitan canopy），即"为挥之不去的城市生活紧张提供喘息机会，或为千差万别的人提供聚会机会的场所"（Anderson，2011：xiv）。普适性场所拥有一个放松的环境，它鼓励"人们相互观看"，而不必担心冒犯陌生人，因为"文化中心主义的感觉"（ethnocentric feelings）在这里受到抑制（Anderson，2011：xvii）。有两个地方尤其可以成为普适性场所的典范：费城的雷丁车站市场（Reading Terminal Market）和里顿豪斯广场（Rittenhouse Square）。雷丁车站市场是人口密集的公共空间，拥有各种各样的商店、售货亭、餐馆，那里的跨种族互动和跨

文化交流司空见惯，也并没有出现焦虑和冲突。里顿豪斯广场是一个历史悠久的公园，在那里，不同的人群在没有感到不舒服的情况下，聚集在一起，观察别人，也被别人观察。虽然安德森发现，跨种族的目光交换，或者叫"眼部活动"（eyework），可能有些微妙，但大多数人跨越肤色界限和其他社会类别——比如性别和性取向——的观看，被理解为一种娱乐方式和无害的乐子。

在普适性场所之外，种族和民族差异更可能被强调，而且可能导致不适和紧张。在这样的地方，人们常常组成种族同质性的"丛集"（clumps），并且避免跨种族的互动。例如，在公共交通工具中，白人男性会避免与年轻的黑人男性坐在一起，因为后者看起来"像是从贫民窟里来的"，而且可能看起来很危险。在普适性场所之外，中产阶级黑人常常经历尴尬的邂逅，因为占主导地位的白人社会把他们看成是下层阶级的人。安德森指出，这就是为什么这些中产阶级黑人会通过穿着昂贵的服装或

者驾驶豪华的汽车，来炫耀性地展示自己的财富。安德森发现，在高档餐厅里，中产阶级的黑人最能真切地感受到那条肤色界限——在那里，他们会清晰地面对种族偏见和歧视。对他们的刻板印象是，他们是难缠的、苛刻的顾客，他们从来不给小费，常常坐在最糟糕的座位上（Anderson，2011：235-236）。很多黑人更喜欢光顾连锁餐厅，在那里，他们感觉得到了更好的服务——如果他们还选择外出进餐的话。安德森指出，我们需要把礼貌和开放推广到普适性场所之外，不仅要推广到种族隔离的公共场所，还要推广到我们的街区和工作场所，以便让我们所有的人都对多样性感到轻松舒适。

edge.sagepub.com/ritzerintro5e

- 收听安德森在播客（podcast）上关于他的书《普适性场所》的一段免费音频。
- 阅读安德森在《大西洋月刊》上的一篇文章，这篇文章基于他的民族志研究《街道上的密码》。

客。他们来这里，是为了观看墨西哥文化传统特有的、一整天的"死人节"（Dia de los Muertos）。在这种场合，民族群体的成员，向这些"消费经历的人"（consumers of experience），出售艺术品、纪念品以及其他文化产品。可以说，通过这种方式，他们正在把自己商业化。

针对文化产品和民族产品，存在着一个国际市场，世界上很多地方的人试图开发这一市场。南部非洲的很多民族群体，变得像商业公司一

样，试图利用自己能向全球市场提供的东西，来做生意（Comaroff and Comaroff，2009）。有些少数民族和种族群体走得更远，他们试图通过法律手段垄断他们对其文化的权利（Kasten，2004）。如果能够控制其"品牌"，他们就既可以自己销售部分权利（比如，独享对其特有产品的权利），也可以把该文化的某些方面的权利出售给第三方［比如，多数群体的旅行社，这些旅行社把游客带到非洲，去进行"祖鲁旅游"（Zulu tours）］。

知识点 10-2 | 多数 – 少数关系和差异的社会建构

概念	定义
偏见	针对少数群体的负面态度、信念和感觉。
歧视	基于负面的刻板印象或偏见，少数群体所遭受的不良对待。
交叉性	属于不止一个少数群体。
多元主义	不同群体生活在一起，但都保持自己的特性。
同化	少数群体接受多数群体的文化特征，并放弃自己原有生活方式的过程。
隔离	多数群体和少数群体之间的身体和社会分隔。

第三节 种族主义

正像本章开头所说，种族主义涉及把一个少数群体定义为一个种族，把负面的特征归结于它（Bowser，2017）。它还涉及一种气氛的制造，这种气氛把那个群体置于比多数群体更低的位置上。种族主义可以被视作是恐外症或"陌生人恐惧"（fear of strangers）的一个亚型。**恐外症**（xenophobia）涉及这样的信念、态度和偏见，即拒绝、排除和否定那些不属于主导社会群体的群体（Todd，2015）。

请注意，我们这里使用的种族主义定义，使我们既能够讨论建立在种族基础上的负面态度和对待他人的负面方式，也能讨论建立在民族基础上的上述情况。与主流文化不同的文化特征——这些特征是民族认同的标志——几乎总是与种族群体联系在一起。因此，文化歧视是种族歧视的核心内容。简言之，种族主义建立在文化中心主义的基础之上。**文化中心主义**（ethnocentrism）是这样一种信念，即认为自己的群体及其规范、价值、风俗等，比其他群体的更为优越（Sumner，1906/1940）。

如果你在街头询问任何一个美国人是不是种族主义者，几乎可以确定的是，你会听到，他没有偏见，并且认为所有种族和民族的人都是平等的。可是，种族主义的态度和行为持续存在。少数群体的成员很可能经历过歧视，或者知道他人经历过歧视——这些歧视来自白人或者来自某个

组织的结构，抑或来自作为整体的社会。2017年，皮尤研究中心对美国成年人的一项调查发现，与白人相比，黑人说"在我们今天的社会，种族主义是个大问题"的概率要大得多：81%的黑人受访者同意上述判断，而只有52%的白人同意上述判断。考虑到2009年只有44%的黑人和22%的白人认为种族主义是个大问题，这是一个明显的进步（Neal，2017；见图10-2）。

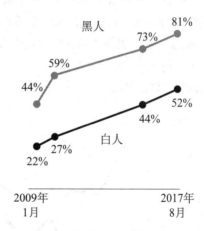

图 10-2　在我们今天的社会，种族主义是个大问题（2009—2017）

资料来源：Neal, Samantha. "Views of racism as a major problem increase sharply, especially among Democrats," Pew Research Center, Washington, DC (29 August 2017). http://www.pewresearch.org/fact-tank/2017/08/29/views-of-racism-as-a-major-problem-increase-sharply-especially-among-democrats/.

埃尔文·戈夫曼的拟剧论，可以用来分析这种不一致（Slatton and Feagin，2019）。白人在前台，常常无意识地隐藏或者压抑自己的种族主

义。可是，当置身于后台时，而且确信与观点相同的人在一起的时候，他们就会放松地进行露骨的种族主义议论，或者讲述种族主义笑话（参阅第5章关于前台和后台概念的讨论）。如果他们碰巧置身于外人特别是少数群体的成员可能会闯入的地方，他们便会使用黑话或者手势，以代替露骨的种族主义诋毁。

一、种族主义的基础

社会结构与种族主义

在美国，白人占据的高级职位的数量不成比例地高，而黑人更可能位于种族阶梯的底层，或者接近底层。不过，对于美国的种族分层来说，这是一个过于简单的画像。在阶梯的每一个层面上，都散布着一些黑人。甚至在阶梯的顶层，也有黑人——最显著的典型就是近年来的总统贝拉克·奥巴马（任期2009—2017）。来到美国的未经登记的移民，最多的是拉丁裔。与黑人相比，这些人更可能位于种族阶梯的底层。在美国，大约20%的西班牙裔是穷人，数字从肯塔基州的42%，到弗吉尼亚州和华盛顿州的11%，再到华盛顿特区的10%。大量的白人也生活在底层，或者是接近底层：美国大约9%的白人是穷人（Kaiser Family Foundation，2016）。

正像前文讨论过的那样，种族分层的一个主要指标，是贫困与种族的相关程度。图10-3展示了1959—2016年种族/民族与贫困之间的关系。事实是，2016年，22.0%的黑人和19.4%的西班牙裔生活在贫困线以下——相较于白人的11.0%和亚裔的10.1%，这是其经济劣势的一个有力指标。值得注意的还有，恰恰是在金融风暴之后，黑人和西班牙裔贫困人口迅速增加了。历经数代人的隔离和合法歧视的历史影响，加上白人的特权所带来的经济好处，经济劣势和种族主义联系在了一起。

文化与种族主义

一些社会学家认为，一部分美国文化涉及一种白人种族框架：白人通过这一框架来看待种族——从某种程度上说黑人亦然（Slatton and Feagin，2019）。**白人种族框架**（white racial frame）包括一系列种族主义观念、种族刻板印象、种族主义化的故事和童话、种族形象、强烈的种族情感以及各种对黑人［以及其他少数群体，包括拉丁裔（Feagin and Cobas，2014）］进行歧视的倾向。在一定程度上，黑人自己也接受了这一框架的一些因素。这体现在把"黑帮"（gangsta）风格认定为黑人文化之一部分的例子上。它还体现在把成功——比如大学毕业、获得一份专业工作、生活在郊区——认定为一种背叛，或者是"装白人"这件事情上。在很大程度上，这一白人种族框架，要为种族刻板印象的永久化负责任——这种刻板

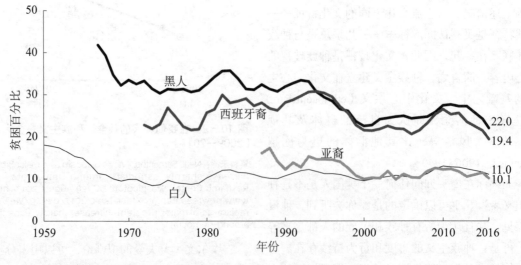

图10-3 不同种族和民族的贫困率（1959—2016）

资料来源：Data from Jessica L. Semega, Kayla R. Fontenot, and Melissa A. Koller. 2017. "Income and Poverty in the United States: 2016." Current Population Reports, P60-259. September.

印象遍及电影、音像，以及电视节目。

这一系列观念遍布于美国文化之中，在很多——如果不是全部的话——的结构和制度中，都可以找到它们，以及它们的影响（Bobo，2017）。在接受了它们的人们中间，这些观念"作为一种理所应当的、几乎是无意识的常识而发挥作用"（Winant，2001：293）。因此，一个例子是，我们普遍持有这样的信念，即清教工作伦理是教育和职业成功的基础，但忽略了社会外部因素所发挥的作用。即使存在相反的证据，美国人依旧坚定地相信，只要有"机会平等"和好的个人习惯，比如"勤奋工作"，一个人就能够获得成功（DiTomaso，2013）。

种族主义从前一直是——目前仍然是——对少数群体的身体压迫，来自政府的这种压迫就是一个例子。不过，目前的种族主义更多是一种**霸权**（hegemony）。也就是说，目前，一个种族对另一个种族的屈从，更多地建立在观念的基础上，特别是文化差异的基础上，而不是建立在暴力的基础上。

在前文所有的讨论中，作为一个种族类别的白人，或者是被忽略了，或者是被视为负面的东西——针对黑人和其他少数群体的偏见和歧视的来源。可是，白人也是一个"种族类别"，而且可以被视为一个"种族群体"（Hartigan，2014；Smangs，2016）。白人可以是身份认同的正面来源——对某些人来说确实是。它还可以被视为良善的来源——不仅仅是对白人来说，对少数群体亦然。很多白人是反种族主义者，更多的人乐意接纳其他的种族。不管怎样，正像我们在本章所看到的那样，在不远的数十年之内，在美国多数－少数关系中，白人将成为数量上的少数群体。到那个时候，作为一个群体的白人，将需要以不同的方式加以对待——更多地适用本章所涉及的对待少数群体的方法。无论如何，白人与少数群体的关系，以及白人在偏见和歧视中所扮演的角色，都应该在多数－少数关系的工作中被持续地关注。在创建一个更平等的社会的努力中，这一议题也应该被持续地关注。

种族主义动机

种族主义很难根除的一个原因是，种族主义服务于某些人的利益。劳（Law，2010，2012）认定了针对非裔美国人的下述种族主义动机——所有这些都可以被用于各种形式的种族和民族仇恨：

- **意识形态动机**。简单地说，种族主义迎合了某些人对世界的基本信念。例如，他们把白人视为"优秀"种族，进而得出这样的结论，即所有其他种族都比白人"低下"。
- **教条主义动机**。种族主义可能源自一种以刻板印象为基础的仇恨和恐惧。像奥斯汀·斯科特（Austin Scott）那样的新闻学者评论了媒体在强化教条和"白人的惊骇"（white fright）方面发挥的作用。1981年《洛杉矶时报》上的一篇文章《来自内城的匪徒正在劫掠洛杉矶郊区》，叙述了"'汹涌而来的'黑人和拉丁裔青年离开了他们自己的街区，'把这里变成抢劫者、入室盗窃者和小偷的舞台'。他们就像骑着'魔毯'一样通过公路来到郊区，在那里，他们会给白人居民'带来无情的破坏'"（Scott，1982：3）。
- **情感动机**。人们可能出于愤怒或恐惧而开展种族主义行动，但也有人因为找乐子而这样做，或者是因为这样做让他们感觉更好。这种情况有时出现在那些没有安全感或社会地位低的人身上，这些人通过贬低别人来提高自尊心和相对的社会地位。
- **犯罪－物质主义动机**。多数群体中从事犯罪活动的人，也许会向少数群体中从事同样活动的人表达仇恨，因为后者的活动威胁了前者的生意。更一般地说，那些从事合法活动的人也许会感到，他们的幸福生活受到了威胁，并向那些被他们视为威胁的人表达类似的仇恨。例如，白人也许认为，因为**平权行动**（affirmative action），他们没有得到工作，或者失去了一份工作。所谓平权行动，旨在增加员工构成的多样性和机会平等，即在做出有关雇用的决策和其他决策的时候，把种族和其他少数群体的因素考虑在内。
- **政治－领土动机**。多数群体成员也许会感到，一个特定的区域——从一条街道、一座楼房到整个国家——属于他们，因此少数群体成员在这里不受欢迎。例如，种族主义介入了白人帮派与黑人帮派对街角、街区或者住房项目（housing project）中的高层建筑的争夺。

- 群体规范动机。种族主义也许源自群体规范，这种规范把种族主义定义为可以接受甚至是值得追求的东西。"9·11"之后，对穆斯林的偏见看起来广为传播，从某种程度上说，到今天依然如此。上述现象就是群体规范动机的一个例子。
- 结构化动机。种族主义可以追溯至一些大型的机构（官僚机构、军队等等），在那里，种族主义或者是被官方要求的，或者至少是被暗中期待的。虽然目前这是非法的，但它仍然以微妙的和非正式的方式存在。例如，在等级阶梯上占据较低位置的多数群体成员也许会感到，他们的上司期待他们以种族主义的方式行事。因此，虽然没有人明确地命令或指示他们这样做，他们仍然可能基于种族原因而实施歧视行为。

二、制度化种族主义

虽然存在一个普遍的倾向，即在讨论种族主义的时候，强调个体的偏见和歧视，但从社会学的视角来说，制度化歧视，更明确地说，是制度化种族主义，才是更严重的问题（Bobo，2017；Bonilla-Silva，2009；Carmichael and Hamilton，1967；Ward and Rivera，2014）。**制度化种族主义**（institutional racism）是一种基于种族的歧视，它源自社会制度、社会结构的日常运作，以及这些制度和结构的规则、政策和实践。换言之，种族主义不仅仅是态度（偏见）和行为（歧视），它"系统性地"存在于社会之中，特别是在美国社会及其最重要和最强大的社会结构之中（Feagin，2006）。

258

制度化种族主义出现在很多场合。

- 教育体系。在那里，以黑人和拉丁裔学生为主的学校常常经费不足（Lee，2012）。
- 劳动力市场。与白人竞争对手相比，作为具有同样资质的黑人，应聘者获得面试和工作的机会较少。针对真实的招聘广告，伯特兰与穆莱纳桑（Bertrand and Mullainathan，2004）发出了 5 000 份个人简历。在这些简历中，唯一明显的区别就是，有些名字看起来很像是白人的［埃米利（Emily）或格雷格（Greg）］，有些名字看起来很像是黑人的［拉基莎（Lakisha）或贾马尔（Jamal）］。这些研究者发现，与名字看起来像黑人的人相比，名字看起来像白人的人收到的回复多 50%。劳动市场里的歧视（实际上，所有形式的歧视）对其他人也有影响。有一项针对佩戴头巾申请工作的穆斯林女性的研究。该研究揭示了更为正式的歧视（回电话的概率）和人际的歧视（来自面试官的负面感受）的影响（Ghumman and Ryan，2013）。

- 法庭和监狱体系。毒品法对销售和持有毒品特别是致幻毒品（narcotic）的惩罚尤其严厉，而这种毒品正是黑人和拉丁裔年轻人更可能销售和持有的。与此形成对照的是，针对有钱的白人倾向于吸食的毒品特别是可卡因的法律，被执行的可能性却相对较小。
- 卫生保健系统。黑人和拉丁裔可能得不到任何的治疗，或者只能得到低水平的治疗。比如，在急诊室而不是在医生的私人诊室里接受治疗（Khazan，2018）。
- 政治系统。在 2018 年的中期选举中，下述情况广受关注：有人想极力剥夺黑人和其他少数群体的选举权，比如，要求各种各样的证明文件，禁止前重刑犯投票等。不过，一项投票倡议，成功地恢复了特定的刑满重刑犯的投票权。

思考题

向高年资员工倾斜的就业政策，与平权行动的目标是对立的吗？如果是，它是怎样实现的？当少数群体成员年资较低的时候，与"最后雇用，最先解雇"的政策相比，什么样的下岗政策对少数种族和少数民族的歧视更少？你认为，选择这种政策的权利应该留给雇主，还是应该由法律做出规定？为什么？

对美国的大多数社会制度和社会结构来说，基于种族的歧视，并不是公然的制度设计。很多政策和实践的设计，都以公平为旨归。可是，它们却导致了并非有意的歧视效果。例如，在经济下行的时

候，在解雇谁的问题上，就业政策倾向于保留高年资的人。这并不是一个没有道理的想法。但是，在低年资的员工中，由于历史上缺乏机会，少数群体的成员的比例格外地高。因此，这种"最后雇用，最先解雇"的政策——并非有意地——导致了格外多的黑人和拉丁裔员工被解雇。

个体在制度化种族主义中的作用

通常，个体的种族主义根植于种族主义的制度性结构之中，并受到后者的支持。因此，虽然很多研究显示，个体层面的偏见和种族主义正在式微（Alba，2009），但支撑这些态度与行为的宏观结构，仍在持续运作，并对黑人和其他少数群体造成伤害（Bonilla-Silva，1997；Slatton and Feagin，2019）。狗哨政治就是一个很好的例子（Lopez，2015）。狗哨只有狗才能听到，而人听不到。虽然从表面上看，与过去相比，当代政治中公开的种族主义已经少了许多，但各种各样隐晦的陈述，其本质还是种族主义，而且其被解释的方式和针对的听众，与种族主义存在时并无二致。之所以被叫作狗哨政治，是因为只有针对它的目标听众，其用词造句听起来才具有种族主义的动机。例如，在使用诸如"福利女王驾驶凯迪拉克"这样的短语的时候，罗纳德·里根从来没有提到过"种族"一词。可是，对于白人受众来说，这条信息的种族色彩非常鲜明。听众听到的狗哨声大而清晰。人们经常指责唐纳德·特朗普采用这种政治手段。在2016年的总统选举中，特朗普姗姗来迟且不情愿地否定了路易斯安那州"3K党"前"皇家巫师"（imperial wizard）[1]。特朗普所说的"我否定他，行了吧？"，对种族主义者就是一声狗哨。实际上，他运用狗哨的时间要早得多。2013年，他发表的一个评论可以被解释为反犹主义的狗哨声："我比乔纳森·雷博维茨（Jonathan Leibowitz）[2]聪明——我的意思是，比乔恩·斯图尔特（Jon Stewart）[3]聪明。"（Weisman，2016）2018年晚期，特朗普开始自称为"民族主义者"（nationalist），即使这个词语

和"白人民族主义"息息相关。像罗纳德·里根和唐纳德·特朗普这样的个体，以及他们数百万的追随者，并不一定是种族主义者，但他们根植于具有种族主义特色的社会结构之中，并深受其影响。

类似的是，那些不认可歧视政策的人，也会执行这种政策。例如，1935年，联邦住房贷款银行董事会（Federal Home Loan Bank Board）要求房主贷款公司（Home Owner's Loan Corporation）（也是一个联邦机构）提供一份分布图，以便获知不同街区的不动产投资的安全度。"风险"的评估包括街区的种族构成，这导致一些少数群体为主的街区的不动产投资资质被判定为不合格（"被划掉"）。二战之后，政府通过联邦住房管理局（Federal Housing Administration），向退伍军人住房贷款投入了大量资金。可是，被划掉的街区却没有资质（获得资金），虽然很多少数群体居民具有信用资质（creditworthiness）。因此，某个贷款机构也许同情少数群体的一位退伍军人，并愿意贷一笔款给他，但不能这样做——如果这个退伍军人想在这种被划掉的街区买房的话。虽然也许不是有意识的或公开的，但住房领域里的这类种族歧视行为今天仍然存在（Massey，2015；Turner et al.，2013）。在申请按揭贷款的时候，黑人和拉丁裔更可能被拒绝。即使贷款被批准，黑人和拉丁裔也更可能被给予不良的贷款条件（Reid et al.，2017）。种族歧视根植于美国按揭贷款的结构之中，而具体的放贷人会顺从这样的结构性要求（Massey et al.，2016）。

在微观层面，各种机构也可能具有制度化歧视的特征。例如，人们也许会期待一位员工歧视少数群体，以便讨好他的上司，并且在工作中获得成功。在立法禁止这样做之前，很多销售员不把房子卖给黑人顾客，因为他们害怕疏远自己的白人顾客，进而丧失从白人顾客那里获得的销售收入。向黑人顾客出售房屋同样会激怒白人老板，他们会解雇卖房子给黑人的销售员，因为这样做，会危及以后对白人顾客的销售。

---

① 美国种族主义团体"3K党"中的高级领导人。文中所说的"皇家巫师"是大卫·杜克。——译者注
② 当时的联邦贸易委员会主席。——译者注
③ 美国新闻节目主持人，犹太人。——译者注

"隐形的"制度化种族主义

与制度化种族主义相比，个体的种族主义行为往往是公开的，更容易被所有人看到。可是，制度化歧视就要微妙得多，甚至是看不见的。那些反映了偏见（比如喊种族绰号）和歧视（比如拒载黑人乘客）的个体行为很容易被发现，可是，那些大型组织的日常运作，很难被人们看到。

还有，众多白人从大型机构的种族主义中获益——得到高薪职位、优良的工作条件，以及针对他人的权力，包括针对黑人和其他少数群体的权力。这些机构持续的运作方式有利于这些既得利益者，但有害于黑人和其他少数群体。虽然也许不承认，但这些既得利益者从中获益匪浅。

因为其日常运作是不可见的，与持有偏见和实施歧视的个人行为相比，以种族主义的方式运作的一些机构不太可能被视为有问题。对黑人和其他少数群体来说，与个体的偏见和歧视相比，制度化种族主义和歧视代表了大得多的问题。虽然如此，但上述问题仍被大家视而不见。另外，由于制度化种族主义相对的不可见性，找到对抗它的办法就更加困难。

三、社会运动与种族

仇恨团体

目前，美国的多数仇恨团体都是白人至上主义者，它们的雏形是"3K党"。"3K党"反对黑人的立场和行动众所周知，但它最初是本土主义的、反天主教的和反犹太的群体。"3K党"的活动开始于来自爱尔兰、意大利和其他非WSAP（盎格鲁－撒克逊白人新教）国家的移民大量涌入的时期。这些新来者被看作是对民族认同的威胁。

其他广为人知的种族主义仇恨团体包括新纳粹和"光头党"（skinheads）。一个新的右翼仇恨团体是"骄傲男孩"（Proud Boys），他们赞美和实施暴力（Goldmacher，2018）。一个叫作安提法（Antifa）的反纳粹主义的团体经常对抗上述团体。

2018年，南方贫困法律中心（SPLC，2019）认定，在美国有1 020个活跃的仇恨团体。SPLC还提到，"9·11"之后，民族背景的仇恨犯罪增加了。它报告说，针对移民人口的仇恨犯罪越来越

多，这反映了美国社会里持续存在的恐外症。仇恨团体的活动包括集会、演讲、游行、散发传单、出版和网站维护。他们的犯罪活动包括破坏财物、纵火、性侵移民妇女和其他暴力行为。图10-4报告了2016年的仇恨犯罪的类型。它显示，超过一*260*半的仇恨犯罪受到了种族和民族偏见的驱动。

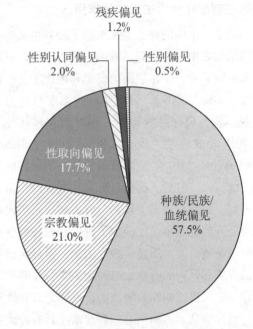

图10-4 2016年报告的6 063宗单一偏见仇恨犯罪的类型

资料来源：Data from Federal Bureau of Investigation, Uniform Crime Reports, 2016. "Latest Hate Crime Statistics Available."

长期以来，参加种族仇恨团体被看作是白人男性的领域。当白人女性参与这种活动的时候，人们假定她们是通过丈夫和男朋友而加入的。可是，社会学家凯瑟琳·布里（Blee，2002）——最早研究种族仇恨运动中性别问题的人之一——发现，这些女性加入的理由多种多样，但并不包括男性的影响。她对参与了数个团体的34位女性进行了深度访谈。一些女性是在一场人生悲剧后加入仇恨团体的，她们——也许对也许错——把这些悲剧归咎于其他群体。还有一些人进入了支持和宣扬种族主义观点的社会圈子，这些圈子里的人把一些社会病态归咎于黑人、西班牙裔或者犹太人。布里指出，白人女性并不是这些组织的辅助成员，她们已经融入了这些组织的权力核心之中。

民权运动

虽然我们这里所关注的，是针对黑人和其他

少数群体的各种形式的压迫，但是，黑人和其他少数群体对这种压迫的反抗一直都存在，且会继续存在。当然，一个主要的例子就是民权运动。这场运动主要起源于 1950 年代中期和 1960 年代的南方，主要是为了应对由吉姆·克劳制度所维护的对黑人的压迫（Riches，2007）。在内战和重建之后颁布的《吉姆·克劳法》中，黑人被剥夺了政治和社会权利，并且受到经济上的剥削。

长期以来，黑人及其激进的同盟者一直在反对和抗争这一制度。民权运动终结了《吉姆·克劳法》[虽然亚历山大（Alexander，2012）指出，一种"新的"吉姆·克劳制度出现了。比如，歧视黑人的一个法律体系，导致了美国黑人比白人高得多的监禁率——前者是后者的 5 倍（Bromwich，2018）]。民权运动通过完善各种各样的手段并应用它们，实现了这一点，这些手段包括"抵制、群众游行、集体被捕、静坐、自由乘车①、在全白人的学校注册、法律诉讼以及其他不守规矩的策略"。种族主义的白人及其代表一方，回应措施是"爆炸、警棍、高压水枪和警犬"。这些应对措施往往被电视新闻镜头捕捉到，这给联邦政府和白人舆论施加了进行制度改革的压力。

结果，在 1955—1965 年，《吉姆·克劳法》被废止了。那一时期的民权运动推动了 1964 年的《民权法案》（Civil Rights Act）和 1965 年的《投票权法案》（Voting Rights Act）的通过，进而

正式消除了在各种公共生活中的法律歧视。虽然今天的黑人仍然遭受与民权运动前同样的问题，但这些问题更多地来自制度化种族主义，而不是法律上的种族主义和个人的种族仇恨。

集体身份与"力量"运动

1960 年代中期，民权运动胜利之后，在 1960 年代的后期和 1970 年代的早期，一些社会运动开始兴起。这些社会运动试图激发少数族群的活力。虽然赢得了法律上的权利，但很多人仍然感到自己被贬低和被压迫。著名的"黑人力量"（Black Power）运动试图把少数族群从低人一等的感觉中解放出来。它的口号是"黑人美丽"。

广为人知的"黑人力量"运动，促进了西班牙裔的种族化。棕色贝雷帽组织（Brown Berets）②采用了"棕色力量"的口号（后来的口号是种族万岁）。1968 年的东洛杉矶墨西哥裔学生罢课运动是一次重要的历史事件。超过 2 700 名学生走出校园，抗议制度化种族主义做法，包括禁止在课堂上说西班牙语，以及误导拉丁裔学生的指导咨询——这些咨询怂恿学生考虑体力劳动，而不是上大学。警察殴打并逮捕了一些学生，也逮捕了一些帮助学生进行动员的教师（Global Nonviolent Action Database，2011）。最近，在美国的拉丁裔中出现了政治化的种族认同，包括"土著"（indigena）运动，该运动把南美的印第安血统描述为一桩可以自豪的事情。

261

知识点 10-3	种族主义

概念	定义
种族主义	把一个少数群体定义为一个种族，把负面的特征归结于它，并把它置于比多数群体更弱势的地位。
恐外症	在拒绝、排除和否定那些占主导地位的社会群体之外的群体时，所使用的信念、态度和偏见。
文化中心主义	一种信念，即认为自己的群体及其规范、价值和风俗等，比其他群体的更为优越。
白人种族框架	歧视黑人的一系列种族主义观念。
霸权	一个种族屈从于另一个种族的情况，大多以主导性观念和文化差异为基础，而不是通过暴力得以施行。
制度化种族主义	基于种族的歧视，它源自社会机构和社会制度的日常运作等，比如教育制度和就业制度。

---

① 美国民权运动期间，抗议者采取的反对公共交通工具上的种族隔离规定的行动。——译者注
② 美国一个亲墨西哥裔的组织，主张美国返还它所占领的墨西哥领土。——译者注

第四节　全球情境中的种族和民族

从历史上看，民族身份一直与民族国家紧密联系在一起。例如，现代以前，爱尔兰人几乎只接受盖尔语和爱尔兰文化。可是，随着时间的推移，以国家为基础的民族认同式微了。这种式微的一个重要因素是**离散**（diaspora），即一个种族或民族群体从他们传统上的家乡离开——通常是非自愿的——而且跨越遥远的地理区域。近年来，全球化时代的大规模移民，对民族认同产生了很大的影响，减少了他们与某个特定民族国家的联结。

在全球舞台上，这种人口移动导致了多重民族身份的出现。这增加了人们持有混合民族身份（hybrid ethnic identity）的可能性。换言之，越来越多的人不仅认同他们出身的民族群体，还认同他们通过移民而进入的地理区域里的民族。因此，从印度移居中国的移民，可能既把自己看成是印度人，也把自己看成是中国人。

一、民族身份与全球化

有些人把全球化看成是对民族身份的威胁。在他们看来，全球化会导致一个身份同质化的世界。不过，其他人不同意，并提出下列原因。

- 民族身份并不像我们相信的那样脆弱。从出生开始，人就在家庭里接受民族性（ethnicity）的灌输，然后在学校和周遭的文化里继续接受灌输。因此，它通常成为一个人最为核心的身份。
- 全球化可能正是制造和传播民族身份的一股力量，也许是最显著的一股力量（Tomlinson，2000）。民族群体及其文化的诸多方面在全球范围内流动，创造民族身份的新区域，并在特定的地方强化这种身份。指向一个同质性的民族身份的全球压力，也许会坚定一个人维持他与一个特定民族文化之间的纽带的决心。
- 民族身份与全球化，是同一个现代化进程的组成部分。例如，通过先进通信方式的发展，

全球化使得民族群体成员能够相互保持联系，以便表达保持自己熟悉的传统的意愿。这种更为强烈的民族身份感，也可以通过全球性的媒介传回他们的祖国。这是更为广泛的跨民族主义（transnationalism）过程的一部分。

思考题

你是否认为，通过利用信息和文化的流动把世界变得更加同质化这一方式，全球化对民族身份构成了威胁？或者，你是否认为民族身份足够强大，能够在全球化过程中存在下去？还有，你是否认为，通过保持移民与其母国的接触，全球化的交流有助于维持民族身份？请解释你的回答。

二、全球性偏见与歧视

迄今为止，我们一直在关注特定民族国家内部的多数－少数关系，特别是美国的情况。但我们也可以在全球背景下检视多数－少数关系。南北差异是一个关键因素。"底层的10亿人"，或者说是世界上最贫困的10亿人中的大多数，是全球南方的少数群体成员。世界上最富裕的10亿人大多来自全球北方，并且主要是多数群体的成员。 *262*

长期以来，全球北方的多数群体一直在主导、控制、剥削和压迫全球南方及其少数群体。历史上，帝国主义、殖民主义、经济发展、西方化和美国化的作用，基本上都是有利于全球北方，而不利于全球南方。今天主导全球化过程的制度即新自由主义经济，仍在帮助全球北方本已受益的人群，而伤害——常常是严重地伤害全球南方本已受害的人群（Harvey，2005）。

来自全球北方的多数群体，曾经"制造"过很多全球南方的少数群体。一个例子是，英国对印度实行殖民统治之后，制造出一个受到压迫的少数群体"印度人"。在此之前，印度社会本来就有它极为发达的高低种姓制度。另一个例子来自东方主义（参阅第9章）：全球北方制造的一系列观念和文本。对于一个旨在主导、控制和剥

削弱东方世界及其众多少数群体的制度而言，这些观念和文本构成了其基础（Said，1979／1994）。

种族主义并不仅限于西方世界，尤其是美国，相反，它存在于世界上很多社会之中。例如，在日本，肤色、头发甚至体味都被用来区分诸如阿伊努人（Ainu）和部落民（Buraku）。那些具有部分高加索血统和非洲血统的日本公民，也会在自己的国家里遭受偏见。

三、基于种族和民族的全球流动

思考全球性的多数－少数关系的一种方式，是从全球流动入手。可以说，种族和民族都在世界范围内流动。各个种族和民族群体的移民就是这一情况的体现。这些人比以前任何时候都更加容易和快速地在全世界移动，虽然随着世界上很多地方的民族主义的复兴，这一情况正在发生改变（Slobodian，2018）。来自全球北方的人更可能是旅游者或退休者，他们在全球南方国家旅行或者居住，因为那里的气候更好，生活成本更低（Bianchi，2018）。相反，全球南方的居民移居到全球北方的富裕国家，是为了寻找工作——不论是高技能的职位还是低技能的职位（Kivisto and Faist，2010），或者是逃避惩罚和迫害。

另一种形式的全球流动，涉及种族和民族的社会和文化层面。我们已经看到，不论是种族还是民族，都不是以其客观特征如"血统"、基因或肤色来定义的。相反，它们都是依据社会因素和文化因素来定义的。作为一种社会建构以及作为一种观念，种族和民族可以毫不费力地跨越边界和周游世界。全球化的大众媒体有助于这些观念的传播。不过，它们也通过人们的流动而传播——这些人利用了廉价旅行的便利，特别是通过航空。

保罗·吉尔罗伊（Paul Gilroy）的《黑色大西洋：现代性与双重意识》（*The Black Atlantic: Modernity and Double Consciousness*，1993）是一部关于多数－少数关系的重要著作，它重点强调了全球流动。正像书名显示的那样，吉尔罗伊对大西洋地区与黑人有关的流动特别感兴趣："我把目光落在一艘船的图像上，这艘船作为一

个组织化象征，在欧洲、美洲、非洲和加勒比地区之间来回航行……一艘船的形象……正在移动。"（Gilroy，1993：4）这一图像反映的是奴隶从非洲到美洲东岸的流动，然后一部分黑人又回到非洲。所有这些似乎都与"流离失所、移民和旅途有关"（Gilroy，1993：111）。吉尔罗伊指出，想要理解基于种族的全球流动，我们不应该关注国界线，而应该关注"黑色大西洋"——这被他描写成了一个转运空间。

积极流动与消极流动

全球北方的人有能力创造一种结构，这种结构极大地增加了积极流动（positive flow）或保护性流动。例如，在美国，人们能够通过911电话系统迅速地寻求帮助。而医疗警报系统的存在，使得无法拿起电话的老人，也能通过按钮寻求帮助。建立这样一个处理紧急事务的网络，是昂贵的。在全球南方，特别是那里的少数群体，缺乏或者没有这样的网络，因而缺乏或者没有被这种网络支持的积极流动。属于少数群体的人，极少能够参与全球积极流动，如金钱、货物、食物、医疗保健、技术等的流动。相反，属于多数群体的人，却可能沉浸于这些流动之中，他们既是流动的制造者，也是受益者。

此外，那些促进了消极流动（negative flow）的社会结构，则更可能密集地出现在少数群体占主导地位的地方。例如，非法的社会结构使武器的流动——进入世界上的贫困地区或者通过这些贫困地区进一步流动——变得相对容易。在世界上比较富裕的地区，却存在着强大得多的社会结构，可把武器拒之门外。另外一个例子是，全球南方的人们更可能生活在充满疾病传播媒介的地方，如携带疟疾的蚊子和携带禽流感的鸡。结果是，他们感染媒介传播的疾病的危险，极大地增加了。相反，全球北方的多数群体成员，更可能生活在远离带病蚊子或者活鸡的地方，或者受到严格的保护——更不用说其他很多疾病的传播媒介了。

全世界的少数群体成员，更可能是消极流动，比如跨国界的疾病、犯罪、腐败、战争和大多数环境问题的接受者。毫无疑问，多数群体的成员并不能完全避免这些消极流动，但他们更有

能力保卫和隔绝自己，以免受到这些流动的侵袭。还有，多数群体的成员经常制造消极流动（武器装备、全球变暖），这些流动对少数群体造成了深远的消极影响。

种族主义本身就可以被看作是一种消极流动，与它相关的观念和实践在世界范围内的流动，对少数群体成员造成了深远的消极影响。种族主义在全世界的流动，被称为"全球的种族化"（racialization of the globe）（Dikötter, 2008; Treitler, 2016）。当然，种族观念和实践并不是在世界上任何地方都一样，它在每一个地方都会接受调适和改造。它们受到了地方观念的影响，也受到了当地的经济、政治和军事现状的影响。结果是，在涉及黑人的时候，种族主义在英国的形态与其在加纳或者美国的形态，是不一样的。

种族与民族藩篱

在全球化的全部面向中，不仅有各种类型的流动，还有对流动的各种障碍。因此，在美国，少数种族和民族的成员也许会被锁定在一个特定的种族或者民族身份上，或许，他们的身体无法离开某个特定区域（比如贫民窟）——这些地方以特定的方式定义了他们。他们也可能生活在全球南方的某个国家里，但很难离开那个国家（比如因为贫穷）。那些离开全球南方的人越来越多地面对全球北方的藩篱，比如已经被加强了的美墨边界。而且，特朗普总统也许能够成功地建起他所说的砖墙（或者至少是钢板墙）——至少在大部分边界上能够建。

正像在积极流动这件事情上多数群体占据优势一样，与少数群体相比，他们也更能在他们与消极流动之间建起藩篱。这些藩篱包括：优势群体主导的民族国家建立起来的边境控制体系，由保安巡逻的封闭社区（gated community），甚至是某种个人行为，比如在自己的家里安装报警系统。少数群体很少有财力——如果还有一些的话——建立这些保护性的藩篱。

少数群体的社会地位本身，更可能成为一种"微妙的"、阻止积极流动的藩篱。这种类别的人不太可能参与，至少是不太可能平等地参与上述积极流动。例如，在目前的美国，在西班牙裔和盎格鲁裔之间，已经不存在物理性藩篱。不过，对少数群体成员而言，作为西班牙裔——或者是被视为西班牙裔——这一事实本身，已经成为阻碍各种积极流动（比如就业岗位、有用的信息等）的藩篱。

四、民族国家内部的民族冲突

在很多民族国家中，较高的民族多样性提高了民族冲突的概率。当然，这种民族冲突并非新事物。在 20 世纪和 21 世纪，最显著的民族冲突的例子有：土耳其的雅利安人与亚美尼亚人的冲突；德国的德国人与犹太人之间的冲突；斯里兰卡的泰米尔人与僧伽罗人之间的冲突；布隆迪和卢旺达的图西人和胡图人之间的冲突；达尔富尔的阿拉伯人和非洲人之间的冲突；以及 1991 年南斯拉夫解体后的斯洛文尼亚人、克罗地亚人、塞尔维亚人、波斯尼亚人、黑山人、马其顿人和阿尔巴尼亚人之间的冲突。不过，目前，随着越来越多的民族群体成员进入越来越多的国家，民族冲突的数量——如果不是强度的话——存在急剧上升的潜在可能。

近年来，随着来自中东和北非的各民族的大量移民来到欧洲，民族国家之内民族冲突的可能性已经达到了一个新高度（Bhabha, 2018）。惊人数量的移民给很多国家和当地居民带来了挑战。另外，移民往往还带来各种文化、宗教和风俗——与其目的地的文化、宗教和风俗大相径庭。这些移民与当地人竞争工作机会，造成进一步的紧张。结果是，出现了一种使这些移民隔离居住的倾向，进而加剧了群体之间的两极分化，并使移民和土著居民相互之间更加疏远（Fisher, 2016）。

民族冲突中最令人担忧的例子，涉及多数群体对少数民族进行"处理"的企图——通过驱逐、民族清洗或者种族灭绝的方式。费拉拉（Ferrara, 2015）把后两者称为"人口手术"（demographic surgery）——用手术的方式移除一个或多个少数民族。

驱逐

驱逐（expulsion），即把某个群体从某块领土上驱离，以便摆脱他们。驱逐可以采取两种形式：直接驱逐（direct expulsion）或者自愿驱逐（voluntary expulsion）（Costalli, 2016；Simpson and Yinger, 1985）。在直接驱逐中，少数民族群体被多数民族群体通过军事行动和其他政府行动赶走。在自愿驱逐中，少数民族群体"自愿地"离开，因为其成员受到骚扰、歧视和迫害。当然，在现实世界中，这两种驱逐方式是相互配合的。而且，虽然身体伤害相对较轻，但是社会和经济伤害可能非常严重。那些被迫离开的人通常会丧失其大部分财产，而他们的社会网络也会受到不可逆转的破坏。

19世纪，针对中国移民，加利福尼亚州政府同时实施了这两种驱逐。1879年的加利福尼亚州宪法授权"所有必要的权力，以便团结本州的城镇来把中国人驱逐出"城市的边界。这构成了直接驱逐。该宪法还鼓励自愿驱逐——通过规定任何机构"以任何形式，直接或者间接地雇用中国人"都是非法的这一形式。该宪法进一步规定，"任何州立的、县立的、城市的或者其他的公共职务——除非是为了惩罚犯罪——都不得由中国人充任"。

美国最高法院的两项裁定也支持驱逐。1943年，在平林诉美国政府案（Hirabayashi v. United Sates）中，针对日裔美国人的歧视性宵禁获得了法院的支持。1944年，在是松丰三郎诉美国政府案（Korematsu v. United Sates）中，对日裔美国人的驱逐也获得了法院的支持（Gressman, 2005）。

很多身处异国的种族和民族群体，对两种类型的驱逐都经历过。对于犹太人和罗姆人来说，尤其如此。经常发生的是，这两个群体或者被暴力驱逐（比如2世纪时犹太人被罗马人逐出耶路撒冷，以及公元15世纪时犹太人被从西班牙和葡萄牙逐出），或者自愿驱逐（比如，二战之后，因为反犹主义的持续存在，很多犹太人离开了欧洲）。

民族清洗

民族清洗（ethnic cleansing）是主导群体制定的政策，这种政策允许或者要求对另一个民族群体进行暴力驱逐、虐待甚至谋杀（Sekulic, 2016）。显然，纳粹对犹太人和罗姆人的行为符合民族清洗的定义。

臭名昭著的民族清洗的最近一次呈现，是在1991年南斯拉夫的分裂所导致的战争中。在各个区域占据主导地位的民族群体，试图制造民族同质化的区域。他们通过驱逐甚至杀害其他民族群体的成员，来实现这一点。例如，克罗地亚人被驱逐出了克罗地亚的某些地区，这些地区居住着塞尔维亚人。波斯尼亚于1992年宣布独立，它由3个主要的民族群体构成：斯拉夫穆族人（最大的单一群体）、塞尔维亚人和克罗地亚人。通过强制驱逐甚至杀害其他民族群体的成员，特别是穆族人，塞尔维亚武装力量制造了民族同质化的孤立地区。

在民族清洗中，妇女和女孩经常成为身体暴力和谋杀的对象，很多情况下还是性暴力的对象。在1990年代的波斯尼亚，据估计，塞尔维亚男人强奸了5万名穆族和克罗地亚妇女。由于塞尔维亚警察掌权，作为强奸受害者的妇女很难获得帮助，或者起诉侵害她们的人——如果不是不可能的话。到2014年，在所有5万个案件中，只有区区10件被起诉（Hughes, 2014）。

作为战争武器的集体强奸也出现在苏丹的达尔富尔地区。亲政府的金戈威德（Janjaweed）民兵，强奸了难民营中的达尔富尔妇女和女孩。2008年，海牙国际刑事法庭（International Criminal Court of the Hague）对苏丹总统奥马尔·哈桑·艾哈迈德·巴希尔（Omar Hassan Ahmed Bashir）提出指控，罪名不仅有大规模种族灭绝，还有宣传作为战争和恐怖武器的强奸（Scheffer, 2008）。国际刑事法庭仍在等待对巴希尔进行审判，但刑事指控和起诉并没有阻止他于2015年再次当选苏丹总统——他赢得了94%的选票（Kushkush, 2015）。苏丹军队依然在达尔富尔实施集体强奸（以及集体屠杀）（Gladstone, 2015）。

种族灭绝

最极端的民族冲突案例，涉及主动地、系统性地从整体上消灭一个群体的企图，即种族灭绝。1948年，种族灭绝被联合国《防止及惩治灭绝种族罪公约》（Convention on the Prevention and Punishment of the Crime of Genocide）定义为"致力于从部分或者整体上消灭一个国家、民族、种族或宗教群体的行为"。种族灭绝被认为是 20 世纪的犯罪行为,而且各种迹象表明,可以继续用它来定义 21 世纪的情况。

1948 年联合国针对种族灭绝而订立的公约,由纳粹的大屠杀触发(Karstedt, 2016)。最初,大屠杀发生在德国范围之内,但后来扩散到了欧洲其他国家——与德国结盟或者被德国占领的国家。从这个意义上说,大屠杀是跨国性的。而且,如果纳粹实现了他们征服世界的目标,大屠杀毫无疑问将会成为更全球化的现象。例如,如果纳粹征服了美国[参阅亚马逊上的图书《高堡奇人》(*The Man in the High Castle*)],毫无疑问我们将会看到美国犹太人的种族灭绝。

全球化时代也带来了种族灭绝的全球化,种族灭绝的例子遍及全世界(Karstedt, 2016)。也就是说,种族灭绝已经成为另一个种类的消极流动,从世界的一个地方传播至另一个地方。未来,种族灭绝出现的概率可能更大,因为观念、煽动分子和武器到处流动,并且速度越来越快。雪上加霜的是,民族国家在阻止这些流动方面,越来越无能为力。

知识点 10-4 全球化背景下的种族和民族

概念	定义
离散	一个种族或民族群体离开自己的家乡,通常是非自愿的。
东方主义	全球北方制造出的一系列观念和文本,以这些观念和文本为基础,设计出了旨在控制和剥削东方的制度。
驱逐	把某个群体从某块领土上驱离。
民族清洗	主导群体制定的特定的政策,这种政策允许或者要求对另一个民族群体进行暴力驱逐、虐待甚至谋杀。
种族灭绝	主动的、系统性的努力,旨在从整体上消灭一个群体。

小结

历史上,对种族的定义以共享的血统与真实的或假设的身体特征和生物学特征为基础。在 20 世纪后半叶,种族开始被更多地定义为一种文化现象,这使其相比于固定化的身份类型,更为灵活。对民族性的定义通常建基于一些真实的或者假设的文化特征,比如语言、宗教、传统或文化习俗。

一直以来,种族和民族充当了一种分层手段——把人们归入权力大小不同的群体。多数群体,虽然它的人数可能较少,却拥有针对少数群体实施其偏见和歧视行为的权力。交叉性,即属于多于一个类型的少数群体(比如,黑人同时又是女性),通常会使不平等叠加在一起。当多数群体把另一个群体定义为一个种族,并把一些负面的特征归结于它的时候,多数-少数关系就转变成了种族主义。恐外症和文化中心主义的结合,使得种族主义变得强大。目前的种族主义也是一种霸权,或者是多数群体把自己的文化强加给少数群体,以及制度化种族主义的顽固存在。

把多数-少数关系置于全球情境中,全球北方拥有更多的多数群体成员,并且对全球南方的人实施控制和压迫。与少数群体相比,在建立结构方面——这些结构能够增加积极流动或者保护性全球流动——多数群体处在更加有利的位置上。民族国家之内较高的民族多样性,使国内民族冲突的可能性增加了。在极端的情况下,民族冲突会导致多数群体在一块领土上对少数群体的驱逐、民族清洗和种族灭绝。

关键术语（页码为原书页码，即本书边码）

平权行动	257	种族灭绝	250	多元主义	249
同化	249	霸权	256	偏见	247
离散	261	血统低就原则	244	种族	240
歧视	247	制度化种族主义	257	种族主义	240
民族清洗	265	交叉性	248	隔离	250
民族群体	240	多数群体	246	刻板印象	247
民族性	240	多数 - 少数人口	246	白人种族框架	256
驱逐	265	少数群体	246	恐外症	254

268

总结性问题

1. 种族和民族的区别是什么？它们之间的相似之处在哪里？生物学和文化的解释，怎样制造了种族和民族的差异？

2. 贝拉克·奥巴马的母亲是白人，父亲是黑人，但我们通常说他是一个黑人。这一现象，怎样揭示了美国的种族现象的本质？这一看法的结果是什么？

3. 在定义多数群体的时候，社会学家使用了什么样的标准？多数群体怎样维持他们的特权地位？

4. 考虑到本章所提供的一些例子，你的消费模式反映了你的种族和民族身份吗？

5. 你认为，民族群体对其民族文化进行商业化是一个好主意吗？他们可能会得到什么？在这个过程中，他们又会失去什么？他们所获

得的能够补偿他们所失去的吗？

6. 种族主义有哪些不同的动机？少数群体使用过何种机制，来抵抗种族主义？

7. 什么是制度化种族主义？制度化种族主义的例子有哪些？从什么意义上说，制度化种族主义比个体的种族主义问题更为严重？

8. 你认为在全球层面上，多数 - 少数关系有哪些特征？在全球层面上，多数群体具有哪些优势？

9. 全球化怎样在全球范围内改变民族的本质？民族群体以什么方式来利用通信和媒体的进步，以保持自己的民族身份？

10. 你是否认为，全球化正在创造一种普适的文化？为什么？

第11章
社会性别与性存在

学习目标

1 认定文化对社会性别的影响并讨论性别化的不平等

2 描述社会力量怎样限制性存在

3 解释全球化对社会性别和性存在的影响

4 检视与社会性别相关的全球流动

在巴西里约热内卢的一个贫民窟里，有一个叫作马尔西奥（Marcio）的沉思而英俊的男人，他正在谈论自己的生活。"我曾经梦想成为一个父亲。"他说，旁边就站着他的儿子和妻子。他放飞了一只风筝并继续说："对有些人来说，梦想也许是关于事业的；对另外一些人来说，梦想也许是去什么地方旅行。但我的梦想从来都是做一个父亲，并且给我的儿子我从来没有过的东西。"马尔西奥解释说，他的童年充斥着持续不断的暴力；他的父亲打他的母亲，社区则袖手旁观并认可这种做法。"他必须显示自己是个男人。"他这样评价自己的父亲。马尔西奥从他父亲那里学习到的是，做男人（manhood）意味着有很多女人、酗酒、聚会和彻夜不归。

对父亲的缺席和忽视的记忆，让他哭了起来。与此同时他解释说，他想方设法让自己避免变成父亲的样子——通过找到一些与自己有类似经历的男人。当他们会面、交谈并一起痛哭的时候，马尔西奥发现，传统文化关于男性社会性别和女性社会性别的成见，是有害的。他变得勇于挑战传统的性别和社会性别规范，进而为他自己、妻子、儿子创造一种更好的生活。在Promundo组织（参见 promundo.org）——一个致力于维护性别公正和预防针对女性的暴力的全球性组织——的帮助下，他现在争取与其他男性合作，支持挑战传统性别期待的努力。正如马尔西奥所说的："雨并不是说来就来，它要一滴一滴地下。然后它会汇成洪流。"少数人生活的改变会导致很多人生活的改变，甚至是一个国家或者文化的改变。

关于性别和性存在的信念和态度，会因国家和时间的不同而不同。全球化、通信技术的进步以及对性别不平等的后果日益增加的警觉，都是一些改变因素——改变我们思考性别和性存在的方式。Promundo组织的创办者们，听到了在全世界对妇女和儿童实施暴力的男人们的故事。他们在倾听这些故事的时候，看到了改革的机会和需要。目前 Promundo 组织在 22 个国家与地方社区的利益相关者以及诸如世界卫生组织这样的机构合作，帮助男人和男孩们改变他们自己和他们的社区。对于巴西以及其他地方的参与者来说，传统与自由之间持续的斗争是激动人心的和惊心动魄的，也是快乐的和令人心碎的。对于社会学家来说，它是下述事实的一个明证：变动不居的文化生生不息、吐故纳新、美不胜收。

性别与社会性别经常被交替使用，并且相互混淆。不过，清晰地区别两者是很重要的。**性别**（sex）主要是一个生物学概念，通常被表述为女性或男性。性别通常反映了一个人的染色体、性腺、生殖器和激素。**社会性别**（gender）[①] 是一个文化概念，与对社会期待的行为、态度和个性的定义有关；它被反映在诸如男人、女人或男孩、女孩等说法上。社会性别由身体、行为和个性特点构成，这些特点被定义为适合于某个性别。关键的区别是，性别主要以生物学为基础，而社会性别则以社会差异为基础。西方对社会性别的概念化假定，以性别为基础，存在着巨大而清晰的社会性别差异。西方人经常假定，性器官"不仅仅是性别身份的主要标志，实际上也是这一身份背后的原因"（Helliwell，2000：797）。但是，作为社会性别之基础的身体和生物学，经过了社会的构建。"社会性别建立在生物学性别的基础之上，但它夸大了生物学差异，并把生物学差异带入了一个领域，在这个领域里，生物学差异完全无关宏旨。"（Eckert and McConnell-Ginet，2013：2）在人类生物学中，没有任何东西可以解释，比如说，为什么我们认为只有妇女应该穿高跟鞋，或者男人不应该染指甲。

性别和社会性别通常在出生时就已给定，虽然当胎儿还在腹中的时候，我们就开始用社会性别谈论他们。准父母们可能告诉他们的家人和朋友，他们"将会生一个男孩"或者是"将会生一个女孩"。人们开办"性别揭晓晚会"，晚会的最后是印上了超声波图像的一块蛋糕，或者是一个填满了粉色或蓝色气球的盒子，等待着在家人和

---

① gender 在不涉及与 sex 的区分时，也译作"性别"。——译者注

朋友的面前被打开。父母们为未出生的孩子选择一个具有社会性别色彩的名字，并且往往开始采购"与社会性别相适应的"婴儿服装和玩具。

第一节　社会性别和性别

社会性别和性别是主要身份（master status）的例子——种族是另一个例子。主要身份主导所有的其他身份，包括自致身份（比如教育水平）和先赋身份（比如年龄），因而会产生巨大的影响（参阅第5章）。

很长时间以来，生物学性别就被与作为社会建构的社会性别联系在一起，但两者之间并不像我们所熟知的那样相辅相成。此外，性别和社会性别，特别是后者，并不是一个简单的自然和生物学过程。二者特别是社会性别受到了社会和文化力量的重大影响。

思考题

为什么社会性别在许多文化中都如此重要？你是否认为我们可以在美国把社会性别变得不那么重要？我们应该把社会性别变得不太重要吗？在与他人的互动中，如果要把社会性别的重要性降到最低，需要发生什么事情？

271　虽然我们倾向于用"只有两个生物学性别"的想法来思考问题，但实际上，存在着一个性的连续统（Homs，2016）。**中间性别**（intersex）是一种"概括性概念，用于指称各种各样的（医学）状况，即一个人与生俱来的生殖系统解剖或性器官解剖既不符合男性的定义，也不符合女性的定义"（Intersex Society of North America，2008）。只有少数中间性别状态代表了"真正的医学紧急情况"，在这种情况下，生殖器官提示了背后的代谢问题，而这一问题需要立即治疗。大多数中间性别状态，并不需要急迫的或即刻实施的医学干预。直到最近，中间性别者一直被贴上污名化的"阴阳人"（hermaphrodite）标签，

而医生常常通过手术改造儿童或者幼儿的性器官，以符合典型的男性或女性解剖学特征。由于对中间性别的辩护（advocacy）和医疗人员对这一问题的意识，那些以前可能被施以手术的中间性别者，今天拥有了多得多的选择空间——关于是否进行下一步，以及怎样进行下一步（Zeiler and Wickstrom，2009）。

做男人（maleness）和做女人（femaleness）的大多数面向也是一个连续统。例如，男女两性都拥有雌激素和睾丸素。可是，两性之间，同一性别的个体之间，以及在不同的年龄段，这些激素的水平差异是巨大的（Liaw and Janssen，2014）。两性都拥有乳房，因此，虽然乳腺癌主要是女性疾病，但有些男性也罹患此病。胡须通常被认为是一个男性特征，但也有一些女人长很多胡须，需要经常刮剃。从生物学上说，男性和女性之间的差异是很小的，但美国文化却建立在对性别（以及社会性别）差异之假设的基础之上。不幸的是，我们很少遇到以上述差异观念为基础的、"隔离但平等"的社会结构。相反，关于差异的信念常常转化为"高贵"与"低贱"的社会结构。

一、女性特质与男性特质

女性特质（femininities）和男性特质（masculinities）两个概念涉及对两组特征所进行的文化定义，这些特征与社会化过程中习得的"怎样做女人"和"怎样做男人"的问题有关。它们是复数是因为，两种特质都有很多类型，与其他特征如种族、民族、年龄、国别和社会阶级联系在一起（参阅第10章对交叉性的讨论）。对女性特质和男性特质的文化解释是变动不居的，这取决于地点和历史阶段的不同。有一个趋势是，关于作为女人和拥有女性特质意味着什么（像妈妈一样、体贴照顾、情绪化），以及关于作为男人和拥有男性特质意味着什么（像爸爸一样、强壮、不动声色），存在着各种成见。不过，在现实中，这些成见都不是自然的，也不是生物学的；相反，它们是在社会中建构起来的。正如西蒙娜·德·波伏娃的名言："女人不是天生的，女人是被塑造的。"（Beauvoir，1952/1973：

301）当然，对于男人，这一说法也对。可是，男性特质和女性特质的区分依然存在。社会学家雷韦恩·康奈尔（Connell，1997，2009；Gough，2016）创造了两个概念——霸权式男性特质和被强调的女性特质，并分析了这些概念在全球性别不平等中发挥的作用。霸权意味着主导。因此，**霸权式男性特质**（hegemonic masculinity）涉及的是一种主导形式或最理想化的男性特质视角。我们认为这种形式是天赐的"自然"。与它联系在一起的是父权制（patriarchy）——由男人主导并聚焦于男人和霸权式男性特质的一种社会形式（Miller，2017）。霸权式男性特质强调了父权制度的男性特质视角。**被强调的女性特质**（emphasized femininity）是在社会中建构起来的关于"模范女德"的一系列观念。这些观念围绕着满足男人和父权的需求而展开。被强调的女性特质聚焦的是社会能力（而不是才智）、自我抚慰（ego stroking），以及接受母亲和妻子的角色（Spade and Valentine，2016）。它代表了一种顺从的、异性恋的女性特质。男性特质与女性特质的特定表现，与这些主导形式大相径庭。

霸权式男性特质和被强调的女性特质对男人和女人都产生了不利的影响。那些不符合霸权式男性特质的男人，包括同性恋者和工人阶级男性，以及有色人种男性，都受到了负面的影响。一般说来，霸权式男性特质对男人的僵化期待意味着，很多男人甚至是异性恋男人、白人男性和中产阶级男性，都会被认为没有达到理想标准，而男人们也会这样看待自己。很多女人受到不利的影响，是因为她们无法也不能实现与"被强调的女性特质"联系在一起的理想状态（Butler，1990）。

虽然很多男人从霸权式男性特质中受益匪浅，但他们的优势——至少是最近以前——大体上对他们是隐而不彰的。不需要思考男性特质，或者是"做一个男人"意味着什么，是性别不平等的红利（或者叫特权）之一。相反，妇女经常要思考很多关于男性优势和性别成见的问题，因为通过很多不同的方式，她们受到了性别不平等制度的压迫。

男性特质和女性特质可以与生物学性别、身体和社会性别相分离。男性可以通过养育儿童而做出被社会定义为"女性"的行为，而女性可以通过攻击性的竞争而做出被社会定义为"男性"的行为。正像男性和女性之间的连续统是真实的一样，我们也不能用非此即彼的简单方式来思考社会性别。男性特质和女性特质之间，存在着一个连续统，这部分是因为，我们一生经历了各种各样的社会化模式。终其一生，人们都在进行调适，强调社会性别的不同面向，并解释由社会建构的性别角色期待。我们把性别化的角色期待与交叉性的社会地位——包括种族、阶级和性取向——结合在一起。而且，个体可以同时表现出强大的男性特质和女性特质，也可以同时表现出微弱的男性特质和女性特质。社会性别角色的表现是变动的，而不是固定的，并为人们选择怎样在社会定义的角色之中表现性别角色留有空间（Butler，1994；Goldschmied and Kowalczyk，2016）。

思考题

西蒙娜·德·波伏娃说："女人不是天生的，女人是被塑造的。"这是什么意思？你同意她的观点吗？为什么？你认为如果在今天，她还会这样说吗？

二、跨性别和非二元社会性别

与性别一样，我们经常以二元概念来思考社会性别。我们所想的社会性别二元化（gender binary），仅涉及两个社会性别——男人和女人。但正像性别不是简单的二元分类一样——在中间性别的例子中特别突出——社会性别也不是一个简洁的二元分类。正像一位著名的学者所说的："不存在一种生物学标准，可以把每一个人类个体都放入无可争议的两个类别——男性和女性。"（Fausto-Sterling，2018）它是在社会中建构起来的，并且随着文化、时代和地点的不同而发生变化。那些可能把自己认定为占主导地位的两种社会性别的人——男人和女人，展示出大量不同的性别特征、角色和身份，包括成为跨性别者。

从根本上说，**跨性别者**（transgender）是一个统称，指代那些性别认同和/或性别展示（gender presentation）与其在出生时或者婴儿期被给定的性别不同的人（Anderson，2018；Brubaker，2016；Stein，2018；参阅本章的"趋势"专栏）。**性别认同**（gender identity）是一个人内在的自我性别感受（Wood and Eagly，2015）。跨性别者也可能拥有**性别角色**（gender role）——性别的社会展示，包括服装、发型、态度和行为特征，但这种展示可能与其性别身份一致，也可能不一致。

跨性别者并不是沿着同一条道路前进。他们可能会也可能不会把自己定位于广泛的性别矩阵（matrix of gender）的某一点上。他们可能认同也可能不认同某个主导性的传统性别。他们可能希望也可能不希望使用激素或者手术来改变自己生理性别的某些面向。跨性别者可能选择某个身份和/或创造一个用于自己的标签——这个标签并不能恰当地归入性别的二元分类。那些无性别者（agender）可能不认同任何性别，而那些流动性别者（gender fluid）也可能感到，其性别是随情境而改变的。**性别酷儿**（genderqueer）是一个统称，它包含了范围广泛的性别身份、感受和自定标签。

数字化生存 在线游戏中的性别转换

虚拟现实为人们提供各种机会，来尝试自己的身份，包括性别。当一个人在线表现为一个与线下不同的性别时，**性别转换**（gender swapping）或性别替换（gender switching）就发生了。在大型的多玩家在线角色扮演游戏，比如《魔兽世界》和《第二人生》（*Second Life*）[这些游戏要求玩家创建一个化身（avatar）来玩游戏]中，性别转换的现象特别明显（Hussain and Griffiths，2008；Martey et al.，2014）。化身代表了一个玩家的身份，并提供了一个"玩家的虚拟代表"（Song and Jung，2015：435）。玩家可以自由地构建自己的虚拟代表——通过为自己的化身选择皮肤、头发、眼睛颜色、发型、体型、服装，以及饰物比如眼镜。有些玩家选择构建一个与自己的线下形象酷似的化身，但其他人却选择构建一个童话般的化身——为了好玩，以及为了美学或者战略目的。例如，有些男性玩家会创建一个女性化身，因为"他们更喜欢女性化身带来的美感"，特别是背影，这是大多数角色扮演游戏视觉上定位玩家的凝视位置（Martey et al.，2014：289）。其他男性玩家解释说，他们创建女性化身是因为，（如果他们这样做的话）其他玩家会更好地对待他们，并且更愿意送给他们礼物，或者是暗示他们，怎样进入更高的游戏层级（Hussain and Griffiths，2008；Song and Jung，2015）。因此，与其说性别转换是一个人身份的表达，不如说是一种"建立在实际利益之上的理性选择"（Song and Jung，2015：435）。

虽然性别转换并不必然是一个人的线下身份的延伸，但研究揭示，从事这种实践的玩家发现，自己在在线游戏中表现出了其化身的性别的行为特征。宋和荣格（Song and Jung，2015：444）发现，实施性别转换的男性玩家的行为更女性化，并且在以女性化身玩游戏时，展现出"社交友好行为"。马尔提等人（Martey et al.，2014）发现，与不进行性别转换的男人相比，进行性别转换的男人表现出了更多的女性语言行为，比如使用更情绪化的短语。其他研究揭示，进行性别转换的女性化身，倾向于展现更加咄咄逼人的、成功导向的行为（Song and Jung，2015）。有趣的是，性别转换似乎会强化异性恋正统主义（heteronormativity）和传统的性别成见，而不是鼓励性别的多样性。

参与数字世界

在 http://marvelhq.com 上创建一个"超级英雄"化身，并使这个化身的性别与你的线下性别不同。描述这个化身的外貌（眼睛、头发、体型、饰物等）和它怎样与传统的性别成见一致（或不一致）。解释这个网站上的可选项，怎样限制了你或是怎样有助于你固守传统的性别成见或者是偏离传统的性别成见。

自我认定为跨性别者的美国人，官方数据是 140 万人，这是以前基于一个较小的联邦数据库的估计值的两倍（Hoffman，2016）。虽然只有 37% 的美国成年人说，他们认识某个跨性别者（Pew Research Center，2017），但公众对跨性别者的意识在近年来已经提高。不久以前，《时代》杂志刊登了一篇封面故事——《跨性别者临界点》（The Transgender Tipping Point），讲述演员拉弗恩·考克斯——一个"骄傲的非裔美国女性"的故事（K. Steinmetz，2014）。凯伊·阿拉姆斯（Kye Allums）是一个"酷儿流动跨性别（queer fluid trans）艺术家和运动员"，他在大学一级篮球联赛中打球，并且是全国大学生体育协会第 273 一个跨性别球员（参见 http://time.com/3537849/meet-the-first-openly-transgender-ncaa-athlete）。考克斯和阿拉姆斯都在美国各地进行支持跨性别者的工作和教育工作；考克斯出现在很多场合，不知疲倦地为跨性别者，特别是年轻的跨性别者而工作。2011 年，《与星共舞》（Dancing with the Stars）节目介绍了查兹·波诺（Chaz Bono）的故事，他的父母是演员桑尼（Sonny）和谢尔（Cher）。2015 年，奥运会金牌获得者布鲁斯·詹纳（Bruce Jenner）——现在叫凯特琳·詹纳（Caitlyn Jenner）——成为跨性别者。

虽然对跨性别者的接受度有所提高，但很多人还是不接受他们，也不接受这个名称。实际上，2018 年后期，特朗普总统建议，通过把性别限制在男性和女性上，把跨性别者逐出性别的定义范畴。关于性别的决定将会建立在出生时的性器官形态的基础之上，并且终生不得改变（Reuters，2018b）。这一建议遭遇了广泛的谴责，特别是来自 LGBTQ 群体的谴责（Associated Press，2018）。

思考题

怎样解释以仇恨为基础的、针对跨性别者的暴力行为？你是否认为这种暴力行为和最近以来跨性别者的渐为人知有关系？为什么？

与数年来跨性别者的渐为人知所显示的意义 274 相比，跨性别者的历史和境遇的意义要深远得多。西尔维娅·里维拉（Sylvia Rivera，1951—2002），一个"变装皇后[①]"和一个双性恋跨性别者活动家"，是一个"敢言的和持之以恒的发言人——为有色人种和低收入的酷儿及跨性别者"（Sylvia Rivera Law Project，2015）。她是 1969 年纽约石墙酒吧（Stonewall bar）骚动中与警察发生冲突的人之一。在那场骚动中，同性恋者、酷儿和跨性别者抵制了警察的骚扰。那场骚动，经常被视为现代美国男女同性恋、双性恋和跨性别者权利运动的开端（参阅第 18 章）。跨性别者纪念日（Transgender Day of Remembrance，TDOR）开始于 1999 年。那一年，有色人种跨性别妇女丽塔·海斯特（Rita Hester）成为仇恨犯罪的罹难者。2008 年 1 月到 2015 年 12 月，全世界有 2 016 个跨性别者被杀害。这些犯罪中的大多数，发生在中美洲和南美洲（Trans Murder Monitoring Project，2016）。从 2017 年 10 月 1 日到 2018 年 9 月 30 日，又发生了超过 369 起针对跨性别者的谋杀（参阅 www.trans.respect.org）。对跨性别者来说，如果他们身处监狱中，那生活就更如地狱一般——在那里，被强奸的危险无时不有（Sontag，2015）。美国以及其他地方，有色人种跨性别妇女尤其多地成为被殴打、虐待和杀害的对象（National Coalition of Anti-Violence Programs，2014）。目前，跨性别者纪念日已经成为一年一度的"11 月跨性别者警示周"（November Transgender Awareness Week）的高潮时刻。在一个对性别多样性不宽容的（inflexible）社会里，暴力仅仅是跨性别者所面临的诸多问题之一。一个例外是美国军队的官方政策，它于 2016 年中期发生了改变：允许跨性别美国人公开服役。此外，军队里的跨性别者，不再仅仅因为是跨性别者就会被开除（Rosenberg，2016）。可是，特朗普总统 2017 年中期的一则推文宣布，跨性别者不再被允许入伍（Davis and Cooper，2017）。2019 年早期，在低等法院进一步的裁定发布之前，最高法院许可了

[①] 原文是"drag queen"，即男扮女装的男同性恋者。——译者注

这一禁令的实施。

三、社会性别的多样性

在世界范围内，很多文化拥有各种各样的非二元社会性别。在一些北美土著和第一民族部落中间，有些人扮演双重灵魂（two-spirit）角色。这些人被定义为真正独特的类型，既不是男人也不是女人，也不是两者的混合，但在部落中受到尊重（Roscoe，1998）。在阿富汗的一些山村里，存在着另一种性别多样性。在那里，僵化的文化结构规定，为了家庭的声望，儿子是必须要有的（Arbabzadah，2011；Nordberg，2014）。为了获得这种声望，有些家庭将女孩打扮成男孩（被称作 bacha posh），其服装、发型和行为转向男孩的日常形态。在青春期的时候，这些男孩再"改变"为女孩。在阿尔巴尼亚的一些农村地区，有些女人变成男人，接受男人的衣着、习惯、特权和责任（Bilefsky，2008）。她们发誓不结婚、不生孩子，并且被接受为男人，像男人一样受到尊敬。

在墨西哥南部的瓦哈卡州（Oaxaca State），有一类人——玛克斯人（muxes），他们既不是男人也不是女人，虽然出生时是男人的身体。在墨西哥，混合性别（mixed-gender）生活方式拥有很长的历史。玛克斯人被广泛接受，而且他们的"刺绣、发型、手工艺品和烹饪"大受赞赏（Burnett，2016：A4）。不过，近年来，出现了一些抗议——抗议玛克斯人使用女厕所。

一群人被认为既不是男性也不是女性，而是属于第三性别的最著名的例子，是印度的海吉拉人（hijras）（Nanda，1999）。她们不是男人也不是女人，既不是因为她们生来如此，也不是因为出生后接受了手术。她们通常穿着妇女的服装，有着像女人一样的行为做派，常常通过乞讨和性工作维持生计（Gettleman，2018）。

四、性别化的不平等

作为一个主要身份，也作为结构性、制度性不平等的主要基础，社会性别在理解美国的生活机会方面，是一个关键的变量。社会性别被嵌入我们全部的制度结构之中——教育、家庭、经济、法律，等等。社会制度是强有力的、已经确立的社会文化通道（pathway），这些通道用于满足我们的集体需求（Acker，1992；Scarborough and Risman，2018）。

在美国，我们通过社会制度把人们纳入二元的社会性别体系之中，然后引导他们进入社会价值不同的活动、属性和追求之中。本章将探讨美国制度不平等和文化不平等的几个面向。我们使用社会性别来评判个人和社会制度的方式，对几乎每一个人都会有实实在在的影响。

性别不平等不仅仅是美国的问题，它也是一个全球性问题（参阅第9章有关全球分层的内容）。世界经济论坛（World Economic Forum，2017）以医疗保健、教育、经济和政治为指标，对性别差距进行了测量。关于男人和女人的薪水、有薪工作参与度、获得教育的机会、在政治实体中的代表性以及预期寿命的统计数据，构成了最后的得分。没有一个国家的得分是1，因为不存在男女完全平等的国家。接近于1的分数表示，一个国家的男女差距相对较小——女人的境况接近于男人的。爱尔兰是世界上性别最平等的国家，得分为0.881；也门是最不平等的国家，得分为0.484。美国的得分是0.718，排在第49位。

应对性别差距和性别不平等的方式，存在着全球性差异。在英国和爱尔兰，网站 Change.org 的请愿者们尝试着向玩具生产商发出信息：停止为玩具贴标签——有些是男孩的玩具（建筑套装、汽车之类），有些是女孩的玩具（公主服装、厨房玩具之类）。在伦敦，塞尔福里奇（Selfridges）百货商店最近取消了按性别和社会性别区分的服装部。管理层主张，人们在购物时应该不受商家下述决定的约束：哪些应该归入男装部，哪些应该归入女装部。有些瑞典人强烈支持这样的观念：传统的性别规范提高了不平等的程度。他们认为，使用中性的人称代词是促进平等的一条途径。瑞典的学前教育机构和小学已经开始使用中性的代词 hen（Braw，2014）。

275

五、社会性别与教育

综观美国社会乃至全球社会，教育体系构成了性别不平等的场所和源头。从历史上看，家庭为女孩的教育投资较少，因为人们期待她们长大后以妻子和母亲的身份留在家庭里。因此，长期以来，在很多国家包括美国，存在着一条教育的性别鸿沟。

显然，正规教育体系，特别是小学和中学层次，甚至是大学和研究生层次，一直是这一鸿沟的一个主要原因。这一教育体系仍在持续地给妇女带来各种问题。这一体系的一个方面，也是性别教育鸿沟的一个原因，就是**隐藏的课程**（hidden curriculum）。隐藏的课程是学校非正式的规范、惯例和结构，它们传递占主导地位的文化规范和价值（De Lissovoy and García，2013；Giroux and Purpel，1983；Romero，2017）。学校制造出不容置疑的社会规范，包括服从权威、勤奋工作，以及等级制价值观。大多数学校培养竞争、追求成功的精神，以及对学校里社会等级制的理解（Scott，2014）。因为男孩们从婴儿时期就开始接受这些优先价值观的社会化，所以他们更可能从教师那里获得更多的关注，获得更多的提问和指导性评价，以及垄断课堂讨论——至少在学校的低年级时如此（Sadker and Sadker，1994；Sharp，2012）。

关于性别服从和规范，有一个隐藏得很深的课程（Surtees，2008）。对教师参考资料的分析，以及对小学教室的深度研究都显示，在应对学校里的性别（或性存在）问题方面，大多数教师训练不足。一项小型的、探索性的研究发现，小学教师对可能有跨性别学生出现感到恐惧（Payne and Smith，2014）。正式训练和教育的缺乏，制度性支持的缺乏，再加上个体层面的不安，造成了这种恐惧。反对讨论性存在的制度性政策，以及性别身份和性存在有关系的错误认知，限制了教师应对跨性别学生的能力（Payne and Smith，2014；Surtees，2008）。

对教育活动中的性别鸿沟日益增强的意识，催生了跨越这一鸿沟的积极努力，进而在教育领域为女性带来了收获。可是，性别教育鸿沟依然存在。虽然有这种性别鸿沟的持续存在，但很多女孩，特别是白人女孩，依然在小学和中学里体会到了成功的滋味——这部分是因为性别化的社会化（gendered socialization）。她们在学校里更为投入，更遵守学校规则，比如完成家庭作业和回应教师的要求。这种"非认知"（noncognitive）技巧是学业成功的一个强有力的指标。这些技巧解释了为什么女孩在大多数学业指标上表现超越了男孩（DiPrete and Buchmann，2013）。

思考题

回忆一下你的小学和中学时代。你就读的学校有隐藏的课程吗？当时，你可能意识不到它的存在，不过，对于隐藏的课程的表现形式，你能举出一些例子来吗？

对女孩在小学和中学的成功的另一个解释，是结构性的，与长期的工作成功有关。很多职业仍然是性别隔离的。大体上完全隔离的男性职业（比如，卡车司机、汽车技师和消防员）并不要求超过高中的学历，而大体上完全隔离的女性职业（比如，小学教师、注册护士和牙科保健师）却要求超过高中的学历。因此，年轻女性必须在高中阶段保持成功，以便为了未来的工作训练而进入大学教育计划。这种职业隔离可以解释女性在受教育水平方面的优势，特别是在要求较少技能的相关职业上（Brynin and Perales，2016）。

关于性别角色的社会态度的改变，以及性别主义（sexism）的式微，在女性驰骋于教育体系的过程中，对她们的受教育水平产生了激动人心的效果。与男性相比，女性更可能从高中毕业，也更可能在两年制或者四年制的大学里接受教育。1960年，美国不到40%的大学生是女性；今天，在两年制和四年制的大学里，56%的学生是女性（Department of Education，2018）。与男性相比，女性更可能拿到学士和硕士学位（Bauman and Ryan，2015）。图11-1展示了在美国大学里注册的大学生的性别差异，而这一巨大差距将会维持下去。2014年，1 140万女性在高中后教育机构里注册，男性的相应数字是880万。到2025年，预计有1 340万女性在高中后

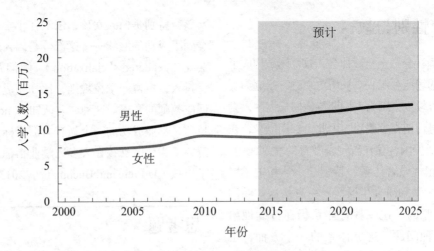

图 11 - 1 美国本科生入学人数的性别差异 [2000—2025（预测）]

资料来源："Projections of Education Statistics to 2025," National Center for Education Statistics, Institute of Education Statistics.

教育机构注册，而男性只有 990 万。在女性获得的法律和医学学位的快速增长中，我们也可以看到这一趋势。不过，男性仍然更有可能在著名学院和大学里受教育并获得博士学位。

虽然女性在高等教育中有所收获，但一旦离开学校开始职业生涯，男性和女性之间的工资差距便仍然存在（Merry and Panio, 2019）。在大学里，女性更可能选择女性性别隔离的学科，如教育学、英语和心理学，这些专业所导向的工作，不如男性主导的工作工资高。虽然各个领域存在差异，但女性在大学里仍然较少选择科学、技术、工程和数学（STEM[①]）等领域。而选择这些专业，更可能导向高薪的工作。图 11-2 显示，女性赢得了大多数生物科学和生物医学学位；她们还在自然科学和科学技术与数学和统计学领域有突出的收获——特别是在世纪之交的时候。不过，她们在 STEM 领域赢得的学位仍然少于男性。更糟糕的是，她们在计算机科学和信息科学与工程学和工程技术领域远远落后于男性。这些领域的女性比例低下的部分原因是，女性仍然受困于下述成见：女性不太擅长科学和技术。经济学家和哈佛大学前校长拉里·萨默斯（Larry Summers）曾经说过，基因差异可以解释为何男孩在科学和技术领域的表现超越女孩。女化学教授唐娜·尼尔森（Donna Nelson）反驳说："我一生中无数次听到男人发表如此评论，如果听信了他们的话，我不可能做成任何事情。"（Goldenberg, 2005）教育领域中的这种性别偏见，不仅是美国，也是全世界频繁和持续存在的一个问题。

六、社会性别、家庭和工作

社会性别与工作之间的关系，是社会性别领域研究最彻底的问题之一（Barnes, 尚未出版）。一个主要的关注点是记录社会性别、工作和家庭之间的交叉性。从图 11-3 中可以看出，在有薪劳动力大军中，由男性和女性组成的异性恋家庭，比其他任何类型的家庭挣得都多。即使妻子没有有薪的工作，已婚男人也比单身男人挣得多（Ashwin and Isupova, 2014）。可是，与男性和已婚女性相比，单身女性的家庭收入要低得多。

很多这类不平等，根植于家庭中历史的、传统的社会性别角色。

相互分离的领域

278

工业革命之前，女人和男人共同占有私人领域（家内和周围的家庭生活）和公共领域（劳动部门和公共生活）。也就是说，女人和男人分担挣钱养家和家务劳动的责任。工业化带来了公共领域和私人领域的分离。男人倾向于成为养家糊口的人，冒险进入工作领域即公共世界；女人不

---

① science、technology、engineering 和 math 四个英文单词的首字母。——译者注

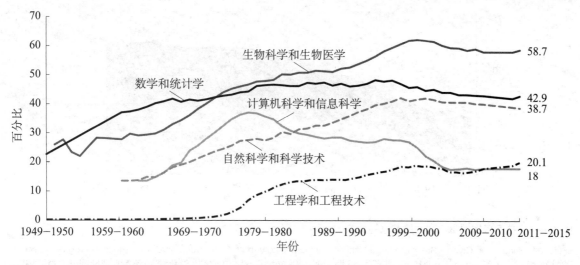

图 11-2　美国高等教育机构中选择 STEM 专业的女性获得学士学位的比例（1949—2015）

资料来源：Adapted from US Department of Education, National Center for Education Statistics, Higher Education General Information Survey, "Snapshot Repor—Degree Attainment" (January 26, 2015); "Degrees and Other Formal Awards Conferred" surveys, 1970–1971 through 1985–1986; Integrated Postsecondary Education Data System, "Completions Survey"; and IPEDS fall 2000 through fall 2012, completions component.

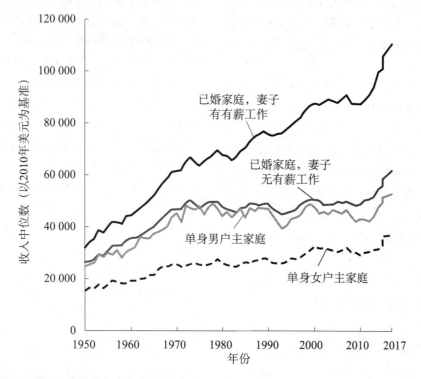

图 11-3　美国不同类型家庭的收入中位数（1950—2017）

资料来源：U.S. Census Bureau, Current Population Surveys, Selected Characteristics of Families by Total Money Income.

太进入家庭之外的地方，她们倾向于被贬入私人领域（Kerber，1988）。围绕着私人领域出现的"主妇居家崇拜"（cult of domesticity）主张，女人应该展示下述品质：

- 服从于丈夫和其他男性权威；
- 把孝道作为家庭里的道德模范；

- 结婚时保持处女的贞洁，以后保持严格的一夫一妻制；
- 持家之道（domesticity），在家庭技艺和照顾人方面训练有素（Connellan，2016；Welter，1966）。

　　私人－公共的区分曾经适用于美国的所有家

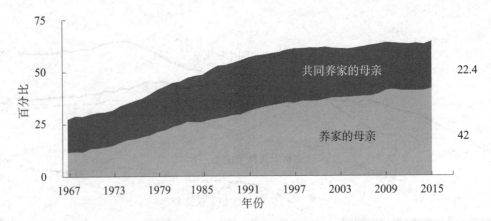

图 11－4　美国养家的母亲和共同养家的母亲的比例（1967—2015）

资料来源：Sarah Jane Glynn, "Breadwinning Mothers Are Increasingly the U.S. Norm," Center for American Progress, December 19, 2016: Figure 1, page 6. This material was published by the Center for American Progress, www.americanprogress.org.

庭。有色人种男性曾经不被允许成为养家糊口的人，而有色人种女性曾经不被允许保有私人的家庭领域（Glenn，2002）。非裔美国女性和单身女性通常会加入工业劳动力大军，从而使白人中产阶级和上层阶级的女性，有能力维持"主妇居家崇拜"。

从 20 世纪中叶开始，界限清晰的、以社会性别为基础的公共领域和私人领域之间的区分被打破。现在，女人不仅更有可能加入工作领域（England，2010），而且越来越有可能成为主要的甚至是唯一的养家者。以男人／养家者和女人／家庭主妇的区分为主要特征的家庭，逐渐让位于混合角色的家庭，甚至是角色倒转的家庭——特别是在双职工家庭里（McClelland, Mok, and Pierce，2014）。图 11-4 显示了赚取大部分家庭收入的养家的母亲和共同养家的母亲的比例。

双职工家庭与停滞不前的革命

在针对社会性别、工作和家庭的研究中，一个关键的问题是，在这样一个双职工家庭为主的时代，异性恋男女在时间利用上的差异。阿莉·霍赫希尔德（Hochschild，1989，2012）指出，在美国有孩子的双职工家庭中，在家庭之外有有薪工作的妻子，回家后倾向于承担起额外的劳动——传统上性别化的儿童照顾和家务劳动。这种女性可以说是在"站第二班岗"（Cassano，2017）。图 11-5 展示了 2017 年在 3 种家务劳动上的男女差异的数据：打扫、做饭和饭后清洗，以及照顾和帮助孩子。在一个平常的日子里，有约 69% 的女性承担了做饭和饭后清洗的工作，而只有约 46% 的男性承担了同样的工作。更极端的是，在一个平常的日子里，约 49% 的女性承担了打扫的工作，而只有约 19% 的男性干了同样的活儿。在照顾和帮助孩子方面，约 24% 的女性做这项工作，而做这一工作的男性只有约 16%。

不过，近期的其他研究显示，异性恋男女在承担家务劳动上的差异正在缩小（Sullivan，2018）。虽然对女性来说，"站第二班岗"的现象仍然存在，但她们在工作上花的时间越来越多，而花在家务劳动上的时间越来越少。因此，她们在"站第二班岗"上花的时间变少了，劳动的力度降低了。从 1965 年到 2017 年，美国女性每周花在家务劳动上的平均时间减少了，从 32 小时减少到 12 小时（Bureau of Labor Statistics，2018；Liss，2014）。男性花在工作上的时间减少了，花在家里的时间增加了，更多地承担了与"站第二班岗"有关的任务。从 1965 年到 2017 年，他们每周奉献给家务劳动的时间从 4 小时增加到了 8.8 小时。不过，根据联合国的数据，在全球范围内，女性仍然比男性承担了多得多的家务劳动。

男性比女性更少做家务的倾向，被归咎于"停滞的（社会性别平等）革命"，特别是在美国（Coontz，2013；England，2010）。对"停滞的革命"的解释是复杂的，并且超出了个别家庭的范围（Thebaud and Pedulla，2016）。与很多发达国家里的类似劳动者相比，美国白领中的男性和女性的工作时间都相对较长。美国典型的每年两周假期，落在了其他发达国家后边，后者的

279

280

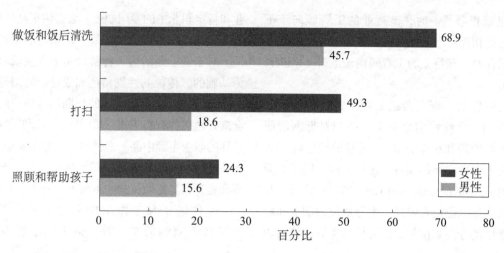

图 11-5　分性别的家务劳动分工（2017）

资料来源：Data from U.S. Department of Labor, Bureau of Labor Statistics, "Daily Household Labor in the United States by Gender," in American Time Use Survey Summary, June 28, 2018; 2017 data from "American Time Use Survey—2017 Results," June 28, 2018.

典型情况是每年有 4～8 周假期。社会性别平等革命停滞，至少是因为，工作－生活政策落后于国内现实。例如，美国并没有联邦层面的产假政策。《家庭和医疗休假法案》（Family and Medical Leave Act）规定了 12 周的无薪产假，但这一待遇仅仅针对休假前一年工作满 1 250 小时的全职员工，并且她所在的公司至少要有 50 个员工。因此，非全职员工，或者即使是全职员工，如果工作单位雇用的人数少于 50 人，也不能享受此待遇。即使是全职员工，也未必能够因为与生孩子联系在一起的责任以及之后的责任而休得起没有薪水的产假。巴布亚新几内亚和美国是世界上仅有的母亲没有联邦支持的带薪产假的两个国家。陪产假和家庭护理假也是类似的情况。与奥地利（提供 16 周的全薪产假）和英国（提供 39 周的部分薪水产假）不同，美国提供的带薪产假是零（OECD，2017）。实际上，在为新手父母们提供政府支持的假期方面，美国在全世界排名垫底。

思考题

你的母亲和祖母"站第二班岗"吗？你认识的女性中，有多少人在这样做？你是否认识任何男性，可以被认为是在同样的程度上"站第二班岗"？

在过去的大约半个世纪的时间里，美国（以及其他地方）显然发生了一场革命，即女性对有薪劳动力大军的参与率大大地提高了。女性主义和其他争取更高水平的平等的社会运动，对整个社会、劳动力大军里的男性和女性、家庭，都产生了广泛的影响。不过，辩称革命已经完成，或者在男女两性的工作之间实现了真正的平等——无论是在家里还是在劳动队伍里——都为时尚早。

工作中的性别不平等

在几乎所有类型的工作和工作场合，性别不平等都顽固存在，并与种族不平等相互交叉。也许最常被提及的不平等是工资差距——男性和女性的工资差距，通常表示为女性工资占男性工资的比例。2017 年，美国的工资差距是，女性工资占男性工资的 82%。依据最近的一次皮尤调查，从整体上说，如果白人男性平均挣 1 美元的话，那么女性平均挣 82 美分（Graf, Brown, and Patten，2018）。图 11-6 的证据表明，工资差距存在于职业阶梯的所有层级上。在入门水平的工作或岗位上，例如收银员，女性的收入（422 美元），与同样水平的年轻男性的收入（493 美元）相比，少得多。在白领岗位上工作的、受过良好教育的男性，与类似情况的女性相比，工资要多得多。例如，女性财务经理每周挣 1 222 美元，而男性财务经理每周挣 1 719 美元。

当女性开始大规模进入某个行业（比如公

园职工或售票员）时，该行业的工资倾向于下降。与此相反，当男性大规模进入某个行业比如电脑编程时，该行业的工资倾向于上升（Miller，2016）。

有些针对工资差距的解释，是结构性的和制度性的。女性特别集中于一些相对低薪的职业（例如护理和小学教育），虽然她们已经进入了历史上男性主导的领域，比如法律、医学和商业（Blau，Brummund，and Liu，2012）领域。与女性占主导地位或者曾经占主导地位的职业和特定职业中的专门职位相比，男性占主导地位的职

业和特定职业中的专门职位，会提供更高的薪水。一个职业中的女性比例越高，该职业的工资就越低。对工资差距的另一种解释是个人性或以家庭为基础的。传统的性别角色和成见，特别是在中产阶级之中，会导致这样的预期：有孩子的女性会离开她们的有薪工作一段时间，以便照顾孩子。这样的职业生涯中断，显然对工资差距有所贡献。那些从有薪工作中离开一段时间的女性，会在涨薪和晋升到高薪职位这些事情上，处于不利地位。

工作场所和工作结构中的不平等，会导致很多不同的后果。普德洛夫斯卡和卡拉克

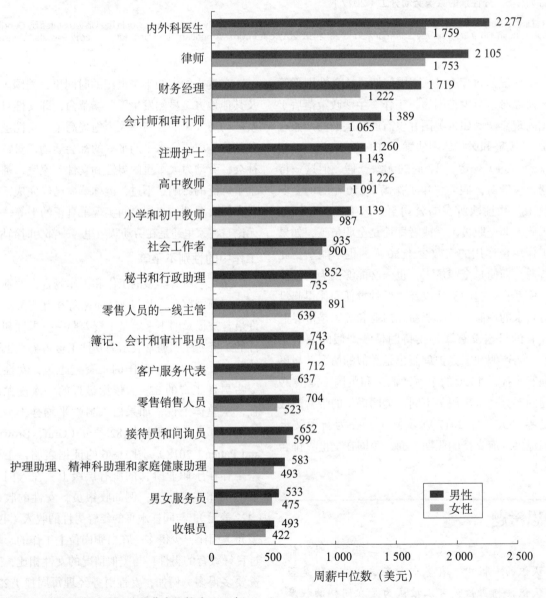

图 11－6　分职业的全职工作周薪中位数（2017）

资料来源：Data from U.S. Department of Labor, Bureau of Labor Statistics, Table 39: "Household Data: Annual Averages," 2017.

（Pudrovska and Karraker，2014）发现，与工作中没有权威的女性和有权威的男性相比，在工作中拥有权威——有能力雇用、解雇和影响他人——的女性，精神健康衰退的程度更高。他们认为，拥有权威的女性需要应对大量负面的人际压力和成见，以及既来自上级也来自下级的抵制。矛盾的社会期待和矛盾的性别化期待，对精神健康的负面影响最大（Cook and Glass，2014）。一方面，领导职位上的女性可能被认为果断和自信不足；另一方面，当她们确实展现出上述特征时，人们又给她们"女人味不足"的负面评价。斯奈德（Snyder，2014）研究了源自28个公司的180人（105位男性和75位女性）的248份业绩评价。她发现："在女性下命令的时候，人们用专横（bossy）、粗鲁（abrasive）、刺耳（strident）和好斗（aggressive）这样的词来形容她们的行为；当她们反对的时候，人们用情绪化（emotional）和不理智（irrational）这样的词来描述她们的行为。……仅仅粗鲁一词就被使用了17次，用以描述13个不同的女性。"在这一系列词语中，出现在男人的业绩评价中的只有好斗。斯奈德看到这个词一共出现了3次，但其中的2个场合是，评价人鼓励男性员工要变得更加好斗。

七、社会性别与消费

在消费中，正像在很多其他社会领域里一样，社会性别是重要的（Casey，2015；Deutsch，2018）。工业革命以来，生产中心位于家庭之外，而且生产功能主要由白人男性来实现。白人中产阶级和上层阶级的妇女，被贬入家庭之中，并被赋予了消费者的角色。这既导致差异，也导致不平等，因为从历史上说，与消费相比，人们更加看重生产的价值。

消费、工作与家庭

妇女不仅仅被定义为主要的消费者，而且其消费行为也与家务劳动以及她们在家庭中扮演的角色密切联系在一起。妇女对商品和服务的消费，是为了照顾她们的家庭，也以她们的家庭的名义进行（De Laat and Baumann，2016；DeVault，1991）。妇女的大多数购物都与爱联系在一起，特别是她们对家庭成员的爱（Miller，1998）——购物是她们显示关心和爱的方式。无论是何种方式，妇女通常都是为了她们的家庭而购物，也是为了承担她们对家庭和家庭成员的责任而购物。人们仍然认为，妇女构成了一个"多元市场"（multiple market）——她们为重要他人（significant others）、家庭成员和朋友而购买商品。正像市场专家布丽奇特·布伦南所观察到的那样："如果什么人、什么地方需要一件礼物，就可能有一位妇女在想着这件礼物，然后找到它并包装它。她会确保礼物在约定的时间，伴随着一条私人信息送到那个人的手上。我有时会想，如果妇女不再那么体贴周到，整个工业体系就会崩溃。仅仅思考一下贺卡工业就够了。"（Brennan，2013）

近年来，随着进入工作领域的妇女越来越多，她们的消费模式发生了变化。现在，她们更可能消费一系列的分包服务，如保洁和育婴。这些工作大多由其他妇女来承担——一些妇女把工作分包给其他妇女来做（England，2017）。此外，她们越来越可能为自己消费，而不是为他人消费。例如，对工作世界更多的参与，要求她们消费更多样式的服装：商务休闲装、保守的办公室工作装、制服、等等。毫无疑问，这种情况为美国妇女在服装上的花费做出了贡献——2013年这一花费是1 160亿美元（Madhok，2014）。

作为消费者的妇女和女孩

正像一位社会学家所说的那样，"在现代美国，对于很多女孩来说，参与消费是定义一个女孩的生活的方式"（Best，2007：724）。有几个历史事件，标志着对作为消费者的女孩以及对所有孩子的商业兴趣的增加（Cook，2007）。一个事件是，19世纪中晚期百货商店的出现，以及圣诞节庆祝和与这种庆祝有关的百货公司赠送的礼品——比如梅西百货送出的礼物。当百货公司开始为玩具设立专柜的时候，更重要的是，当百货公司分别为男孩和女孩设立专柜的时候，儿童的消费文化就获得了巨大的动力。在20世纪早期，所有地方的百货公司，从巴黎［老佛爷百货（Galeries Lafayette）］到伦敦（塞尔福里奇百货），再到纽约（梅西百货），都鼓励妇女们把购物当成是一种休闲和娱乐的手段（van Eeden, 2006）。像这样的商店被视为家庭私人领域的延伸，在没有男性保护者陪伴的情况下，保证中产阶级和上层阶级妇女的安全。休闲式购物或"找乐子的购物"的观念，似乎就是从这个时候开始的。消费成为年轻女性社会地位的标志，就像它是成年人社会地位的标志一样。

随着女孩们挣脱性别化的社会期待而获得更多的自由，以及她们更多地花自己的钱，广告商和销售商也以更有进取心的方式讨好她们（Deutsch and Theodorou, 2010; Kennedy and Coulter, 2018）。现在，所有的儿童，包括女孩，正在成为营销的目标——通过他们的电脑和智能手机，通过各种各样的新的和待开发的技术手段，而这些传播手段已经在儿童中间拥有大量的受众（Kahlenberg and Hein, 2010）。有些少女以"好物视频"（haul video）——在 YouTube 上呼朋唤友和滔滔不绝地炫耀最近的购物狂欢的视频——的方式引诱他人购物（Khrais, 2013）。超过 100 万个这种视频被发布在网上，它们常常是购物者与服装公司和化妆品公司合作的产物。"好物视频"有助于推动女性消费——在看到讨论某种产品的"好物视频"的人中间，10 个人有 4 个人购买了这种产品（Parker, 2012）。

对消费的关注在下述事情上特别清晰可见：化妆品产业和服装产业努力通过杂志广告——针对特别的年龄群（《十七岁》杂志和《时尚》杂志）——和互联网上的弹出广告，向年轻女性销售产品。"人们期待妇女 / 女孩通过消费变得楚楚动人。"（Deutsch and Theodorou, 2010：234）对年轻女孩来说，上述做法的一个不良后果是，越来越高比例的人有进食障碍和身体畸形——对感知到的身体缺陷的过度关注——以及她们的生活过度性感化（hypersexualization）（Banet-Weiser, 2012）。过度性感化已经变成了一个全球关注的问题，以至于挪威的儿童与家庭事务部部长敦促各家连锁商店下架性感化的（sexualizing）服装（例如，捆带式比基尼内衣）（Rysst, 2008）。

作为消费者的男人和男孩

男人和男孩在消费方式和营销人员的目标上，与妇女和女孩是不同的。消费者分析师目前正在花费大量时间探索男人和女人的差异，并发展出销售的类型学、模式和策略（Mortimer, 2013）。但事情并不总是如此。在很长一段时间里，市场研究者们坚信，最值得研究的重要消费者是妇女（Peñaloza, 2000）。当他们确实研究了男人之后，他们相信，男人对购物不感兴趣；或者他们认为，男人的购物只是有目的或特殊目标的购物，比如购买运动器材。人们认为，只有妇女才进行休闲购物。男人的消费习惯有代际差异。例如，与年长的男性相比，年轻的男性在网上购物时更为自如（Brosdahl and Carpenter, 2012）。零售商和广告商越来越多地认识到，男人中出现了一个日益扩大的细分人群，他们把服装视为"自我形象的外在展示和成功的标志"（Parker, Simmers, and Schaefer, 2014）。中上层阶级和上层阶级的男人们，正在通过智能手机在网络上花费更多的钱。根据安布思沛（iProspect, www.iprospect.com）的数字营销专家的说法，这些男人长期光顾亚马逊网站，并购买劳力士（Rolex）和路易威登（Louis Vuitton）等品牌的奢侈品。男人（以及女人）的购物习惯在全世界各不相同。例如，一项研究指出，印度男人花在服装上的钱（155 亿美元到 173 亿美元）多于印度女人（Madhok, 2014）。

是什么限制了对男人也是重要的消费者的承认？简单地说，就是性别刻板印象。人们认为，异性恋男性对过度关注自己的面貌和外表心存疑虑（Brosdahl and Carpenter, 2012）。因此，我们为他们造出了另外的标签——潮人（hipster）和伐木型男（lumbersexual）（Compton and Bridges, 2014）——并依据这些标签定义他们的习惯。目前，最具刻板印象的关于男人消费的说法之一，是所谓的"男人洞穴"（man cave）。《都市词典》（Urban Dictionary）对它的定义是：为男人们保留的、让他们满足自己嗜好的空间。"这一区域是由使用它的男人定义的"，没有任何"女性的影响"。有一些特别装修的商店，旨在满足男人在"男人洞穴"里购物的需要。在得克萨斯州的科珀斯克里斯蒂市，有一家商店叫 Mantiques and More。这家商店专为男人设计，因为"一家古董店可以被认为不酷、不时尚和不阳刚"

（Salinas，2014）。涉入这些市场的男人们在展示，他们需要具有显著男性特征的空间（Moisio and Beruchashvili，2014）。还有，"男人洞穴"代表了一种生产性消费的模式，比如为"男人洞穴"打造货架。

广告与社会性别

大多数的广告和营销，不是指向女人，就是指向男人。例如，在20世纪上半叶，广告针对的是中产阶级妇女，关注的是帮助她们承担家庭责任的家居产品。媒体也影响母亲们，让她们聚焦于维持家庭的幸福（Barak-Brandes，2016）。随着越来越多的中产阶级妇女进入了劳动力大军，至少有一些广告开始关注工作女性的需要（比如，家里减少劳动的设备）。1970年代，针对广告的女性主义批评家们开始攻击广告中对苗条和美容的强调。女性主义者们指出，广告中设立的理想目标，没有几个妇女可以接近，这对她们的自尊心造成了负面的影响。与社会中的普遍趋势相一致，最近的广告开始更多地聚焦于鼓励妇女购买那些让她们成为独特个体的东西。当然，提供什么样的普遍可及的品牌产品可以实现独特性，存在着巨大的争议（Benet-Weiss，2012）。

思考题

回忆一下第2章的社会学理论。社会学家会怎样解释社会性别与社会不平等之间的联系？理论怎样能够帮助你看清楚，在全世界大多数地方，与社会性别相关的不平等挥之不去的原因？

消费文化相关方面中的交叉因素与宏观社会共同作用，定义了女人和男人的消费行为。例如，广告中的性别理想，因为男人和女人之间空间上的隔离，而得到加强：不同的电视网络（E! 主要为女人服务，ESPN主要为男人服务），不同的电视节目 [《单身汉》（*The Bachelor*）/《单身女郎》（*The Bachelorette*）与《周一橄榄球之夜》（*Monday Night Football*）]，不同的电影（"言情片"和动作片），不同的生活杂志 [《时尚》、《欧》（*O*）、《奥普拉杂志》（*Oprah Magazine*）与《GQ》、《时尚先生》（*Esquire*）]，以及百货商店里和购物中心里不同的部门。当然，在一般消费领域，男人和女人在面对这些压力的时候，也不都是简单地被动接受。他们有能力抵抗，甚至主动地重构那些传递给他们的信息（Fransen et al.，2015）。

知识点 11-1 | 社会性别相关概念

概念	描述
性别	主要是一个生物学概念，一个人的染色体、性腺、生殖器和激素是其外在反映。
社会性别	一个文化概念，与对社会期待的行为、态度和个性的定义有关。
中间性别	描述下述人的一个概念：其生殖系统解剖或器官解剖与通常的生物学性别定义不一致。
跨性别者	指称下述人的一个概念：其性别认同和 / 或性别展示，与其出生时或者婴儿期被给定的性别不同。

第二节 性存在的社会学

性存在（sexuality）是人们作为性的主体思考自己和他人，并据此开展行动的方式（Fitzgerald and Grossman，2017；Kimmel，2014）。当然，性存在与性别和社会性别都有关系，包括性态度、性行为、性享乐、涉性价值观、性解剖、性的生物化学、性认同和性取向。

284 性存在是社会学家的核心兴趣之所在，也许是因为其复杂且相互矛盾的构成因素。性存在既是个人和私密的，也是集体和公共的；它是生物学现象和生物化学现象，也是文化、社会和历史现象。在人群中间，在不同的文化和时代，性存在是多样的。

目前，关于性存在的社会学文献总量巨大，并且还在增加（Plummer，2019）。虽然也有涉及身体和生物学的研究，但大部分研究工作针对的是性存在的社会、社会心理和文化方面。社会学家对性存在越来越感兴趣，有以下一些原因。

- 性相关的社会问题越来越多，包括性暴力、艾滋病病毒／艾滋病，以及发现寨卡病毒可以通过性行为传播（Davidson et al.，2016）。
- 社会态度与行为的改变，包括"搭伙"现象的增多（参阅本节后文的讨论），也包括随意的性关系现象的增多。
- 与性有关的社会运动，特别是那些与男女同性恋、双性恋和跨性别者相关的社会运动，更加醒目地出现在社会上。
- 技术改变，比如应对勃起功能障碍的药物的出现，如伟哥（Viagra）和西力士（Cialis）。
- 媒体上对性的各种形式的展现。
- 性存在的全球化，比如，性旅行（既有男人也有女人）和涉性人口贩运（Frank，2012；Lerum and Brents，2016）。
- 消费文化中对性的外在展示的增多——不仅仅性行为中存在广泛的商业化，还有利用性存在来推销所有的东西。
- 性文化在互联网上方兴未艾，并且越来越受欢迎。

性存在很少仅仅是性释放或者所谓的生殖需要的问题。它是复杂的、矛盾的，还常常是令人困惑的（Plante，2015）。例如，我们被告知"做爱"是"自然的"，而生殖是这些活动的主要目的。类似的是，我们也被告知，人们"自然地"拥有激素、性冲动以及必须被满足的性需求。可是，我们还被告知，人们应该为了宗教、社会和文化的原因而约束自己。文化教给我们各种模式、规则和道德准则，以便管束我们的性存在和性认同。法律和正式的制裁，以及非正式的制裁，旨在规范文化的和个人的性存在。当代的和历史上的社会性别角色、权力机制（power dynamics），以及种族和阶级，都会影响我们的性存在（Brubaker，2016；Olson et al.，2018）。通过向我们传递共享的态度、价值、目标和习惯（practices），文化为我们的性存在提供了一个巨大的图景。语言和社会化是这些文化因素的载体。不过，各种各样的亚文化的广泛存在意味着，我们的性存在非常多样化。

一、性自我

我们经常要求人们解释他们的性存在的发展。我们特别期待，那些被贴上"越轨"标签的人，能说清楚"他们怎么变成了那个样子"。通常情况下，人们并不期待异性恋者解释他们的性存在。我们倾向于假设，那些被贴上正常标签的人，并不需要解释（他们的性存在）。可是，谁有权力定义什么是越轨？如果没有社会和文化作为法官，各种性存在都不是"越轨的"。只有通过文化共识，它们才被定义成那个样子。如果有足够的人，特别是有权力的人，同意什么东西应该被定义为"越轨的"，社会期待就会改变，以反映这个共识。

关于性存在，人们说出的故事和没有说出的故事都是非常重要的，也具有重要的象征意义。这些故事不仅仅是关于讲故事的人和他的听众的，也是关于我们生活于其中的社会的。例如，在美国，我们有"失贞的故事"，这种故事都有一个脚本化的发展路径（Carpenter，2011）。我们讲的这种故事特别详细，包括地点、时间、怎么样、什么人等等；我们还使用模式化的观念，比如把贞洁作为将要失去的东西（something to lose）或者是即将赠送的礼物（a gift to give）来看待（Carpenter，2005）。我们有很多"出柜"（come out）故事，在这些故事中，男女同性恋者、双性恋者、无性者（asexual）和酷儿详细地叙述他们的性取向的起源（Plummer，1995）。不幸的是，这类故事可能包含着这样的错误观念："出柜"是一个清晰的、分步骤的过程（Klein et al.，2015）。

性认同与性取向

在美国，我们相信**性认同**（sexual identity）的概念，即一个人对性自我的内在感觉（Manning，2015）。人们拥有性取向和性认同，在人类历史上是一种很新的想法。晚至1923年，你仍然会发现，异性恋（heterosexual）在词典上是一个医学术语（它不是一个身份术语）。它的意思是，"对另一个性别的人的病态的性激情"（Katz，2004：44）。在过去的125年里，我们开始依据文化权威关于什么是"正常"的决定，对人们进行分类和贴标签。性认同的一个因素是**性取向**（sexual orientation），它决定你渴望和谁在一起（幻想）、你想和谁发生性关系（行为）、你和谁有关联的感觉（情感）（LeVay，2016）。性取向是非常复杂的。我们倾向于把它简单化——通过假设性取向屈指可数：男女同性恋、双性恋和异性恋。

虽然针对我们的性存在，有着文化的、社会的和历史的语境，但人与人之间的性表达（sexual expression）各不相同。例如，一个人可能把她自己定义为双性恋，对男人和女人都有性趣，但宁愿和女性发生浪漫的关系。另一个人可能把他自己定义为无性的异性浪漫主义者（asexual heteroromantic）——缺乏性趣但对于和一个女人建立浪漫关系感兴趣（DeLuzio Chasin，2011）。与性别和社会性别一样，性存在和性认同也分布在一个连续统上。实际上最准确的是，把我们的自我的这些方面，看成是一个矩阵。在我们的人生历程中，我们的兴趣、幻想、品位和欲求所发生的变化也不小（DeLamater，2012）。

我们对性认同的态度反映了宏观社会的变化。最近，这种变化的影响是深远的。最为人熟知的例子是，很多人对于认定自己为男女同性恋者、双性恋者和跨性别者，持越来越开放的态度。在很多场合，隐瞒这些身份已经不再是必需的。关于这些身份，表现得非常开放和感觉非常好，变得越来越可能了。针对1 197个女同性恋者、男同性恋者、双性恋者和跨性别者，皮尤研究中心（Pew Research Center，2017）进行了一项全国性的抽样调查。该调查发现，92%的

受访者说，与10年前相比，美国社会更加能够接受LGBTQ。当然，这并不意味着LGBTQ社区不再遭受偏见和歧视。在2017年的全国调查中，大约60%的LGBTQ受访者说，他们听到过对其性取向的毁谤；51%的受访者宣称，他们是性骚扰和性暴力的受害者（National Public Radio，2017）。性存在的多样性正在日益增加，社区的性多样性也在日益增加。这种多样性，使得关于性存在的边界的冲突，也相应地加剧了（Köllen，2013）。因此，虽然社会对LGBTQ的接受度增加了，但针对他们的犯罪也增加了——高于针对非裔美国人、犹太人和穆斯林的犯罪（Park and Mykhyalyshyn，2016）。

有些冲突，是个人性质和人际关系性质的，正如图11-7所显示的那样。例如，60%的皮尤调查受访者报告说，他们曾经遭受过针对其性取向的毁谤；51%的受访者曾经是性骚扰的受害者。这些调查数据有其社会的和历史的根源，这根源就在恐同症和异性恋主义之中。**恐同症**（homophobia）的定义是，"对自己是同性恋、表现为同性恋和看起来像是同性恋的害怕；对任何同性恋个人或者同性恋事物的害怕……其最有害的形式，会激发仇恨犯罪、谋杀、攻击（性的、生理的和情绪的）、强奸、殴打，以及其他形式的暴力"（Plante，2015：212）。**异性恋主义**（heterosexism）是一种认为异性恋高于其他性取向的信念，并伴随着针对其他性取向的个人歧视和制度化歧视。异性恋主义和恐同症结合在一起，驱动了男女同性恋、双性恋和跨性别者都经历过的疏远和攻击。

性别化的性脚本

男人和女人在性存在方面的差异，也许比亲密生活中其他任何方面的两性差异都大（Naples and Gurr，2012）。虽然在性存在的性别差异方面，生物学差异发挥了作用，但社会学的观点是，社会和文化的因素更为重要。在这里，社会化发挥了关键的作用，因为男性和女性都通过观察和模仿他人来学习性的和社会性别的脚本。我们接受的教育来自社会化主体（socialization agents）：父母、同龄人、大众媒体、教师等等。特别重要的是与社会性别相适应的**性脚**

诋毁他们的性取向 ████████████████████████ 60

对他们的性存在的不敏感或
冒犯性评论，或者负面的假设 ████████████████████ 51

威胁或非性骚扰 ██████████████████████ 57

性骚扰 ████████████████████ 51

暴力 ████████████████████ 51

语言骚扰或质疑走错厕所 █████████████ 34

报酬和升职方面不平等对待 ████████ 22

租房或购房时歧视 ████████ 22

求职时歧视 ███████ 20

申请大学和上大学时歧视 ███████ 20

与警察互动时歧视 █████ 16

看医生或在诊所时歧视 █████ 16

投票或参与政治时歧视 ███ 10

图 11 - 7　美国经历过各种歧视的 LGBTQ 的百分比

资料来源：Data from report titled "Experiences and Views of LGBTQ Americans" of "Discrimination in America" series, conducted by National Public Radio, the Robert Wood Johnson Foundation, and Harvard T. H. Chan School of Public Health (January 26-April 9, 2017).

本（sexual script）。所谓性脚本，就是被文化造就的、共享的和强化的社会规范，这些社会规范起到了性行为和社会性别行为的蓝图、路线图或者指南的作用（Gagnon and Simon，1973；Jackson，2017；Wiederman，2015）。性脚本包括了社会建构的性存在的各个方面：谁、什么、哪里、何时、怎样和为什么。盖格农和西蒙（Gagnon and Simon，1973）认为，性脚本的编写存在着3个宽泛的层次——文化层次、人际层次和内心层次（intrapsychic）（亦即，精神的或心灵的）——而丽贝卡·普兰特（Plante，2015）又增加了亚文化性脚本编写的概念。

研究发现，"异性恋是常态"的性脚本，或者"异性恋是常规"的假设，在青少年男性之中是常态。在《老兄，你是个同性恋》（Dude, You're a Fag）一书中，C. J. 帕斯柯（Pascoe，2012）写道，很多异性恋的十几岁男孩，如果认为对方是女性化或者懦弱的，就称其为"同性恋"。与其说 fag 一词代表了同性恋，还不如说它强化了霸权式男性特质。在瑞格鲁斯和阿迪斯（Reigeluth and Addis，2015）的研究中，十几岁的男孩们"像警察一样监督"男性特质——通过那些强化男性规范的语言和行为。

思考题

我们从哪里学习以及怎样学习性脚本？你认为，我们可以忘掉旧的性脚本而学习新的性脚本吗？为什么？如何做到？

"搭伙"成为热点

什么是"搭伙"？它并不是一个在社会中被清晰地定义的关系，比如像约会、看望某人、互为男女朋友或者与某人订婚一样。它既可以是忠诚关系，也可以是随意关系；既可以是情感和生理上强烈的，也可以不是；既可以是不定时发生的，也可以是有规律的；既可以是清醒的，也可以是迷醉的；它可以涉及朋友，也可以涉及陌生人。"搭伙"涉及某些广义的性事件（sexual event）的发生，通常在两个人之间，有时会涉及酒精和毒品。它可能仅仅包括接吻和爱抚，但也可能会涉及一系列更深入的行为。"搭伙"倾向于成为一个模糊不清的概念。我们的一些毫无疑问的性脚本主张，性"应该是"自发的、神秘的，甚至是神奇的。"搭伙"的模糊性、自发性以及显而易见的缺乏规则，与这些期待有着良好的契合（Hall, Knox, and Shapiro, 2017; Wade, 2018）。

研究者观察到，"搭伙"保持了异性恋的、社会性别的双重标准（Hamilton and Armstrong, 2009）。**异性恋双重标准**（heterosexual double standard）描述了一种文化信仰体系。在这个信仰体系中，人们期待男人从任何人那里、在任何时候都渴望和寻求性满足，而期待女人只在忠诚的、浪漫的关系中寻求性满足。相信这一双重标准的人也相信，女人的性行为和男人是不同的，应该接受不同的评判（Allison and Risman, 2013; Reid, Elliott, and Webber, 2011）。例如，他们对于在婚姻关系之外寻求性乐趣的女人做出负面的评判，但对于做出同样行为的男人的评判，就不那么严厉——如果有所评判的话（Armstrong, England, and Fogarty, 2012）。

虽然有证据表明，对双重标准的信服正在式微，但我们仍然能在异性恋的"搭伙"行为中看到它。例如，它可能导致汉密尔顿和阿姆斯特朗（Hamilton and Armstrong, 2009: 594）所说的"性的两难"（sexual dilemma）：妇女特别是年轻的妇女发现，在社会规范与社会性别、社会阶级的期待之间，存在着矛盾。异性恋女性被告知，她们既应该在浪漫的、忠诚的关系中有性行为，又要避免关于忠诚关系——这种忠诚关系有利于自我发展以及学术成就和事业目标——的思想包袱（baggage）（以及感受）。研究者通过检视下述行为探索了"搭伙"的性的两难：人们期待异性恋的年轻女性的性感看起来和表现起来都要合宜——"恰恰好"，但又要与双重标准的"喝醉的荡妇"保持距离（Griffin et al., 2012: 187）。

二、对性存在的社会约束

有一种感觉，这种感觉并非毫无理由，即性存在所受到的社会约束越来越少。在媒体对待性存在的方式上，这一点尤其正确。过去的15年，有大量关于性经验和性态度的、日益放松的、思想开明的描写。电视剧，从《无耻之徒》（Shameless）到《杀死伊芙》（Killing Eve）都是明显的例子。历史剧描绘了过去的性爱，奇幻剧《权力的游戏》和《异乡人》（Outlander），频繁地展示性的内容。大受欢迎的《五十度灰》 287 （Fifty Shades of Grey）及其续集，展示了束缚和性主导（sexual domination），并暗示我们对性变得越来越开放。

关于性存在及其社会约束的共识正在发生变化，这样的例子层出不穷。1969年，只有21%的美国人说，未婚男女之间的性在道德上是可接受的（Pennington, 2003）。到1973年的时候，43%的人说这是道德上可接受的。目前，大半美国人（69%）说，未婚男女之间的性是道德上可接受的（Jones, 2017）。对婚前性行为的道德 288 认可比例的快速改变，是这一变化的共识的良好事例。也许，令人惊奇的是，美国人关于异性婚姻单偶制的态度维持稳定。数十年来，盖洛普测验发现，91%的美国人认为，"已婚男女发生婚外情"是"道德上不可接受的"（Jones, 2017）。有趣的是，美国人关于多偶制的态度发生了改变：2006年，5%的人认为它是"道德上可接受的"；可是现在，17%的美国人说，多偶制是道德上可接受的。

虽然很多人支持日益提高的性自由，但人类的性存在从来不可能免于社会文化约束和监管尝试。例如，密西西比州的一所中学取消了它的毕业舞会，因为一位女同性恋学生打算把她的女伴带来（Joyner, 2010）。允许同性恋出席舞会，这一事实将要传递的信息令该校感到害怕。社会的各种制度，包括学校、家庭、法律、警察和宗教，以及文化习俗和民德，都对我们的性存在进行约束。但一般来说，与霸权式的或占主导地位的群体相比，文化上受压迫的少数群体关系和少数群体性存在受到的约束

《挣脱束缚：跨性别男性与身份的重塑》[万神殿书局（Pantheon Books），2018]

阿琳·斯坦因（Arlene Stein）

在美国，自1960年代出现第一个"变性"案例以来，为性别变更接受身体整形手术，已经变得更加可及、更加可接受了。医学训练和医学技术的进展，增加了涉及身体整形的机构和人员的可及性。很多保险计划，包括医疗保险（Medicare），目前已经覆盖涉及性别的身体整形手术。在社会层面，新的词语被创造出来——这些词语拓宽了传统的性别身份，包括性别中立的代词，比如ze和zir，以及非二元名词/形容词genderqueer。跨性别女性——出生时被认定为男性但自我认同为女性的人——是第一批接受外科性别变更的人。不过，目前的跨性别男性，也就是在出生时被认定为女性但自我认同为

男性的人，是人数增加最快的跨性别人群，也是越来越多接受身体整形的人群。除了接受睾丸激素治疗以改变自己的毛发分布和使嗓音低沉之外，有些跨性别男性还通过双侧乳房切除术来改变自己的胸部。

在一年的时间里，阿琳·斯坦因随访了3位跨性别男性[本（Ben）、帕克（Parker）和卢卡斯（Lucas）]和1位跨性别女性[纳迪亚（Nadia）]。他们4个人曾经到南佛罗里达州的一个广受好评的诊所接受性别确认手术（gender affirmation surgery）。斯坦因首先通过本为了自己的胸部男性化手术而创立的一个众筹网站认识了本。后来，她在和本的家人一起陪伴本接受手术的时候，又认识了帕克、卢卡斯和纳迪亚。手术之后，本希望对所有的人公开自己的跨性别男性的身份，但帕克希望变为男性并把自己的变性经历作为秘密来保守。

卢卡斯的动机是，改变他的胸部，进而跨越二元性别类型。对自己的乳房感到不自在的纳迪亚，希望在手术后继续把自己认同为女性。在获得胸部男性化手术的资格之前，他们必须向他们的外科医生出示一封来自精神病医生的信函，这封信函要声明，他们罹患性别"焦虑症"，或者是"性别不一致导致的紧张"，并且具有做出知情决策的精神稳定性。虽然没有一个人在手术后表示后悔，但他们变成了弱势群体的成员，这一群体会遭受格外多的制度化歧视和潜在的暴力。

edge.sagepub.com/ritzerintro5e

- 从《纽约时报》上阅读更多关于斯坦因的著作的文章。
- 在C-SPAN频道观看斯坦因讨论其著作的视频。

更多。鸡奸法——它把鸡奸定义为"反自然的犯罪"或"不自然的交配"——旨在惩罚同性恋男人之间的性行为和浪漫关系。有色人种也曾经受制于为数众多和侮辱人格的法律、习俗和话语（discourse）——这些东西都约束性存在（Garcia，2012；Rousseau，2011）。

三、文化与同意

在讨论针对性存在的社会约束时，"同意的性行为"、性侵和强奸这些概念是重要的。这些概念都涉及性关系参与者的相对权力，以及复杂的社会文化历史和涉及社会性别、性存在的语

境。**同意的性行为**（consensual sexual activities）是参与者达成一致意见的性行为，其中任何一方都有权决定终止，无论何时，无论什么原因。最近以来，**知情的（或"有效的"）性同意**[informed（or "effective"）sexual consent]频繁出现在媒体上——因为对强奸和性侵的法律执行不到位，数百个大学校园接受了调查。知情的、有效的同意可以被定义如下：

- 了解情况的。对于他们同意的事情，双方都表达了清晰的相互理解。
- 自由和主动地给予。不存在胁迫、强迫、威胁、恐吓和压力。
- 相互理解。以话语和行动所表达的同意，这

种同意清晰地表达了在同样的时间、以同样的方式、对彼此做同样的事情的意愿。沉默不等于同意。

- 同意并不是无期限的。同意可以在任何时间被收回，此时，所有的性行为必须中止，除非当事人给出进一步的有效同意（Reed College，2015）。

在这种知情同意的情况下，同意一种行为并不意味着同意任何其他行为。针对某个人进行某种行为的同意，并不让做出同意表示的人背负——或者是暗示——在其他任何场合同意进行这一行为的义务。

性侵（sexual assault）包含支配性的性行为，通常由男人实施，针对女人、其他男人和儿童。这种侵害可以发生在陌生人之间，但通常发生在熟人和亲密关系的人之间。**强奸**（rape）也是一种支配形式，它被定义为"在受害人不同意的情况下，使用任何身体部位或物体对受害人阴道和肛门的插入——无论多么轻微，或者性器官对受害人口腔的插入"（Federal Bureau of Investigation，2014）。

2017年10月5日，关于性骚扰、性侵和强奸的新闻铺天盖地而来。这一天，数名女性指控强大的温斯坦公司（Weinstein Company）的制片人和联合创始人哈维·温斯坦，对她们实施了性虐待、性骚扰和强奸。在接下来的几年里，数个名人（以及其他人）受到了类似的指控。这些人包括演员凯文·斯佩西、喜剧演员路易斯·C.K.、电视主持人马特·劳厄尔和查理·罗斯（Charlie Rose），以及政治家如参议员阿尔·弗兰肯（Al Franken）。所有这些事件，为开始于2006年的"我也是"运动（MeToo movement）带来了新的活力（Carlsen et al.，2018）。

在发生性侵的概率以及限制这类行为——这些行为常常导致暴力——的法律、社会和道德约束上，各类社区有所不同。在很多宗教社区，对于保守以及只在婚姻内部表达性存在的强烈期待，把性暴力限制在最低的水平上。与此相反，寄宿制大学（residential college）的性氛围的本质，可以导致一种"强奸文化"（rape culture）的产生（Boswell and Spade，1996；Plante and

Smiler，2014；Phipps et al.，2018）。强奸文化之所以在大学校园里（以及其他地方）蔓延，有诸多原因，包括性别的不平衡（注册的女生多于男生）、社交活动和派对上作为常规出现的酒精和毒品、人群的年龄，以及"在大学里"生活的不受监督的特质。校园里可以产生社会性别不平衡的结构性因素包括：被兄弟会（fraternity）控制的派对习俗；主动或者被动促进把酒精使用和关于性存在的假设结合在一起的社交生活（Corprew and Mitchell，2014；Flack et al.，2007）。

即使用温和的说法，性侵和强奸的后果也非常严重。根据强奸、虐待和乱伦全国网络（Rape，Abuse，and Incest National Network，RAINN）的说法，与普通公众相比，受害者更可能罹患抑郁症、试图自杀和使用违禁药物。性暴力在美国很普遍。有人估计，在美国每98秒就有一个性侵的受害者（Vagianos，2017）。大多数性侵的受害者（54%）介于18岁到34岁。受害的有色人种男性和女性，特别是土著美国人的比例高于其人口比例（RAINN，n. d.）。当与系统性的种族主义结合在一起的时候，性侵的心理和身体后果是非常严重的（Thompson-Miller and Picca，2017）。

四、性与消费

虽然性存在受到约束，但日常生活在很大程度上被性化（sexualized）了——世界已经变"性感"了（Rutherford，2007）。在我们的消费社会里，性被用于鼓励对各种东西的消费——这些东西本质上与性无关。人们在广告里使用性化的形象来促销无数的产品，从汽车到牙膏，从服装到饮料。很多这些广告的暗示是，使用这些产品会带来性的关系。那句广为人知的媒体谚语"性可助销"（sex sells），没有任何要过时的迹象，并且适用于性产品，比如伟哥。当然，研究者发现，对于广告中露骨的性内容，女性通常做出消极的反应。而且，她们也不太会购买这类广告所促销的商品，除非这些性内容是在推销昂贵的产品（Vohs Sengupta and Dahl，2014）。相反，对于这种广告，男人倾向于产生积极的感受。

与利用性化的形象来销售产品和服务相比，更厚颜无耻的是，把性存在本身变成商品并进行促销，且这一现象越来越严重（Crewe and Martin, 2017）。当然，对性的消费并非新事物——卖淫被称为"最古老的职业"。真正的新事物是，自20世纪中叶以来，性产业的大规模崛起，它的触角遍及全球。性市场可以被看成是由5个相互交叉的市场构成的（Plummer, 2007）。

- 身体和性表演。这一市场包括性工作，比如交易性性行为，以及脱衣舞、桌上舞蹈（table dancing）和膝头舞蹈（lap dancing）。对于愿意花钱的人来说，涉及"真正的肉体"的"真正的性"是触手可及的。

- 色情描写和色情物品。通常情况下，人们不认为性图片和文本涉及"真正的性"或"真正的肉体"。不过，色情描写和色情物品可能与真实的性行为和性关系不可分割，并可能导致真正的性行为和性关系，包括自慰和性交。对色情物品的生产、流通、销售和消费，主要发生在互联网上。实际上，在"真正的性"与网络上的性存在之间，并没有清晰的界限。

- 性物品。性物品包括性玩具（比如充气娃娃）、被认为可以提升性体验的药物（"春药"或硝酸酯吸入剂）、虐待狂式性行为中穿戴的服装、假阴茎、振动器，以及性感内衣（Comella, 2013）等。

- 性技术。全世界的人都在越来越多地消费避孕药，以及像伟哥和西力士那样的药物。后者本用于治疗勃起功能障碍，虽然很多没有勃起功能障碍的男人也使用这类药物，以维持勃起数小时，从而提升性体验。一种新的、无须手动（hands-free）的性玩具——Osé——已经进入市场。据说这种玩具能够带来"混合"高潮——通过同时诱发外在和内在的性刺激。其他性技术还包括让自己更有性吸引力的手术（丰胸手术、处女膜修复术、阴道年轻术、阴茎增大术、性器官整形术），以及作为变性手术一部分的阴道、阴户和阴茎的重建术。数字技术，比如智能手机和互联网，也接受了类似的"性化"。

- 性关系。性关系（sexualized relationship）的一个例子，是邮购新娘（mail-order bride）。此外，酒吧和其他消费场所，常常是开始性关系的地方。人们可以购买到帮助改善性关系的服务，这些服务包括费用高昂的性治疗师、各种自助式书籍以及目前越来越多的来自多个网站的内容。

290

知识点 11-2 | 有关性存在的概念

概念	定义
性存在	人们作为性的主体思考自己和他人，并据此开展行动的方式。
性认同	对性自我的内在感觉。
性取向	明确你渴望和谁在一起、你想和谁发生性关系、你和谁有关联。
恐同症	对自己是同性恋、表现为同性恋和看起来像是同性恋的害怕；对任何同性恋个人或者同性恋事物的害怕。
异性恋主义	一种认为异性恋高于其他性取向的信念，并伴随着针对其他性取向的个人歧视和制度化歧视。
异性恋双重标准	一种文化信仰体系。在这个信仰体系中，人们期待男人从任何人那里、在任何时候都渴望和寻求性满足，而期待女人只在忠诚的、浪漫的关系中寻求性满足。

第三节 性、社会性别与全球化

一、社会变迁与性存在的全球化

在 21 世纪,全球化是改变性存在的诸多力量之一(Plummer,2019)。性存在的全球化与多种社会变迁有关,这些社会变迁不仅改变性存在,也改变社会世界中发生的大多数事情。

- 媒体和技术的全球化。在全球媒体中,性是一个日益增加的存在。互联网及其所创造的社交网络是最重要的。不过,照片、电影、音乐、广告和电视也已经全球化了。这些媒体也已经被性化,我们甚至可以说,它们经历了一个"色情化"(pornographication)的过程(Smith,Atwood,and McNair,2018;Tyler and Quek,2016)。

- 日益城市化。城市化是遍及全球的重要趋势,它使性表达的自由程度越来越高,也导致了性存在的全球化(Bell,2007;Hubbard,Gormley-Murray,and Nash,2015)。城市是各种自由的中心(Simmel,1903 / 1971),其中就包括性自由。通过相互交流,全球的城市居民知道了什么事情是可能的,也知道了什么是"前沿"(cutting edge),包括性领域中的最新进展。另外,涉性人口贩运和性旅行也主要发生在城市里。世界上的主要城市,如伦敦,是全球"性链条"(sex-scapes)上的节点(Kong,2010;Maginn and Steinmetz,2015)。

- 全球化的社会运动和社会变迁。受益于各种技术如推特和 Instagram 的广泛传播,各种各样的与性存在有关的社会运动已经兴起。妇女运动、男女同性恋和双性恋运动、跨性别运动(参阅第 18 章),以及更多特定的、关注压迫性的涉性法律的变革努力,是全球性的。各种活动家和变革推动者正在流动,各种观念正在传播,并让自己适应特定的社会环境(Parker,Garcia,and Buffington,2014)。

- 流动性的提高。目前,人们出门远行到其他地方变得非常容易。因此,以性为目的的

旅行本身也变成了一个全球现象——以性旅游和性假日的方式进行(Altman,2001;Frank,2012)。

二、与性和性存在相关的全球流动

性存在还以其他各种方式在全世界"流动",比如通过涉性人口贩运、性工作、全球同性恋聚会和性侨民(sexual diaspora)的方式——各种性亚文化的成员在全世界移动,从一个社会到另一个社会。另外,各种各样的性产品和性服务在全球范围内被运输和销售,特别是通过互联网。全球化对涉性互动、性认同和性关系产生了实际的影响(Wieringa and Sívori,2013)。奥尔特曼(Altman,2001)指出,性存在和全球化在整体上是联系在一起的,与几乎所有的社会生活面向一样,性存在也受到文化、政治和经济因素的影响。因此,目前已经有几部适用于全球的涉性法律。比如,一些法律试图认定,对儿童的性剥削是非法的。像联合国儿童基金会(UNICEF)这样的组织,监督这些法律,并试图保护弱者不受性虐待和性暴力的侵害。应对性犯罪的(各国)法律,比如关于强奸的法律,变得越来越相似(Ackerman and Furman,2015)。在文化层面上,关于性存在的规范和价值观一直在发生变化,这些变化倾向于在全世界传播。

结果是,在世界上很多地方,规范和价值观 *291* 变得越来越类似。例如,一个普遍的趋势是,不再试图把对性的控制当成是维持集体秩序和人口生产的手段。与此同时,一个发展方向是,把性看成是主要与性快感和自我表达相关的一系列行为。在世界上很多地方(当然不是所有地方),婚前(或婚外)性行为变得越来越正常化了。全球文化变迁的另一个例子是,涉及诸如异性恋、同性恋和双性恋的身份认同,传播到了全世界。男同性恋、女同性恋和跨性别等概念,以及涉及性认同的观念,是全球北方的输出品。在世界上的任何地方,你都能发现与性存在相关的、类似的身份认同、规范和价值观。

全球背景下的 LGBTQ 性存在

关于 LGBTQ 人群的核心问题是,阻止他们

在全世界流动或者鼓励他们在地区之间流动的藩篱①（Altman，2001；Carrillo and Fontdevila，2014；Lewis，2014；Mason，2018）。这些藩篱可能竖立在他们的祖国之内，也可能竖立在国家之间。推动 LGBTQ 人群移民的力量包括，禁止知情同意的同性性行为的法律，工作场所平等机会的缺乏，以及对同性婚姻的禁止。作为国家制裁（state-sanctioned）方式的、针对 LGBTQ 人群的身体攻击甚至谋杀，迫使他们到世界上其他地方寻求更好的生活。城市氛围充满吸引力，因为身份公开的大型 LGBTQ 群体，在遍及世界各地的城市里建立了他们的社区和街区（Nash and Gorman-Murray，2014）。

全球化的其他方面，比如廉价的航空旅行、互联网和性旅行，使 LGBTQ 人群能够较容易地相互交流，以及在世界上任何地方相会。全球化还推动了全球同性恋运动的兴起，也在全世界很多地方促使人们越来越接受同性性关系（Stone and Weinberg，2015；Winter，Forest，and Sénac，2018）。

全球化虽然帮助了弱势性别群体，但也有助于恐同症和其他形式的偏见和歧视的传播（Binnie，2004；Kaoma，2014）。电影《苦楚我名》（Call Me Kuchu），其主题是关于两股全球性的力量的：美国保守主义和恐同症。这部电影展示了对同性恋的恐惧的后果，也展示了对同性恋的误解的后果（Wright and Zouhali-Worrall，2012）。在电影里，乌干达版本的美国音乐和文化杂志《滚石》（Rolling Stone）的主编，面对镜头大笑，对自己在引发针对男女同性恋的暴力中所扮演的角色浑然不知。他的杂志刊登了被指控为男同性恋的乌干达人的一份名单，配有这些人的照片，以及"绞死他们"的控罪。对于 LGBTQ 人群来说，全球化显然不是完美无瑕的。

全球的性产业

对全球资本主义来说，以性为基础的产业变得越来越重要。酒吧、夜总会、按摩室、色情文艺、性工作机构、国际连锁酒店、航空公司和旅游产业创造了对全球的性服务的需求，并协助全世界满足其对性服务的需求。几乎不可能获得全世界涉入性产业的人员的准确数量，而且至少有一部分数据可能是伪造的（Steinfatt，2011）。虽然性工作历史悠久，但目前其明确无误的全球性发展是一个新现象。

涉性人口贩运（sex trafficking）是一种商业化的涉性活动，以性行为为目的，通过暴力欺骗和胁迫手段来运输和控制人口。这实在是一个全球性问题（Patterson and Zhou，2018）。涉性人口贩运仅仅是人口贩运的一个类别，而人口贩运被美国国务院叫作"现代奴隶制"或强迫劳动，其内容包括儿童士兵、债务拘禁和家庭奴役。世界劳工组织（International Labour Organization，2007）估计，全世界有 2 100 万人沦为人口贩运的受害者；其中 450 万人涉及强迫性的性工作，每年创造 990 亿美元的产值。依据美国国务院 2017 年的《人口贩运报告》（Trafficking in Persons Report），每年有 14 897 宗关于人口贩运的诉讼，但只有 9 071 宗被定罪。全球性产业中的人口流动，不仅仅是从全球南方流向全球北方，也有向另一个方向的流动。在过去的 30 年里，性旅行产业已经成长为一桩产值数十亿美元的生意（Weitzer，2012；Wortmann，2007）。为了向女人、男人——有时是儿童——购买性服务而旅行到其他国家，就是**性旅行**（sex tourism）；这些旅行的主要或唯一目的就是性（Neal，2016）。这些艳遇的情况是复杂的，因为当地人和旅行者并不具有平等的经济权利。一方面，旅行者拥有能自由处置的收入来进行这种旅行（Dewey，2015）。虽然有些性旅行涉及前往全球北方的发达国家（比如荷兰的阿姆斯特丹），但大多数情况是，从全球北方向全球南方的欠发达国家旅行。例如，泰国每年接待数百万来自美国、西欧、澳大利亚和日本的性旅行者，带来数十亿美元的收入（Bishop and Limmer，2018；Hepburn and Simon，2013）。

几个因素促成了性旅行的兴起。互联网促进了性旅行，因为通过网站、聊天室、电子日志、博客、推广视频和指南书，关于目的地的信

① 原文如此。这里指的是阻止他们行使权利的法律障碍，以及从反面说，鼓励他们离开的动力。——译者注

292

息触手可及（Wortmann，2007）。网站提供各种建议：最佳的旅行目的地、这些地方最好的性工作者、怎样安排访问，甚至怎样与性工作者谈判以获得最低的价格。甚至可以购买定制的旅行套餐——包括世界上最好的性旅行目的地，与全球北方的其他性旅行者相逢。旅行的低成本，使寻求性关系的更多环球旅行成为可能（Brennan，2004）。

还有其他什么因素可以解释性旅行？很多热门地点具有被殖民帝国主导的历史（Dewey，2015）。旅行者可以通过"征服的"镜头来看待这些目的地。针对这些性旅行，社会规范被看作

是暂停的（suspended），而在参与者看来，接待国欢迎这种旅行（Padilla，2007）。北美和西欧的旅行者也许对全球南方居民具有这样的刻板印象：超级性感、异域风情，并且对与旅行者发生性关系特别感兴趣（Kempadoo，1996—1997）。有些男同性恋性旅行者认为，他们的存在改善了当地同性恋的境遇——他们旅行到这里来"解放"当地的男人（Mitchell，2011）。很多性旅行者——包括男人和女人——相信，当地的男人、女人和儿童欢迎他们的金钱、关注和交易。这也许是真的，因为贫穷导致大量人员来到性旅行目的地，来参与这一产业。

知识点 11-3　与性有关的全球化现象

现象	描述
涉性人口贩运	以性行为为目的，通过暴力、欺骗和胁迫手段来运输和控制人口。
性旅行	为了从男人、女人和儿童那里购买性服务，到其他国家旅行。

第四节　与社会性别相关的全球流动

一、移民的女性化

经济的全球化导致女性移民史无前例地增多："女性处于史无前例的移动之中。"（Ehrenreich and Hochschild，2002：2）有人把这一趋势称为"移民的女性化"（Donato and Gabaccia，2015；Parreñas，2015）。这一全球流动大多涉及女性从全球南方向全球北方的移动——既有合法的也有非法的。她们来到这里，是为了从事原来由全球北方的女性从事的工作（Runyon，2012）。女性移民输出较多的国家有印度、印度尼西亚、缅甸、巴基斯坦、菲律宾、斯里兰卡、泰国和孟加拉国等。这些移民大多变成了保姆（Eckenwiler，2014）、女佣（Ehrenreich，2002；Gündüz，

2013），以及性工作者（Brennan，2002）。美国的大多数女性移民从事管理/专业职业（约34%）和服务职业（约33%；见图11-8）。

这些移民劳动力丰富了移居地的生活方式，也提高了那里的生活品质。家政工作被认为是世界范围内最大的女性劳动力市场。她们相信，这种工作会给她们带来更高的工资和更好的工作环境，提高自身及其家庭的生活质量。很多女性移民劳动力在清洁家居环境和照顾富裕家庭的儿童的时候，还努力给来源国的家庭汇款（Le Goff，2016）。

未登记移民和非正式的移民——在来到全球北方从事家务劳动的女性中间，这很普遍——让女性暴露于最恶劣的歧视、剥削和虐待之下（Adams and Campbell，2012；Chang，2016）。她们可能被招募机构置于债务人质的状态之下，直到她们付清交通费用和安置费用；她们可能被监

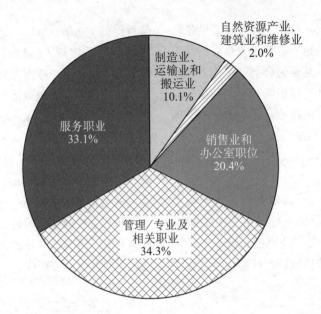

图 11 - 8　美国的女性移民的职业领域（2017）

资料来源：Data from U.S. Department of Labor, Bureau of Labor Statistics; Table 4: "Employed foreign-born and native-born persons 16 years and over by occupation and sex, 2017 annual averages."

禁在雇主的家里，被不人道地对待，甚至被谋杀。前文已经讨论过，越来越多的女性移民成为性侵害、涉性人口贩运和娼妓业的受害者。

二、劳动力的女性化

全世界范围内，特别是在美洲和西欧，女性对劳动力大军的参与程度出现了显著的升高。2016 年，美国约 57% 的 16 岁及以上的女性被雇用，男性的这一数字是约 69%（见图 11-9）。1948 年，只有约 31% 的女性被雇用，而男性的这一数字是约 84%。在 1948—2016 年这一段时间里，虽然不同地区之间存在显著的差异，但女性劳动力的参与程度整体上显著地上升了——在撒哈拉以南非洲、北美、东欧、东南亚和东亚都上升了（Akorsu，2016）。第 9 章曾经提到，虽然女性就业情况的改善与性别平等运动有关——至少是部分有关，但是，这一变化的关键因素是，通过贸易和生产，女性越来越多地融入了世界经济之中。

女性对劳动力大军的日益增多的参与，被称作**劳动力的女性化**（feminization of labor）（Standing，1989）。这一术语的意思是，在所有的部门，女性劳动力的参与程度都在升高，以及妇女进入

传统上由男人占据的职位。在发展中国家和发达国家，这一全球趋势都出现了（Lechman and Kaur，2015）。

贫困的女性化与女性的无产阶级化

随着越来越多的女性被导入低社会地位的、低薪的体力劳动岗位，经常与劳动力的女性化相伴随的是**女性的无产阶级化**（female proletarianization），在发展中国家这一现象尤为突出。女性的无产阶级化与贫困的女性化是紧密联系在一起的（参阅第 8 章；Brady and Kall，2008）。在全球范围内，更多的女性被引导进入了劳动密集型的、低薪的产业，如纺织业、服装业、皮革制造业、食品加工业和电子工业（Brooks，2015；Chen et al.，2013）。这些产业里的工作的特点是，灵活使用劳动力、高流动率、非全日制的临时工作，以及缺乏保障和福利。这些产业喜欢女性职工，是由于一些顽固的、根本没有现实基础的刻板印象。这些刻板印象包括下述观念：女性通常愿意接受低工资的工作，以及更服从男性雇主和管理者的管束（English，2013）。人们认为，她们不仅更加温顺，而且与男人相比，在从事标准化和重复性的工作时，更加有耐心，更加灵巧。女性就业的另一个特点是，工作环境更加恶劣和危险，以及更多的强迫

293

294

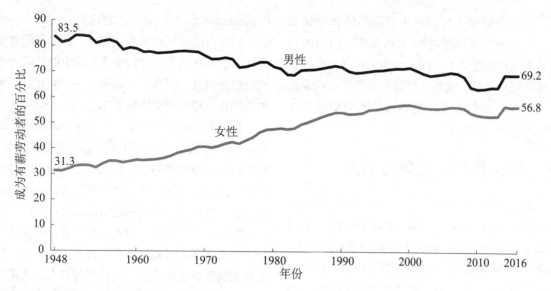

图 11 - 9　美国分性别的就业情况（1948—2016）

资料来源：Data from U.S. Department of Labor, Bureau of Labor Statistics, "Women in the Labor Force: A Databook," BLS Reports, December 2014; data for 2014 from Bureau of Labor Statistics, "Civilian Labor Force Participation Rate by Age, Gender, Race, and Ethnicity," December 2015; data from 2015 from the Department of Labor, "Latest Annual Data: Labor Force Participation Rates," retrieved February 2, 2017.

性无薪加班。

女性在所谓的"全球生产线"中的位置，受到了高度的关注（Collins，2003）。高级研究和管理职位往往集中在全球北方，而生产线上的工作往往被驱逐到了欠发达国家（Ward，1990）。女性更可能受雇于后者，而不是发达国家的高层职位。

在公司经济的中心地带，特别是全球化城市里，需要大量的低薪劳动力，女性常常符合条件。她们维护这里的办公室，维护企业家、经理和专家的生活方式。她们还为公司承担秘书、清洁和修理工作，为公司提供软件、复印材料、提供办公家具甚至手纸（Sassen，2004）。此外，大多数儿童看护、老年人照顾和家庭服务的工作，也是由移民提供的，主要是女性（Acker，2004）。

思考题

劳动力的女性化和贫困的女性化的关系是什么？这一关系是不可避免的吗？哪些社会的、结构的以及性别相关的因素，可以解释这种情况？

出口加工区里的妇女

出口加工区（export processing zone，EPZ）是特定的工业区域，通常坐落于发展中国家，旨在吸引外国公司与投资。出口加工区为跨国公司提供各种激励性好处，包括不受环境和劳动规章以及配额的限制，免除税收和关税等等。出口加工区生产各种各样的产品，特别是大众市场所需要的纺织品、服装和电器。出口加工区的特点是不稳定，因为公司不断建立新的出口加工区，那里的劳动力更便宜，监管更加柔性。

人们经常认为，出口加工区减少了贫困和失业，有助于东道国的经济发展。即使这是真的，这种效果的出现，也需要付出沉重的代价（Attanapola，2006；Moyce and Schenker，2018）。出口加工区里的工作环境是残酷的，暴力和虐待是家常便饭。长时间无薪加班可能是劳动日的常态，病假没有工资，没有充足的健康和安全措施，上厕所受到监视，性骚扰、身体虐待时有发生；有时候为了保证劳动效率，强迫性地服用安非他命。工作环境对妇女，特别是那些正在怀孕和育婴的妇女来说非常艰苦。在大多数出口加工区，强制性的怀孕检测是入职和保住工作的前提条件。有时候，性别偏见和年龄歧视交叉

295

在一起。出口加工区倾向于雇用年轻和单身女性，通常不会雇用超过 25 岁的女性，因为她们被认为更可能生孩子（Pun，1995）。因为恶劣的工作环境和低薪，女性（以及男性）工人经常会体力耗尽，出口加工区里的人员流动率非常高（Sivalingam，1994）。

三、社会性别、战争与暴力

毫无疑问，与女人相比，男人更可能在战争中被杀或受伤。不过，2017 年联合国的一份报告描述了下述情况：妇女承受战争和暴力冲击，以及承担维和努力失败的结果（United Nations Security Council Report，2017）。更确切地说，妇女更可能是非战场的、有组织的集体暴力的受害者，包括被强奸（参阅本章的"全球化"专栏）和杀害（Baumeister，2018）。妇女也可能遭受——地方的和全球性的——恐怖主义和政治暴力的危害（Gentry and Sjoberg，2015）。

一些变化，导致了妇女更可能成为国际暴力的受害者。一个是战争性质的改变。例如，"非对称战争"，即涉及不对等军力的战争，通常会采取街头枪战的方式。显然，与以前常规性的战场作战相比，妇女、儿童和老人更容易成为这种情况的受害者。在吞噬了叙利亚、伊拉克、利比亚和也门的残酷内战中，这一点尤其明显。战斗人员和平民之间的界限模糊了，结果是，更多的平民，包括妇女，成为战争的受害者。最后，在很多国家，军队和恐怖群体（例如"伊斯兰国""博科圣地"）里的妇女越来越多，这大大地增加了妇女成为暴力受害者的机会。在有些情况下，恐怖群体利用妇女的身体携带炸弹，并在目标附近引爆它们，杀死她们和周围的人（Gentry and Sjoberg，2015）。

那些幸运地躲过了被强奸和杀害等恐怖经历的妇女及其居住地的其他居民的生活仍然会因为国际化的暴力而被严重打乱。妇女很可能会因为这种暴力而陷入贫困，她们的家庭和生计可能会被摧毁。战争期间，所有物资的短缺都会影响家里的人，特别是妇女。某组织估计，在因为冲突而产生的国内难民中，70% 是妇女（International Organization for Migration，2018）。

妇女可能被征召来看护伤员，进而可能遭受身体以及心理创伤。她们生活于其中的社区可能也已经被打乱，因为——比如说——妇女已经无力承担作为母亲的责任和义务。

作为战争的意外后果，妇女也可能从战争中获益，或者从被打乱的日常生活中获益。比如，她们可能获得更多的经济独立、更多的行动自由以及更大的流动性。随着社会规范和价值观的瓦解，妇女也可以做以前不能做的事情：在社区和社会中扮演更多的公共角色，承担更多的决策责任，以及总体上说获得更多的权力。第二次世界大战的情况就是如此。当时，征召男人进入军队所导致的劳动力短缺，给了妇女更多的工作机会。铆工露斯（Rosie the Riveter）在工厂里工作的形象，就是这一现实的反映——妇女进入了原来由男人主导的蓝领劳动力大军之中。

四、全球妇女运动

你已经看到，全球化和全球经济的崛起，导致妇女面临着各种各样的不平等，也加剧了这些不平等。对此的一个反应，是国际妇女运动的扩展（参阅第 18 章）。近年来，因为全球化制造了很多针对妇女的社会问题，妇女运动急剧增加。它增加的另一个原因是，为该运动而工作的人们，全球旅行和相互交流的能力提高了。国际妇女运动历史悠久，可以追溯到 19 世纪早期。它关注的问题是性暴力、生育权利、劳工问题和性骚扰等等。它取得了很多了不起的成绩，这些成绩都与妇女在全世界各国获得选举权有关（Basu，2016）。

更大规模的全球妇女运动所关注的特定议题多种多样：人权、经济事务、环境、卫生事务，以及针对妇女的暴力。妇女运动还聚焦于全球化资本主义的负面效果（比如日益增加的全球妇女绑架）、全球公民社会中妇女声音的缺乏、反对妇女的宗教极端运动的发展以及艾滋病病毒 / 艾滋病的流行。更一般地说，国际妇女运动关注的是，为妇女和其他少数群体谋求正义。在全世界范围内，女性主义运动采取了各种形式。妇女运

297

全球化 作为战争武器的强奸

把强奸作为战争武器是一种古老的实践，不过我们并不需要在历史中回溯很远，就能够找到这种做法的例子（Noack，2018）。美国军队就实施过这种行为，在 1960 年代，他们强奸了很多越南妇女。在 1960 年到 1996 年的内战中，危地马拉士兵对土著的玛雅妇女进行了系统性的强奸。在尼日利亚，极端主义组织"博科圣地"（Boko Haram）绑架并强奸了很多妇女和儿童（Searcey，2016）。在南苏丹冲突地区，南苏丹军队针对妇女和女童实施了集体强奸（Cumming-Bruce，2016）。"伊斯兰国"抓获了一个少数群体——雅兹迪人——的一些成员，奴役其中的妇女并对她们实施了系统性强奸和其他暴行（Murad，2017）。

上述例子显示，作为战争武器的强奸并不罕见，但仍然存在把这一暴行推至极端的例子。例如，在波斯尼亚战争（1992—1995）中，塞尔维亚士兵和军官对波斯尼亚的穆斯林妇女实施了系统性的强奸。塞尔维亚人建立起集中营来囚禁这些妇女，目标是让她们怀孕（Salzman，2000）。这是一种民族清洗的技术（参阅第 10 章）。作为强奸的结果，波斯尼亚妇女生出的孩子将不会再有"纯粹"的波斯尼亚血统，他们将拥有一些塞尔维亚"血统"。最终，在被入侵的国家，入侵者后代的数量将会增加。

作为战争武器的强奸还被用来从精神上伤害其受害者，以及通过"占有"他们的女人来羞辱敌人。与一般情况下的强奸一样（Kellezi and Reicher，2014；Rudrappa，2012），战争中的强奸并不是一种性行为，而是一种权力行为（Brownmiller，1975）。在战争时期，除了直接的强奸和性侵，妇女还可能被迫卖淫和为奴，就像韩国妇女在 1930 年代中期到 1940 年代中期所经历的那样——当时，日本人强迫韩国"慰安妇"服侍日本士兵。

不过，从 20 世纪后期以来，在非洲国家刚果（金），强奸似乎达到了新的高度。1996 年以来，刚果（金）一直处于或大或小的持续战争或持续不断的叛乱之中。数个非洲国家和数十个武装组织参与其中，其暴力和剥削方式还花样翻新（Hochschild，2011）。强奸在刚果（金）是如此常见和恶劣，以至于联合国的冲突时期性暴力问题特别代表把刚果（金）称为世界"强奸之都"（Mawathe，2010）。据估计，2011 年，大约有 200 万妇女被强奸，每 4 分钟就有一个妇女被强奸（Gettleman，2011）。

经历过强奸的妇女会遭受严重的后果。出于社会和文化习俗，很多受害妇女被她们的丈夫和家庭拒斥，后者骂她们"肮脏"并把她们驱逐出去（Mawathe，2010）。有些幸存者严重受伤，身体上和情感上都受到伤害。心理创伤使有些妇女变得情感麻木和瘫痪。强奸幸存者也许能够在专门设立的医疗中心里获得专业服务和其他幸存者的支持——如果这类医疗中心存在的话。但他们的绝望会持续很多年，如果不是持续终生的话。另外，强奸的伤害还会影响到因此而出生的孩子。和他们的母亲一样，他们也可能被逐出社会。"受困妇女"（Women Under Siege）计划正在努力提高对下述情况的公共意识：性暴力是怎样被用作战争武器的。该计划的目标是，在未来的冲突中，防止集体性侵的发生（参看 http://www.womenundersiegeproject.org/blog/entry/what-are-the-solutions-to-wartime-rape）。

思考题

为什么作为战争武器的强奸会持续存在？它是性行为还是权力行为或暴力行为？其发生率能降下来吗？如果能的话，怎样才能做到？

动对联合国产生了强大的影响，也有助于在联合国、各国政府和非政府组织之间建立强有力的联系（Baksh and Harcourt，2015）。

全世界的妇女不仅仅参与到了全球妇女运动之中，她们也在地方（local）和区域（regional）层面，对全球化所导致的共同问题做出回应。她们还把国际妇女运动和全球人权组织所进行的活动地方化了。另外，她们组织起来反对冲突和穷兵黩武，并且利用全球性组织（如联合国和国际非政府组织），来帮助在地方和区域层面上开展活动（Fish，2017）。不过，即使是本质上主要是或完全是地方性的活动，仍然具有深远的全球影响。虽然具有各种地方特色，但女性主义可被视为真正全球化的现象。

知识点 11−4 | 与性别有关的流动的全球效果

被女性化的事物	与全球流动的关系
移民	为了寻找工作，女性从全球南方移居到全球北方。
劳动力	女性工人集中于劳动力密集的、低工资的工作。

298 ## 小结

性别主要是一个生物学概念，而社会性别却是一个文化概念，这个概念与对社会期待的行为、态度和个性的定义有关。女性特质和男性特质是由社会建构而成的，并且受制于社会变迁和社会多样性。在一个仍然以社会性别和性别的二元理解为基础的社会里，跨性别者和中间性别个体会面临各种困难。性别化的不平等在很多领域都很顽固，包括教育领域、家庭中和工作场所。

性存在与性别和社会性别都有关系，而且个体和群体都可以体验到它的存在。一个人的性取向是他的性认同的重要方面。性取向比我们通常使用的几个分类——比如异性恋、男同性恋或者女同性恋——要复杂得多。异性恋主义是一种认为异性恋高于其他性取向的信念。社会约束形塑什么样的性表达和性行为是合适的（或不合适的）。同意的性行为是参与各方都同意的行为，它与不同意的性行为相对立，比如性骚扰和强奸。

在全球范围内，全球化强化了现存的社会性别结构，但也使它变得不再稳定。更多的人口流动为人口贩子和性旅行者创造了更多的机会。这些人口贩子贩运妇女和儿童，以对他们进行性剥削。全球化与全球南方越来越多的工作妇女有关，虽然她们中间的很多人进入了地位低下的、低薪的工作，有时还是危险的体力工作。妇女常常是国际暴力的受害者，包括遭受作为战争武器的强奸的侵害。

关键术语（页码为原书页码，即本书边码）

同意的性行为	288	霸权式男性特质	271	性旅行	292
被强调的女性特质	271	异性恋主义	286	涉性人口贩运	291
女性的无产阶级化	293	异性恋双重标准	286	性侵	288
劳动力的女性化	293	隐藏的课程	275	性认同	284
社会性别	270	恐同症	285	性存在	283
性别认同	272	知情的性同意	288	性取向	284
性别角色	272	中间性别	271	性脚本	286
性别转换	273	强奸	288	跨性别者	272
酷儿性别	272	性别	270		

1. 性别和社会性别之间的区别是什么？性别怎样影响社会性别？社会性别怎样影响性存在？

2. 当社会学家说，男性和女性之间不存在清晰可辨的生物学差异时，他们的意思是什么？

3. 男性和女性体验霸权式男性特质和被强调的女性特质的方式有何区别？这些社会结构怎样促进和强化了性别分层？

4. 男性和女性对教育的体验有何不同？教育体系中隐藏的课程以何种方式强化了性别分层？

5. 作为消费者，为何男性和女性得到不同的对待？最近几十年来，什么样的事件改变了女性被作为消费者看待的方式？

6. 男性和女性对待性存在的方式有何不同？这些区别和社会化过程有何联系？你是否认为，男性和女性之间日益扩大的不平等，会影响性存在？

7. 对全球资本主义来说，性产业是怎样变得越来越重要的？性产业怎样反映性别分层？它又怎样反映全球北方和全球南方之间的不平等？

8. 全球化怎样对男女同性恋者、双性恋者和跨性别者产生正面的和负面的影响？

9. 社会学家所说的"贫困的女性化"是什么意思？"女性的无产阶级化"又是什么意思？这两个概念之间的关系是什么？它们和劳动力的女性化之间的关系又是什么？

10. 有些女性生活在经历战争和其他类型的武装冲突的地方。她们最可能遭受什么类型的暴力？

第12章
家　　庭

学习目标

1. 解释关于家庭、婚姻和亲密关系的基本社会学概念

2. 描述那些改变婚姻与家庭的当代趋势

3. 把结构 / 功能理论、冲突 / 批判理论和互动 / 行动理论应用于家庭

4. 描述当前与家庭相关的问题

5. 明确全球化对家庭的影响

从早期的电视节目开始，家庭主题就是它的主要内容。其中，传统的虚构家庭是主要类型。长期来看，最著名的高评分节目有《我爱露西》（*I Love Lucy*，1951—1957）和《奥兹和哈里特历险记》（*The Adventures of Ozzie and Harriet*，1952—1966）。有趣的是，虽然这些节目是虚构的，但在两个节目中扮演夫妻的两对演员，在生活中都是夫妻。最著名的、以非虚构方式表现真实生活的早期系列节目，也是电视上第一个真人秀节目，就是开创性的《一个美国家庭》（*An American Family*）——它于1970年代在公共电视上播出。节目的初衷是记录一对夫妻和他们的5个孩子幸福而平凡的生活。不过，在系列节目推进的过程中，这个家庭平静而稳定的表面下的裂痕显现出来，暴露出一些从来没有在电视上展现过的事情。公众见证了丈夫和妻子在真实生活中的分居和后来的离婚，以及他们的大儿子成为第一个在电视上出柜的男同性恋者。

从那时开始，以家庭为主题的电视节目——包括虚构的和非虚构的——繁荣起来，并变得越来越"真实"，远远超出了《一个美国家庭》里所展示出来的问题。虚构节目《透明家庭》（*Transparent*，2014— ）描述了一个问题重重的家庭，最突出的是药物依赖，以及与跨性别有关的问题。真人秀《与卡戴珊一家同行》描绘了一个家庭和它的几个亲属的故事。这个家庭要应对离婚、多重婚外恋、在性录像中表演、因为醉驾被捕等问题。大受欢迎的情景喜剧《摩登家庭》（2009— ）展示了几种类型的家庭：一对异性恋夫妇和他们的3个孩子；一对同性恋白人夫妇和他们的亚裔养女；一对异性恋夫妇——年长的丈夫娶了一个年轻得多的哥伦比亚女人，还有女人从前一次婚姻中带来的儿子以及他们自己的儿子。与早年关于家庭的电视节目相比，目前播出的这些节目不仅更加真实（在现实生活中，《我爱露西》的演员婚姻出了问题，导致离婚），而且反映了家庭性质的戏剧性变迁。

对于以家庭为主题的电视节目大受欢迎，人们不应该感到惊奇。无论如何，家庭都是一个普遍的社会制度。它构成了一个人的初级群体和初级社会化主体；对于很多人来说，它是一生的陪伴和安全感的来源。因为家庭制度是如此核心的一个生活领域，所以我们很自然地对家庭所经历的亲密关系、冲突和问题感兴趣，甚至感到与之有联系。

正像电视节目所提示的那样，家庭结构可以采取很多形式。过去的100多年证明，扩大家庭和核心家庭是最多见的，但最近的社会变迁提供了纷繁多样的选项。有些夫妇是一个男人和一个女人结婚，但同性恋婚姻变得越来越常见（而且合法）。有些夫妇——无论其性别——因为爱情而结婚，另一些人却是出于纯粹的经济原因而结婚，而越来越多的人干脆选择不结婚。有些夫妇拥有两位数的孩子，而另一些夫妇只有一个孩子或者没有孩子。有些人维持排他性的伴侣关系直至死亡，另一些人离婚然后再婚，还有一些人把新的成员纳入已经存在的关系之中。

以家庭为主题的电视节目为家庭动力学和家庭现实描绘了一幅迷人和有趣的图画，但这个图画远不完整。它们回避了对社会学来说关键性的问题，比如贫困、性别不平等以及广泛存在的家庭虐待。还有，和社会学不同，美国的大多数电视节目并没有采取全球化的视角，反而是仅仅关注美国的家庭。这给我们的研究留下了广阔的余地。

第一节 家庭、婚姻和亲密关系

什么是家庭？你的家庭里都有谁？它仅仅包括与你有血缘关系的人吗？是否有人离开了你的家庭？美国人口普查局对家庭的定义是："因为出生、婚姻或收养而联系起来的两个或两个以上的人（其中一个是户主），他们居住在一起。"家庭对儿童的社会化来说尤其重要，而社会化使得儿童能够融入更大的社会。虽然家庭经常在其扮演的角色和其他事情上失败，但社会学家一直把**家庭**（family）看作是一种普遍的社会制度——居于社会生活核心的社会制度。社会学家感兴趣的主题包括，家庭与婚姻之间的关系；家庭的各种形式；家庭是怎样形成和维持、扩大和缩小以及解体的（Barnes，2019；Cohen，2018）。

一些基本概念

在本节，我们将定义一些基本概念，比如婚姻、亲密关系和爱，并探索它们在家庭中的作用。

婚姻

婚姻（marriage）是社会认可和承认的两个人之间的结合，通常也是法律上的结合，这种结合使两个人能够生活在一起，并生育子女或收养子女。家庭主导婚姻相关的各种问题，比如"婚姻的意义"和"婚姻伴侣的数量"（Shaw and Lee，2009：378）。传统上，**单偶制**（monogamy）被定义为一个丈夫和一个妻子的婚姻。不过，考虑到与同性恋婚姻相关的法律修改，单偶制也可能指两个妻子或者两个丈夫的婚姻。其他婚姻形式，比如**多偶制**（polygamy）涉及一个以上的配偶。**一夫多妻制**（polygyny）是一个丈夫与多个妻子的婚姻，它比**一妻多夫制**（polyandry）更加常见，后者是一个妻子和多个丈夫的婚姻。**共夫共妻制**（cenogamy）就是群婚。

纵观历史和全世界，人们创立了各种规则、习俗和法律，来定义和控制家庭。理解婚姻（以及大多数家庭）的一个核心概念是**内婚制**（endogamy），或者是与和自己具有相似的种族、民族、宗教、教育水平、社会阶级等特征的人的婚姻。与此相反，**外婚制**（exogamy）是与和自己具有不同的上述特征的人的婚姻。历史上，被定义为内婚制的家庭，比被定义为外婚制的家庭要多得多。近年来，内婚制开始式微，而外婚制增多了。比如，美国人和其他种族的人结婚的趋势越来越明显（Vasquez-Tokos，2017）。不过，作为一个普遍的规则，具有内婚制特征的家庭多于具有外婚制特征的家庭的情况，还会持续下去。

在过去的几十年里，家庭和婚姻的本质经历了快速的、令人眼花缭乱的一系列变化。是什么构成了婚姻和家庭，这一问题变得越来越不清晰。不过，有一点是清楚的：无论如何，婚姻和家庭之间的关系被强烈地削弱了，如果还没有被打破的话。即便如此，大多数美国人在其一生中，还是结一次或多次婚。那些结了婚的人会建立家庭，虽然他们可能不会像以前一样，维持婚姻和家庭一样地长。结婚并生活在一个家庭之中，并不意味着这桩婚姻和这个家庭会数年甚至数十年保持不变。在亲密关系中，婚姻和家庭会保持其重要性，不过在未来，婚姻和家庭也许不是唯一的亲密关系类型，甚至不是主要的亲密关系类型。

亲密关系

词语亲密性通常与性关系联系在一起，在这样的关系中，人们相互"亲密"。不过，更一般地说，**亲密性**（intimacy）可以被定义为经过一段时间而建立的紧密的个人关系（Jamieson，2011）。因此，当两个伙伴建立起一个亲密的、个人性的和家庭内的关系的时候，**亲密关系**（intimate relationship）就出现了。亲密关系是求爱仪式的副产品，在这样的仪式中，两个人互相依恋、建立亲密感、享受对方的陪伴，并在约会一段时间之后，认同为一对伴侣。

亲密关系的性质并不是一成不变的，它随着时间的推移而发生变化。50年或100年前，夫妻关系可以很亲密，但不一定相互分享关于自己的很多东西，特别是他们最私密的想法。不过，在目前的西方文化里，亲密关系越来越涉及向自己的伴侣进行很多的自我袒露，如果不是袒露所有事情的话（Wilding，2018）。袒露的程度与性别有关（Kimmel，2016）。女性倾向于成为异性恋关系中的情感照料者。她们这样做是因为，她们接受的社会化是，在沟通中表达自己的情感。而男性接受的社会化是，压抑自己的情感，交流中不要谈及情感。换言之，女性往往是首先进行分享的人，她们还通过引导男性吐露情感来帮助他们分享。大多数女性的假设是，这种自我袒露会使关系增强，因为随着关系的发展，彼此之间将不再有秘密，因此也不再有惊奇——至少是更少的秘密和惊奇。

爱

当然，在家庭关系中，亲密关系往往是与爱联系在一起的。**激情之爱**（passionate love）拥有一个突然的开始，激发强烈的性感受，而且倾向于把所爱之人理想化。激情之爱会带来强烈的亲密感，不过这种亲密关系很可能是短暂的。与此相反，**伴侣之爱**（companionate love）是逐渐发展起来的，它不一定与激情性爱联系在一起，而是建基于对所爱之人的理性评价。与激情之爱相比，伴侣之爱更可能导向持久的亲密关系。当然，这两种类型的爱之间，并没有清晰的区别。最能体现这一点的是这样一个事实，即持久的亲密关系往往开始于激情之爱。不过，在那些长期维持的亲密关系之中，激情之爱倾向于和伴侣之爱结合在一起，甚至是被后者替代（Goldscheider, Bernhardt, and Lappegård, 2015）。

激情之爱，也被称为浪漫之爱，拥有悠久和有趣的历史。例如，我们近来对爱的一些感受，可以追溯到1950年代的消费文化（Illouz, 2018）。正是在那个时候，爱与消费和旅行密切地联系在一起。电影、汽车、时尚和化妆品工业利用了浪漫之爱，也传播了浪漫之爱的观念。所有这些产业都以它们自己的方式美化了浪漫之爱，并传达了下述信息：浪漫是和商品联系在一起的，而商品都是有价格的。

最近，齐格蒙特·鲍曼在其著作《流动之爱》（*Liquid Love*, 2003）中，试图把握当代世界里的爱的本质。书的封面是画在沙滩上的一颗心。不过，大海近在咫尺。这里的暗示是，爱很快就会被波浪冲走。对鲍曼来说，爱与当代社会里的所有东西一样，都是流动的［虽然有人（Hobbs, Owen, and Gerbera, 2017）认为，这一观点过于悲观］。这显然适合于激情之爱，但对

鲍曼来说，即使是伴侣之爱，也一直有被侵蚀和消失的危险。这代表了对所有亲密关系特别是对婚姻的重大挑战，以及对涉入亲密关系的所有人的挑战。不过，对于那些身处持续终生的、无爱的关系中的人们来说，流动之爱也可以看作是一个礼物。它还提供了多种爱的经历的可能性，以及建立在爱的基础之上的很多不同关系的可能性。

思考题

你对鲍曼的"流动之爱"的概念有何看法？你是否同意爱是流动的？你是否同意，在一个无物持久的社会里，这种无常的爱只是该社会的反映而已？为什么？你感到流动之爱的经历是令人困扰的，还是使人解放的？为什么？

可以这样说，本章的主要关注对象——家庭和婚姻——也变得越来越流动了。因为它们是如此富于流动性，以至于其边界变得越来越难以界定。更重要的是，婚姻和家庭的很多传统形式，面临被涤荡而去的可能性。结果是，很多社会学家不再关注家庭和婚姻，而是转向更为模糊的现象，如"关系"和"个人生活"。当然，大多数人，包括大多数社会学家，继续使用婚姻和家庭这样的概念进行思考。在本章中，我们也会这么做，但必须要理解的是，两个概念都在经历巨大的变化。与以前相比，它们目前所指代的现象的流动性，要大得多。

知识点 12-1 | 婚姻的类型

婚姻的类型	定义
婚姻	社会认可和承认的两个人之间的结合，通常也是法律上的结合，这种结合使两个人能够生活在一起，并生育子女或收养子女。
单偶制	一个丈夫和一个妻子（或者是两个丈夫或两个妻子）的婚姻。
多偶制	一个丈夫与多个妻子的婚姻（一夫多妻制），或者一个妻子和多个丈夫的婚姻（一妻多夫制）。
共夫共妻	即群婚。
内婚制	与和自己具有相似的种族、民族、宗教、教育水平、社会阶级等特征的人的婚姻。
外婚制	与和自己具有不同的种族、民族、宗教、教育水平、社会阶级等特征的人的婚姻。

第二节　婚姻与家庭的巨大变化

在本节中，我们将讨论两种主要的变化：婚姻的式微和家庭户（family household）的变化。

一、婚姻的式微

1970年，已婚夫妇家户（household）占全部美国家户的71%（见图12-1），到2018年，只有不到50%的美国家户由已婚夫妇构成。类似地，1970年时，传统的**核心家庭**（nuclear family）——两个成年人和一个或多个儿童——占全部家户总数的40%；2010年时，这一数字降低到了不到20%（U.S. Census Bureau，2018）。

感受这一巨大变化的另一个方法，是查看曾经结过婚的人的比例。在过去的数十年里，这一数据变化巨大。图12-2显示，2016年，在25岁及以上的人群中，28%的男人和24%的女人从未结婚，而在1960年，只有10%的男人和8%的女人从未结婚。

不过，不变的情况是，随着年龄的增加，人们更可能结婚。图12-3显示，2017年，到34岁的时候，约43%的男人和约34%的女人从未结婚。但到45岁的时候，只有约17%的男人和约12%的女人从未结婚。比较来看，在1960年，到45岁的时候，只有7%的男人和6%的女人从未结婚。

即使真的结婚，很多人，特别是千禧一代，也会在更晚的时候结婚。很多夫妇不再把结婚当成是首先要做的事情，而是在完成其他很多事情后才结婚。安德鲁·切尔林（Andrew Cherlin）把种情况叫作**顶石婚姻**（capstone marriage），亦即将婚姻作为系列事件（比如，进入职业生涯）的高潮，而不是这些事件的开端（Rabin，2018）。

二、对婚姻式微的不同视角

婚姻（以及家庭）的式微，带来了观察婚姻现状的令人激动的新视角。

婚姻的去制度化

安德鲁·切尔林（Cherlin，2004，2010）关注的是"美国婚姻的去制度化"。在他看来，所谓**去制度化**（deinstitutionalization），就是与婚姻相关的社会规范变弱了。结果是，在涉及婚姻的问题上，人们越来越质疑自己与他人的行为。虽然他关注

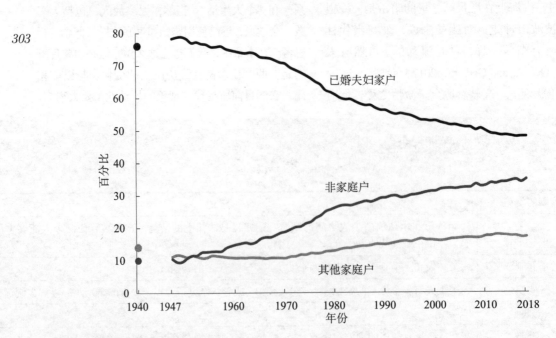

图12-1　美国家户类型（1940—2018）

资料来源：U.S. Census Bureau, Decennial Census, 1940, and Current Population Survey, Annual Social and Economic Supplements, 1947 to 2018.

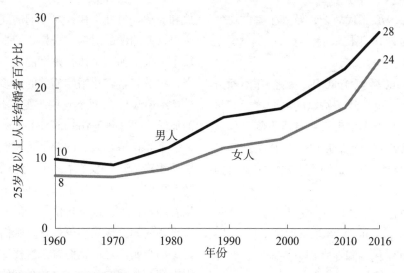

图 12 - 2　分性别的未婚成年人比例（1960—2016）

资料来源：Adapted from Wang, Wendy and Kim Parker. "Record Share of Americans Have Never Married." Pew Research Center, Washington, DC (September 24, 2014). http://www.pewsocialtrends.org/2014/09/24/record-share-of-americans-have-nevermarried/; US Census Bureau, "America's Families and Living Arrangements: 2016: Adults," Table A1.

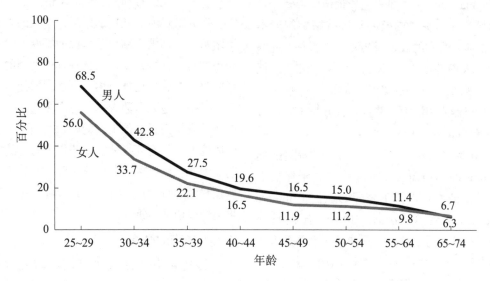

图 12 - 3　美国按年龄分组的从未结婚者的比例（2017）

资料来源：U.S. Census Bureau, "America's Families and Living Arrangements: 2017: Adults," Table A1.

的是美国婚姻的去制度化，但他承认，在欧洲的大多数地方和加拿大（以及其他地方，更广泛地说，是世界各地的 21 个工业化国家），类似的过程正在进行（Treas, Lui, and Gubernskays, 2014）。20 世纪中叶，特别是在美国，很少人对婚姻以及建立核心家庭提出质疑。结果是，大多数人把自己投入这两种社会制度之中——有时候是成功的，但更多的情况是，导致可疑的甚至是灾难性的后果。目前，随着婚姻、核心家庭和家户的去制度化，对人们来说，拒绝进入这两种安排，变得容

易多了。试验诸多其他形式的安排，也变得容易了（Rabin, 2018）。

婚姻的去制度化涉及 5 个因素。

- 第一，随着越来越多的妇女进入劳动力大军，家庭里面养家者和持家者的清晰界限被打破了。关于男人和女人应该做什么的清晰规范受到了侵蚀。这导致关于婚姻和家庭的一般性规则的清晰度丧失了。
- 第二，关于是否在婚姻和家庭中生孩子的规范，也受到了侵蚀。这反映在非婚生子的急

剧增加上。1970年代后期，婚外生育的比例是1/6，到2010年代末期，这一比例已经上升到了2/5。

- 第三，从1960年到1980年，高企并不断升高的离婚率，也导致了婚姻的去制度化。虽然在最近的几十年里离婚率有所下降，但从1960年到1970年代后期1980年代早期的高离婚率，似乎已经对婚姻观念造成了不可逆的冲击。

- 第四，同居的情况增多了，它开始于1970年代，并在21世纪的前20年里加速增长。

- 第五，1990年代，同性婚姻方兴未艾，并在21世纪进一步增加。

关于婚姻去制度化的上述观念，根植于长期的变化模型。在20世纪早期，**制度化婚姻**（institutional marriage）是占主导地位的形式。在这样的婚姻中，关注的核心是维持婚姻制度本身。对于涉入其中的人是否相爱，是否是彼此的好伴侣，人们并不怎么关心。今天，很多人把制度化婚姻视为过去的事情，但也有一些人认为，婚姻仍然充满活力，并且来日方长（Yulius, Tang, and Offord, 2018）。

305　　　到20世纪中叶的时候，**伴侣婚姻**（companionate marriage）（参阅前文关于伴侣之爱的讨论）的模式占据了主导的地位（Burgess and Locke, 1945; Simmons, 2015）。伴侣婚姻与核心家庭相互适应良好。它涉及几乎总是男性的养家者和一个女性持家者之间清晰的分工。虽然有这种严格分工，但丈夫和妻子通过情感、友谊和性等纽带联结在一起——也许正是因为有了这种分工，他们才必须通过其他方式联结。他们应该是彼此的伴侣，包括朋友、知己和情人等身份。浪漫之爱是伴侣婚姻的核心要素。

1960年代，出现了一个戏剧性的转变，即向**个体化婚姻**（individualized marriage）的转变（Lindemann, 2017）。伴侣婚姻的目标是作为一个整体的夫妇和家庭的满足，以及夫妇在家庭中所扮演的角色。可是，关注的焦点越来越向下述方向转移：每一个家庭成员个体的满足，以及个体发展自己和表达自己的能力。此外，个体化婚姻不再像伴侣婚姻那样死板，而是变得越来越开

放和灵活。另外，在针对他们的问题进行沟通并解决这些问题的时候，夫妇之间也变得越来越开放了。很多加入个体化婚姻的人，以及很多观察者，称赞与个体化婚姻相关的更多的自由和灵敏性（sensitivity），虽然这些改变并不像最初所相信的那样轮廓鲜明（Yodanis and Lauer, 2014）。

个体化婚姻兴起的一个重要原因是，妇女特别是中产阶级妇女在社会中地位的改变。例如，随着更多的妇女参加工作，她们不再被限制在持家者的角色上，也不再依赖于男性的养家者。随着更多的妇女接受高等教育，她们的就业前景变得更加光明。这把她们置于这样一个情境：与伴侣婚姻相联系的观念越来越受到质疑。妇女实施避孕和流产的机会的增加，使更多的妇女能够计划自己的生育活动，把自己从伴侣婚姻中解放出来——在涉及生育和社会化的事情上。

作为上述所有变迁的结果，今天的人在选择不结婚、晚结婚、结束不幸福的婚姻的时候，感到更加自由；特别是，在选择其他类型的亲密关系的时候，感到更加自由。不过，即使上述变迁已经发生，绝大多数人——也许多达90%——最终还是会结婚，虽然他们的婚姻会结束——在达到所谓的"只有死亡才能把我们分开"的阶段之前。因此，婚姻的去制度化，并没有达到切尔林所预想的那种程度，并且还会存在下去，虽然不再会像以前那样重要。

作为传送带的婚姻

在其著作《轮换的婚姻》（The Marriage-Go-Round, 2010）中，切尔林采用了一个稍微不同的视角，这一视角涉及"亲密伴侣的传送带"（carousel of intimate partners）。一些亲密伴侣出现在婚姻之中，但这些婚姻最终可能会终结；人们可能结婚，但也许会结多次婚。一轮一轮的分居和离婚汇入传送带，而且其速度令人咋舌。然后，出现了一系列的同居家庭，人们在其中进进出出。因此，可以说，很多人并没有放弃婚姻的观念，甚至也没有放弃婚姻的实践。但是，这些观念和实践，和与之抵牾的个人主义观念同时存在。人们希望在法律上被定义为夫妇和家庭，但同时又希望逃脱约束，并像他们所希望的那样，作为个体来行动。当前的社会学研究突出了这一

吊诡。一方面，由（美国）国家家庭和婚姻中心（National Center for Family and Marriage）进行的一年一度的高中毕业季学生调查发现，4/5 的受访者计划在某个时间结婚（Anderson，2016）。另一方面，年轻成年人的结婚率还在下降。根据一份皮尤报告，已婚夫妇在 20 岁到 34 岁年龄段人口的占比，已经从 2000 年的 45%，下降到了 2015 年的 37%（Henderson，2016）。经济上的不安全是这一下降最重要的原因之一，特别是在那些没有学士学位的男人中间（Lee，2017）。对个体来说，婚姻已经成为一种风险投资，虽然它还是有价值的。

思考题

你的大多数同龄人希望得到什么，是排他性的终身伴侣关系，如婚姻，还是作为个体来生活和行动的自由？怎样解释他们的偏好？你自己的偏好是什么？

自我祖露的亲密关系与纯粹关系

针对个体化婚姻形式以及一般意义上的人际关系，英国社会学家安东尼·吉登斯（Giddens，1992）提供了一个自相矛盾的画面。这种新型人际关系的关键，是吉登斯所谓的"自我祖露的亲密关系"（Duncan，2014；Funk and Kobayashi，2016）。夫妇之间更愿意相互祖露心迹。结果是，更多的亲密关系会发展出来。这与伴侣婚姻形成了对照，后者更可能建立在秘密和"只说一半真话"的基础之上。因此，过去的伴侣婚姻，甚至是延续到目前的很多伴侣婚姻，也许会维持几十年甚至是一辈子，虽然这些婚姻也许建立在欺骗的基础之上——这让一方或者双方生活在懵懂之中。这种婚姻中的当事人维持婚姻的原因，并不是开诚布公。他们生活在一起的原因可能是，反对离婚的社会规范，或者是"为了孩子"。

吉登斯承认自我祖露的亲密关系的长处，但他也争辩说，建立在完全祖露基础上的亲密关系，也会因为这种祖露而变得脆弱——特别是随着时间的推移，这种祖露不断进行并愈演愈烈的时候。一个人向伴侣祖露的弱点越多，对方就越

可能对这一关系感到失望。虽然如此，吉登斯和其他当代学者似乎仍然青睐建立在相互祖露基础上的关系。因为他相信，这种关系更可能是令双方满足的、平等的和民主的。此外，吉登斯主张，任何情况都比被禁锢在不信任和不满意的关系之中要好——这种关系往往和伴侣婚姻联系在一起。

由于任何类型的婚姻都可能是约束性和限制性的，吉登斯（Giddens，1992）创造了一个新的概念纯粹关系来指称新的现实。**纯粹关系**（pure relationship）是这样一种关系：进入这种关系是为了自身的利益或者是为了伴侣们都能得到什么；只有在可以从中获得满足的情况下，人们才不会离开。虽然纯粹关系也可以存在于婚姻之中，但它更可能存在于这种法定关系之外。这种观念越来越占据主导地位，结果是，至少是在部分年轻人中间，当双方发现这种关系不再令人满足的时候，他们就会让它结束。同样可能的情况是，其他的纯粹关系（一个或者是数个）可能会快速形成，甚至可能与现存关系同时存在。这与当代社会的日益个体化是相适应的，也与下述相关现象相适应：个体希望有更多的选择机会、更大的选择自由。这种现象所代表的个体化水平，甚至高于个体化婚姻所体现的个体化水平。不再受婚姻的约束，或者更可能的是根本就不结婚，使伴侣们能够自由地、在更高的水平上将自己的生活个体化。婚姻仅仅是伴侣们可以选择的种类广泛的生活方式之一。今天的人，无论进入何种亲密关系，关于这一关系解体的可能性，都从来不会脱离他们的脑海。这可能是年轻成年人推迟建立亲密关系的原因之一。他们更可能把亲密的、承诺性的关系视为成年人发展的最后阶段，而不像在 1950 年代那样，这种关系更可能发展于成年的早期阶段（Lee，2017；Silva，2015）。

纯粹关系的观念起源于西方社会，但是，与全球化时代的其他观念一样，这一观念快速地流传到了世界上其他地方（Wilding，2018）。

对家庭与亲密关系新观念的质疑

有趣的是，对关于婚姻和家庭的这些新观念的一个主要批评，在经典社会学理论家乔治·齐

美尔的著作中就已经出现（参阅第1章、第2章和第5章）。在他讨论秘密（secrecy）的一篇著名文章中，齐美尔（Simmel，1906/1950；Smith，2017）指出，在亲密关系特别是婚姻中，虽然总有向伴侣袒露一切的欲望，但这种袒露是一个大错。在齐美尔看来，所有的关系都会要求开诚布公和秘密之间的一个特定比例，婚姻也不例外。即使存在着袒露全部自我的可能性——几乎可以肯定的是，这种可能性非常小——这也只能使婚姻变得更加无聊和公事公办（matter-of-fact），因为惊喜（the unexpected）的可能性完全被消灭了。最后，我们每个人的内在资源都是有限的，而每一次袒露都会减少我们能向伴侣提供的（秘密）宝藏。只有那些拥有庞大个人财富宝库以及庞大成就宝库的人，才有能力向婚姻伴侣进行许多次的袒露。除了这些人之外，过度的自我袒露会把其他所有人都剥得精光——也许还会让他们变得更无趣。齐美尔写于一百多年前的想法，与很多当代思想家的想法形成了鲜明的对照，后者强调对亲密伙伴袒露全部心迹的重要性。

三、婚姻的坚韧性

虽然出现了上文讨论的那些变化，但仍然有人忠诚于传统的婚姻理念。在"婚姻自然主义者"（marriage naturalist）看来，"婚姻是在已经经历了一段时间的人际关系之后，人们所期望的自然结果"（Kefalas et al.，2011：847）。相反，在考虑婚姻之前，"婚姻计划者"（marriage planners）则需要在考虑结婚之前，处理一系列的现实问题。这些问题包括，找到一份薪酬良好的工作，然后建立并养活一个独立的家庭。婚姻自然主义者"把婚姻视为成为一个成年人的前提条件"，而婚姻计划者"想在结婚之前把自己打造成一个成年人"（Kefalas et al.，2011：870）。不过，在两种情况下，其目标都是结婚。

与以往任何时候相比，目前的经济不稳定对婚姻期待的形塑程度都更高，特别是在年轻的成年人中间（Lee，2017；Pugh，2015；Silva，2015）。艾莉森·皮尤（Pugh，2015）从她对80

多人进行的访谈中发现，工作不安全不但存在于工作场所，还影响我们对承诺和个人关系的期待。较富裕的职工和他们的配偶试图对抗市场的不确定性，以便保护自己的家——通过对稳定的、长期的关系的承诺。较不富裕的职工经常采取的立场是，在独立和对他人的承诺之间进行选择。对于那些追求独立的人来说，工作岗位上较低的承诺期待（commitment expectation），与人际关系中较低的承诺期待，是平行的。这些人，特别是妇女，虽然对他们的孩子无限忠诚，但不期待他们的亲密关系能够幸存下去。与此相反，那些对工作安全状况感到愤怒的人，特别是男人，在维持他们的私人关系的稳定性方面，拥有强烈的义务感，以便抵消他们在工作中所体会到的不稳定感。这些人渴望与重要他人维持长久的关系，当事情并未如此发展的时候，他们就会有被背叛和抛弃的感觉。

思考题

在你认识的已婚夫妇中，有多少人是婚姻自然主义者，又有多少人是婚姻计划者？针对那些忠诚于婚姻制度的人，你观察到其他的婚姻态度了吗？如果有的话，这些态度是什么？

四、非家庭户

在非家庭户（nonfamily household）中，其成员或者独自生活，或者与非亲属一起生活。最引人注意的是单人户或独立生活的人的增多。图12-4清楚地显示了美国的这一过程：在所有的家户中，单人户从1960年的13%上升到了2017年的28%。

单人户或"单身者"，是埃里克·克里内伯格（Eric Klinenberg）的著作《单身生活：独自生活的惊人崛起和奇特魅力》（*Going Solo：The Extraordinary Rise and Surprising Appeal of Living Alone*，2012）的主题（参阅本章"趋势"专栏）。在这本著作中，作者详细地描述了单身者数量的长期增加。目前，总计有3 100万美国人独自生

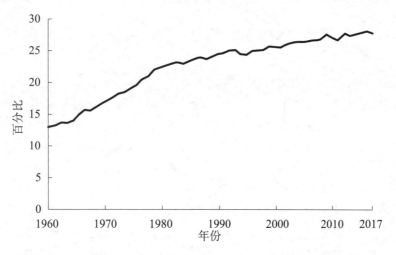

图 12-4　美国单人户百分比（1960—2017）

资料来源：U.S. Census Bureau, Current Population Survey, 1960 to 2017. Annual Social and Economic Supplements; data for 2017 from U.S. Census Bureau, "America's Families and Living Arrangements: 2016: Households," Table H1.

活。人口中增长最为迅速的一个类别，就是18岁到34岁独自生活的年轻成年人。1950年，在这一年龄阶段，只有50万人独自生活。而今天，这一年龄阶段有500万单身者，是20世纪中叶同一数据的10倍。在中年（45岁到64岁）人群中，1 500万人独自生活，还有1 000万老年人是单身户。独自生活的女人（1 700万）多于独自生活的男人（1 400万）。独自生活主要是一个城市现象，超过一半的曼哈顿住户是单身户。

五、家庭户

家庭户（family household）由两个或者更多的人构成，他们占据一个特定的住址，相互之间以血缘、婚姻或者收养关系联系在一起。家庭户的特殊性在于下述事实：家庭户的成员相互关联但并不一定结婚，而且他们占据一个特定的住址。家庭户的一个成员——*户主*（householder）——拥有或者租住一处房产，并维护它。

作为亲密关系的一种形式，在美国，或者更一般地说在全球北方，家庭户与家庭本身一样，一直在衰落（Murdock et al., 2015）。例如，1947年，90%的家户是家庭户，但到1970年的时候，这一数字下降到了80%；2018年的时候，下降到了65%（U.S. Census Bureau, 2018）。当然，毫无疑问，这意味着同一时间段之内非家庭户比例的相应上升。

一个值得注意的逆向潮流（countertrend）是，在千禧一代（18岁到34岁）中间，下述情况增多了：回家与父母同住，而不是与浪漫的伴侣住在一起（Lewin, 2016）。换言之，他们正在回到家庭户之中。2016年，与父母同住的千禧一代人（2 290万），多于和伴侣同住的人（1 990万）。

从这个意义上说，美国正变得越来越像意大利——那里的年轻成年人与他们的父母生活在一起。美国的年轻男人更可能与父母生活在一起，但这样做的年轻女人也在增多。虽然少数群体的成员更可能与父母住在一起，但与父母生活在一起的白种年轻成年人的数量，增加得也非常可观。

家庭户的其他各种改变，也值得一提：

- 人们活得更长了。与以前相比，更多的人能够在更长的时间里维持他们的家户和家庭结构。
- 妇女比男人活得更长。这意味着，在人生后期，更多妇女独自生活在非家庭户中（2017年，65岁及以上的妇女，34%的人独自生活）。
- 家庭变得越来越小。例如，1970—2017年，在全部家户中，拥有5个及以上人口的家户，占比从约21%下降到了约9%，而与此同时，只有1个人的家户，占比从约17%上升到了约28%（见图12-5）。从整体上说，在这一

308

趋势

《单身生活：独自生活的惊人崛起和奇特魅力》[企鹅书店（Penguin），2012]

埃里克·克里内伯格（Eric Klinenberg）

一个有趣的趋势——单身或独自生活的兴起，正在改变家庭、婚姻和亲密关系的动态。目前，在几乎28%的美国家户里，只有一个成员。瑞典只有一个成员的家户的比例（47%）是最高的。与此形成对照的是，印度独自生活的人的比例是最低的，只有3%。克里内伯格解释说，相对富裕的全球北方的人，正在选择独自生活，因为他们拥有这样做的经济财富和社会保障。单身的原因有以下几个。第一，日益提高的富裕程度让人们负担得起与独自生活联系在一起的较高的成本。第二，独自生活与美国和世界上大多数地方的个人主义的兴起相一致。第三，女性地位和教育水平的提高、女性高薪工作的增多，让越来越多的女性能够独自生活（虽然她们的工资仍然低于男

性，也更有可能比男性更穷）。有了更多的独立性，她们更可能晚婚、分居和离婚。第四，通信革命让人们能够在独自生活的情况下与他人进行沟通并享受娱乐。第五，大规模城市化让更多的人能够参与城市里活跃的社会生活。第六，人口正在老化，人们活得更久时，更可能只剩下一个人。

克里内伯格和他的助手们花费了7年的时间，对超过300名单身者进行了深度访谈，发现了人们在下述问题上的人口学差异：为何独自生活和怎样独自生活。年轻的独自生活者选择独自生活，是因为独自生活为他们提供了独立自主的机会和专注于自我发现的机会。大多数人在感到孤独和需要支持的时候，拥有可以依赖的强大社会网络。年长的、丧偶的单身者们选择独自生活，而不是再婚或者与其他家庭成员住在一起。当然，如果没有发展出强有力的社会网络，他们就会面对社会隔离。一般说来，与男性相比，女性更可能

因为独自生活而被污名化，她们必须更经常地为自己的独自生活进行辩护。虽然女性正在获得越来越高的社会地位，但如果她们选择保持单身或者不生孩子，她们的女性特质就会受到质疑。对于那些没有良好的经济资源的人来说，因为缺乏负担得起的住房，保持单身状态可能是非常困难的。那些需要在养老院和辅助生活机构独自生活的、体弱多病的老人，也会因为缺乏照顾和服务而吃尽苦头。为了应对这些社会变迁和挑战，克里内伯格建议我们重新设计我们的城市和郊区，以便更好地把单身者整合进社会之中——比如，为核心家庭修建更多的公寓套房，而不是单独的房屋。

edge.sagepub.com/ritzerintro5e

- 阅读发表于《纽约时报》的对克里内伯格的一篇访谈文章。
- 观看克里内伯格在他的谷歌图书发布会上对其著作进行讨论的视频。

时间段中，平均家庭人数从3.1人下降到了2.54人。

- 家庭户的衰落与下述情况有关：双亲家庭中的妇女的生育率下降了，未婚妇女的生育率上升了（这导致了更多单亲家庭的出现），离婚人口的比例上升了（从1970年到2018年，离婚男人的比例从2%上升至近9%，离婚妇女的比例从3%上升至超过10%）。

309 艾略特、扬和戴（Elliott, Young, and Dye, 2011：8）检视了金融风暴对特定类型的家庭户——复杂家庭户（complex family household）的影响。这种家庭户涉及下述人的存在："依据花名册，他和户主有关联，但不是户主的核心家庭的成员。"这种类型的家庭户有所增多，这也许反映了这一时期的经济困难，以及失业率的升高（反对的观点请参阅 Schaller, 2013）。这里可能有全部相关人员降低生活成本的动机——在经济困难时期，通过接纳扩大家庭（extended family）的成员来实现这一点。节省生活成本也是千禧一代回到家庭户的一个重要动机。

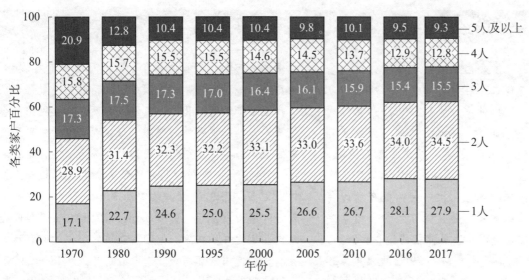

图 12 - 5 美国家户的规模（1970—2017）

资料来源：U.S. Census Bureau, Current Population Survey, Annual Social and Economic Supplement, selected years, 1970 to 2017; data for 2017 from U.S. Census Bureau, "America's Families and Living Arrangements: 2017: Households," Table H1.

六、家庭的替代形式

近年来的社会变迁，使人们能够为自己选择一种非传统的家庭结构，比如同居、单亲家庭、非同居父母家庭（family with nonresident parents）、继亲家庭与混合家庭、同性恋家庭（Few-Demo and Demo，2016）。

同居

同居（cohabitation）被定义为，两个人共享居所和一张床，但并不在法律上结婚（Kitchener，2018）。与以前相比，目前的同居伴侣显然增加了，但在所有的家户中仍居少数（7%）（Stepler，2017）。在发达国家中，美国的同居数量排名靠后。实际上，在几个欧洲国家，同居要常见得多。例如，18% 的瑞典成年人同居生活，16% 的法国成年人同居生活（Social Trends Institute，出版时间不明）。

多少人加入了这种关系，并不清楚，因为同居并不是一种常规的制度化关系，也不会留下任何法定记录。另外，不清楚的是，伴侣必须在一起生活多少个夜晚、星期、月或多少年，才能被归类为同居。不过，清楚的是，很多年轻的男人和女人（特别是 25 岁到 35 岁的人）非婚居住在一起，即使他们并不被认为，甚至自己也不认为自己是同居伴侣（Manning and Cohen，2015）。

较年长的成年人（超过 50 岁），同居的数量也显著增加了（Stepler，2017）。以这种方式居住在一起，被认为是婚姻失败者的避难所，或者是从未结婚者的避难所。人们还认为这是年轻人对结婚的尝试，或者是通向婚姻的通道（虽然在开始同居的时候，很少有人实际上正在计划结婚）。婚姻也许不会发生，甚至都不会被讨论；而且，同居伴侣也许会分手，并进入其他的亲密关系。同居伴侣最终结婚的数量一直在下降（Stanely，2018）。

同居曾经是和贫穷、缺乏教育和低层阶级联系在一起的。它被看作是"穷人的婚姻"。最近以来，在受过良好教育甚至是大学教育的人中间，同居变得越来越普遍。过去，黑人妇女比白人妇女更可能同居，但近年来，白人妇女的同居率急速上升。在这些群体之间，同居的功能有所不同。比如，对黑人来说，同居更可能是婚姻的替代形式，而对白人来说，同居可能是婚姻的前奏（DeRose，2017；Raley，Sweeney，and Wondra，2015）。无论同居的功能是什么，大多数的同居者都有各种各样的理由决定住在一起：支持、友谊和陪伴，以及爱和承诺。

社会科学家们进行了大量的研究，试图更好地理解年轻成年人为何同居，或者为何打算同居（Huang et al.，2011；Kuperberg，2014）。他们的

310

过去，一个人可能会由家人或者朋友介绍一个潜在的伴侣，并与他或她在学校、工作场所等地方见面。今天，人们可以使用一个新的中介：在线约会网站或者移动约会软件。Zoosk 宣称，自己拥有4 000 万会员。Match.com 宣称，每 5 个恋人关系，就有一个开始于在线约会网站。eHarmony 的广告吹嘘，它的网站所促成的婚姻，比任何其他在线约会服务商都多。与传统的中介不同，在线约会网站要求我们自己主动参与发现和选择伴侣的过程。例如，eHarmony 用户必须填写该网站的 29 维度兼容（29 Dimensions Compatibility）问卷，该问卷要求他们提供有关家庭背景、性格特征、沟通技能和外貌的信息。在这些信息搜集完毕并使用一系列算法进行分析之后，彼此般配的用户被相互"配对"。Match.com以类似的模式运行，虽然它允许用户提出对其理想伴侣的偏好。eHarmony 和 Match.com 之间最大的区别也许是，eHarmony 不允许其用户浏览全部用户的简历——只能浏览被网站官方"配对"的人的简历（Shepherd，2016）。不过，两个网站都向他们的会员收取服务费。

有些软件也可以提供约会服务，其中有些服务是免费的，但为付费订户提供的收费服务也是存在的。为约会服务付费是一个充满争议的话题——批评者认为，这是把爱商品化了。其他人怀疑说，在网络上会见某人，其发现真爱的概率，与在现实生活中碰到真爱的概率一样低。通过在线约会服务为潜在伴侣"配对"，可能会把花费时间来了解某个人的那种浪漫毁掉，因为你可以通过阅读简历来知道一个人的业余爱好和喜爱的颜色（Rosewarne，2016）。很多美国人对这些担忧并不在意。他们对在线约会网站和移动约会软件的使用快速增多。对年轻成年人（18～24 岁）来说，其使用率从 2013 年的 10%，上升到了 2015 年的 27%；对中年人（45～64 岁）来说，其使用率从 2013 年的 6%，上升到了 2015 年的 12%（Smith，2016）。

参与数字世界

你曾使用过在线约会网站和移动约会软件吗？如果使用过，说明是哪一个网站或移动软件，描述它如何操作，并且描述你的经验，包括你是否真的约会了那个与你"配对"的人。如果没有使用过，你会考虑使用一次吗？为什么？

研究成果包括下述事实：很多年轻人不再把婚姻看作是生孩子的必要条件，转而进入一种"奉子"同居（"shotgun" cohabitation）的安排。另外，很多年轻成年人发现，他们可以获得婚姻的某些经济好处，比如分担租金和其他生活支出，而不必做出永久性的承诺。财务稳定被视为婚姻之必需，但对于同居却并非如此。实际上，对于年轻成年人来说，高额债务特别是学生贷款，使得同居比婚姻更有吸引力，因为这样可以使他们的同居伴侣逃避对债务的法律责任（Kitchener，2018）。

同居的形式在世界各地大不相同。瑞典的同居历史很悠久，而同居的过程已经很好地制度化了。超过 90% 的第一次伴侣关系，是同居关系；超过 40% 的第一次生育发生在同居伴侣之间（Perelli-Harris and Gassen，2012）。同居者的法律地位，或者说他们的权利和义务，与已婚夫妇基本上是一样的——比如在社会保障和税收方面。高同居率导致了婚姻的重要性的下降，以及与之相关的风俗、礼仪和仪式的重要性的下降。不过，从 1998 年开始，这一模式改变的证据出现了——更多的瑞典人又开始结婚了。这逆转了1960 年代到 1990 年代之间出现的婚姻衰落趋势（Ohlsson-Wijk，Turunen，and Anderson，2017）。在其他欧洲国家——主要是天主教国家，如意大利和西班牙，同居率要低得多。有证据表明，同居现象正在整个欧洲传播，包括东欧，还有其他地方。

单亲家庭

在发达国家中，美国的单亲家庭比例最高（占全部有子女家庭的 27%），日本最低（低于 3%）（Statistics Japan，2018；U.S. Census Bureau，2016）。欧盟国家的单亲家庭比例是11%，其中英国是单亲家庭比例最高的国家之一[①]，接近 19%（Stronger Families，2015—2018）。

美国单亲家庭比例最高的原因是，几个少数群体特别倾向于拥有这样的家庭。超过一半的黑人儿童生活在单亲家庭里，而几乎 1/3 的西班牙裔儿童生活在这样的家庭里。不过，并不是所有的少数群体都拥有如此高的单亲家庭比例。在亚裔儿童中间，拥有这种家庭的儿童的比例只有 13%。这一比例，甚至比非西班牙裔白人儿童 21% 的比例还要低（Vespa，Lewis，and Kreider，2013）。

非同居父母

非同居父母（nonresident parents）是没有和孩子一起生活的父亲或者母亲（Smyth，2007）。大多数的非同居父母是父亲，虽然这种类型的母亲的数量也在增加。历史上，父亲非同居的原因有很多，包括工作、战争和监禁。当前，虽然上述原因仍然存在，但主要原因已经是非婚生育——（孩子的）父母从来没有在一起生活过，以及同居关系的破裂和婚姻解体。

在大众媒体中，分居的父母的形象是负面的，经常被贴上"无赖爸爸"（deadbeat dad）和"坏妈妈"（bad mom）的标签。在父亲缺席的情况下，人们使用不负责任的男性化（masculinization of irresponsibility）来描述"父亲拒绝为孩子提供经济支持"的现象（Kimmel，2016：173）。不过，最近的证据倾向于表明，这些标签是不公平的。很多非同居父母希望在其子女的生活中发挥积极的作用，但他们在努力扮演这一角色的时候，面临重大困难。这里涉及很多情感问题，比如与孩子短暂的和断续性的见面所导致的悲痛。主要的困难本质上是操作性的，包括没有足够的时间来承担父母责任。这导致了像迪士尼爸爸（Disneyland dad）（虽然也有迪士尼妈妈的说法）这样的说法的产生。之所以叫迪士尼爸爸，是因为这样的父亲只能短时间地探视孩子，或者是陪孩子进行娱乐性的出游（Stewart，1999）。不过，研究显示，当非同居父亲能够花时间和孩子在一起时，孩子的学习成绩会提高（Kimmel，2016）。非同居父母面临的其他困难还包括：养育子女的经济来源的缺乏；新家里面缺乏接待孩子的空间；与孩子保持联系有困难；与新住所或新家庭有关的额外责任；以及在满足孩子需求方面的困难，诸如课外活动一类的事情。很多非同居父母——大约 20% 到 50%——不能应对部分或者全部的上述困难。结果是，他们和自己的孩子很少有或者根本没有任何互动。对当事的孩子来说，这种情况又会导致很多问题，包括学习成绩不佳。

与男人相比，作为非同居母亲，妇女面临的问题更大。通常，她们拥有的经济资源更少，这使她们在扮演父母角色方面更为困难。因此，与男人相比，她们更不可能支付抚养费。妇女也许会认为，从经济资源的角度来说，父亲更适合抚养孩子。或者，在跨国妈妈（transnational mother）的例子中（Dominguez and Lubitow，2008；Hondagneu-Sotelo and Avila，2005），为孩子提供经济资源可能是她们与自己的孩子联结在一起的唯一途径——与此同时，她们还要照料和抚养其他人的孩子。对妇女来说，性别角色，如抚养和照料儿童，也为她们积极扮演非同居母亲的角色施加了更多压力。性别角色也会导致妇女被贴上负面的标签，因为她们不和自己的孩子生活在一起。虽然有这些困难，但与非同居父亲相比，非同居母亲更可能去看望自己的孩子，看望他们更为频繁，与他们有更为丰富和坦诚的会面，更可能通过电话、电子邮件和短信与他们保持联系。

非同居父母的问题与全球化高度相关，也与下述趋势高度相关：父母中至少有一方为找工作而迁移。工作迁移所造成的物理距离让母亲或者父亲角色的充分扮演变得困难，虽然这种困难会因为互联网和通过电子邮件、Skype、脸书的互动，以及通过诸如 WhatsApp 服务进行的短信交

---

① 2020 年 1 月，英国正式脱离欧盟。——译者注

流而得以部分解决。这种服务促进了新的"网络父母"（cyber parents）的出现。虽然大多数人的关注点都放在了全球化对非同居父母和他们的孩子的负面影响上，但下述可能性也是存在的：我们正在目睹全球父母职责承担（parenting）的重构——以及跨国父母（transnational parents）这种新类型的出现。这也伴随着一些好处，特别是对孩子来说。例如，为工作而迁移的父母可能最终变得富裕起来。对于那些接受了赋权且能够更好地扮演"养家者"角色的母亲来说，这一点尤其正确（Juozeliūnienė and Budginaitė, 2018）。对孩子来说，这样的父母，特别是母亲，更多地变成了养家者，而不再更多地扮演抚育者的角色。至少可以说，她们在扮演一种不同的抚育角色。显然，跨境承担父母职责是否成功，与父母的经济状况密切相关。那些因为经济原因而迁移的贫穷的父母，与那些高薪的、高层管理者父母相比，处境完全不同——后者被调到了不同的地方，但因为某些原因（比如，这个家庭已经很好地适应了目前的地方）无法把家人带去。

312 **继亲家庭与混合家庭**

继亲家庭（stepfamily）涉及结婚或同居的两个成年人，至少其中一方的至少一个孩子与他们共同生活，而这个孩子或这些孩子是由以前的婚姻或者同居产生的（Ganong and Coleman, 2017）。在**混合家庭**（blended family）中，既有伴侣一方或双方从以前的婚姻或者浪漫关系中带来的孩子，也有伴侣双方在此次婚姻或者同居中生的一个或多个孩子（Perry-Fraser and Fraser, 2018）。在美国，继亲家庭和混合家庭已经变得非常普遍，因为大约一半的婚姻中，都有一个伴侣曾经结过婚。美国人口普查局估计，50%的13岁以下的儿童，与亲生父母的一方及其伴侣生活在一起（Stepfamily Foundation, 2019）。虽然区别并不是很大，但与和亲生父母生活在一起的儿童相比，继亲家庭的儿童有学习成绩较差和行为问题较多的倾向。一个解释是，继亲家庭是"不完整的制度"（Cherlin, 1978）。也就是说，在应对问题的时候，继亲家庭不具备初婚家庭所拥有的制度化的指导和支持。

继亲家庭和初婚家庭之间的差异多种多样。

首先，继亲家庭的结构是复杂的，因为孩子们除了要与源自初婚家庭的亲生父母相处，还要与继父母相处。其次，继亲家庭常常没有时间来培育初婚家庭所拥有的家庭常规和仪式。儿童在适应这种新的、非常规生活方式方面，会有困难。再次，和再婚夫妇之间的纽带相比，初婚父母与自己孩子之间的纽带早已建立且更加牢固——至少在新关系一开始时是如此。这可能使继父母处境艰难——至少在新关系的早期是这样，虽然随着继父母在新家庭中找到自己扮演的角色，情况会有所改善。最后，继父母和继子女之间缺少法律关系，也会导致多种问题。比如，在离婚之后，继父母对继子女不享有任何权利。

在继亲家庭关系中，不论是继父还是继母，都会面临困难（Ganong and Coleman, 2017）。继父比继母要多得多，因为与父亲相比，母亲更可能在离婚后获得儿童的监护权。对于继父来说，与继子女的关系可能面临困难，因为彼此之间有一个中介，即孩子的母亲，也许还有一个不在场的父亲（Edwards, 尚未出版）。例如，对于母亲和孩子相处的所有时间，继父都可能会充满怨恨。如果继父有自己亲生的子女，就会导致忠诚上的冲突，以及在分配稀缺的金钱和时间时发生冲突。在继父母家庭中扮演父亲角色方面，继父也会面临困难。可是，与继父相比，继母所面临的困难可能更大，因为她们会感到，对她们的期待是模糊的。例如，她们应该怎样对待自己的继子女，她们是否侵入了继子女的亲生母亲的角色，这些都是不清楚的。继母还可能因为缺乏伴侣的支持而感到受挫。与作为继父的丈夫生孩子也会产生问题，因为继母可能会感觉，相较于与继子女的关系，与自己的孩子的关系更为紧密。

同性恋家庭

获得同性恋全部人口的准确数据是困难的，更不要说那些涉及长期关系的同性恋者——包括有孩子的同性恋关系——的数据了。半个世纪之前，由于文化和法律的偏见，以及对他们的制裁，男女同性恋者基本上是隐身的。在1960年代和1970年代的性解放时代，这种情况开始改变。对整体上的男女同性恋世界来说，特别是对男女同性恋家庭的形成而言，一个重要的因素，是出现于 1980 年代的艾滋病病毒/艾滋病流行（Levitt et al.，2017）。男女同性恋社区的反应是建立制度，不仅为了应对艾滋病病毒/艾滋病，也为了应对其他的关切。在这一阶段，受到支持的制度之一，就是男女同性恋家庭。以前，男女同性恋伴侣之所以要生活在一起，是因为在面对充满敌意的环境时，他们需要支持和安慰。今天，这样的关系本质上已经变得更加稳固了，特别是宏观社会越来越接受同性恋，也越来越把同性恋家庭接受为一种制度。同性恋政治把更多的注意力集中在个体的权利上，如结婚、收养孩子和做父母的权利。

同性恋夫妇和异性恋家庭既有很多相同之处，也有不同之处。一个重要的不同是，与异性恋夫妇相比，在家庭决策和家庭实践中，同性恋夫妇倾向于更有反省精神，也更民主。在家务和其他家庭责任方面，在有争议的问题方面，对于那些双方都在家庭之外工作的同性恋夫妇而言，尤其如此。男女同性恋夫妇更少受到性别角色的限制，因而他们在针对家庭事务进行谈判时，更加自由。在同性恋夫妇中，性关系的脚本（script）制度化程度较低，导致一些创造性的适应。虽然单偶制被异性恋夫妇设定为前提（经常被违反），但男同性恋夫妇却不会拘泥于性排他（sexual exclusivity）概念的实施。他们针对这一事件进行谈判，并为非单偶制的性关系制定清晰的规则（Macedo，2017）。男同性恋关系往往是脆弱的，而女同性恋关系则要稳定得多。这些性别差异与性别社会化模式、性脚本有部分关系（参阅第 11 章）。

对同性伴侣的子女的研究倾向于显示，在这样的家庭中长大，对儿童并没有产生负面的影响，比如心理问题或发展问题；或者至少与在异性恋家庭中长大的孩子相比，负面的影响并不多。虽然没有证据显示同性恋夫妇对孩子有负面影响，但这并不意味着他们与异性恋父母的孩子没有区别。例如，有证据表明，同性恋父母对他们的孩子的性别不一致（gender nonconformity）的担忧较少，而花费更多的时间与孩子追求共同的兴趣，并且更少对孩子实施体罚（Moore and Stambolis-Ruhstorfer，2013）。

不过，这种研究的对象大多是这样的孩子：他们被同性恋家庭收养，但都孕育于异性恋家庭，并且在异性恋家庭中生活过一段时间。当然，目前的同性恋夫妇更可能通过各种方式成为父母，比如人工授精（Goldberg and Allen，2013）、收养、成为寄养父母，或者成为代孕父母。虽然我们目前对这些孩子所知不多，但没有任何理由假设，他们会受到这些方法——成为同性恋父母的方法——的负面影响。实际上，我们有理由相信，与在传统的异性恋家庭长大的孩子相比，这些孩子至少会表现得同样好。

对于同性恋婚姻，存在两极的看法。一方面，整体上人们表达了对同性恋婚姻更多的宽容。另一方面，有人认为它是对宗教、道德和异性恋婚姻的一个威胁。不论人们想象中的危险有多大，总之同性恋婚姻在美国和其他很多国家变得越来越常见了（Winter，Forest，and Sénac，2018）。近至 1990 年代，在世界上任何地方，此类婚姻都不受法律承认，而且这种婚姻面临着巨大的敌意和不宽容。在 2000 年 9 月的荷兰，一个关键的事件发生了：结婚的权利被延伸到了同性伴侣的身上。从那时开始，世界各地的数个国家（比如阿根廷、比利时、加拿大、爱尔兰、挪威、葡萄牙、南非、西班牙、瑞典、英国、美国和乌拉圭）允许了同性恋婚姻。

在美国数个州把同性恋婚姻合法化之后，美国最高法院最终在 2015 年年中宣布，同性恋婚姻是符合宪法的，这使它在 50 个州都合法化了。

对于合法的同性恋婚姻，在同性恋社区里，存在着巨大的心理矛盾。有些人欢迎合法婚姻所带来的认可。对于获得与异性恋夫妇同样的权利和利益，比如儿童抚养、医学决策和遗产继承，他们同样表示赞赏。很多同性恋者欢迎同性恋婚姻合法化的原因是，它对占主导地位的异性恋的规范和价值构成了挑战。其他人把同性恋婚姻看作是向异性恋正统主义——认为异性恋才是正常的性取向的观念——的投降。他们还把同性恋婚姻看成是对独特的同性恋文化和生活方式的威胁。人们认为，（结婚的）同性恋者向过时的承诺观念和规则屈服了，而这些观念和规则会磨灭他们的独特性和创造性，特别是在涉及亲密关系的方面。作为这种矛盾心理的结果，虽然很多同性恋者感到他们应该拥有结婚的权利，但即使拥有了这样的机会，大多数人也不会真的选择结婚（Reczek，2016）。他们倾向于这样看待自己目前的关系：它为自由、创造性和婚姻关系中的平等，提供了更大的可能性。

思考题

你认为，为什么美国最高法院花了如此长的时间，才宣布同性恋婚姻符合宪法？什么因素最终改变了最高法院的立场？

知识点 12－2 | 婚姻与家庭的变化

关系	描述
核心家庭	由两个已婚的成年人及一个或多个孩子构成的家庭。
伴侣婚姻	这种婚姻强调养家者和持家者之间清晰的分工；这种婚姻通过情感、友谊和性等，把双方联结在一起。
个体化婚姻	这种婚姻的特征是，伴侣具有发展自己和表达自己的较大自由。
非家庭户	由独自生活，或者是与非亲属一起生活的人构成的家户。
家庭户	由两个或者更多的人构成的家户，他们通过血缘、婚姻或者收养关系联系在一起。
同居	两个人共享居所和床，但并不在法律上结婚。
非同居父母	没有和孩子一起生活的父亲或者母亲。
混合家庭	在这样的家庭中，既有伴侣一方或双方从以前的婚姻或者浪漫关系中带来的孩子，也有伴侣双方在此次婚姻或者同居中生的孩子。

314 # 第三节　关于家庭的理论思考

无论家庭形式如何，本书第 2 章所罗列的主要理论流派（本书自始至终都在使用这些理论）——结构／功能理论、冲突／批判理论和互动／行动理论，都可以被用来思考并理解家庭现象。

一、结构/功能理论

塔尔科特·帕森斯是杰出的结构－功能主义者，他写作的时间是在 20 世纪的中叶，那是核心家庭和家庭户如日中天的时候。在帕森斯看来，家庭作为一种结构，对社会整体承担各种重要的功能。在帕森斯时代的美国，核心家庭特别重要。核心家庭结构把其家庭成员从对**扩大家庭**（extended family）——两代或更多世代的人生活在一个家户之中或者邻近居住的家庭——的义务中解放出来，并让他们拥有了工业社会所需要的流动性。帕森斯还指出，当时的家庭制度高效和有效地承担了自己的功能，因为"表达性角色（女性）和工具性角色（男性）"之间有清晰的划分（Kimmel，2016）。

对帕森斯和结构－功能主义者来说，最重要的关切是，社会需要秩序。这一秩序的一个重要来源，是儿童的社会化：对他们行为的期待是什么，以及他们学习规范、价值和社会道德的过程。在儿童社会化过程中被传递的东西，倾向于被内化到儿童的心中，并成为通常被称作"良知"（conscience）的东西的一部分（Parsons，1951）。一般意义上的人格，特别是良知，是儿童在社会化过程中塑造成的，并在其一生中维持相对的稳定性。家庭，特别是处于繁荣阶段的核心家庭，在社会化过程中发挥了重要的作用。另外，与其他形式的家庭相比，这种家庭更可能传达一致的社会文化和社会道德意识。当然，帕森斯并没有把家庭看成是没有问题的机构，也没有认为社会化过程是完美无缺的，但他确实没有强调与家庭相关的各种问题。他宁可把家庭和社会化看成是功能性的。

这种类型的思考被那些强调家庭的功能的社会学家不断提起：

- 第一，社会必须有人替代死去的人。这种替代是通过生育来实现的，而传统上，人们更希望生育发生在家庭之中。
- 第二，家庭满足了为儿童提供身体和情感照料的需要。
- 第三，家庭承担了前文讨论过的社会化的功能。
- 第四，家庭对资源进行共享，以便满足其经济需要。
- 第五，家庭存在代际相互支持，比如父母继续给他们的成年子女以经济、情感和其他方式的支持。
- 第六，传统上，家庭发挥了控制性行为的功能。这种控制因为社会的不同而大相径庭。在美国，家庭对性行为的控制正在减弱。
- 第七，家庭是一种机制，它帮助其子女在社会上，特别是在分层体系中找到位置。

对于与家庭有关的结构-功能主义不乏批评。其中重要的一点是，它很好地适应了1950年代的现实，但与当今现实的脱节越来越严重。最尖锐的批评是，它没有承认当今世界家庭结构日益多样化。另外，结构-功能主义具有一种保守主义的偏见，它强调的是保持现状，并低估冲突，包括后一节即将讨论的一系列与家庭相关的问题（参阅第2章；Cohen，2018；Smith and Hamen，2016）。

315 **二、冲突/批判理论**

与结构-功能主义者不同，冲突论者从来不把家庭看成是一个和谐一致的单元，也不认为家

庭对宏观社会做出了确定无疑的积极贡献。一方面，家庭本身充斥着压力、紧张和冲突，这些压力、紧张和冲突导致了各种各样的家庭问题，也给宏观社会带来各种问题——这一点前文已经指出，本章后文还要讨论（Cohen，2018；Smith and Hamen，2016）。家庭是一个充满冲突的场所，这些冲突以年龄和性别为基础（例如，手足之争和亲子冲突）。这种冲突与家庭之中的权力主题有密切的联系，也与针对下列事项的冲突有着密切的联系：谁的权力最大？权力怎样使用（以及滥用）？等等。最重要的是，当一个或多个家庭成员从拥有权力的家庭成员那里抢夺权力时，冲突就会发生。

与塔尔科特·帕森斯对家庭的和谐看法形成对照的是，兰德尔·柯林斯（Collins，1975）把对冲突的看法，置于更大的分层体系之中，以及正式组织和家庭的关系之中。在柯林斯看来，家庭是性别冲突的舞台。在这个舞台上，历史上男性一直是胜利者，而女性家庭成员被置于低下的位置。类似地，家庭之内以年龄为基础的冲突中，父母总是胜利者，而孩子们相对来说是无权的。

思考题

如果你有兄弟姐妹，你是否曾经把与他们（或者与你的父母）的冲突看成是权力斗争？如果你当时没有这样想，那么现在，在冲突理论的观照之下，你会把那时的冲突看成是权力斗争吗？这样的视角有助于你更好地理解那些冲突吗？为什么？

看待家庭之中的不平等和冲突的一个重要方面是，不同成员所占有的资源。在成年人和儿童的冲突方面，父母拥有各种资源，包括更大或更多的体型、力量和经验，以及可以满足年少者需求的能力。因此，年少者更可能受到成年人的主宰。年少者拥有的少数资源，是他们外表的吸引力和体魄。与此相应，女孩接受的社会化是，修饰她们的美貌；而男孩则被鼓励发展他们的体

育技能（Kimmel，2016）。不过，随着儿童的成熟，他们会拥有其他的资源，进而更好地抗拒成年人。因此，随着儿童的成熟，代际冲突也会增多。

女性主义理论

女性主义理论倾向于对占主导地位的家庭模式——男性主导、白人、中产阶级、异性恋以及需要抚养的孩子——持批判态度。把女性主义理论和一般的冲突理论区分开来的，是对性别之间的关系采取冲突的视角。具体地说，就是对家庭内存在的关系采取冲突视角（Allen and Henderson，2017；Cohen，2018）。在女性主义者看来，家庭的内在分层建立在社会性别的基础之上：男人和女人占据不同的经济和社会地位，而且针对这些差异相互斗争。男人创造了家庭之中的劳动分工形式，并强力推行——这种分工有利于男人，不利于女人。家庭被看作是一个父权主义的社会结构，在这个结构中，男人行使权力，并压迫女人。男人的控制获得了意识形态机制的增援，在此机制中，传统的家庭规范得到了巩固。例如，女孩倾向于学习这样的观念：她们应该把家庭义务置于任何事情之上，包括她们的个人发展和个人满足。这种做法倾向于造成并支持男性主义的权力和特权。男性权力和特权的后果包括，"期待个人服务和性服务，或者是把这些服务看作是理所应当的；做出重要的家庭决策和／或否决这种决策；控制金钱和花费；等等"（Shaw and Lee，2009：387）。依据坚定的女性主义者艾玛·戈德曼（Emma Goldman）的说法，"婚姻制度把妇女变成了寄生虫，一个不折不扣的依赖者"（转引自 Shaw and Lee，2009：298）。通过接受男性权力和特权的意识形态，妇女实际上支持了对自己的压迫，并使这种压迫能够实施。这一意识形态被看作是妇女解放的主要障碍，无论是在家庭里还是在社会上。总之，可以认为，从女性主义的视角看，家庭是男人建立并传播的一种观念和结构，旨在为男人自己的利益服务，而不是为女性的利益服务。不过，需要注意的是，"婚姻（或者是任何类型的家庭伴侣关系）之中的权力平衡，部分取决于伴侣们怎样就他们关系之中的有薪工作和家务劳动进行谈判"（Shaw and Lee，2009：388）。

三、互动／行动理论

与结构／功能理论和冲突／批判理论相比，本节所讨论的互动／行动理论，亦即符号互动论和交换理论，对家庭采取了更加微观的视角。

符号互动论

符号互动论关注的是附着在身份、角色和社会关系之上的意义，把意义看成是社会建构的东西。这一视角很早就被应用于家庭研究之中（Stryker，1959）。例如，男人们对父亲角色的重要性的认识，可能有不同的层次；随着时间的推移，婚姻伴侣可能对他们的关系重新进行定义。从符号互动论视角开展的研究有约翰逊等人（Johnson，Kelch，and Johnson，2017）进行的家庭研究。该研究的主题是，家庭怎样应对家庭成员罹患痴呆症的情况，包括应对围绕着这一疾病的污名。与痴呆症患者感官接触（sensory engagement）（比如把照片作为视觉线索）和使用非语言交流（比如微笑），是家庭成员摆脱痴呆症作为悲剧或"进行中的葬礼"（ongoing funeral）这种污名的两种方式。

交换理论

交换理论从选择的视角来看待家庭，而选择建立在回报和成本的基础之上（Landor and Barr，2018）。人们进入婚姻关系，是因为他们认为，与婚姻相联系的回报超过其成本。他们还倾向于认为，与保持单身或者进入其他类型的亲密关系相比，婚姻带来的回报更多。男人和女人都从异性恋婚姻中受益，但通常是男人受益最多。不过，与单身男人和单身女人相比，已婚男人和已婚女人都活得更长、健康问题更少、性生活更多、存钱更多，出现心理问题如抑郁症的情况更少（Cohen，2018）。

当回报－成本计算使当事的伴侣感到，婚姻不再是有收益的，或者其他的选项收益更大时，婚姻就可能破裂。从这一视角出发，婚姻破裂的原因有两个。首先，如果当事人得出结论，对于一方或者双方来说，与自己熟悉的其他婚姻相比，自己的婚姻不再是令人受益的，婚姻就会破裂。换言之，与其他已婚夫妇相比，他们感受到了相对的剥夺。其次，如果他们开始相信，较高的回报和较低的成本会出现于替代性状态之中，如回到单身状态、与其他人结婚或者加入其他类型的亲密关系如同居之中，婚姻就会破裂。在后一种情况下，另一个伴侣所带来的回报，可能会被其成本部分抵消，比如，这一改变可能会对孩子造成影响。

知识点 12-3 | **关于家庭的社会学理论**

理论	主要假设
结构/功能理论	家庭是一个高效运作的社会结构，因为表达性角色（女性）和工具性角色（男性）得到了明确的界定。
冲突/批判理论	家庭是一个充满冲突的场所，这些冲突的基础是性别和年龄，以及对权力的使用和滥用。
互动/行动理论	家庭是一种有意义的关系，人们进入这种关系是因为，他们认为回报会超过成本。

第四节　家庭中的问题

家庭里的麻烦多种多样，本节将会关注其中主要的几种。

一、家庭冲突

家庭是冲突多发的地方。在传统核心家庭的丈夫、妻子、孩子之间，冲突的引爆点不计其数。在其他类型广泛的亲密关系之中，也存在着大量的冲突的可能性。虽然人们通常把离婚看成是家庭冲突的主要后果，但在离婚之前很早的时候，冲突常常就存在了，而且冲突也不一定会导致离婚。很多冲突是家庭生活表面之下的潜流，只是偶尔浮出水面。家庭冲突可以因为家庭的目标、资源，或者保护各个家庭成员利益的需要而爆发。

家庭冲突的 5 个基本模型（Kellerhals and Widmer, 2016）包括赤字模型、超载模型、文化紧张模型、利益冲突模型和失范模型。

赤字模型

赤字模型（deficit model）主张，在对家庭成员的社会化过程中的赤字导致了家庭冲突。糟糕的社会化可以归咎于太早结婚的父母，由于他们自己没有经历足够的社会化过程，因此无法对自己的孩子进行良好的社会化。其他助长家庭冲突的社会化赤字还包括，成长在一个不稳定的、充满冲突的、陷于贫困的或经济上不安全的家庭。在这样的家庭中，适当的社会化机会和学习与他人相处的机会是有限的。不充足的教育会从负面影响对孩子进行社会化的能力，也会对在家庭结构内进行沟通和谈判的能力造成负面的影响。另一种赤字是家庭纽带的缺乏，或者是与较大的社会结构之间的纽带的缺乏。这些纽带有助于对家庭中的冲突进行预防。

超载模型

超载模型（overload model）要追溯到菲利普·阿里斯（Aries, 1978）的工作。阿里斯认为，因为公共领域的衰落，私人领域包括家庭，必须接手前者懈怠了的职责，因此会承担超载的责任。国家和公共领域的其他部门做得越来越少，家庭必须补偿性地、越来越多地满足家庭成员的需求，比如为老年和退休的家庭成员提供钱物。一个超载的家庭更可能受到冲突的困扰，这些冲突的源头是，期待过度但没有满足这些期待的能力。

317

文化紧张模型

文化紧张模型（cultural tension model）关注的是源于下述情况的紧张：一方面，存在着家庭的承诺和责任；另一方面，社会越来越强调自我和个体化（Beck and Beck-Gernsheim, 2002）。个体被撕裂于这两种现象之间，缺乏应对两者的能力，就会导致家庭冲突。当家庭成员过多地关注自身，但轻视或者忽视家庭责任的时候，尤其如此。

利益冲突模型

利益冲突模型（conflict-of-interest model）涉及下述紧张关系：家庭内部越来越平等，但宏观社会里仍然存在结构性不平等，特别是在就业上。因此，虽然目前很多人相信家庭内部应该是平等的，但结构性的现实意味着工作的妇女依然承担了过多的家务责任——我们在前文已经提到。很多人对这种不平等的感受，会导致家庭冲突的激化。

失范模型

依据失范模型（anomie model），冲突源于下述事实：在谈判和组织家庭关系的时候，当代家庭只能依靠自己来进行安排（参阅第2章）。这与过去的情况形成了鲜明的对照，那时候，扩大家庭和其他的较大社会群体，以及更为宽泛的规范和价值，都会帮助家庭组织其内部关系。在家庭内部，需要找到解决办法的难事包括：怎样定义优先权、家庭内外的工作和劳动的分工；怎样分享经济和物质资源；和家庭之外的接触应该有多少，这种接触的强度应该有多大；以及什么是个人隐私，什么不是。所有这些事务都会是而且经常是家庭成员发生冲突的领域。

二、家庭中的虐待与暴力

家庭里激化了的冲突可以导致虐待和暴力。虐待和暴力的形式多种多样，但最常见的形式是父母对孩子的虐待和丈夫对妻子的暴力（这些妻子被称为"挨打的女人"）。妇女虐待其孩子甚至其丈夫的情况要少见得多。家庭暴力可能会采取情感暴力和心理暴力的方式。它还涉及身体暴力和性暴力（Ellin, 2016; Roberson and Wallace, 2016）。近年来，关于是否接受这种虐待和暴力的规范已经发生了改变，但在某些群体中和世界上的某些地方，这种行为仍然很普遍，并被社会接受。在这种情况下，父母感到虐待孩子是合理的，丈夫认为殴打妻子是可以接受的。虽然有例外，但我们应该记住，实施这些行为的大多数人，并不被认为是犯罪分子（Ross, 2018）。

儿童虐待

全世界有数亿儿童受到虐待、粗暴对待和剥削（Whittier, 2016）。根据世界卫生组织（World Health Organization, 2018）的报告，父母和权威人物最可能是虐待（身体虐待、性虐待和／或情感忽略）婴儿和幼儿的凶手。除了虐待之外，青少年也可能是同伴暴力和亲密伴侣暴力的受害者。仅仅在美国这一个国家，官方报告就显示数百万儿童（15%）受到过严重的虐待，但这一数字仅仅涉及官方报告，实际的数字要高得多。还有，官方数据仅仅包括受到严重虐待的儿童和那些明显受伤的儿童。最常见的虐待形式是父母使用器物殴打儿童（20%）；踢或者咬自己的孩子（10%）；用身体部位殴打自己的孩子（5%）（Kimmel, 2016）。父亲或者充当父亲角色的人，最可能犯这些罪错。

虐待儿童的影响是巨大的，特别是对于受害的儿童，但它对父母（或成年人）和宏观社会的影响也不可小觑。身体和情感的虐待可能会导致认知障碍（低智商或者学习成绩下降）概率的提高、道德思维能力的障碍（良知发展的不完善）以及从事暴力和犯罪活动的概率提高。这样的儿童也会对其他儿童施以暴力，包括自己的同胞。他们长大以后，也会虐待自己的孩子、配偶，甚至年老的父母（Crosson-Tower, 2018）。

对儿童的暴力和虐待的循环，会延续几代人（Steinmetz, 1987）。很多虐待自己孩子的父母自己就是儿童虐待的受害者，结果是，他们可能会产生心理问题或药物滥用问题，这又会提高他们虐待他人的概率。

这也会让社会付出代价，这种代价可以追溯到下列事情：为家庭提供的社会服务、受害者对社会贡献的减少，以及相关的医疗成本和刑事司

318

法成本。虽然可以通过干预和预防来应对涉事的成年人，但作为整体的社会结构也需要以各种方式加以改变，以减少这些问题。最为重要的是，要改变把儿童视为财产的观念——认为父母和其他成年人可以随心所欲地对待或虐待儿童。儿童需要被视为享有人权的主体。另外，参与其中的各种社会机构，需要为儿童提供更好的保护、帮助和对待。更一般地说，社会和政府需要相信使儿童受益的各种政策，并支持这些政策，比如更多和更好的儿童保育。

亲密伴侣暴力

亲密伴侣暴力（intimate partner violence，IPV），也叫家庭暴力（domestic violence）。亲密伴侣暴力主要通过胁迫、威胁、骚扰或有害的行为，对亲密关系中的伴侣使用强制力。伴侣可能受到身体和/或性、情感与心理方面的伤害；暴力可以多次出现（Peterson-Sparks，2017；Wallace and Roberson，2016）。这一领域的一个争论是，家庭暴力是否应该仅限于身体暴力？或者是否这一领域的所有虐待都够得上家庭暴力？

关于家庭暴力的研究已经很多，这些研究有下述关键发现（National Coalition Against Domestic Violence，n. d.）：

- 在美国，每分钟大约有 20 个人成为家庭暴力的受害者，每年有 1 000 万男女成为受害者。
- 在一生中，每 3 个女性就有 1 个人成为家庭暴力的受害者。
- 在一生中，每 7 个女性就有 1 个人受到过亲密伴侣的语言威吓。
- 家庭暴力占所有暴力犯罪的 15%。
- 大多数家庭暴力的女性受害者的年龄是 18～24 岁。

图 12-6 显示，从 1995 年到 2015 年，在男女两性中，家庭暴力下降了 60%。经历过家庭暴力的男性受害者比例从 2.8‰ 降低到了 0.5‰，经历过家庭暴力的女性受害者的比例从 15.5‰ 降低到了 5.4‰。

因为性别的社会化往往导致男性把暴力看作是沟通的合适手段，所以大多数的虐待者是男性。异性恋男性和同性恋男性都可能遭受亲密伴侣的暴力，当然同性恋、双性恋和酷儿人群也是一样（Cannon and Buttell，2015；Reuter et al.，2017）。经历这种暴力的男性，往往在报告暴力行为和寻求社会支持方面缺乏勇气。家庭暴力不可能被加在男性身上这样的假设，加上男性社会化的影响，可以让一个男性受害者不愿意报告。

319

除了让受害者及其家庭付出很大代价之外，家庭暴力也会让社会付出很大的代价。与非受害者相比，那些受虐待的人不能很好地在社会上发挥功能。例如，受虐待者在工作中的缺勤水平较高。另外，社会往往需要支付与之相关的成本，如医学治疗、警察介入、诉讼费用以及为受害者提供住所。

虐待老人

老人并不会因为自己的年老而逃避虐待。这毫无疑问是一个古老的问题，但直到最近的半个

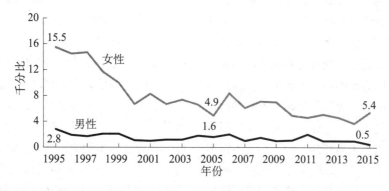

图 12-6 分性别的亲密伴侣暴力受害者比例（1995—2015）

资料来源：US Office of Justice Programs, Office for Victims of Crime, "Intimate Partner Violence" (2015).

世纪里，这一问题才引起了广泛的注意（Dong，2017）。在一项全国性的大型研究中，大约10%的受访者报告了某种类型的虐待行为（Acierno et al.，2010）。虐待老年人的形式多种多样，包括身体虐待、心理虐待、财政虐待、性虐待以及忽视。我们知道，与男人相比，老年妇女最可能受虐待，非常老的人（80岁以上）最可能成为受害者，而成年子女和配偶最可能实施虐待。除了家庭成员实施虐待，养老院里也会产生虐待行为（Reed，2018）。

思考题

你认为，家庭冲突的5个基本模型，有助于解释最经常虐待老年人的人是他们的家庭成员这一现象吗？哪一个或几个模型可以解释这一现象？怎样解释？

三、贫困与家庭

家庭结构和贫困密切相关（Cohen，2018）。例如，2017年，美国由已婚夫妇构成的家庭的贫困率是5%，而以女性为户主的家庭的贫困率是26%——是前者的5倍多。在其他发达国家，以女性为户主的家庭陷入贫困的概率要小得多，主要是因为那里有慷慨的福利项目。贫困集中于以女性为户主的家庭的情况，是性别不平等的结果的主要反映。

这里最大的争论并不是关于事实的，而是关于下述疑问的：到底是家庭结构导致了贫困，还是贫困在家庭里导致各种问题？一方面，一种主张是，脆弱的家庭结构（例如，妇女不得不独自抚养孩子）导致了贫困。独自抚养孩子的妇女很容易陷入贫困，因为她们不大可能工作，她们的孩子也会陷入贫困，因为这些母亲和不在场的父亲对他们供养不足。另一方面，有人主张贫困导致家庭的破裂。当男人离开的时候，妇女不得不独自抚养孩子，因为男人无力供养她们。或者是，如果父亲离开，母亲和孩子更有资格申请社会福利。与贫困联系在一起的情感和经济压力，对于家庭来说是难以承受的。

没有结婚，往往与带着孩子的贫困妇女联系在一起。离婚也可能把妇女特别是已经处于经济困难边缘的妇女推入贫困的境地。一般来说，离婚对所有妇女的影响都是负面的。这里唯一的争论是，离婚对妇女的影响有多么严重，给她们造成了多大的经济伤害，以及其他方面的伤害。

四、性别不平等

考虑到参与其中的男人和女人，亲密关系特别是婚姻，是不平等的。从男人和女人的视角来看，婚姻是如此不同，以至于看起来像是完全不同的制度。这些不平等表现为几种形式（Cohen，2018）。

首先，从事家务劳动的时间不平等（Barnes，尚未出版）。图12-7显示了1965年和2016年，母亲和父亲每周在有薪工作、家务劳动和儿童抚育方面花费的平均时间。2016年，母亲在家务劳动上所花的时间（每周18小时）几乎是父亲所花时间（10小时）的两倍。母亲还在儿童抚育方面比父亲每周多花6个小时的时间。虽然从1965年以来，两性时间的上述差距一直在缩小，但家庭里的性别不平等依然普遍，即使妇女的有薪工作时间显著增加了。我们知道，种族和阶级的交互作用会影响男人参与家务劳动的可能性。另外，男人花在自由支配的工作上的时间更多——至少是在某种程度上——而妇女则更可能从事常规性和重复性的劳动。母亲更可能照料孩子，而父亲更可能与孩子一起进行娱乐性的活动。在照料病人和老人方面，这一差距更大——这几乎完全是女性的责任。

其次，在权力和决策方面，也存在各种各样 *320* 的性别不平等。正像通常的社会学定义一样，在这里，权力被定义为把自己的意志强加于他人身上的能力，即使对方反对。这可能涉及强迫配偶做某些事情，或者以某种特定的方式定义一种情境。在异性恋婚姻中，男人在婚姻关系之中的权力上占有优势，因为他们体型大、体力好。他们更可能挣更多钱，他们更可能在对话中占据上风，进而把谈话引向有利于自己的方向。还有，男性权力倾向于被制度化，并且受到宗教

各项事务上花费的平均小时数

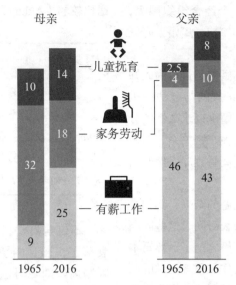

图 12－7　母亲和父亲每周花在有薪工作、家务劳动和儿童抚育上的小时数（1965 年和 2016 年）

资料来源：1965 data from table 5A.1–2, Bianchi, S. M. et al., "Changing Rhythms of American Family Life" (2006). 2016 data from Pew Research Center analysis of American Time Use Survey (IPUMS).

和风俗（特别是福音派基督徒、哈西德派犹太人、阿米什人和摩门教徒），以及政府及其政策的支持。政府往往假设，丈夫是户主，并且对养活妻子和孩子负有责任，而妻子应该照顾家庭和孩子。

上文提到，与男人相比，妇女更可能成为亲密关系中的暴力的受害者，虽然在全部暴力类型中，男人受伤害的可能性更大。1993 年，联合国通过了《消除对妇女的暴力行为宣言》（Declaration on the Elimination of Violence against Women）。在联合国内部，联合国妇女署（UN Women，即以前的 UNIFEM）特别关注发生在全世界的针对妇女的暴力，尤其是家庭暴力（参阅 www.unwomen.org/en/about-us）。全世界大多数地方都存在强烈的男孩偏好，结果是，女性胎儿更可能被流产掉，女婴更可能成为溺婴的受害者，女童更可能成为暴力的受害者。

全世界范围内，打妻子是最常见的家庭暴力形式。在世界上有些地方，打妻子以极端的形式出现：妻子被打死。新娘可能因为不忠诚（想象中的）而被烧死，也许是因为无力向丈夫支付全部嫁妆，或者甚至是因为一个怀孕的 14 岁新娘拒绝在农田里劳动——在一个特定的例子中

（Mashal，2016）。在世界上一些地方，妇女可能会因为上述"过错"被以石刑处死。电影《被投石处死的索拉雅·M.》（The Stoning of Soraya M.，2008）改编自 1994 年的同名小说。电影讲述了一个伊朗妇女被社区以石刑处死的真实故事，参与者包括她的父亲和儿子。这个女人受到了丈夫——他希望得到另一个女人——的诬告，说她对丈夫不忠。有些文化支持所谓的荣誉谋杀，即谋杀那些有下述"不名誉的"行为的女性：不忠诚、同性性关系、逃离包办婚姻、自主婚姻，甚或是不遵守着装规定。在诸如巴基斯坦、埃及、土耳其和伊朗这样的地方，荣誉谋杀广为人知，公众舆论哗然。

五、离婚

在 20 世纪，西方国家的离婚率升高了。美国是世界上离婚率最高的国家之一。不过，经常被重复引用的"统计数字"，即美国一半的婚姻以离婚告终，是不准确的。

2016 年，美 国 的 离 婚 率 是 3.2‰（CDC，2016）。美国与欧洲之间离婚率的巨大差距已经缩小，主要是因为欧洲离婚率的上升。不过，近年

来，美国和几个欧洲国家的离婚率稍有下降。例如，在1995年到2016年，18个经合组织国家，包括美国、比利时、奥地利和挪威，离婚率降低了至少0.5‰（OECD，2016）。

不论离婚率是高是低，离婚都是最广为人知的离开婚姻的方式。离婚是正式的与合法的机制，它与合法婚姻相关。很多婚姻以永久性的分居而告终，但并没有离婚。其他亲密关系，即使存在了很长时间，也并不需要离婚程序。像开始一样，其结束也是非正式的。

离婚往往是一长串家庭问题的结果，例如暴力和虐待。在考虑离婚之前很长时间，这些问题就已经出现，更不用说实施离婚之前了。离婚本身可以看作是问题，也可以看作是很多问题的源头，但也可以看作是很多问题的解决之道。离婚使配偶一方能够离开一桩糟糕的甚至是灾难性的关系。实际上，对一些人来说，这种关系，特别是"糟糕"的婚姻，才是问题，而离婚并非问题。因此，我们不应该假设离婚本身是问题——很多人是这样认为的。

321

在当今美国，以及更普遍地说，在全球北方，离婚的一个重要因素，是对自我和个人主义的日益增加的强调。这也与前文讨论过的纯粹关系有关。我们看到，在这样的关系中，包括在婚姻关系中，伴侣们不一定会感到他们要一生捆绑在一起，甚至都不会感到他们要长期地捆绑在一起。相反，只有这种关系对他们来说是功能正常的，他们才会留在这样的关系之中。一旦人们认为这一关系对他们已经不再发挥功能，他们就会轻松地离开。实际上，有些人的观点是，他们有义务离开，因为他们不应该破坏生活满意这一需求。

以前有一个倾向，即珍视完整的婚姻——并非以离婚或者其他方式结束的婚姻。从很多方面来说，一桩糟糕的婚姻，比以离婚结束的婚姻，问题要大得多。例如，不幸福的婚姻里的孩子，会有被严重忽视和羞辱的感觉（Hodgson，2018）。随着离婚更加广泛地获得接受，针对离婚者的负面态度和社会惩罚已经减少。因此，再婚的成年人更容易接受离婚并采取措施达成离婚——当他们体会到比第一次婚姻更多痛苦的时候。这提示了，结婚超过一次的人，对婚姻的承诺比较弱（Akhtar，2017）。

思考题

离婚在社会上更加被接受的原因有哪些？哪些关于个体、家庭和制度的特定规范和价值的改变，促成了这种接受？你是否认为，离婚数量的增加已经对宏观社会产生了影响？如果是的话，有哪些影响？

不仅与离婚相关的负面态度、规范和价值衰落了，而且围绕着离婚的物质环境改变了，限制离婚的障碍也减少了。最重要的一个事实是，今天的妇女可能拥有更好的物质条件来面对离婚。比如，她们的受教育水平更高，更可能是劳动力大军的一员。因此，她们也许更愿意谋求离婚，因为她们自立的能力更强了。再者，当不满意的丈夫们知道，他们的妻子在离婚之后，不仅能够从经济上养活自己，而且能够财政独立，他们会更愿意离开一桩婚姻。法律上的改变是另一个重要的客观因素，在与离婚相关的规范和价值改变以后，这些法律也发生了改变。一个重要的例子是无过错离婚（亦即不需要证明任何一方有罪错或过错），它不仅使人们离婚变得更加容易，而且似乎也与离婚率的升高有关。

与离婚概率升高有关的风险因素有很多，包括：受教育水平低；十几岁时结婚，不论在结婚之前是否同居过；贫困；有离过婚的父母；不忠诚；酒精或药物滥用；理财不善；以及家庭暴力。在欧洲，离婚的原因与美国的原因非常类似。在关系的性质方面，如果夫妻能够很好地处理他们的不同意见和愤怒，比如对不同意见有一些幽默感，婚姻就可能更为稳固，更不可能以离婚告终。相反，如果夫妻彼此轻慢，或者互有敌意，或者对不同意见做出防卫性的反应，离婚就会变得更加可能。在最近的一项研究中，妻子们提出离婚的原因是丈夫们的"坏"行为，包括不忠诚、遗弃，亦即给她们带来身体和情感上的伤害（Nurhasanah，2017）。

因素	描述
婚姻的去制度化	与婚姻相关的社会规范变弱了。
亲密伴侣暴力	在亲密关系中，一个人对其伴侣实施暴力。
纯粹关系	强调关系之中的个人，从而使长期承诺更加灵活。
妇女地位的提高	接受教育和对劳动市场的参与，为妇女提供了独立于配偶的财政安全。

322 第五节 全球家庭

正像民族国家在全球化面前受到侵蚀一样，可以说，深植于民族国家情境之中的传统家庭也在衰落之中。家庭成员已经不再需要生活在同一个国家，不再需要使用同一个护照，不再需要是一个民族，也不再需要共享特定地点的同一个家。在全球化时代，那些曾经把人们分开、使组建全球家庭变得困难甚至不可能的因素，已经变得不太重要。与以前相比，民族间的敌意、宗教差异，甚至是遥远的地理距离，对今天的家庭已经不再那么重要（Beck and Beck-Gernsheim，2012）。

一方面，这显然使各种家庭新类型和新结构变得可能，甚至是极为可能。例如，家庭成员们，甚至是伴侣们，越来越有可能生活在两个不同的国家甚至不同的大陆，并且关系运作良好（Wilding，2008）。当然，只有对于那些有支付能力的家庭来说，这一点才是真实的——而这种支付能力超越了全世界大多数人的经济能力。

另一方面，这些新情况也造成了家庭冲突的更多可能性。换言之，家庭成员给家庭带来了新的和更多样的压力和紧张；不同的语言、文化、宗教和种族相互碰撞，造成了潜在冲突和敌意的新的节点。不过，这些差异也会以各种重要的方式，使家庭和宏观社会变得更加丰富多彩。随着全球化的深入，家庭的各种交融形态（hybrid forms）将会被创造出来，导致在家庭之中和家庭之间出现创新性的有趣差异。交融文化（hybrid cultures）之间的新的混合和相互影响，将会产生不可预测的社会学变化，比如全新的风俗和传统。描述这种情况的另一种说法是，全球家庭的流动性越来越高了（Bauman，2000）。也就是说，它们不再构建牢固的、不可变异的结构——如果它们以前是这样的话。这种结构也不再是不可渗透的，特别是对全球化的影响来说。家庭受到各种各样的全球流动的影响，而且它和它的成员也越来越成为全球流动的一部分。

虽然全世界的家庭形式五花八门，但它们之间也存在巨大的相似性。因此，本章讨论的一般性概念，适用于全球。描述全世界家庭的相同和不同之处，远远超出了本节的范围。有一些社会学家致力于对不同社会的家庭进行比较研究，他们在自己的全部职业生涯中，就是在做这个工作（Goode，1963；Ingoldsby and Smith，2006；Yeh et al.，2013）。作为一个整体，全球化是关于全球流动，以及这些流动与家际关系的，而不是关于全球家庭比较的（Ritzer and Dean，2019）。在本节中，我们至少检视了一些涉及家庭或者影响家庭的全球流动。有一点是清楚的，即很多家庭主动地参与这样或那样的全球流动，没有一个家庭可以完全不受这些流动的影响。

一、涉及家庭的全球流动

涉及家庭的全球流动有 4 种主要形式。首先，整个家庭，特别是扩大家庭，可以容易地从世界上一个地方移动到另一个地方（假设他们拥有这样做的资源）。他们这样做可以因为度假，也可以因为一次临时的工作改变，或者永久地移居。

其次，家庭的某个成员首先流动至地球的不同地方，然后再把其余的家庭成员带来。通常的情况是，男性实施最初的流动。一旦他在新地方获得了足够的经济安全，就能够把其他家庭成员接来。当然，下述情况也是可能的：男人在新的地方开始新的生活，把自己的家庭留在来源国。随着经济独立的能力越来越强，更多的女性往往先流动，然后把其他家人接来（或者不接来）。不过，在全球流动中，很多妇女得到的是低薪的和低社会地位的工作——比如照料者，或者被胁迫进入全球性产业。这样的妇女不太可能获得足够强大的、让家人与其团聚的经济地位。

再次，个体可以移民他国，然后组建新的家庭。例如，发达国家有很多婚姻中介机构，这些机构的生意就是，让本国的男人和来自欠发达国家的女人结为连理。不过，这些男人和女人之间的巨大差异，往往在其关系中造成巨大的问题。一方面，伴侣之间存在着巨大的经济差异。另一方面，这些妇女往往来自一个政治和经济上不稳定的社会，这使她们在适应一个稳定的社会环境时，面临困难。婚姻中介机构往往把这些妇女描述成符合传统性别期待的样子，但她们来了以后的表现很可能不符合那些期待。总之，这些差异把女性置于相对弱势的地位，进而使她们更容易遭受各种各样的虐待。

最后，跨国收养通常涉及儿童从欠发达国家向较发达国家的流动（Högbacka，2017）。美国在收养他国儿童上领先于世界各国，而几乎没有美国儿童被其他国家收养。收养一个来自其他国家的儿童，会在很多方面改变一个家庭。这种收养也带来一些问题，比如与下述因素相关的健康风险：生在一个欠发达国家，并在这个国家至少生活了一段时间。儿童来源地和接收地之间的文化差异，也会造成一些压力。如果被收养的儿童不是婴儿的话，这一问题会尤其严重。

二、影响家庭的全球流动

作为流动世界中的一种流动现象，全球化家庭会受到其他流动现象的影响，也会影响这些流动现象——这些流动现象，构成了这个世界。在本节中，我们会检视其中的一些流动现象。

全球经济流动

家庭可能会受到各种各样的全球经济变化的影响。例如，家乡经济的萧条和世界上其他地方经济的繁荣，会导致或者迫使家庭成员去经济繁荣的地方寻找工作。他们可能被迫把家庭留在家乡，至少是临时如此。工人的这种流动可以采取各种形式：来自印度或孟加拉国的低薪建筑工人到迪拜工作；来自菲律宾的女性家政工人到新加坡照顾小孩；还有来自75～90个国家的、大多数为男性的工人，被吸引到美国常常是季节性的游轮产业中（Oyogoa，2016）。在这种情况下，家庭可能在长期分离之后破裂，而这一长期压力可能对婚姻造成永久性的负面影响，对儿童的影响也是如此。在这个手机、互联网和社交网络普及的当代世界里，上述负面影响已经有所缓解——这有助于维持家庭关系，至少是减少争吵和家庭破裂的可能性。

全球移民

全球化家庭受到了各种各样的人口流动的影响。其中最重要的是高企的全球移民率，既包括合法移民，也包括非法移民（参阅第17章）。这一事实意味着，来自世界上不同地方的非常不同的人，前所未有地聚集在一起。一些人会在自己的侨民社区之中结婚——这一社区由与自己相似的人构成，其他很多人却不这样做。那些不这样做的人，可能会同来源地、种族、民族与自己完全不同的伴侣组建家庭。正如你最近所获知的，进入混血家庭（hybrid family）的人，可能会面临各种各样的困难和敌视。未登记移民所面临的这些问题是最严重的，他们的家庭问题还和他们在这个国家的居留是非法的这一事实重叠在一起。在2016年的总统竞选中，这一情况成为一个主要议题。在竞选中，共和党候选人唐纳德·特朗普威胁说，如果他当选，就会驱逐在美国的大约1 100万未登记移民以及他们的

2015 年中期，美国和古巴恢复了外交关系。这一关系的恢复标志着漫漫政治长路上新的一步，这条路受到了古巴人家庭的重大影响——他们在其祖国发生动荡后，在美国找到了避难所。可是，2016 年特朗普总统执政以后，古美关系恶化了许多，这威胁到了有所改善的两国关系（Reuters, 2018）。

1959 年，以菲德尔·卡斯特罗为首的社会主义政权在古巴掌权；1962 年，美国对古巴禁运，到 1963 年的时候，两国之间的所有旅行都被禁止。有些古巴人在旅行禁令实施之前前往美国；其他人稍晚一些离开，其中多数人乘坐破旧的船舶偷渡，这使很多人丧命。很多人在佛罗里达州南部定居下来，定居迈阿密地区的尤其多（那里有一个"小哈瓦那"社区）。目前，超过 100 万古巴人生活在这里，代表着一股强大的经济和政治力量。很多人，特别是早期移民，属于中产阶级。数十年来，这些移民抵制美国改善美古关系的努力，不过，在 2015 协议即将实施的时候，他们开始改变。

前往古巴探望的很多人都有家人留在古巴。数十年来，探望他们

是非常困难的，或者完全不可能。不过，随着时间的推移，儿女或者其他家人对古巴的访问越来越多。正是这些以家庭为基础的关系，而不是政府之间的敌意，随着时间的推移成为推动古美两国恢复邦交的力量。虽然来美的老一代古巴人仍然对古巴政府充满敌意，但 1990 年代中期以后来美的古巴人，对古巴政府持有更加开放的态度。更重要的是，他们在古巴拥有广阔的家庭和朋友网络。他们希望探望这些亲朋，并和他们保持联系。家庭，而不是政治或意识形态，才是他们的主要动机。一位研究古巴的专家在两国关系恢复之前就指出，古巴裔美国人正在"一对一地使关系正常化"（Alvarez, 2011: A3）。

2009 年，在奥巴马总统治下，两国之间的船运和旅行限制放松了，针对古巴裔美国人访问古巴亲属的飞行限制也放松了。古巴方面开始允许其公民拥有自己的移动电话和电脑，放宽了对他们联系身在美国的家人的限制。古巴还放松了对古巴人购买房屋和企业的限制。由此，古巴裔美国人开始给古巴的家人寄送各种产品，让他们有能力开办各种各样的小企业。另外，越来越多的金钱从古巴裔美国人手里

流向了古巴，以便帮助他们的家人购买（和出售）不动产。在 2015 年协议的背景之下，所有这些变化都在加速进行。例如，从迈阿密到古巴的定期游轮于 2016 年开启。美国和古巴之间，有 6 条航线被批准；商业航班开始于 2016 年，虽然在 2017 年中期，有些航班因为美国旅行者的需求不足而被取消。最近，美国试图对这些旅行重新实施至少一部分限制。

不过，并不是所有美国人都积极地看待美国和古巴之间关系的改善。美国（以及古巴）有些人仍然希望，把对两国关系的某些限制制度化。有些美国人，特别是国会里的古巴裔美国人，担心古巴政权会在改善了的关系中变得强大。结果，对古巴的贸易禁运仍然保留。可能的情况是，身在美国和古巴的古巴家庭都会反对这种限制，并推动更加开放的两国关系。

思考题

作为 2015 年两国关系恢复的结果，美国和古巴之间的哪些流动发生了改变？家庭团圆的愿望，能够战胜美国和古巴的强硬派维持两国之间的隔离的努力吗？

孩子——后者很多在这个国家出生，因而是美国公民。

全球人口贩卖

人口贩卖就是把人作为物品进行买卖。它可能对家庭造成多方面的影响（Aronowitz, 2017）。有时候，贩卖儿童是为了进行非法收养。就合法收

养来说，儿童通常从贫弱的国家流向富强的国家。回忆一下第 11 章提到的妇女，贩运她们的目的是卖淫或者强迫婚姻，两者都有破坏家庭生活的潜力。另外还有对人类器官的全球性非法贩卖。因为这种器官贩卖，发达国家里无法在当地获得所需器官的人更有可能活下来。欠发达国家里的

穷人，售出那些并非生死攸关的器官，这些器官会被运送至发达国家，并移植给那些有钱的接受者（Negri, 2016）。虽然欠发达国家的穷人确实得到了一笔卖器官的钱，但这不过是全球富人对全球穷人的另一种剥削而已。这是一种特别可恶的剥削，这是因为，为了生存，穷人必须牺牲一些"人之所以为人"的东西。

全球性冲突

全球性冲突以数种方式影响家庭。一方面，家庭成员——如果不是整个家庭的话——可能被迫逃离，有时是去邻国，有时是去世界上其他地方。例如，在越南战争之后，超过 200 万人逃离中南半岛。很多家庭没有保持完整；实际上，几乎 6 万幸存者是无人陪伴的儿童。他们不仅常常经历心理创伤，还会在他们所居住的难民营里遭受忽视和虐待。

324　　　另一个影响是下述事实：年轻的战士最有可能死于战场。这会造成"婚姻挤压"（marriage squeeze），让妇女没有足够的合适男性伴侣可以选择（Akers, 1967; Bethmann and Kvasnicka, 2013）。这种挤压发生在1970年代和1980年代的越南。发生这种情况的另一个地方是黎巴嫩，那

里被武装冲突蹂躏了数十年。虽然并不是所有的战争都是如此，但人们发现，曾在二战中服役的人拥有较高的离婚率（Pavalko and Elder, 1990）。美军在伊拉克和阿富汗的部署，也与较高的离婚率有关（Negrusa, Negrusa, and Hosek, 2014）。同样可能的情况是，经历过武装冲突的国家的平民，也会有较高的离婚率。 325

对军人家庭来说，特别是对美国军人家庭来说，还有一个生活的现实：很多人会变成"军事游牧民"（military nomads）——在他们的军事生涯中，在各个基地之间流动（Ender, 2002）。虽然美国军方提供了大量的适当支持，但这种持续不断的移动对家庭而言是灾难性的，特别是在战时的调动中。

一个要点是，今天的家庭是全球化的有机组成部分，两者之间彼此影响。不存在所谓的典型全球化家庭，至多只是全球的各种家庭。更重要的是，今日家庭之中的人们，正处于各种全球流动的交汇点上。结果，他们深陷于持续变化的各种亲密关系之中。在这个全球化的时代，这也许是对家庭的最好定义。

知识点 12–5 ｜ 全球化对家庭的影响

全球化因素	描述
全球流动	全球性移动，如度假、变换工作、收养儿童或移民。
人口贩卖	把人或人身体的一部分作为物品进行买卖。
全球性冲突	"婚姻挤压"的原因；让妇女没有足够的合适男性伴侣可以选择。

小结

对于社会生活来说，家庭是一个至关重要的社会制度。婚姻是两个人的法定结合。它可以涉及单偶制、多偶制和共夫共妻制。在亲密关系

中，伴侣之间拥有密切的和私人的关系。有些关系的特点是，伴有短期亲密关系的激情之爱；而其他一些关系则涉及长期的、理性评价基础之上

的伴侣之爱。

长期以来，婚姻逐渐式微，传统的核心家庭也是如此——后者目前只占所有家户的大约五分之一。与婚姻联系在一起的社会规范已经弱化，导致社会失去了很多制度化婚姻和伴侣婚姻，而个体化婚姻增多。今天的很多家户是非家庭户：或者是单身独自生活，或者是同居家庭——由并不在法律上结婚的两个人组成。当代其他类型的家庭有单亲家庭、混合家庭以及同性恋家庭等。

结构/功能论者认为，家庭对社会是重要的，因为它有能力控制成年人的行为，并对儿童实施社会化。而冲突/批判论者则把家庭视为一种涉及不平等和冲突的关系，特别是在不同年龄和不同性别的家庭成员之间。互动/行动论者关注的是，与家庭联系在一起的意义和身份。

家庭冲突有5个基本模型：赤字模型、超载模型、文化紧张模型、利益冲突模型和失范模型。虐待和暴力对很多家庭造成了严重的影响，贫困也是如此。从伴侣的决策权和权力分配以及他们花在家务劳动上的时间的差异中，可以明显看出婚姻里的性别不平等。有些人发现，他们的生活因为离婚而得到了改善，而另一些离婚者感受到了负面的影响。例如，离婚倾向于给妇女带来负面的经济后果。

涉及家庭的全球流动有4种主要形式：整个家庭从世界上一个地方移动到另一个地方；单个的家庭成员先移动到地球的另一个地方，然后再把其余的家庭成员带来；个体通过移民组建新的家庭；跨国收养会把儿童从欠发达国家带到较发达的国家。全球移民、全球人口贩卖、全球性冲突都会影响全球化家庭。

326 **关键术语**（页码为原书页码，即本书边码）

混合家庭	312	家庭	300	非同居父母	311
顶石婚姻	302	家庭户	307	核心家庭	302
共夫共妻制	301	个体化婚姻	305	激情之爱	301
同居	309	制度化婚姻	304	一妻多夫制	301
伴侣之爱	301	亲密性	301	多偶制	301
伴侣婚姻	305	亲密伴侣暴力	318	一夫多妻制	301
去制度化	304	亲密关系	301	纯粹关系	306
内婚制	301	婚姻	300	继亲家庭	312
外婚制	301	单偶制	301		
扩大家庭	314	非家庭户	307		

总结性问题

1. 什么是婚姻？婚姻有哪些不同的类型？

2. 哪些因素可以解释在过去的数十年里婚姻的去制度化？

3. 家庭冲突的5个基本模型是什么？举出一个家庭冲突的例子，然后依次运用这5个模型来解释它。对你来说，哪一个最符合事实？每一个模型都有可能适用于家庭冲突吗？

4. 依据结构/功能论者的理论，家庭为何对社会如此重要？冲突/批判论者对这些结构/功能理论的批评是什么？

5. 亲密关系可以采取哪些形式？你是否认为，在美国，有些形式的亲密关系比其他形式的亲密关系更值得珍视？你认为这些价值观会在未来发生改变吗？为什么？

6. 非家庭户越来越多的原因是什么？你是否发现了其优于家庭户的地方？为什么？

7. 离婚的原因和后果各有哪些？离婚的好处和坏处各有哪些？

8. 针对亲密伴侣暴力，社会学家得出了哪些一般性的结论？针对这种暴力现象，仍在争论的问题是什么？家庭里出现的其他普遍性问题还有什么？

9. 很多社会学家发现，家庭结构与贫困密切相关。这种关系是什么？社会性别在其中发挥了什么作用？存在哪些相互对立的观点？

10. 全球化怎样影响了家庭？

第13章
教育

学习目标

1 把结构/功能理论、冲突/批判理论和互动/行动理论的视角应用于教育这一社会制度

2 讨论教育和消费之间的关系

3 描述教育中的不平等，它的来源和后果

4 比较美国教育体系和全世界其他国家的教育体系

在校园里参加"正确的"聚会

还记得你在大学一年级的经历吗？也许你住在校园里，住在一个看起来和其他新生宿舍别无二致的宿舍里。你搬了进去，布置好你的房间，开始熟悉你的室友，并考虑怎样度过你的夜晚。现在，想象今年早些时候的一个星期五晚上，你游荡在校园里，寻找一个聚会。自然天真的行为，不是吗？错！在学院和大学里，存在着一条"聚会通道"。你选择的通道——或者应该说，被允许的通道——以及你在这条通道中能够走多远，对于你和你的未来是极端重要的。

如果你来自一个有钱的家庭，你很可能被邀请进入一条"正确的"通道并参加与之相关的聚会（在高级的兄弟会中）。在那里，你可能会交一些同样来自有钱家庭的朋友，并在学校里与他们建立社交网络。在你后来的生活中，这些朋友会变成你更重要的职业网络。由此，你找到一份好工作和拥有一个光明的职业生涯的机会大大地增加了。在这样的聚会上，你甚至会遇见那个后来成为你的配偶的"正确的"人。他或她可能来自一个能够提供进入精英职业生涯机会的家庭。他或她也可能是未来对你推进职业生涯非常有帮助的那种配偶。

不过，如果你来自一个不那么优越的家庭，你的境遇很可能会大不相同。你可能完全不能进入一条聚会通道（因为你需要找兼职工作，没有时间参加聚会）；或者，如果你还能进入某条聚会通道的话，你也不太可能会被邀请参加高级的兄弟会聚会。你所参加的活动，让你结交未来"正确的"朋友和"正确的"配偶的机会很少。结果是，你的聚会通道不太可能在你以后的生活中给你多少帮助；它甚至可能阻碍你。

不过，对于所有学生来说，聚会，特别是过多的聚会，难道不会是一个问题吗？如果你是一个来自富裕家庭的学生，在你的父母的建议和财务支持下，你大概能解决这些聚会中可能出现的问题。但如果你来自一个不那么富裕的家庭，你就不太可能解决这些问题，因为你的父母所拥有的资源相对匮乏。

最终，那些富裕的学生会在学院或者大学的聚会体系中如鱼得水，而那些经济条件不太优越的学生，却并非如此。聚会体系有助于维持现有的社会分层体系，因为大学甚至是州立大学，会支持那些将巩固分层体系的聚会体系、兄弟会和姐妹会。

教育与第5章讨论过的社会化过程密切相关。实际上，两者之间没有清晰的界限，因为都涉及学习过程。一般说来，社会化更倾向于非正式的过程，而教育则在各类学校里正式进行。大多数社会化——比如学会不再用手抓饭吃——发生在家庭之中，发生于儿童早期。在孩子们开始正规学校教育之前，他们通常已经学会说话，很多情况下已经学会阅读。当美国儿童年满5岁的时候，关注焦点就从家庭里高度非正式的社会化过程，转向了学校里较为正式的教育过程。正式教育场合，比如学前教育机构、小学、初中、高中，以及学院和大学，建立在早期社会化过程的基础之上，并扩展这个基础。还有，教室规则对孩子进行关于秩序、尊重权威的教育，以及关于"顺从可以获益"的教育。在成年阶段，对新事物的学习大多发生在社会化过程之中，比如在开始一份新工作的时候，但成年人也越来越多地参与成人教育项目。总之，一部分教育发生在社会化过程之中，而社会化（例如，大学生活开始时的入学教育）也发生在教育情境中。

虽然5岁是美国和其他发达国家儿童开始上学的常规年龄，但更年幼的孩子越来越多地进入学前教育机构。只有几个月大的婴儿，被安置在日托机构里。所有的学校都把社会化和教育的过程从父母那里移向了其他人，这引发了数个社会和教育问题——当很多两三岁的幼儿，尤其是两三个月的婴儿，把他们越来越多的时间花在学前教育机构里时，问题尤其严重。

当然，学前教育仅仅是教育过程的开始。在美国以及其他工业化国家，教育会经过许多年——经过小学、初中、高中、大学、研究生院、专业学院，甚至更进一步，进入正式的成人社会化项目（Merry and Paino，尚未出版）。大多数人并不会经历所有这些阶段，虽然一个人在哪里结束自己的正规教育，对他的未来意义重大。

很明显，教育成就与就业和收入密切相关。图 13-1 显示了 2017 年教育成就与就业和收入之间的关系。25 岁及以上人群中，高中以下学历者的失业率，是拥有学士学位人群失业率的 2～3 倍；与拥有专业学位或博士学位的人相比，他们的失业率是后者的 4 倍多。当一个人在教育阶梯上上升时，他在后来的生活中失业的概率会下降。

较高的教育水平是保护自己对抗失业的利器，特别是在经济困难时期。在从 2007 年后期开始的金融风暴中，人口中受冲击最严重的群体，就是低于高中学历的人群。这次经济萧条，对拥有博士学位和高级专业学位人群的负面影响，是最小的。

随着教育水平的提高，群体的周薪中位数会显著升高，虽然与拥有专业学位人群相比，拥有博士学位人群的收入略低。2017 年，拥有专业学位人群的周薪中位数是 1 836 美元，是高中以下学历人群周薪中位数的 3.53 倍，是拥有高中学历人群周薪中位数的 2.58 倍。虽然有衡量人生成功的其他标准，但教育水平和收入无疑是极端重要的（Blau and Duncan，1967）。拥有较高学历的其他个人益处还包括，更不可能犯罪、整体健康状况更好；那些学历较高的人，在政治上也更加开放（Stewart，2018a）。

教育的巨大影响不仅体现于个体层面，在民族国家层面也是如此。因此，如果我们在全球范围内对民族国家进行比较，我们会发现拥有强大教育体系和较高教育水平的国家，经济上更加繁荣。

第一节 思考教育

与对社会的其他制度领域的检视一样，对教育的分析也需要借助于宏观理论——这些理论启发了本书。在本节，我们将通过结构/功能、冲突/批判和互动/行动视角来对教育进行讨论。

一、结构/功能理论

针对教育的结构/功能视角，可以追溯到社会学的奠基人之一——埃米尔·涂尔干。涂尔干曾经是法国索邦大学的教育科学与社会学教授。涂尔干感到，社会学的任务，是提供必需的理论和经验研究，而教育领域是应用这些理论和研究的关键领域。涂尔干把教育视为与过程联系在一起的结构，通过这个过程，人们获得各种身体、智力和道德工具，以便在社会中发挥功能。因此，对涂尔干以及后来的结构/功能论者来说，

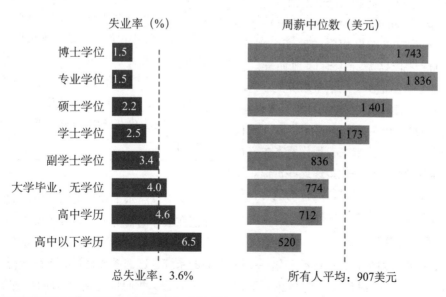

图 13-1 美国按教育水平分组的失业率和收入（2017）

资料来源：U.S. Bureau of Labor Statistics.Current Population Survey.

教育对个体和社会都是功能性的。

作为工作与生活训练的教育

涂尔干（Durkheim，1925 / 1973）认为，教育体系应该为学生们提供两种类型的训练。首先，学校应该为他们提供更广阔的社会生活所需要的训练（Prus，2011）。每一个社会都是独特的，有它自己的需要；它还有自己的文化，以及自己的道德条款、价值和规范。涂尔干希望，学校能够提供这些指南，以及社会"黏合剂"——这些黏合剂会有助于一个高度分化的社会保持规范上的连续性。而且，在这样做的时候，要把失范（参阅第 2 章）控制在最低水平上。

其次，涂尔干认为，个体需要针对他们将在生活中居处的特定"环境"进行专业化的训练。谈到"环境"的时候，涂尔干特别关注的是在现代社会中兴起的多种职业。他主张，与传统社会相比，在高度分化和复杂的现代社会中，职业的专业化程度更高。涂尔干相信，学校不应该为社会的每一个成员提供同样的教育。个体需要学习特定的技术能力，以便把他们的工作做好。而且，复杂的劳动分工意味着，对一个人的教育安排，必须与他对自己未来职业的抱负相一致。学校应该帮助所有人员获得技能——在职业环境中提高经济产出所需要的技能。涂尔干还相信，学校需要以社会生活为目的，对人员进行社会化，以便他们能够轻松地与同事们进行互动。

涂尔干指出，根据一个社会的特殊氛围和需求，教育体系应该做出相应的改变。因此，我们应该期待学校体系会因时因地而异。例如，古罗马社会试图把所有的学生培养成"行动者，致力于军事荣耀，对文学和艺术不感兴趣"（Durkheim，1922 / 1956：64）。与此相反，现代社会珍视个人主义和个人自主，现代资本主义社会的教育体系应该向年轻一代传递这些价值。涂尔干注意到，如果在古罗马进行这样的教育，就会伤害古罗马社会，让它无法维持自己的存在。

作为社会化手段的教育

针对教育体系在对年轻人进行社会化——以便其进入工业社会——时所扮演的角色，罗伯特·德里本（Dreeben，1968）后来提供了一个结构 / 功能解释。学校向学生传递 4 种主要的价值——如欲在工业社会里获得成功，这些价值至关重要。首先，学校鼓励个人独立。孩子们必须明白，在广阔的社会里，其他成年人并不会像他们的父母那样对他们有求必应。他们必须依靠自己过活。其次，学校教育孩子们看重成功。虽然家庭倾向于无条件地珍视每一个孩子，但教师对学生的认可，往往建立在良好的课堂表现之上。再次，虽然家庭的待人原则是特殊化的（particularistic），把每一个孩子都看成是一个独特的人，但学校的待人原则是普遍化的（universalistic），把儿童作为某个一般社会类别的成员来对待，如"三年级学生""有特殊需要的学生""天才学生""荣誉学生"。最后，学校传授"专一性"（specificity）的规范。家庭眼中的"完整的孩子"，作为一个特定的学生，只能以其某些特定的方面，吸引学校的注意。数学教师以其数学技能评判他的学生，对他们在其他课程上的表现不感兴趣，更不用说他们在课堂之外的行为了。日常的教学实践和教学的潜在结构共同作用，对学生进行适应宏观社会生活的社会化——通过确保他们具有被认为是社会正常运行所必需的价值。

思考题

你在小学和中学（或同等学力）的教育经历，是否如上所述，聚焦于罗伯特·德里本所认定的 4 种价值？这些价值中某个价值的执行是否更甚于其他价值？如果是的话，是哪一个或哪几个价值？为什么？如果在这 4 个价值之外，学校还传授其他的价值，它们是什么？这些价值怎样很好地反映了你的社区的价值？

总之，涂尔干和后来的结构 / 功能论者相信，即使在最坏的情况下，学校体系也是一个无害的机构；在最好的情况下，学校体系是一个高度正面的系统，这一系统是社会良性运行和个人成功所必需的。我们将会看到，冲突 / 批判论者会对上述假设提出质疑，并且认为，教育体系对某些社会群体的利益的维护，远好于对另一些社会群

体的利益的维护。

二、冲突 / 批判理论

在冲突 / 批判理论之下，有两种视角对教育在社会中所扮演的角色，提出了非常不同的看法。不过，两种视角之间的统一观点是，社会不平等将会通过教育被再生产出来，教育会强化社会分层体系。换言之，正像本章开篇语所展示的那样，教育体系倾向于帮助处于顶端的人，但会给处于分层体系底层的人带来负面的影响。

资本主义体系与教育

冲突 / 批判理论的第一个视角，在很大程度上受到了卡尔·马克思对资本主义的批判的启发（Anyon，2011）。马克思相信，一个在资本主义社会中占据主导地位的社会制度，包括其学校制度，支持资本主义制度，并使资本主义体系实现再生产。

依据这一视角，鲍尔斯和金迪斯（Bowles and Gintis，1976）指出，为了使利润最大化，资本家必须找到激励工人努力工作的手段，虽然后者只能获得利润中极少比例的部分。为了应对这一问题，学校把学生训练得服从、温顺、准时和勤劳——在资本主义体系中，所有这些特征，都会造就"好的"工人。与在工厂里和办公室里一样，学校里的学生被要求有规律地出现，并遵守工作计划；听从权威人物的命令，比如教师；做一些没有多少意义的枯燥工作；追求外在的回报，如分数，而不是追求内在的工作意义或学问。鲍尔斯和金迪斯给上述做法贴上了"隐藏的课程"的标签。那些表现出准时、可靠、执着和言行一致等特征的学生，在学校里获得最高的分数。

鲍尔斯和金迪斯（Bowles and Gintis，1976）还认定，有些员工，如经理、专业人士和其他高技能的工人，需要一套不一样的技能，以便在资本主义秩序中把角色扮演好。可以说，学校里出现的分班制度，就是为了应对这一问题（Cara，Cortina，and Eccles，2014）。有些学生有潜力获得需要创造力、独立性和解决问题能力的工作，这些学生被分入快班。在快班里，有更多渗透了上述价值的课程。奥克斯（Oakes，2005）研究了快班和慢班里的学生的课程内容和经历。她发现了支持鲍尔斯和金迪斯的理论的证据：快班的学生接受的是更为复杂的课程，并被鼓励成为独立的问题解决者，而慢班的学生会因为死记硬背、服从和温顺而受到奖励。

针对资本主义制度对经济秩序的再生产，威利斯（Willis，1977；McGrew，2011）提供了一个不同的解释。他研究了英国的工人阶级出身的学生——"后生们"（lads）。他发现，这些孩子并不是消极地屈服于学校里的规范性氛围。相反，他们积极地抵抗使他们温顺和服从权威的企图。这些孩子造成了一种"反对文化"，他们公开地嘲笑那些相信学校体系的教师和学生。不过，通过拒绝学校，这些孩子最终拥抱了工人阶级的文化，并把资本主义秩序再生产出来——像他们的父母一样，成为工厂工人。威利斯强调了学生在社会再生产过程中的积极行动者角色。

总之，受到马克思启发的冲突 / 批判理论的结论是，教育体系是一个**社会再生产**（social reproduction）体系，随着每一代新学生的进入，阶级关系和资本主义秩序被系统性地再生产出来。

工业化社会与教育

冲突 / 批判理论的第二个视角，很大程度上受到了马克斯·韦伯的著作的启发。韦伯认定，现代工业社会越来越依赖于理性化的科层组织的兴起。虽然政府科层组织早就存在，但在韦伯的时代——19世纪末20世纪初，与工业相联系的大型科层组织却是新事物。正式的、科层化的教育和专业化的资格认证的诞生，大体上是为了满足政府和工业科层组织的需求。这是因为，科层组织中的职业生涯不再是父亲留给儿子的遗产，而是建立在贤能的基础之上。

不过，韦伯并不认为，上学的主要目的是提高工人在科层体系中的技能。相反，上学有助于特定的社会群体把外来者排除在外——不让外来者进入他们的生意或者职业——进而垄断这些经济职位，控制这些经济职位的入口。上学可能成为新型不平等的基础。韦伯把这样的排外过程称为"封闭"（closure）（Klein，2016；Tholen，

2017）。简言之，在韦伯看来，教育对于社会不同群体之间的地位竞争是至关重要的。因此，虽然贤能的概念显示，每个人都有平等机会在科层秩序中获得成功，但贤能的概念也有其黑暗的一面——文凭主义。

文凭主义

兰德尔·柯林斯（Collins，1979）对上述概念进行了延伸。他关注的是教育文凭，比如所有类型的大学学位——在社会上获得成功所必需的东西（Brown et al.，2014）。他检视了美国教育机构从19世纪后期到1930年代之间的扩张。柯林斯发现，功能主义的理由，即工作所需要的技能增加了，并不能解释这一阶段中等教育和高等教育的增加。文凭数量的增加速度远快于要求复杂技能的工作数量的增加速度。在柯林斯看来，教育扩张是因为**文凭主义**（credentialism）——学位与高级职位之间的关系（Tholen，2017）。柯林斯指出，由于高社会地位和低社会地位的群体都追求向上的社会流动，因此，高社会地位的群体通过接受更多的教育和获得更多的文凭，来维持自己的社会地位。低社会地位的群体发现，获得高社会地位的群体那样的文凭是困难的。因此，通过获得更高的地位和高薪职位来提高自己在社会中的位置也是困难的——这首先需要获得那些文凭。

思考题

你是否同意下述说法：文凭主义有助于社会地位的固化，并使教育体系获得存在的正当性？为什么？

332 　　必须承认柯林斯的主张，即在这些"膨胀的"文凭里，常常没有多少真才实学。上更多的学并不能使工人的生产力更高。相反，它主要是一个提示雇主的标志：对于这份工作来说，该求职者是"正确"类型的人。因此，柯林斯相信，由地位竞争推动的教育扩张，对社会来说本质上是浪费的、低效的。

工商管理硕士（MBA）经常受到批评，被认为是一个"没有价值"的文凭。金融风暴之后，这一批评甚嚣尘上。不管怎样，正是那些拥有MBA学位的人，占据着各种高级金融职位和公司职位。在把美国和全球经济推入萧条这一点上，他们扮演了关键的角色。在MBA课程中所讲授的规范和价值——强调不惜一切代价使自己的雇主和股东利润最大化，使自己的收入最大化——是使经济过热和萧条出现的关键因素。实际上，有鉴于对萧条的思考，很多商学院开始重新考虑其MBA计划——以便让它们变得不再那么"没有价值"——进而让MBA们更有能力胜任，以避免下一次金融风暴的发生。因此，对与商业伦理相关的课程进行扩张，受到了越来越多的关注（Datar，Garvin，and Cullen，2010）。不过，从批判论者的视角来看，越来越明显的是，仅仅数年之内，就出现了对商学院里扩充伦理课程的强烈抵制（Floyd et al.，2013）。虽然持续不断的证据表明，这类课程是需要的，但抵制仍然存在。进入商学院的学生们所关注的常常是，超越其他一切事物的物质主义、权力和成功。另外，他们对商业伦理充满怀疑，也对过一种道德的生活充满怀疑（Giacalone and Promislo，2013）。

最近，创意写作艺术硕士（master of fine arts in creative writing，MFA-CW）被说成是一种"无用的"文凭（Childress and Gerber，2015）。首先，批判论者主张，总的来说，这些教育项目中的学生学不到什么东西。也就是说，人不可能被教成一个优秀的作家。其次，这些教育项目也无助于职业写作生涯的发展。用前文使用过的术语来说，这些教育项目无助于构成"封闭"。也就是说，完成这种教育项目并不能阻止没有这种文凭的人成为职业作家。实际上，大多数职业作家并没有这种高级文凭。虽然它可能有其他的功能（例如，对于那些拥有这一学位的人来说，该文凭可能成为专业认同的资源），但总体上看MFA-CW可以被看作是浪费和无效的高级学位的另一个例子。

批判论者把教育视作宏观文化的一部分。在资本主义制度中，人们认为，该文化正在制造受操纵的和不真实的大众文化（Jay，1973）。与该文化相关的观念，旨在压迫和安抚学生，并让他们变蠢。依据这一观点，教育的目的是让人们留在自己的位置上，而不是教授那些可以使他们进行创造性思考的内容，更不用说那些让他们抵抗和反叛的内容了。

知识工业

教育体系也是批判理论所说的"知识工业"的一部分（Schroyer，1970）。这里使用工业这一术语意在暗示教育与其他的传统工业，如汽车工业或者电脑工业，没有多大区别。这意味着，比如，教育体系如大学和研究所试图扩大它们在全社会的文化影响，这已经超出了它们最初的教育使命。近年来，从下述意义上说，教育体系变得越来越工业化了：越来越多的教育组织有了营利性组织的某种性质，也深受营利性组织的影响（Giroux，2012）。2016年，这种情况成为一桩丑闻。当时，唐纳德·特朗普的总统候选资格导致对他的营利性"大学"的披露：对本来经济上就已经很脆弱的学生们的收费，可达数万美元；该"大学"使用高压措施攫取这些金钱；它的教师拥有很少的资质——如果还有的话；特朗普本人在学校里并没有发挥什么作用，或者没有主动发挥作用（Barbaro and Eder，2016）。特朗普当选总统以后，虽然无数次声明他并没有结束诉讼，但他最终还是向索赔者支付了2 500万美元（Eder，2016）。"特朗普大学"现在已经停业，并最终被视为一场骗局——它的猎物是那些迷恋特朗普名声和其商业成功的人（Haberman and Weiser，2017）。

在本章"教育和消费"一节里，我们将讨论几个这样的教育组织。此外，与其他事情一样，教育也变得越来越数字化了，而批判理论已经扩展到了这一领域［参阅本章关于大型在线公开课（慕课）的"数字化生存"专栏；Berry，2014］。

三、互动 / 行动理论

符号互动论倾向于更多地从微观层面关注学校、教室，以及师生之间和同学之间的互动，等等（Barker，Quennerstedt，and Annerstedt，2015）。一个关注点是，上文讨论过的模式化的优劣体系，是怎样在教室里被强化的。有时，这会变成对标签理论的应用（第7章曾经论及）。在教室里，学生们获得各种各样的标签，比如好学生和坏学生、聪明学生和迟钝学生等。这些标签倾向于强化学生们自己以前的经验，以及教师对他们的看法，或者教师关于学生的道听途说。这种强化会在教室里实现积极行为（好的、聪明的）和消极行为（坏的、迟钝的）的再生产。学生们会强烈地意识到贴在他们身上的这些标签。他们会感受到满足与这些标签联系在一起的期待的巨大压力——这些压力既来自自己，也来自他人。

教室，尤其是中小学教室，是一种"互动秩序"，维持教室的秩序是教师的主要责任（Way，2007）。不过，这里涉及一个微妙的平衡——过多的控制会窒息教育过程，过少的控制会导致混乱，进而使任何有意义的学习都变得不可能。学生的行为可以是桀骜不驯的和攻击性的（比如学生在课堂上玩手机以及穿着奇装异服），但经常出现的情况是，学生采取惯常的行为，但仍然会扰乱课堂（Stebbins，1977）。对符号互动论者来说，这类看起来细微的日常教室行为具有重要的意义。同样具有重要意义的是，教师及其同事对此做了什么。当然，教室里还有严重得多的纪律问题。这样的例子包括越轨行为和帮派行为。公众对这些事情非常关心，符号互动论者对此也感兴趣。符号互动论者还检视了学校管理者与教师、学生之间的沟通渠道。在他们看来，这种沟通看起来是透明的，但实际上，信息掩盖和信息披露一直处于此消彼长的过程之中（Gawley，2008）。

民俗方法论者感兴趣的是，为完成考试或者讨论时事等任务，学生和教师日常所采用的方式（Baker，1997；Maynard and Marlaire，1992），或者更具体地说，是把真实的教学过程付诸实践（Figueiredo et al.，2016）。这是在很多人——包括社会学家——看来很平常的事情。关注教育的民俗方法论者的工作，很多涉及对教室对话的详细分析。这里的关键是，民俗方法论者拒绝把学生看作是**文化傀儡**（cultural dope）。文化傀儡的意思是，不知不觉地受到各种外在力量的控制，比如学校规则或者教师的要求。相反，学生和教师被看作是主动的行动者，他们有意识地参与讨论，比如对时事的讨论。民俗方法论者必须特别注意学生在教室里的言谈举止。实际上，从真实的意义上说，所谓教室，就是学生和教师的言行。对民俗方法论者来说，这就是研究的主题。而结构/功能论者和冲突/批判论者们倾向于认为，教室里所发生的事情在很大程度上是由结构性的力量决定的——教室和学校的社会结构，以及作为整体的教育体系的结构。

知识点 13-1	用社会学理论解释教育

理论	关于教育的主要假说
结构/功能理论	教育应该为个体提供两种训练：第一种是为了让个体在宏观社会中生活；第二种是特殊训练，为了让个体进入特定的职业。
冲突/批判理论	通过训练学生学会服从和勤劳，学校支持了资本主义制度，并实现资本主义制度的再生产。
互动/行动理论	学校给学生贴标签，这些标签会强化学生以前的行为，并再生产这些行为。

第二节　教育和消费

从更宽泛的意义上说，学生一直都是教育的消费者。今天的不同之处是，一个无所不包的消费社会出现了。随之出现的，还有教育的日益商业化（T. Norris, 2011b）。虽然学生们一直在消费教育，但他们并不是一直通过为商业性公司创造利润这样的方式来消费的。在美国以及其他地方，学校变成了利润的中心，而学生则变成了收入来源（Molnar, 1996/2018）。

一、商业化和教育之间的冲突

教育活动进行于被消费渗透了的各种社会。美国社会是一个最好的例子。消费并不限于在购物中心、超级市场和快餐店这样的地方进行，而是体现在整个社会之中。学生们沉浸于这样的社会之中，他们无法不把它的精神带入教育场所。在大学这一层次，教育——至少是学位——越来越被看成是一种产品，一种可以购买和消费的产品。与其他大多数消费一样，这里的重点是，对替代性的教育提供者进行评比，以便发现能够提供最大回报和花费最少金钱的那个。为大多数大学费用买单的父母们，特别倾向于从成本-收益的立场来看待大学教育。

就学院和大学来说，它们似乎越来越像是商业机构，运作得也像是商业机构（Murphy, 2017）。在主要大学的足球场和篮球场上，这一点尤其清楚——那里的比赛和职业队比赛一模一样。这些球队往往以大公司的名字命名，后者不仅要为"命名权"付费，还要为相应设施的花费买单。此外，还有公司对学院运动队甚至是高中运动队进行赞助［比如安德玛（Under Armour）的赞助］，以及对主要比赛季（比如美国全国大学生体育协会篮球季）进行赞助（Solberg, 2018）。学生宿舍越来越像酒店。人们越来越难以把学生活动中心特别是足球场与购物中心区别开来——购物中心里的各类快餐供应商，也出现在了学生活动中心（Ritzer, 2010b）。还有与特定大学绑定的信用卡，而有些学校给予一些公司排他性的许可证，比如发行维萨卡和万事达卡的公司。类似的许可证还颁发给了软饮料公司，比如可口可乐和百事。在有些情况下，校园里唯一可售卖的软饮料，就是被授予许可证的公司的饮料。虽然关于大学的传统观点和商业化的观点并存，但潮流却强烈地指向了商业化的方向

334

（Kleinman and Osley-Thomas, 2016）。

二、营利性学院[①]

除了传统的非营利性学院和大学的商业压力之外，至少直到最近，纯营利性学院的数量一直在增加，比如前文提到的"特朗普大学"以及凤凰城大学。公司更加广泛地参与了对凤凰城大学的经营，它是美国最大的营利性大学。不过，凤凰城大学的学生数量已经悬崖式下跌，从2010年的60万人，下降到今天的15.5万人。

在2016年早期，凤凰城大学被阿波罗教育集团（Apollo Group）——一个投资和私募股权公司（private equity firm）——以11亿美元的价格收购。向阿波罗教育集团的此次出售是一次减价出售，因为凤凰城大学的学生数量大量减少。学生数量的减少和低售价，又是针对凤凰城大学以及其他营利性学院的很多腐败指控的结果。这些指控包括：对就业率撒谎；"令人可疑的招生，欺骗性的广告……有问题的财务资助操作"；以及欺骗"退伍军人和低收入学生，使他们背负大额学生贷款，给他们提供低劣教育"等（Cohen and Bray, 2016）。营利性学院的学生往往会深陷债务之中；他们的学位比社区学院的学位要昂贵许多，而这些学位却可能把他们带向低薪的工作和更多的失业。因此，在急速上升（从1990年到2010年，这些学校所颁发的学士学位，增加到了原来的7倍）之后，营利性学院经历了类似的戏剧性下跌（Vara, 2016）。实际上，2015年5月，美国的第二大营利性学院科林斯学院（Corinthian Colleges）破产了（Surowiecki, 2015）。

这些机构依赖的是，非常容易得到的、联邦资助的学生贷款，以及普遍执行的开放入学政策。批评者抱怨说，进入这些机构的学生并没有为高等教育做好准备。高企的纠纷发生率证明了上述事实。与此相关的还有学生贷款返还的违约率的居高不下。图13-2显示，2015年，私立营利性机构的学生贷款返还的违约率接近16%，公立机构的相应数字是约10%，而私立非营利性机

构的相应数字只有约7%。这一现象的部分原因是，从营利性学院毕业的学生，职业前景较差，而且它们陷入债务泥潭的学生的债务额是就学于私立学院的负债学生的约2倍（Mettler, 2014）。

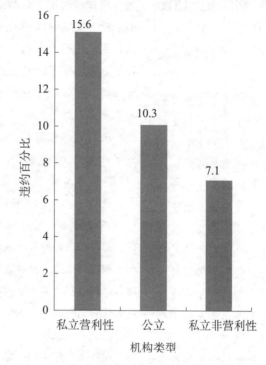

图13-2　高等教育机构学生贷款返还的违约率（2015）

资料来源：Data from Office of Federal Student Aid, Comparison of FY 2015 Official National Cohort Default Rates to Prior Two Official Cohort Default Rates.

2016年，奥巴马政府的"有益就业"（gainful employment）政策，给了营利性学院重重的一击。联邦政府意欲从那些不能带来良好就业的教育项目中抽身。这是因为花在教育上的——特别是花在营利性学院上的——数十亿美元的政府资金，并没有为学生带来能够毕业、离开学校时债务可控以及找到一份有体面薪水的工作等回报。在未来的数年内，这些政策改变效果如何，还需要观察。但清楚的是，除非对营利性学院进行深入的重组，否则它们未来会命运多舛。当然，如果能挣钱，商人们有可能找到让营利性学院复活的途径。

控制有问题的——如果不是假的——营利性学院并不容易，特别是那些存在于网络上的和总

---

① 下文相关论述不仅限于学院，亦涉及一些大学。——译者注

《低等教育：新经济中营利性学院的病态崛起》[新出版社（The New Press），2017]

特蕾西·麦克米兰·考特姆（Tressie McMillan Cottom）

美国营利性学院的学生注册数量，从 2000 年的 40 万人，上升到了 2010 年的 200 万人。为什么？考特姆认为，经济和公共政策的改变造成了一种结构性条件，这种条件让营利性学院对投资者充满了吸引力，也让它对那些没有其他教育选项的学生而言，更有可及性。华尔街的投资者们看到了高回报的机会——因为劳动力市场的不稳定性、裁军、培训责任从雇主向工人的转移，以及不平等的义务教育。政府在公共教育和社会福利项目上的开支缩减，导致了下述情况的出现："为自己赢得未来"的压力，更多地转移到了个体的身上，并且高等教育文凭被吹捧为实现这一目标的主要途径。当然，并不是所有的学生都有平等的机会进入高等教育机构，即传统学院和大学。低等教育或营利性学院，非常愿意对这些人进行资本化操作。它们在入学宣传中锁定的对象是，有色人种（特别是单亲妈妈）、第一代大学生、退伍军人，以及福利受领人。

在考特姆开始她的博士研究之前，她曾经在两所营利性学院中从事招生顾问的工作。她对这些学校怎样运作的问题拥有第一手的经验。入学是方便和迅捷的：学生们访问校园的第一天就会被录取，并且可以马上注册。实际上，学生们一定能够获得联邦学生贷款，那些花费超出学生贷款上限的学生，还可以获得某些营利性学院的内部贷款。营利性学院里的学费可能会超过 5 万美元。由于大多数在营利性学院里注册的学生未毕业，而那些已经毕业的学生常常难以找到高薪的工作，学生贷款变成了他们一个巨大的生活障碍。低等教育证明了，"确实有一种叫作'坏'教育的东西"（Cottom, 2017: 67）。低等教育不仅仅从社会不平等中盈利，而且再生产了社会不平等，也依赖于社会不平等。

edge.sagepub.com/ritzerintro5e

- 观看考特姆在《每日秀》（The Daily Show）节目中对其著作的讨论视频。
- 阅读《大西洋月刊》上关于低等教育的更多文章。

部位于美国之外的营利性学院（参阅本章"数字化生存"专栏中对教育领域的数字革命的描述）。2015 年中期，一桩丑闻被曝光：一家位于巴基斯坦的公司——Axact，以一个听起来高贵但并不存在的大学的名义，销售假的学位（Walsh, 2015）。在它的宣传片中出现的"教授"，吹嘘自己所在的教学团队声名显赫，但这些"教授"其实是雇来的演员。骗局被报道后的第二天，巴基斯坦官员搜查了 Axact 的办公室，然后关闭了它（Imtiaz and Walsh, 2015）。但是，对于那些为假文凭支付了大笔费用的人来说，这样做于事无补。而且，其他公司也可能接替 Axact 公司在在线教育领域和文凭领域的市场位置。

但也有像楷博教育（Kaplan）和西尔万（Sylvan）这样的非营利学习中心。它们承担了各种各样的教育功能，比如为学校里的问题学生提供指导。不过，它们最大的盈利项目，是为准备参加诸如 SAT 这样的考试的学生提供的课程。

三、校园里的广告

也许更重要的是，营利性公司越来越多地介入了传统的公共教育学段（public grade）和高中。金融风暴之后，由于财政危机对学校造成冲击，它们对资金的需求越来越迫切，这一进程就加速进行了。公司愿意填补上述资金空白，至少，它们可以利用这一机会，在学校里为自己的产品做广告。例如，高科技产品的一家当地零售商，向多伦多的学校体系里的一些学校捐赠了电脑。作为回报，零售商要求这些学校，依据该公司的标志的颜色和样式，对教室重新进行装修。

336

另外，只有那些在此销售商商店的购物半径之内的学校，才能得到电脑（T. Norris，2011c）。

商业介入教育的最著名的例子，是现在（截至2019年初）已经停播的第一频道新闻（Channel One News）。作为一家公司，它向一些公立初中和高中捐赠了录像设备和其他通信设备，以换取在学校里播放其节目的权利。结果是，该频道能够获得500万学生受众。这些节目

的内容，是插播了广告的新闻报道。

因为各种各样的批评，第一频道新闻停止了播放。一方面，教育工作者们担心，学生们没有能力区分教育内容和广告内容。另一方面，因为广告是在学校里播放，学生们认为这些广告比在校外看到的广告更可信（T. Norris，2011b，2011c）。虽然第一频道新闻失败了，但学校仍然以各种方式变成了被媒体主导的地方，充斥着消费文化。

知识点 13 – 2 | 教育和消费

目前的教育问题
目前，教育被看作是一种可以购买和消费的产品。
与任何其他产品一样，对教育进行评价的基础是，什么东西能以最低的成本提供最大的回报。
越来越多的营利性学院和大学，成为高等教育商业化的缩影。

第三节 教育中的不平等

贤能制（meritocracy）是一种制度体系，该制度建立在一种占主导地位的意识形态的基础之上。这种意识形态涉及下述被广泛共享的信念：所有人应该拥有实现经济成功的平等机会，这种成功应该建立在勤奋工作和技能的基础之上（参阅第4章）。在贤能制的社会里，教育是至关重要的社会制度。这是因为，它具有创造公平竞争环境的潜力，并且为努力学习、工作和竞争的人提供平等的机会，让他们沿着社会阶梯向上移动。

在结构／功能论者看来，贤能制是一种积极的进展，因为如果最重要的职位被最勤奋、技能和能力最高的人充任，社会将会因此获益。人们认为，那些在学校和生活中最成功的人，其成功是应得的。而冲突／批判论者却争辩说，在贤能制之下，占优势的群体可以使他们的财富和权力合法化。这让他们能够为自己的孩子谋取更好的机会，因而对他们的社会和经济地位进行再生产（Au，2013）。在冲突／批判论者看

来，贤能制观念是一种迷思，它促使大多数人在成功机会渺茫的情况下，仍然努力上进。如果人们包括学生，在学校和生活中不成功，自己需要为不成功承担责任。这一观点认为，并不是一个不平等的社会，而是人们自己的不努力使很多人难以成功——如果不是完全不可能的话（Littler，2017）。

在一个贤能主义（meritocratic）的社会里，我们所期待的发现是，社会出身和先赋地位（参阅第5章），对学生学习多少知识和在教育体系中能走多远没有多少影响。

可是，美国存在着一个清晰的不平等模式，这一模式提示，我们的教育体系并不是贤能主义的。在高中结束时，阅读和数学分数最高的学生，是那些父母教育水平最高的学生。如果我们考察家庭收入和父母的职业地位，同样的模式也是显而易见的。从图13-3可以看出，在种族／民族维度上，相较于黑人和西班牙裔学生，亚裔和白人学生，无论男女，都更可能完成高中学业，并获得学士学位或者更高的学位。观察一下图中的男女差异，我们发现，除了亚裔，一般来说，

与同类的男生相比，女生的高中毕业率都要高一些，并且更可能获得学士学位或者硕士学位（或者更高的学位）。

显然，社会出身和先赋特征（种族、性别）与教育成就密切相关。对很多观察者来说，这意味着，美国社会注定是一个非贤能主义的（unmeritocratic）社会。

一、《科尔曼报告》：学校为何重要？

对美国学校的第一次大规模研究，由詹姆斯·科尔曼（James Coleman）于1960年代完成。科尔曼的研究是由美国国会委托进行的，而且所有人的期待是，研究的发现会支持当时的常识：学生成绩的差异是对学校质量不平等的反映。科尔曼的研究发现，也就是著名的《科尔曼报告》（Coleman Report），使人震惊，它改变了社会学家对教育不平等的理解（Downey and Condron，2016；Jackson and Moffitt，2017）。科尔曼的研究促进了对下述假设的重新思考：教育制度可以创造机会，进而消除宏观社会中现存的阶级和种族不平等。

首先，科尔曼（Coleman，1966）对学校在"质量"上的差异程度进行了评估。他搜集了教师薪水、教师素质、图书馆图书数量、学校建筑的年龄、课程表和学校其他诸多特征的数据。从平均数字来看，与大家通常所认为的不同，在上述方面，学校大体上是相似的。后续研究支持了上述发现，而且，与科尔曼进行其研究的时候相比，过去半个世纪的改革已经使学校变得更为相似。

其次，科尔曼发现，很少有哪些学校特征与学生的学习成绩有关。学校资源，如生均经费、图书馆图书数量等等，不能预测学生的成绩。在学习成绩方面，科尔曼发现，最重要的学校特征是教师素质、家庭背景和学校学生的种族构成。在拥有较好的教师的学校，在同伴是白人和中产阶级出身的学校，学生学到的东西较多。最后，科尔曼发现，学生成绩的最佳预测指标，是学生的家庭背景。

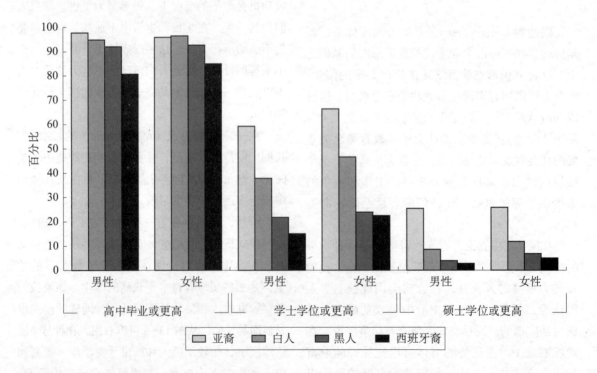

图 13-3 不同种族／民族和性别的 25 岁到 29 岁的人的教育水平（2017）

资料来源：Data from National Center for Education Statistics, Table 104.20, Percentage of Persons 25 to 29 Years Old with Selected Levels of Educational Attainment, by Race/Ethnicity and Sex: Selected Years, 1920 through 2017.

家庭制度所提供的哪些资源——社会的、物质的和其他的——可以解释科尔曼的发现：家庭背景是预测学生成绩的最佳指标？学校之间在物理特征和物质资源特征上彼此相似，这一发现让你惊奇吗？为什么？

338　　大体上说，最近对"学校教育效果"的研究支持了科尔曼的结论，即学校在资源上的差异对教育不平等的贡献，少于人们曾经的假定。关键的一点是，学校所发挥的作用，与学生带入课堂的文化资本——这种资本源于他们的社会经济背景——相比，是第二位的。有很多研究的主题，是学校资金对学习成绩的重要性。大体上说，这些研究的结果并不一致。有很多关于公立学校和私立学校之间的学生成绩差异的研究。这些研究显示，天主教高中学生拥有微小的优势（Elder and Jepsen，2014），而这些优势主要是因为更为严格的课堂作业（参阅 Bryk，Lee，and Holland，1993；Carbonaro and Covay，2010）。实际上，在小学和初中，公立学校学生的数学成绩好于私立学校学生的，在阅读上，两者同样好（Lubienski，2006）。

最后，最近的大型调查研究显示，在孩子们开始上幼儿园的时候，不同社会经济、种族和民族的学生在能力上的差异，就已经非常大了。此外，在儿童只有 2 岁的时候，这种差异就能被发现（Hill，2018）。显然，如果不平等在学生入学之前就已经存在，就不能把教育不平等的形成归咎于学校。简言之，科尔曼的研究和后续研究动摇了下述简化的解释：教育不平等仅仅反映了学生在校期间的机会不平等。

这并不是说家庭背景是决定性的，而学校无关紧要——有些人曾经这样认为。实际上，学校扮演了重要的角色。科尔曼进行研究的时候，正值民权运动的高峰期，当时的一个重要关切是，学校的种族隔离所造成的影响。使用标准化的测验工具，他观察到，黑人的成绩不如白人。不过他发现，混合学校里的黑人学生的学习成绩最好，而在主要是黑人的学校里黑人学生成绩不

佳。换言之，混合学习也是一种资源，与教师素质一样。不幸的是，旨在对学生进行种族整合的努力，导致了大规模的"白人逃离"（white flight）。公立学校的种族整合的高峰出现在 1980 年代，但从那时开始，这个国家的学校又开始了种族再隔离的过程（Rooks，2017）。例如，2014 年，在几乎是完全隔离的学校中学习的非裔美国人和拉丁裔学生的数量，与 1954 年最高法院创造历史的布朗诉托皮卡教育局案之前的数字，是一样的（Orfield et al.，2014）。图 13-4 显示，2017—2018 学年，波士顿公立学校的学生 76% 是黑人和西班牙裔，白人学生只占 14%；在华盛顿特区，在公立学校注册的学生，80% 是黑人和西班牙裔；洛杉矶公立学校的学生约 74% 是西班牙裔，只有约 10% 是白人。与 1960 年代相比，1990 年代白人和黑人之间教育成就的鸿沟缩小了（Condron et al.，2013），但从 1990 年代开始，这一鸿沟基本上维持不变（Camera，2016；Gamoran and Long，2006；Hansen et al.，2018）。

虽然不是关于《科尔曼报告》的争论的最后结论，但最近，针对不平等和学校之间的关系，唐尼和康德恩（Downey and Condron，2016）提出了一个更加微妙和平衡的观点。这一观点认为，学校会再生产甚至扩大某些不平等，但可能 339 缩小其他一些不平等（在认知能力上的差异）。

二、智力与学习成绩

对科尔曼和其他人的发现的一个解释，聚焦于内在智力差异的假说。在理查德·赫恩斯坦（Richard Herrnstein）和查尔斯·默里（Charles Murray）广受争议的《钟形曲线》（*The Bell Curve*，1994）一书中，他们提供了一个最详细和被引用最多的主张，这一主张支持了上述假设。他们指出，教育不平等主要是因为人口中"自然的"智力差异，而不是教育机会的系统差异。

赫恩斯坦和默里主张，在很大程度上，学习和学习成绩上的差异取决于智力差异。他们还主张，智力差异基本上是遗传性的（高至 80%），而且是固定的。本节将评价其中的两个主张，因为它们与我们对贤能制和学习成绩的讨论密切相关。如果智力决定学生的学习效果，如果智力大

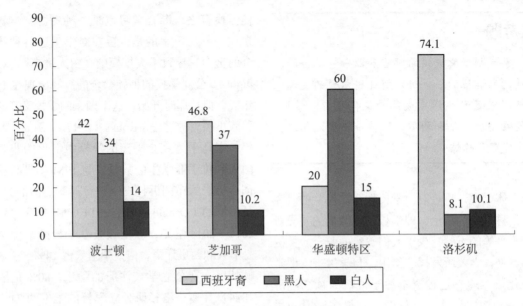

图 13 - 4　美国一些城市里公立学校的种族构成（2017—2018 学年）

资料来源：Data from Georgia Department of Education, Enrollment by Ethnicity/Race, Gender and Grade Level (PK-12)—Fiscal Year 2017–2018 Data Report; Boston Public Schools, Boston Public Schools at a Glance 2017–2018; Chicago Public Schools, School Data: Demographics (2017–2018 school year); District of Columbia Public Schools, DCPS at a Glance: Enrollment; Education Data Partnership, Los Angeles Unified: Demographics.

体上是遗传的和固定的，那么在学校里实现机会平等的努力就是无效的，做任何事情都不可能消除学生成绩的差异。

赫恩斯坦和默里关于学习和学习成绩由智力决定的说法，与下述发现是一致的：学校里学习效果好的学生拥有较高的智商。不过，智力绝不是唯一的，甚至也不是最重要的学习成绩的预测变量。安吉拉·达克沃斯和马丁·塞利格曼（Duckworth and Seligman，2005；并参阅 Duckworth and Carlson，2013）进行了一项研究。在这项研究中，他们测量了学生的"自制能力"（self-discipline），如工作习惯和耐力，并与学生的期末成绩进行了相关性分析。研究者发现，与智力相比，学生的自制能力对学生的期末成绩的影响，要大得多。这些发现与结构/功能理论和冲突/批判理论的观点是一致的。这些理论认为，掌握了学校的"潜在的课程"的学生——比如培养出最好的学习习惯的学生，最可能受到学校的奖励。

赫恩斯坦和默里的主张，亦即智力基本上是遗传的和固定的，受到很多研究者的激烈挑战。依据寄养于不同家庭的同卵双生子的数据，赫恩斯坦和默里获得了对智商的"遗传性"的估计。由不同家庭抚养的同卵双生子的智商的相似度，与同一个家庭抚养的同卵双生子的智商的相似度是一样的。这些发现显示，基因对一个人的智力的影响，大于抚养他长大的家庭的影响。

不过，最近的几项研究质疑了这一结论（Liu，2018）。首先，很高比例的收养家庭是中上阶级的家庭，几乎没有下层阶级的家庭（Stoolmiller，1999）。另外，与非收养家庭相比，收养家庭的环境彼此要相似得多。因此，由不同家庭抚养的双生子，很可能还是生活在非常相似的家庭环境之中。他们拥有相似的智商，就不令人感到奇怪了。其次，法国的一项研究，检视了收养于上层阶级家庭的孩子和收养于下层阶级家庭的孩子的智商。这一研究发现，出身于上层阶级的父母，可以把一个孩子的智商提高 12 个点（Capron and Duyme，1989）。可是，被一个上层阶级的家庭收养，也可以把一个孩子的智商提高 12 个点。最后，在过去的 50 年里，很多国家的智力测验分数都大幅度地上升了（Pietschnig，2016）。在如此短的时间里，这种大幅度的代际智力升高，与下述主张是不一致的：智力大体上是由遗传决定的、固定的。康利和多米尼克（Conley and Dominique, 2016）得出结论说，虽然遗传学可以预测教育成就，但没有证据支持下述观点：我们的人口在遗传上的分层变得越来越严重。

更令人困扰的，是赫恩斯坦和默里关于种族差异的结论。正是这些发现，让《钟形曲线》引发了如此多的争议。他们声称，白人的智力水平显著地高于黑人和西班牙裔（有趣的是，亚裔在智商上的排序最高）。很多社会科学家严格地分析了他们的研究。这些科学家发现，赫恩斯坦和默里的结论，源于一些方法错误和解释错误。包括康利和多米尼克（Conley and Dominique, 2016）在内的社会科学界的共识是，没有证据显示存在着跨种族的内在智力差异（Flynn, 2016）。

三、儿童幼年的阶级差异

如果对教育不平等的两种解释，即以学校为基础的解释和"自然的"解释，都行不通，那么还存在其他的解释吗？很多社会科学家把注意力转向了儿童的早期经历——家庭环境。贝蒂·哈特和托德·里斯利（Hart and Risley, 1995）对42个有孩子的家庭进行了一项出色的深度研究。研究开始于每一个孩子7～9个月的时候。研究者每个月拜访每个家庭一次，直到孩子满3岁。在每一次的为时一个小时的拜访中，哈特和里斯利记录当时（在场的人）说出来的每一个单词，并记录发生的事情。他们发现，他们研究的3类家庭——专业的、工人阶级的和依赖社会福利的——在与他们的孩子说话和互动方面，有显著的区别。到孩子3岁的时候，在3类家庭之间，向孩子说出的单词的数量，有巨大的差异：专业家庭说出的单词数量是3 500万个，工人阶级家庭是2 000万个，而依赖社会福利的家庭则少于1 000万个。哈特和里斯利还发现，从父母那里，专业家庭的孩子得到了更多的鼓励和更少的沮丧，以及最多样化的语言。在互动风格方面，专业家庭的父母倾向于使用疑问句来指导孩子的行为，而不是使用命令语气来这样做。对于孩子的要求，专业家庭的父母回应度也更高。

家庭环境的这些差别对早期学习效果重要吗？到3岁的时候，暴露于不同的父母实践和风格之下的孩子，其词汇发展、词汇应用和智力，与上述暴露程度高度相关。在孩子9～10岁时进行智力测量，上述效果仍持续存在。此外，早期认知能力的阶级差异，几乎完全能够用父母教养上的差异来解释。哈特和里斯利的经典研究为下述判断提供了强有力的证据：儿童在进入正规学校教育的时候，能力上已经有巨大的差异，因为从早年开始，他们就暴露在不同的家庭环境之中。

哈特和里斯利的研究强调的是，家庭的社会阶级——专业的、工人阶级的和依赖社会福利的——在学习中的作用。而最近的一项研究强调了父母的教育行为的质量和性质的作用，而不是社会阶级的作用（Rindermann and Baumeister, 2015）。当然，社会阶级仍然是重要的，而父母教育的质量，显然与社会阶级息息相关。

四、学前教育

我们能否通过改变儿童在早年经历的认知文化，来改变他们的教育效果呢？一些强化性的学前项目，显示了引人注目的效果。从1962年到1967年，来自密歇根州的伊普西兰蒂（Ypsilanti）的贫困家庭的123个黑人孩子，参与了一项激动人心的政策研究（Heckman et al., 2010; Schweinhart, Barnett, and Belfield, 2005）。一半的学生被分配到了内容丰富的学前项目［"高／宽佩里学前教育"（High／Scope Perry Preschool）］之中，而另一半即对照组没有接受任何学前教育（Stoolmiller, 1999）。到这一项目结束的时候，参加了佩里学前教育的孩子，与对照组相比，智力上得到了巨大的提高。可是，仅仅在该项目结束几年之后，这种智商优势就消失了。参加佩里学前教育的学生在学校里表现更好，是因为他们学习的动机更强。研究者对这两组学生进行了随访研究（40岁）。他们发现，与对照组相比，参加佩里学前教育的学生在成年后的表现明显更好。与对照组相比，他们更可能完成高中学业，更可能拥有一份稳定的工作，收入也更高。对照组的学生更可能被逮捕，更可能接受公共救助，更可能在婚外生孩子。

詹姆斯·海克曼（Heckman，2006）曾经估计，从长远来看，花在佩里学前教育项目上的每一美元，都会节省7美元的财政收入。由于两组之间的认知能力的差异几乎可以忽略不计，所以他把参加佩里学前教育的学生成年后获得的成功，归因于他们在学前教育中学到的更好的社会技能。

思考题

你认为，学前教育中学到的社会技能，与成年后的成功之间，有多大的关系？为什么？依据这一结论，你会给教育决策者什么样的建议？

五、假期学习与学习成绩的阶级差异

童年早期的经历解释了，为什么在儿童入学的时候，社会经济、种族和民族的差异就已经存在。可是，纵观儿童的学校时代，成就的鸿沟越来越大。这一模式提示，学校里不平等的学习机会，是加剧教育不平等的重要因素。检视学校在制造教育不平等方面的作用的一个方法是，首先测量学期里的学习所得，然后将之与学生在暑假里不在校时的学习所得进行对比。

在对假期学习的研究中，我们有两个核心发现。第一个发现是，与更加富裕的儿童相比，较差社会经济背景的儿童，在暑假里经历了更多的学习丧失（learning lose）。第二个发现是，学校在制造这一学习鸿沟方面，没有发挥显著的作用（Downey，2016）。随后出现的问题是：为什么与低社会经济地位的学生相比，高社会经济地位的学生在暑假里学到了更多的东西？为了解释这一模式，亚历山大和他的同事们（Alexander et al.，2007）把上学比喻为一个水龙头。在开学期间，对于高社会经济地位和低社会经济地位的学生来说，水龙头都是开着的，家庭背景的不同对学生的学习影响不大。可是，在暑假期间，学校的水龙头关闭了，家庭资源的不平等对学生的学

习变得更加重要。高社会经济地位的学生参加夏令营、访问图书馆、参加教育性的暑假活动，并且家里有很多教育性的资源。在暑假里，低社会经济地位的家庭为他们的孩子提供的教育资源要少得多。结果是，后者强化或者扩展自己学年收获的机会，就少得多（Pallas，2016）。

对假期学习的研究，证实了学校教育对家庭背景差异的弥补作用，也证实了学校教育的"平衡器"（equalizer）作用——真正缩小了教育的不平等（Downey et al.，2004）。科尔曼的结论是正确的：学校或者"学校教育效果"的差异，在造成教育不平等方面作用不大。不过，这一结论并不意味着，对学生成绩来说，学校是不重要的。实际上，学校缩小了学生成绩的差异，是因为学校环境的相似性远大于家庭环境的相似性。

六、学校里的不平等：分班制与学生成就

很多研究考察了这样一个问题，即在同一所学校就读的学生，是否获得了差不多的机会。美国所有层次的学校，都是根据学生的能力对他们进行划分的，而测量能力的标准是标准化测验的分数和/或等级。这就是通常所说的分班（tracking）。巴尔和德里本（Barr and Dreeben，1983）考察了一年级的阅读小组。在一个学年的开始，学生依据其阅读能力进行分组。高能组的学生学习更多的新词，与低能组的学生相比，他们提高阅读技巧的速度更快。在学年的开始，更好的阅读者被分入高能组。与低能组的学生相比，他们获得了更长的指导时间，接触了更多的新词，经历了更快的教学节奏。简言之，与表现较差的学生相比，表现较好的学生获得了更多的学习机会。结果是，在一个学年里，成绩好的学生和成绩差的学生之间的鸿沟加深了。这一过程就是所谓的**积累优势**（cumulative advantage）——让最具优势的个体获得最佳机会，随着时间的推移，这会使不平等加剧（DiPrete et al.，2006）。

随着学生在中学阶段的进步，课程分化（curricular differentiation）采取了不同班级讲授

不同内容的方式。传统上，这些课程分班和学生的未来抱负是相一致的："快班"必修的课程，为学生上4年制大学做准备，为专业生涯做准备；而"慢班"关注的是半技术工作所需的基本技能和/或职业技能，而这并不需要一纸大学文凭。各项研究的一致发现是，快班提供了更多的学习机会，因为授课的是有经验的、高素质的教师，他们对学生有较高的期望（Kelly，2004）。快班的学习接触更多的学习材料，学生接受更高质量的指导（Gamoran et al.，1995）。快班的学生更加投入，在学校里更加努力（Carbonaro，2005），这些都帮助他们以更快的速度来学习。研究一致显示，其他情况类似的学生如果被安排在快班里，会学到更多的东西——因为较高的期望（Karlson，2015）、较多的努力和更好的学习机会。最终，与慢班的学生相比，快班的学生更有可能上大学。

思考题

教育分班的实践，支持冲突/批判理论的"教育是一个再生产体系"的观点吗？为什么？

学生们是如何被分配入不同的能力群体和快慢班的？决定这种分配的是什么？在贤能制之下，自致特征（achieved characteristics）——刻苦学习和以前的学习成绩——决定哪些学生被分入快班。大多数研究发现，以前的学习成绩和分数确实是分班安排最重要的指标。由于来自高社会经济地位的学生更可能获得好成绩，与来自低社会经济地位的学生相比，他们更可能被分入快班。不过，对测验分数和等级相同的学生来说，与来自低社会经济地位的学生相比，来自高社会经济地位的学生，仍然更可能被分配到快班里（Domina，Penner，and Penner，2017）。因此，在分班安排过程中，高社会经济地位的学生受到了双重优待。

怎样解释社会经济地位在分班过程中的优势？尤西姆（Useem，1992）研究了家庭怎样影响学生在中学数学课中的安排。她发现，在分班

过程中，大学教育程度的父母拥有一些关键的优势，进而保证自己的孩子被分入快班。首先，大学教育程度的父母对下列情况知之甚多：哪些班级有更高的要求，哪些班级与高中阶段的快班联系在一起。实际上，教育水平较低的一些父母似乎不知道，数学课是要分班的。大学教育程度的父母对分班过程的运作有更好的理解，而且他们知道，怎样代表其子女进行成功的干预。其次，大学教育程度的父母很好地融入了学校的社交网络——通过家长-教师协会，或者通过志愿工作，等等。他们运用这些关系，获得了关于学校班级和教师的信息。最后，大学教育程度的父母通过下述方式影响孩子对课程的选择：鼓励他们挑战自己，鼓励他们思考这些选择的长远影响。

七、传统公立学校的替代品

并不是每个人都上公立学校。一方面，精英家庭会把他们的孩子送到私立的寄宿学校里。在那里，他们可以与自己所在的上层阶级的成员进行互动，并与其他阶级的人隔离开来（Khan，2011）。另一方面，有一些宗教群体会把自己的孩子送到教区学校，以便强化特定的世界观。天主教徒们建立了一个庞大的教区学校体系，通常是由修女或者宗教团体（religious order）的其他成员授课。很多天主教移民选择教区学校是因为，他们认为这些学校会保护他们的孩子，使孩子免受新教的不良影响——这些影响反映在主流文化及其制度上，包括公立学校。在上述两种情况下，家庭都需要付费，以便送自己的孩子进入这些替代性的机构。另外，在最高法院的布朗诉托皮卡教育局案——该判例裁定，隔离的学校违反了宪法——之后，很多白人父母逃离城区来到郊区，以免把他们的孩子送进混合学校；另有一些人把他们的孩子送到替代性的"基督教学园"（Christian academy）里。这些替代方案目前仍然继续存在，虽然在教区学校的例子中，经费困难导致了很多教区学校的关闭。不过，由于这些学校收费高，很多父母没有能力把自己的孩子送到这些替代性的学校里，或者对此犹豫不决。

在这一总体形势下，公立学校的其他三种替代方案出现了：教育券，弗校教育和在家上学，

契约学校。这些方案的拥护者之间，存在很多共同之处。首先，他们对现有的公立学校持激烈的批评态度。他们或者指责公立学校在教育效果上的缺陷，或者指责公立学校所宣扬的价值观与其特定的信仰相悖。具体到后一种情况，他们的立场包括，反对讲授进化论和进行性教育，或者是反对那些看起来是为同性恋背书的内容。其次，他们把教育看成是一种消费者购买的产品。他们相信，市场应该包括替代性产品，以备懂行的消费者选择。实际上，这种思维方式的标志，是以选择观念为中心的，后者常常具有意识形态的性质。

教育券

教育券（voucher）是政府颁发的凭证，学生可以通过它来使用公共税金，以支付私人学校的学费。试图把自己的孩子从表现不佳的公立学校中带走的家长们发现，教育券是一个有吸引力的选择。截至 2018 年，美国有 15 个州提供了 26 种依赖教育券的教育项目（EdChoice，2018）。

很多教育券学校是宗教学校。这引发了与政教分离有关的宪法问题，以及使用公共资金资助宗教学校的问题。另外，法律要求公立学校接受所有的学生，但这对私立学校却不适用。因此，法律并没有要求私立学校提供特殊教育服务（special education services）[1]——如果这样做，意味着要进行重大调整。

教育券的拥护者们争辩说，通过教育券，家长们——特别是贫穷的家长们，获得了对他们的孩子的教育的选择权（比如逃避低劣的公立学校），否则这种选择权是不存在的。[特朗普政府的教育部部长贝齐·德沃斯（Betsy DeVos）是教育券的一个主要提倡者（Stewart，2016）。]另外，他们主张，地方的公立学校面临私立学校越来越强大的竞争，这会刺激公立学校做出更多的改变，以改善其教育项目。反对者反驳说，教育券将会导致公立学校里最好的学生被掐尖（creaming off）。他们依据宪法第一修正案来质疑这种学校的合宪性。他们还表达了这样的担忧，即教育券会进一步降低公立学校的经费水平——它们本来就已经经费不足了。

教育券学校的学生是否比留在公立学校的同伴表现更好，这方面的研究很有限。不过，近期在华盛顿特区、路易斯安那州、印第安纳州和俄亥俄州进行的研究发现，使用教育券在私立学校就学的学生，在数学测验中成绩较差；在至少一项研究中，阅读成绩较差（Dynarski and Nichols，2017）。

弗校[2]教育和在家上学

1971 年，在耶鲁大学附近租来的教堂地下室里，纽黑文弗校（Unschool of New Haven）向高中年纪的学生打开了它的大门。彼得·拉罗斯（Peter Lallos）是一位教师，在其反文化观念的引领下，他试图寻找一种替代性的教育愿景。弗校（unschool）就是他的智慧产物。弗校的倡导者们相信，我们大多数人在其中虚度经年的教育制度，具有重大缺陷。

弗校的学生绝大多数是白人和中产阶级出身。作为具有自主风格的叛逆者，这些学生痛恨控制，痛恨教师们独享的教育决策权。在弗校里，在上什么课、谁来上和上多长时间的问题上，每一个学生和教师都享有平等的发言权。关于当代美国文学的传统课程，被辅以瑜伽课和替代疗法课，以及由社区志愿者讲授的一次性课程。上课时，学生们决定什么东西最重要。一个学生搭便车去了田纳西州的一个公社，并在那里待了数月。回来以后，他要求获得（以此经历为基础的）学分。作为惯例，全体学生对此进行投票，上述要求获得批准。承认替代性教育项目的一些学院，表达了接受弗校毕业生的意愿。 *343*

弗校实验被证明是短命的，它于 1975 年结束。弗校教育受到了约翰·霍尔特（John Holt，1923—1985）的影响，在其职业生涯的早期，他试图改革公立学校系统。后来，霍尔特放弃了这些努力，并成为"在家上学"的重要倡导者。弗校教育的思想，保存在"在家上学"运动以及其他运动之中。在家上学的核心，就是在家里而不

---

① 特殊教育服务，即为残疾儿童等提供的教育服务。——译者注
② Unschool，这里翻译为"弗校"，指的是一种非常规学校。——译者注

是在学校里教育孩子。霍尔特的书《自己教育孩子》（Teach Your Own）（Holt and Farenga，2003）经常被称作在家上学的《圣经》。霍尔特警告家长，不要仅仅简单地承担教师的角色，而要认识到，孩子的学习并不需要强迫。霍尔特主张，孩子的好奇心是天然的。在此主张之下，他鼓励父母让孩子自己决定需要学习的内容和学习的时间。他还指出，孩子知道怎样学习。一个服膺此观点并且在家教育孩子的母亲，在其博客里写道："我们决定，由卡西迪（Cassidy）确定学什么、何时学、在哪里学、学多少和跟谁学。我们从来不用学校教材，也不上课。当他提出问题时，我们才回答问题；当他想要进入真实世界的时候，我们才帮助他实现愿望。我们把这个叫作弗校教育（unschooling）。"（Shosie，2011）

在过去的数年里，在家上学越来越受欢迎（Rich，2015）。在 2015 年到 2016 年，只有 3% 的学龄人口是在家上学的。这类孩子大概有 200 万，其中大多数是白人（59%）。在家上学的孩子中，

26% 是西班牙裔，8% 是黑人，3% 是亚裔和太平洋岛民（U.S. Department of Education，2017）。在其他很多国家，在家上学的人数也在增加（Donnelly and Huebner，2018），但目前美国在家上学的学龄儿童的比例是最高的（Richardson，2018）。

如表 13-1 所示，很多在家上学的孩子的父母（61%），对公立学校提供的教育的质量感到不满，并相信他们的孩子在这些学校里面对的挑战不够。更多的父母（80%）对学校里的环境因素表示担忧，比如安全、毒品和负面的同伴压力。不过，很多父母在家教育自己的孩子，是为了保证他们接受宗教教育（51%）和道德教育（67%）——这些父母认为，在家庭之外和在传统的学校里，是无法获得这些教育的。很多父母（39%）希望以非传统的方式对他们的孩子进行教育。少数父母（14%）之所以选择在家上学，是因为他们的孩子有生理的或心理的问题。

表 13-1　在家上学的儿童的比例（以家长提供的在家上学的重要理由的百分比排序，2015—2016）

重要理由	百分比
担心其他类型学校的环境	80
为孩子提供道德教育的愿望	67
对其他类型的学校提供的学术教育不满意	61
为孩子提供宗教教育的愿望	51
希望以非传统的方式对孩子进行教育	39
其他理由	22
孩子有其他特殊需求	20
孩子有生理的或心理的问题	14

注：在家上学的学生是学龄儿童（5～17 岁），相当于最低是幼儿园、最高是 12 年级的学生。不包括在公立和私立学校里注册，每周上课超过 25 课时的学生；也不包括因为病假临时在家上学的学生。

资料来源：U.S. Department of Education, National Center for Education Statistics, Parent and Family Involvement in Education Survey of the National Household Education Surveys Program(NHES), 2016.

为了避免孤立，也为了给自己的孩子提供家庭无法提供的选择，很多选择在家上学的家庭建立了自己的组织。这些群体安排田野旅行，并参与各种活动，如戏剧活动和体育活动。他们还制定了课表，编撰了教科书，以便满足在家上学者的特殊需要。更为困难的挑战是，家长们缺乏教

学技能和特定主题的专业知识，比如高级数学和物理。

无论如何，随着在家上学的学生的增加，越来越多的这类学生开始申请大学，大学开始设法对此类学生进行评价。在标准测验成绩上，平均来说，与在公立学校上学的同伴相比，在家上学

344

的孩子的成绩稍好，但并不是全国各地都是如此。批评者指出了该领域大多数研究的局限性，但更重要的是，他们指出了标准测验没有解决的两个问题。第一个问题是，在家上学的学生是否具有适应多样化社会的社交技巧。第二个问题涉及对他们的批判能力的担忧，以及他们是否只接受自己父母的世界观，而不加思考地看待这个世界。

思考题

为什么在家上学的孩子可能会面临缺乏社交技能、缺乏在多样化的世界里获得成功所需要的世界观的风险？在家上学的孩子的父母应对这一风险很重视吗？你对这一问题的回答，与你对下述问题——在学前教育里学到的社交技能与成年后的成功之间有什么关系的思考一致吗？为什么？

契约学校

1992 年，契约学校（charter school）登上了教育舞台，近年来发展迅猛（Rotberg and Glazer，2018）。在 1999 年到 2014 年的 15 年里，美国的契约学校几乎翻了两番，超过了 6 000 家（Berends，2015）。2017—2018学年，有320万学生在7 000家契约学校里注册上学（David and Hesla，2018）。契约学校是一个混合体：设立它们的初衷，是将其作为传统公立学校的替代品，但它们仍然是公立学校体系的一部分。它们从公共税收中获得资金，虽然也可以获得私人资金。不过，它们不是由政府来经营的（虽然它们要对政府负责）；它们拥有独立的管理结构——这种结构可以接纳父母、教师、社区和私人群体。契约学校旨在成为替代性学校，成为对当地的公立学校不满意的家长们的一个替代性选择——这些家长有意把自己的孩子送到他们可以实施更多控制的学校里。与私立学校和教区学校不同，契约学校不收学费。换言之，它们是公共资助的，但是由私人管理。与在家上学不同，契约学校雇用教师。不过，把它们与主流的公立学校区别开来的一点是，这些学校里的教师不是教师工会的成员。契约学校的理想是，它们能更好地回应家长的关切，在保证学生得到较好的学习成果方面，更负责任。

公立学校未能设法为贫困社区的学生们提供向上流动所需的教育。考虑到这一事实，契约学校把大量精力放在了帮助穷人，特别是帮助生活在以集中贫困为特点的社区中的少数种族上。与传统公立学校相比，这些学校被授予了更大的自主权。它们明确自己的使命，并自行确立认定目标是否实现的评判标准。契约学校有诸多资助者，它们对这些资助者负责，也对它们所在的州负责。契约学校的早期支持者，主要目标之一，是减少种族隔离——通过把拥有共同愿景的人聚集在一起的方式。这里所谓的共同愿景是，他们希望自己的孩子在教育中有什么样的收获。与此同时，拥护者们争辩说，由于契约学校最终会与传统的公立学校展开竞争，所以公立学校将被迫改进，以便保持活力。

经过四分之一世纪，契约学校的结果最多是喜忧参半（Berends，2015）。首先，学校经历了管理上的问题。有 10%～15% 的契约学校失败并关闭了。这导致一些人建议引入大型的管理组织——这些组织也许能够改正现有的地方委托管理的一些缺点（Farrell，Wohlstetter，and Smith，2012）。其次，没有证据支持下述观点：契约学校减少了种族隔离。恰恰相反，看起来似乎是选择观念（idea of choice）中所固有的自我选择过程，实际上提高了种族隔离的水平（Glazer，2018）。即使是在像华盛顿特区这样的城市里——那里的契约学校本该处理种族、经济和语言隔离等问题，选择的结果也是隔离性学校的建立（N. Jacobs，2013）。最后，没有证据支持下述观点：契约学校的竞争促进了传统公立学校的表现的改进（Silvernail and Johnson，2014）。

那么，作为替代品的契约学校的表现，优于传统的公立学校吗？无论如何，对上述问题的肯定回答，原本是建立契约学校的初衷。然而，这里的证据并不特别鼓舞人心。斯坦福大学教育成果研究中心（Center for Research on Education

345

Outcomes at Stanford University）2013 年的一项研究发现，契约学校正在改进之中。但该研究结果披露，州与州之间差异巨大。在有些州，契约学校的表现优于传统公立学校，但在另一些州，又比公立学校差很多。表 13-2 显示了契约学校与传统公立学校在同一领域的不同表现。在阅读上，29% 的契约学校学生，其学业进步显著地优于公立学校里的对手；51% 的契约学校学生，其学业进步与公立学校的对手没有显著差异；20% 的契约学校学生，其学业进步显著地差于公立学校的对手。在数学上，30% 的契约学校学生，其学业进步显著地优于公立学校里的对手；42% 的契约学校学生，其学业进步与公立学校的对手没有显著差异；28% 的契约学校学生，其学业进步显著地差于公立学校的对手。总体上看，这毫无疑问是一幅混乱的画面，并不能确切地支持或者反对契约学校。贝伦茨（Berends，2015）提供了一个稍微积极的评价。在他看来，虽然对契约学校学生成绩的证据是混乱的，但在高中毕业率和大学升学率上，契约学校的学生似乎表现更好。

表 13-2　契约学校与当地非契约学校之间的学习成绩比较

	阅读（%）	数学（%）
契约学校显著较好	29	30
无显著差异	51	42
契约学校显著较差	20	28

资料来源：Center for Research on Education Outcomes, Stanford University, "Charter Management Organizations 2017." © 2017 CREDO.

有一项针对加利福尼亚州的契约学校的民俗方法论研究。该研究的对象包括：一所服务于几乎全白人居民的郊区学校，一所位于工人阶级的拉丁裔社区里的学校，还有一所位于内城的非裔美国人社区里的学校。该研究显示，这三所学校提供了完全不同的经验。富裕社区里的契约学校实现其教育目标的能力，远远超过位于较为贫穷的社区里的两个契约学校。非裔美国人社区里的契约学校，表现最差（Bancroft，2009）。

八、公共教育中的政治

当代美国政治竞选活动的脚本（playbook）对候选人特别是总统候选人的呼吁，是关注教育。对于教育改革的呼吁，作为这些政治竞选活动的一部分，已经超过了 1/4 世纪。由于公共部门受到了"政府不是解决问题的方法而是问题本身"的攻击，保守立场的批评家们的建议指向了各种各样的私营部门和以市场为基础的替代性选择，包括上文讨论过的几种选择。虽然特朗普政府及其教育部部长贝齐·德沃斯一直在增加对这些尝试的支持（C. Williams，2018），但证据显示，这些替代方案并没有实现它们最初的承诺（Fabricant and Fine，2012）。

但这并不意味着，这些选择没有使拥有资本——金融资本、社会资本和文化资本——的人利用这些资本让自己受益。但是全民教育的目的是，让这一特定制度能够发挥下述功能：使所有的公民拥有一个平等的竞技场。公共教育的宗旨是平等地为每一个人服务，而对它的支持建立在下述观念之上：我们的公民不仅关心自己的利益（包括我们的孩子的幸福），也关心我们的同胞的利益。这就是公共教育的理想——有影响力的教育哲学家约翰·杜威（John Dewey）发展和完善了这一理想。

排他性地关注个体消费者的私人利益，以及把个人的公民角色的因素排除在外，腐蚀了美国的公共教育体系，并创造了一种导致更大程度不平等的环境（Orfield and Frankenberg，2013）。戴安娜·拉维奇（Ravitch，2016）是一个教育政策的敏锐观察者，她曾经支持上述很多改革努力。她总结说，塑造这些改革的市场模型，是错误的。她否定了私有化、契约学校、教育券、对标准测验的不适当和惩罚性使用，以及最近几十年来"改革"运动中的类似因素。不同于上述尝试，她呼吁回归前辈思想家如杜威的理想。

九、什么人上大学？

学生的学习是学校教育的重要成果，但对各

种生活成就——如收入、职业地位、健康和幸福——来说，成功地获得一纸文凭，尤其重要。图 13-5 显示，具有优势家庭背景的学生更可能从高中毕业，并在大学里上学。虽然从 1975 年到 2016 年，来自低收入家庭的学生的大学注册率从 31.2% 升高到了 65%，但这些学生的大学注册率仍然比高收入学生低，后者的大学注册率要高出 17.5 个百分点（National Center for Education Statistics，2017）。

家庭背景不仅仅与大学注册率有关，也与大学毕业率有关。从 1950 年代到 1980 年代的研究发现，来自高收入家庭的学生，获得大学学位的可能性更高。不过，更晚近的研究发现，实际上所有的学生——无论家庭背景如何——都希望并且期待获得大学学位（Schneider and Stevenson，1999）。这一趋势反映了政策制定者、学校辅导员和公众的一种心理，即"全民大学"（college for all）的心理（Martinez and Deil-Amen，2015；Rosenbaum，2001，2011）。这种情况不仅仅出现在美国，它是一个全球趋势（Marginson，2016）。

不过，来自高收入家庭的学生更可能上大学，并从大学毕业，因为在家里和学校里，他们都会遇到同样的"上大学惯习"。他们学习并内化了下述"游戏规则"：进入正确的大学并在其中获得成功（Lareau，2015）。**惯习**（habitus）是一系列内化了的倾向和性格，这些倾向和性格是在特定的社会情境中，通过经验和互动而习得的（Bourdieu and Passeron，1977）。例如，在父母教育水平较高的家庭里长大的孩子，会不断地接触到对教育在成年生活中的重要性的辩护。他们还可能经常听到轻视性和诋毁性的评论，这些评论贬斥低教育水平者的价值。下述态度也许是清晰无误的：受教育是被该群体接受为成员的关键要素。最终，这种环境中的孩子不会把大学学位看成是一种"选择"，而把它看成是一种义务。当少数群体的学生进入大学时，他们可能把"全民大学"的观念看成是一个骗局。结果，他们可能感觉到，自己对迈出这一步还没有准备好（Martinez and Deil-Amen，2015）。由于学生们所体验到的社会情境与他们的家庭背景的契合程度不同，所以他们会对大学的重要性和它在他们生活中发挥的作用形成不同的观念。

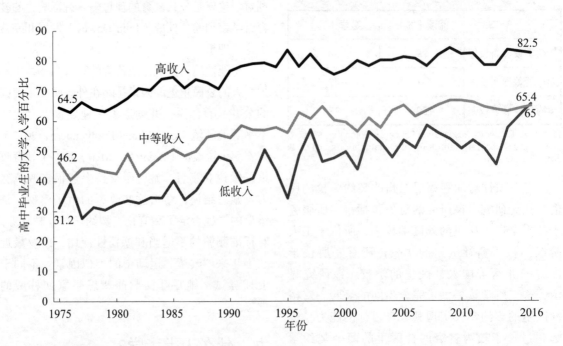

图 13-5　美国按收入水平分组的大学入学率（1975—2016）

资料来源：Data from National Center for Education Statistics, Percentage of Recent High School Completers Enrolled in 2-Year and 4-Year Colleges, by Income Level: 1975 through 2016.

美国的教育和社会分层
成绩好的学生是那些其父母教育水平高的学生。
与白人学生相比,黑人学生不太可能完成高中学业,也不太可能从大学里毕业。
在教育收获上,西班牙裔学生是最弱势的群体。
与男性相比,女性完成高中和大学学业的概率要高得多。

第四节　全球化与教育

我们花了很多的功夫,来讨论美国在学习结果方面的教育不平等。美国的制度是典型的吗?世界上其他国家的学校体系有何不同?会导致什么样的结果?

一、国际学生评价项目排名

国际学生评价项目(Program for International Student Assessment,PISA),是一项世界范围的针对学生课业表现所进行的研究(Meyer and Benavot,2013)。1997年,经合组织创立了这一项目。从2000年开始,每3年一次,该组织对15岁少年在阅读、数学和科学上的熟练程度进行测验。批评者曾经指出这一测验的缺点,但它仍然是我们目前拥有的最好的比较研究。图13-6显示了2015年成绩排名靠前的国家和地区,这是最新的测验数据。在数学、阅读和科学科目上,亚洲国家和地区的学生持续地获得最高分。对于美国来说,特别令人担忧的事实是,美国学生在2015年成绩排名靠前的国家和地区中排名垫底:数学第37名,阅读第24名,科学第25名(更多细节请参阅Weisenthal,2013)。

历年来,芬兰一直名列前茅,这让教育专家们特别感兴趣。他们在想,是否有可能把芬兰的经验移植到其他国家(Sahlberg,2018)。芬兰的教育体系是什么样的呢?首先,教师们训练有素。在大学里,进入教师培训项目是竞争性的。

教师的薪水不是特别高,但收入良好,而且教师职业特别受人尊敬。教师们组织了工会,这一事实,有力地反驳了美国和其他地方的保守主义者的下述主张:教师工会对提供高素质教育是有害的。实际上,有证据显示,芬兰的教师们展现了高度的责任感,不是因为强加给他们的标准,而是因为他们对自己职业的承诺。

其次,芬兰没有采用美国在最近几十年里所采用的下列任何政策:契约学校、教育券、教师奖金,以及依据标准测验成绩对学校和教师进行评价(Ravitch,2012)。

最后,在芬兰,不同学校的表现水平惊人地相似。换言之,与其他国家相比,在教学成绩上,芬兰教育体系内部的差异较小(Sahlberg,2011)。这促使教育改革者戴安娜·拉维奇(Ravitch,2012:19)得出下列结论:芬兰"接近了教育机会的平等"。对平等机会的承诺意味着,学校经费是标准化的和平等的,等等。教育体系反映了宏观的民族文化,数十年来,该文化是由社会民主主义对平等的承诺以及促进平等的福利制度塑造出来的。

芬兰是一个小国家,人口只有550万多一点,且非常同质化。此外,在世界上的发达国家中,芬兰是最平等的社会之一。因为这些原因,批评者主张,它无法成为像美国那样的异质性大国的榜样。帕西·萨尔伯格(Sahlberg,2011)是芬兰制度的一个支持者。他在反驳上述主张时指出,各国发起的各种改革的共同之处是下述信念:市场原则可以应用于教育。他总结说,上述

347

348

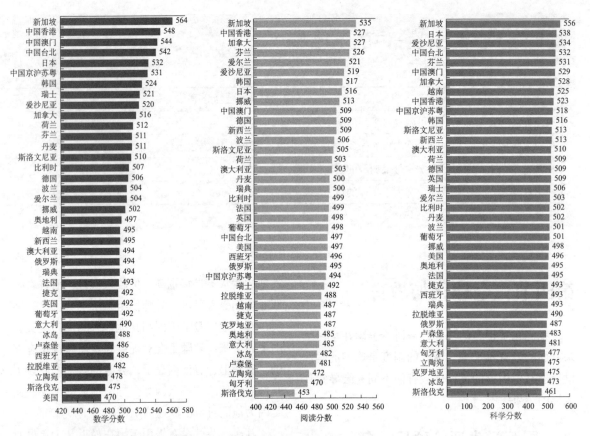

图 13-6　排名靠前国家和地区的数学、阅读和科学 PISA 成绩（2015）

资料来源：Organisation of Economic Co-operation and Development (OECD), PISA Results in Focus: 2015.

改革的结果并不令人信服。

我们将研究 3 个大型的工业化社会——美国、德国和日本，以理解不同的社会在教育自己的下一代这件事情上，有不同的策略。

二、美国、德国和日本的教育体系

我们已经看到，在学生的学习效果上，美国的学校体系并没有创造出平等。有时候，它对其他的不平等进行了补偿，有时候它强化了这些不平等，有时候它还增加了教育不平等。其他国家对其教育体系进行了不一样的构建。在学生学习效果的不平等方面，这些制度性差异具有重要的意义。

我们将比较德国的、日本的和美国的学校体系，以探索下述问题：不同的国家怎样在学生——这些学生在社会等级上占据不同的位置——之间分配学习资源？

在德国，所有的小学生都上 Grundschule（德语：小学），它并不进行能力分组，所有的学生都采用同样的课表。在 4 年级末，教师向儿童的家庭提出该儿童上哪类初中的建议，该建议的依据是学生的测验分数，以及教师对学生能力的主观评价。代表学术和职业轨道（track）的学校有 3 种：基础水平的 "文法中学"（Gymnasium）（大学轨道），"实科中学"（Realschule）（中级轨道），以及 "完全中学"（Hauptschule）（低级轨道）。每一个学校都有自己的课程表，这些课程表旨在配合该校学生未来的职业发展。只有 30% 的学生被置于文法中学的水平上。转移至不同的轨道是可能的，但是很难，也很少见。学校之间的分轨（tracking）会延续到下一个阶段的教育之中，只有上过高水平文法中学的学生，才能进入大学体系，并获得一个相当于学士（baccalaureate）的学位。

349

数字化生存 大型在线公开课（慕课）

虽然在过去的一两年里，慕课已经失去了它的光环，但很多人开始相信——并且还在相信——在很大程度上，美国和世界大学教育的未来，依靠在线教育的扩展，特别是大型在线公开课（慕课）（Bennett and Kent，2017）。慕课的特征是：

- 旨在注册大量的学生。
- 向每一个人开放。
- 只提供在线课程。
- 课程只为教育而设计。

2011年，超过10万名学生注册了斯坦福大学的3门慕课，他们来自世界上几乎每一个国家。2018年，一家由一些教授创立的名叫"课程时代"（Coursera）的公司，在其超过2 400门慕课上，注册了超过3 300万名学生。其他一些公司如edX加入了这一潮流，还有一些大学也对这一教育前沿进行了探索。

推动这一慕课狂热的力量，是这样的一个事实：很多传统的大学课堂人满为患，人数太多使教育质量下降，或者是课程对很多有需要的学生关闭。更重要的是，传统高等教育的成本越来越高；而慕课能够以低得多的成本（一个教师可以教授10万名学生，甚至更多），甚至是零成本，教育多得多的学生。

2012年开始的一门慕课，是社会学入门课程。该课程的授课教师是普林斯顿大学的米切尔·邓奈尔（Mitchell Duneier）教授。在"课程时代"上，4万名学生获得了听课资格（Lewin，2012）。不过，和其他教师一样，邓奈尔对慕课的阴暗面感到失望。他对下述情形表达了担忧：从经费紧张的学校里抢走了学生，使这些学校的经费进一步缩水，以及让这些学校

里的教师失业。他还对慕课的教学质量提出了质疑（Parry，2013）。

对慕课的失望还基于慕课注册学生的低完成率（Lewin，2014）。此外，慕课并没有使教育更民主化。在两所美国大学的慕课上注册的绝大多数学生，以及在其他国家的大学的慕课上注册的绝大多数学生，并不是那些没有机会接受高等教育的人，而是已经拥有大学学位的人（Selingo，2014）。

最后，虽然很多慕课目前仍然是免费的，但对于那些要求学生付费的课程，慕课并没有一个可持续的商业模式。对那些用户付费的课程，怎样收费和收取哪些费用，仍然是一个问题（Lewin，2013）。一项研究向2 800位学术领袖提出了下述问题：慕课是否代表了一种可持续的课程教学方式？该研究显示，2012年，28%的回答者认为慕课是可持续的，26%的回答者认为不是。两年以后，只有16%的人相信慕课是可持续的，而认为慕课不可持续的人却几乎翻番，达到了51%（Babson Survey Research Group，2015）。

为慕课写讣告还为时尚早，但确实需要对它进行再思考。考虑到互联网日益增加的重要性，我们很难相信教育，包括高等教育，不在网络世界里占有重要的一席之地。

参与数字世界

你认为在高等教育中，慕课还有未来吗？你认为与传统的大学课程相比，慕课的长处和短处各有哪些？

日本的教育分层体系则大不相同。从入学到9年级，对学生没有任何能力分组，校内和校间的都没有。在最初的9学年里，日本学生采用的是统一的课程表。在9年级末，日本学生会接受一次利害攸关（high-stake）的考试，以便决定上什么类型的高中。大约75%的学生上的是futsuuka，它使用大学预科的课程表。剩下25%的学生，会上各种各样的技术学校和职业学校。对日本学生来说，家庭背景仍然在教

育成就上发挥重要的作用，原因是所谓的"影子教育"制度。在这种制度之下，学校之外的非正式教育为更具优势的学生提供更好的准备，不论是参加高中入学考试，还是参加大学入学考试。

德国和日本的教育制度，使美国的公立学校体系的特点彰显了出来。美国的教育一直是围绕着"普通学校"的理想而组织起来的：所有的美国学生，无论其阶级出身和未来的志向，都上同

一类型的学校。在美国，分轨发生在学校内部，但不在学校之间。美国学校也存在质量上的地理差异。与美国相比，德国和日本的教育体系更加中央化。美国拥有 50 种教育体系（每州都有一个），经费水平不同，课程表也不同。与德国和日本相比，美国学生的素质和特征，更可能受到其家庭居住地的影响。

对不同的国家来说，这些差异对学习成果是有影响的（Montt, 2011）。由于高度分层的教育体系，德国教育成果的不平等程度是最高的。日本的平均学习成果比德国好，但不平等程度要低得多，因为它很晚才实施课程分化。在 3 个国家中，美国的实际学习成果是最差的，但教育成果的差异性也最小。

对学生的学习成果来说，教育体系的两个特征意义重大。首先，在具有高度分化的教育体系即存在校间分轨的国家里，学生的学习成果更为不平等，学生的家庭背景对其学习成果的影响更大（Van de Werfhorst and Mij, 2010）。其次，标准化，即学校之间课表和考试内容的相同程度，在学习成果上造成的不平等较少，而且家庭背景和学习成果之间的相关性较弱。因此，制度确实非常重要，而且，对于学习机会在社会中的分配来说，国家的选择会产生重大影响。

值得补充的一个因素是下述事实：与美国相比，其他发达国家，特别是德国，对公立学校的财政支持要好得多（Dumas, 2018）。这使得大幅度提高课程的丰富程度变得可能——不仅仅包括基础课程（如数学和科学），还包括选修课程（如计算机、国际象棋、低成本的博物馆访问，以及对邻国的访问）。一所文法中学的设施，可以和顶级的美国大学媲美。与美国不同，在德国，不存在为了公立教育筹款而维持赞助性商业活动（例如售卖面包）的需要。

全球化　教育的全球化

教育领域一直存在着国际交流，通常是以出国留学学期（semester of study abroad）和学校组织的海外文化游学（cultural trip overseas）的方式进行。不过，在过去的数十年里，教育变得越来越全球化了。首先，美国的大学生越来越多地在国外度过他们的本科学年。这远远超过了传统的大三国外学习。这种做法最极端的例子，出现在凯克研究生院密涅瓦学院（Minerva Schools at Keck Graduate Institute），那里的学生最多可以花四分之三的时间在海外学习（Miller, 2015）。

其次，很久以来，很多外国学生来到美国上学。目前，很多美国大学竭尽全力招收外国学生。其中一个学校就是休斯敦社区学院（Houston Community College, HCC），它的外国学生数量，比美国其他任何社区学院都要多。在其 5.6 万名学生中，HCC 拥有来自世界上超过 200 个国家的约 6 000 名国际学生，包括来自越南的大约 900 名学生，来自墨西哥的 500 名学生，来自安哥拉、尼日利亚和哈萨克斯坦的各 200 名学生（Fernandez, 2015）。大量国际学生，是社区学院竭力招收海外学生的结果（也把自己的学生送到遥远的地方）。这样做的目的是，让学生为"全球化生活中不可预测的速度和动荡"做好准备。野心勃勃的海外学生招收，问题重重。有时候，在像印度这样的地方主动招收的学生，不能达到美国教育系统的标准。因为州政府的经费削减，大学获得付费外国学生的意愿越来越强。在西肯塔基大学的例子中，学校雇用了一家私人公司——全球树海外咨询公司（Global Tree Overseas Consultants），来招收学生，为招收到的每个学生支付大约 2 000 美元的佣金。有些学生经受了各种高压销售策略，比如各种在线帖子会这样说："抓紧时间""当场入学""入学通知书一天寄达"（Saul, 2016）。

最后，美国大学一直以来在海外都非常活跃，但目前很多大学在其他国家设立了分校（Clotfelter, 2010; Lewin, 2008a, 2008b, 2008c; Sutton, 2014），包括在中国、印度和新加坡，特别是波斯湾地区的国家。为什么是波斯湾地区？该地区国家的石油收入滚滚而来，能够负担得起这些教育中心的花费，也有钱资助很多学生在那里上学。例如，纽约大学的校长就在阿布扎比政府5 000万美元赠款的诱导下，在那里设立了一个分校。卡塔尔在多哈建立了大学城，当地学生可以在世界领先的美国大学的分校里上学，这些学校包括：康奈尔大学威尔医学院（Weill Medical College of Cornell University）、乔治敦大学（Georgetown）、卡耐基梅隆大学（Carnegie Mellon）、弗吉尼亚联邦大学（Virginia Commonwealth），以及得克萨斯农工大学（Texas A&M）。美国大学正在变成全球大学，其教职工和学生往来于全世界的各个分校之间。

一个明显的问题是：这些国际分校在多大程度上反映了美国的文化，又在多大程度上反映了所在国的文化？耶鲁大学与新加坡国立大学创办了一所合资大学，即耶鲁 - 新加坡国立大学学院（Yale-National University of Singapore College）。它于2012年开始招生。2018年中期，150名学生从耶鲁 - 新加坡国立大学学院毕业；2017年8月，250名学生在那里注册，预计2021年毕业。批评家们，包括一些耶鲁教职工，质疑了该校对自由和平等的承诺，因为这一合作发生在一个对其人民和机构实施过度控制的城市国家。像新加坡的所有学生一样，耶鲁 - 新加坡国立大学学院的学生不被允许参与任何类型的抗议运动（Gooch，2012）。阿布扎比的纽约大学分校引发了争议——当时有报道披露，参加校园建设的移民工人受到了残酷的对待，工资被拖欠，并被迫生活在低于标准的房屋里（Kaminer and O'Driscoll，2014）。

还有一个问题，那就是这样的分校是否让学生真正地受到了其他文化的熏陶。这些分校相对来说是独立的，一般来说倾向于反映高效、理性的美国文化，特别是美国教育文化，而不是当地文化。就学生受当地文化熏陶的程度来说，它很可能是一个模仿版本（参阅第2章；Daley，2011）。

其他各种问题也被提出。出口教育体系与美国的利益一致吗？有些人相信，为其他国家培训人才，将会对美国的全球竞争能力造成负面影响。这些移植的校园是否会被当作美帝国主义的新版本而招致敌意？最后，假如说，阿布扎比落入了激进的伊斯兰政权的手中——这一政权敌视美国和作为整体的全球北方——这些分校会发生什么事？

思考题

如果你是一个本土学生，外国学生在你的大学里上学，能给你带来什么好处？你认为，在国外接受教育，是一种令人向往的大学经历吗？为什么？对于所在国来说，你认为美国大学的国外分校是一个积极的进展，还是一个消极的进展？为什么？对于美国来说，这些分校所代表的文化和信息流动，是好还是坏？为什么？你会欢迎外国大学，比如牛津大学、剑桥大学和索邦大学，或者开罗大学和卡塔尔大学，在你所在的地区开设分校吗？为什么？

知识点 13-4 | 全球化与教育

国家	教育理念
美国	贤能制，建立在刻苦学习基础上的成功机会平等。
芬兰	教育机会平等，学习成果差异较小。
德国	建立在学术和职业能力之上的初中分轨制度。
日本	在9年级末之前，课程统一且没有依据能力进行的分组。

教育与社会化过程密切相关，虽然教育通常是更为正式地在学校里进行。在结构／功能论者看来，教育是一种社会制度，它对个体和社会都承担功能。冲突／批判论者相信，教育的目的是对社会不平等进行再生产，并强化社会分层。符号互动论者关注的是教育的微观面向，他们经常分析的是，在微观层面，社会不平等是怎样被强化的。

美国的教育体系变得越来越商业化。很多人把教育视为可以购买和消费的产品，而评价该产品的价值的基础是：以最小的成本获得最大的回报。近年来，高等教育成本快速增加，迫使很多学生借贷。很多负债的学生，特别是在营利性中学后（postsecondary）教育机构上过学的学生，无力偿付债务，因为他们的学位不能保证他们获得高收入的工作。

虽然结构／功能论者坚持认为，教育可以为所有学生提供平等的学习机会和实现社会流动的机会，但研究发现，不平等存在于教育体系内部，它会阻止很多人获得成功。科尔曼发现，教师素质、家庭背景和学校学生的种族构成，是影响学生学习成绩的最重要的因素。此外，学校中分班措施的采用，往往导致快班学生的积累优势。其他研究者发现，幼儿的家庭环境的差异，也能解释学习能力和成绩上的差异。家庭背景也有助于决定，谁最有可能接受中学后教育。具有优势家庭背景的学生，更可能从高中毕业，也更可能在大学里注册并从那里毕业。

教育不平等存在于世界各地。在为学生提供良好教育的能力上，国家之间存在巨大差距。国际学生评价项目每 3 年对 15 岁学生在数学、阅读和科学上的熟练程度进行一次评估。在成绩排名靠前的国家和地区中，美国的学生几乎垫底，而新加坡学生排名第一。

关键术语（页码为原书页码，即本书边码）

文凭主义	331	惯习	345	教育券	342
文化傀儡	333	贤能制	336		
积累优势	341	社会再生产	331		

总结性问题

1. 在对教育的解释上，结构／功能理论取向和冲突／批判理论取向的差异是什么？哪一种理论取向更适用于解释目前的教育变迁？

2. 什么是贤能制？为什么说教育体系是贤能制社会的重要组成部分？从什么意义上说，美国的教育体系是贤能制的？从什么意义上说不是？

3. 依据《科尔曼报告》，学校的质量对学生的成绩有多么重要？还有哪些因素影响学生的成绩？有哪些因素对学生的成绩没有任何影响？

4. 请描述不同种族、民族和性别的学生的成绩的总体趋势。这些变化趋势怎样反映了宏观社会变迁？你是否认为，新技术可以用来缩小不同群体之间的鸿沟？为什么？

5. 近年来，在家上学越来越受欢迎。家长选择在家里自己教育孩子，而不是把他们送到公立或私立学校里，其原因是什么？在家上学有哪些缺点？

6. 契约学校在公共教育体系内部运作，但旨在提供传统公立学校之外的一个替代性选择。现有证据显示，它们是充满争议的。请明确契约学校的支持理由和反对理由，并提供对目前已有证据的综述，以便说明契约学校的办学效果。

7. 什么是"上大学惯习"？在父母的收入与其孩子是否拥有这种惯习之间，有什么关系？这种惯习怎样影响孩子在大学里注册并从大学毕业的能力？

8. 什么是慕课？在高等教育中使用慕课，支持和反对的理由各有哪些？未来你会更多地观看慕课，还是会减少观看？为什么？

9. 在国际学生评价项目排名上，几个亚洲国家或地区名列前茅。哪些亚洲文化因素可以解释其高分数？你能够解释美国相对较低的分数吗？对于美国的未来，这些分数意味着什么？

10. 比较德国、日本和美国的教育体系。这些体系之间的不同，怎样影响这些国家的教育成果？它们对待分轨的不同态度，怎样反映了各自不同的规范和价值观？

第14章 宗教

学习目标

1 解释马克思、韦伯和涂尔干怎样看待宗教的社会功能

2 定义宗教

3 明确宗教的主要构成要素

4 描述宗教组织的类型

5 用结构 / 功能理论和冲突 / 批判理论来解释宗教

6 描述全球化与世界主要宗教之间的关系

麦加，沙特阿拉伯的一个城市，是伊斯兰教的圣城。大清真寺（Sacred Mosque）位于麦加城市的中心。大清真寺里一个黑色的立方体建筑——天房（Kaaba）——是伊斯兰世界中最神圣的地方。大清真寺和天房是每年一度的朝觐——哈吉（hajj）的主要目的地。2018年，哈吉吸引了来自世界各地的230万名穆斯林。另外，每年有超过500万人进行终年不断的小朝觐（umrah），还有数百万沙特人以旅游者的身份造访麦加。

近年来，超过98%的沙特阿拉伯历史遗迹——有些可以追溯到公元6—7世纪的穆罕默德——被摧毁，以便为发展让路。有些改变是为了向所有的朝觐者提供更好的食宿，而另一些改变，包括麦加神圣中心附近的一些改变，却是因为商业原因，缺乏对历史和宗教的考虑。一家希尔顿酒店就建在伊斯兰世界第一任哈里发住所的遗址上，其他酒店也在附近依样学样。在哈吉期间，一间可以看到天房的房间，收费高达2 700美元。昂贵的高层公寓环绕着城市的神圣中心。公寓楼离中心的清真寺越近，收费越高。对于可以看到大清真寺的公寓来说，尤其如此。住在这些公寓里的人，可以在高处观看参加哈吉的数英里长的人流。

最令人震惊的是迪士尼风格的麦加皇家钟塔。它由沙特本·拉登集团（Saudi Bin Laden Group）——一个与奥萨马·本·拉登家族有关的管理企业集团建造。这个钟塔以伦敦的大本钟为样板，但是它的5倍大。它是世界上最高的建筑之一，耸立在城市中心，顶端有48盏探照灯——这使它在夜间尤其醒目。钟塔里有一个拥有800间房间的酒店（那里的套房价格可达每晚10 000美元）以及一个5层楼的购物中心。购物中心在祈祷的时候会停止交易。在很多人看来，作为所有这些改变的结果，哈吉似乎已经发生了转变。

这些改变，只是影响全世界的广泛宗教转型的一部分。最重要的是世俗化。

对全世界数十亿人来说，宗教极其重要。结果，社会学领域里的早期大师们，都以这样或那样的方式，受宗教的影响，对宗教感兴趣，有时还会批评宗教。

第一节　早期社会学家与宗教

在卡尔·马克思看来，宗教为那些无力改变痛苦的社会现状的信仰者，带来快乐和安慰。人们体会到社会世界对自己的异化，宗教就是对这种异化的反应。可是，宗教无力改变现状——特别是在资本主义制度之下，而这种现状才是痛苦的根本原因。

马克斯·韦伯意欲更好地理解宗教创造不同类型的社会的方式，以及这些社会里不同的人格类型。从批评的视角，他的研究使他确信，在西欧起源的各种潮流，发挥了侵蚀宗教信念的力量的作用。在他看来，宗教越来越与其他社会生活领域和世俗社会制度隔离开来，并与它们相互分立。他预见了新宗教的出现，以及复兴传统宗教的努力——很可能是作为对宗教信仰的挑战的回应。

埃米尔·涂尔干相信，虽然出现了巨大的社会变迁，但是"宗教中仍有永恒的东西，命中注定会幸存"（Durkheim，1912 / 1972：243）。他分析了一些欠发达的社会，以便发现和更好地理解这些永恒的因素。他还对下述问题感兴趣：这些因素怎样促进了宗教信仰、宗教习俗和宗教制度的形成？他意欲描述和理解所有的宗教，从最简单的宗教到最复杂形式的宗教。他认为这样做自己便能够理解，对每一个历史时期的人来说，什么东西让宗教发挥作用。

在涂尔干对宗教现象的理解中，社会互动的作用特别重要——社会互动制造了对一种强大力量的感觉，这种力量存在于世界之外，但又通过各种方式影响世界。他把这种力量描述为神圣的东西，它与作为日常生活特征的渎神大相径庭。与神圣信仰同时出现的，是仪式，亦即惯常地重复的、规定好的、传统的行为，而这种行为方式是某种价值或信念的象征（Kurtz，2016）。在人类社会的早期，仪式往往指向各种图腾，即作为圣物的象征性代表的动物和植物。

涂尔干主张，宗教是集体意识的基础（参阅第2章）。他相信，宗教是思维的基础类型的来源，这些基础类型为人们提供了一个稳定和统一的世界观。人们的世界观包括人们思考空间、时间、因果关系、分类以及相关主题的方式（Durkheim and Mauss，1903 / 1963）。集体意识也为早期社会提供了造就社会团结和社会整合的手段。在以机械团结（参阅第2章）为特征的早期社会里，一个共享的信仰体系是维护社会秩序的黏合剂。这些信仰体系的一部分是道德价值，这些价值规定特定类型的行为，并定义社会期待和个人义务。

在以有机团结为特征（参阅第2章）的现代社会中，对信仰和价值的共识不再可能，或者不再必不可少。价值多元主义或价值观上的差异，不一定对现代社会构成威胁。不过，涂尔干相信，宗教会保持其重要性——在现代世界里，作为意义和社会支持的来源。

考虑到社会学对于宗教对社会的重要性的理论思考的历史，宗教成为并且仍然是社会学的核心关注，并不令人惊奇（Davie，2013）。

思考题

对世界上大多数人来说，宗教是快乐和安慰的来源吗？或者它更多的是冲突和痛苦的来源吗？

| 知识点 14 – 1 | 早期社会学家与宗教 |

社会学家	宗教的功能
卡尔·马克思	宗教能够安慰信奉者，但不能改变社会现状。
马克斯·韦伯	宗教可以是社会行为的基础，并有助于新社会的建立。
埃米尔·涂尔干	宗教是集体意识和社会团结的基础。

第二节　什么是宗教?

"以耶稣之名上帝圣教会"（Holiness Church of God in Jesus' Name）位于田纳西州东部，坐落于阿巴拉契亚山脉的中央。这个教会的礼拜仪式保持了一种独特的地方传统，这一传统可以追溯至20世纪早期。在一个没有彩绘玻璃和尖塔的简朴教堂里，礼拜者们聚集在一起，参加一种情感充沛的礼拜活动。电吉他和鼓的存在，并没有使它区别于本地区的其他五旬节派或圣教会。下述情况也没有让这个教会有什么特殊之处：人们见证自己在罪（sin）之中迷失，然后又找回了自己。甚至下列事实也没有让它与众不同：在场的有些人开始说各种方言［所谓的言语不清（glossolalia）］。

真正让这里的仪式与本地区其他教会不同的是，你会在讲道台的底部发现一些粗糙的木盒，上面刻着"我主耶稣"和《马可福音》16：18"之类的字样。它也可以在讲道台上摆放着的石罐里找到。可能会持续数小时的这一聚会的高潮是，木箱被打开，里面的东西——毒蛇——被分发到房间里所有的集会者手中。人们把毒蛇举过头顶，像围巾一样绕在脖子上，还用其他的方式"拿起毒蛇"。一些虔诚的人会把石罐举到自己的嘴唇边，啜饮其中的士的宁（strychnine）液体。从事这一危险活动的聚会者清楚地知道，曾经有人因为这样做而死去。他们还知道，他们正在做违反该州法律的事（Burton，1993）。

那么他们为什么要这样做呢？与其他基要主义者所声称的一样，这些持蛇信徒争辩说，他们要对《圣经》进行字面性的解释。与其他字面主义者（literalist）不同的是，他们认为《马可福音》里的一段话非常重要。在这段话中，耶稣在复活后重现，并宣布说："信的人必有神迹伴随着他们：奉我的名赶鬼，说新方言，手能拿蛇，若喝了什么毒物也必不受害。"

可是为什么，这些人手持毒蛇、啜饮毒液，而参加基督教聚会的大多数人不这样做？前者为何认为，对经文的字面性解释是必需的？为什么对这一特定的经文如此重视？在促使一个人加入持蛇教会这件事情上，有哪些社会学和心理学变量参与其中？

这些就是宗教社会学家试图解决的问题。不过，他们不仅仅对边缘性的宗教群体感兴趣，甚至主要不是对其感兴趣——比如上述例子中的人。他们更感兴趣的是常规的主流宗教的信仰与实践。社会学家还对宗教制度感兴趣，对宗教制度塑造社会文化价值的方式感兴趣。

虽然说了这么多，我们实际上还没有为宗教下一个定义。宗教很难定义，因为它是如此复杂，不同社会对其看法是如此不同，甚至任何特定社会里的不同个体，对它的看法也会大不相同（James，1902/1960；Weber，1920/1963）。不过，我们需要一个定义，以便框定我们对宗教社会学的讨论和分析（Christiano，Swatos，and Kivisto，2016）。

这里采用的宗教定义，主要来自涂尔干的经典表述。**宗教**（religion）是一种社会现象，它由下述内容构成：对神圣之物的信念、巩固这些信念的经验、实践和仪式，以及共享上述信念和实践的社群（Kurtz，2016）。在检视上述定义所认定的宗教的构成要素之前，注意到下述主张很重要：宗教社会学家并不判断不同宗教体系的真理主张。相反，他们把这些主张放在一旁，只是研究这些信仰对信徒和宏观社会造成的影响。因为社会学家完全依赖于来自人世间（世俗领域）的数据，他们没有接触神圣之物的渠道，所以他们无力宣称哪种宗教信仰是"真的"。相反，社会学家从下述假设出发：如果人们相信某种东西是真的，那么无论它是真是假，该信仰的结果都是真实的。这才是他们能够研究也确实在研究的东西。

思考题

你是否认为社会学应该尝试接近宗教的真理主张？如果是的话，社会学家应该如何做到？社会学家把宗教接受为一种社会现实，然后关注它的社会结果，这样做足够吗？

知识点 14-2	社会学家为何研究宗教

研究目的
理解被边缘化的宗教群体的信念和实践。
理解宗教制度怎样形塑文化价值。
理解宗教信仰的社会结果。

第三节　宗教的构成要素

宗教的 3 个构成要素是信念、仪式和经验。宗教的第 4 个构成要素——社群，将在下文讨论。一千年以来，信念和仪式相互生发，又相互作用。随着各种宗教传统的信徒扩散到全世界，并与其他宗教发生互动——在他们经过的土地上和他们落脚的土地上——各种信仰持续存在，但也经历了变迁。另外，信念和仪式都不是在隔离状态中形成的，它们是对人们在特定时间地点的经验的反映。反过来，信念和仪式又会塑造这些经验。

一、信念

每一个宗教都有一组相互联系的**信念**（beliefs）或者是观念。这些观念解释世界，认定什么应该是神圣的或被敬畏的东西，也就是宗教的"终极关怀"。宗教信念经过了数千年的塑造，深植于宗教传统之中，并成为新宗教的"原材料"。

涂尔干（Durkheim，1912 / 1965：14）写道，宗教应对的是"超越我们的知识边界的东西"。这一观点在鲁道夫·奥托（Otto，1923）那里得到了回应，他把这个领域称为神圣领域。其他人使用过诸如超自然、超现实或者神圣这样的字眼来指称这一领域。前文已经表明，涂尔干更倾向于最后一个术语，因为他认为，所有的人类经验都可以被分为两个类型。**神圣的**（sacred），是非凡的、出世的（set aside），是关于终极关怀的，并生成敬畏和崇敬。相反，**渎神的**（profane），是平常的和庸常的。人们可能会相信，实际上任何事情都是神圣的——某个神、某个地点（像耶路撒冷或者麦加）、某个特定的时间或季节（拉马丹、排灯节）、某种观念（自由），甚或是某种物体（一只动物、一座山、一棵树、一条独木舟、一面旗帜、一块石头）。人们对神圣之物表达尊敬，一个人和它的关系经常在仪式中被定义：从圣坛前走过，你会跪拜它；进入寺庙，你会脱掉鞋子。而不被认为是神圣的东西，就是平常之物。

每一种宗教都把很多不同但相辅相成的信念编织在一起，包括关于创世和苦难的信念，以及评判行为得体的道德标准。

信念经常在神圣的故事和经文中被展示出来——这些故事和经文处理关于起源与生命意义的问题，提出关于世界是怎样被创造出来的理论，以及对苦难和死亡的解释。信念首先表达了一种世界观（worldview），亦即文化关于下述内容的最复杂的图景：对生命也就是自然、自我和社会进行有序安排的方式（Geertz，1973）。这一世界观反过来又会塑造精神特质（ethos），后者"表达文化和人们对自己及宏观世界的基本看法"（Geertz，1973：173）。

与此同时，信念既是现实中的典型，又是现实的典范。它为信徒提供信息和框架，以便解释周围的世界。作为现实的典范，信念显示了，与现实的情况相比，世界应该是什么样的，这经常会促发信徒的行动。莫罕达斯·甘地相信，世界最终建立在真理和非暴力的基础上，而且一个公正的上帝统治着这个世界。为了印度的独立，他针对英帝国进行的不合作运动，不仅仅是一种政治抵抗，更是一种信仰行动。在他看来，没有理由害怕一个不公正的政治权力——这一政治权力生活于下述幻想之中：世界在其掌控之下。印度教和佛教的不杀生（ahimsa）理论，以及不伤害理论或非暴力理论，不仅为甘地解释了宇宙背后的真正力量，也为他提供了行动的指南。

所有的宗教信念体系都包括一种宇宙进化论（cosmogony），即一个关于世界为何和怎样被创造出来的故事，这一故事通常会把信徒同创世行为联系起来。

最后，每一个宗教传统都会为罪恶、苦难和死亡提供一种解释。大多数这种类型的解释，会认定世界上邪恶的来源。一个宗教对与邪恶进行抗争的建议，也许会影响所有的事情，从个人信念，到一个国家的外交决策。在世界上的宗教中，我们可以发现对苦难的多种解释：它可以被看作是对罪行的惩罚，是善恶斗争的结果，或者仅仅是自然的生死循环的一部分。

对任何一个宗教来说，最难处理的一个两难问题是，为什么好人受难，而坏人有时却兴旺发达。虽然正派之人的痛苦难以解释，但大多数的宗教解释指出，有道德的行为最终会获得回报。大多数主流宗教认为，苦难仅仅是宇宙运行方式的一部分，在某一时刻，每个人都会受制于它。你怎样应对苦难，才是最重要的。

二、仪式

在大多数宗教传统中，只有信念从来都是不够的，你必须行动。宗教传统中的信念体系充满了仪式，这些仪式强化信念，充当提醒者，并帮助信徒在世界上施行他们的信念。正像前文的定义一样，**仪式**（rituals）包括经常重复的、规定好了的传统行为，这些行为象征着价值和信念。人们在典礼上和节日中举行仪式，比如葬礼、婚礼和洗礼。仪式就是**过渡仪式**（rites of passage）的一部分，这些仪式围绕着生活中的主要转变，如出生、性成熟、结婚、经济危机（O'Loughlin et al., 2016）和死亡（Hochner, 2018; van Gennep, 1961）举行。在仪式的名义之下，还包括持续进行的精神性实践，比如个人祈祷和参加信仰社群的礼拜活动；也包括日常语言中的要素——对很多人来说，这些语言成分是一种宗教性的提醒。

仪式的形式多种多样。有些仪式，如祈祷、诵经、唱诗和舞蹈，帮助人们与神祇沟通，并显示对神祇的忠诚；有些仪式，如祷告和冥想，帮助信徒组织他们的个人生活与社会生活；有些仪式为日常生活，如饮食、卫生和性习惯提供框架；还有一些仪式纪念自然的周期，构建社群，如节庆、季节性节日和游行。

仪式通过提供久经检验的（time-tested）行动、言语和情感，来解决个人生活和集体生活中的问题，有时候在所有的场合都是如此。在应对严重问题，比如死亡、暴力、自然灾害和社会危机的时候，人们往往运用仪式来进行下列活动：

1. 认定问题的来源。
2. 把问题的来源定性为恶魔。
3. 标定"我们"和"他们"之间的界限。
4. 找到一些解决问题的手段，或者至少获得一些心理满足，即为了解决这个问题，他们正在行动。

在危急时刻，仪式可以帮助人们应对灾难，并提供增强社会纽带的机会。请思考人们在灾难发生地创建纪念物以及时常访问的方式。纪念物的最近例子包括，对 2015 年发生在巴黎巴塔克兰（Bataclan）音乐厅的恐怖袭击的纪念，对 2016 年发生在佛罗里达州奥兰多的脉动（Pulse）夜总会里的枪击案的纪念，以及对 2018 年发生在匹兹堡犹太会堂的屠杀案的纪念。这些纪念场所往往涉及祈祷蜡烛和神职人员的宗教仪式，与我们在寺庙里看到的宗教仪式很相似。这些仪式建立起某种团结的感觉，这些团结的感觉为受难者提供支持，强化社会秩序和社会制度的权威——特别是在秩序和制度遭受威胁的时候。仪式提供了一种关于恶魔的理论，并把参与者的注意力集中在一些抽象的事务、人格化的恶魔和神话人物，或者需要谴责或攻击的一些人类对手之上。

358

思考题

在你的生活中，你参与或见证过哪些宗教仪式？首先考虑你自己的宗教仪式，如果你有的话，然后考虑其他人的宗教仪式——你的朋友或者亲戚对你描述过的那些仪式。这些仪式公开宣扬的目的是什么？对这些仪式来说，是否存在不那么显著的目的？如果有的话，它们是什么？

参与者通常相信，他们的仪式是有效的。参与者会记住自己的文化和地区的故事，这些故事会提醒参与者仪式的有效性。虽然部分上是一个理性的过程，但作为象征的仪式也会诱发超越理智的情感和情绪。当一种传统意识被用于解决个人和社会问题时，它会获得新的权威，也会有助于维持旧有的习惯，维护社会及其制度。

对社会变迁和文化创新来说，宗教仪式也是重要的，特别是在为了革命的目的而对传统仪式进行改造的时候。一个例子是圣雄甘地对传统宗教游行、祈祷和诵经的应用，他利用这些东西来动员自己的印度同胞——作为信仰同一个神的兄弟姐妹，从英帝国那里争取自由。在2011年的埃及，穆斯林的星期五祈祷变成了一个大型集会，这一集会从祈祷转向抗议和政权更迭。

此外，宗教仪式经常代表一个**阈限时间**（liminal period），亦即与日常现实区别开来的时间（Turner，1967）。在宗教节日的神圣时间里，也许会出现对现实的反转，为受压迫的人带来解放的希望，为伤心的人带来慰藉，为最后的人带来变成第一的希望。在四旬斋（Lent，悔罪的时间）之前的天主教狂欢节仪式中，冬季老人（Old Man Winter）被春季公主（Princess Spring）夺去王冠。随着庆祝者的歌唱、舞蹈和纵酒，得体行为的规范似乎被暂时中止了。这鼓励狂欢者推翻男性的权威。在阈限时间里，年轻的女性能量击败了笨拙的父权主义，自然循环使春季代替了冬季，在庆祝者的心中再次注入希望。

359 ### 三、经验

信念、仪式和其他实践的结合体，构成了信徒各种各样的宗教经验，无论他们遵守的是何种传统。大多数的人类社群，通过宗教透镜来看待这个世界，并围绕着宗教归属和宗教经验——比如祈祷或者参与礼拜——构建他们的身份。在一项对40个国家的调查中，很多人特别是来自撒哈拉以南非洲、中东和部分亚洲国家的人报告说，宗教和宗教经验对他们的生活非常重要（见图14-1）。有趣的是，在财富和宗教性（religiosity）之间，存在着负相关关系。与生活在富裕国家的人们相比，生活在贫穷国家的人们的宗教化程度更高。美国是一个主要的例外。与生活在其他发达国家比如德国、英国和日本（10%）以及法国（11%）的人相比，宗教对美国人更重要。在很多撒哈拉以南非洲国家中，不少于80%的人报告说，宗教是非常重要的。在穆斯林占主导的国家里（比如印度尼西亚和巴基斯坦），90%的人认为，宗教是非常重要的。

虽然对大多数美国人来说，宗教仍然重要，但年轻人并不必然接受这一观点。他们以及其他很多人越来越多地与宗教脱钩。超过1/3的18岁到29岁的青年，没有宗教信仰。没有宗教信仰的人口的比例，随着年龄的增长而下降，80岁以上的人口只有8%没有宗教信仰（见图14-2）。不过，根据最近的一次皮尤调查（Pew，2018），全部成年人中的80%声称，他们信仰上帝。

说宗教在其生活中非常重要的人的百分比

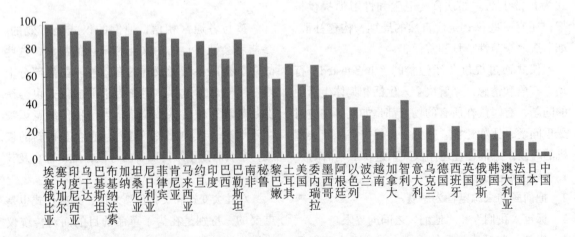

图14-1 宗教对一些国家的重要性

资料来源："The Age Gap in Religion Around the World," Pew Research Center, Washington, DC (13 June 2018). http://www.pewforum.org/2018/06/13/the-age-gap-in-religion-around-the-world/.

四、公民宗教

迄今为止，本节所讨论的经验都与组织化的宗教有关。可是，很多宗教经验产生于上述宗教情境之外，并和上述宗教情境并行不悖。对美国人来说，一种经验一直以来非常重要：**公民宗教**（civil religion），或者是被一个国家认为神圣的信念、实践和符号（Turner，2014）。这一概念在哲学和社会学中有很长的历史，包括在让-雅克·卢梭、阿历克西·德·托克维尔和埃米尔·涂尔干的著作中。不过，是罗伯特·贝拉（Robert Bellah）1967年的一篇文章——《美国的公民宗教》（Civil Religion in America），使这一概念在宗教社会学中获得广泛的注意。贝拉指出，从建国开始，公民宗教就存在于美国。它存在于总统的演讲之中，从乔治·华盛顿的演讲到唐纳德·特朗普的演讲（Gorski，2011）；它存在于文本，如宪法之中；它存在于圣地，如葛底斯堡战场和阿灵顿国家公墓之中；它存在于社群仪式，如7月4日的游行和烟火表演之中。在困难时期，如"9·11"恐怖袭击之后，公民宗教变得异常重要。在这一悲剧之后的短期之内，通过升国旗，很多美国人试图表达他们共享的公民身份。那是一个强有力的时刻，人们在那时感到，自己和美国同胞紧密相连。随着时间的推移，最主要的攻击地点——世界贸易中心——已经成为一个神圣的区域。在"9·11"事件10周年纪念日，这一地点见证了一次公共仪式，通过大众媒体，大量的美国民众参与其中。数量众多的人到世界贸易中心曾经矗立的地方拜谒。

思考题

你是否认为，与你还是一个孩子的时代相比，对于美国社会来说，公民宗教现在变得更为重要了？为什么？举例来支持你的回答。

公民宗教的功能是什么？正像拜访世界贸易中心遗址和举行集体仪式这一例子所体现的那样，它提供了一种集体的公民身份感。它通过推广共享的观念和理想来实现这一点。公民宗教强化一种团结的感觉，定义"我们人民"中的"我们"是谁。很多美国人通过下述方式来体验公民宗教：阅读神圣的文本，访问国家历史中的重要地点，以及参与诸如与国庆节相关的各种仪式。通过积极地参与这种独特的美国宗教，美国人为国家的合法化服务（Bloom，1992）。虽然很多美国人仍然相信这个国家的公民宗教，但其

360

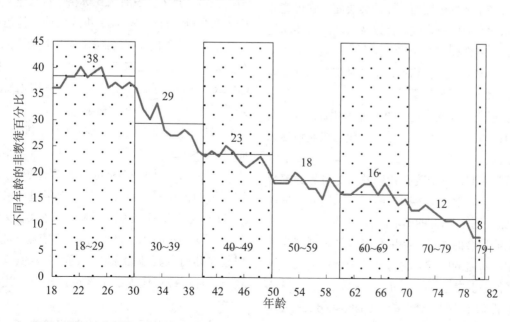

图14-2　不同年龄组的非教徒比例（2016）

资料来源：Jones, Robert P., and Daniel Cox. "America's Changing Religious Identity." PRRI. 2017.

他人主张，与贝拉发明这个概念的时候相比，公民宗教已经变得不那么重要了。美国社会的分裂——特别是在自由主义者（反映在失败的2016年民主党总统候选人伯尼·桑德斯及其追随者的政策建议中）和保守主义者（唐纳德·特朗普及其追随者所提出的政策）之间的分裂——显示，对美国公民宗教的主要构成要素，已经不存在一种共识。虽然政治观点之间的鸿沟使共识变得困难，但贝拉对这种可能性仍然抱有希望。在民权运动和越南战争时期，这个国家也存在深深的裂痕，那时的分裂很可能大于今天的分裂。贝拉（Bellah，1975）对那一阶段的说法是"破裂的契约"（broken covenant），但他认为那是可以修复的。当然，另一场危机，如与"9·11"事件相关的危机，至少在一段时间里，会减少今天的分歧，并走向美国公民宗教的重新巩固。但是，即使在国家危机之外，只要国家还继续存在，这些国家的公民就需要共享特定的价值和信仰——它们是把国家团结在一起的黏合剂。

五、世俗化

世俗化（secularization）的定义是，宗教的重要性的式微（Voas and Chaves，2016）。它发生于社会和个体两个层面。在社会层面，它可能涉及组织化宗教的权力式微，以及宗教的一些功能如教育功能向国家的转移。在个体层面，世俗化意味着，与其他经验相比，个体对宗教的感受弱化了，宗教不那么重要了。

世俗化涉及现代世界的历时性发展，这种发展侵蚀了宗教的权威。导致世俗化的机制包括如下方面：

1. 科学兴起，它成为替代宗教的对世界的解释方式（科学的世界观鼓励怀疑和疑问，进而挑战了宗教信仰的确定性）。
2. 工业社会的发展，特别是当这种发展产生了相对富裕的时候，它将会鼓励物质主义，并降低对彼岸世界的关切。
3. 不再对建制性的宗教（established religion）进行赋权，也不再提倡它们的政府，兴起了。
4. 对宗教宽容的鼓励，导致了整体上的宗教

"淡化"（watering down），特别是宗教差别的淡化。
5. 出现了竞争性的世俗道德意识形态，比如人文主义（Smelser，1994：305-306）。

考虑到这些进展的影响，到1960年代的时候，世俗化理论的支持者（比如 Berger，1969；Wilson，1966）设想，宗教将会继续式微。人们将会更少地参与礼拜、加入宗教机构或拥抱宗教信仰。在富裕的发达国家里发生的事情——这些国家首先变得"现代"——在未来的某个时刻，将不可避免地出现在其他地方。欧洲的教堂变空了，宗教信仰正在消散。但是，在表达这些看法时，人们意识到，它们是有问题的。一方面，在世界上大多数地方，宗教一直充满活力，并且持续地充满活力，甚至变得越来越有力量。甚至彼得·伯格（Berger，2013）在其对"世界的世俗化"的分析中，也承认了这一点。另一方面，美国依然是一个宗教国家。虽然从1980年代以来，对上帝的信仰有所式微，但80%的美国人依旧信仰上帝的事实，清晰地表明，美国是世俗化理论的一个例外。实际上，揆诸事实以及世界上很多地方伊斯兰教的兴起，更世俗化的欧洲才越来越像是一个例外。

对于最初的世俗化理论，仍然有一些支持者。在这一点上，没有人比苏格兰社会学家史蒂夫·布鲁斯（Steve Bruce）更为明确。他出版了一本引发争议的书，书名叫作《上帝死了》（God Is Dead，2002）。在最近的一本书中，布鲁斯（Bruce，2013）承认，上述观点——更宽泛地说，是世俗化——"不那么时髦了"。

最近，像布鲁斯一样，福厄斯和查维斯（Voas and Chaves，2016）接受了世俗化的概念。他们认为，实际上，美国并不是世俗化规则的例外。他们提供的证据是，首先，在数十年里，宗教性（宗教忠诚度）一直在缓慢下降。虽然美国人保持了令人印象深刻的宗教性，但事实依然如此，特别是在和西方其他国家比较的时候。其次，与欧洲一样，每一代人的宗教性都比上一代人差一些。

不过，今天更多的社会学家接受了"后世俗"（postsecular）社会的概念。虽然关于这一术 *361*

很多宗教组织发现，它们并没有受到新技术如互联网的威胁，反而其成功甚至存在都要依赖于这些技术。虚拟宗教服务有助于招募成员，维护成员，特别是那些不坚定的成员、缺乏交通工具的成员，或者临时离开的学生或军事人员。天主教徒可以参加一次由教皇方济各主持的弥撒，佛教徒可以跟进一位僧侣的博客，而穆斯林可以在YouTube上收听一位伊玛目的祈祷服务。有些教堂依赖PayPal收取什一税，依赖信用卡获得财政资助。脸书页面和互联网上的聊天室可以是精神慰藉的源泉，以及组建虚拟宗教社群的手段。最近的一项研究发现，一些福音派基督徒利用互联网上的聊天室，来扩充自己的性知识，并在异性恋婚姻的限度之内，改善自己非虚拟的性生活（Burke，2016）。

为了获得财务收入和维护信徒数量，很多宗教组织利用互联网来销售宗教用品，比如诵经念珠、圆顶小帽，以及祷告念珠。他们甚至也销售更为商业化的物品，比如宗教主题的T恤衫和车尾贴纸。对真正的宗教仪式的出售也出现了，随着宗教侨民，如印度教侨民的增加，这种情况会更加普遍。例如，印度的宗教市场是一个数十亿美元的产业。这一产业通过向海内外的印度教徒销售在线印度教礼拜或宗教仪式获益。像Shubhpuja.com这样的公司，雇用印度教祭司来进行虚拟的印度教礼拜——顾客因为各种事情，比如获得升职、庆祝婚礼或者治愈疾病而购买这些仪式。一次礼拜的价格从10美元到500美元不等，而且通常是通过Skype来进行（Bengali，2016）。

参与数字世界

访问下述网站：www.bbc.co.uk/religion/religions。针对你选择的宗教，学习更多的知识。

针对你所选择的那种宗教，撰写一份简要的报告，叙述你学到的关于其历史、信念、仪式和实践的情况。

语的意义是什么有很多的争论，但日益流行的观点是，相互矛盾的两种趋势都可以看到：一方面是日益增强的宗教性，另一方面是根深蒂固的、日益扩张的世俗化（Goldstein，2009；Gorski et al.，2012；O'Brien and Noy，2015）。

六、作为消费形式的宗教

在一个具有高度宗教多样性而且人们能够自由选择宗教的社会里，存在着一个宗教或精神市场（Moberg and Martikainen，2018）。通过把宗教机构描述为一种像商业公司一样运行的"宗教经济体"，罗杰·芬克和罗德尼·斯塔克（Finke and Stark，2005）建立起了上述概念。依据这一观点，宗教机构像商业公司一样，致力于为市场提供服务。在这样做的时候，它们进入了一种与其他"公司"进行竞争的关系，以便维持或扩大其市场份额，并吸引更多的"顾客"（信徒）。不仅仅是宗教在市场上推销自己，消费者也像购买其他东西一样"购买"宗教（Montemaggi，2016）。正是在这样的情境下，宗教必须彼此竞争，就像生产商和购物中心竞相争取顾客一样。

很多教堂，特别是那些超级教堂，越来越倾向于把自己变得对消费者友好（Sanders，2016）。哈特福德宗教研究所（Hartford Institute for Religion Research）对**超级教堂**（megachurch）的定义是，每周参加礼拜的人数至少有2 000人的教堂。较著名的超级教堂有以下几个：柳溪社群教堂（Willow Creek Community Church），建立者是芝加哥郊区的比尔·海波斯（Bill Hybels）；加利福尼亚南部的里克·沃伦（Rick Warren）的马鞍峰教堂（Saddleback Church）；休斯敦的乔尔·奥斯汀（Joel Osteen）和维多利亚·奥斯汀（Victoria Osteen）的莱克伍德教堂（Lakewood Church）。这些教堂以及其他类似的教堂的设计，旨在模仿拥有高科技灯光和音响系统的影院和体育馆。最花哨的超级教堂经常拥有基督教摇滚乐，在星期天

362

早晨，大屏幕会投放经文和流行音乐风格的宗教歌曲的歌词，因此集会中的所有人都能看见并且跟着唱（Niebuhr, 1995; Sanders, 2016）。在有些场所［比如英国的坎特伯雷大教堂（Canterbury Cathedral）］，人们出来时要经过一个书店或礼品店，那里面出售各种各样的宗教物品和非宗教物品。超级教堂以前是美国独有的现象，现在也出现在了世界上其他地方，比如韩国——在那里，有世界上最大的超级教堂，可以聚集 80 万人（Bell, 2017）。宗教组织的领袖意识到，他们需要推销自己的"产品"。我们可以在下述事情中感受到这一意识的强烈程度：宗教领袖越来越强调，把潜在成员当作从事特定消费项目的消费者来对待。与消费文化的其他所有方面一样，宗教需要回应消费者的要求，并对自己的服务进行广告宣传。最明显的例子是，努力销售各种与宗教相关的商品和服务（Moberg and Martikainen, 2018）。各主要节日都和这样或那样的消费有关，基督教尤其如此（Belk, 2013）。基督教，以及与之相关的消费形式，变得越来越全球化。例如，完全没有圣诞节传统的热带地区，也在过圣诞节（Prideaux and Glover, 2014）。

现在甚至出现了致力于消费宗教表演、摩天轮、圣地旅游和纪念品的宗教主题公园（Paine, 2016）。例如，在肯塔基州威廉斯敦，主题公园"遇见方舟"举办了各种各样的宗教展览和活动。在田纳西州皮金福奇（Pigeon Forge），圣经时代剧院（Biblical Times Theater）提供晚餐剧场表演，表演中的《圣经》故事与多莉·帕顿（Dolly Parton）的多莉山公园的演出差不多。在佛罗里达州奥兰多，就在迪士尼乐园附近，三一广播网（Trinity Broadcasting Network）运营着圣地体验（Holy Land Experience）主题公园。在这个主题公园里，消费者可以访问伊甸园、伯利恒和客西马尼园（garden of Gethsemane）等。还有建立于 2007 年，坐落于肯塔基州彼得斯堡的创世博物馆（Creation Museum）。该博物馆为访问者提供《圣经》历史旅游，包括一座模拟的伊甸园。

访问宗教主题公园仅仅是宗教和大范围消费模式——旅游之间的关系的一个方面（Butler and Suntikul, 2018）。更普遍的是朝圣旅游，这些旅游会访问标志性的宗教地点，比如耶路撒冷老城、麦加（参阅本章开篇语）以及梵蒂冈。在这些地方，在旅馆、门票和宗教纪念品上花钱的机会不可胜数。宗教导向的旅游者还可能出席各种各样的宗教活动（舞蹈、节日、综艺节目），这些活动不仅需要门票，还提供了购买纪念品的另一个机会。

虽然宗教消费变得越来越像世俗消费，但可以争辩的是，消费已经变成了一种新宗教。结果是，购物中心和快餐店以及其他场所，变成了人们践行其消费宗教的地方。例如，在莫斯科的麦当劳开业的时候，一个工人说它"好像是沙特尔①大教堂……一个体验'天堂的快乐'的地方"（Keller, 1990）。对迪士尼乐园的访问，曾经被称为是"中产阶级的哈吉，对日光浴城市的强迫性拜访"（Garfield, 1991）。

购物中心与传统的宗教中心有很多相似之处（Zepp, 1997）。与宗教中心一样，购物中心满足各种各样的人类需求，比如：与其他人进行联结；获得一种社群的感觉并接受社群服务；置身于自然之中，比如门前的水池、树木和花草；以及参加购物中心里永不停歇的节庆活动。购物中心还提供通常与寺庙有关的中心感（centeredness）。它们的特点 *363* 是与寺庙类似的平衡、秩序和对称。玩耍通常是宗教实践不可缺少的一部分，而购物中心无疑是玩耍的地方。类似地，购物中心还是一个人们可以分享节庆饮食的地方。以这样或那样的方式，购物中心拥有了宗教性质，进而真的可以被视作"消费的教堂"（Ritzer, 2010a）。正是在这些教堂里，在消费的过程中，很多人拥有了只能被描述为宗教性体验的东西。话虽如此，购物中心也正在衰落之中，这部分是因为，它们在和网上购物中心比如亚马逊的竞争中，困难重重。如果它们想生存下去——更不用说提供宗教体验——就必须进行自我的再造（Merrick, 2014）。

---

① 法国的一座城市，以高耸的哥特式教堂而著称。——译者注

概念	定义
信念	一种观念，用于解释世界和认定什么应该是神圣的或被敬畏的东西，也就是宗教的终极关怀。
仪式	一系列经常重复的、规定好的传统行为，这些行为象征着价值和信念。
公民宗教	被一个国家认为神圣的信念、实践和符号。
世俗化	宗教的重要性的式微。

第四节　宗教组织的类型

现代社会常常被定义为世俗社会或后世俗社会。在这样的社会里，我们通常认为，宗教是一个私人事务。可是，对人的宗教经验进行支持和培养的，却是信仰社群。持续存在的宗教传统被组织化了。在 21 世纪，作为对其所在社会的一种映射（reflecting），很多宗教都变得科层化了。

与宗教的其他方面一样，宗教组织是高度多样化的，这种多样化既存在于不同的宗教传统之间，也存在于同一宗教传统之内。一方面，在一个特定的社会里，宗教组织倾向于反映最为突出的组织形式。另一方面，下述两种组织之间的紧张会永远存在：大型建制性的、正规化的组织，与新的、不太正规的宗教组织——后者或者稍纵即逝，或者在未来变为建制性组织。此外，具有多元化的宗教世界观的宗教组织，以及由多样性人口构成的宗教组织，倾向于在组织上变得去中心化。而具有同质性的人口和信仰体系的宗教组织，则倾向于变得中央集权化。印度教和佛教倾向于更少的中央集权和更少的等级化，而基督教变得更为正规化了，这部分是为了应对其成员资格的普遍主义（universalism）。

社会学家曾经运用各种类型学，来描述最常见的宗教组织。这种工作大多开始于区分两种基本的宗教组织：宗派和教会。这些概念由德国神学家和教会史学家恩斯特·特洛尔奇（Ernst Troeltsch）创立，他借用并扩展了韦伯的宗教社会学理论成果。这两个术语经过恰当的概念化，

变成了一个连续统的两个端点：一端是宗派，另一端是教会（Swatos，2007）。

一、宗派

宗派（sect）是一个小型群体，加入这一群体的人是有意识地自愿加入的，以便获得某种个人性的宗教体验。他们认为自己是"真正的信仰者"，在接受宗教真理方面高人一等，这让他们对其他宗教组织持批评态度。宗派成员的宗教体验和行为方式，具有自发性和不受约束的倾向。宗派的领导阶层通常是由普通人构成的，而不是受过训练的专业人士。因此，它的组织结构是非科层化、非等级化的。领袖的崛起常常是因为，他看起来具有个人魅力，其他人应该不加质疑地听命于他。宗派倾向于反对建制化，其成员经常感到，自己受到社会和社会现状的排斥。结果是，他们倾向于拒斥社会及其现状。实际上，宗派可以被看作是分裂出去的异见群体，他们离开了建制性的宗教组织。他们这样做是因为，他们认为，上述宗教组织与"尘世"（the world）妥协太多，进而"污染"了宗教的教义。

宗派经常从较低的阶级中招募成员，这些人或者是有意改变社会，或者是远离现状，而不是维护现状。宗派倾向于把自己与宏观社会隔离开来，并且只接受那些严格遵守其群体规范的人。宗派要求其成员要有高度的忠诚。类似地，宗派强调教义的纯洁，在这件事情上，群体内部意见的多样性是不被允许的。他们经常在诸如怎样穿和吃什么的事情上，与社会保持距离。还有，他

们甚至可能在物理上隔离自己，生活在与世隔绝的地方。宗派成员也许没有能力有效地挑战宗教竞争事态，但他们不相信对其他宗教组织的宽容。

17世纪的清教徒是宗派的很好的例子。由于他们的宗教信念，他们被迫离开英国，然后在新英格兰建立了一个封闭的社群。他们把自己看作是上帝的选民，肩负着他们所说的"旷野里的使命"。他们不宽容异议者。在马萨诸塞，很多与清教领导层发生龃龉的人被迫逃离。一个特别著名的例子是罗杰·威廉姆斯（Roger Williams），他后来帮助罗得岛建成了一个提倡宗教宽容的地方（他的雕像依然矗立在州议会大厦穹顶的顶部）。

在美国历史上，在基督教传统中，宗派层出不穷，包括阿米什派（Amish）、胡特尔派（Hutterites）、基督复临安息日会（Seventh-Day Adventists）以及耶和华见证会（Jehovah's Witnesses）。起源于20世纪的宗派还有"上帝之子"（Children of God）和本章前文描述过的持蛇团体。在犹太教之中，哈西德派犹太人（Hasidic Jews）就是宗派的一个例子。

二、教会

与宗派形成对照的是，**教会**（church）是一个由信奉宗教的人组成的大型群体，一个人更可能是在出生时就加入了它（而不是后来有意识地和自愿地加入的）。教会的领导层由专业人员构成，他们受过高等级的专业训练。作为一个整体，教会一般拥有高度科层化的结构，以及复杂的劳动分工（Christiano, Swatos, and Kivisto, 2015）。教会倾向于从全社会吸收来自所有社会阶级的成员。宗派倾向于把成员资格限制在真正信仰者的范围之内，教会则试图把尽可能多的人吸收进来。教会经常主动地吸纳新成员，有时候是通过传教士来吸纳新成员。教会的信仰体系是高度程式化的（codified），仪式非常繁复，并且以高度规定性的方式进行。与宗派的成员相比，教会成员一般忠诚度较低，而教会对他们的期待也不高。宗派倾向于拒绝现状，而教会接受现状。

如果使用特洛尔奇提出的严格的教会概念，那么美国没有教会。这是因为，依据他的定义，教会与国家是密切联系在一起的。教会追求宗教的垄断，并试图消除宗教竞争，或者使宗教竞争者边缘化，或收编他们。因此，它试图获得这个国家所有人的宗教忠诚，或者至少是大多数人的宗教忠诚。教会的功能是，为现存的社会、文化和政治制度提供合法性。这一功能，在2013年玛格丽特·撒切尔——英国保守党饱受争议的、长期执政的前首相——的葬礼上非常明显。这一关系的另一面是，国家保证教会的特权地位。

中世纪的罗马天主教会，也许是严格意义上的教会的最好体现——它以相对纯粹的形式存在。在一些西欧国家，罗马天主教会仍然拥有教会的地位。在北欧国家，路德教会是法定的国家教会（虽然目前有些教会正在发生改变）。正像撒切尔的葬礼所显示的那样，英国国教（Church of England）[或安立甘教会（Anglican Church）]是另一个例子。

这里所描述的宗派与教会似乎是完全不同的，但事实上，两者之间没有清晰的界限。在上文中，它们是作为"理想型"（参阅第3章）来加以描述的，所以能被清晰地区分开。实际上，随着时间的推移，经过转化，宗派倾向于获得教会的组织化特征。随着宗派规模的扩大，它需要越来越大的科层化结构和其他东西——领导层的感召力降低了，而更多地以专业能力为基础。宗派成员的行为的自发性降低了，变得更加正式化。这里的关键是，当我们使用这些术语的时候，它们是静态的。换言之，它们只是描述了一个组织的某一特定时刻的情况。

三、教派

教会和宗派之间的区分，不能完全和准确地反映美国主流宗教的现实。很早以前，理查德·尼布尔（Niebuhr, 1929）就注意到，美国的很多宗教组织虽然在很多方面都像是教会，但在其他方面却和教会大不相同。他把这些组织称为"教派"。像教会一样，**教派**（denomination）是宗教式表达的一种组织形式，它通常支持社会秩序，也支持其他的宗教形式。由于美国没有国教，因而所有的宗教组织都必须在宗教市场中谋生存。教派在这样做的时候所秉承的一般精神，是对其他宗教团体的宽容与接受。在这一点上，它和宗派大不相同。

与教会一样，教派对宏观社会持有正面的看法。它支持文化机构和非宗教机构，如公立学校。与宗派不同，皈依经历——比如重生——是不需要的。教派的礼拜，像教会一样，是正式的和保守的，它强调的是教化，而不是情感性的宗教体验。

教派是等级制的和科层制的。其地方组织不是独立的，而是更大型的地方组织或全国组织结构的一部分。其运作依赖于专业化的、经过专业训练的、全职的神职人员。这些神职人员通常在修道院里受训，教派管理这些修道院，以保证对教义的遵守。

今天，主要的基督教教派是一长串的新教群体，包括美国浸信会（American Baptist）、神召会（Assemblies of God）、基督教会（Church of Christ）、圣公会（Episcopal）、福音派路德宗（Evangelical Lutheran）、路德派（Lutheran）、长老会（Presbyterian）、南方浸信会（Southern Baptist）、联合基督教会（United Church of Christ）、联合卫理公会（United Methodist）。不过，这个名单也包括罗马天主教会和东正教会（Eastern Orthodox Church）。教派主义（denominationalism）接受关于宗教的多元化观点，这和政治多元主义是一致的（参阅第 10 章）。

四、教帮与新宗教运动

在很多方面，教帮（cult）[①]与宗派很相似，但区分两者是很重要的（Stark and Bainbridge，1979）。宗派是从一个更为成熟的宗教中分离出来的宗教群体，这种分离的原因是教派分立，分离的目的是复兴宗教，并重新发现那个组织[②]最初的信仰和实践。而**教帮**（cult）是一个新的、创新性的、小型的、自愿的和排他性的宗教传统，它从未与任何宗教组织有联系。教帮常常与建制性的宗教相抵牾，也与宏观社会相抵牾。那些建立教帮的人更可能是宗教激进分子，他希望回到宗教的源头，从其他宗教引入观念，或者独创新的观念。与宗派相似，教帮要求它的成员高度忠诚和高度投入。由于教帮是新兴起的，所以它的领袖更可能是一个魅力型人物，在这一点上，它甚至超越宗派。

教帮这一术语已经失去了社会学家的青睐，因为在普通人和媒体眼中，它已经和一些破坏性的帮派联系在一起，如查尔斯·曼森（Charles Manson）和他的"家族"。这一帮派谋杀了一些人，包括 1969 年杀害的女演员莎朗·塔特（Sharon Tate）。曼森帮派实际上并不是一个宗教组织。不过，事实证明，一些以宗教为基础的教帮，是非常具有破坏性的。这包括吉姆·琼斯（Jim Jones）的"人民圣殿教"（People's Temple）、大卫·考雷什（David Koresh）的"大卫教派"（Branch Davidian）以及"天堂之门"（Heaven's Gate）。所有这些群体都以悲剧告终。在"人民圣殿教"的例子中，结局是1979年的集体自杀，以及在圭亚那的一处丛林院落中，对琼斯的918个追随者的杀害。在"大卫教派"的例子中，其领袖和成员死于一场有争议的冲突——这次冲突发生在得克萨斯州的韦科（Waco），冲突的另一方是美国烟酒枪械管理署（Bureau of Alcohol, Tobacco, and Firearms）的官员。在"天堂之门"的例子中，感召力十足的领袖让他的追随者相信，在海尔-波普彗星（Comet Hale-Bopp）上，隐藏着一艘航天运载飞船，这艘航天运载飞船将会把他们载到一个更好的世界。结果是，39个成员自杀了。其他教帮则把暴力指向了外部。在日本，"奥姆真理教"（Aum Shinrikyo）在东京的地铁系统里施放沙林毒气（sarin gas），杀死了12人，数千人受伤（Juergensmeyer，2003；Reader，2013）。还有各种各样的暴力群体，包括与"雅利安国"（Aryan Nations）和其他极端主义群体有关的"基督教民兵"（Simi，2013），以及"基地组织""伊斯兰国""博科圣地"等

---

① cult 翻译为"教帮"是译者的创造，用于表示"以某种教义或崇拜把一群人联系在一起而形成的帮派"的意思。——译者注
② 即宗派从其中分离出来的宗教组织。——译者注

（Gulmohamad，2014；Juergensmeyer，2009）。

不过，依据上文所提出的定义，上述例子都不是教帮。更适合该定义的是下述群体：巴哈教（Baha'i），国际奎师那知觉协会（International Society for Krishna Consciousness）——通常被称为黑尔·奎师那（Hare Krishnas），超验冥想（Transcendental Meditation）运动，拉斯特法里教（Rastafarians），圣父的和平使命（Peace Mission of Father Divine），西瓦心灵术（Silva Mind Control），玫瑰十字会（Rosicrucianism），以及圣光使命（Divine Light Mission）。受到最广泛研究的教帮，是由韩国人文鲜明创立的教帮，名叫"统一教"（Unification Church）。它于 1950 年代在美国开始其招募成员的努力，宣称自己融合了世界上所有主要宗教的核心教义。"统一教"把自己定义为一个改变世界的运动。为了实现其目标，它咄咄逼人地招募新的成员。这些行动以及集体安排婚礼的习惯，引致了很多批评。该组织的成员经常被贬称为"穆尼"（Moonies）。可是，他们拥有雄厚的财政资源。他们运用这些资源，来推广自己"广受欢迎"的看法。推广"统一教"的合法性的努力，包括获得华盛顿特区两份日报之一的《华盛顿时报》（Washington Times）的所有权。文鲜明卒于 2012 年末，他的妻子和儿子们随即控制了"统一教"。

并不是所有的教帮都是宗教性的。最近的一个例子是"Nxivm"，这是由基思·拉尼尔（Keith Raniere）创建的一个教帮。"Nxivm"声称，它的目标是通过重塑人们的情感自我来治疗人们，并改变世界。不过，这个教帮因为败坏女性——有些人还很著名——的名誉，并用她们当"性奴"（sexual slave）而变得臭名昭著（Grigoriadis，2018）。在赋权的名义下，有些女性［包括女演员艾莉森·麦克（Allison Mack）］招募其他女性加入教帮。2018 年，拉尼尔和麦克被捕，被指控犯有包括涉性人口贩运等在内的罪行，正在等待审判。

考虑到教帮这一术语的负面含义，很多社会学家不再使用它。不过，其他人仍把教帮作为一个有用的社会学概念在使用（Cowan and Bromley，2015）。

在宗教社会学领域，术语新宗教运动获得了越来越广泛的认可。它集合了宗派、教帮和各种各样的其他非传统的、常常是创新性的宗教群体（Lewis and Tollefson，2016）。创造这一概念是因为，人们不满意现存思想和概念与宗教群体及其组织之间的关系（Bromley，2016）。此外，越来越明显的是，我们需要一个宽泛的上位概念，以便涵盖越来越多的、各种各样的宗教组织。使用新宗教运动这一术语，也是为了消除或者减少与"教帮"以及其他非传统宗教组织联系在一起的贬义。它还强调了这样一种观念，即每一个非常规宗教组织，都应该依据其自身特征，接受客观的审视。

新宗教运动（new religious movement）的典型特征有下述这些：热情的皈依者，有魅力的领袖，对非典型人口的吸引，区分"我们"和"他们"的倾向，对他人的不信任，以及相信快速的根本变革的倾向。一个例子是新时代运动（New Age movement）。该运动的特点是，相信在"水瓶座时代"（age of Aquarius），一次全球性的更新会出现。他们还相信一种个人导向的、爱的精神（loving spirituality）（Cowan and Bromley，2015）。

新宗教运动的观念的出现，并没有解决怎样理解"科学教"（Scientology）的问题。美国的有些人承认"科学教"是合法的宗教。"科学教"积极地招募新成员，使用高调的名人所提供的物质资源，这些名人包括汤姆·克鲁斯和约翰·特拉沃尔塔（John Travolta）。与此同时，它在美国（以及其他地方）引发了相当大的争议（Wright，2013）。对于是否把"科学教"视为宗教，存在高度争议，但确定的是，可以把它视为具有某些宗教特征的社会运动。不过，它的其他特征，比如它的商业导向和科学主张，把它变成了一个杂合体。很多人认为，"科学教"为自己披上宗教的外衣，是为了提高它的挣钱能力、减少税负以及把政府的干预降至最低。以赖特（Wright）的书为蓝本，HBO 制作了纪录片《拨开迷雾：科学教与信仰囚笼》（Going Clare: Scientology and the Prison of Belief）。该纪录片详细地讲述了与"科学教"有关的滥权行为，包括对权力和利润的积极追求，以及一些前成员的幻灭与醒悟。演

366

员和制片人利亚·雷米尼（Leah Remini）是以前的一位追随者。她监督了纪录片《科学教及其后果》（*Scientology and the Aftermath*）的制作。

该纪录片讲述了"科学教"前成员及其家庭的故事（"科学教"自己声称，那些故事是假的）。

知识点 14-4　宗教组织的类型

组织	定义
宗派	一小群人组成的群体，他们认为自己是真正的信徒，自愿加入这一群体。他们通常是从其他成熟的宗教中分离出来的，旨在获得个人性的宗教体验。
教会	一大群具有宗教取向的人组成的群体，通常一个人生来就是该群体的成员（而不是有意识地加入的）。
教派	一种宗教群体，这一群体对其他宗教团体表现出一般性的宽容精神与接受精神。
教帮或新宗教运动	一个小型的、新的、排他性的群体，它的宗教传统从来没有与任何成熟的宗教组织联系在一起，并且经常与其他宗教社群相对立。

第五节　用理论解释宗教

由于宗教是如此重要的一个社会学课题，社会学家们已经从各种主要的社会学理论的视角，对它进行了检视，这丝毫不令人奇怪。在本节中，我们将从结构/功能理论和冲突/批判理论两个视角，研究宗教问题。前一个视角意在指出，宗教承担了重要的社会功能——也许同时也产生了一系列的负功能。后一个视角的主张是，宗教不过是分散了人们对经济和社会不平等的注意力。

一、结构/功能理论

早期的社会学家如奥古斯特·孔德和埃米尔·涂尔干认为，宗教承担了重要的社会功能。从他们的研究成果中生发出来的结构/功能理论视角，不仅关注宗教所承担的正功能或社会目的，也关注其负功能。

367 宗教的正功能

在《宗教生活的基本形式》（*The Elementary Forms of the Religious Life*）一书中，涂尔干（Durkheim，1912/1965：230）强调了宗教带来的社会团结："正是通过进行同样的呼唤、说出同样的词语、针对某个事情做出同样的手势，人们才融为一体，并感觉彼此是一体的。"除了社会团结，对于个体和社会来说，宗教还承担着其他一些正功能。

第一，彼得·伯格指出，宗教和文化传统变成了罩在人们头顶的"神圣华盖"（sacred canopy），它提供安全感，回答他们关于意义的问题，或者是关于人生目的的问题。对这些问题的宗教性回答，包括宇宙的图景、世界观以及对怎样安排生活最好的看法——包括个人生活和集体生活。

第二，涂尔干（Durkheim，1912/1965）观察到，宗教提供了对生活中令人迷惑的方面的解释。特别重要的是神正论（theodicies），它可以帮助我们更好地理解并应对苦难和死亡。

第三，宗教对社会及其个体所承担的至关重要的一个功能是，提供一系列道德指南（或伦理学）。这些指南确定禁忌底线——这些底线标定，什么是不可接受的或不道德的行为。道德指南也提倡正面的行为，如与他人分享或照顾他人。每一个宗教传统，都拥有一种理论——关于违反规范的人会遭遇到什么，这一理论中最重要的部分，会被编纂为律条。

第四，宗教可以为好的生活方式提供指南。积极地参加宗教活动的美国人，拥有更高的生理和心理健康水平（Ellison，1999；Ferraro and Kim，2014；Weber and Pargament，2014）。实现这一结果的途径之一，是帮助人们发展社会支持网络以及应对各种类型的压力的技能。

思考题

你认为，如果完全没有宗教，有可能出现社区、道德、社会变迁和对没有宗教信仰的人的同情心吗？为什么？

第五，宗教体系可以为个人和社会带来对未来包括死后发生的事情的希望。这给信徒带来了自信的感觉。如果你相信宇宙是友好的，或者相信至少你是站在巨大力量的正确的一侧的，又或者相信它在保护着你，那么就更容易拥有下述感觉：未来会变得更好，即使目前看起来很黯淡。

第六，宗教在社会变迁的过程中发挥关键性的作用。虽然宗教机构往往与统治精英相互纠缠，但它也为主要的社会变迁提供基础。这样的例子包括马丁·路德·金在美国对种族主义的谴责，反对种族隔离运动对南非政府的挑战等。

宗教的负功能

虽然宗教可以促进社群的形成，但它也能导致文化中心主义。后者与不宽容、冲突密切相关，有时还导致宗教群体之间的暴力冲突。这就是所谓"社群的吊诡"（paradox of community）：把我们团结在一起的东西，也使我们分裂（Ekland-Olson，2012）。在南亚，作为一个印度教徒可能会给你一种对某一社群的归属感，但对另一些人来说，它的代价是，不能与其他教的教徒建立关系。通过消极的比较来塑造自己的身份认同，两个社群倾向于培养相互之间的不尊重。相互之间的不尊重，有时会变成暴力行为。

此外，同样的宗教功能也许会变成负面的功能。更进一步说，从一个视角来看是正功能，从另一个视角来看，可能就是负功能。宗教可能会促进团结和维护秩序，但对于受压迫的少数群体以及受到体系剥削的人来说，上述功能却是有害的——它使不公正适得其所。它也许对苦难和邪恶提供了某种解释，但这种解释把社会问题归咎于某些群体。因此，它为贬低和敌视某些群体提供了合理的理由。

思考题

除了宗教之外，你还能想出其他表现出"社群的吊诡"的社会制度吗？如果有的话，它们是什么？它们怎样承担这种双重功能？

社会团结的另一面，就是对他人的反感，在很多时间和地点，这种情况都是宗教历史的特有标志。排他主义的"上帝拣选"神学——以其他群体和社会为代价——抬高某个群体和社会的地位。这样的神学不仅对某个特定的社群是功能性的，对地区间和国家间的关系也是功能性的[①]。这些强调"我们"和"他们"之间的区别，并且把这种区别和"我们"自认的高贵地位作为神圣背书（sacred endorsement）的宗教传统，不可避免地会陷入与其他宗教传统的冲突之中。有些宗教群体持有文化中心主义的世界观，并且相信自己是上帝的选民——只有追随他们的信仰和仪式的人，才会被上帝拣选。这样的宗教群体更容易被排外的宣传和谴责外来人的宣传蛊惑。在社区间的冲突中，双方都可能把对方看作是世界的邪

---

① 原文如此。估计是"dysfunctional"（负功能的）的笔误。——译者注

恶焦点，以及己方问题的源头。宗教对这些社会分裂的合理化——比如纳粹德国让犹太人背黑锅——会使情绪强化，有时还会为冲突提供神圣的意义（Kurtz，2005）。简言之，越来越严重的社区冲突可能会导致暴力行为，甚至战争。今天，这一点在中东和其他类似地方再清楚不过了。目前那里存在着持续的战争状态——在犹太人和至少一部分穆斯林之间。在中东大部分地方和亚洲一些地方，什叶派和逊尼派之间存在着类似的战争状态，特别是在近几年的叙利亚和伊拉克。

因此，宗教最后的也许是最危险的负功能，是这样一个事实：它有时促发暴力甚至是邪恶的行为。这种情况的一个主要原因是，宗教为对他人使用暴力提供了合理的理由。即将伤害他人的人，必须使用所谓的"道德疏离机制"，以免因做出这种行为而产生负罪感（Bandura et al.，1996）。道德疏离机制中最有效的机制，经常与宗教信仰有关。这些机制包括非人化（dehumanization）、怪罪受害者，以及优势比较（advantageous comparison）①。也就是说，如果其他人是邪恶的并受到上帝的诅咒，他们就很容易被非人化，并被合理化为是不值得尊敬和拥有尊严的人。

二、冲突／批判理论

对宗教的负功能的讨论很好地引出了宗教研究的冲突／批判视角。这一视角的大多数研究，持续地受益于马克思的原创性思考，特别是关于资本主义的经济基础和上层建筑的思想。对马克思（Marx，1859／1970）来说，资本主义社会的基础是经济，其他所有东西——观念、国家和宗教——都是上层建筑的组成部分。资本主义社会中上层建筑的组成部分，都建立在经济基础之上。因此，观念、国家和宗教的性质，都可以追溯到经济基础的性质。结果是，资本主义经济控制宗教，以及观念和国家，而宗教则被用于巩固和保护经济基础。

在马克思看来，宗教承担这一功能，是以意识形态的身份来进行的。与所有意识形态一样，宗教歪曲和隐藏资本主义社会背后的现实。宗教意识形态还分散人们对经济和社会现实的注意力，并使之变得模糊不清。它们就像人们服用的毒品一样，使人眩晕，进而使人不能准确地看清社会世界。正是这一观点，引出了马克思对宗教的著名判断：宗教是"人民的鸦片"（Marx，1843／1970）。被宗教毒害的人们，不仅不能准确地看清社会问题，也不能针对社会问题采取行动，更不用说推翻资本主义的社会结构了——而这一结构正是上述问题的源头。

宗教可以被看作当代批判论者尤尔根·哈贝马斯所谓的**合法化**（legitimation），亦即社会系统产生的、支持其自身存在的观念体系。因此，与宗教联系在一起的观念，不仅对自身进行合法化，也对它存在于其中的社会、经济和政治体制进行合法化。对批判论者来说，合法化的作用，就是使这些体制"神秘化"，使正在发生的事情特别是其对大多数人的负面影响变得模糊不清。

对宗教进行思考的另一个方式是，它对社会现实的歪曲和幻象，会使人们产生虚假意识（参阅第2章）。也就是说，因为宗教和其他很多社会力量的影响，很多人对自身的真正利益没有清晰和正确的认知。例如，工人阶级不能意识到，他们正在资本主义制度中受到剥削。对批判论者来说，虚假意识，包括宗教所引起的虚假意识，会阻止人们形成阶级意识，亦即关于其自身利益的真实认知。如果没有宗教，人们会更好地认识到，通过推翻资本主义制度，以及推翻支持这一制度的宗教体系，他们能够增进自己的利益（Lukacs，1922／1968）。

---

① 道德疏离机制的一种。其机制是，把自己将要进行的行为与另一种更坏的选择相比较，以便为自己的行为提供道德理由。——译者注

理论	主要假说
结构 / 功能理论	宗教承担社会功能，比如带来社会团结；解释生活的困惑之处，比如苦难和死亡；提供一系列的道德指南。
冲突 / 批判理论	宗教是社会系统产生的、支持自身存在的观念体系。

第六节　宗教与全球化

每一种主要的宗教传统，最初都是一个地方性甚至部落性的信仰表达。它生长于一个特定的环境之中，然后传播至特定的区域，最终成为全球性宗教。所有的全球性宗教都起源于亚洲：东方宗教，包括印度教、佛教、儒学和道教，起源于南亚，然后传播至中国和东南亚[①]；西方宗教，包括犹太教、基督教和伊斯兰教，来自西亚或中东（Woodberry, Smith, and Scheitle, 尚未出版）。

今天，如图 14-3 所示，基督徒占全世界人口的约 31%。世界人口的约 24% 是穆斯林，约 15% 是印度教徒，较小比例的人口还包括佛教徒（约 7%）、民间宗教徒（约 6%）和犹太教徒（约 0.2%）。16% 的世界人口没有宗教信仰（Hackett and McClendon，2017）。

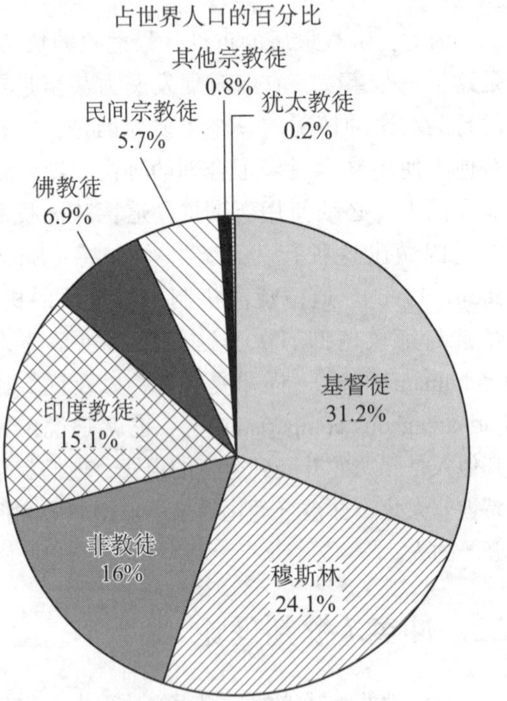

研究宗教和全球化的关系，是从当代开始的，但是显然，宗教的全球化比其他任何事情开始得都早。实际上，从某种意义上说，宗教的全球化至少已经有 2 000 年的历史了（Beyer，2013）。虽然和全球化一样，宗教也是一个具有高度争议性的概念，但我们可以聚焦制度化宗教，并在这一名义下，聚焦宗教与全球化之关系的两个方面。

其一，在跨国移民中，在制度化宗教向新地方传播的过程中，都涉及重要的宗教事务。移民把宗教传至新地方，使这些地方的宗教更为多元化。大量穆斯林进入欧洲，特别是最近几年发生

占世界人口的百分比

图 14 – 3　世界主要宗教信徒的百分比

资料来源：Hackett, Conrad and David McClendon. "Christians remain world's largest religious group, but they are declining in Europe," Pew Research Center, Washington, D.C. (5 April 2017). http://www.pewresearch.org/fact-tank/2017/04/05/christians-remain-worlds-largest-religious-group-but-they-are-declining-in-europe/.

的具有高度争议性的向欧洲的大量涌入，证明了这一点。在新地方，移民还为（原来的）地方性宗教创造出新的版本，他们的宗教新版本甚至为当地宗教所影响和改变。这反而会改变移民祖国的宗教。因此，从空间上说，跨国移民使宗教全

[①] 原文如此。儒学并非宗教，它和道教起源于中国本土，并非从外部传入。——译者注

球化了，并继续在全世界范围内促进宗教的多元化。移民在全球化过程中还扮演着其他角色。他们通过各种方式把世界各地联系在一起，比如把朝圣者带到宗教圣地如麦加和哭墙，在网络空间张贴祷告词，以及向他们祖国的宗教中心汇款。

其二，宗教组织和宗教运动通过独立的传教活动而得以传播。在这一点上，基督教会，特别是罗马天主教会，通过其传教使团扮演了关键角色。实际上，基督教是第一个世界性宗教。在现代之前，伊斯兰教使徒建立了全球化程度最高的一个体系（参阅下文对伊斯兰教的讨论）。其他很多宗教也扩张到了全世界，但是必须特别注意佛教、伊斯兰教与它们新一次的扩张，以及它们对新机会和新技术的利用，特别是与互联网相关的情况。

必须注意的是，制度化宗教的传播与其他制度和全球化的其他方面不无关系。例如，从 16 世纪到 18 世纪，基督教的传播，就与欧洲政治权力和影响力的传播密切相关。

思考题

是否还有其他社会制度，也像宗教一样传播广泛？你认为，应该怎样解释宗教在传入地的生存能力？为什么宗教今天仍然在全球扩张？

一、最重要的世界性宗教

本节将讨论几种具有全球重要性的宗教——犹太教、印度教、佛教、伊斯兰教和基督教。摩门教不是一个全球性宗教，而且，关于它应该被定义为基督教的一个分支还是一个新宗教，一直存在争议。虽然如此，我们还是要对它进行检视，因为它正在努力成为全球性宗教。不过，世界上很多主导性的宗教，虽然到处传播，但很大程度上仍然集中于世界上的特定区域。

犹太教

创立于 3 000 年前，犹太教是目前最小的世界性宗教之一。世界上只有 1 450 万人把自己定义为犹太教徒（Tapper，2016）。不过，因为各种原因，不论是在历史上还是在当前，仅仅考虑其牵涉的人口数量，远远不足以反映其重要性。到 19 世纪晚期，全世界有 1 200 万犹太人，他们从中东向外移民，全世界各地都散布着他们的聚集地，大多数都很小。在欧洲，曾经有大型的犹太人聚集地——现在仍然是这样，但自 19 世纪晚期以来，他们开始向北美和巴勒斯坦（当时在奥斯曼帝国治下）移民。到第二次世界大战开始的时候，世界犹太人总数增长至 1 660 万，但纳粹的暴行使他们的人口降至大约 1 100 万。1948 年，以色列的建国是犹太人的一个转折时刻。以色列目前的犹太人已经接近 650 万（以色列总人口接近 900 万）。犹太人的另一个聚集地——有超过 600 万人口——是北美，主要是美国。超过 1 450 万的犹太人中的大部分，生活在北美和以色列，不到 200 万的犹太人生活在其他地方，主要是欧洲。有几个因素赋予了犹太教在全球范围内的重要性：犹太人遍布全球、锡安主义（在其帮助下，以色列走向建国）、大屠杀、反犹主义，以及以色列与其阿拉伯邻居围绕巴勒斯坦问题而发生的冲突。

印度教

虽然没有确切的创立日期，但可以确定的是，印度教开始于公元前 800 年到公元前 200 年之间（Weightman，2017）。虽然拥有古老的起源，但它却是在反抗穆斯林（999—1757）和英国人（1757—1947）的过程中，在印度变得根深蒂固的。今天，大多数印度教徒（超过 8 亿人）生活在印度。《吠陀经》（Vedas）严格地定义了印度教。这一经典既是历史文献，也是仪式成功所需的咒语之总集。印度教还与种姓制度密切相关。

在很大程度上，印度教仍然集中在印度，但它已经是一个全球性宗教，横跨六大洲。它的传播是通过移民和流动的宗教讲师（Madan，2007）完成的。虽然具有高度的地理集中性，但印度教已经是"西方的东方化"的一个重要组成部分（Campbell，2007）。［当然，与之平行的，是强大得多的"东方的西方化"（Sander and Cavallin，2015）。］不过，印度教的扩张性不如基督教和伊斯兰教，甚至还不如佛教。

《把同性恋祈祷走:《圣经》地带的同性恋的非凡生活》[大学出版社(University Press),2012]

伯纳黛特·巴顿(Bernadette Barton)

在《把同性恋祈祷走》(*Pray the Gay Away*)一书中,伯纳黛特·巴顿描述了下述情况是如何发生的:基要主义者的恐同症,不仅深植于《圣经》地带的宗教机构之中,也深植于该地区的家庭、工作场所、学校,以及政治和社会网络之中。基要主义者把《圣经》视为权威的源头,他们践行"见证"(witnessing)之道,亦即利用任何一次机会传播基督的话语——比如在杂货店排队的时候,或者是把宗教传单放在邻居的门廊上。《圣经》地带的基督徒往往以一个善意的问题开始一次对话:"你是哪个教会的?"但是巴顿发现,对这一问题的回答强化了某种形式的

"强制性基督教"——这把一个人的宗教身份放在了日常社会互动的中心。通过对《圣经》地带基督徒的身份认定,特别是在涉及性取向的情况下,政治和文化意识形态被表达了出来。无论是何种宗教派别,凡是《圣经》地带的基督徒都相信,同性恋是有罪的,并且与耶稣的教诲背道而驰。

作为一位生活在肯塔基州东部的《圣经》地带的女同性恋者(并非在此长大),巴顿与《圣经》地带基督徒的相处让她对在这里长大的男女同性恋者的经历很好奇。使用各种各样的定性研究方法,比如参与观察和访谈,巴顿研究了肯塔基州和得克萨斯州的59位男女同性恋者。巴顿发现,他们大多数人被迫生活在"有毒的柜子"(toxic closet)里——隐藏他们的同性恋身份,否则就有被家人和朋友"拒绝和排斥的风险"(Barton,2012:

5)。因为他们接受的教育是,同性吸引是一种罪过,很多人真的试图在教堂里把自己的同性恋祈祷走。他们生活在"有毒的柜子"里的羞耻感,被下述情况放大了:他们必须面对日常的强制性基督教。巴顿把这种情况比作生活在监狱里,男女同性恋者被迫通过基督教身份的标志——比如一个人戴了一个鱼形皮带扣,或者印在商店发票上的经文——来监控自己的日常生活。这些物品显示了他们受到的社会排斥,并提醒他们是否应该公开自己的性别身份。

edge.sagepub.com/ritzerintro5e

● 观看伯纳黛特·巴顿介绍她的《把同性恋祈祷走》一书的短视频。

● 观看CNN频道上杜鲁博士的一期节目,以便了解更多关于"把同性恋祈祷走"这一题目的争议。

佛教

大约在公元前6世纪,佛教兴起于印度恒河流域。3个世纪之后,它开始产生国际性影响(Jerryson,2017)。今天,全世界佛教徒的人数大约为4.88亿,绝大多数在亚洲。中国的佛教徒最多,其次是日本。以佛教徒为主体的国家,有泰国、柬埔寨、缅甸、不丹、斯里兰卡、老挝和越南。因此,佛教虽然已经离开了它的起源地印度,但仍然主要集中于亚洲大陆。《全球佛教杂志》(*Journal of Global Buddhism*)致力于研究佛教的全球化(参阅 www.globalbuddhism.org)。

伊斯兰教

伊斯兰教的创立者是先知穆罕默德,他生于阿拉伯半岛,生活年代是公元570—632年。对

伊斯兰教的传播来说,它的世界观发挥了重要的作用。

伊斯兰教的信仰者及其军队,向西扩散到西班牙和法国,向东扩散到拜占庭、波斯,最终到达印度和中国。

当然,最终,伊斯兰教的早期使团的努力遭受了挫折。这一失败的一个原因,就是其他宗教特别是基督教的努力抵抗,包括各种各样的军事行动。

基督教

在今天的世界上,基督教和伊斯兰教是增长最快的两个宗教。在拿撒勒的耶稣(Jesus of Nazareth)死后,基督教开始在中东传播。到公元1000年的时候,西方的罗马天主教和东方的东正

教之间发生了分裂，而生活在东方的基督徒多于生活在西方的基督徒。在全球化的历史上，一个主要的系列事件就是"十字军东征"，它开始于公元1095年，延续了数个世纪。

今天，欧洲的基督教逐渐式微，但它在全球南方——包括亚洲、非洲和拉丁美洲——的强势增长，补偿了这种式微产生的损失。它在全球南方的增长是如此强劲，以至于有人预测，到2050年的时候，世界上80%的基督徒将会是西班牙裔。另外，全球南方的基督教是不一样的——"道德上更为保守，福音派更多"（Garrett, 2007: 143）。不过，需要注意的是，不仅仅有基督教从欧洲的流出，也有反向的流动和横向的流动，并产生了创新性的变异。

五旬节派（参阅本章的"全球化"专栏）是一个感召型的宗教运动，它提供了基督教在全世界传播的另一个例子（Anderson, 2013）。这一教派起源于1906年的芝加哥，源于贫穷的黑人和白人所参与的复兴运动（revivals）。它目前已经是第二大基督教派别，也是发展最快的基督教派别，其信众大约有2.8亿。除了天主教，它已经超越其他所有的基督教派别。它在亚洲、非洲和拉丁美洲的增长尤其迅速（Kim and Kim, 2015）。实际上，在今天的拉丁美洲，只有69%的成年人说他们是天主教徒，而在20世纪大多数时间里，90%的人说自己是天主教徒。五旬节派的增长，是天主教徒减少的一个主要因素（Paulson, 2014）。来自亚洲、非洲和拉丁美洲的五旬节派传教士们，经常旅行至美国和欧洲，寻找皈依者。五旬节派有很多变种和地方化的形式，它们通过出版物、会议、电子媒介和旅行，来彼此联络。

摩门教

摩门教，亦即耶稣基督后期圣徒教会（The Church of Jesus Christ of latter-Day Saints），在过去的60年里实现了实质性的增长（虽然最近的迹象表明，其增长速度正在放慢）。摩门教创立于19世纪的美国。1960年，它的成员人数还不到200万，但是今天，这一人数已经升至大约1 500万（McCombs, 2013）。

摩门教受到位于犹他州盐湖城（Salt Lake City）总部的集中控制。该组织从总部对美国和全世界的教会实施相当程度的监督。它还通过全世界的卫星传送大多数内容，比如会议和领导人培训。当然，它还保有一个网站，以便其全世界的成员使用。

摩门教最初完全是一个美国宗教。今天，它在美国之外的成员已经超过美国之内的成员，并在世界上各个国家和地区拥有数千座教堂和会堂。8万名传教士遍布全世界。虽然在1978年之前，该教会禁止黑人成为神父，但今天它在非洲发展迅速，并在那里拥有大约50万名教徒（Jordan, 2007）。

摩门教的全球扩张不仅是全球化的一个实例，也是各种全球化过程的结果。首先，前文已经提到，该教会充分地利用了互联网，特别是它众所周知的网站（www.mormon.org）。其次，在其总部进行的礼拜、会议和领导人培训，通过卫星向其全世界14 000个集会地点直播。最后，它沿用了全球性和全球化宗教的传统路径，即向全世界委派数以万计的传教士。由于摩门教的宗派性特征和实践，摩门教所获得的全球性接受及其全球性扩张，特别引人注目。例如，该教会具有多偶制和把小女孩嫁给老男人的历史——在摩门教的一些分支机构里，这些做法今天仍在持续。这种传统在很多文化里，在世界上很多地方，都是不易被接受的。其他独特的做法还包括：把一家人"缔结"（sealed）①在一起，这样他们死后就可以在一起；"什一税"（tithing），即一个人十分之一的收入要交给教会。

与其他获得全球性成功的宗教不同，摩门教并没有在很大程度上适应地方性的风俗和实际情况。例如，与扩张更为迅速的五旬节派不同，摩门教并没有把各种各样的本土风俗（比如敲鼓和舞蹈）纳入它在非洲的星期日礼拜之

373

374

---

① 摩门教的宗教仪式之一。通过这一仪式，摩门教神父把丈夫和妻子、父母和孩子、兄弟姐妹联结为永恒的一体，不仅此生联结在一起，死后也联结在一起。——译者注

中。一个移民到尼日利亚并与尼日利亚人结婚的成员说："不论你在世界上的哪个地方，礼拜都是一样的……拉各斯（Lagos）①的建筑、洗礼的字体、礼拜和赞美诗，与美国的这些东西几乎是一样的。"（Jordan，2007：A13）通过观看卫星直播的盐湖城礼拜，世界上其他地方的礼拜者的礼拜和讲道是一样的，至少是非常相似的。

二、移动中的信仰

宗教的全球化以及全世界宗教多样性的增加，也是人口流动的结果。虽然目前的数字可能已经又增加了，但据联合国2017年的估计，全世界有2.58亿移民。这一数字代表了3%的世界人口。最近，人们尝试着确定，对于宗教的跨国流动，这样的人口流动意味着什么。皮尤-

全球化 火舌

五旬节派是世界上增长速度最快的宗教运动，在非洲、亚洲、欧洲特别是拉丁美洲，它的成员人数出现了急剧的增长——虽然这一运动在开始时微不足道（Miller，Sargeant，and Foley，2013）。20世纪初，有一个有感召力的巡回牧师名叫威廉·西摩（William J. Seymour），他只有一只眼睛，父母曾经是奴隶。他感觉自己受到了召唤，在洛杉矶的黑人贫民窟的一座破旧的老教堂里开始了他的活动。在这个地方，西摩吸引了大量热情的跨种族受众，这些人后来形成了所谓的亚苏撒街复兴（Azusa Street Revival）（Robeck Jr.，2013）。

五旬节派这一名称来源于《圣经新约》中的记载：耶稣复活之后，圣灵来到耶稣的追随者中间——这一事件被称为五旬节，这时，火舌出现在这些人的头上，他们开始讲不同的方言。这一叙事的核心，是情感强烈的宗教经验的出现，并通过狂喜表现出来。

在西摩1906年于亚苏撒街开始进行的复兴大会上，就出现了这种宗教经验。教徒们往往彻夜不眠，很多人深陷于强烈的瞬时情绪之中，躺在地上，扭动身体，并开始胡言乱语。这一运动既吸引了同情者的注意，也吸引了批评者的注意。这种热情持续了大约10年，在此之后，参加者减少了。

不过到那时，五旬节派已经开始把传教士送往全世界，以便传播他们独特的信仰体系。这一信仰体系强调胡言乱语、信仰治病和预言。在拉丁美洲，五旬节派的增长是最显著的。直到最近以前，那里几乎是罗马天主教的天下（Chesnut，2015）。危地马拉人特别愿意皈依，特别是在1976年的地震之后，在传教士的巨大努力之下。一场残酷的内战把很多危地马拉五旬节派教徒送到了美国，他们在那里建立了自己的教堂，并与留在家乡的人保持着联系。至此，五旬节派完成了一次循环：在

危地马拉工作的传教士成功地使许多人皈依，这些人后来又移居到了美国。

很多五旬节派的集会上都会宣扬"健康与财富福音"。与亚苏撒街的五旬节派教徒——他们认为现世的苦难会在天堂里得到回报——不同，上述教堂传递的信息是，我们可以通过个人的积极行为生活得更好。而且，经济上的成功就是对上帝意志的服从。与此同时，这些团体继续以威廉·西摩能够理解的方式践行他们的宗教理念（Liana，2007；Miller and Yamamori，2007）。

思考题

怎样解释五旬节派最近以来的急剧发展？你是否认为，聚焦于世俗的成功，比如"健康和财富福音"，与宗教目前在很多人生活中所发挥的作用相互匹配？为什么？

---

① 尼日利亚最大的港口城市，前首都。——译者注

坦普尔顿全球宗教之未来项目（Pew-Templeton Global Religious Futures Project），针对世界主要宗教的流动，做出了一个广泛的概括。图 14-4 总结了这些发现。世界上最大的两个宗教——基督教和伊斯兰教贡献了数量最多的移民，这丝毫不令人奇怪。全世界有 23 亿基督徒，其移民数量接近移民总数的一半。伊斯兰教有 16 亿信徒，而全部移民的 27% 是穆斯林。印度教是世界第三大宗教，但移民人口中只有 5% 是印度教徒。犹太教虽然是最小的世界性宗教，但它贡献了 2% 的移民。佛教徒占移民总数的 3%，虽然佛教徒的数量比犹太教徒要多得多。这提示我们，正像他们历史上是侨居民族（亦即流散在全世界的民族）一样，犹太人现在仍然如此。

从来源地来看，来自墨西哥的基督教移民比任何国家都多。对穆斯林来说，占比最高的来源地是巴勒斯坦。大多数巴勒斯坦人都不是新移民，他们是在以色列建国之后成为难民的。对犹太人来说，占比最大的来源国是俄罗斯；对印度教徒来说，是印度；对佛教徒来说，是越南。中国是一个主要的移民输出国，它在"其他宗教徒"和无宗教信仰这一类型中排名第一。

再说目的地，对基督徒来说，美国是接收移民人数最多的国家，其次是俄罗斯、德国、西班牙和加拿大。美国也是接收佛教徒移民最多的国家，其次是印度、澳大利亚和加拿大。此外，美国也是无宗教信仰者的首要移居地，然后是俄罗斯、德国和加拿大。以色列是犹太人的首要移居地，然后是美国、加拿大和澳大利亚。沙特阿拉伯是穆斯林的首要移居地，然后是俄罗斯、德国和法国。印度是一个奇怪的例子，它既是印度教徒的首要移出国，也是印度教徒的首要移居地。排在印度以后的印度教徒移居地，是美国、孟加拉国和尼泊尔。最后，"其他"类型的移民主要去往美国、科特迪瓦、日本和英国。

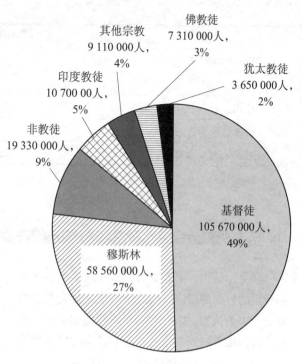

图 14-4　国际移民的宗教构成

资料来源："Faith on the Move—The Religious Affiliation of International Migrants." Pew Research Center, Washington, DC (March 2012). http://www.pewforum.org/2012/03/08/religious-migration-exec/.

在这个详细名单中，有两件事情是清楚的。首先，有些国家是特别重要的目的地国。这包括 3 个具有悠久的移民历史的国家：美国、澳大利亚和加拿大。还包括西欧的几个大国：法国、德国和英国。在这些国家里，为新移民群体服务的礼拜中心已经建立起来，有时是在争议之中建设的。因此，在很多地方，"有目的地建立"清真寺的努力，受到了一些居民的抵制——对其社区里越来越多的穆斯林的存在，这些人怀有敌意。与美国相比，这一问题在欧洲更为严重，这反映了欧洲穆斯林人口更多这一事实。

世界各主要宗教人口最多的地区

宗教	主要地理区域
犹太教	以色列、北美。
印度教	印度。
佛教	中国、日本。
伊斯兰教	北非、中东。
基督教	欧洲、北美和南美。

376 小结

马克思认为，宗教是人们对在现实世界中所感受到的异化的反应，因此不可能是社会变迁的基础。韦伯认为，宗教有助于不同类型的社会的形成，但随着时间的推移，所有社会的宗教性都会减弱，并变得更为理性化。宗教在涂尔干的著作中占据了核心地位。他相信，宗教是集体意识的基础，而社会创造了各种仪式，以作为重要的信仰和价值的象征。

宗教是一种社会现象，它由共享的信念、仪式和经验等构成。社会学家研究宗教，不是要评判不同宗教的真理主张，而是要理解不同信仰的社会后果。所谓信念就是一些观念，这些观念解释世界，并认定什么应该是神圣的（非凡的），什么是渎神的（或庸常的）。仪式是重复进行的行为，它象征信念，并且常常是婚礼和其他过渡仪式的核心内容。公民宗教由信念、仪式和符号等构成，这些东西被一个国家认定为神圣之物。世俗化指的是宗教的重要性的式微。

社会学家认定了不同类型的宗教组织，包括宗派、教会、教帮和新宗教运动。宗派是由"真正的信仰者"组成的一个小群体，他们自愿地加入这个群体，以便获得个人性的宗教体验。教会的成员通常生来就属于某个特定的宗教，而不是自愿选择的结果。与宗派相比，教会是一个等级制组织，并拥有专业性的领导人。与宗派类似，教帮是规模较小的自愿群体，与任何宗教组织都没有联系；不过，教帮比宗派的出现更晚近，也更有创新性。宗派和教帮都是新宗教运动的一部分，拥有热情的皈依者和有魅力的领导人，并倾向于快速而根本的改变。

结构/功能论者关注的是宗教的社会目标，比如它在提供道德指南之外，为人们提供安全感、归属感和希望。对一个社会来说，宗教也可以发挥负功能——它为一个群体提供团结和秩序，但以另一个群体为代价。冲突/批评论者把宗教视为一种意识形态，这种意识形态扭曲和隐藏资本主义社会里不平等的原因。宗教不仅转移人们的注意力，阻碍他们投身于社会变迁之中，还为现状提供合法性辩护。

宗教的传播并不是新事物，但它随着全球化而加快了速度。最重要的全球性宗教有基督教、伊斯兰教、印度教、佛教和犹太教。基督教和伊斯兰教是世界上最大的两个宗教，而且还在扩大，而犹太教是最小的全球性宗教。导致全球宗教越来越具有多样性的一个因素，就是全球移民。

关键术语（页码为原书页码，即本书边码）

信念	356	阈限时间	358	仪式	357
教会	364	超级教堂	361	神圣的	356
公民宗教	359	新宗教运动	366	宗派	363
教帮	365	渎神的	356	世俗化	360
教派	364	宗教	356		
合法化	368	过渡仪式	357		

总结性问题

1. 宗教是社会学关注时间最长的研究对象之一。以对本章的阅读为基础，社会学以哪些方式帮助你更好地理解了宗教？

2. 我们怎样定义宗教？宗教组织的基本要素与构件是什么？宗教怎样随着时间而发生变迁？

377 3. 世界上的主要宗教有哪些？世界人口在各主要宗教中的分布是怎样的？宗教在哪些方面是全球性的？

4. 宗派和教会的区别是什么？各举一个例子来说明宗派和教会。为什么宗教社会学家不再青睐教帮这一术语？

5. 什么是仪式？为什么说仪式是宗教的主要构成要素？针对本章讨论过的一个世界主要宗教，举出一个仪式实践的例子；然后针对新宗教运动，举一个例子。

6. 说出公民宗教的定义，并讨论其功能。本书描述了公民宗教的几个例子，请再举出一些例子。

7. 什么是世俗化？社会学家认为，5种因素导致了世俗化的发生。你认为哪一种最重要？为什么？

8. 当有人说宗教市场或者精神市场的时候，他们的意思是什么？举例说明宗教是怎样被推销给消费者的。

9. 今天，非宗派的超级教堂越来越普遍。它对宗教消费者的吸引力在哪里？什么东西又可能让人们远离它？

10. 大多数基督徒，包括那些声称读过《圣经》的人，不会在礼拜时手持毒蛇。与绝大多数基督徒不同，有大约1 000位基督徒就是这样做的。为此提供一个社会学解释。他们为什么愿意采取这样一种危险的做法？

第**15**章
政治和经济

学习目标

1 ▶ 比较民主制与独裁政权

2 ▶ 运用结构/功能理论和冲突/批判理论这两个视角，概述谁统治美国的问题

3 ▶ 解释全球政治怎样影响战争和恐怖主义、地缘政治、民族国家

4 ▶ 描述美国经济从工业化向去工业化的转型

5 ▶ 讨论工作、消费和休闲怎样形塑我们对经济的理解

6 ▶ 描述全球化对经济的影响

政府与经济之间的相互关系

"关键是经济，蠢货！"这句话来自民主党的政治顾问詹姆斯·卡维尔（James Carville）。1992年，这句话被作为建议，推荐给了成功的总统候选人比尔·克林顿。这句话的目的，是提醒克林顿，有机会就谈论经济，因为经济是萦绕人们心头最多的问题，也更可能吸引最多的选票。不过，这句话——也是一个现实——会一直存在下去，并且继续适用于大多数政治竞选——如果不是所有竞选的话。除了在少见的经济大繁荣时期，对政治而言，经济几乎总是关键。与此对应的是，经济通常也是深度政治化的。

随着数个国家的政治版图因为一系列的戏剧性发展而发生巨大的改变，我们一次次地被上述规律提醒。最极端的例子就是英国脱欧，亦即英国脱离欧盟的计划。欧盟是——至少部分是——一个从欧洲经济共同体（EEC）发展而来的政治组织。欧洲经济共同体又叫"共同市场"，它成立于1957年。正像其名字所提示的那样，建立欧洲经济共同体，是为了把成员国从经济上整合起来。1993年，欧洲经济共同体被吸收进了政治性的欧盟。

不过，很多欧洲人（特别是英国人），越来越不满于欧盟所实施的集中的政治控制。这种政治控制——以及其他事项——在欧盟成员国之间规定了开放的边界。这导致了来自穷国的大量移民，威胁了欧盟里富裕国家的人们的高薪工作机会。其他经济问题还包括，欧盟里的贫穷国家不再能让自己的货币贬值，因为它们现在都使用欧元。历史上，在经济衰退的时候，贫穷国家可以让自己的货币贬值，使自己的产品变得廉价，进而更有竞争力。

2016年，在对欧盟不满的情况下，令很多人惊讶的是，英国公众投票反对留在欧盟。除非发生戏剧性的变化，否则英国将在2020年离开这一国际组织。对英国（以及大部分欧洲）来说，英国脱欧会留下糟糕的经济后果。不过，对英国首相戴维·卡梅伦来说，脱欧已经产生了即刻的政治后果。卡梅伦反对脱欧，作为投票的一个结果，他在压力下辞职。

令人惊奇的是，英国2016年做出的决定，在美国造成了反响，并且还将继续下去——特别是在那些遭受经济痛苦的中下层阶级中间。他们从来没有从金融风暴中恢复，也很少有完全恢复的前景。唐纳德·特朗普吸引了这一人群，利用了他们的经济挫折和对其他人的恐惧，特别是对来自墨西哥的未登记移民的恐惧。有些恐惧源自下述事实：这些移民愿意以比美国工人工资低得多的工资工作。这导致特朗普要努力在美国和墨西哥之间建造一堵大墙，并产生了其他后果。

政治是经济性的，经济也是政治性的。社会学检视的是，人们怎样做出政治和经济选择，以及这些选择怎样导致个人的、国家的和全球性的后果。

第一节　政治：民主制还是独裁政权

社会可以被视为群体的一个组合，这些群体彼此竞争，以决定哪一个群体的成员获得什么，以及什么时候获得和怎样获得（Lasswell，2012）。如果这些群体通过现存的政府渠道来这样做，这种竞争就被称为**政治**（politics）。国家就是这样一个政治实体，组织它，就是为了治理和统治。通过向国家施加压力，一个群体可以提高自己的地位，或者实施一种使其成员受益的政策。因此，政治是在社会里行使权力的一种方式。

一、民主制：作为激进理想的公民权

民主制（democracy）是这样一种政治制度：在其中，人民通过投票来选择其领导人。有时候，他们也为立法而投票。在现代民主制中，人民投票选择自己的立法者，而不是真的去管理自己的政治事务，也不是直接针对影响自己生活的事情做出决策。不过，当代民主理论家经常提示，民主制中的统治权力来源于人民的同意。

有时候，这种制度被称为**代议制民主**

（representative democracy）。人民，作为一个整体，不是真的统治他们自己，而是决定谁在政府里能最好地代表他们。与此相反，在**直接民主**（direct democracy）中，受到某项决策直接影响的人，做出决策。

民主制的性质

民主政府的组织形式是科层组织（参阅第6章），而科层组织拥有清晰的等级，以及成形的、书面的规则、法律和规范。民主制之中的立法者所拥有的权威，建立在法律规则的基础之上——这些规则把权力授予他们。民主制倾向于把权利赋予**公民**（citizen）——他们就是国家所代表的人民，而且往往出生于这个国家的领土之上。**公民资格**（citizenship）意味着，一个特定国家的人民，可以选举他们在政府中的代表，同时享受公民权利，承担公民义务（Sniderman，2017）。不过，需要注意的是，公民资格并不总是普及到每个人的。过去，它仅仅被授予男人或者财产的所有者。在**普遍公民权**（universal citizenship）制度之下，这些权利通常被授予居住在一个特定国家的领土之上的绝大多数人。不过，有时候，居住在那个领土之上的有些移民群体，会拒绝获得公民资格。例如，2018年，特朗普总统讨论过要颁布一项行政命令。该行政命令将要宣布的是，未登记移民的孩子，不能自动获得公民身份——这与美国宪法相抵触（Davis，2018）。在美国，公民享有特定的权利，他们可以投票决定谁是总统，以及谁在国会里代表他们。

大多数民主国家保证公民的下述权利：自由地表达异议的权利、在法律面前的平等权和享受正当程序的权利、言论自由和出版自由，以及隐私权。这些权利和其他一些权利，有时会延伸至非公民。即使是在现代自由民主制之中，这些"权利"也是具有高度的条件性的。例如，想想1940年代晚期和1950年代早期的"红色恐惧"（Red Scare）时期美国的异议者，受到了怎样的对待——那时，参议员约瑟夫·麦卡锡（Joseph McCarthy）领导着这个国家，使异议者受到了排斥和骚扰（参阅第7章和第18章）。在很多情况下，唐纳德·特朗普威胁到了媒体自由。他甚至走到了禁止一位CNN记者参加白宫新闻发布会的地步，因为在总统看来，那个记者在提问时太咄咄逼人（法庭否定了对那位记者的禁令）。更一般地说，特朗普试图削弱媒体，特别是CNN和"失败的"《纽约时报》的影响力——通过把它们叫作"假新闻"（fake news）传播者。

民主制并不缺乏批评者，甚至是来自内部的批评者。有人指出，选民通常不会被告知很多关于政治事务的信息。例如，很多投票赞成英国脱欧的英国人，并没有完全意识到脱欧对他们的影响。美国的很多工人阶级投票者并没有预料到，特朗普会任命亿万富翁和百万富翁进入他的内阁，而这些人很可能对前者的需求和利益无动于衷（Duhigg，2017）。对这些投票者来说更为震惊的是，2018年的减税极大地帮助了富人和公司，但并没有为这些投票者做任何事情。还有人指出，自由民主制使人享受了过多的权利，并且倾向于允许过多的思想多元和利益多元，这使民主制变得不稳定。

非自由民主制的兴起，它是法西斯主义吗？

"非自由民主制"的观念，似乎是陷入了一种概念矛盾之中（Zakaria，1997）。无论如何，民主（特别是自由公正的选举和权力制衡）和自由主义（特别是法治和对基本自由的保护）难道不是不可避免地联系在一起的吗？事实证明，并非如此。这反映在最近的政治进展上，特别是在欧洲一些国家甚至是美国。选举固然存在，但选举的组织方式的结果是，掌权的政党毫无悬念地赢得胜利。

在美国，特朗普总统的"非自由"倾向在以很多方式表露无遗，包括他试图支持警察越界限制政府部门、立法机构、联邦调查局和媒体的权力。这种倾向还支持了世界上其他地方的非自由民主制。

美国前国务卿马德琳·奥尔布赖特（Albright，2018）超越了非自由民主制的观念，更进一步讨论，我们是否已经进入了纳粹主义的新时代。在今天很多国家的情况和二战之前的很多国家的情况之间，她看到了令人担忧的平行轨迹。其中包括政治、经济和社会领域里的混乱，反对法西斯主义的人们之间的分裂，以及下述事实：保守主义与法西斯主义共谋，以便把后者送上权位并留在那里（Berman，2018）。

奥尔布赖特提供了一份行为表单，这些行为可以警示我们法西斯主义的崛起：

1. 迎合我们的偏见，而且在其他人的民族、种族、信仰和党派归属的基础之上，不尊重他们。
2. 培养我们的悲情，鼓励报复那些成为我们的愤怒源头的人。
3. 鼓励对我们的政治体系和选举程序的蔑视。
4. 试图削弱或毁灭独立的媒体和司法体系。
5. 利用民族主义及其象征物，让人们相互为敌。
6. 虽然选票和其他证据都表明某些政客输了选举，但坚持让他们当选。
7. 夸耀他们自己和他们的成就。
8. 轻松地谈论针对敌人使用暴力。

和其他人一样，奥尔布赖特担心，特朗普总统有过所有的这些行为。

史蒂芬·列维茨基和丹尼尔·齐布拉特（Levitsky and Ziblatt，2018）在《民主如何死亡》（How Democracies Die）一书中提供了类似的论辩。以一些历史案例［比如，纳粹德国（Hett，2018）、墨索里尼的意大利，以及贝隆的阿根廷］为基础，他们注意到了走向民主死亡和法西斯主义的四个步骤：

- 打破政治规则和规范；
- 否认对手的合法性；
- 鼓励暴力；
- 限制对手的公民自由。

两位作者指出，唐纳德·特朗普采取了所有这些步骤。他们担忧，如果没有制衡的力量（比如政治领袖和政党）采取行动，美国可能会走向纳粹主义的方向。

二、独裁政权：对权力的攫取

独裁政权（dictatorship）通常是极权主义的（totalitarian）政府，它由一个个体或者一小撮人统治。独裁政权是没有经过它们所统治的人民同意的政府。在现代时期，独裁政权往往建立在前民主政权的基础之上——后者被一小撮政治狂人攫取。

在二战前和二战中，世界上出现了一个以法西斯主义为基础的独裁者联盟。这些独裁政权共享一些基本的制度性安排和原则：

- 它们是极权主义的，因为它们试图控制社会生活的所有方面；
- 它们拥有"男性特质崇拜"（cult of masculinity），因为它们的政治生活和公共生活是围绕着男人组织起来的，它们还惩罚被他们认定的男权的赢弱（deficiency），比如同性恋；
- 它们把冲突和战争看作是自然的状态和人类改善的手段；
- 它们恶毒地反对自由主义、无政府主义，以及任何形式的社会主义和共产主义。

独裁政权并没有随着二战中法西斯主义权力的失败而告终。二战之后，拉丁美洲产生了几个独裁政权。甚而，美国也经常资助独裁政权，并与民主政权发生战争。这种情况在下述情境中特别容易发生：当一个民主选举出来的领导人可能要转变政治方向时——这种转向可能让他们的政府给美国政治和商业利益带来麻烦（Chomsky，1985）。

383

知识点 15-1	民主制与独裁政权

政府形式	描述
民主制	一种政治制度，在其中，特定国家的人民投票选举自己的领导人，也许还会选举其立法者，或者通过法律。
独裁政权	通常是极权主义的政府，在缺乏人民同意的情况下，它被一个个体或者一小撮人统治。

第二节　谁统治美国？

在社会学家（和政治学家）中间，谁统治美国的问题，是一个持续的辩论之源。

一、结构／功能视角：多元主义

在结构-功能主义内部，关于谁统治美国这一问题，通常的立场是多元主义的（参阅第10章）。这一观点认为，美国的特点是存在着数个强大的利益竞争群体，但没有一个永远处于主导地位。换言之，在这些利益群体之间，存在着某种权力平衡。另外，政府里还存在着权力分立（separation of powers）。政府的不同分支是分立的，并相互制衡，所以政府的某一个分支掌握过多的权力的危险是很小的。

在多元主义者中间，存在着两个主要的思想流派。**群体多元主义**（group pluralism）聚焦于社会中不同的利益群体和组织，以及它们怎样在争夺政治权力上相互竞争，并企图增进自己的利益（Berry and Wilcox，2018）。对于群体多元主义者来说，各种组织对权力的操纵，为社会提供了稳定。他们看到了一种群体权力的平衡（balance of group power），在这种平衡中，任何群体都不能无限期地保持权力，任何群体都永远受到其他群体的挑战。另外，这里还有群体成员资格的交叉（crosscutting group membership），亦即群体成员同时归属于各种不同的组织——这些组织分别关注自己的需求和利益。这让人们在不同的群体中开展政治行动。群体多元主义者还相信，社会中存在着一般的价值共识（consensus of values）倾向。结果是，人们期待并施加压力使国家在立法时，以公共的善为依据，以社会成员广泛持有的文化价值为依据。

群体多元主义者不仅聚焦于现存的组织和群体——在社会中，这些组织和群体为了自己的政治利益而行动——他们还把潜在群体（potential group）看作是稳定之源。举例来说，如果国家预计，某项立法会把该项立法的反对者动员起来，那么这一威胁可能会使政治活动家们放弃行

数字化生存　黑客行为与国家干预

数字技术不仅仅让黑客有能力攻击普通人，也让他们有能力攻击政府、公司、大学，以及网站如脸书、雅虎和谷歌。有些黑客这样做，是为了证明自己有这样做的技能；其他黑客则是要把自己获得的信息卖给出价最高的买家。有些所谓的黑客行为主义者（hacktivist）自视为数字活动家——这些人可以利用自己获得的信息改变世界，并攻击有权有势的个人和组织。维基解密网站允许黑客们张贴那些解密的信息——公众可以获取它的档案。

最近，美国公众人物和组织受到了黑客的攻击。这对政治进程产生了深远的影响。根据美国情报部门的说法，通过攻击希拉里·克林顿的电子邮箱和民主党的电脑网络，俄罗斯人干涉了2016年的总统大选。他们随后向维基解密和Guccifer 2.0——与俄罗斯情报部门有联系的一个黑客——透露了一些令人难堪的信息。这些网站向公众公开了至少一部分真实信息，还有很多假信息，这可能进而导致了克林顿的败选和唐纳德·特朗普的当选（Yourish，2018）。

根据这种说法，黑客行为对选举的威胁，削弱了我们对民主制的信任，也削弱了我们的下述信心：我们的选票确实有用。虽然没有证据表明，2018年的中期选举受到了黑客攻击，但几乎三分之一的美国选民认为，其他国家可能对其选举结果动手脚；还有46%的选民认为，他们的选票不会得到公平的计算（Tufecki，2018）。

参与数字世界

你认为，美国政府应该怎样回应国际黑客的下述行为：把政治家和美国政府部门的电子邮件和档案泄露给维基解密和Guccifer 2.0？使用我们的"网络武器"（cyberarsenal）来对抗俄罗斯政府，是一种合适的行为吗？为什么？

动。反对性的利益群体可能尚未存在，但潜在利益的动员（mobilization of latent interests）仍然构成一种压力，使政治家们为了公共的善而立法。因此，对群体多元主义者来说，组织并不需要真正存在，就能够创造社会稳定。仅仅是未来组织出现的可能性，就能够产生同样的效果。

精英多元主义（elite pluralism）特别关注下述问题：政治精英们是怎样组成拥有相似利益的群体和组织，并展开权力竞争的（Higley and Burton, 2006; Lipset, 1981; Rose, 1967）。虽然投票者也许可以决定由谁来代表他们，但最终的决策权力掌握在精英们的手中。与群体多元主义者一样，精英多元主义者把政治精英看作是多样化的社会主体，这些人组成群体来相互竞争，其目标是选票。对选票的竞争保证了没有一个群体可以无限期地保有政治权力。因为政治精英们必须彼此达成协议，以便通过立法，于是体制内部就实现了稳定。通过这些协议——它们倾向于体现宏观社会的共同价值——不同的利益都获得了满足。

二、冲突／批判视角：权力精英

多元主义常常与冲突／批判论者所创立的**权力精英理论**（power elite theory）并存（Mills, 1956）。这一理论认为，权力并不是广泛地分布在一个稳定的社会里——无论是在公民群体之间，还是在精英群体之间。相反，权力集中于一小撮人，他们控制着政府、企业经济和军队的主要机构。充斥这些结构的有权势的人，也许对政策有轻微的不同看法，但大体上说，他们因为利益而团结在一起，也因为占有和管控美国社会而团结在一起。在米尔斯看来，权力精英的运作是为了自身利益，而米兹鲁奇（Mizruchi, 2017）最近争辩说，权力精英也曾服务于大众的利益，至少部分如此。

这些精英发展出了同样的世界观。首先，精英们经历过一个共同选择（cooptation）的过程。在这一过程中，他们接受了共同的精英意识形态的教育。此外，这些精英通过他们共同的阶级认同（class identity）形成共享的意识形态。也就是说，权力精英的成员一般来自富有的家庭，就学于类似的学校，并属于类似的俱乐部。这些俱乐部把企业领袖、政治家和军队要员看作是自己的成员。这些俱乐部提供了一种私人空间，友谊和共同的原则在这里形成（Clogher, 1981; Domhoff, 1974, 2013）。

军队、政府和企业经济领域的权力精英常常也是可互换的（interchangeable）。也就是说，在这3种主要的机构里，占据领导职位的人们进行着一种"抢椅子游戏"（musical chairs），经常从一个权力机构跳至另一个权力机构。

总之，对权力精英理论家来说，下述说法是错误的：国家是一个稳定的社会里的一个中立机构，在那里，每个人（或者是每个群体）满足自己需求的机会是平等的。相反，国家是被精英们掌控的一个机构。

385

三、哪一个视角是正确的？

多元主义和权力精英理论各有其长处和短处。"潜在利益影响政治家"的多元主义观念，不能获得经验性的证实。社会稳定的假设同样有问题。它回避了社会对谁来说可能是稳定的，以及在什么情境下稳定的问题。最后，多元主义假设，政府是一个中立的机构，而不是一个自身利益往往被富有的精英控制的机构。

权力精英理论也存在各种问题。例如，它假设，精英们有共同的世界观和共同的利益，在某种程度上，这一假设与事实不符。实际上，我们能够假设权力精英是一体的，并且在思想上没有差异吗？还有，对于大众来说，权力精英是不可接触的吗？他们对社会的控制，是否达到了权力精英理论家们想让我们相信的程度？是否存在着被这些理论家忽略的、从底层改变社会的渠道？如果权力精英只会控制我们的社会，那些使社会的某些阶级受益但以精英利益为代价的立法，又是怎样通过的呢？我们怎样获得了最低工资、社会福利、医疗保险、《平价医疗法案》之类的东西？

理论	主要假设
结构 / 功能理论	美国有很多有权力的利益群体相互竞争，但多元主义保证了，没有一个利益群体永远保有权力。
冲突 / 批判理论	权力精英理论认为，权力集中于少数人手中，这些人控制了政府、企业和军队的主要机构。

第三节　全球政治

政治从来就是全球化的（Lamy et al.，2017），但把政治全球化追溯至第一次世界大战结束的1918年，是适宜的。战争之后，致力于和平的努力促成了1920年国际联盟（League of Nations）的诞生。虽然这个联盟是脆弱的——部分是因为美国一直没有加入——但它还是为全球性的政治对话和关系建立了一个重要的平台。当然，和平的努力失败了，这导致了1939年第二次世界大战的开始。世界上很多国家陷入了全球战争之中。虽然对世界上大多数地区来说，这场战争带来了灾难性的后果，但它也推动了1945年联合国的成立（Weiss et al.，2017）。虽然并不是十足的成功，但迄今为止，联合国仍然是政治全球化的重要场所和源头。在联合国的框架之内［例如联合国教科文组织（UNESCO）］或者在它之外（例如目前麻烦缠身的欧盟），也形成了其他的很多全球性政治组织。

这些组织有助于在世界各个国家之间进行更多的对话，而且在过去的60年里，没有发生像两次世界大战那样的大屠杀（Pinker，2011）。不过，这些组织并没有带来世界和平。联合国成立以来，发生了数次重大的国家间战争——不同国家之间的武装冲突，包括朝鲜战争、越南战争、以色列与其阿拉伯邻国的各种战争，以及在伊拉克、阿富汗、叙利亚和也门的冲突。联合国成立之后，国家间的战争数量极大地减少了，但正像图15-1所展示的那样，国内冲突如内战持续存在。除了持续存在的国内冲突，世界还受到了数次恐怖事件的折磨，特别是在2001年9月11日之后。虽然世界上很多国家通过各种各样的国际论坛来彼此沟通，但它们仍然投身于冲突之中，并屠杀对方的公民。进一步提高冲突之可能性的，是恐怖组织如所谓的"伊斯兰国"的存在——它们对对话不感兴趣，也不参加上述论坛。当然，也出现了一些有希望的进展，比如在2016年，哥伦比亚与反叛组织"哥伦比亚革命武装力量"（Revolutionary Armed Forces of Colombia）达成了一项协议，结束了长达50年的战争（Casey，2016）。

一、实现政治目标：合法暴力、战争和恐怖主义

如果权威掌握在国家的手里，它会通过对暴力的合法使用，在一块特定的领土上维持秩序。因此，通过警察和军队，国家能够合法地使用暴力，以维护秩序。国家的大多数权力建立在对合法暴力的垄断之上。

国家还使并非直接代理人的人使用的暴力形式合法化。私人保安公司可以合法地使用暴力，前提是国家认为该暴力的使用是合法的。这些保安公司既在国内运作，比如为私人公司提供安全细节，也在国外运作。国家还决定公民个人在什么时候拥有使用暴力的权利。如果一个人对另一个人使用暴力，而且被法庭认定为自我防卫，这种暴力就被视为合法。国家还制定并维护公民在使用暴力时必须遵守的规则和规范。有时候（使用暴力）是为了保卫自己，有时候是为了保卫自己的财产。还有涉及下述情况的法律条文：人

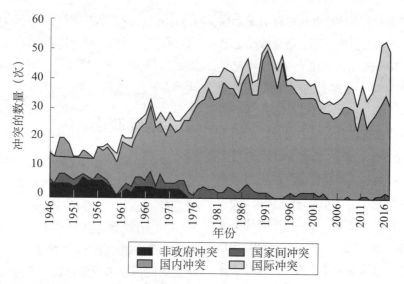

图 15 − 1　内战和国家间武装冲突（1946—2016）

资料来源：Trends in Armed Conflict, 1946–2016, PRIO Conflict Trends, 01, 2018, Figure 1, p. 2.

们何时可以使用暴力来保卫其他人以及他们的财产。

战争

当一个国家试图在其国境之外使用军事力量实现意志时，**战争**（war）就发生了（Centeno and Enriquez，2016）。它也发生在一个国家利用其军事力量在其境内实现政治意志的时候——这就是内战。战争是"从事政治"（doing politics）的一种手段，或者是解决政治纠纷的一种手段。

战争为何出现？首先，需要存在与战争有关的文化传统。其次，必须出现这样的情况：两个政治主体的目标互不相容。最后，需要某种"燃料"（fuel），来把思考战争变成实际的发动战争（making war）（Timasheff，1965）。

在美国，战争的传统无处不在。在美国的历史课上，人们学习美国人所参与过的对外战争。在其中，美国人被描述为拯救者、带来民主的人，等等。在美国历史中，出现过充满敌意的情境，这种情境把美国带入与其他国家或民族的军事冲突之中。攻击性的行动，如日本人对珍珠港的袭击和"9·11"恐怖袭击，都充当了引发战争的燃料。

恐怖主义

通常，**恐怖主义**（terrorism）涉及的是非政府的行动主体，这些人开展针对平民、财产甚至军事人员的暴力行动，旨在对政治施加影响（Martin，2017）。术语恐怖主义是一个充满争议的概念，因为通常是有权力的人来定义谁是恐怖分子，谁不是恐怖分子。例如，如果通过毁坏财产来表达政治不满是恐怖主义，那么波士顿茶党的成员无疑符合这一定义。再者，在恐怖主义者与反抗侵略和占领者之间，界限在哪里呢？由谁来划定这一界限？为什么这样划？国家可以是恐怖分子吗？

思考题

经常有人指出，站在另一种角度说，美国历史上那些受人尊敬的人物——他们是美国革命的煽动者——可能被定性为恐怖分子。你同意这样的定性吗？恐怖分子和革命英雄之间的区别是什么？

当然，全世界所有的人都认为自杀式爆炸是恐怖主义的例子，也把针对敌国平民和群体的袭击看作是恐怖主义的例子。更明确地说，在今天

的西方世界，如果一个群体拥有从事针对某个国家的公民的暴力行动的历史，那它就会被贴上恐怖分子的标签（Townsend，2018）。在 21 世纪早期，恐怖袭击很常见，虽然最近以来恐怖主义活动有轻微的减少。当一个国家占领另一个国家，并试图使用警察管理其人民的时候，恐怖主义活动特别容易发生。虽然如此，当代的很多恐怖主义活动，特别是"伊斯兰国"进行的恐怖活动，范围更加广泛，并没有限制在国境之内。图 15-2 显示，2000 年以来，每年死于恐怖主义活动的人的数量增加了 5 倍。不过，自从 2014年达到峰值以后，恐怖主义导致的死亡人数下降了 44%。2016 年，将近 26 000 人死于恐怖袭击。其中的大多数人（19 000 人，或 75%）死于伊拉克、阿富汗、巴基斯坦、尼日利亚和叙利亚。2016 年，在世界上其他地方，大约有 1/3 的死亡可以归咎于恐怖主义。从 2000 年到 2015 年，全世界大约有 16.9 万人死于恐怖主义事件。没

有政治、经济、宗教和社会目的的行动，不计入这一数字。因此，美国国内的恐怖主义事件，比如学校枪击事件，没有计入这一数字（Kellner，2008）。

二、地缘政治

前文提示，地缘政治一直在持续地定义政治关系（Black，2016）。与地缘政治（geopolitics）联系在一起的，是涉及广阔的地理区域的政治关系，包括作为整体的全世界。一方面，地缘政治关注的是，政治怎样影响地理。一个例子是，战争之后的国家边界怎样被重新划定。另一方面，地缘政治也关注地理对政治的影响方式。一个例子是以色列与其邻国之间持续的通常低水平的战争。这种冲突之所以发生，至少在某种程度上是因为，一个小国被比它大得多的敌对国家所环绕。二战之后，关于地缘政治的大部分注意力，都集中在美国与苏联及其各自盟国的关系上。美

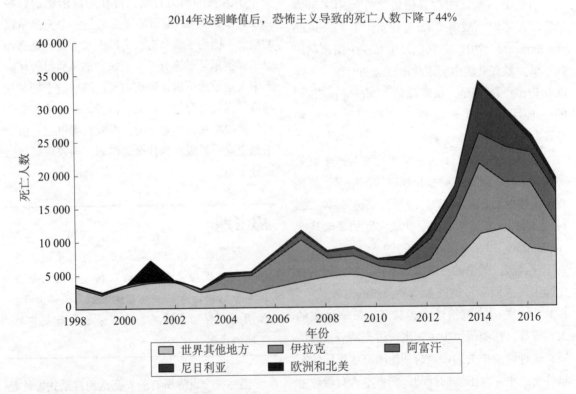

图 15-2 世界范围内恐怖主义导致的死亡人数

资料来源：Institute for Economics & Peace. Global Terrorism Index 2018: Measuring the impact of terrorism, Sydney, November 2018. Available from: http://visionofhumanity.org/reports (accessed December 2018).

国和苏联之间的冲突，通常是间接的。美国和俄罗斯、中国以及伊斯兰世界的关系，是当代地缘政治的核心。

三、民族与民族国家

第6章曾经论及，地缘政治与全球化时代的核心关切——民族和民族国家的未来联系在一起。一个民族是一群人，他们共享——往往是经过了很长的时间——共同的文化、宗教、民族和语言特征（Knott，2017）。依据这一定义，犹太人是一个民族。讽刺的是，他们的地缘政治敌人——巴勒斯坦人，也是一个民族。很多犹太人和巴勒斯坦人生活在中东，但其他很多人，特别是犹太人，散布在全世界。他们分散或被驱散；像第10章所描述的那样，他们生活在海外社区（diaspora）里。叙利亚和伊拉克的战争迫使很多人逃离，创造新的海外社区——特别是在欧洲，这些社区里的政治是倒置的（upended）。

388　　海外社区有一些共同的特征。首先，它涉及被迫离开祖国的一群人。其次，对于他们的祖国，海外社区里的人会保持一个集体的和理想化的记忆，他们会把这种记忆传递给自己的后代，以及海外社区里的其他人。再次，作为上述理想化的结果，他们往往与驻在国产生疏离的感觉；后者的现实无法配得上与祖国联系在一起的理想状态。最后，生活在海外社区里的人，经常抱持一种政治观念和目标：回到祖国（Cohen，1997）。参与民族事业的很多人，特别是生活在海外社区里的人，与祖国或生活在祖国的人并没有直接的接触。他们与后者的联系在很大程度上或者完全是想象出来的。换言之，他们生活在本尼迪克特·安德森（Anderson，1983）所说的**想象的共同体**（imagined community）之中。所谓想象的共同体，就是那些自认为是某个社区的成员的人，社会性地构建出来的共同体。因此，从来没有去过以色列的犹太人，甚或从来不想去那里的人，也许仍然生活在那个根植于以色列的想象的共同体之中。巴勒斯坦和散布在全世界的巴勒斯坦人之间的关系，亦是如此。很多近几年逃

离祖国的叙利亚人和伊拉克人，也会面临巴勒斯坦人的命运。

民族国家把一个民族和一个地理的、政治的结构结合在一起。换言之，除了把人民与共享的身份和文化结合在一起，民族国家还存在于一个有限的物理空间之中，并且建立一个政府来管理这一区域。依据上述定义，叙利亚仍然是一个民族国家，虽然它对其很多领土失去了控制。

民族国家存在于全球背景之中，全球化以各种方式影响它们，甚至威胁到它们的存在（Bell，2017；Sørensen，2017）。首先，各种各样的全球性流动——未登记移民、毒品、恐怖主义等等——能够很容易地穿越民族国家的边界，并侵蚀它们的国家主权。其次，即使没有威胁到国家主权，全球化仍然会改变民族国家的结构和功能。例如，在全球舞台上，公司变得越来越重要，它们的运作越来越多地独立于国家。再次，政府必须改变自身，以适应全球性的变化。例如，2002年，美国建立了国土安全部（Department of Homeland Security），以应对恐怖主义的全球威胁，以及其他威胁。最后，全球流动也可能强化民族国家。例如，外部威胁可能会促使公民搁置他们之间的争议——至少当时会搁置争议——并团结在政府或者是广义的民族国家周围。在以色列，存在着很多内部分裂，但外部的威胁常常使以色列人抛开这些争议，形成统一战线。

虽然有我们上文所描述的变化，但我们还是继续把民族国家看作是全能的。不过，民族国家不仅经历了我们这里所描述的各种问题，有些国家还在维持"基本状况和职权"方面失败了，或者是处于失败的边缘（Boas，2012：633）。失败国家的特征包括，"对自己的领土失去控制，普遍的腐败与犯罪，严重的经济衰退和/或通货膨胀，不能提供基本服务，大量的难民或者流离失所的国民"（Boas，2012：633）。另外，如果一个国家的经济和政治制度没有把广泛的社会阶层纳入进去，这个国家就更可能失败。失败国家还倾向于为了一个社会阶层特别是富人的利益，剥削社会的另一个阶层（比如说，中下阶

389

层）（Acemoglu and Robinson，2012）。脆弱国家指数（Fragile States Index）是对178个国家的年度排名，重点反映世界上那些弱国和失败国家的状况——以它们的稳定性为基础。2018年，得分最低的国家包括南苏丹、索马里、也门、叙利亚和中非共和国。

失败国家给其居民带来很多问题，但从全球化的视角来看，它们给其他国家带来的问题才是主要问题。多年来，以索马里为基地的海盗在公海上横行霸道，成功地进行了数次高风险的海盗行为，比如劫持一艘油轮，要求数百万美元的赎金。索马里政府无力控制海盗及其活动。不过，近年来，这种海盗活动大大地减少了——因为在索马里海域，联合巡逻的军力形成了（Gladstone，2014）。

知识点 15-3　全球政治

因素	描述
战争	当一个国家试图在其国境之外使用军事力量实现其意志时，战争就发生了。
恐怖主义	当非政府的行动主体针对平民、财产或者是军队开展暴力行动，以便对政治施加影响时，恐怖主义就产生了。
地缘政治	一种政治关系，这种关系影响范围广阔的地理区域甚至是全球。
民族	在很长的时间里，拥有共同的文化、宗教、民族和语言特征的一群人。
想象的共同体	那些自认为是某个社区的成员的人，社会性地建构出来的共同体。
海外社区	那些离开祖国但又保持为一个想象的共同体的人。
民族国家	一种政治主体，它把民族与地理的和政治的结构结合在一起。

第四节　经济：其主要形式以及变迁

经济（economy）是一个涉及产品和服务的生产、消费和分配的社会体系。对每一个人来说，经济都是极端重要的（Reich，2016）。

一、经济社会学

经济当然是经济科学的焦点话题。那么，社会学对经济的研究视角（Granovetter and Swedberg，2018），与经济学的研究视角，有什么不同呢？经济学家关注的是个体的经济行为，并把这些行为当作是更一般的经济分析以及经济学论辩的基础。社会学家也关注个体的经济行为，但他们并不是必然地假设，人们的行为是理性的。还有，社会学家更多地关注作为一个整体的国民经济，以及全球经济体系。他们关注这些体系里较大的构成要素，比如工会、公司、职业和金融机构，以及它们之间的互动方式。更重要的是，社会学家把更多的精力集中于经济和非经济宏观现象之间的联系，后者包括政治、家庭和文化（Castells et al.，2017）。社会学家也常常更多地关心与经济有关的微观-宏观联系。例如，社会学家研究全球经济衰退对那些因为经济下滑而失去工作的个体的影响。例如，马修·德斯蒙德（Desmond，2010，2016；参阅第8章）的研究显示，经济衰退期间的房屋驱逐（eviction），对黑人妇女的影响格外严重。

经济是社会学家的首要关注对象，也是持续

时间最长的关注对象。早期社会学中，所有的主要社会学家都对经济有浓厚的兴趣：马克思当然对资本主义感兴趣，韦伯关心经济的理性化，涂尔干关注劳动的经济分工，齐美尔关注货币，凡勃伦关注消费（参阅第 2 章）。今天的社会学分支——经济社会学——持续地充满活力（Aspers and Dodd, 2015; Granovetter and Swedberg, 2018; Swedberg, 2007）。

³⁹⁰
二、社会主义、共产主义和资本主义经济

本节将检视三种主要的经济形式：社会主义和共产主义、福利国家、资本主义。

社会主义和共产主义

在某种程度上，社会主义和共产主义可以互换使用。不过，对二者加以区别，还是很重要的。

社会主义（socialism）是一种经济制度，它指向生产资料的集体所有，而不是私人所有。生产资料就是工具、机器和工厂。这些东西为资本家所有，但工人——马克思的术语是"无产阶级"——需要这些东西以便进行生产活动。马克思认为，对无产阶级的剥削会导致他们对资本主义制度的反抗。这又会带来生产资料的公有化——而不是原来的私有化——并最终产生共产主义经济。对经济基础的控制会产生对所有重要事物的控制，包括政治制度。

从马克思主义的视角来看，共产主义（communism）可以被视为社会主义的后续阶段。它涉及社会的下述努力：有意识地和理性地计划和组织生产，以便使所有的社会成员都从中受益。

福利国家

在当代世界，社会主义富有活力。虽然很多社会不是完全意义上的社会主义社会，但其含有社会主义的因素。很多西欧国家已经变成了福利国家（welfare state）。它们拥有强大的社会福利项目，这些项目是社会主义性质的，因为中央集权的政府在有意识地、理性地实施它们。福利国家既追求经济市场的有效运行，也追求它的公平

运行——资本主义能实现前者，但不能实现后者（Gamble, 2016; Garland, 2016）。这些国家的目标是为它们的公民提供福利——幸福。社会福利计划的例子有很多，包括国家健康计划、养老计划、育儿休假体系，以及各种类型的社会安全网（比如，失业保险）。

甚至美国也有社会福利项目，如失业保险、社会保障（Social Security）和医疗保险（Medicare）。不过，在这些项目方面，美国远远落后于领先的西欧国家（和加拿大）。而且，美国有一股强大的与资本主义结成联盟的力量，强烈地抵制社会福利项目的扩张。虽然美国对福利国家提出了批评，但在当代世界上的很多地方，福利国家仍然继续存在。

在美国竭尽全力实施更多的社会福利项目的时候，欧洲最发达的社会福利国家却在经历危机。它们发现，维持现有的福利项目是困难的（Degen, Kuhn, and van der Brug, 2018）。实际上，有些国家，特别是英国，正在通过各种形式来缩减开支，比如，提供不再那么慷慨的收益和项目，提高人们申请福利的门槛，以及让人们更多地为自己的福利承担责任。对社会福利项目的威胁和社会福利项目的紧缩席卷欧洲，这既是金融风暴的结果，也是威胁欧洲经济的欧元危机（即将讨论）的结果。受欧元危机冲击最强烈的国家——希腊和西班牙——被迫大幅度削减福利项目。甚至在瑞典这样的社会福利项目的先锋国家，福利项目也陷入了危险之中。³⁹¹

在以前，福利国家也经受过威胁。不过，今天的全球化经济对它的威胁要严重得多。在今天的市场中，几乎所有的东西都变得越来越全球化，越来越具有高度的竞争性。全球经济最大的份额，非常可能流向成本最低的国家及其工业之中（参阅第 9 章）。这使中国、印度和越南这样的国家占据优势，那里的社会福利成本较低。与此形成对照的是，西欧国家的生产成本要高得多，这部分是因为过高的社会福利开支——它必须被计入成本结构之中。这使得西欧及美国在各种全球化的市场上居于劣势，使它们的竞争力降

低或者完全不具备竞争力。在很多人看来，对这些经济体和社会来说，这是一个巨大的威胁。有些人认为，这些国家必须削减它们的社会福利花费，以便在全球市场上与他人竞争。另外一些人认为，更慷慨的福利国家能够降低一些产业部门的成本，进而有助于劳动生产率的提高（Hall and Soskice，2001）。他们坚信，在社会福利上花更多的钱，有助于形成一支受过更多教育、身体更健康和更灵活的劳动力大军。

资本主义

卡尔·马克思生活在一个**竞争性资本主义**（competitive capitalism）的时代，其特点是存在大量的小公司。没有一个公司或者是公司的小团体能够主导一个特定的经济领域。

不过，在19世纪晚期和20世纪的大部分时间，这种情况改变了。大公司出现了，它能够自己或者与少数几个规模类似的公司一起主导或者垄断某个市场。这就是**垄断资本主义**（monopoly capitalism）（Baran and Sweezy，1966）。最好的例子也许就是美国的汽车工业，在20世纪的大多数时间里，它被3家巨型公司垄断——通用汽车、福特和克莱斯勒。

目前虽然美国的汽车公司不再构成垄断，但可以被认为是垄断企业的新型大公司出现了（Posner and Weyl，2018），包括亚马逊（Stewart，2018a）、沃尔玛、脸书以及Alphabet（主要是谷歌）。这使得莱昂哈特（Leonhardt，2018）产生了"我们又在经历一次'美国的垄断化'"的想法，虽然今天冲在前面的变成了高技术公司。虽然反垄断和反托拉斯法一直都存在，但新的垄断还是形成了。这种经济权力的集中在经济上是危险的（比如，霸权公司提高价格，无惧竞争者的廉价竞争）。这种情况在政治上也是危险的：历史上，一个或几个公司的霸权，与纳粹德国（以及其他地方）法西斯主义的兴起有关（Wu，2018）。另外，我们可能会看到一个垄断资本主义的全球体系的出现，在这一体系中，少数几个公司不是主导一个国家的市场，而是主导全球市场。

无论资本主义是否再次变成了垄断性质的，近年来，它毫无疑问变得越来越全球化了。这可以被视为**跨国资本主义**（transnational capitalism）。其中占据主导地位的，不再是一国内部的经济活动，而是跨国经济活动（Kauppinen，2013；Sklair，2002）。因此，全球性的汽车产品的流动，甚至是金钱的流动，比国界之内的相应流动，变得更加重要。

可以争辩的是，资本主义的核心已经不是生产，而是消费。换言之，问题的焦点是，吸引全世界大量的人在更高的水平上进行消费。如果说马克思时代的资本主义可以被称为生产者资本主义，那么可以说，我们生活在一个消费者资本主义的时代。在消费王国里，有几个领先的跨国公司，它们是亚马逊、沃尔玛、宜家、H&M以及 *392* 麦当劳。

瑞泽尔（Ritzer，2015b）曾经争辩说，我们正生活在资本主义的后一个阶段——"产消者资本主义"（prosumer capitalism）时代。生产者生产，消费者消费，而**产消者**（prosumer）既是生产者，也是消费者，而且生产和消费常常是在同一时间进行的。生产者资本主义和消费者资本主义还会继续存在，但它们会逐渐地被产消者资本主义吸收和取代。产消行为越来越多地出现在很多产业中［比如，在宜家，消费者安装（"生产"）书架（"消费"）］，但最突出的事例出现在互联网上——在那里，生产者和消费者之间实际上没有界限。例如，在亚马逊网站上，针对想要消费什么，一个人必须首先生产一个"命令"。随着3D打印机越来越普遍，消费者将能够在家里生产［通过增材制造（additive manufacturing）］越来越多的他们想要消费的东西。

虽然看起来所有这些都赋予了消费者更多的权力——也确实如此，但下述事实是不可否认的：这仍然是资本主义的一种形式。历史上，资本主义的倾向是，对消费者施加尽可能多的控制。那么现在，资本主义为什么会被一个给予人们更多权力的体系吸引？一个简单的回答是，这样的一个体系意味着低得多的成本——很少支付或者不再支付员工工资，或者员工工作的办公室或工厂的相应成本。产消者通常在家里工作（或者在他们自己的汽车里工作，如果他们驾驶优步或者来福车的汽车的话）。他们购买自己的设备，支付所有与其行为相关的成本（比如电费）。低廉的成本——有些情况下甚至没有任何成本，意味着更多的利润。当前最强大的一些公司，以及将来会占据主导地位的公司，会主要依赖产消者，并雇用越来越少的工人。

更好的例子是脸书。在信息积累——以"大数据"的形式——的基础上，脸书会越来越有盈利能力。产消者在脸书的网页上为它提供的所有免费信息，就是大数据（Radford and Lazer，尚未出版）。脸书将会把这些信息以大数据匿名批处理（anonymous batch）的形式销售给各个公司，并且目前已经开始销售。这些公司将会利用这些信息，为自己的产品和服务，对消费者进行精准定位。如果说福特是生产者资本主义的典型，麦当劳是消费者资本主义的典型，那么脸书则是未来占主导地位的产消者资本主义的典型。

三、工业革命

在现代经济的发展过程中，最关键的进展是 19 世纪的工业革命（见图 15-3），它引入了生产的工厂体系（Freeman，2018；Hobsbawm and Wrigley，1999）。人们不再在家庭里生产产品，也不再在少数人组成的工场里生产产品，而是通过工厂把大量工人聚集在一起。最终，手持工具的工厂体力劳动，让位于和机器相伴的工作。此外，人力和畜力被蒸汽动力和其他动力取代。虽然早期的工厂里仍然有熟练工人，但随着时间的推移，他们越来越多地被取代，因为技能越来越多地被设计到机器里。这意味着，不熟练甚至是没有任何技能的工人，没有受过良好培训和低薪的工人，甚至儿童，可以被雇来工作——事实上也确实如此。他们倾向于工作越来越长的时间，挣的也越来越少。定义工厂体系的另一个特征，是劳动的精细分工——一件产品由许多工人共同生产，每个人负责总过程中的一个小步骤。

工业革命早期的工厂是很原始的，但随着时间的推移，它们变得更大、更高效，技术更先进，更多地指向多种产品的大规模生产。弗里曼（Freeman，2018）认为，工厂本身不仅具有内在的重要性，还在更一般的现代化过程中发挥了作用。实际上，围绕在我们身边的所有物质产品，都是工厂的功劳。这些产品还在越来越高的程度上定义了我们的生活。此外，工厂（以及科层组织）还是理性化的最重要来源，而这种理性化成为当代世界大多数地方的特征。在理性化的事例中间，与工厂相关的有以下一些：流水线、日本人开创的即时生产制（just-in-time system of production），以及更晚近的自动化和机器人生产（Roose，2019）。当然，工厂以前不是现在也不是不折不扣的进步源头。它导致了异化的、重复性的劳动，以及其他不良后果。现在，工厂的衰落，特别是在美国，导致了巨大的破坏性后果——特别是因为自动化和机器人生产，很多人失去了他们的工厂职位。他们中的很多人，或者在快餐店中接受一份不稳定但薪资还不错的工作，或者在数年里很少有或者没有找到一份工作的希望。他们还会发现，自己越来越用不起（如果以前还用得起的话）从工厂里加速度产出的丰富的产品（cornucopia of products），虽然这些工厂（以及工作机会）已经越来越不可能留在美国了。

与工厂密切联系在一起的**大规模生产**（mass production）拥有一系列的特征，包括大量的标准化产品、高度专业化的工人、可更换的机器部件、精密工具、高容量的机器化生产过程、生产中物资流的同步化，以及整个生产过程的持续性越高越好。这一过程的逻辑结果就是装配线，它于 20 世纪成熟于福特汽车的大规模生产中。到 20 世纪中叶的时候，这一体系达到了它的全盛时期，也传播到了世界上其他很多地方。二战之后，日本人——以及后来其他国家的生产商，比如韩国人——采用了美国的这些发明，并开始在很多领域超越美国，最突出的就是电子领域和汽

1712年，托马斯·纽卡门（Thomas Newcomen）申请蒸汽机专利。

1764年，詹姆斯·哈格里夫斯（James Hargreaves）发明了珍妮纺纱机。

1785年，艾德蒙·卡特莱特（Edmund Cartwright）发明了动力织布机。

1807年，罗伯特·富尔顿（Robert Fulton）在哈德逊河上开始了蒸汽轮船服务。

1710　1720　1730　1740　1750　1760　1770　1780　1790　1800　1810

1733年，约翰·凯伊（John Kay）发明了飞梭。

1779年，塞缪尔·克朗普顿（Samuel Crompton）发明了走锭纺纱机。

1793年，伊莱·惠特尼（Eli Whitney）申请轧花机专利。

1837年，萨缪尔·摩尔斯（Samuel Morse）发明了电报。

1876年，亚历山大·格雷厄姆·贝尔（Alexander Graham Bell）发明了电话。

1879年，托马斯·爱迪生（Thomas Edison）发明了白炽灯泡。

1900年，斐迪南·冯·齐柏林伯爵（Count Ferdinand von Zeppelin）发明了飞艇。

1903年，莱特兄弟（Wright Brothers）进行了第一次成功的飞机飞行。

1820　1830　1840　1850　1860　1870　1880　1890　1900　1910

1830年，乔治·斯蒂芬森（George Stephenson）在利物浦和伦敦之间开始了火车客运服务。

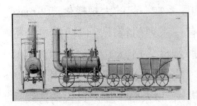

1866年，塞勒斯·菲尔德（Cyrus Field）成功地铺设了第一条跨大西洋电缆。

1892年，鲁道夫·狄塞尔（Rudolf Diesel）发明了柴油内燃机。

1896年，亨利·福特（Henry Ford）生产了他的第一辆汽车。

图 15-3　工业革命的时间线（1712—1903）

资料来源：Adapted from Industrial Revolution:Timeline,Facts,and Resources.Research by B.Sobey.TheFreeResource.com.

车领域。今天，中国在很多类型的大规模生产上领先。

四、从福特制到后福特制

福特制（Fordism）包含了亨利·福特及其同事在 20 世纪初所创立的一系列观念、原则和体系。福特制的特征包括：同质性产品的大规模生产，对不柔性的技术比如流水线的依赖，标准化工作流程的采用，规模经济，以及涌出流水线的产品——比如汽车——的大众市场的创建（Bonanno，2017）。

福特制主导了 20 世纪大部分的美国汽车工业以及其他工业。它于 1970 年代出现了衰退，主要是因为，消费者对千篇一律的产品不再满意。

与**后福特制**（post-Fordism）联系在一起的是：用更少的批量生产更特性化的产品，特别是品位和质量更高的产品；主要是因为计算机的使用，更柔性的机器设备成为可能；更柔性和自主的、技能更高的工人；对规模经济的依赖减少；为差异化的市场提供更特性化的产品（Amin，1994；Beynon，2016）。

五、其他工业革命

虽然 19 世纪的工业革命毫无疑问地存在，但工业革命并没有止步于此。前文讨论的福特制的兴起，就是明证。不过，伴随着各种新技术的综合（比如，数字化、自动化、机器人化、人工智能），以及其他发展（比如全球化），工业革命继续快速发展。这催生了 21 世纪的工业革命——在效果上，这场革命可以比肩甚至超越 19 世纪的工业革命。作为这场方兴未艾的革命的结果，将会出现至少是短期的失业，以及大规模的工人转岗——从中产阶级、中等收入的工作（比如工厂职位和卡车驾驶）转入薪水低得多的工作（比如餐饮服务和老人照料），并把这些工作岗位上的人抛入下层阶级。与此相反，那些更上层的阶级和高等收入的人，受这些变化的影响会小得多，很多人还会从中受益。结果，一个更加分化的（bifurcated）工作世界出现了。此外，还会出现一个越来越两极化的政治体系：最近的工业革命中的赢家和输家将会有非常不同的经济和政治利益——如果不是相互冲突的经济和政治利益的话（Edsall，2018c）。

六、美国的去工业化

显然，对美国的经济发展和其他方面的发展来说，工业和工业部门的就业曾经是（现在仍然是）至关重要的。可是，一些发达国家，特别是美国，一直在经历去工业化的过程。**去工业化**（deindustrialization）涉及制造业的衰退，以及各种类型的服务业的增长（Goldstein，2017；Koistinen，2016；Linkon，2018）。

我们倾向于认为，已经进行了数十年的美国去工业化过程，现在已经很深入了，甚至可能已经接近尾声。人们倾向于关注美国中部的铁锈地带（rust belt），以及从 1960 年代开始的，诸如匹兹堡、俄亥俄州的扬斯敦（Youngstown）和宾夕法尼亚州的伯利恒等钢铁城市的衰败，另外还有俄亥俄州的阿克伦（Akron）的衰败——它曾是橡胶工业的中心。这些工业大多已经远去，这些城市遭受了严重的摧残，虽然有少数地方，如匹兹堡，对自己进行了重新改造。汽车工业的衰落出现得晚一些，但是显然也经历了深刻的去工业化。这反映在很多美国城市的衰落上，最显著的是底特律。虽然底特律正在慢慢地恢复活力，但它的经济困难已经结束的说法，是高度不可信的。美国的去工业化还没有走完其全程，其他工业，如玻璃工业，目前也正在经历这一过程（Uchitelle，2010）。

去工业化的因素

有数个因素导致了美国的去工业化。第一个因素是美国很多工业中老旧的技术。这使得它们在面对外国竞争者时非常脆弱，而后者在不断地兴建新的、技术先进的工厂。另一个技术因素是自动化的兴起，它显著地减少了对蓝领工人的需要；最近出现的机器人生产，又消灭了对其他类型的工人的需要（Ford，2016；Ross，2017）。另外，自动化技术的高效率，使得关闭不必要的工厂成为可能，进而减少了更多的工作岗位。

第二个因素是全球化，它带来了欠发达国家的低工资工人的工业竞争。作为工业强国的中国，在其出现的早期，情况尤其如此。当然，目前中国正在快速地发展，但它的低工资和源

395

全球化 巴西的福特兰迪亚

1920年代开始，亨利·福特决定，他要对他的轮胎所需要的橡胶实施更多的控制。最好和最近的橡胶来源地，是巴西亚马孙河畔的一片偏僻的丛林。这是一片野性的和未驯服的地区，生活在那里的人不熟悉现代的、标准化的和理性化的世界——为创造这个世界，福特曾经发挥过重大的作用。

福特试图在他的巴西橡胶种植园里，采用那些曾经让他在汽车生产上大获成功的原则和方法。可是，亚马孙的野生世界与底特律的城市环境大相径庭。事实证明，它对福特的运作方法是高度抵制性的。

福特建立了一个小镇——福特兰迪亚（Fordlandia），以之作为他在巴西的橡胶事业的中心（Grandin, 2010）。这是美国小镇的另一个版本：郊区式的房屋成排地矗立在整齐的街道两旁。这与亚马孙丛林格格不入。例如，原有的房屋都是茅草屋顶的，在极度湿热的气候中，它们功能良好，因为热空气很容易消散出去。而福特建造的房屋拥有覆盖着石棉的现代金属屋顶。与茅草屋顶的房屋相比，它们保留了更多的热量，变得像火炉一样。

在野外，橡胶树杂乱地生长，彼此之间隔开一定的距离。这使得割胶变得非常费时。不过，这也使得疾病和昆虫不太容易损害树木，因为橡胶树在丛林里四散分布。而福特要求工人把橡胶树栽成整齐的行列。这使得树木更容易感染疾病，更容易受到昆虫的攻击。很多树木死掉了，福特的橡胶种植园最终失败了。

福特的管理团队还认为，福特兰迪亚的员工如果在食堂集中进食，会更加高效。可是，当地工人不熟悉这种现代的饮食服务方式。骚乱的工人捣毁了大部分的福特兰迪亚——虽然后来得到了重建。福特兰迪亚代表了一种奋斗，即把现代技术应用于野外，应用在其他人身上——这些人的行为建立在完全不同的原则之上。从短期来看，野性、土著人及其生活方式获得了胜利。不过，近年来，巴西已经成为世界上正在崛起的经济强国，亚马孙的很大一部分已经经历了森林的破坏，大城市已经从森林中涌现出来。也许，亨利·福特仅仅是比他的时代超前了一点点而已。

> **思考题**
>
> 福特的管理方式能够避免福特兰迪亚后来出现的问题吗？如果能的话，怎样避免？为什么解决方案没有考虑这一区域的生物、环境和文化现状？如果这样做了的话，结果会有所不同吗？为什么？

源不断的工人，使得美国工业与它的竞争变得几乎不可能。中国的工资——以及价格——上升到与美国大致相同的水平，将会花费很长的时间，但发展的趋势是朝着那个方向的，特别是，美国工人的工资在最近的数年里没有任何增长。

与去工业化相关的全球化的另一个方面，是美国工厂的关闭；在有些情况下，是工厂的搬迁，或者至少是工作地点的迁移——迁移到世界其他地方，特别是墨西哥。

第三个因素是消费社会的兴起，以及对各类商品的需求的增加。这本来应该有助于美国工业发展，可是，它同时也导致很多外国生产商急切地向这个市场销售产品，美国工业在与它们竞争时面临巨大的困难。从产品需求上来说，造成这种困难部分是因为外国生产商所提供的低价商品——美国消费者狂热地追求越来越低的价格。这给外国生产商带来了优势，因为它们的成本要低廉得多，特别是它们的劳动力成本较低。消费者对低价产品如快餐和快时尚的痴迷，导致了"低价的高成本"（high cost of low price）（Spotts and Greenwald, 2005），或者是低价格带来的不幸的、不曾预料的后果。后果包括，对外国工人更加沉重的剥削，对低成本的外国生产商的产品越来越多的偏爱，以及美国生产商数量的减少和它们所提供的工作岗位的减少。

第四个因素是美国（以及其他发达国家）服
务行业的兴起。在 20 世纪后半叶，越来越富裕
的美国大众不仅仅要求更廉价的商品，对各种
类型的服务的需求也急剧地增加（Kollmeyer，
2009）。越来越富裕的美国人似乎更愿意把自己
新增加的收入花在各种服务上，而不是各种工
业产品上。这带来了服务行业的扩张，比如健
康服务、教育服务，以及个人服务和社会工作
服务行业。近来，其他服务行业也涌现了出来，
比如金融服务、房地产服务、旅游服务和待客
（hospitality）服务（例如旅馆和游轮）等。

思考题

结构／功能论者怎样解释美国的去工业
化？冲突／批判论如何解释呢？上述关于去工
业化的因素，他们会同意吗？

服务性工作岗位大量增加，但有些工作并
不那么令人向往。数百万工作机会产生在零售
部门，最著名的就是沃尔玛和塔吉特（Target）。
这些工作岗位适合所有的年龄，甚至是老年人。
妇女在这些服务性行业中的比例出奇地高。最
好的例子，就是快餐行业中上百万的工作岗位
（Leidner，1993；Ritzer，2019）。快餐工人通常挣
的是最低工资，虽然美国目前出现了主张大幅度
提高最低工资——也许会提高到时薪 15 美元——
以及其他低工资工人的小时工资的运动（Barro，
2015）。此外，这些工人常常不被允许每周工作
40 小时。结果是，他们经常不能挣到超越贫困
线的收入，而只能在政府的救助下生活。政府救
助的形式有：营养补充援助计划（Supplemental
Nutrition Assistance Program，SNAP），医疗救助
计划（Medicaid），所得税减免，儿童健康保险计
划（Children's Health Insurance Program，CHIP），
等等。纳税人每年要通过这些项目向快餐业的工
人支付将近 70 亿美元。仅麦当劳，每年就要花
费美国纳税人 12 亿美元。虽然麦当劳盈利很多，
但情况依然如此（Sauter，Frohlich，and Hess，

2013）。2017 年，麦当劳的纯利润超过 50 亿
美元。

美国工会的衰落

与去工业化密切相关的，是美国工会的衰落
（Dubofsky and McCartin，2017；Hogler，2015；
Milkman and Luce，2017）。美国的劳工运动，使
工会成员从 1900 年占工人总数的 3%，发展到
二战结束时占工人总数的 23%。工会的衰落开
始于 1960 年代，与去工业化的开始和服务行
业的兴起大致重合。到 2018 年的时候，只有
11% 的劳动力属于工会（Uchitelle，2018；见
图 15-4）。结果，工会的力量大大地衰弱了。这
反映在一个事例上：近年来，工会使用其最有力
的武器——罢工的数量急剧减少。

工会力量的衰落有诸多原因，虽然去工业
化、制造业的衰落和蓝领工人的减少这几个因素
名列前茅。很多这样的工作岗位或者离开了美国，
或者因为自动化而化为乌有（在未来的时间里，
很多工作还会消失）。产消者的劳动没有多少或者
根本没有回报。例如，优步司机获得的经济回报
非常有限。他们是日益增长的"零工经济"的一
部分。"零工经济"涉及短期的自由工作，工作通
常是通过数字平台来进行的。这些工作大多是低
薪工作，但在不久以前，从事这些工作的很多人
却收入良好（Prassi，2018）。优步是这种情况最
好的例子，但还有很多这样的工作，比如可以在
taskrabbit.com 上找到的很多工作（Kalleberg and
Dunn，2016）。

产消者也是在没有经济回报的情况下工作
的（例如，在快餐店里自助服务，或者在自动取
款机上自助取款）。大体上说，服务行业和白领
工人的大量增加所涉及的人口，对工会运动是敌
视的。

就工会来说，在引入新方法以吸引和组织工
人方面，其行动过于缓慢。在很多情况下，工会
从来没有完全适应工人们的需要和利益。例如，
大量的年轻人出现在新工人之中，特别是在服务
性工作如快餐行业中。可是，工会已经僵化了，
没有找到办法来吸引和组织这些兼职的年轻人
（Freeman and Medoff，1984）。曾经存在于美国东

北部和中西部的工作岗位，流向了全球南方，而那里的工会一直就比全球北方弱得多（Roscigno and Kimble，1995）。

最后，从1970年代开始，在政府和工业界，都出现了强大的反工会运动（Fantasia，1992；Goldfield，1987）。在美国，一直以来就存在着反工会的潮流。这一潮流被日益增强的保守氛围推动，工会运动的传统工业力量基础的衰落，也强化了这个潮流。造成工会衰落的法律也生效了。公司雇用管理顾问来找到规避工会的方法，还雇用了在"对抗工会"（union busting）方面技巧娴熟的律师。

今天，工会运动急剧萎缩，但它的成员似乎在很大程度上固定了下来——因为在某些领域的成功，特别是在公共部门的成功。实际上，在2009年，大多数工会成员首次被雇用为政府员工（Greenhouse，2011）。一个成功的例子涉及教师和他们的工会，特别是全国教育协会（National Education Association，NEA）的300万名会员，以及美国教师联合会（American Federation of Teachers，AFT）的170万名会员。不过，即使是这些成功的例子，在有些州里（威斯康星、俄亥俄和伊利诺伊），也受到了一 398

些社会运动的威胁。这些运功旨在消除教师的集体谈判能力，以及公共部门所有员工的集体谈判能力。最有效的一次尝试发生在威斯康星州，该州前州长斯科特·沃克（Scott Walker）开始对教师工会进行限制——通过剥夺他们的集体谈判权，以及其他手段（Samuels，2015）。最终，在成功地这样做的同时，他很可能已经让教师工会瘫痪了。全国教育协会和美国教师联合会的成员数量，断崖式地下降了。对那些不仅仅对限制甚至取消教师工会感兴趣，也对限制和取消代表公共服务人员的其他工会感兴趣的州政府来说，沃克可能开创了一种模式。工会虽然处于衰落之中，但事实是，工会曾经并且还会在社会生活中扮演重要角色——不仅仅为其成员，也为其他人。比如说，参加工会的雇员比不参加工会的雇员挣得多；工会也迫使没有工会的公司提高工人工资，以阻止工会进入；工会还推动了最低工资的提高（Dynarski，2018）。 399

七、后工业化社会

显然，去工业化、工业岗位的减少和工业工

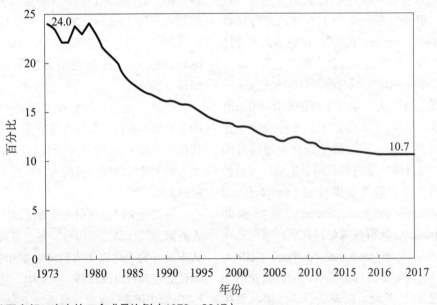

图 15-4　美国全部工人中的工会成员比例（1973—2017）

资料来源：Barry T. Hirsch and David A. Macpherson, "Union Membership and Coverage Database from the Current Population Survey: Note," Industrial and Labor Relations Review, Vol. 56, No. 2, January 2003, pp. 349-354; Hirsch and Macpherson (Current Population Survey); U.S. Historical Tables: Union Membership, Coverage, Density and Employment, 1973-2018. @ 2002, 2015 by Barry T. Hirsch and David A. Macpherson.

《故土的陌生人：美国保守派的愤怒与哀痛》[新出版社（The New Press），2016]

阿莉·拉塞尔·霍赫希尔德（Arlie Russell Hochschild）

唐纳德·特朗普的当选让很多自由派人士惊奇不已。他们的问题是，为什么这么多贫穷的、工人阶级的美国人会投票给一个共和党人，后者发誓要废除那些旨在帮助前者的政府项目，比如《平价医疗法案》。阿莉·拉塞尔·霍赫希尔德在极其保守的"红"州路易斯安那州花了5年的时间，试图了解她所说的"巨大悖论"（Great Paradox）：最需要联邦救助的人们正在远离这种救助，反而把市场当成了解决其经济问题的手段。霍赫希尔德发现，造成这种情况的主要原因之一是影响人们对上述问题的观点和行动的情绪。政治感受正在分裂美国人，很多美国人退回到了隔离起来的"情绪化飞地"（emotionally toned enclave）（或"回音室"）之中，环绕着自己的，是想法相同的朋友、熟人以及政治评论员（Hochschild，2016：6）。这类"飞地"的例子可以在社交媒体上找到，在那里，朋友和追随者共享类似的信念。最令人担忧的是这样的事实：人们正在构建无形的"共情之墙"（empathy walls），这些墙让我们对那些持有与我们不同的信念的人漠不关心，甚至心存敌意（Hochschild，2016：5）。在充满争议的事务上，比如移民、堕胎和同性婚姻上，这种共情之墙表现得最为明显。霍赫希尔德解释说，保守派人士相信，自由派人士试图强迫他们为"新婚的同性恋夫妇感到高兴，并为叙利亚难民的苦难感到伤心"（Hochschild，2016：15）。在保守派人士看来，在这些事例中，自由派人士正在把保守派人士必要感情的缺乏，贬低为偏见或是无知。

为了更好地理解导致自由派和保守派分裂的"共情之墙"，霍赫希尔德访谈了一个由40名极度保守的茶党（Tea Party）支持者组成的核心团体。从这个核心团体中，她选择了6个人进行概括研究。她变成了他们生活中的参与观察者，和他们一起参加政治集会、社区会议和教堂礼拜。霍赫希尔德把自己的研究重点集中在"巨大悖论"的一个特殊例子上：抵制政府对私营公司所制造的环境灾难的管制。路易斯安那州遭受过美国最为严重的环境灾难，比如空气污染和水污染——在一定程度上，这些污染是由石油化工企业造成的。可是与此同时，路易斯安那州却拥有最为宽松的政府管制。霍赫希尔德发现，保守派人士希望有清洁的环境，但很多人不相信政府管制是获得清洁环境的最佳途径。有些人认为，环境风险是自然的，或者是不可避免的；而另一些人认为，环境风险是为了增加工作机会而必须进行的赌博所要付出的代价。在她的研究中，有人的房子被一个巨大的陷坑（sinkhole）——这个陷坑是钻探公司造成的——吞噬，因而被迫搬迁。即使是这些人，也拒绝责备钻探公司，并拒绝向政府寻求帮助。有些人甚至责备政府机构的失察，而不是公司的疏忽大意。责备"巨大悖论"的受害者，并说他们促成了——如果不是造成的话——他们自己的苦难，是容易的。但霍赫希尔德警告说，这种推理过于简单化，并且会强化"共情之墙"。这种推理忽视了下述问题的结构性原因和文化原因：为什么有些人反对"大政府"，并且支持那些承诺给他们工作的公司？必须承认，当政治极端化甚嚣尘上之时，通过有意识地与那些持有不同信念的人进行互动，进而跨越"共情之墙"，是困难的。不过，它也许可以帮助我们承认支持这些高墙的强烈情感，并且鼓励高墙两侧的人们变得更加包容和相信他人。

edge.sagepub.com/ritzerintro5e

- 观看霍赫希尔德在《当代民主》（Democracy Now！）上讨论其著作《故土的陌生人》的视频。
- 阅读《纽约客》上发表的一篇文章，以便更多地了解霍赫希尔德的研究发现，以及她曾经访谈过的人。

会的衰落为美国以及整个发达世界后工业化社会的出现开辟了道路。越来越多的对消费的强调，以及服务业工作岗位的迅速增加——这些工作很多是为以消费为导向的社会提供服务的——进一步把美国社会推离工业化，而推向真正的后工业化社会（Bell，1973；Hage and Powers，1992；Vogt，2016）。

后工业化社会（postindustrial society）曾经也是工业化社会，但其对产品制造业的关注，已经被服务业工作的增长取代。在服务业工作中，人们彼此提供服务，而不是制造产品。它涵盖了范围广泛的、服务导向的职业，包括律师、医生、教师、财政顾问、电脑奇才（computer geek）、销售员、职员、快餐店的柜员，以及零工经济中的劳动者和产消者。在20世纪的美国，在这些职业中的就业的人员迅速增加了。与此同时，与产品制造相关的工作急剧地减少了。农业工作的减少出现得更早，也更加急剧。

知识点 15-4 | 美国经济

概念	描述
工业革命	引入工厂生产体系的时代，它推动了流水线和自动化大规模生产的诞生。
福特制	由亨利·福特推动的现代大规模生产体系，它依赖于机器、规程、规模经济以及不柔性的技术。
后福特制	为不同的市场生产更加特性化的产品的生产体系，它依赖于更小的生产批量、更加柔性的机器设备（包括计算机）以及技能更高的工人。
去工业化	制造业的衰落和与之相伴的服务业的兴起。
后工业化社会	在一个曾经的工业社会中，经济重心由制造业转移至服务业。

第五节 工作、消费与休闲

上文大多在讨论经济的整体趋势和发展。不过，大多数人是通过工作或者消费过程而与经济联系在一起的，下文就将讨论这一点。人们与工作之间的关系正在经历快速的改变。

一、就业、失业与未充分就业

不久之前，我们还倾向于认为，人们也许会在一个稳定的大型组织里谋得一份工作，然后开启终身的职业生涯。这个职业至少需要保证某种向上流动，为职工及其家庭成员提供一份足以谋生的薪水，使其60岁退休时获得充足的养老金，也许是在温暖的佛罗里达或者亚利桑那安度晚年。

可是，这么一份浪漫的计划问题不少。首先，即使是在全盛的1950—1990年，它也只适用于人口的很少一部分。就业率一直起伏不定。经常出现的情况是，一些人完全找不到工作。在美国，**失业**（unemployment）的定义是，处于工作年龄的人（也就是没有退休），能够且愿意工作，一直在寻找工作但又找不到工作的状况。美国的失业率通常是劳动人口的5%左右。但在处于衰退之中的2009年，失业率达到了10%。很多观察者相信，10%是一个低估的数字，因为很多人放弃了找工作，因此没有被纳入失业统计数据（参阅后文关于受挫工人的讨论）。不过，在经济繁荣期间，2019年4月的失业率降低到了3.6%（见图15-5）。

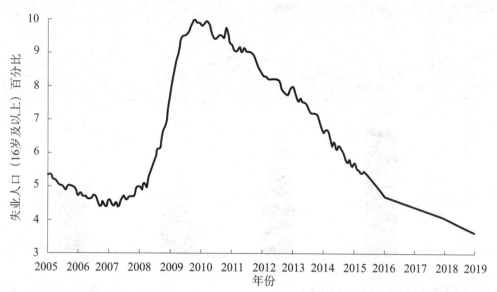

图 15－5　美国的失业率（2005—2019）

资料来源：Data from U.S. Department of Labor, Bureau of Labor Statistics, 2019.

失业率在未来很可能上升，特别是作为进一步自动化的结果。机器和人工智能将会越来越多地从事现在由人来做的工作。它们已经取代了蓝领工人，未来这些新技术将会越来越多地从事目前由高薪和高技能工人从事的工作。例如，对服装买家（clothing buyer）[①]和金融顾问的需求会减少，因为越来越多的决策将由人工智能做出（Scheiber，2018）。

威廉·朱利叶斯·威尔逊（Wilson，1997）关注的是，长期失业给美国黑人造成的问题。很多观察者把这些困难（比如，没有父亲的儿童、药物滥用）追溯到那些难以解决的——如果不是完全不能解决的话——社会结构问题（比如，制度化种族主义）。不过，威尔逊把这些问题与失业直接联系起来，并把它们看作是可以解决的问题——通过一些改革，包括为所有的美国黑人创造更多的工作机会。美国黑人不仅仅经历了更严重的失业，也经历了与失业相关的一长串连带的困难——其中一个就是高企的贫困发生率。2018年，美国黑人的失业率几乎是白人和亚裔的两倍，比西班牙裔的失业率还要高 2 个百分点（见图 15－6）。

关于失业的统计数字低估了工作缺乏的问题，因为它只涉及那些处于工作年龄并积极寻找工作的人。还有另一大群人，他们在劳动力大军中处于边缘地位，包括那些**受挫工人**（discouraged worker）。要被归入此类，人们必须在过去的一年里或者上一次工作结束后找过工作，如果失去工作的时间短于一年的话，就必须在过去的 4 个星期里没有主动找过工作。他们与劳动力市场若即若离，或者是由于家庭责任而被阻挡在工作之外，或者是因为缺乏交通手段而无法工作。

思考题

政府报告的失业人口之中，包括那些积极地寻找工作的人。在你看来，它为什么不包括那些放弃寻找工作的人？为什么不包括那些从事报酬不足以满足生活需求的工作，或者从事不满意的工作，比如临时工作的人？如果报告的失业人口包括上述人，失业率的情况会发生哪些改变？这一改变会对有关劳动的决策产生什么影响？

[①]　服装买家，是服装中间商。他们进行市场分析，预测消费者的时尚趋势，并在此基础上为零售商供货。——译者注

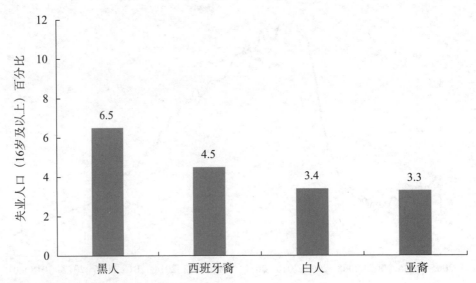

图 15－6 不同种族和民族的失业率（2018）

资料来源：Data from U.S. Department of Labor, Bureau of Labor Statistics, 2019.

401 　　边缘性就业的人数，特别是受挫工人的数量，和失业一样，也是一种慢性问题。更糟糕的是，在经济衰退时期，边缘性就业和失业都会增加。在受挫工人中间，黑人和年轻人的比例格外地高。挫败既来源于找工作时的真实问题，也来源于想象出来的问题。问题包括：认为没有工作可做、无法找到工作、缺乏必需的训练和教育、被雇主认为太年轻或太老，以及认为自己因为各种原因受到歧视——这也许是真的。

　　很多美国人还必须应对**未充分就业**（underemployment）的问题，这包括：从事一份低于自己的训练和能力的工作，比如大学教授在晚上开出租车；非自愿地从事一份临时工作，亦即因为找不到全职工作而从事临时工作；有工作，但并非完全的工作，比如季节性的农业工作，工作节奏可能突然放缓，或者工作机会在农闲季节消失。

　　在应对这些问题的时候，欧洲的福利国家做得较好。但即使在那里，这一问题和其他问题也在增加。这部分是因为大量移民的涌入——很多是未登记移民，他们更可能面临找工作的困难。欧洲的就业困难还与遍布全欧的经济危机有关，也和欧元所遭遇的一系列问题有关——后文还会讨论这一问题。

　　失业是一个重大的问题。不过，正像前文所指出的，大多数希望工作的美国人都获得了工作，虽然那不一定是他们希望获得的工作。更严重的问题是，很多工作（特别是服务性工作）不能提供足以维生的工资，即不能提供足以支付家庭基本花费的收入。这促使有人呼吁把美国最低工资设定为每小时 15 美元。近期这一呼吁不太可能实现，虽然美国的很多地方已经做出了承诺，比如纽约和加利福尼亚——那里将在 2023 年逐步实施。

二、消费与后现代社会

　　回忆一下第 1 章中提到的内容，即消费是人们获得和使用商品、服务的过程（Cook and Ryan, 2015；Wiedenhoft and Murphy, 2017b）。更具体地说，消费涉及消费品和服务、消费者、消费过程和消费场所之间的相互关系（Ritzer, Goodman, and Wiedenhoft, 2001）。首先，消费涉及的是什么是消费对象的问题，它们通常是消费品（比如，服装、汽车、电子设备）和服务（比如，来自电脑专家的帮助、医疗服务）。其次，消费还需要消费者，即进行消费的人。再次，消费需要有一个过程。最后，消费过程通常发生在消费场所，如农贸市场、购物中心、主题公园、游轮，还有越来越常见的亚马逊和其他在线很多上述场所可以被称为**消费教堂**（cathedrals of consumption）（Ritzer，2010a；另外参阅 Ostergaard，Fitchett，and Jantzen，2013）。它们是大型、豪华的消费场所，大多数是美国在 20 世纪下半叶和 21 世纪初创建的。使用教堂这一术语，是为了表明这样一个事实：从很多方面来说，消费已经变成了今天的宗教。我们到消费教堂里去实践这种宗教。比如，很多中产阶级的儿童去迪士尼乐园朝圣，一生至少要去一次。

户外的沿公路商业区（strip mall）可以追溯到 1920 年代，最早的室内购物中心于 1950 年代建成，而超级购物中心——它们出现于 1980 年代到 1990 年代（比如，1992 年于明尼阿波利斯开业的美国购物中心）——才是举足轻重的创新。定义超级购物中心的是，处于同一屋顶之下的一系列消费教堂的结合体，特别是购物中心和主题公园。主题公园本身是第二大消费教堂。主题公园的第一个里程碑，是 1955 年加利福尼亚南部的迪士尼乐园的开放。第三大消费教堂是现代游轮，第一艘游轮于 1966 年初航（Clancy，2012）。第四大消费教堂是赌场酒店，最突出的就是定义了拉斯维加斯的那一种。第一家赌场酒店——弗拉明戈（Flamingo）赌场酒店——建成于 1946 年。它是匪徒巴格斯·西格尔（Bugsy Siegel）的主意。

当然，还有其他很多重要的消费教堂——超级商店如 Bed Bath & Beyond 和百思买（Best Buy）、大型的折扣超市如沃尔玛和开市客（Costco），以及在线零售商如亚马逊和亿贝。这些消费教堂，和其他消费场所一起，特别是连锁店如麦当劳和星巴克，不仅仅定义了这些场所本身，也从整体上定义了消费。

过去，我们必须经过旅行——有时候是长途旅行——才能到达消费教堂，比如百货公司（Howard，2015）。但是现在，通过互联网，很多消费教堂就在我们的家用电脑上，或者是口袋和提包里的智能手机中。结果，砖石建成的消费教堂，如百货公司、购物中心和赌场，都在衰落。不过，创新性的、新的砖石建成的教堂，已经被创造出来，特别是在亚洲（Friedman，2018）。这些地方强调构建品牌价值（brand equity）的体验，而不是简单地提高销量。消费一直在持续地增长，但是，即使有亚洲的创新，大多数消费也已经从线下消费教堂转向了线上消费教堂。

一般说来，消费被认为是后现代社会的奠基石。也就是说，定义现代性的是生产和工作，而定义后现代性的是消费。这一变化在美国体现得最明显——20 世纪中叶，美国是世界上最显眼的工业社会，而到 20 世纪后期和 21 世纪早期的时候，它已经变成了世界上最重要的消费社会。这反映在这样一个事实上：消费在美国经济中的占比已达 70% 左右。

消费是后现代社会的核心概念，这是因为，它代表了关注重心的转移——从现代社会对生产的关注上移开。不过，从另一个角度说，确实有一种东西可以称为"后现代消费"，它与现代消费不同，甚至与之形成鲜明的对比（Hamouda and Gharbi，2013；Venkatesh，2007，2015）。在现代性那里，消费是第二位的活动，人们唯恐避之不及，以便把精力集中在重要得多的生产和工作上。毫无疑问，这一观点与马克斯·韦伯的新教伦理观念密切相关（Weber，1904—1905 / 1958）。依据这种伦理，人们应该集中精力工作，因为正是在工作（特别是工作中的成功）中，才能发现被拯救的迹象。人们消费得越少越好，应该勤俭并珍惜他们的金钱，并且把他们从生产活动中挣得的收入进行再投资。

对后现代消费的最佳描述是**消费主义**（consumerism），即对消费的迷恋（Barber，2007）。那些有消费能力的人（以及至少一部分没有消费能力的人），已经被消费吞噬了。这反映了第 2 章所阐述的观点，即后现代理论可以被看成是某种批判理论。例如，鲍德里亚 *403*（Baudrillard，1970 / 1998）对下述传统观点提出了抗辩：消费是为了满足需求。他坚持说，如果上述观点是正确的，那么当一个人的需求满足之后，消费就应该停止。可是，在目前的消费中，一旦一个需求得到满足，另一个新的和不同的需求就会走向前台，并要求进一步的消费。鲍德里亚进一步指出，消费的真正本质是差异。也就是说，通过消费，人们试图展示，他们和别人是不同的，比如他们的服装和汽车所体现出来的品位。在后现代世界里，一系列的差异被源源不断地创造出来，并不断扩展，消费变成了一个无穷无尽的展现差异的过程。

思考题

为什么一些消费教堂如购物中心正在衰落？为什么农贸市场不是消费教堂？你进行消费的其他哪些场所，也不是消费教堂？互联网网站如亚马逊，是消费教堂吗？为什么？如果不是，它们会变成消费教堂吗？

后现代主义者习惯把前缀"过度"（hyper-）加在很多词语的前面（Lipovetsky，2005）。在任何现代特征之上加上"过度"的前缀，都倾向于把它变成一种与后现代世界联系在一起，以及对后现代世界至关重要的东西。例如，后现代世界与高消费联系在一起，亦即购买的东西多于你的需要、需求和经济能力。与高消费观念，特别是超出经济能力进行消费联系在一起的，是**过度债务**（hyperdebt）的观念——由于买了不应该买的东西，而使负债超过偿付能力（Ritzer，2012a）。

可是，有些后现代主义者对消费持有一种复杂的看法，亦即较为正面的看法与批评性视角同时存在（Venkatesh，2007，2015）。例如，他们倾向于把消费看成是一种美学追求或者艺术形式。消费者被看作是艺术家——他们以极具创意的方式购买并组合不同服装的各种元素。这种情况与后现代的观念"混搭"（pastiche）尤其相关（参见第2章）。混搭即把各种要素——特别是那些大多数人看来相互不搭配的东西——混合在一起。一个现代消费者可能会购买由相互匹配的要素（比如裙子和上衣）组成的服装，这种搭配是生产商事先设计和选择好的。而一个后现代消费者则被看作是这样一个人，他创造性和艺术性地把各种要素组合在一起，而这些要素来自多种类型的生产商，具有多样化的风格。另外，新旧衣服，或者是来自不同时代的衣服，以一种独特的方式被组合在一起，从而创造可以被看作是艺术品的服装。

三、休闲

我们这个时代的主导性趋势之一是，我们越来越多的休闲时间花在了消费上。例如，在高尔夫运动中，消费包括购买设备和适合的服装，为草地付费，甚至可能需要购买一个乡村俱乐部的会员资格。休闲时间也花费在那些进行消费的场所里，比如游轮和网上赌场。此外，对很多人来说，消费就是休闲。对有些人来说，去购物中心购买各种东西，可以是很放松的活动。

休闲（leisure）被认为是逃避工作责任和家庭责任的一种手段。它涉及那些非强迫性的社会活动。它是放松的，也许会让人增加见闻，并且在时间和空间上与其他事情分开（Dumazadier，1967；Parker，1971；Rojek，2005，2007）。开展休闲活动的人不仅仅卸掉了日常的责任，还能够自由地思考，并做不一样的事情。人们认为，在休闲的时候，他们拥有更多的选择自由——与他们在工作中和家庭里相比。

不过，大多数休闲活动都发生在这样的场所里：设计这些场所，就是为了控制和限制正在开展休闲活动的人们的思想和行动。最好的例子是迪士尼乐园，在那里，园方提供了各种各样的交通工具。这些交通工具快速而高效地带领人们在园内的各个景点间移动，并且有固定的方向。即使是一个人在园中自由游荡的时候，他也会受到微妙的控制。这些控制的例子有，预设路径、指示牌和各种标志。从这个视角来看，最有趣的是华特·迪士尼所说的"香肠"（weenie），即高度醒目的景点——山峰、城堡之类，所有的游客都会在视觉上受到它们的吸引。因此游客们朝着"香肠"的方向移动，这正是迪士尼管理方希望他们移动的方式。没有人告诉他们应该去哪里和怎样到达那里，但他们这样做了。这使大量游客的高效移动成为可能。在移动的路上，他们被导向很多的小卖部、商店、餐馆等场所，并在那里花费更多的钱。

被控制和限制的休闲活动的形象，似乎与休闲中的人们的多样化体验不一致。对于那些付得起高昂费用的人来说，一个全球选择的世界已经为他们打开。例如，游轮本身就是一个广阔的世界，在那里，海量选择向游客们开放，从清晨到深夜。这些选择虽然存在，但一个事实是，这些设施的管理者们并没有放弃他们控制休闲者的努力。相反，这种控制已经变得更多样化、更老到。因此，在一艘游轮上，在旅途的每一个停靠点，都有事先安排好的短途旅游（通常是另外付费），还有无数的摄像头监视着船上旅客的一举一动。

最终，游轮以及其他任何休闲场所的成功，都依赖于有多少人被引诱进行消费。建造和经营游轮是非常昂贵的。一艘游轮在经济上是否成功，取决于人们在赌场里输了多少钱，喝酒花了多少钱，在船上的购物中心购物花了多少钱，以及他们在旅程中愿意进行多少昂贵的支线旅游。

休闲活动受到社会阶级的强大影响。很多休闲活动（比如，游轮和高尔夫）非常昂贵。在全球北方分层体系的下层以及全球南方的大多数人，基本上被排斥在外。当然，还有很多不昂贵的甚至是免费的休闲活动，这些活动基本上每个美国人都可以参与，但通常不被认为是最令人向往的休闲形式。此外，工作的压力，甚至是生存的压力，没有给世界上的穷人们留下多少时间从事休闲活动，也让他们无法从休闲中获得乐趣。

一直以来的一个倾向是，与男性相比，女性的休闲活动受经济因素的限制更大（Holland, 2013）。现在，这种情况正在发生改变，因为中产阶级女性更可能从她们自己的职业中获得可观的收入（参阅第11章）。这些职业还倾向于赋予女性更多界限分明的休闲时间（比如度假时间）——这种时间原来是男人的禁脔。可是，由于与男性相比，女性仍然要在照料孩子与做家务方面花费更多时间（参阅第11章），性别化的休闲界限仍然存在。

知识点 15 - 5 | 工作、消费与休闲

概念	定义
失业	有能力劳动、愿意劳动并且正在寻找工作，但找不到工作的劳动力成员所处的状态。
受挫工人	在过去的一年里寻找过工作，但在过去的4个星期里没有寻找过工作的工人。
未充分就业	下列人所处的状态：他们非自愿地从事临时工作、低于其训练和能力的工作。
消费主义	对消费的迷恋。
休闲	逃避工作责任和家庭责任的一种手段。

第六节　全球化与经济

全球化与经济中的很多改变联系在一起。最显著的改变之一，发生在**宏观金融**（macrofinance），亦即与金钱和金融相关的全球化之中。不久之前，金钱和金融还与民族国家密切联系在一起，或者是与发生在民族国家边界之内的金融交易联系在一起。以前，金钱与金融工具从世界上一个地方向另一个地方的转移——比如股票和债券，以及其他新型金融工具，如金融衍生产品——是困难的和棘手的。旅行者必须把自己国家的货币兑换为他将要旅行的国家的货币。如果他要穿行很多不同的国家，那么在每一个国家，兑换过程都要重复一遍。可是目前，旅行者需要的仅仅是一个账户或一张信用卡，后者可以在世界上大多数国家使用，进而快速和高效地使

用所旅行国家的货币，为商品和服务付费。正像多德（Dodd, 2012: 1446）所说的那样，"我们正在见证金钱的地理性终结"。

结果是，金钱的流动性日益增加，它非常方便地在世界各地流动。对旅行者和商人们来说显然是如此，但在其他方面也是如此：大量的金钱流动与非正规经济、犯罪网络、国际毒品交易和洗钱，密不可分。例如，2016年，巴拿马的律师事务所莫萨克·冯赛卡（Mossack Fonseca）陷入了一桩丑闻。该事务所涉入了壳牌公司的增殖（proliferation），成为顶级富人的避税天堂，从而让他们能够在自己的祖国避税（Semple, Ahmed, and Lipton, 2016）。这变成了一桩国际丑闻，甚至导致了冰岛总理的辞职。

另一个例子是，很多金钱的流动形式是汇款，大体上是从全球北方的移民，流向留在全球南方的家人和朋友。实际上，在2017年，有记录的汇款总额是4 660亿美元——未被记录的汇款还要多得多（World Bank, 2018）。这些金钱看起来似乎很多，但它与其他类型的全球金融交易比起来，就是小巫见大巫了。例如，全球金融市场的仅仅一个项目——全球币种交易，每天的交易量就有5万亿美元（McGeever, 2016）。

迄今为止，便捷而快速地流动着的最大数额的金钱，是通过与全球金融市场联系在一起的电子转账进行的（Knorr Cetina, 2012）。在当今世界上，为了他们需要的贷款——或者是他们认为自己需要的贷款，人们和企业越来越依赖于电子转账。人们通常需要贷款来购买房屋和汽车。在公司和政府的投资和增长方面，贷款也是举足轻重的。

更重要的是通过一系列可疑金融工具所进行的全球交易。与美国的住房市场和投机金融工具捆绑在一起的可疑的银行实践，引发了一场连锁反应，后者重创了国际经济流动，并引发了全球性的衰退。这些问题的核心是这样一个事实：美国和世界上大多数国家的金融市场，在很大程度上是缺乏管制的。没有政府监管，这些市场为所欲为。例如，通过稀奇古怪的金融工具进行的疯狂的投机行为，创造了经济泡沫。这些泡沫快速

破灭，使经济衰退进一步蔓延，并积聚冲击力。

泡沫的破灭造成了全球流动性危机，因为各个国家和它们的银行不愿意相互借贷。它们担心，经济危机将会导致其他国家和银行无力偿还它们的债务。没有这样的借贷，很多国家陷入了严重衰退。在组成了欧元区（eurozone）的欧洲国家（28个欧洲国家中的19个，使用欧元作为通用货币），情况尤其如此。

这些年来，上述情况导致了欧元危机（euro crisis）。这一危机一直持续到今天，2011年晚期和2012年早期的时候尤其严重（Riera-Crichton, 2012）。较富裕的欧洲国家，特别是德国，有能力更好地应对衰退。其他国家，特别是希腊、葡萄牙、爱尔兰、西班牙，以及后来的意大利和塞浦路斯，则无力应对（Stewart, 2013）。它们遭受了严重的经济问题，比如住房市场的崩溃和高失业率。其中一些国家的信用评级被降低了。在这种情况下，一个国家通常采取的行动就是货币贬值，以便降低成本。这会使其产品变得便宜，在全球经济中变得更有竞争力，从而使其经济重新开始增长。可是，由于这些有问题的国家是欧元区的成员，因而它们无法使自己的货币贬值。这些有问题的欧洲经济体，就被剥夺了应对衰退和萧条的传统手段。

让这些国家的情况雪上加霜的，是这样一个事实：对它们来说，借钱让自己的经济保持运转，面临重重困难。放债者越来越相信，有问题的国家也许没有能力偿还债务。结果是，出问题的欧元区国家必须支付更高的利息，才能借到钱。像爱尔兰、希腊和塞浦路斯这样的国家，只能从欧洲国家寻求财政援助（对希腊的援助直到2018年后期才结束）。为了换得这些援助，它们必须同意，进行更为严厉的紧缩。例如，它们解雇政府雇员，并削减福利项目。吊诡的是，这种紧缩进一步削弱了它们的经济——至少短期内是这样——因为人们能花的钱更少了。在本书写作的过程中，在2019年初，希腊仍然受到金融危机的极大伤害，也受到为获得援助而承诺的财政紧缩的极大伤害。

人们对欧元危机怀有很多灾难性的恐惧。虽然最糟糕的情况并没有发生（比如，放弃欧元、

一些欧洲国家经济崩溃），但一些深层问题依然存在。例如，繁荣的北欧国家如德国和相对贫困的国家如希腊——以及程度上稍轻的西班牙和意大利——之间的巨大经济差异，仍然是一个现实。在另一场经济危机来临的时候，北欧国家救助南欧国家的情况似乎不太可能发生——如果不是完全不可能的话。还有，南欧国家被困在了通用的欧元货币之中。这意味着，在经济危机来临的时候，这些国家无法通过法定货币的贬值来进行自救，进而无法使自己的商品和服务更有竞争力。

另一场经济危机一定会到来——这种危机会有规律地发生，与上一场欧元危机联系在一起的灾难性恐惧，在下一场危机中还会出现。如果是那样的话，经济灾难不一定能被限制在欧洲之内——它可能变成一场全球性的经济灾难。

知识点 15-6 | 全球化与经济

金融概念	定义
宏观金融	与金钱和金融有关的全球化过程。
缺乏管制	政府对银行业务的管制缺失，导致疯狂的投机和经济泡沫，使经济衰退加剧。
欧元区	使用欧元作为其货币的 19 个欧洲国家。
欧元危机	欧元区里严重的经济衰退。

小结

政治是通过使用或者施加压力来推进某一特定立场或政策的一种方式。民主制是一种政治制度，在这样的制度中，一个国家的人民投票选择自己的领导人，有时候还会批准法律。民主制与独裁政权形成对照，后者通常是极权主义的政府，在没有被统治者同意的情况下运作。

谁统治美国是持续不断的辩论的根源。在对政治进行分析的时候，结构-功能主义者强调多元主义，而冲突论者则关注权力精英理论。解决政治分歧的一个方式是战争。恐怖主义指的是非政府的行动主体开展暴力行动，攻击非战斗人员、财产，或者是军事人员。

社会学家对经济的定义是，保证产品和服务的生产与流通的社会体系。在过去的 200 年里，资本主义的美国经济已经从工业化的工业革命，转型为去工业化。作为上述转型的结果，美国的劳动力大军出现了急剧的改变。在金融风暴之中，失业者、受挫工人和未充分就业工人的数量上升了。虽然近来他们的数量有所下降，但失业问题依然存在。与去工业化联系在一起的，有工会的衰落、服务性工作的增加、零工经济的重要性的提高，以及越来越多的对消费的看重。所有这些，都为后工业化社会提供了舞台，也是后工业化社会的一部分。在过去的数十年里，最重要的趋势之一是，越来越多的休闲时间花在了消费上。

由于跨国经济而不是国内经济主导了经济活动，资本主义变得越来越全球化了。欧元区曾经面临过，将来必定还会面临欧元危机——该危机威胁了欧洲甚至可能是全世界的稳定。

消费教堂	402	精英多元主义	384	后工业化社会	399
公民	381	福特制	394	权力精英理论	384
公民资格	381	地缘政治	387	产消者	392
共产主义	390	群体多元主义	384	代议制民主	380
竞争性资本主义	391	过度债务	403	权力分立	384
消费主义	402	想象的共同体	388	社会主义	390
去工业化	394	休闲	403	恐怖主义	386
民主制	380	宏观金融	404	跨国资本主义	391
独裁政权	382	大规模生产	394	未充分就业	401
直接民主	380	垄断资本主义	391	失业	399
受挫工人	400	政治	380	战争	385
经济	389	后福特制	394	福利国家	390

总结性问题

1. 哪些因素有助于解释民主政治体系的出现？民主制与科层组织和你在前文中学到的理性－合法概念有什么关系？

2. 从哪些方面来说，公民资格是民主政治体系的重要组成部分？你是否认为，美国的低投票率是因为其公民的失败？或者，不投票的人以其他的方式表达了自己的政治利益？新技术可以在哪些方面有助于政治参与？

3. 人们仍然在争论"谁统治美国"的问题。对美国权力和政治的多元主义理解，在哪些方面有别于权力精英视角？你认为，全球化对"谁统治美国"的问题有影响吗？为什么？

4. 在哪些方面，可以说共产主义和社会主义是资本主义的一种替代选项？福利国家的哪些因素是社会主义的？美国的哪些势力在抗拒社会福利项目？

5. 哪些因素有助于解释美国的去工业化？去工业化与工会的衰落有什么关系？去工业化对其他国家的影响有哪些？

6. 互联网怎样影响了工作的性质？你怎样作为一个生产者、消费者和产消者来使用互联网？请举例说明。

7. 我们社会的特征是疯狂的和永不满足的消费主义吗？在当今世界，我们怎样利用消费来满足自己的需求？你是否同意，我们的消费超越了我们的需求？

8. 从哪些方面说，可以把当今的消费称为新宗教？

9. 休闲活动怎样在不同的人群之间制造差异？这些差异以什么方式反映了社会分层体系？

10. 什么是欧元危机？从哪些方面说，它是一场经济危机？它从哪些方面显示了经济与政府之间的关系？人们对此次危机的恐惧，是否有充分的依据？这种危机还会再现吗？

407

第16章
身体、医疗、健康
与卫生保健

学习目标

1 讨论与身体有关的社会学概念

2 概述针对美国的健康问题的医学社会学视角

3 描述全球化与目前主要的健康问题之间的关系

美国和世界其他各国都曾经出现过健康问题，甚至是健康危机，并且还会持续出现。可是，近年来，阿片类药物（opioid）危机在美国引发了越来越多的关注和巨大的担忧。阿片类药物包括很多提取自鸦片（opium）①的药物（特别是海洛因和吗啡），以及一些人工合成和半人工合成的药物（特别是芬太尼，它的药效是海洛因的50倍）。超过250万美国人正在应对阿片使用带来的疾病。在2017年因为药物过量而死亡的7万多人中，很大比例的人滥用了阿片类药物。对芬太尼的滥用急剧增多，40%的药物过量造成的死亡可以归咎于芬太尼滥用。由于数百万人对阿片类药物成瘾，在未来的数年里，这类药物导致的死亡数量预计还会升高。2015年，据估计，美国药物滥用的代价超过5 000亿美元。在最近几年里，这一数字毫无疑问又上升了。2017年，特朗普总统为此宣布国家进入紧急状态，但并没有宣布进入公共卫生紧急状态——如果是后者的话，就需要发动有资金支持的行动，来应对这一问题。

阿片类药物及其成瘾，在美国有很长的历史。这一历史可以追溯至美国内战之后，追溯至对吗啡皮下注射越来越多的使用。而此次危机可以回溯至1980年代，那时，针对旨在缓解疼痛的阿片类药物的处方，医生们的疑虑心态放松了。这部分是因为，为了自身的利益，制药工业（为药物的使用）提供了保证。1990年代见证了一些制药公司对一种合成阿片类药物——羟考酮（oxycodone）的大肆推销。这类人工合成的药物特别是芬太尼的散布，一直在持续和扩大。

虽然阿片类药物有高度的成瘾性，但传统上，为了缓解疼痛，它们还是被医生开出，而且经常是过量开药。很多人是通过处方药产生药物依赖的，其他很多人是通过非法途径获得药物后染上毒瘾，或者进一步发展为海洛因成瘾的。2015年，超过9 700万人通过处方获得了镇痛药，但1 200万人获得镇痛药并没有通过医生的

处方。很多服用药物并丧命的人——不论是死于合成的芬太尼（或者是假芬太尼）还是死于海洛因，年龄都是二三十岁。芬太尼也被用于外科麻醉，它产自墨西哥，并在街头和黑暗网络（dark web）上非法销售。虽然全美国（以及其他地方）都存在阿片类药物问题，但它在阿巴拉契亚山脉、铁锈地带和新英格兰的农村地区特别流行。虽然住在郊区的中产阶级和上层阶级的白人（以及其他人）也对阿片类药物上瘾，但住在乡村的下层阶级更可能因为其毒瘾被污名化，甚至遭受刑罚。

应对阿片类药物危机特别令人心烦，因为对阿片类药物的合法需求和非法需求都很大。提高获得阿片类药物的难度，会让那些处于剧痛之中的患者难以获取药物，也会使药物非法使用的数量增多。可是，如果获得药物过于容易，滥用问题就会加剧——即使是对需求合法的人们来说。针对所有类型的使用者，包括医生、合法患者、临时使用者和成瘾者，都需要开展更好的教育。此外，我们需要更好的医疗安排。治疗羟考酮药物过量的医学手段更普遍的可及性——特别是对急诊人员而言——将有助于这一问题的缓解。

本章的核心关注——身体、医疗、健康（包括心理健康）与卫生保健——处于最优先的社会议程之中，也处于几乎每个人的最优先议程之中。从全球视野来看，人们非常关注艾滋病、疟疾、流感、埃博拉和寨卡的流行，也关注全世界健康和卫生保健领域里存在的巨大不平等。在社会层面，美国已经被卫生保健改革的激烈争论搞得痛苦不堪。主张改革的人试图解决臭名昭著的不平等问题，并快速地降低卫生保健的成本。最终，对卫生保健的一些改革措施，被制度化了（本章下文会讨论这一问题），虽然并不像很多人所希望的那样显著。数百万美国人仍然无法享受卫生保健，即使是在2014年生效的相关改革之后。这些全球性和社会性的事项，会影响每个人的健康和卫生保健。对这些事项最为关注的人，是现在和未来的患者——也就是几乎每个人——

---

① 鸦片是罂粟果的流出物，而阿片类药物是鸦片的提取物。药学上习惯把鸦片中提取出来的药效物质opioid翻译为"阿片类药物"，以区别于初级产品鸦片。——译者注

以及工作在卫生保健领域里的人们，他们规模庞大，并且数量还在增加。

最终，对健康的大多数兴趣，会落在我们对自己身体状况日益增长的关注和关切之上。不过，对不同社会群体来说，对身体的兴趣表现为不同的形式。如果你是年轻人，你和你的朋友的主要关切很可能是，怎样通过节食、锻炼甚至是做几次不同部位的美容手术保持美貌、健康和强壮。这些都是终身的关切。可是，随着你年龄越来越大，你的关注会越来越多地转向各种疾病——女人的乳腺癌和男人的前列腺癌，以及男女都会罹患的心脏病。你也会越来越关注怎样预防这些疾病——如果可能的话。如果你罹患了某种疾病，你的关注将会是怎样应对它——如果它还能够应对的话。性别会影响你所采用的保健行为的类型。与男人相比，女人在参与保健行为方面更为积极。保健行为包括筛查、自我检查和日常查体。

411　有些人会患病、住院，也许还有一些人会中年早逝（甚至更早）。不过，大多数人在进入老龄后，才会面临日益频繁和日益严重的健康问题。新的与健康有关的担心会出现，比如罹患阿尔茨海默病的可能性。图 16-1 显示，从 2000 年到 2050 年，预计美国罹患阿尔茨海默病的人数会从 580 万增加到 1 380 万。随着你慢慢变老，你会担忧是否拥有资金或者保险，以便支付昂贵的卫生保健支出——在你最后的岁月里，这些支出将与不可避免的疾病如影随形。你还会担忧自己怎样死去，以及你是否能够有尊严地死去。

由于上述原因以及其他原因，身体成为一个主要的社会学关切（Adelman and Ruggi，2016；Shilling，2018；B. Turner，2008）。不过，在开始讨论身体之前，需要注意的是，心灵和心理过程一直以来就是很多社会学家的关注点和兴趣所在（例如，第 5 章中讨论过的米德的著作）。还有，虽然本章的讨论将会关注生理疾病，但一直以来，心理疾病如抑郁症、精神分裂症和注意力缺陷多动障碍 / 多动症（ADHD）也是重要的关注对象。在全球、国家和个体层面上，与阿尔茨海默病相关的精神问题，也是一个主要的关切（Cockerham，尚未出版）。在心灵和身体之间，并没有清晰的界限。不管怎么说，作为心灵居所的大脑，总是身体的一部分。心理过程影响身体［比如通过心身疾病（psychosomatic disease）］，而身体也影响心理。后者的一个例子是产后抑郁症，它至少部分是激素失衡的结果（Stanescu et al.，2018）。另一个例子是，在得知乳腺癌、前列腺癌或心脏病的诊断之后，一个人出现的抑郁（Bronner et al.，2018）。不过，需要注意的是，心理过程也可能对身体及其健康产生良好的效果。强大的自我效能感可以帮助一个人戒烟、减肥，或者是从心脏病发作中恢复，诸如此类等等。

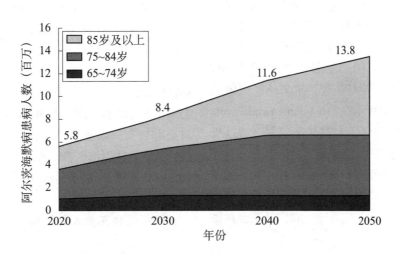

图 16-1　预计 2020—2050 年美国 65 岁及以上人口中阿尔茨海默病患病人数

资料来源：Figure 4, Projected Numbers of People Age 65 and Over in the U.S. Population with Alzheimer's Disease, 2020–2050, p. 23 from 2016 Alzheimer's Disease Facts and Figures. Reprinted with permission from the Alzheimer's Association.

第一节　身体

虽然社会学一直以来就对身体感兴趣，但近年来的兴趣爆发很大程度上要归功于法国的社会理论家米歇尔·福柯（1926—1984）。

一、米歇尔·福柯的思考

在福柯最重要的几部著作中，身体都是中心议题。在《规训与惩罚：监狱的诞生》(*Discipline and Punish：The Birth of the Prison*) 中，福柯（Foucault，1975 / 1979）关注的是——至少最初是——罪犯们的身体所受到的惩罚。这本书开始于对1757年对一个死刑犯的惩罚的描述：

> 用烧红的铁钳撕开他的胸膛和四肢上的肉，用硫黄烧焦他持着弑君凶器的右手，再将熔化的铅汁、沸滚的松香、蜡和硫黄浇入撕裂的伤口，然后四马分肢，最后焚尸扬灰……但仍然不成功，于是鞭打役马，以便拉断他的大腿、撕裂筋肉、扯断关节。[1]
> （Foucault，1975 / 1979：3）

显然，在惩罚的历史上，身体是关注的焦点。

从1757年到1830年代，在监狱里，对罪犯及其身体的残酷惩罚让位于新办法的兴起，后者似乎是更为人道的对待。在监狱里，犯人的身体被约束和控制，而不是被施以酷刑。不过，福柯指出，从某种意义上说，与早期的生理酷刑制度相比，监狱体系更不人道。监禁，以及与之相联系的持续监视，涉及不断的心理酷刑，酷刑的对象是福柯所说的犯人的"心灵"。今天，可以说，犯人和非犯人的心灵都在遭受越来越严厉的酷刑，因为监视是无所不在的（Bauman and Lyon，2012）。我们被无所不在的摄像头监视，通过机场的扫描仪受到监视，在电脑上受到监视——谷歌和其他网站会监视我们访问的网站。我们大多数人并没有意识到这种监视。即使我们意识到了这种监视，我们也不一定在乎。我们甚至会在做那些让我们被监视的事情时，乐在其中，比如在脸书的留言板上写东西。不过，所有这些监视，特别是当它们汇集到一起的时候，具有以我们不愿意的方式被利用的潜力，包括搜集那些对我们加大控制所需要的信息。

在《临床医学的诞生》(*The Birth of the Clinic*，1975) 中，福柯从对19世纪之前的医学进行描述开始。那时，为了诊断一种疾病，医生们聚焦于一份疾病表单，以及它们的相关症状。可是，在19世纪，医生不再聚焦于疾病表单，而是聚焦于人，特别是他们的身体和折磨他们的疾病。极端重要的是，观察和触摸病体和尸体的可能性。关于后者（尸体），焦点转移到了对躯体的解剖上——切开身体以及各个部分——以便研究疾病、疾病的过程，以及它们对身体和器官的作用。医学关注常常把患者非人化——把他们看作是物体。医学关注不是治疗整体上的患者，而是把一个人缩小为仅仅影响特定身体部位的局部疼痛和疾病。医学关注不仅忽视了个人问题，也忽视了可能导致患者痛苦的社会问题（Holmes，2013）。

在《性 史》(*The History of Sexuality*) 中，福柯（Foucault，1978）强调了性存在的重要性，以及在性快乐的获得中身体所发挥的作用。他断言，社会利用了性存在以及对它的限制，以便接近身体，进而控制、规训和统治它。他建议人们拒绝对其身体的这种限制，也拒绝受限制的性存在类型。他鼓励人们关注那些与"身体和快乐"有关的性存在（Foucault，1978：157）。福柯认为，实现这一点的一条途径，就是在性实践中把自己的身体推向极端——把性行为变成一种终极体验（limit experience）。虽然大多数人不能接近福柯所谓的终极体验，但在涉及性的领域，今天已经十分开放和自由。例如，性体验可能会包括口交和肛交，以及多伴侣性交。虽然，毫无疑问，这些方法以前也曾经被用过，但如果公开地讨论这些事情，就必然会让人脸红或者至少是假装震惊。

以福柯和其他人的工作为基础，对身体的

412

---

[1] 译文参照下列版本：福柯.规训与惩罚：监狱的诞生.刘北成，杨远婴，译.北京：三联书店，1999：3.——译者注

研究变得越来越重要。所谓对身体的研究就是，对身体、社会和文化之间的关系的总体关注（Turner，2007a，2007b，2012）。它还包含了范围广泛的、较为具体的关注，包括性别化的身体、性存在、身体修饰如文身、身体疼痛、对身体的憎恶（比如污名，参见第7章）。当然，本章的主要关注对象是健康与医疗的社会学，而身体是这一议题的核心。

二、健康的身体：生活方式、美容和健身

我们生活在一个越来越具有反思能力的时代。在健康这件事情上，**反思性**（reflexivity）涉及的是，高度敏感地意识到我们的身体，更宽泛地说，是意识到我们自己。可是，我们之中的很多人会做出危害健康的危险行为（例如，夏天数小时的日光浴、与熟人进行不加保护的性行为），以及危害相貌和生理强健的危险行为。当然，反思能力可以引导我们更多地避免这些行为（比如，通过使用防晒霜或者安全套），并追求更有益的行为。更一般地说，我们很多人关注的是，创造一种能够让自己强健、迷人和健康的生活方式。我们可能感到有责任照顾好自己，尤其是要做点什么，以避免疾病和早死。我们的身体及健康，变成了我们必须不断努力维持的"项目"。即便如此，我们把自己的身体和健康抛诸脑后的时候仍然数不胜数——去快餐店用餐、星

期六晚间豪饮啤酒以及与陌生人搭伙。穷其一生，我们很可能能够塑造，甚至改变我们的身体（Brumberg，1998；Strandbu and Kvalem，2014）。

思考题

你把自己的身体和健康看作是你正在运作的"项目"吗？你知道有谁这样做吗？你认为什么样的信念和行为体现了人们对身体和健康的看法？

反思能力常常导致我们对自己身体的不满意，特别是在同伴和媒体的影响之下。我们生活在所谓的"外貌文化"（appearance culture）之中。在这样的文化中，对同伴和媒体来说，外貌至关重要。这一文化包含什么东西让外表"迷人"的观念，而这些观念可以让人们对自己外貌的感受产生负面影响。这一点，对青少年尤其适用，特别是年轻女性。在其他因素的影响下，对他们身体的贬低性评价，以及与外表有关的取笑，可以对年轻人造成深度伤害（Kenny et al.，2017）。来自黄色短信并传给了他人的、对于身体器官（乳房、阴茎）的贬低性评价，也适用于这种情况（Liong and Cheng，2018）。

更一般地说，男孩和女孩都对他们的身体存有担忧，虽然他们担忧的性质常常不同。例如，小男孩倾向于要一个强壮的身体以便参与体育运动，而小女孩则倾向于要一个"好看"的身体（Tatangelo and Ricciardelli，2013）。没有强壮身体的男孩和不好看的女孩，很可能对自己的身体感到不满。不过，关于身体的信念取决于社会情境，并且是在社会中建构起来的，它因种族以及其他因素的不同而有所变化。例如，与白人和拉丁裔同伴相比，黑人女性报告的对自己身体的不满比较少（Ordaz et al.，2018）。

甚至理想的肤色也取决于文化和社会因素。不过，最近的一项研究发现，对于浅肤色的偏好存在于所有的文化之中。这推动了皮肤漂白的全球性增长（Dixon and Teller，2017）。

在当代世界，反思能力也通过其他很多方式体现出来。不过，我们现在关注的是这样一个事实：人们越来越可能反思自己的生活方式，以及该生活方式对相貌和生理健康的影响。

美容：文化情境

在内奥米·沃尔夫（Naomi Wolf）的《美貌神话》（The Beauty Myth，1991 / 2002）出版之后，美貌的社会建构问题就进入了更多人的视野。沃尔夫指出，媒体为大多数人提供了一套不可实现的美貌标准。这种"物化凝视"（objectifying gaze）根植于父权主义的和欧洲中心主义的美貌理想。通过媒体表达出来的这种理想，包含了对美貌和欲望的狭隘标准（Dixon and Teller，2017）。异性恋的男人和女人对于那些满足上述标准的人——例如，拥有沙漏体型的女人（细腰、有曲线的胸部和臀部）——的正面感受更多。

有些人指出，美貌的重要性源自进化（Prum，2017；Singh and Singh，2011）。也就是说，美貌也许是健康和生殖力的标志。结果是，漂亮的异性恋女性更可能被选择。她们也更可能生出漂亮的孩子，并且有更大的生存和成功的机会。无论美貌的潜在生物学根源是什么，总之我们把美貌作为决定"谁更迷人"的工具以及分配珍贵资源的方式。经济学家丹尼尔·哈默麦什（Hamermesh，2011）研究了美貌的经济效应。他发现，那些被认为漂亮的人，挣的更多，在工作上也更成功。美貌甚至在选择国会众议院候选人的事情上，也发挥了作用。那些在政治上信息较为闭塞的人，更可能选择那些漂亮的候选人（Stockemer and Praino，2015）。对于我们——以及他人——做出的决策，我们甚至都意识不到美貌在其中的重要性（Kwan and Trautner，2011）。

在对美貌进行的刻板的概念化过程中，种族、民族和阶级都牵涉其中。一项研究比较了（不同群体）对于体型和肤色的满意程度。该研究发现，混血妇女对她们自己的肤色最满意；与非裔美国妇女相比，加勒比黑人妇女和非洲妇女对她们的体型更为满意（Mucherah and Frazier，2013）。

以达到刻板的高美貌标准为目的的努力，可能包括过度节食、大吃大喝和催吐等等。对于这些行为，妇女的抗拒能力最弱。可是，这些行为往往导致失败、消极的自我认知和自尊心低下（Rodgers et al.，2017；Rosenberg，1979）。很多同性恋男人感到被迫过度节食，以符合"小鲜肉"（twink）的体型：一种非常苗条的体型——在男同性恋社区里，这种体型被认为更有吸引力（Jones，2015）。类似地，媒体对男人身体的关注度的增加，导致了一种对理想的男性体型的心驰神往。关于肌肉型身体的理想的国际化，影响了很多男人，驱使他们锻炼出肌肉型体型（Flave-Novak and Coleman，2018）。不过，对肌肉型身体的渴望并不是普遍的。例如，研究显示，中国的大学生认为，苗条体型和肌肉型体型都是理想身材（Wang et al.，2018）。

追求完美、美容消费和健美身材

貌美的回报是如此之高，以至于很多女性进行尝试，以便至少接近那个虚幻的理想（对男人来说，是肌肉发达）。在消费文化中，美貌是一种可以购买的商品（至少人们是这样认为的）——通过努力和吃苦，以及少有例外的大笔花销。比如，美国每年花费在化妆品、健身和服装上的数千亿美元，就清楚地显示了这一点（Sorvino，2017）。当然，全球美容产品工业的规模，要大得多。美国和全世界美容产品的大多数消费者是女性。

最极端的美容努力，涉及各种各样的美容手术。在巴西，美貌被认为是如此重要，以至于只要能花得起麻醉的钱，任何人都可以接受美容手术。无论是穷人还是富人，只要是巴西人都可以购买美容手术，以便创造符合文化理想的体型。对妇女来说，理想的体型是细腰、大臀，理想的外貌是窄鼻子、薄嘴唇等（Edmonds，2010）。

在美国（以及英国），大约90%的美容手术的对象是妇女（Tranter and Hanson，2015）。正如表16-1所示，最受欢迎的整形术是丰乳术、吸脂术、鼻整形术、眼睑手术以及腹部整形术。一些非常少见的手术可以显示对人类身体的改变可以有多少种：为创造细腰而切除肋骨，切除小脚趾以便适合喜欢的鞋型，以及对某些魔幻小说迷实施的手术——把圆润的耳郭变成尖的"小精灵"（elfin）形状。有些人接受生殖器整形手术，以期提高性反应（阴蒂包皮缩小术、阴道收紧术），或者提升生殖器的美感（外阴整形）。不要把这些手术混淆于与性别认定（sex assignment）

相关的手术——有些跨性别者会自愿接受这类手术（比如，乳房切除术和阴道成形术）。

与相貌相关的心理紧张，既影响男人也影响女人，虽然年轻女性对此特别敏感。这种相貌焦虑对年轻女性有更大影响的现象，在世界各地都有。与相貌相关的抑郁和低自尊，出现在瑞典、韩国、新西兰的女性中间（Jose，Kramar，and Hou，2014；Landstedt and Gådin，2012；Julie Lee，2012）。

表 16-1　美国最流行的 5 种美容手术（2017）

手术	数量（例）
丰乳术	300 378
吸脂术	246 354
鼻整形术	218 924
眼睑手术	209 571
腹部整形术	129 753

资料来源：American Society of Plastic Surgeons, "2017 Top Five Cosmetic Surgical Procedures" is reprinted with permission.

雷切尔·贝里曼和米莎·卡夫卡（Berryman and Kavka，2017）发现，与美貌和相貌相关的消费渗透到了视频博客（video blog）之中。而观看 YouTube 上的这些博客的人，大多是年轻女性。YouTube 上一个广受欢迎的美容和时尚博主——佐伊·"佐伊拉"·萨格（Zoe "Zoella" Sugg），鼓动她的 1 100 万订阅者把她看成是一个大姐或朋友，并利用以上述手段创造出来的亲密感受销售品牌产品，并推销作为名人的自己。她通过下述手段增强亲密感受：在个人卧室里拍摄很多美容视频；使用近距离摄影术来创造这样的印象——她正在和她的观众进行一次私人谈话（Berryman and Kavka，2017）。除了 YouTube，萨格在推特上也很活跃，并利用这个平台来销售美容产品系列——"佐伊拉美妆"。

这些对我们的外表的兴趣，虽然并不新，但都是在这个反思能力越来越强的年代里戏剧性地发展起来的。我们对自己的（以及他人的）相貌的意识越来越强。我们不仅更加强烈地意识到，可以怎样做来改善我们的相貌，我们还更强烈地意识到，这样做有很多办法。纯粹关系增多（参见第 12 章）也增加了对相貌的关注，因为其他人更可能中断和我们的关系——如果他们对我们的外表不满意的话（我们对他人也是一样）。我们的相貌被视为资源，或者是一种资本——这些资源或资本可以从正面形塑我们的社会网络（O'Connor and Gladstone，2018）。

体魄强健与身体康健

与对美貌的关注密切联系在一起的，是男性和女性对身体活动、强健体魄、体育运动和健美活动的关注（Fernández-Balboa and González-Calvo，2017）。所有这些都被视为保持身体既美丽又健康的方式，或者至少看起来是这样。

赫特森（Hutson，2016）在"身体资本"（bodily capital）的名目下讨论了这些努力的结果。也就是说，使自己变得更强健、更强壮、更健康和更美貌的努力，可以被视为积累身体资本的努力。人们在时间、精力和金钱方面进行投资，以便获得并维护身体资本。作为回报，身体资本可以用来提高人们的社会地位，让人们在面对那些拥有更多其他文化资本的人时，站在更为平等的位置上。例如，健身中心里的女性健身教练，可以利用她们身体的强健，来确立比其男性顾客更高的社会地位（以及权力）（如果不这样，男性顾客就会因为其男性身份而拥有更高的社会地位和更多的权力）。女性健身教练能够利用其身体的强健，改变通常的互动权力格局，并获得控制互动的手段——如果不这样，互动将会被男性顾客控制。

我们必须对获得身体资本的各种方法进行鉴别。走路、骑自行车、慢跑，以及家里和健身房里的运动，通常不是竞争性的，这些显然对大多数人是有益的。通过这些运动，人们可以锻炼自己的身体，并在此过程中获得身体资本。可是，很多运动项目具有越来越高的竞技性，实际上可能对健康和外表造成负面影响。这些运动项目需要巨大的努力，并且常常是猛烈的。它们可能对身体造成伤害，甚至是危险性的。它们可能降低甚至是消灭身体资本。想一想各种运动——特别是职业橄榄球——导致的脑震荡和其他脑创伤这样的后果给我们敲响的警钟（参阅第6章）。目前，人们的关注落在了青年橄榄球的风险上。例

如，公众的关注大量倾注在了针对老华纳联盟（Pop Warner Leagues）的法律诉讼上——指控该联盟忽视了参加联盟比赛的儿童的脑创伤风险（Belson，2016）。

一些对抗性的运动，如摔跤和拳击，对竞争者进入并保持在某个体重组之内，有严格的资格要求。这可能会导致反复的饥饿与脱水状态，以便"满足那个体重要求"。这种情况可能会进一步发展为所谓的男性厌食症（manorexia），与主要出现在女性身上的厌食症（anorexia）状态类似，即一个人竭尽全力保持身体的苗条（Kershaw，2008）。还有一种现象被称为过度健身症（bigorexia），又叫作阿多尼斯综合征（Adonis complex）[①]（Kimmel，2016；Mosley，2009）。它影响了那些与"特种部队"动作人偶[②]和作为健美运动员的阿诺德·施瓦辛格（Arnold Schwarzenegger）的照片一起长大的人，也影响了那些希望拥有类似的体型的人。他们可能会感到，比如说，与那些理想化的模特相比，自己的肱二头肌还不够健壮。这些人可能会强迫性地去举重，并且主要摄入蛋白质，或者是仅摄入蛋白质。在竞争性的健美运动员中间，这种做法特别普遍。另外，健美运动员可能会在比赛的那一天大量摄入糖，这会让他们的静脉看起来更为突出。在这些竞争者中间，这样的静脉是健康的标志，甚至是美的标志。所有这些例子都显示了这样的事实，即参与体育运动可能会对身体造成各种消极后果——既有长期后果，也有短期后果——并减少身体资本。

锻炼、体育运动和身体活动的目的，都是改善身体状况，更一般地说，是改善一个人的健康状况。它们越来越多地指向了"成果"，比如减肥或者强化肌肉。换言之，是关注身体资本的获得。可是，这样的关注意味着，人们往往忽视了与锻炼联系在一起的快乐，或者一般地说，忽视了身体资本的获得过程本身（Wellard，2012）。结果是，人们并没有发挥出各种身体活动的全部潜力。

[①] 阿多尼斯是希腊神话中的美男子。——译者注
[②] 美国孩之宝（Hasbro）公司生产的一种人偶玩具，其中的人物都体型健壮。——译者注

思考题

回顾一下迄今为止你所进行过的所有体育运动。你的目的是什么？你是被迫在体操班和健身班里参加比赛，还是为乐趣或赢得一份大学奖学金而参加比赛？你的动机对你的参与水平和健康有什么影响？你还在进行体育运动吗？

三、身体修饰

身体修饰（body modification）普遍存在于所有的社会和所有的历史阶段（Faulkner and Bailey, 2019）。不过，近年来，在美国和其他地方，出现了这种修饰的一次热潮。身体修饰有许多种，包括文身、划痕（造疤或者划伤皮肤）、穿孔，甚至是故意自伤。曾经有一段时间，身体修饰与各种类型的越轨者联系在一起（参阅第 7 章），包括帮派成员、犯人以及妓女。它也与特定的职业群体，比如军队，特别是海军联系在一起。

今天，身体修饰，特别是文身，越来越普遍和普通，甚至已经变成了主流（Barron, 2017; Hill, Ogletree, and McGray, 2016）。例如，目前文身手术出现在了购物中心的文身工作室内。媒体中，有文身——如果不是全身都有文身的话——的电影明星无所不在，体育明星尤其如

此，比如前足球运动员大卫·贝克汉姆（David Beckham），以及篮球运动员克里斯·安德森（Chris Andersen）、凯文·杜兰特（Kevin Durant）、勒布朗·詹姆斯（LeBron James）和 J. R. 史密斯（J. R. Smith）。原来通常和男人有关的身体修饰，目前似乎在女人中间更为普遍（Thompson, 2015），包括职业篮球明星布兰妮·格里纳（Brittney Griner）和女演员安吉丽娜·朱莉（Angelina Jolie）。父母们似乎不再反对孩子文身，他们自己可能就有文身，虽然大多数时间被衣服遮盖着。他们更关心的可能是，他们的文身或者他们的孩子的文身是否是可隐藏的，或者是否赏心悦目。从很多方面说，身体修饰是目前的时尚，它本身就是一个时尚的宣言。图 16-2 显示，42%的美国人报告自己有一个或多个文身，而另外 19% 的人正考虑去文一次身（Statista, 2017）。

身体修饰反映了反思能力的增强。在采用哪一种新形式的身体修饰的问题上，每一个后续的决定都对反思能力提出了更高的要求。需要决定的事项有：一次身体修饰，比如文身，是否应该是可见的，应该把它置于身体何处；它是否应该是传统样式的，应该有多高的新颖性与独特性。另外，各种各样的文身风格已经出现，很多风格是性别化的（Thompson, 2015）、种族化的和阶级化的（Tranter and Grant, 2018）。

对洛杉矶的墨西哥裔美国妇女的一项研究显

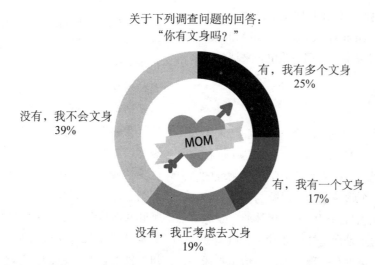

关于下列调查问题的回答：
"你有文身吗？"

有，我有多个文身
25%

没有，我不会文身
39%

MOM

有，我有一个文身
17%

没有，我正考虑去文身
19%

图 16-2 报告说自己有一个或多个文身的美国成年人百分比（2017）

资料来源：Statista Survey Tattoos, Piercings & Body Modification 2017. Licensed under Creative Commons BY-ND 3.0. https://creativecommons.org/licenses/by-nd/3.0/.

示，有些人青睐象征性的女性图案，比如花朵文身；而另一些人喜欢那些反映自己文化遗产的图案，比如墨西哥国旗。男人倾向于得到强化传统男性特质的文身，而女性更喜欢那些挑战传统女性特质观念的文身（Kang and Jones，2007）。帮派成员青睐那些可以认定其身份的文身，以及具有个人传记因素的文身。摩托车手们希望，他们的文身不仅能够把自己与大众区别开来，还能够威迫和恐吓他人。文身收藏家们可能更倾向于个人化的设计，以及具有高度区别性的设计（Vail，1999）。各种群体也因为不同类型的文身而赢得不同的地位。例如，覆盖全背的文身，即"背图"（back piece），会在艺术圈里受到高度的评价。

思考题

回忆一下越轨的定义，你能够认定一些在你看来是越轨的身体修饰吗？是否有一些在你看来是正常的，而他人却可能认为是越轨的身体修饰？这两种类型（正常的和越轨的身体修饰）之间的区别是什么？

由于文身越来越主流，在有些圈子里甚至被普遍接受，最初接受它的人们开始尝试寻找其他的方式，以便使自己的身体与他人的身体区别开来。很多人被各种类型的穿孔吸引（Romanienk，2011）。最常见的是舌孔和眉孔。不过，随着这些也变得普通，他们开始在身体其他部位，甚至是生殖器上穿孔（Thomas，Crosby，and Milford，2015），而且，一般来说，所穿的孔也越来越多。

四、危险行为

德国社会学家乌尔里希·贝克（Beck，1986 / 1992）指出，我们生活在一个"风险社会"里。风险的观念已经成为社会学很多领域的核心关切。其中一个领域就是，风险与身体和健康的关系。这一观念与福柯的"终极体验"观念越来越契合，因为正是在这样的体验中，风险是最高的。实际上，至少有一部分人，恰恰是被风险吸引来的。很少人像福柯那样极端行事，但很多人接受那些会威胁其健康、身体和生命的风险。换言之，他们会采取那些会威胁到所有这些东西的行动。

人们甘冒各种各样对其健康有潜在威胁的风险。一方面，是人们不做的一些事情，如看医生、接受定期体检和遵医嘱服药。还有一个例子，是不接种或者拒绝接种对抗各种疾病的疫苗。美国最近暴发的麻疹疫情就是一个明显的例子。暴发的原因，至少部分原因，是有些父母拒绝给他们的孩子接种疫苗。

另一方面，人们又会做那些自己知道会危及健康的事：

- 吸烟（或吸电子烟）位居或接近这一表单的榜首。吸烟本身可以被看成是一种疾病，但也是很多疾病的主要危险因素，包括肺癌和其他癌症、慢性阻塞性肺病（COPD）、中风、高血压以及心脏病（Brody，2016）。
- 吸食各种类型的毒品，特别是会上瘾的毒品。这显然是非常冒险的。同样危险的，还有那些为吸毒恶习提供经济支持的各种非法行为。
- 酗酒或者在酒精的影响下驾车（或驾船）。特别危险的是酒精与咖啡因的混合（Goodnough，2010）。含有酒精和咖啡因的鸡尾酒很流行。酒精的自然作用是让人瞌睡且无法思考，但咖啡因可以对抗这种效果。两者混合的结果是，有些人的饮酒量大大超过了正常的醉酒水平，最终被送入医院的急诊室。
- 消费能量饮料如红牛（Red Bull）和五小时能量（5-Hour Energy）。与这些饮料有关的急诊室就诊数量急剧增加。出现的症状有焦虑、心律不齐以及心脏病突发（Meier，2013）。
- 进行不安全的性行为。这是高危行为，特别是多伴侣的性行为。而且，进行这种类型的性行为还会伴随其他危险行为，比如吸毒和酗酒。
- 过度饮食，让自己肥胖，并保持肥胖。大量证据显示，肥胖与多种疾病有关。显然，变肥胖并保持肥胖是一种危险行为。
- 驾车时用手机打电话或发信息。虽然在很多州，这样做是非法的，并且与此类行为相关的高风险广为人知，但人们还在这样做（参见 Caird et al.，2014）。

有些情况下，一个人的工作性质就是危险的。一个例子是核工业的工人，他们暴露在辐射之下，这可能使他们患病甚至死亡（Boice，2017）。当然，还有很多其他职业，比如煤矿采掘（Chen and Zorigt, 2013），也伴随着各种健康风险。图 16-3 显示了各工业部门工伤的死亡人数和死亡率。2016年，建筑工人的死亡人数是最多的（991人），运输和仓储工人的死亡人数位居第二，共 825 人。农业、林业、渔业和狩猎业工伤死亡率最高，全职工人的死亡率是每 10 万人 23.2 例。采矿、采石、石油和天然气开采的工伤死亡率也很高，每 10 万人 10.1 例。

不过，高危行为也有另外一面。冒险也可能使一个人更快乐，心理上更健康，甚至身体上更健康。这可能有助于解释对极限运动，比如冲浪和滑板滑雪日益增长的兴趣。当然，这并不能抵消这样一个事实，即这些运动涉及巨大的身体和健康风险。埃里克·罗纳（Erik Roner）的死证明了这一点。罗纳是一个职业滑雪运动员、定点跳伞运动员以及音乐电视（MTV）《疯狂马戏团》（Nitro Circus）的成员。他死于 2015 年，在一次失败的跳伞表演中，他落在了一棵树上。

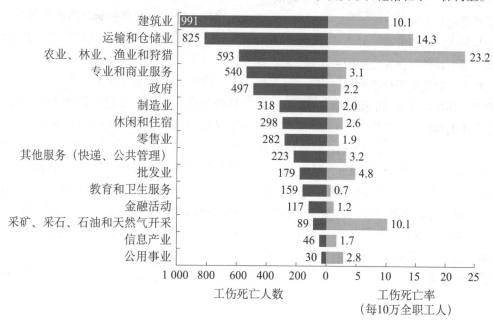

图 16-3　各工业部门工伤死亡人数和死亡率（2016）

资料来源：U.S. Bureau of Labor Statistics, 2017.

知识点 16-1 ｜ 社会学关于身体的概念

概念	定义
健康与美容	在一个反思性越来越强的社会里，身体及其健康已经变成了人们持续不断地进行经营的"项目"。
身体修饰	文身和穿孔已经变成了主流，这是反思性的另一个体现。
危险行为	作为对福柯的"终极体验"观念的反映，现在很多人会采取一些危害自己的健康和身体的行动。

---

① 图中所列全部工伤死亡人数为 5 187 人，略有出入。——译者注

第二节 健康与医疗的社会学

医学社会学（medical sociology）是社会学中最大的专业领域之一。它关注的是"健康与疾病的社会原因和社会后果"（Cockerham，尚未出版）。社会因素也深刻地影响了卫生保健的提供。在美国和世界上大多数地方，这已经变成了一个日益重要的议题。医学社会学涉及类型广泛的特殊议题，包括：

- 卫生保健中的种族/民族差异；
- 以社会阶级、性别和种族/民族为基础的健康不平等的基本原因；
- 压力与健康之间的关系；
- 患者与卫生保健提供者之间的关系；
- 日益增多的对先进医疗技术的应用；
- 昂贵并且还在快速提高的医疗服务成本；
- 变化之中的医疗职业性质。

医疗职业正在发生的改变包括：日益降低的社会地位；对于已完成的医疗服务，从保险公司和政府机构获得报销时的考验与磨难；患者在医疗服务中的角色变得日益主动；患者与医疗服务提供者之间的关系更为复杂；以及一个事实——这些关系会变得更长久，因为人们活得更长了，罹患的慢性病也更多了。

一、医学专业

20 世纪中叶，卫生保健体系，特别是医疗专业人士——卫生保健体系中的关键角色——获得了巨大的权力。对卫生保健体系里几乎所有的人——护士、医院管理者等等，医生们都行使着巨大的权力。他们还获得了并保持着针对出生和死亡的巨大权力。在那一段时间，医学、法律和其他领域里的专业人士行使了巨大的权力，也获得了巨大的自主性。实际上，**专业**（profession）和职业的区别，就是前者享有巨大的权力和相当大的自主性。与专业相联系的其他特征还包括，受过高等教育、掌握知识和技能、需要获得许可，以及高声望（Young and Muller，2014）。

传统上，医生中男性（以及白人）的比例格外地高。不过，在过去的半个世纪里，这一情况已经发生了巨大的改变，至少是在某些方面。例如，1966 年，女性仅仅获得了医学学位总数的约 7%，而到 2018 年，女性获得了约 47% 的医学学位（见图 16-4；Association of American Medical Colleges，2018）。可是，白人男性医生的传统权力仍然显著存在。这表现在他们的初始工资上——他们的初始工资一直高于同等资格的女医生。实际上，甚至在医学院里教学的医生中

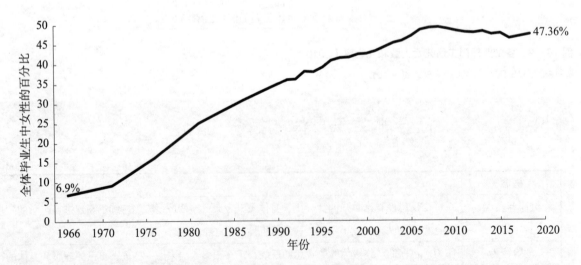

图 16-4　美国医学院女性毕业生的比例（1966—2018）

资料来源：Data from the Association of American Medical Colleges; Associate of American Medical Colleges, Table B-2.2. Total Graduates by U.S. Medical School and Sex, 2013-2014 through 2017-2018.

间，男女工资差异也是存在的。平均来说，除了放射科医生，医学院里的学术型女医生的工资（206 600美元），大约是其同年资男医生工资（258 000美元）的80%。在每一个医学领域，女性都比男性挣得少，包括那些女性占主导地位的领域。比如在儿科，女医生的收入只是男医生收入的66%（Williams, Pecenco, and Blair-Loy, 2013）。

专业人士，特别是医学专业人士，一直享有相当大的权力、自主性，以及尊贵的社会地位。不过，在过去的半个世纪里，所有这些方面都出现了显著的降低。实际上，在过去的数十年里，这些专业的特征是**去专业化**（deprofessionalization）。也就是说，他们的权力和自主性，以及他们的尊贵社会地位和巨额财富，降低或减少了——至少相对于他们曾经享受的高贵地位而言（Siebert et al., 2018）。各种因素涉入了医学专业权力的衰落过程之中，特别是患者、第三方支付者如政府——通过医疗保险（Medicare）和医疗救助计划（Medicaid）——以及制药公司权力的增加。医学专业人士的权力确实比以前弱化了，但在医疗实践和宏观社会中，他们仍然是一股有权势的力量。换言之，医学专业证明了它的适应能力。

我们怎样解释医生们的去专业化？第一，在半个世纪之前，他们获得的权力太大了，那样的权力水平不可能长久地维持。第二，曾经授予（至少是屈从）医学专业人士权力和自主性的公众，开始对医学专业群体提出质疑。这种越来越多的疑问的基础是，人们越来越意识到了很多医生所获得的巨额财富和权力。还有一个因素，是对医疗不端行为的披露。这些披露显示，医生们并不总是遵守他们自己的伦理规范（Parks-Savage et al., 2018）。针对不端行为的诉讼正在增加，这种增加受到了另一个主要专业的襄助——如果不是怂恿的话。这个专业就是法律专业，它从对医疗不端行为的诉讼中获利甚丰。第三，政府通过医疗保险和医疗救助计划，向医疗专业施加了更多的影响。第四，患者变成了越来越主动、越来越具有攻击性的消费者（真正的产消者）——不仅在医生服务的环节，也在医疗体系的其他环节，这一点下文还要讨论。第五，也许最重要的是，私立的健康保险公司，如联合健康保险（UnitedHealthcare），变成了医疗服务体系中最重要的参与者。例如，保险公司（与医疗保险和医疗救助计划一起）挤压了医生们的收入——对就诊费和医疗服务，以远远低于账单上的金额进行报销。

因为这些改变，很多年轻人决定不再追求医学职业。年长的医生选择更早地退休。还有一些人正在放弃私人执业，加入所谓的"专属"（concierge）执业或"精品"（boutique）执业中去。2018年，在全美90万执业医生中，超过2万人从事专属执业工作（Concierge Medicine Today, 2017）。进入"精品"执业的医生，通常每年平均收取1 800美元的服务费。服务费一般在1 500到25 000美元之间，虽然有些人每年收费40 000美元，甚至更多（Schwartz, 2017）。付出这笔费用后，患者可以获得下述好处：方便地就医，常常是当天就可就医；更悠闲地预约；也许还有上门诊治；年度体检。不过，患者也必须为每一次的就医付费，虽然在正确地填写了各种表格之后，这些费用可以在保险公司报销。患者还必须支付或通过保险支付医疗检查、药物、专家会诊和住院的费用。

显然，专属服务是只有富人才能够负担得起的医疗形式。更重要的是，从卫生保健的角度来看，它拉大了富人和穷人之间的差距。很多穷人仍然没有保险，并且很可能沦落到利用医院的急诊室来解决日常医疗问题的地步，或者是没有任何医疗服务。那些使用专属服务或者其他精英服务的富人——他们根本不担心是否有保险为这些服务付费——享受高质量医生的服务或者其他医疗服务，并且这些服务随叫随到。

当然，卫生保健体系中还有其他很多职业——医师助理（physician assistant, PA）变得越来越无处不在（Cockerham and Hinote, 2015）——但最突出和最重要的，还是护士（Hunt, 2017）。以前，护士无法获得完全的专业地位。护理常常被认为是半专业的（Etzioni, 1969）。它缺少接近权力所需的每一样东西：地位、收入和专业自主性。这种失败与医生所行使的巨大权力有关，也与他们的下述动机有关：把这个有潜力与他们的职业竞争的职业，限制在从属的地位之上（Hunt, 2017）。不过，一个更重要的因素是这样一个事实：护理以前是——现在也是——女性主导的一个职业。在有权力的岗位上的男人们——不仅仅是医生，还有高层管理人员如院务主任——通常反对把专业地位赋予由女性主导的职业。（中小学教师和社会工作者与护士遭受了同样的命运。）

结果是，以团队为基础的、医生和护士共同参与的合作照料，只是在有限的水平上得到实现（Bell，Michalec，and Arenson，2014）。这一相对失败的一个主要因素是，医学领域里的性别歧视持续存在，医生绝大多数是男性而护士绝大多数是女性。不过，固守妇女和护士的传统角色定义的医生，对护士有严重的依赖。这是因为，护士参与"情绪管理"（emotion work），亦即患者情绪的维持，以及其他事情（Chapman，2018）。对护士的这种依赖还因为下述事实而加重："大多数人相信，照料人自然是女人的事情，而且直到今天，人们仍然在维持这一信念。"（Weitz，2013：363）结果是，虽然医生们拥有几乎所有的正式权力，且不把护士当作同侪看待，但护士们常常拥有大量的非正式权力——医院和医生办公室的日常决策和管理。

当然，患者、卫生保健专业和卫生保健职业仅仅是美国卫生保健体系的一小部分。这一体系还包括：医学院校，公立医院，私立医院以及政府管理的医院，医疗保险公司，健康维护组织（HMO），制药公司，以及州和联邦的项目，特别是医疗保险和医疗救助计划。

二、美国卫生保健体系的缺陷

一个广泛的共识是，美国的卫生保健体系具有重大缺陷，虽然很多方面获得了巨大的改善——这是《平价医疗法案》的相关结果。一个实际上还在恶化的问题，是医疗服务的高昂成本。2017年，美国的医疗保健花费达到了35 000亿美元，美国人均花费约10 739美元（Centers for Medicare and Medicaid Services，2017）。特朗普政府持续推动从2019年初开始的、针对《平价医疗法案》的重大改革。很多人担心，这会让卫生保健变得更糟糕，特别是对旨在降低相关的成本的人，这些人可能丧失该项目对他们的覆盖。

2017年，美国把其国内生产总值（GDP）的约17%花在了卫生保健上——在经合组织国家中比例最高，且拉开了相当大的距离（见图16-5）。实际上，美国卫生保健花费占GDP的比重，比全世界其他任何国家都高（World Bank，2016）。

医疗保险的成本正在快速上涨。很多人被逼破产，因为他们无力支付他们的医疗账单（Sanger-Katz，2016）。美国高昂的医疗费用的原因有：

- 美国人对昂贵的先进医疗技术情有独钟，比如核磁共振（MRI）。 *423*

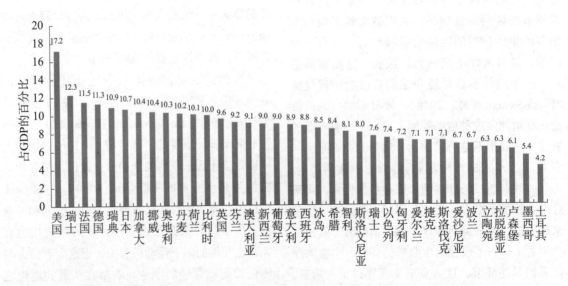

图16-5 经合组织各国卫生保健总经费占国内生产总值的比例（2017）

资料来源：Data from OECD Health Statistics 2017, Health Expenditure and Financing.

- 医疗保险公司、营利性医院、大型医疗设备和药品生产商以及私人执业的医生们的决策基础，是盈利动机。
- 上述实体利用华盛顿的游说人，对抗降低成本和利润的努力。
- "美国人有权利享受最好的卫生保健"的文化观念。
- 正在老龄化的人口。与其他年龄段的人相比，这一人群在医疗服务上的花费格外地多。
- 所有人的医疗花费被大量富人的花费推向更高的水平，后者愿意付出一切代价，来保持健康或者从疾病中康复。

虽然不论是从绝对数还是从人均花费来看，美国的医疗服务花费都高于世界上几乎任何其他国家，但它的卫生保健体系比很多国家都糟糕。在预期寿命上，美国在全世界排名第43位。

2016年，日本的预期寿命最高，达83.9岁，而美国是78.7岁（World Bank，2017b）。美国的婴儿死亡率高于大多数工业化国家，令人震惊的是，美国的这项指标比许多发展中国家（比如，墨西哥、孟加拉国和埃塞俄比亚）还差，甚至比一些遭受战乱的国家（比如，伊拉克、叙利亚和利比亚）还差（Central Intelligence Agency，2017）。虽然存在着改善的希望，但每年仍有超过45 000的美国人，因为缺乏医疗保健而死去（Wilper et al.，2009）。

美国卫生保健中的不平等

美国的卫生保健体系中存在着巨大的不平等。美国的富人们能够负担得起任何他们想要的医疗服务（包括"专属医疗"所提供的服务）。他们还能够负担得起"卡迪拉克"式的医疗保险，这些保险支付了医疗成本中很大一部分（向

数字化生存　远程医疗

美国人每年花24亿小时的时间拜访他们的医生（Frakt，2016）。这些时间的大部分并没有花在与医生的会面上，而是花在了路上和等候室里。因为会见医生而请假的一位患者，可能会失去一部分工资。作为学生，如果你为了会见医生而缺课，你的成绩可能会下降。**远程医疗**（telemedicine），亦即运用技术手段来咨询医生但不用去办公室拜访他，具有节省时间和使医疗保健变得更方便的潜力，特别是对生活在乡村地区的人们而言。电子邮件和视频对话，是与医疗保健的提供者进行沟通的最常见方式，还不必离开自己舒适的家、工作场所和学校。有些工作场所和学校，已经为其员工和学生安装了远程医疗终端。研究远程医疗的一篇综述发现，对于罹患心理健康问题、物质滥用问题和皮肤问题的患者而言，在视频会见和面对面诊疗之间，医疗服务的效果没有差异（Flodgren et al.，2015）。同一篇综述还发现，与看医生的传统方式相比，远程医疗帮助糖尿病患者更好地控制了血糖。

远程医疗并非没有障碍。虽然当我们感到焦虑的时候与治疗师视频交谈，或者是通过电子邮件把看来已经感染的被昆虫蜇伤的伤口照片发给皮肤科医生，似乎是远程医疗可以应对的、合乎理性的做法，但并不是所有的医疗服务问题都可以通过远程诊疗解决。在帮助我们应对慢性健康问题方面，远程医疗也许是有益的，但在诊断初发症状方面，却未必如此。还有，数字鸿沟阻碍了那些没有接入互联网的人对远程医疗的利用，而且并不是所有的保单都覆盖电子访问（e-visit）。再者，远程医疗要求我们积极参与。与面对面的医疗会见不同，远程医疗要求我们更仔细地检查、监控和照料我们的身体。这增加了我们对自己的身体的责任，如果我们没有充分地监控自己的身体，也许还要自我责备。

参与数字世界

假设你有下述几组症状：
1. 发热，咽痛，流涕；
2. 心律不齐，气短，头痛；
3. 多汗，头晕，焦虑。

如果你可以在远程医疗和面对面拜访医生之间进行选择，对于每一组症状，你会偏向于哪一种诊疗方式？为什么？你认为，远程医疗在未来会有什么前景，又会有哪些限制？

这类保险项目征税的计划，被国会推迟到了2020年）。与此形成对照的是，即使有《平价医疗法案》的帮助，数百万美国人仍然没有医疗保险，还有很多人的保险不充分。

思考题

美国卫生保健体系给美国社会带来巨大成本，但所取得的效果却如此低劣，为什么？美国人为什么接受质量如此低劣的卫生服务？如欲实现在其他工业化社会中所体验到的服务水平，障碍在哪里？怎样做才能改变目前的情况？

424　　在美国以及世界的其他地方，健康和卫生保健中的不平等是不公正的、人为的、不受欢迎的，也是可以避免的（Castñneda and Mulligan, 2017）。主要的不平等都建立在社会阶级、种族和性别的基础之上。

社会阶级与健康。在社会阶级和健康之间，存在着一种大体稳定的关系——"健康不平等常量"（health inequality invariance）。那就是说，一个人的社会阶级越低，他的健康状况就可能越差（Khazan, 2018）。这种关系会跨越国家（虽然国家之间存在差异）和时间（Pascoe et al., 2016）。实际上，这些年来，建立在社会阶级基础上的不平等扩大了。

社会阶级在健康上的差异有几个原因。首先，儿童生活的环境非常重要，因为早年的差异可能会对健康造成长久的影响。因此，生活在贫困之中或者是一个破裂的家庭之中，会导致儿童时期的健康状况不佳，进而使成年时期的健康状况不佳（Green et al., 2018）。其次，成年时期的环境也会影响健康。造成成年人生理健康状况不佳和心理健康状况不佳的因素包括：糟糕的生活环境，特别是与不健康的城市社区相关的生活环境；在经济上和心理上没有回报的职业生涯；高水平的紧张。再次，多种健康相关行为会导致健康的不平等。这包括生活在下层阶级中的人更有可能吸毒、吸烟、酗酒，以及肥胖——不良饮食习惯和缺乏锻炼的结果。最后，一般说

来，卫生保健特别是高质量卫生保健的存在与否，会对健康不平等产生巨大的影响。与那些没有卫生保健的人相比，或者是与那些从医院急诊室里偶尔获得卫生保健的人相比，那些可以享受高价专属医疗服务的人，更可能拥有较好的健康状况。

社会阶级与健康之间的关系的一个好例子，是吸烟对健康的负面影响（Marron, 2017; Scambler, 2018）。在1950年代，与下层阶级的人相比，上层阶级的人更可能是吸烟者。这一差异可以部分归因于电影的影响，后者极力渲染吸烟，并将其与旅行和浪漫联系在一起（Kimmel, 2016）。可是，到1960年代的时候，下层阶级的人更可能成为吸烟者。在那一段时间里，关于吸烟的负面健康影响的知识更为人所知，并广为传播。这种知识在上层阶级中的传播更为迅速，但它在下层阶级中的广泛传播却面临较多的困难（Phelan et al., 2004; Phelan, Link, and Tehranifar, 2010）。一个关键的因素是，下层阶级的教育水平较低，他们无力接触和理解关于吸烟的负面影响的研究数据（Layte and Whelan, 2009）。无论如何，直到今天，与上层阶级相比，吸烟对下层阶级的负面影响要多得多。

健康与社会阶级之间的关系的另一个例子，涉及临床试验的参与机会——新的手术、疾病筛查和药物疗法。绝大多数参与这些临床试验的人，来自中产阶级和上层阶级。正是他们，更可能在新疗法的早期阶段受益于这些临床试验，更可能传播关于这些新疗法的知识——传播的对象是其社会阶级内部的其他人（Stevenson, 2018）。

种族与健康。种族与健康之间的关系，跟社会阶级与健康之间的关系，密切相关。例如，在美国，白人更可能来自中产阶级和上层阶级，而黑人和西班牙裔则更可能来自下层阶级。从总体上说，白人的健康水平要高于黑人（以及西班牙裔）的健康水平。结果是，黑人的平均预期寿命比白人短3.7年（Centers for Disease Control and Prevention, 2018）。黑人的健康状况为什么比白人差？种族主义，不论是今天的种族主义还是过

去的种族主义的遗产，都发挥了主要作用。由于奴隶制时期在黑人妇女身上所进行的实验，以及臭名昭著的不道德临床试验如塔斯基吉研究（参阅第 3 章），很多黑人对美国的医疗体系极端地不信任，因为他们把它看作是医学种族主义的实践（Khazan，2018）。黑人很难获得必需的教育水平，进而无法获得与教育水平联系在一起的较高的社会地位和收入。即使他们获得了这样的教育水平，他们仍然无法得到那样的工作。结果是，他们不太可能拥有最好的医疗保险，或者完全没有医疗保险。他们也不太可能拥有拜访卫生保健专业人员所需要的金钱，至少是不能常规性地拜访。他们从医院急诊室、公立医院和较边缘的医生（marginal physician）那里所获得的卫生保健，很可能是低劣的。即使他们能够负担得起更好的服务，提供这样的卫生保健的诊室和服务中心，也可能距离遥远，或者是位于禁止他们出入的上层阶级和中产阶级的社区里。

黑人更可能受到卫生保健体系的糟糕对待，甚至是恶劣对待（Khazan，2018；Matthew，2018）。结果是，他们不能充分地利用这一体系，或者完全不利用这一体系，转而利用替代医疗（如民间治疗师或信念治疗师）。黑人也可能被高级卫生保健职位和职业拒之门外，他们在这些职位和职业上的比例很低——只有大约 6% 的医生是黑人（Williams，2018）。

工人阶级黑人和中下层阶级黑人，更可能落入对他们的健康有负面影响的社区和环境之中。这样的例子包括：生活在垃圾场的附近，那里的土地、空气和水都受到了污染；生活在用含铅油漆粉刷的公寓或者房屋之中，这种油漆威胁人们的健康，特别是儿童的健康（Taylor，2014）。终生与种族主义为伴所带来的紧张，会提高黑人成年人和婴儿的死亡率（Krieger，2017）。

可能，甚至非常可能的是，2014 年随着《平价医疗法案》的生效，黑人和其他少数种族的健康状况会开始改善——本章后文将会详细讨论这一话题。具体地说，作为《平价医疗法案》的一个结果，美国卫生与公共服务部（U.S. Department of Health and Human Services，2014）执行了一项计划，以缩小种族和民族之间的健康差异。另一个有利于情况改善的事实是，除非获得特殊的豁免权，否则国立卫生研究院所资助的研究项目必须接纳与人口比例相应的少数种族的研究人员。这部分是社会学家、少数群体活动人士以及其他人呼吁的结果（Epstein，2009）。对黑人所特有的健康问题知道得多一些，将会带来预防与治疗的改善。

思考题

各种社会机构——学校、雇主、保险产业、医学专业、地方政府等等——怎样做，才能够缩小我们在美国所观察到的种族健康差距？这些努力需要多大的成本？哪些人可能会承担这些成本？有人从这样的健康差距中获益吗？如果有的话，他们是谁？怎样获益？

性别与健康。从表面上看，健康不平等似乎没有困扰女性，因为在整个西方世界，她们的预期寿命都长于男性的预期寿命，而且差距显著。不过，正像我们在前面章节中所看到的那样，妇女虽然活得更长，但一个被广泛接受的——虽然不是所有人都接受——观点是，妇女在生存期间的健康状况比男人要差。

与男人相比，妇女处于不利地位的一个领域，是冠心病。男人更可能罹患这一疾病，但男女之间的差距正在缩小，这部分是因为更多的妇女开始吸烟。心脏病是男女两性的首要致死原因。医疗服务有助于冠心病的预防和治疗，但它对男性冠心病的减少，多于对女性冠心病的减少。对于妇女的冠心病症状，医生所给予的密切关注较少，进行的诊断检查也较少（Doshi，2015）。在疾病明显进展之前，妇女获得治疗的可能性较低。她们更可能接受急诊手术。人们对女性的心脏病所知较少，因为在过去，她们很少被纳入流行病学研究和临床试验之中。虽然这一疾病在女性和男性身上的表现有所不同，但在男性身上的发现，被简单地应用到了女性的身上。

冠心病与紧张有关，而妇女似乎会经历更多

的紧张（Wiegner et al.，2015）。这在很大程度上是因为，她们不太能够控制自己所处的环境。在工作中，她们更可能处于较低的职位上，较低的职位使她们对自己行动的控制较少，获得的安全感和经济回报也较少。很多有工作的妇女还有额外的紧张——必须不断地承担家庭责任，包括儿童抚育（参阅第11章）。

妇女们（以及男人们）经历了日常生活各个方面的医学化。**医学化**（medicalization）是这样一种过程，即把生活的各个方面标记和定义为医学问题，而在以前，这些方面并没有被如此标记和定义。它还涉及对健康问题的过度诊断（比如，很多前列腺癌的病例，特别是在老年男性中间）——通常使用昂贵的先进技术——如果没有这样做，这些问题可能根本就不会给患者带来什么麻烦。这种做法可能导致额外的健康问题——源自非必要治疗的健康问题。此外，医学化还涉及一种倾向，即夸大医学应对特定症状或综合征的能力（Conrad and Waggoner，2017）。

医学化清晰地体现在生孩子的例子中。生产是一个自然过程，但现在被定义为一个医学问题，一个只有医生可以在医院环境中处理的问题。医学化的生活中曾经最臭名昭著的例子，也许是女性的性高潮。长期以来，女性的性高潮，不被认为是女性的性存在的自然现象，而是一种需要治疗的"歇斯底里症"（Maines，2001）。近年来，妇女健康的很多方面被医学化了，包括经前综合征（PMS）。PMS被重新命名为经前焦虑症（premenstrual dysphoric disorder，PMDD）。还有人指出，这种病具有影响多达8 500万经期妇女的潜力。作为对经前焦虑症的医学化的一部分，抗抑郁药百忧解（Prozac）被重新命名为听起来友善的（对妇女来说）氟西汀（Sarafem），并被作为PMDD的治疗药物进行市场推广（Gehlert et al.，2009）。总之，可以说，在某些重要的领域（比如冠心病），妇女获得了太少的医学关注；而在另一些领域（比如生育健康），妇女又获得了过多的医学关注。

美国的卫生保健改革

随着上文讨论过的各种问题的出现，特别是随着与社会阶级差异有关的问题的出现，新的卫生保健法案——《患者保护与平价医疗法案》（Patient Protection and Affordable Care Act）[又称《平价医疗法案》或《奥巴马医改法案》（Obamacare）]——被颁布为法律。这部法律在2014年完全生效。最初，人们希望这部法律能够把保险覆盖面扩大到多覆盖3 200万人口。虽然没有实现那个宏伟的目标，但到2017年底的时候，超过1 900万人获得了这种保险。无保险人口的比例仍然很高，但在特朗普政府的前两年里，这一比例没有升高，虽然特朗普持续而强有力地试图削弱《平价医疗法案》（Gluck and Turret，2018；Sanger-Katz，2018）。人们渴望实现的目标之一实现了：该法所规定的穷人——特别是移民和少数群体——的医疗保险覆盖率实现了最快速的提升（Tavernise and Gabeloff，2016）。以前因为先存状态（preexisting conditions）① 而无法获得保险覆盖的人，其医疗保险覆盖率也实现了快速提升。

《平价医疗法案》的要点如下：
- 为数百万美国人提供卫生保健。
- 医疗救助计划扩展至更多的穷人，纳入资格提高至其收入为联邦贫困线的133%（2018年的贫困线是，个人12 140美元，四口之家25 100美元；U.S. Department of Health and Human Services，2018）。
- 拥有50个以上雇员的雇主，应该为雇员提供医疗保险，否则会被罚款。
- 医疗保险公司不得因为先存状态而拒绝保险申请，不得收取过高的保险费，不得在保单持有人患病后取消保单（Cockerham，2012）。

虽然这次卫生保健改革有许多值得称道之处，但它并没有创造出很多人渴望的公共选项（public option）。这种公共选项会为那些买不起商业保险的人提供支付得起的、低成本的私人保险。通过迫使私人保险商提供足以与公共选项开展竞争的保险费率，公共选项将会有助于降低私人保险的成本。

---

① 在保险开始前就已经存在的医学状态，包括各种疾病如糖尿病、癌症和心脏病等。——译者注

全球化　医疗旅行

近年来，医疗旅行快速地增多了（Chee, Whittaker, and Por, 2018），而且据估计，它已经是一个价值1 000亿美元的产业（Fetscherin and Stephano, 2016）。越来越多的人，特别是来自美国和其他发达国家的人，正在参与医疗旅行。也就是说，他们旅行到其他国家——通常是欠发达国家——寻求医疗服务，通常是非紧急的手术。主要的原因是，获得这种医疗服务的成本，仅仅是发达国家里类似服务成本的几分之一。而且，很多人认为，这种服务与在自己国家能够获得的服务，质量一样好，或者更好（L. Turner, 2007）。医疗旅行之所以吸引人，还有一个理由，那就是这种旅行还可以和假日结合在一起——从医疗服务中节省出来的钱，很容易弥补这些假日的花销。比如，目前泰国已经是一个主要的医疗旅行目的地，既是因为它价格实惠的医疗服务，也是因为它的气候和旅游景点。由于类似的理由，墨西哥也是医疗旅行的一个热门目的地（Medina, 2012）。

医疗旅行是下述两种情况的良好标志：一是全球化，二是人们越来越多地把医学治疗视为一种消费。从全球化视角来看，人们越来越多地为了寻找医学治疗而环游世界。此外，医学知识、相关的先进技术和医学专业人员，也遍布全世界，因而在越来越多的地方都能找到它／他们。从消费的视角来看，医学治疗越来越被视为一种可以被廉价消费的服务（假设它仍然保持高质量），而且尽可能在一个令人愉快的地方进行。欠发达国家和它的医疗机构把自己推销为医疗旅行者的目的地，并不罕见。例如，阿根廷把自己推销为整容手术的目的地（Viladrich and Baron-Faust, 2014）。

主要是发达国家的富人们，有能力享受这些医疗服务和相关的旅行。在欠发达国家里，也只有富人能够负担得起奔赴发达国家寻求医疗服务的旅行，并承担与之相关的高昂成本。医疗旅行还突显了目的地国家的社会分层，因为高质量的服务、采用的技术和最先进的设施，将会把这些国家的大多数人挡在门外（Buzinde and Yarnal, 2012）。

不过，医疗旅行也有风险。为了从中风中复原，吉姆·盖斯（Jim Gass）在墨西哥、阿根廷等国花费了30万美元用于接受干细胞治疗（Kolata, 2016）。虽然这些治疗初见成效，但盖斯先生最终罹患了一种罕见的、对抗治疗的肿瘤。"干细胞旅行"显然存在风险，人们在奔赴欠发达国家花费大量金钱来获取其他类型的治疗之前，还是要三思。

思考题

如果在美国治疗一种严重的疾病会让你负债累累，并且需要很长时间才能还清债务，你会考虑出国接受治疗吗？如果你仅仅是想节省一笔钱，你会奔赴其他国家接受治疗吗？

到2016年的时候，《平价医疗法案》的一系列问题暴露了出来，并且一直到今天还在继续暴露。保险费上升了，对很多人来说，这种保险的可负担性下降了。主要的医疗保险公司［例如，安泰保险（Aetna）和联合健康保险］在某些州退出或者是威胁退出这一项目——因为它们的支出高于预期（Rosenthal, 2018）。这部分是因为这样的事实，即太多的"错误"类型的人（老人和穷人更可能患病，因而系统的花费更大）签约。与此相反，没有足够的年轻人、更健康的人和花费较少的人签约。

唐纳德·特朗普当选总统后，人们期待，废除《平价医疗法案》的强大努力会立即出现。很早以前，就出现了"废除和替代"的议论，但直到特朗普政府中期的时候，也没有替代方案被摆上桌面。至少有一些《平价医疗法案》因素（比如，对先存状态的覆盖）会伴随我们一段时间。现在看来，毁灭《平价医疗法案》似乎是不可能的。如果2020年民主党人当选的话，它也可能再次生效甚至是扩展。沿着这一思路，在2018年的总统竞选中，有些民主党人开始推动面对"所有人的医疗保险"。如果这样的话，医疗服务改革，以及怎样支付其成本，将会成为一个持续性的话题。

427

三、消费与卫生保健

传统上，对卫生保健的思考有一种倾向，即聚焦于卫生保健的"生产者们"，特别是医生、护士、医院、其他卫生保健工作者以及政府机构。纳入其中的还有保险公司、医疗保险和医疗救助计划。虽然大量注意力仍然集中在卫生保健的这些生产者的身上，但最近数十年以来，注意力开始向这些服务的消费者转移。大量患者开始意识到，不应该医生、医院和其他服务者提供什么，他们就简单地接受什么。他们开始认识到，他们与其他服务（和产品）的消费者基本上是一样的。

这部分是因为医生的去专业化。随着医生不再被视为那么有权威的专业人士，患者对他们的质疑也越来越容易。与此同时，越来越多的质疑进一步削弱了医生的地位和权力。医疗领域中消费主义的引入意味着，越来越多的人开始对医生货比三家，并质疑医生的诊断和治疗建议。

当代医疗中消费主义日益盛行的最好例子，与制药公司的一项决定有关，即通过对消费者的直接吸引来销售更多的处方药——利用报纸、杂志、网络和电视上引人入胜的广告。直销药物的爆炸式增长开始于1997年，在那一年，美国食品和药品监督管理局放松了对直接针对消费者的处方药的广告限制。制药公司越来越多地用直接针对消费者的广告，来替代他们对医生的市场促销——通过医学刊物上的广告、销售人员、免费药品以及其他的媒介。直接促销越来越多地针对药物的最终消费者——患者（Lazarus，2017）。没有比无处不在的各种电视药物广告更能说明这一点的。对于全国新闻来说，尤其如此，因为观看这些新闻的人中间，老年人比例出奇地高——他们更可能有健康问题。具有讽刺意味的是，一般说来，患者不能不受限制地购买广告里的这些药，他们需要医生的处方。因此，这里的意思是，鼓动患者请求——有时强烈地要求——医生开具相应的处方。证据显示，这是有效的，这是制药公司在媒体上无处不在所产生的效果。对于畅销药物和营利性处方药的大

量广告，我们都很熟悉。这包括（肿瘤）化疗之后使用的培非格司亭（Neulasta），以及广告无所不在的治疗勃起功能障碍的药，特别是伟哥和西力士。所有这些药物的广告都在提示或者暗示，观众可以请求他们的医生为这些药物开处方。

思考题

从整体上说，你认为对患者来说，向消费主义的转向是一个积极的进展，还是一个消极的进展？为什么？对于医学专业来说呢？为什么？一个结构－功能主义者，会认为消费主义对社会是功能性的吗？为什么？

四、互联网与卫生保健消费

互联网以各种方式参与到了对卫生保健（电子医疗）的消费之中。最重要也是最明显的方式，是让人们更容易地找到各种各样的卫生保健提供者。在发现不同专业的服务提供者方面，互联网是一个巨大的信息源——在地方、国家甚至全球层面上。

人们不仅仅能够在互联网上找到服务提供者的姓名和地址，更重要的是，关于它们的大量信息也存于互联网上。例如，你可以找到卫生保健提供者的排名，以及以前的患者提供的经验和建议的信息。此外还有关于制药商、医疗技术和替代疗法的评价和大量信息。

互联网上与卫生保健相关的各种资料的增加，让消费者（产消者）变成了一个见多识广的卫生保健服务和产品的消费者。目前，大多数信息都分散地——非常广泛且不系统——存在于整个互联网上。另一个问题是，这些信息并没有与个体及其疾病和特殊需求联系起来。不过，消费者－患者越来越能以货比三家的方式在互联网上购买医疗服务，就像他们购买汽车、电视、酒店服务和机票一样。现在有一些网站，可供人们比较各种服务的价格，从流感疫苗、年度体检、乳腺切除术到肠道手术的价格都有。例如，一位患者为核磁共振支付了300美元，而她所在的地方

医院对各项检查的报价是 2 500 美元。健康保险公司也越来越多地提供关于福利的在线信息。比如，公布门诊和各种医疗程序的价格。不过，对患者－消费者来说，对不同的程序进行比较是困难的，因为标准的命名规则并不存在，现有的信息都是难懂的行话。此外，即使是在同一家医院，同样的程序也可能有几十种价格，这是与不同的医疗保险商谈判的结果。

互联网已经成为全球化的医学信息源。一个特别的例子是一家网站——男性包皮环切预防艾滋病病毒信息交流中心（Clearinghouse on Male Circumcision for HIV Prevention）。这家网站致力于提供关于包皮环切和艾滋病病毒／艾滋病的信息，并破除相关的错误观念。这一点在非洲尤其重要，那里艾滋病病毒／艾滋病肆虐（我们在下文会讨论）。该网站注意到了基于非洲的一些研究。这些研究表明，包皮环切可以降低艾滋病病毒／艾滋病通过性行为传播的风险，幅度高达 60%。该网站还澄清了另一个错误观念，即包皮环切之后，男人就不必再使用安全套来预防艾滋病病毒／艾滋病。当然，数字鸿沟的存在（参阅第 9 章），以及电脑和互联网的不可及，使得这些信息很难传播到非洲和其他一些地方的人中间——他们才是最需要这些信息的人。

互联网也为医疗服务和产品的消费者提供了全球化的视野、一系列的可能性和选择空间。消费者能够更多地获知世界上其他地方的可选择方案，或者是有关它们的信息和建议，并找到获得它们的途径。积极的一面是，对医疗消费者来说，大多数产品和服务的可及性提高了，他们获得了更大的选择权。互联网允许人们搜索更广泛的替代医疗产品和服务，有些被证实是有用的，甚至是可救命的。消费者还可以通过搜索比较处方药的价格，它们在当地的各药房里的价格差异很大。消极的一面是，这是一个较新的领域，是一个缺乏规范的领域，消费者可能得到假冒的医疗产品和服务。

上述情况的综合结果是，使用在线资源的患者，将会变成更老到、见识更广、更具独立性的医疗产品和服务的消费者。例如，很多产品和服务可以通过互联网获得（既可合法地获得，也可非法地获得），但往往更为廉价，因为不必经过与卫生保健体系有关系的中间商（Benner and Frenkel, 2018; Vida et al., 2017）。网络上还有各种各样可以在家里进行的检测，比如只要花费 59 美元，就可以从 23andMe 和 AncestryDNA 这样的公司获得 DNA 的检测。个人和夫妇可以自己使用这种检测来确定自己是否携带致命性的基因，如囊性纤维化（cystic fibrosis），这些疾病可能在他们孩子的身上表现出来。不过，担忧也是存在的，比如：这些检测可能是不可靠的；它们可能给被检测者以虚假的自信；它们可能太昂贵；检测结果的隐私不能得到保护；那些依赖这些检测结果的人，可能无法得到训练有素的专业人员的专业性建议（Kolata, 2018）。

利用互联网进行与健康相关的消费，还会带来其他的问题：有得到假冒的药品和无效的药品的可能性，也有得到各种虚假的服务和信息的可能性（Lavorgna, 2015）。在 2009 年 H1N1 流感疫情造成的全球性恐慌最严重的时候（另一次较小规模的流行发生在 2014 年），互联网上充斥着对治病凝胶（healing gel）和"离子银"（ionic silver）喷雾剂的虚假宣传，以及对一种抗病毒药物——特敏福（Tamiflu）的虚假广告（Wayne, 2009）。虽然通过搜索互联网上的医学信息，消费者可能会变得越来越老到，但他们通常没有经过医学训练，因此可能无法理解现有产品和服务的长处与短处。结果是，他们很可能受到各种各样的愚弄。

对于卫生保健提供者来说，互联网也成为越来越重要的资源。他们可以在互联网上获得新的研究信息、药物和技术。医疗专业人员能够利用各种各样的电脑程序和应用程序来改善医疗服务。例如，针对患者接触过艾滋病病毒的情况，有人开发了一种筛选程序，这一程序可以让医生进行正确的问询，并快速获得所需要的信息。知道何时接触了病毒以及在哪里接触了病毒，对于快速开展治疗是非常重要的（Rabin, 2009）。另一个例子是各类疾病（比如，囊性纤维化）的在线注册系统，对于开展有效的药物和物理治疗来说，它是一个重要的信息来源（Lacaze et al., 2017）。

429

因素	描述
去专业化	近年来，医学专业的权力和自主性降低了。
医学化	把以前并没有被标记和定义为医学问题的生活的各个方面，标记和定义为医学问题。

第三节　全球化与健康

在全球化和健康的标题之下，可以讨论的议题几乎是不可穷尽的。在本节中，我们只能触及少数的几个议题。

一、日益加剧的全球不平等

与全球化联系在一起的，虽然有集体性的预期寿命的延长，但全球性的健康不平等也有加剧的倾向（Marmot，2015）。在全球范围内，妇女和儿童往往成为最脆弱的人口——因为经济不平等，以及卫生保健的可及性的低下（Boyd-Judson and James，2015；Subrahmanian and Swamy，2018）。如第 9 章所述，贫穷国家人口的健康状况可能会更差，因为他们获得卫生保健服务、教育、公共卫生，以及充足的营养和住房的机会，是有限的。反过来，糟糕的健康状况又会限制这些国家的经济增长，主要是因为它对生产率的负面影

响。发展中国家的死亡率和患病率格外地高。如果有钱的话，这些死亡和疾病本可以得到廉价的预防，患者本可以获得有效的治疗。

因为上述原因以及其他原因，在发达国家和欠发达国家之间，或者高收入国家和低收入国家之间，存在着一个巨大的预期寿命鸿沟。图 16-6 显示了世界上一些国家的出生人口预期寿命。请注意，在高度发达的国家日本和极度欠发达国家乍得之间，存在着 34 岁的预期寿命差距。预期寿命延长最多的是诸如巴西、埃及和马来西亚这样的发展中国家——这些国家越来越成功地参与到了经济全球化之中。可是，对于其他大多数国家，特别是全球南方最不发达的低收入国家（比如乍得、中非共和国以及阿富汗），伴随全球化而来的，却是经济增长衰退、贫困增多，以及作为其结果的健康的恶化。

疾病

绝大多数疾病，包括急性病，也包括慢性

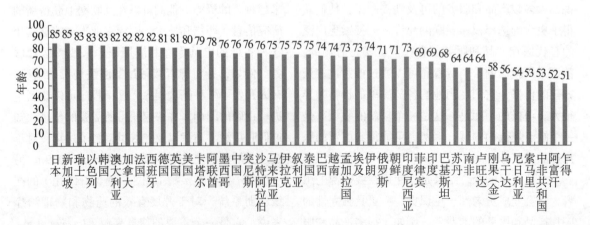

图 16－6　一些国家的出生人口预期寿命（2017）

资料来源：Data from Central Intelligence Agency.World Factbook.

病，都开始于人们年轻的时候，发生于低收入和中等收入的国家。发展中国家应对慢性病的费用的增加，将会对这些国家应对急性感染性疾病的能力造成负面的影响。从全球化的视角来看，最重要的是，烟草、酒类、糖和脂肪销量增加——后两种特别针对儿童——的结果是，与这些产品相关的疾病，在全球蔓延。

营养不良

正如第9章所述，全球南方国家的饥饿和营养不良的发生率格外地高（Webb et al., 2018）。大约有8.2亿人受到这一问题的影响。问题的原因包括不充足的食物供给，或者没有食物供给，以及贫乏的和不均衡的饮食。解决饥饿和营养不良的问题对儿童来说尤其重要，因为那些低体重的儿童在成年之后，体力上和智力上的生产力都较为低下，也更可能罹患慢性疾病和残疾。这样的成年人给他们的孩子提供充足营养的能力也会减弱，从而造成营养不良的代际传递。

营养不足（undernutrition）是营养不良的一种形式，它涉及营养物质，包括热量、维生素和矿物质的摄入不足。另一种形式的营养不良是肥胖，它的原因是营养摄入过多，特别是热量摄入过多。发展中国家越来越多地受到"双重营养负担"的困扰。这种情况既涉及吃不饱的人，也涉及吃得过多，特别是过多地进食不良食品（比如高脂肪和高胆固醇食物）的人（Webb et al., 2018）。虽然肥胖在欠发达世界里正在增多，但营养不足仍然是最大的问题，特别是对母亲和儿童来说。营养不足造成的问题，会一直持续到成年阶段，并进一步导致下述情况：生长迟缓、就学时间短、低生产率以及慢性疾病。营养不良的妇女也会生出低体重的婴儿。营养不足甚至会导致以前的低体重儿童体重快速增加和肥胖。

营养不足不仅与个人的问题有关，也和社会整体的问题有关。它会导致欠发达状态，并可能使贫困永久化。没有充足的营养，经济发展所需要的人力资本便无法生产出来。

在欠发达国家里，**食品保障不足**（food insecurity）是营养不足的一个重要原因。甚至在美国和英国这样的发达国家里，食品保障不足也是一个重要问题（Purdam, Garratt, and Esmail, 2015）。当人们无法获得安全和有营养的食物——健康和丰富的生活的必要条件——时，这种情况就存在了。食品保障不足有很多原因。在任何地方，贫困都是食品保障不足的最重要原因，但另一个特别重要的原因是，农业没有得到充分的发展。因此，人们开展了一些全球性的项目，比如农业多样性项目、社区菜园、农民市场，以帮助解决这一问题。

二、吸烟

吸烟（以及吸电子烟）是世界性的健康问题的重要原因。虽然有各种健康问题，但对全球经济来说，高度有利可图的烟草产业，一直是举足轻重的。根据世界卫生组织（World Health Organization, 2018）的估计，每年超过600万人死于吸烟，还有另外约100万人死于二手烟。除非发生什么戏剧性的改变，否则到2030年的时候，这一数字将上升至800万。还有人预计，在整个21世纪，将有10亿人死于吸烟相关疾病。

由于越来越多地意识到吸烟的相关风险，西方的香烟市场正在萎缩。因此，烟草公司把它们的注意力转移到了非洲和亚洲。在与吸烟有关的世界死亡人口中，印度占据了几乎三分之一的份额。中国目前是世界上最大的香烟市场（People's Daily News, 2018）。中国人消费了全世界大约30%的香烟，虽然它只有全世界大约20%的人口。2015年，中国有3.15亿吸烟者。结果是，大约有100万中国人的死亡，可以归咎于吸烟。[①] 到2050年的时候，如果不采取行动降低吸烟率，中国与吸烟相关的死亡人数可能会上升到300万（WHO, 2018）。西方各国是向世界其他地方出口香烟的主要出口商。美国是世界上最大的香烟出口国，也是全球承认的香烟广告和品牌的最大经销商。

---

① 原文如此，没有提及这是多长时间段内的数字。似乎是一年的数字。——译者注

思考题

吸烟的危害在美国众所周知。而在有些市场中，这些信息并不广为人知，或者是被忽视。烟草公司应该向这样的市场合法地出口产品吗？为什么？冲突/批判论者会怎样看待这里发生的事情？

三、跨境疾病

在健康领域，全球化的另一个消极方面，是跨境疾病的传播（Thierry Wirth，2018）。虽然跨境疾病在近年来变得越来越常见，但它们并不是新现象。古代的人们就知道结核病（TB）。今天，世界卫生组织估计，世界上超过三分之一的人口感染过这一疾病的病原——结核杆菌。大约有 1 000 万人罹患这种疾病，据估计，2017 年有 130 万人因此死亡（WHO，2018）。各种类型的性传播感染（sexually transmitted infection, STI）很早就已经传遍全球。性病的一个具体例子是梅毒，它传遍了全世界，并且还在传播，特别是在一些欠发达国家里。不过，该疾病的根源可能还是在欧洲，并且随着欧洲殖民主义和军事冒险活动而得以传播。实际上，对欠发达国家的人们来说，这一疾病与法国士兵关系密切。因此，在世界上很多地方，这种疾病被称为"法国病"。

然后是其他流行性跨境疾病的增加，很多疾病是新的。这样的例子包括：非典（SARS）；牛海绵状脑病（BSE，即"疯牛病"），此病常见于牛体，也可引起人的脑病；禽流感；埃博拉；寨卡；艾滋病病毒/艾滋病。这些疾病的性质和它们的传播——或者真正出现了流行（艾滋病病毒/艾滋病、埃博拉），或者迄今为止仅仅是可怕的威胁（禽流感）——都告诉了我们很多关于 21 世纪全球化的性质和现实的知识。导致这些疾病的病原体，或者已经传遍全球，或者具有传遍全球的潜力。

有几个因素可以帮助我们解释跨境疾病巨大且日益增加的全球流动性（Zhou and Coleman，2016）。第一，全球旅行增加了，这种旅行的迅捷性还在进一步提高。游客既携带跨境疾病，也可能在全世界的旅游目的地感染它们（Baker，2015）。第二，人类移民的数量正在增加，人们跨越边境也变得更加容易。结果是，他们常常带有疾病，但没有在边境被检测出来。第三，巨型城市——比如尼日利亚的拉各斯——的扩张，造成了大量的人流交叉点（mixing bowl）。在这些点上密切、频繁接触的人，很容易互相传染。直到 2014 年，埃博拉的暴发一直被限制在相对较小的几个村庄里，但 2014 年晚期的暴发可以追溯到下述事实：病毒已经进入了人口密集的区域。虽然到 2015 年初该病的扩散速度放缓了，但截至 2016 年 1 月 14 日，总计出现了 28 637 个病例，导致世界范围内 11 315 人死亡——他们大多数来自利比里亚、塞拉利昂和几内亚。2018 年，在刚果（金），出现了一次新的暴发。到 2019 年初，虽然这次暴发被界定为"高风险"，但它并没有变成一场大流行——这归功于改进了的筛查措施、实验性疫苗的分发，以及其他控制手段（Howard，2018）。疾病全球流行的第四个因素是，人们越来越多地出现在原来人迹罕至的自然生态区域（natural habitat）。在这里，人们可能会接触一些他们没有免疫力的病原体，这些病原体可以迅速地传遍全世界。据信，人们最初是从野生动物那里感染了埃博拉（以及其他疾病）。

应对这些疾病的努力也必须是全球性的。也就是说，各种疾病传播的可能性在日益增加。对于这种情况，需要有全球性的应对。可是，事实证明，有些国家没有能力或者不愿意对这一全球性的需求做出回应。例如，越南等国不愿意为世界卫生组织提供禽流感的样本——该疾病在这些国家已经是严重的问题。世界卫生组织需要这些标本，以便研究该疾病的传播和流感病毒的演变方式。在阻止这些疾病的进一步扩散方面，这些信息是有用的，也许还能加快防止其扩散的疫苗的研发。最近，针对下述情况出现了大量的批评：针对埃博拉的全球应对缓慢迟钝，用于对抗该疾病的资金相对较少。

艾滋病病毒/艾滋病

432

1981 年，美国首先识别出了艾滋病病毒/艾

思考题

医学工作者或政府是否预见到，与人口、商品和信息一道，细菌和病毒可能更容易地传遍世界？传染性疾病一直都存在，那么它们在全球的传播能力为何在今天引发如此大的担忧？在应对这些疾病的潜在暴发方面，全球北方的人们应该承担特殊的责任吗？为什么？

滋病。从那时开始，该病不仅被美国也被世界上很多地方认定为一种灾祸。截至2017年，据估计，已经有3 540万人死于艾滋病。2017年，接

近3 700万人正在忍受艾滋病的折磨——他们终将死于这种疾病。感染艾滋病病毒的人数和罹患艾滋病的人数，在世界各地差别很大。表16-2显示，非洲遭受的冲击最大，世界上艾滋病病毒感染人口的约70%（2 570万[①]）生活在这个大陆。2017年[②]，全世界有180万新感染病例，其中有80万人生活在东部和南部非洲。2017年，超过200万艾滋病病毒感染者生活在拉丁美洲和加勒比地区，包括11.5万新感染病例。这一区域的某些人群，比如委内瑞拉的土著瓦劳人（Warao），受到特别的重创。这部分是因为，委内瑞拉灾难性的经济状况导致艾滋病项目被削减了（Semple，2018）。

表16-2　世界各地的艾滋病病毒感染率和发病率（2015）

地区	艾滋病病毒携带者人数（及百分比）	新感染人数	成年人发病率（百分比）
全球	3 690万（100%）	180万	0.8
东部和南部非洲	1 960万（53%）	80万	6.8
西部和中部非洲	610万（17%）	37万	1.9
亚洲和太平洋地区	520万（14%）	28万	0.2
西欧、中欧和北美	220万（6%）	7万	0.3
拉丁美洲	180万（5%）	10万	0.5
东欧和中亚	140万（4%）	13万	0.8
加勒比地区	31万（<1%）	1.5万	1.2
中东和北非	22万（<1%）	1.8万	<0.1

资料来源：The Global HIV/AIDS Epidemic January 19，2017；Kaiser Foundation.

在亚洲和太平洋地区，据估计有520万艾滋病病毒感染者。这一地区庞大的人口规模意味着，即使是较低的感染率，转化为绝对值，也是一个巨大的数字。与此形成对照的是，生活在中东和北非的人的艾滋病病毒感染率是最低的，只有不到1%，感染者少于22万人。

与艾滋病患者的日常接触，并不会传染这种疾病。只有通过体液的亲密接触——特别是通过不安全的性行为和静脉吸毒，才会使这种疾病得以传播。因此，虽然有大量的人口罹患艾滋病，但它并不是一种容易感染的疾病。例如，国际航

班上的旅客，并不会因为坐在患有艾滋病的旅客旁边或者与之交谈而感染艾滋病。

艾滋病的传播与全球化有关，特别是与全球性流动的增加有关——比如旅游业（特别是性旅游）的增多、劳动者流动的增多、合法和非法移民数量的增加、商业和工作旅行的增多、难民的流动（有时是群体性流动）、军事干涉与军务人员的流动，等等。

罹患该疾病的人可能在不知道自己患病的情况下，在数年里，进行长距离的旅行。他们因此有能力把该疾病传播给不同地域的其他人。因

---

① 此处提到的相关数据未包含北非。——译者注
② 表中年份为2015年，与此处不一致，似有一处有误。原书如此，故未做改动。下同。——译者注

此，当感染艾滋病病毒/艾滋病的人与其他国家的人有性接触时，他们有可能把疾病传给其中至少一部分人。类似地，没有罹患该病的人如果旅行到一个艾滋病病毒/艾滋病流行的国家，也可能感染该疾病，并把它带回自己的国家。无论是何种情况，该疾病都会在地区之间和国家之间进行传播，最终传播到全球——通过携带疾病的人类载体。

艾滋病病毒/艾滋病横跨非洲大陆传播的一条广为人知的途径，是通过那些从事跨境运输的卡车司机。如果他们染病，他们就可能感染那些生活在原本没有病例的地区的人。

艾滋病，以及与其有关的其他负担，正在对整个非洲的社会生活和经济生活的各个方面，造成负面的影响。有些观察家预测，作为该疾病传播的后果，非洲会出现失败国家，有些国家的经济将会崩溃。随着预期寿命的缩短，很多非洲国家的经济已经出现了萎缩。而且，找到健康的成年人来从事基本的工作，已经越来越困难了。

艾滋病在非洲的高发病率，只是下述情况的一个例子：面对艾滋病和其他跨境疾病，世界上的穷人是很脆弱的。这不仅是经济边缘化问题，也是社会和政治边缘化问题。使这一问题变得更为严重的一个事实是：恰恰是这些最脆弱的人口，难以获得高质量的卫生保健和昂贵的药品——这些药品可以使该病延缓数年，甚至数十年。不过，目前的希望是，艾滋病流行最糟糕的阶段已经过去：每年艾滋病病毒新感染者的数量和病死的数量都在下降。有些人预测，该病的流行将在 2030 年结束。这一希望的部分原因是，高效抗反转录病毒治疗（highly active antiretroviral treatments，HAARTs）的可及性越来越高——这一疗法最早发现于 1990 年代中期。另外，针对这一疾病，一些经过改进的预防和应对策略已经被开发出来（Simooya，2016）。

新型流感

2009 年和 2010 年，世界上发生了禽流感（H1N1）疫情，但它被证实是一种较为温和的疾病。在此之前，人们曾经担心更具杀伤潜力的禽流感毒株的流行。由于我们生活在一个全球化的时代，与以前的流行病相比，流感的传播会更快，也会更广泛。不过，作为全球化的结果，应对这类疫情的能力也提高了，对禽流感也不例外——我们马上就会讨论这一问题。例如，全球化的监控水平提高了，而且，卫生工作者和药物快速到达发病地点的能力也提高了。

一些亚型的流感可以通过与染病动物的日常接触而传播，但还没有禽流感病毒人际传播的证据。感染该疾病的少数人，包括因此而死亡的更少数的人，是通过与染病动物的直接接触而受到感染的。生活在欠发达国家的人们更可能与鸟类有直接的接触——很多人实际上与他们的家禽在一起。这通常是因为，禽类、禽蛋是他们重要的食物来源，或者就是他们的重要生计。与此相反，在发达世界里，很少人直接与鸟类接触，因此，以这种方式感染禽流感的可能性非常低。

不过，有些人担忧，导致禽流感的病毒，最终会变异成一种可以通过日常人际接触而传播的毒株。这一担忧来自一个事实，即病毒曾经采取这种路径，导致了 1918—1920 年臭名昭著的"西班牙流感"——后者在美国杀死了 50 万人，在全世界杀死了数千万人（Kolata，1999）。如果这种变异发生的话，目前大幅度的全球人口流动，会导致疾病的快速传播。虽然那些明显染病的人会被隔离，但无症状的一些人最终会漏网，并把疾病传播至世界上很多地方。

超级细菌

在美国和全世界，出现了对超级细菌（superbug）的担忧。所谓超级细菌，是一些可对抗所有已知药物的细菌。这些细菌是普通的病原体，而不是像埃博拉病毒这样的病原体。超级细菌［例如，艰难梭状芽孢杆菌（C. difficile）］往往是在住院期间感染的。在以前，这种感染很容易被抗生素治愈。对特定药物产生抗药性的细菌，能够把它的抗药性传递给已经对其他药物具有抗药性的细菌。经过一段时间以后，细菌——比如说，与肺结核有关的细菌——针对越来越多的过度使用的药物（比如青霉素），发展出了抗药性。例如，在美国，只剩一种药物——黏菌素，可以治疗碳青霉烯耐药菌（carbapenem-resistant-bacteria，CRE）的感染。当细菌对这类药物产生耐药性时，CRE 就会变得无法阻止。依据美国疾病控制与预防中心主任的说法，这是我们将要进入"后抗生素世界"的迹象之一（转引自 Tavernise and Grady，2016）。正像各类疾病可以容易地在世界各地传播一样，抵抗所有已知药物的细菌及其相关疾病也可以。

四、战争对健康的影响

战争和备战对人民的健康和幸福的影响是巨大的，特别是对发展中国家来说。例如，在发展中世界，花在军事上的资金，是花在健康和教育上的资金的 4 倍。在战争的死伤者之中，90% 是平民，很多人受伤严重，需要长期的、大量的卫生保健。战争还影响所有人的营养状况，因为农田和农作物被践踏，整体的经济运行能力也会受到消极的影响。作为人力资源的人们，对经济体系的贡献会受到限制。结果是，劳动力的数量和质量都会下降。

战争还会对心理健康造成显著影响。例如，由于战争的影响，非洲的儿童士兵更可能表现出反社会行为、抑郁症状和偏执症状。生活在战区边缘但没有参与战争的儿童，不仅可能受伤，还会感到自己对周围的环境缺乏控制。这会导致巨大的不安全感和抑郁症状，以及缺乏与他人建立有意义之联结的能力（Wessells and Kostelny，2018）。儿童，以及战区之内或附近的其他人，还会罹患创伤后应激障碍（post-traumatic stress disorder，PTSD）。例如，从阿富汗回来的美国士兵，有下列 PTSD 症状：酒精和药物依赖、抑郁、对他人施暴以及自杀念头。

五、全球化与健康和卫生保健的改善

在前面的几节中，我们关注的是全球化对健康的负面影响。不过，全球化显然也带来了一系列的发展，这些发展改善了或者至少能够改善全世界的健康状况。一个例子是，全球性的健康相关组织的发展，比如世界卫生组织、红十字会和无国界医生组织（Doctors without Borders）。当然，与全球化的其他领域一样，这种影响是不平衡的，而且受到当地各种环境的影响。

世界范围内不同地区之间和地区内部的人际关系的增强，意味着世界上一个地方的积极进展，会传播到世界上其他很多地方，而且传播迅速。另外，有关健康与卫生保健的新想法，持续地到处传播。在互联网和在线杂志——这里指的是医学杂志——的时代，关于医学新进展的信息在全世界的传播，实际上是即时性的。这些想法是怎样被接受的？它们是否被实施，以及多么快速地被实施？对上述问题的回答，大相径庭。在世界各地，能够理解和利用这些信息的专家的数量，也大不相同。发达国家的外科医生几乎会立即使用一种新的外科技术，而欠发达国家的外科医生可能会发现，学习和利用这种新技术是困难的。另外，可以实施新想法的机构之间，也存在巨大的差异。发达国家的医院有能力实施那些可以降低院内感染的革新，而在欠发达国家的医院，人们会发现，因为实施这些革新所涉及的经费问题，实施它们是困难的，甚至是不可能的。

显然，与新想法相比，新的医疗产品在世界上的流动，要慢得多。但由于全球性的交通进步，它们的流动性也是有史以来最高的。其中包括各种各样的药品。显然，制药工业里明星企业的出现，是一种全球现象。实际上，2016年，美国占据了全球药物市场 45% 以上的份额，价值 4 400 亿美元（Statista，2017）。随着新药（特别是治疗癌症的肿瘤生物制剂）获得批准及其疗效获得认可，它们将会流通到全世界，特别是在发达国家里以及欠发达国家的精英中间流通。

当然，最可能被制造出来并在全球流通的药物，是那些最能盈利的药物。这些药物针对的是，全球社会中的富裕成员的健康问题，比如高血压、高血脂、关节炎、心理健康问题、阳痿、脱发等等。有些饮食会导致高血脂、胃酸反流和胃灼热等症状。富人们最有可能消费得起这些饮食，所以他们更可能是立普妥（Lipitor）、辛伐他汀（Zocor）、耐信（Nexium）、兰索拉唑（Prevacid）等药物的消费者。因为这些药物为制药公司带来了最大的利润，它们最可能实现全球性的流通。

相反，那些可能会挽救很多生命的药物，却不太可能被付诸生产（Moran et al., 2009）。在美国、欧洲和日本，很少有——如果还有的话——被调查过的制药公司，把自己的研究和发展基金用于研制帮助欠发达国家里昏睡症和疟疾患者的药物。这类药物不太可能创造很大的利润，因为需要这些药物的，主要是欠发达国家里的穷人。即使这些药物被生产出来了，它们流通到世界上这些地方的数量，也会是最少的。因此，正像我们已经看到的那样，非洲是很多疾病的温床，比如疟疾——这些疾病每年杀死数百万人。大体上说，这些人基本是穷国里的穷人。而以西方和富裕的发达国家为基地的主要制药公司，对下述行动没有多大兴趣：为了生产那些不太可能盈利甚至可能亏损的药物，开展研究，支付启动资金和必要的生产成本。公平地说，治疗昏睡症（Maxmen, 2017）和防治疟疾的新药已经出现，但距离它们的大规模生产和分销，仍然任重道远。与此同时，每年仍然有数百万人死于这些疾病（Ahmadiani and Nikfar, 2016）。

目前还没有针对埃博拉病毒的疫苗。这主要是因为，2014年之前，埃博拉感染的病例太少；还因为，感染者大多来自贫穷的非洲国家。既然现在已经出现了数万个病例，已有数千人死亡，开发埃博拉疫苗的重大进展似乎就要出现。一个愤世嫉俗的人还会说，一旦发达国家必须要应对几个病例，并且认识到，至少存在着埃博拉大流行的潜在危险，制药公司就会突然发现自己有以飞快的速度测试病毒和创造埃博拉疫苗的能力。

关于先进医疗技术——包括核磁共振和CT扫描——在全世界的流动，也可以做出同样的判断。这些技术异常昂贵，基本上只能在全球北方的富裕发达国家里找到。不仅是这些机器更可能存在于这些发达国家，而且基本上只有在那里，它们才能够获得充分的使用。因为那里的患者——或者是自费，或者是由保险付费——付得起昂贵的扫描费用和相关的检验费用。同样集中于发达国家的还有训练有素的专业人员，他们开展检查，并解释检查——比如核磁共振——的结果。相反，这些技术较少流入全球南方的欠发达国家；它们在那里或许也不能得到充分的使用；在那里，能够开展检查和解释检查结果的训练有素的人员，相对较少（Debas, 2010; World Health Organization, 2010b）。

在人员网络方面，情况同样如此。全球北方的医疗人员和卫生相关人员，通过一个专业网络紧密地联系在一起。结果是，人员可以在这个网络中进行流动。更重要的是，健康与医学领域里的最新发现和进展，可以通过这一网络快速地传播。全球南方的问题是，不仅这种网络中的专业人员较少，新信息在这个网络中的传播也受到很大的限制（Shiffman, 2017）。更重要的是，即使能够获得这些信息，他们也没有使用这些信息的资源和基础设施，或者是不能有效地使用。

我们可以更概括地说，全球北方的健康和医疗机构是高度互联的，而全球南方的这些机构，与全球北方的这些机构联系不足；全球南方的这些机构之间，也联系不足（Shiffman, 2017）。这是下述事实的另一个更为概括性的原因：健康和医疗的新进展，不能快速地传播到全球南方。

知识点 16-3 | 全球性健康关切

健康因素	定义
营养不足	因为热量、维生素和矿物质的摄入不足而导致的营养不良。
食品保障不足	无法获得安全和有营养的食物。
跨境疾病	由于移民、旅游和城市化，以及对抗生素产生耐药性的超级细菌的传播，像非典、艾滋病病毒/艾滋病和埃博拉这样的疾病，其全球流动性日益增加。

小结

对身体的社会学兴趣的增长，可以追溯到米歇尔·福柯，他的著作关注的是身体与社会和文化之间的关系。这一领域涵盖了广泛的学术关切，比如性存在、身体痛苦和身体修饰。

医疗专业经历了一个去专业化的过程。去专业化的特点是，其成员的权力、自主性和财富减少了，社会地位下降了。对医生权威的挑战包括，医疗行为不当的威胁，政府医疗项目和政策的建立，以及私人医疗保险项目的兴起。患者也在卫生保健体系中变成了更加主动的产消者——利用互联网购买价格最低的治疗，并阅读其他患者的评价。

健康和卫生保健的不平等往往与全球化密不可分。全球南方的人们遭受的饥饿、营养不良和食品保障不足格外地多。诸如艾滋病病毒/艾滋病和埃博拉等疾病的传播，与全球南方的全球流动性和城市化水平的提高息息相关。应用新技术的能力和接受新治疗方法的财力，在地区之间差异很大——全球南方远远落后于全球北方。不过，对抗生素产生耐药性的超级细菌的泛滥，对全世界各地一些疾病的治疗，都构成了威胁。

436

关键术语（页码为原书页码，即本书边码）

去专业化	420	医学社会学	420	远程医疗	423
食品保障不足	430	专业	420	营养不足	430
医学化	425	反思性	412		

总结性问题

1. 我们生活在一个反思能力日益增强的社会里，我们对自己身体的意识大大地增强了。依据内奥米·沃尔夫的说法，美貌神话是怎样使这种反思能力永久化的？

2. 危险行为是怎样与米歇尔·福柯所说的终极体验联系在一起的？人们从危险行为中得到了什么满足？

3. 对我们的相貌和身体强健的痴迷，赞成和反对的理由都有什么？

4. 一个专业的特点是什么？哪些因素可以解释医生变得越来越去专业化？

5. 美国卫生保健体系的缺点是什么？这些缺点与分层体系的关系是什么？

6. 请解释越来越严重的社会的医学化。它尤其对女性产生了影响，影响是什么？

7. 互联网和新的社交媒体技术，怎样影响了卫生保健？能够获得关于卫生保健的更多信息，也有其坏处，坏处是什么？

8. 从哪些方面来说，患者越来越多地变成了卫生保健的产消者？这些变化对医生权力的影响是什么？

9. 全球化倾向于扩大卫生保健的全球差距，这种差距的扩大是怎样实现的？在全球南方，你最可能发现的健康问题有哪些？怎样做才能避免这些问题的发生？

10. 主要的跨境疾病有哪些？全球化怎样使这些疾病的问题变得更为严重？在治疗这些疾病方面，或者至少是在降低其患病率方面，全球化能够发挥什么作用？

第**17**章
人口、城市化与环境

学习目标

1 解释人口增长和人口减少的原因及影响

2 讨论世界人口日益城市化的影响

3 解释什么是全球城市，讨论它们在全球化过程中发挥的作用

4 讨论主要的环境问题，以及怎样应对以解决这些问题

太少、太老

不久前，人们非常担忧，世界上大多数地方会出现太多人口。目前的担忧是，世界上很多地方将没有足够的人口，特别是年轻人口——为了支持日渐老去的人口，需要这些年轻人。非洲（以及其他地方）的最贫困国家是例外，因为它们还会经历快速的人口增长，到2100年的时候人口将达到目前的3倍。可是，在美国、日本以及欧洲大多数国家，人口将会萎缩。这意味着，在世界上大多数地方，年轻人会减少。与此同时，由于人们活的时间更长——非洲仍是例外，人口将会更老，60岁及以上人口将会接近四分之一的占比。更糟心的是，到2080年的时候，世界人口的几乎30%会达到65岁或更老，13%的人会超过80岁。人们认为长寿是高度可欲的，而且目前世界上大多数地方的老年人，比以前任何时候都更健康。不过，日渐老去的、年轻人更少的人口会带来一个问题：老年人——很多人没有多少资源，也没有退休金和／或储蓄——怎样生活在一个太少年轻人支持的世界上？

这与世界上很多地方的另一个重要趋势——工作人口的减少有关。这部分归咎于，退休的人更多了，且退休得更早。这意味着，帮助支持老年人的有薪职工将会减少——他们本应通过个人经济资助、贡献于社会保障项目等方式，来实现这种支持。甚至现在，对应于一个退休人员，美国只有4名在职工人，几个欧洲国家只有3名在职工人；而日本更糟糕，每一个退休人员只对应2个在职工人。

在很多国家，特别是美国，另一个重要趋势是，扩大家庭的重要性正在下降，而年青一代不再愿意（或者没有能力）支持老年人。

在高出生率之外，一个国家的经济的另一个传统活力来源是移民。这种移民的特征常常是：大量涌入的年轻工人有能力支持老年人——或者是通过直接资助，或者是为社会保障计划做出贡献。可是，在发达国家，出现了普遍的反移民运动，特别是反对来自欠发达国家的移民。这恰恰会导致一些人口数量的下降，而这些人不仅会让

经济复兴，还是对老年人的经济支持的来源。

本章讨论3个宽泛的议题——人口、城市化和环境。虽然每一个本来就是重要的议题，但在这里被放在一起讨论，因为它们在很多方面是联系在一起的。例如，人口增长带来了人口密度更高的城市，更多的人口也会对环境造成更多的破坏。

第一节 人口

人口学（demography）是研究人口的学科，特别是研究人口的增长和减少，以及人口的移动。研究这些人口动态的人就是**人口学家**（demographer）。人口学既是一个独立的研究领域，也是社会学的一个分支。

一、人口增长

大量的注意力被吸引到了人口增长和人口爆炸或"人口炸弹"（population bomb）的概念上（Ehrlich, 1968）。近年来，一些担忧已经被驱散了。这种情况的发生，至少部分是因为世界上人口最多的国家中国延缓其人口增长速度的能力，包括它的独生子女政策以及其他因素。2016年初，这一政策已经被终止。中国的人口是巨量的，而且还会增长，即使其人口规模很快就会被印度超越。人口增长的重要性不仅仅在其本身，也在于支持不断增加的人口所需要的更多资源。还有一个关切是，这样的人口增加给国家、城市服务以及环境带来的压力。

全球的整体出生率正在下降，但全球的人口还在增长，虽然是以较低的速率在增长。直到19世纪早期，全球人口才超越10亿；只用了1个世纪，就达到了20亿（1930年）；然后只用了30年就达到了30亿（1960年）。在接下来的14年里，达到了40亿（1974年）；又过了13年，达到了50亿（1987年）；再过了12年，达到了60亿（1999年）（Roberts, 2009）。又经过了12年（2011年10月），世界人口超过了70亿——

中国和印度就占了其中 37% 的份额（Population Reference Bureau，2010）。再过 10 年多一点的时间——到 2023 年春天——世界人口将会到达下一个里程碑，即达到 80 亿（Guardian，2018）。近期人口增长速度的放缓，与二战以后人口的快速增长形成了鲜明的对照。二战导致了针对人口增长的糟糕的预测，目前的预测是，到 2050 年的时候，世界上只有大约 99 亿人（见图 17-1；Population Reference Bureau，2018a）。虽然对未来人口的预测有了如此戏剧性的下降，但它仍然意味着世界人口的大量增加。这种增长正在进行，而且还会继续进行，即使世界上很多地方的人口死亡率很高——因为高婴儿死亡率、战争、饥荒、疾病和自然灾害。如果像很多人所预测的那样，全球变暖的灾难性影响会继续加速，那么 21 世纪的人口死亡率会戏剧性地升高，虽然这种升高不会对整体的人口预测产生很大影响。虽然近来人们对人口爆炸的谈论越来越少，但毫无疑问的是，世界人口还在增加，也许是以不可持续的速度在增加。

从更长的时间范围来看，到 2100 年的时候，据估计世界上将会有 110 亿人口（United Nations Department of Economic and Social Affairs，2017）。在很大程度上，这一显著增长的原因是，很多国家（比如埃塞俄比亚和尼日

尔）的人口增长仍然在继续。实际上，虽然有战争以及疟疾、艾滋病和埃博拉等的破坏，但预计到 2050 年的时候，非洲的总人口将会翻番（United Nations Department of Economic and Social Affairs，2015b）。并且，依据联合国的预测，到 2100 年的时候，非洲人口将占世界人口的一半（Willaston，2015）。

二、人口减少

以前，人们并不把人口减少看得和人口增长一样重要。但最近以来，它在世界上很多地方走上了前台，特别是在一些欧洲国家（意大利、德国和俄罗斯）和日本（Coale and Watkins，2017）。到 2050 年的时候，德国的人口预计会从 8 230 万减少至 7 860 万，而日本的人口预计会从 1.268 亿减少至 1.021 亿。俄罗斯人口的减少也令人担忧，到 2050 年的时候，其人口预计将从 1.445 亿减少至 1.351 亿（Population Reference Bureau，2018b）。各种问题如高酗酒率和全国各地的不均衡发展，使人们做出了俄罗斯"人口减少"的预测。类似的人口减少和社会问题，预计也会出现在中东欧一些国家里，如乌克兰、拉脱维亚。导致人口减少的原因可能是低**出生率**（birth rate）。出生率是指每年每 1 000 人中新出

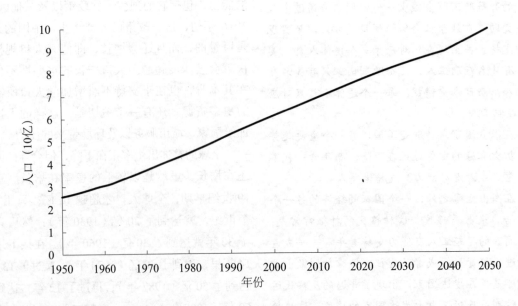

图 17-1　世界人口 [1950—2050（预测）]

资料来源：Data from US Census Bureau, World Population 1950-2050.

生的人数。人口减少的原因还有高死亡率，人口移出多于人口移入，或者是前述三者的叠加。在人口老龄化的国家，人口出生率往往低于维持人口数量所需的水平。

人们感兴趣的并不仅仅是人口减少的原因，还有它对社会整体的影响。首先，人口减少会从很多方面，包括从军事上削弱一个国家（Yoshihara and Sylva，2011）。这是因为，国家的实力常常与人口数量联系在一起，较少的人口通常意味着军队数量较少（以色列是一个例外）。其次，人口减少会削弱一个国家的经济，因为有生产能力的工人减少了。最后，一个事实是，人口减少通常与人口的老龄化联系在一起，后者带来了各种问题，包括"财政定时炸弹"（financial time bomb）。这是因为与照顾老年人相关的高昂成本，特别是政府养老金和与卫生保健相关的费用。正如篇首语所言，劳动力大军中年轻人数量的同步减少意味着，能够通过税收帮助支付这些费用的人减少了（LeVine and Stevens，2018；Singer，2010）。这一财政定时炸弹会导致国家债务的大量增加，还有其他问题。毫无疑问，这已经是很多国家的担忧。不过，可以采取一些行动来缓解这一问题，比如推迟退休年龄，从而使年龄大的人自我支持的时间延长一些。另一个可能性是，国家削减养老金和医疗福利，特别是对老年人——虽然面临政治上的困难。

440

思考题

当国家为了消除老龄化人口所造成的"财政定时炸弹"而削减政府福利的时候，它会面临什么问题？谁会从这种削减中获益？谁的利益会受到伤害？政府怎样保护利益受损的人？

因此得出"人口减少只会带来严重问题"的结论，是错误的。人口减少的一个收获是，人口增长导致的环境问题会有所减轻。例如，人口较少，产生的汽车尾气就会减少，制造的污染也会减少。另外，对日益萎缩的世界石油、淡水和食物资源造成的压力也会减轻。

虽然很多国家会受害于人口的老龄化，但其他国家，特别是发展中国家，会获得一笔"人口红利"（Pace and Ham-Chande，2016）。这是因为，在这些国家，劳动力人口和依赖性人口——比如老人、儿童——之间的比例更为有利。这一红利部分来自庞大的年轻人口，他们有工作和挣钱的能力。与此同时，需要他们供养的人口相对较少。这一红利的一大部分，可以归功于教育，以及与受过良好教育的年青一代联系在一起的较高生产率（Allison，2018）。

三、其他人口变迁

不考虑上文所列举的一些特殊情况，人口学家最关注的是三个基本过程。首先是**生育**（fertility），即人们的生殖行为，特别是出生人数。理解出生的关键是出生率。其次是**死亡**（mortality），即一定人口群体内部的死亡数和死亡率。最后是**迁移**（migration），即人口或移民（migrant）的移动。人口的移动对移出地和移入地都会产生影响。除了这些动态过程，人口学家也关注结构性的状态，比如人口结构，特别是人口的年龄特征和性别特征。

生育

从理论上说，在其生育年龄中，妇女平均可以有 16 次生育。现实中，罕有妇女可以达到那个数量。2018 年，全世界的平均出生率是每个妇女生育 2.4 个孩子。可是，全球范围内的生育水平差异极大。2018 年，生育水平从摩尔多瓦和葡萄牙的每个妇女生育 1.2 个孩子，到尼日尔的每个妇女生育 7 个孩子（*World Population Review*，2018）。此处将讨论经济与社会因素对生育率的影响、生育率的地区差异以及美国生育率的变化趋势。

经济因素。很多经济因素会影响生育率。例如，创纪录的人口增长低谷与大萧条有关。人口增长的低谷也出现在 1970 年代，当时，石油危机导致了油价的暴涨和通货膨胀的肆虐。

社会因素。生育率会受到各种社会因素的影响。例如，年龄显然会影响生育率。大多数的生育涉及 15 岁到 45 岁的妇女。年龄因素特别重要的一个情境，是青少年（年龄在 20 岁以下）的生育。据估计，在全球范围内，青少年生育的孩子的数量为每年 1 850 万人：在西非国家，这一比率高达每 1 000 人 115 次生育；在拉丁美洲和加勒比地区，这一比率是每 1 000 人 64 次生育（World Health Organization，2018）。在所有的工业化国家里，美国的少女妈妈生育率是最高的，比很多西欧国家的这一比率高 4 倍（World Health Organization，2018）。不过，近年来，美国的少女生育率戏剧性地下降了。这一生育率的高峰出现在 1957 年，当时，在 15～19 岁的少女中，生育率是每 1 000 人 96.3 次。到 2017 年的时候，该年龄组的生育率降低到了创纪录的每 1 000 人 18.8 次（CDC，2017a；见图 17-2）。即使美国的这一问题已经不再严重，少女生育率高企仍然是欠发达世界里很多地方的严重问题。关于青少年的高生育率的担忧之一是，她们和她们的孩子会经历更多的与生育有关的并发症，而且她们还没有为照顾自己的孩子做好准备。这种准备不足常常与性教育的缺乏，以及青少年妈妈的屈从性的性别角色联系在一起（Marseille et al.，2018）。结果是，青少年妈妈通常缺乏进行明智决策——关于生育和育儿的决策——所需的知识和能力。

441

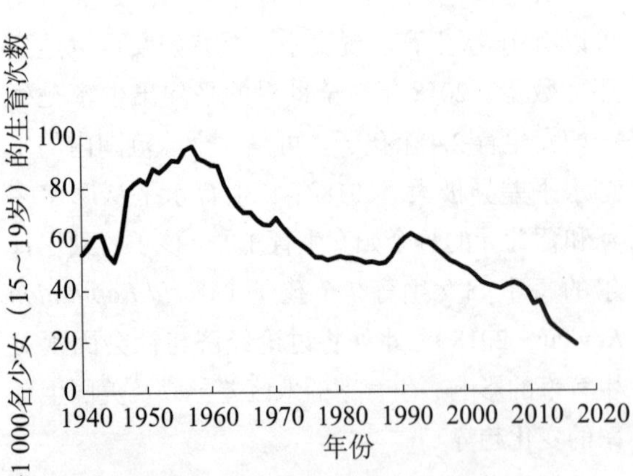

图 17-2　美国的少女生育率（1940—2017）

资料来源：Data from CDC/NCHS, Division of Vital Statistics.

与此相关的第二个问题，是宽泛意义上的非婚生育。当然，并不是所有的非婚生育都发生在青少年的身上（Fletcher and Polos，2018）。在美国，非婚生育戏剧性地升高了，从 1960 年占全部生育的 5%，上升到 2000 年的 1 / 3，一直到今天的大约 40%（CDC，2017b）。在这一点上，美国的情况在西方工业化国家中并非独一无二。它的非婚生育率高于一些国家，如德国和爱尔兰；与一些国家相埒，比如奥地利、西班牙和芬兰；低于另一些国家，比如墨西哥和冰岛，在那里，几乎 2 / 3 的孩子出生于婚姻之外（Chamie，2017）。

地区因素。虽然很多欠发达国家的官员还在为高生育率担忧，但很多发达国家的官员却越来越担心他们国家的低生育率。为了替代现有的人口，生育率需要达到 2.1。可是，2016 年，高收入国家的平均生育率是每个妇女生育 1.7 个孩子，在有些高收入国家，像日本和意大利，这一比率只有 1.5（World Bank，2017）。换言之，这些地方的生育率已经不能更替现有的人口。这一担忧在西欧国家尤其突出，而且已经导致了对前文讨论过的一些问题的担忧——这些问题与老龄化有关。另一个担忧，是各欧洲国家对其历史文化的未来的担忧——在那里，移民（特别是穆斯林）的生育率远超本土人口的生育率（Alba and Foner，2017）。这一事实已经引起了本土人与移民之间日益增加的敌意，双方的冲突也日益增多。实际上，本土主义者运动在欧洲大多数地区（甚至是在美国）都在增强，它们受到下列因素的推动：移民特别是穆斯林的增多；恐怖袭击，特别是在法国和英国。

美国生育率的变化趋势。美国建国的时候，平均生育率是每个妇女生育近 8 个孩子。在 19 世纪和 20 世纪的上半叶，这一比率一直下降。第二次世界大战导致了生育率的上升，并在 1950 年代一直维持在高位。1946 年和 1960 年之间的出生率上升，被称为"婴儿潮"（baby boom）。美国的生育率于 1957 年达到顶峰，其后，生育率的下降延续了几乎 20 年，在 1976 年达到了低谷。目前的生育率也不是高很多，是 1.76（见图 17-3；CDC，2017a）。换言之，美国今天的生育率稍稍低于"更替水平"——更替现有人口所需要的生育数量。

图 17－3　美国妇女的人均子女数（1911—2017）

资料来源：Data from CDC/NCHS, National Vital Statistics System.

死亡

作为人口变化的一个指标，对人口学家来说，某个人群的死亡率显然与出生率一样重要。一个人群的死亡率的测量指标是，每 1 000 人中的死亡人数。预期寿命是一个人的预期生存年限。

预期寿命。在史前时期，全世界的预期寿命介于 20 岁和 30 岁之间；到 1900 年的时候，这一数字只升高了一点点。从那时开始，人类的预期寿命大幅度地升高了。目前，它已经升高到男性 70 岁，女性 74 岁（Statista，2018）。发达国家死亡率下降幅度的将近一半，发生于 20 世纪。目前，发达国家的预期寿命是男性 76 岁，女性 82 岁；欠发达国家的预期寿命是男性 67 岁，女性 71 岁；最不发达国家的预期寿命是男性 63 岁，女性 66 岁（Statista，2018）。摩纳哥拥有世界上最长的预期寿命——89.4 岁（CIA World Facebook，2017）。2018 年，美国的预期寿命是 80.1 岁。其中，美国女性的预期寿命是 82.3 岁，男性的预期寿命是 77.8 岁（CIA World Facebook，2017）。

宏观社会因素。死亡固然是一种生物学的必然，但在一个人群中，升高的预期寿命和较低的死亡率，仍会受到各种宏观社会因素的影响。影响死亡率降低的主要因素（以及一些例子）包括（Elo，2007）：

- 生活水平的普遍提高（更好的住房条件、改善了的营养状况）。
- 更好的公共卫生状况（公共卫生环境改善、清洁的饮用水）。
- 文化与行为因素（与健康生活方式相关的行为规范的强化）。

- 医学与医疗技术的进步（抗生素和新药、免疫技术、外科技术的完善），这些进步并非仅仅导致了人口的老龄化，也降低了婴儿死亡率。
- 政府行动（对疾病的控制，比如疟疾）。

当然，导致死亡率上升的因素仍然存在（包括传染性疾病，如疟疾和艾滋病），还有其他一些可能会提高死亡率的因素，包括全球性的流感流行——它在地平线上若隐若现。

一个人在社会分层体系中的地位，会极大地影响其寿命（参阅第 8 章和第 9 章）。在美国，与分层体系上层的人相比，阶级地位较低的人寿命较短。就种族来说，黑人比白人的预期寿命短。最富裕的 1% 的男性人口的预期寿命，比最贫穷的 1% 的男性人口预期寿命长 14.6 岁。最富裕的 1% 的女性人口的预期寿命，比最贫穷的 1% 的女性人口预期寿命长 10.1 岁（Dizikes，2016）。在种族方面，虽然黑人的死亡率高于白人，但从 1999 年到 2017 年，黑人的死亡率降低了 25%（CDC，2017）。在同一时间段内，拥有高中学历的 35 岁到 59 岁非西班牙裔美国白人的死亡率升高了，但拥有大学学历的同一类人群的死亡率却下降了（Deaton and Case，2017）。

在性别方面，女性比男性的预期寿命要长，虽然女性处于各种各样的弱势地位——这些弱势地位源自性别分层体系（参阅第 11 章）。这一差异部分是因为这样一个事实，即女性的健康保障行为比男性更多，比如拜访医生更频繁。性别角色也倾向于保护女性，使其不受致命疾病和外伤的威胁。例如，与男性相比，女性做出有致残和致死风险的行为的可能性较小，比如吸毒、危险驾驶和暴力行为。男性胎儿的死亡率较高，出生 4 个星期之内的男婴的死亡率也较高。这一事实表明，女性有机体的生命力可能比男性更强。不过，一般来说，"女性活得较长并不是因为她们的生物学特征发生了改变，而是因为她们的社会地位和资源的可及性发生了改变"（Weitz，2017）。可是，在世界上有些地方，比如斯威士兰和博茨瓦纳，女性的预期寿命比男性的要短。这可以归咎于——至少是部分归咎于——这样的事实：在有些地区，女性更可能死于婴儿期，也许是因为父母的故意忽视或溺婴行为；她们还可能在生孩子的时候死去。

微观社会因素。死亡率也受到一些微观社会因素的影响，特别是与糟糕的生活方式的选择有关，比如吸烟、药物依赖（特别是阿片类药物；参阅第16章）、缺乏锻炼、过度饮食，以及进食不健康的食品。很久以来，肥胖就与心脏病和中风所导致的死亡联系在一起。最新的发现是，肥胖与各种类型的癌症所导致的死亡有关，包括乳腺癌、肾癌和胰腺癌。美国癌症协会（American Cancer Society, 2018）估计，大约有 7% 的癌症死亡是肥胖的结果。与此相反，健康的生活方式可以带来长寿。例如，一些宗教群体（如摩门教徒）限制烟草制品、酒类、咖啡和成瘾药物的使用，他们倾向于拥有较长的预期寿命。在全球范围内，日本人的生活方式，包括多吃鱼少吃红肉，与他们的长寿密切相关。

人口转型

出生和死亡的事项对一个重要的人口学理论——人口转型理论至关重要。依据这一理论，人口变迁与从农业社会向工业社会的转变有关（Davis, 1945）。人口转型（demographic transition）包括三个阶段（见图 17-4）。

第一个阶段，即前工业阶段，高死亡率和高出生率（生育率）形成了大体上的平衡。结果是，人口增长率虽然很高，但人口整体上保持不变。

在第二个阶段，即转型阶段，死亡率下降而出生率仍然维持在高位（虽然到这一阶段的晚期，出生率开始下降）。在这种情况下，人口快速增加。在此阶段，首先在发达国家，死亡率因为各种因素而下降。下降因素包括食品生产的改善、生活水平的提高、人们健康知识的增多、卫生状况和卫生服务的改善。在 18 世纪早期，大多数欧洲发达国家就是这种情况。

在工业阶段，随着时间的推移，死亡率缓慢 *443* 地下降到最低点。死亡率的大幅度下降导致家庭和社区里儿童数量的增多。结果是，人们开始考虑限制儿童的数量。妇女们开始更多地获得控制生育的手段，并且更可能使用它们。另外，家庭农场不再需要那么多的劳动力，因此不再需要那么多的孩子。很多家庭成员移居到了城市里，然后在工厂和其他组织中找到了工作。出生率下降的另一个主要原因是妇女的工作机会增多了。因为这个和其他的原因，限制家庭的规模符合家庭的利益。最终，出生率降低到了与死亡率大致相同的水平。

在后工业阶段，虽然在不同的时间段也有所不同，但出生率和死亡率基本上保持在低水平。

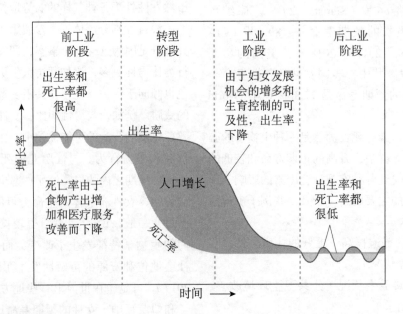

图 17-4　人口转型模型

资料来源：Adapted from *A Dictionary of Geography*, 2nd edition, by Susan Mayhew (1997). Figure 20, p. 122. By permission of Oxford University Press.

结果是，在后工业阶段，与工业阶段晚期一样，人口增长维持在低水平，或者人口保持稳定。

作为一个一般规律，出生率的降低比死亡率的降低要慢得多。这是因为，战胜个人和文化加于孩子——更宽泛地说是生命——之上的正面价值是困难的。与此相反，降低死亡率相对来说要容易一些，至少在实现手段存在的情况下，降低死亡率要容易一些，因为推迟死亡与对生命的珍视是一致的。这与下述观点是对立的：人口的增长源于出生率的升高。相反，人口的增长可以更好地归因于死亡率的下降——在出生率大体不变的情况下。

在西欧，整个人口转型过程花费了 200 年左右的时间①，从 19 世纪中叶（mid-1800s）一直持续到 20 世纪中叶。在世界上其他地方，这一过程今天仍在继续。不过，近年来，在欠发达国家，这一过程所花费的时间要少得多。这可以归功于死亡率的快速下降，而下降的原因是，从发达国家引入了先进的技术，特别是医疗技术。由于出生率维持在高水平而死亡率已经下降，欠发达国家的人口增长格外地迅速。

考虑到近年来欠发达国家的人口快速增长，目前的问题是，怎样应对这一状况，特别是在世界上生育率维持在高位的地区。换言之，怎样在这些地区使出生率降下来？

降低生育率。一种观点认为，发展是最好的避孕手段。接受这一观点的话，降低生育率的一条途径就是强调经济的发展。这种观点来自欧洲和美国的人口转型经验，那里的经济发展确实催生了较低的生育率。第二条途径是自愿的计划生育。这包括，为人们提供关于生殖生理学的知识，以及使用避孕技术的知识；为人们提供避孕药和避孕套；建立全社会或者地区性的宣传计划，以便为避孕技术的使用和小家庭的理想提供支持。第三条途径涉及全社会的改变，特别是在这样的社会里：孩子众多被认为是一个优势，并且令人向往。在很多社会里，孩子们需要工作以维持家庭生计，孩子们还要在父母年老之后赡养他们。儿童义务教育和反童工法是新的

改变。这种改变可以对抗下述事实：社会现实让很多家庭生许多孩子。这种改变使儿童在经济上不再有价值，因为他们上学的时候不能劳动，而反童工法又把他们排除在劳动力大军之外。结果是，至少一些父母选择少生孩子。另一个重要的措施是，妇女在家庭领域之外承担公共角色。当妇女受到更好的教育并获得职业机会时，生育率就会下降，家庭里的儿童就会减少（Bongaarts, Mensch, and Blanc, 2017）。不过，如果一种解决办法涉及文化观念——关于妇女和生育的文化观念——的改变，这种解决办法就可能是困难和缓慢的。

在世界上一些地方，溺婴的做法是一种不幸的现实。选择性地杀死女婴尤其是一个问题。这样做出于各种理由，包括它对出生率的影响。选择性地杀死女性胎儿（女婴）会影响出生率，因为男性人口超过女性人口，未来的母亲减少了。溺婴在南亚和东亚最为普遍，虽然世界上其他地方也有发生，包括北非和中东（Szczepanski, 2018）。

思考题

对于那些依赖儿童挣钱才能生存的家庭来说，当儿童被要求上学而不是工作的时候，这些家庭会怎样？社会应该帮助这些家庭应对这种收入减少吗？如果应该，那么怎样帮助？以前雇用这些儿童的公司应当为这些家庭的生存负责吗？为什么？

第二次人口转型。1980 年代，一些学者开始从第二次人口转型的视角进行思考，以便描述生育率的普遍下降与人口增长的关系，特别是发达国家的情况（Zaidi and Morgan, 2017）。生育率的下降与下述情况有关：父母更多地关注一个孩子或者少数孩子的生活质量，以及他们自己的生活质量。更好的职业前景，进而更富裕的生活方式，已经与更少的生育联系在一起。

第二次人口转型包括三个阶段。第一个阶

---

① 原文如此，估计是作者混淆了"1800s"与 18 世纪，应该是 100 年左右才对。——译者注

段，从 1955 年到 1970 年，尤其重要。这一时期的一个关键因素，是"婴儿潮"的结束。为此提供了助力的是，避孕措施使得意外的生育不太可能出现。在这一时期，性别革命（gender revolution）也开始了。性别革命意味着，妇女开始晚婚，离婚数量也增多了，等等。她们更大量地进入工作领域。这倾向于降低生育率。另一个事实也会降低生育率，即在家中照顾孩子的妇女减少了。可以说，这些因素和其他因素，与第二次人口转型联系在了一起，后者涉及低于更替水平的生育率、更低的出生率，以及人口增长率的下降。这一转型也与下述两种情况同时出现：婚姻之外的生活方式的广泛传播、婚姻与生育之间日益严重的分离（Klinenberg，2012）。

迁移

虽然毫无疑问的是，国境之内会发生迁移（Crowder and Hall，2007），但我们这里的主要关切——也是当今世界的主要关切，是跨境的、国际的迁移，或者叫全球性迁移。这种迁移被认为是全球化的一个核心内容（Mavroudi and Nagel，2016）。近年来，美国的一个关注焦点是非法移民，特别是通过墨西哥和来自墨西哥的非法移民。这主要是因为，唐纳德·特朗普把制止非法移民当成了他的总统竞选的核心，也是其总统任期的核心。他试图通过在美国和墨西哥之间建起一道更高和更坚固的墙，来实现这一点（以及迫使墨西哥为此买单——这一点没有成功）。他把这件事当成了自己的政府的主要目标，虽然事实是，通过墨西哥向美国的非法移民流动已经大幅度减少——主要是因为墨西哥的经济条件已经大为改善（Porter，2016a）。2018 年晚期，在国会没有同意建这样一堵墙的情况下，特朗普命令数千美国士兵来到墨西哥边界，以协助控制最多算是一股溪流的非法移民。在 2018 年末和 2019 年初，针对建墙的政治僵局，导致了美国历史上时间最长的政府停摆。

有关移民的担忧。在全球范围内，2015 年到 2016 年，随着大量人口逃离他们的祖国——因为战乱、失败国家和对少数群体的敌意——关于移民的担忧日甚一日。叙利亚、伊拉克、利比亚和也门是灾难性的战争发生地，可以被认为是失败国家，或者至少是正在走向失败的国家。少数群体，比如叙利亚和伊拉克的雅兹迪人（Yazidi）由于"伊斯兰国"的迫害甚至种族灭绝而逃离（Cumming-Bruce，2015）。在缅甸（以及孟加拉国），很多罗兴亚人（Rohingya）——一个穆斯林少数群体，为了逃避相对而言占多数的印度教徒[①]实施的暴力而逃离（Fuller and Cochran，2015）。在欧洲和东南亚的大海上，很多破败不堪的船（有些沉没了）把人们载向他们所认为的其他国家的安全港。不过，到 2019 年早期的时候，大多数国家不再欢迎他们，甚至拒绝他们。这些国家担心的是恐怖主义，以及容留这些难民所带来的成本——在这些难民能够在经济上融入社会之前。很多国家的政府，特别是德国政府，因为对移民的门户开放政策，遭受了强烈的抨击——在 2015 年德国政府的一项决定之后，超过 100 万移民被德国接收（Bennhold，2018）。

虽然欧洲关于移民的担忧达到了危机的程度（Fisher and Bennhold，2018），但到 2018 年的时候，来到欧洲的移民数量实际上下降了。另外，欧盟和 / 或相关国家敦促诸如土耳其、苏丹和利比亚等国家，在移民到达欧洲海岸之前截断移民的流动，或者是花钱让这些国家这样做。尽管如此，从 2015 年到 2018 年，仍然有大约 50 万移民跨过地中海，从利比亚进入了意大利（很多人随后进入了欧洲其他地方）。大概在同一时间，超过 1.5 万人在渡海过程中死去（Jilani，2018）。

控制移民。15 世纪之前，人们跨越国境的移动是自由的，虽然受到交通方式的极大限制。不过，随着民族国家在 15 世纪的兴起，这种移动受到了极大的关注。人们构建了很多障碍，来限制和控制这种移动（Hollifield and Jacobson，2012）。不过，晚至 19 世纪末，移动的自由度仍然很大，特别是美国和欧洲之间跨越大西洋的

---

① 原文如此。实际上，在缅甸占多数的不是印度教徒，而是佛教徒。——译者注

移动。据估计，在 1820 年到 19 世纪末之间，大约 5 000 万人离开欧洲到达了美国。1880 年之前，进入美国大体上是不受控制的——实际上每一个想进入的人都能够进入。1889 年，一次国际移民会议宣称："我们保证个体享受基本自由的权利——这一权利是每一个文明国家赋予的。这一权利是，来去自由，并依据自己的意愿决定他的居留地和目的地。"（引自 Moses，2006：47）这种态度和这种状况被第一次世界大战戏剧性地改变了。民族国家开始对人口的全球流动施加严格的限制。今天，虽然民族国家之间的做法各不相同，但"没有一个国家允许移民自由进入"（Moses，2006：54）。随着合法移民受到各种各样的限制，以及边界控制越来越严厉，一个意料之外的结果是非法移民的增多，且常常涉及人口贩运。

大量的人口移动与全球化联系在一起（Hoskin，2017）。2017 年，大约 3% 的全球人口生活在他的出生国之外（United Nations Population Fund，2017）。对一些观察家来说，这是一个巨大并且还在增加的数字。实际上，自 2000 年以来，这一数字增加了 49%，非常可观（虽然近年来，该数字的增长率大幅度降低了）。不过，对另一些观察家来说，"我们生活在一个史无前例的国际移民时代"是一种被夸大了的感觉。这是因为，在 19 世纪后期和 20 世纪早期，实际的移民人口比例高于现在（Guhathakurta，Jacobson，and DelSordi，2007）。

虽然移民人口比例比一百年前低是正确的，但是目前在很多国家，移民人口确实占了很大的比例。例如，2016 年，德国的移民占居民总数的 12.5‰，英国的数据是 9‰，法国的数据是 5.7‰（Eurostat，2017）。在美国，2016 年，大约 13% 的美国人口是在国外出生的（Batalova and Alperin，2018）。在美国的例子中，从 2020 年到 2030 年，移民占全部人口的比例将会达到 15%，到 2050 年将会达到 18%——如果移民潮持续存在的话（Colby and Ortman，2015）。这一数字将会超过 19 世纪晚期 15% 的最高纪录（Roberts，2008）。

当代移民。一些有趣和重要的改变，影响了当前国际移民的性质。首先，来自发达国家的移民的数量实际上已经减少。其次，从发展中国家向高收入国家的移民数量，大幅度地增加了。2017 年，全部国际移民的 64%（1.65 亿人）生活在高收入国家（UN International Migration Report，2017）。

与针对现代世界的其他事物（贸易、金融和投资）的限制不同，对移民的限制，特别是对劳动力的限制，并没有被放开（Polakow-Suransky，2017），并且正在大幅度地收紧。一个主要的例外是欧盟，但也仅限于成员国的公民。针对来自墨西哥和几个穆斯林为主的国家的移民，特朗普总统施加了新的和更严厉的限制。

在世界上其他地方，对移民的限制依然存在，欧盟对非欧盟国家公民的限制同样如此。在一些地方，针对不受欢迎的移民，限制不仅加强了，有时还被军事化了（Schuster，2012b）。有些欧洲边界被封闭 [比如，匈牙利和克罗地亚之间的边界（Lyman，2015b）、希腊和马其顿之间的边界、英法海底隧道入口处周围的地区]。欧洲的很多地方（比如，奥地利、保加利亚、希腊、匈牙利和马其顿）建起了高墙和篱笆，以便阻止——如果不是完全阻断的话——不受欢迎的移民流。在物理障碍之外，欧盟委员会的主席等人，对非法移民发出了严厉的警告："不要到欧洲来！"（Kanter and Chan，2016）2018 年中期，匈牙利甚至颁布了一部法律，该法把帮助非法移民定义为犯罪（Kingsley，2018b）。

思考题

对移民的限制，发挥了什么样的社会功能？针对移民控制的强化，冲突论者会怎么说？

不过，在试图控制全球移民的过程中，存在着令人生畏的问题。首先，涉及的人口数量巨大，这使得对他们的控制极其困难。据估计，"（全世界）每天有数千万人跨越边境"（Hollifield and Jacobson，2012：1390）。美国和欧洲承受了最大的压力，它们是移民最向往的目的地，无论是合法移民还是非法移民。其次，控制移民的成本非常高，很少有国家能够负担得起比做做样子多得多的措施。需要几十亿美元才能够实现特朗普的梦想：在美墨边界修建一道 2 000 英里的高墙。此外，与特朗普曾经的另一个梦想——驱逐多达 1 100 万人——联系在一起的经济成本（以及更大的社会成本），将会更为巨大。虽然他作为总统的最初努力是有限的，而且遭遇了法律障碍，但毫无疑问的是，他想要驱逐很多人，特别是那些被他形容为"坏家伙"（bad hombres）的人。

还有一个事实是，控制移民的企图不可避免地会导致下述结果：逃避这种控制的做法被强化并越来越老到。这就为那些人口走私贩开辟了一个有利可图的市场。这些人的生意是，非法地运送人员穿越国界（Alderman，2016）。最后，强化了的控制，导致人们竭尽全力逃避这种控制。这进一步导致了更多的伤亡。例如，2017 年，已知试图非法跨越美墨边界的人中，有 412 人死亡（Guardian，2018）。与那些坐在漏水的船和筏子上，横跨地中海试图到达欧洲的人，特别是那些来自土耳其和北非的人的死亡人数相比，上述数据小巫见大巫。虽然很多人死掉了，但也有一些人，在令人痛心的援救中，死里逃生（Associated Press，2016）。

为了经济的繁荣，一个民族国家必须维持自己的劳动力大军。这一劳动力大军由下列人构成：高薪的熟练工人、各种专业人士，以及低薪的半熟练工人和无技能的工人。如果一个民族国家失去了上述任何类型的大量工人，特别是熟练工人，它在全球市场上竞争的能力就会受到损害。因此，民族国家同样需要来自其他地方的工人，让他们合法或者非法地进入国境，与国家利益是相符的。可是，太多的此类移民，会对他们试图进入的社会构成威胁。例如，即使是像德国那样的富裕国家，也在竭尽全力消化它近年来接收的 100 多万移民。针对移民的强烈反对意见，在安格拉·默克尔总理的去职决策中——在 2021 年任期届满的时候，发挥了关键的作用。

解释移民。一系列推拉因素（push and pull factors）会影响移民。推动因素包括：移民对更好和更安全的生活的渴望；来源国的社会问题，比如失业和低薪，使人们很难实现自己的目标；重大变故，如战争、饥荒、政治迫害和经济萧条。然后是移居国的拉动因素，比如和平自由的国家、繁荣的经济、良好的移民政策、高薪和低失业率、强大的福利体系、充足的食物、良好的教育体系、正式的和非正式的针对移民的服务网络、劳动力短缺，以及来源国和移居国在语言和文化上的相似性。

除了这些传统的因素，还有一些因素是全球化时代所特有的。例如，信息的全球化传播让人们更容易地找到移居国，并在其中舒适地生活。然后是全球性网络与地方性网络之间的互动：或者是通过以现代技术为媒介的正式网络，如手机和互联网（特别是电子邮件和 Skype）；或者是通过非正式的家庭和社会网络——也许是使用同样的技术。所有这些都使得移民变得更为容易，也使得在新环境中舒适地生活更为容易。与此同时，给家人和朋友寄钱（汇款）也变得更容易了。

移民的类型。难民（refugee）是被迫离开其祖国的人，或者是因为害怕安全遭到威胁而主动离开祖国的人（Collier and Betts，2017）。联合国难民事务高级专员公署（Office of the United Nations High Commissioner for Refugees）的责任，就是决定移民是否被定义为难民。

政治避难者（asylum seeker）是逃离其祖国的人，他们通常企图逃脱政治迫害和宗教迫害。他们试图留在他们逃往的国家。他们处于不确定的状态，直到关于他们的避难申请的裁定被做出（Schuster，2012a）。如果政治避难的要求被接受，政治避难者就会被认为是难民。如果政治避难的要求被拒绝，政治避难者就很可能被遣返。2018 年中期，为了减少进入美国的移民人数，特别是针对来自中美洲的移民，美国试图限制或者终止下述做法：允许逃避帮派暴力和家庭暴力的人寻求避难（Romero and Jordan，2018）。

劳工移民（labor migrant）是从他们的祖国流动至另一个国家的人，驱使他们流动的原因是前述的推拉因素（Basaran and Guild，2018）。主要的拉动因素是，在这里工作的工资比来源国更高。劳工移民的一个例子，是移民到美国寻找家政工作的妇女。对这些妇女来说，推动因素是来源国的内战和经济危机。

未登记移民（undocumented immigrant）是那些没有得到合法授权而居住在移居国的人（Wides-Muñoz，2019）。这一类型与前述移民类型有交叉，政治避难者和劳工移民都可能是未登记移民。未登记移民属于三个宽泛的类型。第一类是没有经过检查站或者法定审查而进入国境的人；第二类是合法地入境，但居留的时间超过签证允许期限的人；第三类是使用假证件入境的移民。图 17-5 显示，累计进入美国的未登记移民的数量，从 1990 年的 350 万人，增加到 2007 年最高峰时的 1 220 万人，然后到 2016 年下降到 1 070 万人。来自墨西哥的移民，构成了未登记移民的大多数。2016 年，在 1 070 万未登记移民中，540 万人是墨西哥裔（Krogstad，Passel，and Cohn，2018）。

据估计，有 1 200 万来自墨西哥的移民生活在美国。到 2016 年的时候，他们中的 45% 非法地生活在美国（Gonzalez-Barera and Krogstad，2018）。他们移民是因为，虽然依据美国的标准，他们仅仅获得了贫困线上的收入，但仍然比在墨西哥挣得多。很多未登记移民在美国和加拿大的农场里采摘水果和蔬菜，忍受低薪和超长工时，并住在糟糕的住房里（Dias-Abey，2018）。

很多移民进入美国，寻求他们的祖国所没有的教育机会。2016 年，在美国的学校里注册的 3 岁到 17 岁的未登记移民学生，超过 100 万人（Migration Policy Institute，2016）。因为美国最高法院裁定，各个州不可以拒绝未登记移民学生在小学和中学就读，因此教育在这些学生的社会流动中扮演了核心的角色。

447

较少移民限制或者取消移民限制的理由。对于移民政策，特别是对于未登记移民的政策，公众舆论是分裂的。虽然有些人（比如唐纳德·特朗普）为限制移民的需求进行辩护，并获得了大量的媒体关注，但偏爱较少的（或者甚至没有）移民限制的一方，也有强有力的理由（Moses，2018）。

从经济上说，移民对美国经济的作用是正面的，而不是负面的，对其他发达国家也是一样。与很多人所认为的相反，"移民与当地居民抢工作"的证据并不明确。还有一点也是不明确的，即移民的技能不如当地居民。虽然当地居民中间的不熟练工人的工资也许会受到负面的影响，但整体工资水平不受影响。移民并不是公共财政的消耗者，他们甚至可能会缴纳更多的税收。他们对社会保障的贡献，大于他们所接受的服务的成本。支持发达国家对移民更为开放的一个强有力的经济理由，是这样一个事实：这些国家的主要劳动力正在老龄化（德国是一个例子），它们需要引入年轻的、有活力的和"饥饿"的工人。另一个经济理由涉及限制移民的高昂的边境控制成本。如果放松边境控制，这笔钱可以花在其他的地方。

从政治上说，更自由的移民可以从各个方面为更出色的民主做贡献，也有助于减少威权主义。对于来源国来说，人们，特别是受教育程度最高和最有技能的人，因为缺乏民主而离开，可以向它们的政治制度施加改革的压力。更一般地说，这种移民会强化个体的下述能力：影响政治制度，推动它们走向更民主的方向。在一个迁徙更加自由的世界里，民族国家不仅要为留住自己最佳的人才而相互竞争，也要为了吸引其他地方的人才而竞争。这会使全世界所有的民族国家更为民主，并增加国际交流。

支持更自由的移民的道德理由有两个。首先，作为一个自在的理由，自由迁徙是"一项普遍的和基本的人权"（Moses，2006：58）。其次，

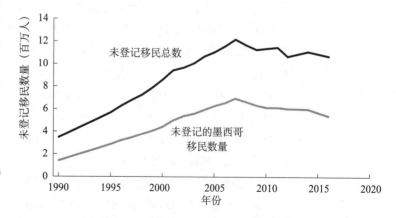

图 17-5 美国的未登记移民数量（1990—2016）

资料来源：Passel, Cohn, and Gonzalez-Barrera, "Population Decline of Unauthorized Immigrants Stalls, May Have Reversed (23 September 2013); Jens Manual Krogstad, Jeffrey S. Passel, D'Vera Cohn, "5 Facts about Illegal Immigration in the U.S." (3 November 2016), Pew Research Center, Washington D.C.

就其功能来说，移民自由是实现更大的经济公正和政治公正的手段。更大的自由迁徙权利，将有助于全球经济不平等的缩小，也会削弱全世界的独裁政权。

知识点 17-1 | 人口变迁

人口因素	描述
生育	出生和出生率。
死亡	死亡和死亡率。
人口转型	当农业社会开始工业化和城市化的时候，死亡率和出生率都会下降。在后工业阶段，人口增长变慢，人口数量会稳定下来。
跨境迁移	跨越国境的人口移动。

448

第二节 城市化

我们现在转向城市地区，它是很多移民和当地人的目的地，城市地区受各种人口变迁的影响最大。

直到不久之前，世界还是以乡村为主导的。甚至到了 1800 年的时候，世界上的大都市也是屈指可数的。晚至 1850 年，也只有 2% 的世界人口生活在居民多于 10 万人的城市里。当然，从那时开始，城市地区快速地扩大了。在 21 世纪的头 10 年里，生活在城市里的人比生活在乡村地区的人更多，而不是更少（Gotham and King，2019）。不过，在城市化的发展水平上，世界各国之间存在巨大的差异：在英国，83% 的人口是城市人口；在美国，82% 的人口是城市人口；而在卢旺达，只有 17% 的人口是城市人口（World Bank，2017）。据预测，到 2050 年的时候，68% 的世界人口会生活在城市地区（目前是 55%；World Bank，2018）。城市人口最大的增长将出现在发展中地区，到 2050 年的时候，那里 90% 的人口会是城市居民（UN，2018）。

城市（city）是大型的、固定的、在空间上集中的人类聚落，其重要性一直在持续地增强。即使在没有多少城市的时候，城市也是很多社会的核心。马克斯·韦伯（Weber，1921 / 1968）认为，在中世纪的西方，城市的兴起是极其重要的。西方（欧洲）城市具有一些特征，包括被城墙环绕、拥有政治自主权以及拥有独特的城市经济（Le Gales，2007）。城市已经变得举足轻重，而且，在目前"世界"城市的情境之下，城市变得尤其重要了（下文将讨论）。

"城市的"这一术语通常涉及在城市里居住，但这一术语也具有特定的和技术性的含义（它的认定标准在不同社会是不一样的）。在美国，如欲被认定为**城市的**（urban），一个区域至少要有 5 万名居民。但在爱尔兰，被认定为城市的，一个地方仅仅需要有 200 名居民。**城市化**（urbanization）是这样一个过程：一个社会中越来越高比例的人口居住在一个相对密集的城市区域（Gotham and King，2019）。显然，在古代，当大量人口迁徙至罗马、开罗和北京的时候，城市化就发生了。不过，在现代社会，城市化大幅度地加速了。**城市生活**（urbanism）是城市区域出现的生活方式，或者是与城市区域联系在一起的生活方式。这种生活方式包括独特的生活风格、态度以及社会关系。就社会关系来说，一个例子是，与陌生人扯上关系的可能性大大增加了（Simmel，1903 / 1971）。

一、不断扩张的城市

最近几十年来，城市变得更大了（下文讨论全球化的时候，我们将讨论世界上最大的那些城市——巨型城市）。不过，城市已经变成了更大的空间形态的一部分。1920年以后，美国（后来在其他地方）出现了新的城市类型——**大都市**（metropolis）。所谓大都市，就是一个大型的、强大的、具有文化影响力的城市化区域。它由一个中心城市和围绕着它的一些社区组成，后者被称为**郊区**（suburb）。郊区在经济和社会上与中心联系在一起，但位于行政边界之外（Lacy，2016）。郊区往往围绕着城市，形成带状结构。美国的郊区往往是中产阶级的社区——至少最近是这样；但其他社会里的郊区，比如法国和南美洲的郊区，更可能是由下层阶级主导的，其中包括很多新近的移民。

城市群（megalopolis）由一些人口庞大的城市构成，它可以延伸得非常遥远（Gotham and King，2019）。美国目前有11个城市群，波士顿和华盛顿特区（包括弗吉尼亚北部）之间的区域，就是一个典型的例子。另一个城市群从圣迭戈延伸至旧金山，也许最终会延伸至西雅图，甚至温哥华。围绕着五大湖的城市，也构成了一个城市群。

二、郊区化

当大量人口从城市搬到附近人口稀疏的环城市带居住时，**郊区化**（suburbanization）的过程就开始了。这些人往往被一些城市问题驱离，比如犯罪、污染、贫困、无家可归和糟糕的学校。20世纪后半叶的"美国梦"，即一座买得起的独户住宅，更可能出现在郊区，而不是市区。

人们对郊区化提出了各种各样的批评。批评之一是，它导致了具有下述特征的广大区域的出现：居民住宅以及为这些住宅服务的商业设施，似乎在无限制地延伸（Duany，Plater-Zyberk，and Speck，2010）。最近，很多人注意到了郊区扩张的问题，比如它加重了交通阻塞和环境恶化。

在郊区发展中，出现了**封闭社区**（gated

community）。虽然封闭社区通常与美国联系在一起，但它在全球很多地方都出现了，包括巴西（Ayoobi，2018）和中国（Webster，Ruan，and Gun，2018）。在封闭社区里，大门、监控摄像头和保安为居民提供了远离危险的安全感——居民们认为，有时是错误地认为，他们把危险留在了城市（Atkinson and Blandy，2017）。例如，在这种社区里，入室盗窃更少，而有些封闭社区比其他封闭社区提供的保护更加优良（Addington and Rennison，2015；Breetzke，Landman，and Cohn，2014）。不过，无论实际情况如何，这样的社区总倾向于在其居民中强化恐惧和不安全的感觉（Low，2003）。

各种最新进展影响了美国的郊区化（Lacy，2016）。首先，我们看到了贫困的郊区化，郊区里的穷人数量的增加速度快于市区。其次，越来越多的移民来到郊区，并在这里安家。最后，更多的黑人，特别是中产阶级黑人，生活在郊区里。

虽然郊区化最初是和美国联系在一起的，但它早已是一个全球性的现象。不过，世界各地的郊区化的过程和性质，各有不同。简单地假定美国的模式会适用于世界上其他地方，是错误的（Harris，2019）。

三、后郊区时代？

美国的郊区化于20世纪后期达到高峰。今天，很多人在讨论郊区的衰落。有些人指出，我们正生活在一个后郊区时代（Phelps，2019）。在一定程度上，这和下述情况有关：我们越来越意识到，享受大型的、高耗能的私人住宅和费水的大面积草坪的生活方式，在生态上是不可持续的。对很多人来说，高油价、房屋供暖和空调的费用，进一步使郊区住房的成本变得不可接受。租一套公寓，搬回城市或者搬得离城市近一些，再一次成为时尚。这一朝向后郊区时代的潮流，也发生在世界上其他地方，但采取了不同的形式。这部分是因为，在世界各地，郊区本身就是不一样的。虽然后郊区时代并不是一个定义清晰的概念，并且采取了不同的形式，但清楚的是，

449

很多旧有的边界——城市与郊区之间、郊区与下文将要讨论的远郊区和卫星城之间的边界——正在消融。

远郊区

　　城市和郊区继续向外延伸，到达那些土地和房屋成本更低的地方。这些延伸出去的开发区域，被称作**远郊区**（exurbia）。郊区通常被视为城区之外的主要开发类型，而现在，主要的开发类型是远郊区，即把郊区推进到乡村区域（Taylor and Hurley，2016）。这里的房屋不那么昂贵，正如这里的土地一样。这些房屋坐落于大块的、低密度的土地之上，而且这些地方往往是风景优美的区域。生活在这里的人们，寻求一种更乡村化的生活方式，希望更加亲近自然——他们相信，城市和郊区都失去了这些东西。当然，很多人仍然要求大多数的——如果不是全部的话——现代化的方便（比如，高速互联网和有线电视）。

思考题

　　你怎样看待封闭社区？它对生活于其中的人和被挡在外面的人，产生了什么影响？你能设想自己生活在一个这样的社区吗？为什么？

卫星城

　　与远郊区的兴起联系在一起的是，被称为卫星城的地方的出现（Garreau，1991；Phelps and Wood，2011）。正像其名字所暗示的那样，**卫星城**（edge city）在大城市最外围的地带发展起来。在很多方面，它更像是一个城市，而不是郊区。作为远郊区的一部分，卫星城与城市的腹地区别开来，推动了"无边界城市"（edgeless city）这一概念的出现。与郊区化一样，卫星城现象也起源于美国，但它正在变得越来越全球化，出现在了加拿大、中国，以及其他地方（Zheng et al.，2017）。

新城市主义

　　远郊区和卫星城代表了远离城市甚至是郊区的移动，但城市和郊区的新形式持续地涌现出来。其中之一就是购物中心（shopping mall）——它看起来像一个小镇，运行方式也像一个小镇。下列部分可能在一个地点结合在一起：店铺林立的几条街、一个室内购物中心，以及单元房和公寓。这些地方看起来和感觉上更像一座城镇，而不是一个购物中心。这些地方还要破除生活与购物之间的区隔——大多数郊区存在这种区隔。

　　这些进展与一种叫作"新城市主义"（new urbanism）的运动有关。新城市主义的目的是创造一种传统的美国小镇的复制品——有邻居、"步行友好性"（walkability）、有贴近居民的各种设施（Duany and Plater-Zyberk，1990）。最著名的新城市发展项目，是迪士尼的庆祝（Celebration）社区，它于1994年开始运行。更晚近的是"景观城市主义"（landscape urbanism），它关注的是景观的设计，而不是景观中的建筑。这为新城市主义添加了大量生态可持续性的意味（Monclús，2018）。

四、美国主要城市的变迁

450

　　虽然很多人都在谈论美国主要城市的衰落——这种衰落还在进行之中，但近年来，至少一些城市（比如，纽约、芝加哥、旧金山、洛杉矶、圣迭戈和西雅图）一直在迅速发展。

　　可是，作为去工业化或生产部门衰落的结果（参阅第15章），很多在工业化时期发展起来的美国大城市（比如，底特律、俄亥俄州的阿克伦），经历了严重的衰退。这一衰退伴随着"白人的逃离"（white flight）——白人从城区的出走，这不仅导致了城市区域之间的高度隔离，还导致了一些地区税基的降低和基础设施（道路；供水和下水道系统；公共交通，特别是东北地区城市如纽约、波士顿和华盛顿特区的地铁系统）的恶化，以及为居民提供基本服务的能力的降低（Kye，2018）。

　　例如，在有些城市，供水质量在很多方面都降低了。最著名的一个例子，是密歇根州弗林特市（Flint）的水污染事件。这个城市的人口主要是黑人，而且很多居民是穷人。污染事件发生在 2014 年。当时，为了节省成本，这个城市把处理良好的来自休伦湖的水源，改为打算自行处理的来自弗林特河的水源。该城市对水源的处理是不充分的［主要原因是老旧管道的铅溶出（lead leaching）］，这些水实际上是不可饮用的，饮用者甚至有健康危险。2018 年，虽然密歇根州州长宣布，水是安全的，但很多居民仍然认为水是不可饮用的，并且认为它是一个健康风险。弗林特市的水污染可以被视为环境种族主义（environmental racism）的一个例子，它"使黑人格外多地暴露于受污染的空气、水和土壤之中"（Eligon，2016：A1）。

有些情况下，在城市翻新（renewal）过程中，至少一些基础设施获得了重建。一个相关的过程是**贵族化**（gentrification），即房地产资本被再次投入衰败的市中心，为处于上升态势的中产阶级翻新房屋（Schlichtman，Patch，and Hill，2017）。一个最近的例子是，在华盛顿特区的"肖"（Shaw）社区里发生的变化（Gringlas，2017）。另一个著名的例子就是纽约的布鲁克林区。在 1940 年代和 1950 年代，因为其工业时代的贫民窟，纽约人对此地避之唯恐不及。现在，布鲁克林的大部分地区，与其著名的褐色砂石建筑一道，都变成了后工业景观的典范。住宅和公寓被重新修葺，很多房屋超级昂贵。布鲁克林变成了美国最买不起的房屋所有权市场（Leefeldt，2018）。为新居民服务的餐馆、酒吧和其他商业设施遍布整个地区。贵族化过程的先驱常常是年轻的专业人士、时尚达人（hipster）、年轻的男同性恋者以及艺术家（Zukin，1982）。贵族化让在郊区长大的富裕居民（绅士）再次回到城市。人们的期望是，对这些衰败地区的重建不仅仅是物质上的，也是经济的、社会的和文化的。在这个过程中，工人阶级和贫穷的居民往往会被迫离开。

思考题

贵族化是否能够服务于社会目的？如果是的话，是什么目的？对于这一过程中工人阶级和穷人的命运，冲突理论能够解释吗？如果能够的话，怎样解释？

在很多城市衰退（虽然出现了贵族化和针对超级富豪的房地产繁荣）以及郊区、城市群、远郊区和卫星城发展的背景之下，我们对城市的老旧看法需要改变。我们习惯于认为，城市拥有一个核心，其他地区围绕着这一核心运转。现在，我们最好把城市——比如得克萨斯州的休斯敦——想象为拥有数个核心的地理区域，而这些核心散布在此区域内。对很多人来说，中心城市和中央商务区已经不再像磁铁一样吸引他们。相反，在一个广阔的区域之内，很多独立的和特化的中心被建立起来，不同的人群被吸引到不同的区域中去（Gotham，2012）。

知识点 17-2 | 城市化的特征

位置	特征
城市	大型的、固定的、在空间上集中的人类聚落。
郊区	围绕着中心城市的社区。
远郊区	郊区和乡村地区之间的居住开发区域。
卫星城	在大城市最外围的地带发展起来的区域，其功能更像是城市而不是郊区。

第三节　城市与全球化

从一开始，对于讨论全球化的学术作品和通俗作品来说，城市就是其中心话题（Sassen，2019）。城市被认为是**世界性的**（cosmopolitan），对各种外部的和全球的影响保持开放（Pogge，2017）。与此相反，小城镇和乡村区域更多地被认为是**地方性的**（local），即向内的，而不是向外的。因此，人们认为城市内在地具有全球性，而且随着城市对来自世界各地的类型广泛的人口、文化、民族、语言和消费品的吸纳，它们的全球性将更加显著。城市还对周围地区产生强大的影响。

今天的城市是人员、产品和信息的全球流动的关键环节（McCann and Ward，2011）。关于怎样对城市加以改善的政策和观念，在世界上的城市之间自由地传播。以城市为基地的各种组织，通过复杂的网络，与本国和其他国家城市里的组织联系在一起。另外，这些城市里的人，也投身于范围广阔的全球性网络之中，并与全世界的人联系在一起。

一、全球城市

位于世界城市等级顶端的，是那些全球城市，包括纽约、伦敦和东京。萨斯基亚·萨森（Sassen，1991）把全球城市的概念，根植于经济（资本主义）全球化的过程之中。在这一背景下，以上述3个城市在世界经济中的地位为基础，她把优先性给予了它们。具体来说，说它们是**全球城市**（global city）的理由是：

- 处于主要工业和市场、高水平的管理以及进行这种管理所需专业服务的核心位置；
- 创新性的、前沿性的金融服务产品的生产中心和创造中心；
- 新的金融、法律和会计产品的产生地；
- 商业组织和其他组织进行全球指挥和控制的场所。

全球城市的大多数成就的取得，依赖于种类繁多的电子新技术的出现。拥有庞大的金融中心的这些城市，也可能是全球经济的重大崩溃的中心。

在新的国际劳动分工之中，全球城市是关键的节点。最重要的，是这些城市之间的联系，以及它们之间的流动——既包括积极的流动，也包括消极的流动。在很多方面，这些全球城市彼此之间的相似程度，高于它们与自己国家的小城市和腹地之间的相似程度。它们与全球经济的整合程度，也高于腹地与全球经济的整合程度。全球城市之间的直接联系指向了一个事实，即在全球化时代，民族国家不像以前那样重要了。它们已经无力控制全球城市之间的流动。正像萨森（Sassen，2012：189）所言，全球城市"直接参与到全球事务中来，常常跨越国家层面"。另外，民族国家也无力阻止全球性流动，比如非法移民和毒品的全球流通。

二、巨型城市（及其他）

巨型城市（megacity）被定义为人口超过1 000万的城市。当然，上文提到的全球城市符合这一标准，但令人惊奇的是，欠发达国家里数量越来越多的大型城市，也可以被定义为巨型城市（Kleer and Nawrot，2018）。2018年，有33个（1990年只有10个）城市符合巨型城市的标准，最大的是东京，有3 700万人。预计到2030年的时候，还会有6个城市发展为巨型城市。中国有6个巨型城市，印度有5个巨型城市（United Nations World Cities，2018）。

这些人口集中区域带来了很多问题。这些问题与下述情况有关：大量穷人生活在城市里，特别是在第三世界。

当然，这些巨型城市，即使其中最破败的城市，也有富裕的居民。因此，这些城市是不平等最为显著的地方。最令人震惊的不平等出现在孟买，在那里，印度最富的人穆克什·安巴尼（Mukesh Ambani），据报道，净资产为420亿美元。他建造了一座27层的独户房屋，价值可达10亿美元。它有9部电梯、一个6层的库房、直升机停机坪、"空中游泳池"、一个水疗馆、空中花园、一间可以容纳50个人的电影厅，以及一个大型舞厅。运行这座住宅，需要数百位仆人和员工。所有这些，都出现在一个以贫穷闻名的城市里，那里 60% 的人口生活在贫民窟里（Yardley，2010）。2018 年，安巴尼为他的女儿举办了一场婚礼，花费在 1 500 万到 1 亿美元，客人包括碧昂丝和希拉里·克林顿（Ives and Goel，2018）。

三、全球化问题的主要地点

全球城市是富人和权贵的家园，他们是全球化的主要受益者。不过，正是城市，包括全球城市，受到了各种各样的全球问题的严重影响。比如，世界上的一些大城市——纽约、伦敦、马德里，特别是巴黎——都曾经是重大恐怖袭击的目标；它们是大量移民的目的地，其中很多是未登记移民；它们也是被全球健康问题影响的大量人口的落脚地和寻求帮助的地方；如此等等。这使得齐格蒙特·鲍曼（Bauman，2003：101）认为，"城市成了全球产生的问题的垃圾场"。

虽然这些问题具有全球特征和全球来源，但应对它们却变成了一个地方性的政治问题。而城市官员往往没有解决这些问题所需的经济资源。例如，一些力量导致人们移居伦敦，但在应对这些力量方面，伦敦市市长能做的很有限。这些力量包括，躲避与贫穷相关的掠夺、缺乏经济机会、遭受暴力以及各种各样的健康风险。我们再次引用鲍曼（Bauman，2003：102）的话："地方政治，特别是城市政治，承担了令人绝望的、超额的重负。"

四、文化与消费的中心

针对城市的上述讨论，都倾向于强调它的问题或阴暗面。可是，城市也在全世界的社会发展中扮演了极为正面的角色。与乡村地区相比，城市倾向于拥有更高教育水平的居民，促进更大的宽容，更可能产生新的想法，拥有最好的医院，提供更多的工作，等等。我们能够想起来的大多数文化成就，特别是"高雅文化"，都起源于城

全球化 超级富人向世界顶级城市的流动

世界已经变得越来越等级化了，超级富人更加能够消费那些 99% 的人想都想不到的东西。这些东西包括世界各大城市的宅第，特别是在纽约和伦敦这两个城市里。从各个国家（比如俄罗斯）来的富人们，为他们的住宅付出的价钱，令人震惊。由此造成的资金流动推高了这些城市里其他房屋的价格，使得普通人越来越难以生活在这些城市。例如，伦敦的贝尔格莱维亚区（Belgravia）的一处住宅，售价可能高达 750 万美元到 7 500 万美元。一个乌克兰人为海德公园一号（One Hyde Park）的两套阁楼公寓（penthouse condominium）支付了 2.04 亿美元，然后花费 9 000 万美元进行装修（Lyall，2013）。

更令人震惊的是，购买这些超昂贵住宅的很多人，一年只有几天住在里边（比如说，圣诞节假期的时候），或者完全不在里边居住——他们购买这些房产可能仅仅是为了长线投资或者出租。他们在全世界各地的超昂贵住宅里来来去去，在任何一处住宅里居住的时间都很短。这意味着，在世界顶级城市的这些黄金地段（prime area），在一年的大多数时间里，居民寥寥无几。

纽约市的调查报告发现了这样的事实：这些精品房地产（elite real estate）——比如时代华纳中心（Time Warner Center）的独立产权公寓，那里住着至少 17 位亿万富翁——的购买者，不仅很少露面，也很难确定其身份（Story and Saul，2015）。这种情况的原因是，这些买家常常以空壳公司、信托公司或者有限责任公司的名义进行购买，以便隐藏真正所有者的身份——这些人想保持低调。独立产权公寓的业主和全球城市的市长们，常常非常欢迎超级富人来此居住，不管他们是什么人，即使一年仅仅居住几天。

思考题

全世界的超级富人涌入世界顶级城市，使不动产价格升高，这把中产阶级逐出城市，更不用说那些穷人了。这些世界顶级城市能对此有所作为吗？

市，并以城市为中心。因此，世界上很多伟大的大学、博物馆、交响乐团、歌剧团、剧院、餐馆等等，都出现在世界上的大城市之中。大多数流行文化——如嘻哈文化和说唱音乐——也是从城市里传播出去的。

城市也是消费世界中很多新进展的源头。例如，购物商场（Benjamin, 1999）、世界博览会以及百货商店，都起源于19世纪的巴黎和其他欧洲城市（Williams, 1982 / 1991）。在20世纪，美国城市里的这些消费场所世界领先，特别是纽约，它的百货商店［梅西百货和金贝尔斯百货（Gimbels）］世界闻名，1939年和1964年的世界博览会也是如此。当住在城市之外的人们有财力旅行，也有消费愿望的时候，他们常常会来到城市，然后购物和看戏，等等。像巴黎和纽约这样的城市，还在消费中发挥其他的关键作用，比如作为全国和世界的时尚中心（Lipovetsky, 1987 / 2002; Simmel, 1904 / 1971）。此外，一些城市，特别是纽约及其著名的麦迪逊大道，变成了广告产业的中心，而广告的功能就是促进消费（Schudson, 1987）。一个城市变成了专业性的消费中心，最突出的例子就是作为赌博中心的拉斯维加斯。迪拜经历了规模庞大的建设热潮，其目的是努力使自己变成一个商业和消费中心——其影响覆盖世界上的大片区域，从开罗一直延伸到东京。

一座**梦幻城市**（fantasy city）是这样的城市：它的建设重点是景观，特别是消费、休闲、旅游和房地产。主导这些景观的，是令人惊奇的大楼和其他项目。在汉尼根（Hannigan, 1998, 2007）看来，只有两个城市够得上完全的梦幻城市：内华达州的拉斯维加斯和佛罗里达州的奥兰多（迪士尼乐园和其他旅游景点的所在地）。不过，很多城市正在向那个方向发展。

梦幻城市的特色是，由"消费教堂"（Ritzer, 2010a）所主导的基础设施，比如"主题餐厅、夜总会、购物中心、多银幕电影院（multiplex cinema）、虚拟现实商场（virtual reality arcade）、赌

场酒店……体育场和体育馆，以及其他娱乐中心"（Hannigan, 2007: 1641）。总的想法是，吸引人们特别是消费者来到梦幻城市。而且他们一旦来到这里，就被引诱进入各种各样的消费教堂，并在那里大笔地花钱。与消费领域的其他很多进展一样，梦幻城市也基本上是美国的创新。

虽然人们被吸引到梦幻城市里进行消费，但他们发现，特别引人入胜的还是城市的景观。例如，很多美国城市修建了巨大而壮观的新体育场馆和音乐厅（例如造价超过10亿美元的扬基体育场，以及洛杉矶造价1.3亿美元的迪士尼音乐厅），这些地方都是让人们大笔花钱的地方（Hoffman, Fainstein, and Judd, 2003）。在拉斯维加斯，著名的就是那个景观带——拉斯维加斯大道，那里有主题赌场酒店如巴黎酒店（包括埃菲尔铁塔和凯旋门的复制品）、威尼斯人酒店（包括运河和贡都拉①）、百乐宫酒店（Bellagio）（包括其著名的喷泉），以及财富岛酒店（包括其定期的户外海战）。奥兰多的景观是迪士尼乐园及其公园和旅游景点，以及其他主题公园（环球影城、布希花园、海洋世界）。其他城市（比如上海、新加坡和澳门）也试图以类似的方式吸引旅游者和消费者。

近年来，城市的核心功能，特别是其消费功能衰落了。首先，郊区的购物中心代替了城区的购物中心和百货商店，成为很多顾客的主要购物场所。最近，购物中心自己，也逐渐被在线购物（比如亚马逊、亿贝）取代。在全球范围内，世界消费领域的主要玩家如宜家（来自瑞典，荷兰人所有）以及家乐福（法国公司）的经营地点，更可能是在城区以外。休闲产业的巨人迪士尼，把它的主题公园设在了一些世界大城市的外围——洛杉矶、奥兰多、巴黎、东京、香港和上海。

在很多方面，角色被颠倒了：城市不再是消费进展的源头，城区之外的进展正越来越多地进入城区。这使得城区、郊区、卫星城以及其他地理区域之间的区别变得模糊，并失去意义。例如，快餐店（特别是麦当劳）原本是郊区和小城镇的

---

① 意大利威尼斯特有的旅游船。——译者注

《卡特里娜飓风中的儿童》（得克萨斯大学出版社，2015）

爱丽丝·福瑟吉尔（Alice Fother-gill）
罗莉·皮克（Lori Peek）

2005 年 8 月，卡特里娜飓风登陆美国，造成巨大损失，它摧毁了墨西哥湾区（Gulf Coast），特别是新奥尔良市。1 800 人直接死于这场灾难，还有超过 100 万人变成了环境难民，被迫离开了自己的住房、家人和朋友——有些是临时的，有些则是永久性的。儿童的生活受到特别严重的冲击——他们的家、学校和教堂被摧毁。爱丽丝·福瑟吉尔和罗莉·皮克花费 7 年的时间，研究了 650 名儿童和少年——他们在卡特里娜飓风来袭的时候，年龄在 3 岁到 18 岁之间。她们使用了各种方法来研究这些孩子，包括观察、焦点小组和访谈。她们发现，有创意的技巧，比如画画和培乐多彩泥（Play-Doh），能够鼓励孩子们谈论他们的经历。因为很多孩子及其家庭被迫离开了他们在新奥尔良的家并迁居他处，福瑟吉尔和皮克需要出差到路易斯安那州的其他城市、得克萨斯州的达拉斯市和科罗拉多州的丹佛市来进行她们的研究。她们的研究场所包括灾难救援中心、联邦应急管理局（FEMA）的救援车、游乐场和餐馆。为了和孩子们及其家人建立信任关系，福瑟吉尔和皮克带他们出去吃饭、赠送礼物，还通过电话、电子邮件甚至书信与他们保持长期联络。

福瑟吉尔和皮克感兴趣的是，卡特里娜飓风对儿童的长期影响。她们选择进行深入研究的 7 个孩子反映了 3 种灾后轨迹：每况愈下、找到平衡和起伏不定。经历了"每况愈下"的灾后轨迹的儿童，在卡特里娜飓风之后的生活状况变得更差；而经历了"找到平衡"的灾后轨迹的儿童的生活状况，与灾前持平。有些儿童在"找到平衡"和"每况愈下"之间"起伏不定"。在每一个儿童的生活中，这些轨迹受到了几个关键因素的影响，包括家庭、住房、玩伴、生理和心理健康，以及课外活动。在卡特里娜飓风之前财务和社会资源有限的儿童，遭遇了最大的困难，并且最有可能在"每况愈下"的灾后轨迹中，在他们生活的关键领域，面临持续不断的紊乱。但是，即使在卡特里娜飓风之前拥有财务与社会资源的儿童，也有可能陷入"每况愈下"的灾后轨迹，因为把他们与原住地的朋友和社会网络隔离开来的多重驱离发生了。对有些儿童来说，卡特里娜飓风造成了最初的紊乱，但那些拥有财务和社会资源的家庭的儿童，重新在他们的生活中找回了平衡与稳定。比如，那些在新奥尔良之外拥有延伸社会网络的家庭里的孩子，可以住在亲戚或者朋友的家里，而不是住在临时住所里。福瑟吉尔和皮克的研究中的其他儿童，落入"起伏不定"的灾后轨迹，在一些关键领域遭受了紊乱，但不是在所有的关键领域都遭受了紊乱。

福瑟吉尔和皮克警告说，我们不应该假定所有的儿童都富有韧性（resilient），都能够在灾难后"东山再起"（bounce back）。在最初的反应阶段之后数年，还是有很多儿童持续不断地需要帮助。同样重要的是，她们强调说，我们不能把儿童看成是被动的受害者，而应把他们看作是积极的行动者——他们有能力在灾难迫近的时候为父母和兄弟姐妹做好准备，也有能力在灾难应对和重建过程中帮助其他人。

edge.sagepub.com/ritzerintro5e

- 阅读发表在《大西洋月刊》上的关于卡特里娜飓风中的儿童的更多文章。
- 观看 CBS 的《晚间新闻》（Evening News）上的一段视频。这段视频展现了卡特里娜飓风 10 年后对儿童的影响。

现象，但它们现在越来越多地成为城区的现象。在这个过程中，它们开始取代有特色的城区咖啡馆和餐馆，迫使后者关门或被人遗忘。类似地，折扣连锁店［塔吉特和科尔士百货（Kohl's）］越来越多地进入美国城区。即使是本来以其高度特色化的消费场所而著称的纽约，也越来越与美国的其他城市相像——遍地都是麦当劳和肯德基，甚至科尔士百货商店。

领域	特征
经济	领先产业——特别是高水平的管理和金融服务——最重要的所在地。
政治	恐怖袭击的目标，以及大量未登记移民的目的地。
文化	世界性的，或对各种文化影响保持开放。

第四节 环境

近年来，种类繁多的环境问题出现了爆发式的增长（比如，极端天气、洪水、灌木丛和森林火灾、暴风雨），导致对它们的关注也大幅度增加了。因为对这些问题的关注甚至是恐惧，很多社会学家被吸引到了对环境特别是对环境问题的研究之中，甚至是领导环境研究（York and Dunlap，2019）。现在甚至有一本杂志，叫作《环境社会学》（*Environmental Sociology*）。这一领域，与公众的兴趣一样，受到了雷切尔·卡森（Carson，1962）影响巨大的著作《寂静的春天》（*Silent Spring*）的启发。该书关注的核心，是诸如杀虫剂和除草剂之类的毒药，以及这些毒药对人类食品供应的威胁。对环境问题的兴趣呈现爆发式增长，而且对很多人来说，这一兴趣已经发展为对环境问题所造成的威胁的警报——公众已经暴露在这种威胁之下，并意识到了这种威胁的存在。

在未来的数年里，环境问题，以及社会学对它的关注，可能会有大幅度增加，特别是对逐渐恶化的问题，以及越来越具有全球规模的问题（Kütting and Herman，2018）。

一、关于环境及其问题的理论

社会学研究环境的进路多有不同，这取决于研究者所采取的理论视角的不同（Antonio and Clark，2015）。结构／功能理论倾向于关注大规模的社会结构和体系，以及它们对环境问题的影响，还有它们应对环境问题的能力。例如，由于大规模的结构在功能上是分化的（政治的、经济的、法律的），所以它们很难联合起来应对环境问题。冲突／批判理论视角关注的是自由市场资本主义，以及公司的两项需求：增长及显示其日益增长的盈利能力。换言之，资本主义创造了一个"生产跑步机"（treadmill of production）。在这个跑步机上，系统中的每一个人都依赖于生产的不断增长和利润的日益增加。资本主义的这种需求导致了对不可再生的自然资源的过度攫取，以及其他的负面环境效应。最近的一项研究显示，资本主义的"生产跑步机"不仅仅对生态栖息地产生负面影响，也对发展中国家的土著居民的生存产生负面影响（Lynch，Stretesky，and Long，2018）。

在互动／行动论者中间，符号互动主义者关注的是，我们把各种环境问题定义为社会问题的方式。我们还通过与环境的关系来定义我们自己，包括：当我们进行可持续（"绿色的"）消费的时候，我们怎样看待自己，以及他人怎样看待这种消费（Bedard and Tolmie，2018）。

理性选择理论家关注的是这样一个事实：那些给环境造成负面影响的人，获得了巨大的回报，比如高利润和高工资；相反，那些对环境更为负责——比如，更少地消费自然资源——的人，获得的回报很少，或者没有任何回报，甚至还要承担高昂的成本（低利润、低工资、环境友好产品的高价格）。显然，从这一视角出发，如果我们希望引导人们（以及组织）改变他们的行为，如果我们希望他们采取改善环境而不是伤害环境的行动，奖惩结构就需要改变。例如，我们必须保证，我们可以通过消费更少而生活得更好，以及可以因为更负责任而获得回报——就环境问题而言（Jackson，2014）。

456 二、城区与环境

在这里，值得讨论的是城市与环境之间的关系，既因为它和前文的内容有关，也因为它本身就是一个极重要的问题（Elmqvist et al.，2018）。

环境问题可以导致进一步的城市化。大量城市人口对乡村环境所造成的超级压力，会导致乡村地区人口承载能力的下降。例如，城市对自然资源的过多要求，会导致乡村地区这些资源的枯竭。建筑对木材的永不满足的需求，会导致森林退化，以及乡村地区伐木产业中工作的消失。类似地，对耕地的过度使用和滥用，会导致土地产出能力的下降，以及乡村地区农场相关工作的减少。结果是，很多乡村居民被迫迁徙到城市里寻找工作，进而提高城市化水平。

全部城市的面积只占全球面积的2%，但它们所导致的环境退化却格外严重（Moran et al.，2018）。与城市相关的环境问题包括：

- 城市消费了全球几乎70%的能源。
- 通过大量汽车的尾气排放，以及作为现代城市特征的集中的发电厂，城市释放了大约70%的污染物，即二氧化碳或温室气体。[不过，郊区和乡村地区的碳足迹（carbon footprint）[①] 实际上也许更大，这是因为，比如说，城区居民的通勤距离更短，或者也许完全放弃了开车。随着城市汽车服务如来福车和优步的扩展，后一种趋势也许还会加强。]
- 绿色空间和自然栖息地被毁，以便为城市及其扩张让路。这导致了生物多样性的丧失——与城市化程度的日益提高相关。
- 城市里的热滞留（heat retention）可以使酷热的负面效果严重地恶化。
- 城市产生以富营养的有机物为形式的副产品。在乡村地区，这些有机物可以成为有利于环

境的肥料，但在城市环境里，它却变成了需要处理的废物（通过污水处理厂处理，而这会消耗大量能量）。

另外，环境毒素在城市里扩散。环境污染物的存在导致了健康问题的增多，比如儿童和成年人的呼吸系统疾病（哮喘），特别是对城市贫民影响更大。

虽然城市一直是上述问题和其他环境问题的原因，但这一关系并非不可避免。新的城市开发方式可以降低其生态危害程度。马吉拉·卡特集团（Majora Carter Group，MCG）的创始人马吉拉·卡特注意到，"正是以污染为基础的经济把我们带到了环境崩溃的临界点"。她建议我们"重建系统的结构，发展新的绿色经济，从而为我们带来利益——在很多方面，不仅仅是提高国内生产总值"（Majora Carter Group，2009）。卡特的咨询集团致力于创造简单的绿色项目，这些项目不仅能够改善城市社区的物理环境，也能够培养当地的社区经济，提供"绿色的"、可持续的工作，并减少健康和社会问题。另外，通过创造绿色空间，社区居民更强烈地感觉到，他们有能力完成重要的任务。

三、全球化与环境

对人类和其他物种来说，环境承担了三种一般功能。首先，环境就像是一个"补给库"，它为我们提供了生命存活所需的自然资源。它所提供的可再生和不可再生资源包括空气、水、食物、居处，以及工业发展所需的资源（比如石油和其他化石燃料）。可是，对可再生资源如水和不可再生资源如化石燃料的过度使用，会使上述补给库枯竭——如果不是耗尽的话。

其次，在消费这些资源的时候，人类还制造出各种各样的废物。环境能够通过"沉淀"来吸收这些废物，或者是销毁这些废物。但是，可能的情况是，如果废物产量过多，环境便无力全部吸收它们。例如，过多的废水会导致水体的污染。人们一直在努力为制造的这些废物找到各种

---

① 碳足迹标示一个人或者团体的"碳耗用量"，是各种人类活动引起的温室气体排放的集合。——译者注

用途。例如，人类排泄物被转化为各种机器的燃料，从公共汽车到火箭。

最后，环境为我们提供生活空间，或者是"栖息地——我们生活、工作、玩耍和旅行的地方"（Dunlap and Jorgenson，2012：530）。可是，生活空间中人数太多（比如在巨型城市里），会导致与拥挤、人口过多联系在一起的很多问题。

从这三种功能来看，我们可以说，人类正在开始超越地球的"承载能力"（carrying capacity）。

在这三个功能上，全球性的不平等是巨大的。基本上说，发达国家对欠发达国家发挥上述功能产生了不利影响。例如，发达国家把欠发达国家当成是自然资源的供给站，但一直以来，它们为这些资源支付的价格太低。在这一过程中，针对欠发达国家持续生产这些资源的能力，其影响往往是消极的。发达国家还把电子垃圾，即丢弃的电子设备，运送到发展中国家，这些垃圾中的矿物质和化学物质会给它们带来污染。这种做法又会进一步污染这些发展中国家的生活空间和生态体系。

457　　　中国最近宣布，不再做世界的垃圾场。它开始拒绝很多类型的可循环固体垃圾，特别是塑料，因为塑料对其环境构成了威胁。随着其他国家的发展，我们可以期待，它们也会采取类似的行动。这将为像美国这样的制造这些垃圾的国家，带来更为严重的垃圾处理问题（de Freytas-Tamura，2018）。

环境问题会影响特定的国家，但在其性质和范围上，绝大多数的环境问题是全球性的。结果是，在环境研究中，一个最持久和最重要的课题，涉及它与全球化的关系（Newell and Roberts，2017）。环境在本质上是全球性的。换言之，我们共享大气，我们都从太阳那里获得温暖，而海洋把我们联系在一起。还有，与环境相联系的大多数事物，都会对全世界造成影响，并传播至全世界或至少是世界上大多数地方（比如，通过气候模式）。

虽然如此，最早关于全球化的研究却存在着忽视自然环境的倾向，或者至少是低估了它的重要性。不过，在 1980 年代和 1990 年代，环境运动获得了长足的进步（Kline，2011）：一些显著的问题，特别是臭氧层破坏和全球气候变化等问题，把环境问题推上了全球事务的前台。

虽然很多环境问题是全球性的课题，但上述观点仍然受到了各种各样的挑战：

- 并不是每一个人，也不是世界上的每一个地方，都对全球紧迫的环境问题负有同等的责任。来自最发达国家的人，应该为这些问题承担格外多的责任，但来自发展中国家的人也扮演了重要角色（Sweet，2016）。
- 这些问题不会以同样的方式影响世界上每一个人和每一个地方，以后也不会这样。例如，全球变暖所导致的海平面上升，主要会影响生活在沿海地区或海岛上的人〔比如，佛罗里达州的迈阿密和印度的葛拉马拉岛（Ghoramara Island）（Reuters，2018）〕。预计会发生的飓风和旋风（cyclone）的数量和强度的升高，也将主要影响这些地区。预计龙卷风也会增加，虽然它对有些地理区域——比如美国中西部——的影响，会大于其他地区。此外，因为拥有更多的财富，与全球南方相比，全球北方更有能力找到办法，以避免或者应对气候变化所导致的几乎是最具灾难性的问题。
- 对全球不同地方来说，这些问题的重要性是不一样的，它带来的危险也是不一样的。例如，发达的全球北方的很多人，对全球变暖高度关注，但全球南方的很多人感觉，他们面对的更为紧迫的问题，是其他问题，比如贫困与疾病。
- 环境问题的主要原因也会变化。例如，制造业的中心，以及与之联系在一起的污染物，一直在从美国向中国转移。

虽然这些观点是令人信服的，但我们不应该让它们转移我们对下述事实的注意力：范围广泛的环境问题的全球性后果和它所造成的威胁。

思考题

确定几个特定的环境问题，讨论哪些问题是地方性的，哪些问题是全球性的，或者既是地方性的又是全球性的。为什么？如果我们要解决这些问题，你认为，谁应当为这些问题承担责任，其责任是否重要？为什么？

四、主要的环境问题

环境问题多种多样，前文已经涉及了其中的一部分。本节将更深入地讨论一些问题：自然栖息地的破坏、人类活动对海洋生物的消极影响、清洁水源的减少以及全球变暖。

自然栖息地的破坏

在全球范围内，自然栖息地如森林和湿地〔比如，佛罗里达州的大沼泽（Everglades）〕正在遭到破坏，这常常是人口增加以及把自然栖息地变成人类栖息地的结果（Scanes，2018）。还没有被破坏的森林，被分割成了小块的、孤立的、自我维持能力很差的碎片，并为人类环境所包围。其较小的规模和为人类所围绕，都威胁着它们的持续存在。

世界上最显著的森林破坏发生在亚马孙热带雨林之中（主要是在巴西）。在那里，超过一半的树种面临威胁。但是，世界上其他地方也正在破坏或者失去它们的森林（Chisholm et al.，2018）。实际上，印度尼西亚的森林破坏可能比亚马孙河流域的森林破坏更严重（Coca，2018）。亚马孙丛林遭受破坏，以便使一些区域"发展起来"——建设农场和供牲畜吃草的区域，以及建设更多的人类居住地。巴西的森林规模十分庞大，它在全球的生态体系中发挥强大的功能，它的破坏将会对整个世界造成负面的影响。例如，焚烧砍倒的树木会释放大量的二氧化碳，后者进入大气层并在全球范围内流动，加速气候变迁。森林的丧失会给人类带来其他的问题，包括木材供应的减少和其他原材料供应的减少。这一点之所以受到极大的关注还因为——特别是在正在经历森林破坏的区域——森林对土壤有保护作用，在水循环中发挥着核心作用，还为许多动植物提供栖息地。其他自然栖息地如湿地、珊瑚礁和海床的丧失，也会对地球生命造成各种各样的消极后果。例如，由农业污水导致的珊瑚礁退化，已经对生活在珊瑚礁周围的生物造成了消极的影响。

人类活动对海洋生物的消极影响

人类消费的很大一部分蛋白质来自鱼类。水产养殖是在受控环境如渔场中养殖海洋生物。水产养殖并不能完全替代失去的自然捕鱼区，因为失去自然捕鱼区会导致一系列的生态问题和其他问题（Stickney，2017）。

在全世界的海洋里，由于过度捕捞，海洋生物已经大大减少。世界上鱼类的将近70%，可以被认为是"充分捕捞""过度捕捞"或"已经枯竭"（Kituyi and Thomson，2018）。大量毁灭海洋生物的罪魁祸首是工业化的捕捞——使用巨大的渔网捕捞巨量的海鱼。最近的一项研究发现，工业化捕鱼要为"大鱼"数量的减少负责。这是因为人们会丢弃太小的鱼或错误种类的鱼。实际上，即使鱼类资源正在减少，每年仍然有大约1 000万吨鱼被工业捕鱼者丢弃（Zeller et al.，2018）。随着海洋生物数量的减少，工业化捕捞通过使用更高效的工业化技术来加以补偿。现代工业化捕鱼的另一个特征是使用加工船，捕获的鱼在这种船上加工，而不是在回到港口之后。这些技术导致了过度捕捞，在此过程中，复杂的生态系统遭到破坏。

清洁水源的减少

水越来越成为一个急迫的全球性问题。在世界上很多地方，很多人在谈论即将来临的"水危机"，这些地方包括美国的加利福尼亚和内华达（Newton，2016；Schmidt，2017）。不过，最可能受水危机影响的，是世界上的欠发达国家，因为依赖水资源进行生产的制造业，存在于它们的国境之内。此外，它们最不可能拥有防止这些问题出现的环境法规，在环境问题出现的时候，也最缺乏采取行动的能力。下文将列举一些关于水的担忧。

- 水资源不平等。美国的水足迹（waterprint）[①] 是世界平均水平的2倍，是中国的4倍。在世界上很多人缺水的时候，美国人用在浇草坪和花园上的水，大约是90亿加仑[②]（EPA，2017）。

---

① 公众在消费产品及服务过程中耗费的全部水量。——译者注
② 1加仑（美）约为3.785升。——译者注

- 水污染。人类通过下述活动造成水污染：制造过程、采矿、农业，以及不充分的废物处理和管理（特别是排泄物）。这种污染的一个结果是水源性疾病，特别是那些影响儿童的疾病。
- 海洋污染。这涉及那些干扰海水生态系统特别是海洋的人类活动。干扰包括，因为燃烧化石燃料而造成的海水酸化，以及海岸钻探所产生的噪声（Denchak，2018）。海洋污染最重要的原因之一是，向海洋倾倒除草剂、杀虫剂和现代工业化农业所使用的化肥。
- 洪水。专家们认为，空气温度高，湿气便大，受气候变迁的影响，很多地区的降水量预计会上升。
- 水资源短缺加重。一个可能性是，至少在某些地方，地表径流会变慢或者完全停止。2018年，印度遭受了有史以来最严重的缺水。大约20万人因为缺水而濒临死亡。很多原因导致水资源短缺，包括全球变暖、气温升高和降雨降雪减少（Abi-Habib and Kumar，2018）。有些国家会被迫在两种必需的用途中进行抉择，比如，饮用还是灌溉。为了争夺稀缺的水资源，国家内部和国家之间的关系出现紧张，甚至有爆发战争的危险（Chellaney，2015）。

459

思考题

人们怎样做才能帮助缓解全世界潜在的淡水供给问题？在这个环境挑战中，认为个体可以发挥作用，是一个现实的想法吗？为什么？

荒漠化（desertification）是水资源的减少，它是土壤和植被退化、恶化的结果（Reed and Stringer，2016）。随着很多地方的淡水越来越少，原来被认为是公共品的水，越来越变成一种货品和特权物品。水资源减少的另一个可避免的原因，是水资源的浪费。例如，大约2/3的灌溉用水，以及多达一半的城市供水，都因为老旧管道的渗漏而浪费掉了。

虽然我们通常认为，水是取之不尽和随手可得的，但事实是，超过10亿人没有可靠的安全饮用水来源，超过25亿人缺乏良好的下水道系统（World Health Organization，2015c）。全球最贫困的地区和这些地区最贫困的人口，会遭遇格外多的与水相关的社会问题。在未来的日子里，这种状况会有恶化的倾向。可能的情况是，到2030年代的时候，世界上一半的人口会面临与水相关的社会问题。

一个较为隐蔽的问题涉及国际贸易，特别是农业产品和工业产品的贸易。例如，当中国和日本购买农作物（它是高耗水的）的时候，美国的水资源就会面临压力。全世界的每个人都在使用其他地方的水。这被称为"虚拟水"（virtual water），因为几乎所有的水都在生产某种产品的过程中被用掉了（Vos and Hinojosa，2016）。如果人们没有意识到自己是在使用水或者是在浪费水，他们怎么可能做出努力（节约水）？

全球变暖

全球变暖的概念和气候变迁的概念常常互换使用，但在这里，我们把它看作是气候变迁的最重要方面。新的长时段全球温度纪录（从1880年开始；Gillis，2015）被再次刷新。自1880年以来最热的10天都出现在1998年（Gillis，2015）。2018年是全球最热年份的第四名，仅有的比它更热的年份，是它之前的3年（Patel，2017；Sengupta，2018）。2018年中期，最高气温纪录出现在阿尔及利亚的瓦尔格拉（Ouargla）（华氏124度）和巴基斯坦的纳瓦布沙阿（Nawabshah）（华氏122度）[1]。中国香港出现了温度连续超过华氏91度的最长时间（16天）。甚至是挪威的奥斯陆，也出现了连续16天温度超过华氏86度的天气（Sengupta，May，and ur-Rehman，2018）。

我们仅仅处在全球变暖的开始阶段，预计未来会出现更高的气温。现在估计，到20世纪末[2]，温度将提高3～5摄氏度。这比以前期

---

① 华氏度＝32°F＋摄氏度×1.8。摄氏度＝（华氏度-32°F）÷1.8。华氏124度约为51.1摄氏度。——译者注
② 原文如此。依据上下文，应该是21世纪。——译者注

待的水平要高得多，并且很可能给世界上大多数地方带来严重得多的灾难性后果（Reuters，2018d）。

随着地球变得更温暖，世界上有些地方会变得更加湿润，但其他地方会变得更加干燥。一般的规律是，原本湿润的地方会变得更湿润，原本干燥的地方会变得更干燥，洪水和干旱都会变得频繁和严重（Schwartz，2018）。为了应对干旱，我们很可能会看到越来越急切和昂贵的找水努力——通过，比如说，钻更深的井以便获得地下水供应（Ferguson et al.，2018）。可能会变得干旱的地区有南欧、中东、澳大利亚南部、巴塔哥尼亚（Patagonia）[①]和美国西南部。2008年5月，巴塞罗那成为世界上第一个通过轮船进口大量淡水，以便应对长期的干旱和水资源急剧减少的城市。有人预测说，美国的西南部会出现沙尘暴之类的情况，并导致大量移民的可能性。在墨西哥，类似的情况可能会导致向墨西哥城和美国的大量移民。移民的增加可能会制造更严重的问题和仇恨，这些问题和仇恨在美国已经存在——这是合法的和未登记的墨西哥移民的结果。从整体上说，我们越来越可能看到一个全新的移民群体——气候移民在世界上的出现（Wennersten and Robbins，2017）。美国正在计划重新安置它的第一批来自积水区——路易斯安那州让·查尔斯岛（Isle de Jean Charles）的气候移民。他们不会是最后一批。据估计，水平面升高将会导致全球范围内有5 000万到2亿人逃离家园（Davenport and Robertson，2016）。

另一个可以追溯到全球变暖的问题，是山顶冰川的融化——这些冰川是世界上很多人的饮用水来源（Filkins，2016）。对那些依赖它们生存的人来说，随着这些冰川不断融化和无法复原，它们产生的水会越来越少。受到影响的人口，也可能会变成气候移民。他们有可能会去往水资源丰富的地方，从而与当地人发生冲突。

人类制造的温室气体已经对大气造成了危害。在大多数专家看来，这些温室气体会导致地球温度的急剧上升。在整个20世纪，地球的温度上升了大约0.74摄氏度。正如我们刚刚看到的，预计在21世纪末，温度上升的幅度至少是20世纪的3倍。由于温室气体的积累，原来被反射回空中的、来自太阳的热量，被困住了，并"以比以前更高的比例反射至地球"（Beer，2012）。目前最大的担忧，集中在化石燃料（碳氢化合物，比如煤、天然气和石油）的燃烧所导致的二氧化碳的释放，以及温室气体的积累和全球变暖上（*Economist*，2018）。释放的二氧化碳——主要来自工业化国家，其浓度从2006年的380ppm，升高至2018年的405ppm（National Oceanic and Atmospheric Administration，2019）。图17-6展示了全球温度和二氧化碳浓度之间的关系。

虽然有人努力把这个问题政治化，但毫无疑问的是，至少在科学家看来，全球变暖以及整体上的气候变迁，是人为原因导致的真实现象（Romm，2018）。另外，占主导地位的观点是，全球变暖的发展已经非常深入，并且进展迅速。很多科学家还补充说，全球变暖的一些负面影响，比如永久冻土（permafrost）——处于冰点或低于冰点超过两年的土壤——的融化，一旦开始就是不可逆转的。全球变暖将通过很多方式对人类造成负面影响。它会带来越来越多的热浪，而过热可能是致命的。2003年，一股500年一遇的热浪袭击了欧洲，导致3万人因热相关疾病死亡。一项研究的结论是，到2040年的时候，像2003年那样的热浪，在欧洲将会是家常便饭（Jolly，2014）。大多数发达国家里的人口老龄化，使得更多的人对过热导致的疾病和死亡非常敏感。城市化也提高了死亡的概率，因为城市可能是热岛。其他会导致过热引起的死亡概率提高的因素有，年龄太小、患病、贫穷或者是缺乏逃离过热区域的能力。有些事情可以降低热应激（heat stress）的危险，比如更多地使用空调，但世界上很多人无法获得空调，或者用不起空调。还有，使用空调会导致其他问题，比如对能源的巨大需求。

据估计，海平面会急剧地升高，特别是当冰

460

---

① 巴塔哥尼亚，南美洲最大的荒漠地区，位于阿根廷和智利。——译者注

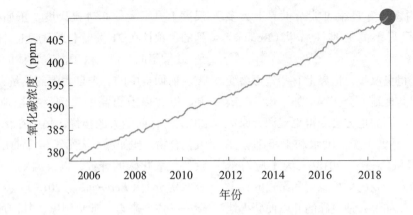

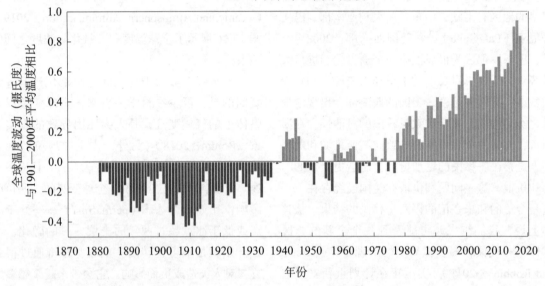

1880年以来的地球表面温度

图 17-6　全球温度与二氧化碳浓度（1880—2018）

资料来源：Global Climate Change Indicators, National Oceanic and Atmospheric Administration.

川融化的时候。一个保守的估计是，在21世纪，海平面将会升高1米。世界上大约1亿人——大多数在亚洲和岛国——生活在高出海平面1米的范围之内。这些人的房屋会被升高的海水冲走。可是，这还没有考虑格陵兰岛和南极冰盖的融化，后者可能使海平面的升高增加10米或者更多。如果是这样的话，发达世界和欠发达世界的大片区域，都会被淹没。

更普遍地说，全球变暖和气候变迁会导致类型广泛的问题，有些已经出现在我们身边。

- 2008年，一场台风在缅甸导致了几乎14万人的死亡。
- 在美国，沿海区域（比如，佛罗里达州东海岸、墨西哥湾沿岸、路易斯安那州南部）

的居民特别受到风暴潮（storm surge）的威胁。实际上，近年来，暴风雨带来的洪水已经出现在东海岸，比如弗吉尼亚州的诺福克（Norfolk）、佐治亚州的泰碧岛（Tybee Island）、佛罗里达州的劳德代尔堡（Fort Lauderdale），特别是在2016年（Gillis，2016）。

- 2005年，英格兰西北部的一个小城市卡莱尔（Carlisle）受到一场破坏性的洪水的冲击。这种规模的洪水，本来应该200年才出现一次。但在2009年以及随后的2015年，这个城市又遭遇了同样的洪水（Schlossberg，2016）。
- 基里巴斯共和国的太平洋岛屿和珊瑚环礁，正在逐渐被淹没（Ives，2016）。

- 全世界的珊瑚礁正在经历由热应激所导致的大面积白化（mass bleaching）（Innis，2016）。特别值得注意的是世界上最大的珊瑚礁大堡礁（Great Barrier Reef）所受到的威胁（Williams，2018）。
- 2015 年 12 月，玻利维亚的第二大湖波波湖（Lake Poopo）干涸，湖里的鱼全部死亡。这摧毁了环湖居民的生活方式，也制造了一群气候移民（Haner，2016）。
- 2017 年，飓风毁坏了波多黎各和其他加勒比岛屿。
- 2018 年，破坏性的森林大火在加利福尼亚州肆虐。
- 2019 年早期，强热带气旋"伊代"在莫桑比克、津巴布韦和马拉维造成了破坏性的损失和超过 1 000 人死亡。

升高了的气温会加速化学反应，并使源自臭氧和煤烟的污染加重。到 2050 年的时候，臭氧污染所导致的死亡（主要是肺病和心脏病患者）可能会有 5% 的增加。花粉的数量会增多，对过敏、哮喘和其他呼吸系统疾病带来消极的影响。

此外，随着气温的升高和暴雨的增多，水源性疾病（比如霍乱）会增多。随着天气变得炎热，食源传播的感染（比如沙门氏菌）也会增多。

动物和昆虫所带来的疾病的发病率可能会升高。例如，人们预计，像疟疾、登革热和寨卡病毒，会更广泛地传播。据估计，到 2100 年的时候，非洲受疟疾威胁的人口的数量，会有 25% 的增加。当然，我们可以采取措施来缓和这一问题，比如用杀虫剂控制蚊虫数量、更多地使用蚊帐（特别是孕妇和儿童），以及发展更好的医疗服务。这一类型的其他疾病的患病率，也会升高，包括同样由蚊子传播的黄热病、由蜱虫传播的莱姆症等等（Pfeiffer，2018）。目前，埃博拉已经持续地存在于非洲人群之中，而根除它是非常困难的——如果不是不可能的话。总之，越来越多的人会碰到那些携带疾病的野生动物。

五、全球应对

很多全球性的环境问题，包括全球变暖，都可以追溯到经济的发展上（Wright and Nyberg，2015）。也就是说，随着经济的增长以及更多的财富被创造出来，环境受到的伤害会越来越严重。虽然民族国家开始关心危害环境的问题，但它们既不会放弃经济发展的成果，也不会停止对更高水平发展的追求。

当然，人们做出了各种各样的努力，以便至少降低环境问题的强度。我们看到，一些环境运动开始兴起，比如以此为宗旨的绿色和平组织。除了这些运动和组织，从更一般的性质上说，还有环境行动主义思潮的发展（Clapperton and Piper，2019）。一般说来，环境行动主义者们，或者是对保护环境的某些方面感兴趣，如保护一座珊瑚礁或一片原始森林；或者是对抗议危害环境感兴趣，比如抗议有毒垃圾，抗议把某个特殊的地方作为垃圾场，等等。在全球化方面，行动主义者们既可能反对环境问题的向外输出，也可能支持旨在减少这些问题的国际努力和国际条约。有些环保运动和活动家希望经济发展减速或者停止，但很多人则主张可持续的发展。

可持续发展

可持续发展（sustainable development）涉及经济和环境上的改变，这种改变能够满足人们目前的需求，特别是世界上穷人的需求，但又不会危及未来需求的满足（United Nations，2017）。虽然可持续发展关注的是物质上的可持续性，但它也关注当代人和子孙后代之间的代际公平问题。

对可持续性来说，全球化既可以被视为威胁，也可以被视为福音。一方面，全球化可以威胁可持续发展，因为它会削弱政府对环境威胁的管理能力。另一方面，通过对现代化的、环境损害程度较低的技术的传播，通过创造更高效的资源利用标准，全球化也会有助于可持续发展。全球化也可能带来对更清洁环境的更多要求。

全球化和可持续发展之间的关系是多维度的。首先是经济维度和下述问题：经济发展是否会对环境造成不可逆的损害？经济发展是否会使各国产生愿望和能力，以便更好地控制那些对环境造成负面影响的因素？其次，技术既可以被看作是造成环境恶化的因素，也可以被看作是可能智慧城市利用数字科技，旨在实现环境的可持续性、高质量的公共服务，以及为其居民提供高效的基础设施。除了通过无线网络和网络驱动的设备（web-enabled device）来跨越数字鸿沟之外，智慧城市还聚焦于3个领域——能源、交通和安全，来提高其居民的生活质量。例如，智慧城市可能会使用高科技传感器来测量垃圾箱是否已满，计算下一趟公交车或地铁上有多少空座，或者控制路灯的开关（Etezadazdeh，2016）。每天的空气污染报告和一次性的紧急警报，可以通过智能手机发送给居民。智慧城市里的警察和消防部门可以使用数字网络和实时信息，更快地对紧急状况做出反应。这些城市里的互动性数字终端，可以帮助旅游者在一个热门的餐馆里预定餐桌，或者在当地的一家商店里购买一件衣服——这件衣服会被递送到他们的酒店房间里。

到2050年的时候，全世界超过60%的人口将生活在城市里，而目前世界能源的75%消耗在城市里。有鉴于此，发展智慧城市乃是当务之急（MIT Technology Review Custom，2016；United Nations Human Settlements Programme，2016）。数字技术可以在未来帮助人们满足能源和交通的需求——以环境可持续的方式和高效的方式。例如，密苏里州的堪萨斯市开发了能够节能的智慧路灯系统。澳大利亚的阿德莱德正在使用一套环境监测系统，来搜集和分享关于二氧化碳、空气质量和温度方面的信息（MIT Technology Review Custom，2016）。世界上排名前三位的智慧城市是纽约、伦敦和巴黎。为了增加智慧城市的数量，应该鼓励私人技术公司和市政府之间的伙伴关系。

参与数字世界

你生活的地区有多么"智慧"？你的大学校园呢？怎样做能让它们更加"智慧"？生活在一个智慧社区有什么缺点吗？如果有的话，是哪些缺点？

限制这种危害的因素。再次是意识的维度和下述问题：全球媒体能否创造更强的、针对环境问题及其原因的意识？同样是在全球媒体的推动之下的消费主义，是否会在这一问题上遮蔽人们的双眼？最后是环境主义的政治：一些全球性的组织如世界贸易组织，推动经济的继续增长；而其他更多的组织，比如绿色和平组织，却致力于减少或限制经济增长对环境的消极影响。总之，全球化的很多面向，对人们为可持续发展所做出的努力，会产生消极的影响。

464　技术解决方案

人们现在对"技术方案"的兴趣越来越多，这种方案至少应该解决一些全球性的环境问题，特别是气候变迁问题。发现一个解决所有社会问题的技术方案，一直都是一个吸引人的想法（Johnson，2018）。对很多人来说，与更加困难的大量人口的行为改变相比，发现新技术似乎要容易得多，痛苦也小得多。换言之，人们很不情愿改变自己的消费模式，他们更希望通过技术解决由消费导致的任何生态问题。另外，很多产业都在持续的高水平消费中，拥有自己的既得利益。因此，即使燃烧化石燃料是全球变暖的主要原因，无数的产业和人口也已经与它捆绑在一起了。既存在于发达国家，也存在于发展中国家的汽车文化，就是上述现象的一个结果。对电动汽车和混合动力汽车日益增加的兴趣和市场需求，是这一领域的希望之光。

让我们进入"地球工程"的世界。我们将会看到一系列处理全球生态问题的新建议，但它们却没有触及和面对导致气候变化的根本的和不断增长的原因（Asayama，2015）。例如，为了使地球的大气层保留更少的热量，有人建议收集和储存排放的有害的二氧化碳。另一类建议是，把阳光及其热量从地球上反射出去（Fountain，2015）。

对这些建议和其他设想——有时是匪夷所思

的设想——的科学支持，因为下列原因而受到了压制：

- 有人担心，对这些解决办法的讨论，会鼓励人们继续燃烧化石能源——如果不是增加燃烧的话。
- 一个巨大的担忧是，即使有些建议确实有效，它们也可能会造成不可预料的后果，而这些后果所造成的问题，会和它们原本要解决的问题一样严重，或者更加严重。
- 地球工程的这些创新没有进行过试验，实施起来特别困难，还可能是极为昂贵的。
- 许多其他气候相关问题，比如日益严重的海水酸化，并不会因为这些技术所产生的全球气候变化而受到影响。

实施这些工程将需要真正的全球性的努力，以及预算庞大的全球治理结构。人们的希望是，已经运行良好的全球治理模式，比如负责空中交通控制的管理模式，会成为应对全球气候问题的方案的榜样（Bruckmeier，2018）。不过，地球工程或者任何其他技术方案，似乎都不太可能解决由人类行为造成的一系列问题。虽然技术会有所帮助，但唯一真正的解决方案，是大幅度地改变人类行为。

《巴黎协定》

随着在联合国气候变化大会上《巴黎协定》（Paris Agreement）的签署，应对气候变化的努力似乎已经成功，至少是在某种程度上成功了。在2015年末的谈判之后，在2016年的地球日——4月22日，174个国家签署了这一协定。最引人注意的是，参与的国家同意尽可能早地限制碳排放——主要源于化石燃料的燃烧和森林破坏。每个国家都设定了一个降低或者限制碳排放量的目标，但"各国自主决定的贡献"（nationally determined contribution）是自愿的。对于目标未达成的情况，不存在执行机制或者惩罚。各国还同意，竭尽全力把全球气温的上升限制在2摄氏度以内。实际上，所有参与的国家都意识到，为了减缓——更不用说停止——生态问题的恶化，这些步骤是不充分的，或者说力度是不够的。因此，它们建立了一个系统来监测和评估全球生态状况。正如吉利斯（Gillis，2015）所说，即使有了这个协定，"巨大的冰盖仍然处于危险之中，海平面还在上升，成千上万的人死于热浪和洪水，而养活了70亿人的农业体系仍然危机重重"。即使这是一个脆弱的协定，2017年中期，特朗普总统还是宣布，美国将退出该协定。这一将于2020年生效的决定，虽然有可能削弱甚至完全破坏《巴黎协定》，但对于它的实际影响，仍需假以时日进行观察。在2018年晚期举行的国际会议上，试图削弱《巴黎协定》的努力受到了质疑。包括美国在内的大约200个国家参加了这一会议，该会议旨在维持《巴黎协定》的效力（Plumer，2018）。

知识点 17-4　应对环境问题

应对方式	描述
可持续发展	经济发展的一种模式，该模式把对环境的破坏降到最低。
地球工程	使用新技术把对环境的破坏降到最低。

465 **小结**

在全球的总体生育率持续下降的时候，世界人口还在继续增加，虽然增加的速度已经下降。

人口学家关注人口变迁的三个基本过程：生育，即人们的生殖行为；死亡或死亡率；以及迁移，即人口的流动。人口转型理论主张，随着时间的推移，出生率和死亡率都会下降，由此形成人口数量的稳定。

城市化是这样一个过程，即在一个社会中越来越高比例的人口居住在一个相对密集的城市区域。郊区是位于中心城市附近，但又在中心城市的行政边界之外的社区。为了寻找廉价的土地和住房，人们甚至进一步推进到了郊区和乡村之间的区域，这一区域被称为远郊区。

全球城市是那些最重要的世界城市，它们是提供创新和金融服务的领先产业的所在地。有些

全球城市是巨型城市，它们的人口超过1 000万。在文化影响方面，全球城市是世界性的，常常吸引大量的移民。它们的世界性吸引力和大量人口，使它们成为恐怖袭击的目标，以及全球健康问题的发生地。

越来越严重的环境问题，促使社会学家对环境进行密切的观察。从其性质和范围上来说，大多数环境问题都是全球性的。全球化和可持续性之间的关系是多维度的，包括经济的、技术的、政治的以及媒体的关注。为了实现可持续性，国家之间的合作是至关重要的，特别是在降低源自化石燃料燃烧的碳排放方面。

关键术语（页码为原书页码，即本书边码）

政治避难者	446	生育	440	死亡	440
出生率	439	封闭社区	449	难民	446
城市	448	贵族化	450	郊区化	448
世界性的	451	全球城市	451	郊区	448
人口学家	438	劳工移民	446	可持续发展	462
人口学	438	地方性的	451	未登记移民	446
荒漠化	459	巨型城市	451	城市的	448
卫星城	449	城市群	448	城市生活	448
远郊区	449	大都市	448	城市化	448
梦幻城市	453	迁移	440		

总结性问题

1. "人口红利"与"财政定时炸弹"的区别是什么？从总体上说，美国是处于人口红利时期，还是处于财政定时炸弹时期？为什么？

2. 根据人口转型理论，技术进步在人口变迁中发挥什么作用？为什么说"发展是最好的避孕手段"？

466　3. 今天的移民与以前的移民相比，性质有何不同？对比目前对移民的障碍与以前的移民情形，两者一致吗？在全球化时代，"推动因素"和"拉动因素"各有什么变化？

4. 请比较难民、政治避难者、劳工移民和未登记移民之间的差异。

5. 支持国际移民的理由是什么？怎样把这些理由用于美国目前的大众对话和政治对话之中？

6. 讨论全球城市所发挥的两种相互冲突的功能——作为世界上一些最糟糕的社会问题的发生地，以及作为一些最伟大的成就的发生地。

7. 什么东西使城市变成了文化中心和消费中心？"梦幻城市"与传统城区的区别是什么？

8. 本章指出了产生于城市里的环境问题，但也指出了下述可能性：对环境危害较小的、新的城市发展形式。可持续发展怎样能够创造一个生态友好的城市？这一发展与过去200年的发展，有何不同？

9. 世界上最主要的环境问题有哪些？有应对我们的环境问题的技术解决方案吗？如果有的话，它们是什么？

10. 你认为，最终全球化对可持续发展是一个威胁，还是一个福音？你能够举出哪些现有的证据，来支持你的立场？

第18章
社会变迁、社会运动和集体行动

学习目标

1. 讨论美国以及世界其他地方的社会运动的重要性

2. 解释社会运动是怎样出现的

3. 认定不同类型的集体行动

4. 描述全球社会变迁的当代事例

工人权利、消费者行动主义和社会变迁 {#page-468}

你在杂货店里购买的水果和蔬菜，很有可能是由来自墨西哥或者中美洲的未登记工人（undocumented worker）收获的。这些工人向"蛇头"支付数千美元，而后者协助他们非法跨越边界，进入美国。幸运的人会在农场里找到报酬低廉和工作条件较差的工作。每年都有数百人在试图跨越边界时，死于脱水、中暑或直接的暴力。其他人被边境巡逻队抓住并驱逐出境。有些人陷入被称作现代奴隶制的债务奴役之中。他们被迫为农场经营者劳动，以便支付跨越国境的费用。通常，这些未登记工人不挣月薪，而是依据他们收获物的重量获得报酬。计量工资迫使他们每天工作 10 小时以上，并很少有工休时间。那些陷入债务奴役的人很少能够挣到足够的钱来偿还债务，因而被困在奴隶制之中。这就是在佛罗里达州的伊莫卡利（Immokalee）采摘番茄的未登记工人的遭遇——直到 2001 年，伊莫卡利工人同盟（Coalition of Immokalee Workers, CIW）发动了一场针对塔可钟（Taco Bell）[1] 的罢工。

CIW 向塔可钟公司提出了三项要求：第一，设立一项计划，以便停止其供应链上侵犯人权的行为；第二，为每一磅[2]番茄多支付 1 美分的工钱，这些钱要由工人获得；第三，鼓励其他主要的零售商也这样做。2005 年，在消费活动家特别是大学生和宗教组织成员的压力下，塔可钟同意了这些要求。最近，麦当劳、汉堡王、乔氏超市（Trader Joe's）和全食超市也同意了这些要求。目前，CIW 正在抵制两家大型番茄收购商——温迪快餐（Wendy's）和大众超市（Publix），因为它们拒绝上述要求。2018 年 8 月，CIW 资助了在佛罗里达州彼得斯堡举行的一场名叫"为我们的生命而游行"（March for Our Lives）的集会，以便向温迪快餐、大众超市和其他食品供应商施加更多的压力。

如果没有消费者运用其购买力策略，来说服公司改变其不公正的商业行为，那么 CIW 的抵制是不会成功的。抵制，亦即威胁拒绝在不道德的公司里消费，在美国有很长的历史。消费者行动主义也可能采取"挺买"（buycott）的方式，即用自己的购买力支持那些有德行的商业活动。例如，公平贸易运动鼓励消费者购买那些能够获得足以维生的工资的工人所生产的产品。随着公司拥有越来越多的财富和权力，以及社交媒体使得广泛而快速的沟通和组织成为可能，在迫使公司为自己的行为负责方面，消费者行动主义可以是一种关键和有效的途径。

社会变迁（social change）是社会世界的每一个领域在时间维度上发生的改变，范围从影响个人的改变延伸到具有全球影响的转型（G. Massey, 2016）。社会学家不仅关注社会变迁本身，还关注社会变迁对个体的自我概念、社会结构、全球经济和政治体系以及其他事物的影响。

从社会学诞生开始，社会变迁就是社会学的核心课题。这一兴趣一直持续到今天。在未来，这一兴趣还会和今天一样强烈——如果不是更强烈的话。社会学诞生于 19 世纪的欧洲，诞生于巨大的社会动荡之中。发生在法国和美国伟大的政治和社会革命的余绪，以及工业革命和资本主义兴起所造成的重大经济转型，塑造了早期的社会学研究。例如，阿历克西·德·托克维尔关注的是美国革命所带来的民主的本质（参阅第 4 章），而卡尔·马克思则试图理解与资本主义联系在一起的经济剧变（参阅第 2 章）。政治制度和经济体系的变动不居的性质——特别是与民主和资本主义相关的部分——将一直是社会学家的主要兴趣之一。

阿拉伯世界开始于 2010 年晚期的社会运动，极大地改变了阿拉伯世界——至少近期有了很大改变（Worth, 2016）。这些运动整体上被称为"阿拉伯之春"，本书已经数次讨论这一事件。可

---

① 美国的一家墨西哥风味餐饮品牌。——译者注
② 1 磅约为 0.454 千克。——译者注

是，考虑到这场运动所带来的变化并不是成功的，"阿拉伯之春"的标签似乎已经不太确切——"春天"似乎没有降临到相关的国家。我们看到，埃及回归了威权主义，利比亚陷入了无政府状态，叙利亚和伊拉克陷入了动荡之中。这使得罗杰·科恩（Cohen, 2016）和其他学者把"阿拉伯之春"描述为"历史性的失败"（epic failure）。

469　　虽然"阿拉伯之春"名不副实，但它仍然是我们本章将要讨论的主要社会学观念的绝佳体现。它带出了社会变迁，既展现了集体行动，也展现了社会运动。

就在我们撰写本章的时候，所谓的"黄马甲"运动正在法国进行，它抗议当前法国政府的政策，并寻求改变。这个政府被认为忽视穷人和劳动阶层的利益。这一运动也许不会持续很久，但我们确信，未来在其他社会运动还会兴起。

第一节　社会运动

社会运动（social movement）是一种持久的和有意为之的集体努力，通常在现有的制度化渠道之外运作，旨在促进或阻碍社会变迁（Gillam，尚未出版）。社会运动具有如下特征：

- 一种集体努力，大量人员参与其中。
- 它会维持很长时间。
- 是人们有意为之的。
- 存在于官方的制度化渠道之外。
- 试图带来可持续的改变。

与"阿拉伯之春"联系在一起的社会运动试图带来社会变迁，但其他社会运动，比如试图延缓甚至逆转在美国发生的、与自由主义联系在一起的社会变迁（Skocpol and Williamson，2016）。

趋势

《推特和催泪瓦斯：网络抗议的力量与脆弱性》（耶鲁大学出版社，2017）

泽伊内普·图菲克西（Zeynep Tufekci）

泽伊内普·图菲克西曾经花费数年时间，作为一个活动人士和学者，参与并且研究基于数字化的抗议和社会运动，包括1990年代墨西哥的萨帕塔运动（Zapatistas）；"阿拉伯之春"，特别是埃及解放广场（Tahrir Square）的抗议；以及旨在追求更多经济平等和更多民主的、发生在纽约祖科蒂公园（Zuccotti Park）的占领（华尔街）运动。她看到，技术和以社交媒体为中介的连接性（connectivity），怎样为社会运动活动者们提供了重要的工具——动员参加者、协调行动等。脸书和推特把参与者们连接起来。他们组成"网络化的公众"，后者创造了共同体的感觉，并帮助那些生活在压迫性政权之下的人战胜分散性的无知，或"心怀不满又孤独无依"的感觉。社交媒体平台还为社会运动提供了控制自己话语的空间，而这些话语可能被主流媒体扭曲或者无视。这些策略在提供了"没有组织的组织"能力之后，形成了更快和更大规模的动员。互联网之前的社会运动要花费大量时间，对抗议活动进行计划和宣传，以便动员潜在的参与者。与上述情况相比，今天的动员可以在抗议活动开始前完成。

不过，速度和规模不一定能够创造韧性。长远来看，基于数字化的社会运动是脆弱的，很容易失败。因为在抗议活动之前，它们没有进行组织化能力的建设。很多社会运动是没有领袖的，也缺乏组织深度，以及一种集体决策的文化。这可能会导致图菲克西所说的"策略性僵死"（tactical freeze）——如果这些社会运动不能超越把它们动员起来的初始策略的话。另外，政府也可以使用数字化技术和社交媒体来监视社会运动的状况，或者散布假消息来破坏动员工作。不过，图菲克西提醒我们，大多数线上运动也存在于线下。所以，卷土重来和颠覆的潜在可能性是存在的。

edge.sagepub.com/ritzerintro5e

- 观看图菲克西在TED上对数字化社会运动的演讲视频。
- 关注图菲克西的推特账户，以便了解她对技术、政治和社会的更多看法。

本章将讨论其他强大而持久的社会运动：女性主义运动、LGBTQ运动和民权运动。在对这些社会运动进行简述之后，我们将讨论各种社会学概念和观念，这些观念将帮助我们更好地理解我们讨论过的这些社会运动。

470 一、女性主义运动

本小节关注的社会运动建立在**女性主义**（feminism）的基础之上。女性主义就是女性与男性平等的信念，特别是在社会、政治和经济方面（参阅第11章）。女性主义运动具有上文列出的社会运动的所有特征。运动的参与者有意识地发起了这一运动，并且要维持它的长久存在。至少在不久以前，女性主义运动——常常被叫作妇女运动——只能在旧有的制度化渠道之外运作。在历史上，控制这些渠道的男性，倾向于拒绝女性进入这些渠道。例如，直到1920年，美国妇女才获得选举权。在美国乃至全世界，这一运动都显示了它长久的生命力。而且，它的目标是，极大地提升全世界女性的社会地位（Morris and Withers, 2018）。

美国的妇女运动

妇女运动可以追溯到英国玛丽·沃斯通克拉夫特1792年的著作《为女权辩护》（*A Vindication of the Rights of Women*）——这本书为妇女的平等权利提供了理由（Bergés and Coffee, 2016）。传统上，美国第一波妇女运动可以追溯到1840年代。它主要聚焦于选举权，即为妇女争取投票的权利。它根植于妇女对反饮酒（禁酒）运动，特别是对废奴运动的参与。不过，在这些运动中，妇女大体上居于从属地位，并遭到忽视。对这种待遇的愤怒，导致了1848年的塞内卡福尔斯会议（Seneca Falls Convention）。这次会议聚焦于家庭中对妇女角色的限制、妇女受教育的权利和财产权，特别是妇女的选举权。在此后的数十年里，会议、抗议、游行和社会行动连绵不断，其中包括一些著名的选举权运动领袖的被捕（因为试图进行投票）。数个

全国性的组织建立起来，以便推进妇女的选举权。运动中包括了黑人妇女和白人妇女之间的争斗。著名的选举权活动家苏珊·安东尼（Susan B. Anthony）说："我宁可砍掉自己的手臂，也不会在为（白人）妇女要求选举权之前，为黑人妇女要求选举权。"（转引自 Wilson and Russell, 1996：30）黑人选举权活动家，包括伊达·威尔斯（Ida B. Wells）和安娜·朱莉娅·库珀（Anna Julia Cooper），被常规性地排斥在白人妇女的游行和抗议活动之外。虽然早在1848年，宪法第十九修正案就赋予了妇女选举的权利[①]，但直到1920年8月26日，它才成为法律。（图18-1显示了20世纪一些国家妇女赢得选举权的时间。）到1930年代的时候，黑人妇女的选举权仍受到很大的限制；对她们的选举权的政治性剥夺，一直到1960年代的民权运动才结束。

第二波妇女运动开始于1960年代。它上接第一波妇女运动之余绪，但在很多方面都超越了上一波运动。几本重要著作，包括西蒙·德·波伏娃（Simone de Beauvoir）的《第二性》（*The Second Sex*，1952/1973）和贝蒂·弗里丹（Betty Friedan）的《女性的奥秘》（*The Feminine Mystique*，1963），对这一运动产生了强大的影响，并宣扬了一些核心的观念。从更为实际的层面上说，第二波妇女运动与第一波一样，都产生于活动者们在其他运动中的不满，特别是在新左派（New Left）运动和民权运动中的不满（Maxwell and Shields, 2018），以及在应对性别问题上的失败。让这些活动者愤怒的还有这样一个事实，即这些运动本身都是父权制的。第二波妇女运动中最重要的一个事件，是全国妇女组织（National Organization for Women，NOW）于1966年的成立。该组织的建立者是政府里面的妇女，这些妇女对下述情况不满：在应对工作场所对妇女的性别歧视这件事情上，政府是失败的。全国妇女组织最终聚焦于更为广泛的问题，比如对妇女的教育歧视、妇女在家庭里的权利以及贫困妇女的问题。

第二波妇女运动于1972年到1982年之间达到高峰。在此期间，出现了一些新的进展：《女

[①] 原文如此。美国宪法第十九修正案是在1920年通过的。——译者注

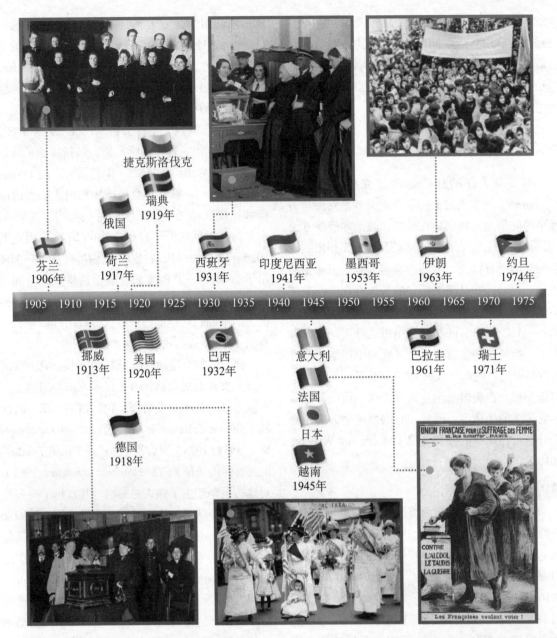

图 18－1　20 世纪一些国家妇女赢得选举权的时间

资料来源：Data from "Women's Suffrage: When Did Women Vote?" Interactive Map.Scholastic.com.

士》（*Ms.*）杂志创办；大学校园里女性研究项目出现；教育法修正案第九条通过，它终止了在公共财政支持的教育机构中基于性别的歧视；1973年最高法院在罗伊诉韦德案（Roe v. Wade）中的裁定，使堕胎合法化。可是，第二波妇女运动很快就因为内部冲突而受到了严重的伤害。弱势的妇女，如有色人种妇女、女同性恋者和工人阶级妇女等，对下述事实提出抗议：她们的利益，在更为公众所熟知的妇女运动中没有得到充分的反映或强调（Aikau, Erikson, and Pierce, 2018）。她们的内部抗议导致女性主义的两极分化。较为保守的女性主义者，如改良主义者，主要关注工作场所的性别平等（Hooks, 2000）。革命的女性主义者批评改良主义者的目标过于狭隘，后者把焦点集中在中产阶级白人妇女的关切上。革命的女性主义者还强调了保守的女性主义者的行为方式——往往以父权制和性别主义的方式对待其他妇女。

471

另外，女性主义也失去了它的锋芒，因为在"意识提升"（consciousness-raising）群体中，参与女性主义对话的妇女的数量下降了（Hooks，2000）。大学校园是少有的几个能够进行女性主义政治讨论的场所。结果，女性主义政治受到阻碍，有些不满意的激进女性主义者离开了妇女运动。反对派群体的兴起，以及强大的保守主义运动于1980年代在美国的出现，至少在观察家和参与者中间，导致了下述感觉的出现：我们已经进入了一个后女性主义时代（McCammon et al.，2017）。

1990年代早期，随着第三波妇女运动的出现，女性主义显然复活了（Davies，2018）。正在进行的这一波运动的一个特征是，对1980年代的运动所面对的问题做出反应。第三波妇女运动的典型特征是，对种族和民族的包容程度更高，对种族主义、阶级歧视、跨性别恐惧症和同性恋恐惧症等的关注更多。这一运动还设法解决妇女在宏观文化中的地位问题，以及各种特殊问题，如男女之间的工资鸿沟、性骚扰、针对女性的暴力、性侵和强奸。

网络女性主义和互联网上的行动主义，可以被视为第三波女性主义运动的一部分，虽然有些人认为，这些进展是第四波女性主义运动的滥觞（Ray，2018）。女性主义者在各种网站，包括"女性主义旷课乐群体"（Crunk Feminist Collective）和"女权主义"（Feministing）等网站进行讨论、辩论和动员。她们利用社交媒体并撰写博客来增强人们对身体自主权和其他问题的意识。正在出现的第四波女性主义运动的核心是下述观念：社会性别和性存在是流动的。这一波女性主义运动的目标是，破除身份的两分法偏见（Sollee，2015）。在第四波女性主义运动之中，生育公正（reproductive justice）也是一个核心议题，正像实现女性充分的人权是核心议题一样。这些权利不仅仅包括在社会机构如职场和学校里的性别平等，也包括妇女和女孩的身心健康。妇女运动目前面临的问题之一，是下述事实：很多在线视频游戏［比如《侠盗飞车5》（Grand Theft Auto V）］——作为当代社会很多面向中的一个——是歧视和厌恶女性的，更不用说种族主义和阶级歧视了。与不玩这些游戏的男人相比，玩这些游戏的男人更可能发展出性别歧视的态度（LaCroix，Burrows，and Blanton，2018）。考虑到互联网的重要性的迅速提高，互联网的滥用和互联网使用中的负面效应，对很多利益攸关群体，包括妇女运动群体，有其特殊的重要性。"玩家门"（Gamergate）是互联网尤其是视频游戏所带来的女性相关问题的一个标签（特别是对于那些敢于批评视频游戏产业的妇女；Wingfield，2014a）。因为性别歧视仍然是互联网——以及其他很多场合——的问题，新的和未来的进展会继续反映针对妇女的负面感受，并成为持续演进中的妇女运动的标靶。

全球妇女运动

在跨国层面上把妇女组织起来，这种情况开始于1830年代到1860年代之间（Berkovitch，1999）。最初的时候，这种组织是非常不正式的，但是后来正式的组织确实出现了，比如1874年成立的世界基督教妇女戒酒联合会（World Women's Christian Temperance Union，WWCTU）。虽然WWCTU所关注的主要是饮酒问题，但它也关心其他问题，比如女性的政治平等。到WWCTU于1891年召开第一次大会的时候，它已经在26个国家拥有分支机构。该联合会的成员接受了这样的观点，即"普世姐妹情谊"是存在的，而且全世界的妇女拥有共同的命运。在全球范围内，选举权的问题变得越来越重要，于是1904年国际妇女选举权同盟（International Woman Suffrage Alliance，IWSA）成立。

20世纪早期最令人震惊的一件事，是数千名妇女于1915年在国际妇女大会（International Congress of Women）上的聚会。虽然第一次世界大战的阴影笼罩着这些与会者——大战使她们跨越国界变得非常困难，但这次大会还是召开了。这次大会的主要目标，是找到解决冲突的途径和阻止未来战争爆发的方法。第一次世界大战之后，国际联盟（League of Nations）和国际劳工组织（International Labour Organization，ILO）的成立，为妇女的全球行动提供了新的机遇。不过，这些组织中的妇女活动，以及通过这些组织进行的妇女活动，并没有取得多少实质性的成果。这部分是因为，这些组织中的很多妇女支持殖民主义，即使其部分成员正在殖民主义之中遭受苦难（Roth，2017）。另外，殖民关系在妇女运动之中的复制，也是国际妇女运动在其滥觞时期充满争议的一面。作为对上述情况的回应，来自非洲和美国的黑人妇女，于1920年成立了国际黑人妇女委员会（International Council of Women of the Darker Races）。她们呼吁，不仅要支持个体层面的独立，也要支持国家层面的独立——从殖民统治之下独立（Umoren，2018）。

第二次世界大战之后，作为联合国成立的一个结果，妇女运动大步向前迈进。在这一过程中，联合国的妇女地位委员会（Commission on the Status of Women）发挥了重要的作用。在它的倡议之下，世界妇女大会于1975年召开，并宣布当年为联合国国际妇女年。可是，在1975年的大会上，男人们主导了演讲和领导职位，这些人更多地代表了他们各自的政府，而不是各国的妇女组织。不过，妇女们继续为了平等而施加压力，她们最终获得了更多的领导职位，并促成了关于男女机会不平等的讨论。随后是联合国的"妇女十年"（UN Decade for Women）（1976—1985），数次大会在这十年里举行。后续的大会分别在1995年（30 000人出席了在北京举行的联合国第四次世界妇女大会）和2005年举行。因为这些会议，来自全世界的妇女能够面对面地互动，并建立了跨越国界的个人纽带。作为这些联系的结果，很多地方性和跨国性的妇女组织涌现了出来（Moghadam，2015）。

除了这些正式的组织，很多国际女性社会网络也在近年里发展起来（Moghadam，2015）。这些组织形式的灵活性更高，它们不需要正式的成员资格，也没有官僚化的结构。在其形成和互动的过程中，新的通信技术，特别是互联网大有助益。可是，这些进展并没有促动一个单一的妇女团体组织的形成——在全球妇女运动中，门派林立。例如，越来越多的人承认，与全球北方的妇女相比，全球南方的妇女利益不同，面临的压

迫程度也不同（Hugh and Dubrow，2018）。即使有如此的分歧，妇女运动的全球性仍然比以前任何时候都强。它不仅对全世界妇女的地位造成影响，也在塑造着全球化，并为全球化所塑造（Basu，2017）。例如，我们可以在下述活动中看到这一点：全世界数百万妇女参加了2017年1月21日的妇女游行，还有很多妇女参与了"我也是"运动（参见本章的"数字化生存"专栏）。

思考题

当你听说在妇女运动及其全球分支中派系林立的时候，你感到惊奇吗？怎样才能修复这种分裂？男人应该在妇女运动中发挥作用吗？为什么？

二、LGBTQ运动

以美国为基地的男女同性恋者、双性恋者、跨性别者和酷儿（LGBTQ）运动的源头，可以追溯到1890年代。[①] 在其他地方，比如德国，也出现了早期的LGBTQ运动。当然，LGBTQ运动目前已经遍布全世界（Peterson，Wahlström，and Wennerhag，2018；Stulberg，2018）。这些运动还有很多的工作需要做。例如，同性恋行为在73个国家里仍然是非法的（Hull，2018）。

这里主要关注美国的LGBTQ运动。这里讨论的LGBTQ运动，是以前的男同性恋解放运动、女同性恋女性主义和酷儿行动主义的继承者。当前的运动融合了以前的那些运动，但又超越了它们，以"接纳双性恋和跨性别问题"（Ghaziani，Taylor，and Stone，2016：171）。

第二次世界大战与薰衣草恐惧

在第二次世界大战期间，针对男女同性恋的一些问题（比如军队里反对他们的动员行动）开始出现（Bérubé，2010）。然而，一般来说，第

---

① 本节的更早一个版本由特雷西·罗伊斯（Tracy Royce）和丹妮尔·安托瓦内特·海德尔格（Danielle Antoinette Hidalgo）撰写。本次重印获得了二位作者的许可。——原书注

二次世界大战曾经被描述为男女同性恋的黄金时代。随着男人和女人们离开家乡，在新的生活环境中安顿下来，随着他们置身于军队和平民工作场所的同性环境之中，他们有了新的体验。这一时期被描述为"某种意义上的全国范围的出柜"（Bérubé，转引自 Johnson，2004：51）。战争年代为性偶遇提供了更多的可能和机会，以及一种"什么事都可能发生"的心态。不过，从 1948 年开始，美国进入了这样一个时期：对同性恋的"道德败坏"的公共批评开始增多。

被称为"薰衣草恐惧"（Lavender Scare）的事件，是美国同性恋运动的一个历史转折点。"薰衣草恐惧"是从 1950 年开始由政府支持的对性少数群体——那些有同性恋行为以及被怀疑做出这类行为的人——的攻击（Johnson，2004）。政府人员试图搜索出那些被认为有安全风险的职工。在这种情况下，那些被怀疑"性变态"或有同性恋行为的人，会非常脆弱，因为在把他们的性行为公之于众的压力下，他们可能会把政府机密泄露给外国间谍。数千人被政府解雇，有些人选择了自杀。这种制度化的攻击，也刺激同性恋者成立了他们的政治组织。由政府雇员创立的马特辛协会（Mattachine Society）（参阅下文的讨论），标志着持续 25 年的努力的开始——废除工作歧视的联邦法律。1975 年，工作决策和解雇决策中对男女同性恋者的歧视，成为非法行为。因此，对同性恋者、"变态者"和建立"不道德的"性关系的人们的"镇压"，阴差阳错地促成了一场为同性恋者的权利而战的集体运动。

以美国为基地的同性恋运动

组织同性恋（也就是男同性恋权利）运动的早期努力，最终于 1950—1951 年形成了马特辛协会，该协会最初以洛杉矶为基地。其他城市也开始了它们的新篇章，到 1966 年的时候，美国已经有 15 个同性恋权利组织；到 1969 年的时候，有 50 个这样的组织（D'Emilio，1983；Hay，2012）。比利提斯女儿会（Daughters of Bilitis，DOB）是马特辛协会的一个分支，它关注女同性恋权利。该组织成立于 1955 年（Enke，2018）。这些组织强调对公众的教育，并在很大程度上

接受了同化主义者（assimilationist）的策略，以便获得主流社会的接受。虽然男女同性恋活动家们并肩工作，但性别特权（特别是男性的性别特权）仍然存在，并且成为活跃于同性恋运动之中的女同性恋者的不满的来源。正像一位女同性恋活动家所说的那样，"还不能把这个称为妇女运动……我们知道自己的地位——我们永远是那个冲咖啡的人。……哪些杂事归妇女干，这是很清楚的"（Shroedel and Fiber，2000：99）。

石墙事件

1969 年在格林尼治村（Greenwich Village）黑手党控制的石墙酒吧（Stonewall Inn）里发生了一次暴动。很多人把这次暴动看作是 20 世纪同性恋权利斗争的关键，它也标志着现代同性恋运动的开始（Faderman，2016）。1969 年 6 月 27 日，石墙酒吧的常客——波多黎各变装皇后、女同性恋者、娘娘腔的男人以及街头少年——对警察的搜查做出了暴力反应（Nardi，Sanders，and Marmor，1994：14）。执法官员和同性恋社区的成员们，都把这次事件归因于同性恋者受到激励，以更具进攻性的方式要求平等以及不受骚扰的自由。数年之内，有超过 800 个男女同性恋团体在美国全境成立。今天，同性恋骄傲日及其游行，还在纪念石墙事件，因为这一事件激发了对酷儿身份的集体主张，也带来了（对同性恋的）赋权。不过，有些人质疑同性恋史对石墙事件的强调。他们提醒我们，新型的同性恋运动，应该归功于同性恋组织的基础性工作，也应该归功于 20 世纪的民权运动、反战运动和女性主义组织。

女同性恋历史

考虑到像马特辛协会等群体中潜在的男性特权，很多女同性恋者对她们与男同性恋者共享的组织经历不满。而且，女同性恋者发现，虽然在主流的第二波妇女运动中性别主义已经式微，但在女性主义群体中，女同性恋者们所经历的异性恋主义——有时是露骨的敌意——让这些组织化空间变得不那么友好。结果，很多女同性恋者从主流的同性恋运动中分离出来。大量的女同性恋分离主义群体出现了，比如"复仇女神"（Furies）

474

组织，它把女同性恋塑造成了一种对抗男性霸权的政治选择。

并不是所有的女同性恋者都以这种方式来把自己的性别身份政治化。对于那些在攻/受（传统男性/传统女性）模式中追求其他妇女的妇女来说，男－女性别关系仍然持续存在。但分离主义的女同性恋者争辩说，为了成为一个真正的女性主义者，妇女必须完全离开男性空间。在实践中，这导致了只有妇女的社区或"女儿国"（women's land）的出现，以及女同性恋者推动的、以女性为中心的行动主义的产生。这些妇女"希望创建一种全新的制度，并塑造一种妇女的文化，这种制度和文化，将体现所有的不属于男人的完美价值"（Faderman，1991：216）。

思考题

为什么男同性恋者和女同性恋者不能拥有同样的目标，并使用同样的手段来实现平等？他们在哲学和实践中的分歧，有助于他们的努力还是阻碍了他们的努力？为什么？

DSM 中的同性恋

石墙事件之后，同性恋运动的一个早期政治胜利，是把同性恋从美国精神病学会（American Psychiatric Association，APA）的《精神疾病诊断与统计手册》（Diagnostic and Statistical Manual of Mental Disorders，DSM）中移除。从20世纪的后半叶直至今天，DSM 一直是精神科医生、心理学家和其他精神卫生专业人士进行疾病诊断和鉴别的指南。因此，它在对行为和身份的医学化（medicalizing）和病理化（pathologizing）方面，影响巨大。将同性恋作为一种心理疾病收录在 DSM 之中的做法，把同性恋行为和欲望塑造成了一种疾病，而且是一种可以治疗的疾病。

社会科学家和同性恋活动家的努力，促使同性恋被从 1973 年版本的 DSM 中移除。激进和温和的活动家群体采用了各种各样的策略，来表达对美国精神病学会把同性恋病理化的反对。

但是，在 1980 年的 DSM-Ⅲ 修订版之中，同性恋被"自我排斥的同性恋"（egodystonic homosexuality）取代。这一新的诊断，可以被应用于这样的人：他们声称，因为不愿意接受（自己的）同性恋身份而感到痛苦。不过，对这一诊断的反对，使它从随后的修订版 DSM-Ⅲ-R 中被移除。自那时以来，美国精神病学会所采取的很多官方政策都支持同性恋者的尊严，反对针对他们进行的污名化。可是，一些治疗师和组织，比如全国同性恋研究和治疗协会（National Association for Research and Therapy of Homosexuality，NARTH），一直主张，治疗师有"权利"为"不情愿受到同性吸引"的人提供"心理治疗"。

哈维·米尔克

虽然在哈维·米尔克（Harvey Milk）于1977 年被选入旧金山市监事会之前，已经有几位公开的女同性恋者当选为官员，但他是第一个通过选举而获得加利福尼亚州主要政治职位的、公开的同性恋候选人。虽然因为 1978 年被谋杀，他短暂的悲剧性政治生涯戛然而止，但米尔克至今仍被很多人颂扬为烈士、英雄和梦想家。

米尔克是在 3 次不成功的尝试之后，通过选举而获得公共职位的。虽然他仅仅执政了不到一年，但在其被截短的任期内，他取得了大量的成就。例如，他支持了一个以压倒性优势获胜的法案，该法案保护同性恋者不受歧视。米尔克主张男女同性恋者通过下述方式来消除歧视：让人们更多地看到自己，在自己的个人生活和职业生活中"出柜"。他还在下述事情上投入了大量的时间和精力：努力否决了加利福尼亚州 6 号提案——布里格斯倡议（Briggs Initiative）。上述两个法案如果通过，就会要求公立学校解雇同性恋教师及其支持者。

对米尔克的职业生涯的纪念，有导演罗伯·爱泼斯坦（Rob Epstein）1984 年的纪录片《哈维·米尔克的时代》（The Times of Harvey Milk），以及格斯·范·桑特（Gus Van Sant）的获奖传记电影《米尔克》（Milk，2008）。

475

艾滋病病毒/艾滋病、ACT UP和酷儿国度

1981年，美国疾病控制与预防中心认定了艾滋病病毒/艾滋病这一疾病。这对同性恋社区和同性恋政治产生了巨大的影响。在这一时期涌现出来的行动精神，体现在"释放力量的艾滋病患者同盟"（AIDS Coalition to Unleash Power，ACT UP）的早期努力之中（Roth，2017）。1989年，ACT UP 给医药公司宝来威康（Burroughs Wellcome）施加压力，让它使自己的新抗病毒药物 AZT 对于艾滋病病毒阳性的患者来说，更能买得起。ACT UP 体现了一种新的行动主义，这种行动主义包括了公民不服从、行为艺术，以及其他类型的创造性活动和代表性活动。ACT UP 的分支机构遍布全美国。1990年，一些 ACT UP 活动家成立了一个新的群体——酷儿国度（Queer Nation）。酷儿国度存在的时间虽然短暂，但它是 LGBTQ 事务最初的公共代表和直接代表。通过艾滋病病毒/艾滋病行动主义和酷儿国度的努力，同性恋运动转向了酷儿政治和酷儿身份领域。

LGBTQ 的成熟

以上这些都可以被视为 LGBTQ 运动的前身或早期形式。如果我们需要宽泛地认定这一运动的开端，则这一开端有二：石墙事件（前文曾经讨论过），以及一年以后（1970年6月28日）在纽约市举行的第一次"骄傲日"（Pride Day）游行——现在已成为一年一度的游行。围绕着骄傲日游行，还有一个星期的各种活动。这个活动目前已经扩展为遍布世界的"骄傲月"（Pride Month）——为期一个月的游行和庆祝活动（Peterson，Wahlström，and Wennerhag，2018）。

最初，同性恋运动倾向于不接受双性恋和跨性别者。不过，到1980年代的时候，这一立场开始改变。这一改变反映在人们开始广泛使用 LGBTQ 概念来涵盖和反映男女同性恋者、双性恋者、跨性别者，以及主流人群之外的其他人（这些人更多地被定义为"酷儿"）之间的相互接纳。

为了婚姻平等而持续斗争

几乎从 LGBTQ 运动诞生开始，婚姻平等就是其全国性的议题。这一努力的真正开始，是该运动从法律上挑战1996年的《婚姻保护法案》（Frank，2017）。该法案把婚姻的对象限制为"一个男人和一个女人"，并禁止在联邦层面承认同性婚姻。LGBTQ 运动以及其他运动的努力获得了巨大的成功。2011年，奥巴马总统认定上述法案违反宪法，并指示司法部停止在法庭上守卫该法案。2013年，美国最高法院废除了该法案中把婚姻定义为"一男一女"的部分。它还宣布，禁止在联邦层面承认同性婚姻是违宪的。2013年最高法院的裁定的一个结果是，男女同性恋者获得了以前被拒绝享受的很多联邦福利和州福利——异性恋夫妇可以自动地获得这些福利。2015年中期，美国最高法院裁定，同性恋婚姻在全国范围内合法化。在全球范围内，同性恋夫妇可以在下述国家和地区享受结婚的权利：阿根廷、比利时、巴西、加拿大、哥伦比亚、丹麦、芬兰、法国、冰岛、爱尔兰、卢森堡、荷兰、新西兰、挪威、葡萄牙、西班牙、南非、瑞典、英国、乌拉圭，以及墨西哥的某些地区。男女同性恋者还在继续奋斗，以便获得他们无法享受的其他利益。

虽然有这些成功，但对同性恋婚姻合法化的抗拒仍然存在。这种抗拒既来自同性恋权利运动的外部，也来自其内部。宗教保守主义者反对同性恋婚姻，他们争辩说，同性恋婚姻威胁到了婚姻的神圣性和传统的家庭。但自认为是酷儿的群体也对同性恋婚姻提出了批评。例如，对缔结合法婚姻的重要性的强调，没有应对下述问题：婚姻制度本身就是不平等的（Bernstein，Harvey，and Naples，2018）。与婚姻联系在一起的权利，并不能使每个人都平等地受益。上述权利也不能对当前公共政策中的不公正做出全面的纠正。为了挑战婚姻制度，也为了满足 LGBTQ 社区里各种各样的家庭形式的需求，人们提出了下列替代方案，用于展现主流 LGBTQ 运动对婚姻的关注：

- 对多样性的关系形式和家庭形式的法律承认。
- 所有人都可以获得卫生服务和住房等基本生活资源，无论他们的婚姻状况和国籍是什么。
- 在所有事务上的政教分离。

随着时间的推移，在美国，人们对同性恋婚姻的支持度日益提高。2001年，全部成年人中的57%反对同性恋婚姻，只有35%的人支持同性恋婚姻。可是到2017年的时候，62%的成年人支持同性恋婚姻，只有32%的人反对（见图18-2）。年轻人对同性恋婚姻的支持度高于老年人。大多数天主教徒（67%）和主流的白人新教徒（68%）支持同性恋婚姻，而只有35%的福音派白人新教徒支持同性恋婚姻。支持度的不同也存在于民主党人（73%）和共和党人（40%）之间。对同性恋婚姻的支持也随种族而改变（64%的白人支持，51%的黑人支持），但随性别的改变不大（64%的女性支持，60%的男性支持）（Pew，2017）。

关于同性恋婚姻的争论，以及与之相关的活动家的努力，一直充满紧张——既在LGBTQ社区之内，也在LGBTQ社区之外。虽然同性恋运动是遍布世界的现象，但该运动在世界上却是成败参半。虽然至少在世界上的某些地方，至少一些形式的同性恋行为是合法的，但在世界上大多数地方，或者同性恋是非法的，或者同性恋婚姻不被承认。世界上甚至还有一些地方，同性恋者要遭受严厉的刑罚、终身监禁甚至死刑。

三、民权运动

可以说，美国最著名的社会运动曾经是也许现在仍然是民权运动（Riches，2017）。历史的关节点也许是，1955年在亚拉巴马州的蒙哥马利对种族隔离的城市公共汽车的成功抵制。当时，黑人必须坐在公共汽车的后部。虽然这一运动的组织活动是地方性的，但领导它的是受人尊敬的马丁·路德·金。他在蒙哥马利的成功，把他送上了民权运动领导者的地位。蒙哥马利公共汽车抵制运动成了后来的民权运动的典范，也成了后续的社会运动的典范。它强调非暴力行动，并且明确宣称，黑人社区能够弥合内部的分裂，成为社会变革的有效力量。它还显示了黑人教堂在这样的社会运动中可以扮演核心的角色；黑人社区也可以在很少有外部帮助或完全没有外部帮助的情况下，为这些行动提供财政支持。

蒙哥马利公共汽车车抵制运动的成功，使黑人组织更深地涉入民权运动之中。这些组织包括，1910年成立的全国有色人种协进会（National Association for the Advancement of Colored People，NAACP）和1942年成立的种族平等大会（Congress of Racial Equality，CORE）。

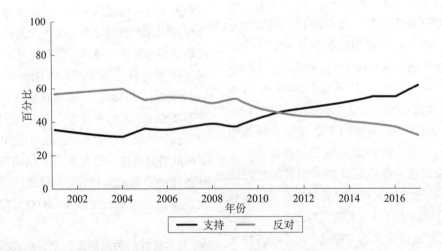

图18-2　支持和反对同性恋婚姻的美国成年人百分比（2001—2017）

资料来源："Changing Attitudes on Gay Marriage," Pew Research Center Washington, D.C. (26 June 2017). http://www.pewforum.org/fact-sheet/changing-attitudes-on-gay-marriage/.

它还推动了新组织的诞生，特别是南方基督徒领袖大会（Southern Christian Leadership Conference，SCLC），以及大量地方群体的成立和积极参与。被这些组织和群体激发起来的行动，遭遇了来自白人的强烈反对，甚至还引发了暴力事件。1960年的一个关键的进展是，在遍布美国南方地区的种族隔离的午餐柜台前，大量的黑人大学生参与了静坐活动。这些学生在另一个新组织的成立过程中非常重要，这个组织就是1960年成立的学生非暴力协调委员会（Student Nonviolent Coordinating Committee，SNCC）。该组织把很多白人学生拉进了运动之中。

1960年代，在各种抵制、静坐、自由乘车、大规模游行和大规模逮捕事件中，民权运动成为重要的推动力量。黑人及其白人同盟军都参与了进来。有时候，针对黑人活动家的袭击的新闻报道，为该运动带来了更高的曝光率，并在最初不倾向于支持他们的那些人中间，引发了大量的同情。

民权运动的很多"隐身领袖"是黑人妇女，比如范尼·卢·哈默（Fannie Lou Hamer）、赛普蒂玛·波因赛特·克拉克（Septima Poinsette Clark）和埃拉·贝克（Ella Baker）。她们的领导地位的不为人知，是存在于1950年代的性别等级制度的不幸的副产品。当妇女在民权运动中冲锋陷阵的时候，运动内部更加"醒目"的男人们，抢夺了她们的功劳和领导地位。参加民权运动的很多妇女的身份是志愿者，其数量远远多于她们的男性伙伴。

思考题

为什么在民权运动中作为"隐身领袖"而存在的妇女们，到今天仍然不能广为人知？你是否认为，今天反对种族主义的妇女们，无论其肤色如何，都得到了公众的充分认可？为什么？

这一运动取得了巨大的成功，其成功特别体现在1964年的《民权法案》（Civil Rights Act）中。该法案不仅禁止了以种族为理由的歧视，也禁止了以性别、宗教和民族身份为理由的歧视。当然，民权运动并没有实现更为崇高的消灭种族主义的目标，这一目标直至今天仍未实现（Riches，2017）。

民权运动的全球性质，在纳尔逊·曼德拉领导的南非反种族隔离运动中得到了特别清晰的体现。种族隔离制度是一种把种族区隔开来的制度，它于1948年成为法律。此后不久，一个反对它的社会运动兴起，领导它的是非洲人国民大会（African National Congress）。它赢得了巨大的国际支持，并在不到半个世纪的时间里实现了它的目标（Waldmeir，1997/2001）。到1994年的时候，南非的种族隔离和白人霸权都被终止了（Clark and Worger，2016）。

知识点18-1 | 社会运动的主要类型

社会运动	关注点
妇女运动	这些运动的基础是女性主义，即女性和男性平等的信念。
LGBTQ运动	该运动的支持者竭力争取男女同性恋者、双性恋者、跨性别者和酷儿的平等权利。
民权运动	以消除种族主义和其他形式的歧视为目的的非暴力行动。

第二节 社会运动的出现、动员和影响

各种条件决定了一种社会运动是否会出现。首先，必须有不满或很多人感到烦恼的事情（Simmons，2018）。针对女性、同性恋者和黑人的不公平待遇的不满，激发了上文所述的社会运动。当然，仅仅存在不满，并不足以促成社会运动。个体和组织必须受到动员，以便针对不满有所作为。上文论述的所有社会运动之所以成功，都是因为它们成功地动员人们发起行动。

一、社会运动出现的原因

假设一系列的不满和动员的努力都已存在，其他特定的条件也必须存在，一场社会运动才会开始。第一，政治体系中必须存在缺口，或者说是机会。例如，LGBTQ 运动利用了它在华盛顿特区的组织网络，来进入联邦政治机构，并影响国会的成员。这有助于该运动实现下述目标：进行争取平等的社会改革（Smitton，2017）。

第二个因素涉及各种各样的空间安排，比如参与人员物理位置邻近。显然，若那些至少有可能参与其中的人，能够方便地相互接触或者定期接触，社会运动的发展就会更加容易。另一个空间因素是，是否存在着参与者可以见面的"自由空间"。正是在这样的空间里，社会运动才能躲开聚光灯和外部的监视、控制而得到发展。大学校园里的女性相互之间住得很近，这有助于妇女运动的形成。像教堂一样的自由空间，对民权运动的发展也发挥了特别重要的作用。

第三个因素是资源的可及性。这是**资源动员理论**（resource mobilization theory）的关注对象，这一理论是目前最流行的解释社会运动的理论（Jenkins，1983）。该理论关注的焦点是，一群人需要做什么才能够有效地动员，并带来社会的改变。这一理论假设，宏观社会中存在着某种紧张——有些不满的人群，其不满就来自这种紧张。这一理论传统中最重要的一部著作是杰克·戈德斯通（Goldstone，1991）关于革命的著作。革命是一种社会运动，国家破产（亦即政府不能正常运作、财政危机等）所产生的紧张，在革命的发展中发挥了关键作用。革命的主要例子包括法国革命、美国革命和俄国革命。一旦出现上述紧张，问题就变成这些群体需要哪些资源才能够发起社会运动，乃至获得成功。

二、社会运动的资源和动员

五种类型的资源，被认定为社会运动动员的重要因素。第一是物质资源，比如金钱、财产和设备。进行一场成功的社会运动是非常费钱的，金钱与其他物质资源都是必需的（Edward，McCarthy，and Mataic，2019）。在这一点上，亿万富翁汤姆·斯泰尔（Tom Steyer）是一个显著的例子，他创造并资助了"需要弹劾（唐纳德·特朗普）运动"［Need to Impeach（Donald Trump）Movement］。第二是社会－组织资源，包括基础设施（今天，互联网接入非常重要）、社会网络（能够进入重要群体和组织的内部人员）以及此次社会运动所组建的社会组织（比如 NAACP、ACT UP；Rojas and King，2019）。第三是人力资源，如领导力、专业知识、技能以及组织内部人员的日常劳动（Ganz and McKenna，2019）。更为具体的资源包括，充满活力的公共演说家（比如马丁·路德·金）和发言人，技术熟练的网站设计师，以及组织动力学方面的高手。2019 年早期，有大约 650 万人签名加入"需要弹劾运动"。第四是道德资源，比如大众对某一运动的合法性的认可程度。其他道德资源涉及一种社会心态，即大家感觉该运动的领导人是高度正直的，全体成员也是如此（Jasper，1997）。第五也是最重要的是文化资源，比如该运动的成员，至少是部分成员之间共享的知识与技能。这可能包括组织一场抗议的知识、举行一次新闻发布会的知识以及组织一次会议的知识。总之，社会运动成败的关键，是现有的资源，以及运用部分或全部资源的能力，以便有效地动员，进而追求期待中的社会变革。

另一个重要的问题是这些资源的来源。最简单的一个来源，就是成员自己就能够创造的资源，比如筹款、发展社会网络，以及培养自己的

孩子，使他们长大以后成为运动的成员。另一个来源是搜集外部资源，比如在广大的捐助人中间进行募捐。还有一个重要的需求是，锁定可以依靠的赞助人，后者能够在财政和其他方面为群体提供支持（比如，提供人员）。最后，一场社会运动也可以吸纳其他组织的资源。例如，美国的社会运动经常吸纳教堂的资源，比如利用教堂的房屋、员工和道德权威。

参与

一旦社会运动启动，就必须找到保证成员参与的办法。首先，人们需要被邀请参与。要让人们参与，就要将他们嵌入有其他运动的成员参与的社会网络之中。其次，多种多样的社会心理因素涉入其中。这包括，人们对运动及其原因产生认同，因为所涉及的问题而产生情感共鸣，感到有义务处理这些问题，以及正好处在人生的转折点上——退休、失业、上大学——正好有时间参与这个运动。最后，需要为成员提供激励，使成员的所得超过他们参加运动的风险和成本。例如，对黑人来说，为了参加民权运动，获得更多权利的好处超过了被打或被杀的风险，也超过了参与所带来的时间和收入的损失。虽然物质激励是重要的，但更重要的是社会激励：作为运动的一分子，与他人联系在一起。道德激励也很重要，亦即参与到某种自己坚信的事业中去（Fominaya，2019）。

目标、策略和战术

社会运动一旦形成，便需要拥有目标、策略和各种战术，才能获得成功。目标是社会运动致力于实现的事情，比如减税、使社会变得更加平等，甚至是弹劾总统。策略是一个社会运动为实现目标而制订的长期计划。策略一旦确立，战术就变得重要了。战术更可能是短期的。战术应该是灵活的，它应该能够很快地适应周围环境以及宏观环境的变化。民权运动的策略，是创造一种情境，这一情境利用美国黑人特别是生活在南方的黑人的苦难，来吸引媒体、公众和政治领导人的注意。在这个例子中，战术是服从，也就是采取违反法律的非暴力公开行动，旨在改变这些法律和政府政策（Wanis-St. John and Rosen，

2017）。例如，黑人尝试在一个种族隔离的午餐柜台前点餐。公民不服从行动产生了一些反应（比如白人的抗议、警察的行动），这些反应引起了媒体和公众的注意，最终激起了公众的义愤。特别重要的是反制运动（countermovement）的行动和政府官员的行动。比如，民权运动既要应对白人至上主义者的敌意行动，也要应对当地政府官员的敌意行动。

成功的因素

一个社会运动是否能够成功，取决于各种各样的因素（Snow et al.，2019）。一个因素是它的规模。所有的社会运动在开始时都是弱小的，那些能够招募大量活动者和支持者的运动，更可能成功。另一个因素是创新性，即一个运动及其目标的独特性。独特性和规模之所以重要是因为，这样的运动将会带来大量的媒体关注，进而更可能带来更多的支持者和资金。支持者和资金是社会运动成功所需要的很多资源中的两种（参阅前文的讨论）。为了实现目标，暴力也是有用的，比如石墙事件的例子。不过，暴力也会产生反作用，即失去潜在的支持者和成员。也许更重要的是，暴力可能会导致暴力性的反制行动，后者将以镇压手段结束这场运动。军事行动也是一把双刃剑。这是因为，高度军事化的社会运动也许能够快速地实现自己的目标，但也会像暴力一样，导致反制行动和镇压。对社会运动来说，非暴力一直是一个成功的方法，因为它避免了强有力的反制行动——暴力性的社会运动和军事性的社会运动将会引发反制行动。非暴力方法大体上可以追溯至圣雄甘地和他对这种不合作手段的运用——针对英国人所控制的政府。1947年，印度赢得了独立。今天，大量社会运动，包括妇女运动和LGBTQ运动，都采用了非暴力方法。在全球范围内，很多与环境运动有关的组织、与世界社会论坛（参阅本章的"全球化"专栏）有关的组织以及至少部分反对全球化的组织，几乎毫无例外地都依赖于非暴力方法。更普遍地说，社会运动构建网络——参与运动的人的网络，以及与其他运动之间的全国性和国际性网络——的能力，越来越成为成功的关键。作为上述能力一部分的，是社会运动及其成员运用互联网和社交媒

体，以及动员和保持广泛支持的能力——这种能力原本就很重要[1]（Earl，2019）。"需要弹劾运动"几乎完全以网络为基地，并以出现在那里的请愿内容为基础。

虽然社会运动本身的各种因素会对它们的成败产生重大影响，但其他很多因素也在其中发挥作用。非常重要的一点是，很多个人、群体和国家（特别是警察和军队，以及更广泛意义上的国家），有能力对社会运动进行镇压（Chen and Gallagher，2018）。镇压社会运动的努力可能是隐蔽的，比如在1950年代中期到1970年代早期，美国联邦调查局对异议群体特别是共产主义和民权运动的嫌疑人的电话窃听。镇压也可能是公开的，一个重要的例子是，1960年代，地方执法官员和白人至上主义者对民权运动者实施了暴力。还有一个例子是，1969年，警察对同性恋者经常光顾的石墙酒吧进行了搜查。

三、社会运动的影响

无论成败，社会运动都会留下痕迹，有时还是很深的痕迹。一个政府也许可以镇压一场社会运动，但政府的一些方面和它的运作方式可能会受到该运动的影响，也会受到镇压行动的影响。例如，在1940年代和1950年代，对于美国各地企图增强共产主义的影响的努力，美国政府有能力进行镇压。这些行动虽然是成功的，但其中有一些是令人高度质疑的。主要的例子包括众议院非美活动调查委员会（House UnAmerican Activities Committee，HUAC）的活动，以及臭名昭著的约瑟夫·麦卡锡的行为。回忆一下第7章的内容：麦卡锡举办了一些听证会，其表面的目的是，把共产主义者从政府和其他地方清除出去，特别是从好莱坞和美国军队中清除出去。麦卡锡和他的同党常常进行匪夷所思的公开指责，却不提供任何证据。公众对麦卡锡及其支持者所使用的遭人谴责的手段非常反感，这种反感在政府中促生了持久的改变。从那时开始，任何政府行动，只要是与1940年代和1950年代有一丝的

关联，就会被贴上"麦卡锡主义"的标签。结果是，这样的行动注定不会成功。

不过，政府保留了压制社会运动的能力，在很多情况下，这样的能力范围还扩大了。这部分是因为下述事实：政府机构，特别是那些与执法相关的机构，模糊了激进主义、恐怖主义和极端主义之间的界限（Kaldor，2018）。其危险是，很多秉持积极目标并使用合法手段的激进主义社会运动，与那些真正威胁了美国的恐怖主义和极端主义运动一同遭到镇压。

社会运动，特别是获得了某些成功的社会运动，常常会为后来的社会运动留下强大的遗产，并对它们产生强大的影响。例如，民权运动是美国后来很多社会运动的典范和灵感来源。这些运动包括学生运动、反战运动、环境运动、同性恋运动和残疾人运动。美国之外的一些社会运动——比如，南非的反种族隔离运动和波兰的团结工会运动——也受到了民权运动的重大影响。

虽然社会运动的目标是改变社会，但它也会对参与社会运动的人产生重大的影响——无论是社会运动的成员还是反对它的人。受影响最大的，常常是积极参与社会运动的大量人员（Tufekci，2017）。他们的态度，也许还有他们的整个人生，都会因为对社会运动的参与而完全改变。对于在反对社会运动的活动中扮演了积极角色的人来说亦是如此。例如，参议院麦卡锡对自己的失败耿耿于怀，他在名誉扫地之后不久去世。

四、互联网、全球化与社会运动

对社会运动来说，最近最重要的两项进展，涉及全球化和互联网，也涉及其他的媒体技术，如智能手机（Carty，2018；Vanden，Funke，and Prevost，2018）。

正如我们在"需要弹劾运动"的例子中所看到的，事实证明，互联网是招募和组织大量人员的重要手段。这些人的数量可达数百万，彼此

---

[1] 这里的意思是，动员和保持广泛支持的能力，不仅仅是在作为构建网络的能力的一部分时很重要，它本来就对社会运动非常重要。——译者注

远离，甚至可能居住在世界上不同的地方。换言之，人们不再需要物理位置上接近，就能够共同参与到社会运动中来。人们目前还能够通过智能手机方便地进行交流，甚至是在事件现场。这种沟通手段，为动员社会运动参与者提供了新的可能性。不仅仅文字交流成为可能，使用智能手机照相和录像后，马上通过 YouTube、脸书和推特把照片和视频传给感兴趣的各个方面，也成为可能。这让人们能够看到社会运动中正在发生的事情。目前还出现了在线活动家（网络活动家），他们正在发起电子社会运动（网络运动；O'Brien，Selhoe，and Hayward，2018）。至少有部分网络运动，有可能成为现实世界中的社会运动。

互联网和其他技术让社会运动有能力覆盖广阔的地理区域，甚至变成全球化规模的运动。像今天的其他很多现象一样，与以前相比，社会运动已经不再受到国界的限制。可能的情况是，未来的互联网会带来越来越多的全球性社会运动。在本章后面的篇幅里，我们将会进一步讨论互联网与全球化的关系。

知识点 18-2　成功的社会运动的资源

资源	描述
物质的	金钱、财产、设备。
社会-组织的	基础设施和社会网络等。
人力的	领导力和日常劳动。
道德的	合法性和正直。
文化的	知识和技能。

第三节　集体行动

481　　一群人发起了**集体行动**（collective action）并参与其中，他们的目标是促进或阻碍社会变迁（Brooker and Meyer，2019）。社会运动就是集体行动的一个类型，其他集体行动还包括群氓、骚乱和灾难。与其他集体行动一样，社会运动通常发生在现存的制度化渠道之外。不过，社会运动与其他类型的集体行动之间，至少有两个区别。首先，与社会运动相比，大多数形式的集体行动是短暂的。比如群氓可以在数个小时里聚集起来，随后解散，而社会运动可以延续数年或数十年。其次，社会运动是有意为之，而其他类型的集体行动不是。例如，在一场灾难如地震或洪水之后立即组成的社区，并不是有意为之的。这一社区被组织起来并投入行动之中，是出于不可预料的外部事件。2017 年，在飓风玛利亚对波多黎各造成毁灭性破坏之后，岛上的各个社区团结起来，相互帮助。他们仍在寻找可持续的解决方案，以便把未来自然灾难的破坏降至最低（Hartz，2018）。遍布美国的白人警察对黑人男子的杀害——在密苏里州的弗格森、俄亥俄州的克利夫兰、纽约州的斯塔滕岛（Staten Island）、北卡罗来纳州的夏洛特（Charlotte）和马里兰州的巴尔的摩——把这些社区里的黑人们聚集到了一起，也把遍布全国的多种族群体聚集到了一起，以便努力处理这些问题及其根源。最近，森林大火毁坏了加利福尼亚州天堂镇

（Paradise）的很多财产。通过集体努力，那里的人们筹款，以帮助社区恢复——包括艾伦·德杰尼勒斯（Ellen DeGeneres）在内的名人，向洛杉矶消防局捐赠了 10 万美元。

对社会运动的理论思考是独立进行的，并且不同于对其他集体行动的思考（资源动员理

数字化生存 　"我也是"运动

虽然"我也是"运动是在 2007 年由黑人女性主义活动家塔拉那·伯克（Tarana Burke）发起的，但在《纽约时报》报道制片人哈维·温斯坦涉嫌性骚扰之前，它一直默默无闻。在女演员艾莉莎·米兰诺（Alyssa Milano）在推特上发出下述推文之后，该运动迅速火爆起来："如果你曾经被性骚扰或者被性侵，在本推文下面回答'我也是'。"两个月之后，170 万条带有"我也是"标签的推文被 85 个国家的追随者发布在推特上（Park，2017）。社交媒体鼓励成千上万的性暴力幸存者分享她们的故事，并公布伤害她们的人。工作场所里的不正当性行为成为"我也是"话题的焦点。很多男性名人，包括电视主持人比尔·奥莱利、政客阿尔·弗兰肯，以及喜剧演员路易斯·C. K.，在不正当性行为的指控之后，失去了他们的工作。在"我也是"运动火爆一年以后，总共有 201 个权势职位上的男性失去了工作。图 18-3 显示，在代替这些人的职位的人中，几乎一半是女性（Carlsen et al.，2018）。

"我也是"运动并非没有其毁谤者，并且其正在面对各种强烈抵制（backlash）。这部分是因为 2018 年对布雷特·卡瓦诺（Brett Kavanaugh）的充满争议的大法官提名（成功通过）——他被指控在高中时实施过性骚扰。认为虚假指控比未报告的性骚扰更为有害的男人和女人，数量增加了。认为在 20 年前骚扰过一个女人的男人不应该因此而失去工作的男人和女人，数量也增加了（Economist，2018b）。虽然新的指控不断出现并被证实，但是"我也是"运动似乎并没有疲软的迹象。

参与数字世界

请叙述"我也是"运动和本章介绍过的社会运动之间有何相似之处。起源于社交网络并通过社交网络组织起来的社会运动，其长处和短处分别有哪些？

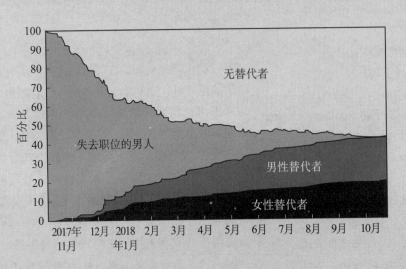

图 18-3　被指控有不正当性行为的人的职位替代者

资料来源：Adapted from Carlsen, Audrey, et al. "#MeToo Brought Down 201 Powerful Men.Nearly Half of Their Replacements Are Women." 29 October 2018, *The New York Times*.

论）。思考其他集体行动的主导性理论视角，是**紧急规范理论**（emergent norm theory）（Tierney，2018；Turner and Killian，1987）。该理论的基本思想是，在一些紧急事件中，会出现新的规范。这些规范会引导集体行动中常见的非传统行为。这一理论没有明说的是，在集体行动之中，常规不再有效，或者不再重要，至少在某种程度上如此。不过，与公众的想法相反，集体行动并不是非理性的、随机的或失控的。它是理性的，受到在此情境中发展出来的新规范的指导。

这一结论得到了一项研究的支持。该项研究的对象是 2003 年在罗得岛州一家夜总会里发生的 482 火灾。在这场火灾中，100 人死亡，接近 200 人受伤（Aguirre et al.，2011）。几乎没有证据表明，在试图逃避火灾的人们中间，有不理性的恐慌或类似恐慌的行为。他们没有依据自己的本能行事，他们也没有为了挽救自己的生命而置他人的性命于不顾。相反，新的规范很快出现，人们必须相互帮助而不是自救，虽然他们身处可怕的、威胁生命的紧急状况之中。对于那些与被困者有亲密 483 关系的人来说，尤其如此。他们把自己置于可能受伤甚至死亡的危险之中，竭力帮助那些对自己非常重要的人。人们在这种情况下的行为，受到了他们彼此之间的承诺的影响——这些承诺发生在事件之前。

一、群氓

对集体行动的紧急规范理论最简明的应用，是**群氓**（crowd）的例子。所谓群氓，是特定的时间内在一个公共地点聚集起来的规模相对较大的一群人（Mele，2018；Springer，2018）。我们都熟悉各种各样的人群（群氓），比如在庆祝场所或者灾害场所聚集的人。不过，较新的一类人群是快闪群（flash crowd）［或快闪族（flash mob）］。聚集一个快闪群，变得更加容易了，这是互联网、电子邮件和社交网络出现的结果。例如，一个快闪群可能会聚集起来进行一场枕头大战。通过互联网形成的快闪群，还曾经导致网络服务的中断。这种中断往往涉及"拒绝服务"（denial-of-service）攻击——在这种攻击中，系统被无意义的请求淹没，从而无力接纳合法的用户。

目前，虚拟人群已经形成了新的规范，例如一些**众筹**（crowdfunding）网站，如 Kickstarter 和 GoFundMe 等。来自美国全国甚至是全世界的人们，在网络上聚集在一起，为一个共同的事业提供经济支持。众筹的例子包括：努力筹集医药费或旅行费用，筹款购买土地以保护环境，甚至是支持作者出版独立的小说或支持音乐家发行唱片。通过众筹，人们可以选择支持慈善、商业、教育及其他事业。汇聚在一起，各种各样的人实现了共同的目标，并通过互联网体现了世界的互联性。

关于群氓的文献的一个关注点是，群氓之中的人的行为与其他情境中的人的行为是不同的。紧急规范理论认为，他们的行为确实不同，不过这是因为，他们只是在遵循不同的规范，而这些规范与社会世界里其他地方的规范不同。另一种观点认为，群氓中的人对自己的认知过程失去了控制，盲目地遵循群氓头目的指令，或者是机械地模仿周围人的所作所为，并自私地行动。相比于上述观点，紧急规范理论的说法会让人更舒服一些。虽然人们进行了大量的研究，但它们没有为第二种观点提供任何支持（Junger，2016）。

社交媒体（比如脸书和推特）有助于传播众筹信息，人们可以直接登录诸如 GoFundMe 和 Kickstarter 那样的网站，以便寻找支持各种事业的机会。这与极为常见的社交媒体上的"捣乱"（trolling）现象是对立的。所谓"捣乱"，就是在匿名和隐藏面容的互联网上，人们相互争吵、诽谤，甚至以暴力威胁对方。

思考题

你自己在群氓中的行为，与你独处时的行为一样吗？如果不一样，怎样不一样？为什么？你参与过众筹吗？是什么因素促使你这样做？

二、骚乱

骚乱（riot）是一种临时的、难以控制的集体行为，这种行为会造成对人身和财产的损害（Morgner，2018）。在美国，比较晚近的骚乱包括1960年代出现在洛杉矶、底特律和华盛顿特区的种族骚乱。1992年，在殴打了罗德尼·金（Rodney King）的几个警察被判无罪之后，洛杉矶发生了一次著名的骚乱。更近的一次——虽然暴力程度较轻——骚乱，发生于2014年。当时，密苏里州弗格森的一个白人警察射杀了一个没有携带武器的黑人——迈克尔·布朗。当然，骚乱在世界上其他地方都发生过，它是一个全球性的现象。

对骚乱的消极看法

我们倾向于对骚乱和骚乱者抱有负面的看法。不过，骚乱不一定是非理性的爆发。相反，它可能是出于对各种虐待行为的挫折感，出于在常规情况下解决这些问题的无力感（Useem，2018）。对骚乱者做出概括是困难的，但是，也没有研究能为下述看法提供支持：骚乱者更可能是罪犯、失业者和教育水平低下的人。对于那些参与骚乱的人来说，有几点是清楚的：他们更可能是男人、年轻人；离骚乱发生的地点较近；他们感到其行为可以带来改变。文献中关于警察介入骚乱的观点是混乱的：警察既可能压制骚乱，也可能因为他们的镇压行为而使骚乱进一步发展。

另外值得注意的是，通过其对待骚乱的方式，大众媒体也可能会推动骚乱的发生。首先，对骚乱的实况报道可能会吸引其他人加入骚乱。实况的、即时的媒体报道很可能是不准确的，并涉及煽动性。其次，媒体的报道也可能暗示，这是一种可以在其他时间和地点进行模仿和超越的行为。社交媒体也能够快速地把大量的人员吸引到发生骚乱的地点。

骚乱的积极效果

骚乱也可以发挥正面的效果。毫无疑问，1992年的洛杉矶骚乱——著名的罗德尼·金骚乱，促使警察在面对犯罪嫌疑人和公众时，改进了他们的处理方式，虽然类似的事件仍有不断的报道。更普遍地说，在某些情况下，骚乱催生了各种各样的项目，这些项目旨在应对被视为骚乱

原因的社会状况，比如贫困和失业。不过，这些改变持续存在的能力如何，仍然不明，而人们仍然在骚乱中伤亡，社区继续在骚乱中遭受灭顶之灾。有些情况下，发生骚乱的地区需要几十年才能恢复（Suro and Painter，2017）。

三、灾难

社会学对待灾难的方式，常常与它对待社会变迁和社会运动的方式相同。这样做的原因是，灾难可能源于社会变迁（比如法国大革命之后的"恐怖统治"）和社会运动（比如，德国纳粹主义的兴起，导致了数百万人的死亡），也可以催生各种社会变迁（比如在一场毁灭性的地震之后，抗震建筑的建设）和社会运动（比如，随着第二次世界大战结束，在纳粹造成的灾难之后，德国实现了民主化）。

灾难（disaster）是突然发生的、不可预料的事件，它严重地扰乱和破坏环境、社会结构，损害人们的生命及其财产（Tierney，2018；参阅第17章的"趋势"专栏）。灾难与事故（比如，车祸与飞机失事）不同，灾难的冲击要大得多。美国的很多灾难导致了数十亿美元的损失，而且近年来，这种重大灾难的数量增加了（见图18-4）。十年以前，海地的一场地震，给这个加勒比国家带来了巨大的人口损失。没有人知道确切的死亡人数，不过据估计，超过20万人死亡，另有30万人受伤。无数简陋的住宅、学校和其他建筑被摧毁。海地政府实际上已经停止运作，因为它的办公室坍塌了——字面上的和比喻意义上——很多官员或死或伤（Bhatty，2010）。人们取得了一些进展，但海地还在承受2010年地震的恶果，以及更近的灾难——2016年的飓风马修（Matthew）和2017年的飓风艾尔玛（Irma）的恶果。作为一个鲜明的例子，海地地震仅仅代表了近年来发生的很多自然灾害之一种。最广为人知的是2015年发生在尼泊尔的一场毁灭性地震，这场地震导致超过8 000人死亡，摧毁了大多数的基础设施，包括很多简陋地建起来的房屋和其他建筑（Associated Press，2015）。2017年，飓风玛利亚给波多黎各带来了灾难性的破坏。

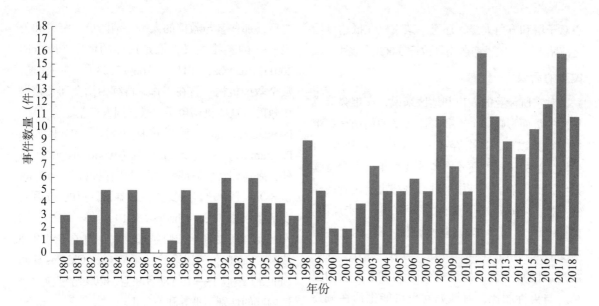

图 18 - 4 美国损失超过 10 亿美元的气象灾难和气候灾难（1980—2018）

资料来源：National Oceanic and Atmospheric Administration, National Centers for Environmental Information, "US Billion-Dollar Weather and Climate Disasters: Time Series," 1980–2018. https://www.ncdc.noaa.gov/billions/.

灾难中的人类参与

像地震和飓风这样的灾难是自然现象，但人类往往在某种程度上推动了它的发生，也加重了它的后果。人类常常在那些不应该有重要建筑物的地方——比如地质断裂带、海岸或泛滥平原上——进行建造。而且，他们所建造的东西常常是很脆弱的，很可能被自然灾害摧毁。建造结实的建筑物可能非常昂贵，而贫穷的国家如海地完全负担不起（Interlandi, 2010）。对灾难的应对往往是不充分的，导致不必要的人类苦难，并延迟对受灾人群的援助。对受灾社区的重建常常花费太长的时间，而在贫困地区，重建可能永远都不会发生。

当然，有一些灾难是人类错误或腐败的结果。2010 年 4 月 20 日，位于墨西哥湾英国石油公司的钻井平台"深水地平线"（Deepwater Horizon）发生了巨大的爆炸，导致 11 名工人丧生，并引发了持续 3 个月的石油泄漏（"Louisiana Oil Rig"，2010）。在那段时间里，2.06 亿美制加仑①的石油流入海中，影响了接近 1 000 英里的海岸线（Morris et al., 2013）。数十年来，一直有人在警告人们注意深海钻探和深海油井的危险。可是，推动钻探的动力，是像英国石油这样的公司对快速增加的利润的欲望，以及美国和其他发达国家对石油的贪婪需求。一个明显的情况是，"深水地平线"石油泄漏发生后，没有人知道怎样制止泄漏。直到 7 月 15 日，油井才最终被封上。这些石油对海湾的海洋生物和海滩造成了巨大的损害，受害的还有依赖游客的各种生意。

回忆一下第 6 章所讲的"挑战者"号航天飞机的故事——1986 年 1 月 28 日，它在起飞一分钟后解体，7 位机组人员全部丧生。为了获得资助和按时发射航天飞机，美国国家航空航天局（NASA）忽视了警告，甘冒风险，并容忍了错误和欺骗。虽然沃恩（Vaughan, 1996）把这次灾难看成是一个特例，但查尔斯·佩罗（Perrow, 1999）却认为它是一次"再正常不过的"事故。换言之，高度复杂的体系——就像与 NASA 和航天飞机有关的体系一样——不可避免地会发生灾难，虽然只有很小的发生概率。

人类制造的灾难可能是政治性的，它们可能与革命、骚乱和恐怖行动有关。比如，2010 年中期，泰国曼谷的市中心受到一场旨在推翻政府的骚乱的蹂躏。当然，再就是由几个劫机者造成的"9·11"灾难，这些人使飞机撞向了世界贸易中

485

---

① 1 美制加仑约为 3.785 升。——译者注

心双子塔和五角大楼,还有一架飞机在抵达目标之前坠毁。这次恐怖袭击导致近3 000人丧生。

灾难的后果

对它所涉及的人口和地区来说,灾难会造成长期的负面影响。个人和群体所受的创伤在灾难过去很久以后,还会存在(Erikson, 1976)。对人们生活的干扰即便不会持续几十年,也会持续数年,而人们嵌入其中的社会网络也会受到同样的干扰。灾难还会使现有的不平等进一步加深。例如,作为2010年地震的后果,海地的女性所遭受的苦难格外深重。再者,与男性相比,在地震过后的日子里,她们得到的人道主义救助更少。与男性相比,海地妇女更可能生活在帐篷里,这些帐篷不能提供多少保护和安全。她们在面对"不受欢迎的性挑逗和性侵害"时,特别脆弱(Jean-Charles, 2010)。对社会生活的影响会持续很多年。家庭生活受到了极大的干扰。更具体地说,在地震发生后一到两年,针对亲密伙伴的身体暴力和性暴力的数量升高了(Weitzman and Behrman, 2016)。

不过,有些人和有些群体在面对灾难时,境遇会好一些。灾难还能让人们和社区空前地团结起来,以便面对灾难的后果。在"9·11"灾难之后,那些参与救援的人——消防员、警察和公民——的英雄主义,就是这样的例子(Fritsch, 2001; Rozdeba, 2011; Saxon, 2003)。在海地,数个救助机构一直在工作,持续为妇女和女孩提供救助。这些机构包括,联合国人口基金会(UN Population Fund)、世界粮食计划署(World Food Programme)和世界宣明会(World Vision)。另外,海地妇女事务部创立的"工作挣钱"(cash for work)项目,已经帮助生活在难民营里的10万妇女活了下来(Jean-Charles, 2010)。另一方面,妇女和女孩所受到的威胁越来越大。为了应对这种威胁,海地女公民联合会(Women Citizens Haiti United)组成了一个行动者联盟,以便继续应对海地内部的性别不平等和不公正。

不过,救助的努力有时会导致严重的问题。在海地的例子中,有些参加救助的联合国维和士兵,把尼泊尔的霍乱带到了海地。一个联合国委托的承包商,把维和部队化粪池里的东西——富含导致霍乱的病菌——倒入了河流之中。数千海地人死于这种疾病,在以后的年月里,又有数千人被感染。一开始,联合国否认维和部队要为疾病的暴发负责,虽然早期的证据恰恰相反。联合国的否认和对危机的无所作为,导致更多人感染了霍乱,以及更多人死于这种疾病(Piarroux, 2016)。

知识点 18-3 | 集体行动

行动类型	描述
群氓	特定的时间内在一个公共地点聚集起来的规模相对较大的一群人。
骚乱	临时的、难以控制的集体行为,这种行为会造成对人身和财产的损害。
灾难	突然发生的、不可预料的事件,它严重地扰乱和破坏环境、社会结构,损害人们的生命及其财产。

第四节 社会变迁:全球化、消费和互联网

社会变迁与本章前面讨论过的话题有密切的联系。社会运动,特别是那些成功的社会运动,常常带来重大的社会变迁。例如,妇女运动、LGBTQ运动和民权运动已经催生并将继续催生这样的社会变迁。集体行动不太可能催生这样的社会变迁,但毫无疑问,也存在着群氓行动、骚乱和灾难催生了社会变迁的例子。例如,1992年的洛杉矶种族骚乱,以及在密苏里州弗格森发生的

抗议活动，不仅仅推动了警察行为的改变，也影响了针对骚乱原因所做出的努力。

虽然社会变迁出现在社会世界的所有领域，但是，在作为本书特色的三个领域——全球化、消费和互联网——之中，社会变迁尤其典型。当然，全球化是一个相对较新的社会过程。全球化正在改变我们生活的世界，未来它还会带来更为剧烈的改变。例如，全球经济的变动不居的性质，特别是全球经济中心从美国向中国或更广泛地说向亚洲的转移，意味着美国人的工作前景正在改变，未来的改变将会更大。有些经济领域已经在走下坡路，特别是与产品制造有关的经济领域，以及与之相关的工作机会。当然，也有一些领域的前景变好了。新的工作正在涌现，特别是那些涉及计算机和互联网的工作。显然，互联网不仅仅在这层意义上重要，它的重要性还在于，近年来，它是一个重大改变快速发生的舞台。这一舞台毫无疑问会以无数种方式继续影响和改变我们的生活。这里所讨论的变迁——全球化、经济和互联网，与我们的核心关切即消费的变动不居的性质有关。消费本身已经变得越来越全球化。比如，美国人购买的很多东西都来自美国之外。美国经济已经从一种生产主导的经济，变成了一种消费主导的经济。显然，更多的消费正在通过互联网进行，这一趋势在未来还会延续。

一、全球化是终极的社会变迁

在当前的全球化之前，人口、物品、信息、地点和其他事物的特征之一是具有稳固性。换言之，所有这些事物都倾向于（象征性地）随着时间的推移而逐渐固化，进而大体上固定在原位。结果是，人们不会冒险离开自己出生和长大的地方。他们的社会关系会限制在邻近的范围之内。大多数物品（工具、食品）也是如此，人们倾向于在生产之地使用它们。最物质化的信息展示方式（石碑、书籍）的稳固性，至少在某种程度上使它们向远方的传播变得困难。另外，由于人们并不向很远的地方移动，因而信息也不会向远方流动。地点也是一样，它们不仅仅是固化和不可移动的，而且倾向于被各种固化的障碍（山脉、海洋、墙和边界）包围，这些障碍使得人和物出入困难。

全球"流体"

在过去的几个世纪里，特别是在过去的几十年里，那些看起来曾经固化的东西，已经越来越快地走向"融化"。我们不再把人口、物品和信息想象为像冰块一样的物体，我们需要把它们想象为倾向于融化并变成流体的东西（Beilharz，2012）。不用说，与冰块融化而成的水相比，移动冰块要困难得多。当然，如果我们继续使用上述比喻的话，在当今世界，仍然有很多冰块甚至冰川尚未融化，至少是没有完全融化。固体材料的事物，比如人、货物和报纸，仍然存在。但是，由于运输、通信和互联网领域的广泛技术进步，这些事物的全球移动已经极其便捷。同样需要注意的是，在美国和世界上其他地方，有人试图竖立新的固体屏障（比如边境墙），以阻止移动，特别是移民的移动。虽然至少是在一段时间之内，有些努力会取得成功，但在阻止与全球化相关的大多数流动方面，它们不会大获成功。

因此，采用鲍曼（Bauman，2000，2003，2005，2006）在其著作中的看法，这里所展示的全球化前景，涉及越来越多的流动性（Ritzer and Dean，2019）。不过，在流动性和稳固性之间，存在着持续的互动。流动的东西（比如，从约旦河西岸向以色列发动的恐怖袭击）的增加，带来了强烈的抵制行动的增加，以及新型的固化形式（以色列和约旦河西岸之间的篱笆）的建立。不过，在目前和可预见的未来，全球流动的增加和扩散，势不可当。

487

全球"流动"

与流动性（liquidity）概念密切相关的，也是其不可分割的一部分的，是全球化思考的另一个核心概念，即"流动"（flows）的概念（Appadurai，1996；Inda，2012）。毕竟，流体流动起来更容易，比固体容易得多。因为世界上如此多的部分都已经"融化"，或者是正在"融化"之中，越来越多的、各种类型的流动现象越来越成为全球化的特征，包括人、物品、信息、决策、地点的流动。在很多情况下，流动已经变成暴烈的洪流。这一洪流越来越不太可能被各种固定的障碍（包括海洋、山脉，特别是民族国家的边界）阻挡。2008 年晚期，美国的信用危机和金融危机扩散到了欧洲和其他地方，就是这种情况的又一次证明。全球金融的流动性，特别容易受到美国的货币状况和欧洲银行的力量的影响（Cerutti，Claessens，and Ratnovski，2017）。

从一个特别不同的视角来看——我们在第 17 章曾提到过，世界上很多地方的人们相信，他们正在被移民包围，特别是贫穷的未登记移民（Triandafyllidou，2018）。考虑到美国对来自拉丁美洲的移民的担忧，以及欧洲对穆斯林移民的担忧，情况确实如此。无论这些移民是否真的变成了洪流，很多人都把他们看成了这个样子。很多政治家（最著名的就是唐纳德·特朗普）和媒体人士都为这种看法推波助澜，他们在把移民描绘成这个样子的过程中，获得了显赫的名声和地位。我们也可以说，地点也在全世界范围内流动——移民依据他们的来源地，在新的地点复制以前的地方（以及文化）。

观念、图像和信息四处扩散，既有合法的（博客），也有非法的（儿童色情）。这种流动毫无疑问是因为它们的非物质性（immateriality）。它们通过人际接触和媒体——特别是目前的互联网——来实现传播。数年以前很多被认为流动性极强的东西，在今天看来越来越像是在蜗行。当我们关注计算机和互联网对全球各种类型的事物流动造成的影响时，尤其是这样。例如，一个人不必再费力搜索一本进口录像带目录，然后花费数个星期，等待动漫影片从日本运来。她可以在网飞应用程序上，即时浏览任意数量的动漫影片。

思考题

你可以把自己生活的哪些方面想象为"流体"？哪些东西似乎是"流动的"？你怎样想象 20 年前——那时全球化还没有到来——的这些方面？

二、全球化与互联网

从 1990 年代互联网诞生之日起，它就深刻地影响了生活的几乎所有方面，特别是在发达世界。互联网促进了不同事物的全球化，它本身也是全球化的重要形式和面向。互联网的全球性表现在几个方面，而最重要的是，虽然它的使用者并不是平均地分布于全球北方和全球南方、富人和穷人中，但它确实存在于世界上所有地方（Pick and Sarkar，2015）。说它是全球性的还因为，一些全球和跨国公司、组织——包括跨国公司（如英特尔）、政府间组织和国际非政府组织——创造了它，并维持它的存在。例如，世界知识产权组织（World Intellectual Property Organization）管理知识产权，互联网名称与数字地址分配机构（Internet Corporation for Assigned Names and Numbers）对域名进行协调，联合国教科文组织（UN Educational, Scientific, and Cultural Organization）在全世界的学校里推广计算机和互联网的使用。

网络行动主义

对那些有互联网接入的人来说，在美国乃至全世界范围内联络志同道合的其他人的机会，为网络行动主义（cyberactivism）的兴起做出了贡献。所谓网络行动主义，就是利用社交媒体和其他以互联网为基础的沟通手段，来创建、推广和管理的行动主义（参阅本章的"数字化生存"专栏）。网络行动主义最近的例子包括，RIP 医疗债务组织筹款为那些付不起医药费的人偿还债务；绿色和平组织的"绿线"（Greenwire）行动通过网络把志愿者和环境抗争联系起来；华盛顿的"妇女游行"（Women's March）通过网络进行组织，引发了数百万男女参加的全球性抗议活动。

最近，全球化与网络行动主义之间的关系，被广泛的 e 行动主义，包括标签行动主义（hashtag activism）（最著名的就是"黑命亦命"）展示了出来。标签行动主义这一术语的来源是，在推特上使用标签来传播关于特定事件的消息。参与其中的人并不需要采取任何行动；他们仅仅通过为某条推文点赞或者转发某条推文，来显示世界社会论坛（WSF）创立于2001年。其源头可以追溯到1999年在西雅图对世界贸易组织的抗议。抗议者的核心关切是，全球的经济和政治事务缺乏民主性。WSF的初衷并不是发展一个社会运动，而是搭建一个舞台——在这个舞台上，志趣相投的人可以针对特定的社会运动和全球事务交换意见。WSF中运动和参与运动的人的多样性，使得任何具体的政治建议的发展都变得不可能，更不要说开展政治行动了。WSF一直挣扎于这些问题，挣扎于它在全球化中的定位和作用。

WSF是一个巨大的社会网络，并且建基于"网络的文化逻辑"（cultural logic of networking）（参阅第6章对网络组织的讨论）。这种网络包括下述内容：在多种多样的自主要素之间建立水平方向上的纽带和关联，在上述要素之间建立自由和开放的信息交流，在上述要素之间进行涉及民主决策的、去中心化的协调，以及建设自我导向的网络（Juris，2005）。

互联网尤其为WSF——以及一般地说，反对全球化（或者它的一些特殊方面）的人——提供了一系列强大的工具。使用这些工具，人们可以在地区层面甚至全球层面发起对全球化的抵制。这些工具包括脸书、推特和YouTube之类的社交媒体，以及随时随地都可以把活动者与上述网站联系在一起的智能手机。实际上，现在看起来非常原始的此类工具，在抵制全球化社会运动的滥觞时期——在1999年西雅图的世界贸易组织大会期间——发挥了重要的作用。那次行动基于网络行动主义，后来在华盛顿特区、布拉格、热那亚，以及世界上其他地方发起的抗议也是如此（Pleyers，2010）。正是这种行动主义，使WSF本身成为可能（Kohler，2012；Sen et al.，2004）。

WSF诞生于这样的观念：仅仅抗议全球化的罪恶是不够的。也就是说，我们需要更积极和更具体的建议来应对这些问题，需要一个可以产生这些建议的论坛。WSF的口号一直是"另一种世界是可能的"（Another world is possible）（Teivainen，2007）。换言之，必须有一个——也确实有一个——不同于自由市场资本主义的选项来主导世界的经济和政治（Smith，2008）。虽然这一口号是有力的，并且促成了多种多样的大型群体之间的合作，但迄今为止WSF还没有进行过任何具体的行动，也没有把"另一种世界"变成现实。下次WSF将会于2019年到2020年之间在西班牙的巴塞罗那举行，它将聚焦于地方经济以及全球经济的转型。

他们对自己所赞同的事物的支持。

维基解密、斯诺登和全球监视体系。维基解密是最著名和最富争议的网络行动主义的案例之一。接受其对私人档案的解密信息的全球受众，已经形成。这种档案的解密，往往会揭露原本向公众隐瞒的行为和计划。维基解密的基地原来在瑞典，目前它的数个服务器分布在世界各地。

2010年，维基解密开始披露华盛顿和它在全世界的各个领事馆之间的外交电报。那一年的后期，与阿富汗和伊拉克战争有关的一些档案——有些是机密级或秘密级——遭到披露。这些文件提示，驻世界各地的大量官员，进行了一些可疑的活动——如果不是非法的话。作为这一档案披露的结果，很多人失去了职位，或者遭受了其他的负面后果。另外，从美国大使馆泄露出来的外交电报的披露，在突尼斯革命和后来的"阿拉伯之春"的发动上，起到了关键的作用。

爱德华·斯诺登是一个美国电脑专家和吹哨人，他受雇于一家与国家安全局（NSA）相关的承包商（参看2016年的电影《斯诺登》）。宣称自己受到美国监控体系滥用的困扰，斯诺登拷贝并最终通过传统媒体（比如《纽约时报》和《卫报》）披露了机密的NSA信息（Greenwald，2014）。他在维基解密的员工的帮助下逃到了莫斯科，并一直留在那里。不过，斯诺登曾经批评维基解密，说它对其披露的信息监管不够。它没有编辑和移除敏感信息，特别是在披露信息中提及人员身份时（Chokshi，2016）。结果，斯诺登选择通过传统媒体披露更多的信息，因为他认为在传统媒体中他能在披露或者不披露哪些信息方面施加更多的控制。虽然最初的信息披露出现在美国、英国和德国，但信息很快就传遍了全球。

斯诺登所披露的信息显示，NSA 与澳大利亚、加拿大和英国的类似机构合作，一直在运行一个全球性的监控系统。这些机构通过在线服务商（比如谷歌）获得用户数据，阅读电子邮件，跟踪人们的浏览模式和浏览历史，以及其他的社交媒体活动，等等。这些披露是爆炸性的，特别是当它披露 NSA 一直在监听各国领导人的电话，比如德国领导人的电话时。

从全球化的视角来看，这里的关键是，首先，NSA 的监控项目涉及了秘密政府机构之间的全球权力结盟（Lyon，2015b）。其次，对于这些监控项目及其越轨行为的披露，在全球范围内被公开。最后，这一项目的影响和对它的反应，也是全球范围的。从某种程度上说，对这个项目的改革，至少也是全球范围的。

虽然有些人把斯诺登视为揭露政府肮脏秘密的英雄，但在其他人看来，他对机密信息的泄露是犯了叛国罪——这种行为危害了被美国政府（以及其他政府）认为对监控工作非常重要的东西。美国政府一直在威胁，如果斯诺登离开俄罗斯，就要逮捕他。不过，人权团体一直在为斯诺登寻求赦免。在他们看来，为了防止权力的滥用、保护吹哨人，以及更一般地说，维持一个自由的社会，赦免斯诺登是非常重要的（Naheem，2015；Savage，2016）。

三、消费与全球化

有一种把消费与美国联系起来的趋势，而且，就全世界而言，就是把消费与美国化联系在一起。在很大程度上，这可以追溯到二战之后美国的富庶，也可以追溯到同一时期世界上其他大多数社会所面临的经济困难。二战之后，在数十年的时间里，美国发展成了一个史无前例的、无可匹敌的消费社会。与此同时，它开始向世界上大多数地方出口消费社会模式及其各种构成要素。美国消费社会的很多内容被移植到了世界上其他地方。不过，在曾经饱受战争蹂躏并接受了美国的马歇尔计划援助的欧洲国家里，这种社会模式在很多方面被修改，即使是在紧接着二战的那一段时间里。斯蒂尔曼（Stillerman，2015）认为，实际上，消费社会扩展的主要区域，并不是位于全球北方（主要是美国和欧洲），而是位于欠发达的全球南方。虽然关于消费的大多数情况是相同的或类似的，但对各种独特产品和服务的消费来说，仍然存在着与众不同的消费模式。在美国和全球北方这些消费源头之外，在世界上其他地方，消费亦有其根基。目前，把消费作为核心生活兴趣，确实已经是一个全球现象；我们的社会越来越变成一个"消费者的世界"（Trentmann，2016）。

后一种情况为我们提出了全球化与消费之间的关系的问题（Ger et al.，2018）。全球经济的重点在于，与消费有关的所有东西的流动都急剧加快，阻碍这些流动的东西都迅速式微。尤其重要的是对各种类型的消费品和服务的全球流动的推进，以及襄助这种流动的金融程序和工具。例如，起源于美国的少数信用卡（以及借记卡）品牌，如维萨卡和万事达卡，在全世界被越来越多地接受和使用（Ritzer，1995）。在世界各地的柜员机和商户的收银台上，这些信用卡都可以使用。在这一点上，特别值得注意的是在线消费站点，有些站点是全球可及的——这让（不同地方的）人们可以使用自己的信用卡，消费很多相同的东西。信用卡不仅促进了全球消费，也促进了全球消费者包括旅游者的流动。

地区差异

在消费的全球化过程中，一直存在着明显的美国成分，这种成分还将继续存在下去。不过，必须承认的是，美国在这一领域里的全盛时期已经过去。无论如何，消费的全球性，永远会高于消费的美国性（Stillerman，2015）。也就是说，地方性区域从来不是一定——也许是从来不会——被来自美国的东西所充斥，而是把来自美国的东西整合进当地的文化和经济现实之中。此外，其他国家和地区也是消费社会的重要因素的重要输出者，比如，来自德国的梅赛德斯－奔驰汽车和宝马汽车，以及来自中国的看起来永不停止的消费品洪流。最后，多数消费大体上保持了当地的特色——如果不完全是当地特色的话。一个例子是，在肯尼亚，有一种温和的兴奋剂——阿拉伯茶，又名恰特（qat）。近来，阿拉伯茶的消费日益增加。在肯尼亚当地，人们对阿拉伯茶的定位是高度正面的。另外，当地人对外部世界特别是美国给这种东西的定位——恰特是一种危险的毒品——进行了主动的抵制（Anderson and Carrier，2006）。

在世界上不同的地方，消费的表现形式也会不同。例如，美国和日本都可以被视为消费社会，但日本消费者在很多方面有别于美国消费者。日本人从来没有全面接受消费社会的概念。具体来说，与美国人不同，日本人仍然会努力存下大笔金钱（Chiba，2017）。

虽然很多消费品和服务仍然是高度地方化的（例如，上文提到的阿拉伯茶、为印度文盲提供街头服务的写信人），但越来越多的消费品已经全球化了。一方面是全球化的物品，如来自美国、德国和日本的汽车；另一方面是全球化的服务，比如像毕马威国际（KPMG International）那样的会计公司所提供的服务，以及敦豪速递公司（DHL）提供的包裹递送。

消费者的全球化

全世界越来越多的人，开始以消费者的身份花费越来越多的时间。不久之前的情况还大不相同，那时，大多数人是作为生产者或工人花掉他们的大部分时间。更多人不仅在消费上花费越来越多的时间，还越来越多地根据自己所消费的东西——如宝马汽车、百达翡丽（Patek Philippe）手表、苹果产品等——来定义自己，而不是根据自己的工作或工作的公司来定义自己。另外，消费者持续不断地在全世界移动——常常是以旅游者的身份。不仅仅旅游本身是消费方式之一，而且，旅游的一大部分内容，就是消费世界其他地方所提供的产品和服务（de Jon and Varley，2018；Joy et al.，2018）。

全世界越来越多的人知道他们作为消费者的期待是什么。无论在世界上什么地方，他们通常都知道在消费过程中要做什么，包括：知道怎样在一个旅游胜地或购物中心安排路线、怎样使用信用卡以及怎样进行一次网络购物。而有些人尚未遇到这些过程，更不要说实践这些过程了。是在不远的未来，很多人毫无疑问会这样做。如果这些消费过程是众所周知的，世界各地的情况就会非常类似。

全球品牌

品牌（brand）是用于认定和区分不同产品和服务的一个标志。品牌与产品的类别名不同，品牌追求自己与产品类别名——如面粉和肥皂等——（Brown，2016）的差异。为一种产品或服务命名的过程之所以会发生，是因为如果这一过程成功，不仅一个品牌会从产品类别中脱颖而出，而且该品牌的产品会卖得更多，出售的价格也更高。我们都很熟悉世界上最成功的那些品牌（苹果、可口可乐、麦当劳、沃尔玛、梅赛德斯等等）；而且，大量的消费被导向了对品牌产品和服务的购买。另外，甚至人的名字也变成了品牌（Lady Gaga、勒布朗·詹姆斯）。在很大程度上，全世界都在"消费"这些人名。作为品牌，这些人与各种品牌的产品有着密切的关系。最著名的例子是索菲亚·维加拉（Sofia Vergara）与海飞丝（Head & Shoulders）的关系。

有些品牌变得如此重要，以至于形成了自己的文化（Goldman and Papson，1998；Hollister，2008）。单个品牌是我们的宏观文化的核心部分：通过品牌，宏观文化被注入了意义；而作为一个整体的当代社会，则受到了品牌的深刻影响。

品牌不仅仅在美国和其他很多国家里很重要，它也具有全球重要性。实际上，为了创建全世界都认可和信任的品牌，大量的金钱和努力被投入其中。克莱茵（Klein，2000 / 2010）详细地列举了各种品牌在当代世界的重要性，以及这些品牌的全球化程度——公司标识（corporate logo）是真正的国际语言——及其所产生的全球影响。

知识点 18−4 | 全球变迁

过程	描述
全球流体	在世界范围内，非物质存在和物质性存在更顺畅地流动的能力。
全球流动	全球流体的流动性日益增加。

491 ## 小结

随着时间的推移，社会变迁在世界的所有方面都会制造出多样性。社会运动是持久的和有意为之的集体努力，通常在现有的制度化渠道之外运作，旨在促进或阻碍社会变迁。著名的社会运动包括女性主义运动、LGBTQ 运动和民权运动。

社会运动的兴起需要下述条件：一些不满动员的努力、政治体系之内的机会、人们彼此邻近、自由聚集的空间以及资源的可及性。影响社会运动成败的因素包括：社会运动的规模和独特性，以及其他群体镇压运动的能力。如果成功，社会运动可以留下长久的遗产。与社会运动不同，有些集体行动是短命的和自发的。例如，群氓是大量人员在一个公共地点的临时性聚集。骚乱、对灾难的应对以及网络行动主义，是其他类型的集体行动——这些集体行动缺乏组织结构、资源以及社会运动所拥有的领导机构。

可以说，全球化是人类历史上最重要的社会变迁，其特征是，流体跨越全球的流动。互联网既是全球化的一个表现形式，又是全球化的一个面向，促进全球化的发展。全球经济的重心是，增加任何与消费有关的东西的流动，并减少对这种流动的阻碍。至少是针对这些流动的一部分，人们竖起了藩篱。但在大多数情况下，这些藩篱不太可能成功，或长时间地维持其成功。

关键术语（页码为原书页码，即本书边码）

品牌	490	网络行动主义	487	资源动员理论	478
集体行动	480	灾难	484	骚乱	483
群氓	483	紧急规范理论	481	社会变迁	468
众筹	483	女性主义	470	社会运动	469

总结性问题

1. 数字化运动可以被视为真正的社会运动吗？如果答案是否定的，它缺少了什么使它被称为真正的社会运动的东西？

2. 妇女运动的三次浪潮是什么？在这三次浪潮中，妇女运动的目标和策略发生了怎样的改变？

3. 新的通信技术如互联网和社交网络（比如，脸书和推特），怎样有助于全球社会运动？

什么类型的资源因为这些新技术而更容易移动了？

4. 根据资源动员理论，需要什么东西来对人群进行有效的动员？我们怎样应用这一理论来讨论本章所提及的民权运动？

5. 社会运动使用什么方法来保证成员的参与？这些方法与本章所提及的 LGBTQ 运动，有什么关系？

6. 我们使用哪些因素来判断一场社会运动的成败？从什么意义上说，妇女运动是成功的？对妇女运动的抵制，采取了什么样的形式？什么东西赋予了它不断更新的动力？

7. 依据紧急规范理论，当人处在群氓之中时，他为何会采取不同的行为方式？我们怎样用紧急规范理论来解释酒吧里的越轨行为（打架或公开示爱）？

8. 2010 年的海地地震、2015 年的尼泊尔地震以及 2017 年的波多黎各飓风是一些灾难的事例。人类行为怎样加剧了自然灾难的后果？诸如此类的灾难，将会带来哪些长期的负面后果？

9. 从什么意义上说，全球化是终极的社会变迁？世界的流动性怎样因为全球化而增加了？在世界的流动性增加的过程中，新的通信技术扮演了什么样的角色？

10. 为什么说品牌建设对跨国公司非常重要？品牌建设怎样反映了美国化的过程？

术语表

———— ❧ ————

霸权：一个种族（或者是群体）对另一个种族的屈从，更多地建立在观念的基础上，特别是文化差异的基础上，而不是建立在暴力的基础上约束。

霸权式男性特质：一种主导形式或最理想化的男性特质；这种男性特质被认为是自然的，并与父权制联系在一起。

白领犯罪：在其职业生涯中有职权和拥有较高社会地位的人所实施的犯罪。

白人种族框架：一系列种族主义观念、种族刻板印象、种族主义化的故事和童话、种族形象、强烈的种族情感以及对少数群体进行歧视的倾向，特别是针对黑人。

伴侣婚姻：一种强调养家者和持家者之间清晰的分工并通过情感、友谊和性把双方联结在一起的婚姻。这种婚姻的典范出现在20世纪中叶。参考"伴侣之爱"。

伴侣之爱：一种逐渐发展起来的、不一定与激情性爱联系在一起，而且是建基于对所爱之人的理性评价的一种爱情。

暴力犯罪：涉及威胁伤害他人、威胁使用暴力或者实际使用暴力的犯罪，包括谋杀、强奸、抢劫和重伤害，以及恐怖主义、全球性犯罪和战争犯罪。

被强调的女性特质：在社会中建构起来的关于"模范女德"的一系列观念，这些观念围绕着满足男人和父权的需求而展开。

标签理论：标签理论认为，越轨者是被成功地贴上了越轨标签的人。

剥削：资本主义的特征；在资本主义条件下，工人（无产阶级）生产几乎所有的东西，却得不到多少回报；而资本家几乎不劳动，却获得了绝大部分的回报。

博弈阶段：米德的社会化过程的第二个阶段；在这个阶段中，儿童发展出了完整的自我意识，因为正是在这个时候，儿童开始自动地扮演群体中的角色，而不是孤立的个体角色。

不平等：不平等是一种状态，即一些社会地位带来大量的金钱、声望和权力，而另一些社会地位带来的上述东西却很少——如果有的话。

财产犯罪：不涉及伤害或者暴力，而是涉及非法获取财产或者毁坏财产的违法行为。

财富：一个人的金融财产和其他财产，减去各种债务之后的收入总和。

参与观察：一种研究方法，在这类研究中，观察者确实在他观察的群体或情境中，扮演了一个角色——即使是一个无关紧要的角色。

参照群体：人们在对自己进行评价的时候所参考的群体。

差异交往：聚焦于"犯罪行为是习得的"这一事实的理论；因此，一个人与何人交往是至关重要的。

产消者：在消费过程中创造价值的消费者，或者是把消费和生产这两种行为结合在一起的人。

产业升级：当国家、公司甚至工人开始从事复杂的和高附加值的生产活动时，产业升级就会发生。

超级教堂：每周至少有 2 000 人参加的礼拜教堂。

城市：大型的、固定的、在空间上集中的人类聚落。

城市的：在城市里居住；在美国，居民超过 5 万名的地区被称为城市的。

城市化：一个社会中越来越高比例的人口居住在一个相对密集的城市区域。

城市群：聚集在一起的几个人口庞大的城市，可以延伸至很远的地方。

城市生活：城市区域出现的生活方式（生活风格、态度、社会关系），或者是与城市区域联系在一起的生活方式。

冲突理论：一种理论，该理论认为社会是因为强迫而凝聚在一起的，并且特别强调社会的消极面向。

仇恨犯罪：仇恨犯罪源自下述事实：受害者在很多方面不同于施害者，并且受到施害者的鄙视。

出生率：每年每 1 000 人口中出生的人数。

初级群体：小型的、紧密联系的群体，亲密的、面对面的互动在其中进行。

初级社会化：在个人生活的早期阶段，在与父母和其他家庭成员的互动中，个人掌握语言、身份、文化常规、规范和价值的过程。

初级越轨：早期的、偶然的偏离行为，或者被认为是奇怪的、出格的孤立行为。

传媒图景：这一图景涵盖了在全世界创造和传播信息的电子技术能力。

传统型权威：以历史悠久的信念为基础的权威。

创新者：接受文化目标，但拒绝实现这些目标的常规手段的人。

垂直流动：向上流动和向下流动。

纯粹关系：纯粹关系是这样一种关系：进入这种关系是为了自身的利益或者是为了伴侣们都能得到什么；只有在可以从中获得满足的情况下，人们才不会离开。

次级群体：一般来说，次级群体是规模更大、更加非个人化的群体；在这样的群体中，相互间的纽带较弱，成员相互之间并不是很熟悉，成员相互之间的影响也不那么大。

次级越轨：顽固的、频繁的越轨，这些越轨最终导致人们围绕着这一越轨地位来组织自己的生活和个人身份。

大都市：一个大型的、强大的、具有文化影响力的城市化区域，它包括一个中心城市，以及与该城市有经济和社会联系的一些社区。

大规模生产：具有如下特征的生产方式：大量的标准化产品、高度专业化的工人、可更换的机器部件、精密工具、高容量的机器化生产过程、生产中物资流的同步化。整个生产过程的持续性越高越好。

大众文化：受各种组织操纵的文化要素，它们缺乏自主性，或者是赝品。

代际流动：父母在分层体系中的地位与他们的子女所获得的地位的差异。

代内流动：一个人一生之中在分层体系中的向上流动或向下流动。

代议制民主：一种政治制度，在这样的政治制度中，作为整体的人民不是真的统治他们自己，而是决定谁在政府里能最好地代表他们。

单偶制：两个人之间的婚姻，可以是一男一女，也可以是两个男人或两个女人。

道德恐慌：对某种类型的越轨的广泛的但夸大的反应。

道德企划者：道德企划者定义哪些行为是道德上的恶行，他们领导一个社会运动，以便把这些行为定义为越轨，把它们变成非法的行为，进而将其置于法律执行的控制之下。

低收入经济体：世界上收入最低的国家；世界银行的定义是，人均国民收入低于1 046美元的国家。

地方性的：（地理上的）向内的，而不是向外的倾向。

地方性空间：地方性空间是一种具有清晰边界的场所，它的边界能够限制所有类型的流动——至少在一段时间之内——甚至完全禁止它们跨越边界。

地位不一致：一个人在分层体系中的某个维度上的地位，与他在其他维度上的地位不一致。

地位一致：在分层体系中，在阶级、身份和权力上的地位是类似的；地位一致的人在3个维度上或者都是高等，或者都是中等，或者都是低等。也叫作"晶体化地位"。

地缘政治：涉及广泛的地理区域——包括作为整体的全世界——的政治关系。

帝国主义：在没有殖民地建立的情况下，对某一地理区域的控制。

调查研究：一种研究方法，即从一个整体或者一个整体的代表性样本中搜集数据——通过访谈，或更重要的方式问卷。

顶石婚姻：作为系列事件的高潮，而不是系列事件的开端的婚姻类型。

定量研究：涉及对数值数据的分析的研究方法，这些数据通常来源于调查和实验。

定性研究：一种研究方法，这种研究在自然环境中进行，它提供关于社会世界的深度描述的信息（比如，用受访者的原话）。

定罪：法律体系对一些越轨行为进行负面制裁的过程。

丢脸的污名：污名的一种类型，受这种污名影响的人认为，他的情况已经为人所知或者显而易见。

东方主义：产生于西方的一系列观念和文本，这些观念和文本构成了对东方及其少数群体进行主导、控制和剥削的基础。

独裁政权：一个极权主义的政府，它由一个个体或者一小撮人统治。

渎神的：在涂尔干看来，是指那些没有被定义为神圣的东西，或者是平常的和庸常的东西。

对话分析：对人们怎样进行或者完成对话所进行的分析。

对现实的社会建构：个体对结构化社会现实的持续不断的创造过程，以及上述结构的约束和强制作用。

多偶制：涉及多个妻子或者多个丈夫的婚姻。

多数群体：在财富、权力和声望等维度上居于主导地位的群体。

多数-少数人口：少数群体成员的数量超过50%的人口。

多元文化主义：在某个特定环境中，国家和多数群体对文化差异的接受和欣赏。

多元主义：很多群体共存，但任何群体都不会丧失其特性。

二人关系：两个人构成的群体。

二手资料分析：对其他人——包括社会学家——所搜集的数据的再分析。

法理社会：以非人格化的、疏远和有限的社会关系为特征的现代社会。

法理型权威：在合法规则的基础上被合法化地支配，而拥有权威的人在这些规则的约束之下发布命令。

法律：被提炼出来的——或者说成文

的——规范，这些规范通过机构如政府被正式地执行。

法人犯罪：合法的组织实施的犯罪，包括反托拉斯犯罪和股票市场犯罪。

反美主义：对美国的整体上的厌恶，以及对其文化在国外的影响的厌恶。

反叛者：既拒绝传统目标，也拒绝传统手段的人；他们以非传统目标取代传统目标，并以非传统手段来实现这个目标。

反思性：一个人对自己所作所为进行的反思，这种反思会影响他怎么看待自己以及未来怎样做。

反文化：一个群体的文化不仅仅以某种方式与主流文化不同，且其服膺的规范和价值也与主流文化的规范和价值观互不相容。

犯罪：违反刑法的行为。

犯罪学：研究犯罪的各个方面的学问。

范式：某个领域里大多数从业者都接受的一种普遍的世界模型。

仿造物：事物的不真实的版本或者赝品。

访谈：一种研究方法，即信息的来源是参与者（受访者）对一系列问题的回答，而这些问题通常是——至少在某种程度上是——在研究进行之前就拟好了的。

非参与观察：一种研究方法；采用这种方法时，社会学家在被观察的活动中很少或者不扮演任何角色。

非家庭户：其成员或者是独自生活，或者是与非亲属一起生活的家户。

非同居父母：没有和孩子一起生活的父亲或者母亲。

非炫耀性消费：购买廉价的或平价的商品——这些商品不是炫耀性的，且不代表物质价值。

非正式组织：运用与正式组织的运作机制相对立的机制来实际运行的组织。

分层样本：分层样本是这样产生的：大群体被划分为几个亚群体，然后在每一个亚群体中进行随机抽样。

风险社会：在风险社会里，风险和保护自己不受风险伤害，成为该社会的核心问题。

封闭社区：一种类型的社区，在这种社区里，大门、监控摄像头和保安为居民提供了安全感——逃避了那些他们认为城市里才有的社会问题（犯罪、乞讨等）。

服从者：既接受文化目标，又接受实现这些目标的传统手段的人。

符号：代表某事或者某人的一个词、一个姿态，或者一件物品。

符号互动：符号互动不仅仅以姿态为基础，还以有意义的象征符号为基础。

符号互动论：一种社会学理论，这种理论聚焦于符号的作用，聚焦于符号的意义怎样被参与互动的人共享和理解。

符号交易：符号交易是一种交换过程。人们在下述情境中交换各种东西：交换过程本身具有内在价值，并且以牵涉其中的人际关系为目的，而不是以作为经济回报的金钱为目的——虽然也可能从这个过程中赢得回报。

福利国家：福利国家是这样的国家：它既试图像资本主义那样有效地运行经济，又试图公平地——资本主义做不到这一点——运行经济市场。

福特制：亨利·福特（人们把现代大规模生产体系的发展归功于他）及其同事在20世纪初所创立的观念和原则。

负功能：对一个特定体系的存在和适应造成负面影响的、可观察到的功能。

概化他人：个体在发展自己的行为和态度等的过程中，所接受的群体态度或者社区态度。

高收入经济体：世界上收入最高的国家。

隔离：多数群体和少数群体之间的身体和

社会分隔。

个体化婚姻：强调当事人婚姻满意度的婚姻模式。

公民：由国家所代表的人民，他们通常出生在该国的领土之内。

公民资格：一个特定国家的人民可以在该国之中投票选举其代表，并具有作为公民的权利和义务的观念。

公平贸易：组织全球贸易的一种替代方式，这种方式为生产者的产品提供更高的价格和其他收益，旨在应对生产国和消费国之间的权力不平等。

共产主义：马克思认定的一个历史阶段，这一阶段在社会主义之后，它涉及社会有意识地和理性地计划和组织生产的努力，从而使社会的全体成员都从中受益。

共夫共妻制：群婚。

寡头制：顶层的少数人所掌握和行使的权力，远大于他们应该拥有的权力。

关于种族和种族主义的批判理论：关于种族和种族主义的一系列观念。这种观念主张，种族的重要性会持续存在，种族主义也会持续存在，并对少数群体特别是黑人造成负面的影响。

观察：一种研究方法；它涉及在一定时间段以内，系统性地观看、倾听和记录在真实的社会环境中所发生的事情。

观念图景：这一图景涉及形象，主要是政治形象——这些形象通常与民族国家的意识形态相一致。

官僚人格：官员的一种类型，这种类型的官员对组织规则的遵守到了极致的程度，以致其实现组织目标的能力都受到了破坏。

惯习：一系列内化了的倾向和性格，这些倾向和性格是在特定的社会情境中，通过经验和互动而习得的。

规范：非正式的规则，这些规则指导某种文化的成员在特定的场合怎样行动和怎样生活。

规则执行者：威胁执行规则或者实际执行规则的人。

规则制定者：设计社会的规则、规范和法律的人。

贵族化：房地产资本被再次投入衰败的市中心，为处于上升态势的中产阶级翻新房屋，并建造新的基础设施。

国家：为政府治理和民事治理而构建起来的政治实体。

过度消费：超越需求、超越真实愿望、超越支付能力的消费。

过度债务：进行了不应该进行的借贷，因此负债超过了自己的偿付能力。

过渡仪式：围绕着生活中的主要转变，如出生、性成熟、结婚、经济危机和死亡而发生的事件，通常是仪式性的事件。

合法化：社会系统产生的、支持其自身存在的观念体系。

核心家庭：一对已婚成年人与一个或多个孩子构成的家庭。

宏观：用以描述大规模的社会现象，比如群体、组织、文化、社会和世界。

宏观金融：与金钱和金融相关的全球化。

后福特制：与下述情况联系在一起的生产体系：用更少的批量生产更特性化的产品，特别是品位和质量更高的产品；主要是因为计算机的使用，更柔性的机器设备成为可能；更柔性和自主的、技能更高的工人；对规模经济的依赖减少；为差异化的市场提供更特性化的产品。

后工业化社会：后工业化社会曾经也是工业化社会，但其对产品制造业的关注，已经被服务业工作的增长取代，至少是已经开始。在服务业工作中，人们彼此提供服务，而不是制造产品。

后台： 社会世界的一部分，在这里，人们自由地表达和表现自己，而这种表达和表现方式，在前台是受到压制的。

后现代理论： 与现代理论的取向正好相反的一组观念，比如，拒绝构建现代社会理论的宏大叙事。

后现代性： 一种社会状态，它超越了被经典理论家分析过的现代阶段，进入了新的后现代阶段——其特征是更少的理性和更多的折中主义。

后现代主义： 在音乐、电影、艺术、建筑以及诸如此类的艺术形式之中出现的不同以往的新文化形式。

后殖民主义： 在一个曾经被殖民的区域，殖民政权离开以后的时代。当然，后殖民主义的思想和实践，在殖民政权离开以前，就已经存在了。

蝴蝶效应： 一个特定地点的小小改变，在遥远的地方——时间上和空间上——所造成的全球性影响。

互动： 涉及两个或者更多人的社会交往，他们相互感知对方的行动，并把行动指向彼此。

互动秩序： 互动的一个领域，这里的互动是有秩序的，但创建其秩序的是非正式地参与其中的人，而不是正式的社会结构。

互惠： 参与互动的人期待，给予和回报的价值大体上一致。

缓刑： 被判轻罪的犯人在满足一定条件——比如参加和完成戒毒项目，并在监督之下，被释放入社区的一种制度。

荒漠化： 水资源的减少，它是土壤和植被退化和恶化的结果。

婚姻： 社会认可和承认的两个人之间的结合，通常也是法律上的结合，这种结合使两个人能够生活在一起，并生育子女或收

养子女。

混合家庭： 一种家庭形式，这种家庭混合了在两个伴侣以前的婚姻中出生的孩子，以及此次婚姻中出生的一个或多个孩子。

机械团结： 建立在下述基础上的群体凝聚力：他们都从事大致相同的工作。

积极越轨： 违反了社会规范但被社会认定为产生了有益效果的行为。

积累优势： 让最具优势的个体获得最佳机会的过程，这使得不平等日益加剧。

激情之爱： 这种爱的特征是，有一个突然的开始，激发强烈的性感受，而且倾向于把所爱之人理想化。

集体行动： 一群人为了促进或阻碍社会变迁而发起或者参与的行动。

集体意识： 全社会的人共享的一系列信念。

技术： 以完成某种任务为目的，在机器、工具、技能、程序之间进行的相互作用。

技术图景： 这一图景既使用机械技术和信息技术，也使用通过这些技术而自由和快速流动的事物。

继亲家庭： 在继亲家庭里，结婚或同居的两个成年人，至少其中一方的至少一个孩子与他们共同生活，而这个孩子或这些孩子是由以前的婚姻或者同居产生的。

家庭： 两个或两个以上的人（其中一个是户主），通过出生、结婚或收养而形成的群体，这些人生活在一起。

家庭户： 两个或两个以上的人生活在同一个住所里，他们之间以血缘、婚姻或收养为纽带。

假释： 以狱中表现良好等为理由的、监视性的提前释放。

价值： 一种概括的和抽象的标准，它定义一个群体或整个社会认为是善的、可欲的、正确的或重要的东西。

建构主义理论： 一种越轨理论，该理论试

图对下述过程进行更深刻的理解：人们把一些行为定义和归类为正常，而把另一些行为定义和归类为越轨。

交叉性：各种社会地位的合流或者交叉以及与这种合流联系在一起的不平等和压迫。这里的观念是，一个特定的少数群体受到了他们在其他体系中的社会地位之性质的影响，或者受到了其他形式的不平等的影响。

交换关系：互动的人之间的稳定而持久的关系，这种关系的形成，通常是因为他们之间的互动是回报性的。

交换理论：关于回报和代价的一组观念，这些回报和代价与人类行为密切相关。

郊区：邻近大型中心城市，但坐落于大城市的行政边界之外的社区。

郊区化：大量人口从城市搬到附近人口稀疏的环城市带的过程。

角色：大家对占据某一身份的人的行为期待。

角色超载：人们面对的角色期待，超过了他们的应对能力。

角色冲突：与特定身份或者多重身份相关的、相互冲突的角色期待。

角色创造：人们修改自己的角色的能力，至少是在某种程度上。

教帮：一个新的、创新性的、小型的、自愿的和排他性的宗教传统，它从未与任何宗教组织有联系。

教会：具有宗教导向的一群人，他们的成员资格是与生俱来的（而不是有意识地和自愿地加入的）。

教派：一个与国家无关的宗教团体，它展现出宽容的精神和对其他宗教团体的接受。

教育券：政府颁发的凭证，可以让学生使用公共税金在私立学校里支付学费。

阶级意识：马克思所认定的一种精神状态，在这种状态中，工人（无产阶级）真正地理解了资本主义、他们在其中的集体角色、他们之间的相互关系，以及他们和资本家的关系。当大多数人都真正地感受到自己的利益是什么的时候，阶级意识就出现了。

揭露：观察社会结构表面之下和之外的东西——该结构的假面之下，隐藏了真正重要的东西。

结构 - 功能主义：结构 - 功能主义是这样一组观念：既关注社会结构，也关注社会结构的正负功能。

结构性流动：宏观社会的变迁对个人在分层体系中的地位特别是职业结构的影响。

结构主义：一种社会理论，它关注隐藏的或底层的结构对社会的影响。

解释性理论：关于越轨（有时是其他社会现象）的理论，该理论试图回答越轨为什么会出现的问题。

解释性调查：运用问卷或者访谈来揭示观察结果的潜在原因。

金融图景：涉及各种金融工具的使用，以使大量的金钱和其他具有经济价值的产品在国家之间、在全球流动——速度极快，几乎瞬间可及。

紧急规范理论：这一理论声称，在紧急事件出现的时候，就会产生指导那些非传统行为的新规范——这些非传统行为是集体行为的特征。

紧张理论：建立在下述观念基础上的理论：在社会的宏观结构和人们用以实现有价值目标的结构性手段之间，存在着不一致；这种不一致会制造紧张，而这种紧张可能会让个人采取越轨行动。

经济：一个社会体系，这一体系涉及种类繁多的商品和服务的生产和分配。

经验主义：人们运用自己的感官，特别是眼睛和耳朵，来搜集信息和证据，并体验这个世界。

晶体化地位：参见"地位不一致"。

精英多元主义：政治精英们组成具有相似利益的群体和组织，并展开权力竞争。

竞争性资本主义：由大量小公司构成的一种资本主义形式，其结果是，没有一个公司或者是公司的小团体，能够完全主导或者控制一个经济领域。

镜中我：反映了他人如何看待和回应我们，特别是在儿童期。

未充分就业：在一个与自己的训练和能力不符的岗位上工作，或者一个有能力并愿意做全职工作的人从事临时工作或者未能全身心投入的工作。

巨型城市：人口超过 1 000 万的城市。

绝对贫困：一种显示人们维持生存所需要的收入水平的绝对尺度，比如美国的贫困线。

科层组织：高度理性化的组织，特别是一个高效的组织。

科学方法：回答关于世界的问题的结构化手段。

可持续发展：经济和环境上的改变，这种改变能够满足人们目前的需求，特别是世界上穷人的需求，但又不会危及未来需求的满足。

可能丢脸的污名：污名的一种类型，受这种污名影响的人认为，他的情况既不为在场的人所知，也不会被他们立即看到。

刻板印象：对于某一类人的夸大的概括，被应用于该类人的每一个个体。

客我：一个人所接受的结构化了的其他人的一系列态度；还涉及个体对概化他人的接受。

恐怖主义：非政府的行动主体所采取的暴力行动，这些行动针对的是平民、财产或军事人员，旨在对政治施加影响。

恐同症：对成为同性恋和看起来像同性恋的恐惧，或者是对任何同性恋者和同性恋事物的恐惧。

恐外症：一种偏见，它让人们对某个群体实施拒绝、排除和污名化——占主导地位的社会群体把他们看成是外来者或外国人。

酷儿理论：这一理论的基础是下述观念：没有任何固定和持久的身份，可以决定我们是谁（比如"同性恋"或"异性恋"）。这是一套有关下述问题的多样性的观念：文化是怎样发展出性别和性的规范、服从的观念和权力关系的？

酷儿性别：一些学者所使用的一个术语，用来指称那些既非特指男性也非特指女性的性别身份。

跨国资本主义：跨国经济活动在其中占据主导地位的经济体系。

跨性别者：那些其性别认同和 / 或性别展示与其在出生时或者婴儿期被给定的性别不同的人。

扩大家庭：两代或更多世代的人生活在一个家户之中或者邻近居住的家庭。

劳动力的女性化：女性对所有的部门的参与增多，以及妇女进入传统上由男人占据的职位。

劳工移民：那些因为自己祖国的"推动"因素（缺少工作机会、低薪）或者"拉动"因素（其他地方拥有的工作机会和较高工资）而移民的人。

累犯：曾经被定罪的人员再次犯罪。

离岸外包：把工作外包给其他国家的组织的过程。

离散：一个种族或民族群体从他们传统上的家乡离开——通常是非自愿的——而且跨越遥远的地理区域。

礼俗社会：传统社会，其特征是面对面的关系。

理论：一系列相互关联的观点，这些观点可以进行广泛的应用，指导处理非常重要的事务，并且经过了时间的检验。

理想文化：提示一个社会里的人应该相信什么和做什么的规范和价值。

理想型：用以研究现实世界里的现象的一种极端理性化的模型。

理性化：社会结构日益获得下述特点的过程：用最直接和最有效的手段实现目的。

理性选择理论：理性选择理论是这样一组观念：它把人视为理性的人，并且为了实现自己的目标而行动。

历史比较研究：一种研究方法，它对比各种社会里不同的历史事件和历史条件，并研究它们怎样导致不同的社会结果。

流动性空间：流动性空间不太可能拥有清晰的和可保卫的边界。与在地方性空间里发生的事情相比，在流动性空间里发生的事情，常常变动不居和不能持久。

垄断资本主义：大公司垄断市场的一种资本主义类型。

伦理：涉及对与错，以及人们怎样做出选择并使这些选择正当化的问题。

麦当劳化：快餐店的理性原则开始主导越来越多的社会部门，以及世界上越来越多的社会的过程。

美国化：其他国家引入与美国关系密切的产品、图像、技术、实践、规范、价值以及行为的过程。

魅力型权威：建立在追随者的热爱的基础之上的权威，这些追随者追随的，是他们所认定的领导者的一些出类拔萃的人格特征，比如英雄主义。

梦幻城市：一个对景观建设——特别是在消费、休闲、旅游领域——特别强调的城市，以及对引人入胜的建筑和其他房地产建设特别强调的城市。

描述性调查：使用问卷或者访谈来搜集下述人员的准确信息：特定群体的成员、某一特定地理区域的人或特定组织内的人。

描述性统计学：通过数据让研究者看到时间维度上的趋势，或者是对不同的群体进行比较，进而描述他们的发现——这些发现以真实世界中的现象为基础。

民德：重要的规范，对这些规范的违反会导致严厉的消极制裁。

民俗：那些相对不太重要的规范，如果这些规范被违反，只伴有很少的制裁。

民俗方法论：一种互动/行动理论，它聚焦于人们做什么，而不是他们想什么。

民主：一种政治制度，在其中，人民通过投票来选择其领导人；有时候，他们也为立法而投票。

民族：共享血统、文化、语言和领土的一群人。

民族国家：地理的和政治的结构与民族的结合体；它包含了自我定义为一个民族——这个民族共享一系列特征——的人口和一个有组织的国家结构。

民族清洗：主导群体制定的政策，这种政策允许或者要求对另一个民族群体进行暴力驱逐、虐待甚至谋杀。

民族群体：通常依据某些文化特征——诸如语言、宗教、传统或文化习俗——而定义的群体。

民族图景：一种图景，这种图景允许各种个体和群体的流动，或者是对流动的想象。

民族性：属于或者认同于某一民族群体的人们所共享的一种感觉。

民族志：观察性的（有时是参与式的）研究，通常是高强度的，持续很长时间，最终对下述问题做出解释：人们在干什么？他们怎样生活？

难民：被迫离开其祖国的移民，或者是因为害怕安全遭到威胁而主动离开祖国的人。

内婚制：与和自己具有相似的种族、民族、宗教、教育水平、社会阶级等特征的人的婚姻。

内群体：人们归属和认同的群体，也许是强烈地认同。

内容分析：对以印刷、视觉、听觉和数字媒体的形式存在的文化产品进行的系统和客观的分析，同时运用定性和定量的方法。

能动性：身处社会结构之中的人中断或者破坏社会结构的潜力。

拟剧论：一种假说，这种假说认为，社会生活就是一系列的戏剧表演，这种表演与发生在剧场里和舞台上的表演类似。

逆向社会化：那些通常被社会化的人，反而（对别人）进行社会化。

女性的无产阶级化：越来越多的妇女被导入低社会地位的、低薪的体力劳动岗位。

女性主义：女性与男性平等的信念，特别是在社会、政治和经济方面。

女性主义理论：对女性所面临的社会状况持批判态度，并提出改善——如果不是革命性地改变的话——她们的处境的一系列观念。

偶遇样本：在一个研究项目中，很方便地找到的符合参与标准的研究对象。

批判理论：一系列批判性观念，这种理论聚焦于文化，而不是聚焦于经济。

偏见：针对少数群体的负面态度、信念和感受。

贫困的女性化：越来越多的妇女落入贫困线以下。

贫困线：一个收入阈值，低于该阈值的家庭被认为是贫困的。

品牌：把某种产品或者服务从其他的产品或者服务中区别开来的标志。

平权行动：为了提高多样性和机会平等，在进行各种决策——特别是与就业相关的决策——的时候，把种族和其他少数群体的因素考虑在内的过程。

歧视：对美国黑人或者其他少数群体的不良对待，无论是正式的还是非正式的，原因仅仅是他们的种族或者其他特征。

器物文化：作为文化之组成部分的全部人工制品，这些人工制品反映和体现了文化。

迁移：人口的移动及其对移出地和移入地的影响。

前台：社会世界的一部分，在那里，社会表演是理想化的和有意设计好的——这样设计是为了观察它的人定义场景。

潜功能：并非有意期望的积极结果。

强奸：在受害人不同意的情况下，使用任何身体部位或者物体——无论程度如何轻微——对受害人阴道或肛门的插入，或者性器官对受害人口腔的插入。

亲密关系：伴侣之间紧密的个人化的家庭关系。

亲密伙伴暴力：也叫家庭暴力，即通过胁迫、威胁、骚扰或有害的行为，对亲密关系中的伴侣使用强制力。

亲密性：经过一段时间而建立的紧密的个人关系。

轻罪：判处1年以下监禁的轻微的犯罪。

区隔：把自己与他人区别开来的需要。

驱逐：从某块领土上把少数群体驱离，或者是通过军事行动或其他政府行动，或者是通过"自愿"的迁移——在主导群体的骚扰、歧视和迫害之下。

去工业化：制造业的衰退，以及各种类型的服务业的增长。

去制度化：社会规范的弱化，特别是与婚姻制度相关的部分。

去专业化：专业人士的权力和自主性，以及其尊贵社会地位的降低和巨额财富的减少，至少相对于其曾经享受的高贵地位和巨额财富而言。

权力：驱使他人做你想让他们做的事情，即使是违反他们的意志。

权力分立：政府的不同分支是分立的，并相互制衡，因此任何分支都不能行使过多的权力。

权力精英理论：权力精英理论主张，权力并不是广泛地分布在一个稳定的社会里，相反，权力集中于一小撮人手中，这些人控制着政府、公司经济和军队的主要机构。

权威：一种特殊类型的支配：合法的支配。

全能机构：一个封闭的、无所不包的居住和工作地点，它与社会的其他部分分离，并满足纳入其中的人的所有需要。

全球城市：拥有领先全球的工业和商业场所的城市，特别是纽约、伦敦和东京。

全球化：全球流动的日益增多，以及有助于这种流动或阻碍这种流动的社会结构。

全球民族志：一种以世界上各种地方为"基地"的民族志，这种民族志旨在理解那种存在于人们的社会生活之中的全球化。

全球照顾链条：建立在付酬或不付酬的照顾工作之基础上的，遍布全球的人之间的一系列个人关系。

全性别：用以指称下述想法的术语：认同所有的性别是可能的。

群氓：特定的时间内在一个公共地点聚集起来的规模相对较大的一群人。

群体：由人数相对较少的一群人组成，他们在经过一段时间之后，在互动的基础上发展出了一种模式性的关系。

群体多元主义：社会中不同的利益群体和组织之间为争夺政治权力而进行的竞争，其目的是促进各自的利益。

人口学：研究人口的学科，特别是研究人口的增长和减少，以及人口的移动。

人口学家：研究人口动态的人。

三人关系：三个人组成的群体。

骚乱：一种临时的、难以控制的集体行为，这种行为造成对人身和财产的损害。

少数群体：在财富、权力和声望上居于从属地位的群体。

社会：限制在一定空间之内、历时长久的各种社会关系的集合体。

社会变迁：社会世界里任何方面的历时性改变，从对个人产生影响的改变，到对全球产生影响的改变。

社会分层：经济地位的等级差异和不平等，以及其他领域的等级差异和不平等，特别是在权力、社会地位和社会声望方面。

社会过程：社会世界中活跃并且变动不居的面向。

社会化主体：那些对他人进行社会化的人。

社会阶级：一个人在分层体系中的经济地位，特别是他的职业。后者强有力地决定和反映了他的收入和财富。

社会结构：持久而惯常的社会安排，如家庭和国家。

社会控制：群体和社会强迫（其成员）服从其命令和期待的过程。

社会控制理论：社会控制理论关注的是，人们做出越轨行为的原因，以及人们实施服从行为的理由。

社会控制主体：那些为他人贴上越轨标签的人。

社会流动：有或者没有在等级中改变自己的地位的能力。

社会事实：宏观层面的现象，包括社会结构、文化规范和价值，这些现象外在于人们，但又对人们有强制作用。

社会性别：社会定义的、被认为是适合于一个人的性别的身体、行为和个性特点。

社会学：一种系统性的研究方法，运用这种方法时，研究者既受到社会结构和社会过程的影响，也影响社会结构和社会过程。群体、组织、文化、社会以及它们存在于其中的世界，都与这些结构和过程有关。

社会学的想象力：一个独特的视角，这个视角给了社会学家观察数据和反省自己周围的世界的独特方式。

社会运动：一种持久的和有意为之的集体努力，通常在现有的制度化渠道之外运作，旨在促进或阻碍社会变迁。

社会再生产：对阶级关系和资本主义秩序的系统性的再生产。

涉性人口贩运：商业化的涉性活动，其内容包括暴力、欺骗和胁迫，以及为了性活动而获得和运输人口。

身份政治：使用少数群体的力量，来提高这一少数群体所认同的文化群体的地位。

神圣的：涂尔干所定义的非凡的、出世的东西，它是关于终极关怀的，并导致敬畏和崇敬。

生育：人们的生殖行为，特别是出生人数。

声望：分层体系的一个维度，它与附加在一个人的社会地位之上的名声联系在一起。

失范：一个人不知道社会期待他怎样做的感觉，或者是漂泊无依，没有清晰的和安全的立足感。

失业：处于工作年龄的人，能够和愿意工作，寻找工作但找不到工作的状况。

实际文化：人们在日常生活中实际的所思所为。

实验：在研究中对某些变量（自变量）进行操纵，来检查它对另一些变量的（因变量）的影响。

实验室实验：在实验室中进行的研究，这给了研究者对下述事项的强大控制力：选择研究对象和研究对象所处的条件。

食品保障不足：对安全和有营养的食品的获得缺乏保障。

世界体系理论：一种思想体系，它关注的是全球范围内民族国家的分层状况。

世界性的：对外部的和全球的影响保持开放。

世俗化：宗教的重要性的式微。

收入：一个人挣得的金钱数量——源自工作、生意，或者是各种各样的不动产和投资。

受挫工人：在过去的一年里或者上一次工作结束后找过工作的人，如果失去工作的时间短于一年的话，就必须在过去的4个星期里没有主动找过工作（因此不在劳动力大军之中）。

受限的理性：在大多数——如果不是全部的话——组织中，受到该组织的不稳定性和冲突所限制的理性，以及受到人类思考和行动能力所限制的理性。

双重意识：黑人们"双重身份"的感觉，也就是说，既是非裔，又是美国人。

水平流动：在社会阶级内部的流动。

死亡：一定人口群体内部的死亡数和死亡率。

随机样本：从总体中抽出的一部分，总体的每个成员被纳入样本的机会都是相同的。

特殊预防：对犯罪行为的预防建立在下述观念之上：一般意义上的惩罚特别是监禁经历，使得一个人未来犯罪的可能性降低。

田野实验：在自然状态中的研究，但允许研究者施加至少一些控制，比如针对什么人参与实验和实验中会发生什么事情。

同化：少数群体融入主流文化的过程。

同居：在没有结婚的情况下，一对伴侣共享居所和床笫。

同意的性行为：参与者达成一致意见的性行为，任何一方在任何时候和以任何理由，都有权利终止此行为。

统计学：用于分析数值数据的数学方法。

图景：变动不居的、非常规的以及各种各样的全球性流动。

推论性数据：允许研究者运用来自小样本的数据来对大样本进行推论的定量数据，并且这种推论具有一定的确定性。

退隐者：既拒绝文化目标，也拒绝实现这些目标的传统途径的人；他们完全放弃了在体系之中获得成功的可能性。

外包：以金钱作为交换，把以前由某组织所进行的（生产）活动转移给其他组织。

外国援助：来自其他国家或者全球机构的经济援助，旨在推进发展或者改善社会福利。

外婚制：与和自己具有不同种族、民族、宗教、教育水平、社会阶级等特征的人的婚姻。

外群体：局外人（至少是从内群体的角度来看）所从属的群体。

网络：由"相互连接的节点"构成，它是公开的、具有无限扩展能力的、充满活力的，并且能够在不扰乱其母系统的情况下，进行创新。

网络霸凌：通过电脑、移动电话和其他电子设备有意识、重复进行的伤害。

网络犯罪：针对计算机进行的犯罪，使用计算机实施传统形式的犯罪，以及利用计算机传递非法信息和图像的犯罪。

网络行动主义：利用社交媒体和其他以互联网为基础的沟通手段，来创建、推广和管理的行动主义。

网络民族志：一种在线研究方法，它重视发生在网络上的观察与互动。

网络文化：正在兴起的在线文化，这种文化具有所有文化的特征，也包括特定的规范和价值。

网络组织：一种新的组织类型，它是扁平的和水平化的，它与其他组织交织在一起，它的运作和管理方式与传统的组织非常不同，更多地使用灵活的生产方式，并且由一系列彼此连接的节点构成。

危险的巨人：具有能动性的主体。

微观：通常描述小规模的社会现象，比如个体及其思想和行动。

微观-宏观连续统：社会主体的范围，从个体的心灵和自我到个体之间的互动，再到因互动而形成的群体、正式结构化组织、整体社会以及全球领域。

卫星城：卫星城在主要公路途中或者接近主要公路，拥有为很多人提供就业的公司办公室，也有重要的商业和消费中心，特别是购物中心。

未登记移民：没有得到合法授权而居住在移居国的人。

文化：观念、价值、实践和器物的集合体，这些东西对一群人甚至是一个社会非常重要，并且能让他们在秩序与和谐之中进行集体生活。

文化产业：一种理性化和科层化的结构，这种结构控制了现代文化。

文化帝国主义：从某种程度上有意识地把一个文化强加于其他文化。

文化傀儡：人们不知不觉地受到各种外在力量的控制，比如学校规则或者教师的要求。

文化叛逆：对大众传媒信息进行激进的转化，以抗议那些消费者并没有意识到的、隐藏的现实。

文化相对主义：一种关于文化的观念。这种观念认为，文化的各个方面，比如规范和价值，应该从一个人自己的文化背景之内加以理解；而且，世界上不存在普遍接受的规范和价值。

文化战争：让亚文化和主流文化彼此对立

的冲突，或者是让一个社会内部的不同主流群体之间彼此对立的冲突。

文化中心主义：一种信念，即自己文化中的规范、价值、传统优于其他文化。

文凭主义：学位与高级职位之间的联系。

问卷：包含自我填答的一系列书面问题。

污名：其他人对个人特征进行观察和定义，并贴上"不寻常的""令人不快的""越轨的"等标签。

无产阶级：作为一个整体的工人；在资本主义体系中，他们除了自己的劳动力之外一无所有；为了生存，他们必须向资本家出售自己的劳动力。

嬉戏阶段：米德的社会化过程的第一个阶段，在此阶段中，儿童学会了接受特定他人对自己（儿童）的态度。

先赋地位：一个人获得的或被授予的社会身份，这种身份与他的能力和成就没有关系。

先赋性：一个人一出生时就获得或者继承的特征（财富、声望等）。

贤能制：建立在下述广泛共享的意识形态基础上的制度：所有人都有平等的机会，来获得以勤奋工作和技能为基础的经济成功。

显功能：人们有意识地、有目的地达成的积极效果。

现代化理论：一种结构／功能理论，它对不平等的经济分配的解释，建基于不同国家的结构（特别是技术）差异和文化差异。

相对贫困：与别人相比是贫困的，或者是感到比别人贫困，与收入多少无关。

想象的共同体：社会性地构建起来的共同体，构建它的人们认为，自己是它的成员。

向上流动：一个人改变自己在社会等级上的地位，向上移动的能力。

象征文化：存在于非物质形式之中的文化形态。

消费：人们获得和使用商品与服务的过程。

消费教堂：美国大型的、豪华的消费场所，这些消费场所大多数是在20世纪下半叶和21世纪初被创造出来的。

消费文化：一种其核心概念和物品均与消费有关的文化，在这种文化中，消费也是生活意义的主要源泉。

消费者犯罪：与消费相关的犯罪，包括商店偷窃、用偷来的信用卡或信用卡号码进行消费等。

消费主义：对消费的迷恋。

效度：（研究过程中）一个特定问题得到准确回答的程度，或者是使用另一种测量方法获得了预想的测量结果的程度。

心灵：内在交谈，这种内在的交谈起源于互动，与互动相联系，并且是互动的继续——特别是当一个人在社会世界中与他人交谈。

新教伦理：新教伦理相信，努力工作、节俭和工作效果既是经济成功的手段，也是获得救赎的手段。

新现代化：一种结构／功能理论，它对国家之间经济与社会发展的差异的解释，建立在技术和文化差异的基础之上。

新宗教运动：这种运动吸引热情的皈依者，追随有魅力的领袖，吸引人口中非典型的那部分人，倾向于区分"我们"和"他们"，具有不相信他人的特征，有实施快速的根本变革的倾向。

信度：（研究过程中）对一个特定问题（或者使用另一种测量方法）的回答和结果，每一次都一样的程度。

信息主义：知识的处理过程。

形式主义者：形式主义者没有能力实现文化目标，但他们仍然参与到与目标实现相关的常规行为之中。

性别：生物学概念，表达为男性或者女性；通常体现在染色体、性腺、生殖器和激素上。

性别角色：性别的社会展示，包括服装、发型，还有态度和行为特征。

性别认同：一个人内在的自我性别感受。

性别转换：一个人在网络上对其性别的展示，与其线下性别不一致；也叫性别替换。

性存在：人们作为性的主体思考自己和他人，并据此开展行动的方式。

性脚本：被文化造就的、共享的和强化的社会规范，这些社会规范起到了性行为和社会性别行为的蓝图、路线图或者指南的作用。

性旅行：人们旅行到其他国家，其目的是在这些地方从男人、女人，有时是儿童那里购买性服务；性是这些旅行的主要或唯一目的。

性侵：支配性的性行为，通常由男人实施，针对女人、其他男人和儿童。

性取向：性取向决定你渴望和谁在一起（幻想）、你想和谁发生性关系（行为）、你和谁有关联的感觉（情感）。

性认同：一个人对性自我的内在感觉。

性骚扰：工作场所或者其他场所发生的不受欢迎的性关注。

休闲：逃避工作责任和家庭责任的一种手段，它涉及那些非强迫性的社会活动；它是放松的，也许会让人增加见闻，并且在时间和空间上与其他事情分开。

虚假意识：在资本主义条件下，无产阶级缺乏对资本主义本质的理解，错误地相信资本主义是为了工人的利益而运作的。当很多人对于他们的真正利益没有清晰和正确的认识时，这种情况就出现了。

炫耀性消费：通过消费来公开展示财富。

血统低就原则：一种法律或司法裁定，这种法律或司法裁定把仅有一个非白人祖先——在特定的世代之内——的人定义为黑人或有色人种。

亚文化：亚文化涉及一群人，他们接受大部分的主流文化，但又有别于主流文化——因为一个或者多个显著不同的文化特征。

样本：整体的代表性部分。

一般预防：把所有人作为一个整体的犯罪预防，因为人们害怕因犯罪而受到惩罚或监禁。

一夫多妻制：一个丈夫与多个妻子的婚姻。

一妻多夫制：一个妻子和多个丈夫的婚姻。

医学化：把生活的各个方面标记和定义为医学问题的过程，而在以前，这些问题并没有被如此标记和定义。

医学社会学：研究健康和疾病的社会原因和社会后果的学术领域。

仪式：经常重复的、规定好了的、传统的行为，这些行为象征着某种价值和信念。

异化：在一个资本主义体系中，一个人中断与自己的工作、产品、工友和人性的有机联系的状态。

异性恋双重标准：一种文化信念体系，在这个信仰体系中，人们期待男人从任何人那里、任何时候都渴望和寻求性满足，而期待女人只能在忠诚的、浪漫的关系中寻求性满足。

异性恋主义：认为异性恋高于其他性取向的信念，并伴随着针对其他性取向的个人歧视和制度化歧视。

意料之外的结果：没有想到的结果，特别是负面的结果。

意识形态：一系列共享的信念，这些信念为社会世界提供一种解释，也为人们的行动提供指南。

因变量：实验结果的特征或者测量值——

该结果源自对自变量的操纵。

隐藏的课程：学校非正式的规范、惯例和结构，它们传递占主导地位的文化规范和价值。

印象管理：人们使用各种技术来控制自己留给别人的印象——他们在社会表演中传递的印象。

营养不足：营养不良的一种形式，它涉及营养物质，包括热量、维生素和矿物质的摄入不足。

有机团结：建立在彼此不同这一基础上的群体凝聚力。

有媒介互动：与面对面互动不同的、参与者使用技术手段为中介的社会互动。

有效的性同意：参见"知情的性同意"。

有意义的象征符号：这种符号在发出它的人身上所引发的反应，与在它所指向的人身上所引发的反应，是一样的。

有组织的犯罪：涉及各种各样的犯罪组织，最常与辛迪加化的组织犯罪有关；这类犯罪利用暴力、暴力威胁和对公务员的腐蚀，在非法活动中获利。

语言：有意义的系列符号，它使文化传播成为可能，也使一个特定文化内部的传播成为可能；它在表达所指向的对象身上唤起的意义，与进行这种表达的人要传递的意义，是一样的。

预期社会化：针对社会在未来对一个人的行为期待而进行的教育和培养。

阈限时间：亦即与日常现实区别开来的时间。

远程医疗：运用技术手段来咨询医生，比如在线视频电话，而不是去一个物理性的办公室（进行医疗活动）。

远郊区：郊区和乡村地区之间的城市延伸地带。

越轨：被某社会或者某社会群体的成员认为违反了群体规范，而且违反者会因此受到谴责或者惩罚的任何行动、信念或人类特征。

灾难：突然发生的、不可预料的事件，它严重地扰乱和破坏环境、社会结构、人民及其财产。

再社会化：摒弃旧的行为、规范和价值，学习新的行为、规范和价值。

战争：国家试图运用其武装力量以便把自己的意志强加给别人而发生的武装冲突。

正功能：有助于结构的存在、适应和调整的可观察到的作用。

政治：通过现存的政府渠道来进行社会层面的竞争，进而决定哪一个群体的成员获得什么，何时获得和怎样获得。

政治避难者：逃离自己祖国的人——通常是为了逃避政治迫害和宗教迫害。

政治犯罪：任何涉及反对国家的犯罪——这些犯罪旨在影响政府的政策——或者是国家进行的犯罪，既可以发生在一国之内，也可以发生在国家之间。

支配：命令被下属服从的可能性。

知情的性同意：参与者对特定性行为自发的同意，以一种相互理解的方式达成。

知情同意：社会研究中参加者的同意，其内容是他们理解和接受研究的性质和目的，以及研究的任何敏感的和危险的方面。

直接民主：一种政治制度，在这一政治制度中，受到某项决策直接影响的人对决策拥有发言权。

职业流动：人们职业的改变，无论是代际的还是代内的。

殖民主义：对另一个国家或者另一个地理区域的控制手段，通常涉及殖民者和正式的控制机制。

殖民主义理论：一个理论体系，该理论体系研究下述情况的原因和结果：一个强大的民族国家对一个不太强大的地理区域实施控制。

制裁：奖励（积极制裁）或者惩罚（消极制裁）的执行——分别在规范被遵守和违反的时候。

制度化婚姻：20世纪早期占主导地位的婚姻形式；在这样的婚姻中，关注的核心是维持婚姻制度本身。

制度化种族主义：一种基于种族的歧视，它源自社会制度、社会结构的日常运作，以及这些制度和结构的规则、政策和实践。

中等收入经济体：拥有全球平均收入水平的国家。

中间性别：指称各种各样的医学状况的一种概括性概念，即一个人与生俱来的生殖系统解剖或性器官解剖既不符合男性的定义，也不符合女性的定义。

种族：建立在一些真实的或假设的身体特征和生物学特征基础之上的社会定义，这些特征包括肤色和发质以及共享的血统。

种族灭绝：主动地、系统性地从整体上消灭一群人的尝试。

种族主义：把某个群体定义为一个种族，并把一些负面的特征归于这个群体的做法。

众筹：一种集体行动。在这种行动中，来自全国的甚至是全世界的人在网络上聚集在一起，以为某种事业提供财务支持。

重罪：可能被判处1年以上监禁的严重犯罪。

主导地位：比其他地位都重要的地位——既是对占据该地位的人而言，也是对所有其他参与者而言。

主我：个体对他人的直觉的反应。它是无意识的、缺乏算计的、非预见性的、创造性的那一部分自我。

专业：依据其巨大的权力和相当大的自主性，而与职业区别开来。

姿态：动物或人类个体的一个行动，这个行动在动物或个体那里会引起一个无意的、自发的和合适的反应。

资本家：在资本主义体系中，拥有生产所必需的生产资料的人，这些生产资料包括工厂、机器和工具。

资本主义：马克思所认定的一种经济制度，这一制度的基础是，一群人（资本家，或资本所有者）占有生产所必需的生产资料，而另一群人（无产阶级或工人）除劳动力之外一无所有。

资源动员理论：解释社会运动的一种理论，该理论关注的焦点是，一群人需要做什么才能够有效地动员，并带来社会的改变。

自变量：在实验中，可以被研究者自由操纵的变量，旨在造成其他变量的改变。

自然实验：自然实验是研究者利用自然发生的事件，来研究它对一个或多个因变量的影响。

自我：把自己看作是客体的能力。

自致地位：人们基于其成就或者其能力才能够获得的社会地位。

自致性：一个人的成绩或价值。

宗教：一种社会现象，它包括下述内容：对神圣之物的信念；巩固这些信念的经验、实践和仪式；以及共享上述信念和实践的社区。

宗派：一个小型群体，加入这一群体的人是有意识地自愿加入的，以便获得某种个人性的宗教体验。

组织：为了实现特定的目的，而有意识地构建出来的集体。

参考文献
（各章卷首语）

Chapter 1

Bishop, Simon, and Mark Limmer. 2018. "Negotiating the Edge: The Rationalization of Sexual Risk Taking among Western Male Sex Tourists in Thailand." *Journal of Sex Research* 55: 871–879.

Callimachi, Rukmini. 2018. "The ISIS Files." *New York Times*, April 4.

Kim, Sebastian, and Kirsteen Kim. 2015. *Christianity as a World Religion*. New York: Bloomsbury Press.

Ryan, Yasmine. 2011. "How Tunisia's Revolution Began." *Al Jazeera English*, January 26. Accessed May 5, 2011. http://english.aljazeera.net/indepth/features/2011/01/2011126121815985483.html.

"Tunisia Protests against Ben Ali Left 200 Dead, Says UN." 2011. *BBC News*, February 1. Accessed May 5, 2011. http://www.bbc.co.uk/news/world-africa-12335692.

Worth, Robert F. 2016. *A Rage for Order: The Middle East in Turmoil, from Tahir Square to ISIS*. New York: Farrar, Straus and Giroux.

Chapter 2

Berman, Russell. 2016. "What's the Answer to Political Polarization in the U.S.?" *The Atlantic*, March 8. Accessed July 20, 2017. www.theatlantic.com/politics/archive/2016/03/whats-the-answer-to-political-polarization/470163/.

Geiger, Abigail. 2016. "16 Striking Findings from 2016." Pew Research Center, December 22. Accessed July 20, 2017. www.pewresearch.org/fact-tank/2016/12/21/16-striking-findings-from-2016/.

Chapter 3

Freedman, Andrew. 2011. "Public Remains Confused about Global Warming, but Less So." *Washington Post*, June 14. Accessed June 15, 2011. http://www.washingtonpost.com/blogs/capital-weather-gang/post/public-remains-confused-about-global-warming-but-less-so/2011/06/13/AG04TaUH_blog.html.

Oreskes, Naomi. 2004. "Beyond the Ivory Tower: The Scientific Consensus on Climate Change." *Science* 306(5702): 1686. Accessed June 15, 2011. http://www.sciencemag.org/content/306/5702/1686.full.

Chapter 4

Bakalar, Nicholas. 2018. "From 0 to 10 Million: Vaping Takes off in the U.S." *New York Times*, August 31.

Barshad, Amos. 2018. "The Juul Is Too Cool." *New York Times*, April 7.

Kaplan, Sheila, and Jan Hoffman. 2018. "Juul Will Suspend Selling Most E-Cigarette Flavors in Stores and Halt Social Media Promotions." *New York Times*, February 13.

Thomas, Katie. 2018. "Vaping Products That Look Like Juice Boxes and Candy Are Target of Crackdown." *New York Times*, May 1.

Tolentino, Jia. 2018. "The Vapors." *The New Yorker*, May 14, 36–42.

Zernike, Kate. 2018. "F.D.A. Cracks Down on 'Juuling' Among Teenagers." *New York Times*, April 24.

Chapter 5

Associated Press. 2017. "Transgender Boy Wins Texas Girls' Wrestling Title." *New York Times*, February 25. Accessed March 1, 2017. https://www.nytimes.com/2017/02/25/sports/transgender-boys-matches-with-girls-leave-all-unsatisfied.html.

Domonoske, Camila. 2017. "17-Year-Old Transgender Boy Wins Texas Girls' Wrestling Championship." NPR, February 27. Accessed March 1, 2017. http://www.npr.org/sections/thetwo-way/2017/02/27/517491492/17-year-old-transgender-boy-wins-texas-girls-wrestling-championship.

James, S. E., J. L. Herman, S. Rankin, M. Keisling, L. Mottet, and M. Anafi. 2016. *The Report of the 2015 U.S. Transgender Survey*. Washington, DC: National Center for Transgender Equality.

Chapter 6

Castle, Stephen. 2013. "Report of U.S. Spying Angers European Allies." *New York Times*, June 30. Accessed November 3, 2013. http://www.nytimes.com/2013/07/01/world/europe/europeans-angered-by-report-of-us-spying.html?pagewanted=all.

Neuman, William, and Randal C. Archibold. 2013. "U.S. Is Pressuring Latin Americans to Reject Snowden." *New York Times*, July 12. Accessed November 3, 2013. http://www.nytimes.com/2013/07/12/world/americas/us-is-pressing-latin-americans-to-reject-snowden.html?pagewanted=1&ref=todayspaper.

Sanger, David E. 2014. "New N.S.A. Chief Calls Damage from Snowden Leaks Manageable." *New York Times*, June 29.

Savage, Charlie, and Jonathan Weisman. 2015. "N.S.A. Collection of Bulk Call Data Is Ruled Illegal." *New York Times*, May 11.

Chapter 7

Ewing, Walter A., Daniel E. Martinez, and Ruben G. Rumbaut. 2015. *The Criminalization of Immigration in the United States*. Washington, DC: Washington Immigration Council. Accessed January 31, 2017. https://www.americanimmigrationcouncil.org/research/criminalization-immigration-united-states.

Fox, Vicente. 2017. Tweet, January 26. Accessed March 8, 2017. https://twitter.com/VicenteFoxQue/status/824619429728288770.

Mandell, Andrea. 2016. "Cheryl Burke Dumps Trump Too." *USA Today*, June 30.

Perez-Pena, Richard. 2017. "Migrants Less Likely to Commit Crime." *New York Times*, January 27.

Sampson, Robert J. 2008. "Rethinking Crime and Immigration." *Contexts* 7: 28–33.

Chapter 8

Brams, Rachel, and Jessica Silver-Greenberg. 2014. "Companies That Offer Help with Student Loans Are Often Predatory, Officials Say." *New York Times*, July 13.

"For-Profit Education Scams." 2012. *New York Times*, March 23.

Lewin, Tamar. 2010. "Report Finds Low Graduation Rates at For-Profit Colleges." *New York Times*, November 23.

Olson, Elizabeth. 2014. "Student Loan Debt Burdens More than Just the Young." *New York Times*, September 12.

Chapter 9

Alderman, Liz, and Steven Greenhouse. 2014. "Living Wages, Rarity for U.S. Fast-Food Workers, Served Up in Denmark." *New York Times*, October 27.

Allegretto, Sylvia, Marc Doussard, Dave Graham-Squire, Ken Jacobs, Dan Thomson, and Jeremy Thompson. 2013. *Fast Food, Poverty Wages: The Public Cost of Low-Wage Jobs in the Fast Food Industry*. Berkeley: University of California, Center for Labor Research and Education.

Ehrenreich, Barbara. 2001. *Nickel and Dimed: On (Not) Getting by in America*. New York: Henry Holt.

Chapter 10

"Profile: Bolivia's President Evo Morales." 2011. BBC News, January 12. Accessed October 21, 2011. http://www.bbc.co.uk/news/world-latin-america-12166905.

Romero, Simon. 2009. "In Bolivia, a Force for Change Endures." *New York Times*, December 5. Accessed October 21, 2011. http://www.nytimes.com/2009/12/06/world/americas/06bolivia.html?ref=evomorales.

Romero, Simon, and Miriam Jordan. 2018. "On the Border; a Discouraging New Message for Asylum Seekers: Wait." *New York Times*, June 12.

Webber, Jeffery R. 2011. *From Rebellion to Reform in Bolivia: Class Struggle, Indigenous Liberation, and the Politics of Evo Morales*. Chicago: Haymarket Books.

Chapter 11

Promundo Global. n.d. *MenCare Brazil* (video). Accessed April 22, 2015. http://promundoglobal.org/resources/mencare-brazil-film.

Chapter 12

"Lance Loud! A Death in an American Family." 2011. PBS. Accessed November 18, 2011. http://www.pbs.org/lanceloud/american.

Winer, Laurie. 2011. "Reality Replay." *New Yorker*, April 25. Accessed November 18, 2011. http://www.newyorker.com/talk/2011/04/25/110425ta_talk_winer.

Chapter 13

Armstrong, Elizabeth A., and Laura T. Hamilton. 2013. *Paying for the Party: How College Maintains Inequality*. Cambridge, MA: Harvard University Press.

Chapter 14

General Authority for statistics. n.d. "Limited to Actual Haj." Accessed April 24, 2019. https://www.stats.gov.sa/en/28.

Ouroussoff, Nicholas. 2010. "New Look for Mecca: Gargantuan and Gaudy." *New York Times*, December 29.

Peer, Basharat. 2016. "Pilgrimage: A 21st-Century Journey to Mecca and Medina." *New York Times*, July 21.

Power, Carla. 2014. "Saudi Arabia Bulldozes over Its Heritage." *Time*, November 14. Accessed April 17, 2015. http://time.com/3584585/saudi-arabia-bulldozes-over-its-heritage.

Sardar, Ziauddin. 2014. "The Destruction of Mecca." *New York Times*, October 1.

Chapter 15

Brinded, Lianna. 2017. "ING: Bad Brexit Deal for Britain Could Kick Europe Into Recession." *Business Insider*, April 4. Accessed July 20, 2017. www.businessinsider.com/bad-brexit-deal-impact-on-european-and-uk-economy-trade-single-market-2017-4.

Frost, Wilfred. 2016. "Trump and Brexit: How They're Similar—and Different." CNBC, June 16. Accessed July 20, 2017. www.cnbc.com/2016/06/15/trump-and-the-brexit-how-theyre-similar--and-different.html.

McGill, Andrew. 2016. "Who Voted for the Brexit?" *The Atlantic*, June 25. Accessed April 24, 2019. www.theatlantic.com/international/archive/2016/06/brexit-vote-statistics-united-kingdom-european-union/488780/.

Chapter 16

Katz, Josh, and Margot Sanger-Katz. 2018. "'The Numbers Are So Staggering': Overdose Deaths Set a Record Last Year." *New York Times*, November 29.

Lawson, Clinton. 2018. "America's 150-Year-Old Opioid Epidemic." *New York Times*, May 18.

Macy, Beth. 2018. *DOPESICK: Dealers, Doctors, and the Drug Companies That Addicted America*. Boston: Little Brown.

"The Opioid Crisis Foretold." 2018. *New York Times*, April 22.

Quinones, Sam. 2015. *Dreamland. The True Tale of America's Opiate Epidemic*. New York: Bloomsbury.

Tiger, Rebecca. "Race, Class, and the Framing of Drug Epidemics." *Contexts* 16: 46–51.

Chapter 17

LeVine, Steve, and Harry Stevens. 2018. "Special Report: The Aging, Childless Future." *Axios*, July 21.

Chapter 18

Holmes, Seth. 2013. *Fresh Fruit, Broken Bodies: Migrant Farmworkers in the United States*. Berkeley: University of California Press.

Tammelleo, Steve, and Louis Lombardi. 2014. "Consumer Social Responsibility?" *Business & Professional Ethics Journal* 33(1): 99–126.

参考文献
（综合列表）

Abd-Allah, Umar F. 2005. "Mercy: The Stamp of Creation." Nawawi Foundation. Accessed March 28, 2012. http://www.nawawi.org/downloads/article1.pdf.

Abdill, Aasha. 2018. *Fathering from the Margins*. New York: Columbia University Press.

Abdul, Matin. 2015. "Relevance of Social Exclusion in Castellian Theory of Informationalism for South Asia." *Journal of Exclusion Studies* 5: 103–112.

Abercrombie, Sarah H., and Sarah L. Hastings. 2016. "Feminization of Poverty." In *Wiley-Blackwell Encyclopedia of Gender and Sexuality Studies*, edited by Nancy Naples. Malden, MA: Wiley-Blackwell (published online first).

Abi-Habib, Maria, and Hari Kumar. 2018. "Deadly Tensions Rise as India's Water Supply Runs Dangerously Low." *New York Times*, June 17.

Abrams, Rachel. 2016. "Barbie Ads Curvy and Tall to Body Shapes." *New York Times*, January 28.

Abrams, Rachel. 2018. "Starbucks to Close 8,000 U.S. Stores for Racial Bias Training After Arrests." *New York Times*, April 17.

Acemoglu, Daron, and James A. Robinson. 2012. *Why Nations Fail: The Origins of Power, Prosperity, and Poverty*. New York: Crown Business.

Acemoglu, Daron, and Pierre Yared. 2010. "Political Limits to Globalization." Working Paper 15694, National Bureau of Economic Research, Cambridge, MA. Accessed March 28, 2012. http://www.nber.org/papers/w15694.

Acierno, Ron, Melba A. Hernandez, Ananda B. Amstadter, Heidi S. Resnick, Kenneth Steve, Wendy Muzzy, and Dean G. Kilpatrick. 2010. "Prevalence and Correlates of Emotional, Physical, Sexual, and Financial Abuse and Potential Neglect in the United States: The National Elder Mistreatment Study." *American Journal of Public Health* 100: 292–297.

Acker, James. 2017. "Taking Stock of Innocence: Movements, Mountains, and Wrongful Convictions." *Journal of Contemporary Criminal Justice* 33(1): 8–25.

Acker, Joan. 1990. "Hierarchies, Jobs, and Bodies: A Theory of Gendered Organizations." *Gender & Society* 4(2): 139–158.

Acker, Joan. 1992. "Gendered Institutions: From Sex Roles to Gendered Institutions." *Contemporary Sociology* 21: 565–569.

Acker, Joan. 2004. "Gender, Capitalism, and Globalization." *Critical Sociology* 30(1): 17–41.

Ackerman, Alissa, and Rich Furman, eds. 2015. *Sex Crimes: Transnational Problems and Global Perspectives*. New York: Columbia University Press.

"Acquittal in Hoax Call That Led to Sex Assault." 2006. NBC News, October 31. Accessed April 24, 2015. http://www.nbcnews.com/id/15504125/#.VTqGqiFVhBd.

Adams, Margaret E., and Jacquelyn Campbell. 2012. "Being Undocumented and Intimate Partner Violence (IPV): Multiple Vulnerabilities through the Lens of Feminist Intersectionality." *Women's Health and Urban Life* 11(1): 15–34.

Adda, Jérôme, Christian Dustmann, and Katrien Stevens. 2017. "The Career Costs of Children." *Journal of Political Economy* 125(2): 293–337.

Adichie, Chimamanda Ngozi. 2015. *We Should All Be Feminists*. New York: Anchor Books.

Addington, Lynn A., and Callie Marie Rennison. 2015. "Keeping the Barbarians Outside the Gate? Comparing Burglary Victimization in Gated and Non-gated Communities." *Justice Quarterly* 32(1): 168–192.

Adelman, M., & L. Ruggi. 2016. "The Sociology of the Body." *Current Sociology* 64(6): 907–930.

Adler, Paul S., Paul du Gay, Glenn Morgan, and Michael Reed, eds. 2016. *The Oxford Handbook of Sociology, Social Theory, and Organization Studies: Contemporary Currents*. Oxford, UK: Oxford University Press.

Agnew, Robert. 1992. "Foundation for a General Strain Theory of Crime and Delinquency." *Criminology* 30: 47–88.

Aguirre, B. E., Manuel R. Torres, Kimberly B. Gill, and H. Lawrence Hotchkiss. 2011. "Normative Collective Behavior in the Station Building Fire." *Social Science Quarterly* 92: 100–118.

Ahmadiani, Saeed, and Shekoufeh Nikfar. 2016. "Challenges of Access to Medicine and the Responsibility of Pharmaceutical Companies: A Legal Perspective." *DARU Journal of Pharmaceutical Sciences* 24: 13.

Ahmed, Syed Faraz. 2016. "The Global Cost of Electronic Waste." *The Atlantic*, September 29.

Ahuvia, Aaron, and Elif Izberk-Bilgin. 2011. "Limits of the McDonaldization Thesis: EBayization and Ascendant Trends in Post-industrial Consumer Culture." *Consumption, Markets and Culture* 14: 361–364.

Aikau, Hokulani K., Karla Erickson, and Jennifer L. Pierce. 2018. "Feminism, First-, Second-, and Third-Wave." In *The International Encyclopedia of Anthropology*, edited by H. Callan. Oxford, UK: Wiley-Blackwell. doi:10.1002/9781118924396.wbiea1587.

Akers, Donald S. 1967. "On Measuring the Marriage Squeeze." *Demography* 4: 907–924.

Akhtar, S. 2017. *Divorce: Emotional Impact and Therapeutic Intervention*. Lanham, MD: Rowman & Littlefield.

Akorsu, A. D. 2016. "Feminization of Labour." In *The Wiley Blackwell Encyclopedia of Gender and Sexuality Studies*, edited by A. Wong, M. Wickramasinghe, R. Hoogland, and N. A. Naples. Chicester, UK: Wiley.

Alatas, Syed Farid. 2011. "Ibn Khaldun." In *The Wiley-Blackwell Companion to Major Social Theorists*, Vol. 1, *Classical Theorists*, edited by George Ritzer and Jeffrey Stepnisky, 12–29. Malden, MA: Wiley-Blackwell.

Alatas, Syed Farid. 2013. *Ibn Khaldun*. New York: Oxford University Press.

Alatas, Syed Farid. 2014. *Applying Ibn Khaldun: The Recovery of a Lost Tradition in Sociology*. New York: Routledge.

Alba, Richard. 2009. *Blurring the Color Line: The New Chance for a More Integrated America*. Cambridge, MA: Harvard University Press.

Alba, Richard, and Nancy Foner, eds. 2017. *Strangers No More: Immigration and the Challenges of Integration in North America and Western Europe*. Princeton, NJ: Princeton University Press.

Albright, Madeleine. 2018. *Fascism: A Warning*. New York: Harper.

Albrow, Martin. 1996. *The Global Age*. Cambridge, MA: Polity Press.

Alderman, Liz. 2016. "Smugglers Sense Opportunity as Borders Shut." *New York Times*, March 12.

Aldrich, Howard E., and Stephen Lippmann. 2018. "The McDonaldization of Everything: Teaching Weber to Undergraduates." *Entrepreneur and Innovation Exchange*, January 8.

Aleman, Ana M., and Katherine Link Wartman. 2008. *Online Social Networking on Campus: Understanding What Matters in Student Culture*. New York: Routledge.

Alesina, Alberto, and David Dollar. 2000. "Who Gives Foreign Aid to Whom and Why?" *Journal of Economic Growth* 5: 33–63.

Alexander, Bayarma, Dick Ettema, and Martin Dijst. 2010. "Fragmentation of Work Activity as a Multi-dimensional Construct and: Its Association with ICT, Employment, and Sociodemographic Characteristics." *Journal of Transport Geography* 18(1): 55–64.

Alexander, Karl, Doris Entwisle, and Linda Olson. 2007. "Lasting Consequences of the Summer Learning Gap." *American Sociological Review* 72: 167–180.

Alexander, Karl, Doris Entwisle, and Linda Olson. 2014. *The Long Shadow: Family Background, Disadvantaged Urban Youth, and the Transition to Adulthood*. New York: Russell Sage Foundation.

Alexander, Michelle. 2012. *The New Jim Crow: Mass Incarceration in the Age of Colorblindness*. New York: Free Press.

Alger, Janet M., and Steven F. Alger. 1997. "Beyond Mead: Symbolic Interaction between Humans and Felines." *Society and Animals* 5(1): 65–81.

Allan, Stuart. 2007. "Network Society." In *The Blackwell Encyclopedia of Sociology*, edited by George Ritzer, 3180–3182. Malden, MA: Blackwell.

Allen, Katherine R., and Angela Henderson. 2017. *Family Theories*. Chichester, UK: John Wiley & Sons.

Allen, Katherine R., and Ana L. Jaramillo-Sierra. 2015. "Feminist Theory and Research on Family Relationships: Pluralism and Complexity." *Sex Roles*: 73: 93–99.

Alleyne, Brian. 2018. "Computer Hacking as a Social Problem." In *Cambridge Handbook of Social Problems*, edited by A. Javier Treviño, 127–142. Cambridge, UK: Cambridge University Press.

Allison, Christine Lynn. 2018. "Youth Entrepreneurship Education and Training (EET) Programmes: Realizing the Demographic Dividend." In *Youth Entrepreneurship and Africa's Sustainable Industrialization*, edited by Farai Kapfudzaruwa, Masafumi Nagao, and Emmanuel Mutisya. Denver, CO: Spears Media Press.

Allison, Rachel, and Barbara J. Risman. 2013. "A Double Standard for 'Hooking Up': How Far Have We Come toward Gender Equality?" *Social Science Research* 42(5): 1191–1206.

Altman, Dennis. 2001. *Global Sex*. Chicago: University of Chicago Press.

Alvarez, Lizette. 2011. "Pull of Family Reshapes U.S.–Cuban Relations." *New York Times*, November 22.

Amankwah-Amoah, Joseph. 2015. "Solar Energy in Sub-Saharan Africa: The Challenges and Opportunities of Technological Leapfrogging." *Thunderbird International Business Review* 57: 15–31.

American Cancer Society. 2018. "Does Body Weight Affect Cancer Risk?" Accessed April 24, 2019. https://www.cancer.org/cancer/cancer-causes/diet-physical-activity/body-weight-and-cancer-risk/effects.html

Amin, Ash, ed. 1994. *Post-Fordism*. Oxford, UK: Blackwell.

Anderson, Allan Heaton. 2013. *An Introduction to Pentecostalism: Global Charismatic Christianity*. Cambridge, UK: Cambridge University Press.

Anderson, Benedict. 1983. *Imagined Communities: Reflections on the Origin and Spread of Nationalism*. London: Verso.

Anderson, Chris. 2009. *Free: The Future of a Radical Price*. New York: Hyperion.

Anderson, David M., and Neil Carrier. 2006. "'Flower of Paradise' or 'Polluting the Nation': Contested Narratives of Khat Consumption." In *Consuming Cultures, Global Perspectives: Historical Trajectories, Transnational Exchanges*, edited by J. Brewer and F. Trentmann, 145–166. Oxford, UK: Berg.

Anderson, Elijah. 1999. *Code of the Street: Decency, Violence, and the Moral Life of the Inner City*. New York: Norton.

Arriola, Elvia. 2006–2007. "Accountability for Murder in the Maquiladoras: Linking Corporate Indifference in Gender Violence at the U.S.–Mexico Border." *Seattle Journal of Social Justice* 5: 603–659.

Arsovska, Jane. 2014. "Organized Crime." In *The Encyclopedia of Criminology and Criminal Justice*, edited by Jay Ablanese. Oxford, UK: Wiley Blackwell.

Asayama, Shinichiro. 2015. "Catastrophism toward 'Opening Up' or 'Closing Down'? Going beyond the Apocalyptic Future and Geoengineering." *Current Sociology* 63(1): 89–93.

Anderson, Elijah. 2011. *The Cosmopolitan Canopy: Race and Civility in Everyday Life*. New York: Norton.

Anderson, Eric. 2005. "Orthodox and Inclusive Masculinity: Competing Masculinities among Heterosexual Men in a Feminized Terrain." *Sociological Perspectives* 48(3): 337–355.

Anderson, Lydia. 2016. *High School Seniors' Expectations to Marry*. Bowling Green, OH: National Center for Family & Marriage Research.

Anderson, Monica, and Paul Hitlin. 2016. "Social Media Conversations About Race." Pew Research Center, August 15. Accessed January 27, 2017. http://www.pewinternet.org/2016/08/15/social-media-conversations-about-race.

Anderson, Ryan. 2018. *When Harry Became Sally: Responding to the Transgender Moment*. New York: Encounter Books.

Andreas, Peter. 2015. "International Politics and the Illicit Global Economy." *Perspectives on Politics* 13: 782–788.

Aneesh, A. 2012. "Negotiating Globalization: Men and Women of India's Call Centers." *Journal of Social Issues* 68: 514–533.

Anonymous. 2018. "I am Part of the Resistance Inside the Trump Administration." *New York Times*, September 5.

Anspach, Renee, and Nissim Mizrachi. 2006. "The Field Worker's Fields: Ethics, Ethnography, and Medical Sociology." *Sociology of Health and Illness* 28(6): 713–731.

Antonio, Robert J. 2011. "Karl Marx." In *The Wiley-Blackwell Companion to Major Social Theorists*, Vol. 1, *Classical Theorists*, edited by George Ritzer and Jeffrey Stepnisky, 115–164. Malden, MA: Wiley-Blackwell.

Antonio, Robert J. 2014. "Piketty's Nightmare Capitalism: The Return of Rentier Society and De-democratization." *Contemporary Sociology* 43: 783–790.

Antonio, Robert J., and Brett Clark. 2015. "The Climate Change Divide in Social Theory." In *Climate Change and Society: Sociological Perspectives*, edited by Riley Dunlap and Robert J. Brulle, 333–368. Oxford, UK: Oxford University Press.

Anyon, Jean. 2011. *Marx and Education*. New York: Routledge.

Appardurai, Arjun. 1996. *Modernity at Large: Cultural Dimensions of Globalization*. Minneapolis: University of Minnesota Press.

Appelbaum, Binyamin. 2014. "The Vanishing Male Worker: Waiting It Out." *New York Times*, December 12.

Appiah, Kwame Anthony. 2018. *The Lies That Bind: Rethinking Identity*. New York: Liveright.

Arango, Tim, Adam Goldman, and Thomas Fuller. 2018. "To Catch a Killer: A Fake Profile on a DNA Site and a Pristine Sample." *New York Times*, April 27.

Araujo, Erin. 2018. "Moneyless Economics and Non-hierarchical Exchange Values in Chiapas, Mexico." *Journal des anthropologues*, 152–153(1): 147–170.

Arbabzadah, Nushin. 2011. "Girls Will Be Boys in Afghanistan." *The Guardian*, November 30. Accessed April 18, 2015. http://www.theguardian.com/global/2011/nov/30/afghanistan-girls-dressing-as-boys.

Archibold, Randal C. 2014. "As Child Migrants Flood to the Border, U.S. Presses Latin America to Act." *New York Times*, June 20.

Archibold, Randal C. 2015. "Mexico Officially Declares Missing Students Dead." *New York Times*, January 28.

Aries, Phillipe. 1978. "La Famille et La Ville." *Esprit* 1: 3–12.

Armstrong, Elizabeth A., Paula England, and Alison C. K. Fogarty. 2012. "Accounting for Women's Orgasm and Sexual Enjoyment in College Hookups and Relationships." *American Sociological Review* 77(3): 435–462.

Armstrong, Elizabeth A., and Laura Hamilton. 2013. *Paying for the Party: How College Maintains Inequality*. Cambridge, MA: Harvard University Press.

Aronowitz, Alexis A. 2017. *Human Trafficking: A Reference Handbook*. Santa Barbara, CA: ABC-CLIO.

Asch, Solomon E. 1952. *Social Psychology*. New York: Prentice Hall.

Ashwin, Sarah, and Olga Isupova. 2014. "'Behind Every Great Man...': The Male Marriage Wage Premium Examined Qualitatively." *Journal of Marriage and Family* 76(1): 37–55.

Aspers, Patrik, and Nigel Dodd, eds. 2015. *Re-Imagining Economic Sociology*. New York: Oxford University Press.

Associated Press. 2014. "10 Injured as Migrants Storm Spanish Border Fence." *New York Times*, October 15.

Associated Press. 2015. "Thousands Spend Night Outdoors as Death Toll Rises in Nepal." *New York Times*, May 12.

Associated Press. 2016. "Thousands of Migrants Are Rescued off the Libyan Coast." *New York Times*, August 29.

Associated Press. 2018. "Fury Reported over Federal Plan Targeting Transgender People." *New York Times*, October 22.

Association of American Medical Colleges. 2018. "Total Graduates by U.S. Medical School and Sex, 2013–2014 through 2017–2018." Accessed April 24, 2019. https://www.aamc.org/download/321532/data/factstableb2-2.pdf.

Atkinson, Lucy, Michelle R. Nelson, and Mark A. Rademacher. 2015. "A Humanistic Approach to Understanding Child Consumer Socialization in US Homes." *Journal of Children and Media* 9(1): 95–112.

Atkinson, Rowland. 2014. *Shades of Deviance: A Primer on Crime, Deviance, and Social Harm*. New York: Routledge.

Atkinson, Rowland, and Sarah Blandy. 2017. *Domestic Fortress: Fear and the New Home Front*. Manchester, UK: Manchester University Press.

Atsushi, Miura. 2014. *The Rise of Sharing: Fourth-Stage Consumer Society in Japan*. Tokyo: International House of Japan.

Attanapola, Chamila. 2016. "Ignored Voices of Globalization: Women's Agency in Coping with Human Rights Violations in an Export Processing Zone in Sri Lanka." In *Alternative Development: Unravelling Marginalization, Voicing Change*, edited by Cathrine Brun and Piers Blaikie, 135–154. London: Routledge.

Au, Wayne. 2013. "Hiding behind High-Stakes Testing: Meritocracy, Objectivity, and Inequality in U.S. Education." *International Educational Journal: Comparative Perspectives* 12: 7–19.

Auster, Carol J. 2016. "Gender Neutral." In *The Wiley Blackwell Encyclopedia of Gender and Sexuality Studies*, edited by Nancy Naples, Renee Hoogland, Maithree Wickramasinghe, and Wai Ching Angela Wong. West Sussex, UK: Wiley-Blackwell (Published online).

Avishai, Orit. 2007. "Managing the Lactating Body: The Breast-Feeding Project and the Privileged Mother." *Qualitative Sociology* 30: 135–142.

Ayoobi, Thayana. 2018. "A Tale of Modern Segregation in High-end Brazilian Gated Communities." *The Globe Post*, May 25.

Ayres, Tammy C., and James Treadwell. 2012. "Bars, Drugs, and Football Thugs: Alcohol, Cocaine Use, and Violence in the Night Time Economy among English Football Firms." *Criminology and Criminal Justice* 12: 83–100.

Babson Survey Research Group. 2015. "Survey of Online Learning. Grade Level: Tracking Online Education in the United States, 2014." Online Learning Consortium. Accessed April 24, 2019. https://onlinelearningconsortium.org/read/survey-reports-2014.

Baehr, Peter, and Daniel Gordon. 2012. "Unmasking and Disclosure as Sociological Practices: Contrasting Modes for Understanding Religious and Other Beliefs." *Journal of Sociology* 48: 380–396.

Bair, Jennifer, and Gary Gereffi. 2013. "Better Work in Central America: Assessing the Opportunities for Upgrading in Nicaragua's Apparel Sector." Working Paper 17, *Capturing the Gains*, University of Manchester. Accessed April 19, 2015. http://www.capturingthegains.org/pdf/ctg-wp-2013-17.pdf.

Baker, Carolyn. 1997. "Ethnomethodological Studies of Talk in Educational Settings." In *Encyclopedia of Language and Education*, Vol. 3, *Oral Discourse and Education*, edited by B. Davies and D. Corson, 43–52. Netherlands: Kluwer.

Baker, David Mc.A. 2015. "Tourism and the Health Effects of Infectious Diseases: Are There Potential Risks for Tourists?" *International Journal of Safety and Security in Tourism and Hospitality* 1.12: 1–17.

Baksh, Rawwida, and Wendy Harcourt, eds. 2015. *The Oxford Handbook of Transnational Feminist Movements*. Oxford, UK: Oxford University Press.

Bancroft, Angus. 2005. *Roma and Gypsy—Travellers in Europe: Modernity, Race, Space, and Exclusion*. Burlington, VT: Ashgate.

Bancroft, Kim. 2009. "To Have and to Have Not: The Socioeconomics of Charter Schools." *Education and Urban Society* 41(2): 248–279.

Bandura, Albert, Claudio Barbaranelli, Gian Vittorio Caprara, and Concetta Pastorelli. 1996. "Mechanisms of Moral Disengagement in the Exercise of Moral Agency." *Journal of Personality and Social Psychology* 71: 364–374.

Banet-Weiser, Sarah. 2012. "Free Self-Esteem Tools?" In *Commodity Activism*, edited by Roopali Mukherjee and Sarah Banet-Weiser, 39–56. New York: New York University Press.

Barak-Brandes, Sigal. 2016. "'And She Does It All in Heels': Mothers in Contemporary Israeli TV Commercials." *Feminist Media Studies* 17(2): 215–230.

Baran, Paul A., and Paul M. Sweezy. 1966. *Monopoly Capital: An Essay on American Economic and Social Order*. New York: Modern Reader.

Barbaro, Michael, and Steve Eder. 2016. "Former Trump University Workers Call the School a 'Lie' and a 'Scheme' in Testimony." *New York Times*, May 31.

Barber, Benjamin R. 2007. *Consumed: How Markets Corrupt Children, Infantilize Adults, and Swallow Citizens Whole*. New York: MTM.

Barber, Nigel. 2017. "Cross-National Variation in Attitudes to Premarital Sex: Economic Development, Disease Risk, and Marriage Strength." *Cross-Cultural Research* 52(3): 259–273.

Barker, Dean, Mikael Quennerstedt, and Claes Annerstedt. 2015. "Learning Through Group Work in Physical Education: A Symbolic Interactionist Approach." *Sport, Education and Society* 20: 604–623.

Barmaki, Reza. 2016. "On the Origin of the Concept of Deviant Subculture in Criminology: W. I. Thomas and the Chicago School of Sociology." *Deviant Behavior* 37: 795–810.

Barnard, Anne. 2016. "Muslims Stung by Indifference to Their Losses." *New York Times*, July 6.

Barnes, Medora. 2019. "The Family." In *The Wiley-Blackwell Companion to Sociology*, 2nd ed., edited by George Ritzer and Wendy Wiedenhoft Murphy. Chichester, UK: John Wiley & Sons.

Barnes, Medora. Forthcoming. *Wiley-Blackwell Companion to Sociology*, 2nd ed. Edited by George Ritzer and Wendy Wiedenhoft Murphy. Chichester, UK: John Wiley & Sons.

Barr, Rebecca, and Robert Dreeben. 1983. *How Schools Work*. Chicago: University of Chicago Press.

Barro, Josh. 2015. "A $15 Minimum Wage: But Why Just for Fast-Food Workers?" *New York Times*, July 28.

Barron, Lee. 2017. *Tattoo Culture: Theory and Contemporary Contexts*. London and New York: Rowman & Littlefield.

Barstow, David, Susanne Craig, and Russ Buettner. 2018. "Behind the Myth of a Self-Made Billionaire, a Vast Inherited Fortune." *New York Times*, October 7.

Bartfeld, Judith, Craig Gundersen, Timothy M. Smeeding, and James P. Ziliak, eds. 2016. *SNAP Matters: How Food Stamps Affect Health and Well-Being*. Stanford, CA: Stanford University Press.

Barton, Bernadette. 2012. *Pray the Gay Away: The Extraordinary Lives of Bible Belt Gays*. New York: New York University Press.

Basaran, Tugba, and Elspeth Guild. 2018. *Global Labor and the Migrant Premium: The Cost of Working Abroad*. New York: Routledge.

Basu, Amrita. 2016. *Women's Movements in the Global Era: The Power of Local Feminisms*, 2nd ed. London: Routledge.

Batalova, Jeanne, and Elijah Alperin. 2018. "Immigrants in U.S. States with the Fastest Growing Foreign-Born Populations." Accessed April 24, 2019. https://www.migrationpolicy.org/article/immigrants-us-states-fastest-growing-foreign-born-populations.

Baudrillard, Jean. [1968] 1996. *The System of Objects*. London: Verso Books.

Baudrillard, Jean. [1970] 1998. *The Consumer Society*. London: Sage.

Baudrillard, Jean. [1976] 1993. *Symbolic Exchange and Death*. London: Sage.

Baudrillard, Jean. [1983] 1990. *Fatal Strategies*. New York: Semiotext(e).

Bauer, Shane. 2016. "My Four Months as a Private Prison Guard." *Mother Jones*, July/August.

Bauer, Shane. 2018. *American Prison: A Reporter's Undercover Journey into the Business of Punishment*. New York: Penguin Press.

Bauman, Kurt, and Camille Ryan. 2015. "Women Now at the Head of the Class, Lead Men in College Attainment." *Random Samplings: The Official Blog of the U.S. Census Bureau*, October 7. Accessed February 1, 2017. http://blogs.census.gov/2015/10/07/women-now-at-the-head-of-the-class-lead-men-in-college-attainment/?cid=RS23.

Bauman, Zygmunt. 1989. *Modernity and the Holocaust*. Ithaca, NY: Cornell University Press.

Bauman, Zygmunt. 1992. *Intimations of Postmodernity*. London: Routledge.

Bauman, Zygmunt. 1999. "The Self in Consumer Society." *Hedgehog Review* 1(1): 35–40.

Bauman, Zygmunt. 2000. *Liquid Modernity*. Cambridge, MA: Polity Press.

Bauman, Zygmunt. 2003. *Liquid Love*. Cambridge, MA: Polity Press.

Bauman, Zygmunt. 2005. *Liquid Life*. Cambridge, MA: Polity Press.

Bauman, Zygmunt. 2006. *Liquid Fear*. Cambridge, MA: Polity Press.

Bauman, Zygmunt. 2007. *Liquid Times: Living in an Age of Uncertainty*. Cambridge, MA: Polity Press.

Bauman, Zygmunt, and David Lyon. 2012. *Liquid Surveillance: A Conversation*. London: Polity Press.

Baumeister, H. 2018. *Sexualised Crimes, Armed Conflict and the Law.* London: Routledge.

Baumgaertner, Emily. 2018. "Nipah Virus, Dangerous, and Little Known, Spreads in India." *New York Times*, June 4.

Bazelon, Emily. 2016. "Oppression or Profession?" *New York Times Magazine*, May 8, 34–43, 55–57.

Bear, Julia, and Peter Glick. 2017. "Breadwinner Bonus and Caregiver Penalty in Workplace Rewards for Men and Women." *Social Psychological and Personality Science* 8(7): 780–788.

Bearak, 2014. "The New Bazaar: In India, Online Stores Catch on with Buyers." *New York Times*, July 29.

Beccaria, Cesare. [1764] 1986. *On Crimes and Punishments.* Indianapolis, IN: Hackett.

Beck, Ulrich. [1986] 1992. *Risk Society: Towards a New Modernity.* London: Sage.

Beck, Ulrich, and Elisabeth Beck-Gernsheim. 2002. *Individualization: Institutionalized Individualism and Its Social and Political Consequences.* London: Sage.

Beck, Ulrich, and Elisabeth Beck-Gernsheim. 2012. "Families." In *The Wiley-Blackwell Encyclopedia of Globalization*, edited by George Ritzer, 637–639. Malden, MA: Wiley-Blackwell.

Becker, Howard S. 1963. *Outsiders: Studies in the Sociology of Deviance.* New York: Free Press.

Becker, Howard S., and Blanche Geer. 1958. "The Fate of Idealism in Medical School." *American Sociological Review* 23: 50–56.

Bedard, Stephanie Anne Nicole, and Carri Reisdorf Tolmie. 2018. "Millennials' Green Consumption Behaviour: Exploring the Role of Social Media." *Corporate Social Responsibility and Environmental Management* 25(6): 1388–1396.

Beer, Todd. 2012. "Global Warming." In *The Wiley-Blackwell Companion to Sociology*, edited by George Ritzer, 841–844. Malden, MA: Wiley-Blackwell.

Behbehanian, Laleh, and Michael Burawoy. 2014. "Appendix: Global Pedagogy in a Digital Age." *Current Sociology* 62(2): 285–291.

Beilharz, Peter. 2012. "Liquidity." In *The Wiley-Blackwell Encyclopedia of Globalization*, edited by George Ritzer, 1299–1230. Malden, MA: Wiley-Blackwell.

Bein, Steven. 2014. "Treason." In *The Encyclopedia of Criminology and Criminal Justice*, edited by Jay Ablanese. Oxford, UK: Wiley Blackwell.

Beittel, June. 2018. *Mexico: Organized Crime and Drug Trafficking Organizations.* Washington, DC: Congressional Research Services.

Belk, Russell. 2013. "The Sacred in Consumer Culture." In *Consumption and Spirituality*, edited by D. Rinallo, L. Scott, and P. Maclaren, 69–80. New York: Routledge.

Belk, Russell. 2014. "Sharing vs. Pseudo-Sharing in Web 2.0." *Anthropologist* 18: 7–23.

Bell, Ann V., Barret Michalec, and Christine Arenson. 2014. "The (Stalled) Progress of Interprofessional Collaboration: The Role of Gender." *Journal of Interprofessional Care* 28: 98–102.

Bell, Daniel. 1973. *The Coming of Post-industrial Society: A Venture in Social Forecasting.* New York: Basic Books.

Bell, David. 2007. "Sexualities, Cities and." In *The Blackwell Encyclopedia of Sociology*, edited by George Ritzer, 4254–4256. Malden, MA: Blackwell.

Bell, Matthew. 2017. "The Biggest Megachurch on Earth and South Korea's Crisis of Evangelicalism." PRI. Accessed April 24, 2019. https://www.pri.org/stories/2017-05-01/biggest-megachurch-earth-facing-crisis-evangelism.

Bell, Robert R. 1971. *Social Deviance: A Substantive Analysis.* Homewood, IL: Dorsey.

Bell, Tom. 2017. *Your Next Government: From Nation State to Stateless Nation.* Cambridge, UK: Cambridge University Press.

Bellafante, Ginia. 2015. "The Dark Side of 'Broken Windows' Policing." *New York Times*, January 16.

Bellah, Robert N. 1967. "Civil Religion in America." *Daedalus*, Winter.

Bellah, Robert N. 1975. *The Broken Covenant: American Civil Religion in Time of Trial.* New York: Seabury.

Belson, Ken. 2016. "Pop Warner Is Facing a Class-Action Lawsuit Over Concussions." *New York Times*, September 1.

Benaim, Michael. 2018. "From Symbolic Values to Symbolic Innovation: Internet-memes and Innovation." *Research Policy* 47: 901–910.

Bendix, Reinhard, and Seymour Martin Lipset, eds. 1966. *Class, Status, and Power: Social Stratification in Comparative Perspective*, 2nd rev. ed. New York: Free Press.

Benet-Weiss, Sara. 2012. "Free Self-Esteem Tools? Brand Culture, Gender, and the Dove Real Beauty Campaign." In *Commodity Activism*, edited by Roopali Mukherjee and Sara Benet-Weiss, 39–56. New York: New York University Press.

Bengali, Shashank. 2016. "For Hindus Far from Home, Online Religious Services Can Be a Valued Connection." *Los Angeles Times*, May 1.

Benjamin, Walter. 1999. *The Arcades Project.* Cambridge, MA: Belknap.

Benko, Jessica. 2016. "He Survived Ebola. Now He's Fighting to Keep It from Spreading." *New York Times Magazine*, May 26.

Benner, Katie, and Sheera Frenkel. 2018. "Drug Dealers Targeted in Sweep of Illicit Online Marketplaces." *New York Times*, June 26.

Bennett, M. D., and M. W. Fraser. 2000. "Urban Violence among African American Males: Integrating Family, Neighborhood, and Peer Perspectives." *Journal of Sociology and Social Welfare* 27: 93–117.

Bennett, Rebecca, and Mike Kent, eds. 2017. *Massive Open Online Courses and Higher Education: What Went Right, What Went Wrong, and Where to Next?* London: Routledge.

Bennett, Tony, Mike Savage, Elizabeth Silva, Alan Warde, Modesto Gayo-Cal, and David Wright. 2009. *Culture, Class, Distinction.* London: Routledge.

Bennhold, Kartrin. 2018. "'Already an Exception': Merkel's Legacy Is Shaped by Migration and Austerity." *New York Times*, December 15.

Benoit, Cecilia, S. Mikael Jansson, Michaela Smith, and Jackson Flagg. 2017. "Prostitution Stigma and Its Effect on the Working Conditions, Personal Lives, and Health of Sex Workers." *The Journal of Sex Research* 55(4–5): 457–471.

Ben-Yehuda, Nachman. 1980. "The European Witch Craze of the 14th to 17th Centuries: A Sociologist's Perspective." *American Journal of Sociology* 86(1): 1–31.

Ben-Yehuda, Nachman. 1985. *Deviance and Moral Boundaries.* Chicago: University of Chicago Press.

Ben-Yehuda, Nachman. 2019. "Deviance: A Sociology of Unconventionalities." In the Wiley-Blackwell Companion to Sociology. Edited by George Ritzer and Wendy Wiedenhoft Murphy. Chichester: John Wiley & Sons.

Benzaquen, Adriana. 2006. *Encounters with Wild Children: Temptation and Disappointment in the Study of Human Nature.* Montreal: McGill-Queen's University Press.

Berends, Mark. 2015. "Sociology and School Choice: What We Know after Two Decades of School Choice." *Annual Review of Sociology* 41: 159–180.

Berger, Arthur Asa. 2015. *Ads, Fads, & Consumer Culture.* Lanham, MD: Rowman & Littlefield.

Berger, Peter L. 1963. *Invitation to Sociology.* New York: Doubleday.

Berger, Peter L. 1969. *The Sacred Canopy: Elements of a Sociological Theory of Religion.* New York: Doubleday.

Berger, Peter L. 2013. "The Desecularization of the World: A Global Overview." In *The New Sociology of Knowledge: The Life and Work of Peter Berger*, edited by Michaela Pfadenhauer and Peter L. Berger, 61–76. London: Routledge.

Berger, Peter L., and Thomas Luckmann. 1967. *The Social Construction of Reality: A Treatise in the Sociology of Knowledge.* New York: Anchor Books.

Bergés, Sandrine, and Alan Coffee. 2016. *The Social and Political Philosophy of Mary Wollstonecraft.* Oxford, UK: Oxford University Press.

Bergquist, Magnus. 2003. "Open-Source Software Development as Gift Culture: Work and Identity Formation in an Internet Community." In *New Technologies at Work: People, Screens, and Social Virtuality*, edited by C. Garsten and H. Wulff. New York: Berg.

Berkovitch, Nitza. 1999. *From Motherhood to Citizenship: Women's Rights and International Organizations.* Baltimore: Johns Hopkins University Press.

Berman, Sheri. 2018. "Can It Happen Here? Madeleine Albright Examines Fascism Then and Now." *New York Times*, April 20.

Bernhardt, Annette, Martina Morris, Mark S. Handcock, and Marc A. Scott. 2001. *Divergent Paths: Economic Mobility in the New American Labor Market.* New York: Russell Sage Foundation.

Bernstein, Mary, Brenna Harvey, and Nancy Naples. 2018. "Marriage, the Final Frontier? Same-Sex Marriage and the Future of the Lesbian and Gay Movement." *Sociological Forum* 33(1): 30–52.

Berry, David M. 2014. *Critical Theory and the Digital.* New York: Bloomsbury.

Berry, Jeffrey, and Clyde Wilcox. 2018. *The Interest Group Society.* 6th ed. New York: Routledge.

Berryman, Rachel, and Misha Kavka. 2017. "'I Guess a Lot of People See Me as a Big Sister or a Friend': The Role of Intimacy in the Celebrification of Beauty Vloggers." *Journal of Gender Studies* 26(3): 307–320.

Bertrand, Marianne, and Sendhil Mullainathan. 2004. "Are Emily and Greg More Employable than Lakisha and Jamal? A Field Experiment on Labor Market Discrimination." *American Economic Review* 94(4): 991–1013.

Bérubé, Allan. 2010. *Coming Out under Fire: The History of Gay Men and Women in World War II*. Chapel Hill: University of North Carolina Press.

Best, Amy L. 2007. "Consumption, Girls' Culture and." In *The Blackwell Encyclopedia of Sociology*, edited by George Ritzer, 724–727. Malden, MA: Blackwell.

Bethmann, Dirk, and Michael Kvasnicka. 2013. "World War II, Missing Men, and Out of Wedlock Childbearing." *Economic Journal* 123: 162–194.

Beyer, Peter. 2013. *Religion and Globalization*. London: Sage.

Beynon, Huw. 2016. "Beyond Fordism." In *The Sage Handbook of the Sociology of Work and Employment*, edited by Stephen Edgell, Heidi Gottfried, and Edward Granter, 306–328. London: Sage.

Bhabha, Jacqueline. 2018. *Can We Solve the Migration Crisis?* Cambridge, UK: Polity Press.

Bhambra, Gurminder K. 2007. "Sociology and Postcolonialism: Another 'Missing' Revolution?" *Sociology* 41: 871–884.

Bhatty, Ayesha. 2010. "Haiti Devastation Exposes Shoddy Construction." BBC News, January 15. Accessed March 31, 2012. http://news.bbc.co.uk/2/hi/8460042.stm.

Bhaumik, Subir. 2010. "India to Deploy 36,000 Extra Troops on Chinese Border." BBC News, November 23. Accessed May 26, 2011. http://www.bbc.co.uk/news/world-south-asia-11818840.

Bianchi, Raoul. 2018. "The Political Economy of Tourism Development: A Critical Review." *Annals of Tourism Research* 70: 88–102.

Bichler, Gisela, Alexis Norris, Jared R. Dmello, and Jasmin Randle. 2017. "The Impact of Civil Gang Injunctions on Networked Violence Between the Bloods and the Crips." *Crime and Delinquency* 65(7): 875–915.

Bilefsky, Dan. 2008. "Albanian Custom Fades: Woman as Family Man." *New York Times*, June 25. Accessed April 18, 2015. http://www.nytimes.com/2008/06/25/world/europe/25virgins.html.

Bilefsky, Dan. 2010. "Dark Film on Teenagers Echoes from Mall to Church." *New York Times*, March 4.

Bills, David B. 2013. "Comments from the Editor: The Sociology of Failure and Rejection." *Sociology of Education* 86: 270–271.

Binnie, Jon. 2004. *The Globalization of Sexuality*. London: Sage.

Bishop, Katelynn, Kjersin Gruys, and Maddie Evans. 2018. "Sized Out: Women, Clothing Size, and Inequality." *Gender & Society* 32(2): 180–203.

Black, Donald. 2013. "On the Almost Inconceivable Misunderstandings Concerning the Subject of Value-Free Social Science." *British Journal of Sociology* 64: 763–780.

Black, Jeremy. 2016. *Geopolitics and the Quest for Dominance*. Bloomington: Indiana University Press.

Blaschke, Steffen, Dennis Schoeneborn, and David Seidl. 2012. "Organizations as Networks of Communication Episodes: Turning the Network Perspective Inside Out." *Organization Studies* 33: 879–906.

Blau, Francine D., Peter Brummund, and Albert Yung-Hsu Liu. 2012. "Trends in Occupational Segregation by Gender 1970–2009: Adjusting for the Impact of Changes in the Occupational Coding System." Discussion Paper 6490, Institute for the Study of Labor (Bonn, Germany). Accessed April 18, 2015. http://ftp.iza.org/dp6490.pdf.

Blau, Peter. 1963. *The Dynamics of Bureaucracy*. Chicago: University of Chicago Press.

Blau, Peter, and Otis Dudley Duncan. 1967. *The American Occupational Structure*. New York: Wiley.

Blee, Kathleen. 2002. *Inside Organized Racism*. Berkeley: University of California Press.

Blight, James G., and Janet M. Lang. 2005. *The Fog of War: Lessons from the Life of Robert S. McNamara*. Lanham, MD: Rowman & Littlefield.

Blommaert, Lieselotte, and Marcel Coenders. 2014. "Discrimination of Arabic-Named Applicants in the Netherlands: An Internet-Based Field Experiment Examining Different Phases in Online Recruitment Procedures." *Social Forces* 92: 957–982.

Bloom, Harold. 1992. *The American Religion: The Emergence of a Post-Christian Nation*. New York: Simon & Schuster.

Bluestein, Adam. 2014. "DDP Yoga Is Everywhere, but Does It Deliver?" *Men's Journal*, June. Accessed April 18, 2015. http://www.mensjournal.com/health-fitness/exercise/ddp-yoga-is-everywhere-but-does-it-deliver-20140609.

Blumberg, Yoni. 2017. "Harvard's Incoming Freshman Class Is One-Third Legacy—Here's Why That's a Problem." CNBC, September 6. Accessed April 24, 2019. https://www.cnbc.com/2017/09/06/harvards-incoming-class-is-one-third-legacy.html.

Boas, Morten. 2012. "Failed States." In *The Wiley-Blackwell Encyclopedia of Globalization*, edited by George Ritzer, 633–635. Malden, MA: Wiley-Blackwell.

Bobo, Lawrence D. 2017. "Racism in Trump's America: Reflections on Culture, Sociology, and the 2016 Presidential Election." *British Journal of Sociology* 68: S85–S104.

Boe, Josh, and Rebecca Woods. 2017. "Parents' Influence on Infants' Gender-Typed Toy Preferences." *Sex Roles* 79(506): 358–373.

Boice, John. 2017. "Epidemiological Study of One Million U.S. Radiation Workers and Veterans." USDOE: Office of Science. Accessed April 24, 2019. https://www.osti.gov/biblio/1413399.

Bonanno, Alessandro. 2017. "Fordism post Fordism." In *The Wiley-Blackwell Encyclopedia of Globalization*, edited by George Ritzer, 680–682. Malden, MA: Wiley-Blackwell.

Bond, Matthew. 2012. "The Bases of Elite Social Behaviour: Patterns of Club Affiliation among Members of the House of Lords." *Sociology* 46: 613–632.

Bongaarts, John, Barbara S. Mensch, and Ann K. Blanc. 2017. "Trends in the Age at Reproductive Transitions in the Developing World: The Role of Education." *Population Studies* 71(2): 139–154.

Bonilla-Silva, Eduardo. 1997. "Rethinking Racism: Toward a Structural Interpretation." *American Sociological Review* 62: 465–480.

Bonilla-Silva, Eduardo. 2009. *Racism without Racists: Color-Blind Racism and the Persistence of Racial Inequality in the United States*. Lanham, MD: Rowman & Littlefield.

Bonilla-Silva, Eduardo. 2015. "The Structure of Racism in Color-Blind, 'Post-Racial' America." *American Behavioral Scientist* 59: 1358–1376.

Boren, Cindy. 2017. "The NFL Studied Every Concussion over Two Seasons." *Washington Post*, November.

Boswell, A. Ayres, and Joan Z. Spade. 1996. "Fraternities and Collegiate Rape Culture: Why Are Some Fraternities More Dangerous Places for Women?" *Gender & Society* 10(2): 133–147.

Boudette, Neal, and Mike Isaac. 2016. "Head of Fiat Chrysler Sees Self-Driving Cars in Five Years, Not 20." *New York Times*, May 6.

Bourdieu, Pierre. 1984. *Distinction: A Social Critique of the Judgment of Taste*. Cambridge, MA: Harvard University Press.

Bourdieu, Pierre. 1992. *The Logic of Practice*. Palo Alto, CA: Stanford University Press.

Bourdieu, Pierre, and Jean-Claude Passeron. 1977. *Reproduction in Education, Society, and Culture*. Beverly Hills, CA: Sage.

Bourgeois, Phillippe. 2003. *In Search of Respect: Selling Crack in El Barrio*. Cambridge, UK: Cambridge University Press.

Bowen, Ted Smalley. 2001. "English Could Snowball on Net." Technology Research News, November 21. Accessed January 3, 2012. http://www.trnmag.com/Stories/2001/112101/English_could_snowball_on_Net_112101.html.

Bowles, Samuel, and Herbert Gintis. 1976. *Schooling in Capitalist America: Educational Reform and the Contradictions of Economic Life*. New York: Basic Books.

Bowring, Finn. 2016. "The Individual and Society in Durkheim: Unpicking the Contradictions." *European Journal of Social Theory* 19: 21–38.

Bowser, Benjamin. 2017. "Racism: Origin and Theory." *Journal of Black Studies* 48(6): 572–590.

boyd, danah. 2014. *It's Complicated: The Social Lives of Networked Teens*. New Haven, CT: Yale University Press.

Boyd-Judson, Lyn, and Patrick James, eds. 2015. *Women's Global Health: Norms and State Policies*. Lanham, MD: Lexington Books.

Bradsher, Keith. 2019. "China Tiptoes on Belt and Road." *New York Times*, January 23.

Bradsher, Keith, and Karl Russell. 2017. "Building Trade Walls." *New York Times*, March 7.

Brady, David, and Denise Kall. 2008. "Nearly Universal, but Somewhat Distinct: The Feminization of Poverty in Affluent Western Democracies, 1969–2000." *Social Science Research* 37(3): 976–1007.

Braithwaite, John. 2010. "Diagnostics of White-Collar Crime Prevention." *Criminology and Public Policy* 9: 621–626.

Brass, Kevin. 2015. "House Hunting in Singapore." *New York Times*, December 30.

Bratton, William J. 2011. "Reducing Crime through Prevention Not Incarceration." *Criminology and Public Policy* 10: 63–68.

Braw, Elisabeth. 2014. "The Three Letter Word Driving a Gender Revolution." *Newsweek*, September 29. Accessed April 17, 2015. http://www.newsweek.com/2014/10/03/three-letter-word-driving-gender-revolution-272654.html.

Breeden, Aurelien. 2015. "A Furor in France over Resting Place for a Roma Child." *New York Times*, January 6.

Breeden, Aurelien. 2019. "Child Abduction Rumors Lead to Violence Against Roma in France." *New York Times*, March 28.

Breetzke, Gregory D.,Karina Landman, and Ellen G. Cohn. 2014. "Is It Safer behind the Gates? Crime and Gated Communities in South Africa." *Journal of Housing and the Built Environment* 29: 123–139.

Bremmer, Ian. 2018. *Us vs Them: The Failure of Globalization*. New York: Portfolio/Penguin.

Brems, Cara, Martina Temmerman, Todd Graham, and Marcel Broersma. 2017. "Personal Branding on Twitter." *Digital Journalism* 5(4): 443–459.

Brennan, Bridget. 2013. "The Real Reason Women Shop More than Men." *Forbes*, March 6. Accessed April 17, 2015. http://www.forbes.com/sites/bridgetbren nan/2013/03/06/the-real-reason-women-shop-more-than-men.

Brennan, Denise. 2002. "Selling Sex for Visas: Sex Tourism as a Stepping-Stone to International Migration." In *Global Woman: Nannies, Maids, and Sex Workers in the New Economy*, edited by B. Ehrenreich and A. R. Hochschild. New York: Henry Holt.

Brennan, Denise. 2004. *What's Love Got to Do with It? Transnational Desires and Sex Tourism in the Dominican Republic*. Durham, NC: Duke University Press.

Brewster, Zachary W., and Sarah Nell Rusche. 2012. "Quantitative Evidence of the Continuing Significance of Race: Tableside Racism in Full-Service Restaurants." *Journal of Black Studies* 43: 359–384.

Brim, Orville. 1968. "Adult Socialization." In *Socialization and Society*, edited by J. A. Clausen, 182–226. Boston: Little, Brown.

Brimeyer, T. M., J. Miller, and R. Perrucci. 2006. "Social Class Sentiments in Formation: Influence of Class Socialization, College Socialization, and Class Aspirations." *Sociological Quarterly* 47: 471–495.

Brinded, Lianna. 2014. "JPMorgan CEO Jamie Dimon Cries That $13bn Mortgage Scandal Fines Were 'Unfair.'" *International Business Times*, January 23. Accessed April 28, 2015. http://www.ibtimes.co.uk/jpmorgan-ceo-jamie-dimon-cries-that-13bn-mortgage-scandal-fines-were-unfair-1433525.

Brody, Jane E. 2016. "No Such Thing as a Healthy Smoker." *New York Times*, June 20.

Bromley, David G. 2016. "Categorizing Religious Organizations: In Search of a Theoretically Meaningful Strategy." In *New Religious Social Movements*, Vol. 2, edited by James R. Lewis and Inga B. Tollefson, 17–24. New York: Oxford University Press.

Bromley, Victoria. 2012. *Feminisms Matter: Debates, Theories, Activism*. Toronto: University of Toronto Press.

Bromwich, Jonah Engel. 2018. "Why Are American Prisons So Afraid of This Book?" *New York Times*, January 18.

Bronner, Ethan. 2011. "Virtual Bridge Allows Strangers in Mideast to Seem Less Strange." *New York Times*, July 10. Accessed March 29, 2012. http://www.nytimes.com/2011/07/10/world/middleeast/10mideast.html.

Bronner, Madelon, Mihn Hao Nguyen, Ellen Smets, Anthony VandeVen, and Julia van Weert. 2018. "Anxiety during Cancer Diagnosis." *Pscyho-Oncology* 27(2): 661–667.

Brooker, Megan, and David Meyer. 2019. "Coalitions and the Organization of Collective Action." In *The Wiley-Blackwell Companion to Social Movements*, edited by David Snow, Sarah Soule, Hanspeter Kries, and Holly McCammon, 252–260. Chichester, UK: John Wiley & Sons.

Brooks, Andrew. 2015. *Clothing Poverty: The Hidden World of Fast Fashion and Second-Hand Clothes*. London: Zed Books.

Brosdahl, Deborah J. C., and Jason M. Carpenter. 2012. "U.S. Male Generational Cohorts: Retail Format Preferences, Desired Retail Attributes, Satisfaction, and Loyalty." *Journal of Retailing & Consumer Services* 19(6): 545–552.

Brown, Keith. 2013. *Buying into Fair Trade: Culture, Morality, Consumption*. New York: NYU Press.

Brown, Philip, Sally Power, Gerbrand Tholen, and Annabelle Allouch. 2014. "Credentials, Talent, and Cultural Capital: A Comparative Study of Educational Elites in England and France." *British Journal of Sociology of Education*, August 8 (published online). doi:10.1080/014 25692.2014.920247

Brown, Stephen. 2016. *Brands and Branding*. Los Angeles: Sage.

Brown, Timothy C., William B. Bankston, and Craig Forsyth. 2013. "'A Service Town': An Examination of the Offshore Oil Industry, Local Entrepreneurs, and the Civic Community Thesis." *Sociological Spectrum* 33: 1–15.

Brownmiller, Susan. 1975. *Against Our Will: Men, Women, and Rape*. New York: Simon & Schuster.

Brubaker, Ralph, Robert W. Lawless, and Charles J. Tabb. 2012. *A Debtor World: Interdisciplinary Perspectives on Debt*. Oxford, UK: Oxford University Press.

Brubaker, Rogers. 2016. *Trans: Gender and Race in an Age of Unsettled Identities*. Princeton, NJ: Princeton University Press.

Bruce, Steve. 2002. *God Is Dead: Secularization in the West*. Malden, MA: Wiley-Blackwell.

Bruckmeier, Karl. 2018. *Global Environmental Governance: Social-Ecological Perspectives*. Cham, Switzerland: Palgrave Macmillan.

Bruder, Jessica. 2017. *Nomadland: Surviving America in the Twenty-First Century*. New York: W. W. Norton.

Brumberg, Joan Jacobs. 1998. *The Body Project: An Intimate History of American Girls*. New York: Vintage.

Bruze, Gustaf. 2018. "Intergenerational Mobility: New Evidence from Consumption Data." *Journal of Applied Econometrics* 33(4): 580–593.

Bryant, Melanie, and Vaughan Higgins. 2010. "Self-Confessed Troublemakers: An Interactionist View of Deviance during Organizational Change." *Human Relations* 63: 249–277.

Bryk, Anthony, Valerie Lee, and Peter Holland. 1993. *Catholic Schools and the Common Good*. Cambridge, MA: Harvard University Press.

Bryman, Alan. 2004. *The Disneyization of Society*. London: Sage.

Brynin, Malcom, and Francisco Perales. 2016. "Gender Wage Inequality: The De-gendering of the Occupational Structure." *European Sociological Review* 32(1): 162–174.

Budig, Michelle J., Joya Misra, and Irene Boeckman. 2012. "The Motherhood Penalty in Cross-National Perspective: The Importance of Work–Family Policies and Cultural Attitudes." *Social Politics* 19: 163–193.

Budig, Michelle J., Joya Misra, and Irene Boeckman. 2016. "Work-Family Policy Tradeoffs for Mothers? Unpacking the Cross-National Variations in Motherhood Earnings Penalties." *Work and Occupations* 43: 119–177.

Buie, Lisa. 2014. "Judge Sets March 2 as Tentative Trial Date in Movie Theater Shooting Case." *Tampa Bay Times*, September 10. Accessed April 27, 2015. http://www.tampabay.com/news/courts/civil/judge-sets-march-2-as-tentative-trial-date-in-movie-theater-shooting-case/2197007.

Bukowski, William M., Melisa Castellanos, Frank Vitaro, and Mara Brendgen. 2015. "Socialization and Experiences with Peers." In *Handbook of Socialization: Theory and Research*, 2nd ed., edited by Joan E. Grusec and Paul D. Hastings, 228–250. New York: Guilford Press.

Bulut, Elif. 2016. "Pride and Prejudice: The Context for Reception of Muslims in the United States." *Contemporary Social Science*, May 16 (published online).

Burawoy, Michael. 2000. "Introduction: Reaching for the Global." In *Global Ethnography: Forces, Connections, and Imaginations in a Postmodern World*, edited by M. Burawoy, J. A. Blum, S. George, Z. Gille, T. Gowan, L. Haney, M. Klawiter, S. H. Lopez, S. Ó Riain, and M. Thayer, 1–40. Berkeley: University of California Press.

Bureau of Labor Statistics. 2018. "American Time Use Survey—2017 Results." Accessed April 24, 2019. https://www.bls.gov/news.release/pdf/atus.pdf.

Burgess, Ernest W., and Harvey J. Locke. 1945. *The Family: From Institution to Companionship*. New York: American Book.

Burke, Kelsey. 2016. *Christians Under Covers: Evangelicals and Sexual Pleasure on the Internet*. Berkeley: University of California Press.

Burnett, Victoria. 2016. "Bathroom Debate Complicates a Town's Acceptance of a Third Gender." *New York Times*, June 22.

Bursell, Moa. 2014. "The Multiple Burdens of Foreign-Named Men: Evidence from a Field Experiment on Gendered Ethnic Hiring Discrimination in Sweden." *European Sociological Review* 30(3): 399–409.

Burton, Thomas. 1993. *Serpent-Handling Believers*. Knoxville: University of Tennessee Press.

Butler, Judith. 1990. *Gender Trouble: Feminism and the Subversion of Identity*. New York: Routledge.

Butler, Judith. 1994. *Undoing Gender*. New York: Routledge.

Butler, Richard, and Wantanee Suntikul, eds. 2018. *Tourism and Religion*. Bristol, UK: Channel View.

Butollo, Florian, and Tobias Ten Brink. 2017. "A Great Leap? Domestic Market Growth and Local State Support in the Upgrading of China's LED Industry." Global Networks, May 16.

Buzinde, Christine N., and Careen Yarnal. 2012. "Therapeutic Landscapes and Postcolonial Theory: A Theoretical Approach to Medical Tourism." *Social Science & Medicine* 74: 783–787.

Cabrera, Nolan L. 2014. "Beyond Black and White: How White, Male, College Students See Their Asian Peers." *Equity and Excellence in Education* 47: 133–151.

Cahill, Spencer E., William Distler, Cynthia Lachowetz, Andrea Meaney, Robyn Tarallo, and Teena Willard. 1985. "Meanwhile Backstage: Public Bathrooms and the Interaction Order." *Journal of Contemporary Ethnography* 14: 33–58.

Caird, Jeff K., Kate A. Johnston, Chelsea R. Willness, Mark Asbridge, and Piers Steel. 2014. "A Meta-analysis of the Effects of Texting on Driving." *Accident Analysis & Prevention* 71: 311–318.

Callimachi, Rukmini. 2015. "ISIS Enshrines a Theology of Rape." *New York Times*, August 13.

Camera, Lauren. 2016. "Achievement Gap Between White and Black Students Still Gaping." *U.S. News & World Report*, January 13. Accessed April 24, 2019. www.usnews.com/news/blogs/data-mine/2016/01/13/achievement-gap-between-white-and-black-students-still-gaping.

Cameron, Abigail. 2015. "How I Learned to Stop Worrying and Love the IRB." *Contexts* 14: 72–74.

Campbell, Colin. 1987. *The Romantic Ethic and the Spirit of Modern Consumerism*. Oxford, UK: Blackwell.

Campbell, Colin. 2007. *The Easternization of the West: A Thematic Account of Cultural Change in the Modern Era*. Boulder, CO: Paradigm Press.

Campbell, Nnenia M. 2010. "Coil Conscious: African American Women's Development of Internet-Based Alternative Hair Communities." Paper presented at the annual meeting of the American Sociological Association, Atlanta, GA.

Cannato, Vincent J. 2009. *American Passage: The History of Ellis Island*. New York: Harper.

Cannon, Claire, and Fredrick Buttell. 2015. "Illusion of Inclusion: The Failure of the Gender Paradigm to Account for IPV in LGBT Relationships." *Partner Abuse* 6(1): 65–77.

Caprile, Maria, and Amparo Serrano Pascual. 2011. "The Move Towards the Knowledge-Based Society: A Gender Approach." *Work and Organization* 18: 48–72.

Capron, Christiane, and Michel Duyme. 1989. "Assessment of the Effects of Socioeconomic Status on IQ in a Full Cross-Fostering Study." *Nature* 340: 552–554.

Cara, Daniel H., Kai S. Cortina, and Jacquelynn S. Eccles. 2014. "Socioeconomic Background, Education, and Labor Force Outcomes: Evidence from a U.S. Regional Sample." *British Journal of Sociology of Education*, January 10 (published online). doi:10.1080/0 1425692.2013.868784

Carbonaro, William. 2005. "Tracking, Student Effort, and Academic Achievement." *Sociology of Education* 78: 27–49.

Carbonaro, William, and Elizabeth Covay. 2010. "Tracking Student Effort and Academic Achievement in the Era of Standards Based Reforms." *Sociology of Education* 83: 160–182.

Carey, Stephen. 2011. *A Beginner's Guide to Scientific Method*. Boston: Wadsworth.

Carlsen, Audrey, Maya Salam, Claire Cain Miller, Denise Lu, Ash Ngu, Jugal Patel, and Zach Wichter. 2018. "#MeToo Brought Down 201 Powerful Men. Nearly Half of Their Replacements Are Women." *New York Times*, October 29. Accessed April 24, 2019. https://www .nytimes.com/interactive/2018/10/23/us/metoo-replacements .html.

Carmichael, Stokely, and Charles V. Hamilton. 1967. *Black Power: The Politics of Liberation*. New York: Vintage Books.

Carpenter, Laura M. 2005. *Virginity Lost: An Intimate Portrait of First Sexual Experiences*. New York: New York University Press.

Carpenter, Laura M. 2011. "Like a Virgin . . . Again? Secondary Virginity as an Ongoing Gendered Social Construction." *Sexuality & Culture* 15(2): 115–140.

Carrillo, Héctor, and Jorge Fontdevila. 2014. "Border Crossings and Shifting Sexualities among Mexican Gay Immigrant Men: Beyond Monolithic Conceptions." *Sexualities* 17(8): 919–938.

Carson, Rachel. 1962. *Silent Spring*. New York: Houghton Mifflin.

Carter, Bill, and Tanzia Vega. 2011. "In Shift, Ads Try to Entice Over-55 Set." *New York Times*, May 13.

Carty, Victoria. 2018. *Social Movements and New Technology*. London: Routledge.

Carver, Terrell. 2018. *Marx*. Cambridge, UK: Polity Press.

Casey, Emma. 2015. "Gender and Consumer Culture." In *The Wiley Blackwell Encyclopedia of Consumption and Consumer Studies*, edited by Daniel Thomas Cook and J. Michael Ryan, 316–321. Malden, MA: Wiley-Blackwell.

Casey, John, Michael Jenkins, and Harry Dammer. 2018. *Policing the World: The Practice of International and Transnational Policing*, 2nd ed. Durham, NC: Carolina Academic.

Casey, Nicholas. 2016. "Colombia and FARC Reach Deal to End the Americas' Longest War." *New York Times*, August 24.

Cassano, Graham. 2017. "Second Shift." In Bryan S. Turner et al., eds., *The Wiley-Blackwell Encyclopedia of Social Theory*. Malden, MA: Wiley-Blackwell.

Castañeda, Heide, and Jessica M. Mulligan, eds. 2017. *Unequal Coverage: The Experience of Health Care Reform in the United States*. New York: New York University Press.

Castells, Manuel. 1996. *The Information Age: Economy, Society, and Culture*, Vol. 1, *The Rise of the Network Society*. Oxford, UK: Blackwell.

Castells, Manuel. 1997. *The Information Age: Economy, Society, and Culture*, Vol. 2, *The Power of Identity*. Oxford, UK: Blackwell.

Castells, Manuel. 1998. *The Information Age: Economy, Society, and Culture*, Vol. 3, *End of Millennium*. Oxford, UK: Blackwell.

Castells, Manuel. 2010. *The Rise of the Network Society. The Information Age: Economy, Society, and Culture*, Vol. 1. Malden, MA: Wiley-Blackwell.

Castells, Manuel, ed. 2017. *Another Economy Is Possible: Culture and Economy in a Time of Crisis*. Cambridge, UK: Polity Press.

Cave, Damien. 2011. "Mexico Turns to Social Media for Information and Survival." *New York Times*, September 25.

Centeno, Migeul, and Elaine Enriquez. 2016. *War and Society*. Cambridge, UK: Polity Press.

Center for Research on Education Outcomes, Stanford University. 2013. "National Charter School Study 2013." Accessed May 18, 2015. http://credo.stanford.edu/documents/NCSS%202013%20Final%20 Draft.pdf.

Centers for Disease Control and Prevention. 2016a. "Changes in Life Expectancy by Race and Hispanic Origin in the United States, 2013–2014." Accessed April 24, 2019. https://www.cdc.gov/nchs/ products/databriefs/db244.htm.

Centers for Disease Control and Prevention. 2016b. "Marriage and Divorce." Accessed April 12, 2019. https://www.cdc.gov/nchs/ fastats/marriage-divorce.htm.

Centers for Disease Control and Prevention. 2016c. "Attention-Deficit/ Hyperactivity Disorder (ADHD)." Accessed April 12, 2019. https:// www.cdc.gov/ncbddd/adhd/data.html

Centers for Disease Control and Prevention. 2017a. "Births: Final Data for 2015." *National Vital Statistics Report* 66(1). Accessed February 22, 2017. https://www.cdc.gov/nchs/data/nvsr/nvsr66_01 .pdf.

Centers for Disease Control and Prevention. 2017b. "Births: Proivisoinal Data for 2017." Accessed April 24, 2019. https://www.cdc.gov/nchs/ data/vsrr/report004.pdf.

Centers for Disease Control and Prevention. 2017c. "Unmarried Childbearing." National Center for Health Statistics. Accessed April 24, 2019. https://www.cdc.gov/nchs/fastats/unmarried-childbearing.htm.

Centers for Disease Control and Prevention. 2017d. "African-American Death Rate Drops 25 Percent." Accessed April 24, 2019. https:// www.cdc.gov/media/releases/2017/p0502-aa-health.html

Centers for Disease Control and Prevention. 2018. "Adolescent and School Health." Accessed April 24, 2019. www.cdc.gov/

healthyyouth.

Centers for Medicare and Medicaid Services. 2017. "National Health Expenditures 2017 Highlights." Accessed February 11, 2017. https://www.cms.gov/Research-Statistics-Data-and-Systems/Statistics-Trends-and-Reports/NationalHealthExpendData/downloads/highlights.pdf.

Central Intelligence Agency. 2017. "Country Comparison: Life Expectancy at Birth." *World Factbook*. Accessed May 20, 2015. https://www.cia.gov/library/publications/the-world-factbook/rankorder/2102rank.html.

Cerutti, Eugenio, Stijn Claessens, and Lev Ratnovski. 2017. "Global Liquidity and Cross-Border Bank Flows." *Economic Policy* 32(89): 81–125.

Cha, Youngjoo. 2013. "Overwork and the Persistence of Gender Segregation in Occupations." *Gender & Society* 27: 158–184.

Cha, Youngjoo, and Kim A. Weeden. 2014. "Overwork and the Slow Convergence in the Gender Gap in Wages." *American Sociological Review* 79: 457–484.

Chae, Haesook. 2014. "Marx on the Family and Class Consciousness." *Rethinking Marxism* 26: 262–277.

Chae, Jiyoung. 2015. "Am I a Better Mother than You?" *Communication Research* 42: 503–525.

Chakravarti, Arjun, Tanya Menon, and Christopher Winship. 2014. "Contact and Group Structure: A Natural Experiment of Interracial College Roommate Groups." *Organization Science* 25(4): 1216–1233.

Chambers, Erve. 2010. *Native Tours: The Anthropology of Travel and Tourism*. Prospect Heights, IL: Waveland Press.

Chambliss, William J. 1964. "A Sociological Analysis of the Law of Vagrancy." *Social Problems* 12: 67–77.

Chamie, Joseph. 2017. "YaleGlobal Online." Yale University. Accessed April 24, 2019. https://yaleglobal.yale.edu/content/out-wedlock-births-rise-worldwide.

Chan, Tak Wing, and Heather Turner. 2017. "Where Do Cultural Omnivores Come From? The Implications of Educational Mobility for Cultural Consumption." *European Sociological Review* 33: 576–589.

Chang, Grace. 2016. *Disposable Domestics: Immigrant Women Workers in the Global Economy*, 2nd ed. Chicago: Haymarket Books.

Chapman, Jamie. 2018. "How Do Nurses Perceive Role-Taking and Emotional Labor Processes to Influence Work–Family Spillover?" In *The Work-Family Interface: Spillover, Complications, and Challenges*, edited by Lee Blair Sampson and Josip Obradović, 245–264. Bingley, UK: Emerald.

Charron-Chénier, Raphaël, Joshua J. Fink, and Lisa A. Keister. 2017. "Black and White Disparities in Household Spending." *Sociology of Race and Ethnicity* 3(1): 50–67.

Chatzky, Jean. 2018. "Job-hopping Is on the Rise." Accessed April 24, 2019. https://www.nbcnews.com/better/business/job-hopping-rise-should-you-consider-switching-roles-make-more-ncna868641.

Chee, Heng Leng, Andrea Whittaker, and Heong Hong Por. 2018. "Sociality and Transnational Social Space in the Making of Medical Tourism: Local Actors and Indonesian Patients in Malaysia." *Mobilities*, October 14.

Chellaney, Brahma. 2015. *Water, Peace, and War: Confronting the Global Water Crisis*. New York: Rowman & Littlefield.

Chen, James K. C., and Dulamjav Zorigt. 2013. "Managing Occupational Health and Safety in the Mining Industry." *Journal of Business Research* 66: 2321–2331.

Chen, Katherine. 2009. *Enabling Creative Chaos: The Organization behind the Burning Man Event*. Chicago: University of Chicago Press.

Chen, Patricia, and Mary Gallagher. 2018. "Mobilization without Movement: How the Chinese State 'Fixed' Labor Insurgency." *IRL Review* 71(5): 1029–1052.

Chen, Zihong, Ying Ge, Huiwen Lai, and Chi Wan. 2013. "Globalization and Gender Wage Inequality in China." *World Development* 44: 256–266.

Cherlin, Andrew J. 1978. "Remarriage as an Incomplete Institution." *American Journal of Sociology* 84: 634–650.

Cherlin, Andrew J. 2004. "The Deinstitutionalization of American Marriage." *Journal of Marriage and Family* 66: 848–861.

Cherlin, Andrew J. 2009. *The Marriage-Go-Round: The State of Marriage and the Family in America Today*. New York: Knopf.

Cherlin, Andrew J. 2010. "The Housewife Anomaly." *New York Times*, January 24.

Chesley, Noelle. 2017. "What Does It Mean to Be a 'Breadwinner' Mother?" *Journal of Family Issues* 38(18): 2594–2619.

Chesnut, Andrew. 2015. "Spirited Competition: Pentecostal Success in Latin America's New Religious Marketplace." In *Spirit and Power: The Growth and Global Influence of Pentecostalism*, edited by Donald E. Miller, Kimon H. Sargeant, and Richard Foley, 65–82. New York: Oxford University Press.

Chetty, Raj, Nathaniel Hendren, Patrick Kline, Emmanuel Saez, and Nicholas Turner. 2014. "Is the United States Still a Land of Opportunity? Recent Trends in Intergenerational Mobility." *American Economic Review* 104: 141–147.

Chiba, Fumiko. 2017. *Kakeibo: The Japanese Art of Saving Money*. New York: Penguin.

Childress, C. Clayton, and Alison Gerber. 2015. "The MFA in Creative Writing: The Uses of a 'Useless' Credential." *Professions and Professionalism* 5: 1–16.

Chin, Elizabeth. 2007. "Consumption, African Americans." In *The Blackwell Encyclopedia of Sociology*, edited by George Ritzer, 706–709. Malden, MA: Blackwell.

Chisholm, Ryan, Felix Lim, Yi Shuen Yeoh, Wei Wei Seah, Richard Condit, and James Rosindell. 2018. "Species–Area Relationships and Biodiversity Loss in Fragmented Landscapes." *Ecology Letters* 21(6): 804–813.

Chokshi, Niraj. 2016. "Snowden and Wikileaks Clash over How to Disclose Secrets." *New York Times*, July 29.

Chokshi, Niraj. 2017. "Boy Scouts Reversing Century-Old Stance, Will Allow Transgender Boys." *New York Times*, January 30.

Chomsky, Noam. 1985. *Turning the Tide: U.S. Intervention in Central America and the Struggle for Peace*. Boston: South End Press.

Chriqui, James F., Rosalie Liccardo Pacula, Duane C. McBride, Deborah A. Reichmann, Curtis J. Vanderwaal, and Yvonne Terry-McElrath. 2002. *Illicit Drug Policies: Selected Laws from the 50 States*. Princeton, NJ: Robert Wood Johnson Foundation.

Christiano, Kevin J., William H. Swatos, and Peter Kivisto. 2016. *Sociology of Religion: Contemporary Developments*, 3rd ed. Lanham, MD: Rowman & Littlefield.

Chun, Rene. 2018. "The Banana Trick and Other Acts of Self-Checkout Thievery." *Atlantic*, March.

Ciancetta, Lindsay. 2018. *Bossy, Abrasive, and a Bit Too Aggressive: The Unique Double Bind of Agentic Women in the Workplace*. State University of New York at Albany, ProQuest Dissertations Publishing.

Clancy, Michael. 2012. "Cruise Tourism." In *The Wiley-Blackwell Encyclopedia of Globalization*, edited by George Ritzer, 360–362. Malden, MA: Wiley-Blackwell.

Clapperton, Jonathan, and Liza Piper. 2019. *Environmental Activism on the Ground*. Calgary, Canada: University of Calgary Press.

Clark, Nancy, and William Worger. 2016. *South Africa: The Rise and Fall of Apartheid*, 3rd ed. New York: Routledge.

Clegg, Stewart, and Michael Lounsbury. 2009. "Sintering the Iron Cage: Translation, Domination, and Rationalization." In *The Oxford Handbook of Sociology and Organization Studies: Classical Foundations*, edited by P. S. Adler, 118–145. Oxford, UK: Oxford University Press.

Cline, Elizabeth. 2013. *Overdressed: The Shockingly High Cost of Cheap Fashion*. New York: Portfolio/Penguin.

Clogher, R. 1981. "Weaving Spiders Come Not Here: Bohemian Grove: Inside the Secret Retreat of the Power Elite." *Mother Jones*, August 28–35.

Clotfelter, Charles T. 2010. *American Universities in a Global Market*. Chicago: University of Chicago Press.

Coakley, Jay. 2007. "Socialization and Sport." In *The Blackwell Encyclopedia of Sociology*, edited by George Ritzer, 4576–4579. Malden, MA: Blackwell.

Coale, Ansley, and Susan Watkins, eds. 2017. *The Decline of Fertility in Europe*. Princeton, NJ: Princeton University Press.

Coalition Against Domestic Violence. n.d. "Statistics." Accessed April 25, 2019. https://ncadv.org/statistics.

Coca, Nithin. 2018. "Despite Government Pledges, Ravaging of Indonesia's Forests Continues." Accessed April 25, 2019. https://e360.yale.edu/features/despite-government-pledges-ravaging-of-indonesias-forests-continues.

Cockerham, William. 2012. "Current Directions in Medical Sociology." In *The Wiley-Blackwell Companion to Sociology*, edited by George Ritzer, 385–401. Malden, MA: Wiley-Blackwell.

Cockerham, William. Forthcoming. "Medicine and Health." In *The Wiley-Blackwell Companion to Sociology*, 2nd ed., edited by George Ritzer and Wendy Wiedenhoft Murphy. Chichester, UK: John Wiley & Sons.

Cockerham, William C., and Brian P. Hinote. 2015. "PAs in a Changing Society: A Sociologic Perspective." *Journal of the American Academy of Physicians Assistants* 28: 18–20.

Cohen, Noam. 2011. "Define Gender Gap? Look Up Wikipedia's Contributor List." *New York Times*, January 30. Accessed December 3, 2011. http://www.nytimes.com/2011/01/31/business/media/31link.html.

Cohen, Patricia, and Chad Bray. 2016. "University of Phoenix Owner, Apollo Education Group, Will Be Taken Private." *New York Times*, February 8. https://www.nytimes.com/2016/02/09/business/dealbook/apollo-education-group-university-of-phoenix-owner-to-be-taken-private.html?_r=0.

Cohen, Philip. 2018. *The Family: Diversity, Inequality, and Social Change*, 2nd ed. New York: Norton.

Cohen, Robin. 1997. *Global Diasporas: An Introduction*. London: Routledge.

Cohen, Roger. 2016. "The Arab Withering." *New York Times*, May 12.

Cohen, Roger. 2018. "How Democracy Became the Enemy." *New York Times*, April 6.

Cohn, Samuel. 2017. "The Determinants of the Division of Labor between Men and Women in Paid Employment in the Global North and South: How Occupational Sex-typing Informs the Study of Gender and Development." *Sociology of Development* 3(1): 1–23.

Colby, Sandra L., and Jennifer M. Ortman. 2015. *Projections of the Size and Composition of the U.S. Population: 2014–2060*. Washington, DC: United States Census Bureau.

Cole, Ellen, and Jessica Henderson Daniel. 2005. *Featuring Females: Feminist Analyses of Media*. Washington, DC: American Psychological Association.

Coleman, James. 1966. *Equality of Educational Opportunity*. Washington, DC: U.S. Department of Health, Education, and Welfare.

Coleman, James. 1990. *Foundations of Social Theory*. Cambridge, MA: Belknap Press.

Collier, Paul, forthcoming. "The Bottom Billion" In George Ritzer and Chris Rojek, *Encyclopedia of Sociology*, 2nd ed. Malden, MA: Wiley Blackwell.

Collier, Paul. 2007. *The Bottom Billion: Why the Poorest Countries Are Failing and What Can Be Done about It*. New York: Oxford University Press.

Collier, Paul. 2013. "Migration Hurts the Homeland." *New York Times*, November 29.

Collier, Paul, and Alexander Betts. 2017. *Refuge: Rethinking Refugee Policy in a Changing World*. Oxford, UK: Oxford University Press.

Collins, Jane L. 2003. *Threads: Gender, Labor, and Power in the Global Apparel Industry*. Chicago: University of Chicago Press.

Collins, Patricia Hill. 2000. *Black Feminist Thought: Knowledge, Consciousness, and the Politics of Empowerment*, 2nd ed. New York: Routledge.

Collins, Patricia Hill. 2004. *Black Sexual Politics: African Americans, Gender, and the New Racism*. New York: Routledge.

Collins, Patricia Hill, and Sirma Bilge. 2016. *Intersectionality*. Cambridge, UK: Polity Press.

Collins, Randall. 1975. *Conflict Society: Toward an Explanatory Science*. New York: Academic Press.

Collins, Randall. 1979. *The Credential Society: An Historical Sociology of Education and Stratification*. New York: Academic Press.

Collins, Randall. 2008. *Violence: A Micro-sociological Theory*. Princeton, NJ: Princeton University Press.

Collins, Randall. 2009. "Micro and Macro Causes of Violence." *International Journal of Conflict and Violence* 3: 9–22.

Collins, Randall. 2012. "C-Escalation and D-Escalation: A Theory of the Time-Dynamics of Conflict." *American Sociological Review* 77: 1–20.

Colosi, Rachel. 2010. *Dirty Dancing? An Ethnography of Lap-Dancing*. Abingdon, UK: William.

Comaroff, John L., and Jean Comaroff. 2009. *Ethnicity, Inc*. Chicago: University of Chicago Press.

Comella, Lynn. 2013. "Fifty Shades of Erotic Stimulus." *Feminist Media Studies* 13(3): 563–566.

Common Sense Media. 2015. *The Common Sense Census: Media Use by Teens and Tweens*. San Francisco: Author. Accessed April 25, 2019. https://www.commonsensemedia.org/sites/default/files/uploads/research/census_executivesummary.pdf.

Common Sense Media. 2017a. "Zero to Eight: Children's Media Use in America 2017." Fall. Accessed January 28, 2019. https://www.commonsensemedia.org/research/the-common-sense-census-media-use-by-kids-age-zero-to-eight-2017.

Common Sense Media. 2017b. *The Common Sense Census: Media Use by Kids Age Zero to Eight*. Accessed April 25, 2019. https://www.commonsensemedia.org/sites/default/files/uploads/research/0-8_executivesummary_release_final_1.pdf.

Compton, D'Lane, and Tristan Bridges. 2014. "Power, Pomp, and Plaid: Lumbersexuals and White, Heteromasculine Pageantry." *Society Pages*, December 25. Accessed April 18, 2015. http://thesocietypages.org/feminist/2014/12/25/power-pomp-and-plaid-lumbersexuals-and-white-heteromasculine-pageantry.

Comstock, George, and Erica Scharrer. 2007. *Media and the American Child*. Burlington, MA: Academic Press.

Concierge Medicine Today. 2017. "Meet the Top Doctors in Concierge Medicine (25) of 2018." Accessed April 25, 2019. https://conciergemedicinetoday.org/2017/08/21/concierge-medicine-today-releases-the-top-doctors-in-concierge-medicine-list-for-2017-2018/

Condron, Dennis J., Daniel Tope, Christina R. Steidl, and Kendralin J. Freeman. 2013. "Racial Segregation and the Black/White Achievement Gap, 1992 to 2009." *Sociological Quarterly* 54(1): 130–157.

Conley, Dalton, and Brian J. McCabe. 2011. "Body Mass Index and Physical Attractiveness: Evidence from a Combination of Image-Alteration/List Experiment." *Sociological Methods and Research* 40: 6–31.

Conley, Dean, and Benjamin Dominique. 2016. "The Bell Curve Revisited: Testing Controversial Hypotheses with Molecular Genetic Data." *Sociological Science* 3: 520–539.

Connell, Raewyn. 2009. *Gender*. Cambridge, UK: Polity Press.

Connell, Robert W. 1997. "Hegemonic Masculinity and Emphasized Femininity." In *Feminist Frontiers IV*, edited by L. Richardson, V. Taylor, and N. Whittier, 22–25. New York: McGraw-Hill.

Connellan, Kathleen. 2016. "Cult of Domesticity." In *The Wiley Blackwell Encyclopedia of Gender and Sexuality Studies*, edited by Nancy Naples, 394–396. Malden, MA: Wiley-Blackwell.

Conrad, Peter, and Miranda Waggoner. 2017. "Anticipatory Medicalization." In *Medical Ethics, Prediction, and Prognosis*, edited by Mariacarla Gadebusch Bondio, Francesca Spöring, and John-Stewart Gordon. London: Routledge.

Contreras, Randol. 2017. *The Stickup Kids: Race, Drugs, Violence, and the American Dream*. Berkeley: University of California Press.

Cook, Alison, and Christy Glass. 2014. "Women and Top Leadership Positions: Towards an Institutional Analysis." *Gender, Work & Organization* 21(1): 91–103.

Cook, Daniel Thomas. 2004. *The Commodification of Childhood: The Children's Clothing Industry and the Rise of the Child Consumer*. Durham, NC: Duke University Press.

Cook, Daniel Thomas. 2007. "Consumer Culture, Children's." In *The Blackwell Encyclopedia of Sociology*, edited by George Ritzer, 693–697. Malden, MA: Blackwell.

Cook, Daniel Thomas, and J. Michael Ryan, eds. 2015. *The Wiley-Blackwell Encyclopedia of Consumption and Consumer Studies*. Malden, MA: Wiley-Blackwell.

Cook, Karen S., Richard M. Emerson, Mary B. Gilmore, and Toshio Yamagishi. 1983. "The Distribution of Power in Exchange Networks: Theory and Experimental Results." *American Journal of Sociology* 89: 275–305.

Cooley, Charles Horton. 1909. *Social Organization: A Study of the Larger Mind*. New York: Scribner.

Coontz, Stephanie. 2013. "Why Gender Equality Stalled." *New York Times Sunday Review*, February 17, SR1.

Corak, Miles. 2013. "Income Inequality, Equality of Opportunity, and Intergenerational Mobility." *Journal of Economic Perspectives* 27: 79–102.

Corak, Miles, Matthew J. Lindquist, and Bhashkar Mazumder. 2014. "A Comparison of Upward and Downward Intergenerational Mobility in Canada, Sweden, and the United States." *Labour Economics* 30: 185–200.

Corder, Mike. 2014. "Dutch Marijuana Laws Rollback Provides Lessons for Legalization in U.S. States." *World Post*, March 7. Accessed April 18, 2015. http://www.huffingtonpost.com/2014/03/07/dutch-marijuana-laws-us-states_n_4918305.html.

Corprew, Charles S., III, and Avery D. Mitchell. 2014. "Keeping It

Frat: Exploring the Interaction among Fraternity Membership, Disinhibition, and Hypermasculinity on Sexually Aggressive Attitudes in College-Aged Males." *Journal of College Student Development* 55(6): 548–562.

Corsaro, William. 2018. *The Sociology of Childhood*, 5th ed. Thousand Oaks, CA: Sage.

Coser, Lewis. 1956. *The Functions of Social Conflict*. New York: Free Press.

Costalli, Stefano. 2016. "Expulsion." In *The Wiley-Blackwell Encyclopedia of Race, Ethnicity, and Nationalism*, edited by John Stone, Rutledge M. Dennis, Polly Rizova, Anthony D. Smith, and Xiaoshuo Hou. Malden, MA: Wiley-Blackwell.

Costello, Barbara, and Trina Hope. 2016. *Peer Pressure, Peer Prevention: The Role of Friends in Crime and Conformity*. New York: Routledge.

Cottom, Tressie McMillan. 2017. *Lower Ed: The Troubling Rise of For-Profit Colleges in the New Economy*. New York: The New Press.

Covey, Herbert C. 2015. *Crips and Bloods: A Guide to An American Subculture*. Santa Barbara, CA: Greenwood.

Cowan, Douglas, and David Bromley. 2015. *Cults and New Religions: A Brief History*. Chichester, UK: Wiley-Blackwell.

Crewe, Louise, and Amber Martin. 2017. "Sex and the City: Branding, Gender, and the Commodification of Sex Consumption in Contemporary Retailing." *Urban Studies* 54(3): 582–599.

Creswell, John W., and J. David Creswell. 2018. *Research Design: Qualitative, Quantitative, and Mixed Methods Approaches*, 5th ed. Thousand Oaks, CA: Sage.

Crockett, David. 2017. "Paths to Respectability: Consumption and Stigma Management in the Contemporary Black Middle Class." *Journal of Consumer Research* 3(1): 554–581.

Croll, Paul R. 2013. "Explanations for Racial Disadvantage: Beliefs about Both Sides of Inequality in America." *Ethnic and Racial Studies* 36(1): 47–74.

Crosson-Tower, Cynthia. 2018. *Exploring Child Welfare*, 7th ed. London: Pearson.

Crothers, Charles. 2018. "Robert K. Merton." In *Wiley-Blackwell Companion to Major Social Theorists*, Vol. 2, *Contemporary Social Theorists*, edited by George Ritzer and Jeffrey Stepnisky, 65–88. West Sussex, UK: Wiley-Blackwell.

Crothers, Lane. 2018. *Globalization and American Popular Culture*, 4th ed. Lanham, MD: Rowman & Littlefield.

Crowder, Kyle, and Matthew Hall. 2007. "Migration, Internal." In *The Blackwell Encyclopedia of Sociology*, edited by George Ritzer, 3014–3019. Malden, MA: Blackwell.

Cullen, Francis T., Cheryl Lero Jonson, and Daniel S. Nagin. 2011. "Prisons Do Not Reduce Recidivism: The High Cost of Ignoring Science." *Prison Journal* 91: 48S–65S.

Cumming-Bruce, Nick. 2015. "United Nations Investigators Accuse ISIS of Genocide over Attacks on Yazidis." *New York Times*, March 19.

Cumming-Bruce, Nick. 2016. "Mass Rape, a Weapon of War, Traumatizes South Sudan." *New York Times*, March 11.

Cumming-Bruce, Nick, and Donald G. McNeil, Jr. 2018. "Ebola Outbreak in Congo Not a Global Emergency, W.H.O. Says." *New York Times*, October 17.

Cunningham, Carolyn, ed. 2013. *Social Networking and Impression Management: Self-Presentation in the Digital Age*. Lanham, MD: Lexington Books.

Curran, Dean. 2017. "The Treadmill of Production and the Positional Economy of Consumption." *Canadian Review of Sociology* 54(1): 28–47.

Currid-Halkett, Elizabeth. 2017. *The Sum of Small Things: A Theory of the Aspirational Class*. Princeton, NJ: Princeton University Press.

CursedByTheDiceGods. n.d. "Wal-Mart." Imgflip. Accessed February 27, 2017. https://i.imgflip.com/4vml7.jpg.

Curtiss, Susan. 1977. *Genie: A Psycholinguistic Study of a Modern-Day "Wild Child."* New York: Academic Press.

Cyert, Richard Michael, and James G. March. 1963. *A Behavioral Theory of the Firm*. Englewood Cliffs, NJ: Prentice Hall.

Dahlberg, Lincoln. 2010. "Cyber-Libertarianism 2.0: A Discourse Theory/Critical Political Economy Examination." *Cultural Politics* 6: 331–356.

Dahrendorf, Ralf. 1959. *Class and Class Conflict in Industrial Society*. Stanford, CA: Stanford University Press.

Daipha, Phaedra. 2012. "Weathering Risk: Uncertainty, Weather Forecasting, and Expertise." *Sociological Compass* 6: 15–25.

Daley, Suzanne. 2011. "N.Y.U., in the U.A.E." *New York Times*, April 15.

Damer, Sean. 1974. "Wine Alley: The Sociology of a Dreadful Enclosure." *Sociological Review* 22: 221–248.

Datar, Srikant, David A. Garvin, and Patrick G. Cullen. 2010. *Rethinking the MBA: Business Education at a Crossroads*. Cambridge, MA: Harvard Business Review Press.

Davenport, Coral, and Campbell Robertson. 2016. "Resettling the First American 'Climate Refugees.'" *New York Times*, May 2.

David, Rebecca, and Kevin Hesla. 2018. *Estimated Public Charter School Enrollment, 2017-18*. Accessed April 26, 2019. https://www.publiccharters.org/our-work/publications/estimated-public-charter-school-enrollment-2017-18.

Davidson, Alexander, Sally Slavinski, Kendra Komoto, Jennifer Rakeman, and Don Weiss. 2016. "Suspected Female-to-Male Sexual Transmission of Zika Virus—New York City, 2016." *Centers for Disease Control and Prevention* 65.

Davie, Grace. 2013. *The Sociology of Religion: A Critical Agenda*. Thousand Oaks, CA: Sage.

Davies, Edward Burlton. 2018. *Third Wave Feminism and Transgender*. New York: Routledge.

Davis, F. James. 1991. *Who Is Black? One Nation's Definition*. Philadelphia: Penn State University Press. Accessed January 27, 2012. http://www.pbs.org/wgbh/pages/frontline/shows/jefferson/mixed/onedrop.html.

Davis, Julie Hirschfeld. 2018. "President Wants to Use Executive Order to End Birthright Citizenship." *New York Times*, October 30.

Davis, Julie Hirschfeld, and Helene Cooper. 2017. "Trump Says Transgender People Will Not Be Allowed in the Military." *New York Times*, July 26.

Davis, Kingsley. 1940. "Extreme Social Isolation of a Child." *American Journal of Sociology* 45(4): 554–565.

Davis, Kingsley. 1945. "The World Demographic Transition." *Annals of the American Academy of Political and Social Science* 237: 1–110.

Davis, Kingsley. 1947. "Final Note on a Case of Extreme Isolation." *American Journal of Sociology* 50: 432–437.

Davis, Kingsley, and Wilbert E. Moore. 1945. "Some Principles of Stratification." *American Sociological Review* 10(2): 242–249.

Davis, Mike. 2002. *Late Victorian Holocausts: El Niño Famines and the Making of the Third World*. New York: Verso Books.

Death Penalty Information Center. 2018a. "Executions and Death Sentences Around the World." Accessed April 26, 2019. http://www.deathpenaltyinfo.org/death-penalty-international-perspective#interexec.

Death Penalty Information Center. 2018b. "Executions in the U.S. 1608–2002: The Espy File." Accessed April 26, 2019. https://deathpenaltyinfo.org/executions-us-1608-2002-espy-file.

Deaton, Angus, and Anne Case. 2017. "Mortality and Morbidity in the 21st Century." *Brookings Pad Econ Act*, 397–476.

Debas, Haile T. 2010. "Global Health: Priority Agenda for the 21st Century." *UN Chronicle* 47(2). Accessed March 29, 2012. http://www.un.org/wcm/content/site/chronicle/cache/bypass/home/archive/issues2010/achieving_global_health/globalhealth_priorityagendaforthe21stcentury?ctnscroll_articleContainerList=1_0&ctnlistpagination_articleContainerList=true.

de Beauvoir, Simone. [1952] 1973. *The Second Sex*, translated by H. M. Parshley. New York: Vintage Books.

Deeming, Chris, and David Hayes. 2012. "Worlds of Welfare Capitalism and Wellbeing: A Multilevel Analysis." *Journal of Social Policy* 41(4): 811–829.

de FreytasTamura, Kimiko. 2018. "Plastics Pile Up as China Refuses to Take the West's Recycling." *New York Times*, January 11.

Degen, D., T. Kuhn, and W. van der Brug. 2018. "Granting Immigrants Access to Social Benefits? How Self-Interest Influences Support for Welfare State Restrictiveness." *Journal of European Social Policy*. doi:10.1177/0958928718781293

de Graaf, Paul M. 2007. "Stratification: Functional and Conflict Theories." In *The Blackwell Encyclopedia of Sociology*, edited by George Ritzer, 4797–4799. Malden, MA: Blackwell.

De Laat, Kim, and Shyon Baumann. 2016. "Caring Consumption as Marketing Schema: Representations of Motherhood in an Era of Hyperconsumption." *Journal of Gender Studies* 25: 183–199.

DeLamater, John. 2012. "Sexual Expression in Later Life: A Review and Synthesis." *Journal of Sex Research* 49(2–3): 125–141.

Delaney, Tim. 2012. "Georg Simmel's Flirting and Secrecy and Its Application to the Facebook Relationship Status—'It's Complicated.'" *Journalism and Mass Communication* 2: 637–647.

Delgado, Richard, and Jean Stefancic. 2017. *Critical Race Theory: An Introduction*, 3rd ed. New York: New York University Press.

De Lissovoy, Noah, and José García. 2013. "Doing School Time: The

Hidden Curriculum Goes to Prison." *Journal of Critical Education Policy Studies* 11(4): 49–68.

DeLuzio Chasin, C. J. 2011. "Theoretical Issues in the Study of Asexuality." *Archives of Sexual Behavior* 40(4): 713–723.

D'Emilio, John. 1983. *Sexual Politics, Sexual Communities*. Chicago: University of Chicago Press.

Denegri-Knott, Janice, and Detlev Zwick. 2012. "Tracking Prosumption Work on eBay: Reproduction of Desire and the Challenge of Slow Re-McDonaldization." *American Behavioral Scientist* 56: 439–458.

Dentler, Robert A., and Kai T. Erikson. 1959. "The Function of Deviance in Small Groups." *Social Problems* 7: 98–107.

Denyer, Simon. 2016. "China's Scary Lesson to the World: Censoring the Internet Works." *The Washington Post*, March 23.

Denzin, Norman, ed. 2018. *Qualitative Inquiry in the Public Sphere*. New York: Routledge.

de Oliveira, Cleuci. 2018. "Is Neymar Black? Brazil and the Painful Relativity of Race" *New York Times*, June 30.

Department of Defense. 2018. *Annual Report on Sexual Assault in the Military*. https://int.nyt.com/data/documenthelper/800-dod-annual-report-on-sexual-as/d659d6d0126ad2b19c18/optimized/full.pdf#page=1

DeRose, Laurie. 2017. "Race, Cohabitation and Children's Family Stability." *Institute for Family Studies*, September. Accessed April 26, 2019. https://ifstudies.org/blog/race-cohabitation-and-childrens-family-stability.

De Silva, Dakshina G., Robert P. McComb, Young- Kyu Moh, Anita R. Schiller, and Andres J. Vargas. 2010. "The Effect of Migration on Wages: Evidence from a Natural Experiment." *American Economic Review: Papers and Proceedings* 100(May): 321–326.

Desmond, Matthew. 2010. *Eviction and the Reproduction of Poverty*. PhD dissertation, University of Wisconsin.

Desmond, Matthew. 2016. *Evicted: Poverty and Profit in the American City*. New York: Crown.

Deutsch, Kevin. 2014. *The Triangle: A Year on the Ground with New York's Bloods and Crips*. Guilford, CT: Lyons Press.

Deutsch, Nancy L., and Eleni Theodorou. 2010. "Aspiring, Consuming, Becoming: Youth Identity in a Culture of Consumption." *Youth & Society* 42(2): 229–254.

Deutsch, Tracey. 2018. "Gender and Consumption in the Modern United States." In *The Oxford Handbook of American Women's and Gender History*, edited by Ellen Hartigan-O'Connor and Lisa G. Materson, 355–374. Oxford, UK: Oxford University Press.

DeVault, Marjorie. 1991. Feeding the Family: *The Social Organization of Caring as Gendered Work*. Chicago: University of Chicago Press.

Dewey, Susan. 2015. "Sex Work." In *Handbook of the Sociology of Sexualities*, edited by J. DeLamater and R. F. Plante. Dordrecht, Netherlands: Springer.

Dey, Eric L. 1997. "Undergraduate Political Attitudes: Peer Influence in Changing Social Contexts." *Journal of Higher Education* 68: 398–416.

Dias-Abey, Manoj. 2018. "Justice on Our Fields." *Harvard Civil Rights-Civil Liberties Law Review* 53: 167–211.

Dicke, Thomas S. 1992. *Franchising in America: The Development of a Business Method*, 1840–1980. Chapel Hill: University of North Carolina Press.

Dickler, Jessica. 2018. "Credit Card Debt Hits a Record High." *CNBC*, January 23.

Dickson, Lynda, Richard Dukes, Hilary Smith, and Noel Strapko. 2014. "Stigma of Ink: Tattoo Attitudes among College Students." *Social Science Journal*, 51(2): 268–276.

Digital Commerce 360. 2019. "US Ecommerce Sales Grow 15.0% in 2018." Accessed April 26, 2019. https://www.digitalcommerce360.com/article/us-ecommerce-sales/.

Dikötter, Frank. 2008. "The Racialization of the Globe: An Interactive Interpretation." *Ethnic and Racial Studies* 31(8): 1478–1496.

Dill, Janette S., Kim Price-Glynn, and Carter Rakovski. 2016. "Does the 'Glass Escalator' Compensate for the Devaluation of Care Work Occupations? The Careers of Men in Low- and Middle-Skill Health Care Jobs," *Gender & Society* 30(2): 334–360.

DiPrete, Thomas A., and Claudia Buchmann. 2013. *The Rise of Women: The Growing Gender Gap in Education and What It Means for American Schools*. New York: Russell Sage Foundation.

DiPrete, Thomas A., Gregory M. Eirich, Karen S. Cook, and Douglas S. Massey. 2006. "Cumulative Advantage as a Mechanism for Inequality: A Review of Theoretical and Empirical Developments." *Annual Review of Sociology* 32: 271–297.

DiTomaso, Nancy. 2013. *The American Non-dilemma: Racial Inequality without Racism*. New York: Russell Sage Foundation.

Dixon, Angela, and Edward Teller. 2017. "Skin Color and Colorism: Global Research, Concepts, and Measurement." *Annual Review of Sociology* 43: 405–424.

Dixon, Shane. 2014. "Hate Crime." In *The Encyclopedia of Criminology and Criminal Justice*, edited by Jay Ablanese. Oxford, UK: Wiley Blackwell.

Dizikes, Peter. 2016. "New Study Shows Rich, Poor, Have Hugh Mortality Gaps in U.S." Accessed April 26, 2019. http://news.mit.edu/2016/study-rich-poor-huge-mortality-gap-us-0411.

Dodd, Nigel. 2012. "Money." In *The Wiley-Blackwell Encyclopedia of Globalization*, edited by George Ritzer, 1444–1448. Malden, MA: Wiley-Blackwell.

Dolan, Kerry A., and Luisa Kroll. 2014. "Inside the 2014 Forbes 400: Facts and Figures about America's Wealthiest." NBC News, September 29. Accessed April 18, 2015. http://www.nbcnews.com/business/economy/rich-get-richer-bill-gates-tops-forbes-400-list-richest-n214196.

Dolata, Ulrich, and Jan-Felix Schrape. 2016. "Masses, Crowds, Communities, Movement: Collective Action in the Internet Age." *Social Movement Studies* 15: 1–18.

Dombrowski, Stefan C., Karen L. Gischlar, and Martin Mrazik. 2011. "Feral Children." In *Assessing and Treating Low Incidence/High Severity Psychological Disorders of Childhood*, 81–93. New York: Springer.

Domhoff, G. William. 1974. *The Bohemian Grove and Other Retreats: A Study in Ruling-Class Cohesiveness*. New York: Harper & Row.

Domhoff, G. William. 2013. *Who Rules America? The Triumph of Corporate Rich*. New York: McGraw-Hill.

Domina, Thurston, Andrew Penner, and Emily Penner. 2017. "Categorical Inequality: Schools as Sorting Machines." *Annual Review of Sociology* 43: 311–330.

Dominguez, Sylvia, and Amy Lubitow. 2008. "Transnational Ties, Poverty, and Identity: Latin American Immigrant Women in Public Housing." *Family Relations* 57: 419–430.

Donato, Katharine, and Donna Gabaccia. 2015. *Gender and International Migration*. New York: Russell Sage Foundation.

Dong, X. 2017. *Elder Abuse: Research, Practice, and Policy*. Cham, Switzerland: Springer Science and Business.

Donnelly, Michael, and Gerald Huebner. 2018. "As Homeschooling Grows Globally, Challenges Grow with It." HSLDA. Accessed April 26, 2019. https://hslda.org/content/hs/international/20180412-as-homeschooling-grows-globally-challenges-grow-with-it.aspx

Dorn, David, Johannes Schmieder, and James Speltzer. 2018. *Domestic Outsourcing in the United States*. Washington, DC: Department of Labor.

Doshi, Vidhi. 2015. "Why Doctors Still Misunderstand Heart Disease in Women." *The Atlantic*, October 26.

Dotter, Daniel L., and Julian B. Roebuck. 1988. "The Labeling Approach Re-examined: Interactionism and the Components of Deviance." *Deviant Behavior* 9(1): 19–32.

Dow, Dawn Marie. 2016. "The Deadly Challenges of Raising African American Boys." *Gender & Society* 30: 161–188.

Downes, David, Paul Rock, and Eugene McLaughlin. 2016. *Understanding Deviance: A Guide to the Sociology of Crime and Rule-Breaking*. Oxford, UK: Oxford University Press.

Downey, Douglas B. 2016. "Schools, Families and Inequality." In *Summer Slide: What We Know and Can Do about Summer Learning Loss*, edited by Karl Alexander, Sarah Pitcock, and Matthew Boulay. New York: Teachers College Press. No page numbers.

Downey, Douglas B., and Dennis J. Condron. 2016. "Fifty Years Since the Coleman Report: Rethinking the Relationship between Schools and Inequality." *Sociology of Education* 89: 207–220.

Downey, Douglas B., Paul T. von Hippel, and Beckett A Broh. 2004. "Are Schools the Great Equalizer: Cognitive Inequality during Sumer Months and the School Year?" *American Sociological Review* 69: 613–635.

Doyle, Alison. 2018. "How Often Do People Change Jobs?" Accessed April 26, 2019. https://www.thebalancecareers.com/how-often-do-people-change-jobs-2060467.

Drane, John. 2008. *After McDonaldization: Mission, Ministry, and Christian Discipleship in an Age of Uncertainty*. Grand Rapids, MI: Baker.

Dreeben, Robert. 1968. *On What Is Learned in School*. Reading, MA: Addison-Wesley.

Dreher, Axel, Jan-Egbert Sturm, and James Raymond Vreeland. 2009. "Global Horse Trading: IMF Loans for Votes in the United Nations Security Council." *European Economic Review* 53: 742–757.

Duany, Andrés, and Elizabeth Plater-Zyberk. 1990. "Projects of Villages, Towns and Cities, Territories, and Codes." In *Towns and Town-Making Principles*, edited by A. Krieger and W. Lennertz. New York: Rizzoli.

Duany, Andrés, Elizabeth Plater-Zyberk, and Jeff Speck. 2010. *Suburban Nation: The Rise of Sprawl and the Decline of the American Dream*. 10th anniversary ed. New York: North Point Press.

Dubofsky, Melvyn, and Joseph McCartin. 2017. *Labor in America*, 9th ed. Wiley-Blackwell.

Du Bois, W. E. B. [1899] 1996. *The Philadelphia Negro: A Social Study*. Philadelphia: University of Pennsylvania Press.

Du Bois, W. E. B. [1903] 1966. *The Souls of Black Folk*. New York: Modern Library.

Duckworth, Angela L., and Stephanie M. Carlson. 2013. "Self-Regulation and School Success." In *Self-Regulation and Autonomy: Social and Developmental Dimensions of Human Conduct*, edited by B. W. Sokol, F. M. E. Grouzet, and U. Müller, 208–230. New York: Cambridge University Press.

Duckworth, Angela L., and Martin E. P. Seligman. 2005. "Self-Discipline Outdoes IQ in Predicting Academic Performance of Adolescents." *Psychological Science* 16: 939–944.

Duhigg, Charles. 2017. "Business Government." *New York Times*, January 19.

Dujarier, Marie-Anne. 2014. "The Three Sociological Types of Consumer Work." *Journal of Consumer Culture*, April 9 (published online). doi:10.1177/1469540514528198

Dumas, Firoozeh. 2018. "Why I Dread Returning to an American Public School." *New York Times*, November 10.

Dumazadier, Joffre. 1967. *Toward a Society of Leisure*. New York: Free Press.

Duncan, Simon. 2014. "Women's Agency in Living Apart Together: Constraint, Strategy, and Vulnerability." *Sociological Review*, September 5 (published online). doi:10.1111/1467-954X.12184

Duneier, Mitchell. 1999. *Sidewalk*. New York: Farrar, Straus and Giroux.

Dunlap, Eloise, Bruce D. Johnson, Joseph A. Kotarba, and Jennifer L. Fackler. 2010. "Macro-level Social Forces and Micro-level Consequences: Poverty, Alternate Occupations, and Drug Dealing." *Journal of Ethnicity in Substance Abuse* 9(2): 115–127.

Dunning, Eric, Patrick Murphy, and John Williams. 1988. *The Roots of Football Hooliganism*. London: Routledge & Kegan Paul.

Durkheim, Émile. [1893] 1964. *The Division of Labor in Society*. New York: Free Press.

Durkheim, Émile. [1897] 1951. *Suicide*. New York: Free Press.

Durkheim, Émile. [1912] 1965. *The Elementary Forms of the Religious Life*. New York: Free Press.

Durkheim, Émile. [1912] 1972. *Émile Durkheim: Selected Writings*, edited by A. Giddens. Cambridge, UK: Cambridge University Press.

Durkheim, Émile. [1922] 1956. *Education and Society*. Glencoe, IL: Free Press.

Durkheim, Émile. [1925] 1973. *Moral Education*. New York: Free Press.

Durkheim, Émile, and Marcel Mauss. [1903] 1963. *Primitive Classification*, translated by R. Needham. Chicago: University of Chicago Press.

Dusi, Davide. 2017. "Investigating the Exploitative and Empowering Potential of the Prosumption Phenomenon." *Sociology Compass* 11(6): 1–11.

Duster, Troy. 2003. *Backdoor to Eugenics*. New York: Routledge.

Dustin, Donna. 2007. *The McDonaldization of Social Work*. Burlington, VT: Ashgate.

Dynarski, Mark, and Austin Nichols. 2017. "More Findings about School Vouchers and Test Scores, and They Are Still Negative." *Brookings Institute Evidence Speaks Report* 2(18): 1–9.

Dynarski, Susan. 2018. "Fresh Proof that Strong Unions Help Reduce Income Inequality." *New York Times*, July 6.

Eagly, Alice, and Wendy Wood. 2017. "Gender Identity: Nature and Nurture Working Together." *Evolutionary Studies in Imaginative Culture* 1(1): 59–62.

Earl, Jennifer. 2019. "Technology and Social Media." In *The Wiley-Blackwell Companion to Social Movements*, edited by David Snow, Sarah Soule, Hanspeter Kries, and Holly McCammon, 289–305. Chichester, UK: John Wiley & Sons.

Easterly, William. 2015. *The Tyranny of Experts*. New York: Basic Books.

Eckenwiler, Lisa. 2014. "Care Worker Migration, Global Health Equity, and Ethical Place-Making." *Women's Studies International Forum* 47: 213–222.

Eckert, Penelope, and Sally McConnell-Ginet. 2013. *Language and Gender*, 2nd ed. New York: Cambridge University Press.

The Economist. 2018a. "The Hydrogen Bombshell." December 1.

The Economist. 2018b. "Measuring the #MeToo Backlash." Accessed April 26, 2019. https://www.economist.com/united-states/2018/10/20/measuring-the-metoo-backlash.

EdChoice. 2018. "About Vouchers." Accessed April 26, 2019. https://www.edchoice.org/resource-hub/fast-facts/.

Edelman, Peter. 2017. *Not a Crime to Be Poor: The Criminalization of Poverty in America*. New York: The New Press.

Eder, Steve. 2016. "Donald Trump Agrees to Pay $25 Million In Trump University Settlement." *New York Times*, November 18.

Edin, Kathryn J., and Laura Lein. 1997. *Making Ends Meet: How Single Mothers Survive Welfare and Low-Wage Work*. New York: Russell Sage Foundation.

Edin, Kathryn J., and H. Luke Schaefer. 2015. *$2 a Day: Living on Almost Nothing in America*. New York: Houghton, Mifflin, Harcourt.

Edmonds, Alex. 2010. *Pretty Modern: Beauty, Sex, and Plastic Surgery in Brazil*. Durham, NC: Duke University Press.

Edsall, Thomas B. 2018a. "Who's Afraid of a White Minority? *New York Times*, August 30.

Edsall, Thomas B. 2018b. "Why Is It So Hard for Democracy to Deal with Inequality?" *New York Times*, February 15.

Edsall, Thomas B. 2018c. "The Industrial Revolutions Are Political Wrecking Balls." *New York Times*, May 3.

Edward, Bob, John McCarthy, and Dana Mataic. 2019. "The Resource Context of Social Movements." In *The Wiley-Blackwell Companion to Social Movements*, edited by David Snow, Sarah Soule, Hanspeter Kries, and Holly McCammon, 79–97. Chichester, UK: John Wiley & Sons.

Edwards, Rosalind. Forthcoming. "Stepfathering." In *Encyclopedia of Sociology*, 2nd ed., edited by George Ritzer. Malden, MA: Wiley-Blackwell.

Ehrenreich, Barbara. 2001. *Nickel and Dimed: On (Not) Getting by in America*. New York: Henry Holt.

Ehrenreich, Barbara. 2002. "Maid to Order." In *Global Woman: Nannies, Maids, and Sex Workers in the New Economy*, edited by B. Ehrenreich and A. R. Hochschild. New York: Henry Holt.

Ehrenreich, Barbara, and Arlie Russell Hochschild. 2002. "Introduction." In *Global Woman: Nannies, Maids, and Sex Workers in the New Economy*, edited by B. Ehrenreich and A. R. Hochschild, 1–14. New York: Henry Holt.

Ehrlich, Paul. 1968. *The Population Bomb*. New York: Ballantine.

Eisenhower, Dwight D. 1961. "Farewell Address by President Dwight D. Eisenhower, January 17, 1961." Speech Series, Papers of Dwight D. Eisenhower as President, 1953–1961, Eisenhower Library; National Archives and Records Administration.

Eisinger, Jesse. 2018. *The Chickenshit Club: Why the Justice Department Fails to Prosecute Executives*. New York: Simon & Schuster.

Ekland-Olson, Sheldon. 2012. *Who Lives, Who Dies, Who Decides*. New York: Routledge.

Elborgh-Woytek, Katrina, Monique Newiak, Kalpana Kochhar, Stefania Fabrizo, Kangi Kpodar, Philippe Wingender, Benedict Clements, and Gerd Schwartz. 2016. *Women, Work, and the Economy: Macroeconomic Gains from Gender Equity*. Washington, DC: International Monetary Fund.

Elder, Todd, and Christopher Jepsen. 2014. "Are Catholic Primary Schools More Effective than Public Primary Schools?" *Journal of Urban Economics* 80: 28–38.

Elgin, Duane. 2010. *Voluntary Simplicity: Toward a Way of Life That Is Outwardly Simple, Inwardly Rich*, 2nd ed. New York: Quill.

Elias, Vicky L., Andrew S. Fullerton, and Joseph M. Simpson. 2015. "Long-Term Changes in Attitudes toward Premarital Sex in the United States: Reexamining the Role of Cohort Replacement." *Journal of Sex Research* 52(2): 129–139.

Eligon, John. 2016. "A Question of Environmental Racism in Flint." *New York Times*, January 22.

Elizaga, Raquel Sosa, ed. 2018. *Facing an Unequal World: Challenges for Global Sociology*. London: Sage.

Ellin, Abby. 2016. "With Coercive Control, the Abuse Is Psychological." *New York Times*, July 11.

Elliott, Anthony, and John Urry. 2010. *Mobile Lives*. London: Routledge.

Elliott, Diana B., Rebekah Young, and Jane Lawler Dye. 2011. "Variation in the Formation of Complex Family Households during the

Recession." SEHSD Working Paper 2011-32. Paper presented at the 73rd Annual Conference of the National Council on Family Relations, Orlando, FL, November 16–19.

Elliot, Larry. 2017. "World's Eight Richest People have Same Wealth as Poorest 50%." *The Guardian*. January 15. https://www.theguardian.com/global-development/2017/jan/16/worlds-eight-richest-people-have-same-wealth-as-poorest-50

Ellis, Allison M., Talya N. Bauer, and Berrin Erdogan. 2015. "New-Employee Organizational Socialization: Adjusting to New Roles, Colleagues, and Organizations." In *Handbook of Socialization: Theory and Research*, 2nd ed., edited by Joan E. Grusec and Paul D. Hastings, 301–324. New York: Guilford Press.

Ellison, Christopher G. 1999. "Introduction to Symposium: Religion, Health, Well-Being." *Journal for the Scientific Study of Religion* 37: 692–693.

Ellison, Katherine. 2015. "A.D.H.D. Rates Rise around the Globe, but Sympathy Often Lags." *New York Times*, November 9.

Elmqvist, Thomas, Xuemei Bai, Niki Frantzeskaki, Corrie Griffith, David Maddox, Timon McPhearson, Susan Parnell, Patricia Romero-Lankao, David Simon, and Mark Watkins, eds. 2018. *The Urban Planet: Knowledge Towards Sustainable Cities*. Cambridge, UK: Cambridge University Press.

Elo, Irma T. 2007. "Mortality: Transitions and Measures." In *The Blackwell Encyclopedia of Sociology*, edited by George Ritzer, 3096–3102. Malden, MA: Blackwell.

Emerson, Robert M., ed. 2001. *Contemporary Field Research: Perspectives and Formulations*, 2nd ed. Long Grove, IL: Waveland Press.

Ender, Morton. 2002. *Military Brats and Other Global Nomads: Growing Up in Organization Families*. Westport, CT: Praeger.

Engels, Friedrich. [1884] 1970. *The Origins of the Family, Private Property, and the State*. New York: International Publishers.

England, Paula. 2010. "The Gender Revolution: Uneven and Stalled." *Gender & Society* 24(2): 149–166.

England, Paula. 2017. *Comparable Worth: Theories and Evidence*. New York: Routledge.

English, Beth. 2013. "Global Women's Work: Historical Perspectives on the Textile and Garment Industries." *Journal of International Affairs* 67(1): 67–82.

EnglishEnglish.com. n.d. "The English Language: Facts and Figures." Accessed January 3, 2012. http://www.englishenglish.com/english_facts_8.htm.

Enke, Finn. 2018. "Collective Memory and the Transfeminist 1970s: Toward a Less Plausible History." *TSQ* 5(1): 9–29.

Entwhistle, Joanne. 2015. *The Aesthetic Economy of Fashion: Markets and Value in Clothing and Modelling*. New York: Berg.

EPA. 2017. "Outdoor Water Use in the United States." Accessed April 26, 2019. https://19january2017snapshot.epa.gov/www3/watersense/pubs/outdoor.html.

Epstein, Cynthia Fuchs. 1988. *Deceptive Distinctions: Sex, Gender, and the Social Order*. New Haven, CT: Yale University Press.

Epstein, Steve. 2009. *Inclusion: The Politics of Difference in Medical Research*. Chicago: University of Chicago Press.

Erikson, Emily, and Nicholas Occhiuto. 2017. "Social Networks and Macrosocial Change." *Annual Review of Sociology* 43(1): 229–248.

Erikson, Erik. 1994. *Identity and the Life Cycle*. New York: Norton.

Erikson, Kai T. 1964. "Notes on the Sociology of Deviance." In *The Other Side: Perspectives on Deviance*, edited by H. S. Becker. New York: Free Press.

Erikson, Kai T. 1976. *Everything in Its Path: Destruction of Community in the Buffalo Creek Flood*. New York: Simon & Schuster.

Erlanger, Steven. 2014. "In West ISIS Finds Women Eager to Enlist." *New York Times*, October 23.

Etezadzadeh, Chirine. 2016. *Smart City—Future City? Smart City 2.0 as a Livable City and Future Market*. Neu-Isenburg, Germany: Springer.

Etzioni, Amitai, ed. 1969. *The Semi-professions and Their Organization: Teachers, Nurses, and Social Workers*. New York: Free Press.

Eubanks, Virginia. 2018. *Automating Inequality: How High-Tech Tools Profile, Police, and Punish the Poor*. New York: St. Martin's Press.

European Union Agency for Fundamental Rights. 2014. "Violence Against Women: An EU-Wide Survey. Main Results Report." Accessed April 26, 2019. http://fra.europa.eu/en/publication/2014/violence-against-women-eu-wide-survey-main-results-report.

Eurostat. 2017. "Migration and Migrant Population Statistics." Accessed April 26, 2019. https://ec.europa.eu/eurostat/statistics-explained/index.php/Migration_and_migrant_population_statistics.

Fabricant, Michael, and Michelle Fine. 2012. *Charter Schools and the Corporate Makeover of Public Education*. New York: Teachers College Press.

Faderman, Lillian. 1991. *Odd Girls and Twilight Lovers: A History of Lesbian Life in Twentieth- Century America*. New York: Penguin.

Faderman, Lillian. 2016. *The Gay Revolution*. New York: Simon & Schuster.

Fahim, Kareem. 2010. "Away from Home, Fleeing Domestic Life: Immigrant Maids Suffer Abuse in Kuwait." *New York Times*, August 2.

Fair Trade International. 2016. "Global Change, Local Leadership: New Ideas and New Markets Drive Increased Benefits for Farmers and Workers." Accessed March 8, 2017. https://www.fairtrade.net/new/latest-news/single-view/article/global-change-local-leadership-new-ideas-and-new-markets-drive-increased-benefits-for-farmers-and.html.

Fallon, James. 2013. *The Psychopath Inside: A Neuroscientist's Personal Journey into the Dark Side of the Brain*. New York: Penguin.

Fantasia, Rick. 1992. "The Assault on American Labor." In *Social Problems*, edited by C. Calhoun and G. Ritzer. New York: McGraw-Hill.

Farley, John E. 2011. *Majority–Minority Relations*. 6th ed., Census Update. Upper Saddle River, NJ: Prentice Hall.

Farmer, Ashley. 2017. *Remaking Black Power: How Black Women Transformed an Era*. Chapel Hill: University of North Carolina Press.

Farr, Kathryn. 2005. *Sex Trafficking: The Global Market in Women and Children*. New York: Worth.

Farrell, Caitlin, Priscilla Wolhstetter, and Joanna Smith. 2012. "Charter Management Organizations: An Emerging Approach to Scaling Up What Works." *Educational Policy* 26(4): 499–532.

Fassmann, Heinz, and Rainer Munz. 1992. "Patterns and Trends of International Migration in Western Europe." *Population and Development Review* 18: 457–480.

Faulkner, Nicholas, and Diane Bailey. 2019. *The History of Tattoos and Body Modification*. New York: Rosen.

Fausto-Sterling, Anne. 2018. "Why Sex Is Not Binary." *New York Times*, October 25.

Feagin, Joe R. 2006. *Systemic Racism: A Theory of Oppression*. New York: Routledge.

Feagin, Joe R. 2012. *White Party, White Government: Race, Class, and U.S. Politics*. New York: Routledge.

Feagin, Joe R., and Jose A. Cobas. 2014. *Latinos Facing Racism: Discrimination, Resistance, and Endurance*. New York: Paradigm.

Federal Bureau of Investigation. 2014. "Frequently Asked Questions about the Change in the UCR Definition of Rape." December 11. Accessed April 19, 2015. http://www.fbi.gov/about-us/cjis/ucr/recent-program-updates/new-rape-definition-frequently-asked-questions.

Federal Bureau of Investigation. 2016. "Expanded Homicide Data Table 4." Accesssed April 26, 2019. https://ucr.fbi.gov/crime-in-the-u.s/2016/crime-in-the-u.s.-2016/tables/expanded-homicide-data-table-4.xls.

Federal Reserve Bulletin. 2017. " Changes in U.S. Family Finances from 2013 to 2016: Evidence from the Survey of Consumer Finances." Accessed April 26, 2019. https://www.federalreserve.gov/publications/2017-September-changes-in-us-family-finances-from-2013-to-2016.htm.

Feliciano, Cynthia, and Yader Lanuza. 2017. "An Immigration Paradox? Contextual Attainment and Intergeneration Educational Mobility." *American Sociological Review* 82(1): 211–241.

Ferdinando, Lisa. 2018. "DoD Releases Annual Report on Sexual Assault in Military." Accessed April 26, 2019. https://dod.defense.gov/News/Article/1508127/dod-releases-annual-report-on-sexual-assault-in-military.

Ferguson, Grant, Jennifer C. McIntosh, Debra Perrone, and Scott Jasechko. 2018. "Competition for Shrinking Window of Low Salinity Groundwater." *Environmental Research Letters* 13(11).

Fernández-Balboa, Juan Miguel, and Gustavo González-Calvo. 2017. "A Critical Narrative Analysis of the Perspectives of Physical Trainers and Fitness Instructors in Relation to Their Body Image, Professional Practice, and the Consumer Culture." *Sport, Education, and Society* 23: 866–878.

Fernandez, Bina. 2010. "Cheap and Disposable? The Impact of the Global Economic Crisis on the Migration of Ethiopian Women Domestic Workers to the Gulf." *Gender and Development* 8(2): 249–262.

Fernandez, Manny. 2015. "A Global Community's College." *New York Times*, October 30. Accessed April 26, 2019. www.nytimes .com/2015/11/01/education/edlife/houston-community-college-international-students.html?_r=1.

Fernandez, Manny, Richard Perez-Pena, and Jonah Engel Bromwich. 2016. "Five Dallas Police Officers Were Killed as Payback, Police Chief Says." *New York Times*, July 8.

Fernyhough, Charles. 2014. "Do Deaf People Hear an Inner Voice?" *Psychology Today*, Voices Within blog, January 24. Accessed April 27, 2015. www.psychologytoday.com/blog/the-voices-within/201401/do-deaf-people-hear-inner-voice.

Ferrara, Antonio. 2015. "Beyond Genocide and Ethnic Cleansing: Demographic Surgery as a New Way to Understand Mass Violence." *Journal of Genocide Research* 17: 1–20.

Ferrarini, Tommy, and Kenneth Nelson. 2016. "Social Tranfers and Poverty in Middle- and High-Income Countries—A Global Perspective." *Global Social Policy* 16: 22–46.

Ferraro, Kenneth F., and Seoyoun Kim. 2014. "Health Benefits of Religion among Black and White Older Adults? Race, Religiosity, and C-Reactive Protein." *Social Science & Medicine* 120: 92–99.

Ferret, Jerome, and Randall Collins. 2018. "On the Internal Dynamics of the Conflict/Violence Process: A Discussion with Randall Collins." *American Sociologist* 49: 5–15.

Fetscherin, Marc, and Renee-Marie Stephano. 2016. "The Medical Tourism Index: Scale Development and Validation." *Tourism Management* 52: 539–556.

Few-Demo, April L., and David H. Demo. 2016. "Family Diversity." In *The Wiley-Blackwell Encyclopedia of Race, Ethnicity, and Nationalism*, edited by John Stone, Rutledge M. Dennis, Polly Rizova, Anthony D. Smith, and Xiaoshuo Hou. Malden, MA: Wiley-Blackwell.

Field, Kelly. 2018. "Why Are Women Still Choosing the Lowest Paying Jobs?" *Atlantic*, January 25.

Fielding, A. J. 1989. "Migration and Urbanization in Western Europe since 1950." *Geographical Journal* 155: 60–69.

Figueiredo, Zenólia Christina Campos, Janaina Esfalsini Figueira, Sandra Soares Della Fonte, and Francisco Eduardo Caparróz. 2016. "Between the Prescribed and the Lived in Physical Education lessons." *Sport, Education and Society* 21: 945–962.

Filkins, Dexter. 2016. "The End of Ice: Exploring a Himalayan Glacier." *New Yorker*, April 4.

Fine, Gary Alan. 1987. *With the Boys: Little League Baseball and Preadolescent Culture*. Chicago: University of Chicago.

Fine, Gary Alan. 2008. *Kitchens: The Culture of Restaurant Work*. Berkeley: University of California Press.

Fine, Gary Alan. 2010. *Authors of the Storm: Meteorologists and the Culture of Prediction*. Chicago: University of Chicago Press.

Fine, Gary Alan. 2012. "Group Culture and the Interaction Order: Local Sociology on the Meso-Level." *Annual Review of Sociology* 38: 159–179.

Fine, Gary Alan. 2015. *Players and Pawns: How Chess Builds Community and Culture*. Chicago: University of Chicago Press.

Fink, Sheri. 2014. "Treating Those Treating Ebola in Liberia." *New York Times*, November 3.

Finke, Roger, and Rodney Stark. 2005. *The Churching of America, 1776–2005: Winners and Losers in Our Religious Economy*. New Brunswick, NJ: Rutgers University Press.

Fish, Jennifer. 2017. *Domestic Workers of the World Unite! A Global Movement for Dignity and Human Rights*. New York: New York University Press.

Fisher, Max. 2016. "Attack in Nice, France, Represents Terrorism's New Reality." *New York Times*, July 15.

Fisher, Max, and Katrin Bennhold. 2018. "Germany's Europe-Shaking Political Crisis over Migrants, Explained." *New York Times*, July 3.

Fitzgerald, Kathleen J., and Kandice L. Grossman. 2017. *Sociology of Sexualities*. Thousand Oaks, CA: Sage.

Fitzsimmons, Emma G. 2016. "Subways in Northeast Showing Their Age. That Isn't the Only Problem." *New York Times*, May 27.

Flack, William F., Jr., Kimberly A. Daubman, Marcia L. Caron, Jenica A. Asadorian, Nicole R. D'Aureli, Shannon N. Gigliotti, A. T. Hall, S. Kiser, and E. R. Stine. 2007. "Risk Factors and Consequences of Unwanted Sex among University Students: Hooking Up, Alcohol, and Stress Response." *Journal of Interpersonal Violence* 22(2): 139–157.

Flave-Novak, Daniel, and Jill Coleman. 2018. "Pluralistic Ignorance of Physical Attractiveness in the Gay Male Community. *Journal of Homosexuality*. https://doi.org/10.1080/00918369.2018.1522811

Flavin, Jeanne. 2008. *Our Bodies, Our Crimes*. New York: New York University Press.

Fletcher, Jason, and Jessica Polos. 2018. "Nonmarital and Teen Fertility." In *The Oxford Handbook of Women and the Economy*, edited by Susan Averett, Laura Argys, and Saul Hoffman, 195–217. Oxford, UK: Oxford University Press.

Flodgren, Gerd, Antoine Rachas, Andrew Farmer, Marco Inzitiari, and Sasha Shepperd. 2015. "Interactive Telemedicine: Effects on Professional Practice and Healthcare Outcomes." *Cochrane Database of Systemic Reviews* 9.

Floyd, Larry A., Feng Xu, Ryan Atkins, and Cam Caldwell. 2013. "Ethical Outcomes and Business Ethics: Toward Improving Business Ethics Education." *Journal of Business Ethics* 117(4): 753–776.

Fluehr-Lobban, Carolyn. 2019. *Race and Racism: An Introduction*. Lanham, MD: Rowman & Littlefield.

Flynn, James R. 2016. *Does Your Family Make You Smarter? Nature, Nurture, and Human Autonomy*. New York: Cambridge University Press.

Flynn, Sean. 2011. "The Sex Trade." In *Deviant Globalization: Black Market Economy in the 21st Century*, edited by N. Gilman, J. Goldhammer, and S. Weber, 41–66. London: Continuum.

Fominaya, Cristina Flesher. 2019. "Collective Identity in Social Movements: Assessing the Limits of a Theoretical Framework." In *The Wiley-Blackwell Companion to Social Movements*, edited by David Snow, Sarah Soule, Hanspeter Kries, and Holly McCammon, 429–446. Chichester, UK: John Wiley & Sons.

Ford, Martin. 2015. *Rise of the Robots: Technology and the Threat of a Jobless Future*. New York: Basic Books.

Forsyth, Craig J., and Heath Copes, eds. 2014. *Encyclopedia of Social Deviance*. Thousand Oaks, CA: Sage.

Fothergill, Alice, and Lori Peek. 2015. *Children of Katrina*. Austin: University of Texas Press.

Foucault, Michel. 1975. *The Birth of the Clinic: An Archaeology of Medical Perception*. New York: Vintage Books.

Foucault, Michel. [1975] 1979. *Discipline and Punish: The Birth of the Prison*. New York: Vintage Books.

Foucault, Michel. 1978. *The History of Sexuality*. Vol. 1, *An Introduction*. New York: Vintage Books.

Fountain, Henry. 2015. "Panel Urges Research on Geoengineering as a Tool against Climate Change." *New York Times*, February 10.

Fournier, Marcel. 2013. *Émile Durkheim: A Biography*. Cambridge, UK: Polity Press.

Frakt, Austin. 2016. "You Mean I Don't Have to Show Up? The Promise of Telemedicine." *New York Times*, May 16.

France, Anatole. [1894] 2011. *The Red Lily*. Kindle ed.

Francis, Mark. 2011. "Herbert Spencer." In *The Wiley-Blackwell Companion to Major Social Theorists*, Vol. 1, *Classical Theorists*, edited by George Ritzer and Jeffrey Stepnisky, 165–184. Malden, MA: Wiley-Blackwell.

Frank, David John. 2012. "Global Sex." In *The Wiley-Blackwell Encyclopedia of Globalization*, edited by George Ritzer. Malden, MA: Wiley-Blackwell.

Frank, Katherine. 2015. "Observational Methods in Sexuality Research." In *Handbook of the Sociology of Sexualities*, edited by John DeLemater and Rebecca F. Plante. New York: Springer.

Frank, Nathaniel. 2017. *Awakening: How Gays and Lesbians Brought Marriage Equality to America*. Cambridge, MA: Harvard University Press.

Frank, Robert H. 2011. *The Darwin Economy: Liberty, Competition, and the Common Good*. Princeton, NJ: Princeton University Press.

Frank, Robert H. 2013. *Falling Behind: How Rising Inequality Harms the Middle Class*. Berkeley: University of California Press.

Frank, Robert H. 2016. *Success and Luck: Good Fortune and the Myth of Meritocracy*. Princeton, NJ: Princeton University Press.

Frank, Robert H., and Philip J. Cook. 1995. *The Winner-Take-All Society*. New York: Penguin.

Fransen, Marieke L., Peeter W. J. Verlegh, Anna Kirmani, and Edith G. Smit. 2015. "A Typology of Consumer Strategies for Resisting Advertising, and a Review of Mechanisms for Countering Them." *International Journal of Advertising: The Review of Marketing Communications* 34(1), published online. doi:10.1080/02650487.2014.995284

Freedman, Samuel G. 2016. "North Dakota Mosque a Symbol of Muslims' Long Ties in America." *New York Times*, May 27.

Frank, Robert H. 2011. *The Darwin Economy: Liberty, Competition, and the Common Good*. Princeton, NJ: Princeton University Press.

Frank, Robert H. 2013. *Falling Behind: How Rising Inequality Harms the Middle Class*. Berkeley: University of California Press.

Frank, Robert H. 2016. *Success and Luck: Good Fortune and the Myth of Meritocracy*. Princeton, NJ: Princeton University Press.

Frank, Robert H., and Philip J. Cook. 1995. *The Winner-Take-All Society*. New York: Penguin.

Fransen, Marieke L., Peeter W. J. Verlegh, Anna Kirmani, and Edith G. Smit. 2015. "A Typology of Consumer Strategies for Resisting Advertising, and a Review of Mechanisms for Countering Them." *International Journal of Advertising: The Review of Marketing Communications* 34(1), published online. doi:10.1080/02650487.2014.995284

Freedman, Samuel G. 2016. "North Dakota Mosque a Symbol of Muslims' Long Ties in America." *New York Times*, May 27.

Gamoran, Adam, and Daniel A. Long. 2006. "Equality of Educational Opportunity: A 40-Year Retrospective." WCER Working Paper 2006-9, Wisconsin Center for Education Research, Madison. Accessed July 13, 2013. http://www.wcer.wisc.edu.

Gamoran, Adam, Martin Nystrand, Mark Berends, and Paul C. LePore. 1995. "An Organizational Analysis of the Effects of Ability Grouping." *American Educational Research Journal* 32: 687–715.

Ganong, Lawrence, and Marilyn Coleman. 2017. *Stepfamily Relationships: Development, Dynamics, and Intervention*, 2nd ed. New York: Springer.

Gans, Herbert J. 1979. *Deciding What's News*. New York: Pantheon.

Gans, Herbert J. 2009. "First Generation Decline: Downward Mobility among Refugees and Immigrants." *Ethnic and Racial Studies* 32: 1658–1670.

Gansky, Lisa. 2010. *The Mesh: Why the Future of Business Is Sharing*. New York: Penguin.

Ganz, Marshall, and Elizabeth McKenna. 2019. "Bringing Leadership Back In." In *The Wiley-Blackwell Companion to Social Movements*, edited by David Snow, Sarah Soule, Hanspeter Kries, and Holly McCammon, 185–203. Chichester, UK: John Wiley & Sons.

Garcia, Lorena. 2012. *Respect Yourself, Protect Yourself: Latina Girls and Sexual Identity*. New York: New York University Press.

Gardner, Margo, and Laurence Steinberg. 2005. "Peer Influence on Risk Taking, Risk Preference, and Risky Decision Making in Adolescence and Adulthood: An Experimental Study." *Developmental Psychology* 41: 625–635.

Garfield, Bob. 1991. "How I Spent (and Spent and Spent) My Disney Vacation." *Washington Post*, July 7.

Garfinkel, Harold. 1967. *Studies in Ethnomethodology*. Malden, MA: Blackwell.

Garland, David. 2016. *The Welfare State: A Very Short Introduction*. Oxford, UK: Oxford University Press.

Garreau, Joel. 1991. *Edge City: Life on the New Frontier*. New York: Doubleday.

Garrett, William. 2007. "Christianity." In *Encyclopedia of Globalization*, edited by J. A. Scholte and R. Robertson, 139–144. New York: MTM.

Gauchat, Gordon, Maura Kelly, and Michael Wallace. 2012. "Occupational Gender Segregation, Globalization, and Gender Earnings Inequality in U.S. Metropolitan Areas." *Gender & Society* 26: 718–747.

Gautier, Pieter A., Michael Svarer, and Coen N. Teulings. 2010. "Marriage and the City: Search Frictions and Sorting of Singles." *Journal of Urban Economics* 67: 206–218.

Gawley, Tim. 2008. "University Administrators as Information Tacticians: Understanding Transparency as Selective Concealment and Instrumental Disclosure." *Symbolic Interaction* 31(2): 183–204.

Gee, Laura K., Jason Jones, and Moira Burke. 2017. "Social Networks and Labor Markets: How Strong Ties Relate to Job Finding on Facebook's Social Network." *Journal of Labor Economics* 35(2): 485–518.

Geertz, Clifford. 1973. *The Interpretation of Cultures*. New York: Basic Books.

Gehlert, S., I. H. Song, C. H. Chang, and S. A. Hartlage. 2009. "The Prevalence of Premenstrual Dysphoric Disorder in a Randomly Selected Group of Urban and Rural Women." *Psychological Medicine* 39: 129–136.

Geis, Gilbert. 2007. "Crime, White-Collar." In *The Blackwell Encyclopedia of Sociology*, edited by George Ritzer, 850–851. Malden, MA: Blackwell.

Gentina, Elodie, and Isabelle Muratore. 2012. "Environmentalism at Home: The Process of Ecological Resocialization by Teenagers." *Journal of Consumer Behaviour* 11: 162–169.

Gentry, Caron, and Laura Sjoberg. 2015. "Terrorism and Political Violence." In *Gender Matters in Global Politics: A Feminist Introduction to International Relations*, 2nd ed., edited by L. J. Shepherd, 120–130. New York: Routledge.

Geoghegan, Thomas. 2016. *Only One Thing Can Save Us: Why America Needs a New Kind of Labor Movement*. New York: The New Press.

George, Sheba. 2000. "'Dirty Nurses' and 'Men Who Play': Gender and Class in Transnational Migration." In *Global Ethnography: Forces, Connections, and Imaginations in a Postmodern World*, edited by M. Burawoy, J. A. Blum, S. George, Z. Gille, T. Gowan, L. Haney, M. Klawiter, S. H. Lopez, S. Ó Riain, and M. Thayer, 144–174. Berkeley: University of California Press.

Gereffi, Gary. 2005. "The Global Economy: Organization, Governance, and Development." In *Handbook of Economic Sociology*, edited by N. Smelser and R. Swedberg. Princeton, NJ: Princeton University Press.

Gereffi, Gary. 2012. "Value Chains." In *The Wiley-Blackwell Encyclopedia of Globalization*, edited by George Ritzer, 2144–2147. Malden, MA: Wiley-Blackwell.

Gerhardt, H. Carl, and Franz Huber. 2002. *Acoustic Communication in Insects and Anurans: Common Problems and Diverse Solutions*. Chicago: University of Chicago Press.

Gesselamn, Amanda N., Gregory D. Webster, and Justin R. Garcia. 2016. "Has Virginity Lost Its Virtue? Relationship Stigma Associated with Being a Sexually Inexperienced Adult." *Journal of Sex Research*, March 2016 (published online).

Gettleman, Jeffrey. 2011. "Congo Study Sets Estimate for Rapes Much Higher." *New York Times*, May 11.

Gettleman, Jeffrey. 2014. "Ebola Ravages Economies in West Africa." *New York Times*, December 20.

Gettleman, Jeffrey. 2018. "The Peculiar Position of India's Third Gender." *New York Times*, February 17.

Ghaziani, Amin, Verta Taylor, and Amy Stone. 2016. "Cycles of Sameness and Difference in LGBT Social Movements." *Annual Review of Sociology* 42: 165–183.

Ghumman, Sonia, and Ann Maries Ryan. 2013. "Not Welcome Here: Discrimination towards Women Who Wear the Muslim Headscarf." *Human Relations* 66: 671–698.

Giacalone, Robert A., and Mark D. Promislo. 2013. "Broken When Entering: The Stigmatization of Goodness and Business Ethics Education." *Academy of Management Learning & Education* 12: 86–101.

Giddens, Anthony. 1984. *The Constitution of Society: Outline of the Theory of Structuration*. Berkeley: University of California Press.

Giddens, Anthony. 1992. *The Transformation of Intimacy: Sexuality, Love, and Eroticism in Modern Societies*. Stanford, CA: Stanford University Press.

Gilbert, Dennis L. 2018. *The American Class Structure in an Age of Growing Inequality*. 10th ed. Thousand Oaks, CA: Sage.

Gilbert, Dennis L., and Joseph A. Kahl. 1993. *The American Class Structure: A New Synthesis*. Belmont, CA: Wadsworth.

Gillespie-Lynch, Kristen, Patricia M. Greenfield, Yunping Feng, Sue Savage-Rumbaugh, and Heidi Lyn. 2013. "A Cross-Species Study of Gesture and Its Role in Symbolic Development: Implications for the Gestural Theory of Language Development." *Frontiers in Psychology* 4: 160.

Gillis, Justin. 2015. "Climate Accord Is a Healing Step, If Not a Cure." *New York Times*, December 12.

Gillis, Justin. 2016. "Flooding of Coast, Caused by Global Warming, Has Already Begun." *New York Times*, September 3.

Gilman, Nils, Jesse Goldhammer, and Steven Weber, eds. 2011. *Deviant Globalization: Black Market Economy in the 21st Century*. London: Continuum.

Gilroy, Paul. 1993. *The Black Atlantic: Modernity and Double Consciousness*. London: Verso Books.

Giordano, Peggy C., Angela M. Kaufman, Wendy D. Manning, and Monica A. Longmore. 2015. "Teen Dating Violence: The Influence of Friendships and School Context." *Sociological Focus* 48: 150–171.

Giridharadas, Anand. 2010. "Getting in (and out of) Line." *New York Times*, August 8. Accessed November 9, 2011. http://www.nytimes.com/2010/08/07/world/asia/07iht-currents.html.

Giroux, Henry A. 2012. *Education and the Crisis of Public Values: Challenging the Assault on Teachers, Students, and Public Education*. New York: Peter Lang.

Giroux, Henry A., and David E. Purpel, eds. 1983. *The Hidden Curriculum and Moral Education*. Berkeley, CA: McCutchan.

Gitlin, Todd. 1993. *The Sixties: Years of Hope, Days of Rage*. New York: Bantam.

Gladstone, Rick. 2014. "Global Piracy Hits Lowest Level Since 2007, Report Says." *New York Times*, January 15.

Gladstone, Rick. 2015. "Report Details New Atrocities in Darfur by Sudanese Forces." *New York Times*, September 9.

Gladstone, Rick. 2016. "New Ebola Case Confirmed in Liberia; Guinea Tries a Vaccine." *New York Times*, April 1.

Glazer, Joshua, ed. 2018. *Choosing Charters: Better Schools or More Segregation?* New York: Teachers College Press.

Glenn, Evelyn Nakano. 2002. *Unequal Freedom: How Race and Gender Shaped American Citizenship and Labor*. Cambridge, MA: Harvard University Press.

Glenny, Misha. 2008. *McMafia: A Journey through the Global Criminal Underworld*. New York: Knopf.

Glenny, Misha. 2015. "The Refugee Crisis Has Produced One Winner: Organized Crime." *New York Times*, September 20.

Global Hunger Index. 2017. Washington, DC: International Food Policy Research Institute.

Global Nonviolent Action Database, Swarthmore College. 2011. "East Los Angeles Students Walkout for Educational Reform (East L.A. Blowouts), 1968." Accessed May 8, 2015. http://nvdatabase .swarthmore.edu/content/east-los-angeles-students-walkout-educational-reform-east-la-blowouts-1968.

Global Nutrition Report. 2016. *From Promise to Impact: Ending Malnutrition by 2030*. Washington, DC: International Food Policy Research Institute.

Gloor, Peter, and Scott Cooper. 2007. *Coolhunting: Chasing Down the Next Big Thing*. New York: AMACOM.

Gluck, Abbe R., and Erica Turret. 2018. "A Ticking Time Bomb Under Obamacare." *New York Times*, December 6.

Glynn, Sarah Jane. 2016. "Breadwinning Mothers Are Increasingly the U.S. Norm." Center for American Progress. Accessed April 26, 2019. https://www.americanprogress.org/issues/women/ reports/2016/12/19/295203/breadwinning-mothers-are-increasingly-the-u-s-norm/.

Gmelch, Sharon Bohn, ed. 2010. *Tourists and Tourism: A Reader*. Prospect Heights, IL: Waveland Press.

Godecke, Theda, Alexander Stein, and Matin Qaim. 2018. "The Global Burden of Chronic and Hidden Hunger: Trends and Determinants." *Global Food Security* 17: 21–29.

Godwyn, Mary, and Jody Hoffer Gittell, eds. 2011. *Sociology of Organizations: Structures and Relationships*. Thousand Oaks, CA: Pine Forge Press.

Goffman, Alice. 2014. *On the Run: Fugitive Life in an American City*. Chicago: University of Chicago Press.

Goffman, Erving. 1959. *The Presentation of Self in Everyday Life*. Garden City, NY: Anchor Books.

Goffman, Erving. 1961a. *Asylums: Essays on the Social Situation of Mental Patients and Other Inmates*. Garden City, NY: Anchor Books.

Goffman, Erving. 1961b. *Encounters*. Indianapolis, IN: Bobbs-Merrill.

Goffman, Erving. 1963. *Stigma: Notes on the Management of Spoiled Identity*. Englewood Cliffs, NJ: Prentice Hall/Spectrum.

Goffman, Erving. 2000. *Exploring the Interaction Order*. Cambridge, UK: Polity Press.

Gold, Howard. 2017. "Never Mind the 1 Percent. Let's Talk About the .01 Percent." Accessed April 26, 2019. http://review.chicagobooth.edu/ economics/2017/article/never-mind-1-percent-lets-talk-about-001-percent.

Goldberg, Abbie, and Katherine Allen, eds. 2013. *LGBT-Parent Families: Innovations in Research and Implications for Practice*. New York: Springer.

Goldberg, Gertrude Schaffner, ed. 2010. *Poor Women in Rich Countries: The Feminization of Poverty over the Life Course*. New York: Oxford University Press.

Goldenberg, Suzanne. 2005. "Why Women Are Poor at Science, by Harvard President." *The Guardian*, January 18. Accessed April 19, 2015. http://www.theguardian.com/science/2005/jan/18/ educationsgendergap.genderissues.

Goldfield, Michael. 1987. *The Decline of Organized Labor*. Chicago: University of Chicago Press.

Golding, Anna. 2018. "The Role of Cultural Engagement in Older People's Lives." *Cultural Sociology* 12(4): 518–539.

Goldmacher, Shane. 2018. "Fight Breaks out Near Republican Club after Visit by Gavin McInnes, Police Say." *New York Times*, October 12.

Goldman, Liran, Howard Giles, and Michael A. Hogg. 2014. "Going to Extremes: Social Identity and Communication Processes Associated with Gang Membership." *Group Processes & Intergroup Relations* 17: 813–832.

Goldman, Robert, and Stephen Papson. 1998. *Nike Culture*. London: Sage.

Goldscheider, Frances, Eva Bernhardt, and Trude Lappegård. 2015. "The Gender Revolution: A Framework for Understanding Changing Family and Demographic Behavior." *Population and Development Review* 41(2): 207–239.

Goldschmied, Nadav, and Jason Kowalczyk. 2016. "Gender Performance in the NCAA Rifle Championship: Where Is the Gap?" *Sex Roles* 74: 310–322.

Goldstein, Amy. 2017. *Janesville: An American Story*. New York: Simon & Schuster.

Goldstein, Joseph, and Nate Schweber. 2014. "Man's Death after Chokehold Raises Old Issue for Police." *New York Times*, July 18.

Goldstein, Warren. 2009. "Secularization Patterns in the Old Paradigm." *Sociology of Religion* 70: 157–178.

Goldstone, Jack. 1991. *Revolution and Rebellion in the Early Modern World*. Berkeley: University of California Press.

Gonzalez-Barrera, Ana, and Jens Manuel Krogstad. 2018. "What We Know about Illegal Immigration from Mexico." Accessed April 26, 2019. http://www.pewresearch.org/fact-tank/2018/12/03/what-we-know-about-illegal-immigration-from-mexico/.

Gooch, Liz. 2012. "With Opening Near, Yale Defends Singapore Venture." *New York Times*, August 27. Accessed July 5, 2013. http:// www.nytimes.com/2012/08/27/world/asia.

Goode, Erich. 2002. "Sexual Involvement and Social Research in a Fat Civil Rights Organization." *Qualitative Sociology* 25(4): 501–534.

Goode, Erich. 2014. "Labeling Theory." In *Encyclopedia of Criminology and Criminal Justice*, edited by G. Bruinsma and D. Weisburd, 2807–2814. New York: Springer.

Goode, Erich, and Nachman Ben-Yehuda. 1994. *Moral Panics: The Social Construction of Deviance*. Oxford, UK: Blackwell.

Goode, Erich, and Alex Thio. 2007. "Deviance, Crime and." In *The Blackwell Encyclopedia of Sociology*, edited by George Ritzer, 1092–1095. Malden, MA: Blackwell.

Goode, William J. 1963. *World Revolution and Family Patterns*. New York: Free Press.

Goodman, David M. 2016. "The McDonaldization of Psychotherapy: Processed Foods, Processed Therapies, and Economic Class." *Theory and Psychology* 26: 77–95.

Goodnough, Abby. 2010. "Doctors Point to Caffeinated Alcoholic Drinks' Dangers." *New York Times*, October 27.

Gorman, Elizabeth H., and Julie A. Kmec. 2009. "Hierarchical Rank and Women's Organizational Mobility: Glass Ceilings in Corporate Law Firms." *American Journal of Sociology* 114: 1428–1474.

Gorski, Philip S. 2011. "Barack Obama and Civil Religion." In *Rethinking Obama*, edited by J. Go, 179–214. Bingley, UK: Emerald.

Gorski, Philip S., David Kyuman Kim, John Torpey, and Jonathan VanAntwerpen, eds. 2012. *The Post-secular Question: Religion in Contemporary Society*. New York: New York University Press and the Social Science Research Council.

Gotham, Kevin Fox. 2012. "Urbanization." In *The Wiley-Blackwell Companion to Sociology*, edited by George Ritzer, 488–503. Malden, MA: Wiley-Blackwell.

Gotham, Kevin Fox, and Arianna King. 2019. "Urbanization." In *The Wiley-Blackwell Companion to Sociology*, 2nd ed., edited by George Ritzer and Wendy Wiedenhoft Murphy. Chichester, UK: John Wiley & Sons.

Gottfredson, Michael R., and Travis Hirschi. 1990. *A General Theory of Crime*. Stanford, CA: Stanford University Press.

Gottschalk, Peter. 2016. "Convenience in White-Collar Crime: Introducing a Core Concept." *Deviant Behavior* 38(5): 605–619.

Gottschalk, Simon. 2010. "The Presentation of Avatars in Second Life: Self and Interaction in Social Virtual Spaces." *Symbolic Interaction* 33(4): 501–525.

Gough, Brendan. 2016. "Hegemonic Masculinity." In *The Wiley Blackwell Encyclopedia of Gender and Sexuality Studies*, edited by A. Wong, M. Wickramasinghe, R. Hoogland, and N. A. Naples. Chicester, UK: Wiley. doi:10.1002/9781118663219.wbegss585

Gould, Stephen Jay. 1981. *The Mismeasure of Man*. New York: Norton.

Goulding, Christina. 2017. "Pierre Bourdieu: Luminary or Elitist? Capital and the Project of Consumption." In *Canonical Authors in Consumption*, edited by Søren Askegaard and Benoît Heilbrunn, 206–211. London: Francis Taylor.

Gouldner, Alvin W. 1960. "The Norm of Reciprocity: A Preliminary Statement." *American Sociological Review* 25(2): 161–178.

Gouldner, Alvin W. 1962. "Anti-Minotaur: The Myth of a Value-Free Sociology." *Social Problems* 9(3): 199–213.

Gove, Walter R. 1980. *The Labelling of Deviance*. Beverly Hills, CA: Sage.

Gove, Walter R., and Michael Hughes. 1979. "Possible Causes of the Apparent Sex Differences in Physical Health: An Empirical Investigation." *American Sociological Review* 44: 126–146.

Gozdecka, Dorota A., Slen A. Ercan, and Magdalena Kmak. 2014. "From Multiculturalism to Post-multiculturalism: Trends and Paradoxes." *Journal of Sociology* 50: 51–64.

Grace, Anthony R., and Janet E. Palmer. 2015. "The Homogeneity of Society: The Role of Franchising in the Health and Food Sectors." *Sociology and Anthropology* 3: 661–664.

Graf, Nikki, Anna Brown, and Eileen Patten. 2018. "The Narrowing, but Persistent, Gender Gap in Pay." Pew Research Center. Accessed April 26, 2019. http://www.pewresearch.org/fact-tank/2018/04/09/gender-pay-gap-facts/.

Graff, Kaitlin A., Sarah K. Murnen, and Anna K. Krause. 2013. "Low-Cut Shirts and High-Heeled Shoes: Increased Sexualization Across Time in Magazine Depictions of Girls." *Sex Roles* 69: 571–582.

Grandin, Greg. 2010. *Fordlandia: The Rise and Fall of Henry Ford's Forgotten Jungle City*. New York: Picador.

Grandin, Temple. 2000. "My Experiences with Visual Thinking Sensory Problems and Communication Difficulties." Autism Research Institute. Accessed April 27, 2015. http://www.autism.com/advocacy_grandin_visual%20thinking.

Granfield, Robert. 1992. *Making Elite Lawyers: Visions of Law at Harvard and Beyond*. New York: Routledge, Chapman and Hall.

Granovetter, Mark. 1974. *Getting a Job: A Study of Contacts and Careers*. Cambridge, MA: Harvard University Press.

Granovetter, Mark, and Richard Swedberg, eds. 2011. *The Sociology of Economic Life*, 3rd. ed. New York: Routledge.

Granville, Kevin. 2016. "The Trans-Pacific Partnership Trade Accord Explained." *New York Times*, July 26.

Green, Michael, Haley Stritzel, Chelsea Smith, Frank Popham, and Robert Crosnoe. 2018. "Timing Poverty in Childhood and Adolescent Health: Evidence from the U.S. and the U.K." *Social Science & Medicine* 197: 136–143.

Greenebaum, Jessica, and Clinton R. Sanders. 2015. "Human-Animal Interaction." In *The Wiley-Blackwell Encyclopedia of Sociology*, 2nd ed., edited by George Ritzer. Malden, MA: Wiley-Blackwell.

Greenfield, Lauren [Director]. 2012. *Queen of Versailles*. Documentary. Magnolia Pictures.

Greenhouse, Steven. 2011. "Union Membership in U.S. Fell to a 70-Year Low Last Year." *New York Times*, January 21.

Greenhouse, Steven. 2015. "The Mystery of the Vanishing Pay Raise." *New York Times*, October 31.

Greenwald, Glenn. 2014. *No Place to Hide: Edward Snowden, the NSA, and the U.S. Surveillance State*. New York: Metropolitan Books.

Gressman, Eugene. 2005. "Judgments Judged and Wrongs Remembered: Examining the Japanese American Civil Liberties Cases on Their Sixtieth Anniversary." *Law and Contemporary Problems* 68: 15–27.

Grice, Elizabeth. 2006. "Cry of an Enfant Sauvage." *Daily Telegraph*, July 17.

Griffin, Christine, Isabelle Szmigin, Andrew Bengry-Howell, Chris Hackley, and Willm Mistral. 2012. "Inhabiting the Contradictions: Hypersexual Femininity and the Culture of Intoxication among Young Women in the UK." *Feminism & Psychology* 23(2): 184–206.

Grigoriadis, Vanessa. 2018. "The Empowerment Cult." *New York Times Magazine*, June 3: 28ff.

Gringlas, Sam. 2017. "Old Confronts New in a Gentrifying D.C. Neighborhood." NPR, January 16. Accessed April 26, 2019. https://www.npr.org/2017/01/16/505606317/d-c-s-gentrifying-neighborhoods-a-careful-mix-of-newcomers-and-old-timers.

Griswold, Alison. 2014. "Are Smartphones Ruining the Restaurant Experience?" *Slate*, July 16. Accessed April 22, 2015. http://www.slate.com/articles/business/moneybox/2014/07/viral_craigslist_post_on_smartphones_in_restaurants_is_tech_ruining_the.html.

Grusee, Joan, and Paul Hastings, eds. 2015. *Handbook of Socialization*. New York: Guilford Press.

Grusky, David, ed. 2018. *Inequality in the 21st Century*. New York: Routledge.

The Guardian. 2018. "U.S.-Mexico Border Migrant Deaths Rose in 2017 Even as Crossings Fell, UN Says." February 5.

Gubrium, Jaber F., James A. Holstein, Amir B. Marvasti, and Karyn D. McKinney, eds. 2012. *The SAGE Handbook of Interview Research: The Complexity of the Craft*, 2nd ed. Thousand Oaks, CA: Sage.

Guhathakurta, Subhrajit, David Jacobson, and Nicholas C. DelSordi. 2007. "The End of Globalization? The Implications of Migration for State, Society and Economy." In *The Blackwell Companion to Globalization*, edited by George Ritzer, 201–215. Malden, MA: Blackwell.

Gulati, Ranjay, and Phanish Puranam. 2009. "Renewal through Reorganization: The Value of Inconsistencies between Formal and Informal Organization." *Organization Science* 20: 422–440.

Gulmohamad, Zana Khasraw. 2014. "The Rise and Fall of the Islamic State of Iraq and Al-Sham (Levant) ISIS." *Global Security Studies* 5(2): 1–11.

Gündüz, Zuhal Yesilyurt. 2013. "The Feminization of Migration: Care and the New Emotional Imperialism." *Monthly Review* 65(7): 32–43.

Guo, Guang, Yilan Fu, Hedwig Lee, Tianji Cai, Kathleen Mullan Harris, and Yi Li. 2014. "Genetic Bio-Ancestry and Social Construction of Racial Classification in Social Surveys in the Contemporary United States." *Demography* 51: 141–172.

Guo, Guang, Michael E. Roettger, and Tianji Cai. 2008. "The Integration of Genetic Propensities into Social-Control Models of Delinquency and Violence among Male Youths." *American Sociological Review* 73(4): 543–568.

Guo, Shibao. 2013. "Economic Integration of Recent Chinese Immigrants in Canada's Second-Tier Cities: The Triple Glass Effect and Immigrants' Downward Social Mobility." *Canadian Ethnic Studies* 45: 95–115.

Gupta, Akhil. 2012. *Red Tape: Bureaucracy, Structural Violence, and Poverty in India*. Durham, NC: Duke University Press.

Gylling, Michael, Jussi Heikkilä, Kari Jussila, and Markku Saarinen. 2015. "Making Decisions on Offshore Outsourcing and Backsourcing: A Case Study in the Bicycle Industry." *International Journal of Production Economics* 162: 92–100

Haag, Matthew. 2018. "Video Shows Unarmed Texas Man with Pants Down before Fatal Police Shooting." *New York Times*, March 26.

Haberman, Maggie, and Benjamin Weiser. 2017. "Trump Persuaded Struggling People to Invest in Scams, Lawsuit Says." *New York Times*, October 19.

Habermas, Jürgen. 1975. *Legitimation Crisis*. Boston: Beacon Press.

Hacker, Jacob S., and Paul Pierson. 2010. *Winner-Take-All Politics: How Washington Made the Rich Richer—and Turned Its Back on the Middle Class*. New York: Simon & Schuster.

Hackett, Conrad, and David McClendon. 2017. "Which Are the World's Biggest Religions?" World Economic Forum. Accessed April 26, 2019. https://www.weforum.org/agenda/2017/04/christians-are-the-worlds-largest-religious-group-but-theyre-dying-out-in-europe.

Hadid, Diaa, and Majd al Waheidi. 2016. "As Hamas Tunnels Back into Israel; Palestinians Are Afraid, Too." *New York Times*, May 20.

Hafferty, Frederic W. 2009. "Professionalism and the Socialization of Medical Students." In *Teaching Medical Professionalism*, edited by R. L. Cruess, S. R. Cruess, and Y. Steinert, 53–69. New York: Cambridge University Press.

Hage, Jerald, and Charles H. Powers. 1992. *Post-industrial Lives: Roles and Relationships in the 21st Century*. Newbury Park, CA: Sage.

Hall, Peter, and David Soskice, eds. 2001. *Varieties of Capitalism: The Institutional Foundations of Comparative Advantage*. New York: Oxford University Press.

Hall, Scott S., David Knox, and Kelsey Shapiro. 2017. "I Have," "I Would," "I Won't": Hooking up among Sexually Diverse Groups of College Students." *Psychology of Sexual Orientation and Gender Diversity* 4(2): 233–240.

Hamermesh, Daniel. 2011. *Beauty Pays: Why Attractive People Are More Successful*. Princeton, NJ: Princeton University Press.

Hamid, Shadi, and William McCants, eds. 2017. *Rethinking Political Islam*. New York: Oxford University Press.

Hamilton, Laura, and Elizabeth A. Armstrong. 2009. "Gendered Sexuality in Young Adulthood: Double Binds and Flawed Options." *Gender & Society* 23(5): 589–616.

Hamouda, Manel, and Abderrazak Gharbi. 2013. "The Postmodern Consumer: An Identity Constructor?" *International Journal of Marketing Studies* 5(2): 41–49.

Handelman, Jay M., and Robert V. Kozinets. 2007. "Culture Jamming." In *The Blackwell Encyclopedia of Sociology*, edited by George Ritzer, 945–946. Malden, MA: Blackwell.

Haner, Josh. 2016. "Climate Refuges: Bolivia." *New York Times*, July 7.

Hannigan, John. 1998. *Fantasy City: Pleasure and Profit in the Postmodern Metropolis*. London: Routledge.

Hannigan, John. 2007. "Fantasy City." In *The Blackwell Encyclopedia of Sociology*, edited by George Ritzer, 1641–1644. Malden, MA: Blackwell.

Hansen, Michael, Elizabeth Mann Levesque, Diana Quintero, and Jon Valant. 2018. "Have We Made Progress on Educational Achievement Gaps? Looking at Evidence from the NAEP Results." https://www.brookings.edu/blog/brown-center-chalkboard/2018/04/17/have-we-made-progress-on-achievement-gaps-looking-at-evidence-from-the-new-naep-results/.

Hanson, Andrew, and Zackary Hawley. 2010. "Do Landlords Discriminate in the Rental Housing Market? Evidence from an Internet Field Experiment in US Cities." *Journal of Urban Economics* 70: 99–14.

Harmon, Amy. 2019. "Lab Severs Ties with James Watson, Citing 'Unsubstantiated and Reckless' Remarks." *New York Times*, January 11.

Harris, Gardiner, and Edward Wong. 2013. "Where China Meets India in a High-Altitude Desert, Push Comes to Shove." *New York Times*, May 2.

Harris Interactive. 2016. "Doctor Tops List of Prestigious Occupations." *Press release*, March 29. Accessed January 23, 2016. http://media.theharrispoll.com/documentsPrestigious+Occupations_Data+Tables.pdf.

Harris, Richard. 2019. "Suburban Stereotypes." In *The Routledge Handbook of the Suburbs*, edited by Bernadette Hanlon and Thomas Vicino, 29–38. New York: Routledge.

Harrison, Bennett. 1994. *Lean and Mean: The Changing Landscape of Corporate Power in the Age of Flexibility*. New York: Basic Books.

Hart, Betty, and Todd Risley. 1995. *Meaningful Differences in the Everyday Experience of Young American Children*. Baltimore: Paul H. Brookes.

Hart, Jeni. 2016. "Dissecting a Gendered Organization: Implications for Career Trajectories for Mid-Career Faculty Women in STEM." *Journal of Higher Education* 87(5): 605–634.

Hartigan, John. 2014. "Whiteness, Class, and the Legacies of Empire: On Home Ground." *Ethnic and Racial Studies* 37(10): 1941–1944.

Hartmann, Christopher D. 2013. "Garbage, Health, and Well-Being in Managua." *NACLA Report on the Americas* 46(4): 62–65.

Hartmann, Christopher D. 2018. "Waste Picker Livelihoods and Inclusive Neoliberal Municipal Solid Waste Management Policies: The Case of the La Chureca Garbage Dump Site in Managua, Nicaragua." *Waste Management* 71: 565–577.

Hartmann, Heidi. 1979. "Capitalism, Patriarchy, and Job Segregation by Sex." In *Capitalist Patriarchy and the Case for Socialist Feminism*, edited by Z. Eisenstein, 206–247. New York: Monthly Review Press.

Hartz, Marlena. 2018. "Why Hurricane Maria Is No Match for this Mighty Community." *Forbes*, March 19.

Harvey, Adia Wingfield. 2009. "Racializing the Glass Escalator: Reconsidering Men's Experiences with Women's Work." *Gender & Society* 23(1): 5–26.

Harvey, David. 2005. *A Brief History of Neoliberalism*. Oxford, UK: Oxford University Press.

Harvey, David. 2007. "Poverty and Disrepute." In *The Blackwell Encyclopedia of Sociology*, edited by George Ritzer, 3589–3594. Malden, MA: Blackwell.

Hatch, Anthony. 2009. *The Politics of Metabolism: The Metabolic Syndrome and the Reproduction of Race and Racism in the United States*. PhD dissertation, University of Maryland.

Hatch, Anthony. 2016. *Blood Sugar: Racial Pharmacology and Food Justice in Black America*. Minneapolis: University of Minnesota Press.

Hatton, Erin, and Mary Nell Trautner. 2011. "Equal Opportunity Objectification? The Sexualization of Men and Women on the Cover of Rolling Stone." *Sexuality & Culture* 15: 256–278.

Hauskeller, Christine, Steve Sturdy, and Richard Tutton. 2013. "Genetics and the Sociology of Identity." *Sociology* 47: 875–886.

Hay, Harry. 2012. "Birth of a Consciousness." *Gay & Lesbian Review Worldwide* 19: 15–18.

Hayes, Dennis, ed. 2017. *Beyond McDonaldization: Visions of Higher Education*. London: Routledge.

Hayes, Dennis, and Robin Wynyard, eds. 2002. *The McDonaldization of Higher Education*. Westport, CT: Bergin and Garvey.

Haynie, L. 2001. "Delinquent Peers Revisited: Does Network Structure Matter?" *American Journal of Sociology* 106: 1013–1057.

Hays, Sharon. 1998. *The Cultural Contradictions of Motherhood*. New Haven, CT: Yale University Press.

Heckart, Druann Maria, and Daniel Alex Heckart. 2015. "Positive Deviance." In *The Handbook of Deviance*, edited by Erich Goode, 80–100. Malden, MA: Wiley-Blackwell.

Heckman, James. 2006. "Skill Formation and the Economics of Investing in Disadvantaged Children." *Science* 312: 1900–1902.

Heckman, James J., Seong Hyeok Moon, Rodrigo Pinto, Peter A. Savelyev, and Adam Yavitz. 2010. "The Rate of Return to the HighScope Perry Preschool Program." *Journal of Public Economics* 94: 114–128.

Hedgecoe, Adam. 2016. "Reputational Risk, Academic Freedom, and Research Ethics Review." *Sociology* 50: 486–501.

Helle, Horst. 2015. *The Social Thought of Georg Simmel*. Thousand Oaks, CA: Sage.

Heller, Joseph. 1961. *Catch-22*. New York: Simon & Schuster.

Helliwell, Christine. 2000. "'It's Only a Penis': Rape, Feminism, and Difference." *Signs* 25(3): 789–816.

Helweg-Larsen, Marie, and Barbara L. LoMonaco. 2008. "Queuing among U2 Fans: Reactions to Social Norm Violations." *Journal of Applied Social Psychology* 38(9): 2378–2393.

Henderson, Tim. 2016. "For Many Millennials, Marriage Can Wait." Accessed April 26, 2019. https://www.pewtrusts.org/en/research-and-analysis/blogs/stateline/2016/12/20/for-many-millennials-marriage-can-wait.

Henningsen, David Dryden. 2004. "Flirting with Meaning: An Examination of Miscommunication in Flirting Interactions." *Sex Roles* 50: 481–489.

Hepburn, Stephanie, and Rita J. Simon. 2013. *Human Trafficking around the World: Hidden in Plain Sight*. New York: Columbia University Press.

Herbert, Bob. 2011. "Losing Our Way." *New York Times*, March 25. Accessed March 30, 3012. http://www.nytimes.com/2011/03/26opinion/26herbert.html.

Heritage, John, and Tanya Stivers. 2012. "Conversation Analysis and Sociology." In *The Handbook of Conversation Analysis*, edited by J. Sidnell and T. Stivers, 659–673. Malden, MA: Wiley Blackwell.

Herod, Andrew. 2009. *Geographies of Globalization: A Critical Introduction*. Malden, MA: Wiley-Blackwell.

Herrnstein, Richard J., and Charles Murray. 1994. *The Bell Curve: Intelligence and Class Structure in American Life*. New York: Free Press.

Hett, Benjamin Carter. 2018. *The Death of Democracy: Hitler's Rise to Power and the Downfall of the Weimar Republic*. New York: Henry Holt.

Higgins, Andrew. 2016. "Russia's Troll Army Retaliates Against an Effort to Expose It." *New York Times*, May 31.

Hier, Sean. 2017. "Good Moral Panics? Normative Ambivalence, Social Reaction, and Coexisting Responsibilities in Everyday Life." *Current Sociology* 65(6): 867–885.

Higley, John, and Michael Burton. 2006. *Elite Foundations of Liberal Democracy*. Lanham, MD: Rowman & Littlefield.

Hill, Heather. 2018. "Cradle to Kindergarten: A New Plan to Combat Inequality." *Social Service Review* 92(2): 304–307.

Hill, Nancy E., and Joshua B. Marion. 2016. *Introduction to Cybercrime*. Santa Barbara, CA: Praeger.

Hillyard, Daniel. 2007. "Deviance, Criminalization of." In *The Blackwell Encyclopedia of Sociology*, edited by George Ritzer, 1095–1100. Malden, MA: Blackwell.

Himanen, Pekka. 2001. *The Hacker Ethic, and the Spirit of the Information Age*. New York: Random House.

Hirschi, Travis. 1969. *The Causes of Delinquency*. Berkeley: University of California Press.

Hirschi, Travis. 2004. "Self-Control and Crime." In *Handbook of Self-Regulation: Research, Theory, and Application*, edited by R. F. Baumeister and K. D. Vohs, 537–552. New York: Guilford Press.

Hoang, Kimberly Kay. 2015. *Dealing in Desire: Asian Ascendancy,*

Western Decline, and the Hidden Currencies of Global Sex Work. Berkeley: University of California Press.

Hobbs, Mitchell, Stephen Owen, and Livia Gerber. 2017. "Liquid Love? Dating Apps, Sex, Relationship, and the Digital Transformation of Intimacy." *Journal of Sociology* 53(2): 271–284.

Hobsbawm, E. J., and Chris Wrigley. 1999. *Industry and Empire: The Birth of the Industrial Revolution.* New York: New Press.

Hochner, Nicole. 2018. "On Social Rhythm: A Renewed Assessment of Van Gennep's *Rites of Passage.*" *Journal of Classical Sociology* 18(4): 299–312.

Hochschild, Adam. 2011. "Explaining Congo's Endless Civil War." *New York Times Book Review,* April 1. Accessed January 29, 2012. http://www.nytimes.com/2011/04/03/bookreview/book-review-dancing-in-the-glory-of-monsters-the-collapse-of-the-congo-and-the-great-war-of-africa-by-jason-k-stearns.html?pagewanted=all.

Hochschild, Arlie Russell (with Anne Machung). 1989. *The Second Shift.* New York: Viking.

Hochschild, Arlie Russell. 2000. "Global Care Chains and Emotional Surplus Value." In *On the Edge: Living with Global Capitalism,* edited by W. Hutton and A. Giddens. London: Jonathan Cape.

Hochschild, Arlie Russell (with Anne Machung). 2012. *The Second Shift.* Updated ed. New York: Penguin.

Hodge, David. 2008. "Sexual Trafficking in the US: A Domestic Problem with Transnational Dimensions." *Social Work* 53(2): 143–152.

Hodgson, Nichi. 2018. "If You're in a Bad Marriage, Don't Try to Mend It – End It." Accessed April 27, 2019. https://www.theguardian.com/commentisfree/2018/jul/19/bad-marriage-unhappy-marriages-health.

Hodkinson, Paul. 2017. "Bedrooms and Beyond: Youth, Identity, and Privacy on Social Network Sites." *New Media and Society* 19(2): 272–288.

Hoecker-Drysdale, Susan. 2011. "Harriet Martineau." In *The Wiley-Blackwell Companion to Major Social Theorists,* Vol. 1, *Classical Theorists,* edited by George Ritzer and Jeffrey Stepnisky, 61–95. Malden, MA: Wiley-Blackwell.

Hoffman, Jan. 2016. "Estimate of the U.S. Transgender Population Doubles." *New York Times,* July 1.

Hoffman, Lily M., Susan S. Fainstein, and Dennis R. Judd, eds. 2003. *Cities and Visitors: Regulating People, Markets, and City Space.* New York: Blackwell.

Hoffman, Steve. 2013. "Who Needs a General Theory of Social Reality?" *Contemporary Sociology* 42: 51–55.

Högbacka, Riitta. 2017. *Global Families, Inequality, and Transnational Adoption: The de-Kinning of First Mothers.* London: Palgrave Macmillan.

Hogler, Raymond. 2015. *The End of American Labor Unions: The Right-to-Work Movement and the Erosion of Collective Bargaining.* Santa Barbara, CA: Praeger.

Hokayem, Charles, and Misty L. Heggeness. 2014. *Living in Near Poverty in the United States: 1966–2012.* Current Population Reports P60-248. Washington, DC: U.S. Census Bureau, May. Accessed April 19, 2015. https://www.census.gov/prod/2014pubs/p60-248.pdf.

Holcomb, Jeanne. 2017. "Resisting Guilt: Mothers' Breastfeeding Intentions and Formula Use." *Sociological Focus* 50(4): 361–374.

Holdstock, Nick. 2014. "What We Talk about When We Talk about 'the Uyghurs.'" *Dissent* 61: 65–69.

Holland, Samantha. 2013. "Three Generations of Women's Leisure: Changes, Challenges, and Continuities." *Journal of Gender Studies* 22: 309–319.

Hollifield, James E., and David Jacobson. 2012. "Migration and the State." In *The Wiley-Blackwell Encyclopedia of Globalization,* edited by George Ritzer, 1390–1400. Malden, MA: Wiley-Blackwell.

Hollister, Geoff. 2008. *Out of Nowhere: The Inside Story of How Nike Marketed the Culture of Running.* Maidenhead, UK: Meyer and Meyer Sport.

Holt, Douglas B. 2007. "Distinction." In *The Blackwell Encyclopedia of Sociology,* edited by George Ritzer, 1189–1191. Malden, MA: Blackwell.

Holt, John, and Pat Farenga. 2003. *Teach Your Own: The John Holt Book of Homeschooling.* Cambridge, MA: Da Capa Press.

Holt, Justin. 2015. *The Social Thought of Karl Marx.* Thousand Oaks, CA: Sage.

Holton, Robert J. 2011. *Globalization and the Nation State,* 2nd ed. New York: Palgrave Macmillan.

Homans, George. 1961. *Social Behavior: Its Elementary Forms.* New York: Harcourt, Brace, and World.

Homs, Morgan, ed. 2016. *Critical Intersex.* London: Routledge.

Hondagneu-Sotelo, Pierette, and Ernestine Avila. 2005. "'I'm Here, but I'm There': The Meanings of Latina Transnational Motherhood." In *Gender through a Prism of Difference,* edited by M. B. Zinn, P. Hondagneu-Sotelo, and M. Messner. New York: Oxford University Press.

Hood, Roger, and Carolyn Hoyle. 2015. *The Death Penalty: A Worldwide Perspective,* 5th ed. Oxford, UK: Oxford University Press.

hooks, bell. 2000. *Feminist Thought: From Margin to Center.* Cambridge, MA: South End Press.

Horak, Sven, and Andreas Klein. 2016. "Persistence of Informal Social Networks in East Asia: Evidence from South Korea." *Asia Pacific Journal of Management* 33(3): 673–694.

Horkheimer, Max, and Theodor W. Adorno. [1944] 1997. *Dialectic of Enlightenment,* translated by J. Cumming. London: Verso Books.

Horrey, William J., and Christopher D. Wickens. 2006. "Examining the Impact of Cell Phone Conversations on Driving Using Meta-Analytic Techniques." *Human Factors* 48: 196–205.

Horton, Alicia D. 2013. "Flesh Hook Pulling: Motivations and Meaning-Making from the 'Body Side' of Life." *Deviant Behavior* 34: 115–134.

Hoskin, Marilyn. 2017. *Understanding Immigration: Issues and Challenges in the Era of Mass Population Movement.* Albany: SUNY Press.

Hout, Michael. 2015. "A Summary of What We Know about Social Mobility." *The Annals* 657: 27–36.

Howard, Jacqueline. 2018. "Ebola Outbreak 2018: What's Different This Time?" Accessed April 27, 2019. https://www.cnn.com/2018/05/29/health/ebola-outbreak-2018-response-explainer/index.html.

Howard, Marc Morjé. 2017. *Prison, Punishment, and Real American Exceptionalism.* Oxford, UK: Oxford University Press.

Howard, Vicki. 2015. *From Main Street to Mall: The Rise and Fall of the American Department Store.* Philadelphia: University of Pennsylvania Press.

Howe, Peter D., Matto Mildenberger, Jennifer R. Marlon, and Anthony Leiserowitz. 2015. "Geographic Variation in Opinions on Climate Change at State and Local Scales in the USA." *Nature Climate Change* 5: 596–603. doi:10.1038/nclimate2583

Howell, James, and Elizabeth Griffiths. 2019. *Gangs in America's Communities,* 3rd ed. Thousand Oaks: Sage.

Hsiao, William, Mingqiang Li, and Shufang Zhang. 2017. "China's Universal Health Care Coverage." In *Towards Universal Health Care in Emerging Economies. Social Policy in a Development Context,* edited by Ilcheong Yi. London: Palgrave Macmillan.

Hu, Winnie. 2017. "An Endangered Call of the New York Wild: Taxi!" *New York Times,* January 16.

Huaco, George. 1966. "The Functionalist Theory of Stratification: Two Decades of Controversy." *Inquiry* 9: 215–240.

Huang, Penelope M., Pamela J. Smock, Wendy D. Manning, and Cara A. Bergstrom-Lynch. 2011. "He Says, She Says: Gender and Cohabitation." *Journal of Family Issues* 32: 876–905.

Hubbard, Phil, Andrew Gormley-Murray, and Catherine J. Nash. 2015. "Cities and Sexualities." In *Handbook of the Sociology of Sexualities,* edited by John DeLemater and Rebecca F. Plante, 287–303. New York: Springer.

Huddleston, Gabriel S., Julie C. Garlen, and Jennifer A. Sandlin. 2016. "The New Dimension of Disney Magic." In *Disney, Culture, and Curriculum,* edited by Jennifer A. Sandlin and Julie C. Garlen, 220–232. New York: Routledge.

Hughes, Donna M. 2000. "Welcome to the Rape Camp: Sexual Exploitation and the Internet in Cambodia." *Journal of Sexual Aggression* 6: 1–23.

Hughes, Melanie, and Kjerulf Johsua Dubrow. 2018. "Intersectionality and Women's Political Empowerment Worldwide." In *Measuring Women's Political Empowerment across the Globe. Gender and Politics,* edited by Alexander Amy, Catherine Bolzendahl, and Farida Jalalzai, 77–96. Cham, Switzerland: Palgrave Macmillan.

Hughes, Stuart. 2014. "Bosnia's Wartime Rape Survivors Losing Hope of Justice." BBC News, April 1. Accessed April 27, 2019. https://www.bbc.com/news/world-europe-26833510.

Hughey, Mathew W., and W. Carson Byrd. 2015. "Beautiful Melodies Telling Me Terrible Things: The Future of Race and Genetics for Scholars and Policy-Makers." *The Annals* 661: 238–258.

Hull, Rosamond. 2018. "This Is the State of LGBTI Rights around the World in 2018." World Economic Forum. Accessed April 27, 2019. https://www.weforum.org/agenda/2018/06/lgbti-rights-around-the-world-in-2018/.

Human Rights Watch and ACLU. 2016. "Every 25 Seconds." Accessed April 27, 2019. https://www.hrw.org/report/2016/10/12/every-25-seconds/human-toll-criminalizing-drug-use-united-states.

Humphreys, Laud. 1970. *Tearoom Trade: A Study of Homosexual Encounters in Public Places*. Chicago: Aldine.

Hunt, Deborah Dolan. 2017. *Fast Facts about the Nursing Profession: Historical Perspectives*. New York: Springer.

Hunter, James Davison. 1992. *Culture Wars: The Struggle to Control the Family, Art, Education, Law, and Politics in America*. New York: Basic Books.

Huntington, Samuel P. 1996. *The Clash of Civilizations and the Remaking of the World Order*. New York: Simon & Schuster.

Hurdle, Jon. 2014. "A Casino Shuts Down amid Tears and Questions about a City's Direction." *New York Times*, September 1.

Hussain, Zaheer, and Mark Griffiths. 2008. "Gender Swapping and Socializing in Cyberspace: An Exploratory Study." *CyberPsychology & Behavior* 11(1): 47–53.

Hutson, David J. 2016. "Training Bodies, Building Status: Negotiating Age and Gender Differences in the U.S. Fitness Industry." *Qualitative Sociology* 39: 49–70.

Hyman, Louis. 2018. *Temp: How American Work, American Business, and the American Dream Became Temporary*. New York: Viking.

Ibáñez-Cubillas, Pilar, Cristina Diaz-Martin, and Ana-Belen Pérez-Torregrosa. 2017. "Social Networks and Childhood. New Agents of Socialization." *Procedia Social and Behavioral Sciences* 237(11): 64–69.

Iceland, John. 2013. *Poverty in America: A Handbook*. Updated ed. Berkeley: University of California Press.

Illouz, Eva. 2018. "Is Love Still Part of the Good Life?" In *The Good Life and Beyond*, edited by Hartmut Rosa and Christoph Henning. New York: Routledge.

Imtiaz, Saba, and Declan Walsh. 2015. "Pakistan Raids Offices of Fake Diploma Company." *New York Times*, May 20.

Inda, Jonathan Xavier. 2012. "Flows." In *The Wiley-Blackwell Encyclopedia of Globalization*, edited by George Ritzer, 668–670. Malden, MA: Wiley-Blackwell.

Inglehart, Ronald, and Wayne E. Baker. 2000. "Modernization, Cultural Change, and the Persistence of Traditional Values." *American Sociological Review* 65: 19–51.

Inglehart, Ronald, Roberto Foa, Christopher Peterson, and Christian Welzel. 2008. "Development, Freedom, and Rising Happiness: A Global Perspective (1981–2007)." *Perspectives on Psychological Science* 3(4): 264–285.

Inglis, David. 2016. "Globalization and Food." In *The Routledge International Handbook of Global Studies*, 2nd ed., edited by Bryan S. Turner and Robert S. Holton, 469–489. New York: Routledge.

Inglis, David. 2017. "Cultural Imperialism." Wiley Online Library. Accessed May 2, 2019. https://onlinelibrary.wiley.com/doi/abs/10.1002/9781118430873.est0798.

Ingoldsby, Bron B., and Suzanna D. Smith, eds. 2006. *Families in Global and Multicultural Perspective*, 2nd ed. Thousand Oaks, CA: Sage.

Innis, Michelle. 2016. "Climate-Related Death of Coral Around the World Alarms Scientists." *New York Times*, April 9.

Insch, Gary S., Nancy McIntyre, and Nancy C. Napier. 2008. "The Expatriate Glass Ceiling: The Second Layer of Glass." *Journal of Business Ethics* 83: 19–28.

Intergovernmental Panel on Climate Change. 2007. "Summary for Policymakers." In *Climate Change 2007: The Physical Science Basis*, edited by S. Solomon, D. Qin, M. Manning, Z. Chen, M. Marquis, K. B. Averyt, M. Tignor, and H. L. Miller. *Contribution of Working Group I to the Fourth Assessment Report of the Intergovernmental Panel on Climate Change*. Cambridge, UK: Cambridge University Press.

Interlandi, Jeneen. 2010. "Why the Palace Fell: Lessons Learned from the Destruction of Haiti's Presidential Home." *Newsweek*, January 20. Accessed March 31, 2012. http://www.thedailybeast.com/newsweek/2010/01/20/why-the-palace-fell.html.

International Labour Organization. 2014. *Tackling Informality in E-waste Management*. Geneva: Author.

International Labour Organization. 2017. "Forced Labour, Modern Slavery, and Human Trafficking." Accessed April 27, 2019. https://www.ilo.org/global/topics/forced-labour/lang--en/index.htm.

International Monetary Fund. 2011. "WEO Data: April 2011 Edition." Accessed May 26, 2011. http://www.imf.org/external/pubs/ftweo/2011/01/weodata/WEOApr2011all.xls.

International Organization for Migration. 2018. "World Migration 2005: Costs and Benefits of International Migration." Retrieved March 30, 2012. http://www.iom.int/jahia/Jahia/cache/offonce/pid/1674?entryId=932.

Intersex Society of North America. 2008. "FAQ: What Is Intersex?" Accessed May 15, 2015. http://www.isna.org/faq/what_is_intersex.

Intravia, Jonathan, Shayne Jones, and Alex R. Piquero. 2012. "The Roles of Social Bonds, Personality, and Perceived Costs: An Empirical Investigation into Hirschi's 'New' Social Control Theory." *International Journal of Offender Therapy and Comparative Criminology* 56: 1182–1200.

Irvine, Leslie. 2004. "A Model of Animal Selfhood: Expanding Interactionist Possibilities." *Symbolic Interaction* 27: 3–21.

Irwin, Neil. 2016. "Rich People Are Living Longer: That's Tilting Social Security in Their Favor." *New York Times*, April 22.

Irwin, Neil. 2018. "Should the Fed Create 'Fedcoin' to Rival Bitcoin? A Former Top Official Says 'Maybe'." *New York Times*, May 4.

Ives, Mike. 2016. "A Remote Pacific Nation, Threatened by Rising Seas." *New York Times*, July 2.

Ives, Mike, and Vindu Goel. 2018. "Beyonce, Bhangra, and a Bill in the Millions: The Wedding That Has India Obsessed." *New York Times*, December 11.

Jackson, Margot I., and Susan L. Moffitt. 2017. "The State of Unequal Educational Opportunity: Introduction to the Special Issue on the Coleman Report 50 Years Later." *The ANNALS of the American Academy of Political and Social Science* 674(1): 6–8.

Jackson, Michelle, and D. R. Cox. 2013. "Principles of Experiment al Design and Their Application to Sociology." *Annual Review of Sociology* 39: 27–49.

Jackson, Shirley A. 2007. "Majorities." In *The Blackwell Encyclopedia of Sociology*, edited by George Ritzer, 2701–2702. Malden, MA: Blackwell.

Jackson, Stevi. 2017. "Sexual Scripting." In *The Wiley-Blackwell Encyclopedia of Social Theory*, edited by Bryan Turner et al. Malden, MA: Wiley-Blackwell.

Jackson, Tim. 2014. "Sustainable Consumption." In *Handbook of Sustainable Development*, 2nd ed., edited by Giles Atkinson, Simon Dietz, Eric Neumayer, and Matthew Agarwala, 279–290. Northampton, MA: Edward Elgar.

Jackson-Jacobs, Curtis. 2005. "Hard Drugs in a Soft Context: Managing Trouble and Crack Use on a College Campus." *Sociological Quarterly* 45(4): 835–856.

Jacobs, Andrew. 2013. "Uighurs in China Say Bias Is Growing." *New York Times*, October 8.

Jacobs, Harrison. 2014. "We Ranked YouTube's Biggest Stars by How Much Money They Make." *Business Insider*, March 10. Accessed April 22, 2015. http://www.businessinsider.com/richest-youtube-stars-2014-3?op=1.

Jacobs, Nicholas. 2013. "Racial, Economic, and Linguistic Segregation: Analyzing Market Supports in the District of Columbia's Public Charter Schools." *Education and Urban Society* 45(1): 120–141.

Jacobsen, Joannes. 2015. "Revisiting the Modernization Hypothesis: Longevity and Democracy." *World Development* 67: 174–185.

Jacobsen, Michael Hviid, and Soren Kristiansen. 2015. *The Social Thought of Erving Goffman*. Thousand Oaks, CA: Sage.

Jamal, Ahmad, Lisa Penaloza, and Michel LaRouche, eds. 2015. *The Routledge Companion to Ethnic Marketing*. New York: Routledge.

James, Nalita. 2016. "Using Email Interviews in Qualitative Research: Creating Space to Think and Time to Talk." *International Journal of Qualitative Studies in Education* 29: 150–163.

James, William. [1902] 1960. *The Varieties of Religious Experience*. New York: Random House.

Jamieson, Kathleen Hall. 2018. *Cyberwar: How Russian Hackers and Trolls Helped Elect a President*. New York: Oxford University Press.

Jamieson, Lynn. 2011. "Intimacy as a Concept: Explaining Social Change in the Context of Globalisation of Another Form of Ethnocentrism?" *Sociological Research Online* 16(4). Accessed April 19, 2015. http://www.socre sonline.org.uk/16/4/15.html.

Janoski, Thomas. 2015. "The New Division of Labor as Lean Production." *International Journal of Sociology* 45: 85–94.

Jarvis, Benjamin, and Xi Song. 2017. "Rising Intragenerational Occupational Mobility in the United States, 1969–2011." *American Sociological Review* 82(3): 568–599.

Jasper, James. 1997. *The Art of Moral Protest*. Chicago: University of Chicago Press.

Jay, Martin. 1973. *The Dialectical Imagination*. Boston: Little Brown.

Jean-Charles, Régine Michelle. 2010. "Cracks of Gender Inequality: Haitian Women after the Earthquake." Social Science Research Council. Accessed March 30, 2012. http://www.ssrc.org/features/pages/haiti-now-and-next/1338/1428.

Jefferson, Gail. 1979. "A Technique for Inviting Laughter and Its Subsequent Acceptance Declination." In *Everyday Language: Studies in Ethnomethodology*, edited by G. Psathas, 79–96. New York: Irvington.

Jemielniak, Dariusz. 2016. "Breaking the Glass Ceiling on Wikipedia." *Feminist Review* 1: 103–108.

Jenkins, J. C. 1983. "Resource Mobilization Theory and the Study of Social Movements." *Annual Review of Sociology* 9: 248–267.

Jenness, Valerie. 2004. "Explaining Criminalization: From Demography and Status Politics to Globalization and Modernization." *Annual Review of Sociology* 30: 141–171.

Jensen, Gary F. 1988. "Functional Perspectives on Deviance: A Critical Assessment and Guide for the Future." *Deviant Behavior* 9: 1–17.

Jerolmack, Colin. 2009. "Humans, Animals, and Play: Theorizing Interaction When Intersubjectivity Is Problematic." *Sociological Theory* 27(4): 371–389.

Jerolmack, Colin. 2013. *The Global Pigeon*. Chicago: University of Chicago Press.

Jerryson, Michael, ed. 2017. *The Oxford Handbook of Contemporary Buddhism*. New York: Oxford University Press.

Jilani, Seema. 2018. "What Refugees Face on the World's Deadliest Migration Route." *New York Times*, April 26.

Johns, Nicole, Krycia Cowling, and Emmanuela Gakidou. 2013. "The Wealth (and Health) of Nations: A Cross-Country Analysis of the Relation between Wealth and Inequality in Disease Burden Estimation." *The Lancet* 381: S66.

Johnson, C., R. Ford, and J. Kaufman. 2000. "Emotional Reactions to Conflict: Do Dependence and Legitimacy Matter?" *Social Forces* 79(1): 107–137.

Johnson, Christopher, Jordan Kelch, and Roxanna Johnson. 2017. "Dementia at the End of Life and Family Partners: A Symbolic Interactionist Perspective on Communication." *Behavioral Sciences* 7(3): 1–10.

Johnson, David K. 2004. *The Lavender Scare: The Cold War Persecution of Gays and Lesbians in the Federal Government*. Chicago: University of Chicago Press.

Johnson, Kirk. 2011. "At 84 Square Feet, Home Takes Tiny House Movement Tinier." *New York Times*, December 2. Accessed May 13, 2015. http://www.nytimes.com/2011/12/03us/at-84-square-feet-home-takes-tiny-house-movement-tinier.html?_r=0.

Johnson, Sean F. 2018. "The Technological Fix as Cure-All: Origins and Implication." *IEEE Technology and Society Magazine* 37: 47–54.

Johnston, Lloyd D., Patrick M. O'Malley, Jerald G. Bachman, John E. Schulenberg, and Richard A. Miech. 2014. *Monitoring the Future National Survey Results on Drug Use, 1975–2013*, Vol. 2, *College Students and Adults Ages 19–55*. Ann Arbor: Institute for Social Research, University of Michigan. Accessed April 24, 2015. http://monitoringthefuture.org/pubs/monographs/mtf-vol2_2013.pdf.

Jolly, David. 2012. "Amsterdam Shops Selling Marijuana to Stay Open." *New York Times*, November 1.

Jolly, David. 2014. "Heat Waves in Europe Will Increase Study Finds." *New York Times*, December 9.

Jones, Jeffery. 2017. "Americans Hold Record Liberal Views on Most Moral Issues." Gallup. Accessed April 27, 2019. https://news.gallup.com/poll/210542/americans-hold-record-liberal-views-moral-issues.aspx

Jones, Nicholas, and Jungmiwha Bullock. 2013. "Understanding Who Reported Multiple Races in the U.S. Decennial Census: From Census 2000 and the 2010 Census." *Family Relations* 62: 5–16.

Jones, Richard G. 2015. "Queering the Body Politic: Intersectional Reflexivity in the Body Narratives of Queer Men." *Qualitative Inquiry* 21: 766–775.

Jones, Steven T. 2011. *The Tribes of Burning Man: How an Experiment in the Desert Is Shaping the New American Counterculture*. San Francisco: Consortium of Collective Consciousness.

Joppke, Christian. 2009. *Veil: Mirror of Identity*. Cambridge, UK: Polity Press.

Jordan, Mary. 2007. "The New Face of Global Mormonism: Tech-Savvy Missionary Church Thrives as Far Afield as Africa." *Washington Post*, November 19.

Jose, Paul E., Kerstin Kramar, and Yubo Hou. 2014. "Does Brooding Rumination Moderate the Stress to Depression Relationship Similarly for Chinese and New Zealand Adolescents?" *Journal of Educational and Developmental Psychology* 4(1): 114–127.

Joy, Annamma, Russell W. Belk, Steve Charters, Jeff Jian Feng Wang, and Camilo Peña. 2018. "Performance Theory and Consumer Engagement: Wine-Tourism Experiences in South Africa and India." In *Consumer Culture Theory*, edited by Samantha N. N. Cross, Cecilia Ruvalcaba, Alladi Venkatesh, and Russell W. Belk, 163–187. Bingley UK: Emerald Group.

Joyner, Chris. 2010. "Miss. Prom Canceled after Lesbian's Date Request." *USA Today*, March 11. Accessed March 30, 2012. http://www.usatoday.com/news/nation/2010-03-10-noprom_N.htm.

Juergensmeyer, Mark. 2003. *Terror in the Mind of God: The Global Rise of Religious Violence*. Berkeley: University of California Press.

Juergensmeyer, Mark. 2009. *Global Rebellion: Religious Challenges to the Secular State, from Christian Militias to al Qaeda*. Berkeley: University of California Press.

Jula, Megan, and Julia Preston. 2016. "Delayed Care Faulted in Immigrants' Deaths at Detention Centers." *New York Times*, July 7.

Jung, Moon-Kie, João H. Costa Vargas, and Eduardo Bonilla-Silva, eds. 2011. *State of White Supremacy: Racism, Governance, and the United States*. Stanford CA: Stanford University Press.

Junger, Sebastian. 2016. *Tribe: On Homecoming and Belonging*. New York: 12 Books.

Juozeliūnienė, Irena, and Irma Budginaitė. 2018. "How Transnational Mothering Is Seen to Be 'Troubling': Contesting and Reframing Mothering." *Sociological Research Online* 23(1): 262–281.

Jurgenson, Nathan. 2012. "When Atoms Meet Bits: Social Media, the Mobile Web, and Augmented Revolution." *Future Internet* 4: 83–91.

Juris, Jeffrey S. 2005. "The New Digital Media and Activist Networking within Anti-Corporate Globalization Movements." *Annals of the American Academy of Political and Social Science* 597(January): 189–208.

Kaeble, Danielle, and Mary Cowhig. 2018. "Correctional Population in the United States, 2016." U.S. Department of Justice, Bureau of Justice Statistics. https://www.bjs.gov/index.cfm?ty=pbdetail&iid=6226.

Kahlenberg, Richard D., ed. 2010. *Affirmative Action for the Rich: Legacy Preferences in College Admissions*. Washington, DC: Brookings Institution Press.

Kahlenberg, Susan G., and Michelle M. Hein. 2010. "Progression on Nickelodeon? Gender-Role Stereotypes in Toy Commercials." *Sex Roles* 62(11–12): 830–847.

Kahn, Richard, and Douglas Kellner. 2007. "Resisting Globalization." In *The Blackwell Companion to Globalization*, edited by George Ritzer, 662–674. Malden, MA: Blackwell.

Kaiser Family Foundation. 2015. "Population Distribution by Gender." Accessed January 25, 2017. http://kff.org/other/state-indicator/distribution-by-gender/?currentTimeframe=0&sortModel=%7B%22colId%22:%22Location%22,%22sort%22:%22asc%22%7D.

Kaiser Family Foundation. 2016. "Poverty Rate by Race/Ethnicity." Accessed January 26, 2017. http://kff.org/other/state-indicator/poverty-rate-by-raceethnicity/?currentTimeframe=0&sortModel=%7B%22colId%22:%22Location%22,%22sort%22:%22asc%22%7D.

Kaiser Family Foundation. 2019. "The Global HIV/AIDS Epidemic." Accessed April 27, 2019. https://www.kff.org/global-health-policy/fact-sheet/the-global-hivaids-epidemic/.

Kalberg, Stephen. 1980. "Max Weber's Types of Rationality: Cornerstones for the Analysis of Rationalization Processes in History." *American Journal of Sociology* 85(5): 1145–1179.

Kalberg, Stephen. 2011. "Max Weber." In *The Wiley-Blackwell Companion to Major Social Theorists*, Vol. 1, *Classical Theorists*, edited by George Ritzer and Jeffrey Stepnisky, 305–372. Malden, MA: Wiley-Blackwell.

Kalberg, Stephen. 2017. *The Social Thought of Max Weber*. Thousand Oaks, CA: Sage.

Kaldor, Mary. 2018. *Global Security Cultures*. Cambridge, UK: Polity Press.

Kalev, Alexandra. 2009. "Cracking the Glass Cages? Restructuring and Ascriptive Inequality at Work." *American Journal of Sociology* 114: 1591–1643.

Kalleberg, Arne L., and Michael Dunn, 2016. "Good Jobs, Bad Jobs in the Gig Economy." *Perspectives on Work* 10–14.

Kalleberg, Arne L., and Ted Mouw. 2018. "Occupations, Organizations, and Intragenerational Career Mobility." *Annual Review of Sociology* 44: 283–303.

Kaminer, Ariel, and Sean O'Driscoll. 2014. "Workers at N.Y.U.'s Abu Dhabi Site Faced Harsh Conditions." *New York Times*, May 18.

Kane, Emily W. 2006. "'No Way My Boys Are Going to Be Like That!' Parents' Responses to Children's Gender Nonconformity." *Gender & Society* 20(2): 149–176.

Kane, Emily W. 2012. *The Gender Trap: Parents and the Pitfalls of Raising Boys and Girls*. New York: New York University Press.

Kane, Emily W. 2018. "Parenting and Gender." In *Handbook of Sociology of Gender*, 2nd ed., edited by Barbara Risman, Carissa M. Froyum, and William J. Scarborough. Cham, Switzerland: Springer.

Kang, Cecilia. 2016. "Court Backs Ruling Treating Internet as a Utility, Not Luxury." *New York Times*, June 14.

Kang, Miliann, and Katherine Jones. 2007. "Why Do People Get Tattoos?" *Contexts* 6(1): 42–47.

Kanter, James, and Sewell Chan. 2016. "Europe, Reeling from Strain, Tells Economic Migrants: Don't Bother." *New York Times*, March 3.

Kaoma, Kapya. 2014. "The Paradox and Tension of Moral Claims: Evangelical Christianity, the Politicization and Globalization of Sexual Politics in Sub-Saharan Africa." *Critical Research on Religion* 2(3): 227–245.

Kaplan, Fred. 2016. *Dark Territory: The Secret History of Cyber War*. New York: Simon and Schuster.

Karlson, Kristian Berndt. 2015. "Expectations on Track? High School Tracking and Adolescent Educational Expectations." *Social Forces* 94: 115–141.

Karstedt, Suzanne. 2016. "Genocide." In *The Wiley-Blackwell Encyclopedia of Race, Ethnicity, and Nationalism*, edited by John Stone, Rutledge M. Dennis, Polly Rizova, Anthony D. Smith, and Xiaoshuo Hou. Malden, MA: Wiley-Blackwell.

Kasarda, John D. 2016. "Welcome to Aerotropolis, the City of the Future." *The World Post*, May 1. Accessed March 13, 2017. http:/ www.huffingtonpost.com/john-d-kasardaaerotropolis-city-future_b_7269152.html.

Kasarda, John D., and Greg Lindsay. 2011. *Aerotropolis: The Way We'll Live Next*. New York: Farrar, Straus and Giroux.

Kasten, Erich. 2004. *Properties of Culture, Culture as Property: Pathways to Reform in Post-Soviet Siberia*. Berlin: Reimer.

Katz, Jonathan Ned. 2004. "'Homosexual' and 'Heterosexual': Questioning the Terms." In *Sexualities: Identities, Behaviors, and Society*, edited by M. S. Kimmel and R. F. Plante, 44–46. New York: Oxford University Press.

Katz, Lawrence, and Alan Krueger. 2017. "Documenting Decline in U.S. Economic Mobility." *Science* 356(6336): 382–383.

Katz-Gerro, Tally, and Mads Meier Jaeger. 2013. "Top of the Pops, Ascend of the Omnivores, Defeat of the Couch Potatoes: Cultural Consumption Profiles in Denmark 1975–2004." *European Sociological Review* 29(2): 243–260.

Kaufman, Dan. 2016. "Which Side Are You On, Hillary?" *New York Times*, March 12.

Kaufman-Scarbrough, Carol. 2006. "Time Use and the Impact of Technology: Examining Workspaces in the Home." *Time and Society* 15(1): 57–80.

Kauppinen, Ilkka. 2013. "Academic Capitalism and the Informational Fraction of the Transnational Capitalist Class." *Globalisation, Societies and Education* 11: 1–22.

Keane, John. 2003. *Global Civil Society*. Cambridge, UK: Cambridge University Press.

Kefalas, Maria J., Frank F. Furstenberg, Patrick J. Carr, and Laura Napolitano. 2011. "Marriage Is More than Being Together." *Journal of Family Issues* 32(7): 845–875.

Keller, Bill. 1990. "Of Famous Arches, Been Meks and Rubles." *New York Times*, January 28.

Keller, Jared. 2018. "How Celebrity Deaths Reveal the Hidden Threat of Suicide Contagion." *Pacific Standard*, January 12.

Kellerhals, Jean, and E. D. Widmer. 2016. "Family Conflict." In *The Blackwell Encyclopedia of Sociology*, edited by G. Ritzer. Malden, MA: Blackwell. doi:10.1002/9781405165518.wbeosf010.pub2

Kellezi, Blerina, and Stephen Reicher. 2014. "The Double Insult: Explaining Gender Differences in the Psychological Consequences of War." *Peace & Conflict* 20(4): 491–504.

Kellner, Douglas. 2008. *Guys and Guns Amok*. New York: Routledge.

Kellner, Douglas. 2011. "Jean Baudrillard." In *The Wiley-Blackwell*

Companion to Major Social Theorists, Vol. 1, *Classical Theorists*, edited by George Ritzer and Jeffrey Stepnisky, 310–339. Malden, MA: Wiley-Blackwell.

Kellner, Douglas, and Tyson E. Lewis. 2007. "Cultural Critique." In *The Blackwell Encyclopedia of Sociology*, edited by George Ritzer, 896–898. Malden, MA: Blackwell.

Kelly, Erin, Phyllis Moen, J. Michael Oakes, Wen Fan, Cassandra Okechukwu, Kelly D. Davis, Leslie B. Hammer, Ellen Ernst Kossek, Rosalind Berkowitz King, Ginger C. Hanson, Frank Mierzwa, and Lynne M. Casper. 2014. "Changing Work and Work-Family Conflict Evidence from the Work, Family, and Health Network." *American Review of Sociology* 79(3): 485–516.

Kelly, Sean. 2004. "Are Teachers Tracked? On What Basis and with What Consequences?" *Social Psychology of Education* 7: 55–72.

Kempadoo, Kamala. 1996–1997. "'Sandoms' and Other Exotic Women: Prostitution and Race in the Caribbean." *Race and Reason* 1(3): 48–53.

Kennedy, M. Alexis, Carolin Klein, Jessica T. K. Bristowe, Barry S. Cooper, and John C. Yuille. 2007. "Routes of Recruitment: Pimps' Techniques and Other Circumstances that Lead to Street Prostitution." *Journal of Aggression, Maltreatment and Trauma* 15(2): 1–19.

Kennedy, Melanie, and Natalie Coulter. 2018. "Introduction: Locating Tween Girls." *Girlhood Studies* 11: 1–7.

Kenny, Ursula, Mary-Pat O'Malley-Keighran, Michal Molcho, and Colette Kelly. 2017. "Peer Influence on Adolescent Body Image: Friends or Foes?" *Journal of Adolescent Research* 32(6): 768–799.

Kenway, Jane, and Cameron McCarthy, eds. 2016. *Elite Schools in Globalizing Circumstance*. New York: Routledge.

Kerber, Linda K. 1988. "Separate Spheres, Female Worlds, Woman's Place: The Rhetoric of Women's History." *Journal of American History* 75(1): 9–39.

Kern, Soeren. 2014. "The Islamization of Belgium and the Netherlands in 2013." Gatestone Institute, International Policy Council, January 13. Accessed April 27, 2015. http://www.gatestoneinstitute.org/4129/islamization-bel gium-netherlands.

Kershaw, Sarah. 2008. "Starving Themselves, Cocktail in Hand." *New York Times*, March 2. Accessed January 1, 2012. http://www.nytimes.com/2008/03/02/fashion/02drunk.html.

Khan, Shamus Rahman. 2011. *Privilege: The Making of an Adolescent Elite at St. Paul's School*. Princeton, NJ: Princeton University Press.

Khanna, Nikki, and Cherise A. Harris. 2015. "Discovering Race in a 'Post-racial' World: Teaching Race through Primetime Television." *Teaching Sociology* 43: 39–45.

Kharif, Olga. 2014. "Not Just for Libertarians and Anarchists Anymore." *Bloomberg*, October 9.

Khazan, Olga. 2018. "Being Black in America Can Be Hazardous to Your Health." *The Atlantic*, July/August.

Khrais, Reema. 2013. "Showing Off Shopping Sprees, Fashion 'Haulers' Cash in Online." NPR, March 14. Accessed April 19, 2015. http://www.npr.org/2013/03/14/174305909showing-off-shopping-sprees-fashion-haulers-cash-in-online.

Khuong, Mai Ngoc, and Nguyen Thi Lan Chi. 2017. "Effects of the Corporate Glass Ceiling Factors on Female Employees Organizational Commitment: An Empirical of Ho Chi Minh City, Vietnam." *Journal of Advanced Management Science* 5(4): 255–263.

Kidder, Jeffrey L. 2012. "Parkour, the Affective Appropriation of Urban Space, and the RealVirtual Dialectic." *City and Community* 11: 229–253.

Kim, Mingyung, Jeeyeon Kim, Jeonghye Choi, and Minakshi Trivedi. 2017. "Mobile Shopping Through Applications: Understanding Application Possession and Mobile Purchase." *Journal of Interactive Marketing* 39: 55–68.

Kimmel, Michael S., ed. 2014. *Sexualities, Identities, and Behaviors*, 2nd ed. New York: Oxford University Press.

Kimmel, Michael S. 2016. *The Gendered Society*, 6th ed. New York: Oxford University Press.

Kimmelman, Michael. 2016. "The Vertical Frontier." *New York Times Magazine*, June 5.

King, Anthony. 2004. *The Structure of Social Theory*. London: Routledge.

Kingsley, Patrick. 2018a. "As West Fears the Rise of Autocrats, Hungary Shows What's Possible." *New York Times*, February 10.

Kingsley, Patrick. 2018b. "Hungary Criminalizes Aiding Illegal Immigrants" *New York Times*, June 20.

Kirk, Roger E. 2007. "Experimental Design." In *The Blackwell*

Encyclopedia of Sociology, edited by George Ritzer, 1533–1537. Malden, MA: Blackwell.

Kitchener, Caroline. 2018. "The Age of 'Shotgun Cohabitation.'" *The Atlantic*, April 25.

Kituyi, Mukhisa, and Peter Thomson. 2018. "90 percent of Fish Stocks Are Used Up." https://unctad.org/en/pages/newsdetails .aspx?OriginalVersionID=1812

Kivisto, Peter, and Paul R. Croll. 2012. *Race and Ethnicity: The Basics*. New York: Routledge.

Kivisto, Peter, and Thomas Faist. 2010. *Beyond the Border: The Causes and Consequences of Contemporary Immigration*. Thousand Oaks, CA: Pine Forge Press.

Kleer, Jerzy, and Katarzyna Anna Nawrot, eds. 2018. *The Rise of Megacities: Challenges, Opportunities, and Unique Characteristics*. London: World Scientific Europe.

Klein, Kate, Alix Holtby, Katie Cook, and Rob Travers. 2015. "Complicating the Coming Out Narrative: Becoming Oneself in a Heterosexist and Cissexist World." *Journal of Homosexuality* 62(3): 297–326.

Klein, Markus. 2016. "Educational Expansion, Occupational Closure, and the Relation between Educational Attainment and Occupational Prestige over Time." *Sociology* 50: 3–23.

Klein, Naomi. [2000] 2010. *No Logo: Taking Aim at the Brand Bullies*. Toronto: Vintage.

Kleinman, Daniel Lee, and Robert Osley-Thomas. 2016. "Codes of Commerce and Codes of Citizenship: A Historical Look at Students as Consumers with US Higher Education." In *The University Under Pressure*, edited by Elisabeth Popp Berman and Catherine Paradeise, 197–220. Bingley, UK: Emerald.

Klieder-Offutt, Heather, Alesha Bond, and Shanna Hegerty. 2017. "Black Stereotypical Features: When a Face Type Can Get You in Trouble." *Current Directions in Psychological Science* 26(1): 28–33.

Kline, Benjamin. 2011. *First Along the River: A Brief History of the U.S. Environmental Movement*. New York: Rowman & Littlefield.

Kline, Ronald R. 2015. *The Cybernetics Moment: or Why We Call Our Age the Information Age*. Baltimore: Johns Hopkins University Press.

Klinenberg, Eric. 2012. *Going Solo: The Extraordinary Rise and Surprising Appeal of Living Alone*. New York: Penguin.

Klinenberg, Eric. 2015. *Heat Wave: A Social Autopsy of Disaster in Chicago*. Chicago: University of Chicago Press.

Knoblauch, Hubert, and Rene Wilke. 2016. "The Common Denominator: The Reception and Impact of Berger and Luckman's The Social Construction of Reality." *Human Studies* 39: 51–69.

Knorr Cetina, Karin. 2012. "Financial Markets." In *The Encyclopedia of Globalization*, edited by George Ritzer, 653–664. Malden, MA: Wiley-Blackwell.

Knott, Eleanor. 2017. "Nationalism and Belonging: Introduction." *Nations and Nationalism* 23(2): 220–226.

Koblin, John, Emily Steel, and Jim Rutenberg. 2016. "Roger Ailes Leaves Fox News, and Rupert Murdoch Steps In." *New York Times*, July 21.

Koch, Jerome R., Alden E. Roberts, Myrna L. Armstrong, and Donna C. Owen. 2010. "Body Art, Deviance, and American College Students." *Social Science Journal* 47: 151–161.

Kohler, Kristopher. 2012. "World Social Forum." In *The Wiley-Blackwell Encyclopedia of Globalization*, edited by George Ritzer, 2325–2327. Malden, MA: Wiley-Blackwell.

Kohrmann, M. 2008. "Smoking among Doctors: Governmentality, Embodiment, and the Diversion of Blame in Contemporary China." *Medical Anthropology* 27(1): 9–42.

Koistinen, David. 2016. *Confronting Decline: The Political Economy of Deindustrialization in Twentieth Century New England*. Gainesville: University of Florida Press.

Kolata, Gina. 1999. *The Flu: The Story of the Great Influenza Pandemic of 1918 and the Search for the Virus That Caused It*. New York: Touchstone.

Kolata, Gina. 2016. "A Cautionary Tale of 'Stem Cell Tourism.'" *New York Times*, June 22.

Kolata, Gina. 2018. "When Reporting on Mail-In Genetic Testing Comes Home." *New York Times*, July 3.

Köllen, Thomas. 2013. "Bisexuality and Diversity Management: Addressing the *B* in LGBT as a Relevant 'Sexual Orientation' in the Workplace." *Journal of Bisexuality* 13(1): 122–137.

Kollmeyer, Christopher. 2009. "Explaining Deindustrialization: How Affluence, Productivity Growth, and Globalization Diminish

Manufacturing Employment." *American Journal of Sociology* 114: 1644–1674.

Kollmeyer, Christopher, and Florian Pichler. 2013. "Is Deindustrialization Causing High Unemployment in Affluent Countries? Evidence from 16 OECD Countries, 1970–2003." *Social Forces* 91: 785–812.

Kong, Travis. 2010. *Chinese Male Homosexualities*. London: Routledge.

Korda, Andrew. 2006. "The Nazi Medical Experiments." *ADF Health* 7(April): 33–37.

Korzenny, Felipe, Sindy Chapa, and Betty Ann Korzenny. 2017. *Hispanic Marketing: The Power of the New Latino Consumer*, 3rd ed. London: Routledge.

Kosic, Ankica, Arie W. Kruglanski, Antonio Pierro, and Lucia Mannetti. 2004. "The Social Cognition of Immigrants' Acculturation: Effects of the Need for Closure and the Reference Group at Entry." *Journal of Personality and Social Psychology* 86: 796–813.

Kozinets, Robert. 2015. *Netnography Redefined*. London: Sage.

Kraus, Michael W., Shai Davidai, and A. David Nussbaum. 2015. "American Dream? Or Mirage?" *New York Times*, May 3.

Kreager, Derek. 2007. "Unnecessary Roughness? School Sports, Peer Networks, and Male Adolescent Violence." *American Sociological Review* 72(5): 705–724.

Krenshaw, Kimberle. 2019. *Intersectionality: Essential Writings*. The New Press.

Krieger, Nancy. 2017. "What's Killing Black Infants?" *The Nation*, February.

Krinsky, Charles, ed. 2013. *The Ashgate Research Companion to Moral Panics*. Burlington, VT: Ashgate.

Krogstad, Jens Manuel, Jeffrey S. Passel, and D'Vera Cohn. 2018. "5 Facts about Illegal Immigrants in the U.S." Accessed April 27, 2019. http://www.pewresearch.org/fact-tank/2018/11/28/5-facts-about-illegal-immigration-in-the-u-s/

Kroneberg, Clemens, and Frank Kalter. 2012. "Rational Choice Theory and Empirical Research: Methodological and Theoretical Contributions in Europe." *Annual Review of Sociology* 38: 73–92.

Kuehn, Kathleen. 2015. "Culture Jamming." In *Encyclopedia of Consumption and Consumer Studies*, edited by Daniel Thomas Cook and Michael Ryan, 236–238. Malden, MA: Wiley-Blackwell.

Kuhn, Thomas. [1962] 1970. *The Structure of Scientific Revolutions*, 2nd ed. Chicago: University of Chicago Press.

Kuisel, Richard. 1993. *Seducing the French: The Dilemma of Americanization*. Berkeley: University of California Press.

Kulish, Nicholas. 2007. "Europe Fears That Meth Foothold Is Expanding." *New York Times*, November 23.

Kumar, Hari. 2015. "Indian and Pakistani Guards Trade Fire on Disputed Border." *New York Times*, January 3.

Kunkle, Frederick. 2017. "More Evidence That Smartphones and Driving Don't Mix." *Washington Post*, April 4.

Kuo, Janet Chen-Lan, and R. Kelly Raley. 2016. "Diverging Patterns of Union Transition Among Cohabitors by Race/Ethnicity and Education: Trends and Marital Intentions in the United States." *Demography*, June 15 (published online first).

Kuperberg, Arielle. 2014. "Age of Coresidence, Premarital Cohabitation, and Marriage Disolution: 1985–2009." *Journal of Marriage and the Family* 76(2): 352–396.

Kuperberg, Arielle, and Jospeh E. Padgett. 2015. "The Role of Culture in Explaining College Students' Selection into Hookups, Dates, and Long-term Romantic Relationships." *Journal of Social and Personal Relationships* 33(8): 1–27.

Kurtz, Annalyn. 2014. "Americans Still Hesitant to Spend More." CNN Money, June 26. Accessed April 22, 2015. http://money.cnn .com/2014/06/26/news/economy/americans-not-spend.

Kurtz, Lester R. 2005. "From Heresies to Holy Wars: Toward a Theory of Religious Conflict." *Ahimsa Nonviolence* 1(March–April): 143–157.

Kurtz, Lester R. 2016. *Gods in the Global Village*, 4th ed. Thousand Oaks, CA: Sage.

Kurzban. 2006. "Post-Sept. 11, 2001." In *Immigration Law Sourcebook*, 10th ed., xxi–xxiii. Washington, DC: American Immigration Law Foundation.

Kushkush, Isma'il. 2015. "President of Sudan Is Re-elected with 94 Percent of Vote." *New York Times*, April 27.

Kütting, Gabriela, and Kyle Herman. 2018. *Global Environmental Politics*, 2nd ed. New York: Routledge.

Kwan, Samantha, and Mary Nell Trautner. 2011. "Judging Books by Their Covers: Teaching about Physical Attractiveness Biases." *Teaching*

Sociology 39: 16–26.

Kye, Samuel. 2018. "The Persistence of White Flight in Middle-Class Suburbia." *Social Science Research* 72: 38–52.

Lacaze, P., N. Millis, M. Fookes, Y. Zurynski, A. Jaffe, M. Bellgard, I. Winship, J. McNeil, and A. H. Bittles. 2017. "Rare Disease Registries: A Call to Action." *Internal Medical Journal* 47(9): 1075–1079.

LaCroix, Jessica M., Christopher N. Burrows, and Hart Blanton. 2018. "Effects of Immersive, Sexually Objectifying, and Violent Video Games on Hostile Sexism in Males." *Communication Research Reviews* 35(5): 413–423.

Lacy, Karyn. 2016. "The Sociology of Suburbs: A Research Agenda for Analysis of Emerging Trends." *Annual Review of Sociology* 42(1): 369–384.

Ladson-Billings, Gloria. 2017. "Makes Me Wanna Holler: Refuting the 'Culture of Poverty' Discourse in Urban Schooling." *The ANNALS of the American Academy of Political and Social Science* 673: 80–90.

Laible, Deborah, Ross A. Thompson, and Jill Froimson. 2015. "Early Socialization: The Influence of Close Relationships." In *Handbook of Socialization: Theory and Research*, 2nd ed., edited by Joan E. Grusec and Paul D. Hastings, 35–59. New York: Guilford Press.

Lakoff, George. 2016. *Moral Politics: How Liberals and Conservatives Think*. Chicago: University of Chicago Press.

Lal, Dinesh. 2008. *Indo-Tibet-China Conflict*. Delhi: Kalpaz.

Lamy, Steven, John Masker, John Baylis, Steve Smith, and Patricia Owen. 2017. *Introduction to Global Politics*, 4th ed. Oxford, UK: Oxford University Press.

The Lancet. 2017. "Global Burden of Disease." Accessed April 28, 2019. https://www.thelancet.com/gbd

Landler, Mark. 2008. "Credit Cards Tighten Grip Outside US." *New York Times*, August 30.

Landor, Antoinette, and Ashley Barr. 2018. "Politics of Respectability, Colorism, and the Terms of Social Exchange in Family Research." *Journal of Family Theory and Review* 10: 330–347.

Landry, Bart. 1988. *The New Black Middle Class*. Berkeley: University of California Press.

Landry, Bart, and Kris Marsh. 2011. "The Evolution of the New Black Middle Class." *Annual Review of Sociology* 37: 373–394.

Landstedt, Evelina, and Katja Gillander Gådin. 2012. "Seventeen and Stressed: Do Gender and Class Matter?" *Health Sociology Review* 21: 82–98.

Lane, Harlan. 1975. *The Wild Boy of Aveyron*. Cambridge, MA: Harvard University Press.

Lareau, Annette. 2015. "Cultural Knowledge and Social Inequality." *American Sociological Review* 80: 1–27.

Larsen, Gretchen, Maurice Patterson, and Lucy Markham. 2014. "A Deviant Art: Tattoo-Related Stigma in an Era of Commodification." *Psychology & Marketing* 31: 670–681.

Lash, Scott, and Celia Lury. 2007. *Global Culture Industry*. Cambridge, UK: Polity Press.

Lasn, Kalle. 2000. *Culture Jam: How to Reverse America's Suicidal Consumer Binge—and Why We Must*. New York: Quill.

Lasn, Kalle. 2012. *Meme Wars*. New York: Seven Stories Press.

Lasswell, Harold D. 2012. *Politics: Who Gets What, When, How*. Whitefish, MT: Literary Licensing.

Lavorgna, Anita. 2015. "The Online Trade in Counterfeit Pharmaceuticals: New Criminal Opportunities, Trends, and Challenges." *European Journal of Criminology* 12(2): 226–241.

Law, Ian. 2010. *Racism and Ethnicity: Global Debates, Dilemmas*. London: Pearson.

Law, Ian. 2012. "Racism." In *The Wiley-Blackwell Encyclopedia of Globalization*, edited by George Ritzer, 1743–1746. Malden, MA: Wiley-Blackwell.

Law, John, and John Hassard, eds. 1999. *Actor Network Theory and After*. Oxford, UK: Blackwell.

Layte, Richard, and Christopher T. Whelan. 2009. "Explaining Social Class Inequalities in Smoking: The Role of Education, Self-Efficacy, and Deprivation." *European Sociological Review* 25: 399–410.

Lazarus, David. 2017. "Direct-to-Consumer Drug Ads: A Bad Idea That's about to Get Worse." *Los Angeles Times*, February 15.

Leaper, Campbell, and Timeas Farkas. 2015. "The Socialization of Gender During Childhood and Adolescence." In *Handbook of Socialization: Theory and Research*, 2nd ed., edited by Joan E. Grusec and Paul D. Hastings, 541–565. New York: Guilford Press.

Lebron, Chris. 2018. "Who First Showed Us That Black Lives Matter?

New York Times, February 5.

Lechman, Ewa, and Harleen Kaur. 2015. "Economic Growth and Female Labor Force Participation – Verifying the U-Feminization Hypothesis. New Evidence for 162 Countries over the Period 1990–2012." Available at SSRN: https://ssrn.com/abstract=2551476.

Lechner, Frank J. 2008. *The Netherlands: Globalization and National Identity*. New York: Routledge.

Ledbetter, James. 2011. *Unwarranted Influence: Dwight D. Eisenhower and the Military-Industrial Complex*. New Haven, CT: Yale University Press.

Lederman, Doug. 2018. "MOOCs: Fewer New Students, but More Are Paying." Accessed April 28, 2019. https://www.insidehighered.com/digital-learning/article/2018/02/14/moocs-are-enrolling-fewer-new-students-more-are-paying-courses.

Lee, Don. 2015. "The Philippines Has become the Call-Center Capital of the World." *LA Times*, February 1.

Lee, Gary. 2017. *The Limits of Marriage*. New York: Rowman & Littlefield.

Lee, Jacqueline G. C., Ray Paternoster, and Zachary Rowan. 2016. "Death Penalty and Race." In *The Wiley Encyclopedia of Race, Ethnicity, and Nationalism*, edited by John Stone, Rutledge M. Dennis, Polly Rizova, Anthony D. Smith, and Xiaoshuo Hou. Malden, MA Wiley Blackwell.

Lee, Jaekyung. 2012. "Educational Equity and Adequacy for Disadvantaged Minority Students: School and Teacher Resource Gaps toward National Mathematics Proficiency Standard." *Journal of Educational Research* 105: 64–75.

Lee, Julie. 2012. "The Relationship between Appearance-Related Stress and Internalizing Problems in South Korean Adolescent Girls." *Women's Studies International Journal* 40: 903–918.

Lee, Susan Hagood. 2012. "Sex Trafficking." In *The Wiley-Blackwell Encyclopedia of Globalization*, edited by George Ritzer. Malden, MA: Wiley-Blackwell.

Lee, Teresa Y. 2013. "Top 10 Trends of the Next Generation of Travel: The Millennials." HVS Global Hospitality Services, April. Accessed April 22, 2015. http://www.hospitalitynet.org/file/152005087.pdf.

Leefeldt, Ed. 2018. "Where Gentrification Is Having the Biggest Impact on Cities." *CBS Moneywatch*, March 5.

Le Gales, Patrick. 2007. "Cities in Europe." In *The Blackwell Encyclopedia of Sociology*, edited by George Ritzer, 493–497. Malden, MA: Blackwell.

Legerski, Elizabeth Miklya. 2012. "The Cost of Instability: The Effects of Family, Work, and Welfare Change on Low-Income Women's Health Insurance Status." *Sociological Forum* 27: 641–657.

Le Goff, M. 2016. "Feminization of Migration and Trends in Remittances." IZA World of Labor. Accessed April 28, 2019. https://wol.iza.org/articles/feminization-of-migration-and-trends-in-remittances.

Leicht, Kevin, and Scott Fitzgerald. 2006. *Postindustrial Peasants: The Illusion of Middle-Class Prosperity*. New York: Worth.

Leidner, Robin. 1993. *Fast Food, Fast Talk*. Berkeley: University of California Press.

Lekakis, Eleftheria. 2017. "Culture Jamming and Brandalism for the Environment: The Logic of Appropriation." *Popular Communication* 15(4): 311–327.

Lemert, Charles, and Anthony Elliott. 2006. *Deadly Worlds: The Emotional Costs of Globalization*. Lanham, MD: Rowman & Littlefield.

Lemert, Edwin. [1951] 2012. *Social Pathology: A Systematic Approach to the Theory of Sociopathic Behavior*. Whitefish, MT: Literary Licensing.

Lenard, Patti Tamara, and Christine Straehle, eds. 2014. *Health Inequalities and Global Justice*. Edinburgh, UK: Edinburgh University Press.

Lengermann, Patricia Madoo, and Gillian Niebrugge-Brantley. 2014. "Feminist Theory." In *Sociological Theory*, 9th ed., edited by George Ritzer and Jeffrey Stepnisky, 440–485. New York: McGraw-Hill.

Lenski, Gerhard. 1954. "Status Crystallization: A Non-vertical Dimension of Stratification." *American Sociological Review* 19: 405–413.

Leonhardt, David. 2017. "O'Reilly Ousted." *New York Times*, April 20.

Leonhardt, David. 2018. "The Monopolization of America." *New York Times*, November 26.

Lerum, Kari, and Barbara G. Brents. 2016. "Sociological Perspectives on Sex Work and Human Trafficking." *Sociological Perspectives* 59: 17–26.

LeVay, Simon. 2016. *Gay, Straight, and the Reason Why*. Oxford, UK: Oxford University Press.

Leventoglu, Bahar. 2014. "Social Mobility, Middle Class, and Political Transitions." *Journal of Conflict Resolution* 58: 825–864.

Levitsky, Steven, and Daniel Ziblatt. 2018. *How Democracies Die*. New York: Crown.

Levitt, Heidi, Sharon Horne, Darren Freeman-Coppadge, and Tangela Roberts. 2017. "HIV Prevention in Gay Family and House Networks: Fostering Self-Determination and Sexual Safety." *AIDS and Behavior* 21(10): 2973–2986.

Levitt, Steven D., and Stephen J. Dubner. 2005. *Freakonomics: A Rogue Economist Explores the Hidden Side of Everything*. New York: HarperCollins.

Levitt, Steven D., and S. A. Venkatesh. 2000. "An Economic Analysis of a Drug-Selling Gang's Finances." *Quarterly Journal of Economics* 115(3): 755–789.

Lewin, Tamar. 2008a. "Oil Money Cultivates a Mideast Ivy League." *New York Times*, February 11.

Lewin, Tamar. 2008b. "Universities Rush to Set up Outposts Abroad." *New York Times*, February 10.

Lewin, Tamar. 2008c. "U.S. Universities Join Saudis in Partnerships." *New York Times*, March 6.

Lewin, Tamar. 2012. "College of Future Could Be Come One, Come All." *New York Times*, November 19.

Lewin, Tamar. 2013. "Students Rush to Web Classes, but Profits May Be Much Later." *New York Times*, January 7.

Lewin, Tamar. 2014. "After Setbacks, Online Courses Are Rethought." *New York Times*, December 10.

Lewin, Tamar. 2016. "Millenials' No. 1 Roommates Are Their Parents." *New York Times*, May 25.

Lewis, James R., and Inga B. Tollefson, eds. 2016. *New Religious Social Movements*, Vol. 2. New York: Oxford University Press.

Lewis, Nathaniel. 2014. "Moving 'Out,' Moving On: Gay Men's Migrations through the Life Course." *Annals of the Association of American Geographers* 104(2): 225–233.

Lewis, Oscar. 1959. *Five Families: Mexican Case Studies in the Culture of Poverty*. New York: New American Library.

Lewis-Kraus, Gideon. 2016. "The Trials of Alice Goffman." *New York Times Magazine*, January 12. Accessed April 28, 2019. www.nytimes.com/2016/01/17/magazine/the-trials-of-alice-goffman.html?_r=0.

Li, Yi, Hexuan Liu, and Guang Guo. 2015. "Does Marriage Moderate Genetic Effects on Delinquency and Violence." *Journal of Marriage and the Family* 77: 1217–1233.

Liana, Sara Miller. 2007. "Wealth Gospel Propels Poor Guatemalans." *Christian Science Monitor*, December 17.

Liaw, Karen Ron-Li, and Aron Janssen. 2014. "Not by Convention: Working with People on the Sexual and Gender Continuum." In *Massachusetts General Hospital Textbook on Diversity and Cultural Sensitivity in Mental Health*, edited by R. Parekh, 89–117. New York: Springer.

Liberman, Akiva M., David S. Kirk, and Kideuk Kim. 2014. "Labeling Effects of First Juvenile Arrest: Secondary Deviance and Secondary Sanctioning." *Criminology* 52: 345–370.

Lichter, Daniel T. 2013. "Integration or Fragmentation: Racial Diversity and the American Future." *Demography* 50: 359–391.

Liebler, Carolyn A., et al., 2017. "America's Churning Races: Race and Ethnicity Changes Between Census 2000 and the 2010 Census." *Demography* 54: 259–284.

Liebow, Elliot. 1967. *Tally's Corner: A Study of Negro Streetcorner Men*. New York: Little, Brown.

Limoncelli, S. A. 2016. "Informal Economy." In *The Wiley Blackwell Encyclopedia of Gender and Sexuality Studies*, edited by A. Wong, M. Wickramasinghe, R. Hoogland, and N. A. Naples. Chichester, UK: John Wiley & Sons. doi:10.1002/9781118663219.wbegss243

Lin, Nan. 1999. "Social Networks and Status Attainment." *Annual Review of Sociology* 25: 467–487.

Lin, Nan, Walter M. Ensel, and John C. Vaughn. 1981. "Social Resources and Strength of Ties: Structural Factors in Occupational Status Attainment." *American Sociological Review* 46: 393–403.

Lindemann, Danielle. 2017. "Going the Distance: Individualism and Interdependence in the Commuter Marriage." *Journal of Marriage and Family* 79(5): 1419–1434.

Linkon, Sherry. 2018. *The Half-Life of Deindustrialization*. Ann Arbor: University of Michigan Press.

Liong, Mario, and Grand Cheng. 2018. "Objectifying or Liberating? Investigation of the Effects of Sexting on Body Image." *The Journal of Sex Research*. https://doi.org/10.1080/00224499.2018.1438576.

Lipovetsky, Gilles. [1987] 2002. *The Empire of Fashion: Dressing Modern Democracy*. Princeton, NJ: Princeton University Press.

Lipset, Seymour M. 1981. *Political Man*. Expanded ed. Baltimore: Johns Hopkins University Press.

Lipton, Eric, David E. Sanger, and Scott Shane. 2016. "The Perfect Weapon: How Russian Cyberpower Invaded the U.S." *New York Times*, December 13.

Liss, Miriam. 2014. "Inequality in the Division of Household Labor and Childcare." In *Women, Work, and Family: How Companies Thrive with a 21st-Century Multicultural Workforce*, edited by M. A. Paludi, 23–40. Santa Barbara, CA: ABC-CLIO.

Littler, Jo. 2017. *Against Meritocracy: Culture Power and Myths of Mobility*. London: Routledge.

Liu, Hexuan. 2018. "Social and Genetic Pathways in Multigenerational Transmission of Educational Attainment." *American Sociological Review* 83: 278: 304.

Liu, Yu Cheng. 2012. "Ethnomethodology Reconsidered: The Practical Logic of Social Systems Theory." *Current Sociology* 60: 581–598.

Livermore, Michelle, Rebecca S. Powers, Belinda Creel Davis, and Younghee Lim. 2011. "Failing to Make Ends Meet: Dubious Financial Success among Employed Former Welfare to Work Program Participants." *Journal of Family Economic Issues* 32: 73–83.

Lloréns, Hilda. 2013. "Latina Bodies in the Era of Elective Aesthetic Surgery." *Latino Studies* 11(4): 547–569.

Looney, Adam, and Kevin B. Moore. 2016. "Changes in the Distribution of After-Tax Wealth in the U.S.: Has Income Policy Increased Wealth Inequality?" *Fiscal Studies* 37: 77–104.

Lopez, Ian Haney. 2015. *Dog Whistle Politics*. New York: Oxford University Press.

Lopez-Aguado, Patrick. 2016. "The Collateral Consequences of Prisonization: Racial Sorting, Carceral Identity, and Community Criminalization." *Sociology Compass* 10(1): 12–23.

Lorber, Judith. 1967. "Deviance as Performance: The Case of Illness." *Social Problems* 14: 302–310.

Lorber, Judith. 2000. "Using Gender to Undo Gender: A Feminist Degendering Movement." *Feminist Theory* 1(1): 79–95.

Lorenz, Edward. 1995. *The Essence of Chaos*. Seattle: University of Washington Press.

"Louisiana Oil Rig Explosion: Underwater Machines Attempt to Plug Leak." 2010. *Telegraph*, April 26. Accessed March 31, 2012. https://www.telegraph.co.uk/finance/newsbysector/energy/oilandgas/7633286/Louisiana-oil-rig-explosion-Underwater-machines-attempt-to-plug-leak.html.

Low, Setha. 2003. *Behind the Gates: Life, Security, and the Pursuit of Happiness in Fortress America*. New York: Routledge.

Lowrey, Annie. 2014. "Even among the Richest of the Rich, Fortunes Diverge." *New York Times*, February 10.

Lucas, Jeffrey W., Corina Graif, and Michael J. Lovaglia. 2008. "Prosecutorial Misconduct in Serious Cases: Theory and Design of a Laboratory Experiment: Can You Study a Legal System in a Laboratory?" In *Experiments in Criminology and Law: A Research Revolution*, edited by C. Horne and M. J. Lovaglia, 119–136. Lanham, MD: Rowman & Littlefield.

Lui, Li. 2014. "A Comparative Study of Intergenerational Mobility." *Russian Social Science Review* 55(4): 4–15.

Lukacs, George. [1922] 1968. *History and Class Consciousness*. Cambridge, MA: MIT Press.

Luker, Kristin. 1984. *Abortion and the Politics of Motherhood*. Berkeley: University of California Press.

Lunneborg, Clifford E. 2007. "Convenience Sample." In *The Blackwell Encyclopedia of Sociology*, edited by George Ritzer, 788–790. Malden, MA: Blackwell.

Luo, Wei. 2013. "Aching for the Altered Body: Beauty Economy and Chinese Women's Consumption of Cosmetic Surgery." *Women's Studies International Forum* 38: 1–10.

Luo, Weixang, and Xie Yu. 2015. "Has Smoking Really Declined in China?" *Chinese Journal of Sociology* 1: 165–176.

Lutfey, K., and J. Mortimer. 2006. "Development and Socialization through the Adult Life Course." In *Handbook of Social Psychology*, edited by J. DeLamater. New York: Kluwer Academic/Plenum.

Lutz, Helma, and Ewa Palenga-Mollenbeck. 2016. "Global Care Chains." In *Routledge Handbook of Immigration and Refugee Studies*, edited by Anna Triandafillidou. New York: Routledge.

Luxton, David D., Jennifer D. June, and Julie T. Kinn. 2011. "Technology-Based Suicide Prevention: Current Applications and Future Directions." *Telemedicine and e-Health* 17(1): 50–54.

Lyall, Sarah. 2013. "A Slice of London So Exclusive Even the Owners Are Visitors." *New York Times*, April 1.

Lydaki, Anna. 2012. "Gypsies." In *The Wiley-Blackwell Encyclopedia of Sociology Online*, edited by George Ritzer. Malden, MA: Wiley-Blackwell.

Lyman, Rick. 2015a. "Bulgaria Puts up a New Wall, but this One Keeps People Out." *New York Times*, April 5.

Lyman, Rick. 2015b. "Hungary Seals Border with Croatia in Migrant Crackdown." *New York Times*, October 16.

Lyman, Rick. 2017. "Slovak Village Prospers in Partnership with Roma Residents." *New York Times*, September 9.

Lynch, Michael Patrick. 2016. *The Internet of Us: Knowing More and Understanding Less in the Age of Big Data*. New York: Liveright.

Lynch, Michael, Paul Stretesky, and Michael Long. 2018. "Green Criminology and Native Peoples: The Treadmill of Production and the Killing of Indigenous Environmental Activists." *Theoretical Criminology* 3(22): 318–341.

Lyon, David. 2015a. "The Snowden Stakes: Challenges for Understanding Surveillance Today." *Surveillance and Society* 13: 139–152.

Lyon, David, 2015b. *Surveillance after Snowden*. Cambridge, UK: Polity Press.

Lyotard, Jean-François. [1979] 1984. *The Postmodern Condition: A Report on Knowledge*. Minneapolis: University of Minnesota Press.

Macedo, Stephen. 2017. *Just Married: Same-Sex Couples, Monogamy, and the Future of Marriage*. Princeton, NJ: Princeton University Press.

Madan, T. N. 2007. "Hinduism." In *Encyclopedia of Globalization*, edited by J. A. Scholte and R. Robertson, 571–573. New York: MTM.

Madden, Stephanie, Melissa Janoske, Rowena Briones Winkler, and Zach Harpole. 2018. "Who Loves Consent? Social Media and the Culture Jamming of Victoria's Secret." *Public Relations Inquiry*. 7(2): 171–186.

Madhok, Diksha. 2014. "For All Those Jibes about Shopping, Indian Men Buy More Clothes than Women." *Quartz*, September 4. Accessed April 20, 2015. http://qz.com/259305/for-all-those-jibes-about-shopping-indian-men-buy-more-clothes-than-women.

Maginn, Paul J., and Christine Steinmetz. 2015. "Spatial and Regulatory Contours of the (Sub)Urban Sexscape." In *(Sub)Urban Sexscapes: Geographies and Regulation of the Sex Industry*, edited by P. J. Maginn and C. Steinmetz, 1–17. London: Routledge.

Mahoney, James, and Dietrich Rueschemeyer. 2003. *Comparative Historical Analysis in the Social Sciences*. Cambridge, UK: Cambridge University Press.

Mahoney, James, and Kathleen Thelen, eds. 2015. *Advances in Comparative-Historical Analysis*. Cambridge, UK: Cambridge University Press.

Maines, Rachel. 2001. *The Technology of Orgasm: "Hysteria," the Vibrator, and Women's Sexual Satisfaction*. Baltimore: Johns Hopkins University Press.

Mair, Carolyn. 2018. *The Psychology of Fashion*. London: Routledge.

Majora Carter Group. 2009. "Majora Carter Group." Accessed February 28, 2012. http://www.majoracartergroup.com.

Mak, Athena H. N., Margaret Lumbers, and Anita Eves. 2012. "Globalisation and Food Consumption in Tourism." *Annals of Tourism Research* 39: 171–196.

Maliepaard, Mieke, and Richard Alba. 2016. "Cultural Integration in the Muslim Second Generation in the Netherlands: The Case of Gender Ideology." *International Migration Review* 50: 70–94.

Malik, Anand. 2014. "Thomas Kuhn and Changing Paradigm in Geography: Critical Review." *Asian Journal of Multiple Disciplinary Studies* 4: 41–46.

Malik, Ved. 2011. "Too Close for Comfort." *Hindustan Times*, April 7. Accessed May 26, 2011. http://www.hindustantimes.comNews-Feed/columnsothers/Too-close-for-comfort/Article1-682474.aspx.

Mandel, Hadas. 2012. "Occupational Mobility of American Women: Compositional and Structural Changes, 1980–2007." *Research in Social Stratification and Mobility* 30: 5–16.

Mandery, Evan. 2014. "End College Legacy Preferences." *New York Times*, April 24.

Manjoo, Farhad. 2014. "The Future Could Work, If We Let It." *New York Times*, August 28.

Mannheim, Karl. [1931] 1936. *Ideology and Utopia*. New York: Harcourt, Brace, and World.

Manning, Jimmie. 2015. "Communicating Sexual Identities: A Typology of Coming Out." *Sexuality & Culture* 19(1): 122–138.

Manning, Peter. 2005. "Impression Management." In *The Encyclopedia of Social Theory*, edited by George Ritzer, 397–399. Thousand Oaks, CA: Sage.

Manning, Peter. 2007. "Dramaturgy." In *The Blackwell Encyclopedia of Sociology*, edited by George Ritzer, 1226–1229. Malden, MA: Blackwell.

Manning, Robert D. 2001. *Credit Card Nation: The Consequences of America's Addiction to Debt*. New York: Basic Books.

Manning, Wendy D., and Jessica A. Cohen. 2015. "Teenage Cohabitation, Marriage, and Childbearing." *Population Research and Policy Review* 34: 161–177.

Manzo, John. 2010. "Coffee, Connoisseurship, and an Ethnomethodologically Informed Sociology of Taste." *Human Studies* 33(2): 141–155.

Marginson, Simon. 2016. "The Worldwide Trend to High Participation Higher Education: Dynamics of Social Stratification in Inclusive Systems." *Higher Education* (published online first).

Margolin, Leslie. 1994. *Goodness Personified: The Emergence of Gifted Children*. New York: Aldine de Gruyter.

Marmo, Marinella, and Chazel, Narida. 2016. *Transnational Crime and Criminal Justice*. Los Angeles: Sage.

Marmot, Michael. 2015. *The Health Gap: The Challenge of an Unequal World*. New York: Bloomsbury Press.

Marron, Donncha. 2009. *Consumer Credit in the United States: A Sociological Perspective from the 19th Century to the Present*. New York: Palgrave Macmillan.

Marron, Donncha. 2017. "Smoke Gets in Your Eyes: What Is Sociological about Cigarettes?" *Sociological Review* 65: 882–897.

Marsden, Peter V., and Elizabeth H. Gorman. 2001. "Social Networks, Job Changes, and Recruitment." In *Sourcebook on Labor Markets: Evolving Structures and Processes*, edited by I. Berg and A. L. Kalleberg, 467–502. New York: Kluwer Academic/Plenum.

Marseille, Elliot, Ali Mirzazadeh, M. Antonio Biggs, et al. 2018. "Effectiveness of School-Based Teen Pregnancy Prevention Programs in the USA: A Systematic Review and Meta-Analysis." *Prevention Science* 19(4): 468–489.

Marshall, Catherine, and Gretchen Rossman. 2010. *Designing Qualitative Research*. Thousand Oaks, CA: Sage.

Martey, Rosa Mikeal, Jennifer Stromer-Galley, Jaime Banks, Jingsi Wu, and Mia Consalvo. 2014. "The Strategic Female: Gender-Switching and Player Behavior in Online Games." *Information, Communication & Society* 17(3): 286–300.

Martin, Edward J. 2015. "Oligarchy, Anarchy, and Social Justice." *Contemporary Justice Review* 18.

Martin, Gus. 2017. *Understanding Terrorism: Challenges, Perspectives, and Issues*, 6th ed. Los Angeles: Sage.

Martin, Jonathan. 2017. "Angry Democrats Study the Tea Party's Playbook." *New York Times*, January 23.

Martin, Karin A. 2005. "William Wants a Doll. Can He Have One? Feminists, Child Care Advisors, and Gender-Neutral Child Rearing." *Gender & Society* 19: 456–479.

Martinez, Guadalupe F., and Regina Deil-Amen. 2015. "College for All Latinos? The Role of High School Messages in Facing College Challenges." *Teachers College Record* 117(3): 1–50.

Marx, Karl. [1843] 1970. "A Contribution to the Critique of Hegel's Philosophy of Right." In *Marx/Engels Collected Works*, Vol. 3, 3–129. New York: International Publishers.

Marx, Karl. [1857–1858] 1964. *Pre-capitalist Economic Formations*. New York: International Publishers.

Marx, Karl. [1859] 1970. *A Contribution to the Critique of Political Economy*. New York: International Publishers.

Marx, Karl, and Friedrich Engels. 1848. *The Communist Manifesto*. London: Communist League.

Mashal, Mujib. 2016. "Clash of Values Emerges after Afghan Child Bride Burns to Death." *New York Times*, July 18.

Mason, Brandon, and Martha Smithey. 2012. "The Effects of Academic and Interpersonal Stress on Dating Violence among College Students." *Journal of Interpersonal Violence* 27: 974–986.

Mason, Corrine, ed. 2018. *Routledge Handbook of Queer Development Studies*. London: Routledge.

Massey, Douglas. 2003. *Beyond Smoke and Mirrors: Mexican Immigration in an Era of Economic Integration*. New York: Russell

Sage Foundation.

Massey, Douglas. 2015. "The Legacy of the 1968 Fair Housing Act." *Sociological Forum* 51: 571–588.

Massey, Douglas. 2016. "Residential Segregation Is the Linchpin of Racial Stratification." *City and Community* 15: 4–7.

Massey, Douglas, Jacob S. Rugh, Justin P. Steil, and Len Albright. 2016. "Riding the Stagecoach to Hell: A Qualitative Analysis of Racial Discrimination in Mortgage Lending." *Community and Society* 15: 118–136.

Massey, Garth. 2016. *Ways of Social Change: Making Sense of Modern Times*, 2nd ed. Thousand Oaks, CA: Sage.

Mather, Mark. 2009. *Reports on America: Children in Immigrant Families Chart New Path.* Washington, DC: Population Reference Bureau.

Matthew, Dayna Bowen. 2018. *Just Medicine: A Cure for Racial Inequality in American Health Care.* New York: New York University Press.

Mathews, Russell A., Doan E. Winkel, and Julie Holiday Wayne. 2014. "A Longitudinal Examination of Role Overload and Work-Family Conflict: The Mediating Role of Interdomain Transfers." *Journal of Organizational Behavior* 35: 72–91.

Matza, David. 1966. "The Disreputable Poor." In *Class, Status, and Power: Social Stratification in Comparative Perspective*, 2nd rev. ed., edited by R. Bendix and S. M. Lipset, 289–302. New York: Free Press.

Mavroudi, Elizabeth, and Caroline Nagel. 2016. *Global Migration: Patterns, Processes, and Politics.* London: Routledge.

Mawathe, Anne. 2010. "Haunted by Congo Rape Dilemma." BBC News, May 15. Accessed January 29, 2012. http://news.bbc.co.uk/2hi/africa/8677637.stm.

Maxmen, Amy. 2017. "Sleeping Sickness Can Now Be Cured with Pills" *Nature*, October.

Maxwell, Angie, and Todd Shields, eds. 2018. *Legacy of Second-Wave Feminism in American Politics.* Palgrave Macmillan.

Maynard, Douglas W., and Courtney L. Marlaire. 1992. "Good Reasons for Bad Testing Performance: The Interactional Substrate of Educational Exams." *Qualitative Sociology* 15(2): 177–202.

Mazelis, Joan Maya. 2015. "'I Got to Try to Give Back': How Reciprocity Norms in a Poor Peoples' Organization Influence Members' Social Capital." *Journal of Poverty* 19: 109–131.

McAuley, Paul. 2016. "France Busses 1,600 Migrants out of Notorious 'Jungle' Camp in Calais." *Washington Post*, October 24.

McCaghy, Charles H., Timothy A. Capron, J. D. Jamieson, and Sandra Harley H. Carey. 2016. *Deviant Behavior: Crime, Conflict and Interest Groups*, 8th ed. New York: Routledge.

McCammon, Holly, Verta Taylor, Jo Reger, and Rachel L. Einwohner, eds. 2017. *The Oxford Handbook of U.S. Women's Social Movement Activism.* Oxford, UK: Oxford University Press.

McCann, Eugene, and Kevin Ward, eds. 2011. *Mobile Urbanism: Cities and Policymaking in the Global Age.* Minneapolis: University of Minnesota Press.

McCann, Hannah. 2016. "Epistemology of the Subject: Queer Theory's Challenge to Feminist Theory." *Women's Quarterly Studies* 44(3&4): 224–243.

McClelland, Robert, Shannon Mok, and Kevin Pierce. 2014. "Labor Force Participation Elasticities of Women and Secondary Earners within Married Couples." Working Paper 2014-06, Congressional Budget Office, September. Accessed April 20, 2015. https://www.cbo.gov/sites/default/files/cbofilesattachments/49433-LaborForce.pdf.

McCombs, Brady. 2013. "LDS Church Membership Hits 15 Million as Mormon Women Question Gender Inequality." *Huffington Post*, October 5. Accessed April 20, 2015. http://www.huffingtonpost.com/2013/10/05/lds-membership-numbers_n_4051539.html.

McCormick, Ken. 2011. "Thorstein Veblen." In *The Wiley-Blackwell Companion to Major Social Theorists*, Vol. 1, *Classical Theorists*, edited by George Ritzer and Jeffrey Stepnisky, 185–204. Malden, MA: Wiley-Blackwell.

McEvily, Bill, Giuseppe Soda, and Marco Tortoriello. 2014. "More Formally: Rediscovering the Missing Link between Formal Organization and Informal Social Structure." *The Academy of Management Annals* 8: 299–345.

McGeever, Jamie. 2016. "Daily FX Trading Volume Falls 5.5 Pct. to $5.1 Trillion." Reuters, September 1.

McGrew, Ken. 2011. "A Review of Class-Based Theories of Student Resistance in Education." *Review of Educational Research* 81: 234–266.

McHale, Susan, Ann C. Crouter, and Shawn D. Whiteman. 2003. "The Family Contexts of Gender Development in Childhood and Adolescence Social Development." *Social Development* 12: 125–148.

McIntosh, Peggy. 2010. "White Privilege: Unpacking the Invisible Knapsack." In *Race, Class, and Gender in the United States*, 8th ed., edited by P. S. Rothenberg, 172–177. New York: Worth.

McKay, Hollie. 2017. "Jihadi Cool': How ISIS switched Its Recruitment and Social Media Master Plan." Accessed April 28, 2019. https://www.foxnews.com/world/jihadi-cool-how-isis-switched-its-recruitment-and-social-media-master-plan.

McKenzie, Jessica. 2018. "Globalization and Moral Personhood: Dyadic Perspectives of the Moral Self in Rural and Urban Thai Communities." *Journal of Adolescent Research* 32: 209–246.

McKenzie, Jr., Sam. 2018. "Why Racism Is an Issue of Predatory Capitalism." Accessed May 2, 2019. https://medium.com/@SamMcKenzieJr/why-racism-is-an-issue-of-predatory-capitalism-ccd6acd94b72.

McLanahan, Sara S. 1999. "Father Absence and the Welfare of Children." In *Coping with Divorce, Single Parenting, and Remarriage: A Risk and Resiliency Perspective*, edited by E. M. Hetherington, 117–146. Mahwah, NJ: Lawrence Erlbaum.

McLaughlin, Caitlin, and Jessica Vitak. 2011. "Norm Evolution and Violation on Facebook." *New Media & Society* 14(2) 299–315.

McNeil, Donald G., Jr. 2016. "Malnutrition and Obesity Coexist in Many Countries, Report Finds." *New York Times*, June 13.

McNichol, Tom. 2011. "Mint That Kills: The Curious Life of Menthol Cigarettes." *Atlantic Monthly*, March 25.

McPhate, Mike. 2016. "Ashley Madison Faces F.T.C. Inquiry Amid Rebranding." *New York Times*, July 6.

Mead, George Herbert. [1934] 1962. *Mind, Self, and Society: From the Standpoint of a Social Behaviorist.* Chicago: University of Chicago Press.

Medina, Jennifer. 2012. "Mexicali Tour, from Tummy Tuck to Root Canal." *New York Times*, June 27. Accessed November 5, 2013. http://www.nytimes.com/2012/06/28/health/mexicali-lures-american-tourists-with-medical-care.html?pagewanted%253Dall&_r=0.

Meier, Barry. 2013. "More Emergency Visits Linked to Energy Drinks." *New York Times*, January 11.

Mele, Vincenzo. 2018. "Before and Beyond the Masses: Simmel, Benjamin and the Sociology of Crowds." *The Tocqueville Review* 39(1): 119–140.

Melnick, Merrill L., and Daniel L. Wann. 2011. "An Examination of Sport Fandom in Australia: Socialization, Team Identification, and Fan Behavior." *International Review for the Sociology of Sport* 46: 456–470.

Melusky, Joseph, and Keith Pesto. 2017. *The Death Penalty: A Reference Handbook.* Santa Barbara, CA: ABC-CLIO.

Mendel, Iuliia. 2018. "Attacks on Roma Force Ukraine to Confront an Old Ethnic Enmity." *New York Times*, July 21.

Merluzzi, Thomas V., Errol J. Philip, Zhiyong Zhang, and Courtney Sullivan. 2014. "Perceived Discrimination, Coping, and Quality of Life for African-American and Caucasian Persons with Cancer." *Cultural Diversity and Ethnic Minority Psychology*, August 4 (published online). doi:10.1037/a0037543

Merrick, Amy. 2014. "Are Malls Over?" *New Yorker*, March 11.

Merry, Joseph and Maria Paino. 2019. "Sociology of Education." In *The Wiley-Blackwell Companion to Sociology*, 2nd ed., edited by George Ritzer and Wendy Wiedenhoft Murphy. Chichester, UK: John Wiley & Sons.

Merton, Robert K. [1949] 1968. *Social Theory and Social Structure*, 3rd ed. New York: Free Press.

Merton, Robert K. 1957. *Social Theory and Social Structure.* Rev. ed. Glencoe, IL: Free Press.

Merton, Robert, and Alice S. Kitt. 1950. "Contributions to the Theory of Reference Group Behavior." In *Continuities in Social Research*, edited by R. K. Merton and P. F. Lazarsfeld, 40–105. Glencoe, IL: Free Press.

Messner, Stephen F., and Richard Rosenfeld. 1997. "Political Restraint of the Market and Levels of Criminal Homicide: A Cross-National Application of Institutional-Anomie Theory." *Social Forces* 75: 1393–1416.

Mészáros, István. 2006. *Marx's Theory of Alienation*, 5th ed. London: Merlin Press.

Mettler, Suzanne. 2014. *Degrees of Inequality: How the Politics of Education Sabotaged the American Dream.* New York: Basic Books.

Meuleman, Roza, and Marcel Lubbers. 2016. "Parental Socialization and the Consumption of Domestic Films, Books, and Music. *Journal of Consumer Culture.* May 16 (published online).

Meyer, Hans-Dieter, and Aaron Benavot, eds. 2013. *PISA, Power and Policy: The Emergence of Global Educational Governance.* Oxford, UK: Symposium Books.

Meyer, John, J. Boli, and F. Ramirez. 1997. "World Society and the Nation State." *American Journal of Sociology* 103: 144–181.

Michel, C., K. M. Heide, and J. K. Cochran. 2016. "The Consequences and Knowledge about Elite Deviance." *American Journal of Criminal Justice* 41(2): 359–382.

Michels, Robert. [1915] 1962. *Political Parties.* New York: Collier Books.

Migration Policy Institute. 2016. "Profile of the Unauthorized Population: United States." Accessed April 28, 2019. https://www.migrationpolicy.org/data/unauthorized-immigrant-population/state/US.

Milanovic, Branko. 2018. *Global Inequality: A New Approach for the Age of Globalization.* Cambridge, MA: Harvard University Press.

Milgram, Stanley. 1974. *Obedience to Authority: An Experimental View.* New York: Harper & Row.

Milibrandt, Tara, and Frank Pearce. 2011. "Émile Durkheim." In *The Wiley-Blackwell Companion to Major Social Theorists*, Vol. 1., *Classical Theorists*, edited by George Ritzer and Jeffrey Stepnisky, 236–282. Malden, MA: Wiley-Blackwell.

Milkie, Melissa A. 1999. "Social Comparisons, Reflected Appraisals, and Mass Media: The Impact of Pervasive Beauty Images on Black and White Girls' Self-Concepts." *Social Psychology Quarterly* 62: 190–210.

Milkman, Ruth, and Stephanie Luce. 2017. "Labor Unions and the Great Recession." *The Russell Sage Foundation Journal of the Social Sciences* 3(3): 145–165.

Miller, Claire Cain. 2015. "Extreme Study Abroad: The World Is Their Campus." *New York Times*, October 30.

Miller, Claire Cain. 2016. "Why Women Still Get the Short End of the Dollar." *New York Times*, March 3: 1, 5.

Miller, Daniel. 1998. *A Theory of Shopping.* Ithaca, NY: Cornell University Press.

Miller, Daniel, and Donald Slater. 2000. *The Internet: An Ethnographic Approach.* London: Berg.

Miller, Donald E., Kimon H. Sargeant, and Richard Foley, eds. 2013. *Spirit and Power: The Growth and Global Influence of Pentecostalism.* New York: Oxford University Press.

Miller, Donald E., and Tetsunao Yamamori. 2007. *Global Pentecostalism: The New Face of Christian Social Engagement.* Berkeley: University of California Press.

Miller, Pavia. 2017. *Patriarchy.* London: Routledge.

Miller, Robert. 2001. "The Industrial Context of Occupational Mobility: Change in Structure." *Research in Social Stratification and Mobility* 18: 313–353.

Mills, C. Wright. 1951. *White Collar.* New York: Oxford University Press.

Mills, C. Wright. 1956. *The Power Elite.* New York: Oxford University Press.

Mills, C. Wright. 1959. *The Sociological Imagination.* New York: Oxford University Press.

Millward, James A. 2018. "Is China a Colonial Power?" *New York Times*, May 4.

Minnotte, Krista Lynn, and Michael Minnotte. 2018. "Work-Family Conflict Among Dual-Earners: Are Partner, Family, and Friends Resources or Liabilities?" *Journal of Family and Economic Issues* 39(2): 258–276.

Mirza, Heidi Safia. 2013. "Embodying the Veil: Muslim Women and Gendered Islamophobia in 'New Times.'" In *Gender, Religion, and Education in a Chaotic Postmodern World*, edited by Z. Gross, L. Davies, and A.-K. Diab, 303–316. Dordrecht, Netherlands: Springer.

Mishra, Pankaj. 2018. "The Religion of Whiteness Becomes a Suicide Cult." *New York Times*, August 30.

Misra, Joya, and Eiko Strader. 2013. "Gender Pay Equity in Advanced Countries: The Role of Parenthood and Policies." *Journal of International Affairs* 67(1): 27–41.

MIT Technology Review Custom. 2016. "Smart City Living Transforms the Urban Landscape." July 19. Accessed March 9, 2017. https://www.technologyreview.com/s/601928/smart-city-living-transforms-the-urban-landscape.

Mitchell, Gregory. 2011. "TurboConsumers in Paradise: Tourism, Civil Rights, and Brazil's Gay Sex Industry." *American Ethnologist* 38: 666–682.

Mitchell, Ojmarrh, and Michael S. Caudy. 2015. "Examining Racial Disparities in Drug Arrests." *Justice Quarterly* 32: 288–313.

Moberg, Marcus, and Tuomas Martikainen. 2018. "Religious Change in Market and Consumer Society: The Current State of the Field and New Ways Forward." *Religion* 48(3): 418–435.

Moberg, Mark. 2015. "Can Shopping Change the World? Fair Trade Social Premiums and Neoliberal Development in the Global Recession." In *Beyond Free Trade*, edited by Kate Ervine and Gavin Fridell, 193–210. New York: Palgrave Macmillan.

Moghadam, Valentine. 2015. "Transnational Feminist Activism and Movement-Building." In *The Oxford Handbook of Transnational Feminist Movements*, edited by Rawwida Baksh and Wendy Harcourt, 53–81. Oxford, UK: Oxford University Press.

Moisio, Risto, and Mariam Beruchashvili. 2014. "Mancaves and Masculinity." *Journal of Consumer Culture* 16: 656–676.

Molm, Linda D. 2007. "Power-Dependence Theory." In *The Blackwell Encyclopedia of Sociology*, edited by George Ritzer, 3598–3602. Oxford, UK: Blackwell.

Molm, Linda D. 2010. "The Structure of Reciprocity." *Social Psychology Quarterly* 73: 119–131.

Molm, Linda D., and Karen S. Cook. 1995. "Social Exchange and Exchange Networks." In *Sociological Perspective on Social Psychology*, edited by K. S. Cook, G. A. Fine, and J. S. House, 209–235. Boston: Allyn & Bacon.

Molm, Linda D., Monica M. Whithama, and David Melameda. 2012. "Forms of Exchange and Integrative Bonds: Effects of History and Embeddedness." *American Sociological Review* 77: 141–165.

Molnar, Alex. [1996] 2018. *Giving Kids the Business: The Commercialization of America's Schools.* New York: Routledge.

Monclús, Javier. 2018. "From Urban Planning to Landscape Urbanism." In *Urban Visions*, edited by Carmen Diez Medina and Javier Monclús. Cheltenham, UK: Springer.

Monte, Andrew A., Richard D. Zane, and Kennon J. Heard. 2015. "The Implications of Marijuana legalization in Colorado." *Journal of the American Medical Association* 313: 241–242.

Montemaggi, Francesca. 2016. "Shopping for a Church." In *Religion in Consumer Society*, edited by Francois Gauthier and Tuomas Martikainen, 109–124. New York: Routledge.

Montoya, I. D. 2005. "Effect of Peers on Employment and Implications for Drug Treatment." *American Journal of Drug and Alcohol Abuse* 31: 657–668.

Montt, Guillermo. 2011. "Cross-National Differences in Educational Inequality." *Sociology of Education* 84: 49–68.

Moore, Dahlia. 1995. "Role Conflict: Not Only for Women? A Comparative Analysis of 5 Nations." *International Journal of Comparative Sociology* 36(1–2): 17–35.

Moore, Mignon R., and Michael Stambolis-Ruhstorfer. 2013. "LGBT Sexuality and Families at the Start of the Twenty-First Century." *Annual Review of Sociology* 39: 491–507.

Moraga, Cherrie, and Gloria Anzaldua, eds. 2015. *This Bridge Called My Back: Writings by Radical Women of Color*, 4th ed. Albany: SUNY Press.

Moran, Daniel, Keiichiro Kanemoto, Magnus Jiborn, Richard Wood, Johannes Többen, and Karen C Seto. 2018. "Carbon Footprints of 13,000 Cities." *Environmental Research Letters* 13(6): 1–9.

Moran, Mary, Javier Guzman, Anne-Laure Ropars, Alina McDonald, Nicole Jameson, Brenda Omune, Sam Ryan, and Lindsey Wu. 2009. "Neglected Disease Research and Development: How Much Are We Really Spending?" *PLoS Med* 6(2): e1000030.

Morduch, Jonathan, and Rachel Schneider. 2017. *The Fimamcial Diaries: How American Families Cope in a World of Uncertainty.* Princeton, NJ: Princeton University Press.

Moreau, Elise. 2018. "Is MySpace Dead?" Accessed April 29, 2019. https://www.lifewire.com/is-myspace-dead-3486012.

Morgan, George, and Scott Poynting, eds. 2012. *Global Islamaphobia: Muslims and the Moral Panic in the West.* New York: Routledge.

Morgner, Christian. 2018. "The Relational Meaning-Making of Riots: Narrative Logic and Network Performance of the London 'Riots.'" In *The Palgrave Handbook of Relational Sociology*, edited by François Dépelteau, 579–600. Cham, Switzerland: Palgrave Macmillan.

Morris, Aldon. 2015. *The Scholar Denied: W. E. B. Du Bois and the Birth of Modern Sociology.* Oakland: University of California Press.

Morris, Bonnie, and D. M. Withers. 2018. *The Feminist Revolution: The Struggle for Women's Liberation.* Washington, DC: Smithsonian Books.

Morris, J. Glenn, Lynn M. Grattan, Brian M. Mayer, and Jason K. Blackburn. 2013. "Psychological Responses and Resilience of

People and Communities Impacted by the Deepwater Horizon Oil Spill." *Transactions of the American Clinical and Climatological Association* 124: 191–201.

Mortimer, Gary. 2013. "Rolling in the Aisles: A Comparative Study of Male and Female Grocery Shopper Typologies." *International Review of Retail, Distribution and Consumer Research* 23(1): 1–30.

Moses, Jonathon. 2006. *International Migration: Globalization's Last Frontier*. London: Zed Books.

Moses, Jonathon. 2018. "Introduction: Migration in Europe." *European Political Science* 17(1): 122–127.

Mosley, Philip E. 2009. "Bigorexia: Bodybuilding and Muscle Dysmorphia." *European Eating Disorders Review* 17: 191–198.

Mount, Ian. 2014. "Shopping in Europe: The New 'Grand Tour.'" *Fortune*, July 2. Accessed April 22, 2015. http://fortune.com/2014/07/02europe-global-shopping-tourism.

Moyce, Sally, and Marc Schenker. 2018. "Migrant Workers and Their Occupational Health and Safety." *Annual Review of Public Health* 39(1): 351–365.

Mucherah, Winnie, and Andrea Dawn Frazier. 2013. "How Deep Is Skin-Deep? The Relationship between Skin Color Satisfaction, Estimation of Body Image, and Self-Esteem among Women of African Descent." *Journal of Applied Social Psychology* 43: 1177–1184.

Mui, Chunka. 2013. "Google's Trillion-Dollar Driverless Car—Part 2: The Ripple Effects." *Forbes*, January 24. Accessed April 22, 2015. http://www.forbes.com/sites/chunkamui/2013/01/24/googles-trillion-dollar-driverless-car-part-2-the-ripple-effects.

Mukherjee, Ashesh. 2018. *The Internet Trap: 5 Costs of Living Online*. Toronto: University of Toronto Press.

Munford, Monty. 2010. "India Digs a Tunnel at the Top of the World as China Bides Its Time." *Telegraph*, August 11. Accessed May 26, 2011. http://blogs.telegraph.co.uk/newsmontymunford1/100050206/india-digs-a-tunnel-at-the-top-of-the-world-as-china-bides-its-time.

Muniz, Ana. 2014. "Maintaining Racial Boundaries: Criminalization, Neighborhood Context, and the Origins of Gang Injunctions." *Social Problems* 61(2): 216–236.

Murad, Nancy. 2017. *The Last Girl: My Story of Captivity, and My Fight Against the Islamic State*. New York: Time Duggan Books.

Murdock, S. H., M. E. Cline, M. Zey, D. Perez, and P. W. Jeanty. 2015. "Historic and Projected Patterns of Population and Household Change in the United States." In *Population Change in the United States*, edited by Steve H. Murdock, Michael E. Cline, Mary Zey, Deborah Perez, and P. Wilner Jeanty, 19–42. Dordrecht, Netherlands: Springer.

Murphy, Susan, and Patrick Paul Walsh. 2014. "Social Protection beyond the Bottom Billion." *Economic and Social Review* 45(2): 261–284.

Murphy, Wendy Wiedenhoft. 2017. *Consumer Culture and Society*. Thousand Oaks: Sage.

Nagourney, Adam. 2013. "Unfinished Luxury Tower Is Stark Reminder of Las Vegas's Economic Reversal." *New York Times*, January 22.

Naheem, Mohammed Ahmad. 2015. "AML Compliance—A Banking Nightmare? The HSBC Case Study." *International Journal of Disclosure and Governance* 12: 300–310.

Nanda, Serena. 1999. *Neither Man nor Woman: The Hijras of India*, 2nd ed. Belmont, CA: Wadsworth.

Naples, Nancy A., and Barbara Gurr. 2012. "Genders and Sexualities in Global Context: An Intersectional Assessment of Contemporary Scholarship." In *The Wiley-Blackwell Companion to Sociology*, edited by George Ritzer, 304–332. Malden, MA: Wiley-Blackwell.

Naquin, Charles E., Terri R. Kurtzberg, and Liuba Y. Belkin. 2008. "E-mail Communication and Group Cooperation in Mixed Motive Contexts." *Social Justice Research* 21: 470–489.

Nardi, Peter M., David Sanders, and Judd Marmor. 1994. *Growing Up before Stonewall: Life Stories of Some Gay Men*. London: Routledge.

Nash, Catherine J., and Andrew Gorman-Murray. 2014. "LGBT Neighbourhoods and 'New Mobilities': Towards Understanding Transformations in Sexual and Gendered Urban Landscapes." *International Journal of Urban & Regional Research* 38(3): 756–772.

National Assessment of Educational Progress. 2015. *School Composition and the Black-White Achievement Gap*. Washington, DC: Department of Education.

National Center for Education Statistics. 2017. "Percentage of Recent High School Completers." Accessed April 29, 2019. https://nces.ed.gov/programs/digest/d16/tables/dt16_302.30.asp

National Coalition Against Domestic Violence. n.d. "Statistics." Accessed April 29, 2019. https://ncadv.org/statistics.

National Coalition of Anti-Violence Programs. 2014. "National Report on Hate Violence against Lesbian, Gay, Bisexual, Transgender, Queer and HIV-Affected Communities Released Today." Press Release, May 29. Accessed April 29, 2019. http://avp.org/wp-content/uploads/2017/05/2013_NCAVP_HVReport_MR.pdf.

National Committee to Preserve Social Security & Medicare. 2017. "African Americans and Social Security." Accessed April 29, 2019. https://www.ncpssm.org/our-issues/social-security/african-americans-and-social-security/.

National Geographic Channel. 2014. "About *Inside: Undercover in North Korea*." Accessed April 24, 2015. http://www.natgeotv.comasia/inside-undercover-in-north-korea/about.

National Oceanic and Atmospheric Administration. 2019. "Global Carbon Dioxide Growth in 2018 Reached 4th Highest on Record." Accessed April 29, 2019. https://www.noaa.gov/news/global-carbon-dioxide-growth-in-2018-reached-4th-highest-on-record.

National Safety Council. 2017. "Fatality Estimates." Accessed April 29, 2019. https://www.nsc.org/road-safety/safety-topics/fatality-estimates.

National Public Radio. 2017. *Discrimination in America: Experiences and Views of LGBTQ Americans*. Accessed April 29, 2019. https://www.npr.org/documents/2017/nov/npr-discrimination-lgbtq-final.pdf.

Navarro, John. 2014. "Corporate Crime." In *The Encyclopedia of Criminology and Criminal Justice*, edited by Jay Ablanese. Oxford, UK: Wiley Blackwell. doi:10.1002/9781118517383.wbeccj328

Nayyer, Deepak. 2010. "China, India, Brazil, and South Africa in the World Economy: Engines of Growth?" In *Southern Engines of Global Growth*, edited by A. U. Santos-Paulino and G. Wan. New York: Oxford University Press.

Ndinda, C., and T. P. Ndhlovu. 2018. "Gender, Poverty, and Inequality: Explorations from a Transformative Perspective." *Journal of International Women's Studies* 19(5): 1–12.

Neal, Mark. 2016. "Dirty Customers: Stigma and Identity Among Sex Tourists." *Journal of Consumer Culture* 18: 131–148.

Neal, Samantha. 2017. "Views of Racism as a Major Problem Increase Sharply." Pew Research Center. Accessed April 29, 2019. http://www.pewresearch.org/fact-tank/2017/08/29/views-of-racism-as-a-major-problem-increase-sharply-especially-among-democrats/.

Nederveen Pieterse, Jan. 2015. *Globalization and Culture: Global Melange*, 2nd ed. Lanham, MD: Rowman & Littlefield.

Negri, Stefania. 2016. "Transplant Ethics and the International Crime of Organ Trafficking." *International Criminal Law Review* 16: 287–303.

Negrusa, Sebastian, Brighita Negrusa, and James Hosek. 2014. "Gone to War: Have Deployments Increased Divorces?" *Journal of Population Economics* 27: 473–496.

Neslihan, James, Eliza Weitbrecht, Trenel Francis, and Sarah Whitton. 2018. "Hooking Up and Emerging Adults' Relationship Attitudes and Expectations." *Sexuality and Culture* 19(72): 1–18.

Neuendorf, Kimberly A., Thomas D. Gore, Amy Dalessandro, Patricie Janstova, and Sharon Snyder-Suh. 2009. "Shaken and Stirred: A Content Analysis of Women's Portrayals in James Bond Films." *Sex Roles* 62: 747–776.

Newell, Peter, and J. Timmons Roberts, eds. 2017. *The Globalization and Environment Reader*. Malden, MA: Wiley-Blackwell.

Newton, Davide. 2016. *The Global Water Crisis: A Reference Handbook*. Santa Barbara, CA: ABC-CLIO.

Newton, Isaac (with Stephen Hawking). [1687] 2005. *Principia (On the Shoulders of Giants)*. Philadelphia: Running Press.

Newton, Michael. 2002. *Savage Girls and Wild Boys: A History of Feral Children*. London: Faber and Faber.

New York Times. 2018. "Eugenic's Backer's Name May Be Dropped from College Library." October 18.

New York Times Editorial Board. 2015. "France's War on the Roma." *New York Times*, September 4.

New York Times Editorial Board. 2016. "Rethinking the Global War on Drugs." April 25.

Nguyen, Tomson H., and Henry N. Pontell. 2011. "Fraud and Inequality in the Subprime Mortgage Crisis." In *Economic Crisis and Crime*, edited by M. Deflem, 3–24. Bingley, UK: Emerald.

Niebuhr, Gustav. 1995. "Where Shopping-Mall Culture Gets a Big Dose of Religion." *New York Times*, April 16.

Niebuhr, H. Richard. 1929. *The Social Sources of Denominationalism*.

New York: Holt.

Nisen, Max. 2013. "Legacies Still Get a Staggeringly Unfair College Admissions Advantage." *Business Insider*, June 5. Accessed April 29, 2019. https://www.businessinsider.com/legacy-kids-have-an-admissions-advantage-2013-6.

Noack, Rick. 2018. "Why It Took the World So Long to Call Rape Used as a Weapon of War by Its Name: A War Crime." *Washington Post*, October 5.

Nordberg, Jenny. 2014. *The Underground Girls of Kabul: In Search of a Hidden Resistance in Afghanistan*. New York: Crown Group.

Norris, Dawn. 2011. "Interactions That Trigger Self-Labeling: The Case of Older Undergraduates." *Symbolic Interaction* 34: 173–197.

Norris, Trevor. 2011a. *Consuming Schools: Commercialism and the End of Politics*. Toronto: University of Toronto Press.

Norris, Trevor. 2011b. "Response to David Waddington's Review of Consuming Schools: Commercialization and the End of Politics." *Studies in the Philosophy of Education* 30: 93–96.

"North Korea Country Profile—Overview." 2015. BBC News, April 30. Accessed May 18, 2015. http://www.bbc.com/news/world-asia-pacific-15256929.

Nossiter, Adam. 2014. "Ebola Is Taking a Second Toll, on Economies." *New York Times*, September 5.

Nwachukwu, Saviour L., and Rajiv P. Dant. 2014. "Consumer Culture in Developing Economies: Is It Really So Different?" *Proceedings of the Academy of Marketing Science 2015*, November 25, 35–40.

Oakes, Jennie. 2005. *Keeping Track: How Schools Structure Inequality*. New Haven, CT: Yale University Press.

Obara-Minnitt, Mika. 2014. "Alternative Globalizations: An Integrative Approach to Studying Dissident Knowledge in the Global Justice Movement." *Journal of Contemporary European Studies* 22: 222–223.

O'Brien, Jodi. 2016. "Seeing Agnes: Notes on a Transgender Biocultural Ethnomethodology." *Symbolic Interaction* 39: 306–329.

O'Brien, Karen, Elin Selhoe, and Bronwyn M. Hayward. 2018. "Exploring Youth Activism on Climate Change: Dutiful, Disruptive, and Dangerous Dissent." *Ecology and Society* 23.

O'Brien, Timothy L., and Shiri Noy. 2015. "Traditional, Modern, and Post-Secular Perspectives on Science and Religion in the United States." *American Sociological Review* 80: 92–115.

O'Connor, Brendan, and Martin Griffiths. 2005. *The Rise of Anti-Americanism*. London: Routledge.

O'Connor, Kathleen, and Eric Gladstone. 2018. "Beauty and Social Capital: Being Attractive Shapes Social Networks." *Social Networks* 52: 42–47.

OECD. 2016. "Marriage and Divorce Rates." Accessed April 29, 2019. https://www.oecd.org/els/family/SF_3_1_Marriage_and_divorce_rates.pdf.

OECD. 2017. "Key Characteristics of Parental Leave Systems." Accessed April 29, 2019. https://www.oecd.org/els/soc/PF2_1_Parental_leave_systems.pdf.

O'Grady, Siobhan. 2014. "Colonial Lines Drawn Again for Ebola Aid." *Foreign Policy*, September 22.

Ohlsson-Wijk, Sofi, Jani Turunen, and Gunnar Anderson. 2017. "Family Forerunner? An Overview of Family Demographic Change in Sweden." *Working Paper* 2017 3: 1–25.

O'Loughlin, Deirdre M., Isabelle Szmigin, Morven G. McEachern, Belem Barbosa, Kalipso Karantinou, and Maria Eugenia Fernández-Moya. 2016. "Man Thous Art Dust: Rites of Passage in Austere Times." *Sociology* March 15 (published online).

Olson, Greta, Mirjam Horn-Schott, Daniel Hartley, and Regina Leonie Schmidt, eds. 2018. *Beyond Gender*. London: Routledge.

Ordaz, Luis, Lauren Schaeffer, Emily Choquette, Jordan Schueler, Lisa Wallace, and Kevin Thompson. 2018. "Thinness Pressure in Ethically Diverse College Women in the United States." *Body Image* 24: 1–4.

Orfield, Gary, and Erica Frankenberg. 2013. *Educational Delusions? Why Choice Can Deepen Inequality and How to Make Schools Fair*. Berkeley: University of California Press.

Orfield, Gary, and Erica Frankenberg. 2014. "Brown at 60: Great Progress, a Long Retreat and an Uncertain Future." The Civil Rights Project. Accessed April 29, 2019. https://civilrightsproject.ucla.edu/research/k-12-education/integration-and-diversity/brown-at-60-great-progress-a-long-retreat-and-an-uncertain-future.

Orlikowski, Wanda J. 2010. "Technology and Organization: Contingency All the Way Down." In *Technology and Organization: Essays in Honour of Joan Woodward*, edited by N. Phillips, G. Sewell, and

D. Griffiths, 239–246. Bingley, UK: Emerald.

Ortmeyer, David L., and Michael A. Quinn. 2012. "Coyotes, Migration Duration, and Remittances." *Journal of Developing Areas* 46: 185–203.

Orwell, George. 1949. *Nineteen Eighty-Four*. London: Secker and Warburg.

Ostergaard, Per, James Fitchett, and Christian Jantzen. 2013. "A Critique of the Ontology of Consumer Enchantment." *Journal of Consumer Behaviour* 12: 337–344.

Otnes, Cele C., and Linda Tuncay Zayre, eds. 2012. *Gender, Culture, and Consumer Behavior*. New York: Routledge.

Otto, Rudolph. 1923. *The Idea of the Holy*. Oxford, UK: Oxford University Press.

Ousey, Graham C., and Matthew R. Lee. 2008. "Racial Disparity in Formal Social Control: An Investigation of Alternative Explanations of Arrest Rate Inequality." *Research in Crime and Delinquency* 45: 322–355.

Ovaska, Tomi, and Ryo Takashima. 2010. "Does a Rising Tide Lift All the Boats? Explaining the National Inequality of Happiness." *Journal of Economic Issues* 44(1): 205–223.

Oyogoa, Francisca. 2016. "Cruise Ships: Continuity and Change in the World System." *Journal of World-Systems Research* 22: 32–37.

Pace, Roberta, and Roberto HamChande, eds. 2016. *Demographic Dividends: Emerging Challenges and Policy Implications*. Cham, Switzerland: Springer International.

Packer, George. 2016. "The Theorist in the Palace." *New Yorker*, July 4: 32–41.

Padilla, Mark. 2007. *Caribbean Pleasure Industry: Tourism, Sexuality, and AIDS in the Dominican Republic*. Chicago: University of Chicago Press.

Padio, Jan. 2018. *A Nation on the Line: Call Centers and Postcolonial Predicaments in the Philippines*. Durham, NC: Duke University Press.

Pager, Devah. 2009. *Marked: Race, Crime, and Finding Work in an Era of Mass Incarceration*. Chicago: University of Chicago.

Pager, Devah, and Bruce Western. 2012. "Identifying Discrimination at Work: The Use of Field Experiments." *Journal of Social Issues* 68: 221–237.

Paine, Crispin. 2016. "Religious Theme Parks." *Journal of Material Religion* 12: 402–403.

Pakes, Francis. 2015. *Comparative Criminal Justice*, 3rd ed. London: Routledge.

Pakulski, Jan. 2014. "Confusions about Multiculturalism." *Journal of Sociology* 50: 23–36.

Pallas, Aaron. 2016. "The Sunny Home Advantage: Class Differences in Resources to Support Summer Learning." In *The Summer Slide*, edited by Karl Alexander, Sarah Pitcock, and Matthew Boulay, 111–130. New York: Teachers College Press.

Pantaleo, Katherine. 2010. "Gendered Violence: An Analysis of the Maquiladora Murders." *International Criminal Justice Review* 20: 349–365.

Pantzar, Mike, and Elizabeth Shove. 2010. "Understanding Innovation in Practice: A Discussion of the Production and Re-production of Nordic Walking." *Technology Analysis and Strategic Management* 22: 447–461.

Parigi, Paolo, Jessica J. Santana, and Karen S. Cook. 2017. "Online Field Experiments: Studying Social Interactions in Context." *Social Psychology Quarterly* 80: 1–19.

Park, Andrea. 2017. "#MeToo Reaches 85 Countries with 1.7M Tweets." Accessed April 29, 2019. https://www.cbsnews.com/news/metoo-reaches-85-countries-with-1-7-million-tweets/.

Park, Haeyoun, and Iaryna Mykhyalyshyn. 2016. "Hate Crimes Now Directed at L.G.B.T. People the Most." *New York Times*, June 18.

Park, Julie, and Dowell Myers. 2010. "Intergenerational Mobility in the Post-1965 Immigration Era: Estimates by an Immigrant Generation Cohort Method." *Demography* 47: 369–392.

Parker, Pamela. 2012. "Study: Mobile and Video Are Key Drivers of Apparel Purchases." Marketing Land, August 14. Accessed April 20, 2015. http://marketingland.com/study-mobile-and-video-are-key-drivers-of-apparel-purchases-18927.

Parker, Richard, Jonathan Garcia, and Robert M. Buffington. 2014. "Sexuality and the Contemporary World: Globalization and Sexual Rights." In *A Global History of Sexuality: The Modern Era*, edited by R. M. Buffington, E. Luibhéid, and D. J. Guy, 221–260. Chichester, UK: Wiley.

Parker, R. Stephen, Christina S. Simmers, and Allen D. Schaefer. 2014. "An Exploratory Study: Gen Y Males and Their Attitudes toward Fashion." *Academy of Marketing Studies Journal* 18(2): 79–89.

Parker, Stanley. 1971. *The Future of Work and Leisure*. London: MacGibbon & Kee.

Parkinson, Cyril Northcote. 1955. "Parkinson's Law." *Economist*, November 19.

Parks-Savage, Agatha, Linda Archer, Heather Newton, Elizabeth Wheeler, and Shaun Hubbard. 2018. "Prevention of Medical Errors and Malpractice: Is Creating Resilience in Physicians Part of the Answer?" *International Journal of Law and Psychiatry* 60: 35–39.

Parreñas, Rhacel Salazar. 2001. *Servants of Globalization: Women, Migration, and Domestic Work*. Stanford, CA: Stanford University Press.

Parreñas, Rhacel Salazar. 2015. *Servants of Globalization: Migration and Domestic Labor*. Stanford, CA: Stanford University Press.

Parry, Marc. 2013. "A Star MOOC Professor Defects—at Least for Now." *Chronicle of Higher Education*, September 3.

Parsons, Talcott. 1951. *The Social System*. Glencoe, IL: Free Press.

Parsons, Talcott. 1966. *Societies*. Englewood Cliffs, NJ: Prentice Hall.

Pascoe, C. J. 2012. *Dude, You're a Fag: Masculinity and Sexuality in High School*. Berkeley: University of California Press.

Pascoe, John M., David L. Wood, James H. Duffee, and Alice Kuo. 2016. "Mediators and Adverse Effects of Child Poverty in the United States." *Pediatrics* 37: e1–e17.

Passel, Jeffrey. 2010. "Race and the Census: The 'Negro' Controversy." Pew Research Center, January 21. Accessed January 16, 2012. http://www.pewsocialtrends.org/201001/21/race-and-the-census-the-%E2%80%9Cnegro%E2%80%9D-controversy.

Patchin, Justin W., and Sameer Hinduja. 2010. "Trends in Online Social Networking: Adolescent Use of MySpace over Time." *New Media and Society* 12: 197–216.

Patel, Jugal K. 2017. "How 2016 Became Earth's Hottest Year on Record." *New York Times*, January 18.

Patel, Reena. 2010. *Working the Night Shift: Women in India's Call Centers*. Palo Alto, CA: Stanford University Press.

Patterson, Charlotte J., Rachel H. Farr, and Paul D. Hastings. 2015. "Socialization in the Context of Family Diversity." In *Handbook of Socialization: Theory and Research*, 2nd ed., edited by Joan E. Grusec and Paul D. Hastings, 202–227. New York: Guilford Press.

Patterson, Orlando, and Ethan Fosse, eds. 2015. *The Cultural Matrix: Understanding Black Youth*. Cambridge, MA: Harvard University Press.

Patterson, Orlando, and Xiaolin Zhou. 2018. "Modern Trafficking, Slavery, and Other Forms of Servitude." *Annual Review of Sociology* 44: 407–439.

Paulson, Michael. 2014. "Latin America Losing Bond to Catholicism, Study Says." *New York Times*, November 15.

Pavalko, Eliza K., and Glen H. Elder Jr. 1990. "World War II and Divorce: A Life-Course Perspective." *American Journal of Sociology* 95: 1213–1234.

Payne, Elizabeth, and Melissa Smith. 2014. "The Big Freak Out: Educator Fear in Response to the Presence of Transgender Elementary School Students." *Journal of Homosexuality* 61(3): 399–418.

PBS. 2010. *Frontline: Digital Nation*. Accessed May 25, 2011. http://www.pbs.org/wgbh/pagesfrontline/digitalnation/view.

Pearce, Diane. 1978. "The Feminization of Poverty: Women, Work, and Welfare." *Urban and Social Change Review* 11: 28–36.

Pearlin, Leonard I. 1989. "The Sociological Study of Stress." *Journal of Health and Social Behavior* 30: 241–256.

Pelikán, Vojtech, Lucie Galcanova, and Lukas Kala. Forthcoming. "Ecological Habitus Intergenerationally Reproduced: The Children of Czech 'Voluntary Simplifiers' and Their Lifestyle." *Journal of Consumer Culture*.

Peñaloza, Lisa. 2000. "Have We Come a Long Way, Baby? Negotiating a More Multicultural Feminism in the Marketing Academy in the USA." In *Marketing and Feminism: Current Issues and Research*, edited by M. Catterall, P. Maclaran, and L. Stevens, 39–56. London: Routledge.

Pennington, Jon C. 2003. "It's Not a Revolution but It Sure Looks Like One: A Statistical Accounting of the Post-Sixties Sexual Revolution." *Radical Statistics* 83: 104–116.

People's Daily News. 2018. "China Has Become the World's Fastest Growing Tobacco Consumer Market: Report." Accessed April 29, 2019. http://en.people.cn/n3/2018/0102/c90000-9310770.html.

Percy, Jennifer. 2018. "Trapped by the Walmart of Heroin." *New York Times*, October 10.

Perelli-Harris, Brienna, and Nora Sanchez Gassen. 2012. "How Similar Are Cohabitation and Marriage? Legal Approaches to Cohabitation across Western Europe." *Population and Development Review* 38: 435–467.

Perez, Sarah. 2017. "Target Rolls out Bluetooth Beacon Technology in Stores to Power New Indoor Map in its App." Accessed April 29, 2019. https://techcrunch.com/2017/09/20/target-rolls-out-bluetooth-beacon-technology-in-stores-to-power-new-indoor-maps-in-its-app/.

Perlroth, Nicole. 2014. "Reporting from the Debt's Underbelly." *New York Times*, February 16.

Perlroth, Nicole. 2015. "Online Attacks on Infrastructure Are Increasing at a Worrying Rate." *New York Times*, October 14.

Perrow, Charles. 1999. *Normal Accidents*. Princeton, NJ: Princeton University Press.

Perry-Fraser, Charity, and Rick Fraser. 2018. "A Qualitative Analysis of the Stepparent Role on Transition Days in Blended Families." *Open Journal of Social Sciences* 6(8): 240–251.

Peter, Lawrence J., and Raymond Hull. 1969. *The Peter Principle: Why Things Always Go Wrong*. New York: Morrow.

Peters, Jeremy W., and Elisabeth Dias. 2018. "Shrugging off Trump Scandals, Evangelicals Look to Rescue G.O.P." *New York Times*, April 24.

Peterson, Abby, Mattias Wahlström, and Magnus Wennerhag. 2018. *Pride Parades and LGBT Movements*. New York: Routledge.

Peterson, Helen. 2016. "Is Managing Academics 'Women's Work'? Exploring the Glass Cliff in Higher Education Management." *Educational Management Administration and Leadership* 44: 112–127.

Peterson, Richard A., and Roger M. Kern. 1996. "Changing Highbrow Taste: From Snob to Omnivore." *American Sociological Review* 61: 900–907.

Peterson-Sparks. 2017. *Intimate Partner Violence: Effective Procedure, Response, and Policy*. Boca Raton, FL: CRC Press.

Pettijohn, Terry F., Erik Frazier, Elizabeth Rieser, Nicholas Vaughn, and Bobbi Hupp-Wilds. 2015. "Classroom Texting in College Students." *College Student Journal* 49: 513–516.

Pew Research Center. 2017. "A Survey of LGBT Americans: Attitudes, Experiences, and Values in Changing Times." June 13. Accessed April 17, 2015. http://www.pewso-cialtrends.org/2013/06/13/a-survey-of-lgbt-americans.

Pew Research Center. 2018. "When Americans Say They Believe in God, What Do They Mean?" April 25. Accessed April 29, 2019. https://www.pewforum.org/2018/04/25/when-americans-say-they-believe-in-god-what-do-they-mean/.

Pfeiffer, Mary Beth. 2018. *Lyme: The First Epidemic of Climate Change*. Washington, DC: Island Press.

Pfeffer, Max J., and Pilar A. Parra. 2009. "Strong Ties, Weak Ties, and Human Capital: Latino Immigrant Employment Outside the Enclave." *Rural Sociology* 74(2): 241–269.

Pfeffer, Naomi. 2011. "Eggs-ploiting Women: A Critical Feminist Analysis of the Different Principles in Transplant and Fertility Tourism." *Reproductive Biomedicine Online* 23: 634–641. doi:10.1016/j.rbmo.2011.08.005

Phelan, Jo C., Bruce G. Link, Ana Diez-Roux, Ichiro Kawachi, and Bruce Levin. 2004. "'Fundamental Causes' of Social Inequalities in Mortality: A Test of the Theory." *Journal of Health and Social Behavior* 45: 265–285.

Phelan, Jo C., Bruce G. Link, and Parisa Tehranifar. 2010. "Social Conditions as Fundamental Causes of Health Inequalities: Theory, Evidence, and Policy Implications." *Journal of Health and Social Behavior* 51: S28–S40.

Phelps, Nicholas A. 2019. "In What Sense a Post-Suburban Era?" In *The Routledge Companion to the Suburbs*, edited by Bernadette Hanlon and Thomas Vicino, 39–48. New York: Routledge.

Phelps, Nicholas A., and Andrew M. Wood. 2011. "The New Post-Suburban Politics?" *Urban Studies* 48: 2591–2610.

Philips, Bernard, ed. 2016. *Understanding Terrorism*. New York: Routledge.

Phillips, Leigh, Kate Connolly, and Lizzy Davies. 2010. "EU Turning Blind Eye to Discrimination against Roma, Say Human Rights Groups." *The Guardian*, July 30. Accessed November 29, 2011. http://www.guardian.co.uk/world/2010/jul/30/europe-an-union-roma-human-rights.

Phipps, Alison, Jessica Ringrose, Emma Renold, and Carolyn Jackson. 2018. "Rape Culture, Lad Culture, and Everyday Sexism: Researching, Conceptualizing, and Politicizing New Mediations of Gender and Sexual Violence." *Journal of Gender Studies* 27(1): 1–8.

Piarroux, Renaud. 2016. "The U.N.'s Responsibility in Haiti's Cholera Crisis." *New York Times*, September 7.

Picca, Leslie Houts, and Joe R. Feagin. 2007. *Two-Faced Racism: Whites in the Backstage and Frontstage*. New York: Routledge.

Pick, James B., and Aviit Sarkar. 2015. *The Global Digital Divides: Explaining Change*. Dordrecht, The Netherlands: Springer.

Pickering, Mary. 2011. "Auguste Comte." In *The Wiley-Blackwell Companion to Major Social Theorists*, Vol. 1, *Classical Theorists*, edited by George Ritzer and Jeffrey Stepnisky, 30–60. Malden, MA: Wiley-Blackwell.

Pickett, Kate, and Richard Wilkinson. 2011. *The Spirit Level: Why Greater Equality Makes Societies Stronger*. New York: Bloomsbury Press.

Pickren, Graham. 2015. "Making Connections Between Global Production Networks for Used Goods and the Realm of Production: A Case Study on E-Waste Governance." *Global Networks*, 15(4): 400–423.

Pietschnig, Jakob. 2016. "The Flynn Effect: Technology May Be Part of It, but Is Most Certainly Not All of It." *Measurement* 14(2): 70–73.

Piketty, Thomas. 2014. *Capital in the Twenty-First Century*. Cambridge, MA: Belknap Press.

Pilcher, Jane. 2013. "'Small but Very Determined': A Novel Theorization of Children's Consumption of Culture." *Cultural Sociology* 7: 86–100.

Pilkington, Pamela D., and Holly Rominov. 2017. "Fathers' Worries During Pregnancy: A Qualitative Content Analysis of Redditt." *The Journal of Perinatal Education* 26(4): 208–218.

Pinker, Steven. 2011. *The Better Angels of Our Nature: Why Violence Has Declined*. New York: Viking Press.

Piquero, Alex R., Raymond Paternoster, Greg Pogarsky, and Thomas Loughran. 2011. "Elaborating the Individual Difference Component in Deterrence Theory." *Annual Review of Law and Social Science* 7: 335–360.

Plante, Rebecca F. 2015. *Sexualities in Context: A Social Perspective*, 2nd ed. New York: Routledge.

Plante, Rebecca F., and Andrew P. Smiler. 2014. "Time for a Sexual-Climate Change." *Chronicle of Higher Education*, November 26. Accessed April 17, 2015. http://chronicle.com/blogs/conversation/2014/11/26/time-for-a-sexual-climate-change.

Pleyers, Geoffrey. 2010. *Alter-Globalization: Becoming Actors in the Global Age*. Cambridge, UK: Polity Press.

Plumer, Brad. 2018. "Climate Negotiators Reach an Overtime Deal to Keep Paris Pact Alive." *New York Times*, December 15.

Plummer, Ken. 1995. *Telling Sexual Stories: Power, Change, and Social Worlds*. London: Routledge.

Plummer, Ken. 2007. "Sexual Markets, Commodification, and Consumption." In *The Blackwell Encyclopedia of Sociology*, edited by George Ritzer, 4242–4244. Malden, MA: Blackwell.

Plummer, Ken. 2019. "Critical Sexuality Studies." In *The Wiley-Blackwell Companion to Sociology*, 2nd ed., edited by George Ritzer and Wendy Wiedenhoft Murphy, 243–268. Chichester, UK: John Wiley & Sons.

Poff, Deborah. 2010. "Ethical Leadership and Global Citizenship: Considerations for a Just and Sustainable Future." *Journal of Business Ethics* 93: 9–14.

Pogge, T. 2017. "Cosmopolitanism." In *A Companion to Contemporary Political Philosophy*, edited by R. E. Goodin, P. Pettit, and T. Pogge, 312–331. Chichester, UK: John Wiley & Sons.

Pogue, David. 2014. "Smart Sharing." *Scientific American*, June.

Polakow-Suransky, Sasha. 2017. *Go Back to Where You Came From: The Backlash against Immigration and the Fate of Western Democracy*. New York: Nation Books.

Polgreen, Linnea A., and Nicole B. Simpson. 2011. "Happiness and International Migration." *Journal of Happiness Studies* 12(3): 819–840.

Polgreen, Lydia. 2010. "India Digs under the Top of the World to Match a Rival." *New York Times*, August 1. Accessed May 26, 2011. http://www.nytimes.com/2010/08/01/world/asia/01pass.html.

"Police Discover Five Children 'Hidden from Society in Squalid Home and Raised without Schooling or Healthcare.'" 2010. *Daily Mail*, November 30. Accessed May 25, 2015. http://www.dailymail.co.uk/news/article-1334132/Police-discover-5-children-hidden-society-squalid-home.html.

Popenoe, David. 1993. "American Family Decline, 1960–1990: A Review and Appraisal." *Journal of Marriage and the Family* 55: 527–542.

Popham, James, and Sirotnik, Kenneth. 1973. *Educational Statistics: Use and Interpretation*. New York: Harper & Row.

Popper, Nathaniel. 2015. *Digital Gold*. New York: Harper.

Popper, Nathaniel. 2018. "Goldman Sachs to Open a Bitcoin Trading Operation." *New York Times*, May 2.

Population Reference Bureau. 2010. "World Population Data Sheet." Accessed October 28, 2010. http://www.prb.org/Publications/Datasheets/2010/2010wpds.aspx.

Population Reference Bureau. 2018. "2018 World Population Data Sheet with Focus on Changing Age Structures." Accessed April 29, 2019. https://www.prb.org/2018-world-population-data-sheet-with-focus-on-changing-age-structures/.

Porter, Eduardo. 2016a. "The Crumbling Case for a Mexican Border Wall." *New York Times*, September 6.

Portes, Alejandro, and Min Zhou. 1993. "The New Second Generation: Segmented Assimilation and Its Variants." *Annals of the American Academy of Political and Social Science* 530: 75–96.

Posner, Eric, and Glen Weyl. 2018. "The Real Villain Behind Our New Gilded Age." *New York Times*, May 1.

Posselt, Julie R., and Eric Grodsky. 2017. "Graduate Education and Social Stratification." *Annual Review of Sociology* 43: 353–378.

Poster, Winifred. 2007. "Who's on the Line? Indian Call Center Agents Pose as Americans for U.S.-Outsourced Firms." *Industrial Relations* 46(2): 271–304.

Povoledo, Elisabetta. 2018. "'We Abandoned Them': Pope Francis Condemns Sex Abuse Cover-Up." *New York Times*, August 20.

Pramuk, Jacob. 2015. "There Are Now More Uber Cars than Yellow Taxis in NYC." CNBC, March 18.

Prassi, Jeremais. 2018. *Humans as a Service: The Promise and Perils of Work in the Gig Economy*. New York: Oxford University Press.

Premack, David. 2007. "Human and Animal Cognition: Continuity and Discontinuity." *Proceedings of the National Academy of Sciences* 104: 13861–13867.

Presser, Harriet B. 2005. *Working in a 24/7 Economy*. New York: Russell Sage Foundation.

Prideaux, Bruce, and Petra Glover. 2014. "'Santa Claus Is Coming to Town': Christmas Holidays in a Tropical Destination." *Asia Pacific Journal of Tourism Research*, September 29 (published online). doi:10.1080/10941665.2014.951061

Prior, Nick. 2011. "Critique and Renewal in the Sociology of Music: Bourdieu and Beyond." *Cultural Sociology* 5: 121–138.

Proctor, Bernadette D., Jessica L. Semega, and Melissa A. Kollar. 2016. "Income and Poverty in the United States: 2015." *Current Population Reports*, P60-256(RV). September. Accessed January 26, 2017. http://www.census.gov/content/dam/Census/library/publications/2016/demo/p60-256.pdf.

Prot, Sara, Craig A. Anderson, Douglas A. Gentile, Wayne Warburton, Muniba Saleem, Christopher L. Groves, and Stephanie C. Brown. 2015. "Media as Agents of Socialization." In *Handbook of Socialization: Theory and Research*, 2nd ed., edited by Joan E. Grusec and Paul D. Hastings, 276–300. New York: Guilford Press.

Prum, Richard O. 2017. *The Evolution of Beauty: How Darwin's Forgotten Theory of Mate Choice Shapes the Animal World*. New York: Doubleday.

Prus, Robert. 2011. "Examining Community Life 'in the Making': Émile Durkheim's Moral Education." *American Sociologist* 42(1): 56–111.

Pudrovska, Tetyana, and Amelia Karraker. 2014. "Gender, Job Authority, and Depression." *Journal of Health and Social Behavior* 55: 424–441.

Pugh, Allison. 2015. *The Tumbleweed Society: Working and Caring in an Age of Insecurity*. New York: Oxford University Press.

Pugh, Derek S., David Hickson, C. R. Hinings, and C. Turner. 1968. "The Context of Organizational Structures." *Administrative Science Quarterly* 14: 91–114.

Pun, Nagi. 1995. "Theoretical Discussions on the Impact of Industrial Restructuring in Asia." In *Silk and Steel: Asia Women Workers Confront Challenges of Industrial Restructuring*, edited by H. O'Sullivan. Hong Kong: Committee for Asian Women.

Purdam, Kingsley, Elisabeth A. Garratt, and Aneez Esmail. 2015. "Hungry? Food Insecurity, Social Stigma, and Embarrassment in the UK." *Sociology* 50: 1072–1088.

Putnam, Robert. 2001. *Bowling Alone: The Collapse and Revival of American Community*. New York: Simon & Schuster.

Quinton, Sarah. 2018. *Understanding Research in the Digital Age.* London: Sage.

Quist-Adade, Charles. 2018. *Symbolic Interactionism: The Basics.* Wilmington, NC: Vernon Press.

Rabin, Roni Caryn. 2009. "Tool to Offer ReFast Help for H.I.V. Exposure." *New York Times*, September 8.

Rabin, Roni Caryn. 2018. "Put a Ring on It? Millennial Couples Are in No Hurry." *New York Times*, May 29.

Raby, C. R., D. M. Alexis, A. Dickenson, and N. S. Clayton. 2007. "Planning for the Future by Western Scrub-Jays." *Nature* 445: 919–921.

Radesky, Jenny S., Caroline J. Kistin, Barry Zuckerman, Katie Nitzberg, Jamie Gross, Margot Kaplan-Sanoff, Marilyn Augustyn, and Michael Silverstein. 2014. "Patterns of Mobile Device Use by Caregivers and Children during Meals in Fast Food Restaurants." *Pediatrics*, March 10 (published online). doi:10.1542/peds.2013–3703

Radford, Jason, and David Lazer. Forthcoming. "Big Data for Sociological Research." In *The Wiley-Blackwell Companion to Sociology*, 2nd ed, edited by George Ritzer and Wendy Wiedenhoft Murphy. Malden, MA: Wiley-Blackwell.

RAINN. n.d. "About Sexual Assault." Accessed April 29, 2019. https://www.rainn.org/about-sexual-assault.

Raley, R. Kelly, Meghan Sweeney, and Danielle Wondra. 2015. "The Growing Racial and Ethnic Divide in U.S. Marriage Patterns." *Future Child* 25(2): 89–109.

Ram, Uri. 2007. *The Globalization of Israel: McWorld in Tel Aviv, Jihad in Jerusalem.* New York: Routledge.

Rao, Smriti, and Christina Presenti. 2012. "Understanding Human Trafficking Origin: A Cross-Country Empirical Analysis." *Feminist Economics* 18: 231–263.

Rape, Abuse, and Incest National Network. n.d. "Victims of Sexual Violence: Statistics." Accessed March 8, 2017. https://www.rainn.org/statistics/victims-sexual-violence.

Rappeport, Alan. 2017. "Republican Tax Cuts Would Benefit Wealthy and Corporations Most, Report Finds." *New York Times*, September 29.

Ravitch, Diane. 2012. "Schools We Can Envy." *New York Review of Books*, March 8, 19–20.

Ravitch, Diane. 2016. *The Death and Life of the Great American School System: How Testing and Choice Are Undermining Education.* New York: Basic Books.

Rawls, Anne. 2011. "Harold Garfinkel." In *The Wiley-Blackwell Companion to Major Social Theorists*, Vol. 2, *Contemporary Sociological Theorists*, edited by George Ritzer and Jeffrey Stepnisky, 89–124. Malden, MA: Wiley-Blackwell.

Rawls, Anne. 2015. "Interaction Order: The Making of Social Facts." In *Order on the Edge of Chaos*, edited by Edward J. Lawler, Shane R. Thye, and Jeongkoo Yoon, 227–247. New York: Cambridge University Press.

Ray, Paula. 2018. "Surfing the Fourth Wave of the Feminist Movement via SNS". In *Orienting Feminism*, edited by Catherine Dale and Rosemary Overell, 113–133. Cham, Switzerland: Palgrave Macmillan.

Raynolds, Laura, and Elizabeth Bennett, eds. 2015. *Handbook of Research on Fair Trade.* Northampton, MA: Edward Elgar.

Razavi, Shahra. 2017. "Care Going Global? Afterword." In *Gender, Migration, and the Work of Care*, edited by S. Michel and I. Peng, 295–304. Cham, Switzerland: Palgrave Macmillan.

Reader, Ian. 2013. "Murder on the Tokyo Subway: Nerve Centres, Religion, and Violence." *Space & Polity* 17: 377–392.

Reay, Barry. 2014. "Promiscuous Intimacies: Rethinking the History of American Casual Sex." *Journal of Historical Sociology* 27: 1–24.

Reczek, Ciorinne. 2016. "Ambivalence in Gay and Lesbian Family Relationships." *Journal of Marriage and the Family* 78: 644–659.

Reed, Mark S., and Lindsay C. Stringer. 2016. *Land Degradation, Desertification, and Climate Change: Anticipating, Assessing, and Adapting to Future Change.* New York: Routledge.

Reed College. 2015. "Sexual Assault Prevention and Response at Reed." Accessed March 28, 2015. http://www.reed.edu/sexual_assault/definitions/consent.html.

Reed, Shayla. 2018. "Protecting Our Elders: Potential Signs of Nursing Home Abuse and Neglect." *Nebraska Lawyer Magazine* 21(3): 11.

Reeves, Richard. 2017. *Dream Hoarders: How the American Upper Class Is Leaving Everyone Else in the Dust, Why That Is a Problem, and What to Do about It.* Washington, DC: Brookings Institution Press.

Reeves, Richard and Katherine Guyot. 2018. "Fewer Americans are Making More than Their Parents Did—Especially if the Grew Up in the Middle Class." *Brookings*. https://www.brookings.edu/blog/up-front/2018/07/25/fewer-americans-are-making-more-than-their-parents-did-especially-if-they-grew-up-in-the-middle-class/

Regnerus, Mark, and Jeremy Uecker. 2011. *Premarital Sex in America: How Young Americans Meet, Mate, and Think about Marrying.* Oxford, UK: Oxford University Press.

Reich, Adam, and Peter Bearman. 2018. *Working for Respect: Community and Conflict at Walmart.* New York: Columbia University Press.

Reich, Robert. 2016. *Saving Capitalism: For the Many, Not the Few.* New York: Vintage.

Reichel, Philip, and Ryan Randa, eds. 2017. *Transnational Crime and Global Security.* Santa Barbara, CA: Praeger.

Reid, Carolina, Debbie Bocian, Wei Li, and Roberto G. Quercia. 2017. "Revisiting the Subprime Crisis: The Dual Mortgage Market and Mortgage Defaults by Race and Ethnicity." *Journal of Urban Affairs* 39(4): 469–487.

Reid, Colleen. 2004. "Advancing Women's Social Justice Agendas: A Feminist Action Research Framework." *International Journal of Qualitative Methods* 3(3): 1–15.

Reid, Julie A., Sinikka Elliott, and Gretchen R. Webber. 2011. "Casual Hookups to Formal Dates: Refining the Boundaries of the Sexual Double Standard." *Gender & Society* 25(5): 545–568.

Reigeluth, Chris, and Michael Addis. 2015. "Adolescent Boys' Experiences with Policing Masculinity." *Psychology of Men & Masculinity* 17(1). doi10.1037/a0039342

Reiman, Jeffrey H., and Paul Leighton. 2016. *The Rich Get Richer and the Poor Get Prison: Ideology, Class, and Criminal Justice*, 10th ed. Boston: Prentice Hall.

Ren, Ling, Jihong "Solomon" Zhao, and Ni "Phil" He. 2017. "Broken Windows Theory and Citizen Engagement in Crime Prevention." *Justice Quarterly* 1–30.

Reskin, Barbara. 1993. "Sex Segregation in the Workplace." *Annual Review of Sociology* 19: 241–270.

Restivo, Emily, and Mark M. Lanier. 2015. "Measuring the Contextual Effects and Mitigating Factors of Labeling Theory." *Justice Quarterly* 32(1): 116–141.

"Return Visit to Communist Cuba Finds New Hope Amid Change." 2015. *New York Times*, February 18.

Reuter, T. R., M. E. Newcomb, S. W. Whitton, and B. Mustanski. 2017. "Intimate Partner Violence Victimization in LGBT Young Adults: Demographic Differences and Associations with Health Behaviors." *Psychology of Violence* 7(1): 101–109.

Reuters. 2016. "Indonesia Wages War on Drugs but Cuts Funding for Rehabilitation." *New York Times*, August 1.

Reuters. 2017. "Cyber Attack Hits 200,000 in at least 150 Countries: Europol." *New York Times*, May 14.

Reuters. 2018a. "Cuba Says United States Pursues 'Path of Confrontation.'" *New York Times*, October 24.

Reuters. 2018b. "Trump Administration Trying to Define Transgender out of Existence." *New York Times*, October 21.

Reuters. 2018c. "Villagers Fear for Survival on India's Disappearing Island." *New York Times*, November 28.

Reuters. 2018d. "Global Temperatures on Track for 3-5 Degree Rise by 2100: UN." *New York Times*, November 29.

Reverby, Susan. 2009. *Examining Tuskegee: The Infamous Syphilis Study and Its Legacy.* Chapel Hill: University of North Carolina Press.

Rich, Motoko. 2015. "Homeschooling: More Pupils, Less Regulation." *New York Times*, January 4.

Richardson, Valerie. 2018. "Educational Decline: Homeschooling Surges as Parents Seek Safe Option for Children." *Washington Post*, May 30.

Riches, William Martin. 2017. *The Civil Rights Movement*, 4th ed. London: Palgrave.

Rideout, Victoria J., Ulla G. Foehr, and Donald F. Roberts. 2010. *Generation M2: Media in the Lives of 8- to 18-Year-Olds.* Menlo Park, CA: Kaiser Family Foundation.

Rieger, Jon H. 2007. "Key Informant." In *The Blackwell Encyclopedia of Sociology*, edited by George Ritzer, 2457–2458. Malden, MA: Blackwell.

Riera-Crichton, Daniel. 2012. "Euro Crisis." In *The Encyclopedia of Globalization*, edited by George Ritzer, 566–570. Malden, MA: Wiley-Blackwell.

Rifkin, Jeremy. 1995. *The End of Work.* New York: Putnam.

Riger, Stefanie. 1992. "Epistemological Debates, Feminist Voices: Science, Social Values, and the Study of Women." *American Psychologist* 47(6): 730–740.

Rindermann, Heiner, and Antonia E. E. Baumeister. 2015. "Parents' SES vs. Parental Educational Behavior and Children's Development: A Reanalysis of the Hart and Risley Study." *Learning and Individual Differences* 37: 133–138.

Rippeyoug, Phyllis L. F., and Mary C. Noonan. 2012. "Is Breastfeeding Truly Cost Free? Income Consequences of Breastfeeding for Women." *American Sociological Review* 77: 244–267.

Ristau, Carolyn A. 1983. "Language, Cognition, and Awareness in Animals." *Annals of the New York Academy of Sciences* 406: 170–186.

Ritzer, George. 1975. *Sociology: A Multiple Paradigm Science*. Boston: Allyn & Bacon.

Ritzer, George. 1995. *Expressing America: A Critique of the Global Credit Card Society*. Thousand Oaks, CA: Pine Forge Press.

Ritzer, George, ed. 2007. *The Blackwell Encyclopedia of Sociology*. Malden, MA: Blackwell.

Ritzer, George. 2010a. "Cathedrals of Consumption: Rationalization, Enchantment, and Disenchantment." In *McDonaldization: The Reader*, 3rd ed., edited by George Ritzer, 234–239. Thousand Oaks, CA: Pine Forge Press.

Ritzer, George. 2010b. *Enchanting a Disenchanted World: Continuity and Change in the Cathedrals of Consumption*. Thousand Oaks, CA: Sage.

Ritzer, George, ed. 2010c. *The McDonaldization of Society: The Reader*, 3rd ed. Thousand Oaks, CA: Pine Forge Press.

Ritzer, George. 2012a. "'Hyperconsumption' and 'Hyperdebt': A 'Hypercritical' Analysis." In *A Debtor World: Interdisciplinary Perspective on Debt*, edited by Ralph Brubaker, Robert W. Lawless, and Charles J. Tabb, 60–80. New York: Oxford University Press.

Ritzer, George, ed. 2012b. *The Wiley-Blackwell Encyclopedia of Globalization*. Malden, MA: Wiley-Blackwell.

Ritzer, George. 2013. "The 'New' Prosumer: Collaboration on the Digital and Material 'New Means of Prosumption.'" Paper presented at the annual meeting of the Eastern Sociological Society, Boston, March.

Ritzer, George. 2015a. *The McDonaldization of Society*, 8th ed. Thousand Oaks, CA: Sage.

Ritzer, George. 2015b. "Prosumer Capitalism." *Sociological Quarterly* 56: 413–443.

Ritzer, George. 2016. "Deglobalization? Not a Chance." November 24. Accessed March 13, 2017. https://georgeritzer.wordpress.com/2016/11/24/deglobalization-not-a-chance.

Ritzer, George. 2019. *The McDonaldization of Society: Into the Digital Age*, 9th ed. Thousand Oaks, CA: Sage.

Ritzer, George, and Paul Dean. 2015. *Globalization: A Basic Text*, 2nd ed. Malden, MA: Wiley-Blackwell.

Ritzer, George, Douglas Goodman, and Wendy Wiedenhoft. 2001. "Theories of Consumption." In *Handbook of Social Theory*, edited by George Ritzer and B. Smart, 410–427. London: Sage.

Ritzer, George, and Nathan Jurgenson. 2010. "Production, Consumption, Prosumption: The Nature of Capitalism in the Age of the Digital 'Prosumer.'" *Journal of Consumer Culture* 10(1): 13–36.

Ritzer, George, and Craig Lair. 2007. "Outsourcing: Globalization and Beyond." In *The Blackwell Companion to Globalization*, edited by George Ritzer, 307–329. Malden, MA: Blackwell.

Ritzer, George, and Steve Miles. 2019. "The Changing Nature of Consumption and the Intensification of McDonaldization in the Digital Age." *Journal of Consumer Culture* 19: 3–20.

Ritzer, George, and Chris Rojek. Forthcoming. *Blackwell Encyclopedia of Sociology*, 2nd ed. New York: Wiley-Blackwell.

Ritzer, George, and Jeffrey Stepnisky, eds. 2018. *Sociological Theory*, 10th ed. Thousand Oaks, CA: Sage.

Rivoli, Pietra. 2015. *The Travels of a T-Shirt in the Global Economy: An Economist Examines the Markets, Power, and Politics of World Trade*, 2nd ed. Hoboken, NJ: Wiley.

Rizvi, Fazal. 2012. "Bollywood." In *The Wiley-Blackwell Encyclopedia of Globalization*, edited by George Ritzer, 120–121. Malden, MA: Wiley-Blackwell.

Robeck, Cecil M. Jr. 2013. "Launching a Global Movement: The Role of Azusa Street in Pentecostalism's Growth and Expansion." In *Spirit and Power: The Growth and Global Influence of Pentecostalism*, edited by Donald E. Miller, Kimon H. Sargeant, and Richard Foley, 42–65. New York: Oxford University Press.

Roberson, Cliff, and Paul Harvey Wallace. 2016. *Family Violence: Legal, Medical, and Social Perspectives*, 8th ed. New York: Routledge.

Roberts, Sam. 2008. "Study Foresees the Fall of an Immigration Record That Has Lasted a Century." *New York Times*, February 12.

Roberts, Sam. 2009. "In 2025, India to Pass China in Population, U.S. Estimates." *New York Times*, December 16.

Robertson, Craig. 2010. *The Passport in America: The History of a Document*. New York: Oxford University Press.

Roche, Kathleen M., Esther J. Calzada, Sharon R. Ghazarian, Todd D. Little, Sharon F. Lambert, and John E. Schulenberg. 2017. "Longitudinal Pathways to Educational Attainment for Youth in Mexican and Central American Immigrant Families." *Journal of Latina/o Psychology* 5(1): 12–26.

Rodgers, R. F., S. R. Damiano, E. H. Wertheim, and S. J. Paxton. 2017. "Media Exposure in Very Young Girls: Prospective and Cross-Sectional Relationships with BMIz, Self-Esteem, and Body Size Stereotypes." *Developmental Psychology* 53(12): 2356–2363.

Rodriguez-Franco, Diana. 2016. "Internal Wars, Taxation, and State Building." *American Sociological Review* 81(1): 190–213.

Roehling, Patricia, Loma Hernandez Jarvis, and Heather Swope. 2005. "Variations in Negative Work–Family Spillover among White, Black, and Hispanic American Men and Women." *Journal of Family Issues* 26(6): 840–865.

Rogan, Michael, Sally Roever, Martha Alter Chen, and Françoise Carré. (2017). "Informal Employment in the Global South: Globalization, Production Relations, and 'Precarity.'" In *Precarious Work (Research in the Sociology of Work)*, Vol. 31, edited by Arne L. Kalleberg and Steven P. Vallas, 307–333. Bingley, UK: Emerald.

Rogin, Josh. 2016. "Congress Wary of National Security Implications of Chinese Deal for Chicago Stock Exchange," *Chicago Tribune*, February 17. Accessed March 8, 2017. http://www.chicagotribune.com/business/ct-congress-chicago-stock-exchange-sale-20160217-story.html.

Rojas, Fabio, and Brayden King. 2019. "How Social Movements Interact with Organizations and Fields." In *The Wiley-Blackwell Companion to Social Movements*, edited by David Snow, Sarah Soule, Hanspeter Kries, and Holly McCammon, 203–219. Chichester, UK: John Wiley & Sons.

Rojek, Chris. 2005. *Leisure Theory: Principles and Practice*. New York: Palgrave Macmillan.

Rojek, Chris. 2007. *The Labour of Leisure: The Culture of Free Time*. London: Sage.

Romanienk, Lisiunia. 2011. *Body Piercing and Identity Construction: A Comparative Perspective*. New York: Palgrave.

Romero, Mary. 2017. "Reflections on 'The Department Is Very Male, Very White, Very Old, and Very Conservative: The Functioning of the Hidden Curriculum in Graduate Sociology Departtments.'" *Social Problems* 64: 212–218.

Romm, Joseph. 2018. *Climate Change: What Everyone Needs to Know*. Oxford, UK: Oxford University Press.

Rooks, Noliwe. 2017. *Cutting School: Privatization, Segregation, and the End of Public Education*. New York: New Press.

Roscigno, Vincent J., and M. Keith Kimble. 1995. "Elite Power, Race, and the Persistence of Low Unionization in the South." *Work and Occupations* 22(3): 271–300.

Roscoe, Will. 1998. *Changing Ones: Third and Fourth Genders in Native North America*. New York: Palgrave/St. Martin's Press.

Rose, Arnold. 1967. *The Power Structure*. New York: Oxford University Press.

Rose, Claire. 2010. *Making, Selling, and Wearing Boys' Clothes in Late-Victorian England*. Burlington, VT: Ashgate.

Rosenbaum, James. 2001. *Beyond College for All: Career Paths for the Forgotten Half*. New York: Russell Sage Foundation.

Rosenbaum, James. 2011. "The Complexities of College for All: Beyond Fairy-Tale Dreams." *Sociology of Education* 84: 113–117.

Rosenberg, Matthew. 2016. "Pentagon Removes Barrier for Transgender People." *New York Times*, July 1.

Rosenberg, Morris. 1979. *Conceiving the Self*. New York: Basic Books.

Rosenstein, Judith E. 2008. "Individual Threat, Group Threat, and Racial Policy: Exploring the Relationship between Threat and Racial Attitudes." *Social Science Research* 37: 1130–1146.

Rosenthal, Lisa, and Marci Lobel. 2016. "Stereotypes of Black American Women Related to Sexuality and Motherhood." *Psychology of Women Quarterly* 40: 414–427.

Roser, Max, and Esteban Ortiz-Ospina. 2017. "Global Extreme Poverty." Accessed April 30, 2019. http://ourworldindata.org/extreme-poverty/.

Roser, Max, and Hannah Ritchie. 2018. "Burden of Disease." Accessed April 30, 2019. https://ourworldindata.org/burden-of-disease.

Rosewarne, Laruen. 2016. *Intimacy on the Internet*. New York: Routledge.

Ross, Alec. 2017. *The Industries of the Future*. New York: Simon & Schuster.

Ross, Lee. 2018. *Domestic Violence and Criminal Justice*. New York: Routledge.

Roose, Kevin. 2019. "The Hidden Automation Agenda of the Davos Elite." *New York Times*, January 25.

Rossi, Alice. 1983. "Gender and Parenthood." *American Sociological Review* 49: 1–19.

Rostow, Walt. 1960. *The Stages of Economic Growth: A Non-Communist Manifesto*. Cambridge, UK: Cambridge University Press.

Rostow, Walt. 1978. *The World Economy: History and Prospect*. Austin: University of Texas Press.

Roszak, Theodore. [1968] 1995. *The Making of a Counter Culture: Reflections on the Technocratic Society and Its Youthful Opposition*. Berkeley: University of California Press.

Rotberg, Iris C., and Joshua L. Glazer. 2018. *Choosing Charters: Better Schools or More Segregation?* New York: Teachers College.

Roth, Benita. 2017. *The Life and Death of ACT UP/LA: Anti-AIDS Activism in Los Angeles from the 1980s to the 2000s*. Cambridge, UK: Cambridge University Press.

Roth, Julius A. 1963. *Timetables: Structuring the Passage of Time in Hospital Treatment and Other Careers*. Indianapolis, IN: Bobbs-Merrill.

Roth, Mitchell. 2018. *Global Organized Crime*, 2nd ed. New York: Routledge.

Roth, Silke. 2017. "Varieties of European women's movements. In *Women's Movements in the Global Era. The Power of Local Feminisms*, 2nd ed., edited by Amrita Basu, 185–212. Boulder, CO: Westview Press.

Rothe, Dawn, and David O. Friedrichs. 2016. "The State of Criminology of Crimes of the State." In *Recent Developments in Criminology Theory: Toward Disciplinary Diversity and Theoretical Integration*, edited by Stuart Henry and Scott A. Lucas, 147–161. New York: Routledge.

Rousseau, Nicole. 2011. *Black Women's Burden: Commodifying Black Reproduction*. New York: Palgrave Macmillan.

Rowlands, Mark J., and Susana Monso. 2017. "Animals as Reflexive Thinkers." In *The Oxford Handbook of Animal Studies*, edited by Linda Kalof, 319–344. Oxford, UK: Oxford University Press.

Roxburgh, S. 2004. "There Just Aren't Enough Hours in the Day: The Mental Health Consequences of Time Pressures." *Journal of Health and Social Behavior* 45: 115–131.

Rozdeba, Suzanne. 2011. "Firefighters Recall Spirit of 9/11 Hero." *New York Times, East Village Local*, January 10. Accessed March 31, 2012. http://eastvillage.thelocal.nytimes.com/2011/01/10/firefighters-recall-spirit-of-911-hero/?scp=3&sq=9/11%20heroism&st=cse.

Rubin, Alissa J. 2016. "From Bikinis to Burkinis, Regulating What Women Wear." *New York Times*, August 27.

Rubington, Earl, and Martin Weinberg, eds. 2016. *Deviance: The Interactionist Approach*, 10th ed. New York: Routledge.

Rudrappa, Sharmila. 2012. "Rape." In *The Wiley-Blackwell Encyclopedia of Globalization*, edited by George Ritzer, 1748–1751. Malden, MA: Wiley-Blackwell.

Runyon, Anne Sisson. 2012. "Gender." In *The Wiley-Blackwell Encyclopedia of Globalization*, edited by George Ritzer, 725–734. Malden, MA: Wiley-Blackwell.

Rutherford, Alexandra, Kelli Vaughn-Blount, and Laura C. Ball. 2010. "Responsible, Disruptive Voices: Science, Social Change, and the History of Feminist Psychology." *Psychology of Women Quarterly* 34(4): 460–473.

Rutherford, Paul. 2007. *The World Made Sexy: Freud to Madonna*. Toronto: University of Toronto Press.

Ryan, Kevin. 1994. "Technicians and Interpreters in Moral Crusades: The Case of the Drug Courier Profile." *Deviant Behavior* 15: 217–240.

Ryan, M. K., and S. A. Haslam. 2005. "The Glass Cliff: Evidence That Women Are Over-represented in Precarious Leadership Positions." *British Journal of Management* 16: 81–90.

Ryan, William. 1976. *Blaming the Victim*. New York: Pantheon.

Ryave, A. Lincoln, and James N. Schenkein. 1974. "Notes on the Art of Walking." In *Ethnomethodology: Selected Readings*, edited by R. Turner, 265–275. Harmondsworth, UK: Penguin.

Rysst, Mari. 2008. *"I Want to Be Me. I Want to Be Kul": An Anthropological Study of Norwegian Preteen Girls in the Light of a Presumed "Disappearance" of Childhood*. PhD dissertation, University of Oslo.

Sadker, Myra, and David Sadker. 1994. *Failing at Fairness: How Our Schools Cheat Girls*. New York: Simon & Schuster.

Saez, Emmanuel, and Gabriel Zucman. 2014. "The Explosion in U.S. Wealth Inequality Has Been Fuelled by Stagnant Wages, Increasing Debt, and a Collapse in Asset Values for the Middle Classes." London School of Economics and Political Science. Accessed April 20, 2015. http://bit.ly/1pXQ3Or.

Safronova, Valeriya. 2019. "What's So 'Indecent' About Female Pleasure?" *New York Times*, January 18.

Sahadi, Jeanne. 2016. "The Richest 10% Hold 76% of the Wealth." CNN Money. Accessed April 30, 2019. https://money.cnn.com/2016/08/18/pf/wealth-inequality/index.html.

Sahlberg, Pasi. 2011. *Finnish Lessons: What Can the World Learn from Educational Change in Finland?* New York: Teachers College Press.

Sahlberg, Pasi. 2018. "PISA in Finland: An Education Miracle or an Obstacle to Change." *Center for Educational Policy Studies Journal* 1(3): 119–140.

Said, Edward W. [1979] 1994. *Orientalism*. New York: Knopf.

Salinas, Rebecca. 2014. "Corpus Christi 'Mantique' Store Equips the Man Cave." *San Antonio Express-News, My San Antonio* Blog, July 28. Accessed April 21, 2015. http://www.mysanantonio.com/news/local/article/Corpus-Christi-man-opens-mantique-store-5651705.php.

Sallaz, Jeffrey. 2010. "Talking Race, Marketing Culture: The Racial Habitus in and Out of Apartheid." *Social Problems* 57(2): 294–314.

Saltmarsh, Matthew. 2010. "Sarkozy Toughens on Illegal Roma." *New York Times*, July 29.

Salzman, Todd. 2000. "'Rape Camps,' Forced Impregnation, and Ethnic Cleansing: Religious, Cultural, and Ethical Responses to Rape Victims in the Former Yugoslavia." In *War's Dirty Secret: Rape, Prostitution, and Other Crimes against Women*, edited by A. L. Barstow, 63–92. Cleveland, OH: Pilgrim Press.

Sampson, Robert J., and John H. Laub. 1993. *Crime in the Making: Pathways and Turning Points through Life*. Cambridge, MA: Harvard University Press.

Sampson, Robert J., and John H. Laub. 2005. "A General Age-Graded Theory of Crime: Lessons Learned and the Future of Life-Course Criminology." In *Integrated Developmental and Life-Course Theories of Offending*, edited by D. P. Farrington, 165–182. New Brunswick, NJ: Transaction.

Samuels, Robert. 2015. "Walker's Anti-union Law Has Labor Reeling in Wisconsin." *New York Times*, February 22.

Sánchez-Jankowski, Martin. 2018. "Gangs, Culture, and Society in the United States." In *Outlaw Motorcycle Clubs and Street Gangs*, edited by Tereza Kuldova and Martin Sánchez-Jankowski, 25–43. New York: Palgrave Macmillan.

Sander, Ake, and Clemen Cavallin. 2015. "Hinduism Meets the Global Order: The 'Easternization of the West'" In *The Changing World Religion Map*, edited by Stanley D. Brunn, 1743–1763. New York: Springer.

Sanders, George. 2016. "Religious Non-Places: Corporate Megachurches and Their Contributions to Consumer Capitalism." *Critical Sociology* 42(1): 71–86.

Sanger, David E., and Nicole Perlroth. 2016. "As Democrats Gather, a Russian Subplot Raises Intrigue." *New York Times*, July 24.

Sanger-Katz, Margot. 2016. "Obamacare Seems to Be Reducing Peoples' Medical Debt." *New York Times*, April 20.

Sanger-Katz, Margot. 2018. "Despite Attacks on Obamacare, the Uninsured Rate Remained Steady Last Year." *New York Times*, May 22.

Sanneh, Kelefa. 2015. "Don't Be Like That: Does Black Culture Need to Be Reformed?" *New Yorker*, February 9, 62–69.

Santoro, Wayne A., and Lisa Broidy. 2014. "Gendered Rioting: A General Strain Theoretical Approach." *Social Forces* 93(1): 329–354.

Sassen, Saskia. 1991. *The Global City: New York, London, Tokyo*. Princeton, NJ: Princeton University Press.

Sassen, Saskia. 2004. "Local Actors in Global Politics." *Current Sociology* 52(4): 649–670.

Sassen, Saskia. 2012. "Cities." In *The Wiley-Blackwell Encyclopedia of Globalization*, edited by George Ritzer, 187–202. Malden, MA: Wiley-Blackwell.

Sassen, Saskia. 2019. *Cities in a World Economy*, 5th ed. Thousand Oaks: Sage.

Saul, Stephanie. 2016. "Recruiting Students Overseas to Fill Seats, Not to Meet Standards." *New York Times*, April 10.

Saussure, Ferdinand de. [1916] 1966. *Course in General Linguistics*. New York: McGraw-Hill.

Sauter, Mike, Thomas C. Frohlich, and Alexander E. M. Hess. 2013. "Fast-

Food Chains Costing Taxpayers the Most Money." *Yahoo! Finance*, October 23. Accessed April 21, 2015. http://finance.yahoo.com/news/fast-food-chains-costing-taxpayers-173510741.html.

Savage, Charlie. 2016. "Rights Groups, Riding Films Publicity, Urge Pardon for Edward Snowden." *New York Times*, September 14.

Savage, Charlie, and Cheryl Gay Stolberg. 2011. "In Shift, U.S. Says Marriage Act Blocks Gay Rights." *New York Times*, February 23. Accessed December 20, 2011. http://www.nytimes.com/2011/02/24/us/24marriage.html.

Saxon, Wolfgang. 2003. "Adm. Richard E. Bennis, a Hero of 9/11, Dies at 52." *New York Times*, August 9. Accessed March 31, 2012. http://www.nytimes.com/2003/08/09/nyregion/adm-richard-e-bennis-a-hero-of-9-11-dies-at-52.html.

Scaff, Lawrence A. 2011. "Georg Simmel." In *The Wiley-Blackwell Companion to Major Social Theorists*, Vol. 1, *Classical Theorists*, edited by George Ritzer and Jeffrey Stepnisky, 205–235. Malden, MA: Wiley-Blackwell.

Scambler, Graham. 2018. "Social Class and Health Inequalities." In *Sociology as Applied to Health and Medicine*, edited by Graham Scambler, 141–160. London: Palgrave.

Scanes, Colin. 2018. "Human Activity and Habitat Loss: Destruction, Fragmentation, and Degradation." In *Animals and Human Society*, edited by Colin Scanes and Samia Toukhsati, 451–482. Amsterdam, The Netherlands: Elsevier.

Scarborough, William, & Risman, Barbara. (2018). "Gender Inequality." In *The Cambridge Handbook of Social Problems*, edited by A. Treviño, 339–362. Cambridge, UK: Cambridge University Press.

Scelfo, Julie. 2015. "A University Recognizes a Third Gender: Neutral." *New York Times*, February 3.

Schaefer, Richard. 2014. *Racial and Ethnic Groups*, 14th ed. London: Pearson.

Schaller, Jessamyn. 2013. "For Richer, If Not for Poorer? Marriage and Divorce over the Business Cycle." *Journal of Population Economics* 26: 1007–1033.

Scheffer, David. 2008. "Rape as Genocide in Darfur." *Los Angeles Times*, November 13.

Scheiber, Noam. 2018. "High-Skilled White Collar Work? Machines Can Do That, Too." *New York Times*, July 7.

Scheve, Kenneth, and David Sasavage. 2017. "Wealth Inequality and Democracy." *Annual Review of Political Science* 20(1): 451–468.

Schilt, Kristen. 2010. *Just One of the Guys? Transgender Men and the Persistence of Inequality*. Chicago: University of Chicago Press.

Schlichtman, John, Jason Patch, and Marc Lamont Hill. 2017. *Gentrifier*. Toronto: University of Toronto Press.

Schlossberg, Tatiana. 2016. "Storms in Succession." *New York Times—Science Times*, September 13.

Schlueter, E., and P. Scheepers. 2010. "The Relationship between Outgroup Size and Anti-outgroup Attitudes: A Theoretical Synthesis and Empirical Test of Group Threat and Intergroup Contact Theory." *Social Science Research* 39(2): 285–295.

Schmidt, Jeremy. 2017. *Water: Abundance, Scarcity, and Security in the Age of Humanity*. New York: New York University Press.

Schmidt, Susanne, Ulrike Roesler, Talin Kusserow, and Renate Rau. 2014. "Uncertainty in the Workplace: Examining Role Ambiguity and Role Conflict, and Their Link to Depression—A Meta-analysis." *European Journal of Work and Organizational Psychology* 23(1): 91–106.

Schmitt, Vanessa, and Julia Fischer. 2009. "Inferential Reasoning and Modality Dependent Discrimination Learning in Olive Baboons (*Papio hamadryas anubis*)." *Journal of Comparative Psychology* 123(3): 316–325.

Schneider, Barbara, and David Stevenson. 1999. *The Ambitious Generation: America's Teenagers, Motivated but Directionless*. New Haven, CT: Yale University Press.

Schneider, S. L. 2008. "Anti-immigrant Attitudes in Europe: Outgroup Size and Perceived Ethnic Threat." *European Sociological Review* 24(1): 53–67.

Scholz, Trebor, ed. 2013. *Digital Labor: The Internet as Playground and Factory*. New York: Routledge.

Schor, Juliet. 1993. *The Overworked American: The Unexpected Decline of Leisure*. New York: Basic Books.

Schor, Juliet. 1998. *The Overspent American: Why We Want What We Don't Need*. New York: Basic Books.

Schor, Juliet. 2005. *Born to Buy: The Commercialized Child and the New Consumer Culture*. New York: Scribner.

Schor, Juliet. 2015. "Conspicuous Consumption." In *Encyclopedia of Consumption and Consumer Studies*, edited by Daniel Thomas Cook and Michael Ryan, 101–105. Malden, MA: Wiley-Blackwell.

Schor, Juliet B., and William Attwood-Charles. 2017. "The Sharing Economy, Labor, Inequality, and Social Connection on For-Profit Platforms." *Sociology Compass*, July 13.

Schroyer, Trent. 1970. "Toward a Critical Theory of Advanced Industrial Society." In *Recent Sociology: No. 2*, edited by H. P. Dreitzel, 210–234. New York: Macmillan.

Schudson, Michael. 1987. *Advertising, the Uneasy Persuasion: Its Dubious Impact on American Society*. New York: Basic Books.

Schuetze, Christopher F. 2018. "Solving the Dutch Pot Paradox: Legal to Buy, but Not to Grow." *New York Times*, May 25.

Schuster, Liza. 2012a. "Asylum-Seekers." In *The Wiley-Blackwell Encyclopedia of Globalization*, edited by George Ritzer, 89–92. Malden, MA: Wiley-Blackwell.

Schuster, Liza. 2012b. "Migration Controls." In *The Wiley-Blackwell Encyclopedia of Globalization*, edited by George Ritzer, 1388–1390. Malden, MA: Wiley-Blackwell.

Schutt, Russell. 2019. "Quantitative Methods." In *The Wiley-Blackwell Companion to Sociology*, 2nd ed., edited by George Ritzer and Wendy Wiedenhoft Murphy. Chichester, UK: John Wiley & Sons.

Schwalbe, Michael, Sandra Godwin, Daphne Holden, Douglas Schrock, Shealy Thompson, and Michele Wolkomir. 2000. "Generic Processes in the Reproduction of Inequality: An Interactionist Analysis." *Social Forces* 79: 419–452.

Schwartz, John. 2018. "More Floods and More Droughts: Climate Change Delivers Both." *New York Times*, December 12.

Schwartz, Nelson D. 2016. "In an Age of Privilege, Not Everyone Is in the Same Boat." *New York Times*, April 23.

Schwartz, Nelson D. 2017. "The Doctor Is in. Co-Pay? $40,000." *New York Times*, June 3.

Schweinhart, Lawrence J. W., Steven Barnett, and Clive R. Belfield. 2005. *Lifetime Effects: The High/Scope Perry Preschool Study through Age 40*. Ypsilanti, MI: High/Scope Press.

Scott, Austin. 1982. "The Media's Treatment of Blacks: A Story of Distortion." *Los Angeles Times*, September 5.

Scott, James. 2014. *Two Cheers for Anarchism*. Princeton, NJ: Princeton University Press.

Scott, W. Richard. 2014. *Institutions and Organizations: Ideas and Interests*, 4th ed. Thousand Oaks, CA: Sage.

Searcey, Dionne. 2016. "Nigeria Is Freeing Children from Boko Haram, Then Locking Them Up." *New York Times*, August 18.

Sekulic, Dusko. 2016. "Ethnic Cleansing and Ethnic Swamping." In *The Wiley-Blackwell Encyclopedia of Race, Ethnicity, and Nationalism*, edited by John Stone, Rutledge M. Dennis, Polly Rizova, Anthony D. Smith, and Xiaoshuo Hou. Malden, MA: Wiley-Blackwell.

Selingo, Jeffrey. J. 2014. "Demystifying the MOOC." *New York Times*, October 29.

Selwyn, Neil. 2015. "Education, Technology, and the Sociological Imagination – Lessons to Be Learned from C. Wright Mills." *Learning, Media and Technology* 42(2): 230–245.

Semega, Jessica, Kayla Fontenot, and Melissa Kollar. 2017. *Income and Poverty in the United States: 2016*. Washington, DC: U.S. Census Bureau.

Semple, Kirk. 2016. "Defending Their Nation's Honor on Social Media: #PanamaIsMoreThanPapers." *New York Times*, May 4.

Semple, Kirk. 2018. "AIDS Runs Rampant in Venezuela, Putting an Ancient Culture at Risk." *New York Times*, May 7.

Semple, Kirk, Azam Ahmed, and Eric Lipton. 2016. "Panama Papers Leak Casts Light on a Law Firm Founded on Secrecy." *New York Times*, April 6.

Sen, Amartya. 2011. "Quality of Life: India vs. China." *New York Review of Books*, May 12. Accessed June 5, 2011. http://www.nybooks.com/articles/archives/2011/may/12/quality-life-india-vs-china.

Sen, Jai, Anita Anand, Arturo Escobar, and Peter Waterman, eds. 2004. *World Social Forum: Challenging Empires*. New Delhi: Viveka Foundation.

Sengupta, Somini. 2018. "2018 is Shaping Up to Be the Fourth Hottest Year. Yet We're Still Not Prepared for Global Warming." *New York Times*, August 8.

Sengupta, Somini, Tiffany May, and Zia ur-Rehman. 2018. "How Record Heat Wreaked Havok on Four Continents." *New York Times*, July 30.

Settle, Jaime E., Christopher T. Dawes, Nicholas A. Christakis, and

James H. Fowler. 2010. "Friendships Moderate an Association between a Dopamine Gene Variant and Political Ideology." *Journal of Politics* 72: 1189–1198.

Shamir, Ronen. 2005. "Without Borders? Notes on Globalization as a Mobility Regime." *Sociological Theory* 23(2): 197–217.

Sharp, Gwen. 2012. "Gender in the Hidden Curriculum (Update)." *Society Pages*, November 16. Accessed April 11, 2013. http://www. thesocietypages.org/socimages/2012/11/16/gender-in-the-hidden-curriculum.

Shattuck, Roger. 1980. *The Forbidden Experiment: The Story of the Wild Boy.* New York: Kodansha Globe.

Shaw, Susan, and Janet Lee. 2009. *Women's Voices, Feminist Visions.* New York: McGraw-Hill.

Sheller, Mimi. 2014. "The New Mobilities Paradigm for a Live Sociology." *Current Sociology* 62: 789–811.

Sheller, Mimi, and John Urry. 2016. "Mobilizing the New Mobilities Paradigm." *Applied Mobilities* 1: 10–25.

Shen, Bin, Tsan-Ming Choi, and Pui-Sze Chow. 2017. "Brand Loyalties in Designer Luxury and Fast Fashion Co-Branding Alliances." *Journal of Business Research* 81: 173–180.

Shepherd, Dawn. 2016. *Building Relationships.* Lanham, MD: Lexington Books.

Sherif, Muzafer, O. J. Harvey, William R. Hood, Carolyn W. Sherif, and Jack White. [1954] 1961. *Intergroup Conflict and Cooperation: The Robbers Cave Experiment.* Norman: University of Oklahoma Book Exchange.

Sherman, Rachel. 2017. *Uneasy Street: The Anxieties of Affluence.* Princeton, NJ: Princeton University Press.

Shiffman, Jeremy. 2017. "Four Challenges That Global Health Networks Face." *International Journal of Health Policy and Management* 6(4): 183–189.

Shildrick, Tracy, and Robert MacDonald. 2013. "Poverty Talk: How People Experiencing Poverty Deny Their Poverty and Why They Blame the Poor." *Sociological Review* 61: 285–303.

Shilling, Chris. 2018. "Embodying Culture: Body Pedagogics, Situated Encounters, and Empirical Research." *The Sociological Review* 66(1): 75–90.

Shipman, Alan, Bryan Turner, and June Edmunds. 2018. *The New Power Elite: Inequality, Politics, and Greed.* London: Anthem Press.

Shosie, Luz. 2011. "Learning to Trust." *Unschoolers Unlimited,* September 11. Accessed June 28, 2013. http://www.unschoolersunmlimited .blogspot.com.

Shroedel, Jean Reith, and Pamela Fiber. 2000. "Lesbian and Gay Policy Priorities: Commonality and Difference." In *The Politics of Gay Rights,* edited by C. A. Rimmerman, K. D. Wald, and C. Wilcox, 97–118. Chicago: University of Chicago Press.

Shullenberger, Geoff. 2014. "The Rise of the Voluntariat." *Jacobin,* May 15. Accessed April 23, 2015. https://www.jacobinmag .com/2014/05/the-rise-of-the-voluntariat.

Siebert, Sabina, Stacey Bushfield, Graeme Martin, and Brian Howieson. 2018. "Eroding 'Respectability': Deprofessionalization through Organizational Spaces." *Work, Employment, and Society* 32(2): 330–347.

Siebold, G. L. 2007. "The Essence of Military Cohesion." *Armed Forces and Society* 33(2): 286–295.

Siegel, Larry J., and John L. Worrall. 2014. *Essentials of Criminal Justice,* 9th ed. Stamford, CT: Cengage.

Silva, Eric Orion. 2014. "Neutralizing Problematic Frames in the Culture Wars: Anti-evolutionists Grapple with Religion." *Symbolic Interaction* 37: 226–245.

Silva, Jenn. 2015. *Coming Up Short.* Oxford, UK: Oxford University Press.

Silver, Hilary. 2015. "Editorial: The Urban Sociology of Detroit." *City and Community* 14: 97–101.

Silverman, David, ed. 2016. *Qualitative Research,* 4th ed. London: Sage.

Silvernail, David L., and Amy F. Johnson. 2014. "The Impacts of Public Charter Schools on Students and Traditional Public Schools: What Does the Empirical Evidence Tell Us?" Maine Education Policy Research Institute, *University of Southern Maine,* January. Accessed April 17, 2015. https://usm.maine.edu/sites/default/files/cepare/ PublicCharterSchoolsWeb.pdf.

Simi, Pete. 2013. "9 Cycles of Right-Wing Terror in the US." In *Right-Wing Radicalism Today: Perspectives from Europe and the US,* edited by S. von Mering and T. W. McCarty, 144–160. New York: Routledge.

Simmel, Georg. [1903] 1971. "The Metropolis and Mental Life." In *Georg Simmel: On Individuality and Social Forms,* edited by D. Levine.

Chicago: University of Chicago Press.

Simmel, Georg. [1904] 1971. "Fashion." In *Georg Simmel: On Individuality and Social Forms,* edited by D. Levine, 294–323. Chicago: University of Chicago Press.

Simmel, Georg. [1906] 1950. "The Secret and the Secret Society." In *The Sociology of Georg Simmel,* edited by K. H. Wolff, 307–376. New York: Free Press.

Simmel, Georg. [1907] 1978. *The Philosophy of Money,* edited and translated by T. Bottomore and D. Frisby. London: Routledge & Kegan Paul.

Simmel, Georg. [1908] 1971a. "Domination." In *Georg Simmel: On Individuality and Social Forms,* edited by D. Levine, 96–120. Chicago: University of Chicago Press.

Simmel, Georg. [1908] 1971b. "The Stranger." In *Georg Simmel: On Individuality and Social Forms,* edited by D. Levine, 143–149. Chicago: University of Chicago Press.

Simmel, Georg. 1950. *The Sociology of Georg Simmel,* edited and translated by K. Wolff. New York: Free Press.

Simon, Bryant. 2009. *Everything but the Coffee: Learning about America from Starbucks.* Berkeley: University of California Press.

Simon, Herbert A. [1945] 1976. *Administrative Behavior.* New York: Macmillan.

Simone, Alina. 2015. "How My Mom Got Hacked." *New York Times,* January 2. Accessed April 27, 2015. http://www.nytimes .com/2015/01/04/opinion/sunday/how-my-mom-got-hacked .html?_r=0.

Simmons, C. 2015. "Companionate Marriage." In *The International Encyclopedia of Human Sexuality,* edited by A. Bolin and P. Whelehan. Oxford, UK: Wiley. doi:10.1002/9781118896877. wbiehs096

Simmons, E. S. 2018. "Targets, Grievances, and Social Movement Trajectories." *Comparative Political Studies.* doi:10.1177/0010414018806532

Simmons, Rachel. 2011. *Odd Girl Out.* New York: Mariner Books.

Simooya, Oscar O. 2016. "Editorial: HIV Infection and AIDS in Africa: Issues, Lessons Learnt, and Next Steps." *Open AIDS Journal* 10: 14–15.

Simpson, George Eaton, and J. Milton Yinger. 1985. *Racial and Cultural Minorities: An Analysis of Prejudice and Discrimination,* 5th ed. New York: Plenum Press.

Simpson, Sally S. 2002. *Corporate Crime, Law, and Social Control.* New York: Cambridge University Press.

Simpson, Sally S. 2013. "White-Collar Crime: A Review of Recent Developments and Promising Directions for Future Research." *Annual Review of Sociology* 39: 309–331.

Singer, Natasha. 2010. "The Financial Time Bomb of Longer Lives." *New York Times,* October 16.

Singh, Devendra, and Dorian Singh. 2011. "Shape and Significance of Feminine Beauty: An Evolutionary Perspective." *Sex Roles* 64: 723–731.

Sink, Alexander, and Dana Mastro. 2016. "Depictions of Gender on Primetime Television: A Quantitative Content Analysis." *Mass Communication and Society* 20(1): 3–22.

Sirkin, Monroe G., Rosemarie Hirsch, William Mosher, Chris Moriarty, and Nancy Sonnenfeld. 2011. "Changing Methods of NCHS Surveys: 1960–2010 and Beyond." *Morbidity and Mortality Weekly Report,* suppl. 60(7): 42–48.

Sitton, John F., ed. 2010. *Marx Today: Selected Works and Recent Debates.* New York: Palgrave Macmillan.

Sivalingam, G. 1994. *The Economic and Social Impact of Export Processing Zones: The Case of Malaysia.* Geneva: International Labour Organization.

Skinner, Quentin, ed. 1985. *The Return of Grand Theories in the Human Sciences.* Cambridge, UK: Cambridge University Press.

Sklair, Leslie. 2002. *Globalization: Capitalism and Its Alternatives.* Oxford, UK: Oxford University Press.

Skloot, Rebecca. 2011. *The Immortal Life of Henrietta Lacks.* New York: Crown.

Skocpol, Theda. 1979. *States and Social Revolutions.* Cambridge, UK: Cambridge University Press.

Skocpol, Theda, and Vanessa Williamson. 2016. *The Tea Party and the Remaking of Republican Conservatism.* Updated Edition. Oxford, UK: Oxford University Press.

Skoog, Therese, Emma Sobring, and Margareta Bohlin. 2015. "Facebook as a Means to Make New Peers among Early Maturing Girls." *Computers in Human Behavior* 48: 500–505.

Skrovan, Sandy. 2017. "How Shoppers Use Their Smartphones in Stores." *Retail Dive*, June 7.

Slater, Don. 2015. "Consumer Culture." In *Encyclopedia of Consumption and Consumer Studies*, edited by Daniel Thomas Cook and Michael Ryan, 112–118. Malden, MA: Wiley-Blackwell.

Slatton, Brittany Chevon, and Joe Feagin. 2019. "Racial and Ethnic Issues: Critical Race Approaches in the United States." In *The Wiley-Blackwell Companion to Sociology*, 2nd ed., edited by George Ritzer and Wendy Wiedenhoft Murphy. Chichester, UK: John Wiley & Sons.

Slobodian, Quinn. 2018. *Globalists: The End of Empire and the Birth of Neoliberalism*. Cambridge, MA: Harvard University Press.

Smangs, Mattias. 2016. "Doing Violence, Making Race: Southern Lynching and White Racial Group Formation." *American Journal of Sociology* 121: 1329–1374.

Smelser, Neil. 1994. *Sociology*. Cambridge, MA: Blackwell.

Smith, Aaron. 2016. "15% of American Adults Have Used Online Dating Site or Mobile Dating Apps." Pew Research Center, February 11. Accessed February 2, 2016. http://www.pewinternet .org/2016/02/11/15-percent-of-american-adults-have-used-on-line-dating-sites-or-mobile-dating-apps.

Smith, Aaron, and Monica Anderson. 2016. "Online Shopping and Purchasing Preferences." Pew Research Center. Accessed April 30, 2019. http://www.pewinternet.org/2016/12/19/online-shopping-and-purchasing-preferences/.

Smith, Aaron, and Monica Anderson. 2018. "Social Media Use in 2018." Pew Research Center. Accessed April 30, 2019. http://www. pewinternet.org/2018/03/01/social-media-use-in-2018/.

Smith, Clarissa, Feona Atwood, and Brian McNair, eds. 2018. *The Routledge Companion to Media, Sex, and Sexuality*. London: Routledge.

Smith, G. 2017. "Georg Simmel." In *The Interactionist Imagination*, edited by M. Jacobsen, 41–70. London: Palgrave Macmillan.

Smith, Jackie. 2008. *Social Movements for Global Democracy*. Baltimore: Johns Hopkins University Press.

Smith, Jessi L., and Meghan Huntoon. 2014. "Women's Bragging Rights: Overcoming Modesty Norms to Facilitate Women's Self-Promotion." *Psychology of Women Quarterly* 38: 447–459.

Smith, Suzanne, and Raeann Hamen. 2016. *Exploring Family Theories*, 4th ed. Oxford, UK: Oxford University Press.

Smitton, Ben. 2017. "The LGBT Movement Inside the United States Government." *Journal of Young Investigators* 33(5): 108–121.

Smyth, Bruce. 2007. "Non-resident Parents." In *The Blackwell Encyclopedia of Sociology*, edited by George Ritzer, 3223–3227. Malden, MA: Blackwell.

Sniderman, Paul. 2017. *The Democratic Faith*. New Haven, CT: Yale University Press.

Snow, David, Sarah Soule, Hanspeter Kries, and Holly McCammon, eds. 2019. *The Wiley-Blackwell Companion to Social Movements*. Chichester, UK: John Wiley & Sons.

Snyder, Kieran. 2014. "The Abrasiveness Trap: High-Achieving Men and Women Are Described Differently in Reviews." *Fortune*, August 26. Accessed May 12, 2015. http://fortune.com/2014/08/26/ performance-review-gender-bias.

Snyder, Patricia. 2007. "Survey Research." In *The Blackwell Encyclopedia of Sociology*, edited by George Ritzer, 4898–4900. Malden, MA: Blackwell.

Social Security Administration. 2017. "Fast Facts & Figures about Social Security, 2017." Accessed April 30, 2019. https://www.ssa.gov/ policy/docs/chartbooks/fast_facts/2017/fast_facts17.html.

Solberg, Winton. 2018. *Creating the Big Ten: Courage, Corruption, and Commercialization*. Urbana-Champaign: University of Illinois Press.

Sollee, Kristen. 2015. "6 Things to Know About 4th Wave Feminism." *Bustle*, October 30. Accessed March 9, 2017. https://www.bustle. com/articles/119524-6-things-to-know-about-4th-wave-feminism.

Someki, Fumio, Miyuki Torii, Patricia J. Brooks, Tatsuya Koeda, and Kristen Gillespie-Lynch. 2018. "Stigma Associated with Autism among College Students in Japan and the United States: An Online Training Study." *Research in Developmental Disabilities* 76: 88–98.

Sommellier, Estelle, Mark Price, and Ellis Wazater. 2018. *Income Inequality in the U.S. by State, Metropolitan Area, and County*. Washington DC: Economic Policy Institute.

Song, Haeyeop, and Jaemin Jung. 2015. "Antecedent and Consequences of Gender Swapping in Online Games." *Journal of Computer-Mediated Communication* 20: 434–449.

Sontag, Deborah. 2015. "'Every Day I Struggle': Transgender Inmate Cites Attacks and Abuse in Men's Prison." *New York Times*, April 6.

Sørensen, Georg. 2017. "Globalization and the Nation-State." In *Comparative Politics*, edited by Daniele Caramani, 422–436. Oxford, UK: Oxford University Press.

Sorvino, Chloe. 2017. "Why the $445 Billion Beauty Industry Is a Gold Mine for Self-Made Women." *Forbes*, May 18.

Southern Poverty Law Center. 2019. "In 2018 We Tracked 1,020 Hate Groups across the U.S." Accessed April 30, 2019. https://www .splcenter.org/hate-map.

Sowell, Thomas. 2018. *Discrimination and Disparities*. New York: Basic Books.

Spade, Joan Z., and Catherine G. Valentine. 2016. *The Kaleidoscope of Gender: Prisms, Patterns, and Possibilities*. Thousand Oaks, CA: Pine Forge Press.

Sparman, Anna. 2015. "Children's Consumer Culture." In *Encyclopedia of Consumption and Consumer Studies*, edited by Daniel Thomas Cook and Michael Ryan, 75–77. Malden, MA: Wiley-Blackwell.

Speer, Jamin. 2017. "The Gender Gap in College Major: Revisiting the Role of Pre-College Factors." *Labour Economics* 44: 69–88.

Spencer, Herbert. 1851. *Social Statics*. London: Chapman.

Spitz, Vivien. 2005. *Doctors from Hell: The Horrific Account of Nazi Experiments on Humans*. Boulder, CO: Sentient.

Spotts, Greg, and Robert Greenwald. 2005. *WalMart: The High Cost of Low Price*. New York: Disinformation Press.

Springer, Nikki. 2018. *James Surowiecki's The Wisdoem of Crowds*. London: Macat Library.

Spurlock, Morgan. 2005. *Don't Eat this Book: Fast Food and the Supersizing of America*. New York: Putnam.

Stacey, Clare L., and Lindsey L. Ayers. 2012. "Caught between Love and Money: The Experiences of Paid Family Caregivers." *Qualitative Sociology* 35: 47–64.

Stack, Carol B. 1974. *All Our Kin: Strategies for Survival in a Black Community*. New York: Harper & Row.

Standing, Guy. 1989. "Global Feminization through Flexible Labor: A Theme Revisited." *World Development* 27(3): 583–602.

Stanely, Scott. 2018. "The Risks for Couples Moving in Together." *Psychology Today*. Accessed April 30, 2019. https://www .psychologytoday.com/us/blog/sliding-vs-deciding/201807/why-moving-in-together-is-so-risky.

Stanescu, Anca, Denisa Balalau, Liana Ples, Stauna Paunica, and Christian Balalau. 2018. "Postpartum Depression: Prevention and Multi Modal Therapy." *Journal of Mind and Medical Sciences* 5(2):163–168.

Staples, Brent. 1986. "Black Men and Public Space." *Harper's Magazine*, December 19.

Stark, Rodney, and William Sims Bainbridge. 1979. "Of Churches, Sects, and Cults: Preliminary Concepts for a Theory of Religious Movements." *Journal for the Scientific Study of Religion* 18(2): 117–131.

Statista. 2017. "U.S. Pharmaceutical Industry – Statistics & Facts." Accessed April 30, 2019. https://www.statista.com/topics/1719/ pharmaceutical-industry/.

Statista. 2018. "Average Life Expectancy at Birth in 2018, by Continent and Gender (in Years)." Accessed April 30, 2019. https://www .statista.com/statistics/270861/life-expectancy-by-continent/.

Statista. 2019. "Number of Internet Users Worldwide from 2005 to 2018 (in Millions)." Accessed April 30, 2019. https://www.statista.com/ statistics/273018/number-of-internet-users-worldwide.

Statistics Japan. 2018. "Rate of Single-Parent Households." Accessed April 30, 2019. https://stats-japan.com/t/kiji/11954.

Stearns, Cindy A. 2009. "The Work of Breastfeeding." *Women's Studies Quarterly* 37: 63–80.

Stebbins, Robert A. 1977. "The Meaning of Academic Performance: How Teachers Define a Classroom Situation." In *School Experience*, edited by P. Woods and M. Hammersley. New York: St. Martin's Press.

Steger, Manfred. 2017. *Globalization: A Very Short Introduction*, 4th ed. Oxford, UK: Oxford University Press.

Stein, Arlene. 2018. *Unbound: Transgender Men and Remaking of Identity*. New York: Pantheon Books.

Stein, Joel. 2015. "Baby, You Can Drive My Car, and Do My Errands, and Rent My Stuff . . ." *Time*, February 9, 34–40.

Steinfatt, Thomas. 2011. "Sex Trafficking in Cambodia: Fabricated Numbers versus Empirical Evidence." *Crime, Law and Social Change* 56: 443–462.

Steinmetz, George. 2014. "The Sociology of Empires, Colonies, and Postcolonialism." *Annual Review of Sociology* 40: 77–103.

Steinmetz, Katy. 2014. "The Transgender Tipping Point." *Time*, May 29. Accessed April 21, 2015. http://time.com/135480/transgender-tipping-point.

Steinmetz, Suzanne K. 1987. "Family Violence." In *Handbook of Marriage and the Family*, edited by M. B. Sussman and S. K. Steinmetz, 725–765. New York: Plenum Press.

Stepfamily Foundation. 2019. "Stepfamily Statistics." Accessed April 30, 2019. www.stepfamily.org/stepfamily-statistics.Html.

Stepler, Renee. 2017. "Number of U.S. Adults Cohabiting with a Partner Continues to Rise, Especially Among Those 50 and Older." FACTTANK Pew Research Center, April 6. Accessed April 30, 2019. http://www.pewresearch.org/fact-tank/2017/04/06/number-of-u-s-adults-cohabiting-with-a-partner-continues-to-rise-especially-among-those-50-and-older/.

Sterling, Toby. 2016. "U.S. Blocks Philips' $3.3 Billion Sale of Lumileds to Asian Buyers." Reuters, January 22. Accessed March 8, 2017. http://www.reuters.com/article/us-philips-lumileds-sale-idUSKCN0V02D4.

Stevenson, Fiona. 2018. "Social Detriments of Health." In *Sociology as Applied to Health and Medicine*, edited by Graham Scambler, 23–35. London: Palgrave.

Stewart, Heather. 2013. "Eurozone Bailouts: Which Countries Remain?" *The Guardian*, December 13.

Stewart, James B. 2018. "Amazon, the Elephant in the Antitrust Room." *New York Times*, May 3.

Stewart, Katherine. 2016. "Betsy DeVos and God's Plan for Schools." *New York Times*, December 13.

Stewart, Matthew. 2018a. "The Birth of a New Aristocracy." *The Atlantic*, June.

Stewart, Matthew. 2018b. "The 9.9 Percent is the New American Aristocracy." *Atlantic* June.

Stewart, Susan D. 1999. "Disneyland Dads, Disneyland Moms: How Non-Resident Parents Spend Time with Absent Children." *Journal of Family Issues* 20: 539–556.

Stickney, Robert. 2017. *Aquaculture*, 3rd ed. Boston: CABI.

Stillerman, Joel. 2015. *The Sociology of Consumption: A Global Approach*. London: Polity Press.

Stillman, Sarah. 2018. "Separated." *New Yorker*, November 5.

Stockemer, Daniel, and Rodrigo Praino. 2015. "Blinded by Beauty? Physical Attractiveness and Candidate Selection in the U.S. House of Representatives." *Social Science Quarterly* 96: 430–443.

Stokes, Allyson. 2015. "The Glass Runway: How Gender and Sexuality Shape the Spotlight in Fashion Design." *Gender and Society* 29: 219–243.

Stokoe, Elizabeth. 2006. "On Ethnomethodology, Feminism, and the Analysis of Categorical Reference to Gender in Talk-in-Interaction." *Sociological Review* 54(3): 467–494.

Stone, Amy, and Jill Weinberg. 2015. "Sexualities and Social Movements: Three Decades of Sex and Social Change." In *Handbook of the Sociology of Sexualities*, edited by J. DeLamater and R. F. Plante, 453–485. Dordrecht, Netherlands: Springer.

Stoolmiller, Michael. 1999. "Implications of the Restricted Range of Family Environments for Estimates of Heritability and Nonshared Environments in Behavior-Genetic Adoption Studies." *Psychological Bulletin* 125: 392–409.

Story, Louise, and Stephanie Saul. 2015. "Stream of Foreign Wealth Flows to Elite New York Real Estate." *New York Times*, February 7.

Stouffer, S. A., E. A. Suchman, L. C. DeVinney, S. A. Star, and R. M. Williams. 1949. *The American Soldier: Adjustment during Army Life*, Vol. 1. Princeton, NJ: Princeton University Press.

Strain-Bobrow, Aaron. 2013. *White Bread: A Social History of the Store-Bought Loaf*. Boston: Beacon Press.

Strandbu, Ase, and Ingela Lundin Kvalem. 2014. "Body Talk and Body Ideals among Adolescent Boys and Girls: A Mixed-Gender Focus Group Study." *Youth & Society* 46(5): 623–641.

Streitfeld, David. 2014. "Airbnb Listings Mostly Illegal, State Contends." *New York Times*, October 16.

Stromquist, Nelly P. 2012. "The Educational Experience of Hispanic Immigrants in the United States: Integration through Marginalization." *Race, Ethnicity & Education* 15: 195–221.

Stronger Families. 2015–2018. "One Parent Families in Europe." Accessed April 30, 2019. http://strongerfamilies.eu/about-us-2/one-parent-families-in-europe/.

Stryker, Sheldon. 1959. "Symbolic Interaction as an Approach to Family Research." *Marriage and Family Living* 21(2): 111–119.

Stryker, Sheldon, and Anne Statham Macke. 1978. "Status Inconsistency and Role Conflict." *Annual Review of Sociology* 4: 57–90.

Stulberg, Lisa. 2018. *LGBTQ Movements*. Cambridge, UK: Polity Press.

Subrahmanian, Krishnan, and Padma Swamy. 2018. *Global Child Health: A Toolkit to Address Health Disparities*. New York: Springer.

Sullivan, Christopher, and Melissa Lugo. 2018. "Criminology Theory and Deterrence." In *Deterrence, Choice, and Crime: Contemporary Perspectives*, edited by Daniel Nagin, Francis Cullen, and Cheryl Lero Jonson, 107–138. New York: Routledge.

Sullivan, John P. 2010. "Attacks on Journalists and 'New Media' in Mexico's Drug War: A Power and Counter Power Assessment." *Small Wars Journal*. Accessed March 31, 2012. http://smallwarsjournal.com/jrnl/art/attacks-on-journalists-and-new-media-in-mexicos-drug-war.

Sullivan, Oriel. 2018. "The Gendered Division of Household Labor." In *Handbook of the Sociology of Gender*, edited by Barbara J. Risman, Carrisa M. Froyum, and William J. Scarborough, 377–392. Cham, Switzerland: Springer.

Sumner, Colin. 1994. *The Sociology of Deviance: An Obituary*. New York: Continuum.

Sumner, William Graham. [1906] 1940. *Folkways: A Study of the Sociological Implications of Usages, Manners, Customs, Mores, and Morals*. Boston: Ginn.

Sundarajan, Arun. 2016. *The Sharing Economy: The End of Employment and the Rise of Crowd-Based Capitalism*. Cambridge, MA: MIT Press.

Surk, Barbara. 2015. "Slovenia Builds Border Fence to Stem Flow of Migrants." *New York Times*, November 11.

Suro, Roberto, and Gary Painter. 2017. "How Los Angeles Recovered after the 1992 Riots." *Chicago Tribune*, May 4.

Suroor, Hasan. 2011. "U.K. to Raise Diplomatic Profile in India, China." *The Hindu*, May 11. Accessed May 26, 2011. http://www.thehindu.com/news/article2009518.ece.

Surowiecki, James. 2015. "The Rise and Fall of For-Profit Schools." *New Yorker*, November 2.

Surtees, Nicola. 2008. "Teachers Following Children? Heteronormative Responses within a Discourse of Child-Centredness and the Emergent Curriculum." *Australian Journal of Early Childhood* 33(3): 10–17.

Sussman, Robert Wald. 2016. *The Myth of Race: The Troubling Persistence of an Unscientific Idea*. Cambridge, MA: Harvard University Press.

Sutherland, Edwin H. 1924. *Criminology*. Chicago: University of Chicago Press.

Sutton, Susan Buck. 2014. "On the Ground Overseas: How the International Engagement of US Institutions of Higher Learning Prepares Students for a Global Future." Accessed April 21, 2015. http://www.wm.edu/offices/revescenter/internationalization/papers%20and%20presentations/bucksutton.pdf.

Swanson, Jen. 2012. "At a Busy Gurgaon Call Center, Putting the Phones on Hold for 'Family Day.'" *New York Times*, December 14.

Swatos, William H., Jr. 2007. "Sect." In *The Blackwell Encyclopedia of Sociology*, edited by George Ritzer, 4135–4140. Malden, MA: Blackwell.

Swedberg, Richard. 2007. *Principles of Economic Sociology*. Princeton, NJ: Princeton University Press.

Sweet, William. 2016. *Climate Diplomacy from Rio to Paris*. New Haven, CT: Yale University Press.

Sykes, Gresham. [1958] 2007. *The Society of Captives: A Study of a Maximum Security Prison*. Princeton, NJ: Princeton University Press.

Sylvia Rivera Law Project. 2015. "Who Was Sylvia Rivera?" Accessed March 17, 2015. http://srlp.org/about/who-was-sylvia-rivera.

Szczepanski, Kallie. 2018. "Female Infanticide in Asia." ThoughtCo, June 14. Accessed April 30, 2019. www.thoughtco.com/female-infanticide-in-asia-195450.

Tansey, Oisin. 2006. "Process Tracing and Elite Interviewing." Paper presented at the annual meeting of the American Political Science Association, Philadelphia, August 31.

Tapper, Aaron. 2016. *Judaisms: A Twenty-First-Century Introduction to Jews and Jewish Identities*. Berkeley: University of California Press.

Tatangelo, Gemma L., and Lina A. Ricciardelli. 2013. "A Qualitative Study of Preadolescent Boys' and Girls' Body Image: Gendered Ideals and Sociocultural Influences." *Body Image* 10: 591–598.

Taub, Amanda. 2016. "A Lesson from Brexit: On Immigration, Feelings Trump Facts." *New York Times*, June 26.

Tavernise, Sabrina. 2016. "Life Spans of the Rich Leave the Poor Behind." *New York Times*, February 13.

Tavernise, Sabrina, and Robert Gabeloff. 2016. "Immigrants and Minorities Gain Insurance." *New York Times*, April 18.

Tavernise, Sabrina, and Denise Grady. 2016. "An Infection Raises the Specter of Superbugs Resistant to All Antibiotics." *New York Times*, A12, A15.

Taylor, Dorceta. 2014. *Toxic Communities*. New York: New York University Press.

Taylor, Emmeline. 2016. "Supermarket Self-Checkouts and Retail Theft: The Curious Case of the SWIPER." *Criminology & Criminal Justice* 16(5): 552–567.

Taylor, Laura E., and Patrick T. Hurley, eds. 2016. *Exurbia, Planning Environmental Management, and Landscape Change*. New York: Springer.

Taylor, Paul C. 2011. "William Edward Burghardt Du Bois." In *The Wiley-Blackwell Companion to Major Social Theorists, Vol. 1, Classical Theorists*, edited by George Ritzer and Jeffrey Stepnisky, 426–447. Malden, MA: Wiley-Blackwell.

Teivainen, Teivo. 2007. "World Social Forum." In *Encyclopedia of Globalization*, edited by J. A. Scholte and R. Robertson, 1302–1304. New York: MTM.

Terrill, Robert E. 2015. *Double-Consciousess and the Rhetoric of Barack Obama: The Price and Promise of Citizenship*. Columbia: University of South Carolina Press.

Thai, Hung Cam. 2014. *Insufficient Funds: The Culture of Money in Low-Wage Transnational Families*. Palo Alto, CA: Stanford University Press.

Thaxton, Sherod, and Robert Agnew. 2017. "When Criminal Coping Is Likely: An Examination of Conditioning Effects in General Strain Theory." *Journal of Quantitative Criminology* 34: 1–34.

Thébaud, Sarah. 2016. "Passing Up the Job: The Role of Gendered Organizations and Families in the Entrepreneurial Career Process." *Entrepreneurship: Theory and Practice* 40(2): 269–287.

Thébaud, Sarah, and David S. Pedulla. 2016. "Masculinity and the Stalled Revolution: How Gender Ideologies and Norms Shape Young Men's Responses to Work-Family Policies." *Gender & Society* 30: 590–617.

Thoits, Peggy A. 1985. "Self-Labeling Processes in Mental Illness: The Role of Emotional Deviance." *American Journal of Sociology* 91(2): 221–249.

Thoits, Peggy A. 2011. "Perceived Social Support and the Voluntary, Mixed, or Pressured Use of Mental Health Services." *Society and Mental Health* 1: 4–19.

Tholen, Gerbrand. 2017. "Symbolic Closure: Towards a Renewed Sociological Perspective on the Relationship Between Higher Education, Credentials, and the Graduate Labour Market." *Sociology* 51: 1067–1083.

Thomas, Jeremy N., Lauren Crosby, and Jessica Milford. 2015. "Gender Differences among Self-Reported Genital Piercing Stories." *Deviant Behavior* 36: 441–462.

Thomas, William I., and Dorothy S. Thomas. 1928. *The Child in America: Behavior Problems and Programs*. New York: Knopf.

Thompson, Beverly Yuen. 2015. *Covered in Ink: Tattoos, Women, and the Politics of the Body*. New York: New York University Press.

Thompson-Miller, Ruth, and Leslie Picca. 2017. "'There Were Rapes!': Sexual Assaults of African American Women and Children in Jim Crow." *Violence Against Women* 23(8): 934–950.

Thorne, Barrie. 1993. *Gender Play: Girls and Boys in School*. New Brunswick, NJ: Rutgers University Press.

Thornton, Alex, and Katherine McAuliffe. 2006. "Teaching in Wild Meerkats." *Science* 313(5784): 227–229.

Thorpe, Holly, and Nida Ahmad. 2015. "Youth Action Sports and Political Agency in the Middle East: Lessons from a Grassroots Parkour Group in Gaza." *International Review for the Sociology of Sport* 50: 678–704.

Tierney, John. 2013. "Prison Population Can Shrink When Police Crowd Streets." *New York Times*, January 26.

Tierney, Kathleen. 2018. "Disasters as Social Problem and Social Construct." In *Cambridge Handbook of Social Problems*, edited by A. Javier Treviño, 79–94. Cambridge, UK: Cambridge University Press.

Tiggemann, Marika, and Slater, Amy. 2017. "Facebook and Body Image Concern in Adolescent Girls: A Prospective Study." *International Journal of Eating Disorders* 50: 80–83.

Timasheff, Nicholas S. 1965. *War and Revolution*. New York: Sheed and Ward.

Tiryakian, Edward. 1991. "Modernization: Exhumateur in Pace (Rethinking Macrosociology in the 1990s)." *International Sociology* 6(2): 165–180.

Tocqueville, Alexis de. [1835–1840] 1969. *Democracy in America*. Garden City, NY: Doubleday.

Todd, Breanna, and Catherine Armstrong Soule. 2018. "Delineating between Fandom, Brand Communities, and Brand Publics." In *Exploring the Rise of Fandom in Contemporary Culture*, edited by Cheng Lu Wang, 18–34. Hershey, PA: IGI Global.

Todd, Emmanuel. 2015. *Who Is Charlie?* Cambridge, UK: Polity Press.

Toennies, Ferdinand. [1887] 1957. *Community and Society*. New York: Harper Torchbooks.

Tomlinson, John. 1999. *Globalization and Culture*. Chicago: University of Chicago Press.

Tomlinson, John. 2000. "Globalization and Cultural Identity." In *The Global Transformations Reader*, edited by D. Held and A. McGrew, 269–277. Cambridge, UK: Polity Press.

Torpey, John C. 2000. *The Invention of the Passport: Citizenship, Surveillance, and the State*. New York: Cambridge University Press.

Townsend, Charles. 2018. *Terrorism: A Very Short Introduction*, 3rd ed. Oxford, UK: Oxford University Press.

Townsend, Peter. 2010. "The Meaning of Poverty." *British Journal of Sociology* 61: 85–102.

Trans Murder Monitoring Project. 2016. "Trans Murder Monitoring." Accessed January 30, 2016. http://transrespect.org/en/research/trans-murder-monitoring.

Tranter, Bruce, and Ruby Grant. 2018. "A Class Act? Social Background and Body Modification in Australia." *Journal of Sociology* 54(3): 412–428.

Tranter, Bruce, and Dallas Hanson. 2015. "The Social Bases of Cosmetic Surgery in Australia." *Journal of Sociology* 51: 189–206.

Treas, Judith, Jonathan Lui, and Zoya Gubernskays. 2014. "Attitudes on Marriage and New Relationships: Cross-National Evidence on the Deinstitutionalization of Marriage." *Demographic Research* 30: 1495–1526.

Treitler, Vilna Bashi. 2016. "Racialization and Its Paradigms: From Ireland to North America." *Current Sociology* 64: 213–227.

Trentmann, Frank. 2016. *Empire of Things: How We Became a World of Consumers, from the Fifteenth Century to the Twenty-First*. New York: Harper.

Trepagnier, Barbara. 2010. *Silent Racism: How Well-Meaning People Perpetuate the Racial Divide*. Boulder, CO: Paradigm.

Triandafyllidou, Anna, ed. 2018. *Handbook of Migration and Globalisation*. Cheltenham, UK: Edward Elgar.

Tsuda, Takeyuki. 2014. "'I'm American, Not Japanese!': The Struggle for Racial Citizenship among Later-Generation Japanese Americans." *Ethnic and Racial Studies* 37(3): 405–424.

Tsuda, Takeyuki, Maria Tapias, and Xavier Escandell. 2014. "Locating the Global in Transnational Ethnography." *Journal of Contemporary Ethnography* 43: 123–147.

Tufekci, Zeynep. 2017. *Twitter and Tear Gas: The Power and Fragility of Networked Protest*. New Haven, CT: Yale University Press.

Tufecki, Zeynup. 2018. "The Election Has Already Been Hacked." *New York Times*, November 3.

Tully, James. 2014. *On Global Citizenship: James Tully in Dialogue*. London: Bloomsbury Academic.

Tumber, Howard, and Frank Webster. 2006. *Journalists under Fire: Information War and Journalistic Practices*. London: Sage.

Tumin, Melvin E. 1953. "Some Principles of Stratification: A Critical Analysis." *American Sociological Review* 18: 387–394.

Turner, Bryan S. 2007a. "Body and Cultural Sociology." In *The Blackwell Encyclopedia of Sociology*, edited by George Ritzer, 324–328. Malden, MA: Blackwell.

Turner, Bryan S. 2007b. "Body and Society." In *The Blackwell Encyclopedia of Sociology*, edited by George Ritzer, 335–338. Malden, MA: Blackwell.

Turner, Bryan, ed. 2012. *Routledge Handbook of Body Studies*. New York: Routledge.

Turner, Bryan S. 2014. "Religion and Contemporary Sociological Theories." *Current Sociology* 62: 771–788.

Turner, Fred. 2008. *From Counterculture to Cyberculture: Stewart Brand, the Whole Earth Network, and the Rise of Digital Utopianism*. Chicago: University of Chicago Press.

Turner, Jonathan. 2005. "A New Approach for Theoretically Integrating Micro and Macro Analysis." In *The Sage Handbook of Sociology*, edited by C. Calhoun, C. Rojek, and B. Turner, 403–422. London: Sage.

Turner, Leigh. 2007. "'First World Health Care at Third World Prices': Globalization, Bioethics and Medical Tourism." *BioSocieties* 2:

303–325.

Turner, Margery Austin, Rob Santos, Diane K. Levy, Doug Wissoker, Claudia Aranda, and Rob Pitingolo. 2013. *Housing Discrimination against Racial and Ethnic Minorities 2012*. Washington, DC: Urban Institute.

Turner, Ralph H. 1978. "The Role and the Person." *American Journal of Sociology* 84: 1–23.

Turner, Ralph H., and Lewis M. Killian. 1987. *Collective Behavior*, 3rd ed. Englewood Cliffs, NJ: Prentice Hall.

Turner, Victor. 1967. *The Forest of Symbols: Aspects of Ndembu Ritual*. Ithaca, NY: Cornell University Press.

Tyler, Meagan, and Kaye Quek. 2016. "Conceptualizing Pornographication: A Lack of Clarity and Problems for Feminist Analysis." *Sexualization, Media & Society* 2(2): 1–14.

Tynes, Brendesha, Joshua Schuschke, and Safiya Umoja Noble. 2016. "Digital Intersectionality Theory and the #BlackLivesMatter Movment." In *The Intersectional Internet*, edited by Safiya Umoja Noble and Brendesah M. Tynes, 21–40. New York: Peter Lang.

Uchitelle, Louis. 2010. "Another Shifting Industry." *New York Times*, January 19.

Uchitelle, Louis. 2018. "How the Loss of Union Power Has Hurt American Manufacturing." *New York Times*, April 20.

Umoren, Imaobong. 2018. *Race Women Internationalists*. Berkeley: University of California Press.

Unger, Matthew, Jean-Phillippe Crete, and George Pavlich. 2018. "Criminal Entryways in the Writing of Cesare Beccaria." In *The Handbook of the History and Philosophy of Criminology*, edited by Ruth Ann Triplett, 17–31. Oxford, UK: Wiley Blackwell.

UNICEF. 2018. "Malnutrition." Accessed May 1, 2019. https://data.unicef.org/topic/nutrition/malnutrition/.

United Nations. 2016. "The World's Cities in 2016." Accessed May 1, 2019. http://www.un.org/en/development/desa/population/publications/pdf/urbanization/the_worlds_cities_in_2016_data_booklet.pdf.

United Nations. 2017a. *The Sustainable Development Goals*. New York: United Nations.

United Nations. 2017b. "International Migration Report." Accessed May 1, 2019. http://www.un.org/en/development/desa/population/migration/publications/migrationreport/docs/MigrationReport2017_Highlights.pdf.

United Nations. 2018a. "2018 Revision of World Urbanization Prospects." Accessed May 1, 2019. https://www.un.org/development/desa/publications/2018-revision-of-world-urbanization-prospects.html.

United Nations. 2018b. "The World's Cities in 2018." Accessed May 1, 2019. http://www.un.org/en/events/citiesday/assets/pdf/the_worlds_cities_in_2018_data_booklet.pdf.

United Nations Department of Economic and Social Affairs. 2015. "Probabilistic Population Projections Based on the World Population Prospects: The 2012 Revision." Accessed March 19, 2015. http://esa.un.org/unpd/ppp/Data-Output/UN_PPP2012_output-data.htm.

United Nations Development Programme. 2014. "Gender and Poverty Reduction." Accessed April 21, 2015. http://www.undp.org/content/undp/en/home/ourwork/povertyreduction/focus_areas/focus_gender_and_poverty.

United Nations Human Settlements Programme. 2016. "World's Cities Report 2016." Accessed March 9, 2017. http://wcr.unhabitat.org.

United Nations Population Fund. 2017. "Migration." Accessed April 22, 2019. http://www.unfpa.org/migration.

United Nations Security Council. 2017. "8234th Meeting." Accessed May 1, 2019. https://www.un.org/sexualviolenceinconflict/wp-content/uploads/sg-factsheets/N1810885_Meeting-Record.pdf.

United States Department of State. 2017. "Trafficking in Persons Report 2016." Accessed January 31, 2017. https://www.state.gov/j/tip/rls/tiprpt/2016.

United States Elections Project. 2016. "November General Election Turnout Rates." Accessed May 1, 2019. www.electproject.org/2016g.

Urban Institute. 2017. "Police and Corrections Expenditures." Accessed May 1, 2019. https://www.urban.org/policy-centers/cross-center-initiatives/state-local-finance-initiative/state-and-local-backgrounders/police-and-corrections-expenditures.

Uriely, Natan, and Yaniv Belhassen. 2005. "Drugs and Tourists' Experiences." *Journal of Travel Research* 43(3): 238–246.

Urry, John. 2000. *Sociology beyond Societies: Mobilities for the Twenty-first Century*. London: Routledge.

Urry, John. 2007. *Mobilities*. Cambridge, UK: Polity Press.

U.S. Bureau of Economic Analysis. 2018. "Personal Saving Rate." Accessed May 1, 2019. https://www.bea.gov/data/income-saving/personal-saving-rate.

U.S. Census Bureau. 2011. "2010 Census Shows America's Diversity." Accessed May 1, 2019. https://www.census.gov/newsroom/releases/archives/2010_census/cb11-cn125.html.

U.S. Census Bureau. 2016. "The Majority of Children Live with Two Parents, Census Bureau Reports." Accessed May 1, 2019. https://www.census.gov/newsroom/press-releases/2016/cb16-192.html.

U.S. Census Bureau. 2017a. "Historical Income Tables: Households." Accessed May 1, 2019. https://www.census.gov/data/tables/time-series/demo/income-poverty/historical-income-households.html.

U.S. Census Bureau. 2017b. "Historical Income Tables: People." Accessed May 1, 2019. https://www.census.gov/data/tables/time-series/demo/income-poverty/historical-income-people.html.

U.S. Census Bureau. 2018a. "Trade in Goods with China." Accessed May 1, 2019. https://www.census.gov/foreign-trade/balance/c5700.html.

U.S. Census Bureau. 2018b. "U.S. Census Bureau, Decennial Census, 1940, and Current Population Survey, Annual Social and Economic Supplements, 1947 to 2018." Accessed May 1, 2019. https://www.census.gov/content/dam/Census/library/visualizations/time-series/demo/families-and-households/hh-1.pdf.

U.S. Department of Education. 2017. "Fast Facts: Homeschooling." Accessed May 1, 2019. http://nces.ed.gov/fastfacts/display.asp?id=91.

U.S. Department of Education. 2018. "Fast Facts: Enrollment." Accessed May 1, 2019. https://nces.ed.gov/fastfacts/display.asp?id=98.

U.S. Department of Health and Human Services. 2014. "HHS Disparities Action Plan." Accessed April 21, 2015. http://minority health.hhs.gov/omh/browse.aspx?lvl=2&lvlid=10.

U.S. Department of Health and Human Services. 2018. "Poverty Guidelines." Accessed May 1, 2019. https://aspe.hhs.gov/poverty-guidelines.

U.S. Department of Health and Human Services, National Institutes of Health. 2011. "Human Genome Project." Accessed April 15, 2011. http://report.nih.gov/NIHfactsheets/ViewFactSheet.aspx?csid=45&key=H#H.

U.S. Equal Employment Opportunity Commission. 2018. "Charges Alleging Sexual Harassment, FY 2010–FY 2018." Accessed March 8, 2018. https://www.eeoc.gov/eeoc/statistics/enforcement/sexual_harassment_new.cfm.

Useem, Elizabeth L. 1992. "Middle Schools and Math Groups: Parents' Involvement in Children's Placement." *Sociology of Education* 65: 263–279.

Vagianos, Allana. 2017. "30 Alarming Statistics That Show the Reality of Sexual Violence in America." Accessed May 1, 2019. https://www.huffingtonpost.com/entry/sexual-assault-statistics_us_58e24c14e4b0c777f788d24f.

Vaidhyanathan, Siva. 2011. *The Googlization of Everything (and Why We Should Worry)*. Berkeley: University of California Press.

Vail, D. Angus. 1999. "Tattoos Are Like Potato Chips . . . You Can't Have Just One: The Process of Becoming and Being a Collector." *Deviant Behavior* 20: 253–273.

Valentino, Rachel. 2018. "Will Public Pre-K Really Close Achievement Gap? Gaps in Prekindergarten Quality between Students and across States." *American Educational Research Journal* 55(1): 79–116.

Valet, Peter. 2018. "Social Structure and the Paradox of the Contented Female Worker: How Occupational Gender Segregation Biases Justice Perceptions of Wages." *Work and Occupations* 45(2): 168–193.

Vanden, Harry, Peter Funke, and Gary Prevost, eds. 2018. *The New Global Politics: Global Social Movements in the Twenty-First Century*. London: Routledge.

van der Lippe, Tanja, Vincent Frey, and Milena Tsvetkova. 2012. "Outsourcing of Domestic Tasks: A Matter of Preferences?" *Journal of Family Issues* 34(12): 1574–1597.

Van de Werfhorst, Herman G., and Jonathan J. B. Mij. 2010. "Achievement Inequality and the Institutional Structure of Educational Systems: A Comparative Perspective." *Annual Review of Sociology* 36: 407–428.

Van Dijk, Jan A. G. M. 2012. *The Network Society*, 3rd ed. Thousand Oaks, CA: Sage.

van Eeden, Jeanne. 2006. "Shopping for Gender." In *Sex, Gender,*

Becoming: Post-apartheid Reflections, edited by K. van Marle, 61–92. Pretoria, South Africa: Pretoria University Law Press.

Vanek, Joann, Martha Chen, Ralf Hussmanns, and Francoise Carre. 2014. *Women and Men in the Informal Economy: A Statistical Picture*, 2nd ed. Geneva: International Labour Organization.

van Gennep, Arnold. 1961. *The Rites of Passage*. Chicago: University of Chicago Press.

van Leeuwen, Marco H. D., and Ineke Maas. 2010. "Historical Studies of Social Mobility and Stratification." *Annual Review of Sociology* 36: 429–451.

Van Maanen, John. 1983. "The Moral Fix: On the Ethics of Field Work." In *Contemporary Field Research: Perspectives and Formulations*, edited by R. M. Emerson. Longrove, IL: Waveland Press.

Van Slyke, Shanna R., Michael L. Benson, and Francis T. Cullen, eds. 2016. *The Oxford Handbook of White-Collar Crime*. New York: Oxford University Press.

Van Valen, L. 1974. "Brain Size and Intelligence in Man." *American Journal of Physical Anthropology* 40: 417–423.

Vara, Vauhini. 2016. "The Sorry Legacy of the For-Profit College Boom." *New Yorker*, May 16.

Varney, Sarah. 2017. "Also Made in Mexico: Lifesaving Medical Devices." *New York Times*, March 31.

Vasquez-Tokos, Jessica. 2017. *Marriage Vows and Racial Choices*. New York: Russell Sage Foundation.

Vaughan, Diane. 1996. *The Challenger Launch Decision: Risky Technology, Culture, and Deviance at NASA*. Chicago: University of Chicago Press.

Veblen, Thorstein. [1899] 1994. *The Theory of the Leisure Class*. New York: Penguin.

Venkatesh, Alladi. 2007. "Postmodern Consumption." In *The Blackwell Encyclopedia of Sociology*, edited by George Ritzer, 3552–3556. Malden, MA: Blackwell.

Venkatesh, Alladi. 2015. "Consumption, Postmodern." In *The Wiley-Blackwell Encyclopedia of Consumption and Consumer Studies*, edited by Daniel Thomas Cook and J. Michael Ryan, 183–187. Malden, MA: Wiley-Blackwell.

Venkatesh, Sudhir. 1994. "Learnin' the Trade: Conversations with a Gangsta." *Public Culture* 6: 319–341.

Venkatesh, Sudhir. 2002. "'Doin' the Hustle': Constructing the Ethnographer in the American Ghetto." *Ethnography* 3: 91–111.

Venkatesh, Sudhir. 2008. *Gang Leader for a Day: A Rogue Sociologist Takes to the Streets*. New York: Penguin.

Venkatesh, Sudhir. 2014. *Floating City: A Rogue Sociologist Lost and Found in New York's Underground Economy*. New York: Penguin.

Vespa, Jonathan. 2017. "The Changing Economics and Demographics of Young Adulthood: 1975–2016." Accessed May 2, 2019. https://www.census.gov/library/publications/2017/demo/p20-579.html.

Vespa, Jonathan, Jamie M. Lewis, and Rose M. Kreider. 2013. *America's Families and Living Arrangements: 2012*. Washington, DC: U.S. Census Bureau.

Vida, Róbert György, András Fittler, Ivett Mikulka, Eszter Ábrahám, Viktor Sándor, F. Kilár, and Lajos Botz. 2017. "Availability and Quality of Illegitimate Somatropin Products Obtained from the Internet." *International Journal of Clinical Pharmacy* 39(1): 78–87.

Vidal, Matt, Paul Adler, and Rick Delbridge. 2015. "When Organization Studies Turns to Societal Problems: The Contribution of Marxist Grand Theory." *Organization Studies* 36: 405–422.

Viladrich, Anahi, and Rita Baron-Faust. 2014. "Medical Tourism in Tango Paradise: The Internet Branding of Cosmetic Surgery in Argentina." *Annals of Tourism Research* 45: 116–131.

Vlase, Ionela, and Ma°lina Voicu. 2014. "Romanian Roma Migration: The Interplay between Structures and Agency." *Ethnic and Racial Studies* 37(13): 2418–2437.

Voas, David, and Mark Chaves. 2016. "Is the United States a Counterexample to the Secularization Thesis." *American Journal of Sociology* 121(5): 1517–1556.

Voas, David, and Fenella Fleischmann. 2012. "Islam Moves West: Religious Change in the First and Second Generations." *Annual Review of Sociology* 38: 525–545.

Vogel, Ezra F. 2011. *Deng Xiaoping and the Transformation of China*. Cambridge, MA: Belknap Press.

Vogt, Kristoffer Chelsom. 2016. "The Post-Industrial Society: From Utopia to Ideology." *Work, Employment and Society* 30: 366–376.

Vohs, Kathleen D., Jaideep Sengupta, and Darren W. Dahl. 2014. "The Price Had Better Be Right: Women's Reactions to Sexual Stimuli Vary with Market Factors." *Psychological Science* 25(1): 278–283.

Vos, Jeroen, and Leonith Hinojosa. 2016. "Virtual Water Trade and the Contestation of Hydrosocial Territories." *Water International* 41: 37–53.

Vuolo, Mike, Joy Kadowaki, and Brian Kelly. 2017. "Marijuana's Moral Entrepreneurs, Then and Now." *Contexts* 16(4): 20–25.

Wade, Lisa. 2017. *American Hookup: The New Culture of Sex on Campus*. New York: Norton.

Wagner, Chandi. 2017. *School Segregation: Then and Now*. Alexandria, VA: Center for Public Education.

Wagner, Peter, and Wendy Sawyer. 2018. "Mass Incarceration: The Whole Pie 2018." Accessed May 1, 2019. https://www.prisonpolicy.org/reports/pie2018.html.

Wakefield, Kelly. 2013. "Global Digital Divide: Inequality and Internet Access." *Geography Review* 26: 10–13.

Waldmeir, Patti. [1997] 2001. *Anatomy of a Miracle: The End of Apartheid and the Birth of a New South Africa*. New Brunswick, NJ: Rutgers University Press.

Walker, Henry A., and David Willer. 2007. "Experimental Methods." In *The Blackwell Encyclopedia of Sociology*, edited by George Ritzer, 1537–1541. Malden, MA: Blackwell.

Wallace, Paul Harvey, and Cliff Roberson. 2016. *Family Violence: Legal, Medical and Social Perspectives*, 8th ed. London: Routledge.

Wallerstein, Immanuel. 1974. *The Modern World-System*. New York: Academic Press.

Wallerstein, James S., and Clement J. Wyle. 1947. "Our Law-Abiding Law-Breakers." *Federal Probation* 25: 107–112.

Walsh, Anthony. 1990. "Twice Labeled: The Effect of Psychiatric Labeling on the Sentencing of Sex Offenders." *Social Problems* 37: 375–389.

Walsh, Declan. 2015. "Fake Diplomas, Real Cash: A Net of Made-Up Schools." *New York Times*, May 18.

Wang, Kui, Rui Liang, Zhen-Ling Ma, Eric Cheung, David Roalt, Ruben Gur, and Raymond Chan. 2018. "Body Image Attitude Among Chinese College Students." *Psych Journal* 7(1): 31–40.

Wang, Lin, Glen H. Elder Jr., and Naomi J. Spence. 2012. "Status Configurations, Military Service, and Higher Education." *Social Forces* 91: 397–422.

Wang, Shanshan, and Eric Pfanner. 2013. "China's One-Day Shopping Spree Sets Record in Online Sales." *New York Times*, November 11.

Wanis-St. John, Anthony, and Noah Rosen. 2017. *Negotiating Civil Resistance*. Washington, DC: United States Institute of Peace.

Ward, James D., and Mario A. Rivera. 2014. *Institutional Racism, Organizations, & Public Policy*. New York: Peter Lang.

Ward, Kathryn. 1990. "Introduction and Overview." In *Women Workers and Global Restructuring*, edited by K. Ward, 1–24. Ithaca, NY: ILR Press.

Ward, T. W. 2012. *Gangs without Borders*. Oxford, UK: Oxford University Press.

Warde, Alan. 2017. *Consumption: A Sociological Analysis*. London: Palgrave Macmillan.

Waskul, Dennis. 2015. "Sex and the Internet." In *The International Encyclopedia of Human Sexuality*, edited by Patricia Whelehan and Anne Bolin. Malden, MA: Wiley-Blackwell.

Wasserman, Varda, and Michal Frenkel. 2015. "Spatial Work in between Glass Ceiling and Glass Walls: Gender-Class Intersectionality and Organizational Aesthetics." *Organization Studies* 36: 1485–1505.

Watson, Ivan. 2013. "China: The Electronic Wastebasket of the World." *CNN*, May 30.

Wax, Emily. 2007. "An Ancient Indian Craft Left in Tatters." *Washington Post*, June 6.

Way, Sandra. 2007. "School Discipline." In *The Blackwell Encyclopedia of Sociology*, edited by George Ritzer, 4019–4023. Malden, MA: Blackwell.

Wayne, Leslie. 2009. "Dubious Claims for H1N1 Cures Are Rife Online." *New York Times*, November 6.

Webb, Patrick, Ramoni Wijesinha-Bettoni, Prakash Shetty, Anna Lartey, and Gunhild Anker Stordalen. 2018. "Hunger and Malnutrition in the 21st Century." *British Journal of Medicine* 361: K2238.

Weber, Max. [1903–1917] 1949. *The Methodology of the Social Sciences*. New York: Free Press.

Weber, Max. [1904–1905] 1958. *The Protestant Ethic and the Spirit of Capitalism*. New York: Scribner.

Weber, Max. [1919] 1958. "Politics as a Vocation." In *From Max Weber:*

Essays in Sociology, edited by H. Gerth and C. Wright Mills, 77–128. New York: Oxford University Press.

Weber, Max. [1920] 1963. The Sociology of Religion, translated by E. Fischoff. Boston: Beacon Press.

Weber, Max. [1921] 1968. Economy and Society: An Outline of Interpretive Sociology, edited by G. Roth and C. Wittich. Totowa, NJ: Bedminster Press.

Weber, Samuel R., and Kenneth I. Pargament. 2014. "The Role of Religion and Spirituality in Mental Health." Current Opinion in Psychiatry 27: 358–363.

Webster, Chris, Jingjing Ruan, and Guibo Sun. 2018. "Private Gains and Social Costs of China's Gated Communities." In Handbook of Cultural Security, edited by Yasushi Watanabe. Cheltenham, UK: Edward Elgar.

Wegener, B. 1991. "Job Mobility and Social Ties: Social Resources, Prior Job, and Status Attainment." American Sociological Review 56: 60–71.

Weigel, Moira. 2016. Labor of Love: The Invention of Dating. New York: Farrar, Straus and Giroux.

Weightman, S. 2017. "Hinduism." In A New Handbook of Living Religions, edited by J. R. Hinnells. Wiley Online Library. doi:10.1002/9781405166614.ch5

Weisenthal, Joe. 2013. "Here's the New Ranking of Top Countries in Reading, Science, and Math." Business Insider, December 3. Accessed May 17, 2015. http://www.businessinsider.com/pisa-rankings-2013-12#ix zz3SokWhusf.

Weisman, Jonathan. 2016. "The Nazi Tweets of 'Trump God Emperor.'" New York Times Sunday Review, May 26.

Weiss, Thomas G., David P. Forsythe, Roger A. Coate, and Kelly-Kate Pease. 2017. The United Nations and Changing World Politics, 8th ed. New York: Routledge.

Weitz, Rose. 2013. The Sociology of Health, Illness, and Health Care: A Critical Approach, 6th ed. Belmont, CA: Thompson Wadsworth.

Weitz, Rose. 2017. The Sociology of Health, Illness, and Health Care: A Critical Approach, 7th ed. Boston: Wadsworth Cengage.

Weitzer, Ronald. 2009. "Sociology of Sex Work." Annual Review of Sociology 35: 213–234.

Weitzer, Ronald. 2012. Legalizing Prostitution: From Illicit Vice to Lawful Business. New York: New York University Press.

Weitzer, Ronald. 2014. "New Directions in Research on Human Trafficking." Annals of the American Academy of Political and Social Science 653(1): 6–24.

Weitzer, Ronald. 2015. "Human Trafficking and Contemporary Slavery." Annual Review of Sociology 41: 223–242.

Weitzman, Abigail, and Julia Andrea Behrman. 2016. "Disaster, Disruption to Family Life, and Intimate Partner Violence: The Case of the 2010 Earthquake in Haiti." Sociological Science 3: 167–189.

Wellard, Ian. 2012. "Body-Reflexive Pleasures: Exploring Bodily Experiences within the Context of Sport and Physical Activity." Sport, Education and Society 17: 21–33.

Wellford, Charles. 2019. "Criminology." In the Wiley-Blackwell Companion to Sociology. Edited by George Ritzer and Wendy Wiedenhoft Murphy. Chichester: John Wiley & Sons.

Welter, Barbara. 1966. "The Cult of True Womanhood: 1820–1860." American Quarterly 18(2, pt. 1): 151–174.

Welzel, Christian, and Ronald Inglehart. 2009. "Political Culture, Mass Beliefs and Value Change." In Democratization, edited by C. W. Haerpfer, P. Bernhagen, R. F. Inglehart, and C. Welzel, 126–144. New York: Oxford University Press.

Wennersten, John, and Denise Robbins. 2017. Rising Tides: Climate Refugees in the Twenty-First Century. Bloomington: Indiana University Press.

Wessells, Michael, and Kathleen Kostelny. 2018. "Reintegration of Former Child Soldiers." In Peace Ethology, edited by Peter Verbeek and Benjamin Peters, 153–170. Chichester, UK: John Wiley & Sons.

West, Candace, and Don Zimmerman. 1987. "Doing Gender." Gender & Society 1: 125–151.

West, S., M. Banerjee, B. Phipps, and T. Friedline. 2017. "Coming up Short: Family Composition, Income, and Household Savings." Journal of the Society for Social Work and Research 8(3): 355–377.

Western, Bruce. 2018. Homeward: Life in the Year after Prison. New York: Russell Sage Foundation.

Wharton, Amy S., and Mary Blair-Loy. 2006. "Long Work Hours and Family Life: A Cross-National Study of Employees' Concerns." Journal of Family Issues 27(3): 415–436.

Whittier, Nancy. 2016. "Where Are the Children? Theorizing the Missing Piece in Gendered Sexual Violence." Gender & Society 30: 95–108.

Whyte, William Foote. 1943. Street Corner Society: The Social Structure of an Italian Slum. Chicago: University of Chicago.

Wides-Muñoz, Laura. 2019. The Making of a Dream. New York: Harper.

Wiedenhoft Murphy, Wendy. 2017a. "Boycotts, Buycotts, and Legislation: Tactical Lessons from Workers and Consumers during the Progressive Era." In Shopping for Social Change: Consumer Activism and the Possibilities of Purchasing Power, edited by Louis Hyman and Joseph Tohill, 29–40. Ithaca, NY: Cornell University Press.

Wiedenhoft Murphy, Wendy. 2017b. Consumer Culture and Society. Thousand Oaks, CA: Sage.

Wiederman, Michael W. 2015. "Sexual Script Theory: Past, Present and Future." In Handbook of the Sociology of Sexualities, edited by John DeLemater and Rebecca F. Plante, 7–22. New York: Springer.

Wiegner, Lilian, Dominique Hange Cecilia Björkelund, and Gunnar Ahlborg Jr. 2015. "Prevalence of Perceived Stress and Associations to Symptoms of Exhaustion, Depression, and Anxiety in a Working Age Population Seeking Primary Care—An Observational Study." BMC Family Practice 16.

Wieringa, Saskia, and Horacio Sivori. 2013. "Sexual Politics in the Global South: Framing the Discourse." In The Sexual History of the Global South, edited by S. Wieringa and H. Sivori, 1–21. New York: Zed Books.

Wiklund, Maria, Carita Bengs, Eva-Britt Malmgren-Olsson, and Ann Öhman. 2010. "Young Women Facing Multiple and Intersecting Stressors of Modernity, Gender Orders, and Youth." Social Science Medicine 71(9): 1567–1575.

Wilding, Raelene. 2018. Families, Intimacy, and Globalization. London: Palgrave.

Williams, Christine L. 1995. Still a Man's World. Berkeley: University of California Press.

Williams, Christine L. 2006. Inside Toyland: Working, Shopping, and Social Inequality. Berkeley: University of California Press.

Williams, Christine L. 2013. "The Glass Escalator, Revisited: Gender Inequality in Neoliberal Times." Gender & Society 27: 609–629.

Williams, Conor P. 2018. "Betsy DeVos Loves Charter Schools. That's Bad for Charter Schools." New York Times, June 2.

Williams, Frank P., and Marilyn D. McShane. 2007. "Lombroso, Cesare (1835–1909)." In The Blackwell Encyclopedia of Sociology, edited by George Ritzer, 2662–2663. Malden, MA: Blackwell.

Williams, Jacqueline. 2018. "Great Barrier Reef Imperiled as Heat Worsens Die-Offs, Experts Say." New York Times, July 4.

Williams, Joseph. 2018. "Why America Needs More Black Doctors." Accessed May 1, 2019. https://www.usnews.com/news/healthiest-communities/articles/2018-08-31/why-america-needs-more-black-doctors.

Williams, Patrick, and Laura Chrisman, eds. 1994. Colonial Discourse and Post-colonial Theory: A Reader. New York: Columbia University Press.

Williams, Rosalind. [1982] 1991. Dream Worlds: Mass Consumption in Late Nineteenth-Century France. Berkeley: University of California Press.

Williams, Stacy J., Laura Pecenco, and Mary Blair-Loy. 2013. "Medical Professions: The Status of Women and Men." Center for Research on Gender in the Professions, University of California, San Diego. Accessed April 21, 2015. http://crgp.ucsd.edu/documents/ GenderinMedicalProfessionsCaseStudy.pdf.

Williams, Timothy. 2016. "One Robber's 3 Life Sentences: '90s Legacy Fills Prisons Today." New York Times, July 4.

Williams, Victoria. 2014. "Foreign Aid." Encyclopedia Britannica. Accessed April 21, 2015. http://www.britannica.com/EBchecked/ topic/213344/foreign-aid.

Williamson, Oliver E. 1975. Markets and Hierarchies: Analysis and Antitrust Implications. New York: Free Press.

Williamson, Oliver E. 1985. The Economic Institutions of Capitalism. New York: Free Press.

Willis, Paul. 1977. Learning to Labor: How Working Class Kids Get Working Class Jobs. New York: Teachers College Press.

Wilper, Andrew P., Steffie Woolhandler, Karen E. Lasser, Danny McCormick, David H. Bor, and David U. Himmelstein. 2009. "Health Insurance and Mortality in US Adults." American Journal of Public Health 99(12): 2289–2295.

Wilson, Bryan R. 1966. Religion and Secular Society. London: Watts.

Wilson, James Q., and George Kelling. 1982. "The Police and Neighborhood Safety: Broken Windows." Atlantic Monthly, March, 29–38.

Wilson, Midge, and Kathy Russell. 1996. *Divided Sisters: Bridging the Gap between Black and White Women*. New York: Anchor Books.

Wilson, Stephen R. 1984. "Becoming a Yogi: Resocialization and Deconditioning as Conversion Processes." *Sociological Analysis* 45(4): 301–314.

Wilson, William Julius. 1997. *When Work Disappears: The World of the New Urban Poor*. New York: Vintage.

Wimmer, Andreas. 2013. *Ethnic Boundary Making: Institutions, Power, Networks*. New York: Oxford University Press.

Winant, Howard. 2001. *The World Is a Ghetto: Race and Democracy since World War II*. New York: Basic Books.

Winchester, M. S., R. BeLue, T. Oni, U. Wittwer-Backofen, D. Deobagkar, H. Onya, T. A. Samuels, S. A. Matthews, C. Stone, and C. Airhihenbuwa. 2016. "The Pan-University Network for Global Health: Framework for Collaboration and Review of Global Health Needs." *Globalization and Health* 12. Accessed February 7, 2017. https://globalizationandhealth.biomedcentral.com/articles/10.1186/s12992-016-0151-2.

Wines, Michael. 2011. "Picking Brand Names in China Is a Business Itself." *New York Times*, November 11. Accessed April 1, 2012. http://www.nytimes.com/2011/11/12/world/asia/picking-brand-names-in-china-is-a-business-itself.html.

Wingfield, Nick. 2014a. "Feminist Critics of Video Games Facing Threats in 'Gamergate.'" *New York Times*, October 15.

Wingfield, Nick. 2014b. "In Games Like Minecraft, Tech Giants See More than Fun." *New York Times*, September 11.

Wingfield, Nick. 2014c. "Virtual Games Draw Real Crowds and Big Money." *New York Times*, August 31.

Wingfield, Nick. 2017. "Amid Brick-and-Mortar Travails, a Tipping Point for Amazon in Apparel." *New York Times*, April 30.

Winter, Browyn, Maxine Forest, and Réjane Sénac, eds. 2018. *Global Perspectives on Same-Sex Marriage*. New York: Palgrave.

Wirth, Thierry. 2018. "Globalization and Infectious Diseases." In *Biodiversity and Evolution*, edited by Philippe Grandcolas and Marie-Christine Maurel, 123–113. Amsterdam, Netherlands: Elsevier.

Wisman, Jon D. 2013. "Wage Stagnation, Rising Inequality, and the Financial Crisis of 2008." *Cambridge Journal of Economics* 37: 921–945.

Witte, Geoff. 2017. "Anti-Immigration Anger Threatens to Remake the Liberal Netherlands." *Washington Post*, March 10.

Wolf, Naomi. [1991] 2002. *The Beauty Myth: How Images of Beauty Are Used against Women*. New York: Harper & Row.

Wolff, Kristina. 2007. "Content Analysis." In *The Blackwell Encyclopedia of Sociology*, edited by George Ritzer, 776–779. Malden, MA: Blackwell.

Wood, Elizabeth Jean, and Dara Kay Cohen. 2015. "How to Counter Rape During War." *New York Times*, October 28.

Wood, Robert T. 2006. *Straightedge Youth: Complexity and Contradictions of a Subculture*. Syracuse, NY: Syracuse University Press.

Wood, Simon, and David Harrington Watt, eds. 2014. *Fundamentalism: Perspectives on a Contested History*. Columbia: University of South Carolina Press.

Wood, Wendy, and Alice H. Eagly. 2015. "Two Traditions on Research on Gender Identity." *Sex Roles* 73: 461–473.

Woodruff, G., and David Premack. 1979. "Intentional Communication in the Chimpanzee: The Development of Deception." *Cognition* 7: 333–362.

Woodward, Bob. 2010. *Obama's Wars*. NY: Simon and Schuster.

Woodward, Bob. 2018. *Fear: Trump in the White House*. New York: Simon and Schuster.

World Bank. 2015. "Urban Population (% of Total)." Accessed February 12, 2017. http://data.worldbank.org/indicator/SP.URB.TOTL.IN.ZS.

World Bank. 2016. "Health Expenditure, Total (% of GDP), 1995–2014." Accessed February 13, 2017. http://data.worldbank.org/indicator/SH.XPD.TOTL.ZS.

World Bank. 2017a. "Individuals Using the Internet (% of Population)." Accessed May 1, 2019. https://data.worldbank.org/indicator/IT.NET.USER.ZS?year_high_desc=false.

World Bank. 2017b. "Fertility Rate, Total (Births per Woman)." Accessed May 1, 2019. https://data.worldbank.org/indicator/SP.DYN.TFRT.IN.

World Bank. 2017c. "Life Expectancy at Birth, Total (Years)." Accessed May 1, 2019. https://data.worldbank.org/indicator/SP.DYN.LE00.IN?name_desc=false.

World Bank. 2017d. "Country and Lending Groups." Accessed January 31, 2017. https://datahelpdesk.worldbank.org/knowledgebase/articles/906519-world-bank-country-and-lending-groups.

World Bank. 2018. "Record High Remittances to Low- and Middle-Income Countries in 2017." Accessed May 1, 2019. https://www.worldbank.org/en/news/press-release/2018/04/23/record-high-remittances-to-low-and-middle-income-countries-in-2017.

World Economic Forum. 2017. *The Global Gender Gap Report 2015*. Geneva: Author.

World Food Programme. 2019. "Zero Hunger." Accessed May 1, 2019. https://www1.wfp.org/zero-hunger.

World Health Organization. 2003. *World Health Report: Shaping the Future*. Geneva: Author.

World Health Organization. 2010a. "Tobacco Free Initiative: China Releases Its Global Adult Tobacco Survey Data." Accessed April 1, 2012. http://www.who.int/tobacco/surveillance/gats_china/en/index.html.

World Health Organization. 2010b. "World Health Report: Health Systems Financing: The Path to Universal Coverage." Accessed April 1, 2012. http://whqlibdoc.who.int/whr/2010/9789241564021_eng.pdf.

World Health Organization. 2015a. "Global Health Observatory (GHO) Data: Tuberculosis (TB)." Accessed May 1, 2019. http://www.who.int/gho/tb/epidemic/cases_deaths/en.

World Health Organization. 2015b. "Life Expectancy." Accessed March 9, 2017. http://www.who.int/gho/mortality_burden_disease/life_tables/situation_trends_text/en.

World Health Organization. 2015c. "Water Sanitation and Health." Accessed March 19, 2015. http://www.who.int/water_sanitation_health/mdg1/en.

World Health Organization. 2016. "Life Expectancy Increased by 5 Years Since 2000, but Health Inequalities Persist." May 19. Accessed March 8, 2017. http://www.who.int/mediacentre/news/releases/2016/health-inequalities-persist/en.

World Health Organization. 2017a. "Tobacco." Accessed May 1, 2019. www.who.int/mediacentre/factsheets/fs339/en.

World Health Organization. 2017b. *The Bill China Cannot Afford*. Accessed May 1, 2019. http://www.wpro.who.int/china/publications/2017_china_tobacco_control_report_en.pdf.

World Health Organization. 2018. "Violence against Children." Accessed May 1, 2019. http://www.who.int/violence_injury_prevention/violence/violence-against-children/en/.

Worth, Robert F. 2016. *A Rage for Order: The Middle East in Turmoil, From Tahrir Square to ISIS*. New York: Farrar, Straus and Giroux.

Wortmann, Susan L. 2007. "Sex Tourism." In *The Blackwell Encyclopedia of Sociology*, edited by George Ritzer, 4200–4203. Malden, MA: Blackwell.

Wright, Christopher, and Daniel Nyberg. 2015. *Climate Change, Capitalism, and Corporations*. Cambridge, UK: Cambridge University Press.

Wright, Katherine Fairfax, and Malika Zouhali-Worrall [directors]. 2012. *Call Me Kuchu*. Cinedigm and Docuramafilms.

Wright, Lawrence. 2013. *Going Clear: Scientology, Hollywood, and the Prison of Belief*. New York: Knopf.

Wu, Tim. 2018. "Be Afraid of Economic 'Bigness.' Be Very Afraid." *New York Times*, November 10.

Wuthnow, Robert. 2018. *The Left Behind: Decline and Rage in Rural America*. Princeton, NJ: Princeton University Press.

Wysocki, Diane Kholos, and Cheryl D. Childers. 2011. "'Let My Fingers Do the Talking': Sexting and Infidelity in Cyberspace." *Sexuality & Culture* 15: 217–239.

Yancy, George. 2008. *Black Bodies, White Gazes: The Continuing Significance of Race*. Lanham, MD: Rowman & Littlefield.

Yardley, Jim. 2010. "Soaring above India's Poverty, a 27-Story Single-Family Home." *New York Times*, October 29.

Yasir, Samir. 2018. "Mortar Shell Kills 5 Members of a Family in Kashmir." *New York Times*, March 18.

Yassky, David. 2016. "Unlocking the Truth about the Clinton Crime Bill." *New York Times*, April 10.

Yeates, Nicola. 2009. *Globalizing Care Economies and Migrant Workers: Explorations in Global Care Chains*. New York: Palgrave Macmillan.

Yeates, Nicola. 2012. "Global Care Chains: A State-of-the-Art Review and Future Directions in Care Transnational Research." *Global Networks* 12(2): 135–154.

Yeginsu, Ceylan, and Anemona Hartocollis. 2015. "Amid Perilous Mediterranean Crossings, Migrants Find a Relatively Easy Path to

Greece." *New York Times*, August 16.

Yeh, Kuang-Hui, Chin-Chun Yi, Wei-Chun Tsao, and Po-San Wan. 2013. "Filial Piety in Contemporary Chinese Societies: A Comparative Study of Taiwan, Hong Kong, and China." *International Sociology* 28: 277–296.

Yeh, Marie, Robert D. Jewell, and Veronica L. Thomas. 2017. "The Stigma of Mental Illness: Using Segmentation for Social Change." *Journal of Public Policy & Marketing* 36(1): 97–116.

Yetman, Norman R., ed. 1991. *Majority and Minority: The Dynamics of Race and Ethnicity in American Life*, 5th ed. Boston: Allyn & Bacon.

Yeung, Wei-Jun J., and Kathryn M. Pfeiffer. 2009. "The Black–White Test Score Gap and Early Home Environment." *Social Science Research* 38: 412–437.

Yodanis, Carrie, and Sean Lauer. 2014. "Is Marriage Individualized? What Couples Actually Do." *Journal of Family Theory and Review* 6: 184–197.

York, Richard, and Riley Dunlap. Forthcoming. "Environmental Sociology." In *The Wiley-Blackwell Companion to Sociology*, 2nd ed., edited by George Ritzer and Wendy Wiedenhoft Murphy. Chichester, UK: John Wiley & Sons.

Yoshihara, Susan, and Douglas A. Sylva, eds. 2011. *Population Decline and the Remaking of Great Power Politics*. Washington, DC: Potomac Books.

Young, Michael, and Johan Muller, eds. 2014. *Knowledge Expertise and the Professions*. New York: Routledge.

Young, Robert L., and Carol Y. Thompson. 2013. "The Selves of Other Animals: Reconsidering Mead in Light of Multidisciplinary Evidence." *Studies in Symbolic Interaction* 40: 467–483.

Yourish, Karen. 2018. "How Russia Hacked the Democrats in 2018." *New York Times*, July 13.

Yulius H., S. Tang, and B. Offord. 2018. "The Globalization of LGBT Identity and Same-Sex Marriage as a Catalyst of Neo-institutional Values: Singapore and Indonesia." In *Global Perspectives on Same-Sex Marriage*, edited by B. Winter, M. Forest, and R. Sénac, 171–196. Cham, Switzerland: Palgrave Macmillan.

Zafirovski, Milan. 2013. "Beneath Rational Choice: Elements of 'Irrational Choice Theory.'" *Current Sociology* 61: 3–21.

Zaidi, Batool, and S. Philip Morgan. 2017. "The Second Demographic Transition Theory: A Review and Appraisal." *Annual Review of Sociology* 43(1): 473–492.

Zakaria, Farid. 1997. "The Rise of Illiberal Democracy." *Foreign Affairs* November–December Accessed May 1, 2019. https://www.foreignaffairs.com/articles/1997-11-01/rise-illiberal-democracy.

Zara, Georgia, and David Farrington. 2016. *Criminal Recidivism: Explanation, Prediction, and Prevention*. New York: Routledge.

Zeiler, Kristin, and Annette Wickstrom. 2009. "Why Do 'We' Perform Surgery on Newborn Intersexed Children? The Phenomenology of the Parental Experience of Having a Child with Intersex Anatomies." *Feminist Theory* 10: 359–377.

Zeller, Dirk, Tim Cashion, Maria Palomares, and Daniel Pauly. 2018. "Global Marine Fisheries Discards: A Synthesis of Reconstructed Data." *Fish and Fisheries* 19(1): 30–39.

Zepp, Ira G., Jr. 1997. *The New Religious Image of Urban America: The Shopping Mall as Ceremonial Center*, 2nd ed. Niwot: University Press of Colorado.

Zhang, Yang, and Michael John Hitchcock. 2014. "The Chinese Female Tourist Gaze: A Netnography of Young Women's Blogs on Macao." *Current Issues in Tourism*, June 9 (published online). doi:10.1080/136 83500.2014.904845

Zheng, Siqi, Weizeng Sun, Jianfeng Wu, and Matthew E. Kahn. 2017. "The Birth of Edge Cities in China: Measuring the Effects of Industrial Parks Policy." *Journal of Urban Economics* 100: 80–103.

Zhou, Min. 2014. "Segmented Assimilation and Socio-economic Integration of Chinese Immigrant Children in the USA." *Ethnic and Racial Studies* 37: 1172–1183.

Zhou, Yanqui Rachel, and William D. Coleman. 2016. "Accelerated Contagion and Response: Understanding the Relationship among Globalization, Time, and Disease." *Globalizations* 13: 285–299.

Zhuge, Ying, Joyce Kaufman, Diane M. Simeone, Herbert Chen, and Omaida C. Velazquez. 2011. "Is There Still a Glass Ceiling for Women in Academic Surgery?" *Annals of Surgery* 253: 637–643.

Zimbardo, Philip. 1973. "On the Ethics of Intervention in Human Psychological Research: With Special Reference to the Stanford Prison Experiment." *Cognition* 2: 243–256.

Zimmerman, Don H. 1988. "On Conversation: The Conversation Analytic Perspective." In *Communication Yearbook 11*, edited by James A. Anderson, 406–432. Newbury Park, CA: Sage.

Zimring, Franklin E. 2011. *The City That Became Safe: New York's Lessons for Urban Crime and Its Control*. New York: Oxford University Press.

Zinn, Maxine Baca. 2012. "Patricia Hill Collins: Past and Future Innovations." *Gender & Society* 26: 28–32.

Ziyanak, Sebahattin, and James L. Williams. 2014. "Functionalist Perspectives on Deviance." *International Journal of Human Sciences* 11: 1–9.

Zuberi, An. 2013. *Cleaning Up: How Hospital Outsourcing Is Hurting Workers and Endangering Patients*. Ithaca, NY: Cornell University Press.

Zuev, Dennis. 2015. "The Internet and Consumption." In *Encyclopedia of Consumption and Consumer Studies*, edited by Daniel Thomas Cook and Michael Ryan, 368–372. Malden, MA: Wiley-Blackwell.

Zukin, Sharon. 1982. *Loft Living: Culture and Capital in Urban Change*. Baltimore: Johns Hopkins University Press.

图书在版编目（CIP）数据

社会学导论：第5版 /（美）乔治·瑞泽尔，（美）
温蒂·韦登霍夫特·墨菲著；高永平译. -- 北京：中
国人民大学出版社，2023.7
　（社会学译丛）
　书名原文: Introduction to Sociology, Fifth
Edition
　ISBN 978-7-300-24171-5

　Ⅰ.①社… Ⅱ.①乔…②温…③高… Ⅲ.①社会学
Ⅳ.①C91

中国国家版本馆CIP数据核字（2023）第091941号

社会学译丛

社会学导论（第 5 版）

［美］ 乔治·瑞泽尔
　　　　　　　　　　　　　　　　著
　　　温蒂·韦登霍夫特·墨菲

高永平　译

Shehuixue Daolun

出版发行	中国人民大学出版社	
社　　址	北京中关村大街 31 号	邮政编码　100080
电　　话	010-62511242（总编室）	010-62511770（质管部）
	010-82501766（邮购部）	010-62514148（门市部）
	010-62515195（发行公司）	010-62515275（盗版举报）
网　　址	http://www.crup.com.cn	
经　　销	新华书店	
印　　刷	北京宏伟双华印刷有限公司	
开　　本	890 mm×1240 mm　1/16	版　次　2023 年 7 月第 1 版
印　　张	37.25　插页 2	印　次　2023 年 7 月第 1 次印刷
字　　数	1 021 000	定　价　129.90 元